中国社会科学年鉴

中国宋史研究

THE YEARBOOK OF CHINESE SONG DYNASTY RESEARCH

姜锡东 王青松 主编

中国社会科学出版社

图书在版编目（CIP）数据

中国宋史研究年鉴.2015／姜锡东，王青松主编.—北京：中国社会科学出版社，
2018.1

ISBN 978 - 7 - 5203 - 2000 - 9

Ⅰ.①中…　Ⅱ.①姜…②王…　Ⅲ.①中国历史—宋代—研究　Ⅳ.①K244.07

中国版本图书馆 CIP 数据核字（2018）第 012127 号

出 版 人	赵剑英
责任编辑	孙铁楠　赵　慧
责任校对	林福国
责任印制	张雪娇

出　　版	中国社会科学出版社
社　　址	北京鼓楼西大街甲 158 号
邮　　编	100720
网　　址	http://www.csspw.cn
发 行 部	010 - 84083685
门 市 部	010 - 84029450
经　　销	新华书店及其他书店

印刷装订	三河市东方印刷有限公司
版　　次	2018 年 1 月第 1 版
印　　次	2018 年 1 月第 1 次印刷

开　　本	787 × 1092　1/16
印　　张	53.75
插　　页	4
字　　数	1376 千字
定　　价	348.00 元

"唐宋政治与社会"学术研讨会暨全国博士生论坛代表合影(2015 年 7 月,西安)

"唐宋政治与社会"学术研讨会暨全国博士生论坛分组讨论现场(2015 年 7 月,西安)

陕北历史文化暨宋代府州折家将历史文化学术研讨会代表合影(2015 年 7 月,府谷)

陕北历史文化暨宋代府州折家将历史文化学术研讨会闭幕式主席台(2015 年 7 月,府谷)

宋代笔记国际学术研讨会代表合影（2015年8月，上海）

重庆市岳飞文化交流协会、重庆关岳庙赠送岳飞铜像在台湾佛光山安座仪式现场（2015年9月，高雄）

岳氏后裔和台湾信众在岳飞铜像前合影（2015 年 9 月，高雄）

"宋代的巴蜀"学术论坛代表合影（2015 年 10 月，重庆）

"宋代的巴蜀"学术论坛分组讨论现场（2015 年 10 月，重庆）

第六届韩中宋辽夏金元史国际学术研讨会代表合影（2015 年 10 月，韩国）

第三届中国南宋史国际学术研讨会（2015 年 11 月, 杭州）

第三届中国南宋史国际学术研讨会分组讨论现场（2015 年 11 月, 杭州）

中国宋史研究年鉴 2015

主　　办	河北大学宋史研究中心
顾　　问	包伟民
主　　编	姜锡东　王青松
副 主 编	王晓龙　吕变庭　李金闯　郭志安 刘云军　周立志
编辑主任	王青松
副 主 任	郭志安　周立志　刘云军
特聘专员	（以姓氏笔画为序）

　　　　　谭景玉　粟品孝　高建国　胡劲茵
　　　　　胡　坤　岳晓春　岳增省　杨宇勋
　　　　　杨　力　范学辉　张锦鹏　张雪娣
　　　　　赵　龙　庞永力　陈文龙　汪　超
　　　　　李灵均　朱人求　仝相卿　王瑞来

目　录

第二篇　会议述评与论文提要

第三篇　学术动态

第四篇　书评·新书序跋·书讯

第五篇　学人与学林

第六篇　博士论文提要与博士后出站报告摘要

第七篇　海外研究动态

第八篇　宋代遗存

附录

Contents

Ⅱ　Conference Reviews and Thesis Abastracts

Ⅲ Academic Trends

Ⅳ Book Reviews, Preface and Postscript of New Books and Book News Book Reviews

Ⅴ Scholars and Academic Collections

Ⅵ   Ph. D. Thesis Abstracts and Postdoctoral Report Abstracts

Ph. D. Thesis Abstracts

Postdoctoral Report Abstracts

Ⅶ   Overseas Research Trends

Ⅷ   Remains of Song Dynasty

Archaeology and Research

The Influence and Bestowal of HistoricPerson

The Appendix

卷首语

　　宋代是中国古代历史上非常重要的一个朝代，具有承前启后的特殊地位。陈寅恪先生认为："华夏民族之文化，历数千载之演进，造极于赵宋之世。后渐衰微，终必复振"。在宋代三百余年的历史长河中，中国各族人民在经济、教科文等领域确实取得了前所未有的显著发展，整体水平处于当时全球领先位置。但是，究竟在哪些方面超越前代、领先全球？超越、领先到什么程度？当时一个经济与教科文最为繁荣发达的国家，为什么却在军事和外交方面被动挨打、软弱屈辱、悲惨亡国？最先进辉煌的经济和教科文，为什么在后来的元明清没有得到持续大发展反而逐渐衰微、被欧洲后来居上，宋代社会究竟存在什么内在的致命缺陷？七百多年来，这四个问号，始终摆在有识之士特别是海内外历史学家的面前。后世思考者、研究者、论述者不乏其人，已经产生出数以万计的研究成果。然而，问题远没有得到彻底解决，未来的研究探索任务还相当繁重。研究解决这些问题的困难在于，面对数以亿计的宋代文字和文物，欲精通两宋社会历史，颇为不易；面对浩如烟海的中外史料，欲精通中外各国社会历史并与宋代进行准确比较，更为艰辛。确凿无疑的是，尽管存在很大的困难，专家学者们不会望而却步，一定会不断探索，年年贡献新成果。在研究探索进程中，个人的研究和认识能力毕竟有限，必须与其他各地各国的同人进行互相学习交流。而互相学习交流，必须有各种各样的媒介与平台。

　　作为中国教育部评定并持续资助的"省属高校人文社会科学重点研究基地"——河北大学宋史研究中心，一直把学术信息交流平台的建设作为中心的基本任务和目标之一，在资料建设与信息共享方面，始终坚持不懈地投入大量的人力物力资源。因此，在有关专家的建议与学界同人的支持下，我们决定与中国社会科学出版社共同合作，正式推出《中国宋史研究年鉴·2015》，将来还会持续不断的逐年编辑出版，以便更全面系统地为海内外学术界提供中国宋史学界（兼顾国外）的学术动态、学术活动与成果信息，进一步加强海内外宋史学界的交流与联系，更好地推动信息共享、学术共进。这是时代发展和学术研究的需要，是我们责无旁贷的义务，也是全体学界同人的共同使命。

　　《中国宋史研究年鉴》的编辑、发行，一年一卷，拟分以下栏目：研究综述；会议述评与论文提要；学术动态；书评·书讯·新书序跋；学人与学林；博士毕业论文提要，博士后出站报告提要；重点课题研究报道；海外研究动态；宋代遗存；宋史论著目录；索引（详见书末《征稿启事》）。

　　衷心希望海内外学界同人和广大读者朋友鼎力支持，不吝赐教，帮助我们把《中国宋史研究年鉴》办好。

河北大学宋史研究中心

《中国宋史研究年鉴》编辑部

第一篇

研究综述

2015 年中国大陆宋史研究综述

梁建国　许玉龙　王青松

2015 年中国大陆宋史研究取得了丰硕成果，据现有统计，出版著作和论文集近百部，发表论文上千篇。现将所掌握的主要内容，分几个方面叙述如下。限于篇幅与信息的不足，遗漏之珠，必然不少，希望学界同人在批评指正的同时，也能予以包涵和谅解。

一　政治军事法律

（一）政治史

1. 专著

陈峰、张明、李军、胡坤、邹贺等《宋代治国理念及其实践研究》（人民出版社 2015 年版），该书以治国理念及其实践为观察视角，通过对宋代方针、政策及其相关方面史实的梳理，全面总结并探讨了宋代治国理念的形成、发展及在具体实践过程中的调试，深入地思考了宋代国家治乱兴衰的原因。周佳《北宋中央日常政务运行研究》（中华书局 2015 年版）一书以北宋中央日常政务处理方式的变化为主中心，以北宋君臣共同参与、常见且关键的政务活动为线索，观察这一时期皇权行使方式的变化、中央权力格局的调整与士大夫政治演进的具体表现。方诚峰《北宋晚期的政治体制与政治文化》（北京大学出版社 2015 年版）以哲宗、徽宗两朝的政治史为研究对象，从政治体制与政治文化入手，围绕宋代士大夫这一主题，重新梳理了北宋晚期复杂的政治演变过程，试图理解中国古代王朝政治的特点。

祁琛云《北宋科甲同年关系与士大夫朋党政治》（四川大学出版社 2015 年版）以科举制度大发展的北宋时期的历史为背景，结合当时社会与政治的具体状况，对科举时代新出现的人际关系——进士同年关系加以考述。在整体考察与宏观探讨的基础上，通过对典型史事的考辨，对同年关系在北宋士大夫的政治及社会交往活动中的作用与影响做了更深层次的探析。由柏文莉著、刘云军译的《权利关系——宋代中国的家族地位与国家》（江苏人民出版社 2015 年版）一书以两宋宰相家族和浙江婺州地区本土精英家族为研究对象，以宋代家族亲属关系、社会地位和政治权利三者交互联系为研究主题，通过大量史料展示出南北宋时期士大夫如何从唐朝以来的贵族精英转变为政治精英和地方精英，如何通过科举、婚姻、经济纽带相互扶持以巩固和提升自己的社会地位。康武刚《宋代地方势力与基层社会秩序研究》（合肥工业大学出版社 2015 年版）则以大量史料为基础，围绕宋代基层社会的控制这一主题，研究了宋代基层行政人员与基层社会控制，民间组织与基层社会控制，佛教、道教及民间信仰与基层社会控制，乡里精英与基层社会控制等内容。张希清的《中国科举制度史·宋代卷》（上海人民出版社 2015 年版），对宋代贡举制度的应举资格、解试、省试、殿试、考场管理、考试内容、考校、特奏名、锁厅试、宗室应举、贡举后的各种活动与恩赏以及武举、制举、词科等进行了全面的梳理、考辨。魏希德《义理之争：南宋科举规范之折冲》（浙江大学出版社 2015 年版）对南宋科举考试中的一些具体现象进行了详细考辨。

2. 论文

皇权研究，从皇权研究皇室女性参政、职官研究等几个方面来分析。在皇权研究方面，杨志鹏《宋朝时期皇权对刑事审判权的制约》（《兰台世界》2015 年第 9 期）列举了宋代皇帝为了强化对刑事审判权的制约而采取的一些措施，认为强化皇权制约是宋朝刑事司法制度的显著特征。孙晶晶、陈萍在《绍熙内禅事件后南宋帝位更迭之象考略》（《兰台世界》2015 年第 12 期）中分析了"绍熙内禅事件"之后宋代皇权既有扩大又有削弱的迹象，这一观点有助于学者进一步了解宋代皇权特质，为学者把握我国古代帝制传承提供了新视角。此外，基于现实对"德治"的强调，"君德"也受到了学界关注。徐红《从诏令看北宋时期君主的"畏天"之德》（《南京师大学报》2015 年第 4 期）认为《宋大诏令集·帝统门》所收录诏令中的"畏天"思想可被认为是君德的重要内容，而这些内容的出现一方面出于皇帝对皇位合法性的维护，另一方面则是由于士大夫对君德的期望。

束保成《宋代东宫制度考辨》（《安庆师范学院学报》2015 年第 8 期）一文认为要想探寻宋代东宫制度变化的深意，需从宋代制度层面着手。范帅在《浅析宋代皇子的赐名"冠礼与出阁制度"》（《郑州轻工业学院学报》2015 年第 1 期）中认为，宋代为方便对皇子的管理建立了一套相应的赐名冠礼与出阁制度，但是和冠礼相比，宋代更注重出阁制度，但其政治意味并不明显。刘坤新《南宋潜邸出身官员的选任与皇储教育初探》（《山西档案》2015 年第 2 期）通过对南宋潜邸出身的官员这一社会群体进行详细考述，探讨他们对宋皇储的教育问题。

皇室女性参政。刘广丰《宋代特殊政治势力与女主权力的互动——以刘太后统治时期为中心》（《江汉论坛》2015 年第 10 期）认为刘太后主政期间，并未给北宋政治带来祸患，相反，其采取措施来调和各势力集团的矛盾，对北宋政局的平稳过渡起到积极作用。该文也认为刘太后干政期，多有上层女性参与政治的现象出现。刘广丰《宋初三朝后妃参政述论》（《社会科学战线》2015 年第 9 期）一文认为北宋前两朝由于皇权的强盛，并未出现强力女主；由于真宗掌控政局的能力不足，为刘太后干政提供了契机，开"宋代太后垂帘听政之风"。宋庄国瑞在《宋代公主权力旁落的原因探析——以宋仁宗长女充国公主为例》（《河南科技大学学报》2015 年第 5 期）中多角度探讨造成宋代公主权力旁落的原因，论文倾向于宋室"家法"管束严格以及台谏力量对宋代公主权力制约这一观点。

职官研究。龚延明《唐宋官、职的分与合——关于制度史的动态考察》（《历史研究》2015 年第 5 期）一文认为，宋承唐制，官与职分离更甚，致官、职、差遣离而为三，成为常态；直到宋神宗元丰改制，"官复原职"，才结束了官与职分离的"紊乱"局面，确立起以职事官、寄禄官、职名为核心的新官制。陈文龙《宋代责授团练副使俸禄再考》（《华中国学》2015 年第 3 卷）认为根据"官以寓禄秩"的原则，责授团练副使是一种特殊的"官"，有俸禄，只是全以他物折支。孙健在《宋代封赠制度的伦理价值研究》（《东岳论丛》2015 年第 1 期）中提到，两宋时期的封赠制度，其本身所承载的意义，已经远远超出了"光宗耀祖"的范畴，在家国之间，其承担着重要的价值建构功能。江易华、郑丽坤《宋代官员行政责任及追究制度研究》（《兰台世界》，2015 年第 9 期）指出宋代官员行政责任追究成为常态，认为宋代统治者对官员各方面的行政责任予以追究，能更好地实现统治者的治国目标。

中央职官。古丽巍《北宋元丰改制"重塑"尚书省的过程》（《中国史研究》2015 年第 2 期）集中考察元丰改制后尚书省职能的"重塑"过程，及其如何在国家政务的运行中发挥职能。田志光在《北宋前期参知政事职权与人事演变》（《河南大学学报》2015 年第 2 期）一文中认为，由于北宋前期的主客观环境的变化，参知政事的职权也几经变化，为进一步弄清北宋前期的官制起了推动作用。惠鹏飞在《尊崇之"名"到专权之"实"：宋代平章军国事制度考述》（《河南大学学报》2015 年第 2 期）一文中翔实地分析了宋代平章军国事制度由名到实的变化过程，而且指出其对两宋的衰亡负有一定的责任。魏莹莹《宋代三司制度研究 15 年（2000—2015）评述》（《决策论坛——科学制定有效决策整理学术研讨会论文集（下）》）总结了 21 世纪 15 年来宋代三司制度研究成果，将有关学术论文加以整理，并从制度史、财政史等不同的角度加以分析和总结，有助于我们对三司制度的整体把握。姜锡东和贾明杰共同撰写《北宋三司分庭抗礼对王安石变法及宋代官制改革的影响》（《兰台世界》2015 年第 9 期）一文，基于北宋三司分庭抗礼的情况来分析其对王安石变法及宋代官制改革的影响。惠鹏飞《宋代吏部尚书兼官研究》（《史志学刊》2015 年第 10 期）一文指出宋代吏部尚书兼官在元封改制后分为经筵官等官，许多兼官往往不能作为单独官职出现，因此对吏部尚书本职工作影响不大，作者又进一步阐明，宋代特别是南宋时期兼官大量出现，由有能力而又能把相应职务做好的官员来兼任该职务，一定程度上是历史的进步。

地方职官。郑文豪在《宋代的武臣知州（军）的选任与管理》（《学术研究》2015 年第 5 期）认为，宋代各个时期都存在着武臣知州的情况，武臣知州由枢密院选任和管理，沿边武臣知州兼掌民政与兵政，文臣通判分担部分民政事务，以制衡武臣专权。武臣知州的存在是对以文制武"祖宗之法"的补充，是经国御敌的权变之策。李康《略论宋代通判职能及其演变》（《郑州航空工业管理学院学报》2015 年第 4 期）详细叙述了从北宋到南宋通判这一职能的行政权和经济权的发展变化，其趋势是行政权削弱，经济权强化。孙婧在《宋代东京留守职能初探》（《黑龙江史志》2015 年第 9 期）提到，东京留守官员有着管理军队组织民兵、抗击外敌保卫京师的军事职能，在宋代军事领域有着不容忽视的影响。张春梅《北宋太原知府行政监察述略》（《安顺学院学报》2015 年第 8 期）对北宋太原知府行政职能和检察职能进行了述略，分析了其在对内和对外中的重要作用。任欢欢、左海军《两宋招讨使考述》（《宁夏大学学报》2015 年第 1 期）认为招讨使为军事使职，主要掌招抚、征讨盗事，在唐、五代时期一般由朝廷高级军政大员充任，北宋多由文臣充任，南宋大多以武臣充任，并有"便宜行事"之权。崔玉谦《北宋陕西路制置解盐司考论》（《西夏研究》2015 年第 1 期）论述了陕西路制置解盐司的设置作用。

科举研究。张希清《宋朝贡举释褐授官制度述论》（《中原文化研究》2015 年第 3 期）指出宋代贡举及第授官制度与唐代不同，宋代存在未命官先释褐的例子，表明了贡举取士在宋代官僚政治中的地位有了很大的提高。刘培的《北宋科场改革与律赋沉浮——以熙宁变法为中心》[《北京大学学报》（哲学社会科学版）2015 年第 4 期］认为，熙宁年间宋廷颁布贡举新制，罢诗赋而以经义取士是儒学深入而持久地对社会各个层面渗透的结果，折射出已经成为主流文学观念的儒家文道观对科场衡文标准的不满，指出熙宁年间宋廷颁布的贡举新制，最终目的是废除科考，以学校教育选士，而经义取士只是权宜之计。律赋抑或经义、策论，最终都要被工具化，贡举新制注定难以达到关乎治道的初衷。董名杰《析探宋代恩科之弊》（《黑龙江教育学院学报》2015 年第 8 期）一文认为，随着取士人数的不断增加，宋代恩科逐渐显露出了它的弊端，造成冗官、官僚队伍素质降低以及严重败坏士风学风，等等。方芳、龚延明在《宋代科场管理研究》（《浙江学刊》2015 年第 1 期）中认为，宋代的科场管理相对前代更为严格，制定了许多防止科场弊病的有效制度，为明清所继承，对于当今的考试制度仍有一定的借鉴意义。罗家祥《北宋徽宗统治时期的"八行取士"》（《华中国学》2015 年第 3 卷）认为八行取士是在"崇宁党禁"之后，宋徽宗君臣为网罗政治上的驯服工具及奴才而精心设计的重要制度，虽然其化解了崇宁之后的危局，但是其并不能对社会产生任何积极作用。朱海滨《温州科举的兴盛及其背景》[《杭州师范大学学报》（社会科学版）2015 年第 5 期］以两宋时温州地区的科举为研究对象，提出温州科举虽然起步较晚，但是在北宋末崭露头角，到南宋时，温州进士的数量已经居浙江第一、全国第二，并从多方面分析了其原因。

仪制。周佳《沟通内外：北宋阁门的位置与功能考论》（《文史》2015 年第 2 辑）指出，北宋外朝文德殿两侧的东、西上阁门主要承担庆礼、慰礼等礼仪场合的通进功能，而负有实际政务通进功能的阁门位置则移至内朝垂拱殿门。王化雨《从徽宗初年"覆奏""同奏"之争看北宋的宰辅奏事》（《史学月刊》2015 年第 7 期）以《曾公遗录》的记载为中心，就覆奏仪制一事剖析了北宋的宰辅奏对。陈胜、乔楠《史述详略之间：北宋大朝会初探》（《史学集刊》2015 年第 4 期）指出，传统史家对大朝会的展现并非是全景式的，而是相对突出三个阶段：太祖太宗时期、仁宗天圣年间以及神宗元丰年间。李芳瑶《论北宋时期的"入阁仪"》（《首都师范大学学报》2015 年第 3 期）分析了北宋前期张洎、宋庠、欧阳修 3 人对"入阁仪"制度来源的不同认识及其原因。同时，该文认为大礼活动涉及朝廷运作诸方面，也对宋人的时间观念产生了一定影响。王美华《家礼与国礼之间：〈朱子家礼〉的时代意义探析》（《史学集刊》2015 年第 1 期）从官僚士大夫推动礼仪规范与国家礼制教化不断推进的视角来考察《朱子家礼》的修撰主旨及内容设置，进而分析宋代家礼演化的内涵趋势，更趋精准地定位宋代家礼与国礼之间的关系。王志跃《虚实之间：宋儒对礼之名实的探索》（《北京社会科学》2015 年第 2 期）一文认为，欧阳修提出的"礼乐为虚名"曾得到历代学者的赞赏，但欧氏立论是三代之后刑政、礼乐分为二途，重礼仪物质形式而轻礼义精神内容，从而达到规劝帝王践履礼义精神的目的。杨倩丽、郭齐《论宋代御宴簪花及其礼仪价值》（《江西社会科学》2015 年第 12 期）认为两宋时期御宴簪花礼仪兴起，主要是为了表明官员等级，但其仍凸显出朝廷彰显太平、宣示皇恩以及士人对美的追求。

文书制度。李哲坤在《公文纸本文献研究新进展》（《高校社科动态》2015 年第 1 期）中通过梳理公文纸本文献研究现状，从而探究公文纸本古籍文献研究的发展脉络。这篇综述性文章，对于了解截至 2015 年的公文纸本文献研究有重要意义。汪桂海在《公文制度与节庆礼仪：国图藏宋本〈三国志〉纸背文书研究》（《河北学刊》，2015 年第 3 期）中针对宋代公文纸印本中保留下来的宋代官府文书大部分尚未得到整理、公布这一情况，将研究重点由公文的年代转移到公文本身，这对研究宋代的政治制度、社会风俗等方面是有裨益的。

《中国史研究》2015 年第 1 期发表了 3 篇有关徐谓礼文书的论文：龚延明《南宋文官徐谓礼仕履系年考释》依据出土官诰文书，对徐谓礼 30 年仕履，按年、月、日将其历任差遣、职事官与相应的官衔进行了梳理和考释。李全德《从〈武义南宋徐谓礼文书〉看南宋时的给舍封驳——兼论录白告身第八道的复原》分析了徐谓礼两类告身的形成过程以及给事中、中书舍人在其中的角色及其作用，重新评估了南宋所谓给舍合一和封驳权的行使问题。张祎《徐谓礼〈淳祐七年十月四日转朝请郎告〉释读》指出宋代元丰改制后确立的奏授告身体式与唐代制度一脉相承，具体格式则顺应三省六部制度的演变作了相应调整。此外，《首都师范大学学报》2015 年第 6 期发表了 3 篇关于文书制度的论文：刘江《〈宋西北边境军政文书〉所见荫补拟官文书类型再考释》是对传世文书资料的搜讨、整理和辨析；王化雨《两宋熟状考述》是对史籍记载中常见文书类型及其相关制度的界定、梳理；张祎《关于北宋的"大敕系衔"》对北宋文书运行中的使相"大敕系衔"制度进行了阐释，认为大敕系衔制度渊源于唐代，至北宋元丰改制而最终废止，经历了一个由所有敕牒均可列衔到仅限于"大敕"的演变过程。

《山西档案》2015 年第 1 期发表了 3 篇有关《宋人佚简》的论文：吴玉梅《〈宋人佚简·邵宏渊书启〉考释》推断出此书启的写作时间是在绍兴三十二年十月，认为此书启反映了宋孝宗即位后对军队高级将领人事安排的新变化。魏琳《〈宋人佚简〉所收劄子之初探》探讨了作为书信形式之一的劄子在南宋官场中的应用及特点。宋坤《宋代"双书"书仪文式研究》指出，宋代书信中的"双书"出现于北宋末，之后在整个南宋时期的官场交际书信往来中占据主流地位。范建文《宋代的〈须知〉及其价值》（《首都师范大学学报》2015 年第 5 期）强调要充分认识《须知》的史料价值，认为它为考察宋代行政事务管理、基层社会、经济史、区域史、民族关系及军事史等领域提供了诸多重要线索，可以进一步丰富对宋代社会的认识。他的另篇文章《〈宋人佚简〉所收须知册申状文书再议》（《兰台世界》2015 年第 20 期）一文指出，《宋人佚简》共收录十六件须知册申状文书，"须知册"在传世宋代文献中也多有记载，但在新发现资料中却是首次出现，深入解读《宋人佚简》中的"须知册"及其申状文书的历史意蕴，可以丰富对宋代社会的认识。李如钧《评赵晶〈天圣令〉与唐宋法治考论》（《中国史研究动态》2015 年第 2 期）是对赵晶的《〈天圣令〉与唐宋法治考论》一文中唐宋令典篇目、唐宋令文变化、唐令用语考证、唐令复原等相关问题进行了进一步深入评论。杨军在《宋代榜文文书副本的复制方式》（《档案学通讯》2015 年第 3 期）中分析了不同版本公文的优点：书写的榜文优长在于大字醒目，简便易行；雕版印刷的榜文复制速度快、数量多，便于在流动人群中广泛传播；勒石刻碑的榜文威严庄重且留存时间相对久远。文书副本载体与复制方式各异的榜文成为宋代官方施政信息布达民间的一个有效途径和助推中央和地方行政事务的得力工具。

地方行政区划制度。顾宏义《宋初两浙东北路、两浙西南路再考》（《兰州学刊》2015 年第 3 期）论证了自太平兴国六年至雍熙二年，两浙东北路改称的两浙路并"兼总"两浙西南路之推断是不可靠的，并考证了宋初建、南剑等州的改属问题。张达志《唐宋之际由场升县问题试释——以宣歙、江西、福建为中心》（《复旦学报》2015 年第 3 期）对唐宋之际的地方建制中县的废置作了详细的分析，认为宋时新县的激增得益于晚唐以来场的长足发展，从而加深对基层建制演变与地方控制之间互动关系的认知。齐子通《次赤、次畿县的成立与唐宋府制变迁》(《魏晋南北朝隋唐史资料》第 31 辑)认为唐宋之际，府数量的增多，不但导致了"次赤、次畿、次赤府、次府"之名的产生，也促使其属县县级不断下降；整体而言，唐宋府制呈现出由中央性到地方化演变的历程。何适《宋代扬州的政区变动与经济衰落》(《历史地理》2015 年第 2 期)从地方行政区划角度，探讨宋代扬州城市经济的衰落问题。王旭《宋代吉州基层区划的变动与调整》(《历史地理》2015 年第 2 期)以宋代的吉州为时空范围，探讨该州基层区划的变动和调整情况，为中古时期县以下的区划研究抛砖引玉。王旭《宋代江南西路经济格局的时空差异及演变》(《地域研究与开发》2015 年第 6 期)运用乡分布疏密度、新设州县数、年平均增长户数及单位面积内户数 4 个指标探索宋代江南西路经济格局的时空差异及演变。

包伟民《中国近古时期"里"制的演变》(《中国社会科学》2015 年第 1 期)从由唐入宋乡里组织历史演变的角度，梳理了传统里制的蜕化过程以及给乡村社会留下的遗产。侯鹏《经界与水利——宋元时期浙江都把体系的运行》(《中国农史》2015 年第 3 期)一文认为，宋元时期都把体系的形成关联到国家与社会多个层面的复杂互动，它不仅是行政权力向下控制的手段，还直接参与到乡村社会的自我整合与维系之中。侯鹏《宋代差役改革与都保乡役体系的形成》(《社会科学》2015 年第 8 期)指出宋代差役改革在组织上发生了州县役人由官雇向私募的转化，乡与都职能的分化反映出州行政在实际运行中所发生的城乡观念的分野，其运行的内在理论主导了此后乡村基层组织的演变。

少数民族地方治理。陈曦《进退之间：从羁縻诚、徽州的变迁看宋朝对诸"蛮"的治理》(《广西社会科学》2015 年第 3 期)详细梳理了赵宋政权对羁縻诚、徽州治理措施的演变及实际效果，并认为由于赵宋没有统一的治理理念，在政策实施上也存在一定的摇摆性，这导致其在荆湖羁縻地区的开拓与治理上进退两难，致使该地区"蛮"变不断。陈曦、王忠敬《南宋地方志与地方政务》(《中南民族大学学报》2015 年第 4 期)认为南宋的地方志是地方官施政的重要依据，在施政过程中逐渐演变为治理地方社会的"重典"，从而使地方志具备了一定的权威性，时人为了取得地方治理的话语权，也会通过修志塑造自身的"权威性"。陈曦《虚实之间：北宋对南江诸"蛮"的治理与文献记载》(《宋史研究论丛》2015 年第 16 辑)一文认为，由于文本记载的不审慎以及赵宋开边活动的影响，导致熙宁以后，很少出现荆湖羁縻州的记载，呈现出虽不见羁縻州却仍存在羁縻政策的状况，从而使宋代边境的羁縻问题更加复杂。叶承勇在《从贵州锦屏〈戒谕文〉摩崖石刻看宋朝对湘黔桂边地的治理》(《中华文化论坛》2015 年第 8 期)中以贵州锦屏县南宋末期《戒谕文》内容为基本线索，重点分析了摩崖所反映的宋代"夷"汉盟誓之治，北宋中后期对湘黔桂边地的开边拓土，加强军事、经济和习俗方面的治理。董纯琳《以盐制夷：宋代西南民族地区羁縻政策管窥》(《广西民族研究》2015 年第 8 期)突破了传统视域里民族政策只是反映政府对民族地区由上而下的管理，较少关注民族需求及上下交互式的政策演变的限制，从食盐交换的角度来论述宋廷对西南民族地区的治理，并对其持肯定态度。

赋役制度。王战扬《宋代赋税倚阁制度与地方灾害救助》(《德州学院学报》2015 年第 3 期)认为赋税倚阁制度在一定程度上缓解灾害带来的损失，但是也存在很大弊端。赵璐璐《里正职掌与唐宋间差科征发程序的变化——兼论〈天圣令·赋役令〉》(《史学月刊》2015 年第 10 期)一文论述了唐末五代以来，差科征发程序由唐前期里正据差科簿拣选，至宋代由县令按照户等直接征发的差役制这一变化过程。

其他行政制度。李合群《北宋东京城门管理制度的时代特征》（《河南大学学报》2015 年第 3 期）认为北宋东京城的城门管理制度，既有继承唐代长安之处，又有鲜明的时代特色，且随着时局的不断变化一直处于补充、完善之中。李云龙在《宋代行政例刍议——以事例为中心的考察》（《求索》2015 年第 9 期）中以事例为考察中心，指出宋代行政中存在的利弊，并认为宋代是例发展过程中的关键历史阶段，起着承上启下的重要作用。

战略与政策。刘大明《"防患于未然"——北宋士大夫的政治战略观探微》（《华中国学》2015 年第 5 卷）认为赵宋士大夫为革除五代之弊，确立了"防患于未然"的政治精神，这导致其在战略思想上既想抵御外患，又要防患内忧。张邦炜《重文轻武：赵宋王朝的潜规则》（《四川师范大学学报》2015 年第 1 期）认为，宋代重文轻武论之所以备受质疑，原因主要在于重文轻武不是赵宋王朝的明规矩，而是心照不宣的潜规则。质疑者往往以北宋初年的史实为例，或者对于重文轻武的简单化解释和绝对化理解。这也是人们怀疑重文轻武的重要原因之一。此外，该文也提到，宋朝文武官既非一概势如水火，也非各自铁板一块。焕力在《宋代士大夫释义"祖宗家法"的意蕴——以宋仁宗时期为中心》（《历史教学》2015 年第 2 期）中以宋仁宗时期士大夫对"祖宗家法"的解释为例，指出了如何释读"祖宗家法"折射的是士大夫的思想理念，对其的不同解读，既有技术层面的差异，又反映出政治追求的不同。和大多数学者将两宋的灭亡归咎于宋代的"右文"政策这一学术观点不同，束保成在《宋代"文治"新论》（《遵义师范学院学报》2015 年第 8 期）中认为，正是由于文治的推行才使宋朝没有走上五代更替的覆辙，文治的推行，也是专制皇权发展的体现。全相卿在《建隆初年政局与赵宋政权应对补论》（《商丘师范学院学报》2015 年第 2 期）一文中详细考述了赵匡胤在宋初为稳定政局所采取的一系列措施，并对其措施持肯定态度。安国楼、王国宇《论盟誓背景下北宋对辽策略的隐忧》（《河南师范大学学报》2015 年第 5 期）通过分析宋辽澶渊之盟以后百余年间宋廷的政治情况，阐述北宋对辽不断强大进而威胁其统治的担忧。王友胜、侯娟娟《苏轼对宋丽关系的基本态度及其原因分析》（《中国古代文学与文论研究》2015 年第 2 期）分析到：苏轼认为，在宋辽势力均衡、军事对峙的情况下，宋朝与高丽的频繁交往消耗了大量人力与财物，图书外流与经济贸易过程中泄露了大量军事机密，不利于国家安全，也会造成辽对宋的不满，从而引起战乱；但苏轼支持正常的宋丽文化交流，对高丽文化并不排斥，高丽文物多次出现在他的诗文中。苏轼从对宋辽丽彼此关系的分析中指出，那种试图以夷制夷和联丽制辽的想法无异于痴人说梦。

政治文化。陈晔在《"思不出位"观念与宋代士大夫议政》（《四川师范大学学报》2015 年第 1 期）中聚焦士大夫对不利因素的因应策略，对传统的"思不出位"政治伦理与士大夫议政关系进行深入探讨，力图说明当时士大夫面临的实践困难与存在状态，深化学界对宋代士大夫议政现象的认识。李之亮《宋朝官场"带病提拔"缘何成常态》（《人民论坛》2015 年第 4 期）一文从宋代后期政治斗争的需要、帝王的懦弱以及自身荒淫等方面探讨官场"带病提拔"成常态的原因。张健民《天灾异变与熙宁变法》（《安徽史学》2015 年第 4 期）认为"天灾异变"是导致熙宁变法失败的关键因素之一。王申《宋官箴书所见胥吏形象成因探析》（《温州大学学报》2015 年第 1 期）则另辟蹊径地研究宋代官箴书中的胥吏的反面形象，并分析其成因。郭凌云《宋初百年选仕政策与文人干谒现象研究》（《西北师大学报》2015 年第 4 期）认为宋初百年间的选仕涉及荐举行为，导致干谒现象、舞弊贿赂、恩出私门等现象的出现。李景新在《海南贬谪文化中的文化传播》（《海南大学学报》，2015 年第 6 期）通过论述"贬谪"这一因素在海南文化与中原文化交流中的作用，提出"贬谪传播文化呈现出一定的阶段性"的观点。该文作者分析了文化传播与接受的过程，并认为唐代到北宋后期是中原文化传入的接触与显现阶段，北宋后期至南宋是选择和采纳阶段。黄静《〈郡斋读书志〉与宋代政治文化》（《石河子大学学报》2015 年第 5 期）认为《郡斋读书志》以文献著录与"解题"的形式展现出了巨大的学术价值，它不仅是一部目录著作，同时晁氏在具体著录中，用一人之笔录一代之迹，详尽地展现了宋代的政治文化，又是一部记录宋代政治文化的独特文献。

（二）军事

1. 专著

范学辉《宋代三衙管军制度研究》（中华书局 2015 年版）以宋代三衙管军制度为研究对象，主要采用制度史与军事史、政治史等相结合的研究方法，从宋代社会形态演变、政权性质和官民关系变动等时代大背景入手，力图对宋代三衙的兴起、发展和变化进行较为全面、系统的动态论述，并对宋代的统兵体制也尝试进行了新的宏观概括。其中对两宋三衙管军制度的发生与演变，三衙的建制与职能及其与地方军马的关系，三衙所部编制、兵力变动与马政，三衙诸军与宋代战事，三衙管军的地位与任职资格、选任及其素质状况等进行了多角度深入研究。

2. 论文

战争方面。马坤《宋太祖开宝二年亲征北汉若干问题探究》（《历史文化》2015 年第 4 期）对宋太祖亲征北汉中北伐战略、时机以及战后关系做了探究。李虹瑶、吴景山在《宋神宗时期筚篥城战役浅析》（《山东农业工程学院学报》2015 年第 5 期）一文中认为，筚篥城之战是北宋对西夏战争败退的转折点，此后，北宋对西夏战略逐渐调整，而堡寨的军事、经济功能逐渐显现出来。马强《关于宋蒙钓鱼城之战几个问题的再探讨》（《长江师范学院学报》2015 年第 6 期）研究了宋蒙钓鱼城之战之所以能够长久坚持的地理环境因素以及偶发性。

武装力量构成。范学辉在《两宋三衙诸军都城驻扎考》（《浙江学刊》2015 年第 3 期）描述出三衙诸军在北宋开封、南宋临安（杭州）和建康的驻扎分布，并指出整体呈现出中央要求相互制衡的观念，对于研究两宋中央军的发展变化提供了更清晰的依据。张亮、蓝勇《北宋东京禁军军营的再利用与城市空间的重构》（《史林》2015 年第 5 期）认为，熙宁时期的军制变化使得原本集中于东京内城西北部和外城东南部的军营分布格局被打破，形成了以东京内城和外城西北部为重心的分布态势。林键《北宋时期宋夏边境民间军事力量发展之研究》（《才智》2015 年第 30 期）指出，为扭转宋夏战争中的不利局面，以范仲淹、韩琦、种世衡为代表的一些有识之士对宋夏边境地区的蕃汉民间武装力量加以利用，很大程度上增强了北宋军事防御能力，民间习武风气也因此得到增长。何适《南宋巡社制度兴废考——兼论宋廷收编地方武力的官方心态》（《河南大学学报》2015 年第 5 期）一文介绍了南宋巡社的兴废及其与当时的军政动态的紧密联系，反映了当时宋廷对待民间社会组织既利用又猜忌的复杂心态，最后得出了制度兴废的背后实际隐藏着重要的政治疑问，赵宋王朝强干弱枝的政策着实影响深远这一结论。唐春生（《宋代海盗成员的构成与国家治理的制度安排》（《中国海洋大学学报》2015 年第 3 期）主要介绍了宋代海盗成员的构成、宋廷对海盗的治理以及治理失效的原因，并得出根治海盗绝非易事的结论。

装备和后勤服务。范建文《试论宋代斩马刀的产生与流变》（《烟台大学学报》2015年第1期）认为斩马刀出现早于宋嘉祐元年，在宋神宗时期受到重视，开始运用于战场。随着时代的变迁和战争环境的变化，斩马刀的功能也发生了变化。通过对斩马刀流变的考察，指出战争环境的变化会促进武器的变革，武器的发展也会促进军事层面的变革，对任何国家而言，国家利益和战争思维都是影响武器发展及其应用的重要因素。张锦鹏、李垚在《宋代"川广马"收买行为的演进：市场化与民族文化的视角》（《思想路线》2015年第1期）讲到宋代"川广马"的收买，经历了从北宋以政治诉求为主导向南宋以经济诉求为主导的转化，其主要原因是南宋军马短缺严重，需扩展"川广马"市场来补充马源。为了扩大"川广马"，南宋政府不仅重视"川广马"市场的设置和采取高价定价等经济策略，还任用通判等地方官员作为买马官员。在招买马过程中，南宋政府充分利用地方性知识来发展与少数民族的贸易关系，从而最大限度地拓展了南宋马匹市场。

军事地理。王永胜《北宋烽燧线的考察与研究》（《赤峰学院学报》2015年第11期）论证了烽燧线与丰州城均为北宋的长城军事防御体系组成部分，考证了烽燧线与油松王的关系。安北江《北宋时期丝绸之路上的秦州》（《天水师范学院学报》2015年第6期）分析作为古丝绸之路东段重要通道——秦州的军事地理和商贸等情况。

（三）法律

1. 专著

杨卉青《宋代契约法律制度研究》（人民出版社2015年版）对宋代契约关系及其调整的契约法律制度进行专题研究，重点研究宋代契约关系产生发展变化的背景，全面总结契约的种类，探讨了宋代社会财产流转的形态与宋政府对于契约关系订立、履行的干预和规范。王扬《宋代女性法律地位研究》（法律出版社2015年版）以婚姻、家庭、财产关系、刑事司法为线索，综合考察宋代女性的法律地位与社会生活。该书主要涉及宋代女性在婚姻和家庭中的法律地位，宋代女性在财产关系中的法律地位，宋代女性的刑事法律地位等内容。陈义和《佛教与宋代法律》（中国政法大学出版社2015年版）探讨了宋代法律与佛教之间的互相影响。岳纯之《宋刑统校正》（北京大学出版社2015年版）以天一阁藏明钞本为底本，对《宋刑统》做了重新的整理与校正。

2. 论文

宋乾对宋代官员贪赃犯罪问题进行一系列研究，他在《宋代预防官员贪赃措施述略》（《保定学院学报》2015年第3期）一文中考述了中央朝廷为防范官员贪赃而采取的一些措施，认为这些措施只能起到有限作用，却不能彻底根除这一弊病。此外，他在《宋代官员赃罪的惩处机制》（《安阳工学院学报》2015年第3期）中专门从法律制度和任官制度两个视角阐述宋代官员赃罪的惩处机制。王乐、舒月《两宋时期的反贪腐机制及其启示》（《法制与社会》2015年第23期）主要从综合性的角度论述两宋时期的反贪腐机制，希望能够对我们建设廉洁政治起到一定的借鉴意义。王晶、张兰芳《宋代救荒法律制度初探》（《法制博览》2015年第24期）首先研究灾前防灾的法律制度，其次研究灾后救灾的法律制度，按照这种时间顺序研究宋代救荒法律制度。高玉玲《宋代契约的"情愿"法及解读——以买卖契约为中心的考察》（《兰州学刊》2015年第6期）以宋代买卖契约为视角，探讨宋代情愿法的发展、时代价值及其实效性。吴美菊《宋代商业法建设相关问题》（《兰台世界》2015年第12期）指出宋朝的统治者注重"法制"和"文治"的结合，以致推动宋代商业法制的发展，并对宋代的商业法制进行研究。

二 社会经济

（一）社会史研究

1. 专著

赵瑶丹《两宋谣谚与社会研究》（中国社会科学出版社2015年版）以近900条谣谚为基础，借助相关语境与史料，多维度地探讨了两宋政治与社会生活的方方面面。张聪《行万里路：宋代的旅行与文化》（浙江大学出版社2015年版）利用宋代官方材料与私人游记、笔记的记载，剖析了旅行在宋代文化及地方史上扮演的重要地位。

2. 论文

社会保障与救济。张文《论两宋社会保障体系的演变脉络》（《苏州大学学报》2015年第2期）对两宋时期的社会保障体系的演变脉络进行了梳理，并认为北宋重点建立了系统的救荒、济贫、扶弱制度，南宋则在社会保障主体、政府行为、社会保障方式等方面发生了一些新的变化。何适《从官方到民间：仓储建置与宋代救荒的社会力量》（《河北师范大学学报》2015年第3期）选取宋代仓储建设中最为重要的三类——义仓、常平仓、社仓，并将三者作了综合比较，得出官方力量在宋代仓储建置中占有主导地位，所以在社会救荒的过程中起着首要的作用这一结论。李士霞、王建国《宋朝时期社会救济事业的发展探讨》（《兰台世界》2015年第27期）从宋朝时期的社会背景切入，对当时的社会救济事业基本形式，相关内容及其主要作用进行分析调查。冯芸、桂立《宋代商人与社会慈善救济》（《江西社会科学》2015年第12期）一文指出，宋代商人通过为社会弱势群体提供各种救助、灾荒之时减价出粜米谷或无偿赈济、对贫困无力者宽免逋欠、捐资社会公益事业，以及对同业伙友进行救济等形式，成为宋代社会救济体系中一支重要力量。商人的施善行为也使社会资源的分配在社会各阶层成员间得到了某种程度的调节和平衡。王艳《宋朝身后抚恤制度的发展与完善——宋朝官赙特征探析》[《信阳师范学院学报》（哲学社会科学版）2015年第1期]认为宋朝对亡者的身后抚恤与前朝相比更加规范化、制度化。宋朝官赙制度的进一步发展与完善和官僚政治的崛起以及商品经济的发展有着直接关系。王昊《〈宋代救荒史稿〉评介》（《高校社科动态》2015年第1期）肯定了李华瑞《宋代救荒史稿》一书的价值与创新之处，也指出了某些不足。

地域社会与群体交往。王凤翔、兰军《北宋山东籍官员与地域社会——以〈宋史〉为据》（《鲁东大学学报》2015年第5期）通过考察以科举与荫补为主入仕的山东籍官员在地域上的分布呈现出明显的"V"字形状，指出此种地域分布的差异使得濮州和青州成为山东的文化和人才中心，并辐射周边，成为山东内陆和海疆文化的代表。梁建国《梅尧臣与东京——兼论北宋地方士人融入京城社会的若干问题》（载《中国社会科学院历史研究所学刊》第九集，商务印书馆2015年版）考察了梅尧臣一生中先后7次进京的经历，从他与其他士人的交往互动以及对各种都市空间内的活动参与这两个方面探讨了北宋地方士人融入京城社会的问题。吴铮强《宋人志怪故事中的地域社会与伦理观念——以〈夷坚志〉温州故事为例》（《浙江社会科学》2015年第4期）从地域关系的视角分析

《夷坚志》温州故事中伦理观念与地域秩序的对应关系。

妇女研究。杨果《近三十年中国宋代妇女史研究的回顾与反思》（《华中国学》2015年第3卷）认为近三十年的妇女史研究虽大有与以往研究模式相决裂以"重写历史"的趋势，但是要真正实现这一目标，则需跳出以男性为中心的思想束缚。杨果《性别视角下的宋代历史》（《华夏文化论坛》2015年第2期）则从社会性别的角度对宋代历史进行了解读。铁爱花《宋代女性行旅风险问题探析——以女性行旅遇劫为中心》（《浙江学刊》2015年第1期）一文归纳了宋代女性行旅遇劫风险的类型、特征、危害以及如何应对等问题，探讨了宋代女性行旅与社会秩序的关系。苏天雅《宋代士人理想女性形象——以正史传记和宋人家训为中心》（《黑龙江史志》2015年第9期）认为正史传记和家训对女性的规范有严格界定，这在某种程度上反映出士人理想的女性形象；相较而言，家训中的女性形象更为符合实际，这与正史以及家训的受众群体有关。柳雨春《身体的消费：宋代官妓的差排、祗应与国家权力》（《宋史研究论丛》2015年第16辑）对宋代地方的妓乐活动诸层面进行了详细考证，并认为官妓成为官员、百姓日常活动中不可或缺的内容，这威胁到整个"国家身体"，但其售酒活动却成了国家的一种盈利方式；国家需要在利弊之间寻找平衡，这促使官僚群体的地位提升，而妓女地位再次遭到贬抑。柳雨春《诗词、传记和历史——海外中国妇女史研究的新成果（2012—2014）》（《中国图书评论》2015年第1期）在介绍柏文莉新书时提及宋代节妇现象的出现与演变，认为应当引起足够的重视。

宗族研究。王善军在《唐代高门士族入宋后裔考略》（《社会科学》2015年第8期）中一方面肯定唐代的门阀士族在进入宋以后虽难以再凭借门阀而显著，但同时指出门阀中某些适应宋代社会环境的支系，仍然可以不断培养出仕宦成员，成为两宋世家大族的组成部分。王瑞来《科举家族与地域网络——以曾安强与周必大为中心的个案解析》（《社会科学研究》2015年第3期）考察了《宋史》及《宋史翼》均未立传的北宋后期官僚曾安强及其家族的事迹，进而从曾氏家族的仕途际遇等方面来探讨南宋前夜士人仕途的艰辛。张尚毅《宗法建构强化宋代乡村治理》（《中国社会科学报》2015年9月7日第4版）认为宋代乡村宗法制通过平民化宗族的自治、自理机能等方式不断完善，从而使得宋代乡村社会得到广泛而有效的治理。林鹄《宗法、丧服与庙制：儒家早期经典与宋儒的宗族理论》（《社会》2015年第1期）分析了早期儒家和宋儒的宗族观，认为古人关于宗族的种种制度安排实际上是基于复杂而深刻的伦理思想。［日］佐佐木爱作、钟翀译《宋代道学家的宗法论》（《人文杂志》2015年第6期）认为宋学主流思想的宗法论仍然只是道学家们基于"复归经义"所阐发的主张，并未能推动当时现实中的亲族结合与宗族实践。

社会价值观念。冯芸《宋代以"重利趋商"为核心的社会价值观的形成及其对宋代社会生活的影响》（《中华文化论坛》2015年第12期）以在宋代形成的以"重利趋商"为核心的社会价值观为对象，探讨了这一社会价值取向的出现对宋人的社会生活诸如婚姻观念、社会交往、生活理念等方面均产生的影响以及新的时代特征。

（二）经济史研究

1. 专著

张玲《宋代城市铺户研究》（三晋出版社2015年版）对坊市制度瓦解后，在多种城市变革力量推动下，古典市制下的市肆坐贾演变为开放市场下的铺户进行了研究。

2. 论文

农业。柳平生、葛金芳《"农商社会"的经济分析及历史论证》（《求是学刊》2015年第2期）中提出宋代是"富民"社会，宋代江南区域经济已经跨入农商社会，农业、手工业的分工深化和专业化程度的提高使两宋时期的经济增长开始出现某些近代色彩。谷跃东《论宋代江南农业生产技术的进步》（《黑龙江生态工程职业学院学报》2015年第9期）认为宋代江南地区兴修水利，大面积开荒，又注重农具改进，农业发展迅速，这种超越前代的发展，既是对唐朝时期江南农业生产技术的总结，又是宋代在此基础之上取得的长足进步，为江南农业生产全面赶超北方，为中国古代经济重心最终南移奠定了坚实的基础。曾雄生在《从零碎化到园田化：农田整治的历史反思》（《中国经济史研究》2015年第2期）中指出中国的土地零碎现象至南宋时已明显。李景涛在《宋代陕西路沿边党项和吐蕃的农畜牧业生产——以耕地面积和牲畜数量为中心》（《贵州民族研究》，2015年第7期）一文通过对宋代陕西路沿边地区党项和吐蕃农业、畜牧业生产中的牲畜数量和耕地面积进行量化研究，探讨宋代西北地区游牧民族定居农耕化问题和宋代西北地区农业和畜牧业生产的发展及黄土高原地区生态环境的变迁等重要问题。吴漫在《〈千仓渠水利奏立科条碑〉与严格的水管理》（《历史文献研究》2015年第1期）对《千仓渠水利奏立科条碑》的设立和价值进行了广泛的探究，肯定了其在水利管理方面的价值，并认为它在一定程度上体现了今天所谓的破解"集体行动困境"的意义。夏涛《两宋女性的农业生产与经营》（《农业考古》2015年第1期）一文指出，由于商品经济的较高发展，很多女性也投身到农业社会生产中来。

手工业。徐东升《宋代铜产量变动原因析论》（《厦门大学学报》2015年第1期）认为，宋代铜产量比唐代大幅度提高，经历了宋神宗以前的上升趋势和以后的下降趋势，主要是由韶州铜矿的发现和铜产量的变动引起的，与技术进步、经营方式演变关系不大。金雷磊在《论宋代民间出版的特色及其影响——以福建建阳民间出版为例》（《武夷学院学报》2015年第7期）中以宋代建阳民间出版的书籍为例，指出其在内容上追求实用性、功利性，在形式上追求通俗性、趣味性的特点。该文作者高度肯定了建阳民间出版为福建的藏书、科举、教育等方面都做出的巨大贡献。孙以栋、毕存碧《宋代文人审美情趣及特性——以宋代家具为例》（《浙江工业大学学报》2015年第3期）论述了宋代士大夫对家具器物的设计与制作特有的审美情趣。何振纪《域外宋代漆器》（《中国生漆》2015年第2期）以及郭恒枫《浅析宋代民间日用漆器》（《中国生漆》2015年第2期）则分别介绍了从2005年到2015年欧、美、日等国对流传域外的宋代漆器研究的成果，和宋代民间日用漆器自身的艺术特点以及今昔对比，猜想了今后漆艺产业发展的新方向。除了以上学者的研究之外，蔡欣《宋代民间丝织业的发展》（《丝绸》2015年第8期）认为宋代内忧外患的时代背景使得丝织业成为国家支柱行业，并为后世丝织业发展产生积极影响。

商业。陈晓珊《熙丰变法时期各地市易机构的分布特征与作用分析》（《中国经济史研究》2015年第4期）指出，在北宋市易法推行时期，全国各地市易机构的布局体现了不同的区位特点和工作重心，同时也显示了北宋经济地理中的一些时代特征。刘营《宋代行会初探》（《河北经贸大学学报》2015年第1期）一文指出，中国古代的城市行会在宋代形成一种本地同业商人的市场垄断组织，是政府与商人之间的纽带。冯芸、吴辰辉《宋代商税制度的确立与国家商业政策的调整》（《保山学院学报》2015年第1期）指出，宋朝政府对商业采取的更多的是"经济强制"而非"超经济强制",国家统制商业的方式从直接变成了间接,通过征收商税和允许私营商业发展,旨在瓜分商业利润。冯芸、桂立《宋代行商与坐贾在商品市场活动中由层级关系向平行关系的演进》(《广西社会科学》2015年第5期)认为,自宋开始坐贾势力日益壮大,二者的关系由前代社会的层级关系逐渐向平行关系演进。谭阿勇《宋代商业信用行为探析》(《焦作师范高等专科学校学报》2015年第2期)论述了宋代的商业信用行为的基本形式,认为两宋朝廷通过对商业信用行为的调控和管制,完善了两宋商业信用立法,并推动宋代商业的发展。陈怡《宋代官营工商业竞价机制形式分析》(《兰台世界》2015年第6期)指出官营工商业竞价机制在宋代经济发展过程中占据着十分重要的地位。李经威《宋代商业中的广告》(《安庆师范学院学报》2015年第4期)通过研究宋代商业活动中不同类型的广告,分析其对文学艺术、民众生活、社会心态产生的巨大影响。张显运《宋代食品安全研究:以茶叶为中心的考察》(《兰州学刊》2015年第10期)探讨了宋代茶叶在生产、加工、流通、储存诸环节存在的质量安全问题以及政府的监管措施。范建文《宋代书铺再认识》(《四川师范大学学报》2015年第4期)考察了宋代书铺的历史、主要业务、性质及其在宋代社会发展中的作用。刘世梁《宋代赣闽粤边区私盐问题研究——以私盐贩、地方豪民、政府的关系为中心》(《龙岩学院学报》2015年第6期)一文认为,私盐贩、地方豪民、宋政府都与宋代赣闽粤边区私盐问题有着密切的关系,私盐贩销弱化了宋政府对地方社会的控制力,私盐贩入地的地方豪民更多的是与政府处于对抗性的博弈之中,而私盐贩出地的地方豪民大多与宋政府有着合作关系。张蓓蓓《社会经济视野下的宋代服饰消费文化研究》(《中国社会经济史研究》2015年第3期)一文认为,宋代"市坊制度"的瓦解、商品经济繁荣、都市文化的发展,深刻影响着宋代服饰消费的多元格局。秦开凤《宋代书画消费与社会分层——以文化社会学为分析视角》(《学术研究》2015年第5期)从探讨宋代书法消费阶层着手,认为书法文化消费成为宋代社会身份建构的重要手段。

海外交往与贸易。张尚毅在《宋代对外航海贸易贸易额估算及对经济的影响》《重庆师范大学学报》2015年第5期)中,通过对宋代对外航海贸易贸易额估算的分析,得出宋代对外航海贸易发展较快,并且在当时形成了一个以宋起主导作用的国际贸易体系的结论。刘迎胜《金富轼浮海使宋与宋丽交往研究》(《海交史研究》2015年第1期)确认其入宋均循高丽—宁波航线。董春林、赵双叶在《"香药之路"的文化路径——宋代与东南亚交流路线再探讨》(《成都师范学院学报》2015年第2期)中认为,宋代与东南亚的交流路线并不仅仅停留在贸易层面,东南亚的特殊地理潜移默化促成了中原香药文化的盛行。以宋代"香药之路"为例,该文分析了宋人对东南亚物产的接受和认同、商品中转中的文化生产、水路选择中的价值取向等问题。李孟园、陈思瑞《从〈夷坚志〉看宋代海商活动》(《九江学院学报》2015年第3期)认为志怪小说《夷坚志》中收录非常多的海商生活题材的作品,揭示了宋代海商独有的生活。黄纯艳《宋代海洋知识的传播与海洋意象的构建》(《学术月刊》2015年第11期)认为,宋人通过各种途径获取海洋知识,并构建出动态、险恶、奇异而充满财富和商机的海洋意象,反映了宋人敬畏海洋、生财取利、华夷有别的海洋观念。黄纯艳另有相关论文《宋代船舶的力胜与形制》(《厦门大学学报》2015年第6期)、《宋代海船人员构成及航海方式》(《海交史研究》2015年第2期)等。陆芸《宋代层檀国新考》(《海交史研究》2015年第2期)认为,层檀国是塞尔柱帝国(1037—1194),可以音译为层檀。同时该文对《文昌杂录》卷1记载的层檀位置做了考证，认为胡卢没国是拜占庭帝国，霞勿檀国是伽色尼王朝，利吉蛮国是哈刺汗国。

财政。董春林《"量出制入"与宋代地方财政困境——以宋代内藏财政为线索》（《兰州学刊》2015 年第 2 期）指出宋代内藏财政的强储备，一方面在应对国家财政急需时表现出显著的积极作用，另一方面却侵夺了地方财权，造成地方财政困境。董春林《财权转移：宋代内藏与左藏"博弈"的依归》（《中南大学学报》2015 年第 5 期）分析了宋代财权的转移状况，即北宋前期，左藏库开始入不敷出；元丰改制后，左藏库进一步被弱化；南渡以后，左藏体系的国家财库并没有逾越内藏的优势地位。方宝璋《略论宋代提点刑狱司的财经职能》（《中国经济史研究》2015 年第 5 期）指出提刑司的财经职能对宋廷防止地方割据、肃清吏治、保证国家财政收支正常运转等方面发挥了应有的作用，但同时也产生路级多头管事、行政效率低下、冗官冗费严重等问题。杨芳《宋代州县仓管理制度初探》（《首都师范大学学报》2015 年第 1 期）较为系统地考证了宋代州县仓的建设与管理状况。田晓忠《宋代的"富民"与国家关系——以税制改革为核心的考察》（《中国经济史研究》2015 年第 3 期）认为宋代"富民"阶层和国家围绕财赋收益进行了反复博弈，方田均税和经界法就是宋廷推动的税制改革和厘正与富民关系的重要举措，从而构筑了一个国家主导下"富民—国家"共赢互惠的体系。史泠歌、丁建军《宋代皇帝对官员物质赏赐考论》（《兰州学刊》2015 年第 2 期）一文认为，朝廷对官员的物质赏赐实质是宋朝统治集团内部按照官僚等级进行的社会财富再分配，实质上加重了宋朝财政负担。

城市研究。在城市管理制度方面，王占扬在《宋代街道司研究》（《安阳师范学院学报》2015 年第 1 期）中提出，宋代街道司不是全国性的管理机构，仅设在开封和临安，对宋代城市的管理与发展，做出了一定的贡献。贾文龙《宋代社会时间管制制度与昼夜秩序的变迁》（《郑州大学学报》2015 年第 2 期）提出，宋代是中国传统农业社会昼夜秩序转变的重要时期。随着夜禁的张弛，"日出而作，日落而息"的传统生活规律也有所变化，宋代城市居民的社会时间开始向"三更半夜"延伸。程民生《政府的"耳朵"放得低，对底层声音敏感——从房租减免看宋代官民互动》（《人民论坛》2015 年第 9 期）提出，宋代房是宋代社会的"新常态"。宋政府对房租价格进行宏观调控，适应了城市化历史潮流的需要，在业主和租户的利益冲突中，宋政府主要维护弱势群体租户的利益。

在城市区划方面，来亚文《宋元与明清时期嘉兴城中的"坊"》（《中国历史地理论丛》2015 年第 3 期）运用城市历史形态学方法，分析认为以《至元嘉禾志》为代表的宋元坊的史料系统中的"坊"实即巷弄和牌坊的混称，宋代嘉兴的城市管理应呈现由附郭嘉兴县管辖的乡、界、坊（巷）三级结构。孙廷林《宋东京显仁坊位置考辨》（《周口师范学院学报》2015 年第 6 期）据文献所载的显仁坊内的官营手工业作坊、机构、庙观、住宅，以及相邻夷门坊的位置，确定显仁坊位于外城东左厢西北部，北邻夷门坊，整体来看位于宋东京城东北部。

在城市社会结构方面，郭培培在《宋代游民群体形成原因探究》（《海南师范大学学报》2015 年第 3 期）提出在宋代的社会结构中，游民群体异军崛起是宋代社会发展过程中土地政策的重大调整、国家控制力的减弱和城市经济的畸形繁荣的结果。在城市商业方面，冯芸、桂立《宋代城市商业的繁盛与坐贾势力的发展壮大》（《北方论丛》2015 年 2 期）提出，自宋开始，随着商品经济繁荣发展、坊市制度的崩溃、城市商业的迅猛发展，坐贾的势力日益壮大，开始逐渐取代行商的地位而居于支配地位。王浩禹《论宋代城市土地利用税》（《云南社会科学》2015 年第 4 期）认为，在前代的基础上，宋代城市土地利用税进一步发展，主要表现为征收形式多样，征收标准不一，城市土地税从两税地税中分离出来，成了城市税收的重要组成部分。在城市文化方面，李喆《东京梦华录中的民俗文化资源研究》（《黑河学刊》2015 年第 9 期）据《东京梦华录》对北宋都城东京商业、娱乐、饮食等民俗事项进行了梳理，注意到宋代的经济发展和社会进步促进市民阶层的崛起和市民精神生活的丰富。

生产关系。张呈忠《"侵牟"与"相资"——宋代主佃关系论的冲突与演变》（《中国农史》2015 年第 6 期）就宋代士大夫关于主佃关系在时代冲突变化中发生的变迁进行了专门的研究探讨。程民生《论宋代私有财产权》（《中国史研究》2015 年第 3 期）认为宋代的私有财产权产生了新观念，宋代对于私有财产立法保护，但在专制的体制下，没有真正的私有财产权，只有财产使用权。安国楼、刘向港《宋代西南边区的人户身份与税征》（《中国农史》2015 年第 3 期）认为，两宋西南边区的人户身份问题比较复杂，税物交纳成为其身份区别的一个重要依据。姜密《宋代"系官田产"产权的无偿转化和佃权转移》（《河北学刊》2015 年第 6 期）认为，宋廷为节减成本或出于促进地方经济发展等方面考虑而将国有土地无偿转为私有，而有偿转化除了所有权的转化外，还包括佃权的有偿转化。

三 教育科学文化

（一）教育方面

1. 专著

李娟《宋代程朱理学官学地位研究》（东北师范大学出版社 2015 年版）围绕着"程朱理学如何从一个地方学术派别成为国家正统官学并能保持 700 多年的正统地位"这一问题，提出程朱理学成为正统官学主要是在对宋代教育的适应和完善中实现的，教育的地方化、教育需求的扩大和国家力量的有限是其重要历史背景。张建东《民间的力量——宋代民间士人的教育活动研究》（华中科技大学出版社 2015 年版）以两宋剧烈的社会变革为历史背景，描述了宋代民间士人群体协助宋代统治集团共同维系国体、化民成俗的践行过程。

2. 论文

官学教育。王永颜《宋代中央官学的教法改革活动》（《保定学院学报》2015 年第 2 期）一文认为，宋代为了培养维护封建统治的人才，在教育上积极推进各项改革，自上而下地推行了以教育改革活动为重点的三次大规模的兴学运动，推动了宋代教育的快速发展，并肯定了其在人才培养上的价值。曾诚、庞琳《王安石"三舍法"在宋代教育事业中的作用》（《兰台世界》2015 年第 15 期）认为，王安石变法中实行的"三舍法"显著提高了太学生的综合素质，对宋代的教育改革具有重要意义。孟庆勇《南宋都城临安的学校及其变化——以南宋临安三志为中心》（《美与时代》2015 年第 3 期）将《乾道临安志》《淳祐临安志》《咸淳临安志》中关于临安府学、宗学、太学、武学的记载进行比较，分析临安府学、宗学、太学、武学的变化。何勇强《宋代宗学考论》（《浙江学刊》2015 年第 1 期）对两宋宗学、官学文献记载混乱进行辨析考证，并分析了出现记载混乱的原因。孙廷林《论宋代的蕃学教育》（《保定学院学报》2015 年第 5 期）提出宋代的蕃学教育在教学内容上重视边疆少数民族的实际情况，在教育原则上强调循序渐进，避免急功近利，是除军事手段外以文教方式加强教化、促进族群认同的重要措施。张振华、马素英《宋代翰林图画院对当代美术教育的启示》（《兰台世界》2015 年第 12 期）通过分析翰林图画院的创建、创建人以及其对宋代美术发展的影响，总结了翰林图画院对当代美术教育的启示。蔡正涛《宋朝国子监的教育传播职能及其影响》（《兰台世界》2015 年第 18 期）论述了国子监名称的由来，国子监的特征、职能和影响。

民间教育。邹锦良《"地方精英"视域下的宋代民间办学——以江右为例》（《江西社会科学》2015 年第 3 期）论述了在江右地区"地方精英"的兴起、参与民间办学、与地方社会的互动三个部分，从而阐明江右地区民间办学兴起的原因、过程和结果。李光生《宋代书院功能新解》（《教育学报》2015 年第 4 期）指出，书院接纳与纪念这两种功能都是在南宋书院复兴运动的背景下宋人对书院概念的理解，体现出书院在南宋社会各层面的普遍接受。赵晓乐、赵博《论宋代书院对社会教化的作用及其影响》（《兰台世界》2015 年第 36 期）从书院的起源以及宋代书院兴盛的历史背景、宋代书院社会教化活动的内容与发展，以及宋代书院社会教化活动的作用与影响三个方面论述了宋代书院。董晨《朱熹对"干禄文风"的批判——以其书院教学为中心》（《西部学刊》2015 年第 12 期）以"干禄文风"的形成及其特征为切入点，分析探讨了朱熹执教书院过程中的论述。

教育内容。申国昌、王永颜《宋代中央官学教官的日常生活与教学活动》（《甘肃社会科学》2015 年第 3 期）通过对中央官学教官的仕途生活、日常经济生活、教学活动、教学内容等诸方面进行论述，为读者还原了官学教官的生活全景图。李光生《宋代书院的科举文学教育》（《兰州学刊》2015 年第 5 期）提出，宋代书院的科举文学教育在学规、语录讲义及教材等方面具有鲜明特色，对文学和书院的发展有利有弊。余杭《试论〈近思录〉中的对话式教育》（《池州学院学报》2015 年第 4 期）通过对《近思录》一书中涉及的对话式教学进行研究，探讨了其体现出的新儒家教育理念及其现代价值。秦双兰、韩冬青《从两宋"学记"探看宋代学校体育教育状况》（《河北体育学院学报》2015 年第 1 期）采用文献资料法整理分析宋代各类"学记"共 376 篇中的相关体育状况，指出宋代非常重视学校体育教育，利用体育教育完成了社会人才培养任务。黎花秀、范振辉《宋代翻译人才的社会作用》（《兰台世界》2015 年第 6 期）论述了宋朝的翻译水平、翻译人才的培养以及宋代翻译人员的社会作用。

（二）生态环境与疾病灾害防治

1. 专著

张全明《两宋生态环境变迁史》（中华书局 2015 年版）一书运用跨学科的视角以及学科交叉研究方法，对两宋生态环境系统做出全方位的分析与评估，力图复原两宋时期我国生态环境变迁的全貌。陈曦《宋代长江中游的环境与社会研究：以水利、民间信仰、族群为中心》（科学出版社 2015 年版）一书从水利、民间信仰与族群等问题切入，展现出宋代长江中游地区环境与社会的概貌。该书认为宋代该地区的水利建设主要表现在长江干堤以及农田灌溉工程方面，这些工程主要由官府主导，后主持水利工程的官员也多演变为护佑水利的神灵，而其在由水利主持者到"神灵"的转变过程与该地区的环境息息相关，可谓是环境、信仰与地方社会密切互动的结果。张显运《十至十三世纪生态环境变迁与宋代畜牧业发展响应》（科学出版社 2015 年版）探讨了宋代畜牧业的分布、自然环境的变迁与畜牧业之间的互动关系，以及自然灾害对畜牧业的影响等。韩毅《宋代瘟疫的流行与防治》（商务印书馆 2015 年版）以宋代发生的 293 次重大疫情为研究对象，系统地探讨了宋代瘟疫的流行概况、地域分布、病因病症和社会影响，以及不同社会阶级如皇帝、中央政府、地方政府、医学家、宗教人士和社会民众等对瘟疫的认识、采取的防治措施及发挥的地位和作用等，总结了宋代在疫病防治中提出的新理论、新方法和新方剂。

2. 论文

聂传平、侯甬坚《采造务、堡寨、弓箭手：北宋对西北吐蕃居地的开发与开拓》（《中国边疆史地研究》2015 年第 1 期）对北宋政府在西北吐蕃居地的开发和开拓过程及其与自然环境的相互影响进行了探讨。龚胜生、龚冲亚、王晓伟《南宋时期疫灾地理研究》（《中国历史地理论丛》2015 年第 1 期）则探讨了南宋时期疫灾发生的时空特征和变化趋势，认为从总体分布看，南宋地区的疫灾比金元地区严重，且集中分布于淮河以南今光山—大余一线以东的地区；人口密度高值区也是疫灾频度高值区，长江三角洲是全国疫灾最频繁的地区。金城、刘恒武《宋元时期海溢灾害初探》（《太平洋学报》2015 年第 11 期）指出宋元时期我国江浙沿海地区是海溢灾害最为频繁的地区，海溢灾害主要集中爆发于夏秋季节。金城、刘恒武《北宋时期的蝗灾及治蝗措施——以神宗朝为中心的考察》（《农业考古》2015 年第 6 期）指出，北宋神宗一朝在总结和借鉴前人治蝗措施的基础上，出台捕蝗诏令指导治理蝗灾，这一诏令切实改善了治蝗效果，并给后世治理蝗灾留下了宝贵经验。程民生《北宋开封气象灾害的气象应对》（《兰州学刊》2015 年第 3 期）指出，作为宋朝首都，开封发生气象灾害都是由中央政府直接应对，采取多种措施救灾和消减灾害。主要包括政治应对、政策应对、人事应对、经济应对、人道应对、治安应对、司法应对、人力应对、工程应对等方面，多数情况下都是综合应对。柴国生《北宋开封雪灾与社会应对》（《中州学刊》2015 年第 9 期）探讨了雪灾对北宋开封城的影响以及政府的应对措施与应对成效等问题。

（三）学术思想

1. 专著

刘炳良《北宋易学与变法思想研究》（人民出版社 2015 年版）从易学研究的领域扩展到以变法革新为主要内容的政治文化，从易学思想和变法思想两个方面展开考察，着重探讨易学思想与政治改革思想的互动关系，展现易学思想在北宋社会政治、文化、思想中的地位和影响，尤其是对变法改革的作用与影响。

2. 论文

综论方面。张德建《学术三分与唐宋以来新学术思想体系的建立》（《社会科学家》2015 年 12 期）对中国古代学术发展至唐宋，形成了以道德、政事、文学三分一体的学术思想体系进行了论述，并认为在宋代，各家新的学术建构虽皆以道德为中心，但因文学家和理学家的理解不同进而建构了一套本末兼具、内外并包的内圣外王之学。徐公喜《〈资治通鉴纲目〉与道统》（《历史文献研究》2015 年第 1 期）分析了《资治通鉴纲目》中的道统思想，指出合于天理之正是判定正统与道统的标准，宋明理学家们特别强调了国统的离合反映出道统帝王之道向胜任之道转变的阶段性变化。

胡瑗思想研究。张培高《论胡瑗对〈中庸〉的诠释》（《中国哲学史》2015 年第 1 期）指出了胡瑗把《中庸》之"性"作"性善"解，并提出了"明心复性""节情"

"防邪""积善""博通物理"等修养工夫，这为后来的儒士，尤其是理学家重视心性之学的建构开启了先河。李学功《范型嬗变的宋学路向：胡瑗与宋初学术建构》（《管子学刊》2015 年第 3 期）介绍了宋学开山人物——胡瑗及其对宋学所做的贡献，并且通过胡瑗这一个案，研究胡瑗一辈学人在宋代学术文化发展中的角色。

范仲淹思想研究。吴娱《范仲淹治边思想的复杂性——以〈为中心的折射〉》（《榆林学院学报》2015 年第 1 期）认为，指导范仲淹治边的除儒家思想外，还兼综有法、道等思想，而且在之后更表现出释道的思想。王金凤《新儒学视域下范仲淹经典诠释的特点及其思考》（《福建论坛》2015 年第 2 期）对于范仲淹思想在何种程度上影响了新儒学生成这一细节问题以经典诠释的角度切入问题，更为直观地体现新儒学初期的生成样态与开展趋向。

司马光思想研究。李文涛、薛俊丽《司马光荒政思想研究》（《运城学院学报》2015 年第 4 期）通过荒政思想了解司马光的侧面，认为他的这一思想内容比较丰富，但受到履历及文化氛围的限制。冯佼敏《〈温公家范〉中的传统家庭教育思想》（《新余学院学报》2015 年第 1 期）从中国古代家庭的传统治家之道、为人父母的教育之道、为人子女的孝敬之道等方面对《温公家范》中的家庭教育思想和道德伦理纲常进行了分析和研究。薛俊武《关于司马光民本思想的当代思考》（《长春理工大学学报》2015 年第 2 期）指出，司马光民本思想超越时空的价值和历史局限性，对当下也有启发价值。张慧《浅谈司马光的史学思想》（《黑龙江史志》2015 年第 3 期）论述了司马光史学思想中给君主提供"治乱兴衰"的历史经验教训的治史目的和以史学为封建政治统治服务的思想；坚持实事求是、尊重客观实际的非"正统"思想；不信佛道，反对灾异迷信的思想；疑古驳经的史学思想。

张载思想研究。周后燕《从"学为圣人"到"敦本善俗"——论张载的教化思想》（《西北大学学报》2015 年第 4 期）认为，张载在吸收前人研究成果的基础上，建立了由个体到社会既有理论系统又有实践层面的教化思想。姜波、刘艳《论张载〈西铭〉思想的三个维度》（《重庆三峡学院学报》2015 年第 5 期）认为，《西铭》阐述了人与宇宙、人与他人、人在宇宙中的地位与价值、人生的理想，以及实现它的方法和途径等基本问题，描述了一个人人相亲相爱、其乐融融的理想社会。张新国《张载哲学的"象"观念析论》（《商丘师范学院学报》2015 年第 2 期）解释了张载哲学中"象"指的是，太虚气化流行之本体进入人的语言领域所表征的形象及其气势和动向，而非有的学者所认为的内外相隔的"物象"与"心象"。孔润年《张载伦理思想：修养论和境界论》（《宝鸡文理学院学报》2015 年第 1 期）指出张载以"天地之性"与"气质之性"解决人性善恶问题，提出了变化气质的修养方法。张载"四为句"是具有民胞物与情怀和天人合一精神的伟大理想和价值观。

王安石思想研究。王善《试论王安石"性命道德之理"的思想教育意义》（《人民论坛》2015 年第 17 期）提出，王安石以"性命道德之理"为核心的社会教化与道德修养的理论，这些理论在北宋后期的几十年里占据了社会意识形态的主导地位，对形成中的理学产生了影响。滕悦在《教养取任——王安石人才培养思想研究》（《重庆师范大学学报》2015 年第 4 期）中补充认为，王安石重视人才储备，提出"教、养、取、任"的人才培养观，同时在变法活动中大力倡导兴学校、道德、改科举，为其变法活动的开展提供了组织保证。

二程思想研究。赵振《二程语录与禅宗语录关系述论》(《河南师范大学学报》2015年第4期)指出二程语录采用语录的形式阐释儒家经典,这既是对先秦儒家语录的继承和发展,同时也是在一定程度上受当时盛行的禅宗语录影响的结果。赵振《试论二程语录的〈易〉学价值及特点》(《兰州学刊》2015年第8期)认为二程语录辑录有大量程颢、程颐兄弟讲论《周易》的言论,为我们进一步深入了解二程的《易》学思想及他们通过对儒家经典的重新诠释建构其理学思想体系等提供了一个新的视角。申冰冰《存在、价值、境界——二程"儒佛差异"之辨新探》(《西北大学学报》2015年第4期)指出程颢、程颐在存在、价值、境界三方面廓清了理学"援佛而非佛"的本质。刘艳《程颢对吕大临修养工夫论的指导——以〈识仁篇〉为中心》(《太原师范学院学报》2015年第5期)指出,程颢对吕大临关学时期为学工夫的指点主要集中于《识仁篇》,关学"自明诚"修养工夫论和程颢"自诚明"修养工夫论在吕大临思想中得到了统一。张金兰《张载、二程"京师论〈易〉"探析》(《陕西师范大学学报》2015年第2期)通过对"京师论《易》"这一事件的探析指出,事实上,"京师论《易》"是张、程回归儒家正统,共致力于道学建构的开始。

朱熹思想研究。周叶君、李方泽《从儒家到儒教——以朱子礼学重建为中心》(《江淮论坛》2015年第3期)提到,为抵消佛道二教对世俗社会的影响,改变礼崩乐坏的现状,朱熹以《仪礼》为本经,以《大学》修齐治平的理想进阶为依据,对传统儒家礼学进行重建,改变了传统礼学自上而下的路径,使之由政治转向生活。米文科在《从"理同气异"到"一本万殊"——论朱熹与黄宗羲对佛教"一切众生悉有佛性"的回应》(《中国哲学史》2015年第2期)中认为,在佛教"一切众生悉有佛性"思想的影响下,对于人物之性,朱子提出了"理同气异"和"气异理异"的说法,一方面来回应佛教,另一方面维护孟子的"人禽之辨"。高建立《从本体论看朱熹对佛学思想的吸收和融会》(《天中学刊》2015年第6期)认为,朱熹作为程朱理学的代表,一方面批判佛教,另一方面对佛教思想进行了吸收和融合,从而丰富和发展了传统儒学,构建了系统庞大的新儒学。苏费翔《宋人道统论——以朱熹为中心》(《厦门大学学报》2015年第1期)指出朱熹的"道统思想"体现出一种哲学化的意味和"爱本朝"的思想,与"治统"思想的关系密切。李智福《朱子"天理之性"与"气质之性"的深度两难》(《哈尔滨工业大学学报》2015年第1期)论述了理内化于万物的天理之性以及人有善恶的气质之性在朱子形而上学体系中的两难问题。乐爱国《〈近思录〉的"教学之道"与朱熹的教育思想》(《温州大学学报》2015年第2期)指出朱熹的教育思想与《近思录》"教学之道"的语录文字存在一致性,程朱理学注重人之禀赋的开掘,达成圣贤;强调早期教育,"以豫为先",养成"圣贤坯璞";对传统教学内容的继承与拓展,尤重洒扫应对;对教法阐释透彻,继承而推新。李毅婷《朱熹的孝亲观念及其现代意义》(《闽台文化研究》2015年第1期)从孝亲因由、孝道践行、仁孝关系等方面论述了朱熹的孝亲观念论证了孝悌为君子追求礼、义、智的根基。并指出其现代价值。刘洋在《关于〈近思录〉未收邵雍之言的研究》(《绥化学院学报》2015年第9期)指出,《近思录》是一部哲学选辑之书,书中独未取邵雍之言,这主要是因为邵雍的著作和言论并不适合于《近思录》的取材标准,朱熹和吕祖谦对邵雍的偏见及对邵雍思想的误读也是原因之一。高晓锋《从〈知言疑义〉看朱熹与胡宏儒学思想之歧异》(《社会科学论坛》2015年第4期)通过分析《知言疑义》来探讨两个新儒学系统的碰撞。

杨时思想研究。申绪璐《杨时的仁学思想及其理论问题》（《中国哲学史》2015 年第 2 期）以二程学生杨时的仁学思想为核心，分析杨时提出的"求仁之方"的工夫论思想，及其背后蕴含的仁之体用的理论问题。杨时对仁之体用的思考，引发了其与程颐论《西铭》，程颐以"理一分殊"诠释体用关系。林莉《论杨时的"民本"思想》（《学术论坛》2015 年第 6 期）一文通过对杨时"民本"思想的阐述和分析，说明杨时政治思想的核心是儒家的"民本"思想。包佳道《杨时儒学思想探析》（《南昌大学学报》2015 年第 1 期）认为，杨时继承和发展了二程的思想，提出"执中"的"精一"之功，至其三传朱熹乃集其大成而创立了影响近世东亚文化甚大的朱子学。刘京菊《杨时理学思想的内在冲突》（《探索与争鸣》2015 年第 1 期）指出杨时由于先后师承于二程，在洛学以外又夹杂吸收其他学说，导致理学思想存在内在冲突。

其他人物思想研究。范立舟《忠义之气：张齐贤对宋初儒学政治文化的构建及其政治实践》（《杭州师范大学学报》2015 年第 3 期）认为，宋初倡导"名节"的思想在张齐贤那里得到了明确的贯彻，他宣讲的"忠义"观念成为宋代政治文化的核心规范意识。张馨心、庆振轩《苏轼超然思想的精神内涵及其演进》（《甘肃社会科学》2015 年第 2 期）指出浩然之气是苏轼超然思想的基石。杨威、杨静《"儒本位"视域下对张耒"理学"思想的观瞻》（《东北农业大学学报》2015 年第 4 期）则以"儒本位"作为观瞻角度，对张耒颇具个性的"理学"思想进行了探究。肖永奎、舒也《张栻的性论思想辨析》（《湖北大学学报》2015 年第 3 期）认为张栻的性论思想由三方面内容组成：一是"太极即性"的性本论；二是"性以至善名"的性善论；三是"心主性情"的复性论。

高建立《论陆九渊心学与孟子心性思想之关系——陆九渊"读〈孟子〉而自得之"释读》（《河南师范大学学报》2015 年第 1 期）指出了陆九渊心学思想和孟子心性思想的继承关系以及陆九渊对心学的发展。靳秋杰《吕祖谦尊〈序〉解〈书〉经学思想探究》（《南阳理工学院学报》2015 年第 1 期）认为，《东莱书说》是吕祖谦的私塾讲义，体现了吕氏基本的经学思想。他持《书序》为孔子作观点，反映其"信古"的经学思想。吕祖谦解《书序》于形式上的问答方式和内容上的"一字褒贬""正君臣名分""发扬圣人理想人格"申发《书序》的微言大义，是典型"春秋笔法"。肖芬芳《道因其乐而常存——叶适"乐道"思想发微》（《九江学院学报》2015 年第 3 期）指出叶适的和合思想是在继承了传统儒家的中和思想的基础上形成的，和合这一思想成为其晚年的重要思想。蔡方鹿、叶俊《杨简对陆九渊心学的超越》（《哲学研究》2015 年第 7 期）认为杨简既继承陆九渊，又在"心即理"、批评孟子和《论语》、以心解经、坚持心一元哲学等方面超越陆九渊心学，将心学与经学相结合，在心一元论和"心即道"思想的框架下更加突出心的权威性，发展了陆氏心学。

具体概念与著作的研究。韩星《〈中庸〉"尊德性而道问学"章疏解》（《江淮论坛》2015 年第 6 期）通过论述"尊德性"与"道问学"的发展，指出在宋代出现了"尊德性"与"道问学"并重的现象。冯塞、王新春《浅议程朱关于"敬"的思想》（《内蒙古民族大学学报》2015 年第 1 期）指出程朱思想对"敬"这一思想的探讨，使"敬"成为理学中重要的修养工夫，"敬"的思想在儒家哲学中的重要地位也得到更进一步的确立。关于儒家思想及其实践方面，罗家祥《儒家"诚""敬"理论的宋代开展及其实践意义》（《哲学研究》2015 年第 5 期）认为"诚""敬"因宋代程朱理学家们的阐释及践履而成为理学思想体系的重要组成部分，并使之具备较为清晰的现实意义；该思想于今世虽仍有价值，却离不开现代的民主与法治。王见楠、陆畅在《宋代理学中"无意"问题之考辨》（《南昌大学学报》2015 年第 6 期）中针对宋代理学家们对"无意""无造作""不思虑"的内涵理解而产生的分歧的原因进行了分析，并对宋代理学中的"意念有无"问题进行了考辨。肖永明、喻志翻译德籍汉学家苏费翔《南宋时期的〈中庸〉与道统——历史与学术背景》（《湖南大学学报》2015 年第 4 期）一文认为，从郑玄、二程、吕祖谦、朱熹等人至现代学者，相继都对《中庸》阐发各自观点，使其释义更加多样化，但对其作者以及成书年代的探讨，仍未形成定论。唐琳《朱熹'〈易〉本卜筮之书'析论》（《华中国学》2015 年第 5 卷）认为朱熹基于对圣人作《易》本意的探寻，认为"《易》本卜筮之书"，此观点于《易》及易学史的评价、《周易》文本性质的认定等问题关涉极大。肖永明、陈峰《宋代〈四书〉学研究述评》（《湖南大学学报》2015 年第 4 期）对宋代《四书》学的研究历史、相关论著、议题等做了系统爬梳，指出宋代《四书》学在文献整理以及相关研究方法上仍有进步空间，应引入思想史、社会史等研究方法，具体探讨其与社会、政治、教育之间的关系，从而促进宋代《四书》学研究的持续发展。

（四）宗教文化

综合性研究。戴景贤《论宋代文化之基本形态及其在中国史上之位置》（《长江学术》2015 年第 3 期）将宋代宗教分为佛、道与其他民间宗教三类，探讨了三者之间的关系，论述了宋代寺庙与宗教传播之管理以及国家政策之间的关系。刘盈慧《宋代浴室种类初探》（《郑州师范教育》2015 年第 4 期）通过对宋代浴室种类的探究认为，佛教、道教、伊斯兰教在宋代得以进一步传播发展。袁志伟《宋代首都的宗教节日》（《华夏文化》2015 年第 2 期）考证了两宋首都统治者对佛道二教的重视程度。

佛教方面。贾敏峰《从文物资料看北宋前期定州的佛教邑社》（《文物春秋》2015 年第 6 期）通过对出土的文物铭刻、题记等资料，以及现存开元寺塔内的建塔时期的碑刻文字进行分析，探索了当时定州的佛邑种类、规模、领导设置、人员身份以及与寺院的关系等。王大伟《从〈大宋五山图说〉看南宋僧众生活方式》（《陕西师范大学学报》2015 年第 5 期）通过研究南宋寺院中的把针处、东司、浴室等功能空间，指出宋代禅僧的生活方式实际是在不断挤压自己的生活空间和个人对欲望的追求。李永斌《南宋时期天竺观音信仰的流传与影响》（《人文杂志》2015 年第 9 期）认为，天竺观音在宋室南渡后受到南宋历代帝王崇奉，对南宋政治、儒学、文学、民俗产生了较大的影响。江静《宋僧石溪心月与日僧无象静照交往考》（《浙江工商大学学报》2015 年第 1 期）指出日本禅僧无象静照在华期间受石溪心月的教导，归国后开创禅寺，直接影响了日本人的精神世界和文化生活，成为日本思想文化的重要组成部分。刘英丽《河洛佛教音乐艺术的历史变迁》（《史学月刊》2015 年第 9 期）对宋元时期的佛教音乐发展状况做了论述。邵育欣、张付海《净土与地狱——宋代佛教女信徒的宗教想象》（《湖北社会科学》2015 年第 3 期）和邵育欣《佛教信仰对宋代女性居处空间的影响》（《山东女子学院学报》2015 年第 3 期）对宋代女信徒的宗教信仰做了论述。

道教方面。何蕾《宗教语境对唐宋时期李贺评价的影响》（《新疆大学学报》2015 年第 3 期）认为北宋佛教相对衰落，在南宋益发走向衰落，而道教不仅没有衰落，影响力甚至超过了佛教。洛阳地区宋墓壁画中有关"得道升仙"题材的内容正是道教对社会生活有着广泛影响的结果。

民间信仰。陈政禹《宋元以来浙江妈祖信仰研究初探》（《中国海洋大学学报》2015年第3期）认为，妈祖信仰最早传入浙江的时间在绍兴初年或更早，昆山、嘉兴和宁波都有可能是妈祖信仰的最早传入地。妈祖信仰在浙江的传播过程中，其神格得到了扩大，职能从护航扩展至司雨和平潮护海塘，而且出现了与碧霞元君混同的现象。唐宏杰在《从宋故清河张氏墓志铭辨析妈祖名字》（《福建史志》2015年第5期）通过对从宋故清河张氏墓志铭的分析得出妈祖的名字可能是"新梅"，认为后世妈祖传记中的"林默"也并非是凭空捏造，可能是"新梅"在民间口耳相传中的失真现象。黄青《南宋民众瘟疫神灵观初探》（《珞珈史苑》2015年卷）认为在佛、道思想影响下，南宋民众瘟疫神灵观逐渐由鬼向神交替过渡，发生了由行瘟向解困的转变。杨宇勋《试论南宋官民参与祠庙活动》（《华中国学》2015年第4卷，原载于《淡江史学》2015年第25期，修改后再刊于《华中国学》）探讨了南宋官民参与祠庙活动的方式，并认为为了增加活动的权威性，其在活动中尽量去模仿官方威仪。

宗教与其他文化之间的影响。郭文《论宋以后禅门清规的礼法化及其影响》（《江南大学学报》2015年第6期）指出，禅门清规演变至宋代，受宋代理学思潮的逐渐强势以及儒家礼法规范的制度统摄地位的强化影响，其规范思想也逐渐被儒家的礼法思想所浸淫，集中之表现就是禅门清规的礼法化倾向。王一帆《宗教视域下的南宋风俗画释读——以传李嵩骷髅幻戏图为例》（《哈尔滨工业大学学报》2015年第3期）认为宗教观念对南宋一朝的风俗画创作产生了重大影响。

（五）宋代文学

1. 专著

郭峰《清空：宋代词学的创作风格》（高等教育出版社2015年版）中提出，作为一种创作趋向，清空在我国古代文学中是普遍存在的，只是到了以才学为词的宋代，它才上升为一种主流的创作风格。宋词中的清空有两种：一是苏轼天才化、个性化的清空，二是姜夔从法度森严到自然高妙的清空。李贞慧在《历史叙事与宋代散文研究——基于西方文论本土化的一种考察》（中国社会科学出版社2015年版）一书以"互见"为中心，探讨这一源自于史学的书写意识，如何在特殊的时代背景下，被欧阳修运用于集部散文的写作当中，更由于苏轼、司马光等人之仿效，成为联结经注、史学与文集，以留存历史记忆，引导价值判断的重要方式。其旨在以中国"抒情传统"、西方叙事理论为参照系统，说明中国历史叙事的特质，及其与宋代散文之关系。

2. 论文

议题研究和综合研究方面。王培友《理学家文道观念及其诗学实践研究的历史视阈与当下价值》（《中国文化研究》2015年冬之卷）认为对两宋理学家文道观念及其诗学实践问题做纵深的研究具有重要的现实意义。王明建《论宋代文学研究中"贬宋倾向反思"的必要性》（《甘肃社会科学》2015年第6期）认为，"贬宋倾向反思"有利于对"贬宋倾向"提出诸多质疑，有利于纠正"贬宋倾向"的失误，有利于对宋代文学的被贬部分进行价值重估，有利于纠正"贬宋倾向"方法论的不足。王晓骊《论宋代记叙性题跋的文学特征和艺术技巧》（《南京师范大学文学院学报》2015年第3期）对宋代记叙性题跋的文学特征和艺术技巧进行了论述。张翠爱在《两宋垂钓词的思想意蕴及其艺术特色》（《淮海工学院学报》2015年第12期）中结合宋代的政治思想环境，对两宋垂钓词的主要蕴含及主要艺术特色进行了探究，认为宋代垂钓词蕴含有追求功成身退的人生理想以及追求真性回归的人格向往，是词人对封建专制统治的反抗、对"仕进为贵"的人生观的挑战。廖肇禄在《北宋中后期江西籍作家集句诗创作略论》（《新余学院学报》2015年第6期）中指出，江西籍作家的集句诗不仅丰富了集句诗的内容题材，而且推动了集句诗走向文化的顶峰。何水英《从〈文苑英华〉看宋初馆阁文臣对白居易的接受》（《重庆邮电大学学报》2015年第1期）指出，馆阁文臣因白居易杂律诗的群众参与、雅俗相融的特点，在《文苑英华》中大量选录了白居易的杂律诗，这可以说是白体诗派的一次诗学改良，在一定程度上促进了宋初诗学的发展。谷曙光在《宋代文体破体相参与"活法"说》（《国学学刊》2015年第2期）认为破体相参在宋代蔚为风气，以致深刻影响了宋代文学的面貌，在文中发掘了宋代文献中破体相参与"活法"论的"事实联系"，揭示出两者作为不同领域、不同层面的事物，在理念归旨方面的共通性。

单个作家、著作研究。孙刚《解析寇准诗歌中的愁苦》（《临沂大学学报》2015年第5期）指出寇准在诗歌创作时展露出了多愁善感的一面，并且主导着诗歌中情感的趋向，使作品富有晚唐风味。刘晗《苏轼诗性人格成因探微》（《中州大学学报》2015年第4期）认为苏轼诗性人格的形成得益于滋养他生命的自然、艺术及女性。张勤《论"易安体"艺术特色中的美感》（《黑龙江教育学院学报》2015年第8期）论述了在两宋词苑中独树一帜的李清照独创的"易安体"的不朽艺术魅力。刘敏《试论刘克庄佛禅思想对其文学和学术的影响》（《中华文化论坛》2015年第8期）对刘克庄的佛禅思想对其文学创作、诗学构建和宋学研究产生的深远影响进行了探讨。吴晟《南宋文学批评的"以性情为本"：对刘克庄的考察》（《华南师范大学学报》2015年第6期）通过对刘克庄思想的考察，认为刘克庄因受业于朱熹的再传弟子真德秀，其诗学思想受到理学的重大影响，因刘克庄明确反对"以禅喻诗"，说明他并未领悟禅与诗相通之理。吴承学、黄静在《〈郡斋读书志〉与文学批评》（《华东师范大学学报》2015年第1期）中不仅介绍了《郡斋读书志》及其重要价值和版本，而且还通过该书目部类设置、部类序目及提要研究了其著录所体现出的文学批评观念及其意义。谭新红在《宋代无名氏词刍议》（《河北大学学报》2015年第5期）指出宋代的无名氏词有1200百余首，其中不少作品颇具审美价值和思想认识价值，宋代无名氏词佚名的原因有三：一是受文体观念的影响；二是内容涉及讽刺狭邪者往往不署名；三是宋代不少女性词人、隐逸词人填词后经常不署名。宋代无名氏词主要是靠词选、类书和史书三者传播至今。

（六）绘画艺术

综合性研究。沈亚丹《天人之际——宋代绘画中的云烟转喻和提喻》（《东南大学学报》2015年第1期）对宋代山水画作品中云的多元化意义进行了阐释。程心颖《宋代人物画色彩研究》（《中华文化论坛》2015年第3期）分析了宋画设色重写实，于浓艳华丽之外，另辟清淡素雅之风，甚至之用水墨，不着色彩的特点。

画家与作品研究。李俊标《关于〈听琴图〉作者及画中人物的考辨之思》（《中国文化研究》2015年第3期）集中讨论了争议较大的绘画作者问题和画中人物问题。杨幼梅《小景雅致意境精妙——宋代画家惠崇作品研究》（《美术教育研究》2015年第17期）对惠崇的山水花鸟小景画艺术风格进行专业鉴赏。肖燕翼《宋燕肃〈春山图〉辨伪》（《故宫博物院院刊》2015年第5期）在学界对该作品已有研究的基础上，重新梳理《春山图》的流传经过，并对卷后题跋内容及作者归属等呈现的时代风格依次给予考察辨析，从多角度探讨《春山图》中存在的疑点及所暴露的破绽。赵伟《神圣与世俗——宋代执莲童子图像研究》（《艺术设计研究》2015 年第 4 期）拟从现存的宋代执莲童子图像入手，进行初步探讨以期揭示宗教与民俗在图像背后的关联，尤其是宗教图像世俗化的微妙过程。王莲《宋代"观音图"的美学流变及其在日本的传播影响》（《西北大学学报》2015 年第 6 期）以"观音图"为例，分析艺术造像对佛教中国化的影响，同时解读了"观音图"传至日本后对日本观音画产生的巨大影响。李全德《米芾〈珊瑚帖〉"天支节相"考释》（《美术研究》2015 年第 1 期）结合大观元年这一《珊瑚帖》的创作年代，分析米芾与北宋宗室的书画交往以及宋徽宗时期的使相情况。张显运《也谈〈清明上河图〉中"少马无羊"——对黄仁宇先生的一点质疑》（《福建师范大学学报》2015 年第 4 期）认为，《清明上河图》中之所以"少马无羊"与宋辽榷场贸易中辽国不许羊马出境无关，而与这幅画创作的时间、所画的地点、京师开封马羊的饲养情况以及官牧羊饲养的地点密不可分。黎晟在《宋代民间画家身份的再厘定——基于〈画继〉的考察》（《文艺研究》2015 年第 3 期）中试图通过对《画继》与相关画史材料的考察，分析宋代"民间绘画"与"民间画家"这一对概念的内涵与外延，论述宋代民间画家的身份与社会地位，以期更为合理地构建宋代的艺术生态。

园林建筑。陈凌《宋代地方衙署建筑的选址原则》（《文史杂志》2015 年第 5 期）提出宋代地方衙署选择原则是"治中为要"。王巧、余鹏、侯方堃《一派雅致天然——浅谈宋代文人园林》（《四川建筑》2015 年第 1 期）认为宋代文人园林创建了古典园林史上私家园林的一个高峰，其如诗如画的中式写意园林风格独树一支，意境影响深远。张希、李鑫、吴靖雪《宋代园林——文人园林的特点及借鉴意义》（《北京农业》2015 年第 9 期）从宋代园林的总体特点入手，分析宋代文人园林的形成背景及原因，并以重要文人园林沧浪亭为例阐述宋代文人园林简远、疏朗、雅致、天然、与民同乐的风格特点，最后归纳总结出宋代文人园林对现代城市园林的借鉴意义。刘峥、吕洁、王历波《由宋代文人园林风格浅谈今夕精神文化差异》（《现代园艺》2015 年第 16 期）认为，宋朝在中国园林史上承接中唐以来的发展，进入了中国古典园林演变史的成熟期。杨丽《由宋代园林艺术风格管窥古代文人隐逸风尚》（《兰台世界》2015 年第 21 期）认为园林艺术进入宋朝后开始逐渐成熟，在品味和艺术美感上独具风尚，往往注重一种隐逸韵味。郑革委、吴静怡、蒋熠《宋代山水画对园林建造的影响》（《城市地理》2015 年第 6 期）认为，山水画和园林最为发达的时期就是中国的宋代时期，也正是山水画的影响使得宋代园林独具一格。何璘、高良丽《从苏轼咏亭诗看宋代别样风尚建筑特点》（《兰台世界》2015 年第 3 期）以苏轼咏亭诗为例，分析宋代建筑发展，对其典型风尚特点进行了探究。张雅芳《北宋东京的园林设计艺术探析》（《兰台世界》2015 年第 36 期）认为北宋时期的东京是当时世界上最繁华的城市之一，其园林设计艺术在中国园林史上有着重要的地位，对后代园林艺术的发展有着重要的影响。

四　人物研究

（一）专著

杨倩描主编的《宋代人物辞典》（河北大学出版社 2015 年版），全书 110 万字，收录宋代人物 9000 多个，该书编纂中尤其注意家族性群体、军人、有名字妇女的人物信息的收录，弥补了此前《全宋文》《全宋诗》以文收人的不足，体现了辞条收录的综合性。王水照《苏轼研究四种》[《苏轼传稿》、《苏轼选集》（修订本）、《苏轼研究》、《宋人所撰三苏年谱汇刊》，中华书局 2015 年版]。其中前三部著作是关于苏轼的生平研究和作品选集，集中体现了作者多年研究苏轼的成果和结晶。《宋人所撰三苏年谱汇刊》则汇总了作者整理的在日本发现的两部宋人年谱，即何抡的《眉阳三苏先生年谱》与施宿的《东坡先生年谱》，此外还影印了两种比较珍贵的年谱。方如金《陈亮研究论稿》（河北大学出版社 2015 年版）一书是作者近三十年来研究陈亮的代表性论文选集。该书对陈亮及南宋浙东学派的政治、经济、军事、法制、文化、教育、人才、史学、妇女、宗教等思想，以及陈亮的交游活动、五次上书、陈朱论辩、朱唐台州事件、与永嘉学派的频繁交往、诗词文章、陈亮研究十大误区等问题进行了较为全面、深入的研究和探讨。高建国、杨海清《宋代麟府路及折家将文献录》（中国文史出版社 2015 年版）以北宋时的府州、折家将为关键词，兼顾麟州、丰州的历史文献，分为上下两编，二十余万字，将散见于各种文献中的相关史料一一收集，既可以史料的形式全面而详尽地反映五代、北宋时期府谷县和折家将的历史发展情况，更为相关领域的深入研究提供了便利。

（二）论文

1. 北宋人物

北宋皇帝。尹承《宋太祖诞生神话表微》（《东岳论丛》2015 年第 4 期）认为宋太祖诞生的神话及宋太祖相关的受禅谶言，带有佛教色彩，重新唤起并维持了人们对政权合法性的信仰。顾宏义《"晋王有仁心"说辨析——兼及宋初"斧声烛影"事件若干疑问之考证》（《杭州师范大学学报》2015 年第 2 期）认为，"晋王有仁心"一说实为掩饰"斧声烛影"之真相，以证明宋太宗继位符合"天命"而产生，且此说出现于宋真宗朝，与宋真宗继位前后的诡谲政局密切相关。张林在《熙丰变法与宋仁宗形象的提升》（《史学集刊》2015 年第 3 期）中认为在熙丰变法时期，宋仁宗的形象得到了极大提高。黄日初《"端王轻佻，不可以君天下"辨疑》（《北京社会科学》2015 年第 6 期）指出，世传章惇所言"端王轻佻，不可以君天下"实出自元人所修《宋史·徽宗纪》之"赞"语，明人《宋史纪事本末》、清人《续资治通鉴》相继沿袭并固化为史料，体现了史家对史料文本主动改造以适应道德化史观的历史轨迹。卢晓辉在《论宋徽宗的崇道与北宋后期诗坛的崇陶现象》（《南京政治学院学报》2015 年第 5 期）认为，宋徽宗与蔡京的治国措施，使得当时社会上出现了两种反差：宋徽宗的崇道与诗坛反响的冷淡，诗人对陶渊明人格精神的推崇和在现实中表现出对仕途的热衷。造成这种反差的原因一是元祐旧党的社会责任感，二是宋徽宗实行政治上的和解与积极的经济改革。

北宋其他人物。周腊生《宋初状元程宿生平事迹考辨》（《湖北职业技术学院学报》2015 年第 4 期）对状元程宿生平事迹中失实的部分进行了进一步考证。李裕民《绝密军事会议如何会惊现于世——〈宋史·杨业传〉揭秘》（《商丘师范学院学报》2015 年第 1 期）中通过新发现的《李若拙墓志铭》来论证《宋史·杨业传》中对杨业的相关记载中存在的问题，认为《李若拙墓志铭》提供了有关杨家将的新史料，《宋史·杨业传》就是源于李若拙的记载。何冠環《宋初高级内臣阎承翰事迹考（一）（二）（三）》（《中国文化研究所学报》2015 年第 61 期）多次考察北宋前期不同时段高级内臣阎承翰在咸平至景德年间以及大中祥符年间的事迹，让学者对该历史人物有了一个比较详尽的认识和了解。赵惠俊《宋代笔记中的人物形象——以杨亿、晏殊、石曼卿为中心》（《江西社会科学》2015 年第 12 期）通过分析杨亿、晏殊、石曼卿这三种不同类型的笔记形象，得出宋代科举士大夫推崇的理想自我人格与北宋仁宗时期的士风变革紧密相关这一结论。林晓娜《论王禹偁仕隐观的演变及其吏隐诗》（《江淮论坛》2015 年第 2 期）认为王禹偁的仕隐观发生了由反对避世到追求闲散再到辞官归田的演变，他的吏隐诗也体现了隐逸的精神，深刻影响了宋一代士大夫对出处行藏的思考。全相卿《宋代墓志碑铭撰写中的政治因素——以北宋孔道辅为例》（《河南大学学报》2015 年第 5 期）以孔道辅的墓碑志和后碑文本为对象，考察了墓志碑铭在撰写过程中所受到的政治因素的影响。杨高凡《包拯及其与同年关系论略——兼论包拯稳立宋仁宗朝之原因》（《首都师范大学学报》2015 年第 2 期）分析了天圣五年榜同年长期执政的局面及出现原因。陈安民、周欣《湖湘学派对周敦颐的推尊考论——以南宋时期濂溪祠记为中心》（《广西师范大学学报》2015 年第 4 期）通过对"濂溪祠记"的梳理，说明周敦颐的"道学宗主"地位在确立过程中，张栻等湖湘学派及周敦颐本人的请祠、立祠等活动起了推助作用。张波《北宋武将姚兕事迹述评》（《华夏文化》2015 年第 4 期）对姚兕的主要功业事迹加以述评，并认为北宋对夏政策的转变及姚兕自身的优良素质是成就其功业的主要因素。王曾瑜《宋徽宗时的道士和道官群》（《华中国学》2015 年第 5 卷）对宋徽宗朝的道士与道官群体进行了系统梳理，力图刻画出一张徽宗朝贪腐政治的百丑图。

2. 南宋人物

黄泽凡《南宋宰相黄潜善政治地位再评价——以建炎年间两起历史公案为中心》（《历史文化》2015 年第 1 期）以建炎年间的两起历史公案为中心，重新解读黄潜善任相期间的政治地位。邱阳《陈亮系狱问题述考》（《东北师大学报》2015 年第 5 期）立足对原始文献的分析，并综合当代学者的研究成果，认为陈亮系狱只有两次，三次说、四次说均由叶绍翁及《宋史》记载之讹误引发。崔玉谦《宋理宗前期宰相宗勉生平事迹再考》（《河北大学学报》2015 年第 6 期）通过对李宗勉生平事迹的考证得出了李宗勉在任嘉兴府添差通判之前应在湖州某县有任职经历，在任上应参与了湖州之变的平定并由此升任嘉兴府添差通判的结论。毛钦《论贾似道奸臣形象的塑造》（《珞珈史苑》2015 年卷）认为贾似道在南宋及以后的形象经历了由"中兴之臣"到祸国奸臣的转变，这与受民族文化及理学影响下的文本书写方式息息相关，最终导致贾似道奸臣形象的确立。孙廷林、王元林《〈宋史·忠义传〉考辨二则》（《惠州学院学报》2015 年第 5 期）认为《宋史·忠义传》中朱昭、孙益、张忠辅等八人的史源是朱弁《上朱昭等忠义奏疏》，鉴于朱弁多得自传闻，故其《奏疏》记述忠义之士颇有讹误。其中经过考证，《宋史》卷四四八《忠义三》之张忠辅，与同书卷四五二《忠义七·李翼传》之张洪辅，确为一人，当以张洪辅为正。

姜锡东《宋金蒙之际山东杨、李系红袄军领导人及其分化考论》（《中国史研究》2015 年第 1 期）指出学术界以前对杨李两系的高级领导人李全、李璮、杨妙真和王文统等人多少有所研究，对其余领导人比较忽略，本文力图对这一群体进行考索钩沉，分析他们对南宋、金朝和蒙古政权的向背态度，并得出钱粮、武力、尊敬是决定其政治选择的三大要素，而在当时，武力是第一位的。余涛生在《一个政治权利对于历史著述的干预个案之探讨——试述宋元之际王、汪二家的恩怨纠葛》（《人文世界》2015 年第 5 期）一文中，通过大胆猜测王坚、汪德臣之间的纠葛，并通过多方面的引证得出结论：王坚的事迹的湮没甚至被销毁，很有可能是因为汪氏不同的民族认同以及家族恩怨所造成的。

五　历史文献研究

（一）对宋代文献进行校勘的著作

周方高《永乐大典本南宋至明初湖南佚志辑校》（上海人民出版社 2015 年版），作者通过对《永乐大典》（残本）所收录的湖南古方志的有关内容，分地区进行编辑，加以整理点校，撰成该书。该书结合传世史部文献、前人的诗文著述以及现存方志等典籍，找出佚志所引文献的出处，并尽可能考证出《永乐大典》中湖南佚志的编纂年代，佚志的作者及其生平、学术背景等。齐德舜的《〈〈宋史·吐蕃传〉笺证》（中国社会科学出版社 2015 年版）则主要对《宋史·吐蕃传》进行了校勘和注释，对其中的错讹进行了订正，史实给予了增补。徐红《南宋诏令辑校》（湘潭大学出版社 2015 年版）一书以《宋会要辑稿》为底本，参校他书，经过辑录和校勘，整理出南宋诏令资料 80 余万字。

（二）论文

文献校勘。邱震强《从"校勘四法"角度看〈五灯会元〉的校对疑误》（《古籍研究》2015 年第 1 期）则以校勘四法为线索对 1992 年中华书局重印版《五灯会元》做进一步研究，通过列举中华书局版《五灯会元》的校勘问题检测"校勘四法"的有效性，进而试图对"校勘四法"作出改进。沈叶露在文章《口语词释读与文本校勘——以〈朱子语类〉的版本对勘为例》（《历史文献研究》2015 年第 1 期）通过结合中华书局 1986 王星贤点校本和 2010 年上海古籍出版社修订再版的华东师范大学古籍所整理的《朱子全书》以及明成化本共做底本，并将之与历代重要版本进行对勘，主要关注口语词的讹误问题，在版本校正的同时提出重视历时语境中的口语词表意对文本校勘、句读的重要意义。任仁仁在《张栻与吕祖谦往来书信编年考证》（《历史文献研究》2015 年第 1 期）中对两人现存书信进行编年考证，以助于相关研究的深入。张春义《〈全宋文〉所收大晟府文献斠正》（《嘉兴学院学报》2015 年第 1 期）主要依照现存的宋代各种原始资料，通过精细的校勘指出《全宋文》在时间方面存在六个错误，认为《全宋文》所引原始资料本身有较大讹误，而其辑录者未经细校就直接摘录于《全宋文》中。梅华《宋代校雠知识发展探析——以文集序跋为视角》（《南阳师范学院学报》2015 年第 2 期）以文集序跋为视角，通过检索宋代文献，论述了宋人对校勘方法之运用及校勘原则、宋人对文集版本的梳理及文集作品的编目，丰富了对校雠知识的研究。吴琼《〈新唐书〉宋版系统考辨》（《古典文献研究》2015 年第 1 期）通过对《新唐书》宋版系统的考察认为林晓洁对《新唐书》宋版系统的划分难以成立，尾崎康所划分的宋版系统大致成立，并对其加以补充和修正。徐俐华、丁友兰《朱熹〈八朝名臣言行录〉建本流传考略》（《武夷学院学报》2015 年第 11 期）结合建本历史发展轨迹，对朱熹《八朝名臣言行录》的建本流变过程进行考察和梳理，为今天从版本学角度深入研究这部著作提供帮助。张骁飞《〈宋史〉中太祖朝翰林学士本传辨误》（《中国典籍与文化》2015 年第 4 期）对《宋史》为太祖朝 9 位翰林学士所作传记进行考辨，列其疏误，以补正《宋史》的疏失。

介绍与补遗。苗润博《〈续资治通鉴长编〉四库底本之发现及其文献价值》（《文史》

2015 年第 2 辑）指出，新发现的湖南图书馆馆藏《续资治通鉴长编》的四库底本是现存诸本中最接近《永乐大典》所收《长编》原貌的版本，具有珍贵的版本价值及史料价值。张保见《〈开庆四明续志〉管窥》（《浙江工商职业技术学院学报》2015 年第 1 期）通过对《开庆四明续志》的介绍，论述了该书在保存宋代文献、史料等方面的价值。诸葛忆兵《〈宋登科记考〉补正（北宋篇）》（《齐鲁学刊》2015 年 3 期）依据年代顺序对《宋登科记考》进行了补正，北宋部分补录失载进士、辨正系年舛误或不清等共计 235 人。诸葛忆兵《〈宋登科记考〉补正（南宋篇）》（《齐鲁学刊》2015 第 5 期）则对南宋部分补录、辨正 175 人，其中补录《宋登科记考》失载进士 118 人、系年舛误者 30 人、系年不清者 8 人。其余 19 人乃特奏名进士补录 7 人、辨误 10 人、系年不清 2 人。郑利锋《〈全宋文〉补遗》（《中州学刊》2015 年第 4 期）根据宋代地方志及相关史料对《全宋文》进行的补遗，补充了吕惠卿文 1 篇、陈瓘文 2 篇、刘岑文 2 篇、刘宰文 1 篇、刘无极文 1 篇、陈淳祖文 1 篇，对《全宋文》作出了重要补充。查雪巾在《〈全宋诗〉及其"订补"失收诗人七家补遗》（《湖南人文科技学院学报》2015 年第 3 期）中指出：明初编纂的大型中国古代诗词总集《诗渊》被称为"古诗，尤其是宋诗辑佚之渊薮"，在《全宋诗》的编纂及其订补过程中虽然得到了相当广泛的应用，但是尚多有遗珠。该文择其要者，补充了诗人 7 家、12 题、31 首。倪媛媛《对〈宋史·孝义传〉中郭琮人物的补正》（《哈尔滨学院学报》2015 年第 10 期）在补正郭琮记载的基础上，以旌表郭琮为事例对北宋孝义旌表制度展开研究，通过对北宋旌表制度的程序、方式等进行论证，进而考察北宋旌表制度庶民化、贫民化的特点。焦斌《文天祥〈集杜诗〉的史学价值探析》（《赤子·文史艺术》2015 年第 20 期）将《集杜诗》与《宋史·列传》相关内容进行比较，以期补充丰富正史，探析其史学价值。

文献编纂。蒋吕佳《南宋方志与地域总集编纂关系论——以李兼台州、宣城地域文化建树为中心》（《文艺评论》2015 年第 4 期）认为李兼在宋代方志编纂及地域总集的整理中确立了二者相互借鉴、相互影响的关系，诗文总集中的文史资料是地方志的有力补充，二者都是宋代地域文化繁荣的标志。凌英《〈容斋随笔〉所见〈汉语大词典〉未收词语考》（《绵阳师范学院学报》2015 年第 1 期）认为，《容斋随笔》语料非常丰富，有从历史上不同时期传承下来的词语，还有宋代产生的新词，以及洪迈的临时造词。该文选取辞书未收的词条进行考释，有助于《容斋随笔》的词汇研究和相关辞书的编纂工作。

六 考古研究

汪勃、王睿、束家平等人《江苏扬州南宋宝祐城东城门北侧城墙和东侧城壕的发掘》（《中国国家博物馆馆刊》2015 年第 9 期）整理了南宋扬州宝祐城东城门北侧城墙和东侧城壕的发掘情况，证明在两宋时期，城门外城壕上防御设施形制基本已经完备。包春磊《南海"华光礁 I 号"沉船水下考古试析》（《南海学刊》2015 年第 3 期）展示了中国第一次大规模的远海水下考古—"华光礁 I 号"沉船遗址的水下考古发掘出的宋朝遗迹文物，不仅证明了宋朝瓷器、造船业等的发达程度，而且再次证实了中国先民早就在海上丝绸之路上经营，中国是"海上丝绸之路"文化传播的起点。孙蕾、朱泓、楚小龙、樊温泉等人《郑州地区汉唐宋墓葬人骨种系研究——以荥阳薛村遗址和新郑多处遗址为例》（《华夏考古》2015 年第 3 期）对郑州地区汉、唐、宋组居民的颅骨标本进行研究，为探讨当今南、北方汉民族体质类型的形成发展提供了有价值的参考资料。晁会元《北宋太学二体石经新证》（《史林》2015 年第 2 期）考证了北宋太学二体石经的发现情况、经石数量、碑图形制、刻石背景及散亡流向等问题。淮建利《北宋苏颂撰王田墓志考疏》（《中州学刊》2015 年第 12 期）首次全文发表马固村王氏祠堂所存王田墓志文，并对墓志文所涉的王田的履历生平、家庭状况、社会关系以及宋代的科举考试、行政管理、司法运作等相关问题作了探讨。邓菲《形式与意涵的多元化——论两宋考古资料中的十二生肖像》（《民族艺术》2015 年第 6 期）以两宋时期不同媒材上表现的十二生肖像为对象，进行多类材料的综合研究，探讨生肖题材在唐五代以后的发展与演变，认为宋代葬俗的很多方面都与堪舆理念关系密切，而这种联系也是两宋时期十二生肖图像的显著特征，进而将十二生肖与两宋时期的思想文化联系起来。吕冰、赵园园《江苏地区出土的宋代发簪纹样艺术特点研究》（《大舞台》2015 年第 10 期）就江苏地区出土的宋代发簪为主要研究对象，对其装饰纹样的艺术特点进行了探究。胡娅静《洛阳地区宋代墓室壁画中的孝道文化研究》（《中华文化论坛》2015 年第 8 期）认为儒释道文化的相互影响使得宋墓中表现"孝道思想"的壁画大量出现，这一思想的根源为封建"礼教"思想和"葬死者有利生者"的功利心理。

七 跨代研究

黄艳在《唐宋时代的科举与党争——内藤湖南"宋代近世说"中的史实问题》（《古代文明》2015 年第 4 期）一文中通过列举唐宋时期的一些史实，反驳了日本学者内藤湖南的"宋代近世说"，认为这一学术观点缺乏坚实的事实依据和史实基础。张宁《币政逆转：唐宋变革说反例》（《中国社会科学报》2015 年 9 月 14 日）认为唐宋在币政方面的政策多一脉相承，反对盲目地用"唐宋变革"一说去解释有关唐宋之际的历史问题。温翠芳《从沉香到乳香——唐宋两代朝贡贸易中进口的主要香药之变迁研究》（《西南大学学报》2015 年第 5 期）探讨了唐宋两代朝贡贸易中输入的香药在种类、数量、原产地方面发生的重大变迁及其原因。林文勋《宋元明清"富民社会"说论要》（《求是学刊》2015 年第 2 期）认为自中唐特别是宋代"富民"阶层崛起以后，该阶层即构成经济社会的核心，成为社会的"中间层"、"稳定层"和"动力层"，并对唐宋以来租佃契约关系主导地位的确立发展以及国家基层控制方式的转变等方面产生重要影响。张锦鹏、杜雪飞《商人群体：唐宋富民阶层的重要财富力量——兼论商人群体的时代局限性》（《古代文明》2015 年第 3 期）认为唐宋时代的商人群体不断增强的财富力量和社会影响推动着中国传统社会从豪民社会向富民社会转变，但是日益强大的商人群体逐渐演变成为旧体制的忠实维护者而不是革命者，使得中国古代富民阶层向士绅阶层转化，走向没落。李亚平《论唐丝织品的输出与唐宋律令规定的变化与影响》（《西北师大学报》2015 年第 3 期）通过对唐宋律令条文变化的分析，论证唐宋两朝在贸易政策上发生了变化，这改变了丝织品的输出结构，促使外贸格局的转变。

王瑞来《从近世走向近代——宋元变革论述要》（《史学集刊》2015 年第 4 期）追溯了宋元变革论的学术背景，运用地域切割理论，把视点聚焦于江南，从南朝到南宋的联系上，揭示一直遮蔽于中原政治光环之外的经济和文化重心江南的重要性。李华瑞《宋、明对"巨室"的防闲与曲从》（《历史研究》2015 年第 5 期）比较了宋朝官户与明朝官绅地主、宋朝乡村富民与明朝庶民地主、宋明的盐商，指出宋代对"巨室"防闲遏制较明代为严，这在很大程度上体现了士大夫的政治主张。雷家宏《北宋至晚清民间争讼解决方式的文化考察》（《华中国学》2015 年第 3 卷，原载《船山学刊》2003 年第 4 期）认为北宋至五代民间争讼解决方式的演变体现出当事人文化心态的差异，而通过法律与契约明辨是非、解决纠纷是社会发展的一种趋势。

结　语

综观 2015 年的宋史研究，主要呈现出以下三个特点。一是成果丰硕，涉及的领域宽广。二是传统的政治史、制度史仍然受到学界的重视，成果最为集中。这其中既有政治事件的考辨，也有政治文化的探讨，特别是文书制度的研究成为一个热点。不少成果对以往的研究有切实的推进和深化。当然也存在一些"炒冷饭"的嫌疑，或者是用新的术语改头换面，重复已有观点，或者是依照某种现成的模式，"填补"一些"空白"。二是环境史、海洋史、医疗史、教育史、妇女史以及日常生活史等新的领域逐渐引起宋史学界的关注，未来仍有很大的开拓空间。

（本文是本刊编辑部综合了三篇稿件编纂而成，三篇文章分别是：《2015 年宋史研究综述》，原载《中国史研究动态》2016 年第 6 期，作者为梁建国先生；《2015 年两湖地区宋史研究动态》，作者为华中科技大学历史研究所博士研究生许玉龙先生，华中科技大学历史研究所的陈文龙先生和武汉大学历史学院的陈曦先生予以了补充；《2015 年度宋史研究综述》，作者为河南大学宋史研习班的同学们，整合者为肖冉、杨国珍两位同学。在编纂过程中，本文对原稿内容做了一些修改和补充，删除了个别不合要求的内容。）

2015 年台湾宋史研究概况

张志强

一 前言

2015 年台湾宋史研究，就笔者所知，共有 9 本宋史研究相关专著出版，博士、硕士论文 9 篇，学术类论文 22 篇。① 兹将主要内容综述如下，限于篇幅、信息与学识的不足，难免有遗憾之珠，望请方家补正。

二 政治军事

政治、军事方面，计有专书 4 本、学位论文 1 篇、期刊论文 14 篇。内容包含官员群体、官制研究、法制研究、城市制度、政治宣传、皇室研究、涉外事务、荒政研究、文臣统兵、对外战略以及军事制度等方面。

(一) 政治

官员群体方面。卢萍《宋代广州知州群体研究》一书，原系其博士论文，对宋代广州知州群体进行考察，了解他们的政绩与广州城市发展。作者叙述宋代广州的地位及管理概况，接着考证两宋时期广州的知州并进行群体分析，通过他们的政绩观察，将其分为八个类型加以讨论，认为持重、文武兼备、识大体、廉洁、吏干等特点是为广州知州的主要素养。② 王明《南宋宰相的军事才略与军事绩效》一文，透过南宋宰相领军作战或参与军事建设的经历，探讨其军事才略与军事绩效的表现。文中整理南宋曾领军作战或有相关军事建设的宰相，叙述其事迹并指出南宋朝宰相曾担任过军职的比例相当高，认为南宋所处环境特殊，从建国到覆灭都处在北方强敌威胁之下，故具有军事才略的宰相应运而生。③

官制研究方面。曾泳玹《宋代棋官与皇帝的对弈》一文，详述宋代棋官的选任、职掌与待遇，说明升迁的相关规定。该文作者透过宋代皇帝与棋官对弈的个案，分析影响君主赏识的重要原因，最后认为宋代棋官升官、任官、转官的管道与途径有逐渐被限制之情况。④

---

① 此处所谓研究专著已排除历史普及读物，博士、硕士论文以其毕业时间加以区隔，相关期刊论文以刊登于台湾出版物为限。

② 卢萍：《宋代广州知州群体研究》，新北：花木兰文化出版社 2015 年版。

③ 王明：《南宋宰相的军事才略与军事绩效》，《衡平天下》2015 年第 2 期。

④ 曾泳玹：《宋代棋官与皇帝的对弈》，《史辙》2015 年第 11 期。

　　法制研究方面。陈骏程《宋代官员惩治研究》一书，原系其博士论文，从官员惩治的总体趋势入手，系统化探讨宋代官员惩治问题。该书阐述宋朝官员惩治在不同历史阶段的发展变化情况，从总体上勾勒两宋官员惩治的发展概貌，再透过对宋代有关法律、制度和官员惩治的案例分析，思考宋代惩治官员的深层原因，讨论制度和非制度因素对其影响，揭示宋代官员惩治的特点与不足。① 宋方明《从〈洗冤集录〉出发评析宋代司法检验之生成与局限》一文，从《洗冤集录》反映的司法内容，探讨宋代司法检验制度化、法律化的成因与局限。该文作者通过对中国古代司法检验发展之概述，揭示《洗冤集录》成书基础以及其在历史上的重要地位，再从宋代特定历史背景的分析，指出其是当时社会发展的必然产物，最后认为司法检验只停留在尸表检验为主的范围内，以致后来其发展迟缓。② 柳立言《从立法的角度重新考察宋代曾否禁巫》一文，探讨宋代政府是否有时全面禁巫或禁巫术。该文作者首先弄清楚谁是巫，再讨论"禁巫"究竟在禁什么，透过个案与相关材料的分析，指出取缔巫觋不能只看行为的表面，而要看行为的依据，分辨"国家的政令"与"官员的个人行为"的不同。因此从立法的角度看，巫作为一种职业和巫术作为一种职业工具从未被禁，被禁的是"违法"行为，所以只能泛称为"惩巫"而非"禁巫"。③

　　城市制度方面。吴炯汉《南宋建都临安探究》透过南宋初年的建都议论与临安的各种条件，探讨相关因素对建都临安的影响。文中叙述主战、主和二派朝臣的建都主张，讨论临安的人文地理与景观特色，分析东南政治势力、高宗人格特质对此事的影响，认为比起建康而言，远离前线与周遭水道河网密布，加上东南政治势力与高宗的干涉，使得临安成为南宋建都的最终选择。④ 韩桂华《宋代发祥地：南京应天府研究——以建制为中心》一文，探讨北宋时期应天府南京的升格原因，厘清并管窥宋代南京京城规制问题。文中说明相关地理沿革，叙述宋州升格应天府到南京的发展过程，透过对南京城营建的讨论，指出应天府作为北宋南京，京城建设却徒具规制，甚至衙署常处榛芜，其遭遇令人慨叹。⑤

　　政治宣传方面。萧宇恒《从〈道统十三赞〉到〈静听松风〉政治宣传：南宋理宗的以画传意》一文拟从历史脉络与政治发展，了解《道统十三赞》《静听松风》制作的原因与其背后的政治暗喻。文中叙述宋理宗继位的争议，再从《静听松风》与《道统十三赞》两画作的内容，配合当时的政治情势加以讨论，思考宋理宗可能借由绘画作品去传达其想法与暗喻。⑥

　　皇室研究方面。钟佳伶《探析宋代皇室乳母》一文，以宋代皇室乳母为观察对象，探究皇室乳母与一般乳母不径相同的人生际遇。文中分析皇室乳母的来源与条件，讨论工

---

　　① 陈骏程：《宋代官员惩治研究》，新北：花木兰文化出版社2015年版。

　　② 宋方明：《从〈洗冤集录〉出发评析宋代司法检验之生成与局限》，载《两岸经贸发展与司法互助第一届学术论文集》，新北：华夏科技大学2015年版，第288—297页。

　　③ 柳立言：《从立法的角度重新考察宋代曾否禁巫》，《"中央研究院"历史语言研究所集刊》2015年第86本第2分。

　　④ 吴炯汉：《南宋建都临安探究》，硕士学位论文，东吴大学，2015年。

　　⑤ 韩桂华：《宋代发祥地：南京应天府研究——以建制为中心》，《史学汇刊》2015年第34期。

　　⑥ 萧宇恒：《从〈道统十三赞〉到〈静听松风〉政治宣传：南宋理宗的以画传意》，《艺术论坛》2015年第9期。

作内容与任职时间，透过对皇室乳母的礼遇以及惩处，了解皇室乳母与一般乳母不同的际遇，最后认为宋人能以理性的态度来处理面对皇室乳母。虽然乳母出身中下阶层，但是能待之以礼，不似古时反对皇帝爵封乳母，以及为乳母服丧，这是时代的进步。①

涉外事务方面。方震华《和战与道德——北宋元祐年间弃地论的分析》一文，探究元祐时期弃地论的形成背景与政策内容，进一步了解了宋代的政治思想与对外关系。该文作者检视北宋政府处理对外问题的思考主轴，说明武力征讨与讲究礼义之间的交锋，透过反战派官员仍以名分、道德角度去思考与西夏的关系，指出弃地政策是在宋廷内部争议和战的背景下被提出，但面对给西夏"恩德"却换来"忘恩背德"的回应，坚持中国优越地位的态度，反而成为北宋与西夏建立和平关系的障碍。② 蒋武雄《宋臣彭汝砺使辽的行程》一文，透过宋臣彭汝砺出使辽国所作的使辽诗，呈现他在使辽行程中的所见、所闻与所感。文中叙述彭汝砺使辽任务的派任经过，透过其使辽诗的内容探究使辽的事迹，包括使辽路线、行程、晋见辽道宗的地点、祝贺辽道宗生辰的交聘活动，以及彭汝砺本人在往返途中身心的感受等，显现出宋使节为了维系宋辽两国的和平，付出了许多心力。③ 蒋武雄《宋辽皇帝登位交聘活动及其相关问题的探讨》一文，以宋辽两国新君登位时所进行的祝贺交聘活动为主轴，探讨与其相关的问题。文中详述宋辽两国祝贺新君登位交聘活动的过程，讨论人名与日期不相符等问题，补充史书所记载与此交聘活动相关却有不明之处，认为宋辽某一方派遣使节至对方祝贺新君登位，就表示宋辽和平外交又得到了一个新阶段的延伸，甚至于具有继往开来的作用。④

荒政研究方面。洪倖珠《穿越南宋孤儿院》探讨宋朝政府针对灾荒及贫苦遗弃儿童所设立的收养、助养机构。该文作者略述南宋以前政府设置的综合性收养机构，接着讨论南宋以后出现的专门儿童收养机构，说明其收养流程与经费来源，最后认为南宋政府树立了儿童社福典范，对后世也有积极的影响。⑤

（二）军事

文臣统兵方面。吴挺志《北宋中后期文帅的任官分析：以陕西的军政类安抚使为例》一文以陕西文臣军政类安抚使为例，探讨北宋朝廷挑选边防文帅的考虑依据。文中讨论文帅的出身背景与仕宦经历，分析其入仕途径、初任安抚使的年龄、初任安抚使的年资、生涯任官时间长短、仕宦前景，再选取几个官员的仕历描绘这类官员的迁官途径，进一步认为朝廷用人的主要考虑依据，首重官员的资序，再重官员对边区环境的熟悉。⑥

对外战略方面。蔡金仁《宋代史事考释》一书，从北宋历史选取二十五个主题，以战略和权力平衡观点加以探讨。书中讨论宋初军事政策的施行，说明北宋组织联盟运作权力平衡的背景，分析"宋夏联盟""宋蕃联盟"与"宋金联盟"等成败因素，了解当时

---

① 钟佳伶：《探析宋代皇室乳母》，《淡江史学》2015 年第 27 期。
② 方震华：《和战与道德——北宋元祐年间弃地论的分析》，《汉学研究》2015 年第 1 期。
③ 蒋武雄：《宋臣彭汝砺使辽的行程》，《史学汇刊》2015 年第 34 期。
④ 蒋武雄：《宋辽皇帝登位交聘活动及其相关问题的探讨》，《东吴历史学报》2015 年第 34 期。
⑤ 洪倖珠：《穿越南宋孤儿院》，《文华学报》2015 年第 20 期。
⑥ 吴挺志：《北宋中后期文帅的任官分析：以陕西的军政类安抚使为例》，《东吴历史学报》2015 年第 33 期。

东亚两大强权与其他势力的微妙关系。① 蔡金仁《北宋与辽、西夏战略关系研究——从权力平衡观点的解析》一书，原系其硕士论文，从历史研究、战略研究、现代权力平衡观念等三个方面，对北宋与辽国、西夏相互对峙之关系与冲突进行探讨。书中对先南后北、强干弱枝以及宋太祖的建军政策进行讨论，再分析北宋对辽国与西夏的战略作为，呈现各自遭到不同的环境变化时的因应对策，最后以战略观点和权力平衡的观点，观察三者之间的权力平衡体系，进而得到一些教训。②

军事制度方面。雷家圣《北宋禁军编制的演变与"置将法"的实施》一文讨论北宋禁军编制的演变与宋神宗实施置将法的意义。文中说明北宋初年禁军编制的变化，详述仁宗宋夏战争时期禁军编制衍生的问题，分析"置将法"实施后对禁军编制产生的影响，指出安抚使地位的提高，是由"置将法"的实施开始的。③

三 社会经济

经济方面，没有发现直接相关的学术作品刊登。在社会方面，计有专书2本、学术论文2篇、期刊论文2篇，内容包括人际关系、节庆研究、妇女研究、宗教信仰以及宗教活动等议题。

人际关系方面。黄宽重《孙应时与史弥远》一文梳理《烛湖集》中孙应时与史浩、史弥远父子两代资料，观察孙应时与史弥远的关系。文中详述孙应时早期仕历与东湖讲学的机运，说明与史浩父子之间深厚的情谊，后论及孙应时陷入四川变局与开禧北伐后的遭遇，待史弥远当权后，中年早逝、家道中落的孙应时被表扬，其事迹、著作也因《烛湖集》出版得以传世，这些事情虽无直接证据，却都指出一个接近真实的事实，即与史弥远的态度有关系。④

节庆研究方面。宋品璇《宋朝都城节庆社会性》以两宋首都开封城与杭州城为主要对象，探究宋朝节庆的社会性。文中借由节庆的商业活动与官方角色，说明节庆消费促进了商业发展，官府涉入使节庆活动成为官民互动的舞台，最后指出宋朝节庆活动处在一个转型阶段，承先启后，以至后代节庆商业性与娱乐性的加重。⑤

妇女研究方面。陈伟庆《宋代民妇的生活情态》一书探究宋代民妇的家庭地位与社会地位，了解其生活多彩多姿的一面。书中详述宋代民妇的婚姻家庭生活，对饮食习惯、日常交往以及医疗状况等，进行讨论并分析在各行各业参与之情况，指出宋代民妇在家中的地位较高，不意味着在社会上也能获得相应的地位。⑥

宗教信仰方面。刘淑芬《宋代的罗汉信仰及其仪式——从大德寺宋本〈五百罗汉图〉说起》主要探讨宋代的罗汉信仰及其仪式。文中叙述罗汉信仰的性质和内涵，说明罗汉

---

① 蔡金仁：《宋代史事考释》，人文资源研究学会2015版。

② 蔡金仁：《北宋与辽、西夏战略关系研究——从权力平衡观点的解析》，新北：花木兰文化出版社2015年版。

③ 雷家圣：《北宋禁军编制的演变与"置将法"的实施》，《史学汇刊》2015年第34期。

④ 黄宽重：《孙应时与史弥远》，《长庚人文社会学报》2015年第1期。

⑤ 宋品璇：《宋朝都城节庆社会性》，硕士学位论文，中正大学，2015年。

⑥ 陈伟庆：《宋代民妇的生活情态》，新北：花木兰文化出版社2015年版。

信仰的兴起与流行，和帝王崇仰的推波助澜、各种灵应故事的传布、文人著述的宣扬有关，最后指出若要对罗汉信仰有更完整的理解，必得将它置于圣僧信仰的背景加以讨论；如欲对宋代罗汉信仰有深刻的认识，必须重视它和当时佛教界流行的内涵如忏仪和各种信仰的交融互动。①

宗教活动方面。刘雅萍《制度下的神灵——两宋时期政府与民间关于信仰的沟通》一书原系其硕士论文，探究两宋时期政府与民间关于信仰的互动关系，勾勒出两宋时期制度下神灵的动态图景。书中论述宋代祠庙管理制度，通过祠庙的兴建与经营，指出祠庙兴旺是中央与地方共同营建的结果，接着说明乡土情结在本地神灵塑造过程中起的作用，再以建康蒋子文祠为个案研究对象，分析民间神灵与政府的互动关系，最后认为宋代距今已久，相关数据分布极不平衡，对于宋代神灵的研究，尤其是整体性的认识需要慎重考虑。② 蔡传宜《宋代入道女性形象与社会关系：以〈历世真仙体道通鉴后集〉仙传为例》以宋代女性入道者为研究对象，探究当时入道女性与社会之间的互动。作者从宋代的崇道风气和道教发展切入，尝试重建当时的环境背景，并从政策和道教规仪两方面来讨论女性入道和出家必须经过的阶段，再借着宋代女仙传记中所提供的线索，描绘出一个较清晰的宋代女性入道者轮廓。③

四　文化思想

文化思想方面，计有专书 3 本、学位论文 6 篇、学术论文 6 篇。内容涵盖工艺、休闲、饮食、空间、音乐礼俗、绘画活动等文化项目；学术、宗教、经济、政治、研究讨论、哲学等思想议题。

（一）文化

工艺文化方面。陈云倩 Archaistic Objectsin Southern Song Tombsand Caches 一文将宋代仿古器放在不同语境中分析，探究它们所代表的社会文化意义。该文作者检视四川窖藏出土南宋仿古器，与墓葬地宫的器物比较，了解其在不同语境中的意义，认为宋代仿古器的根本性质，并不限于与古物的相似性，其歧异性应更为重要，它能兼容属于当代的形制特色，彰显古代在当代的意义与功能。④

休闲文化方面。蔡弘道《宋人休闲生活中的动物游赏》试图由人与动物之间的关系切入，对宋人休闲生活进行探讨和研究。文中叙述宋代休闲生活里动物所扮演的角色，其中饲养赏玩、展览表演及斗禽虫等活动，丰富了宋人的精神生活，也与当时的经济活动形

---

① 刘淑芬：《宋代的罗汉信仰及其仪式——从大德寺宋本〈五百罗汉图〉说起》，《"中央研究院"历史语言研究所集刊》2015 年第 86 本第 4 分。

② 刘雅萍：《制度下的神灵——两宋时期政府与民间关于信仰的沟通》，新北：花木兰文化出版社2015 年版。

③ 蔡传宜：《宋代入道女性形象与社会关系：以〈历世真仙体道通鉴后集〉仙传为例》，硕士学位论文，成功大学，2015。

④ 陈云倩：Archaistic Objectsin Southern Song Tombsand Caches，《台湾大学美术史研究集刊》2015 年第 33 期。

成相辅相成的关系。①

饮食文化方面。施静宜《南宋文人饮食文化之研究》一书原系其硕士论文，建构南宋饮食文化的意义，更全面认识南宋文人的饮食生活。该书作者认为南宋饮食虽然是继承北宋于饮食的基础而发展起来，然其将饮馔的精神与文化内涵都扩充到最大，建构出一套集各种深度文化内涵的饮食文化，形塑出中国饮食的核心精神，还有开创文人食谱的写作风气，这方面的创建之功不可谓不大。② 蔡崇禧《缘何嗜腥：北宋汴京食用水产的风尚》一文，探讨北宋汴京的水产食品及其地位转变，说明社会与经济变化对饮食文化所带来的影响。文中讨论汴京的水产食品种类与来源，说明当时食用水产渐成风气的原因，指出水产食品在北宋汴京越来越受到重视，与南方人大量登上国都的政治舞台，不少从南方来的商贾聚集于此有关。虽然金人南侵限制了这股风气的影响，但是不难看到饮食文化的演变与城市本身的变化有着密切关系。③

空间文化方面。黄子恩《由曲宴观看宋徽宗延福宫》透过举办曲宴对空间的使用情况，了解宋徽宗延福宫的特别之处。该文作者详述延福宫的曲宴空间，比对同为曲宴重要场所的后苑，借由两者曲宴元素和空间之比较，认为延福宫在设置上以七殿十五阁为主的设计与曲宴有关，女性空间、道教空间以及与民同享空间的加入，延福宫曲宴的"私"与"小"，也有了深入和突破的认识。④

音乐礼俗方面。胡劲茵《北宋"李照乐"之论争与仁宗景佑的政治文化》一文通过对"李照乐"支持与反对的争议，揭示在仁宗景佑时期逐步成熟的政治文化特征。该文作者详述李照提出改乐建议的举措，说明其乐律理论的基础与特征，透过正反双方论辩的过程，认为景佑"李照乐"及其议论，可以说是一场重要的"改革"，虽然算不上成功，但是从政治文化史的角度审视，从唐宋变革的立场观察，却是不可忽视的重要一环。⑤

绘画活动方面。陈韵如《尽物之情态——北宋题画活动与徽宗朝花鸟的画史意义》一文从题画活动层面提出思考，阐明北宋徽宗朝花鸟的画史意义。文中透过北宋中期士人论画强调形意二元的新趋势，观察其对北宋徽宗朝阶段之作用，接着分别解析《祥龙石》《五色鹦鹉》《蜡梅山禽》与《芙蓉锦鸡》之诗画内容，指出宋徽宗朝花鸟画在画史上的成就，可说是北宋中期以来士人议论诗画之文艺风潮，延续发展的具象化成果。⑥

（二）思想

学术思想方面。洪巳加《宋代〈弟子职〉研究》硕士论文，宋代关于《弟子职》的记载，相较于宋以前要多出许多。文中详述宋代以前对《弟子职》的运用，透过宋代对《弟子职》的看法，讨论其中的礼与教，最后认为宋代是《弟子职》继汉代之后，另一个崭露头角的时代，也是传承与创新兼具的时代，其中朱熹不仅是宋代《弟子职》发展的

---

① 蔡弘道：《宋人休闲生活中的动物游赏》，硕士学位论文，东吴大学，2015 年。

② 施静宜：《南宋文人饮食文化之研究》，新北：花木兰文化出版社 2015 年版。

③ 蔡崇禧：《缘何嗜腥：北宋汴京食用水产的风尚》，《中国饮食文化》，2015 年第 1 期。

④ 黄子恩：《由曲宴观看宋徽宗延福宫》，硕士学位论文，台湾师范大学，2015 年。

⑤ 胡劲茵：《北宋"李照乐"之论争与仁宗景佑的政治文化》，《汉学研究》2015 年第 4 期。

⑥ 陈韵如：《尽物之情态——北宋题画活动与徽宗朝花鸟的画史意义》，《美术史研究集刊》2015 年第 39 期。

关键人物，也是历代《弟子职》相关思想的集大成者。①

宗教思想方面。程佩《北宋张商英护法研究》一书原系其硕士论文。论文将张商英对佛教的护持置于其存在的社会环境中去考察，据此管窥北宋士大夫乃至整个中国古代居士的护法状况。书中叙述张商英护法的时代背景，说明他与佛结缘及其参与的护法活动，感受到他因亲近佛教而甘为佛教护法的心态，再从他驳斥各种排佛之说、对三教进行调和以及对佛教现状产生的反思与担忧三个方面，梳理张商英的护法思想。② 黄启江《北宋黄龙慧南禅师三钥：宗传、书尺与年谱》一书，从"宗传""书尺"与"年谱"三个层面剖析慧南禅师，还原慧南之本来面貌。书中以分期传述方式，呈现慧南的生平与事迹，讨论其禅法与黄龙宗派之成立，对参学、传法、交游建盟与师资联谊等，都做了一番详尽的分析。③

经济思想方面。黄敦厚《北宋范仲淹的经济观》一文从北宋范仲淹及其经济相关的政策，剖析其经济观。文中略述仁宗朝的财政压力与庆历变法，观察范仲淹担任地方官员的经历，分析其相关的经济政策，归纳其重视农业、商业自由、藉重商业，提倡巩固边防的经济思想。④

政治思想方面。张维玲《经典诠释与权力竞逐：北宋前期"太平"的形塑与解构（960—1063）》尝试结合经学史与政治史，探讨不同的士大夫群体如何各自援引、诠释经典，为君主提供一套解决当前课题的办法。文中从四个角度分析大中祥符的形成脉络，呈现祥符时代一连串的神道礼仪，再借由三个层面探讨仁宗朝士大夫如何在批判祥符之政的基础上，重新诠释经典，引领仁宗展开政治新局，最后指出在"经典主义"的大框架下，祥符时代神道礼仪的实验"失败"，正好成为景佑以后一连串重新阐释经典的动力。⑤

研究讨论方面。胡芷嫣《叙事作为历史：公元1126年姚平仲劫寨事件》硕士论文，以南宋前期解释姚平仲劫寨的叙事文本为研究对象，观察历史书写中的叙事性（Narrativity）。文中从围绕着同一起事件但言人人殊的姚平仲劫寨历史叙事为出发点，分析说明这些叙事文本的副文本信息，认为历史之真实并不在无法验证的历史实际，而在给定历史叙事之间的融贯性上。⑥ 柳立言《宋代法律史研究之史料解构与问题分析》一文，讨论如何解构与宋代法律史相关之史料，从中找出问题并进行内容分析。文中认为所谓重要，不是对研究者而言，而是对当时人而言，说明找到史料后仍有要分析和回答问题时要注意的地方，并提供史料实例进行解构与问题分析。⑦

哲学思想方面。许浩《全体大用：朱子道学之基本构成方式》以"全体大用"为核心线索，分析朱子道学的基本构成方式，探讨在南宋思想史上的相对位置。文中叙述朱子所处时代背景，说明其所谓体用其实是一种思维方式，分析全体大用之学的运作方式与理

① 洪已加：《宋代〈弟子职〉研究》，硕士学位论文，台湾"清华大学"，2015年。
② 程佩：《北宋张商英护法研究》，新北：花木兰文化出版社2015年版。
③ 黄启江：《北宋黄龙慧南禅师三钥：宗传、书尺与年谱》，台湾学生书局有限公司2015版。
④ 黄敦厚：《北宋范仲淹的经济观》，《人文与应用科学期刊》2015年第9期。
⑤ 张维玲：《经典诠释与权力竞逐：北宋前期"太平"的形塑与解构（960—1063）》，博士学位论文，台湾大学，2015年。
⑥ 胡芷嫣：《叙事作为历史：公元1126年姚平仲劫寨事件》，硕士学位论文，台湾大学，2015年。
⑦ 柳立言：《宋代法律史研究之史料解构与问题分析》，《法制史研究》2015年第27期。

想境界，再横向比较同时代学者异同，最后认为无论接受或者反对，朱子的全体大用之学确实是一种广为南宋学者关注的思想形态。①

五　结语

2015 年台湾宋史研究，从整体成果观察，以政治、思想领域获得较多的关注。其中在涉外事务方面，分别有从战争、和平不同背景下，讨论宋、辽、西夏之间关系的数篇文章，颇能相互参考而有更深入的认识。在法制史研究方面，有利用法律独特性去解构社会现象的作品，透过相同方法似乎可以从另一种角度，思考以往不曾关注的角落。此外，在宗教活动、研究讨论方面，也出现令人印象深刻的内容。由此期待台湾宋史研究，有更丰富的发展。

---

① 许浒：《全体大用：朱子道学之基本构成方式》，硕士学位论文，台湾大学，2015 年。

1949 年以前金宋关系史研究述评

陈俊达　　隋昕言

12 世纪初至 13 世纪初，以汉民族为主体建立的宋朝与以女真族为主体建立的金朝南北对峙。在两国关系中，和与战的因素始终存在，对金宋两国的政治、经济、文化都有不同程度的影响。因此，关于金宋关系的研究一直为学界所重视。据不完全统计，辛亥革命后至新中国成立前，共出版、发表涉及金宋关系史著作、论文 205 余部、篇，其中著作 49 部，论文 156 余篇。笔者不惮鄙薄，试对新中国成立前学界关于金宋关系史的研究状况作一系统述评，按照专题分类、择要述之，脱漏、不足之处敬请指正。

一　金宋和战研究

（一）金与北宋和战研究

1. 海上之盟

最早对海上之盟进行研究的学者是陈乐素，其在《宋徽宗谋复燕云之失败》一文中详细论述了燕云问题的始末和宋徽宗为收复燕云所做的外交军事上的努力及其失败，并考证赵良嗣归宋的时间应为政和五年，而非《宋史》纪、传中所言的政和元年。[①] 吴景宏在《宋金攻辽之外交》[②]《宋徽宗朝北盟本末》[③] 中亦持同样观点，并详细叙述了宋金达成海上之盟的过程。

关于海上之盟对宋金双方的影响。陈乐素认为，北宋以巨大代价仅换得燕京及蓟、景、檀、顺四州，暴露了北宋最高统治者对外推行投降政策的本质。陈乐素认为北宋联金灭辽的出发点是好的，只是由于事先无缜密之计划与充分之准备，临时仓促弥缝应付，措施乖谬；发动以来，军事上、外交上复频露自国之弱点，促进金人之野心。陈乐素进一步认为依宋当时之国力及内政而论，战亦亡，恐不战亦亡，不过迟早之分耳。[④] 吴景宏认为由于北宋在与金交涉过程中始终委曲求全，金见北宋有不惜金帛之意，乃不断敲诈勒索，最后北宋以万千金帛仅赎得几座空城。[⑤]

日本学者外山军治在《辽宋金三国在燕京的角逐——以郭药师的常胜军为中心》（原载《满洲学报》1937 年第 5 号）中持不同观点，认为宋朝之所以得到的只是几座空城，

① 陈乐素：《宋徽宗谋复燕云之失败》，《辅仁学志》1933 年第 1 期。
② 吴景宏：《宋金攻辽之外交》，《东方杂志》1947 年第四十三卷第十八号。
③ 吴景宏：《宋徽宗朝北盟本末》，《海疆校刊》1947 年第 4、5 期。
④ 陈乐素：《宋徽宗谋复燕云之失败》，《辅仁学志》1933 年第 1 期。
⑤ 吴景宏：《宋金攻辽之外交》，《东方杂志》1933 年第四十三卷第十八号。

是因为不想将常胜军引渡给金朝，宋军内部有人提出以燕地富户对换常胜军的计策。该文强调宋朝已失去燕地的民心，燕人及降金后取得一官半职的汉人极力劝阻金人交割燕京及其四州，进而认为宋廷收复燕京的谋略，尽管加速辽的灭亡，然而把新兴的金军引入华北平原，招致北宋覆灭的结局。燕人入仕金廷加速了金人吸收汉文化的步伐，使金的各项事业，如对内整饬国家机构，对外经略汉地等，都取得较为顺利的发展。①

2. 金灭北宋

关于金与北宋战争爆发的原因。陈乐素认为，所谓北宋招纳金叛将张觉、不付给所许的二十万石米粮、不归还逃亡的职官与户口等只是借口，根本原因在于宋朝政治上的腐败与外交上的谬误，以及金朝欲通过对外战争解决功臣问题。② 周谷城认为金人攻宋还因为金人所处的天然环境远不如宋，有进攻宋的疆土来取得优良生活环境的原因。③ 吴景宏认为金人攻宋还因为捕获天祚帝，解除了后顾之忧。④

关于北宋灭亡的原因。陈乐素认为根本原因在于朝廷的腐败。⑤ 金毓黻认为靖康之祸始于宋金海上之盟。近因和战不定、宋徽宗以国事为儿戏、军备堕废等三点；远因党争，因小失大，置国事于不顾。⑥ 吕振羽认为北宋灭亡是自身无力抗御，又不肯联合人民的结果。⑦ 吕振羽也认为郭京是金朝派往宋廷作里应外合的奸细。⑧

此外，金毓黻《宋辽金史》⑨、吕振羽《简明中国通史》⑩ 对金灭北宋的过程亦有详细叙述。

（二）金与南宋和战研究

范文澜在《中国通史简编》中将南宋建立后与金朝间的和战划分为四个时期。⑪ 其中1127 年南宋建立至 1141 年金宋签订绍兴和议为新中国成立前学界研究的重点，范文澜《中国通史简编》⑫、金毓黻《宋辽金史》⑬、吕振羽《简明中国通史》⑭ 等书对这一阶段金与南宋间的和战均有详细叙述；而对于绍兴和议后的金宋和战研究则稍显薄弱，仅金毓黻在《宋辽金史》⑮ 中有简单梳理。

1. 绍兴和议签订前金与南宋间的和战

---

① ［日］外山军治：《金朝史研究》，东洋史研究会 1964 年版，第 182—231 页。
② 陈乐素：《宋徽宗谋复燕云之失败》，《辅仁学志》1933 年第 1 期。
③ 周谷城：《中国通史》（下册），开明书店 1936 年版，第 700 页。
④ 吴景宏：《宋金攻辽之外交》，《东方杂志》1947 年第四十三卷第十八号。
⑤ 陈乐素：《宋徽宗谋复燕云之失败》，《辅仁学志》1933 年第 1 期。
⑥ 金毓黻：《宋辽金史》，商务印书馆 1946 年版，第 63—68 页。
⑦ 吕振羽：《简明中国通史》（下册），华东新华书店 1949 年版，第 448 页。
⑧ 同上书，第 452 页。
⑨ 金毓黻：《宋辽金史》，商务印书馆 1946 年版，第 63—68 页。
⑩ 吕振羽：《简明中国通史》（下册），华东新华书店 1949 年版，第 448—453 页。
⑪ 范文澜：《中国通史简编》，新中国书局 1949 年版，第 394—413 页。
⑫ 同上书，第 394—412 页。
⑬ 金毓黻：《宋辽金史》，商务印书馆 1946 年版，第 68—84 页。
⑭ 吕振羽：《简明中国通史》（下册），华东新华书店 1949 年版，第 453—473 页。
⑮ 金毓黻：《宋辽金史》，商务印书馆 1946 年版，第 84—108 页。

关于金立傀儡政权的原因。沈忱农认为由于当时黄河南岸金人无法统治，金人只有引兵北返，而在黄河南岸先后立张邦昌、刘豫，以华制华。如是则好做一缓冲，阻住宋人北来报复，而金则乘此躲回黄河北岸，好好休息整顿。[1] 裘重持同样观点。[2] 外山军治在《以刘豫齐国为中心看金宋交涉》[原载《满蒙史论丛》（第一辑），1938 年日满文化协会出版] 一文中认为立齐的目的在于使之执行对付宋的前卫国的任务。[3] 而吕振羽持不同观点，认为金军连年南进，已深悉南宋朝廷并不难歼灭，但人民的力量太强大。当金军每次南进，两河人民义军都纷纷出击，严重地威胁其后方；在中原、山东以至东南，又到处遭受人民武装的袭击和抵抗。因此，金军改变方针，树立傀儡政权，来统治山东、河南、陕西及淮北，充任攻宋的先锋；派遣大奸细于南宋朝廷内部，去策动投降和配合军事进攻；金军则专去对付义军，巩固后方，略取四川，以控制长江上游。[4]

关于金立傀儡政权的影响。沈忱农认为金对于宋代伪组织之扶持，造成宋代偏安之局。[5] 外山军治在《以刘豫齐国为中心看金宋交涉》[原载《满蒙史论丛》（第一辑），1938 年日满文化协会出版] 一文中认为金军驻屯齐国的各个要冲，使宋始终受到金、齐的威胁，金人趁机整饬内政，并经略两河之地。该文认为尽管刘豫不过是一个徒有虚名的统治者，但采取由汉人诸官统治的形式本身，远比金人直接统治汉人更得人心。经过刘齐的统治之后，两河之地的汉人变得更驯服，更易于统治。刘齐终遭废止是由于金廷整饬内政，加速中央集权化，导致宗翰一派的没落，同时由于金人已经产生统治汉地的信心。[6] 金毓黻则认为伪齐之侵宋，正予宋人以中兴之机。[7]

关于金宋天眷年间的议和。吕思勉认为秦桧天眷年间与金议和，不烦一兵，不折一矢，恢复河南的失地，这种外交，如何算失败？主持这外交的人，如何算奸邪？却不料金朝的政局变了，这是无可奈何的事，也是不能预料的事，就能预料，这种有利的外交，也总得办办试试的，如何怪得办这外交的人？[8] 缪凤林《宋高宗与女真议和论》（原载《国风》1936 年 8 卷 2 期）认为绍兴八、九年和议以不战而收陕西、河南之地，又得梓宫母后，虽称臣纳币亦可为委曲求全也，对此似不可苛责。[9] 外山军治在《围绕黄河河道的金宋交涉》一文中认为天眷二年宋金议和时所交割的不是刘齐的全部领地，而是以黄河新河道为界，即大运河河道（清河、泗水）以北的山东省一带和淮水以北的江苏省一带都不在交割的范围之内。[10]

① 沈忱农：《宋代伪组织之始末》，《东方杂志》1936 年第三十三卷第七号。
② 裘重：《南宋的两个傀儡》，《中行杂志》1940 年第 5 期。
③ ［日］外山军治：《金朝史研究》，东洋史研究会 1964 年版，第 232—247 页。
④ 吕振羽：《简明中国通史》（下册），华东新华书店 1949 年版，第 454—459 页。
⑤ 沈忱农：《宋代伪组织之始末》，《东方杂志》1936 年第三十三卷第七号。
⑥ ［日］外山军治：《金朝史研究》，东洋史研究会 1964 年版，第 291—292 页。
⑦ 金毓黻：《南宋中兴之机运》，《责善半月刊》1941 年第 1、2 期。
⑧ 吕思勉：《自修适用白话本国史》，商务印书馆 1923 年版，第 85—86 页。
⑨ 缪凤林：《宋高宗与女真议和论》，载朱瑞熙、程郁主编《宋史研究》，福建人民出版社 2006 年版，第 17 页。
⑩ ［日］外山军治：《黄河河道を繞る金宋交涉》，《东洋史研究》1937 年第 4 期。

2. 绍兴和议

关于绍兴和议签订的背景。朱偰认为绍兴十一年之际，宋金两国之中实宋占优势。[①] 吕振羽进一步提出，从女真奴主集团南进，到汴京失陷前后，形势仍是对宋有利。[②] 丁易持不同观点，认为南宋之屈辱于金，不仅是由于高宗与秦桧狼狈为奸，杀戮主战将领之故。更主要的是由于战争带给人民以更大的苦难，人民已陷于求生不得求死不能的境遇。在这种情况下，纵使没有秦桧，高宗信任主战将领，若这点不予以彻底改善，战争怕也还是难以取胜的。[③]

关于绍兴和议签订的原因。朱偰认为宋高宗、秦桧必欲议和的动机不外三点：秦桧弄权；君臣苟安之心理；高宗固位之私心，欲以女真扣留钦宗，为一切让步之主要条件。[④] 缪凤林《宋高宗与女真议和论》（原载《国风》1936 年 8 卷 2 期）持同样观点。[⑤] 周谷城持不同观点，认为由于武人只顾私利，不上前线，专事剥削，不恤人民，且彼此之间，各相夸耀，互生仇疾。情形如此，当权者害怕极了，故力主和议。该文认为绍兴和议，是秦桧欲巩固统治权力而促成的。[⑥] 外山军治在《金熙宗皇统年间的对宋媾和》［原载《满蒙史论丛》（第二辑），1939 年日满文化协会出版］一文中认为，皇统和议的成立，意味着向中国式国家过渡的金国的实力已发展到极限。[⑦]

3. 绍兴和议签订后金与南宋间的和战

关于绍兴和议签订后金与南宋间的和战。周谷城认为隆兴和议为金人内部发生变故而促成的，嘉定和议因宋人反攻失败而促成。[⑧] 外山军治在《金章宗时代对北方的经略及与宋朝的交战》［原载《满蒙史论丛》（第三辑），1940 年日满文化协会出版］一文中认为由于金宋泰和五到七年的战争，致使金朝财政窘困，军队疲惫不堪。金章宗为应付危局搜刮军费，加深女真人与汉人之间的矛盾，孕育了女真民族败亡的内因。[⑨]

关于完颜亮攻宋的原因。周谷城认为，完颜亮南侵是因为蒙古人在北方威胁之故，乃尽力向南方发展。[⑩] 外山军治认为海陵王伐宋是由于不满足金的南方领土止于淮水一线，不满足文化经济追随和依赖南宋，决心吞并偏安于南方且拥有丰富资源并以文化传统自负的南宋。而正是这种过于相信国力的蛮行，最终导致海陵王的失败。[⑪]

关于宋蒙联合灭金。余行迈在《金亡前后南宋和蒙古的一段交涉》一文中详细叙述

---

① 朱偰：《宋金议和之新分析》，《东方杂志》1936 年第三十三卷第十号。

② 吕振羽：《简明中国通史》（下册），华东新华书店 1949 年版，第 454—459 页。

③ 丁易：《宋金种族战争中的民困》，《大学月刊》1945 年第 3 期。

④ 朱偰：《宋金议和之新分析》，《东方杂志》1936 年第三十三卷第十号。

⑤ 朱瑞熙、程郁：《宋史研究》，福建人民出版社 2006 年版，第 17 页。

⑥ 周谷城：《中国通史》（下册），开明书店 1936 年版，第 744—748 页。

⑦ ［日］外山军治：《金熙宗皇统年间的对宋媾和》，载外山军治主编《金朝史研究》，东洋史研究 1964 年版，第 404—405 页。

⑧ 周谷城：《中国通史》（下册），开明书店 1936 年版，第 748—752 页。

⑨ ［日］外山军治：《金章宗时代对北方的经略及与宋朝的交战》，载外山军治主编《金朝史研究》，东洋史研究会 1964 年版，第 548 页。

⑩ 周谷城：《中国通史》（下册），开明书店 1936 年版，第 748 页。

⑪ ［日］外山军治：《金の海陵王：支那古今人物評伝》（六），《东洋史研究》1942 第 4 期。

了宋蒙联合灭金的过程①。金毓黻认为宋蒙联合灭金之举是正确的。而宋人之失，一为灭金后即与蒙古启衅，二为与忽必烈约和，而又自食前言，凡此皆与灭金无关②。

（三）其他相关问题研究

关于金宋战争的性质。这一时期，学者多以汉族王朝代表中国，认为宋金时期女真族是外族，金朝是外国。金宋战争具有侵略与反侵略的性质，是外族、外国对中国的侵略，或者说是金朝对宋朝的入侵。虽然金毓黻提出应三史兼治，摒弃以宋为正统，斥辽金史为不足观的偏狭之见，主张三史并重，同时提倡三史互证的治史方法。③ 这一观点并没有得到学界认同。同时日本为肢解、分裂历史上的中国，出版《异民族统治中国史》④《征服王朝》⑤ 等著作，过分强调中国南北地区差异、汉族与非汉族的对立，淡化、否认汉族对非汉族的深远影响。日本将历史上我国北方少数民族及建立的政权排除在中国之外，视其为"外国"，认为中国是单一的华夏族民族国家，宣传征服王朝、异民族统治中国等理论。

张凤桐在《宋朝给我们的教训》一文中提出宋亡非基于外交上的错误，轻武的传统国策是覆亡之因，重文是败乱之源，而不投降延长了宋朝的命运。⑥ 而李季在《两宋乞和的教训》一文中提出要吸取宋人自始至终专以乞和为图存之计，终招致亡国惨祸的教训⑦。

黄砚璠、陶希圣的《北宋亡后北方的义军》⑧、黄现璠的《南宋初年河北山东之义军》⑨、翦伯赞的《南宋初年黄河南北的义军考》⑩ 等文，详细叙述了北宋末南宋初，活跃在淮河以北的太行山义军、五马山义军等抗金武装的活动，借以赞扬了在敌后所进行的抗日武装斗争。

金毓黻在《南宋中兴之机运》一文中提出宋南渡后有两役至关重要。一为韩世忠之扼兀术于江上，一为吴玠、吴璘之败兀术于和尚原。即谓南宋得延续一百五十年之久，为此两役之结局，亦无不可。⑪

全汉升在《北宋物价的变动》⑫ 与《南宋初年物价的大变动》⑬ 二文中提出，由于靖康年间汴京被金人围攻，对外交通断绝，导致物价贵得惊人。而宋金之间大规模战争的开展，是南宋初年物价大幅度上涨的根本原因。

---

① 余行迈：《金亡前后南宋和蒙古的一段交涉》，《东方杂志》1943 年第 9 期。
② 金毓黻：《宋辽金史》，商务印书馆 1946 年版，第 107 页。
③ 同上书，第 6—8 页。
④ ［日］东亚研究所编：《異民族の支那統治史》，大日本雄辯会講談社 1944 年版。
⑤ ［日］藤枝晃：《征服王朝》，秋田屋 1948 年版。
⑥ 张凤桐：《宋朝给我们的教训》，《时代批评》1940 年第 39 期。
⑦ 李季：《两宋乞和的教训》，《东方杂志》1941 年第 9 期。
⑧ 黄砚璠、陶希圣：《北宋亡后北方的义军》，《食货》1936 年第 5 期。
⑨ 黄现璠：《南宋初年河北山东之义军》，《文化建设》1936 年第 5 期。
⑩ 翦伯赞：《南宋初年黄河南北的义军考》，《中苏文化》1941 年第 5 期。
⑪ 金毓黻：《南宋中兴之机运》，《责善半月刊》1941 年第 1、2 期。
⑫ 全汉升：《北宋物价的变动》，《中央研究院历史语言研究所集刊》1944 年第 11 期。
⑬ 全汉升：《南宋初年物价的大变动》，《中央研究院历史语言研究所集刊》1944 年第 11 期。

市村瓚次郎在《岳飞班师辨》（原载《史学杂志》1929 年一卷四期）一文中论证了岳飞朱仙镇之捷是虚构的，岳飞收复河南的说法也有夸张，岳飞实际上是从郾城撤兵的，否认了十二道金牌的事。① 邓广铭持同样观点，认为岳飞大破兀术拐子马、朱仙镇之捷，以及秦桧一日以十二道金字牌勒令岳飞班师等事，乃是岳珂为增益其祖先的美德，凭空捏造的。② 金毓黻持不同观点，认为岳飞的前锋已抵颍昌及郑州，距朱仙镇不远，作史者以前锋所至之地属之于飞，亦无不可。③

邓广铭在《"黄龙痛饮"质疑》（原载上海《大公报·文史周刊》1946 年第 7 期）、《再论"黄龙痛饮"（兼答周如松君）》（原载上海《大公报·文史周刊》1946 年第 11 期）二文中，提出黄龙二字当为燕山二字之误。④ 在《释"拐子马"》（原载上海《大公报·文史周刊》1947 年第 28 期）一文中，提出"拐子马"当指配列于两翼的骑兵。⑤

汪士杰在《岳武穆之死与宋高宗及宋代政制》一文中提出宋高宗是杀害岳飞的元凶。⑥

陈乐素《南宋定都临安的原因》一文，从政治和地理因素分析了南宋定都临安的原因。⑦

二 人物评价研究

新中国成立前，学界多将宋朝方面涉及金宋关系史的人物分两派加以评价。

周谷城将反对和议的称为义理派，将赞成和议的称为时势派。周谷城认为义理派对时势派在言论上采取攻势，是由于两派切身利益不同，并不仅仅是由于和议。⑧ 范文澜认为，降走派（主和派）的主张全部实现，金必灭宋，战守派（主战派）的主张全部实现，宋必灭金，两派相互斗争、相互制约的结局，造成半独立半附庸的南宋国。⑨ 吕振羽认为主和派是历史的罪人，主战派的行为符合人民的利益和要求。吕振羽进一步认为主战派由于其地位和绝对忠君思想的支配，不敢摆脱宋廷的束缚完全依靠人民。所以，主战派事事受投降派和内奸的牵制，不能贯彻其主战方针。⑩

这一时期，学界评价岳飞的论著很多，内容多有重复之处。⑪ 如邓广铭的《岳飞》⑫、

---

① ［日］市村瓚次郎：《岳飞班师辨》，载外山军治主编《金朝史研究》，东洋史研究会 1964 年版，第 410—412 页。

② 邓广铭：《宋史岳飞·张宪·牛皋·杨再兴传考辨》，《复旦学报》（社会科学版）1947 年第 3 期。

③ 金毓黻：《宋辽金史》，商务印书馆 1946 年版，第 81—82 页。

④ 邓广铭：《邓广铭全集》（第八卷），河北教育出版社 2005 年版，第 339—348 页。

⑤ 同上书，第 390—396 页。

⑥ 朱瑞熙、程郁：《宋史研究》，福建人民出版社 2006 年版，第 17 页。

⑦ 陈乐素：《南宋定都临安的原因》，《思想与时代》1948 年第 47 期。

⑧ 周谷城：《中国通史》（下册），开明书店 1936 年版，第 752—758 页。

⑨ 范文澜：《中国通史简编》，新中国书局 1949 年版，第 394 页。

⑩ 吕振羽：《简明中国通史》（下册），华东新华书店 1949 年版，第 459—461 页。

⑪ 朱瑞熙、程郁：《宋史研究》，福建人民出版社 2006 年版，第 32—38 页。

⑫ 邓广铭：《岳飞》，胜利出版社 1945 年版。

彭国栋的《岳飞评传》①、李汉魂的《岳武穆年谱》② 等著作，都肯定了岳飞的历史地位，认为岳飞是抗战派的代表和民族英雄。吕思勉持不同观点，认为岳飞、韩世忠等武将已成为军阀，岳飞的抗金事迹全被夸大了。③ 周谷城认为岳飞最多是一位名将。④

对于秦桧的评价，学界有不同看法。翦伯赞在《两宋时代汉奸及傀儡组织》（原载重庆《中苏文化》1940 年第六卷第二期）一文中提出，秦桧不仅是投降主义的执行者，而且是首倡者。⑤ 彭国栋认为秦桧是国贼、汉奸。⑥ 范文澜⑦、吕振羽⑧吕思勉也认为秦桧是金朝派往南宋的大奸细。吕思勉持不同观点，认为宋朝南渡之初，最窘的便是盗贼的纵横与诸将的骄横。和议在当时，本是件必不能免的事，然而主持和议的秦桧，却因此而大负恶名，真是冤枉极了。吕思勉也认为秦桧是爱国的，不是金朝的奸细。⑨

对于宋高宗的评价，学界亦有不同看法。金毓黻认为高宗上不能为光武，下亦不致如福王，终步元帝之后尘，以成偏安之局，亦不幸中之幸矣。⑩ 范文澜认为宋高宗是从头到脚满身污辱的皇帝。宋高宗建立怯懦昏虐的小朝廷，极度发挥对内压迫对外屈辱之能事，表现出统治阶级的彻底黑暗性。⑪ 而吕振羽认为秦桧是金廷统治南宋的最高代理人，宋高宗只是秦桧的傀儡。⑫

此外，学者对涉及金宋关系史的其他相关人物亦有相应评价。如邓广铭认为南宋中兴诸将中功业最伟者当推韩世忠，认为南宋立国之基均为其所手奠未为过也。⑬ 张熙将李纲比作诸葛亮，认为李纲以不世出之才，授命于危难之际，使其言用于靖康，则必无颠覆之祸；用于建炎，则中原必不至沦陷；用于绍兴，则旋轸旧京，汛扫陵庙，以复祖宗之宇，而卒报不共戴天之仇。⑭ 李仲融在东北沦亡、民族垂危之时，用宗泽抗金护宋的事实来试图唤醒国人的"民族意识"，认为宗泽是一位"赤胆忠肝"的民族英雄等。⑮ 这样的论著还有很多，限于文章篇幅，不一一赘述。

这一时期，日本学者外山军治还对相关金朝人物进行评价。其在《以山西为中心的金将宗翰的活动》一文中充分肯定了宗翰的功劳，认为宗翰确保了河东，对于金朝控制华北具有重要意义。该文认为由于宗翰担当经略汉地的重任，金廷才得以专心致志地治理

① 彭国栋：《岳飞评传》，商务印书馆 1945 年版。
② 李汉魂：《岳武穆年谱》，商务印书馆 1947 年版。
③ 吕思勉：《自修适用白话本国史》，商务印书馆 1923 年版，第 87—89 页。
④ 周谷城：《中国通史》（下册），开明书店 1936 年版，第 744—748 页。
⑤ 翦伯赞：《两宋时代汉奸及傀儡组织》，载《中国史论集》（合编本），中华书局 2008 年版，第 105—112 页。
⑥ 彭国栋：《岳飞评传》，商务印书馆 1945 年版，第 44—46 页。
⑦ 范文澜：《中国通史简编》，新中国书局 1949 年版，第 404 页。
⑧ 吕振羽：《简明中国通史》（下册），华东新华书店 1949 年版，第 464—465 页。
⑨ 吕思勉：《自修适用白话本国史》，商务印书馆 1923 年版，第 81 页。
⑩ 金毓黻：《南宋中兴之机运》，《责善半月刊》1941 年第 1、2 期。
⑪ 范文澜：《中国通史简编》，新中国书局 1949 年版，第 394 页。
⑫ 吕振羽：简明中国通史（下册），华东新华书店 1949 年版，第 468—473 页。
⑬ 邓恭三：《韩世忠年谱》（序例），独立出版社 1944 年版，第 1—2 页。
⑭ 张熙：《李纲评传》，《福建文化季刊》1941 年第一卷第二期。
⑮ 李仲融：《南宋的民族英雄宗泽》，《教与学月刊》1936 年第 3 期。

本土，完成国家机构的整备。① 在《金熙宗皇统年间的对宋媾和》（原载《满蒙史论丛（第二辑）》，1939 年日满文化协会出版）、《金朝的海陵王：中国古今人物评传（六）》②二文中对金熙宗完颜亶与海陵王完颜亮进行评价，认为熙宗在拥护他的宗室重臣辅佐下，朝着他们所指出的方向前进；但海陵王却按照自己的意志独断专行，在采用汉制和以汉人天子的身份行事方面，也远比熙宗彻底。认为熙宗时代是由女真式国家向中国式国家过渡的时期。熙宗时代开始的各项事业，到海陵王时代才宣告完成。完颜亮的政策及癖好表现了鄙弃女真固有传统、引进中国式文武制度的强烈倾向，顺应了时代的潮流。③

三　其他问题的研究

最早对金宋经济交流进行研究的学者是加藤繁，其在《宋金贸易论》一文中，考证了宋金间贸易的沿革、宋金间榷场贸易的规制，以及宋金间贸易的物品等，并认为宋金间贸易的大势是宋朝出超，金朝入超。金朝用银子支付输入的茶或其他物资的代价，是使银大量流入宋朝。而宋朝对金输出的物品中，钱、米等物虽然禁止输出，但还是有大量的钱从南宋秘密地输出入金。④

曾我部静雄在《宋金贸易史上的铜钱问题》（原载《文化》1937 年第 4 卷第 6 期）一文中持不同观点，该文认为在金宋百年间的贸易中，钱经常是从金向宋输出的。该文认为在公的贸易方面，银是从金国流入宋的，在金和宋的走私贸易方面，大概也是同样，从金流入宋的钱很多。在走私贸易中，整个宋金对立时期，钱经常是向宋流入的。⑤

对此，加藤繁再次强调从贸易大势来说，宋是出超的，而金是入超的。从南宋初年直到理宗端平年间金亡为止，在这大约一百年中间，虽然只有在最后十年间有过钱由北向南流入的事实，但是在这以前，大体上是从南向北流出的。即在宋金贸易中，钱主要是由宋向金输出的。宋的输出品的第一项就是茶；茶的贸易，皆由官府办理。钱在某种场合也有由金流入宋的事实，但大体说来，主要由宋秘密输入金。只有丝织物和生丝之类，从金输入宋相当的多，似乎因此缓和了金的入超的趋势，两国贸易的均衡也总算得以保持。⑥

曾我部静雄发表《再论宋金贸易史上的铜钱问题》（原载《文化》1941 年第 8 卷第 12 期）、《南宋行使的铜钱》（原载《社会经济史学》1943 年第 13 卷第 3 期）二文，从金越近末期铜钱越少的事实，流入日本的宋的铜钱的种类和它的数量来推测，论断金国的钱有很多流入南宋。曾我部静雄在《日、宋、金的货币交流史》第四章《宋金两国间铜钱的交流状态》中加以总结。⑦

此外，全汉升在《宋金间的走私贸易》一文中，详细论述了宋金间走私贸易的商品、

---

① ［日］外山军治：《山西を中心とせる金将宗翰の活躍》，《东洋史研究》1936 年第 1 期。

② ［日］外山军治：《金の海陵王：支那古今人物評伝》（六），《东洋史研究》1942 年第 7 期。

③ ［日］外山军治：《金朝史研究》，东洋史研究会 1964 年年版，第 404—405 页。

④ ［日］加藤繁：《宋金贸易论——译自日文史学杂志昭和十二年一月号》，周乾溁译，《食货》1937 年第 9 期。

⑤ ［日］加藤繁：《中国经济史考证》，吴杰译，中华书局 2012 年版，第 1026 页。

⑥ ［日］加藤繁：《宋金貿易に於ける茶錢及び絹について》，《东亚经济论丛》1941 年第 1 期。

⑦ ［日］加藤繁：《中国经济史考证》，吴杰译，中华书局 2012 年版，第 1026—1027 页。

路线、动机以及经营走私贸易的人员等。强调隋唐以后南北经济构成一体的形势是宋金间走私贸易发生的基本原因。①

关于史料的整理及考订补遗，陈乐素的《三朝北盟会编考》②与《三朝北盟会编考（续）》③二文，分撰者、内容、全书引用书目、《宣和乙巳奉使行程录》、宋金史帝纪会编举异等10个部分进行考证。这是一部网罗宏富、考订翔实、为史家所公认的力作，迄今国内外研治或评价《三朝北盟会编》者莫不资借于此。此外影响较大的还有朱希祖的《伪齐录校补》等。④

邓广铭通过对《宋史》岳飞、张宪、牛皋、杨再兴传史源的考辨，得出《宋史》中的《岳飞传》直接抄自章颖所撰《南渡四将传》中的《岳飞传》，间接出自岳珂的《鄂王行实编年》（《四将传》中的《岳飞传》，后来被岳珂收入《金佗续编》的《百氏昭忠录》中，改题为《经进岳鄂王传》）。《宋史》中的《张宪传》亦是从《岳鄂王传》中撷取来的。而《宋史·牛皋传》则是拼截了章颖所撰《南渡四将传》中的《岳飞传》与宋代国史中关于岳飞的记载而成的；《宋史·杨再兴传》则全篇皆本诸宋代国史。⑤

综上所述，辛亥革命后至新中国成立前，金宋关系史的研究成果大量涌现，显现了新的研究特点，主要表现在三个方面：一是注意运用近现代的史学思想和方法，从新的角度研究金宋关系史相关问题，进而得出不同观点。比如，绍兴和议签订的背景和原因、金宋经济交流的进一步阐释、相关人物的评价问题等，学术争鸣对问题的深入开展起到了一定的推动作用。二是在民族危亡时期，为唤起国人对历史经验教训的注意，激发民族意识，许多史学工作者加强对金宋关系史的研究，大力表彰具有高尚爱国精神、民族气节的英雄人物，大力宣传爱国思想，出版、发表了大量具有现实意义的专著与文章。三是在马克思主义的影响下，翦伯赞、范文澜、吕振羽等一些史学家开始运用唯物主义历史观初步探讨金宋关系史相关问题，强调人民对历史的影响。但也应该看到，在大批研究成果涌现的同时，这一时期的金宋关系史研究，仍然存在一些问题：如对金宋战争性质的认识存在误区，对绍兴和议后的金宋关系缺乏深入研究，一些重复性研究还是不同程度的存在等。

---

① 全汉升：《宋金间的走私贸易》，《中央研究院历史语言研究所集刊》1944的第11期。
② 陈乐素：《三朝北盟会编考》，《中央研究院历史语言研究所集刊》1936年第2期。
③ 陈乐素：《三朝北盟会编考》（续），《中央研究院历史语言研究所集刊》1936年第3期。
④ 朱希祖：《伪齐录校补》，独立出版社1944版。
⑤ 邓广铭：《宋史岳飞·张宪·牛皋·杨再兴传考辨》，《复旦学报》（社会科学版）1947年第3期。

从族际交往到一体认同[*]

——20 世纪以来的宋代民族融合研究

王善军　王道鹏

近年来，学术界有不少学者，用"10—13 世纪的中国"来指称五代辽宋西夏金多政权并存时期，以替代以往断代史的称谓。这一新提法，显示了以历史时段为对象重新用整体性视角审视多政权的对立与融合的倾向。同时，学者普遍认为辽宋金元时期是中国古代第三次民族大融合时期。毫无疑问，这一时期各政权统治区域内的民族群体，均在融合过程中扮演了各种各样的角色。长期以来，学术界对该时期民族融合问题从各种不同层面进行研究和总结。对于表现活跃的北方地区民族融合的研究，笔者以辽金为对象作了述评[①]。相对来说，宋作为持续时间最久的政权，统治区内人口最多，民族成分更为复杂，与其他政权的互动也十分频繁。因此，宋代民族融合问题受到学者较多关注，其研究成果更值得介绍和分析。这些成果的论述视角，大致可以分为两类：一是从整体来看各民族群体之间的融合，宋代由于文明发展程度较高并处于政治地缘关系的中心地位，与周边的辽、西夏、金、大理等民族政权及其统治区域的民族不断交流融汇。二是从统治区域来说，宋朝本身就是多民族存在的实体，汉族和其他少数民族也存在民族融合问题。本文旨在对这些成果进行系统梳理，并予以简单评论。

一　民族迁徙与杂居

民族迁徙是民族融合的首要条件。迁入民族与原有民族杂居需要不断整合，从而消除语言沟通障碍、建立共同的经济联系和形成认同心理等。民族迁徙涉及民族国家疆域界限的问题，很多学者认为古代"中国"是一个文化体，而没有严格意义上的区域疆界。但是针对宋代具体情况的变化，不少学者已提出了修正性或补充性的看法。葛兆光《宋代"中国"意识的凸显——关于近世民族主义思想的一个远源》[②]、杜芝明、黎小龙《"极边"、"次边"与宋朝边疆思想探析》[③] 认为，少数民族政权的崛起对宋王朝产生了巨大

---

* 本文系国家社科基金项目"辽宋夏金时期的民族认同研究"（11BZSO22）的阶段性成果。

① 王善军：《20 世纪以来辽金民族融合问题研究综述》，载杜建录主编《西夏学》第 6 辑，上海古籍出版社 2010 年版。

② 葛兆光：《宋代"中国"意识的凸显——关于近世民族主义思想的一个远源》，《文史哲》2004年第 1 期。

③ 杜艺明、黎小龙：《"极边"、"次边"与宋朝边疆思想探析》，《中国边疆史地研究》2010 年第2 期。

的冲击，打破了唐以前汉族人关于天下、中国与四夷的传统观念和想象，有了实际的敌国意识和边界意识，有了关于"中国"有限的空间意识。郑涛、张文《极边、次边、近里：北宋西北边疆层级体系三级制界说》① 指出，北宋边疆层级体系是由极边、次边、近里构成的三级制，其性质可说是一种边防体系，理论基础源于宋人的纵深防御思想。也有学者关注到宋朝实际边界的特殊状态。佐伯富《关于宋代雄州的缓冲地两输地》② 和安国楼《宋辽边境的"两属户"》③ 指出，河北雄州下辖的归信、容城两县，是同时归属于宋辽双方政权的。由此可见，宋代虽有朦胧边界意识的萌芽，但其作用仍然是有限的。不清晰不明确的边界意识，为民族迁徙提供了更多的机会。

此外，有些概念如"民族迁徙（移）""人口流动""人口迁移""移民"等，在移民研究论著中频频出现，各自所指代的内涵也说法不一。赵永春《关于"人口迁移"、"移民"及其相关概念》④ 对这几个概念进行梳理评析，认为对"人口迁移""人口流动""民族迁移""移民"等概念不宜进行严格区分。

（一）各民族的人口流动

两宋统治区域尽管有所变化，但均与周边民族政权的统治区犬牙交错，为人口的流动提供了便利。由于宋朝经济文化相对发达，社会相对稳定，加之宋政权吸引流入人口的政策，因此会有周边民族政权的人口内附宋朝。杨蕤《北宋初期党项内附初探》⑤ 指出，北宋初期党项族有十余万民众内附宋王朝辖区内的宋夏沿边地区，并促进了该地区的开发。佟建荣《宋夏缘边叛服蕃部考》⑥ 具体考述了在宋夏双方争夺边境民族人口的过程中，西夏归宋的西界蕃部和投夏的北宋蕃部；《宋夏沿边蕃部人口流动考论》⑦ 进一步论述了蕃部人口流动对宋夏关系、蕃部社会、西北地区生态的影响，并认为主要人口流动是叛夏投宋。陈武强《北宋前中期吐蕃内附族帐考》⑧ 指出，北宋前中期（960—1067）政府大力招诱吐蕃内附，西北沿边先后有约 30 万吐蕃部落族帐纳入北宋政府管辖之下，接受其统治；陈武强《北宋后期吐蕃内附族帐考》⑨ 指出，北宋后期（1068—1127）先后约 120 多万的吐蕃部落族帐归顺北宋统治。吐蕃部落族帐的内附，促进了藏汉经济文化交流以及西北边疆的开发，在藏汉民族关系史上产生了深远影响。

宋朝对来自于周边政权统治区域的归顺者，往往称之为"归明人"，或"归正人""归朝人"等。学界以此为考察对象的研究成果，有黄宽重《略论南宋时代的归正人》⑩、

---

① 杜艺明、黎小龙：《"极边"、"次边"与宋朝边疆思想探析》，《中国边疆史地研究》2010 年第 2 期。
② ［日］佐伯富：《关于宋代雄州的缓冲地两输地》，《中国史研究》，东洋史研究会 1969 年。
③ 安国楼：《宋辽边境的"两属户"》，《中国史研究》1991 年第 4 期。
④ 赵永春：《关于"人口迁移"、"移民"及其相关概念》，《史学集刊》2012 年第 2 期。
⑤ 杨蕤：《北宋初期党项内附初探》，《民族研究》2005 年第 4 期。
⑥ 佟建荣：《宋夏缘边叛服蕃部考》，《固原师专学报》2006 年第 2 期。
⑦ 佟建荣：《宋夏沿边蕃部人口流动考论》，《西夏学》第 1 辑，宁夏人民出版社 2006 年版。
⑧ 陈武强：《北宋前中期吐蕃内附族帐考》，《西藏大学学报》2010 年第 3 期。
⑨ 陈武强：《北宋后期吐蕃内附族帐考》，《西藏研究》2012 年第 2 期。
⑩ 黄宽重：《略论南宋时代的归正人》，《食货月刊》1987 年复刊 7 卷 3、4 期。

顾吉辰《北宋归明制度考述》[①]、陶玉坤和薄音湖《北宋对契丹归明人的政策》[②]、戴建国《宋朝对西南少数民族归明人的政策》[③]、侯爱梅《试论北宋对西夏归明人的政策》[④] 和《北宋时期西夏归明族帐考》[⑤]、陶玉坤《北宋对契丹归明人的安置》[⑥]、徐东升《宋朝对归明、归朝、归正人政策析论》[⑦] 等。从这些论著中可以看出，在冷兵器时代，战争凭借的主要力量是人口，宋王朝与周边民族政权之间往往有人口的争夺。另外，日本学者榎並岳史《关于南宋的"归正人"——以名称及其发展实态为中心》指出，以前具有同一性质的归明人、归朝人、归正人，是根据出生地（籍贯）来划分的，由此可以看到以宋为中心的国际关系的变化。[⑧]

宋朝对周边民族政权人口采取招抚、引诱、笼络的政策吸引人口投附，以赐田、授官等措施给予安置。宋朝对边区人口争夺实施招诱政策，也引起了研究者的注意。李华瑞《论宋夏争夺西北少数民族的斗争》[⑨] 从宋夏全面战争爆发前、宋夏全面战争爆发后、宋夏争夺横山和熙河等三方面展开论述。安介生《北宋初年山西向外移民考》[⑩] 具体考察了北宋初年北汉人口向宋朝的流动。安国楼《宋朝周边民族政策研究》[⑪] 一书中设有"民族边区的人口流移与宋朝人口政策"一章，具体论述了边关人口政策、对内附部族人户的安置、蕃汉人口流移与贩卖的限制等问题。夏宇旭《浅析宋朝对金治下契丹人的招诱》[⑫] 指出，归附宋朝的契丹人成为宋朝的重要军事力量。另外，河原正博《关于蛮酋的内徙》[⑬] 提出了宋代"蛮酋"（族长）向宋朝疆域的"内徙"问题。

宋代人口有流入，也有流出。方国瑜《唐宋时期洱海区的汉族移民》[⑭] 考证了唐宋以来迁入云南洱海地区的汉人。范传贤《宋代输出人口问题及其它》[⑮] 指出，宋代奴隶贸易存在特殊性，不是落后地区流向发达地区，而是发达地区流向落后地区，即将奴隶运往契丹、女真、西夏、戎人、溪峒等边远地区。

在宋政权统治的疆域内部，由于北方战乱，以汉族为主体的北方人口往往向南方迁移寻找安宁之地。张家驹较早关注此问题：《靖康之乱与北方人口的南迁》[⑯] 一文指出

① 顾吉辰：《北宋归明制度考述》，《固原师专学报》1988 年第 4 期。

② 陶玉坤、薄音湖：《北宋对契丹归明人的政策》，《内蒙古社会科学》2003 年第 6 期。

③ 戴建国：《宋朝对西南少数民族归明人的政策》，《云南社会科学》2006 年第 3 期。

④ 侯爱梅：《试论北宋对西夏归明人的政策》，《宁夏社会科学》2006 年第 3 期。

⑤ 侯爱梅：《北宋时期西夏归明族帐考》，《宁夏大学学报》2006 年第 4 期。

⑥ 陶玉坤：《北宋对契丹归明人的安置》，《辽宁师范大学学报》2008 年第 4 期。

⑦ 徐东升：《宋朝对归明、归朝、归正人政策析论》，《厦门大学学报》2012 年第 1 期号。

⑧ ［日］榎並岳史：《关于南宋的"归正人"——以名称及其发展实态为中心》，《环东南亚研究中心年报》2010 年第 5 号。

⑨ 李华瑞：《论宋夏争夺西北少数民族的斗争》，《中州学刊》1992 年第 1 期。

⑩ 安介生：《北宋初年山西向外移民考》，《晋阳学刊》1996 年第 3 期。

⑪ 安国楼：《宋朝周边民族政策研究》，文津出版社 1997 年版。

⑫ 夏宇旭：《浅析宋朝对金治下契丹人的招诱》，《东北师大学报》2009 年第 2 期。

⑬ ［日］河原正博：《关于蛮酋的内徙》，《法政学报》1955 年第 7 号。

⑭ 方国瑜：《唐宋时期洱海区的汉族移民》，《人文科学杂志》1957 年第 1 期。

⑮ 范佳贤：《宋代输出人口问题及其它》，《中国历史文献研究集刊》1980 年第 1 期。

⑯ 张家驹：《靖康之乱与北方人口的南迁》，《文史杂志》1942 年第 2 卷第 3 期。

北方人口的主要迁入地是东南和四川。吴松弟《北方移民与南宋社会变迁》① 一书在建立具体的"移民档案"的基础上，探讨了移民的迁移、地区分布、迁出地、主要迁移路线以及入籍过程，论述了移民对南宋社会方方面面的影响。他的另一部专著《中国移民史·第四卷》② 对宋代移民作了更为全面的探讨。刘浦江《十二世纪中叶中国北方人口的南迁》③ 论述了靖康之变到绍兴和议、海陵王南侵前后北方人口的南迁及移民流向和地域分布。也有学者将人口南迁与边区的发展联系在一起。刘美崧《宋代汉族迁入岭南及其对南疆的开发》④ 论述了汉人迁入少数民族地区并与南方少数民族共同开发南疆。

（二）民族杂居

受少数民族传统分布区域的影响，宋代主要的民族杂居区域大体上可以分为西北地区和南方地区，其他区域少数民族分布相对较少。民族杂居多是少数民族人口混杂在汉族人口中。西北地区的研究成果相对较多。顾吉辰有《北宋前期党项羌族帐考》⑤《宋仁宗时期我国西北地区族帐考》⑥《北宋神哲徽三朝我国西北地区族帐考》⑦ 等文。陈守忠《北宋时期秦陇地区吐蕃各部族及其居地考》（上、下）⑧ 以宋廷向西拓地、建立堡寨的年月次第为经，以地理位置为纬，一一考述了各部族居地及其与宋廷的关系。刘建丽《宋代西北吐蕃研究》⑨ 书中设有"宋代西北吐蕃部族及其分布"专章，具体考述了吐蕃部族在西北的分布。汤开建《五代辽宋时期党项部落的分布》⑩ 考述了党项部落在契丹、西夏、北宋西北边境三大地区的分布情况；汤开建《五代宋金时期甘青藏族部落的分布》⑪ 考述了吐蕃部落在西北地区相对集中的 5 个区域的分布情况。蔡家艺《辽宋金夏境内的沙陀族遗民》⑫ 指出，沙陀族解体后，族人大都散入辽、宋、夏、金境内，宋朝境内的沙陀人，绝大多数来自于后汉、后周和北汉，其中有不少是沙陀世家大族，对宋朝的建立和发展发挥了重大作用。薛正昌《唐宋元时期固原境内的民族》⑬ 考述了固原境内在唐宋元时期的民族分布情况。

南方少数民族的研究成果主要有：李默《宋元广西瑶族分布考略》⑭《宋、元时期广

① 吴松弟：《北方移民与南宋社会变迁》，文津出版社 1942 年版。
② 吴松弟：《中国移民史·第四卷》，福建人民出版社 1997 年版。
③ 刘浦江：《十二世纪中叶中国北方人口的南迁》，载陈少峰主编《原学》第 6 辑，中国广播电视出版社 1998 年版。
④ 刘美崧：《宋代汉族迁入岭南及其对南疆的开发》，《中国边疆史地研究》1992 年第 2 期。
⑤ 顾吉辰：《北宋前期党项羌族帐考》，《史学集刊》1985 年第 3 期。
⑥ 顾吉辰：《宋仁宗时期我国西北地区族帐考》，《青海师范大学学报》1985 年第 4 期。
⑦ 顾吉辰：《北宋神哲徽三朝我国西北地区族帐考》，《西北民族学院学报》1986 年第 4 期。
⑧ 陈守忠：《北宋时期秦陇地区吐蕃各部族及其居地考》（上、下），《西北师大学报》1996 年第 2、3 期。
⑨ 刘建丽：《宋代西北吐蕃研究》，甘肃文化出版社 1998 年版。
⑩ 汤开建：《五代辽宋时期党项部落的分布》，《西北民族研究》1993 年第 1 期。
⑪ 汤开建：《五代宋金时期甘青藏族部落的分布》，《中国藏学》1989 年第 4 期。
⑫ 蔡家艺：《辽宋金夏境内的沙陀族遗民》，《民族研究》2004 年第 5 期。
⑬ 薛正昌：《唐宋元时期固原境内的民族》，《宁夏社会科学》1998 年第 1 期。
⑭ 李默：《宋元广西瑶族分布考略》，《广东社会科学》1986 年第 4 期。

东瑶族分布考略》①，考述了宋元时期瑶族在广东、广西的分布；薛政超《唐宋时期湖南的少数民族移民及其影响》② 探讨了少数民族移民对湖南民族关系产生的重大影响；冈田宏二《论宋代溪洞蛮的种族系谱》③ 从文献史料中的瑶族和仡佬族的名称出发，通过他们的种族姓氏，探讨了其历史沿革和分布状况。

此外，还有学者对少数民族人口数量进行研究。李清凌《北宋的西北人口》④ 估算了陕西五路的汉族人口、陕西五路及河湟吐蕃人口、党项西夏人口、西州回鹘、喀喇汗国及西辽等政权下的人口数量，总结出宋代西北人口具有民族成分复杂、人口波动性大等特点。程民生《宋朝少数民族人口数量探究》⑤ 考述了少数民族的分布情况，经考证推测北宋中后期宋朝境内有少数民族人口 467 万余人。

在宋代境内还有客居的外国人，其中一些从事商业活动，与民间社会有较深的社会经济联系，甚至出现族际通婚的现象。较早关注这一问题的是江应樑，《唐宋时中国境内之外侨》⑥ 一文涉及外人侨居中国之盛况、蕃坊及蕃长、中国政府对外侨的优待、外侨之富有、与华人通婚、生活的华化、蕃奴等内容。相关研究还有白寿彝《宋时大食商人在中国的活动》⑦、关履权《宋代广州的外商》⑧、穆宝修《唐宋时期穆斯林的来华和留居》⑨、黄纯艳《宋代来华外商述论》⑩、王利民《唐宋时代在华的外国商人》⑪、廖大珂《宋元时期泉州的阿拉伯人》⑫、马建春《两宋时期留居杭州的穆斯林蕃商胡贾》⑬ 等。外国人既可与华人杂居城中，也有其相对独立的居住区域，称为蕃坊。马娟《唐宋时期穆斯林蕃坊考》⑭ 对蕃坊的形成、组成形式、蕃长职掌及性质、活动等多方面进行论证，指出唐宋时期穆斯林蕃坊对后来的教坊制度、哈的司管理机构的影响。刘莉《试论唐宋时期的蕃坊》⑮ 通过唐宋时期蕃坊的产生、蕃坊与羁縻府州的比较、蕃坊的历史地位等方面的论证，揭示了蕃坊与唐宋政府关系的特殊性及其在中国回族社会结构形成进程中的重要意义。王四达《宋元泉州外侨社区的兴衰及其启示》⑯ 对宋元时期泉州外侨社区的形成原因、兴衰的经验教训和启示进行了分析。

---

① 李默：《宋、元时期广东瑶族分布考略》，《民族研究》1985 年第 2 期。

② 薛政超：《唐宋时期湖南的少数民族移民及其影响》，《邵阳学院学报》2009 年第 2 期。

③ ［日］冈田宏二：《论宋代溪洞蛮的种族系谱》，《东南亚——历史与文化》1973 年第 3 号。

④ 李清凌：《北宋的西北人口》，《河西学院学报》2002 年第 4 期。

⑤ 程民生：《宋朝少数民族人口数量探究》，《民族研究》2002 年第 3 期。

⑥ 江应樑：《唐宋时中国境内之外侨》，《南诏季刊》1935 年第 1 期。

⑦ 白寿彝：《宋时大食商人在中国的活动》，载《中国伊斯兰教史存稿》，宁夏人民出版社 1983 年版。

⑧ 关履权：《宋代广州的外商》，《学术研究》1985 年第 2 期。

⑨ 穆宝修：《唐宋时期穆斯林的来华和留居》，《云南社会科学》1985 年第 5 期。

⑩ 黄纯艳：《宋代来华外商述论》，《云南社会科学》1997 年第 4 期。

⑪ 王利民：《唐宋时代在华的外国商人》，《文史知识》1998 年第 4 期。

⑫ 廖大珂：《宋元时期泉州的阿拉伯人》，《回族研究》2011 年第 2 期。

⑬ 马建春：《两宋时期留居杭州的穆斯林蕃商胡贾》，《浙江社会科学》2011 年第 4 期。

⑭ 马娟：《唐宋时期穆斯林蕃坊考》，《回族研究》1998 年第 3 期。

⑮ 刘莉：《试论唐宋时期的蕃坊》，《中央民族大学学报》1999 年第 6 期。

⑯ 王四达：《宋元泉州外侨社区的兴衰及其启示》，《东南文化》2008 年第 1 期。

二　族际交往

族际交往涉及的范围甚广，然就主要方面而言，莫过于由通婚而形成的血缘交往以及由物质、精神交流而形成的文化交往。

（一）族际通婚

婚姻具有合两姓之好的社会作用，族际通婚在一定程度上又赋予婚姻结两族之好的社会文化意义。民族融合到一定程度时，才会出现自然状态下的族际通婚。但是，宋代官方是禁止汉族与异民族之间通婚的。张邦炜《婚姻与社会·宋代》[①]指出宋代禁止族际婚；彭利芸《宋代婚俗研究》[②]指出宋代在理学的熏陶下，增进了民族意识，对和亲政策，力加排斥。实际上，宋王朝对族际婚姻的禁止，不但是有条件的，而且往往禁而难止。宋人与外商通婚被学者关注，前文已有提及。专门的研究则有鲁忠慧《试析唐宋时期回回先民的国际婚姻：蕃汉通婚》[③]一文，认为唐宋时期东来中国而久居华夏的波斯人和阿拉伯人及信奉伊斯兰教的各国穆斯林及其后裔，通过商贸活动增进蕃汉之间的融合，从而形成蕃汉通婚。在前代民族融合的基础上，宋朝境内很多少数民族的民族色彩逐渐淡化，甚至是"华夷"难辨，因而有利于蕃汉通婚。赵海霞《鲜卑折掘氏与党项折氏》[④]指出，原是鲜卑部落的折掘氏部，经过长期的民族融合，逐渐融入党项羌之中，至唐末形成党项折氏这一大部落，宋代以后，党项折氏随着与汉族的长期通婚，又逐渐融合到汉族之中。少数民族之间，也同样有相互通婚的社会现象。刘兴亮《宋代西北吐蕃联姻问题探析》[⑤]指出，两宋时期，西北吐蕃各部在发展自身的同时，亦注意用联姻等方式来强化彼此以及与西夏、辽、回鹘等民族政权之间的关系。联姻对西北吐蕃政权的巩固，各民族间经济文化交流均起到了一定的作用。

（二）族际文化的交往

文化是一个民族区别于另一个民族的重要标识。在一定程度上来说，民族融合的意义在于族际文化的融会。色因《民族融合与文化融合》[⑥]指出，严格意义上的民族融合归根结底就是指文化融合，只要文化未完全融合，民族也必然未能完全融合；只要存在着文化上的差异，就意味着民族还未彻底融为一体。对于宋王朝而言，既吸收了北方民族的文化元素又汲取南方境内少数民族的文化营养，民间的物质文化交流、精神文化交流丰富了宋朝社会文化的内涵。

1. 物质文化交流

宋王朝在物质文化上与北方少数民族政权之间的交流主要靠贸易方式。林文勋《宋

---

①　张邦炜：《婚姻与社会·宋代》，四川人民出版社 1989 年版。

②　彭利芸：《宋代婚俗研究》，台湾新文丰出版公司 1988 年版。

③　鲁忠慧：《试析唐宋时期回回先民的国际婚姻：蕃汉通婚》，《宁夏社会科学》2001 年第 5 期。

④　赵海霞：《鲜卑折掘氏与党项折氏》，《西北民族研究》2011 年第 2 期。

⑤　刘兴亮：《宋代西北吐蕃联姻问题探析》，《西藏大学学报》2010 年第 2 期。

⑥　色因：《民族融合与文化融合》，《青海社会科学》1989 年第 4 期。

代以"互市"为内容的民族政策》①《宋王朝边疆民族政策的创新及其历史地位》② 认为，宋代处于经济发展的中心地位，同时宋王朝贸易范围的扩大使得周边民族政权在一定程度上卷入了宋王朝的市场体系之中，而宋王朝利用互市作为一支无形的手牢牢地控制着周边民族。宋朝与周边民族的贸易渠道主要有榷场贸易、和市贸易、走私贸易和朝贡贸易四种形式。和平时期主要是官方的榷场贸易，遇有战事榷场贸易则停止，但是民间的走私贸易一直盛行。走私贸易方面的研究成果有：全汉昇《宋金间的走私贸易》③、廖隆盛《北宋与辽夏边境的走私贸易问题》④、张庆龄《宋辽间的走私贸易》⑤、靳华《试析宋往金界的走私》⑥、陈旭《宋夏之间的走私贸易》⑦ 等。走私贸易在和平时期于榷场以外贩卖违禁物品，加深双方的物质文化交流；而在双方中止合法贸易时进行的活动，承担着调剂余缺、沟通有无的功能。

　　各民族物质文化的交流，必然形成一些活跃的区域。周宝珠《北宋时期中国各族在东京的经济文化交流》⑧ 认为，北宋国都东京代替原来的长安和洛阳，成了国内各族经济文化交流的中心。廖寅《宋代博易场研究——以广西博易场为中心》⑨ 指出，宋代博易场在促进蕃汉之间经济互补、信息文化交流以及和平稳定等方面有独特的历史作用。相关研究成果还有，任树民《北宋西北边疆蕃城、蕃市初探》⑩《北宋时期丝绸东路的贸易网点——唃家位》⑪；燕永成《熙丰变法时期的西部边贸开发》⑫；黄雄鹰《横山寨博易场对宋代桂西壮族经济发展的影响》⑬；凌受勋《宋代戎州民族贸易市场》⑭；闫贵荣《浅议宋代陇右商业贸易》⑮；朱文慧、王元林《宋代广南西路的三大博易场和海南岛的对外贸易》⑯ 等。

　　有些学者还从区域民族与内地联系的角度进行探究。程溯洛⑰和黄万纶⑱分别考述了

①　林文勋：《宋代以"互市"为内容的民族政策》，《云南民族学院学报》1991 年第 3 期。

②　林文勋：《宋王朝边疆民族政策的创新及其历史地位》，《中国边疆史地研究》2008 年第 4 期。

③　全汉昇：《宋金间的走私贸易》，《中央研究院历史语言研究所集刊》1943 年第 11 本。

④　廖隆盛：《北宋与辽夏边境的走私贸易问题》，《食货月刊》1981 年复刊第 11、12 期。

⑤　张庆龄：《宋辽间的走私贸易》，《史林》1988 年第 2 期。

⑥　靳华：《试析宋往金界的走私》，《北方论丛》1993 年第 2 期。

⑦　陈旭：《宋夏之间的走私贸易》，《中国史研究》2005 年第 1 期。

⑧　周宝珠：《北宋时期中国各族在东京的经济文化交流》，《河南大学学报》1982 年第 4 期。

⑨　廖寅：《宋代博易场研究——以广西博易场为中心》，《中国社会经济史研究》2013 年第 3 期。

⑩　任树民：《北宋西北边疆蕃城、蕃市初探》，《甘肃民族研究》1995 年第 3 期。

⑪　任树民：《北宋时期丝绸东路的贸易网点——唃家位》，《西北民族学院学报》1997 年第 2 期。

⑫　燕永成：《熙丰变法时期的西部边贸开发》，《中国经济史研究》2000 年第 2 期。

⑬　黄雄鹰：《横山寨博易场对宋代桂西壮族经济发展的影响》，《广西右江民族师专学报》2003 年第 4 期。

⑭　凌受勋：《宋代戎州民族贸易市场》，《宜宾学院学报》2006 年第 7 期。

⑮　闫贵荣：《浅议宋代陇右商业贸易》，《延安大学学报》2007 年第 6 期。

⑯　朱文慧、王元林：《宋代广南西路的三大博易场和海南岛的对外贸易》，《海南大学学报》2010 年第 5 期。

⑰　程溯洛：《五代宋辽金时期新疆回鹘人民和祖国各地的经济联系》，《中央民族学院学报》1979 年第 3 期。

⑱　黄万纶：《唐宋时期西藏同内地经济文化联系的历史考察》，《中央民族学院学报》1986 年第 3 期。

古代新疆、西藏与我国其他各民族之间具体经济文化联系。

2. 精神文化交流

对于宋朝而言，民族间的人员往来必然带动精神文化的传播，汉族与少数民族之间在精神文化上也形成交融的态势。

宋朝的汉族吸收了少数民族的文化元素。较早关注北方民族文化南传的是刘铭恕《宋代辽金文化之南渐》① 一文，从辽金服饰文化之南渐、两宋所流行的蕃歌胡乐、语言及其他方面进行了考述。陶晋生《辽金两代对传统中国文化的影响》② 从政治、社会、经济、文化4个方面论述了辽金对中国文化的影响。

关于服饰方面，刘驰等《民族文化交流对宋代服饰的影响》③ 以女真族和契丹族文化对宋代服饰的影响为例，探讨宋代服饰中民族文化交流问题，认为文化交流是服饰演变的催化剂。施联朱、容观琼《历史上黎汉民族团结友谊的光辉篇章》④ 认为，黄道婆向黎族人民学习纺织技术，促进了江南地区棉纺织业大发展，为我国各族人民友好团结的历史写下了光辉的一页。

关于音乐方面，曾美月《宋代的要令、番曲与鼓板——由此看宋朝汉族与北方少数民族的音乐交流》⑤ 认为，宋朝汉族与北方少数民族之间的音乐交流是双向的、互动的，尽管统治者的态度各有差异，但融合是不可抗拒的潮流。段炳昌《唐宋时期影响中原的云南乐舞》⑥ 认为，在辉煌的唐宋文化构筑过程中，云南少数民族音乐文化的影响，是不能低估的。

关于礼俗方面，刘春德《宋代火葬的盛行及其对"华夷之辨"观念的挑战》⑦ 认为宋代火葬习俗屡禁不止，火葬与反火葬之争其实质是挑战与维护"华夷之辨"观念的一个缩影，这场斗争是作为"华夷之辨"观念维护者的宋代儒家学说影响力式微，而作为挑战一方的佛教和少数民族丧葬观念强势影响中原文化，以及宋代特殊的时代特征交织作用的结果。

关于语言方面，王学奇《宋元明清戏曲中的少数民族语（一、二、三、四）》⑧ 从戏曲中考索出一些少数民族的词汇。李文泽《宋代语言研究》⑨"词汇编"设有"外来语的影响"一节。杨柏怡《从辽宋关系看辽对宋诗酒文化的影响》⑩ 认为，宋代酒诗词在内容、风格等方面均受到辽的影响，使得宋代诗酒文化更为丰富、充实。

① 刘铭恕：《宋代辽金文化之南渐》，《中国文化研究所集刊》1940年第6卷。
② 陶晋生：《辽金两代对传统中国文化的影响》，载《宋旭轩教授八十荣寿论文集》，2000年。
③ 刘驰等《民族文化交流对宋代服饰的影响》，《西北纺织工学院学报》1999年第3期。
④ 施联朱、容观琼：《历史上黎汉民族团结友谊的光辉篇章》，《中央民族大学学报》1977年第4期。
⑤ 曾美月：《宋代的要令、香曲与鼓板—由此看宋朝流汉族与北方少数民族的音乐交流》，《文化艺术研究》2010年第2期。
⑥ 段炳昌：《唐宋时期影响中原的云南乐舞》，《云南教育学院学报》1990年第4期。
⑦ 刘春德：《宋代火葬的盛行及其对"华夷之辨"观念的挑战》，《广西右江民族师专学报》2005年第5期。
⑧ 王学奇：《宋元明清戏曲中的少数民族语（一、二、三、四）》，《唐山师范学院学报》2001年第1、3、4、6期。
⑨ 李文泽：《宋代语言研究》，线装书局2001年版。
⑩ 杨柏怡：《从辽宋关系看辽对宋诗酒文化的影响》，《北方文物》2011年第4期。

　　文化在传播过程中会在实用原则下进行取舍，甚至产生误解误读的现象。宋朝社会对于外来文化因素不但能够积极吸纳，而且能够改造利用，使之兼具少数民族文化与汉文化的双重特质，并成为民族融合的重要媒介。宋德金《双陆与民族文化的交流与融合》① 以源自古印度的双陆为考察对象，认为双陆自魏晋入中国逐渐融汇为汉文化的重要象征，在宋、辽、金、元各个政权中流行，成为这一时期民族融合的重要媒介。张小贵《唐宋祆祠庙祝的汉化——以史世爽家族为中心的考察》② 考察了唐宋之际祆祠庙祝任免权的变化，认为这是祆教外来宗教如何逐渐融入中土社会的反映。郑祖襄《宋、元、明琵琶图像考——琵琶乐器汉化过程的图像分析》③ 以琵琶考古图像为研究中心，认为宋、元、明时期，正是琵琶这件外来乐器汉化的历史过程，也是琵琶音乐独立化、器乐化的发展进程。

　　传统儒家文化也对宋朝境内的少数民族产生了深远的影响。程民生《宋代少数民族学校述略》④ 指出，宋代前后兴办少数民族学校有十余所，专以儒家经典为教材，对少数民族地区起到了启蒙后进、传播文明的作用。任树民《宋代缘边吐蕃风俗文化嬗变之考略》⑤ 考察了分布在今甘青川陕一带缘边地区未建立地区性政权的吐蕃部族，认为其与当地的汉人、党项等交相杂居，风俗与其他各地略不相同，较之唐代吐蕃风俗文化有着明显的嬗变，反映出民族文化融合的迹象。陈冠文《宋代广西汉、壮民族间的文化交流》⑥ 从壮族对汉文化的吸收、民族冲突、民族迁徙、壮族的"汉裔"观念等角度论述壮族融入汉族这一历史进程，认为宋代汉、壮族间出现了大规模的融合。李倩《宋元时期汉黎人民的经济文化交往》⑦ 认为，通过经济、文化联系、友好往来和大量移民，黎族社会的发展进程、经济结构受到重要影响。李生信《西北回族话中宋元明白话词汇的传承与变异》⑧ 指出，今天西北回族话中，还保留了不少宋元明时期常用的白话词汇，表明了宋元文化对回族文化的影响。张羽琼《论两宋时期贵州区域文化的变迁》⑨ 指出，两宋时期，随着中原王朝对西南边疆各族政治统治的加强以及中原人民的大批入黔，以儒学为核心的中原文化在贵州进一步传播，各少数民族逐步认同中原文化。吴敬、杨洪《以考古材料为视角的贵州地区宋代葬俗研究》⑩ 论证南宋时期贵州北部地区出现汉文化的丧葬习俗，提供了贵州地区民族融合的考古学证据。

　　汉族的一些士大夫也深刻影响着南方的少数民族，较早关注这一问题的是罗常培，撰

---

　　① 宋德金：《双陆与民族文化的交流与融合》，《历史研究》2003 年第 2 期。

　　② 张小贵：《唐宋祆祠庙祝的汉化——以史世爽家族为中心的考察》，《中山大学学报》2005 年第 3 期。

　　③ 郑祖襄：《宋、元、明琵琶图像考——琵琶乐器汉化过程的图像分析》，《中国音乐学》2008 年第 4 期。

　　④ 程民生：《宋代少数民族学校述略》，《中央民族学院学报》1989 年第 3 期。

　　⑤ 任树民：《宋代缘边吐蕃风俗文化嬗变之考略》，《西藏民族学院学报》1996 年第 3 期。

　　⑥ 陈冠文：《宋代广西汉、壮民族间的文化交流》，《广西民族研究》1989 年第 4 期。

　　⑦ 李倩：《宋元时期汉黎人民的经济文化交往》，《社会科学动态》1999 年第 8 期。

　　⑧ 李生信：《西北回族话中宋元明白话词汇的传承与变异》，《宁夏师范学院学报》2012 年第 2 期。

　　⑨ 张羽琼：《论两宋时期贵州区域文化的变迁》，《贵州民族研究》2003 年第 1 期。

　　⑩ 吴敬、杨洪：《以考古材料为视角的贵州地区宋代葬俗研究》，《贵州民族研究》2011 年第 2 期。

有《朱熹对于岭南风俗的影响》[①] 一文，认为朱熹在闽南生活只有 5 年，却有"化民成俗"的成绩，但同时也对妇女守节等影响提出质疑。刘美崧《苏氏父子对汉文化的传布及其对黎族人民的影响》[②] 论述了苏轼和苏过在海南对汉文化的传播及其对黎族人民的影响。马强《唐宋士大夫与西南、岭南地区的移风易俗》[③] 认为，西南地区地方官员尤其是流贬士大夫执着于以破除迷信、引导文明生活方式的移风易俗活动，收到了一定的社会治理效果，也典型体现了中国古代知识阶层"处江湖之远"而自觉践履儒家"以夏化夷""有教无类"的思想情怀。王章伟《文明推进中的现实与想象——宋代岭南的巫觋巫术》[④] 指出，宋朝政府和士大夫一方面以一个陌生外来者的角度，了解、描述、塑造想象中的岭南"异文化"；另一方面，为了将岭外的蛮荒世界逐渐纳入中原的礼乐文明里，政府和士大夫又透过高压和劝诱两种手段，逐渐消灭原地的土著文化。

精神文化交流的双向互动。孙悟湖《宋代汉藏民间层面宗教文化交流》[⑤] 认为，宋代汉藏两族间层面宗教文化交流推动了学者、僧侣层面和官方层面宗教文化交流的深度和广度，从某种程度上保持和深化了学者、僧侣层面和官方层面宗教文化交流的成果。王菲菲《两宋时期辽、金、西夏的歌舞及其与汉族的交流》[⑥] 认为，两宋先后与辽、西夏、金民族政权并立，由此形成了汉族与多个少数民族歌舞长期并存和交融的特殊局面。鲁芳《宋元时期民族间道德生活的斗争与融合》[⑦] 指出，宋元时期各民族之间频繁的冲突与战争促进了民族间的交流，使不同民族的道德生活在斗争中走向融合，主要表现为：少数民族对汉族礼制的吸纳，屠城与民本的对抗，孝道观念的契合与差异，收继婚与贞洁观的矛盾。

三 民族融合程度

宋代民族融合的广度和深度问题，研究成果相对薄弱，学术观点也有不同，但大多数学者倾向于辽宋夏金元时期是中国历史上的民族大融合时期。

（一）民族融合的广度

从广度上看，不论是少数民族相对集中的边疆地区，还是以汉族为主体的中原地区，以及宋朝全境甚或是以宋朝为中心的多政权统治区域，其民族融合问题均得到学者的关注。边疆地区的民族融合与边疆开发具有密切的关系，这方面的研究成果多集中在宋王朝对边疆地区的民族政策与社会经济发展上。柳依《宋代对吐蕃居地的土地开发》[⑧] 指出，

① 罗常培：《朱熹对于岭南风俗的影响》，《国立中山大学语言历史研究所周刊》1927 年第 1 集第 4 期。

② 刘美崧：《苏氏父子对汉文化的传布及其对黎族人民的影响》，《历史文献与民族文化研究》，高等教育出版社 1994 年版。

③ 马强：《唐宋士大夫与西南、岭南地区的移风易俗》，《西南师范大学学报》2006 年第 2 期。

④ 王章伟：《文明推进中的现实与想象——宋代岭南的巫觋巫术》，《新史学》2012 年第 23 卷第 2 期。

⑤ 孙悟湖：《宋代汉藏民间层面宗教文化交流》，《西藏研究》2006 年第 4 期。

⑥ 王菲菲：《两宋时期辽、金、西夏的歌舞及其与汉族的交流》，《艺术百家》2009 年第 3 期。

⑦ 鲁芳：《宋元时期民族间道德生活的斗争与融合》，《伦理学研究》2011 年第 6 期。

⑧ 柳依：《宋代对吐蕃居地的土地开发》，《甘肃社会科学》1991 年第 4 期。

土地开发取得了一定的成效，大量荒地得到开垦，大批投顺蕃部定居从事农耕。王雪英《试论宋代广西的开发》①认为，宋代是广西境内各少数民族形成的重要时期，但区域差异比较明显：东部以土著民族融合于汉族为主，表现为土著民族的汉化；西部则以汉族融合于土著民族为主，表现为汉族的土著化。安国楼《北宋的开边及其对荆湖新边地区的政策》②认为，宋朝为实现所谓"用夏变夷"的目的，采取了一系列的经营政策和措施，客观上打破了各部族封闭、半封闭的生活环境和地域，为边族与内地民族间进行广泛交流扫除了障碍，促进了新边地区的开发和蕃汉民族间的交流与融合。上西泰之《关于北宋时期荆湖路"溪峒蛮"地的开拓》③以梅山峒蛮和诚徽州蛮为研究中心，展现了开拓开始以前、开拓中、开拓后两地变化的过程。相关的研究成果还有莫家仁《宋王朝对广西的统治与开发——兼论宋代广西民族关系》④、尤中《隋、唐、五代、宋王朝对西南各民族地区的经营》⑤、刘美崧《唐宋对海南的经营及黎族社会经济的发展》⑥、安国楼《论宋朝对西北边区民族的统治体制》⑦和《北宋后期西北边区的开拓与经营》⑧、杨文《试论北宋后期士大夫变法思潮与王交石变法对经略河湟民族政策的影响》⑨等。

　　边疆地区之外其他地区以及宋政权全境或跨政权范围的民族融合则涉及的民族关系更为复杂。李锡厚《宋辽金时期中原地区的民族融合》⑩认为，迁徙杂处、经济文化交流以及语言风俗的相互效仿，促进了中原地区的民族融合。柳立言《宋代族群的融和》⑪认为，族群问题在宋代可以分为两个方面，一方面是和外族之间的对立和融和；另一方面是南宋时期内部的族群关系。宋代在处理族群关系方面并不成功，但五千年文化的相容性抵不过十数年政治与经济的相异性，恐怕只是暂时的，会因时、因人而异。此外，还有些学者从民族政权的对峙与互动的角度来探讨宋朝与周边民族政权的融合。吴泰《试论宋、辽、金对峙时期民族关系的几个问题》⑫指出，从表面上看宋与对峙政权之间战争时间长、破坏性大、民族矛盾形势严峻，但是和平共处才是这些对立政权相互关系的主流。徐杰舜《宋辽夏金民族互动过程述论》⑬认为，战争、迁徙、同化（融合）是五代及宋辽

①　王雪英：《试论宋代广西的开发》，《广西民族研究》1993 年第 2 期。

②　安国楼：《北宋的开边及其对荆湖新边地区的政策》，《西南师范大学学报》1997 年第 3 期。

③　[日] 上西泰之：《关于北宋时期荆湖路"溪峒蛮"地的开拓》，《东洋史研究》1996 年第 54 卷第 4 期。

④　莫家仁：《宋王朝对广西的统治与开发——兼论宋代广西民族关系》，《广西民族研究》1990 年第 1 期。

⑤　尤中：《隋、唐、五代、宋王朝对西南各民族地区的经营》，《云南社会科学》1996 年第 1 期。

⑥　刘美崧：《唐宋对海南的经营及黎族社会经济的发展》，《中国社会经济史研究》1991 年第 2 期。

⑦　安国楼：《论宋朝对西北边区民族的统治体制》，《民族研究》1996 年第 1 期。

⑧　安国楼：《北宋后期西北边区的开拓与经营》，载《宋史研究论文集》第 10 辑，兰州大学出版社 2004 年版。

⑨　杨文：《试论北宋后期士大夫变法思潮与王交石变法对经略河湟民族政策的影响》，《西藏研究》2011 年第 2 期。

⑩　李锡厚：《宋辽金时期中原地区的民族融合》，《中州学刊》2005 年第 5 期。

⑪　柳立言：《宋代族群的融和》，《历史月刊》1995 年 11 月号。

⑫　吴泰：《试论宋、辽、金对峙时期民族关系的几个问题》，《北方论丛》1982 年第 3 期。

⑬　徐杰舜：《宋辽夏金民族互动过程述论》，《贵州民族研究》2005 年第 3 期。

夏金时期互动的链接点。虞云国《试论十至十三世纪中国境内诸政权的互动》① 着力探讨各政权之间的互动及相关问题。

(二) 民族融合的深度

从深度上看，由于宋朝的少数民族在地域上分布不平衡，所以在民族融合程度上各有差异。近年来随着区域史研究的兴起，民族融合研究也显示出浓郁的地域特色，不少学者结合自身地缘优势进行研究。任崇岳的两本专著《中原地区历史上的民族融合》②《中原移民简史》③，系统考察中原地区的民族融合，其中长达 4 个多世纪的宋辽金元时期是中原地区民族融合的又一重要时期，河南省的蒙古、维、回族以及女真、契丹、西夏人就是在这一时期进入的。刘复生《西南史地与民族——以宋代为重心的考察》④ 集结了其多年研究西南民族史的论文，对西南地区的一些重要族称进行了民族成分分析，并重点探讨了一定区域内民族关系的演变，特别是多民族交往、融合状态下的社会经济发展。温春来《从"异域"到"旧疆"——宋至清贵州西北部地区的制度、开发与认同》⑤，运用长时段的方法描述了贵州西北地区逐步从"异域"变成"旧疆"的历史过程，同时也回应了"想象的共同体"这一西方学术话语。日本学者冈田宏二长期关注中国长江以南的少数民族，《中国华南民族社会史研究》⑥ 主要考察了宋代长江以南地区的少数民族情况。美国学者理查德·冯·格兰《溪洞之国：宋代在四川边缘地区的扩展、定居与教化》⑦ 主要考察了泸州地区与宋代社会变迁、经济发展之间的互动关系，泸州地区的国家地位也逐步由边界过渡到外围再发展成为经济腹地。张世友、彭福荣《论两宋时期乌江流域人口流迁对民族交融的推动》⑧ 认为，来自于全国各地的不同形式移民纷纷扎根乌江流域，不仅大力推动了本地各民族政治、经济和文化的快速发展，而且有效推进了本地各民族之间的相互交流与融合。张文《两宋时期西南地区的民族冲突与社会控制》⑨ 认为，建立在文化差异与经济利益争夺基础上的民族社会冲突，成为该地区民族融合的前奏。

长期的民族往来，在宋朝边疆地区形成了"熟户"群体。李埏《北宋西北少数民族地区的生熟户》⑩ 指出，边疆少数民族有生熟户之分，盖自始宋，以距离内地远近、受汉文化影响的多少，以及接受其统治的程度等多种标准，把西北地区吐蕃、党项等少数民族

---

① 虞云国：《试论十至十三世纪中国境内诸政权的互动》，《中华文史论丛》2005 年第 79 辑。

② 任崇岳：《中原地区历史上的民族融合》，内蒙古人民出版社 2004 年版。

③ 任崇岳：《中原移民简史》，河南人民出版社 2006 年版。

④ 刘复生：《西南史地与民族——以宋代为重心的考察》，巴蜀书社 2011 年版。

⑤ 温春来：《从"异域"到"旧疆"——宋至清贵州西北部地区的制度、开发与认同》，生活·读书·新知三联书店 2008 年版。

⑥ ［日］冈田宏二：《中国华南民族社会史研究》，赵令志、李德龙译，民族出版社 2002 年版。

⑦ ［美］理查德·冯·格兰：《溪洞之国：宋代在四川边缘地区的扩展、定居与教化》，哈佛大学出版社 1987 年版。

⑧ 张世友、彭福荣：《论两宋时期乌江流域人口流迁对民族交融的推动》，《贵州民族研究》2012 年第 3 期。

⑨ 张文：《两宋时期西南地区的民族冲突与社会控制》，《西南师范大学学报》2004 年第 6 期。

⑩ 李埏：《北宋西北少数民族地区的生熟户》，《思想战线》1992 年第 2 期。

蕃落分为生户、熟户，实行不同的统治政策。金成奎《宋代的西北问题与异民族政策》①一书中设有《宋代熟户的形成及其对策》一章，把熟户分为"移住型"和"献地型"，并对其统治政策加以概述。陈武强、格桑卓玛《简论北宋对西北缘边吐蕃熟户的政策》② 指出，吐蕃内属后，北宋政府根据边情和统治的需要，对缘边吐蕃熟户实行了封爵、给田免租、通贸易和恤刑等4个方面的优抚民族政策。

民族融合中会出现文化涵化现象，这类现象也反映出民族融合的深度。章权才《宋元明清时期中华民族凝聚力的历史发展》③ 认为，宋元明清时期中华民族文化在民族融合、中西文化交流中实现了新的发展，导致中华民族自尊心、自信心和自主意识的加强，中华民族凝聚力的进一步发展。荣新江《〈清明上河图〉为何千汉一胡》④ 利用图像、文献等材料佐证出《清明上河图》中一个手牵骆驼，面部具有突出的颧骨、深陷的眼窝、高翘的鼻梁、厚重的嘴唇特征的人为汉化的胡人。但程民生《〈清明上河图〉中的驼队是胡商吗？》⑤ 从宋朝骆驼分布的角度对荣新江一文提出质疑。王善军《南宋社会中的契丹人》⑥ 认为，通过各种渠道进入南宋的契丹人，社会习俗不断发生变化，通过族际婚姻，姓氏名字变迁，甚至服饰、饮食、节日等生活习俗方面的与其他民族尤其是汉族的融合，逐渐失去其本民族的特征。谷口房男《关于唐宋时期的〈平蛮颂〉：华南少数民族汉化过程的一个断面》⑦ 对与唐代的西原蛮、宋代广源州蛮的暴动有关的《平蛮颂》碑文作了分析。日本学者冈田宏二《论宋代溪洞蛮的社会及其变质》⑧ 指出，不仅唐宋变革时期汉族的社会发生了大变质，而且周边的溪洞蛮社会也发生了很大的变化。

两宋时期，随着政治中心的南迁和经济重心的南移，北方向南方的移民规模扩大，速度加快，民族融合的进程也因之加速进行。谢重光《唐宋时期南方民族关系的新格局》⑨ 通过对福佬和客家两个汉族南方民系的探讨，认为在此时期汉族南方诸民系次第形成，一些南方少数民族也发展成熟，奠定了南方民族关系的新格局。此外，还有《畲族在宋代的形成及其分布地域》⑩《两宋之际客家先民与畲族先民关系的新格局》⑪ 两文，也有相关探讨。曾雄生《唐宋时期的畲田与畲田民族的历史走向》⑫ 将畲田民族的历史放在中国

---

① 金成奎：《宋代的西北问题与异民族政策》，汲古书院2000年版。

② 陈武强、格桑卓玛：《简论北宋对西北缘边吐蕃熟户的政策》，《北方民族大学学报》2010年第6期。

③ 章权才：《宋元明清时期中华民族凝聚力的历史发展》，《学术研究》1993年第2期。

④ 荣新江：《〈清明上河图〉为何千汉一胡》，载北京大学中国古代史研究中心编《邓广铭教授百年诞辰纪念论文集》，中华书局2008年版。

⑤ 程民生：《〈清明上河图〉中的驼队是胡商吗？》，《历史研究》2012年第5期。

⑥ 王善军：《南宋社会中的契丹人》，载《南宋史及南宋都城临安研究》（续上），人民出版社2013年版。

⑦ ［日］谷口房男：《关于唐宋时期的〈平蛮颂〉：华南少数民族汉化过程的一个断面》，《白山史学》1975年第18号。

⑧ ［日］冈田宏二《论宋代溪洞蛮的社会及其变质》，《上智史学》1971年第16号。

⑨ 谢重光：《唐宋时期南方民族关系的新格局》，《浙江学刊》2004年第5期。

⑩ 谢重光：《畲族在宋代的形成及其分布地域》，《韩山师范学院学报》2001年第1期。

⑪ 谢重光：《两宋之际客家先民与畲族先民关系的新格局》，《福建论坛》2002年第2期。

⑫ 曾雄生：《唐宋时期的畲田与畲田民族的历史走向》，《古今农业》2005年第4期。

经济重心南移这一重大历史背景下进行考察，指出唐宋时期中国经济重心的南移加剧了原本就因刀耕火种而不断迁徙的畲田民族与周边民族（主要是汉族）的冲突，同时也促进了民族的融合和农业的进步。

四　民族观念

在长期的民族政权对峙与融合的过程中，族际认知不断深化，高层次的民族认同也不断得到发展。学术界对民族观念的研究，可分为三个方面：

（一）族际认知

关于宋代汉人对其他民族的认知，陶晋生《宋辽关系史研究》[①] 书中设有《北宋朝野人士对于契丹的看法》一章，认为北宋朝野人士对契丹的看法分为官方对辽的公开平等的态度、官方和非官方私下强调宋朝优势地位的态度和非官方实事求是的态度。杨蕤《论宋代的胡人》[②] 一文，认为"胡人"的概念在宋代有三种情况：一是宋人称党项、契丹或者女真等北方对手为"胡人"；二是指先秦至宋以鞍马为家的北方游牧民族，其中指汉代匈奴的情况较多，并多出现在宋代文人的诗文中；三是指来自遥远异邦国度的商人，与宋代海外贸易有一定关联。马强《地理体验与唐宋"蛮夷"文化观念的转变》[③] 指出，唐宋时期对西南、岭南民族地区"荒蛮"、神秘印象开始发生转变。对西南瘴气由恐惧转向不断探讨瘴疫的环境因素与致病机理；考察西南、岭南民族地理之风悄然兴起，对民族地区的服饰饮食文化由陌生到认同、对西南民歌音乐文化的喜爱与探究、传播等。

专门关于少数民族对汉族的认知以及少数民族间的相互认知的研究尚难见到，邓小南《论五代宋初"胡/汉"语境的消解》[④] 对此有所涉及。该文指出，"胡/汉"语境的"消解"，在历史上体现为一个并非与朝代兴亡同步的漫长过程。它一方面是民族冲突与民族融合进程的自然结果；另一方面，在特定历史背景下，人们观念与认识的演变也是促成这种"消解"的重要因素。

（二）传统正闰观的动摇

宋代士大夫阶层中代表人物萌发出民族平等思想，突破华夷之防，勇于批评传统正闰观。较早关注这一问题的是杨国勇《司马光民族思想的进步性与局限性》[⑤]。相较而言，近十余年来的研究视野渐趋开阔。潘定武《试论苏轼的民族意识》[⑥] 认为，苏轼民族意识的进步性表现在民族危机上积极的战守意识、倾向民族和平的共存意识和倡导民族交流的融合意识方面。何忠礼和周方高《论司马光民族观的继承性与创造性》[⑦] 认为，司马光的

① 陶晋生：《宋代辽关系史研究》，台湾联经出版事业公司1984年版。
② 杨蕤：《论宋代的胡人》，《中国边疆史地研究》2011年第1期。
③ 马强：《地理体验与唐宋"蛮夷"文化观念的转变》，《西南师范大学学报》2005年第5期。
④ 邓小南：《论五代宋初"胡/汉"语境的消解》，《文史哲》2005年第5期。
⑤ 杨国勇：《司马光民族思想的进步性与局限性》，《光明日报》1984年1月11日第3版。
⑥ 潘定武：《试论苏轼的民族意识》，《西北农林科技大学学报》2001年第2期。
⑦ 何忠礼、周方高：《论司马光民族观的继承性与创造性》，《福建论坛》2004年第4期。

民族观主要表现在提出了民族平等观，将"四夷一家"的思想发展为汉族与少数民族在人性、人格上的平等；倡扬了民族和睦观，延伸了先秦儒家的"德化"思想，将中原与边疆一体的思想发展成为中原王朝与周边民族政权和睦共处的观点；丰富了民族诚信观，认为在处理好民族关系时，一定要讲究诚信。王立霞、余悦《欧阳修民族思想研究》[①] 认为，面对周边少数民族势力的日益壮大，欧阳修虽然在政治上极力坚持宋朝的正统地位，但是史学家职责的客观性，及其对历史与现实民族、民族关系的深切认识，加之历代各族人民向汉文化趋同的努力，使他无法以传统的夷夏观念来看待其他民族，充满矛盾与挣扎。欧阳修同时代的士人，很多与他有相似的观点，折射出宋时华夷界限的淡化已是不可逆转的趋势。

传统正闰观的动摇，除在代表人物思想中有所体现外，在群体意识中，亦有所反映。董煜宇《历法在宋朝对外交往中的作用》[②] 对历法在宋与辽、夏、金、南唐、大理、交趾等的交往中所起的作用作了探讨，分析了在不同层次的政治交往中历法所扮演的不同角色；颁赐历法，是实行统治的象征；改易历法，意味着政权之间关系的变化；历法之争，实质上是皇权地位的正统之争。韦兵《竞争与认同：从历日颁赐、历法之争看宋与周边民族政权的关系》[③] 认为，10—13 世纪，中国拥有几个相互竞争、边界变动的正朔颁布中心，与此多元时间标准颁布中心对应的是几个并立的朝贡中心，这是由当时民族竞争融合的格局决定的。熊鸣琴《超越"夷夏"：北宋"中国"观初探》[④] 认为，北宋的"中国"观及正统论呈现出超越"夷夏"族群意识的儒家文化伦理色彩。宋儒将"中国"文化价值提升为一种普遍的宇宙本体原则，以此作为"中国"身份判定的核心标准，希望以文化、道义上的优势德服四裔，但同时也赋予了它突破种族藩篱的超越性，这为此后金、元等非汉族政权被汉族接纳为"中国"奠定了新的理论基础。

（三）一体认同意识

关于该时期中华一体意识问题，尤中《宋朝以后的中华民族——中华民族多元一统格局的历史形成和发展演变续论》[⑤] 指出，宋朝以后各民族之间不断的交流奠定了中华民族多元一体的格局。马瑞江《文化交融、变迁与多民族国家一体化的历史进程——辽宋夏金元时期士人人格与心态的变迁及历史作用》[⑥] 从文化交融与变迁的角度，探讨士人人格与心态的变迁，认为在北方长期的文化碰撞和交流中，士人逐渐超越了狭隘的种族立场，儒学实用主义与草原民族质朴实用的文化结合，成为统一的多民族国家的文化主流。

---

① 王立霞、余悦：《欧阳修民族思想研究》，《甘肃社会科学》2010 年第 6 期。

② 董煜宇：《历法在宋朝对外交往中的作用》，《上海交通大学学报》2002 年第 1 期。

③ 韦兵：《竞争与认同：从历日颁赐、历法之争看宋与周边民族政权的关系》，《民族研究》2008 年第 5 期。

④ 熊鸣琴：《超越"夷夏"：北宋"中国"观初探》，《中州学刊》2013 年第 4 期。

⑤ 尤中：《宋朝以后的中华民族——中华民族多元一统格局的历史形成和发展演变续论》，《云南社会科学》1991 年第 2 期。

⑥ 马瑞江：《文化交融、变迁与多民族国家一体化的历史进程——辽宋夏金元时期士人人格与心态的变迁及历史作用》，《宁夏社会科学》1997 年第 1 期。

蒋维忠、安贵臣《辽、宋、金、元时期各族的中华意识评析》[1] 指出，辽、宋、金、元时期的文化，不仅是指少数民族的汉族化，而是更高层次的中华化。段红云《略论辽宋夏金对峙时期中国民族的一体化进程》[2] 认为，这一时期北方游牧文化区的各民族不断南下进入中原汉族农耕文化区促进了各游牧民族经济发展和社会文化转型，并通过与汉族在分布上的交错杂居、经济上的互通有无、政治上的相互借鉴、文化上的相互融合，推进了中国各民族经济、政治和文化的一体化进程。

五 赘语

纵观宋代民族融合的研究成果，从族际交往到一体认同，比较集中在 1980 年以后，而 20 世纪中期及以前相对较少。出现这种现象的原因，当与中国学术发展史及中国社会的变迁有关。综合来看，30 余年来的研究成果引人注目，对相关问题既有开拓，又有深化，但同时也有不足之处，难免泥沙俱下。对于该领域研究的未来走向，笔者谨提出如下粗浅认识，以供参考。

在民族融合的过程中，应有重要的媒介起着连接两个甚至多个民族的作用。在这方面，学术界的关注尚不够充分，尤其是典型性的被不同民族所认同的媒介应注意挖掘。

宋代民族融合的史料，多由汉人记载，受此影响，研究者容易忽视少数民族的求同意识，即较少关注少数民族与汉族相融合的自主性。因此，应立足于少数民族角度，加强其所留史料的挖掘。

横向融合与纵向融合均应予以关照。所谓纵向融合，是指历史发展的纵向延伸，即随着王朝的更迭，前代进入的外来民族及文化经过融合后在后代形成的历史积淀。因为民族融合和文化变迁的结果是需要长时段来孕育的，外来民族和文化与前代民族和文化的融合程度一般没有与后代融合的程度深，所以从历史发展的纵向联系来说，纵向上的融合是不可忽视的。关于这方面的研究甚为罕见，叶国良《从婚丧礼俗中的异族文化成分谈礼俗之融合与转化》[3] 用汉以前的婚丧礼俗与唐宋时期的婚丧礼俗相比较，得出由于西晋末年五胡乱华所带来的文化与汉族文化融合，进而得出唐宋婚俗，或传承古来之仪节，或融合、转化异族之习俗，然整体言之，仍以古汉族之六礼为骨干，异族婚俗为枝叶，并未丧失传自先秦之基本架构这一结论。所谓横向融合，是相对于纵向融合来说的，即是外来民族和文化与本时期的社会相融合，旨在强调文化在不同地域上的变异。宋朝对外处在与辽、西夏、金、元民族政权先后并立对峙，对内又是由多民族成分构成，学术界所关注的大都是横向层面的融合。从取向上来说，应进一步开拓纵向融合研究的空间，尤其是晚唐、五代入宋的外来民族与文化，这样才不至于割断历史的纵向联系，同时也应注意纵向融合与横向融合的交互影响。

---

① 蒋维忠、安贵臣：《辽、宋、金、元时期各族的中华意识评析》，《中央民族大学学报》1996 年第 2 期。

② 段红云：《略论辽宋夏金对峙时期中国民族的一体化进程》，《广西民族大学学报》2012 年第 4 期。

③ 叶国良：《从婚俗中的民族语言化成分谈礼俗文融洽与转化》，载叶国良《礼学研究的诸面向》，台湾"清华大学"出版社 2010 年版。

　　加强宋代民族融合相关社会背景的研究。民族融合是一个复杂的体系，和社会背景有着密切关系。比如学界论述颇多的"唐宋变革"这一论断，较少有学者从民族融合的角度出发论述外来民族文化与华夏文化之间的血肉联系及其对于唐宋变革的促成意义。经济重心的南移、政治重心的南迁、北方人口的南迁这些重大历史环境的变迁也势必带动南方少数民族人口与汉族人口的互动，加速民族融合的进程。由此可以重新考量宋朝的历史地位这一传统命题。

　　慎重对待外来理论。伴随改革开放，外来研究成果更为便利地进入中国并为不少国内学者接受。关于民族融合研究的相关理论，主要有挪威人类学家弗里德里克·巴斯（Fredrik Bath）的族群边界理论，美国学者班纳迪克·安德森（Benedict Anderson）提出的"想象的共同体"，德裔美国汉学家卡尔·魏特夫（Karl August Wittfogel）提出的"征服王朝"学说等。但在借鉴运用的过程中，多数学者却面临着外来理论是否与中国古代历史实际相符合或是否能正确解释中国古代社会发展这一基本问题。事实上，这些理论还有一些值得思考的地方。研究者应在马克思主义历史观的指导下，结合中国历史的具体实际，批判性地予以回应和借鉴。

　　民族融合相对于汉化、同化、涵化这些带有定性结论的概念，是一个内涵丰富、包容度较高的概念，使用起来较为方便。近年来很多学者在撰文时运用，得出某一地区、某一时段有民族融合的结论，造成概念性结论的泛化。笔者以为，研究者在撰文时应适时地对民族融合一词在层次上做出界定性的说明，加强民族融合动态图景的展现，从而使得这一论题得以不断深入推进。

宋代藏族政权唃厮啰研究综述（1980—2015）

张向耀

公元 9 世纪中叶吐蕃王朝崩溃后，该地区长期处在群雄割据的分裂状态。公元 11 世纪初，唃厮啰在河湟地区建立政权，定都青唐，历经唃厮啰、董毡、阿里骨、瞎征、陇拶及小陇拶等 6 位青唐主。随着青唐主的更替，政权也走完从兴起、鼎盛、衰颓到崩溃的历程。唃厮啰政权之所以能够在北宋和西夏两大政权的夹缝中生存，与它十分注重处理周边民族关系，尤其是与北宋的关系密不可分。唃厮啰政权向北宋纳贡并称臣，获得政治、军事庇护与经济援助，对政权的独立与生存起着至关重要的作用，这一点在唃厮啰和董毡当政时期表现尤为突出。由于唃厮啰政权存在的独特历史时期及历史地位，1980 年以来学者们对这一政权的研究兴趣颇浓，成果丰富。

一 专著

对唃厮啰政权研究最权威的当属祝启源的《唃厮啰——宋代藏族政权》和《青唐盛衰：唃厮啰政权研究》，二著全面透析了唃厮啰政权的兴起、鼎盛和衰落，并对唃厮啰政权的政治、经济和文化做了分析。刘建丽的《宋代西北吐蕃研究》一书在诸多方面有较深的研究。汤开建的《宋代吐蕃史料辑校一》和《宋代吐蕃史料辑校二》史料丰富，对研究这一时期唃厮啰政权有很大帮助。汤开建的《宋金时期安多吐蕃部落史研究》对这一时期青海地区的部落进行了深入挖掘。洲塔的《甘肃藏族通史》一书运用大量的藏文史料论述宋代藏族的情况。齐德舜的《唃厮啰家族世系史》对唃厮啰其人及其历代后裔有较深入研究，阐述了唃厮啰家族的盛衰史。

二 论文

这一时期，对唃厮啰政权的兴衰、民族关系、立法、与周边民族的和亲情况、河湟地区宗教、城池、唃厮啰本人、王号及家族和后裔研究的成果相对较多。

（一）关于唃厮啰政权及其兴起的研究

李蔚、汤开建的《论唃厮啰政权兴起的原因及其历史作用》一文论述了唃厮啰政权兴起的原因及其作用，尤其论述了唃厮啰及其子孙对宋的朝贡贸易，运用表格的方式详细列出朝贡的贡期、贡者、贡品、回赐物和史料来源等信息。祝启源的《唃厮啰政权形成初探》认为唃厮啰政权出现于 11 世纪初的河湟地区，是历史发展的必然结果。① 汤开建的《关于唃厮啰政权统治时期青唐吐蕃政权的历史考察》论述了唃厮啰政权建立、发展及其分裂的过程，分析了唃厮啰政权的历史作用，指出该政权的建立促进了河陇地区的局部统一，保护和恢复了中西交通要道，促进了与中西亚的政治、经济及文化交流等。② 魏贤玲、洲塔的《唃厮啰及其政权考述》介绍了唃厮啰其人及家室情况，以及与宋王朝保持友好关系的情况。③ 乔春的《论唃厮啰政权兴起之因》结合唃厮啰政权兴起前的政治、经济、地理、文化、宗教及与周边的联系谈其兴起之因，同时探讨河湟地区在整个西北地区重要的战略地位。④ 陈庆英、白丽娜的《论唃厮啰政权的兴起》探讨了唃厮啰政权的兴起与发展，认为唃厮啰政权的兴起与当时甘青地区吐蕃部族发展的历史和地域有着十分密切的关系。⑤

（二）关于唃厮啰王号及其人的研究

顾吉辰的《唃厮啰编年事辑》对唃厮啰从太宗至道二年（996）出生到治平三年（1066）的一生作了编年事辑。钱伯泉的《唃厮啰生于高昌磨榆国辩正》认为唃厮啰出生于吐蕃本土孙波茹高昌两部东岱的党项羌聚集地"磨榆国"。⑥ 吴逢箴的《曾巩〈隆平集·唃厮啰传〉笺证》以曾巩的《唃厮啰传》为纲领，采用笺证的体裁，梳理编排有关史书及文献中的材料，或增补其阙，或考证其事，或正其讹误，使史实资料贯穿，贴近本来面目。⑦ 日本学者铃木隆一的《"唃厮啰"——青唐吐蕃王国的王号》（秦永章译）认为"唃厮啰"名号不仅是唃厮啰一人的，而是在其子孙后代中多次使用。因此，"唃厮啰"是青唐王国的王号，译为"王子"是正确的。⑧ 而汤开建的《唃厮啰是青唐国的王号吗？——与铃木隆一先生商榷》通过翔实的资料考证，证明铃木隆一提出的"唃厮啰"是青唐国王号的观点是错误的，"唃厮啰"并非青唐"王子"之汉译，而是"佛子"，青唐政权的首领称"王"或"国王"，并非"王子"。⑨

（三）关于民族关系研究

顾吉辰的《北宋奉使邈川唃厮啰政权使者刘涣事迹编年》记述了刘涣从太宗至道三年（997）出生到元丰元年（1078）八月乙卯卒的历史，史料丰富翔实。⑩ 祝启源的《唃厮啰政权对维护中西交通线的贡献》认为唃厮啰政权的历代统治者都十分重视以青唐为

---

① 祝启源：《唃厮啰政权形成初探》，《西藏研究》1982 年第 2 期。

② 汤开建：《关于唃厮啰政权统治时期青唐吐蕃政权的历史考察》，《中国藏学》1992 年第 3 期。

③ 魏贤玲、洲塔：《唃厮啰及其政权考述》，《中国边疆史地研究》2006 年第 4 期。

④ 乔春：《论唃厮啰政权兴起之因》，《青海师专学报》2006 年第 5、6 期。

⑤ 陈庆英、白丽娜：《论唃厮啰政权的兴起》，《青海民族大学学报》（社会科学版）2013 年第 2 期。

⑥ 钱伯泉：《唃厮啰生于高昌磨榆国辩正》，《民族研究》1990 年第 2 期。

⑦ 吴逢箴：《曾巩〈隆平集·唃厮啰传〉笺证》，《西藏民族学院学报》2008 年第 5 期。

⑧ ［日］铃木隆一：《"唃厮啰"——青唐吐蕃王国的王号》，秦永章译，《西藏研究》1990 年第 2 期。

⑨ 汤开建：《唃厮啰是青唐国的王号吗？——与铃木隆一先生商榷》，《民族研究》2007 年第 1 期。

⑩ 祝启源：《唃厮啰政权对维护中西交通线的贡献》，《中国藏学》1998 年第 1 期。

中心的中西交通青海道东西走向的贯通，千方百计维护这条交通线。交通的发展为经济发展繁荣提供了有利的条件，它不仅为河湟各族人民直接带来了好处，而且也对中原地区的发展起了积极作用。徐晓光的《唃厮啰政权的"立文法"与宋朝汉藏关系立法》论述了唃厮啰政权下辖各部落的关系主要以"立文法"的形式体现和宋廷处理藏族关系注重法律手段的运用等内容。①

　　李峰的《唃厮啰的交换贸易及货币形态》和刘艳霞的《唃厮啰政权在 11 世纪中外贸易中的角色》分别探讨了唃厮啰政权与宋贸易主要采取以物易物的方式和唃厮啰政权在 11 世纪的中外贸易中曾担任过中转站的角色。②

　　孟楠的《略论唃厮啰吐蕃政权与周边民族的联姻》认为，在唃厮啰政权存在的近百年时间里，曾与北宋、西夏、甘州回鹘、龟兹回鹘和于阗政权（以后发展为喀喇汗王朝）等民族或政权发生过密切联系，并先后与回鹘、西夏与契丹等民族联姻，建立了联盟。③刘兴亮的《宋代西北吐蕃联姻问题探析》认为，西北吐蕃的联姻关系前期主要以六谷联盟内诸部为主，后期则主要围绕唃厮啰家族展开。④陈耀宇的《浅析辽与唃厮啰政权的和亲》认为，辽与唃厮啰政权的和亲是建立在双方共同应对西夏的政治基础之上的，而宋朝在对西夏的战争中屡屡失利是此次和亲的诱因之一。⑤这些文章从不同角度论述了唃厮啰政权与周边民族的和亲情况。

　　此外，王春荣的《唃厮啰政权民族关系初探》和高路玄的《北宋熙河开边研究》这两篇学术论文也涉及唃厮啰政权民族关系和北宋熙河开边的研究。⑥

（四）关于唃厮啰家族、后裔的研究

　　这方面成果主要集中于齐德舜的博士学位论文《唃厮啰家族世系史》及系列文章中，如《从〈清史稿〉的一则错误考唃厮啰家族世系——"唃厮啰家族世系表"辨误与补遗》《关于少数民族家族史研究的史料问题分析——以唃厮啰家族为例》《〈陇右土司辑录·赵土司〉初探——兼明清时期唃厮啰家族后裔史迹稽考》和《唃厮啰家族末代土司赵天乙生平考述——〈唃厮啰后裔史迹稽考续〉》等。另外，秦永章、邓文科的《唃厮啰及其族属考述》主张唃厮啰其人是吐蕃赞普之裔，但并不排除唃厮啰部族中有鲜卑人的成分。⑦

（五）关于河湟地区宗教研究

　　秦永章的《唃厮啰政权中的政教合一制统治》认为，尽管在唃厮啰时期形成了似乎

---

　　①　徐晓光：《唃厮啰政权的"立文法"与宋朝汉藏关系立法》，《西藏民族学院学报》（哲学社会科学版）2004 年第 4 期。

　　②　李峰：《唃厮啰的交换贸易及货币形态》，《中国藏学》1994 年第 3 期；刘艳霞：《唃厮啰政权在 11 世纪中外贸易中的角色》，《中国藏学》2005 年第 1 期。

　　③　孟楠：《略论唃厮啰吐蕃政权与周边民族的联姻》，《青海社会科学》1998 年第 4 期。

　　④　刘兴亮：《宋代西北吐蕃联姻问题探析》，《西藏大学学报》（社会科学版）2010 年第 2 期。

　　⑤　陈耀宇：《浅析辽与唃厮啰政权的和亲》，《学理论》2013 年第 11 期。

　　⑥　王春荣：《唃厮啰政权民族关系初探》，硕士学位论文，烟台大学，2010 年；高路玄：《北宋熙河开边研究》，硕士学位论文，青海民族大学，2013 年。

　　⑦　秦永章、邓文科：《唃厮啰及其族属考述》，《西藏研究》1992 年第 1 期。

没有区域性的政教合一制度，但是政教合一制统治是唃厮啰政权下吐蕃地区的基本政治组织形式。虽没有政教合一之名，但仍行使着政教合一之实。① 才让吉的《唃厮啰政权和藏传佛教后弘期》从藏传佛教"后弘期"何以在宗喀发端和"后弘期"的印记两个方面出发，对宗喀吐蕃政权怎样利用藏传佛教统一凝聚民族意志从而达到兴兵割据和立国称雄的问题提出了自己的看法。② 齐德舜的《"尊释氏"到"多元化"：唃厮啰家族及其居地的宗教嬗变研究》分析了北宋时期唃厮啰家族凭借政权的力量在其辖区内推行"尊释氏"的宗教政策，使得这一地区的藏传佛教得到迅速发展。元明清时期，随着唃厮啰家族影响力的衰弱和大量外来人口的进入，唃厮啰家族及其居地的宗教逐渐发生嬗变，开始由单一的藏传佛教嬗变为多元宗教并存的状况。③

（六）关于城池的研究

陈新海的《唃厮啰首府青唐城试探》从青唐城址的分布、结构及建筑等方面做了分析。④ 洲塔和樊秋丽的《唃厮啰遗城"雍仲卡尔"考释》认为，雍仲域是唃厮啰时期社会状况的一个缩影，在当时扮演着几种重要角色：一是不同政权间军事冲突的要塞，是同西夏往来的重要通道；二是唃厮啰据守的农牧业发展中心，是其向外扩张的基地；三是整个甘加地区的苯教文化中心。⑤

三 唃厮啰政权研究的发展趋势

30 年来，对唃厮啰政权的研究虽然取得了丰硕成果，涉及政权的兴起、政权的运行体制、唃厮啰其人及后裔、与周边民族关系、宗教及其传播等方面，呈多角度发展状态。但在研究领域上尚需拓展，研究方法上还需要新的尝试，以期将厮啰政权的研究推向新的高度。

（一）研究内容可进一步丰富和深入

尽管对唃厮啰政权的研究涉及政治、经济、文化、宗教及交通等各个方面，但是研究内容可在前人的基础上进一步扩展和深入，如侧重研究唃厮啰地方政权本民族的历史，也可以侧重唃厮啰与西夏关系史、唃厮啰与辽朝关系史，从而形成独特的研究体系。此外，唃厮啰政权在朝贡贸易、中西交通以及藏传佛教传播中的作用还可进行深入研究。

（二）新的研究方法有待进一步尝试

研究者注重对史料的收集、归纳和分析，去伪存真，尽力去接近史实原貌，这是史学研究的基本要求，在史料的运用上还可以挖掘藏文史料，掌握第一手材料。除此之外，通

---

① 秦永章：《唃厮啰政权中的政教合一制统治》，《青海民族学院学报》1988 年第 1 期。

② 才让吉：《唃厮啰政权和藏传佛教后弘期》，《青海民族研究》2005 年第 3 期。

③ 齐德舜：《"尊释氏"到"多元化"：唃厮啰家族及其居地的宗教嬗变研究》，《藏学研究》2014 年第 1 期。

④ 陈新海：《唃厮啰首府青唐城试探》，《中国藏学》2000 年第 3 期。

⑤ 洲塔、樊秋丽：《唃厮啰遗城"雍仲卡尔"考释》，《中国藏学》2010 年第 1 期。

过对西夏的官署文书、法律条令、审案记录、买卖文契、文学著作、历史书籍、碑刻、印章、符牌及钱币的研究，发现其与唃厮啰政权的联系与交融渊源；还可以尝试运用民族学、历史人类学、文化人类学和民族考古学理论与方法，研究诸如唃厮啰政权内部官制、经济与文化结构、联姻、族谱、民族关系和遗城等问题，研究视野将会进一步拓展。

历经 30 多年的耕耘，学者们对唃厮啰政权及其兴起原因、唃厮啰其人、家族后裔、民族关系、宗教及遗城等方面进行了深入而又全面的研究，成果既有专著又有论文，其中论文成果较为丰富。新的研究成果陆续问世，说明唃厮啰政权依然是研究宋代藏族政权及社会经济文化最为重要的切入点，是最具代表性的。研究的深入，新史料的发现，不同的研究理论和方法的借鉴，必将进一步扩大和丰富研究内容，使人们对北宋唃厮啰藏族政权的认识更加清晰。

20世纪以来宗泽研究综述[*]

李　齐

宗泽（1060—1128），字汝霖，婺州义乌（今浙江义乌）人，两宋之际抗金名臣。宋哲宗元祐六年（1091）进士。历仕四朝，初官州县，多有惠政。靖康后，高宗御宇，因李纲荐，知开封，后升任东京留守兼开封府尹。留守东京期间，修葺城墙，整备武装，招纳义军，屡挫金兵，威震两河。建炎元年（1127）七月至二年（1128）五月间，宗泽奏乞回銮凡二十余疏，图谋恢复，高宗未从，且欲偏安江左，泽壮志难酬，忧愤成疾，于建炎二年七月卒，终年六十九，临终时无一语及家事，但连呼"过河"者三。

宗泽研究发端于20世纪20年代。而宗泽一生令人瞩目之处，在于留守东京以后的政治军事活动，故在迄今长达九十余年的研究进程中，学界亦以此为探察重心，并逐渐扩及人物、文献、文化诸层面，冀望借此廓清南宋前期军政等若干问题。本文拟依上述各方面，胪列学界成果如下。

一　军政方面

最早从军政角度考察宗泽者，当为吕思勉（1884—1957），氏著《自修适用白话本国史》（商务印书馆1923年版）在《南宋初期的战事》（第3册76页）一节指出，两宋之际并无一支可靠的军事武装，无论是宗泽还是南宋中兴四将，都是招群盗而用之，既未训练，又无纪律，将骄卒惰，完全靠不住。黄现璠、陶希圣《北宋亡后北方的义军》（《食货》1936年3卷第5期）认为，宗泽武装力量皆源自义军，而在政府召集义军过程中，宗泽态度积极；该文亦简要介绍宗泽收编王彦"八字军"及其他义军的来龙去脉。黄、陶二氏又撰《南宋初年河北山东之义军》（《文化建设》1936年第5期），内容与上文并无二致。翦伯赞《南宋初年黄河南北的义军考》（《中苏文化》1941年第5期）除涉及收编"八字军"等义军外，并讨论宗泽恢复汴京秩序、巩固沿河边防等问题。张毓芬《李纲和宗泽的抗金斗争》（上海三联出版社1954年版）系国内首部叙述宗泽抗金历程的专著，详细反映宗泽留守东京后组织民众抗金的史事，赞扬宗泽伟大的爱国精神。沈起炜《宋金战争史略》（湖北人民出版社1958年版，第55页）指出，宗泽在东京的主要工作是团结人民武装，并将宗泽收复两河失败归于"南宋朝廷出卖了北方的抗金斗争"。日本学者宫崎市定《南宋政治史概说》（原载《支那政治史》下，白杨社1941年版；另见《宫崎市定全集》，岩波书店1992年版，第71页；译文载《宫崎市定论文选集》，商务印

---

* 本文是在湖北大学历史文化学院曾育荣老师、汤文博老师的悉心指导下完成的，在此谨致由衷谢忱！

书馆 1963 年版，第 262 页）认为，高宗不听百官劝谏，拒绝返回故都开封，并任命曾率勤王军与金军作战屡建功绩的宗泽为开封府留守，以作军事屏障。林文丹《南宋对金之和与战》（《读史札记》1968 年第 2 期）指出，宗泽镇守东京使高宗在和战之间徘徊；论及宗泽守备京畿对义军活动的作用时，则认为宗泽之死是导致两河地区义军分崩离析的主要原因。持此观点者，另有张月明《谈南宋抗金义勇军》（《文史学报》1975 年第 11 期）、黄宽重《南宋高宗孝宗之际的抗金义军》（《"中央研究院"历史语言研究所集刊》1980 年 51 本 3 分）及氏著《南宋时代抗金的义军》（联经出版事业公司 1988 年版，第 110—118 页）。《中国历代战争史：宋、辽、金、夏》（下）（"三军大学"中国历代战争史编纂委员会编印，1972 年，第 4039 页）第八、第九章，主要记载宋仁宗至孝宗年间战史，其中除介绍宗泽生平外，在分析宗泽曾上二十余奏疏请求高宗回銮而高宗不应的原因时，认为高宗恐其弟信王榛渡河入汴，为中原军民拥立，自失帝位，并因此疑宗泽怀有二心，遂派郭仲荀任东京副留守加以监视。陶晋生《中国近古史》（东华书局 1979 年版，第 135 页）第十二章第一节《南宋的建立》指出，高宗为安定人心，以李纲为相，宗泽为将，策划恢复；但又因黄潜善、汪伯彦的包围，不允回汴，黜退李纲，仅图保全皇位。

20 世纪 80 年代以降，关注宗泽军政研究的视角渐趋多元。刘伯涵《从王夫之〈宋论〉看南宋初抗金义军的弱点》（《学术月刊》1980 年第 12 期）通过引述王夫之《宋论》关于宗泽经略汴京、招纳义军等事迹的评论，阐述宗泽死后义军暴露出骄横难治的弱点。王曾瑜《宋朝兵制初探》（中华书局 1983 年版，第 131 页）指出，宗泽创建的东京留守军是建炎年间南宋军的三大主力之一，并通过论述宗泽对东京及两河地区卓有成效的经略，认为宗泽是"宋朝最优秀的统兵文臣"。氏撰《宋高宗》（吉林文史出版社 1996 年版，第 24—27 页）专辟一节讨论宗泽守东京之事，认为宗氏镇守东京成为南宋立国的屏障，痛斥高宗偏安一隅，委屈求和的"卖国"行径。何长华《南宋宗泽平抑汴京物价》（《商业文化》1994 年创刊号）载有宗泽平抑汴京物价的相关事迹。徐平山、任保国《抗金名将王彦评述》（《河南电大》1994 年第 4 期）述及建炎初年宗泽与义军将领王彦建立军政合作，共御外敌。日本学者寺地遵《南宋初期政治史研究》（溪水社 1988 年版；刘静贞、李今芸译，稻禾出版社 1995 年版，第 75—76 页）将宗泽归为李纲派官僚，从与黄潜善、汪伯彦等政治斗争的角度，探讨宗泽经略汴京和请求高宗回銮失败的原因。刘庆等《中国宋辽金夏军事史》（人民出版社 1996 年版，第 103 页）、韩志远《中国军事通史：南宋金军事史》（军事科学出版社 1998 年版，第 54 页）都通过列举相关数据，反映宗泽入汴后的抗金军力部署情况，并介绍宗泽发明的新式作战武器"决胜战车"。

进入 21 世纪，总结宗泽军政研究的成果渐次呈现。顾宏义《天裂：十二世纪宋金和战实录》（上海书店出版社 2000 年版，第 212—216 页）在《宗泽遗恨》专节，逐一罗列 1127—1130 年东京周边的抗金活动，又通过对比宗泽生前身后开封周边抗金活动的变化，说明高宗深受偏安思想影响，在两河问题上存在重大战略失误。陈振《宋史》（上海人民出版社 2003 年版，第 436 页）述及宗泽派王彦南下规劝高宗北上抗金，受黄潜善、汪伯彦阻，未能觐见，遂称病至真州（今江苏仪征）求医的过程。张其凡《宋代史》（澳亚周刊出版有限公司 2004 年版，第 168—173 页）将李纲、宗泽归为南宋初期主战派，认为与宗泽关系密切的王彦"八字军"、马扩"五马山寨"等义军源于官军的散兵游勇，这些义军处境尴尬，既为金人所不容，又得不到宋廷支持。宗泽死后，原来凝聚在其周围的各个义军团体纷纷独立，出现兵变为盗、兵变抗金、兵变降金三种情况。黄宽重《政策·对策：宋代政治史探索》（联经出版公司 2012 年版，第 122—126 页）除论述宗泽经略汴京始末外，还分析金军南下时华北自卫武力的人员构成，认为宗泽死后一些义军由"义师"变为"盗贼"，乃两河义军群龙无首且宋廷欲放弃中原所致。DenisTwitchett and John. K. Falrbank，*THECAMBRIDGEHISTORYOFCHINA——Volunme5PastOne*：*The Sung Dynastyand Its Precursors*，907 – 1279（CambridgeUniversityPress，2009，pp. 648 – 649），其中 *The Moveto the Southand the Reign of Kan – tsung*（1127—1162）一章由陶晋生撰写，陶氏在该章中提到 1128 年前后朝内发生驻跸之争，宗泽与李纲虽同为主战派，但在驻跸问题上存在意见分歧，宗泽主张回銮开封，李纲却主张驻跸邓州（今河南南阳）。寺地遵《南宋初期政治史研究》（前揭，第 71—73 页）亦有论及。胡文宁《宋主战派宗泽与李纲的政见分歧及其影响》（《史学月刊》2013 年第 1 期）详述宗泽与李纲虽同为主战派，但在对金战略、驻跸回銮等问题上皆存在较大矛盾，并从二人性格、自身定位和所处政治空间差异三方面阐释二人不协的深层原因，揭示出宗、李矛盾促使高宗在驻跸地选择上转向东南沿海。张楠、李齐、覃浩鹏、汤文博《库本〈建炎以来系年要录〉读书札记三则》第二节《驻跸之争：李纲、宗泽的分歧对南宋初期政局之影响》［载《记忆·历史·文化》（第六集），长江出版社、湖大书局 2015 年版，第 137—141 页］通过考察建炎初年驻跸问题，明确在驻跸问题上宗泽与李纲存在严重分歧。当李纲与黄潜善、汪伯彦政治角力趋于白热化时，宗泽却保持中立，不仅表明宗、李二人政治同盟破裂，客观上也推动主和派占据政治上风。据此得出结论：主战官员并非铁板一块，其内部存在分化和内耗，最终为主和官员主政提供可乘之机。

王曾瑜《岳飞和南宋前期政治与军事研究》（河南大学出版社 2002 年版，第 475—499 页）关于宗泽军政研究的时间选定，与诸文不同。作者将研究时段上溯至赵构开大元帅府时期，并详细论述宗泽的军政活动进行，以重点考察高宗与宗泽的君臣关系。氏撰《从康熙的议论谈宗泽、岳飞等抗金》（《史学月刊》2004 年第 4 期）从康熙帝论述南宋偏安一隅原因入手，指出金人南下与清兵入关的区别，肯定宗泽、岳飞抗金的正义性和重要性。陈瑞青《宋代河北兵马大元帅府探微》（《沧桑》2010 年第 4 期）认为，大元帅府时期是高宗政权内部宗泽与黄潜善、汪伯彦两种政治派别出现分野，并最终走向异途的标志，其对南宋初年的政局产生指向性影响。

二　人物方面

（一）对宗泽人物生平及形象介绍

相关论文有李仲融《南宋的民族英雄宗泽》（《教与学》1936 年 2 卷第 3 期）、袁震《宗泽与孟珙》（《天津益世报·史学》1937 年 3 卷第 50 期）、杨渭生《宗泽》（《浙江日报》1961 年 4 月 16 日第 4 版）、景唐《忠肝义胆卫社稷的——宋代名将宗泽》（《浙江月刊》1970 年第 14 期）、魏汝霖《南宋立国第一名将——宗泽》（《军事杂志》1979 年第 8 期）、葛绍欧《南宋初开封府尹宗泽（建炎元年七月—二年七月）》《历史学报》1981 年第 9 期）、肖梦龙《抗金名将宗泽》（《文物天地》1983 年第 4 期）等。专著有胡行之《浙贤小丛书·宗泽》（浙江省立西湖博物馆 1936 年版）、丁慰长《宗泽》（浙江人民出版社 1957 年版）、胡昭静《宗泽和李纲》（中华书局 1960 年版）、吴太等《宗泽》（上海人民出版社 1965 年版）、刘益安《宗泽守汴京》（河南人民出版社 1981 年版）、赵品才

《宗泽传》（杭州大学出版社 1993 年版）、许序雅《宗泽评传》（中国社会科学出版社 1993 年版）等。另外，不少关于宋史或南宋史研究的著作，对此亦有论及，如陈志平《中华通史·第 5 卷：宋辽金史前编》（花城出版社 1996 年版）第一章第八节（第 301—305 页）、白寿彝《中国通史·第七卷：中古时代·五代辽宋夏金时期下》（上海人民出版社 1999 年版）第四十八章第二节《宗泽》（第 1710—1713 页）、游彪《靖康之变——北宋衰亡记》（中华书局 2007 年版）第四章第四节《李纲与宗泽：时代悲剧的演绎者》（第 205—209 页）、孙跃《西湖边的王朝》（西泠印社出版社 2008 年版）第二章《李纲与宗泽》（第 13—16 页）、何忠礼《南宋全史（一）》（上海古籍出版社 2011 年版）第一章第二节《宗泽领导的抗金斗争》（第 42—45 页）；上述论著基本以宗泽生平事迹及其形象研究为主要内容。以葛绍欧一文论述宗泽经略开封诸事最为详细，引用史料最为丰富；以许序雅的专著内容最为全面，考证最为严谨。

（二）人物事迹考证

龚剑锋《宗泽生平考订》（《江海学刊》1992 年第 6 期）认为宗泽岳父为义乌陈裕，新编《义乌县志》（浙江人民出版社 1987 年版）载丽水陈允昌误。关于宗泽世系，学界说法不一。黄碧华《宗泽家世故里考释》（《浙江学刊》1993 年第 6 期）指出，宗泽为义乌石板塘宗氏之后，浙江义乌宗堂和盘溪宗氏由宗泽之子宗颖创立，为义乌宗氏主脉，镇江派、麒塘派皆为义乌宗氏分支。许序雅《宗泽世系考表》（《宗泽评传》附录二，前揭，第 186，第 190—191 页）认为，宗泽之父宗舜卿原属石板塘宗氏，后分居廿三里，至于之后是否迁居三都麒麟塘尚不可考实；而宗颖是否为盘溪宗氏之祖亦待商榷。

（三）人物关系研究

与宗泽关系较为密切者有李纲、岳飞、王彦等人。关于宗泽和李纲关系研究，除前述胡文宁《宋主战派宗泽与李纲的政见分歧及其影响》（前揭）、李齐《驻跸之争：李纲、宗泽的分歧对南宋初期政局之影响》（前揭）等篇外，还有禚梦庵《李纲与宗泽》（《中国世纪》1970 年第 152 期）、王止峻《谈复宋运动的李纲、宗泽》（《醒狮》1972 年第 11 期），但两文并未提及宗泽与李纲之间存在矛盾。申屠炉明《岳飞和宗泽关系考》（《宗泽评传》附录一，前揭，第 179—183 页）系统考证宗泽与岳飞关系，指出岳飞曾被宗泽招入麾下，受其影响，成为宗氏抗金路线最忠实的继承人。研究宗泽与王彦关系的文论，多杂附于宗泽与义军关系及军政研究文章中，前已有述，此不赘言。

三　文献方面

宋宁宗以前，宗泽之文散佚严重。至嘉定十四年（1221），楼昉始将宗泽诸文收集整理，结集成册。晁公武《郡斋读书志》及陈振孙《直斋书录解题》则均未编录。此后终南宋一朝，宗泽文集鲜为人重。迄至明代，受政权更迭及时局变化影响，宗泽文集修纂渐盛。现存最早的宗泽文集刊本，为上海图书馆藏明正德六年刻本《宋东京留守宗忠简公文集》5 卷，而在诸多明清刊本中，清康熙四十四年（1705）至四十五年（1706）宗文灿刻《宋东京留守宗忠简公全集》12 卷首 1 卷末 1 卷，辑文最多。然是集篇章杂芜，擅改严重，且多有附会宗氏文论收录，难称善本。收录宗泽文论较多的校勘性善本，有清四库全书本《宗忠简集》8 卷和清金华丛书本《忠简公集》7 卷附辨讹考异 1 卷，二者皆以清康熙三十年（1691）王廷曾重辑《宋东京留守宗忠简公文集》八卷为底本。二集相较，各有千秋：四库本《宗忠简集》辑录宗泽文稿为多，但撰者将宗泽原著中对金人蔑称及言辞激烈文段加以删改，文本原貌有所变动；金华本《忠简公集》虽原文保存颇佳，但间有阙遗。由于库本《宗忠简集》底本优良、辑录较广、体式规整，几成宗泽文集定本。

目前整理出版的宗泽文集，有《宗泽集》（浙江古籍出版社 1984 年版），该集据金华丛书本《忠简公集》排印标点。黄碧华、徐和雍编校《宗泽全集》（华艺出版社 1996 年版），博采众本，以明本校清本，重新编排，为目前诸本宗泽集中最全者。该集还收录现存宗泽集序跋、年谱、评价等文。《宗泽全集》于 2012 年由浙江古籍出版社重版重印，并更名为《宗泽集》。该集收录有宗泽集序跋 9 篇，而祝尚书编《宋集序跋汇编》（中华书局 2010 年版）则集序跋 13 篇。另上海古籍出版社于 2010 年影印《宗忠简文钞》2 卷，底本采择日本文久元年（1861）抱月堂刻本，其文章编排与同期清刻本存异。

宗泽集版本研究方面，江南图书馆编《江南图书馆善本书目》（广文书局 1970 年版）介绍明嘉靖刊本《宋东京留守宗忠简文集》6 卷。四川大学古籍所编《现存宋人别集版本目录》（巴蜀书社 1990 年版）将现存古今及海内外 18 种、27 个版本宗泽集目悉数列出，并附有文集出处和藏书单位。沈津《上海图书馆藏集部善本书录（四）：南宋别集》（《文献》1991 年第 1 期）指出，上海图书馆藏明正德刻本《宋东京留守宗忠简公文集》5 卷，系现存宗泽集最早刻本，除详细介绍此刻本规格、式样、内容外，亦叙及其他版本。黄碧华、徐和雍《〈宗泽全集〉前言》（载《宗泽全集》，华艺出版社 1996 年版）对宗泽文集的版本源流进行简要梳理，并认为清康熙三十年王廷曾重辑《宋东京留守宗忠简公文集》经《四库全书》收录、编修后，几成定本。祝尚书《宋人别集叙录》卷 13《宋东京留守宗简公文集五卷》（中华书局 1999 年版，第 633—636 页），对宗泽文集版本与流传有较为系统的梳理。中国古籍总目编纂委员会编《中国古籍总目·集部》（中华书局、上海古籍出版社 2012 年版，第 267—268 页）罗列中国大陆现存 1949 年以前 18 种、24 个版本宗泽集信息，馆藏情况著录较详。

宗泽年谱，则散见于各类年谱汇集。如吴洪泽编《宋人年谱集目·宋编宋人年谱选刊》（巴蜀书社 1995 年版，第 141—144 页）录乔行简《忠简公年谱》（清同治十二年刊本）；北京图书馆编《北京图书馆藏珍本年谱丛刊》（北京图书馆出版社 1999 年版，第 485—566 页）第 21 册录乔行简《忠简公年谱》（清光绪二十四年刻本）、宗嘉谟《宗忠简公年谱》（民国六年印本）；吴洪泽、尹波主编《宋人年谱丛刊》（四川大学出版社 2001 年版，第 3493—3500 页；第 3501—3546 页）第六册录乔行简《忠简公年谱》（清同治十二年刊本《宋宗忠简公集》卷首）、宗嘉谟《宗忠简公年谱》（民国六年常熟桐柏山房铅印本）。

年谱研究方面，杨殿珣编《中国历代年谱总录》（书目文献出版社 1980 年版，第 109 页）介绍两种《宗忠简公年谱》，其中将清康熙本《年谱》作者乔行简注为清人。龚剑锋在《乔行简是宋人非清人》（《文献》1992 年第 2 期）一文中予以更正。吴洪泽编《宋人年谱集目·宋编宋人年谱选刊》（前揭，第 17 页）列出现存三种宗泽年谱，并认为乔行简《忠简公年谱》为托名之著。刘琳、沈治宏《现存宋人著述总录》（巴蜀书社 1995 年版，第 62 页）则未对乔行简是否为《忠简公年谱》真正作者进行考证，并将清康熙四十五年（1706）《忠简公年谱》视为该著现存最早刻本。尹波在《忠简公年谱》（《宋人年谱丛刊》，在前揭中，第 3494—3495 页）前言疑年谱为清人托名而著，但未详考。

关于四库本《宗忠简集》的避讳研究，始于陈垣（1880—1971）《史讳举例》（原著发表于 1933 年，载《励耘书屋丛刻》，北京师范大学出版社 1982 年版，第 1309—1311页），是著将其作为清初书籍避"胡、虏、夷、狄"等字讳的实例加以剖析。余嘉锡《跋施愚山试鸿博后家书》（原创于 1933 年，载《余嘉锡论学杂著》，中华书局 1963 年版，第 636—637 页）提到愚山先生（施闰章）在科举考试时，因未避讳而被降为乙科，又以库本《宗忠简集》为例，围绕避讳问题与陈垣展开讨论。陈登原《古今典籍聚散考》（商务印书馆 1936 年版，第 126—127 页）认为，乾隆下诏要求四库馆员将宗泽集回改，不足以见乾隆大度，反而可见当时该书毁禁之烈。郭伯恭《四库全书纂修考》（国立北平史学研究会 1937 年版）认为，清朝四库馆是一个书籍"禁毁机关"，宗泽集被四库馆删改，原书遭到禁毁，是清代书籍编修史上一大公案。此后，四库本《宗忠简集》的改字和避讳问题一度沉寂。20 世纪 90 年代以降，汪耀楠《词典学研究》（四川辞书出版社 1990 年版，第 323—327 页）、李明友《一本万殊——黄宗羲的哲学与哲学史观》（人民出版社1994 年版，第 205 页）、吴兴人《中国杂文史》（上海人民出版社 2002 年版，第 207 页）等对上述问题又有讨论，但新见不多。

此外，《影印文渊阁四库全书》（商务印书馆 1986 年版），录有《建炎以来系年要录》200 卷（第 325—327 册）、《三朝北盟会编》250 卷（第 350—352 册）、《历代名臣奏议》350 卷（第 433—442 册）、《宗忠简集》8 卷（第 1125 册），其中《要录》载宗泽奏疏 26篇（乞回銮疏表 22 篇），分见于数卷，卷 6 篇 1，卷 7 篇 1，卷 9 篇 5，卷 10 篇 4，卷 12篇 1，卷 13 篇 1，卷 14 篇 5，卷 15 篇 7，卷 16 篇 1；《会编》载乞回銮疏表 14 篇；《奏议》载奏疏 25 篇（乞回銮疏 18 篇），包括卷 3"君德"奏 1 篇、卷 85"经国"奏 12 篇、卷 86"经国"奏 7 篇（卷 85、86 奏为宗泽乞回銮疏）、卷 142"用人"奏 2 篇、卷 232"征伐"奏 1 篇、卷 270"理财"奏 1 篇、卷 348"四裔"奏 2 篇。

关于乞回銮疏数量问题，宋人楼昉《宗忠简集·序》（《宗泽集》，浙江古籍出版社2012 年版，第 1—2 页）载乞回銮"发表者凡二十有四"，为"乞回銮二十四疏"说之发覆，对后世影响较大，故明方孝孺在宗泽集序言（同前书，第 2—3 页）中亦认为乞回銮疏凡二十四篇。但宋黄震《黄氏日抄》（《影印文渊阁四库全书》第 708 册，台北商务印书馆 1986 年版）多次提到"宗忠简二十五疏力请还京"，《四库全书总目》（中华书局1965 年版，第 1344 页）又有"二十八疏"之说。凡此种种，莫衷一是。黄碧华最早将宗泽乞回銮疏数量问题付以专文，氏撰《略论宗泽乞回銮表疏》（《杭州大学学报》1993 年第 4 期）认为，如从内容上考察宗泽奏疏，《四库全书总目》载"泽力请高宗还汴疏凡二十八上"有其根据。徐规《〈宗泽全集〉序》（载《宗泽全集》，华艺出版社 1996 年版）语及宗泽前后上乞回銮疏二十多封，采用概数表述奏疏数量，说明徐氏认为乞回銮疏在数量上亦存有争议。

关于宗泽相关文献考订，有丁传靖《宋人轶事汇编》（商务印书馆 1958 年版，第694—696 页），该书从《续名臣言行录》《泊宅编》《闲燕常谈》《宋稗类钞》《春渚纪闻》等宋人史料笔记中，辑录出有关宗泽言论事迹的记载。龚剑锋《宗泽的一首佚诗》（《文献》1990 年第 2 期）指出，清嘉庆《义乌县志》卷 21 所载五言诗《赠鸡山陈七四秀才》，当为宗泽佚诗。严文儒《〈宋史·宗泽传〉取材考详》（《华东师范大学学报》1996 年第 3 期），通过文献比对，考察出《宋史·宗泽传》取材之史源，并认为《宗泽传》多曲笔溢美之词，此在宗泽研究中有待纠正。朱瑞熙《宗泽佚文、佚诗考述》（载《李埏教授九十华诞纪念文集》，云南大学出版社 2003 年版，第 31—35 页）辑《宗泽全集》未收录佚文二篇、佚诗三首，并对诗文出处、宗泽生卒年加以考述。张剑《宗泽佚札小考》（《河南教育学院学报》2006 年第 4 期）对新发现的五封宗泽书札进行考校，并依据这些书札对宗泽忠义、孝悌等性格特征予以评析。

四　文化方面

家族研究方面，除黄碧华《宗泽家世故里考释》（前揭）、许序雅《宗泽世系考表》（前揭）两文外，戴志恭《宗泽墓》（《东南文化》1986 年第 2 期）介绍江苏镇江宗泽墓。刘建国《江苏镇江宗泽墓区发现宋代享堂遗迹》（《中国文物报》2005 年 8 月 31 日第 1 版）介绍镇江宗氏享堂遗迹及出土文物，认为该发现填补了宋功臣享堂遗迹发掘空白。张剑《家族与地域风习之关系——以宋代宗泽及其家族为中心》（《中国文化研究》2007 年第 1 期）对宋代宗泽家族地域婚姻关系加以梳理，论述义乌宗氏对当地地域风习的影响，强调宗泽一族迁居对义乌地域文化形成产生的重要作用。江源主编《中华姓氏始迁祖世系大典》（线装书局 2008 年版），为国内收录现存家谱较全的文献集，集中收录《鉴湖宗氏家谱（清光绪三十一年)》，以宗沃、宗泽为始祖，宗善长为始迁祖，记载自宗泽以降鉴湖宗氏的谱序、世系图、行传、阳基图、祠堂图、跋文等。

文学研究方面，黄碧华《宗泽诗赋述评》（《杭州大学学报》1996 年第 4 期）将宗泽一生所作诗文按时间分为出仕之前、充当地方中小官吏时期、投身并领导抗金斗争时期三个阶段加以评析。苟小梅《宋巴州通判宗泽与南龛〈古楠赋并叙〉》（《四川文物》1997 年第 3 期）指出，宗泽任巴州通判期间曾作《贤东堂记》《重修英惠侯义济庙记》《古楠赋并叙》三文，其中《古楠赋并叙》可根据四川巴中市南龛古光福寺发现的宗泽石刻加以佐证。黄威《"虽单言半字，无非从忠义中流出"——论宗泽的散文创作》（《名作欣赏》2010 年第 14 期）认为，宗泽散文造诣颇高，具有言词直露、直抒忠怀、慷慨激昂、气势沛然的特点，极具感染力和鼓动力，而这种文风的形成与宗泽过人的胆识和强烈的救国为民之心联系密切。

饮食研究方面，戴荣芳《宗泽并非火腿的发明人》（《中国食品》1998 年第 3 期）考察火腿制作起源，认为宗泽并非金华火腿的发明者，相关传说发端于清康熙年间，为金华王姓火腿行老板防止地痞欺诈之编说。陕西《宗泽、岳飞和金华火腿》（《语文世界》1998 年第 10 期）、《宗泽和"金华火腿"》（《肝博士》2007 年 5 期）皆论宗泽为行军携带方便，发明金华火腿。马晓钟《金华火腿历史再增 200 年》（《经贸实践》2015 年第 3 期）指出关于宗泽与金华火腿的传说缺乏文献依据，从唐乾元元年（758）至元至正十八年（1358）金华一直名为婺州或婺州路，并未称作金华府，金华火腿名无所依。

就笔者目力所及，以上大致梳理了近一个世纪以来学界关于宗泽研究的成果。囿于识见，挂一漏万，在所难免。而通过以上的简略回顾，笔者认为要使宗泽研究走向深入，或可从如下方面着手：

其一，军政探究应拓宽思路，不局限于宗泽招揽义军抗金等军事问题上，似宜着力探讨宋高宗与宗泽的政见矛盾，分析两宋之际以李纲和宗泽为代表的主战官员内部纷争，重视宗泽经略两河失败与政治斗争的联系。

其二，人物研究需更加细化，可按时间分段讨论宗泽事迹及性格特征。人物评介，则力求客观公允，避免曲笔、溢美及标签化。

其三，注重文献比对，考镜宗泽文集版本源流，探寻宗泽乞回銮疏表数量问题及其产生原因。另可从四库本《宗忠简集》切入，探讨四库馆臣擅改文献之疑。

其四，关注义乌宗氏宗族主脉及分支考证，对宗泽文学方面研究则应结合时代背景和性格特征。

以上浅见，仅供参考。

宋代江南粮食亩产量研究学术史回顾与思考

纪昌兰

中国古代历史在唐宋时期发生了重大变革，其中经济的发展变化尤为引人注目。安史之乱以来唐代逐渐失去了往日的光辉，伴随着一系列的社会变化，全国经济重心出现了南移的趋势，以太湖流域为重心的江南地区经济地位日益凸显。由于优越的地理环境、先进的生产技术以及广大人民的精耕细作，江南地区经济发展水平跃居全国领先水平，代表着当时全国农业发展水平的最高成就。对这一地区的农业发展尤其是粮食产量的估算对了解宋朝时期我国农业发展水平以及社会发展状况有着十分重要的意义。学者们对宋代江南地区粮食亩产量给予了不同程度的关注。基于不同的研究方法，对这一地区粮食亩产量的估算存在着不小的差异。

一 对江南区域的界定

历来对宋代"江南"这一地域没有十分明确的界定。不同的区域界定对于研究结果产生着决定性的影响，这就要求学者们研究之前必须表明所谓的"江南"区域的大致范围。陈国灿先生认为："宋代江南是一个比较模糊和笼统的地域概念，从地理位置、经济发展来看江浙即指'江南'，其范围大体相当于今江苏、安徽两省长江以南地区和浙江省、江西省、上海市。"[①] 很明显此处是以地域分布和经济发展水平为标准划分的。日本学者斯波义信运用"地文—生态地域"学说将江南地区划分为长江下游流域，具体来说，则指"包括江苏、安徽两省的南半部与浙江省北半部的大区域"，并进一步说明"如果赋予长江下游大区域这一地文区域概念以惯用的表达方式，则长江三角洲、江南、东南、淮浙、两浙（钱塘江东西流域）、苏浙、江浙、太湖周边地区、三江流域等等词汇早已存在，但全部各有利弊，其失在于缺乏限定性和一贯性，则未免遗憾"，最终认定"'长江下游流域'则是长江下游、钱塘江、大运河南部流域的地文区域，是相当于相继不断变迁而先后以扬州、杭州、南京、苏州、上海为中枢首府的直接腹地。"[②] 对于斯波先生的划分结果，李伯重先生基本上予以赞同，认为其重视水陆交通的同时也强调生态系统的作用，并进一步补充道："我们所划的经济区域，在古人心目中，应当也是一个特定的界定。换言之，得到历史的承认"，认为"根据地理环境、经济联系、历史渊源，江南地区包括明清的苏州、镇江、常州、松江、江宁、杭州、湖州、嘉兴等八府及太仓州，大致是

---

① 陈国灿：《宋代江南城市研究》，中华书局2002年版，第7页。

② ［日］斯波义信：《宋代江南经济史研究》，方健、何忠礼译，江苏人民出版社2001年版，第36—39页。

今天浙江东部一带。"① 方健先生在已有研究成果基础之上作了较为全面的总结："首先，'江南'一词，作为地域观念使用时，按其包含地域广袤的程度，大致有以下三重含义：其一，泛指长江以南地区及江、淮之间的部分地区，约为北宋时东南六路的泛指，甚至还包括川蜀四路及荆湖路的部分地区，约相当于南宋版图的大部，亦与唐代的江南道、岭南道约略相近。其二，指长江下游三角洲地区，即以太湖流域为中心向东、西两侧延伸，不仅包括今江苏的南京、镇江地区，浙江的绍兴、宁波地区及浙东诸州，还包括今安徽的宪湖、徽州、皖南，江西的婺源及苏北的扬州、仪征、泰州、南通等地，约相当于宋代两浙路的全部、江东路、淮南路的一小部分地区。其三，即指太湖流域地区，大致包括今苏锡常、杭嘉湖及上海地区，或可称之为环太湖地区。"② 在《中国历史地名词典》中江南特指"长江以西区，在宋代主要指江南路，大致包括今天江苏长江以南，安徽长江以南，东西全部。"③《江南通志》则认为"江南雄长诸位省，地旦江淮，扼荆楚而接中州，寰瀛海而引闽越"。④

　　总体上来看，由于划分标准和研究重心的不同，学者们对于江南的界定存在着一定的区别。尽管如此，以上学界对江南地区整体轮廓的划分还是较为清晰的，即基本围绕着"长江以南区域"或"太湖流域"为中心展开。

二　江南地区粮食亩产量的估计

　　正确评价宋代江南地区在全国经济中所处的重要地位，农业生产是一个不容忽视的因素，其中尤以粮食亩产量为重要标准，因此引起了学界广泛的研究兴趣。学界对宋代江南地区粮食亩产量的研究从 20 个世纪 50 年代开始持续到了 21 世纪初。由于所用论据和研究方法的差异，使得这一关键问题充满争议。因此对以往学者在此问题上的研究成果进行梳理，探讨差异背后的原因所在势所必然。

　　较早涉及这一问题的是日本学者加藤繁先生。他在对唐宋时期江南地区研究考察后认为"唐宋亩产量，不管南北，不管水旱田，一亩的收获量大约米 5 斗（即粟一斛）"⑤。从作者的表述来看，这一结论存在"一刀切"的嫌疑。大约从 20 世纪 80 年代开始中国学者对这一问题的研究成果不断涌现。余也非先生根据《范文正公别集·答手诏陈十事》中记录的北宋仁宗时期江南亩产量的记载以及《朱子文集·奏救荒事宜状》南宋淳熙年间江南地区粮食亩产量的相关记载，认为宋代南方水田，一般亩产稻米 2 石。⑥ 顾吉辰先

---

① 李伯重：《简论江南地区的界定》，《中国社会经济史研究》1991 年第 1 期。

② 方健：《宋代江南经济史研究之———农业篇》，载姜锡东主编《宋史研究论丛》第 8 辑，河北大学出版社 2007 年版，第 105 页。

③ 复旦大学历史地理研究所编：《中国历史地名词典》，江西教育出版社 1986 年版，第 433 页。

④ 安徽省地方志编纂委员编：《安徽省志附录·江南通志原序》，方志出版社 1998 年版，第 480 页。

⑤ ［日］加藤繁：《中国经济史考证》（第一卷），吴杰译，商务印书馆 1959 年版，第 102 页。

⑥ 余也非先生的单位换算颇有趣，其指出：宋沿唐制，"二百四十步为一亩，五尺为步"（《周官录田考·卷二·田制》）。尺长 31 厘米，约合市制 0.93 市尺、宋一亩共六千平方尺，约当今制 5189.4 平方市尺，为今制一市亩的 86.5%。南方产稻米，约每市亩 1.387 市石。（余也非：《中国历代粮食平均亩产量考略》，《重庆师范学院学报》1980 年第 3 期。）

生在《宋代粮食亩产量小考》中指出，北宋南北方的粮食亩产量，大致如下：南方的苏州、明州一带，由于水源丰富，气候温和，加上当时人民的辛勤耕作，水稻的亩产量可达4石左右，接近于今天的亩产量。而江南其他地区，则在 2 石左右，低于今天的亩产量。而南宋浙东除上虞、余姚二地外，其他绍兴等地的亩产量是 2 石。浙右宁国府地区土地肥沃，加上"人力之尽"，上田亩产达 5、6 石。宋代的旱谷，一般收获每亩不过 5、7 斗，所谓上田，也不过 1、2 石。① 此外顾先生还认为，宋代不同历史时期不同经济区域或相同的经济区域，其粮食亩产量是各不相同的。② 紧接着顾先生的研究，闵宗殿先生在《宋明清时期太湖地区水稻亩产量的探讨》中也给出了自己的看法："太湖的水稻亩产量，从唐至明的一千年中，总的发展趋势是上升的，唐亩产谷 276 斤，宋亩产 450 斤，比唐增长了 63%。在全国的水稻生产中，太湖地区以外的水稻亩产量，宋代估计平均约为 1.5 石，折稻谷 269 斤，约当太湖地区的 60%，（据此估算，宋代太湖地区亩产量为稻子 2.5 石）"③，与顾先生亩产量 2 石左右稻子的估算相差不远。吴慧在其著作《中国历代粮食亩产研究》中指出，北宋时期，南方水稻集约程度高，精耕细作，产量有显著的增长。一般而论，说宋时亩产谷 4 石或米 2 石是可以成立的。南北方粮食平均亩产为 3.3 石。南宋时期，与北宋接近，为 3.31 石。④ 相对之前顾、闵两位先生的统计结果略高。漆侠先生也对江南地区粮食亩产量问题进行了研究。在其著作《宋代经济史》第三章第五节中据当时的史料记载指出，南方亩产量普遍高于北方，东方普遍高于西方；水田高于旱地，大约是 1∶3，即南方水田 1 亩相当于北方旱地 3 亩。以江浙为例，宋仁宗时亩产 2、3 石，北宋晚年到南宋初已是 3、4 石，南宋中后期 5、6 石，是不断增长的。按宋代 1 石，折今市石 6.6 斗，合 92.4 斤（按照作者依据的史料，这里亩产量应该是米），据此得出"宋代农业生产发展具有不平衡性"⑤ 的结论。⑥ 相对于漆侠先生的高估计结果，程民生先生则显得较为谨慎，他认为，南方最高的亩产是 7 石（稻），据《愧郯录》卷一五提供的出米率，折糙米为 5 石 6 斗，折精米为 3 石 5 斗。最终得出结论北方地区的亩产量不低于南方。⑦ 综上可见，学者们对宋代江南地区稻子亩产量估计大体在 2—3 石左右。

直到 21 世纪初，学界关于这一问题的探讨尚无定论。日本学者斯波义信所著《宋代江南经济史研究》中，根据所列"宋代 1237 年苏州常熟县推定稻米亩产量表"认为亩产

---

① 对这样的研究结果，李伯重先生有着不同的看法："顾先生的估数，北宋苏州的亩产量也不仅大大超过明清江南的平均亩产量，而且超过了 1955 年和 1975 年苏州的平均亩产量"，苏州地区的单季晚稻亩产量，1955 年为 485 斤，1975 年为 689 斤（见闵宗殿《宋明清时期太湖地区水稻亩产量的探讨》，《中国农史》1984 第 3 期）。如果宋代亩产米 4 石，就相当于今日亩产谷 720 斤，比 1955 年和 1975 年的平均亩产量高出 48% 和 4%。很奇怪的是顾先生原文中说的是水稻亩产量 4 石，而在这里李先生却换成了米亩产量 4 石，并以此为据对其反驳。

② 顾吉辰：《宋代粮食亩产量小考》，《农业考古》1983 年第 2 期。

③ 闵宗殿：《宋明清时期太湖地区水稻亩产量的探讨》，《中国农史》1984 年第 3 期。

④ 吴慧：《中国历代粮食亩产研究》，农业出版社 1985 年版，第 160—164 页。

⑤ 李伯重先生认为，漆侠先生关于江南亩产的估数，已超过或达到今天在运用现代科技的苏州、上海等江南高产地区丰收年份的水稻最高亩产量。见李伯重《"选精"、"集萃"与"宋代江南农业革命"—对传统经济史研究方法的检讨》，《中国社会科学》2000 年第 1 期。

⑥ 漆侠：《宋代经济史》，上海人出版社 1987 年版，第 137—138 页。

⑦ 程民生：《宋代粮食生产的地域差异》，《历史研究》1991 年第 2 期。

在 3 石以上的水田，分布在苏州、嘉兴、绍兴、明州等地的中心区域，产量最高的是吴县的学田，达 4.52 石。就该地区产量总体上而言，上田约为 3 石，次田 2 石。[①] 对于这种估算，译者方健提出了自己的看法，认为"宋代亩产的估算，是一个十分复杂的问题，作者推算产量多假定租率为 50%，然后倍之即为产量，验之史实，极少相合。只有确切知道租率，而且是不凭想当然假定租率时，推算产量才有意义"，对表中所列数据（产量）的可信度予以怀疑。虞云国先生认为这个怀疑的观点言之有据，持之有故。[②]

李伯重先生连续发表文章对江南地区粮食亩产量问题进行探讨，尤为引人注目。其基本观点为：南宋江南平均亩产量应仅 1 石左右。以往对宋代江南亩产量的估计，肯定是大大高于实际情况。其得出以上结论的依据有两个：依据一，"斯波义信对南宋《常熟县学田籍碑记》中 114 例学田地租数字进行分析的结果表明，嘉熙以前该县一般亩产量大约在 0.65 石上下（亩产量以地租量之倍计）。方健[③]对该碑文中的数字进行复核，指出实属该县的学田地租数字应为 153 例，所涉及的学田共 1784.94 亩，平均亩产量为 0.88 石；而据袁甫《教育言氏子孙记》中的田租数字计算，同时期该县上等学田（450 亩）的平均亩产量也仅为 1.68 石。用嘉熙时该县 50 都的义役田 51310 亩的地租数字计算，平均亩产量仅为 1 石。其中产量较高者（438 亩），也只是在 1.36—1.5 石之间。此外，该县有职田 32262 亩，田租总数 364153 石。据此推算，平均亩产量更只有 2.24 斗。学田、职田、义役田在当地应属中等田地，因此南宋该县的一般亩产量在 1 石以下，应可确定；依据二，"若常熟一般亩产量仅为 1 石以下，那么苏州的一般亩产量绝不可能到达 2 石或 2 石以上。事实上，淳熙十年平江府官田 124203 亩，岁收官租 21233 石；平均亩收租 0.17 石。据此推算，平江府官田的亩产量仅为 0.34 石。嘉定县学田 1362 亩的亩产量也只有 0.56 石。这里的平江府官田、嘉定县学田、常熟学田与职田亩产量都来自较大面积的国有田地的收租数字，应当比较能够表现当地的一般情况。这些田地上的亩产量都远低于 1 石。"最终，李伯重先生认为南宋江南平均亩产，应仅 1 石左右。[④]

针对以上李伯重先生给出的两个依据，方健先生撰文进行反驳，指出对斯波义信最先援用的《常熟县学田籍碑记》162 块学田中的 153 块进行复核，得出其平均每亩学田租为 0.44 石，"如果按斯波的标准（倍计）则平均产量为 0.88 石，与斯波书中所说的 0.65 石每亩相差太远"，认为李伯重先生未注意到"如果按斯波的标准"这一前提，更没有留意"在不能确定租率的情况下无法对产量作出正确评估"这句结论。在论及职田租时，方健先生指出"常熟平均每亩职租仅为 1.12 斗，我们能设想其产量仅为 2.24 斗吗？"否定说过常熟亩产量为 0.88 石或 2.24 斗之类的结论，指出"李伯重对苏州、昆山、常熟学田租较高的数据，认为是'在统计学上的意义不大'，而独取平均学田租为 0.28 石的嘉定县，

① ［日］斯波义信：《宋代江南经济史研究》，方健、何忠礼译，江苏人民出版社 2001 年版，第 146 页。

② 虞云国：《中国区域经济史研究的里程碑——评斯波义信的宋代江南经济史》，《中国社会经济史研究》2003 年第 1 期。

③ 方健：《两宋苏州经济考略》，《中国历史地理论丛》1998 年第 4 期。

④ 李伯重：《"选精"、"集萃"与"宋代江南农业革命"对传统经济史研究方法的检讨》，《中国社会科学》2000 年第 1 期；李伯重：《宋末至明初江南农民经营方式的变化——十三、十四世纪江南农业变化探讨之三》，《中国农史》1998 年第 2 期。

认为倍计产量为 0.56 石。与斯波大著表中的常熟学田产量 0.65 石（我修正倍计应为 0.88 石）相近。即使嘉定县学田数量超过了上引一府二县的合计数，但也仅千余亩，仍然是在'统计学上意义不大'的数据，不足以为李说提供论据"。最终，方健先生强调"在史料运用中，为论证自己的观点，而采取双重标准，窃以为实不可取"，指出李伯重先生在论证自己的新观点时，往往对大量与己见相左的史料视而不见，或断然否定。在驳斥李伯重论据不足的同时最终得出宋代江南稻米的亩产量为 2 石的结论。①

李伯重先生的一系列研究引起了宋史学界的特别关注。梁庚尧先生在《宋代太湖平原农业生产问题的再探讨》一文中根据《宋史》卷 173《食货上·农田》和《黄氏日抄》的相关记载，认为浙西平江府等六郡一般民田租米多在每亩 1 石至 6 斗之间，1 石以上及 6 斗以下均少，以之推计产量，则每亩产量多在 1.2 石至 2 石间。同时，其指出李伯重先生文中认为不应以较高的产量涵盖普遍的情形，则是正确的看法。至于宋代太湖平原地区亩产量的一般状况，可能不至如文中所估计平均每亩 1 石左右之低。② 同样关注李伯生研究的还有葛金芳先生，他认为："李伯重先生认为宋末元初江南地区亩产在 1 石左右，这个数据与宋代文献所记载的当时人的观察相去甚远，把宋代亩产几乎降到了与唐代差不多的水平线上"，指出："以太湖流域为中心的两浙地区，平均亩产 2—3 石是没有问题的。若只计平原、不算周边山区的话，平均亩产应在 3 石上下。若是那些水利条件好的旱涝保收田，则在 3.5 石到 4 石之间。"③ 针对李伯重先生对宋代江南地区粮食亩产量在 1 石左右的估算进而得出宋代江南地区并非存在所谓的"农业革命"的观点，李根蟠先生在《长江下游稻麦复种制的形成和发展——以唐宋时代为中心的讨论》中指出，宋代长江下游稻麦复种制比前代有所发展，这大概没人反对；但发展程度如何，中外学者估计很不一致。近来，这一问题的讨论已和对宋代农业发展的总体估计联系在一起（主要是指李伯重先生的探讨，同时对李否定宋代"农业革命"论的一种侧面反驳，也批评了低估宋代稻麦复种制发展的倾向）。其基本看法是：唐代长江流域稻麦复种制已形成或推广，根据尚不充分；长江下游的稻麦复种到宋代，尤其南宋才有一个较大的发展，形成一种有相当广泛性的、比较稳定的耕作制度，而长江三角洲在这一发展中处于领先地位，从某种程度上肯定了宋江南农业发展取得成就。④

根据以上各家争论不休的估算，周生春先生运用新的研究手段和方法，从某地某时的稻米总产和粮田总数入手，推算出当地的稻米单产。根据某时某地的户口数 1 年人均所食稻米，推算出当时当地人们的口粮消费总数，然后依据留种、酿酒、损耗和税米数，大致推知其稻米总产，并由其总产和粮田总数，推出其稻米单产，最后则用当时人有关当地单产的议论和具体有限的史料来验证推算的结果，并对这种思路进行了明确的说明："在品

---

① 方健：《宋代江南经济史研究之一——农业篇》，载姜锡东主编《宋史研究论丛》第 8 辑，河北大学出版社 2007 年版，第 105 页。

② 梁庚尧：《宋代太湖平原农业生产问题的再探讨》，载《宋史研究集》第 31 辑，兰台出版社 2002 年版，第 201—260 页。

③ 葛金芳：《宋代江南地区的粮食亩产及其估算方法辨析》，载葛金芳《两宋社会经济研究》，天津古籍出版社 2010 年版，第 226—239 页。

④ 李根蟠：《长江下游稻麦复种制的形成和发展——以唐宋时代为中心的讨论》，《历史研究》2002 年第 5 期。

种、技术等要素等没有发生重大变化的南宋后期和元代前期，尤其是在宋末元初的数十年间，江浙诸郡常年稻米单产应是大致稳定的。从这一前提出发，可以说宋末元初前后，诸郡中以湖州、苏州、台州单产较高，在 2.5—3 宋石之间；嘉兴、松江、绍兴、婺州次之，在 2—2.5 宋石之间，常州、明州、福州、江阴又次之，在 1.6—2 宋石之间；镇江、建康则更次之，但亦在 1.5 宋石以上。总的来说，各地的单产均在 1.5 宋石以上，3 宋石以下，太湖平原的单产稍高于其他地区，大致在 2—3 宋石之间。不过，由于上述推算及其结论系以并不很可靠的官方统计数字为依据，所缺统计数字又多用推算方式获得，以上结论当与事实存在一定的差距，仅仅是一种推断，只能作批评与参考之用。"① 这种推论方法透露出现代化的研究气息。

综上可以看出，对宋代江南地区粮食亩产量的估算大约在 1 石到 6 石不等，大部分观点集中在 2 石到 3 石之间。针对研究结果之间存在的差异，学者们展开了激烈的争论，至今尚未达成一个十分明确的共识。造成这一结果的原因是多方面的，其中既包括亩产量估算本身存在着地域与时间的差异、史料运用与选取的不同、统计方法的差异等客观因素，又包括研究者思维侧重点及理论的不同等主观因素。

三 研究存在的问题及思考

从以上的论述可以看出，对宋代江南地区的区域范围有着大体一致的界定，但是对于这一地区粮食亩产量的估算却存在不同程度上的差异，学界争论不休，至今难以达成共识，从根本上来说是立论依据不同所导致的。早期研究很大程度上依赖文献记载，之后学者多采用文献加新理论综合分析的手段。但应当明确的是试图估算某一地区的粮食亩产量确实存在着一定困难。比如水、光照、地力等自然条件，精耕细作、水利兴修等人为条件都会导致产量的差异，史料记载的真实与否，还有时间和地域的差异，尤其是宋代包括南北两个朝代的更替，使得统计难度加大。

针对现实中存在的这些差异，学者们也提出了自己的意见和看法。斯波义信先生认为："根据学田租、寺观田租等的租米数的记录，再据定额租即主、佃间的分配率，假定当时以平均分成租率为主、佃各一半而推算其亩产量。租佃的计量器从 80 合斗至 130 合斗不等，按各所在地的惯例有差距，千人的手续费为 8%—10%，其他纳租惯例也很复杂。"② 但是这种以租倍定计亩产量的做法本身存在着不确定性，除非知道租率，否则难以成立。葛金芳先生给出了具体的理由："第一，如是民间私租，必须是'主客中半'的对分制。如是四六分（主四客六），则所得产量只有实际产量的 80%。第二，如是官租，除了要注意到均分制和四六开的区别外，还要加上'种粮'，方能接近实际产量。因为如前所述，在多数情况下，官庄、屯营田等，都是在扣除种粮后再按一定比例来计租的；而在定额租制的条件下，官租一般要低于私租 20% 左右，因此，在计算产量时，这部分差额还得再加进去。第三，就南宋江南地区而言，无论官租、私租，多半只是一茬作物之

---

① 周生春：《宋元江浙诸郡稻米单产试探》，载方行主编《中国社会经济史论丛——吴承明教授九十华诞纪念文集》，中国社会科学出版社 2006 年版，第 263—277 页。

② ［日］斯波义信：《宋代江南经济史研究》，方健、何忠礼译，江苏人民出版社 2001 年版，第 146 页。

租；第二茬作物的产量并没反映在地租之内。如果只按一茬作物之租来计产量，就有可能把实际产量降低一半左右，这个误差就更大了"[1]，以更充分的理由对研究中存在的以租倍定计亩产量的做法予以了重新审视。

在研究中，还有的学者对史料本身产生了怀疑。李伯重先生就曾指出："有些江南高产之说，出于一些官员之口。他们在江南之外一些地方劝农时，往往以江南作为榜样来劝导当地人民努力耕作，力争像江南农民一样获得高产。这种劝农文字，既然意在劝诱，自然要将榜样尽量说得好些，因此不能把文中所说的情况完全当作真实。"[2] 这种说法存在一定的合理性，这就要求研究者在选取史料是要认真鉴别，不要被虚假的数据蒙蔽双眼，造成研究结果出现偏差与不实。

其实，除了以上的研究思路以外，对于宋代江南地区的亩产量估算似乎还应该结合这一地区户籍的统计结果、参与商品交换的粮食大致数目、粮食价格所反映的产量多少、地区的气候状况等方面综合考量，这样结果才会更接近现实。

---

① 葛金芳：《宋代江南地区的粮食亩产及其估算方法辨析》，载葛金芳《两宋社会经济研究》，天津古籍出版社 2010 年版，第 239 页。

② 李伯重：《宋末至明初江南农民经营方式的变化——十三、十四世纪江南农业变化探讨之三》，《中国农史》1998 年第 2 期。

宋代富民阶层研究综述

康武刚

近十余年来，宋代乡村社会史研究十分活跃，许多学者从不同视角进行了研究，出版和发表了大量的著作和文章，成果丰富。本文拟对"富民"研究的学术史展开回溯，以便更好地把握宋代乡村社会的运行脉络。

一 唐宋及以前中国古代社会 "中间层" 研究概述

针对中国古代社会"中间层"的研究已经取得了很多成果，尤以唐宋以前为著，许倬云在《许倬云自选集》（上海教育出版社 2002 年版）中对西汉基层社会的分析、谷川道雄《中国中古社会与共同体》（中华书局 2002 年版）认为当衰亡的中央政权已无法保证民众的生存之时，地主以自己的财富救济穷人，成为社会的支配层。这一支配层成为六朝的贵族阶层。唐宋之际，中国社会发生了巨大变化，毛汉光《中国中古社会史论》（上海书店出版社 2002 年版）对此阐述道，"新王朝新政权的稳定，要寻找新的社会基础和结合形态"。其中指出，中国古代统治者要实现少数人统治多数人，一是行仁政，二是引用社会领袖参与统治，"社会中的领导阶层一方面是社会力量的中坚分子，一方面能反映社会一般需要，我国历史上能够安定社会及稳定政治者，大都采取或巧合这种办法"。

这些研究的共同之处是探讨社会运行形态和构成状况，揭示作为国家与民众间的媒介、在基层社会起稳定和领导作用的社会阶层。而对宋代的社会还缺乏这样的整体研究，现有研究远未达到从整体上揭示国家与社会关系的系统性和高度。

宋代担当国家与基层社会媒介、基层社会领袖的是哪些人？宋代基层社会构成和运行的基本特征是什么？一些学者对此展开了研究，并取得了一定的成果。

如王棣在《宋代乡司在赋税征收体制中的职权与运作》（《中州学刊》1999 年第 2 期）、《从乡司地位变化看宋代乡村管理体制的转变》（《中国史研究》2000 年第 1 期）等文中提出了乡司是宋代县乡赋税征收体制和乡村管理体制中的关键人物，其地位经历了由乡里基层政权的下属逐步上升为县吏的变化的观点。王棣《宋代乡里两级制度质疑》（《历史研究》1999 年第 4 期）进一步指出乡、里并不存在统属关系，乡只是县以下的一级财政区划，宋代乡村是以里为中心的、乡虚里实的统治体制。王棣在上述文中主要从职役的角度对乡司在基层社会中的功能作了剖析。夏维中《宋代乡村基层组织衍变的基本趋势》（《历史研究》2003 年第 4 期）对王棣一文的一些观点作了驳正，例如认为北宋前期的乡仍具有一定的职役功能。

刁培俊《宋代乡村精英与社会控制》（《社会科学辑刊》2004 年第 2 期）以"乡村精英"的概念来分析基层社会的"中间层"。该文中关于宋代乡村精英的概念值得引起关注。其"乡村精英"的概念即泛指两宋时期在乡村社会中有声望、有影响的社会阶层，其架构在专制国家和普通民众之间，扮演着上下沟通的连接枢纽作用和社会控制作用的社会角色，是一个相对稳定的社会群体。谷更有《唐宋国家与乡村社会》（社会科学文献出版社 2006 年版）以"豪民"的概念对宋代社会的"中间层"进行了分析。廖寅《宋代两湖地区民间强势力量与地域秩序》（人民出版社 2011 年版）以两湖地区民间强势力量为社会"中间层"，在理清两湖地区民间强势力量生存形态的基础上，分析两湖区域的社会秩序。王华艳、范立舟在《南宋的非政府势力初探》（《浙江社会科学》2004 年第 1 期）一文中用"非政府势力"的概念来包容富贵之家、为富贵之家办事的人、僧道以及社会游民等。谭景玉的《宋代乡村行政组织与民间刑事诉讼》（《求索》2008 年第 4 期）、《宋代乡村行政组织演变趋势初探》（《学术论坛》2007 年第 1 期）等文论述了宋代乡村行政组织演变的几个特征：逐步地缘化、控制范围不断缩小、职能日趋集中、逐步职役化。

台湾学者黄宽重多从士人、家族、民间武力的视角来分析宋代基层社会的中间层，在其专著《南宋地方武力——地方军与民间自卫武力的探讨》（国家图书馆出版社 2009 年版）对宋代地方武力进行了具体的探讨。梁庚尧在《豪横与长者：南宋官户与士人居乡的两种形象》（《新史学》1993 年第 4 期）一文中剖析了"士族"这样的"中间层"在基层社会中的两种形象——长者推动了地方公益活动的展开和地方的建设，而豪横则有着负面的作用。

日本学者柳田节子认为，地主佃户制成为宋以后基本生产关系，但当时的国家权力并不是直接地无任何媒介地建立于生产关系之上的。她提出宋代乡村结合共同体的重要命题，以"乡村结合共同体"的概念来概括宋代社会的"中间层"，但这一命题至今未得到很好的阐释（参见黄纯艳《中国古代"富民"阶层研究〉读后》，《中国经济史研究》2009 年第 1 期）。

上述诸位学者的研究都试图对宋代基层社会的中间层做出自己的解答，无论是"乡村精英""地方精英"还是"家族"或"士族"，都是在基层社会发挥重要作用的社会"中间层"。诚如法国学者谢和耐在《蒙元入侵前夜的中国日常生活》（江苏人民出版社 1998 年版）一书中指出："从 11 至 13 世纪，由于新的势力在起作用，中国社会的总体结构逐渐生变化。在上层精英和民众集团之间，一个极其不同又极其活跃的阶层出现了，并开始占据愈益重要的地位。这个阶层就是商人。"宋代社会之所以能够出现这样一个重要的"中间层"，有其深刻的背景，这一点，黄纯艳的论述颇为精彩：宋代以后，富人不再是与国家相互争利的对立面，家富和国富在制度上达到了共同协调发展。两税法确立了以资定税的原则，以物力定户等，按资纳税和应役。商税制度和间接专卖制度的确立则实现了工商业领域国家与民分利共利的基本关系。不论是农业，还是工商业领域，民间财富的增长都不再意味着国家财富的流失，相反是为国聚财。这是国家与社会关系的巨大变革。总之，中唐和宋代以后从制度上解决了国家和民间在财富分配方面的矛盾。宋代以后，国家对基层社会控制的方式也发生了巨大变化，那就是废除了汉唐以来的乡官制，实行职役制。国家不再直接委派负责乡村教化、征税和治安的官员，这些事务都改由民间力量承担。

林文勋认为不论是唐宋的"地方精英"还是明清的"士绅"，都是在富民的基础上出现的。富民是宋代"地方精英"和明代"士绅"的基础，富民的历史特征决定着"地方精英"和"士绅"阶层的特征及发展变化。

二　"富民" 阶层研究现状

富民的研究几年来取得了很多成果。林文勋在《唐宋乡村社会力量与基层控制》（云南大学出版社 2005 年版）提出唐宋两代是中国传统社会的一个重大变革时期。一个新的社会阶层崛起于历史舞台，即 "富民" 阶层。富民成为乡村经济关系的核心，而且成了国家财赋力役的重要基础，关乎社会的稳定与发展。该书从富民在基层社会的重要作用、唐宋富民崛起的原因、墓志铭中的富民、灾荒经济中的富民、宋代社会的保富论等方面对宋代富民问题进行了深入而富有成效的探讨。该书开创性地提出了 "富民阶层" 的观点，这一研究开拓了唐宋以来社会研究的学术新视野，具有重要的学术意义，是学界关于宋代基层社会研究不可多得的抗鼎力作。林文勋主编的《中国古代的 "富民" 阶层研究》（云南大学出版社 2008 年版）论述了 "富民" 阶层是乡村社会控制的主导力量，在赋税征收和社会治安方面发挥着最为重要的作用，这说明富民是维持乡村社会运行的重要的稳定力量。同时富民在基层社会灾荒救济和慈善事业中也发挥着重要作用。

黄启昌在《富民阶层与宋代社会》（《求索》1995 年第 3 期）一文中认为富民阶层对宋代社会有着重大影响。他们与封建官僚阶层有区别、有矛盾，但又同属封建统治阶层。他们是宋王朝财政的主要支柱，又是宋王朝基层统治的代理人。其社会地位在宋代得到了空前提高，在经济、政治生活中充当着重要的角色。

冯贤亮《明清江南的富民阶层及其社会影响》（《中国社会经济史研究》2003 年第 1 期）分析了明清时期江南的富民阶层及其社会影响。该文认为明清两代的江南地区，社会经济的繁荣与发展并未因水旱灾害、嘉靖倭乱等环境波动而出现停滞或衰退，其原因除了地方政府的有效控制外，更主要的还与以士绅、退职官吏、地主、商人、富裕的民户等为主的地方中层社会对稳定的维护和保持密不可分。富民阶层在有效管理和控制乡村社会方面，有着极为重要的作用，这是其他任何阶层所无法取代的。张兆裕《晚明富民的救荒》（《中国社会科学院院报》2004 年 5 月 18 日）分析了明代富民的救荒行为，该文认为作为掌握了大量财富的群体，富民在明代救荒中的作用十分重要，他们经历了从支持政府到晚明独自开展救荒的过程。这种情况反映了晚明富民势力的壮大和自主意识的增强，同时也意味着政府荒政的失败，以及社会权力的分化。

刁培俊《宋代的富民与乡村治理》（《中州学刊》2005 年第 3 期）分析了宋代的富民与乡村治理之间的关系，该文认为乡村富民作为国家政权的 "神经末梢"，参与乡间基层社会的管理，是两宋政府的统治理念之一。这一制度在实施中产生了较好的社会治理效果，尤其是在乡村税收、治安管理等方面较为显著。但同样也存在着一定的消极影响。居乡富民不但有 "豪横" 和 "长者" 两种社会形象，更多地则为自己的生存状态考虑；二者兼有，应是最为普遍的社会常态。

黄海涛《"国之司命" 与明清实学之中的 "富民" 思想》（《大理学院学报》2006 年第 4 期）通过考察明清时期的富民政策、富民阶层、富民经济、富民文化以及实学思潮中富民思想等诸多历史事实，揭示出富民问题是关系到社会发展、国家长治久安的关键问题，至今仍具很强的现实借鉴意义。

林文勋《中国古代 "富民社会" 的形成及其历史地位》（《中国经济史研究》2006 年第 2 期）分析了唐宋以来，伴随社会经济的发展，一个拥有财富和良好文化教育的新的社会阶层崛起。这就是"富民"阶层。这使中国古代社会形成了从先秦的"部族社会"到汉唐的"豪民社会",再到唐宋以来的"富民社会",并最终向近代"市民社会"演进的完整过程。杨华星《从家训看中国传统家庭经济观念的演变——以宋代社会为中心的分析》(《思想战线》2006 年第 4 期)一文主要从富民的角度分析了宋代家训。张锦鹏《北宋社会阶层变动与免役法制度创新》(《西南大学学报》2007 年第 3 期)认为有宋一代,新兴的富民阶层已经成为一股财富力量,在国民经济和社会发展中起着日益重要的作用。统治集团需要重视他们的利益诉求,变革不合理的制度以维护他们的利益。马媛媛《宋代富民在灾荒救济活动中的作用》(《枣庄学院学报》2007 年第 6 期)对宋代富民在救济中的作用做了讨论。高楠《宋代富民融入士人社会的途径》(《史学月刊》2008 年第 1 期)认为宋代新崛起的富民阶层已认识到:送子读书能够改换门庭,融入士人社会,提高自身及家庭的政治与社会地位,从而维系家族长富不衰。欧阳蔓蓓《试述富民阶层对宋朝社会的影响》(《西北民族大学学报》2008 年第 6 期)认为富民阶层以其雄厚的经济实力,影响着宋朝的政治、经济及文化,形成了宋朝官商结合、士商结合的新局面。董燕伟《明代国家与富民的关系述论》(硕士学位论文,云南大学,2008 年)从赋役的角度对国家与富民的关系展开了论述。武建国、张锦鹏《从唐宋农村投资消费结构新特点看乡村社会变迁》(《中国经济史研究》2008 年第 1 期)从唐宋农村投资消费结构的角度分析了乡村社会的变迁,对富民阶层的崛起进行了揭示。曹端波《唐代社会阶层结构变革:由贵贱到贫富》(《湖南文理学院学报》2008 年第 3 期)认为,唐代中叶,一个新兴的阶层——富民阶层崛起。由此,中国古代社会的阶层结构出现转型,由身份等级制向以财富为标准的贫富转化。富民作为"民"无权将佃农沦为自己的依附民,而只能依靠财富的力量。以契约形式利用佃农的劳动力。这样,在法律身份平等基础上的一种新型的契约关系成为主导。唐代社会阶层结构的变革对国家政策、制度产生了深远影响,标志着中国古代社会由前期向后期转型。

陈碧芬《明清社会对"富民"作用的认识》(《云南社会科学》2008 年第 4 期)认为明清时期,随着社会经济的发展,富民阶层不断发展壮大。关于富民阶层的社会作用,时人有许多肯定的议论,认为他们是社会发展的中坚力量,是社会内部发生变化的强大动力,在国家的赋役承担、经济发展以及地方的社会管理、经济文化、灾荒赈济、公共设施建设、助君"养民"等各项事务中发挥着重要的作用。

朱奎泽《富民阶层与两宋时期乡役主体》(《求索》2009 年第 11 期)从两宋乡村力役的角度分析了富民阶层的社会作用:两宋时期,作为"治民之基"的乡村治理体系,不论是统治理念、制度设计,还是具体实施都凸显出承上启下的变革特点;随着乡官制向职役制过渡的逐步完成,乡村富民阶层成为乡役主体的格局基本定型。这是中国古代乡村治理体系的一个重要变局,也成为两宋时期乡村治理体系的基本特征之一。邢铁《宋代乡村"上户"的阶层属性》(《河北师范大学学报》2011 年第 5 期)从社会学的分层理论分析宋代乡村主户五等户中的"上户",就是学术界所说的"富民",进而通过考察唐宋之际社会结构的变化过程认为,在有家产有特权的官户、有家产无特权的主户、无家产也无特权的客户三个阶层稳定下来以后,"富民"阶层的地位和作用便凸显出来了。

薛政超对唐宋时期的富民阶层的研究成果颇丰,其中《唐宋以来"富民"阶层之规模探考》(《中国经济史研究》2011 年第 1 期)一文分析了唐宋以来富民阶层的规模;其《唐宋"富民"与乡村社会经济关系的发展》(《中国农史》2011 年第 1 期)认为唐宋以来的富民阶层凭借其经济优势，在乡村社会经济关系中发挥着非常重要的作用；《从国家无偿赈给到"劝谕"富民出资——唐宋国家实物救灾职能转变之考察》（《云南社会科学》2011 年第 1 期）认为唐代前中期与唐中叶以后，国家赈灾职能经历了无偿赈给到有偿赈贷之法，宋代赈灾则分为政府直接赈救与利用社会力量赈济两个方面；《唐宋"劝富济贫"救荒政策研究》（《江西社会科学》2016 年第 2 期）一文认为唐宋时期国家荒政愈来愈依赖于"劝富济贫"，由富民阶层的崛起导致国家荒政出现了"社会的国家化"和"国家的社会化"。

康武刚《论宋代富民兴教化民与乡村社会秩序》（《兰州学刊》2010 年第 10 期）认为宋代乡村精英中的富民热衷兴办义学、义塾、书院等教育设施，并采取各种方式资助、参与兴学活动。富民通过兴办教育设施，来教化民众，对于维持乡村社会的秩序，起到了很好的社会控制作用。田晓忠《宋代的"富民"与国家关系——以税制改革为核心的考察》（《中国社会经济史研究》2015 年第 3 期）通过研究宋代两税税制，得出"富民"成为向国家纳赋的主要对象和国家财政收入的主要来源群体的结论，宋代"富民—国家"关系仍处于以国家为主导、双方共赢互惠的统一体中。黎志刚《宋代民间借贷与灾荒救济研究》（《思想战线》2012 年第 3 期）认为宋代以富民为主体的民间借贷取代官方借贷，成为灾荒救济的主导性和关键性力量；其《宋代民间借贷与乡村贫富关系的发展——以"富民"阶层为视角的考察》（《古代文明》2015 年第 3 期）一文通过研究宋代富民的借贷行为，认为富民借贷在某种程度上确实起到了加剧贫富分化的作用，并且与租佃关系一起，成为这一时期"贫富相资"的重要维系力量。

张邦炜《宋代富民问题断想》（《四川师范大学学报》2012 年第 4 期）一文认为富民包括大富、中富和小富，"富民社会"这一概念有待进一步厘清。林文勋、杨瑞璟《宋元明清的"富民"阶层与社会结构》（《思想战线》2014 年第 6 期）通过分析宋元明清以来"富民"阶层的兴起引起了社会结构的重大变迁，认为宋代以后，"富民"阶层成为社会经济关系和阶级关系的核心，也成为认识这一时期社会结构及其变迁的关键。林文勋《宋元明清"富民社会"说论要》（《求是学刊》2015 年第 2 期）一文认为自中唐特别是宋代"富民"阶层崛起以后，该阶层即构成经济社会的核心，成为社会的"中间层"、"稳定层"和"动力层"，并对唐宋以来租佃契约关系主导地位的确立发展以及国家基层控制方式的转变等方面产生重要影响。李华瑞《宋、明对"巨室"的防闲与曲从》（《历史研究》2015 年第 5 期）一文分析了"巨室"两种含义：国之栋梁；勋贵（官绅）、豪民、富商。宋明两代的"巨室"主要指后者。比较宋朝官户与明朝官绅地主、宋朝乡村富民与明朝庶民地主、宋明的盐商，可以看出宋代对"巨室"防闲遏制较明代为严，而明代对"巨室"较为优容曲从，这与两朝政治结构不尽相同密切相关。

张锦鹏《财富改变关系：宋代富民阶层成长机理研究》（《云南社会科学》2016 年第 6 期）分析了宋代富民通过投资、消费、售卖三种经济手段，重塑了富民的各种社会关系，进而认为宋代富民群体把财富实力隐性地转化为社会话语权，从而逐渐发展成为一个对社会发展进步有重要影响的中间阶层。

三　富民研究的学术价值与展望

中国传统社会是以农业为主体的社会，这种社会性质决定了国家政权围绕乡村社会制定其税赋政策、展开劳役征发。从先秦到唐，中国传统的社会基层管理一直是"乡官"制度。中唐以后，乡官制向职役制转变，北宋时期，乡村行政组织完成了由乡官制向职役制的转变。此后，宋代乡村社会崛起了一个以财富为基础的新阶层——富民阶层。富民阶层是国家与民众联系的中间层，其在宋代乡村社会中，依靠其财富力量及财富所带来的声望，发挥了重要的作用。这一研究揭示了晚唐宋代以后与中古时期迥然不同的社会面貌，具有重大学术意义。目前，学界对富民的研究已经取得了一定成果，但仍有较多的不足，如富民阶层在两宋职役中的作用如何，对乡村社会公共事业的影响力有多大，其与宋代官府、地方官员、乡村胥吏的互动关系等问题都有待进一步探讨。

宋代社会福利史研究的整体回顾与理论反思

——以"蔡京悖论"为中心的讨论

张呈忠

近些年来,传统社会的福利问题引起了学界的极大兴趣,在断代史研究的不同时段都有着丰富的研究成果,同时作为专门史的社会福利史或者相近门类正迈向独立①,在中国社会保障研究成为"显学"的背景下形成"追溯方式和解释体系"。② 这种研究路径呈现出几乎"代代皆有社会保障,人人皆有福利思想"的基本印象。这既体现出史学研究中的话题更新,又与现实社会的变迁紧密相关。

相对于 20 世纪 90 年代以前在中国大陆地区占主导的阶级斗争、封建社会、专制王朝、农民起义等研究模式,传统社会福利史的研究可谓是一场悄然而来的革命,瓦解着关于"旧社会"的种种叙述,塑造着"传统社会"的新形象。然而,这场"革命"能否成功是有待检验的。传统社会福利史研究既展现了人们曾经严重忽视的一个方面,同时研究中所呈现的概念纠葛、方法缺陷、理论冲突以及逻辑矛盾也是较为明显的。

宋代社会福利史研究在这一领域具有突出地位,而北宋蔡京时代的社会福利问题研究更具有典型意义。以蔡京时代的福利问题为核心,对宋代福利社会史研究进行整体回顾和理论反思,直面社会福利史研究中的根本问题,是本文的目的所在。

---

① 断代性的论著甚多,兹举数例:李昌宝、叶世昌:《略论先秦时期的社会保障思想——中国古代社会保障思想的初步形成》,《财经问题研究》2011 年第 2 期;王子今:《秦汉时期的社会福利法规》,《浙江社会科学》2002 年第 4 期;王文涛:《秦汉社会保障研究——以灾害救助为中心的考察》,中华书局 2007 年版;郭秀琦、孔德刚:《三国时期的社会保障举措初探》,《阴山学刊》2012 年第 4 期;刘春香:《魏晋南北朝时期的社会福利探析》,《河南师范大学学报》(哲学社会科学版)2014 年第 1 期;宋立、王培:《试论唐代社会保障体系的建立》,《延安大学学报》(社会科学版)2006 年第 1 期;李莎:《元代社会保障制度述论》,《社会科学家》2002 年第 5 期;王卫平:《朱元璋社会保障思想研究》,《华中师范大学学报》(人文社会科学版)2012 年第 4 期;周荣:《明清社会保障制度与两湖基层社会》,武汉大学出版社 2006 年版。通论性的著作较早的有日本学者星斌夫《中国の社会福祉の歴史》,山川出版社 1988 年版。近些年中国学者的著作有:田毅鹏:《中国社会福利思想史》,吉林大学出版社 1999 年版;王子今等:《中国社会福利史》,中国社会出版社 2002年版;王卫平等:《中国慈善史纲》,中国劳动社会保障出版社 2011 年版,等等。在社会史领域的《中国社会通史》(龚书铎总主编,山西教育出版社 1996 年版)中每卷即有专章对相应时期的社会保障进行概括性介绍。在《中国经济史纲》(陈锋、张建民主编,高等教育出版社 2007 年版)中有专章《社会生活与社会保障》,这是此前的经济史著作或教材中几乎没有的专题,显示出这一课题影响力的扩张。

② 周荣认为这些解释体系存在西方中心倾向,呼吁本土化。参见周荣《学识与事实:中西会通背景下的中国社会保障史研究》,《武汉大学学报》(人文科学版)2007 年第 2 期。

一　宋代"社会福利"研究的时代特征纵览

目前为止,关于社会福利史的研究并没有一个统一的名称。在社会福利史以外,还有社会救济、社会保障、慈善(官办慈善、民间慈善)、公益事业、民政管理等诸多现代术语,同时又与荒政、赈济、慈幼、养老、振恤等传统名目相互纠合。这些概念之间能否有效对接,是一个值得探讨的问题。要对这些术语名目进行清晰的辨析绝非易事,因为其中不仅涉及概念的具体内涵,同时也涉及其内在的制度逻辑和价值观念。因此,笔者先姑且使用"社会福利史"这一名词,在行文的过程中针对具体问题进行必要的辨析和解释。

总体看来,近代以来的宋代福利社会史研究大致经历了三个阶段:

第一阶段是民国时期。这一时期是中国古代社会福利史研究的肇始期,主要集中于荒政救灾研究,典型如邓云特《中国救荒史》①。在荒政研究之外,宋代的社会福利事业受到了特别关注。如高迈认为慈幼事业到宋代才有具体的组织②,慈幼局在宋代的产生"在我国慈幼事业史上辟一新纪,亦即后世育婴堂之所本"③,并认为宋代的救济事业在历代救济事业中"尤见特色"④。他的文章在宋代社会福利史的研究上有开创之功。蒙文通在《宋明之社会设计》一文中提出了很重要的两个观点:(1)"惟宋一代,儒生土地不平之鸣虽时起,而官僚资本之制,终不得改。宋以来儒者极多究心于社会救济事业,固源于理学理论之必然,殆亦有其实际情势之不得不然者。"(2)"宋人固轻政治制度,而重社会事业,由朱子之说,又见其重乡之自治,而不欲其事属之官府。此又宋儒于乡村福利,恒主于下之自为也。"⑤首先指出宋代注重社会救济,主要有理论(主观思想)和情势(客观社会)两个方面的原因,即强调儒家政治思想和贫富分化的社会状况两方面的背景;其次指出宋代福利事业主要由"下之自为",即不是由朝廷中央来推行的。蒙文通对王安石变法持强烈批判态度,但对于宋儒的社会福利事业高度赞扬,因此他未论及蔡京时代由中央朝廷推行的各项政策,其"下之自为"一说实开后来"(南宋)福利地方化"一说之先河。徐益棠不仅整体上讨论了中国历史上的社会救济设施⑥,相比一般学者对社会救济规划的研究,他强调当时政府之用心对于社会福利事业的推进,还专文探讨了宋代平时的社会救济,其角度与蒙文通有所不同。他认为蒙文集中于赞美一般学者对社会救济规划,他强调当时政府之用心对于社会福利事业的推进,对居养院、安济坊、漏泽园三大制度分别进行了探讨。⑦ 蒙文通和徐益棠两位先生的研究显示出不同的研究取向。

第二阶段是1949年以后至20世纪90年代以前。这一时期的研究最大的特点是在中国大陆和港台地区呈现出全然不同的面貌。从内容上看,大陆地区几乎销声匿迹,而港台地区成果丰硕。其原因主要在于当时人们对传统时代的不同看法。大陆学者从阶级观念出

---

①　邓云特:《中国救荒史》,商务印书馆1937年版。

②　高迈:《我国慈幼事业之史的搜讨》,《政治评论》1934年第131号。

③　高迈:《我国育婴堂制度的演进》,《申报月刊》1935年第4卷第7号。

④　高迈:《宋代的救济事业》,《文化建设》1936年第2卷第12期。

⑤　蒙文通:《宋明之社会设计》,载蒙文通《儒学五论》,广西师范大学出版社2007年版,第133页。

⑥　徐益棠:《中国过去之社会救济设施》,《学思》1942年第2卷第6期。

⑦　徐益棠:《宋代平时的社会救济行政》,《中国文化研究汇刊》1945年第5卷第1期。

发,着力强调这种官府行为的欺骗性。1955 年历史学家吴天墀曾经论及蔡京施行救济措施,指出其为缓和阶级矛盾的举措——"其救恤活动的本质虽是带有欺骗性的,但它对宋代皇权统治的维持,也起了一些作用。"①1975 年考古学家张勋燎结合历史文献确认了一些当时发现的宋代墓葬为漏泽园,并从阶级斗争的角度强调其欺骗性。② 1988 年宋采义、豫嵩的文章仍强调宋代官办幼儿慈善事业的欺骗性,也指出其缓和阶级矛盾的作用。③ 可见这数十年中大陆学者的观念并无太大变化。而这一时期台湾学者王德毅、金中枢等人的研究则着力突出儒家仁政思想在社会福利事业中的巨大影响。④ "儒家仁政"与"阶级斗争"的解释框架形成了鲜明的对立。台湾学者杨宇勋指出大陆学者"走火入魔"地批判此番慈善事业,而台湾学者多着眼于光明面。⑤ 实际上自 1949 年以后至 20 世纪 80 年代,两岸学者在关注点上各有侧重,在观念上也各有偏颇。⑥

1988 年台湾学者黄敏枝、1990 年香港学者张志义分别撰文阐述佛教与地方公益事业的关系。⑦ 这既是对"儒家仁政"解释框架的补充,同时也在朝廷中心的视角之外开辟了新的道路。另外值得一提的是,美籍华人学者刘子健 1979 年在大陆发表的《刘宰与赈饥——申论南宋儒家的阶级性限制社团发展》一文,既非从阶级斗争的角度谴责地主阶级,亦非从儒家仁政的角度仅作积极的肯定,而是重点检讨了南宋儒家的阶级性与社团发展的限制二者之间的关联,显得别开生面。⑧ 此后关于宋代士大夫与公益事业的个案以及综合研究中鲜有能够超越此文理论视野的成果。

自 20 世纪 90 年代以来,宋代社会福利史研究进入一个新的阶段。最为明显的是中国大陆地区的研究蓬勃展开,取得了丰硕的成果,据笔者初步统计,相关著作十余部,论文有近百篇,在观点上也异彩纷呈,与海内外学者的不同观点有了互动与融合。⑨ 其具体内容在后文将进一步探讨。

---

① 吴天墀:《北宋庆历社会危机述论》,载《吴天墀文史存稿》,四川大学出版社 1998 年版,第 151 页。

② 张勋燎:《从漏泽园看所谓"太平盛世"——考古发现的漏泽园遗迹和宋代的漏泽园制度》,《四川大学学报》(哲学社会科学版)1975 年第 4 期。

③ 宋采义、豫嵩:《宋代官办的幼儿慈善事业》,《史学月刊》1988 年第 5 期。

④ 金中枢:《宋代几种社会福利制度——居养院、安济坊、漏泽园》,载李建民主编《生命与医疗》,中国大百科全书出版社 2005 年版,第 299—335 页(初刊于香港《新亚书院学术年刊》1968 第 10 期,1988 年台北"国立"编译馆编《宋史研究集》第 18 辑转载);王德毅:《宋代的养老与慈幼》,载李建民主编《生命与医疗》,中国大百科全书出版社 2005 年版,第 336—356 页(1968 年初刊于台湾"中央"图书馆特刊《庆祝蒋慰堂先生七十荣庆论文集》,1971 年台北"国立"编译馆编《宋史研究集》第 6 辑转载);王德毅:《宋代灾荒的救济政策》,台北中国学术著作奖助委员会 1970 年版。

⑤ 杨宇勋:《取民与养民——南宋的财政收支与官民互动》,台湾师范大学历史研究所 2003 年版,第 454 页。

⑥ 台湾学者李建民在《生命与医疗》"导言"中指出金中枢的一些观点"言过其实"。

⑦ 黄敏枝:《宋代佛教寺院与地方公益事业》,载林富士主编《礼俗与宗教》,中国大百科全书出版社 2005 年版,第 262—284 页(原载黄敏枝:《宋代佛教社会经济史论集》,台北学生书局 1989 年版);张志义:《宋代东南地区佛教寺院与地方慈善公益事业研究》,硕士学位论文,香港中文大学,1990 年。

⑧ 刘子健:《刘宰与赈饥——申论南宋儒家的阶级性限制社团发展》,《北京大学学报》1979 年第 3、4 期。

⑨ 张文:《宋朝社会救济研究》,西南师范大学出版社 2001 年版,第 9—15 页;郭文佳:《宋代社会保障研究》,新华出版社 2006 年版,第 9—17 页。

二 "空前绝后"——宋朝社会福利史的历史定位

宋代社会福利史研究开创于民国时期,其研究思路对后来的研究影响甚大。桑兵教授指出,在民国学人的宋代研究中存在着很有意思的现象,"对于宋代越是推崇备至的学人,如陈寅恪、傅斯年等,反而很少直接下手撰写关于宋代的论著。而其提出的各种问题,却陆续引起宋代研究专家以及关注这一时期的各科学人的回应讨论"①。对宋代社会福利史的研究也是其中一个较为明显的例子。

众所周知陈寅恪对宋代文化极为推崇,有"造极"之说。出身于清华国学院、受教于陈寅恪的蓝文徵也没有关于宋代的专门研究,但是对于宋代文化同样推崇备至,他在给王德毅的著作作序时指出:"我国历代,治尚忠厚,仁政洽天下,德泽被后世,莫过于宋","以明清之国势,所踵行者尚不及其什一,益感宋人之难能可贵也"②,并且认为"宋代实在为重伦理崇人道之福利社会,即现代标榜福利社会诸邦,亦难企及"③。王德毅的著作思想深受蓝文徵影响,他认为宋代的荒政"在我国历代救荒史上,不仅开一新纪元,且为现代均富济贫新制度的滥觞",而这正是"儒家政治理想在实际政治上所发生的影响力量"④。而宋代的养老慈幼政策"实为近代养老慈幼政策的肇端"⑤。金中枢认为宋代的居养院有如现代之安老院、孤儿院(保良局)及残废院,安济坊有如现代之公立医院,漏泽园有如现代之公共坟场,这些令西方学者深以为奇的现代福利政策在中国自古而然。⑥ 在 20 世纪六七十年代的台湾地区,正在大力推行中华文化复兴运动,因此这种观点的学术脉络与社会情势当作如是之考察,其"近代""现代"甚至超越现代的程度判断是否合理后文将进行探讨。

而及至 20 世纪八九十年代以后,复兴中国传统文化、"国学热"的社会思潮在大陆地区蓬勃兴起,于是对于宋代福利社会史的评价越来越与台湾学者趋近。如在 1994 年出版的《民政管理发展史》中就曾指出宋代的居养院"规模庞大,管理科学,几乎可与当今大型社会福利院媲美"⑦。20 年间,强调儒家思想、"仁政"对社会福利事业的促进成了主流观点,而强调作为缓和社会矛盾政策的观点反倒给人耳目一新的感觉。⑧

对于宋代社会福利事业的历史地位,学界有了比较一致的观点。梁其姿认为"在历代

---

① 桑兵:《民国学人宋代研究的取向及纠结》,《近代史研究》2011 年第 6 期。
② 蓝文徵:《宋代灾荒的救济政策·序》,载清华大学国学研究院主编、马强才选编《蓝文徵文存》,江苏人民出版社 2012 年版,第 244—245 页。
③ 蓝文徵:《宋史研究论集·序》,载清华大学国学研究院主编、马强才选编《蓝文徵文存》,江苏人民出版社 2012 年版,第 264—265 页。
④ 王德毅:《宋代灾荒的救济政策》,台北中国学术著作奖助委员会 1970 年版,第 181 页。
⑤ 王德毅:《宋代的养老与慈幼》,载李建民主编《生命与医疗》,中国大百科全书出版社 2005 年版,第 355 页。
⑥ 金中枢:《宋代几种社会福利制度——居养院、安济坊、漏泽园》,载李建民主编《生命与医疗》,中国大百科全书出版社 2005 年版,第 299 页。
⑦ 杨剑虹主编:《民政管理发展史》,中国社会出版社 1994 年版,第 235 页。
⑧ 沈华:《宋代官办慈善事业新探》,《江西社会科学》2008 年第 11 期。

政府中,宋代政府,尤其南宋政府在救济贫老病者的工作上,表现得最为积极"①。王卫平对明清慈善事业有深入研究②,在论及唐宋慈善事业时认为"北宋后期至南宋时代,政府采取了非常有力的措施从事慈善事业,其计划之详尽、规模之宏大、设施之齐全、内容之广泛,在中国历史上可谓空前绝后"③。在近 20 年来的诸多研究中,张文教授的《宋朝社会救济研究》和《宋朝民间慈善活动研究》可谓是集成之作。④ 两部著作珠联璧合,一部重点放在政府行为政策上,一部放在民间社会的活动上。张文在宋代政府性社会救济的历史定位上,也指出宋代具有空前绝后的特征⑤,在其近作中进一步总结说:"作为中国古代史上的一个重要转型期,宋朝的社会保障思想及实践也发生了有别于前朝的重要转变,由传统的重在救助灾荒转变为较为全面的社会保障。在宋朝,建立了较为完备的社会保障法规体系、较为完善的仓储备荒体系和系统的福利设施,将社会保障的对象扩大到社会的所有阶层,保障手段的市场化与社会化实施丰富了社会保障的项目及经营方式。宋朝政府性的社会保障在中国古代史上的地位是空前绝后的,并开创了民间慈善的先河,这一时期的社会保障思想也对以后各代产生了深远的影响。"⑥

论者充分注意到宋代出现的种种新事物——安济坊、漏泽园、居养院、惠民药局,等等,这些事物在后代也不及宋代普及,因此这些机构的存在构成对宋代社会福利空前绝后说的有力支撑,就形式而言,"空前绝后"一说自然有其广为接受的理由。⑦ 套用陈寅恪的一个句式可以说:中国古代社会福利造极于赵宋之世。

三 "由胎养到祭祀"——宋朝社会福利史研究的主要内容与方法

台湾经济史家侯家驹将宋代社会福利界定为"由胎养到祭祀"——比当代福利国家"从摇篮到坟墓"所提供的范围还要广泛。⑧ 这当然是夸大之词,就个人保障来说,所谓"从摇篮到坟墓"就是强调社会福利的全覆盖。不过,这种界定确实使人印象深刻,宋代社会福利史的研究也正是在"由胎养到祭祀"的主题下展开,其中养老慈幼、医疗丧葬是其重点。在研究的主要内容和方法上有两个大的方面。

一是对诸项制度、措施与行为进行综合性分析,探讨其结构或者体系特征。这一领域的

---

① 梁其姿:《施善与教化:明清时期的慈善组织》,北京师范大学出版社 2013 年版,第 25 页(台北联经出版公司 1997 年初版)。

② 王卫平、黄鸿山:《中国古代传统社会保障与慈善事业:以明清时期为重点的考察》,群言出版社 2005 年版。

③ 王卫平:《唐宋时期慈善事业概说》,《史学月刊》2000 年第 3 期。

④ 关于这两部著作的整体评价,参见王日根《从社会控制角度研究社会救济的成功之作——张文著〈宋朝社会救济研究〉评介》,《中国社会经济史研究》2002 年第 4 期;曾桂林:《中国慈善事业史研究的新范——简评〈宋朝民间慈善活动研究〉》,《文化学刊》2008 年第 1 期。

⑤ 张文:《宋朝社会救济研究》,西南师范大学出版社 2001 年版,第 373 页。

⑥ 张文:《宋朝社会保障的成就和历史地位》,《中国人民大学学报》2014 年第 1 期。

⑦ 一些总结性的著作往往采纳这一观点,如周秋光、曾桂林:《中国慈善简史》,人民出版社 2006 年版,第 96 页。但王子今等《中国社会福利史》一书观点有所差异,其第 8 章《传统社会福利的完善——清王朝的社会福利政策》认为清朝社会福利在传统社会中达到完善,但没有具体的比较。

⑧ 侯家驹:《中国经济史》(下),新星出版社 2010 年版,第 533 页。

首部专著王德毅的《宋代灾荒的救济政策》一书是以荒政为中心,将救荒政策分为预防措施、平时救济、灾时救济和灾后救济四个方面。新近出版的李华瑞的《宋代救荒史稿》一书也是以荒政为中心,但内容更加广泛和细致,"对宋代国家救荒防灾政策和措施在前人研究基础上做了迄今为止最为全面系统的论述"[①]。

张文《宋朝社会救济研究》和郭文佳《宋代社会保障研究》这两部专著都是运用现代社会科学中的"社会救济"或"社会保障"概念,运用社会科学的方法理论进行研究。《宋朝社会救济研究》一书主要按照救济对象分"对灾荒人群的救济""对社会贫困人口与社会弱势群体的救济""对社会特殊群体的救济"三个大的方面,其中对社会弱势群体的救济除了常被论及的慈幼与养老之外,还特别对女户的救济进行了阐述,对社会特殊群体的救济包括:(1)官员、士人和学生;(2)皇族;(3)归正人;(4)少数民族。《宋代社会保障研究》分"宋代灾害时期的社会保障""宋代的仓储保障""宋代的贫民保障""宋代的官员保障""宋代的军人保障""宋代的医疗保障""宋代士大夫与社会保障""宋代社会保障的影响与评价"8个方面进行了论述,涉及保障时间、保障对象和保障范围不同层面。该书作者将官员俸禄和军人俸禄、立功奖赏等也视作社会保障,与一般意义上的社会保障含义有很大差别。[②]此外还有从慈善事业角度对唐宋或宋代各种机构进行概述的论文。[③]

一些研究突出地域特征或者强调城乡的不同特点。较早的如日本学者梅原郁从都市社会史的角度阐释唐宋救济制度的变迁,以及宋代救济制度对元明清时代的影响。[④]庄华峰等人重点研究宋代江南地区的慈善事业,强调其发达的特征。[⑤]叶恩典集中考察了泉州的社会福利机构和运作状况。[⑥]陈国灿重点考察南宋时期江南城市的公共事业和社会保障,从防火救火与消防制度、公共卫生与环境保护、赈济与慈善事业三个方面展开,并指出赈济制度的完善和慈善事业的发展是江南城市社会进一步发展的标志,也是社会管理趋向成熟的重要表现。[⑦]张文在"传统城乡二元结构与城市化进程加速的大背景"下展开对宋代乡村社会保障的研究,认为社会救济资源重城市而轻乡村,而乡村的社会保障模式呈现出一个三层结构的同心圆:第一层是亲属保障圈;第二层是邻里保障圈,第三层是政府保障圈。[⑧]陈钟琪则专门比较了宋代城乡社会保障体系的差异,认为城市居民总是能得到比乡村居民更好的救助。[⑨]

---

① 李华瑞:《宋代救荒史稿·绪论》,天津古籍出版社2014年版,第6页。

② 郭文佳:《宋代社会保障研究》,新华出版社2005年版,第221—295页。

③ 除前述王卫平《唐宋时期慈善事业概说》一文外,还有[日]小川策之介:《北宋期の福祉事业について》,载东洋经济史学会编《中国の历史と经济》,福冈中国书店2000年版,第271—291页;吴业国:《宋代官办慈善事业述论》,《南都学坛》(人文社会科学学报)2005年第1期;谭书龙:《宋代官办慈善机构管理初探》,《社会科学辑刊》2005年第4期;王颜:《论唐宋时期慈善事业的类型与特点》,《唐史论丛》2006年第8辑等。

④ [日]梅原郁:《宋代の救济制度——都市の社会史によせて》,载中村贤二郎编《都市の社会史》,东京ミネルヴァ书房1983年版,第188—216页。

⑤ 庄华峰、谭书龙:《宋代江南地区慈善事业研究》,《安徽史学》2006年第6期。

⑥ 叶恩典:《宋代泉州社会福利机构及其运作状况钩沉》,《海交史研究》2004年第1期。

⑦ 陈国灿:《南宋时期江南城市的公共事业与社会保障》,《学术月刊》2002年第6期。

⑧ 张文:《中国宋代乡村社会保障模式的三层结构》,《学术月刊》2012年第4期。

⑨ 陈钟琪:《宋朝社会保障体系的城乡比较研究》,硕士学位论文,西南大学,2013年。

　　二是对各项福利制度的专门性研究,集中于对居养院、安济坊、漏泽园三大福利制度以及相关政策措施的分析,机构考察和时代特征的总结是其主要特点。除前述徐益棠、金中枢的研究外,日本学者福沢与九郎的三篇论文分别对宋代的救疗、穷民收养和助葬事业进行了考察①,今崛诚二对宋代冬季失业者救护事业进行了专门的探讨。② 近年来的研究也越来越细致。如宋炯通过对两宋居养制度的考察,认为居养制度始于哲宗后期,由中央政府推行,到南宋出现了地方化倾向。③ 韩国学者李瑾明同样考察了宋代的居养院制度,认为居养院是徽宗年间开始施行于全国的,南宋开始在各地普及,但是国家权力机关对居养院制的关心及其运营实态和北宋末期相比发生了显著的变化,处于极其脆弱的状态,没有起到真正的收养穷民的作用。④ 甄尽忠对宋代安济坊的设置与管理进行了考察,集中于对中央政策的分析。⑤ 梁其姿从医疗史的角度对宋元明的地方医疗资源进行了考察,特别是对医生的培养、药物的供应从制度理念和现实效果的角度比较了宋元明时期的变化,角度新颖而尺度准确。⑥

　　漏泽园的研究最为丰富。这和考古发现为这一制度研究提供了大量素材有关。⑦ 史继刚着重指出漏泽园的诸项弊端,认为这是"宋代有善法而无善人"的结果。⑧ 张邦炜对宋代义冢(漏泽园)的源流划分了清晰的脉络,指出其源头可追溯到东汉,而草创于宋初,形成于元丰崇宁间,健全于崇宁三年至北宋末年,恢复于南宋时期,并指出其目的是革除火葬但收

　　① ［日］福沢与九郎:《宋代に於ける救疗事业について》、《宋代に於ける穷民收养事业の素描》、《宋代助葬事业小见》,分别载于《福冈学艺大学纪要》1948 年 3 卷 1 号、1951 年 6 卷 2 号、1952 年 7 卷 2号。

　　② ［日］今崛诚二:《宋代の冬季失业者救护事业について》,《东洋学报》1957 年 39 卷 3 号,后收入今崛诚二《中国史の位相》,劲草书房 1995 年版,第 378—409 页。

　　③ 宋炯:《两宋居养制度的发展——宋代官办慈善事业初探》,《中国史研究》2000 年第 4 期。

　　④ ［韩］李瑾明:《宋代社会救济制度的运作和国家权力——以居养院制的变迁为中心》,《中国史研究》2005 年第 3 期。

　　⑤ 甄尽忠:《论宋代安济坊的设置与管理》,《河南社会科学》2010 年第 6 期。研究方法近似的还有杨晓云《封建社会医疗保障思想与制度探析——以宋朝的安济坊为个案》,硕士学位论文,西南财经大学,2011 年。

　　⑥ 梁其姿:《宋元明的地方医疗资源初探》,原载《中国社会历史评论》2001 年卷 3,后收入梁其姿《面对疾病:传统中国社会的医疗观念与组织》,中国人民大学出版社 2012 年版,第 127—154 页。

　　⑦ 除前述张勋燎的论文以外,从考古学角度讨论漏泽园的文章还有:贺官保:《从西京洛阳漏泽园墓砖看北宋时期的兵制及其任务》,《中原文物》1981 年特刊;贺官保:《西京洛阳漏泽园墓砖》,《文物资料丛刊》1983 年第 7 期;宋采义、豫嵩:《谈河南滑县发现北宋的漏泽园》,《河南大学学报》(哲学社会科学版)1986 年第 4 期;张子英:《磁县发现北宋漏泽园丛葬地》,《文物春秋》1992 年第 2 期;三门峡市文物工作队:《北宋陕州漏泽园》,文物出版社 1999 年版;许海星、杨海青主编:《三门峡考古文集》,中国档案出版社、时代(远东)出版社 2001 年版,第 135—149 页;樊英民:《山东兖州市出土的宋代漏泽园墓砖》,《考古》2002年第 1 期;张新宇:《试论我国南方地区的宋代漏泽园遗迹——附论江苏丹阳大泊公共墓地出土的唐墓铭砖》,《江汉考古》2008 年第 3 期;张新宇:《试论三门峡市郊北宋陕州漏泽园铭砖的纪年和编号》,《考古与文物》2009 年第 6 期;胡晓莉等:《江油发现宋代八角菱形墓葬》,《绵阳日报》2010 年 4 月 27 日;淮建利:《北宋陕州漏泽园士兵墓志文研究——以番号墓志文为中心》,《中国史研究》2013 年第 2 期。

　　⑧ 史继刚:《宋代助葬制度述略》,《青海师范大学学报》(社会科学版)1994 年第 3 期。

效甚微。① 侯旭东考察了东汉刑徒墓地，虽主要不探讨漏泽园，但也指出二者存在承继关系，并认为漏泽园是朝廷助葬措施的制度化，应该从"德政"的角度进行理解。② 其观点接近前述台湾学者的看法。张新宇利用漏泽园砖铭发现安济坊病员和居养院居养人死后，尸体被送往漏泽园葬埋，从而揭示了三项制度之间的关系。③ 在漏泽园制度的形成原因和渊源上，张新宇指出宋代特殊兵制、熙丰变法的政治背景和民间火葬盛行等因素，特别指出宋神宗大修开封城是这一制度的直接诱因。④ 可见随着考古发现，对于漏泽园的探讨越来越深入，一定程度上突破了社会福利史研究的范畴，更深入的研究可能会彻底更新学界过去对漏泽园的基本认知。日本学者对漏泽园也有较为丰富的研究。伊原弘利用漏泽园的相关材料对兵士的生存状态进行了勾勒⑤，并进一步分析徽宗时都市主要的救济措施在全国的展开⑥，并指出从中可以对宋代国家的本质和庶民生活的实态进行考量。⑦ 今泉牧子则认为漏泽园是在北宋末强制征兵、招收流民逃兵等做法流行的背景下产生的，反映出宋代对全体人民进行个人支配的体制。⑧ 斋藤忠和也是从兵制的角度通过漏泽园来考察宋徽宗时代下层兵士的救济状况。⑨

专门性研究和综合性分析在方法上本无高下之分，但对某一具体问题的分析自然会对整体性结论成立与否进行检验。譬如讨论某一项具体制度的建立自然会细致考证其产生的时间，而在进行结构性分析时往往冠以"宋代"之名，但往往很多制度产生于北宋神宗时期甚至更晚。仅就北宋神宗以前而言，在居养院、安济坊、漏泽园等出现之前并未从根本上呈现出异于汉唐时代的特征。

社会福利史的研究在方法上往往带有明显的"集粹"特征⑩——将所有的"好事"或"善事"集中在一起进行论述。⑪ "保障体系""多元结构"等往往将不同时段、不同主体之间的

① 张邦炜：《两宋时期的义冢制度》，载《宋代政治文化史论》，人民出版社2005年版，第483—499页。

② 侯旭东：《东汉洛阳南郊刑徒墓的性质与法律依据——从〈明钞本天圣令·狱官令〉所附一则唐令说起》，《"中央研究院"历史语言研究所集刊》2011年第28本第1分。

③ 张新宇：《漏泽园砖铭所见北宋末年的居养院和安济坊》，《考古》2009年第4期。

④ 张新宇：《试论宋代漏泽园公墓制度的形成原因和渊源》，《四川大学学报》（哲学社会科学版）2008年第5期。

⑤ ［日］伊原弘：《河畔の民——北宋末の黄河周边を事例に》，《中国水利史研究》2001年第29号。

⑥ ［日］伊原弘：《宋代都市における社会救济事业》，载长谷部史彦编《中世环地中海圈都市の救贫》，庆应义塾大学出版会2004年版。

⑦ ［日］伊原弘：《〈清明上河图〉と北宋末期の社会》，载伊原弘编《〈清明上河图〉をよむ》，勉诚出版2003年版，第91—112页。

⑧ ［日］今泉牧子：《从漏泽园墓志铭看国家和家族》，载《中国社会历史评论》第5辑，商务印书馆2007年版。

⑨ ［日］斋藤忠和：《漏沢園が語る徽宗時代の下層兵士たち》，载《宋代募兵制の研究——近世職業兵士の実相》，勉诚出版2014年版，第283—319页。

⑩ 关于"集粹"的内涵以及这一方法的局限参看李伯重《选精、集粹与宋代江南农业革命——对传统经济史研究方法的检讨》，《中国社会科学》2000年第1期。

⑪ 典型文章如龚汝富：《浅议中国古代社会保障体系》，《光明日报》2001年12月4日第B03版；王君南：《基于救助的社会保障体系：中国古代社会保障体系研究论纲》，《山东大学学报》（哲学社会科学版）2003年第5期。

制度行为联系在一起,从而形成"全面保障"的影响,但诸种事物之间是否具有这种关联则是非常可疑的。这样一种集粹式的研究方式的进一步放大,就会看到一些通俗性史学著作中对宋代社会状况发生了误判,如提出所谓宋代"福利国家"①、宋代福利可与今天发达国家相比之类的观点,从而使得对宋代文明历史地位的判断发生严重偏差。针对这一倾向,张邦炜指出宋代虽然社会福利机构很多,但是存在实施时间短、规模小、覆盖面窄、弊病多等问题,不能估计过高。② 就两宋时代的整体状况来看,这一提醒是非常有意义的。要从整体上探讨宋代的社会福利状况,不能采用简单的逐项相加的方式。

从两宋的不同阶段来看,宋徽宗时期的社会福利机构创设最为引人注目。杨小敏认为蔡京所推行的居养院、安济坊和漏泽园制度"无疑是北宋社会救济制度发展的高峰,在中国历史上是空前的,甚至也在元明清三代之上"③。倘若如此,则可以说宋朝社会福利乃至中国古代社会福利造极于蔡京之世,而且"从胎养到祭祀"之说可以成立的话也主要体现在宋徽宗时期。④ 梁其姿的观点有所差异,她认为:"在社会福利一事上,南宋政府比北宋政府还有进一步的发展与创新。"⑤这主要是指一些福利机构如举子仓、慈幼庄、慈幼局、婴儿局等机构的创设。不过这些机构大多是地方官创设,即所谓"地方化"或"下之自为",与北宋晚期由中央推行有着很大的区别。因此,蔡京时代的社会福利在两宋时代具有显要位置,最值得审视。

四　"蔡京悖论"与中国古代社会福利史研究的困境

金中枢在集中探讨居养院、安济坊和漏泽园的时候就指出这三项制度在崇宁元年至宣和二年(1102—1120)十九年间三起三伏,"要以蔡京当国与否为转移"⑥。即凡是蔡京得到重用的阶段,则福利制度就会得到发展,而凡是蔡京遭到罢免时期福利制度就会受到破坏,可见蔡京本人在社会福利制度上发挥了巨大作用。

福利水平高低的判断有多重标准,如纵向的时代比较,横向的国别或地区比较,此外还往往与当时社会经济状况进行衡量。前文已述,所谓宋代社会福利往往集中是指蔡京时代的社会福利,而所谓达到现代水平或者超过现代水平都是基于此而言的,虽然在纵向的时代比较上存在一些争议,但是几乎难以否认其重要位置。有两条批评蔡京所设福利制度的宋代史料常被引用来作为证明蔡京时代福利水平之高的反面证明,一是《宋史·食货志》中记载:"崇宁初,蔡京当国,置居养院、安济坊。给常平米,厚至数倍。差官卒充使令,置火头,具饮膳,给以衲衣絮被。州县奉行过当,或具帷帐,雇乳母、女使,縻费无艺,不免率敛,贫者

① 吴钩:《宋朝的"福利国家"气象》,载《重新发现宋朝》,九州出版社 2014 年版,第 36—44 页。

② 张邦炜:《不必美化赵宋王朝——宋代顶峰论献疑》,《四川师范大学学报》(哲学社会科学版)2011年第 6 期。

③ 杨小敏:《蔡京、蔡卞与北宋晚期政局研究》,中国社会科学出版社 2012 年版,第 316 页。

④ 宋仁宗时才有关于胎养的政策,漏泽园的制度化完善则在宋徽宗时期。有学者认为王安石变法的背景之一是由于"从胎养到祭祀"的福利制度造成朝廷的财政压力,这显然不能成立。参见刘守刚、刘雪梅《中华封建帝国财政边界与王安石变法的挑战》,《现代财经》(天津财经大学学报)2012 年第 12 期。

⑤ 梁其姿:《施善与教化:明清时期的慈善组织》,北京师范大学出版社 2013 年版,第 26 页。

⑥ 金中枢:《宋代几种社会福利制度——居养院、安济坊、漏泽园》,载李建民主编《生命与医疗》,中国大百科全书出版社 2005 年版,第 320 页。

乐而富者扰矣。"①二是陆游《老学庵笔记》中有言:"崇宁间……置居养院、安济坊、漏泽园,所费尤大。朝廷课以为殿最,往往竭州郡之力,仅能枝梧。谚曰:'不养健儿,却养乞儿。不管活人,只管死尸。'盖军粮乏,民力穷,皆不问,若安济等有不及,则被罪也。"②梁其姿指出:"济贫政策所引起的关注及批评,已有类似近代国家福利政策之处。"③

就与当时社会经济状况衡量而言,不同学者的观点分歧较大。如张文认为从崇宁年间开封人口和所养乞儿人口的比例来推算,以 100 至 165 名生产者负担一名收养者这一比例不算高。④ 但杨小敏认为"这一时期社会救济制度的发展,无疑受到了宋徽宗君臣盛世情结的影响。在社会生产力水平较低和全社会财富有限的情况下,过度的济贫措施,会产生一定的消极作用。"⑤在没有统一标准的情况下,到底是"不算高"还是"过度"恐怕是难以解决的问题。

但蔡京时代的社会福利问题最关键的不在于高低问题,而在于将蔡京与社会福利联系起来本身就是一个充满悖论的命题。李瑾明即认为宋代社会救济制度得到完备的时期是恶名昭著的徽宗朝蔡京当权时期"具有讽刺性"。⑥ 宋徽宗时期是众所周知的"黑暗腐朽统治"时期,甚至被称为"北宋乃至中国古代历史上政治最腐败、统治最黑暗的时期"⑦,蔡京作为"奸臣"其罪恶也是罄竹难书,这与"是值得大书特书的历史成就,是宋代文明进步的重要体现"⑧的社会福利制度——显得格格不入。因此,这一矛盾现象可以称之为"蔡京悖论"。给蔡京"翻案"是不是解决这一悖论的有效方法呢? 从今天的史学研究旨趣来看,如果仅仅从道德的角度对历史人物进行重新评价之类的翻案文章固然没有太大的史学价值,但是历史研究中可不避免地存在着事实与价值的双重判断,而追求事实判断与价值判断的统一仍然是史学研究中值得追求的目标。

"蔡京悖论"早在古代即已凸显。明清之际的大学者顾炎武在论及漏泽园的时候说:"漏泽园之设,起于蔡京,不可以其人而废其法。"⑨清代赵翼考证出义冢之设并不始于蔡京,蔡京只不过是"特踵其法,遍行州郡以沽誉,并入之课程耳",淡化蔡京的贡献,同时又说蔡京死后"数日不得殓,以青布裹尸,藁葬漏泽园。然则京亦可祀于漏泽园为土地神也欤?"⑩对蔡京充满了讽刺。清代方宗诚认为安济坊和居养院"虽曰美政,而不知邪人得志、良法尽焚,此等小惠,何益邪?""此二事究竟是善政,盖犹宋仁宗仁厚之流风,善政之所存也。"⑪这

---

① 《宋史》卷178《食货志上六·振恤》,中华书局 1977 年标点本,第 4339 页。

② (宋)陆游:《老学庵笔记》卷 2,中华书局 1997 年标点本,第 27 页。

③ 梁其姿:《施善与教化:明清时期的慈善组织》,北京师范大学出版社 2013 年版,第 26 页。

④ 张文:《宋朝社会救济研究》,西南师范大学出版社 2001 年版,第 194 页。

⑤ 杨小敏:《盛世情结与宋徽宗时代的社会救济》,《兰州学刊》2012 年第 2 期。

⑥ 李瑾明:《宋代社会救济制度的运作和国家权力——以居养院制的变迁为中心》,《中国史研究》2005 年第 3 期。

⑦ 张邦炜:《宋代政治文化史论》,人民出版社 2005 年版,第 201 页;何忠礼:《宋代政治史》,浙江大学出版社 2007 年版,第 238—254 页。

⑧ 李华瑞:《宋代救荒史稿》,天津古籍出版社 2014 年版,第 340 页。

⑨ (清)顾炎武:《日知录集释》卷 15《火葬》,上海古籍出版社 2006 年标点本,第 902 页。

⑩ (清)赵翼:《陔余丛考》卷 27,河北人民出版社 1990 年标点本,第 476 页。

⑪ (清)方宗诚:《读宋鉴论》卷下,《续修四库全书》第 451 册,上海古籍出版社 2002 年影印本,第 543 页。

两句话强调蔡京之罪远大于其功,并淡化蔡京的贡献。但真正的问题仍然没有解决,前述大量研究比如台湾学者金中枢、蓝文徵等人从儒家仁政角度来阐释蔡京福利制度,其实都没有直面"蔡京悖论":在所谓仁政与不仁之政的交织中,蔡京是何种意义上的"大儒"?而中国大陆学者的一些研究往往是采用功过几几分的方式进行评论。王曾瑜列举了宋徽宗时代的十二项新政,认为:"宋徽宗时的一系列新政呈现了复杂的情况,其中不能说没有合理的、有积极意义的成分,但更多的则有粉刷太平,好大喜功,特别是搜刮民脂民膏的成分。"①李裕民强调尽管蔡京是历史的罪人,宋徽宗也有其责任,但是宋徽宗在发展教育事业和慈善事业上有政绩。②而有的研究在肯定宋徽宗或者蔡京的政策上态度更为明确。③ 李华瑞则提出"双重历史表象"的观点,认为这既是理想的社会模式在某种程度上得以显现,同时腐败、腐朽、暴政也随之得到彰显,而其原因在于人性与社会理想秩序之间的冲突。④

历史上政治最黑暗的时期与社会福利水平最高的时期,这样一对完全相反的现象同时出现在蔡京时代,这两者之间究竟是基于何种逻辑而能够交织在一起?既然数十年社会福利史研究所得出的一个重要结论就是中国古代的社会福利造极于蔡京时代,那么"蔡京悖论"就是中国古代社会福利史研究中必须首先面对的问题,否则各种解释就会脱离历史语境,变成可以随意增减的重要人物功过簿。

不可否认历史现象在社会变迁的过程中有主次之分,甚至更进一步说存在真假之别。在当代学者一再强调蔡京时代保障体系完善、福利水平很高的时候,如果将目光放在那时候老百姓的真实生活状况上,是否会感到二者之间的疏离?1976 年出版的何竹淇主编《两宋农民战争史料汇编》⑤中关于徽宗朝的资料极为丰富,"饥民为盗"之类的案例比比皆是,就百姓生计观之,所谓保障何在?福利又何在?如何弥合"朝廷有制度"和"百姓无保障"之间的巨大反差?就此而言,20 世纪 90 年代以前大陆学者所持的"欺骗性"观点是否有一定的合理性?

不过,从"阶级斗争"或者"社会冲突"视角出发的研究,往往会强调客观的社会压力使得统治集团不得不推行社会福利制度。宋徽宗时期推行这些制度是不是统治集团有其不得不为之处?这种"不得不为"的机制如何体现?值得注意的是在非蔡京当权时期,这些福利制度就会处于停滞或废罢的状态,可见统治集团在这一问题上的主张并不一致。社会矛盾冲突加剧并不能得出社会福利必然扩张的结论。

"蔡京悖论"凸显了中国古代社会福利史研究中的根本性困境。要真正理解"蔡京悖论"这一学术史问题,恐怕还是在于如何认识所谓的"社会福利""社会保障"或者"官办慈善"。这些概念和其背后的逻辑适合用来解释蔡京时代或者宋朝乃至帝制时代的那些历史现象吗?

① 王曾瑜:《北宋晚期政治简论》,《中国史研究》1994 年第 4 期。

② 李裕民:《宋徽宗二题》,载《宋史考论》,科学出版社 2009 年版,第 133 页。

③ 孔祥珍:《蔡京与北宋徽宗朝的财经政策问题研究》,硕士学位论文,山东大学,2008 年。

④ 李华瑞:《蔡京、蔡卞与北宋晚期政局研究·序》,载杨小敏《蔡京、蔡卞与北宋晚期政局研究》,中国社会科学出版社 2012 年版,第 2 页。

⑤ 何竹淇主编:《两宋农民战争史料汇编》上编第 2 分册,中华书局 1976 年版。

五 "社会保障"抑或"朝廷恩惠":"蔡京悖论"的法学与经济学解释

包伟民曾言:"一个归纳异域历史经验所得出的学术命题,表面看起来也能帮助我们理解中国传统的历史,在实际应用中,则不免南橘北枳,产生异化。"①"社会福利"或者"社会保障""慈善事业"等也是这样容易产生概念纠葛的学术命题。

宋代有"社会保障"吗? 张文认为:"从宋朝的相关情况来看……社会救济无疑是广泛存在的,社会福利设施也较为普遍,并且存在着类似福利服务的济贫项目,优待抚恤也并不罕见。但是,宋朝并无公民权的概念,更不具有社会保障所必需的法律基础。因此,可以说,宋朝有社会保障之实,而无社会保障之属性。"②"有社会保障之实,而无社会保障之属性"这一说法颇值得玩味:既然有了实实在在的社会保障,为何又不具备社会保障的属性? 既无此种属性,又如何能够称之为社会保障?

王卫平在社会保障的前面加上"传统"二字,他认为"中国传统社会的社会保障层次是比较低的,与现代社会保障事业存在较大的区别。因此,将传统中国社会的社会保障称为'传统社会保障',也有传统社会保障是社会保障制度形成过程中的初级阶段的意味。"③即从保障层次高低的角度将社会保障区分为传统与现代。

"社会福利"的含义最为广泛,并无统一的定义。在《中国社会福利史》一书中作者指出在中国古代社会"福利"不被视为理想的社会生活形态,不被视为社会控制集团或者社会全体的责任,而曾经长期被看作超社会的神灵给予社会或某一社会群体、某一社会个体的赐予,人们常常只能被动地等待着这种"福利",而按照现今语义理解,只是一个体现近代意识的语汇。④ 这里仅从语义的角度进行了古今区分,但也涉及古代与近代的差别。

在社会保障与慈善事业的区分上,一般认为社会保障的主体是政府,而慈善活动的主体是民间。周秋光认为:"严格地说,慈善却并不能被看作是政府行为。为什么呢? 因为政府救人扶贫,是其应尽的一项职责。之所以是其应尽的职责,最大的理由就是因为政府征收了人民缴纳的税金,就自然、理所当然地要保护纳税人的生命财产及其安全。"⑤很显然,这里的政府指的是现代民主政府,而这里的慈善事业也是指现代慈善事业。万里也认为慈善有传统与现代之别:"传统慈善行为,具有浓郁的封建宗法性或宗教性,并不具备现代慈善事业所必备的非官方性和社会公益性。"⑥

"官办慈善"这样一种提法,不仅在宋史研究中应用较为广泛⑦,而且在当下中国慈善事

---

① 包伟民:《唐宋城市研究学术史批判》,《人文杂志》2013 年第 1 期。
② 张文:《宋朝社会救济研究》,西南师范大学出版社 2001 年版,第 3 页。
③ 王卫平:《中国传统社会保障史研究述论》,《江海学刊》2011 年第 4 期。
④ 王子今等:《中国社会福利史·前言》,武汉大学出版社 2013 年版,第 4—5 页。
⑤ 周秋光等:《中国慈善简史·绪论篇》,人民出版社 2006 年版,第 6 页。
⑥ 万里:《中国传统慈善思想及行为的现代审视》,《长沙理工大学学报》(哲学社会科学版)2006 年第 4 期。
⑦ 见前述宋炯、沈华、吴业国、谭书龙等人论文。虞云国主编《宋代文化史大辞典》(汉语大辞典出版社 2006 年版)也采纳了"官办慈善"这一概念,见"安乐坊""实济院""慈幼局"等条目。

业中也是关键问题。① 慈善事业往往被认为是基于同情心的善举,而中国古代的"官办慈善"也并不被认为是基于政府责任或者公民权利,而是基于"儒家仁政"或者儒家仁爱精神,因此这一术语的存在自然有其现实合理性。但是如果仅仅用同情心或者儒家思想来解释蔡京的福利政策,显然有不足之处。

从以上的分析可以看出,概念纠葛的背后是主体、性质与程度的分歧。前述研究中存在的一种阐释逻辑是:高福利就是现代的,甚至是超过现代的,与之相对,认为低福利水平就是传统的。还有一种逻辑尽管不是很明确,但也可以归纳出来:那就是现代福利是以公民权利为基础的,体现的是政府的责任。因此,"现代"并不仅仅是是个时间概念,特别是在福利问题上有着特定的内涵。

事实上,为人们所公认的现代福利水平较高、覆盖范围广的不同国家之间(比如北欧、西欧的福利国家)也存在着高下之别,但作为公民权利与政府责任的性质是没有差别的,在现代福利覆盖面相对较窄的国家(比如美国),其社会福利的性质也是公民权利与政府责任的体现。因此所谓社会福利的传统与现代之别不应首先是高下之别,而应该是性质差异。②

这种性质差异应该是显而易见的,现代福利是可以对政府进行问责的,倘若宋代存在这种问责机制,自然不会出现大量"饥民为盗"的现象,更不会出现"官逼民反"的农民战争,而在本该官府推行的社会救济事业中,也会出现权责倒置的现象——如宋代荒政中的强制性"劝分"——这种强制富人行善的做法在当时被视为"天道""国法"。③ 即将行善看作是富人的义务,而强制性劝分则充分体现着国家的权力。

那么究竟该如何理解这种传统"福利"或者"官办慈善"呢? 从概念术语的运用来看,主要有两条思路:一是所谓的本土化,即从中国古代典籍中寻求恰当的词汇。关于蔡京的福利新政的记录集中在《宋会要·食货》的《恩惠》条目之下,"恩惠"就是古人对居养院、安济坊和漏泽园等的性质界定,为了进一步明确其主体特征,可以称之为"朝廷恩惠"(简称"皇恩")。④ 事实上,以古代语汇如荒政、振恤为主题的研究甚多,对于蔡京福利政策的"恩惠"或者"恩赐"特征前人也多有揭示⑤,但是却很少有以"恩惠"为主题的研究,个中原因耐人寻味。从法学的学理来看,恩惠的逻辑不同于社会保障或者现代福利的逻辑,前者是基于皇权的逻辑,后者是基于人权的逻辑。⑥ 这二者的差异是本质上的差异。以这种差异为基准

---

① 林卡、吴昊:《官办慈善与民间慈善:中国慈善事业发展的关键问题》,《浙江大学学报》(人文社会科学版)2012 年第 4 期。

② 参见秦晖:《福利的"高低"、"正负"与中国的转型》,《二十一世纪》(双月刊)2013 年 10 月号总第 139 期。

③ 参见李华瑞:《劝分与宋代救荒》,《中国经济史研究》2010 年第 1 期。

④ 梅原郁曾提及用社会福祉、社会保障来替换"救济"并不恰当,因为"救济"体现的是皇帝的恩泽意识。梅原郁:《宋代の救济制度——都市の社会史によせて——》,中村贤二郎编《都市の社会史》,第 188 页。笔者基本认同这一观点,但"救济"一词又往往容易与现代社会保障中的"社会救济"相混同,而这一词语本身并没有将行为主体和恩泽意识明确展现,因此笔者不主张采用这一提法,尤其不赞同采纳"社会救济"这一概念来解释古代的朝廷行为。

⑤ 如宋炯《两宋居养制度的发展——宋代官办慈善事业初探》(《中国史研究》2000 年第 4 期)一文结论中即指出:"被收养的贫民只是被动地接受施舍,而不是享受权利。政治因素在其中起了决定性的作用,慈善机构的前途主要取决于当权者"。

⑥ 参看高军:《从恩惠到权利:纳税人社会保障权的证成》,《云南行政学院学报》2010 年第 4 期。

可以对蔡京时代的福利政策进行更为清晰的判断。① 二是引入外来词汇而进行恰当的解释或者改造,但应该理清其背后的逻辑而不能简单套用,上文所述的一些术语概念由于未曾理清内在逻辑而给人以南橘北枳乃至逻辑颠倒之感,这是值得注意的。

运用本土词汇并不意味着要凸显传统中国的特殊性。事实上"朝廷恩惠"在世界上很多国家的历史上都曾出现过,在一些现今的专制国家也并未绝迹。因此这个看起来民族性十足的概念也可以成为世界性的术语。从经济学的角度来看,福利问题的实质是社会财富的再分配,即国家通过分配政策来实现社会公平。朝廷恩惠是否具有社会公平的含义? 这是一个值得深入探究的问题。

表面上看来,朝廷恩惠与现代福利都是国家所推行的财富调节,而且都带有"损有余以补不足"的形式特征,似乎都具有社会公平的含义,甚至从当时反对济贫政策的言论来看,宋徽宗时代所赐予的恩惠确实是照顾了相当一部分穷人。但是,现代福利之所以能够对社会财富分配取到正向调节的作用,正在于税收大部分是用于公民福利。而宋徽宗时代是中国历史上最腐败的时代之一,蔡京各项财经新政所聚敛的财富有多少是用来供统治集团的享用? 又有多少是用来施惠于贫民? 政治的腐败绝对是造成社会不公平的重要原因,可以想象,在当时的政治局势之下,蔡京能在实施"丰亨豫大"的各种形象工程的时候推行惠民政策,正是在充分满足统治集团的享用之后略施小惠,其时财政的充裕到了何种程度! ② 同时,蔡京各项财经政策由于其具有掠夺性质,也在不断制造新的贫民——这正是造成方腊起义等社会动乱的原因。而在朝廷恩惠下达民间的时候,其间的腐败与舞弊行为又会使得贫民所得大打折扣。③ 就此而言,朝廷恩惠并不具有社会公平的性质,在何种意义上可以缓和社会矛盾是值得深究的。不过,相对于朝廷对于贫民一毛不拔而言,对于那些实际上得到了恩惠的人来说还是有积极意义的,因此即便是在朝廷恩惠并不具有社会公平内涵的前提之下,高恩惠与低恩惠乃至无恩惠仍然存在程度上的差异。

正是因为蔡京所为乃朝廷恩惠而非基于政府责任的现代福利,因此蔡京所为实际上带有权臣弄权、制造形象工程的性质,这种行为是否基于儒家仁爱的思想动机则是很难判断的。但可以基本确定的是,这种朝廷恩惠不具有社会公平的内涵,只能是"负福利"。作为一个典型案例,蔡京时代的社会福利政策鲜明的体现了"皇恩国家"的根本性特征。④ 这应是讨论此类问题的一个新方向,同时也是讨论此类问题的基本常识。唯其如此,才能真正在历史语境下解释"蔡京悖论",理解历史发展的制度逻辑,实现事实判断与价值判断的统一,而非仅仅站在历史的端点上去评价历史人物的功过得失或者作"翻案"文章。

---

① 张文在《宋朝社会保障的成就与历史地位》(《中国人民大学学报》2014 年第 1 期)一文中认为,宋朝社会保障"不同于传统恩赐性质、具有前近代国家责任性质"。这一观点能否成立尚有待检验,至少在宋人看来,相关诸项政策制度仍然属于"恩惠"。

② 参看汪圣铎:《两宋财政史》,中华书局 1995 年版,第 97—112 页。

③ 李瑾明在《宋代社会救济制度的运作和国家权力——以居养院制的变迁为中心》(《中国史研究》2005 年第 3 期)一文中即指出的居养院中所收容者并非贫民,而是"对地方官衙有相当影响力的人物"。

④ 关于"负福利"和"皇恩国家"的概念,参看秦晖:《福利的"高低"、"正负"与中国的转型》,《二十一世纪》(双月刊)2013 年 10 月号总第 139 期。

结语

回顾宋代社会福利史研究的整体状况,可以看到前人的研究已然具备了丰硕的成果,但留下的问题比已经解决了的问题还要多,而"蔡京悖论"是一个不容忽视的问题。透过"朝廷恩惠"的视野,以法学和经济学中公民权利和社会公平为基准,对"蔡京悖论"可以做出合乎逻辑的解释,从而也可以更为深刻地理解社会福利史上的传统与现代之别。当然,这一解释只是初步的,其成立与否还有待于更多的研究进行检验。

除此之外,还有若干问题有待于进一步探讨。作为"福利造极"的时代,蔡京所推行的朝廷恩惠与王安石变法有着一定程度的关系,但其具体的演进脉络仍有待进一步探究。又如儒家思想与朝廷恩惠到底有着怎样的关系?对社会福利史的研究,不能仅仅引用孔孟的某句话来论证各项政策与儒家思想之间的关系,而应该将思想发展与社会变迁结合起来,即从思想史和社会史相结合的角度来进行分析和阐释。比如,王安石和朱熹都自称是孔孟之道的继承者,但是他们在如何实践自己的社会理想上显然有着不同的取向。如果从北宋到南宋存在从"朝廷恩惠"向"福利地方化"的转变,这种转变是否与南北宋儒家思想的转变存在着关联?这是一个值得深入探讨的课题。

梁其姿曾经指出慈善组织并非是"福利国家"的前身①,那么"福利国家"的形成究竟取决于何种路径?能否从蔡京时代的负福利乃至反福利的措施中得到启迪?从某种程度上讲,当代中国仍然处于从"皇恩国家"向"现代福利社会"转轨的过程之中,期间所遇到的问题与现象在历史上也曾出现过,现在的"福利"尚不是"现代"的福利,对于历史问题的研究仍可以给现实道路的选择提供有益的借鉴。

---

①　梁其姿:《施善与教化:明清时期的慈善组织》,北京师范大学出版社2013年版,第225—228页。

近三十年来中国宋代妇女史研究的回顾与反思

杨　果

近三十年妇女史研究的历程，表现出对以往有关妇女知识的怀疑、疏远以至决裂；妇女史研究的进一步发展，有可能带来历史学的某种更新甚至"重写历史"，但是，不能不看到，现有的研究更多的是将妇女置于既定的史学构架中进行的，而史学研究的传统是以男性为中心，所提出的问题以及所持有的视角，未必适用于女性。要想真正实现"重写历史"，就必须跳出传统的框框。

历史是由男人和女人共同创造的，但在文本的历史中，女人长期处于"失语"状态。20世纪二三十年代以来，伴随着妇女解放的思想启蒙运动，中国的妇女史研究开始了拓荒阶段，陈顾远、陈东原、董家遵、赵凤喈、王书奴等多位学者陆续发表了大量有关婚姻、家庭和女性生活史的论著。[①] 但20世纪50年代后，革命的"主旋律"淡化了"边缘话题"，更何况，当时的妇女解放似乎已是不争的事实，回首往事似乎已没有意义，妇女史的研究归于沉寂。20世纪70年代末期，改革开放为史学带来空前的发展契机，妇女史研究也由此再度兴起，并逐渐出现繁荣局面。其中，宋代妇女史的研究即使不比其他断代更热门，也因其处于中国古代社会转型时期，尤其是对后世影响最为直接的时期而备受关注，相关成果日渐丰富。本文仅以宋代为例，简要回顾与反思近三十年来妇女史研究的发展历程及相关问题。

一　发展历程

从20世纪70年代末期直到今天，整整三十年过去了。三个十年，大体也正是宋代妇女史研究发展历程的三个阶段。

（一）恢复、重建期：1978—1988年

改革开放后，妇女史的研究与历史学中的其他许多"冷门"课题一起，重新兴起。这一时期，学者们主要从事妇女史的恢复和重建工作。

一些叙述古代妇女生活的著作得到整理、出版，田家英早年完成的《中国妇女生活

---

① 陈顾远：《中国古代婚姻史》，上海商务印书馆1929年版；陈东原：《中国妇女生活史》，上海商务印书馆1937年版；赵凤喈：《中国妇女在法律上之地位》，上海商务印书馆1934年版；王书奴：《中国娼妓史》，上海三联书店1934年版。董家遵发表了一系列论文，如《论中国古代结婚的年龄》《历代节妇烈女的统计》《从汉到宋寡妇再嫁习俗考》《唐代婚姻研究》等，结集为《中国古代婚姻史研究》，广东人民出版社1995年版。

史话》便是其中的一部①。类似通论性著作还有史凤仪的《中国古代婚姻与家庭》、孙晓的《中国婚姻小史》、杜芳琴的《女性观念的衍变》、周汛等的《中国历代妇女妆饰》和胡文楷的《历代妇女著作考》等②。

通论性文章则有杨国宜的《男尊女卑的历史考察》、原华荣的《试论男尊女卑和买卖婚姻的社会经济根源》等③。

有关宋代妇女史的介绍与研究也开始起步，前者如朱瑞熙的《宋代的婚姻礼仪》④；后者有陈经裕的《朱淑真试评》、赵齐平的《李清照与赵明诚及〈金石录〉》等⑤。

这一时期的特点是研究论著的数量较少，论题较窄，知识性的介绍多于学术性的研究，而且或多或少带有"文化大革命"大批判的遗风，尤其是在 20 世纪 70 年代末期，一些论著的标题和言辞都浸淫着挥之不去的价值判定色彩。

不过，也正是从 20 世纪 80 年代中后期开始，一些有深度的研究渐次问世，如张邦炜的《试论宋代"婚姻不问阀阅"》、方建新的《宋代婚姻论财》等⑥，以婚姻问题为切入点，较深入地探讨了宋代妇女生活，这就为下一阶段宋代妇女史研究的发展奠定了基础。

（二）发展、繁荣期：1989—1999 年

第二个十年，主要是 20 世纪的 90 年代，随着西方女性主义理论的传播和中国社会变革的深入，妇女问题的研究迅速发展，达到前所未有的高度，一些高校与科研单位先后成立了专门的妇女/性别研究机构，宋史学者积极参与其中，研究成果的数量明显增多，质量普遍提高，涉及的问题也大大丰富。宋代妇女史的研究取得了长足的进步。

以家庭、婚姻为主题的通论性著作与论文多达百余种，都少不了宋代的内容。较有代表性的先后有刘士圣的《中国古代妇女史》，姜跃滨的《中国妻妾》，汪维玲、王定祥的《中国古代妇女化妆》，徐扬杰的《中国家族制度史》，陶毅、明欣的《中国婚姻家庭制度史》，郭兴文的《中国传统婚姻风俗》，高士瑜的《中国古代妇女生活》，杜芳琴的《发现妇女的历史——中国妇女史论集》，曹大为的《中国古代女子教育》，刘宁元的《中国

———————————

① 田家英：《中国妇女生活史话》，中国妇女出版社 1982 年版。

② 史凤仪：《中国古代婚姻与家庭》，湖北人民出版社 1987 年版；孙晓：《中国婚姻小史》，光明日报出版社 1988 年版；杜芳琴：《女性观念的衍变》，河南人民出版社 1988 年版；周汛等：《中国历代妇女妆饰》，学林出版社、香港三联书店有限公司 1988 年版；胡文楷：《历代妇女著作考》，上海古籍出版社 1985 年版。

③ 杨国宜：《男尊女卑的历史考察》，《安徽师大学报》1978 年第 2 期；原华荣：《试论男尊女卑和买卖婚姻的社会经济根源》，《西北人口》1985 年第 3 期。

④ 朱瑞熙：《宋代的婚姻礼仪》，《文史知识》1988 年第 12 期。

⑤ 陈经裕：《朱淑真试评》，《河南大学学报》1981 年第 4 期；赵齐平：《李清照与赵明诚及〈金石录〉》，《北京大学学报》1987 年第 5 期。

⑥ 张邦炜：《试论宋代"婚姻不问阀阅"》，《历史研究》1985 年第 6 期；方建新：《宋代婚姻论财》，《历史研究》1986 年第 3 期。

女性史类编》，祝瑞开的《中国婚姻家庭史》等①，对中国古代妇女的婚姻家庭生活、社会地位以及家族制度、女性观念等问题进行了研究。

过去很少为人关注的妇女礼仪文化开始进入学者的视野，赵健伟、张振军的《女性的禁忌：中国古代妇女礼仪的文化审视》从生育、婚嫁、性、宗教、丧葬等层面探讨了中国古代礼仪中的女性禁忌问题②。过去讳莫如深的性问题掀起了面纱，刘达临出版了《性与中国文化》专著③。源自西方的社会性别理论也开始成为学者们的分析工具，闵家胤主编的《阳刚与阴柔的变奏——中国两性关系和社会模式》即运用社会性别的视角对历史上的两性关系作了整体的考察④。

集中于宋代妇女史的研究亦多达近百种，论题除婚姻、家庭以外，主要是妇女的法律地位、经济地位以及某些特殊女性如后妃、名女、才女等。代表性学者及成果有张邦炜及其《宋代妇女再嫁问题探讨》《宋代婚姻制度的种种特色》《婚姻与社会：宋代》等，朱瑞熙及其《宋朝的宫廷制度》，邓小南及其《宋代士人家族中的妇女——以苏州为例》，臧健及其《宋代家法与女性》等⑤。

有关宋代妇女法律地位、经济地位的探讨，偏重于财产继承与婚姻立法方面。姚红的《从寡妇财产权的变化看两宋女子地位的升降》、邢铁的《宋代的奁田和墓田》和唐自斌的《略论南宋妇女的财产与婚姻权利问题》三文都从婚嫁财产权的角度考察了妇女地位的高低三文认为，虽然宋代妇女在结婚或再嫁时对所拥有的财产有一定的支配权，但并不完整，仍从属于男子，而且这种权利在不断缩小，南宋不如北宋，南宋后期与前期也有差别⑥。刘春萍的《南宋婚姻家庭法规范中妇女地位刍议》看法不同，指出在南宋特定的历史条件下，妇女权利尤其是在离婚权、改嫁权和财产继承权方面，有了新的突破⑦。

---

① 刘士圣：《中国古代妇女史》，青岛出版社 1991 年版；姜跃滨：《中国妻妾》，河北人民出版社 1991 年版；汪维玲、王定祥：《中国古代妇女化妆》，陕西人民出版社 1991 年版；徐扬杰：《中国家庭制度史》，人民出版社 1992 年版；陶毅、明欣：《中国婚姻家庭制度史》，东方出版社 1994 年版；郭兴文：《中国传统婚姻风俗》，陕西人民出版社 1994 年版；高士瑜：《中国古代妇女生活》，商务印书馆国际有限公司 1996 年版；杜芳琴：《发现妇女的历史——中国妇女史论集》，天津社会科学出版社 1996 年版；曹大为：《中国古代女子教育》，北京师范大学出版社 1996 年版；刘宁元：《中国女性史类编》，北京师范大学出版社 1999 年版；祝瑞开：《中国婚姻家庭史》，学林出版社 1999 年版。

② 赵健伟、张振军：《女性的禁忌：中国古代妇女礼仪的文化审视》，大众文艺出版社 1996 年版。

③ 刘达临：《性与中国文化》，人民出版社 1999 年版。

④ 闵家胤主编：《阳刚与阴柔的变奏——中国两性关系和社会模式》，中国社会科学出版社 1995 年版。

⑤ 张邦炜：《宋代妇女再嫁问题探讨》，载邓广铭等主编《宋史研究论文集》，浙江人民出版社 1987 年版，第 582—611 页；张邦炜：《宋代婚姻制度的种种特色》，《社会科学研究》1989 年第 3 期；张邦炜：《婚姻与社会：宋代》，四川人民出版社 1989 年；朱瑞熙：《宋朝的宫廷制度》，《学术月刊》1994 年第 4 期；邓小南：《宋代士人家族中的妇女——以苏州为例》，载《国学研究》第五卷，北京大学出版社 1998 年版，第 519—555 页；臧健：《宋代家法与女性》，载本书编委会编《庆祝邓广铭教授九十华诞论文集》，河北教育出版社 1997 年版，第 306—321 页。

⑥ 姚红：《从寡妇财产权的变化看两宋女子地位的升降》，《浙江学刊》1993 年第 4 期；邢铁：《宋代的奁田和墓地》，《中国社会经济史研究》1993 年第 4 期；唐自斌：《略论南宋妇女的财产与婚姻权利问题》，《求索》1994 年第 6 期。

⑦ 刘春萍：《南宋婚姻家庭法规范中妇女地位刍议》，《求是学刊》1996 年第 6 期。

妇女能否再嫁被视为社会地位高低的一个指标,故有不少专文研究。吴宝琪的《宋代的离婚与妇女再嫁》指出,宋代离婚严守"七出"之律,但对于妇女的再嫁则例外,并不受法律和社会的歧视①。类似成果还有宋东侠的《宋代妇女离婚权浅议》《论宋代妇女改嫁盛行的原因》、辛更儒的《论宋代妇女改嫁不受舆论非议》等多篇②。

与妇女生活直接相关的家庭习俗也受到学者们的关注。吴宝琪的《宋代产育之俗研究》《试析宋代育婚丧俗的成因》论述了宋代的产育习俗③。陈广胜的《宋代生子不育风俗的盛行及其原因》、臧健的《宋代南方农村"生子不举"现象之分析》等文探讨了宋代溺婴陋俗,认为除了传统的重男轻女思想、租税过于繁重以及妇产科学不发达等,贫穷是最主要的原因④。

有关宋代"才女""烈女"的研究,既有注重个体的,也有以群体为对象的。前者如缪钺的《朱淑贞生活年代考辨》、黄嫣梨的《宋朱淑贞咏史诗十首述评》⑤。后者如苏者聪的《宋代女性文学》、季晓燕的《宋代烈女的特质》等⑥。

一些传统的论题,如后妃、贞节等,也仍吸引着学者们的注意。研究宋代后妃者如黄锦君的《两宋后妃事迹编年》、杨果的《宋代后妃参政述评》、季晓燕的《论宋代后妃的文化品格》⑦;探讨宋代贞节观的有宋东侠的《宋代士大夫的贞节观》、吴旭霞的《试论宋代的贞淫观》、贾贵荣的《宋代妇女地位与二程贞节观的产生》等⑧。

一些断代论著中也有专门讨论妇女问题的章节,如朱瑞熙、张邦炜、刘复生、王曾瑜等人的《辽宋西夏金社会生话史》、苗春德主编的《宋代教育》等⑨。

大量成果,不胜枚举。臧健、董乃强主编《近百年中国妇女论著总目提要》较为全面地收集了20世纪初至90年代中期近百年间中国妇女史研究的成果目录⑩,足资参考。

这一时期,宋代妇女史的研究无论是质或量都跃上了一个新的台阶,特别是对传统观

① 吴宝琪:《宋代的离婚与妇女再嫁》,《史学集刊》1990年第1期。

② 宋东侠:《宋代妇女离婚权浅议》,《河北大学学报》1990年第S1期;宋东侠:《论宋代妇女改嫁盛行的原因》,《青海师范大学学报》1996年第1期;辛更儒:《论宋代妇女改嫁不受舆论非议》,《妇女研究论丛》1999年第3期。

③ 吴宝琪:《宋代产育之俗研究》,《河南大学学报》1989年第1期;吴宝琪:《试析宋代育婚丧俗的成因》,《北京师范大学学报》1989年第5期。

④ 陈广胜:《宋代生子不育风俗的盛行及其原因》,《中国史研究》1989年第1期;臧健:《宋代南方农村"生子不举"现象之分析》,《中国史研究》1995年第4期。

⑤ 缪钺:《朱淑贞生活年代考辨》,《文献》1991年第2期;黄嫣梨:《宋朱淑贞咏史诗十首述评》,《江汉论坛》1992年第7期。

⑥ 苏者聪:《宋代女性文学》,武汉大学出版社1997年版;季晓燕:《宋代烈女的特质》,《江西师范大学学报》1997年第2期。

⑦ 黄锦君:《两宋后妃事迹编年》,巴蜀书社1997年版;杨果:《宋代后妃参政述评》,《江汉论坛》1994年第4期;季晓燕:《论宋代后妃的文化品格》,《江西社会科学》1996年第10期。

⑧ 宋东侠:《宋代士大夫的贞节观》,《中州学刊》1989年第5期;吴旭霞:《试论宋代的贞淫观》,《江汉论坛》1989年第5期;贾贵荣:《宋代妇女地位与二程贞节观的产生》,《山东社会科学》1992年第3期。

⑨ 朱瑞熙等:《辽宋西夏金社会生活史》,中国社会科学出版社1998年版,苗春德主编:《宋代教育》,河南大学出版社1992年版。

⑩ 臧健、董乃强主编:《近百年中国妇女论著总目提要》,北方妇女儿童出版社1996年版。

点有所修正，但也有一部分属于低水平的重复。

（三）深化、拓展期：2000—2008 年

世纪之交，历史学界对古代妇女史的研究进行了认真地回顾与反思①，与之相伴的是 21 世纪近十年来研究的深化。

研究的深化表现在三个主要方面：对象的多元、课题的拓展、方法的丰富。

从研究对象来看，研究者除了从整体上关注宋代女性之外，也从阶层、群体、地域等角度进行多方向的研究。王育济关注王安石的姻亲关系②，马斗成等人探讨眉山苏氏的婚姻圈③；粟品孝的《宋代士人家庭中的母教》注意到士人家庭中母亲所扮演的教育者角色④；徐红、宋军凤分别讨论进士、商人的婚姻变迁及其社会意义⑤；陈丽萍分析敦煌地区非婚生子女的现象⑥。少数民族妇女也开始受到重视，汤开建、杨惠玲的《宋金时期安多藏族的婚姻文化及女性地位》对安多藏族一夫多妻的婚姻习俗、部落大酋之间的联姻等问题进行了探讨，并得出安多藏族女性地位较高的认识⑦。

从研究课题来看，一方面，传统的课题如婚姻、家庭、后妃、"才女"、女性生活等仍在继续，如臧健以《郑氏规范》为中心考察宋元家族制度、家法与女性的关系⑧；余桂林的《宋代买卖妇女现象初探》分析了妇女何以成为专卖的商品⑨；杨果等《宋代"才女"现象初探》探讨才女的结构、分布及成因⑩；李智平的《宋代宗女婚姻论略》叙述宗室女性的婚嫁特点⑪；高楠等人围绕在室女、已婚女的奁产纠纷讨论宋代女性的财产权⑫；赵冬梅的《先帝皇后与今上生母》分析皇太后在北宋政治文化中的含义⑬。另一方面，也是更重要的一方面，新的研究领域得到发掘、拓展，不仅涉及书写史、宗教史，而

---

① 例如，杜芳琴、蔡一平：《中国妇女史研究的本土化探索》，《陕西师范大学学报》1999 年第 2 期；刘军：《"妇女领域"研究述评》，《史学理论研究》1999 年第 1 期；裔昭印：《中西妇女史研究的回顾与展望》，《山西师大学报》2000 年第 2 期；李伯重：《问题与希望：有感于中国妇女史研究现状》，《历史研究》2002 年第 6 期。

② 王育济：《宋代王安石家族及其姻亲》，《东岳论丛》2001 年第 3 期。

③ 马斗成、马纳：《宋代眉山苏氏婚姻圈试探》，《天津社会科学》2002 年第 2 期。

④ 粟品孝：《宋代士人家庭中的母教》，载漆侠等主编《宋史研究论文集》，河北大学出版社 2002 年。

⑤ 徐红：《科学制度与宋初进士的婚姻观——以太平兴国五年进士为例》，《求索》2008 年第 1 期；宋军凤：《唐宋商人婚姻变迁探析》，《石油大学学报》2005 年第 6 期。

⑥ 陈丽萍：《唐宋时期敦煌地区非正式婚姻子女现象略考》，《敦煌研究》2006 年第 4 期。

⑦ 汤开建、杨惠玲：《宋金时期安多藏族的婚姻文化及女性地位》，《西北师范大学学报》2005 年第 3 期。

⑧ 臧健：《对宋元家族制度、家法与女性的考察》，《山西师大学报》2000 年第 2 期。

⑨ 余桂林：《宋代买卖妇女现象初探》，《中国史研究》2000 年第 3 期。

⑩ 杨果、廖寅：《宋代"才女"现象初探》，载漆侠等主编《宋史研究论文集》，河北大学出版社 2002 年版。

⑪ 李智平：《宋代宗女婚姻论略》，《殷都学刊》2004 年第 1 期。

⑫ 高楠、王茂华：《宋代家庭中的奁产纠纷：以在室女为例》，《贵州文史论丛》2004 年第 2 期；高楠：《宋代家庭中的奁产纠纷：以已婚女为例》，《中国社会经济史研究》2004 年第 3 期。

⑬ 赵冬梅：《先帝皇后与今上生母》，载张希清等主编《10—13 世纪中国文化的碰撞与融合》，上海人民出版社 2006 年版，第 388—407 页。

且扩展到身体史、医疗史等诸多领域，这方面的代表性成果是邓小南主编的《唐宋女性与社会》①。该书汇集了中外学者的高水平论文 34 篇，无论是在理路方法、研究视角或资料选择上，均有创新与突破。另如李伯重的《堕胎、避孕与绝育：宋元明清时期江浙地区的节育方法及其运用与传播》一文观察的角度也很新颖，对与人口、技术等问题密切相关的节育方法、传播途径等问题做了深入论述②。

研究方法的丰富，首先表现为社会性别理论的运用越来越普遍，有些论著的标题就明白无误地凸显这一点，如舒红霞的《执著与背叛：宋代女性意识之觉醒》③；其次，社会科学包括社会学、人口学、统计学等相关学科的方法越来越受到关注，如石小英对婚姻问题的研究从过去较单一的论述婚姻制度、婚俗等，拓展到关于婚龄问题的探讨④；再次，传统史料以外的其他史料如考古发掘、石刻资料等越来越受重视，邓小南的《从考古发掘资料看唐宋时期女性在门户内外的活动——以唐代吐鲁番、宋代白沙墓葬的发掘资料为例》即是运用考古资料来分析女性生活的成功一例⑤，笔者自己也在这方面做过尝试⑥。

总的来看，进入 21 世纪以来，在不足十年间，专门研究宋代妇女史的论著便已发表六七十篇（种），特别值得注意的是，另有近 20 篇博硕士论文以此作为主题，后起之秀的崭露头角预示着宋代妇女史的研究将进入一个更好的发展阶段。

二　特点、问题与展望

近三十年来宋代妇女史的研究与中国妇女史乃至整个妇女研究相伴相行，表现出的特点与存在的问题也具有共同性，以下的相关思考即不限于断代研究。

（一）特点

1. 研究者以女性为主

与 20 世纪初妇女解放的启蒙者亦即妇女史的研究者由男性学者担当的情形不同，近三十年来，妇女史的研究者主要是女性。这固然与数十年来妇女解放、女性受教育程度提高有关，但也或多或少与相当一部分男性学者对妇女史的不理解甚至轻视相关。不仅如此，在讨论涉及女性的某些具体问题时，甚至会出现"公婆论战"的局面，性别的倾向甚至会取代是非的选择。妇女性别史研究不只是也不应当只是女性的事情，学术的发展呼唤男女两性的共同参与。

2. 认识深化，争议尚存

三十年的历程中，妇女史的研究在持续上升。从改革开放初期急于判定中国历史上妇

---

① 邓小南主编：《唐宋女性与社会》，上海辞书出版社 2003 年版。

② 李伯重：《堕胎、避孕与绝育：宋元明清时期江浙地区的节育方法及其运用与传播》，《中国学术》2000 年第 1 辑。

③ 舒红霞：《执著与背叛：宋代女性意识之觉醒》，《大连大学学报》2003 年第 1 期。

④ 石小英：《唐五代宋初敦煌婚龄考》，《延安大学学报》2004 年第 5 期。

⑤ 邓小南：《从考古发掘资料看唐宋时期女性在门户内外的活动——以唐代吐鲁番、宋代白沙墓葬的发掘资料为例》，载李小江等《历史、史学与性别》，江苏人民出版社 2002 年版，第 113—127 页。

⑥ 杨果：《宋人墓志中的女性形象解读》，《东吴历史学报》2004 年第 11 卷。

女地位的高低，到 21 世纪以来冷峻探讨多元视角下的妇女生活；从对以往知识的论证、修订，到质疑、重塑，中国的妇女史研究经历了一个不断深化的过程。伴随着研究的深入，学界取得了相当丰富的成果。但是，在很多问题的认识上，人们的看法并不一致，有些分歧还相当尖锐，这在一定程度上反映了妇女史研究的艰难与复杂。不过，妇女史的研究本应是能够"海纳百川"的，多种认识都应能兼容共存。

3. 视角转换：从添加史、性别史到差异史

视角的转换是近二十年来妇女史研究的最重要特色。初期的妇女史研究基本上属于添加史或填补史，即致力于"发现"妇女的历史，"剥离出被传统史学掩蔽的部分"①；稍后的妇女史研究，更多地借鉴了社会性别理论，将"社会性别"作为"历史分析中的一个有效范畴"②，主张妇女史应是"出色的社会性别史"③；近十年来，新的"差异理论"开始超越社会性别理论，人们认识到社会性别不是唯一的分析范畴，除了性别以外，还要注意种族、阶级、年龄等身份形成的复杂的社会文化意义上的权力差异④，努力将社会性别与政治、经济、文化、宗教信仰等其他范畴结合，将种族、阶级、国家、性别等"差异"范畴运用于妇女史研究⑤。视角的转换，反映了妇女史研究理论和实践的深化。

（二）问题与展望

三十年的妇女史研究取得了显著成绩，但也存在不少问题，理清问题所在，找准努力方向，妇女史的发展是大有可为的。

1. 描述胜于分析，低水平重复较多

这集中表现为研究者在运用社会性别理论的同时，往往忽视了社会性别研究的局限性，即它将男女两性抽象化，忽视了阶级、种族等因素的影响，在重视普遍经验的同时，忽视了个体或群体之间的差异性，忽视了历史发展的复杂性和多元性。事实上，传统社会中不同阶层、民族、地域等女性的生活环境、生活方式、生命体验等都存在着差异，社会对于不同阶层女性的价值期许与评判也有所不同。即使在同一阶层内部，不同女性之间因辈分、身份及家庭环境等的差异，其人生经历、生命体验以及生活方式等也面貌各异。例如，学界对宋代妇女史的研究大多不做分层。即使分层也多关注于后妃、妓女或节妇烈女之类的特殊女性，其结果容易造成对女性形象认识上的偏差。正如学者所言："妇女史不应该放弃对这两类妇女（指后妃、妓女）的研究。但她们绝不是中国古代妇女的代表，更不能成为主流，她们毕竟是极少数的一群……若将注意力过多投入这里，未免舍本逐

---

① 蔡一平：《视角转换和方法革新：赋历史研究以社会性别》，《浙江学刊》2000 年第 1 期。

② ［美］琼·斯科特：《性别：历史分析中的一个有效的范畴》，刘梦译，载李银河等主编《妇女：最漫长的革命——当代西正方女权主义理论精选》，生活·读书·新知三联书店 1997 年版，第 120—140 页。

③ 吉拉斯·鲍克：《妇女史和社会性别史：一场国际争论的多个方面》，蔡一平译，载蔡一平等主编《赋历史研究以社会性别》，天津师大妇女研究中心内部选本，1999 年。

④ 参见琼·斯科特《女性主义与历史》，鲍晓兰译，载王政等主编《社会性别研究选译》，生活·读书·新知三联书店 1998 年版，第 359——377 页，

⑤ 参见蔡一平《视角转换和方法革新：赋历史研究以社会性别》，《浙江学刊》2000 年第 1 期。

末。更重要的，不是这些人不应写，而是为什么写，怎样去写。这些都应很好地考虑与研究。"① 而且，过多地关注上述群体，也会造成研究成果的失衡，大量低水平的重复也多集中在这类领域中。妇女史期待着更为多元、立体、逼近、细致的研究。

2. 缺乏必要的理论支撑

低水平重复的不断出现，从根本上说是由于缺乏理论的支撑。现有的妇女史研究理论基本是从西方引进的，如何将其运用于中国的研究实践，仍是一个值得探讨的问题。学界围绕着妇女史发展过程中的几个核心理论问题，诸如社会性别与生物性别，妇女史理论的"国际接轨"与"本土化"，妇女史研究的"学科化"等，展开过激烈的争论、辩诘，现有的共识是：需要长期的努力才能清理、克服理论误区，建设起既能与国际对话，又适应中国国情的理论体系；在对妇女状况进行研究时，应定位到具体的政治、历史和文化的条件中去理解，因为妇女不是一个统一的、固定的概念，它存在着阶级的、族群的、种族的、宗教的以及认同的差异等，社会性别只是妇女社会存在的一部分；在妇女研究的学科化方面，目前可以而且应当"分学科地用社会性别理论清理、挑战已有的知识结构和打通既有学科分割，改变既有的认知模式，建立一种以社会性别视角联系多种范畴视角的新的认知方式"②。

3. 必须对资料审慎辨析、深层解读

中国历史文献浩如烟海，妇女史的资料散见于其中，要把握、甄别并从中分离出来绝非易事。更何况，妇女史和历史学的其他分支一样，不可能是真正客观的，因为所有的历史文本都是一种"再表现"，是经过过滤和加工的。妇女史的资料尤其如此，由于传统文献的书写者绝大多数是男性，而且大多是站在官方立场与男性立场的书写者，这就使得怎样对男性资料保持应有的警觉，尽可能地寻找女性的声音，发掘资料背后的历史事实，成为妇女史的研究者共同面对的难题。

4. 未来任重而道远

近三十年妇女史研究的历程，表现出对以往有关妇女知识的怀疑、疏远以至决裂；妇女史研究的进一步发展，有可能带来历史学的某种更新甚至"重写历史"。但是，不能不看到，现有的研究更多是将妇女置于既定的史学构架中进行的，而史学研究的传统是以男性为中心的，所提出的问题以及所持有的视角，未必适用于女性。要想真正实现"重写历史"，就必须跳出传统的框框。现实的"悖论"在于，尽管传统史学用父权的语言窒息了女性的声音，但在现实中要彻底地加以改变又是不可能的，因为人不能完全脱离传统，妇女史只能用既定的语言来述说，这就使得妇女史的研究困难重重、举步维艰。

从过往的"他史"（history）到当前某种程度上的"她史"（herstory），妇女史研究已走过了三十年历程；而从"她史"再到真正包括两性共同经验的整体历史（bothstory 或 wholestory③），这是妇女/性别史研究的终极目标，要实现这一目标，还有很长的路要走。

---

① 杜芳琴：《发现妇女的历史——中国妇女史论集》，天津社会科学院出版社 1996 年版，第 13—31 页。定宜庄在所著《满族的妇女生活与婚姻制度研究》一书中，也重申了上述观点，北京大学出版社 1999 年版，第 3—4 页。

② 蔡一平：《视角转换和方法革新：赋历史研究以社会性别》，《浙江学刊》2000 年第 1 期。

③ 这是笔者自造的词汇，旨在表明笔者对历史学发展的期待。

宋代妇女史研究 15 年（2000—2015）述评

张景素

引言

20 世纪二三十年代是宋史研究的开创期，就有陈东原、全汉生等学者开始宋代妇女史的研究；新时期，宋代妇女史研究与宋史研究的复兴几乎同时起步；20 世纪 90 年代中期前后，妇女史研究颇有成为显学之势。研究领域从最初热门的妇女劳动、妇女婚姻等专题，扩展至法律、物质生活等领域，资料也从文本文献扩展至绘画、音乐、文物等。宋代妇女活跃于历史舞台，为宋代繁荣作出了杰出的贡献，由于国内关于这方面研究起步较晚，因此宋代妇女的研究相对比较薄弱。近些年针对妇女的研究开始不断增多。本篇文章主要以对宋代女性为主要研究对象，总结 2000 年至 2015 年宋代性别研究的状况。

一 宋代妇女婚姻生活

（一）关于宋代女性的婚姻问题研究

婚姻问题历来是社会问题中的重要领域，也是中国古代文化的重要方面。张凤对此在自己文章中对 1995 至 2005 年的婚姻问题研究略作综述，主要对宋代各阶层婚姻问题的研究、妇女再嫁、改嫁问题研究和财产问题的研究。① 该文通过诸多例证说明宋代最高统治者与武臣之间的联姻现象。首先，他指出，就后妃而言，北宋九朝皇帝中除了宋真宗刘皇后、宋神宗向皇后及宋哲宗刘皇后 3 人无武将家庭背景，其余 14 位皇后皆为武将之女，而宋真宗刘皇后和宋哲宗刘皇后又是在原皇后或死或废的情况下续立的；其次，北宋太子及皇子婚姻状况中，有两人娶武将女，有一人娶文官大臣女；最后，就公主而言，北宋诸帝公主所嫁对象 28 人，其中明确为将门出身者 16 人，明确为文官后裔者 4 人，外戚子弟 3 人，其重要将帅家族有 5 人则出身不详。显而易见，武臣之家占很大比例。② 之所以如此，作者认为，北宋赵氏皇室为了笼络武将上层，特别是为了得到他们的支持，以在动荡的开国时期加强赵宋统治。另外，李智萍认为，在婚姻价值取向的冲击下，宋代宗女的婚姻出现了某些新特点：首先，从维护宗室身份出发，朝廷规定宗女出嫁，必须选择有行义的士族，禁止"以财冒为婚"；其次，在封建社会，即使是一般平民，大部分男女也不是因两情相悦而结合，宗女的婚姻更是如此，被打上了深深的时代烙印；再次，在封建社会

---

① 张凤：《近十年来宋代婚姻问题研究探述》，《甘肃联合大学学报》2007 年第 4 期。
② 陈峰：《北宋皇室与"将门"通婚探析》，《文史哲》2004 年第 3 期。

这样的宗法社会中，一般说来，宗女的身份本身就是一种资本，朝廷出于"熟骨肉之情"愿望，还不时对宗女予以照顾。再加上宋代论财风气盛行，为确保宗女婚姻顺利进行，朝廷更是优待宗婚，这就使得宋代宗女婚姻有很强的功利性；最后，朝廷虽然为宗女的婚姻作了周密的考虑，有些状况却是始料不及，难以控制的。[①] 华东师范大学博士郑丽萍以宋人婚姻状况为视角，提取其中妇女婚姻生活方面的各种数据，来分析说明其婚姻家庭等日常生活状况、变化及其社会文化背景与内在原因。[②]

（二）妇女再嫁、改嫁与贞洁观问题研究

关于宋代妇女再嫁、改嫁问题，历来颇有争议。不外有两种观点：一种认为两宋是理学产生并确立的时代，理学的兴起完全禁锢了妇女的离婚改嫁，使妇女的地位一再降低，改嫁举步维艰；一种认为宋代是理学的理论倡导到现实的具体运作的过渡阶段，妇女的离婚、改嫁较为普遍。近年来大多数学者在宋代妇女再嫁、改嫁问题上就后一种观点基本达成了共识。

杜桂荣认为宋代妇女再嫁往往与其私有权缺失有关，无论是贞还是淫，都体现了父权意识形态的要求。另外，在其一文中，杜桂荣同样指出宋代女子再嫁的直接原因不是因为她们经济上能够独立，而恰恰是因为她们缺乏私有权、独立权。[③] 初春英认为两宋妇女离婚、再嫁普遍是不可否认的事实，但决定权并未真正属于妇女本人，大多只能听命于长辈，或有些妇女的离婚、再嫁是不情愿的、被迫的。进而剖析了两宋妇女再嫁的更为深刻的原因：第一，随着商品经济的发展及重利轻义思想的普遍，妇女有一定的资财，这就不可避免地造成一部分寡妇的再嫁带有金钱交易性质；第二，宋代寡妇再嫁也是现实所需、形势所迫，所以她认为不能把两宋妇女离婚、再嫁的普遍性作为当时妇女地位较高的依据。[④] 张邦炜认为："宋代法律在原则上允许妇女再嫁，且宋代舆论并不笼统谴责妇女改嫁。但宋代妇女拥有的一定改嫁权和离婚权并不属于女子本人，而属于其父母。并进而得出宋代不是贞节观念骤然增长、妇女地位急转直下的时期，理学也不是宋朝政府的官方哲学和主要统治思想，宋代不是中国封建社会开始走下坡路、进入停滞阶段的路标的结论。"[⑤] 舒红霞认为，北宋再嫁者多而南宋末节烈者众的现象，揭示了礼教思想日趋严酷的事实。北宋人沿袭前朝习俗，不看重女性贞节，并且受到壮大起来的市民阶层追求个性自由、淡薄礼教的新思想影响，女性拥有一个比前朝后代较为宽松的社会生存环境。[⑥] 关于宋代改嫁、再嫁的研究有很多，这里就不一一罗列了。

最后，在 2000 年以前，关于宋代婚姻方面研究都是在传统理论研究基础上，缺乏新视角、新概念，缺乏对史学、史料的反思与质疑。与之相比，2000 年后随着社会性别史

①　李智萍：《宋代宗女婚姻论略》，《殷都学刊》2004 年第 1 期。

②　郑丽萍：《宋代妇女婚姻生活研究——以〈全宋文〉所涉 4802 篇墓志铭为例》，博士学位论文，华东师范大学，2010 年。

③　杜桂荣：《宋代女子离婚、再嫁与社会地位》，《湖北大学学报》2000 年第 3 期；杜桂荣：《宋代女子再嫁、贞节观与社会地位》，《商丘师专学报》2000 年第 1 期。

④　初春英：《也论宋代妇女的离婚、再嫁及地位》，《黑龙江教育学院学报》2002 年第 3 期。

⑤　张邦炜：《宋代婚姻家族史论》，人民出版社 2003 年版，第 149 页。

⑥　舒红霞：《宋代理学贞节观及其影响》，《西北大学学报》2000 年第 2 期。

的不断发展与成熟，研究领域不断创新，研究更加具体化。但是，关于婚姻方面的研究一般在宋代的宗室婚姻，从墓志铭和笔记材料中勾勒各类妇女群体的内心世界和风貌。在寻找相关资源时发现，目前关于宋代的宫女和丫鬟等这些低下层女性研究欠缺。

二 妇女财产问题的研究

2000 年以前，关于宋代妇女财产的研究很少，姚红的《从寡妇财产权的变化看两宋女子地位的升降》简单罗列了宋代女性地位变化，而并未针对妇女财产问题进行详细分析。① 另外，这一时期关于财产权的研究成果较少。针对妇女财产权问题主要从以下两个方面展开探讨。

（一） 从法律的角度分析

这种角度的分析主要有宋东侠、张本顺、高楠、王茂华、魏哲、马晓倩等学者。其中宋东侠指出宋代财产继承法规更加完善，对妇女财产权的规定更为详备，在室女的财产继承权呈现出多重性、复杂性的特点，除与兄弟分析家产外，亦可继承户绝财产的全部或绝大部分，同时又可借助嫁资而获得部分财产继承权。② 另外，张本顺的文章以宋代妇女奁产所有权的微观角度作为研究的切入点，试图从宋代妇女奁产的立法规定、宋代妇女自由支配奁产的社会生活事实以及士大夫法官保护奁产的司法判决等静、动态相结合的法学研究思路中，来审视宋代妇女私权观念的历史巨变，而这恰恰是学界以往所疏忽的。③ 魏哲的文章介绍了宋代妇女的生存背景，主要包括经济文化背景及法律背景两方面：在经济上，宋代商品经济迅速发展，导致了人们的"婚姻论财"，厚嫁之风严重；在文化上，礼治的统治仍占据着主导地位，并渗透在政治、法律、生活的各个方面；在法律规定上，法律与家族伦理密不可分，财产继承制度与宗祧继承密切相关，此外还介绍了宋代主要的婚姻财产方面的法律及相关著作。第二部分主要讲述了作为女儿对父家财产的权利，主要包括对嫁资的所有权以及对家产的继承权。第三部分主要讲述了作为已嫁女的宋代妇女的财产权利，主要分为其对奁产的支配权以及作为寡妇对夫家财产的继承，或者是看作对儿子财产的管理权。④

（二） 从"财产权"角度分析

关于这一角度的分析，高玉玲的《宋代妇女的财产处分权能与买卖契约效力》认为宋代妇女在法律中虽然拥有财产占有权，但是在对外交易中，其财产处分权仍受到限制，不具有独立的缔约资格。尽管宋代妇女在法律上是受限的民事主体，然而当时的立法和司法中仍肯定其对从娘家取得的财产以及夫亡家庭的财产处分具有一定的干预权，并对买卖契约的效力产生决定性影响，体现了宋代妇女民事权利的发展和进步。⑤ 湘潭大学硕士赵

① 姚红：《从寡妇财产权的变化看两宋女子地位的升降》，《浙江学刊》1993 年第 1 期。
② 宋东侠：《简析宋代在室女的财产权》，《青海师范大学学报》2002 年第 1 期。
③ 张本顺：《宋代奁产所有权探析及其意义》，《法制与社会发展》2011 年第 5 期。
④ 魏哲：《宋代妇女财产权研究——礼治与现实之间》，硕士学位论文，河南大学，2011 年。
⑤ 高玉玲：《宋代妇女的财产处分权能与买卖契约效力》，《淮南师范学院学报》2015 年第 1 期。

东明指出，与唐代相比较，宋代女性财产继承制度具有以下突出特点：宋代女性财产继承制度远比唐代规范、完备，并且处于不断变化之中。此外，官府热衷于与民争利也是宋代妇女财产继承法的一个特点。宋代妇女享有一定的财产权。我们既要充分肯定，但也不能估计过高。[①] 另外还有西北大学硕士赵旭《宋代女性户绝财产继承研究》一文，其研究内容时间限定为两宋时期，以女性继承人为研究对象，以法律规定和司法判例中关于宋代女性对户绝财产继承的内容为主要研究文本，可以说是对特殊情况中特殊人群的分析，一般来自于特殊，特殊又能反映一般，通过对特殊的研究以求能以小见大，从而对宋代女性的财产继承情况、财产权利，乃至宋代财产继承制度有更为多角度和动态的认识。[②] 魏哲的观点主要从宋代妇女在对父家、夫家的财产继承上都享有一定的份额，并且相对比其他朝代具有一定的先进性。她们获取继承财产的手段及途径也是丰富的，体现了两宋妇女生活水平及地位的提高。[③] 但是我们从中也可以看到，妇女在当时的地位相对男子来讲还是低下的，这不仅是男子作为社会主要劳动力的客观原因决定的，与封建社会千年来所倡导的女贞思想及理学影响也是分不开的。除此之外，王水根、李永、石异凡、李智萍，以及朱海琳等人也对此进行了相关研究。

近 15 年来针对妇女财产权的研究成果明显增多，但是其研究主要集中在笼统的概念之中，大部分是直接以妇女的财产权作为主题，并未把主题定义在宋代妇女身上，没有做到换个视角研究问题。另外，研究过多的阐述财产如何分配，研究的角度较固定，模式单一。

三　后妃研究

后妃是封建时代比较显贵的一个妇女阶层，在家天下皇位继承过程中，她们在皇室家族中占有重要的地位，尤其是皇后、皇太后、太皇太后及得宠的妃子，在一定程度上对当时的政治活动都会产生重大影响。其中既有为维护皇室王朝安危而为人称颂的贤妃，也有为一己私欲而祸国殃民的野心家。无论后妃功过与否，大多王朝都能为其立传，使其事迹传承后世，这也为史学研究提供了直接、客观的史料。

就宋代后妃干政问题，张明华在《北宋宣仁垂帘听政的心理分析》中认为，北宋宣仁太后垂帘时期，其面对内政外交和自己所处环境所产生的心理反应，并对此进行了剖析，认为这是政治形势的一种心理对应。他在《论北宋女性政治的蜕变》认为，北宋真宗刘皇后、仁宗曹皇后、英宗高皇后、神宗向皇后、哲宗孟皇后的听政，走的是一条人格弱化、权力弱化的下降路线。[④] 肖建新《宋代临朝听政新论》认为，宋代有 9 位后妃 10 次临朝听政，这较为罕见。但都未危及赵宋王朝统治。究其原因，与宋代后妃听政合法，依靠文臣取代依靠外戚、宦官以及与后妃自身的贤德有较大关系。[⑤] 刘广丰的《宋代后妃

①　赵东明：《宋代女性财产权研究》，硕士学位论文，湘潭大学，2007 年。
②　赵旭：《宋代女性户绝财产继承研究》，硕士学位论文，西北大学，2014 年。
③　魏哲：《浅谈两宋妇女的财产继承权》，《法制博览》2013 年第 11 期。
④　张明华：《北宋宣仁垂帘听政的心理分析》，《洛阳师范学院学报》2004 年第 1 期；张明华：《论北宋女性政治的蜕变》，《河南大学学报》2002 年第 1 期。
⑤　肖建新：《宋代临朝听政新论》，《社会科学战线》2003 年第 4 期。

与帝位传承》认为，宋代后妃参与政治的现象颇多，但较于其他朝代，遭诟病者甚少，究其原因，是因为宋代后妃参与政治，俱为男权政治服务，为赵宋皇朝服务。真宗刘后僭越行为虽多，野心也不小，但执政期间辅助仁宗处理朝政，并没有打破男权社会的正常秩序。英宗高后称制，尽革新法，更是符合男性士大夫们的意愿，因此长期以来受到称颂。而其他垂帘太后，虽然在帝位传承问题上有相当的权力，可以证明皇帝继位的合法性，但她们垂帘，本无预政之意，只是为新君顺利执政而垂帘。由此可见，宋代后妃在帝位传承中的特点，是在帝位传承过程中后妃作用相当普遍，但这种作用已从主动转向被动，她们在这过程中的权力与作用，只是神化了的皇权的象征与让渡，并且受到朝廷大臣的制约，它只是男性皇权的一种补充。① 另外，还有赵丹、谭平、鲍艺敏、张明华、付海妮、朱子彦、张云筝等人也对此进行了一系列相关研究。

近 15 年来关于后妃方面的研究总体上看还是停留在政治层面上，相比 2000 年以前，研究性的文章虽然增多，但突破性不大。比如诸葛忆兵的《论宋代后妃与朝政》②、祝建平《仁宗朝刘太后专权与宋代后妃干政》③、魏志江《论宋代后妃》④ 等。这些与现代研究的课题大致相同，所以应注重新方法、新视角的运用。另外，研究后妃的文章多与当时的政治密切相关，其实可以换个角度来关注下这一阶层的生活方面。

四 妇女在社会、经济、文化等方面的相关研究

（一）社会方面的研究成果

宋东侠通过写妇女在手工业、商业活动、劳动作用中变化来进行阐述宋代妇女在社会中的地位提高。⑤ 马莹莹的文章则是从宋代妇女的家庭地位和经济权利、经济地位和在经济发展中的作用以及宋代女子大胆开放及宋代出才女的现象进行了介绍。⑥ 另外，战秀梅的《宋代妇女经济活动探析》以"男耕女织"或深居"内闱"是人们对宋代女子社会角色的概括性认识，而在实际生活中，宋代各个阶层的妇女都参加经济活动，在参与的行业和参与程度上存在着明显的阶层差别。在士大夫家庭或秉持士风的家庭，妇女参与最普遍的是较少与生计相关的"女工"纺织活动，在农业和商业领域也可见到他们参与经营或组织管理。普通家庭的妇女则不仅广泛参与农业、商业和服务业的活动，而且在家庭生计中起着重要作用，她们占据整个社会女性数量的绝大部分。特别是在农业领域的耕织活动中，妇女的参与和作用与男性并无明显差异。⑦ 范梦则将目光投向了宋代下层妇女的社会生活，从宋代下层妇女教育、职业生活、公共生活三个方面进行探讨，期望通过对她们尽可能地了解，全面评价宋代妇女的历史地位问题。⑧ 苗玉勤从宋代妇女的地位、宋代妇女

---

① 刘广丰：《宋代后妃与帝位传承》，《武汉大学学报》2009 年第 4 期。
② 诸葛忆兵：《论宋代后妃与朝政》，《南京师大学报》1998 年第 4 期。
③ 祝建平：《仁宗朝刘太后专权与宋代后妃干政》，《史林》1997 年第 2 期。
④ 魏志江：《论宋代后妃》，《扬州师院学报》1994 年第 1 期。
⑤ 宋东侠：《浅议宋代妇女在社会生产中的作用》，《青海社会科学》2000 年第 6 期。
⑥ 马莹莹：《宋代妇女的生活及地位考》，《黑龙江史志》2009 年第 19 期。
⑦ 战秀梅：《宋代妇女经济活动探析》，《中国社会经济使研究》2010 年第 1 期。
⑧ 范梦：《宋代下层妇女的社会生活》，《西南农业大学学报》2010 年第 5 期。

在家庭、政治、经济、文化和社会公益事业中的作用。[①] 另外，张端认为，"程朱理学"的出现完善了封建礼教的理论体系，使对妇女的压迫合法化、公开化和系统化；缠足恶俗的蔓延使对妇女的压迫从精神发展到肉体，进一步加重了对妇女的摧残；再婚改嫁的禁止把封建礼教对妇女的束缚从思想意识发展到生活习惯，使妇女的地位更加每况愈下；娼妓业的繁荣把对妇女的玩弄合法化，使妇女的地位陷入万劫不复的境地。[②]

（二）经济方面的研究成果

关于经济方面的主要有铁爱花《论宋代女性的赈济活动》，该文主要从女性是宋代赈济活动中一股不可忽视的社会力量出发，宋代女性以多种方式对亲友、乡里和灾民等进行赈济。她们从事赈济活动并非仅因情感因素使然，还与当时的国家政策、社会舆论、宗教观念以及女性关怀社会的责任意识等因素有关。其资金来源主要有奁产、夫家家财、国家所赐封赏以及本家资产等。宋代女性从事赈济活动，为女性走出家庭，拓展自身生活空间提供了途径，有利于砥砺风俗，形成和谐互助的社会氛围，对缓解社会危机，稳定社会秩序，维护国家统治均有一定影响。[③]

除上述两方面外，关于宋代妇女的研究十分丰富，比如有妇女宗教信仰、妇女观、女户、女性饰品、女性孝道、妾问题、女性妆饰、妇女与佛教、生育等，另外还有针对宋代女性词人李清照的研究。

五　总结

综上所述，从 2010 年至 2015 年，有关宋代妇女史研究的文章日益增多，且其涉及面广，内容丰富，深入透彻，在前人研究的基础上，不停地研究创新，多角度、多范围的去深入到宋代女性政治生活当中。但是也要认识其存在的不足之处。

首先，由于国内妇女史研究起步晚，学者的研究大部分存在相似性。这也进一步说明国内研究领域对妇女史认识尚不够清楚。从近期的研究成果可以看出，学者对宋代的性别研究主要在妇女的婚姻生活与财产权方面，尤其是婚姻生活方面，其他方面研究成果不多。其次，研究方向大部分停留在一些普遍领域，并未对个别方向进行深入研究。比如妇女的教育、文化以及劳动妇女的研究文章不足，尚待加强。最后，在研究妇女史时，相当部分论文不接受或很少了解社会性别理论，不自觉地以封建士大夫的眼光看待妇女问题。理论方法还停留在传统的视角上，缺乏国外的先进理论。近 15 年可谓是硕果累累，值得我们去肯定。另外，在不停地发展当中，同样存在其不足之处，比如与前代比较性的研究尚少，大部分仅仅停留在"宋代"的局限里，这与我国妇女史研究较晚有关，相信在不断的发展过程中，这一问题会得到解决。

---

① 苗玉勤：《试论宋代妇女的地位及其社会作用》，硕士学位论文，郑州大学，2005 年。
② 张端：《略论宋代妇女的社会地位》，《广西教育学院学报》2006 年第 5 期。
③ 铁爱花：《论宋代女性的赈济活动》，《西北师大学报》2009 年第 4 期。

20世纪以来国内宋代儿童史研究综述

铁爱花　　侯艳兰

受西方史学影响，我国近世以来社会史研究的范围逐渐扩大，许多之前从未受到重视的研究领域逐渐得到史家的重视。儿童史的兴起就是社会史研究领域不断拓展的最好体现。提到儿童史，不得不说公认的儿童史鼻祖——法国年鉴学派大师菲力普·阿利埃斯，他于1960年出版的《儿童的世纪——旧制度下的儿童和家庭生活》① 一书，开启了儿童史研究的先河，在中西儿童史研究中具有里程碑意义。此后，人们逐渐认识到儿童这一弱势群体在整个人类历史长河中的重要角色，对其研究也从未再中断。

总体来说，我国港台地区学者较大陆学者早些关注我国历史上的儿童，最具代表性的就是台湾学者熊秉真女士。熊女士的童年"三部曲"②，可以说填补了我国古代儿童没有历史的空白，为后来学者更深层次挖掘我国古代儿童的历史面貌，奠定了稳固的基础。对于宋以前儿童史的论述不多，主要有王子今的论著《汉代儿童生活》③，该书主要从汉代社会的儿童观、汉代儿童的游艺生活、童蒙教育、儿童卫生健康等几个方面进行了系统论述，使我们对于汉代儿童的生活有一较为全面的认识。另外，李建国《汉代的童蒙识字教育》④ 及郭炳瑞《两汉童蒙教育研究述评》⑤ 等文对于两汉时期童蒙教育进行了不同层面的探讨。唐代儿童史研究较为薄弱，目前尚未有专著出版，或只是散见于社会史的相关著作及论文中。宋元之后，到明清时期，儿童史研究的成果也寥寥无几。主要以熊秉真女士的童年"三部曲"及其相关论文为代表。如熊秉真女士所写《好的开始——中国近世士人子弟的幼年教育》⑥《幼蒙、幼慧与幼学：近世中国童年论述之起伏》⑦ 及《传统中国的乳哺之道》⑧ 等文章，对明清及近世以来儿童的教育、养育及母子关系等问题进行了

① ［法］菲利普·阿利埃斯：《儿童的世纪——旧制度下的儿童和家庭生活》，沈坚、朱晓罕译，北京大学出版社2013年版。

② 分别是熊秉真：《幼幼：传统中国的襁褓之道》（联经出版事业公司1995年版）；熊秉真：《安恙：中国近世儿童的疾病与健康》（联经出版事业公司1999年版）；熊秉真：《童年忆往——中国孩子的历史》（麦田出版股份有限公司2000年版）。

③ 王子今：《汉代儿童生活》，三秦出版社2012年版。

④ 李建国：《汉代的童蒙识字教育》，《文史知识》1999年第2期。

⑤ 郭炳瑞：《两汉童蒙教育研究述评》，《学理论》2013年第6期。

⑥ 熊秉真：《好的开始——中国近世士人子弟的幼年教育》，载"中央研究院"近代史研究所编《近世家族与政治比较历史论文集》，"中央研究院"近代史研究所1992年版。

⑦ 熊秉真：《幼蒙、幼慧与幼学：近世中国童年论述之起伏》，《"中央大学"人文学报》2008年第36期。

⑧ 熊秉真：《传统中国的乳哺之道》，《"中央研究院"近代史研究所集刊》1992年第21期。

深入探讨。

　　笔者通过大量阅读后发现，与秦汉、隋唐、明清时期儿童史研究成果相照，有宋一朝儿童史研究取得了更为丰硕的成果，但是并未有学者对此进行整体之梳理。有鉴于此，笔者就目前所掌握的材料对 20 世纪以来国内宋代儿童史研究做一整理回顾，希冀可以推动宋代儿童史研究继续走向深入。不妥之处，恭请方家批评指正。

一　儿童教育研究

　　儿童教育问题是儿童史研究中的一个重要切入点，其涵盖内容非常广泛，包括儿童所受家庭教育、童蒙教育、学校教育等多个方面。而有关宋代儿童教育方面的研究在两宋儿童史研究成果中占据了将近一半的比重，取得了丰硕成果。

（一）家庭教育

　　家庭教育对于一个人的成长有着至关重要的意义。每个儿童从呱呱坠地的那一刻起，无不时刻受到家庭的呵护，父母的宠爱。有宋一朝，是我国教育高度发展的时期，家庭教育尤是。论著方面，马镛先生的《中国家庭教育史》①，是第一部系统论述我国从先秦至清代家庭教育的论著。书中较全面地反映了我国数千年家庭教育的经验教训，为今天的家庭教育提供了宝贵的历史借鉴。书中将宋元时期的家庭教育作为一整体来研究，为我们展示了许多弥足珍贵的家庭教育场景。此外，还有诸多通史性的教育专著，限于篇幅，故不再列举。这些教育通史著作或多或少都涉及宋代儿童所受家庭教育。但都比较简略，未做深入的分析探讨。断代史专著方面，有袁征主编《宋代教育——中国古代教育的历史性转折》②和苗春德主编的《宋代教育》③及赵国权主编《南宋教育史》④，三本书大致都是对宋代家庭教育的类型、教材与教育内容及家学等问题进行的探析。另外值得一提的是台湾学者周愚文先生《宋代儿童的生活与教育》⑤一书，可谓是宋代儿童史研究的开山之作，该书分生活与教育上下两篇，在下篇教育方面涉及儿童的家庭教育。论文方面，邢铁《宋元时期的家庭教育》⑥一文从家教的形式和内容两个方面对宋元时期的家教作了详细的考察，认为宋代家教主要以私塾形式开办，家教的内容以识字为手段，目的是教给子弟们生产生活知识、灌输伦理道德观念、讲述为人处事的经验。随后，贾芳芳《宋代家庭教育》⑦一文从宋代家庭教育发达的原因、教育形式的多样化、教育内容的丰富性、教育理念的先进性及教材的完备性 5 个方面全面论述了宋代家庭教育的基本面貌。此外，还有黄宝权《宋代家庭教育研究》⑧一文，此篇硕士论文纵贯前面的研究成果，同时也提出自

①　马镛：《中国家庭教育史》，湖南教育出版社 1997 年版。
②　袁征主编：《宋代教育——中国古代教育的历史性转折》，广东高等教育出版社 1991 年版。
③　苗春德主编：《宋代教育》，河南大学出版社 1992 年版。
④　赵国权主编：《南宋教育史》，河南大学出版社 1992 年版。
⑤　周愚文：《宋代儿童的生活与教育》，师大书苑有限公司 1996 年版。
⑥　邢铁：《宋元时期的家庭教育》，《河北师范大学学报》（教育科学版）2004 年第 3 期。
⑦　贾芳芳：《宋代家庭教育》，《河北大学学报》（哲学社会科学版）2007 年第 4 期。
⑧　黄宝权：《宋代家庭教育研究》，硕士学位论文，河南大学，2009 年。

己的新意，从宋代家庭教育兴盛的背景与成因分析、家教的类型方式、家教的内容、家教的方法归类及宋代家教对后世的影响启示等五个方面进行了系统的阐述。同时，出现了专以儿童为核心的家庭教育论文，翁越《宋代儿童的家庭教育》① 一文以家训、笔记、墓志、绘画等史料为主，来探讨宋代儿童的家教内容和方式。作为首次将儿童与家庭教育相结合的尝试，有一定的学术价值。

此外，对于家庭中女孩的教育，在有宋一朝，也是较为重视的。司马光就认为不论男女，从小都应受到教育。马莉《宋代女子教育》② 一文将女子教育分为宫廷、宦门和平民三个阶层，详细论述了各自的教育渠道、内容与成就，展示出宋代女子教育的时代特色。但是总体而言，有宋一朝能够接受教育的女孩还是少数，主要是上层仕宦阶层。大多数平民百姓家的男孩都没有条件接受更多教育，更不用说女孩了。

（二）童蒙教育

童蒙教育，涵盖内容较广，即通过家庭、学校、社会三方面来对儿童进行知识、道德人伦等方面的教育。目前学术界对于宋代童蒙教育的研究可以从宏观和微观两方面进行梳理。宏观方面的研究，如郅美丽《宋代蒙学教育研究》③、李晖《简论宋代蒙学教育》④ 及郭忠羽《宋代童蒙教育研究》⑤ 三篇硕士论文，三篇文章大体是从宋代童蒙教育兴盛的原因、教育形式、内容、教材、特点与影响等几个方面去论述，对于有宋一朝童蒙教育的情况作了整体研究。另外，还有结合区域史视角进行的尝试，如陈国灿《宋代两浙路蒙学初探》⑥ 及李琳琦《宋元时期徽州的蒙养教育述论》⑦ 两文。微观方面，包括对宋代童蒙教材、童蒙教育兴盛原因及童蒙教育特点等问题的细致探讨，如熊承涤《宋代的蒙学教材》⑧ 一文，首先对宋代儿童的蒙养教材如《千字文》《续千文》《三字经》《百家姓》《千家诗》等进行了逐一分析，探讨其成书作者、内容、特点等，同时也指出当时蒙学教材的繁盛与当时宋人对儿童教育的重视、理学的兴起、印刷术的发展等密切相关，教材的内容和形式也是多种多样。袁征《宋代小学的课程和教材》⑨ 一文，主要是将童蒙的教育限定在小学这个阶段，对此阶段童蒙所设课程及教材进行了细致的分析。最后，湖北大学郭娅的《宋代童蒙教育的主要特点》⑩ 及《宋代童蒙教育兴盛的原因及意义》⑪ 两篇文章，从蒙养教育的特点、兴盛原因及特点方面作了深入探讨。

---

① 翁越：《宋代儿童的家庭教育》，硕士学位论文，上海师范大学，2013 年。
② 马莉：《宋代女子教育》，硕士学位论文，河南大学，2003 年。
③ 郅美丽：《宋代蒙学教育研究》，硕士学位论文，南京师范大学，2004 年。
④ 李晖：《简论宋代蒙学教育》，硕士学位论文，华中师范大学，2005 年。
⑤ 郭忠羽：《宋代童蒙教育研究》，硕士学位论文，福建师范大学，2012 年。
⑥ 陈国灿：《宋代两浙路蒙学初探》，《浙江师大学报》（社会科学版）1998 年第 6 期。
⑦ 李琳琦：《宋元时期徽州的蒙养教育述论》，《安徽史学》2001 年第 1 期。
⑧ 熊承涤：《宋代的蒙学教材》，《课程·教材·教法》1990 年第 5 期。
⑨ 袁征：《宋代小学的课程和教材》，《河北学刊》1991 年第 2 期。
⑩ 郭娅：《宋代童蒙教育的主要特点》，《史学月刊》2001 年第 5 期。
⑪ 郭娅：《宋代童蒙教育兴盛的原因及意义》，《湖北大学学报》（哲学社会科学版）2003 年第 1 期。

（三）学校教育

我国古代儿童到 8 岁以后就要进入学校，接受小学教育。关于宋代学校教育的著作有周愚文先生的《宋代的州县学》[①] 一书，书中研究了宋代各路州县学的设置、经费来源、设立目的、师资力量、学生学习状况等多方面内容。此外，该书还附有丰富的各路州县学表格，是研究宋代学校教育的有利参考工具。另外，袁征《宋代教育——中国古代教育的历史性转折》[②] 一书虽是笼统的论述宋代教育，但是其中有很大篇幅也是在论述宋代的学校教育。池小芳《中国古代小学教育研究》[③] 一书，对宋代小学的发展、课程、教材、教法、小学的管理等内容进行了详细的论述。其中涉及以往研究并未注意到的宋代小学教育的新颖内容，如对小学经费的管理、小学教师的选用与管理等。论文方面，袁征《宋代学校教学内容的变化与理学统治地位的确立》[④] 一文，论述了宋代学校教育内容更迭发展的四个阶段，指出这个过程实际上就是朝廷寻找新的统治思想的过程，直到南宋理学成为主导思想，我国古代文化也进入到后期的历史性转折时期。此外，还有郭宝林《北宋的州县学》[⑤] 及周愚文《宋代的小学教育》[⑥] 和王善军《宋代族塾义学的兴盛及其社会作用》[⑦] 等重要文章从不同的层面对宋代的教育，包括小学教育、大学教育、教育制度、机构等内容进行了讨论，对我们更全面地认识宋代的学校教育有很大帮助。

二 文学、艺术作品与儿童研究

有宋一朝，在我国古代文学及艺术史上，可以说是独领风骚、独树一帜。各种题材的文学作品层出不穷，唐诗发展到宋代越发成熟，最引人瞩目的便是宋词。文人作家妙笔生花，儿童天真可爱的形象，自然也逃不了他们的取裁，无论是诗词，还是笔记小说，都有儿童的身影存在，这些文学作品为我们寻觅宋代儿童的历史足迹提供了宝贵资料。除了文学作品，宋代的艺术作品，尤其是绘画更是发达，作为皇帝的宋徽宗，对绘画更是情有独钟。而绘画中儿童的身影更是多见。如宋代《婴戏图》中对于儿童形象的塑造，成为研究宋代儿童非常宝贵的史料。

文学作品方面，马秀娟《宋代的神童与神童诗》[⑧] 一文，对宋代智慧早熟的"神童"及其神童诗的创作进行了探讨，作者认为宋代神童思想感情的老练和写诗技巧的娴熟已超越了年龄界限，天真活泼的孩童影子在诗中已难寻觅，并对宋代神童多现的历史背景作了深层次分析。姚海英《宋元社会生活的形象透视——以宋元小说中的儿童形象为视角》[⑨]

---

① 周愚文：《宋代的州县学》，"国立"编译馆 1996 版。
② 袁征：《宋代教育——中国古代教育的历史性转折》，广东高等教育出版社 1991 年版。
③ 池小芳：《中国古代小学教育研究》，上海教育出版社 1998 年版。
④ 袁征：《宋代学校教学内容的变化与理学统治地位的确立》，《教育评论》1991 年第 5 期。
⑤ 郭宝林：《北宋的州县学》，《历史研究》1988 年第 2 期。
⑥ 周愚文：《宋代的小学教育》，《教育研究集刊》1995 年第 6 期。
⑦ 王善军：《宋代族塾义学的兴盛及其社会作用》，《中国史研究》1999 年第 2 期。
⑧ 马秀娟：《宋代的神童与神童诗》，《中国典籍与文化》1992 年第 3 期。
⑨ 姚海英：《宋元社会生活的形象透视——以宋元小说中的儿童形象为视角》，《江西社会科学》2008 年第 4 期。

一文，从宋元小说中儿童形象的塑造入手，对当时的社会生活作一形象透视。再现了"孝亲"的家庭伦理关系，反映了商业经济的发展与娱乐文艺的兴盛，同时折射出佛教思想的流行及民间宗教信仰的活跃。该文角度新颖、说理透彻，值得借鉴。陈芳《宋代儿童诗研究》① 一文，从儿童文学的角度探讨宋代儿童诗的发展情况，归纳出宋代儿童诗的类型并分析其艺术特色，可供儿童文学研究者借鉴。

艺术作品方面，主要是围绕《婴戏图》进行的一系列研究。如王琳《从宋代"婴戏画"看政府社会对儿童健康的重视》② 一文，从医学审视的角度切入，通过《婴戏图》这种特殊媒体所展现出的重子观念、重视儿童健康及教育等内容，探讨了宋代统治者为保证儿童健康所制定的各项政策法令和儿科疾病的防治体系，以及社会力量对儿童的体恤和关心等问题。林燕《从〈婴戏图〉看两宋时期的儿童生活实景》③ 一文，对反映儿童玩乐、游戏及生活场景的《婴戏图》进行了分析，从图中儿童服饰、家居摆设、环境、玩具、游戏、学校教育等方面，还原了当时儿童生活的实景，为我们展示了一幅生动活泼的历史画面。

三 产育风俗及儿童慈善救助研究

由于宋代盛行溺婴的旧俗，宋代统治者针对这种风气，制定了慈幼政策并设立了慈幼机构，来收养抚育需要帮助的幼童。除了政府慈幼之外，民间个人也是积极参与到慈幼的行列中，这样就使得儿童的基本生存生活得到保障。关于宋代产育习俗的研究，有台湾学者刘静贞《不举子——宋人生育问题》④ 一书，针对宋代"不举子"的风俗，探讨了出现这种现象的深层原因。另外，吴宝琪《宋代产育之俗研究》⑤ 是对宋代产育习俗的整体探究，论述了宋人当时的胎教优生认识、生子庆祝习俗、溺子弃婴习俗及出现溺子杀婴的原因等方面的内容，指出有宋一朝的产育习俗既有值得肯定的良俗，也有应予以批判的陋习。关于宋代溺子不举的论述，还有诸多成果，兹不再赘述。

有宋一朝的儿童慈善救助是比较发达的。有关儿童慈善救济的研究也是数不胜数。宋采义等《宋代官办的幼儿慈善事业》⑥ 一文，对于宋代官方的慈幼事业发展历程及实施作了详细的追溯，指出在宋代"生子不举"、弃子成风的社会背景下，慈幼局之类的慈善事业所能解决的实际问题，不过是杯水车薪。但是在封建专制的宋代，力创慈善事业，济民之苦，一定程度上也缓和了当时的社会矛盾，应该留下光辉耀眼的一笔。屈超立《宋代收养制度研究》⑦ 一文，从法律角度对宋代收养孩子的条件、养父母与养子女之间的关系

---

① 陈芳：《宋代儿童诗研究》，硕士学位论文，福建师范大学，2009 年。

② 王琳：《从宋代"婴戏画"看政府社会对儿童健康的重视》，《南京中医药大学学报》（社会科学版）2012 年第 1 期。

③ 林燕：《从〈婴戏图〉看两宋时期的儿童生活实景》，《博物馆研究》2013 年第 1 期。

④ 刘静贞：《不举子——宋人生育问题》，稻香出版社 1998 年版。

⑤ 吴宝琪：《宋代产育之俗研究》，《河南大学学报》（社会科学版）1989 年第 1 期。

⑥ 宋采义等：《宋代官办的幼儿慈善事业》，《史学月刊》1988 年第 5 期。

⑦ 屈超立：《宋代收养制度研究》，载四川大学古籍整理研究所编《宋代文化研究》第 2 辑，巴蜀书社 1992 年版。

问题进行了探讨，一定程度上揭示出宋代人身依附关系的松弛。柳立言《养儿防老——宋代的法律、家庭与社会》① 一文，从法律的角度论述了特殊的供养关系，即继子、义子、赘婿在继承权和与生父母、养父母在关系上的区别与互动。杜本礼《北宋开封的慈善收容机构》② 一文从区域史的角度着手，论述了作为宋代京都的开封地区的慈善事业。另外，郭文佳的《宋代幼儿生养与救助述论》③ 及《简论南宋的幼儿生养与救助》④ 两文，从宋代幼儿的救助入手，指出对于家庭贫困的孕妇妊娠、新生儿出生，到荒年幼儿的遗弃，宋政府都有明确的救助和保护措施，并设有专门的慈幼机构。这些救护措施及机构的设置，对后世特别是明清时期的幼儿教育有着深远影响。

四 儿童医疗卫生研究

最早从医疗史的角度对宋代儿童进行研究的是一批医学专业的学者。宋代作为我国医药学飞跃发展的时代，儿科在此期间取得的成就更为显著，一系列儿科医书出现并得以刊印。尤其值得一提的是北宋著名的儿科医学家钱乙，著有我国现存最早的一部儿科专著——《小儿药证直诀》。无论是理论还是实践，钱乙对我国古代儿科的发展乃至整个中医理论体系都有着重要影响。因此，对钱乙及其著作的研究在整个宋代儿童医疗史上占有很大比重。如马堪温的《〈小儿药证直诀〉一书中的科学成就》⑤ 一文，对钱乙的儿科医疗著作《小儿药证直诀》一书的历史价值及医书在理论和实践方面的应用进行了详细论述。该文认为《小儿药证直诀》不仅是我国现存最早并最突出地体现了祖国医学的理、法、方、药的科学专书，而且它进一步充实和发展了中医学辩证施治的理论。20 世纪 80 年代，则涌现出诸多注释、点校《小儿药证直诀》一书的著作，这些点校著述，为后人研究钱乙及其儿科医疗思想乃至宋朝的医疗提供了方便。

宋时，对于妇人孕育胎教的医书，首推宋人陈自明所著《妇人大全良方》一书，其中对于婴儿孕育及胎教及幼儿卫生的论述，对我们了解宋代儿童的孕育及卫生习俗有重要意义。因此，今人对其也进行了点校及注释研究，如（明）薛己校注、许润三等注释《〈校注妇人良方〉注释》⑥，为我们的研究提供了很大方便。另外，还有对其他一些儿科医书的点校整理，如（宋）杨士瀛著、王致谱校注《仁斋小儿方论》⑦、（宋）刘昉撰、《幼幼新书》点校组点校《幼幼新书》⑧ 等。总之，从医疗史的角度审视，这些研究对于我们更深入地了解宋代儿童的生活提供了一个新颖独特的视角。可以说，医疗史的视角正

---

① 柳立言：《养儿防老——宋代的法律、家庭与社会》，载汉学研究中心编《中国家庭及其伦理研讨会论文集》，台北汉学研究中心，1999 年。

② 杜本礼：《北宋开封的慈善收容机构》，《中州今古》2000 年第 3 期。

③ 郭文佳：《宋代幼儿生养与救助述论》，《烟台大学学报》（哲学社会科学版）2003 年第 3 期。

④ 郭文佳：《简论南宋的幼儿生养与救助》，《商丘师范学院学报》2004 年第 1 期。

⑤ 马堪温：《〈小儿药证直诀〉一书中的科学成就》，载自然科学史研究所编《科技史文集》第 3 辑，上海科学技术出版社 1980 年版。

⑥ （明）陈自明：《〈校注妇人良方〉注释》，（明）薛己校注，许润三注释，江西人民出版社 1983 年版点校。

⑦ （宋）杨士瀛：《仁斋小儿方论》，王致谱校注，福建社会科学技术出版社 1986 年版。

⑧ （宋）刘昉：《幼幼新书》，《幼幼新书》点校组点校，人民卫生出版社 1987 年标点本。

在为儿童史的研究打开了一扇广阔的窗。

五　家训族规与儿童研究

宋代，受当时崇文抑武政策影响，家庭（族）中的长辈非常重视子弟的教育。随着家庭教育的发展，家训族规这种教育形式便在子弟的教养过程中扮演着重要角色。一些上层大族为教育子弟编写出适合本族的族规训诫，从小对其进行思想教育的灌输。比较著名的如司马光《温公家范》、袁采《袁氏世范》、朱熹《朱子家礼》等，这些家训族规虽然出自不同人之手，但是其核心思想都是以儒家传统思想为基调，希望塑造出恪守儒家仁、义、礼、智、信的封建儒者。因此，通过对这些家训族规的分析研究，可以一窥当时儿童的生活空间及所受教育情况。论著方面，铁爱花《宋代士人阶层女性研究》① 一书中关于宋代家训家法对士人阶层女子从小的约束与教育作用有着详细论述。论文方面，杨志刚《〈司马氏书仪〉和〈朱子家礼〉研究》② 一文，对宋代两部关于家庭礼仪的著作进行了探究。作为家族生活运作的行动指南，二书在训导子弟养成良好的品行修养，以及达到敬宗收族之效果方面，有不可忽视之意义。而关于司马光《温公家范》的研究，也是颇有成就，如陈谷嘉等《论〈司马温公家范〉的家庭伦理思想》③ 一文对《温公家范》一书在家庭伦理教育方面的阐述进行了分析，指出《温公家范》一书在子弟品行教育方面的道德评价体系，如"父慈子孝""母教"的示范作用、子弟财产的分配等方面，体现出传统美德在理论上的筛选和沉淀。总之，通过对宋代家训族规内容的探析，可窥家庭中长辈认为从小对儿童进行儒家纲常伦理之灌输的重要性及普遍性。

六　其他领域有关儿童的研究

自儿童史研究兴起之后，不仅是历史学家，同时也吸引了教育学、哲学、文学、体育学、美术学等领域的学者投入到儿童史的研究中。这些学者从自己的专业背景出发，相对于历史研究者往往有着独到的思路，不仅拓宽了儿童史研究的领域，同时也让历史研究者得到更多的启示。

随着考古资料的不断发掘，有关儿童史的资料也逐渐丰富起来，如谭淑琴《略谈宋代元符年间一组幼儿墓志》④ 一文，对于宋哲宗元符年间以哲宗女儿杨国公主墓志为主，兼有其他 5 方陪葬幼儿墓所构成的墓志群进行了分析研究。由于这些宗世幼儿还未成年就不幸夭折，为了表达父母亲人的哀思，故而立一批墓志。虽然墓志内容较为简短，但是可以帮助我们了解宋代皇族的袝葬情况以及宋代封建统治者严格的等级制度。

儿童的生活离不开游戏，王其慧《从宋代风俗画中看儿童游戏的多样性》⑤ 一文，从宋代的风俗画作中窥见儿童的娱乐游戏，如蹴鞠、击球、嬉水垂钓、骑竹马、舞狮子等活

---

① 铁爱花：《宋代士人阶层女性研究》，人民出版社 2011 年版，第 173—188 页。

② 杨志刚：《〈司马氏书仪〉和〈朱子家礼〉研究》，《浙江学刊》1993 年第 3 期。

③ 陈谷嘉等：《论〈司马温公家范〉的家庭伦理思想》，《求索》1994 年第 5 期。

④ 谭淑琴：《略谈宋代元符年间一组幼儿墓志》，《史学月刊》1994 年第 5 期。

⑤ 王其慧：《从宋代风俗画中看儿童游戏的多样性》，《体育文史》1991 年第 6 期。

动，这些活动不仅内容丰富、形式多样，更重要的是有益于儿童身心健康的发展。对于宋代儿童服饰的研究相对较少，有刘亚平《宋代婴戏图儿童首服特征》① 一文以可信度较高的宋代婴戏图题材为研究对象，通过观察及文献资料的佐证，对宋代儿童的发式等进行了分类整理。

最后，还有科举与儿童关系之研究，由于宋代士人要进入仕途，基本都得通过科举考试，因此，从小对儿童的教育就朝着科举方向，同时，统治者也设立童子科来选拔才学聪慧之人，进入仕途。如汪圣铎《宋代的童子举》② 及祖慧、周佳《关于宋代童子科的几个问题》③ 两篇文章，都是对宋代神童与科举关系的探讨。

七 结语

自 20 世纪 60 年代的西方儿童史研究开始，对于儿童史的研究再也没有中断过，儿童这一之前从未被注意过的社会群体开始逐渐出现在人们的视野中。但是由于发展起步晚、资料少等原因，使得儿童史研究面临较大困难。但是，我们也欣喜地看到多学科交叉研究的介入为儿童史研究注入了新的活力，拓宽了儿童史研究的范围。为我们全面了解古代儿童的形象提供了诸多新视角。

综上，宋代儿童史研究虽然取得了不少成就，但是总体上看只能算冰山一角，很多问题的探究还停留在表面，未能深入分析并建立起全面的理论体系。笔者希望通过自己的这一番整理归纳，能够对从事儿童史研究的学者有所帮助，更希望此番努力能够引起更多的学者从事到儿童史的研究中，一起为儿童写史。

---

① 刘亚平：《宋代婴戏图儿童首服特征》，《山东纺织经济》2013 年第 12 期。
② 汪圣铎：《宋代的童子举》，《文史哲》2002 年第 6 期。
③ 祖慧、周佳：《关于宋代童子科的几个问题》，《中国史研究》2005 年第 4 期。

宋代文人结社研究综述*

庞明启

文人结社在唐代萌芽，在宋代大盛，数量众多、活动频繁，产生了大量的文学作品。目前就宋代文人结社所作的研究已经非常可喜，硕果累累。兹就相关研究论文和专著做一个全面的梳理和把握，从中找出一些问题并思考相应的解决办法。

一 宋代文人结社研究总论类论文及专著

（一）在宋代文人结社的总体把握上，研究成果虽然不算丰富，但也取得了不少成果

史江在其 2002 年博士论文《宋代会社研究》② 的第六章《文化娱乐性会社》的第一节《诗社、文会》列举了"彭城诗社""颍川诗社""豫章诗社""许昌诗社"等二十九项，有的冠以地名，有的冠以人名，皆有简短的考证。但是第二十八项"与江湖诗派有关的诗社"与 1996 年欧阳光《宋元诗社研究丛稿》下编《与江湖诗派有关的诗社》内容多有相似。此节最后，又总结出若干特点，颇为精当，但某些论点的论据尚须补充。因为作者所写为宋代各种类型之会社，不专于文学研究，亦不必求全责备。

2005 年许伯卿的《论宋代文学会社的繁荣及其原因》③ 从六个方面探讨宋代文学会社盛行的原因，一是"以文会友"的传统，二是民间结社风气的影响，三是求雅的生活情调，四是科举考试，五是文人在乱世的聚合。他还运用了"同辈群体效应"的心理学研究成果，但是篇幅太大，颇有游离主题之嫌。整篇文章立足点较高，尤其是第二点和第三点原因归纳非常到位。

2005 年马茂军的《宋代文人的群体意识与诗歌创作》④ 从文人群体性上探讨宋代文人结党、结社、结派、结盟的意识，认为他们热衷于以群体的形式存在并体现价值。第三部分"文学上自觉结社意识"认为诗社是他们退出政治、回归文人本性的业余活动，分析了诗社与宋诗创作的关系，认为诗社与诗歌流派与诗人团体皆有密切关系。文章立足点很高，观点亦无偏颇，但论述不充分，只是简单罗列一些基本常识。

2008 年周扬波在《宋代士绅结社研究》⑤ 一书的第五章和第六章分别对宋代的耆老

* 中国人民大学科学研究基金(中央高校基本科研业务费项资金资助)项目"宋代真率会及其诗词创作研究"(编号：15XNH035)阶段性成果。

② 史江：《宋代会社研究》，博士学位论文，四川大学，2002 年。

③ 许伯卿：《论宋代文学会社的繁荣及其原因》，《苏州大学学报》2005 年第 3 期。

④ 马茂军：《宋代文人的群体意识与诗歌创作》，《辽宁教育行政学院学报》2005 年第 3 期。

⑤ 周扬波：《宋代士绅结社研究》，中华书局 2008 年版。

会和文艺会社进行了研究。在第五章第一节里，他在欧阳光《宋元诗社研究丛稿》统计的 13 个耆老会的基础上增加至 34 个，以表格形式列出。第二节《洛阳耆英会与王安石变法》首先对洛阳耆英会成员进行考辨，接着从变法反对者群体的角度论述他们结社的原因，并分析各成员在元祐更化时期的表现。第二节考证分析南宋鄞县耆老会中五老会、真率会、尊老会、棋社的成员以及诸会在鄞县的作用，包括推动公益事业、教化乡里、敬宗睦族三个方面。第六章"文艺会社"列举并评述了诗社、学术会社、莲社及其他文艺会社。其中以表格形式举出了 98 个诗社，非常完备。对诸会社的评论集中在政治和文化上面，基本未涉及文学。此书和欧阳光《宋元诗社研究丛稿》是宋代文人结社研究论文中最经常引用的两本专著。

2010 年董春林在《宋代会社研究综述》① 一文中对之前的宋代会社研究成果进行了概述，认为虽然研究成果很丰富，依然存在一些问题，包括研究视角局限、会社种类研究不均衡、理论缺失。

2012 年李玉栓的《中国古代的社、结社与文人结社》② 一文认为学界在中国古代文人结社的研究上对理性研究未引起足够重视，对什么是结社，结社与群体、集团、政党等概念的联系与区别，结社的要素、形态、类型，什么叫文人结社等基本问题加以阐释。此文虽不是专门说宋代文人结社的，但由于它探讨的是文人结社的内涵和外延等基础理论，理当对包括宋代及其他朝代的文人结社研究起到理论和视角的启迪作用。

（二）还有些论文研究文人集会与结盟，中间也包含了不少文人会社的内容

2005 年熊海英的博士论文《北宋文人集会与诗歌》③ 以怡老会、曝书会、茶会、中秋聚会和诗社为基础，在全面考察五种集会的新变上探讨北宋文人集会的特质：创作争胜意识和娱乐心态；以题、序、注作为诗歌的补充；人我关系开始成为诗歌内容；多以人文题材和学问入诗。该文认为诗话源于文人集会，其中多有诗歌评论，文人集会与诗歌体派的发展有对应关系。最后探讨了文人集会的思想背景，即"雅"的文化品格、"乐"的感情基调、"群"的活动方式。其所举文人会社的主要案例很有典型性，对文人集会中诗歌创作心态、方法与诗歌内容的归纳以及思想背景的挖掘也很到位。但该文没有对文人集会与结社进行概念区分，也没有说明集会中产生的诗歌与其他场合下的诗歌创作的不同点。

2009 年广西师范大学的肖昌菊、王淋淋皆以宋代文人的结盟风气与文学的关系为硕士论文研究对象，分别为《宋初三朝文人的结盟风气及诗史意义研究》④《南宋文人的结盟风气及文学史意义研究——以"两浙地区"为中心》⑤。前者认为宋初三朝文人结盟现象有四种类型：以文坛盟主为中心的文人群体、以乡野文士为主的诗人群体、文人结社、政治朋党四种类型。在文人结社方面列举了怡老会、同年会、禅会、莲社、诗社五种形

① 董春林：《宋代会社研究综述》，《西华大学学报》（哲学社会科学版）2010 年第 6 期。
② 李玉栓：《中国古代的社、结社与文人结社》，《社会科学》2012 年第 3 期。
③ 熊海英：《北宋文人集会与诗歌》，博士学位论文，复旦大学，2005 年。
④ 肖昌菊：《宋初三朝文人的结盟风气及诗史意义研究》，硕士学位论文，广西师范大学，2009 年。
⑤ 王淋淋：《南宋文人的结盟风气及文学史意义研究——以"两浙地区"为中心》，硕士学位论文，广西师范大学，2009 年。

式，论述较为简略，也许是资料比较匮乏的缘故。其他三方面内容非常丰富。后者分上中下三编，分别为纵向研究，概览了南宋前、后期史浩、杨万里、汪大猷、杨缵、周密、宋代遗民几大文人群体结盟；横向考察，以南宋怡老会为中心并结合地域文化进行梳理；南宋文人结盟的文学史意义研究，提高宋词地位、推动宋诗中兴、促进两浙文学繁荣、为后世文人结盟活动树立楷模。其中涉及的文人会社很多，主要为史浩、汪大猷的各种怡老会社以及杨缵、周密等人的词社、吟社。此文结构宏大、内容丰富，相当于一部南宋文人结盟史，但对文人结盟和文学的关系论证很少，主要集中在第三编第一章，且前两编中列举的所有会社几乎都在《宋元诗社研究丛稿》《宋代士绅结社研究》二书中出现过，在叙述、论证方面也亦步亦趋，没有多少创新点。该文也没有把诗社、词社、吟社等专门的文学会社和不以文学创作为主要目的的怡老会社区分开来，在论述怡老会社等非专门的文学会社上也没有挖掘出它们与文学的联系。诸如此类，是这篇文章最大的缺憾。

二　宋代诗社研究论文及专著

（一）对宋代诗社进行总体性观照的研究

研究宋代诗社最早的专著为 1996 年欧阳光的《宋元诗社研究丛稿》①，分上下两编，上编为宋元诗社研究，有十个部分，即：宋代诗社与诗歌流派、宋元科举与文人会社、宋代的怡老诗社、元初的遗民诗社、元代诗社与书会、月泉吟社的结社与活动形式、月泉吟社作者群略考、汐社简论、宋遗民诗人方凤生平与创作初探、与元初遗民诗社有关的一次政治活动——六陵冬青之役考述。下编为宋元诗社丛考，考证出 56 个诗社，主要为诗社和怡老会社。此书第一次对宋元诗社进行了系统的梳理，为宋代文人结社研究奠定了基础，具有开创之功，影响巨大。缺憾在于将怡老会社如耆英会、真率会、九老会等也当作诗社，没有区分它们和专门诗社间异同。下编诸多的会社考证上虽然力求时间、地点、人物各要素齐备，但是阐释较为薄弱。这也为后来者留下了大段的研究空间。1997 年彭玉平发文《宋元诗社与宋元文化》② 评论了此书，肯定它在诸多方面的开拓发微之功。

王兆鹏早在 1992 年就发表过《宋南渡词人的诗社唱和》③。文章分两部分，第一部分将南渡间的诗社分为四种类型，分别予以考证，即：以唱和诗词、切磋诗艺句法为主的诗社，主要为豫章诗社和许昌诗社；以讲论人生、哲学问题为主的短期聚会，同时也唱和诗词；会课，一般是尚未成名的青年士子们聚集在一起怜惜诗文，规定时间交出作业，再互相评判；以同一题材邀请当地或外地的诗人、名流唱和，这是宋代更为普遍的松散而短暂的结社。第二部分写南渡之际诗社唱和之风反映出词人们自觉明确的群体意识，体现在权威作家的领袖意识和群体成员的从服意识。该文把没有冠名诗社的类似于文学沙龙、学术沙龙的小型聚会也纳入诗社的考察视野，明确交代了其中的诗词唱和情况，较能使人信服，并开创了诗社的四分法。如果作者能跳出诗人、词人这样的定义限制，相信还能获得更多的阐释空间。

---

① 欧阳光：《宋元诗社研究丛稿》，广东教育出版社 1996 年版。

② 彭玉平：《宋元诗社与宋元文化》，《文学遗产》1997 年第 6 期。

③ 王兆鹏：《宋南渡词人的诗社唱和》，《湖北大学学报》（哲学社会科学版）1992 年第 2 期。

1992 年王德明的《论宋代的诗社》① 一文对宋代的诗社类型、规模、命名方式、性质以及与宋诗发展的关系做了提纲挈领式的论述，为宋代诗社的研究奠定了方法和理论的基础，其观点基本为欧阳光和众多的研究者所采纳，后来学者也基本没有脱离他的研究思路。文章分宋代诗社为五类：一，只是一个流派而无组织的诗社；二，有的诗社只有一次聚会，之后便不再存在；三，有的诗名是指诗人们聚会的地方；四，有的诗社实际上是一次大型诗歌比赛；五，更多诗社是一种有组织的、时间长活动多的文学团体。宋诗社特点为规模较小、往往以地名为社名，到南宋中后期才大量出现并风行。诗社对宋诗创作的影响有三个方面：诗社大量出现繁荣了宋诗创作；促进了创作技巧的提高；使宋诗产生了许多内容单薄、纯为应酬的平庸之作。文中的个别看法有失偏颇，如认为江西诗社是一个有流派无组织的诗社，这是将江西诗派等同于江西诗社，并且认为其无组织性，欧阳光则认为豫章诗社正是江西诗派内部非常有组织的诗社，对此观点有所纠正。又如该文认为汐社属于宋代诗社，是诗人们聚会的地方，而经过欧阳光的考证，汐社的"汐"是潮汐的意思，代表一种规律性，不是地名，而且它是宋代遗民诗人的诗社，属于元代。

2005 年熊海英《"结友为文会"——论诗社在北宋的兴起和发展》② 一文，认为诗社是一种文人的新型聚会形态，因宋代文治、科举、社会分工的原因形成规模。它有两种情况即纯为爱好诗歌的一般雅集的结社和为应举的有品题和奖惩的结社，但未能截然区分。宋诗社的发展趋势一是向文学、诗歌靠拢；二是重心下移，即成员的身份地位下降，由中央分散到地方。文章能从大处着眼论述宋代诗社，但是某些观点显得武断，如诗社的两分法，远不如王兆鹏、王德明两位前辈的分法科学，且所谓向文学、诗歌靠拢的趋势也没有给出充分的证明材料。同年，熊海英在另一期刊发表《结友为文会——论北宋的诗社》③，内容无二，不再介绍。

2006 年马茂军《宋代诗社与诗歌创作关系研究》④ 一文开始即表明从宋代文人的组织诉求、生存状态、文人意识几个方面入手研究宋代诗社，组织上从怡老会到正式的诗社诗歌创作的目的越来越明确，生存状态上诗社为远离政治的诗意栖居地，文人意识上主要为诗社与宋代诗歌创作的关系体现了文人的价值、存在与文化使命。其中"文人意识"一节即前面介绍过的他的另一篇文章《宋代文人的群体意识与诗歌创作》的后半部分。此文题目只照应"文人意识"一节，不能涵盖全篇，且文人意识一节有过分夸大诗社作用的嫌疑。

（二）在具体诗社的研究上，也取得了一些成果

2006 年周扬波《杨万里诗社与南宋孝宗朝政治》⑤ 考证了杨万里结社的时间和成员，认为其社友多具有共同的政治倾向，并在孝宗年间决定高宗庙号、高庙配享二事上表现出了诗社的凝聚力和影响力。此文后收入《宋代士绅结社研究》一书中。文章主要从历史

① 王德明：《论宋代的诗社》，《文学遗产》1992 年第 6 期。

② 熊海英：《"结友为文会"——论诗社在北宋的兴起和发展》，《华中农业大学学报》（社会科学版）2005 年第 2 期。

③ 熊海英：《结友为文会——论北宋的诗社》，《武汉船舶职业技术学院学报》2005 年第 4 期。

④ 马茂军：《宋代诗社与诗歌创作关系研究》，《东方论坛·青岛大学学报》2006 年第 1 期。

⑤ 周扬波：《杨万里诗社与南宋孝宗朝政治》，《井冈山学院学报》2006 年第 5 期。

研究方面入手，没有涉及文学。

2006 年阳静的《贺铸与"彭城诗社"研究》① 分两部分，第一部分写彭城诗社的三个特点：主题尚"隐"，强调赋诗的文人之乐、追慕唐风；第二部分论述贺铸的诗风受到苏轼影响的原因一为在徐州追踪苏轼留下的踪迹、主动学苏，二为与苏门弟子张耒的交往，在诗风上二人亦有相似处。这是第一次专文研究彭城诗社的文章，但一二部分脱节，没能紧密联系起来。

2010 年林蓓蕾的硕士学位论文《活动于大观、政和年间的豫章诗社研究》② 第一次详细论述了豫章诗社。该文分成四章：第一章论述该社产生的政治背景、地域因素、诗坛景况。第二章考论该社的主要成员的生平。第三章为该社活动内容，包括成员唱和与诗学批评，后者论述了徐俯和其他成员的诗学主张以及后人对其诗学主张的评价。第四章为该社的影响，论述了该社与吕本中《江西诗社宗派图》的写作关联，证明吕本中作图时间恰在该社活跃时期，以及该社成员、唱和作品与宗派图中诗人及作品多有重合，可见二者关系紧密。再论述该社促进了江西诗派的形成，从时间上看诗社最早在 1102 年就已开始活动，成员上有很多人同时出现在宗派图当中，诸成员与黄庭坚不是晚辈亲戚就是受过他的指点。该文选题很有价值，第三章和第四章是精华部分，充分证明了豫章诗社与江西诗派的密切关系以及前者对后者形成的极大促进作用。第二章诗社成员生平的考证颇为冗长。

2011 年汪晓华的硕士学位论文《吕本中〈江西诗社宗派图〉研究》③，对于创图的背景、时间、目的、诗人群整体特征进行了论述。其中第四部分"图中诗人群的整体特征"中第一章"在诗歌唱和中形成流派"第一节为"诗社唱和"，在"豫章诗社"外还论述了"倦殼轩之会"、临川之会、王直方园赋归堂之会，实际上是一次次的诗歌唱和集会，除了豫章诗社之外皆未明确记载属于诗社。

2012 年罗宁的《北宋大观年间庐山诗社考——兼论其与江西诗社之关系》④ 一文，考证了北宋大观年间王铚、祖可等庐山诗社的成员、时间、作品与豫章诗社的关系，认为庐山诗社成员与豫章诗社成员有非常密切的交往关系，也多少影响了豫章诗社的成立。该文主要贡献是考证了前此鲜被关注的庐山诗社，但还应对其唱和诗歌作深入解析。此文同年又以《庐山诗社小考》⑤ 的题目发表在《文学遗产》上。

2013 年丁放、张晓利《〈楚东酬唱集〉考论》⑥ 通过文献梳理，弄清了已经亡佚的《楚东酬唱集》《楚东酬唱后集》的刊刻情况、收诗内容，皆为宋孝宗隆兴年间王十朋知饶州时与洪迈等人所结楚东诗社的唱和诗歌集。该文认为《楚东酬唱集》具有以下特征：推崇、学习唐诗，审美上追求细致精工。

① 阳静：《贺铸与"彭城诗社"研究》，《阅读与写作》2006 年第 9 期。

② 林蓓蕾：《活动于大观、政和年间的豫章诗社研究》，硕士学位论文，南昌大学，2010 年。

③ 汪晓华：《吕本中〈江西诗社宗派图〉研究》，硕士学位论文，重庆师范大学，2011 年。

④ 罗宁：《北宋大观年间庐山诗社考——兼论其与江西诗社之关系》，《九江学院学报》2012 年第 1 期。

⑤ 罗宁：《庐山诗社小考》，《文学遗产》2012 年第 2 期。

⑥ 丁放、张晓利：《〈楚东酬唱集〉考论》，《安徽师范大学学报》（人文社会科学版）2013 年第 1 期。

同为研究王十朋结社，陈小辉于 2013 年发表《王十朋结社述论》① 一文，对王十朋一生中所结包括楚东诗社在内的六个社团进行考略，并归纳了三个特点：以游山玩水、饮酒作诗等娱乐目的为主，以次韵联句为诗歌的创作方法，以诗笺往来的形式进行唱酬。该文认为诗社影响了王十朋的生活和创作，收获到了欢乐和友谊，提升了作品数量、写作技巧和创作理念，但在议论上没有突出其特性，显得泛泛。

在宋代具体诗社的研究上，陈小辉稍前在 2013 年又发表了《杨万里结社考》②，考证出杨万里一生所结或所参与过的吉州诗社、零陵诗社、临安诗社、常州诗社、金陵诗社，对现有文中一些混淆处进行澄清、补证。

（三）以地域作为标准研究宋代诗社的论文也有不少

2003 年季学源、张如安《宁波的诗社》③ 一文对中国古代宁波地区的诗社进行了简要介绍，在宋代为"五老会""八老会""尊老会""真率会"等怡老会社。

2013 年，以地域为限，陈小辉又连续发表 7 篇关于宋代诗社的文章，即《宋代安徽诗社概论》④《宋代河南诗社略论》⑤《宋代湖南诗社概论》⑥《宋代江苏诗社略论》⑦《宋代福建诗社略论》⑧《宋代巴蜀诗社略论》⑨《宋代杭州诗社略论》⑩。考证出的各省诗社数量惊人，可谓用力甚勤，大大提升了前此考证出的宋代诗社数量。但是作者把怡老会社和一些记载极其简略、未能判明为何种会社者皆归为诗社，不免失之草率。各论文论述特点的部分也极其简单，未能作深入的归纳。

三　宋代词社的研究成果

（一）在宋代词社作整体性研究的仅一人

2010 年张晓利的硕士学位论文《南宋词社研究》⑪ 一文全面研究了南宋的词社，分四章。第一章从南宋都市繁华、结社流行、词体特点论述词社盛行原因。第二章概论词社发展及特点、成员构成。第三章以时间顺序考论南宋怡老会社、江湖词社、西湖吟社。第四章从词社对词题材、功能、格律上的影响上论述南宋应社之词。其中第四章第三节《词社活动对格律派形成的影响》创见较多，从词社成员的词学著作起到的词法传授作用，和词社成员与格律派之紧密关系入手进行探讨，较有说服力。其余部分都基本运用诗社研究的成果，甚至只因为诗社和怡老会成员写过词就强行把它们说成是词社，叫人难以

① 陈小辉：《王十朋结社述论》，《绵阳师范学院学报》2013 年第 10 期。
② 陈小辉：《杨万里结社考》，《江西广播电视大学学报》2013 年第 4 期。
③ 季学源、张如安：《宁波的诗社》，《宁波高等专科学校学报》2003 年第 3 期。
④ 陈小辉：《宋代安徽诗社概论》，《淮北师范大学学报》（哲学社会科学版）2013 年第 4 期。
⑤ 陈小辉：《宋代河南诗社略论》，《商丘职业技术学院学报》2013 年第 4 期。
⑥ 陈小辉：《宋代湖南诗社概论》，《南华大学学报》（社会科学版）2013 年第 4 期。
⑦ 陈小辉：《宋代江苏诗社略论》，《金陵科技学院学报》（社会科学版）2013 年第 3 期。
⑧ 陈小辉：《宋代福建诗社略论》，《厦门广播电视大学学报》2013 年第 4 期。
⑨ 陈小辉：《宋代巴蜀诗社略论》，《成都师范学院学报》2013 年第 12 期。
⑩ 陈小辉：《宋代杭州诗社略论》，《宁波教育学院学报》2013 年第 6 期。
⑪ 张晓利：《南宋词社研究》，硕士学位论文，安徽师范大学，2010 年。

信服。2012 年张晓利早将此文第二章第二节《南宋词社的特点——在诗社参照下的南宋词社》抽出单独发表，不再介绍。

2013 年张晓利《南宋词社辑考》① 一文考证了南宋后豫章词社、李流谦词社、王道词社等 21 个词社，数量之多，前所未有。在该文开头作者交代了词社定义的三个标准：一，虽以诗社命名，成员中有词人者可视为词社；二，词人文献中有"社友""同盟""同社"之类词汇，词作中有"分题""分韵"等唱和酬答活动记载的课径称为词社；三，怡老社、遗民社中有词人参加并有作品传世的也作为词社考察。概念过于宽泛。

（二）在具体词社的研究上，也取得了一些成果

2003 年尹占华《论周密等人西湖词社的创作活动》② 定义周密等人的西湖词社为：是一个以杨缵为中心人物、以西湖周围的景物为活动地点、以作词为主要内容的词人吟咏活动的社团形式。考证主要人物有杨缵、周密等九人，活动时间则在宋理宗景定四年（1263）至度宗咸淳元年（1265）。他们作词坚持音乐性，以"雅"为旨归，第一个标准是语言不能鄙俗，第二个标准是格调不能软媚，第三个标准是意思不能狂怪直露。宋亡后，周密与王沂孙、张炎等词人的咏物唱和，可视为西湖词社的后期活动。这些词作寄托身世之感，艺术手法含蓄隐蔽，对于清代常州派的词论影响甚大。

2008 年高利华的《宋季越中词人结社联咏之风》③ 中涉及的词社有西湖吟社和浙西词社，没有详尽论述，对联咏之风的叙述比重较大。在论述上把结社与联咏结合起来，无法分别，给人的感觉主要还是在说联咏。在特点论述方面，主要在成员皆为宋季代表性词人、常作有寄托的咏物词、对元蒙有强烈抵触情绪几个方面，认为越中早有咏物和唱和风气。文章题目后来改为《宋季两浙路词人结社联咏之风》④，发表在 2009 年的《文学评论》上。

四　怡老会社研究论文

1999 年故宫博物院的研究员杨新在《〈文潞公耆英会图〉考析》⑤ 一文详细描述了藏在台北"故宫博物院"的清宫藏本《宋人耆英会图》，包括藏本材质、题跋、印章、图中人物、建筑、家具、器皿，判定应该是宋人作品，有可能是真品。若果真如此，对我们研究元丰耆英会将大有裨益。

对宋代怡老会的研究从 1996 年欧阳光的《宋元诗社研究丛稿》之后沉寂很多年，直到 2006 年、2007 年周扬波发表《南宋四明地区耆老会概述》⑥ 《洛阳耆英会与北宋政局》⑦ 两文才打破了这种沉寂的局面。两文后来皆收入他的《宋代士绅结社研究》一

---

①　张晓利：《南宋词社辑考》，《古籍研究》2013 年第 1 期。

②　尹占华：《论周密等人西湖词社的创作活动》，《兰州大学学报》2003 年第 3 期。

③　高利华：《宋季越中词人结社联咏之风》，2008 年词学国际学术研讨会论文集。

④　高利华：《宋季两浙路词人结社联咏之风》，《文学评论》2009 年第 2 期。

⑤　杨新：《〈文潞公耆英会图〉考析》，《文物》1999 年第 2 期。

⑥　周扬波：《南宋四明地区耆老会概述》，《宁波大学学报》（人文科学版）2006 年第 5 期。

⑦　周扬波：《洛阳耆英会与北宋政局》，《洛阳大学学报》2007 年第 1 期。

书中。

2007 年杨木军《试论北宋中期"耆英会"》① 一文认为北宋中期"耆英会"产生的社会背景为经济发达与重交游、尚结社的社会风气，举出仿慕白居易洛阳九老会而作的一些"耆英会"，并着重介绍了元丰洛阳耆英会，详细考察了耆英会的三种主要活动即饮酒、作诗、游园，论述入会条件为年龄高、声望高、有共同的节行操守。文章比较全面地介绍了北宋耆英会的情况，抓住最著名的元丰洛阳耆英会进行说明，但是基本把该会内容和入会条件当成了北宋中期所有耆英会的内容和准则，亦有失偏颇。

2007 年熊海英的《福寿康宁慕白傅，高情厚谊敦乡风——宋代的怡老会》② 认为怡老会即是退休官员为怡情适性所举行的群体集会活动，始于中唐白居易的九老会，宋人仿效者不断，在娱乐的同时也有推行儒家礼仪的教化意义。宋人之所以在形式和内容上十分钦慕白居易九老会，是因为举行怡老会的洛阳及江南苏杭等地与白居易颇有渊源，符合"中隐"标准；同时希望以诗歌和图画流播无穷。怡老会的发展有重心下移的趋势，成员之间的关系紧密，成为重要的社交集会，发挥着各种作用。该文能抓住怡老会参与者崇拜白居易的心理并与宋代特有的政治、文化背景相结合，是非常到位的，但是该文忽略了元丰洛阳怡老会在白居易之外又树立了一个典型的事实。

2009 年庄国瑞的博士学位论文《北宋熙丰诗坛研究》③ 第二章《司马光与洛阳文人集团》第一节《洛社形成原因》考察了富弼、文彦博、司马光、吕公著等人因反对变法被排挤出朝廷闲居洛阳的过程，第二节《洛社诗歌创作》第一部分"雅集场合"简述了六老会、真率会、耆英会的情况并选取了其中的几首唱酬作品进行评论，认为这是模仿白居易等人的唱和活动，吟玩性情、率然成章，风格雍容典雅，但同时有人认为他们的诗歌是北宋中期上层士大夫生活的缩影，与宋诗发展关系不大。这篇文章第一次用洛社的概念概括司马光洛阳文人集团，却没有对"洛社"一词进行任何说明，以至于和洛阳的地名混淆不清。第一次对洛社怡老会诗歌进行较为详细的评析，但仅选取其中寥寥几首，不足以反映全貌。该文也认为这些诗歌的出现与宋诗发展没有关系，没有根据。

2010 年陈小辉的《宋代耆老会考——兼与周扬波商榷》④ 修补了周扬波《宋代士绅结社研究》中考证的宋代耆老会中出现的时间、地点、人物等方面的信息，使得宋代耆英会的考证更加准确完备。

2011 年吴肖丹的《北宋熙丰名臣致仕文学研究》⑤ 的第二部分《熙丰致仕官的文化背景及创作关系》第一节为《洛阳怡老诗会的理趣》，认为他们在志趣相投的唱和中获得了精神的超脱和愉悦，同时注重道德修养和对真淳朴淡旨趣的追求。文章第一次有意于探讨熙丰怡老会的诗歌创作，但也只是一笔带过而已。当时居洛闲居官员众多，留有大量的诗歌作品，非常值得深入挖掘下去。

2011 年张再林《白居易的"九老会"及其文学史意义——以宋人对"九老会"的仿

---

① 杨木军：《试论北宋中期"耆英会"》，《乐山师范学院学报》2007 年第 2 期。

② 熊海英：《福寿康宁慕白傅，高情厚谊敦乡风——宋代的怡老会》，《寻根》2007 年第 5 期。

③ 庄国瑞：《北宋熙丰诗坛研究》，博士学位论文，浙江大学，2009 年。

④ 陈小辉：《宋代耆老会考——兼与周扬波商榷》，《乐山师范学院学报》2010 年第 6 期。

⑤ 吴肖丹：《北宋熙丰名臣致仕文学研究》，《华南师范大学学报》（社会科学版）2011 年第 1 期。

慕为例》① 认为白居易"九老会"是中唐以来以闲旷心态为官的风气反映，成为文学史佳话，后人纷纷仿慕。宋代就产生了很多仿慕集会，产生了大量风格闲适的属于"白体"范畴的唱酬诗歌。该文着重探讨九老会及其仿作中体现的心态和闲适诗风，没有仅停留在事实的考证说明，而是结合了文学创作进行阐释，把握非常到位。但文中所列宋代仿九老会例证太少，不足以代表整个宋代的情况，其实宋代的怡老会无一例外皆为对"九老会"的仿慕，周扬波和陈小辉等人考证工作已经做得比较充分。该文最大的问题在于没有把怡老会诗歌的"白体"特征充分展现出来，仅仅以唱和形式和闲适诗风定义"白体"失之简单化，而且也没有给出足够的例证和充足的阐发。

2011 年罗惠缙《以九老会为首的怡老会社主题探论》② 探讨了中唐以至近现代效法九老会的怡老会社情况，考察出各个时代出现的以九老、耆英、真率等命名的会社达 60多个，认为九老会等会社分为朋辈型、隐逸型、遗民型，文学主题为颐养天年、亲朋师生欢聚、隐逸情怀、遗民兼兴废心态。该文立意宏远，分类切当，但是在纵向考察九老会等相同主题的怡老会社在不同时代的演变情况上缺乏历时的维度。

五 研究中存在的问题及相应解决方法的思考

宋代文人结社的研究成果非常丰富，无论是诗社、词社、怡老会的探讨，还是从全局出发进行总览式的探索都有不少论文发表，还有一些专著和硕博士论文出现。在基本概念的把握、事实的考证梳理、现象的归纳总结、理论的分析评议上，不同的研究者侧重点有所不同，已经把宋代会社的方方面面都涉及了，尤其是在诗社的考证上面尤为着力。尽管如此，以目前的研究现状而言，依然存在很多缺憾、出现了很多误区，并留有一定的研究空间，值得后人在这片丰沃的土壤上继续耕耘下去。

（一）对于会、社、盟、集会等概念界定不清，甚至十分混乱

李玉栓在《中国古代的社、结社与文人结社》一文中辨析了群、会、团、党、社的概念，将结社定义为："两个或两个以上的成员为了相同的目的集合起来，并按照一定的规则开展活动的相对稳定的团体。简言之，结社就是多数人有组织的集合。"并且由此认为结社至少应该具备四个条件："广泛性，仅仅一个人的活动不能称为结社；目的性，无目的的结合不能称为结社；稳定性，偶然的集合不能称为结社；组织性，随意的群体聚合不能称为结社。"并且依据社员多少、社旨显晦、社时长短、社约有无等情况，将结社分为初级、中级、高级三种形态。如果按照这种标准划分的话，宋代的会社基本属于初级和中级两种形态。王德明依据宋代诗社的存在方式和活动方式分成五类（见前），如果按照李玉栓的诗社定义，前四种都不是诗社，这恐怕又与宋人自己的记载不符。

于是有的研究者干脆不用结社而用群体、结盟、集会这样的概念，并将诗社、怡老会等会社囊括其中。同时也可以看到有些专门研究文人结社的文章把结社的内涵放大得和结盟、集会类似，即使不如此，也有人在论述的时候得出的结论和群体、结盟、集会等研究

---

① 张再林：《白居易的"九老会"及其文学史意义——以宋人对"九老会"的仿慕为例》，《广西社会科学》2011 年第 4 期。

② 罗惠缙：《以九老会为首的怡老会社主题探论》，《江西社会科学》2011 年第 7 期。

的结论基本没有二致。

以笔者愚见，在确定何者为文人结社方面，只应有一个标准，就是古人明确记载自己是诗社、词社或者怡老会的就可以是结社，否则我们就不要轻易说是结社，即使实际上有些会社确实与一般性的集会、结盟、群体没有什么区别。我们只能够将文人会社研究的重点放在王德明所说的第四种会社上面，即"一种有组织的文学团体"。研究还应该参照文人圈之外的其他会社组织的结社情况，很多研究者都指出宋代文人结社是处在宋代社会各行各业的结社大潮之中的，如果能将文人结社放在这样一个大潮之中去研究的话，相信还能有更多的创获。

（二）诗社、词社、怡老会概念混淆，甚至为了找到更多的研究材料和对象，不惜张冠李戴，强拉硬扯

从欧阳光的《宋元诗社研究丛稿》开始，诗社和怡老会就完全混淆到了一起，后来的研究者也曾提出过反对意见，但这种声音极其微弱，大部分还是混在一起冠以诗社之名加以研究。怡老会的主要目的是怡老，写诗作词是怡老的手段之一，不是主要目的，这和专门以切磋技艺、赓和比赛为目的的诗社不同。这关键是看有没有宴饮、出游等聚会活动，这种活动是诗歌唱酬的主要契机，也是诗歌创作的主要内容。我们无须非要把怡老会说成是诗社或词社，这并不妨碍对其中的文学创作进行研究。需要注意的是，怡老会中的诗歌基本都是围绕着怡老主题的，至少在宋代是这样的，这也是它与诗社不同的地方。

在词社研究方面，本来东西就特别少，而非要把有词作产生的诗社、怡老会也说成是词社是没有必要的。我们可以像王兆鹏《宋南渡词人的诗社唱和》那样，除了宋末周密等人明确以词名社者，在诗社和怡老会的范围内讨论词的创作就可以了。

（三）对文人结社中产生的诗词等文学作品的阐释不够，应该加强

既云文人结社，甚至还直接以诗社、词社为名，且中间有大量的唱和作品产生，再加上序跋等文章，当有比较大的阐释空间。当然，学者们对此研究不多也是因为这类作品应社痕迹明显，而且次韵、分韵、联句等创作方法比赛、游戏性质较强，在艺术上没有太多的可观性。但我们仍然可以加强对作诗技巧和诗歌文体特征、思想内容的探讨。

（四）对怡老会及其文学创作方面的研究明显落后于诗社

不同于词社的研究窘于材料，怡老会的材料较多，但是现在研究成果远远不及诗社。研究者往往过分看重白居易九老会的开山及典范作用，而忽略了文彦博、司马光耆英会、真率会的典范作用。南宋出现了那么多的怡老会、真率会之类，在后人的追慕心理上熙丰旧党名臣一点也不少于白居易。之所以北宋中期以后至南渡期间怡老会、真率会比较罕见，是因为新党打压旧党的原因。而到了南宋①，元祐党人的历史地位空前提高，后人追慕成风也是很正常的事情。有些研究者往往看到苏轼及其作品在南宋大受追捧，而没有看到其实元祐名臣在整体上都是倍受崇拜的，其中熙丰洛阳怡老会的风靡就反映了这一点。怡老会虽然不是专门性的文学会社，但是产生了大量的诗歌作品，尤其是北宋洛阳怡

---

① 朴亭顺：《宋代画意论》，《重庆理工大学学报》（社会科学版）2014 年第 1 期。

老会、南宋鄞县怡老会，很值得我们做专门性的研究，考察在怡老主题下的文学创作情况。

综上所述，宋代文人结社的研究成果很丰富，发表了数量可观的论文，也有几部专著出现，在基础研究和理论阐释上面都取得了非常大的成绩。但是依然不可回避一些问题和缺陷，有待于后来的研究者站在巨人的肩膀上继续攀登。

百年来大陆两宋礼制研究综述(1911—2013 年)[*]

汤勤福

自 1911 年清王朝土崩瓦解，至 2013 年已整整过了 103 年。社会形态改易，经济形势巨变，学术研究发生深刻的变化。具体到两宋礼制研究而言，其取得的成就是非常巨大的。笔者所见，2000 年之前大陆共发表礼制论文 50 篇，2001 年至 2013 年共 203 篇①。另外，2000 年之前相关论著 3 部，2001 年至 2013 年共 21 部②。显然，改革开放以来，尤其是新世纪以来取得的成果非常丰硕。近年来，杨华对古代家训文化进行了综述③，朱瑞熙、程郁《宋史研究》④ 第五章第六节中对宋代丧葬礼俗及其相关问题的研究情况进行了介绍和评述，时间止于 2006 年前。冯兵对朱子礼乐思想作了述评⑤，不过所评述论文时段都不长。马强才等人对 60 年来宋辽西夏火葬研究作了综述⑥，对了解有关研究有一定的参考价值。本文则力图反映百余年来对两宋礼制的基本面貌，以求给同行们以参考。

一 礼制文献整理与研究

20 世纪 60 年代，中华书局组织点校的《宋史》是最重要成果，其中《礼志》28 卷。《礼志》一向号称难读，然点校者广泛征引资料，使 28 卷《礼志》终于面目比较清晰地呈现在读者面前，其功至伟，无须赘言。自然，点校过程中难免出现一些疏漏与错误，汤勤福、王志跃撰著《宋史礼志辨证》⑦，引证大量资料，逐卷逐条对《礼志》进行辨析，从史源角度纠正了《礼志》中不少缺失，为读者正确使用《宋史·礼志》提供了一些帮助。《宋会要辑稿》的影印与整理工作也是一项重要成果。中华书局 1957 年影印出版《宋会要辑稿》，其中涉及礼制者有"礼"62 卷、"乐"8 卷、"舆服"6 卷、"仪制"13

* 本文为国家社科基金重大招标项目"中国礼制变迁及其现代价值研究"(12ZD134)的阶段性成果。

① 包括大陆学者在海外发表、海外学者在大陆的论文。著作类统计相同。

② 据笔者统计，自 2001 年到 2013 年，国内大学以辽宋西夏金为博士论文有 17 篇，涉及该历史时期礼制内容的博士论文 7 篇；自 2002 年到 2013 年辽宋西夏金礼制硕士论文 64 篇。这些资料显示出其指导教师及研究生们的学术兴趣所在，但由于都是学位论文，未正式发表，本文不作具体评述。

③ 杨华：《90 年代以来古代家训文化研究综述》，《甘肃农业》2006 年第 5 期。

④ 朱瑞熙、程郁：《宋史研究》，福建人民出版社 2006 年版。

⑤ 冯兵：《我国近年来朱子礼乐思想研究述评》，《渭南师范学院学报》2011 年第 5 期。

⑥ 马强才、姚永辉：《近六十年宋辽西夏金火葬研究综述与反思》，《中国史研究动态》2012 年第 1 期。

⑦ 汤勤福、王志跃：《宋史礼志辨证》，上海三联书店 2011 年版。

卷①。影印本给学者带来许多方便，但此书编排较乱，错误百出，王云海《宋会要辑稿考校》②作了一些考订、整理，可为阅读此书之参考。近年来，大陆一批学者对《宋会要辑稿》进行点校、整理③，到2014年之前零星出版者有"刑法""崇儒""蕃夷道释"等部分④。

除此之外，汤勤福、王志跃对《宋史》28卷《礼志》的南郊记载、《礼志》史源、价值、编纂、讹误等问题做过一些研讨⑤。陈戍国对《宋刑统》进行了研究，认为赵宋承袭唐制，但《宋刑统》不是《唐律疏议》的简单翻版，增加了部分内容，因此宋朝礼法不能等同于唐代礼法⑥。

二 断代史与专门史中的两宋礼制研究

两宋礼制史研究主要是陈戍国《中国礼制史》（宋辽金夏卷）⑦一书，该书分为四章，前三章分别论述了赵宋礼仪制度、辽金礼俗与礼制、西夏礼俗。其中赵宋礼仪制度较详细，虽未按五礼方式来研究，但涉及赵宋传承制度、皇帝登基与册封诸王诸臣之礼、祭礼、丧礼、军礼、巡幸宴飨及朝会礼、籍礼、养老礼、冠礼、昏礼及宫室舆服制度、刑律与礼制关系，所研讨面比较宽。此书为今后两宋礼制通史研究打下了基础。漆侠《辽宋西夏金代通史》⑧有"典章制度卷"，宋朝有专章，分述官私礼典的脩撰、五礼基本情况，但限于体例与篇幅，研讨较为简略。惠吉兴《宋代礼学研究》⑨共8章，分别为宋代礼学形成的思想渊源与历史背景、礼经论、礼义论、礼仪论、礼治论、礼俗论、宋代礼学的历史地位和礼与中国传统文化模式，最后附录"礼学研究综述"。

---

① 其他也有部分内容涉及礼制，如"崇儒""官制""道释"等。

② 王云海：《宋会要辑稿考校》，河南大学出版社2007年版。陈智超：《解开〈宋会要〉之迷》涉及部分内容的辨析，社会科学文献出版社1995年版。

③ 据笔者所知有两种整理本，一是四川大学牵头的整理本，上海古籍出版社2014年8月已正式出版，一是中国社会科学院历史所陈智超先生主持的整理本，2014年以《〈宋会要〉的复原、校勘与研究》之名立为国家社科基金重大招标项目。

④ 分别由河南大学出版社、四川大学出版社出版。

⑤ 汤勤福、王志跃：《关于〈宋史·檀志〉记载南郊的几个问题》，《上海师范大学学报》2009年第2期；汤勤福：《〈宋史·礼志〉的主要缺陷》，《史学集刊》2011年第5期；汤勤福：《略论〈宋史·礼志〉的史料价值》，载《徽音永著——徐规教授纪念文集》，华东师范大学出版社2011年版；汤勤福：《试论〈宋史·礼志〉的史料来源》，载《漆侠与历史学》，河北大学出版社2012年版；欧磊、王志跃：《〈宋史·礼志〉时间考误》，《理论界》2009年第11期；王志跃：《〈宋史·礼志〉史料价值初探》，《史学史研究》2011年第1期；王志跃：《宋代礼制专篇—〈宋史·植志〉编纂得失考论》，《信阳师范学院学报》2011年第2期；王志跃：《〈宋史·礼志〉史源评述》，《山西师大学报》2011年第2期；王志跃：《〈宋史·礼志〉职官考误》，《图书馆理论与实践》2011年第6期。

⑥ 陈戍国：《〈宋刑统〉其书与宋代礼法》，《湖南大学学报》2001年第2期。

⑦ 陈戍国：《中国礼制史》（宋辽金夏卷），湖南教育出版社2011年版。

⑧ 漆侠：《辽宋西夏金代通史》，人民出版社2010年版。

⑨ 惠吉兴：《宋代礼学研究》，河北大学出版社2011年版。

三 礼乐制度沿革、变迁、礼典脩撰等问题的研究

科大卫将北宋到清中叶地方官员推行国家祭礼分为四个阶段，考察了在珠江三角洲地区礼仪演变，讨论了地方社会与国家整合的过程。① 楼劲从宋初三朝的礼制入手，考察了宋初礼制沿袭五代而损益变化的历程，探讨了宋制取舍和借鉴唐制的形态和路向，指出"宋承唐制"说的内涵和局限。② 杨建宏提出：北宋前期礼制的政治诉求是确立赵宋王朝的合法性，中期侧重从制度上防范女主专权，确立一代典则，后期贯彻神宗以来的政治改革路线，规范社会秩序。③ 郑庆寰、包伟民从礼仪活动展开的空间为切入点，指出宋代地方官在出迎诏敕过程中，许多场所的诸多仪式规范体现了君主专制政治。④ 王志跃对《宋史·礼志》所载宋代官方礼制的实施情况作了考察。⑤ 刘晓萍、王国平认为宋代君主集权的越来越强烈，礼制的发展更加凸显"礼法合流""礼制下移"的特点，对服饰文化带来了影响。⑥ 陈怀宇从礼法、礼制与礼仪角度研究了唐宋时期的圣节产生与演变情况。⑦ 郭声波详细考察了宋代历次明堂大礼五使。⑧ 李克华等人研究了宋代外交礼仪活动的经费申请、使用、监督诸问题。⑨ 唐春生认为两宋时期翰林学士撰写郊庙和明堂乐章、撰写乐律、充任礼职、详定仪注等方面阐明他们对礼乐文化多有贡献。⑩ 邱源媛认为宋朝君臣对雅乐制作进行过六次改制，其出发点是"复古""正雅"，忽略了真正的音乐艺术性。⑪ 吕肖焕指出：宋代内外制虽说涉及朝廷各种政治要务，但其政治功能要通过礼仪化表达才能实现，以至有时礼仪功能甚至高于其政治功能。内外制作为公文，除实用功能外，又因其承载礼仪功能、文化意蕴，当时人十分重视其文饰化、审美性，以至于审美性常超过实用性能；加上学士舍人强烈的政治主体意识，使内外制充满了个性化色彩，使其成为与今人公文理念完全不同的美文，无疑颠覆了今人的公文观念。⑫ 另有两篇论文分别研究礼制

---

① 科大卫：《国家与礼仪：宋至清中叶珠江三角洲地方社会的国家认同》，《中山大学学报》1999年第5期。

② 楼劲：《宋初礼制沿革及其与唐制的关系——兼论"宋承唐制"说之兴》，《中国史研究》2008年第2期。

③ 杨建宏：《礼制背后的政治诉求解读——以北宋官方礼书制作为中心》，《船山学刊》2009年第1期。

④ 郑庆寰、包伟民：《礼仪空间与地方统治——以宋代地方官出迎诏敕为中心》，《浙江社会科学》2012年第11期。

⑤ 王志跃：《宋代官方礼制实施情况考述——以〈宋史·礼志〉为中心》，《船山学刊》2011年第2期。

⑥ 刘晓萍、王国平：《宋朝礼制发展变革对服饰文化的影响》，《求索》2013年第10期。

⑦ 陈怀宇：《礼法、礼制与礼仪：唐宋之际圣节成立史论》，载《唐史论丛》第13辑，三秦出版社2011年版。

⑧ 郭声波：《宋大礼五使系年》，载《宋代文化研究》第3辑，四川大学出版社1993年版。

⑨ 李克华、崇庆：《宋代外交礼仪活动的经费保障》，《阴山学刊》2013年第1期。

⑩ 唐春生：《宋代翰林学士与礼乐文化》，《重庆师范大学学报》2008年第5期。

⑪ 邱源媛：《宋代宫廷雅乐的复古之风》，《故宫博物院院刊》2013年第3期。

⑫ 吕肖焕：《论宋代内外制的礼仪功能与审美性能》，《江海学刊》2013年第4期。

与茶的关系。①

有学者注意到两宋时期的礼典脩撰和脩礼机构。雷博对神宗熙宁时期脩撰的《南郊式》进行过研究，认为它作为"敕令格式"之一种，其性质介于法令和礼典之间，具有可操作的规范性与实效性，为后来的礼文变革提供了基础。神宗礼文变革的整体思路既包含"回复三代制度"的理想，也从政治实践出发综合考虑礼文沿革与现实可操作性，体现出较为鲜明的时代特征。② 柏晶晶等人指出《政和五礼新仪》具有划时代的意义，打破了"礼不下庶人"的礼典传统，堪称古代官脩礼典的典范。该书编撰过程和礼文内容充满了礼仪教化的社会功能，反映了宋徽宗的个人思想。由于礼文内容不适合当时的民间社会，影响了礼书在各州县的推行。③ 王美华对《太常因革礼》也进行过研究。④ 王风对宋代脩礼机构进行了研究，认为宋代皇帝通过建立不同名目的脩礼机构，编撰礼文，将自己意志渗透到国家字礼典和仪注中，以此强化皇权。⑤

四 郊祀、封禅、太庙、濮议等相关问题的研究

改革开放之后，日本学者山内宏一首先在大陆发表了有关北宋的郊祀制度研究的论文。⑥ 此后，杨倩描对宋代郊祀进行了研究，认为其形式以唐代为骨架而兼撼前代某些礼仪，内容则沿袭五代；常祀地位下降，亲祀地位上升。亲祀中的宗教活动，如祭天地等仅作形式而存在，原为次要的政治附加，如赦免等却成为主要内容。⑦ 朱溢则连续撰文论述了郊祀主神位变化、祭祀等级变迁、皇帝亲祀等问题⑧，其撰文视野较为开阔、论证常有独到之处。研究祭祀的学者还有杨高凡、吴铮强、王志跃等人。⑨

有关太庙研究的论文，较早者有李衡眉、唐俊杰等人。⑩ 李衡眉认为宋代典章制度上承盛唐，下启明清，灿然可观。李氏对宋代兄弟相继为君的昭穆异同、宗庙中谁为始祖、昭穆位次变化、昭穆尊卑四个问题提出了自己见解。张焕君认为太庙祭祀在古代中国有着

① ［韩］吴元敬：《宋代聘礼与茶》，载《宋史研究论丛》第 9 辑，河北大学出版社 2008 年版；沈鲁：《宋代礼仪制度中的茶研究—以解读〈宋史·礼志〉中的茶内容为核心》，《茶叶通讯》2011 年第 4 期。

② 雷博：《北宋神宗朝熙宁时期的礼文建设考论》，《青岛科技大学学报》2013 年第 2 期。

③ 柏晶晶、王风：《〈政和五礼新仪〉探析》，《重庆交通大学学报》2013 年第 6 期。

④ 王美华：《〈太常因革礼〉与北宋中期的礼书编纂》，《古籍整理研究学刊》2014 年第 1 期。

⑤ 王风：《宋代脩礼机构研究》，《河北科技师范学院学报》2013 年第 1 期。

⑥ ［日］山内宏一：《北宋时期的郊祀制度》，《大庆师专学报》1986 年第 1 期。

⑦ 杨倩描：《宋代郊祀制度初探》，《世界宗教研究》1988 年第 4 期。

⑧ 朱溢：《从郊丘之争到天地分合之争——唐至北宋时期郊祀主神位的变化》，（台）《汉学研究》2009 年第 2 期；朱溢：《唐至北宋时期的大祀、中祀和小祀》，（台）《清华学报》2009 年第 2 期；朱溢：《唐至北宋时期的皇帝亲郊》，（台）《"国立"政治大学历史学报》2010 年第 11 期。

⑨ 杨高凡：《宋代祭天礼中三岁——亲郊制探析》，《求是学刊》2011 年第 6 期；吴铮强、杜正贞：《北宋南郊神位变革与玉皇祀典的构建》，《历史研究》2011 年第 5 期；王志跃：《唐宋祭礼变化及实施考论》，《广西社会科学》2011 年第 9 期。

⑩ 李衡眉：《宋代宗庙中的昭穆制度问题》，《河南大学学报》，1994 年第 4 期。收入氏著《先秦史论集》，齐鲁书社 1999 年版。唐俊杰：《南宋太庙研究》，《文博》1999 年第 5 期。

极为重要的作用。太庙祭祀体系中始祖地位最高，然宋代百余年间为此聚讼不断，直到熙宁五年确定僖祖为始祖，但未被群臣普遍接受。南渡之后又聚讼不已，恢复太祖的始祖地位成为焦点，直到绍熙五年才最终实现。张氏认为这个礼学问题曲折变化，具有广泛的意义。[①] 郭善兵对宋儒有关"天子七庙""四时祭""禘""祫"礼制问题的学说进行了分析，指出宋儒或遵循汉代郑玄、三国魏王肃、唐赵匡有关学说；或在遵循上述儒者学说的基础上，又有所补充、完善；或依据自己对经典文义的理解，别出心裁，另创新见，将中国古代经典诠释学推向一个新的高度。[②] 朱溢先后撰文论述了唐宋时期太庙庙数与禘祫礼仪的变迁。[③] 凌郁之对南宋洪迈与杨万里等人之间的高庙配享人选争论进行了梳理，涉及了宋代重要官员薨卒后的配享制度。[④] 与庙祭制度相关的御容奉祀礼仪也有学者注意到了。刘兴亮指出：奉安、祭祀御容是宋代国家一项重要的礼仪活动，国家对御容绘制、奉安地点、奉安程式、日常祭祀规格、等级都做了严格的规定。刘光亮进一步分析了御容奉安与祭祀的政治功能。[⑤]

有关濮议之争问题有数篇论文。王才中认为濮议之争是关系到北宋皇朝的纲纪礼法，关系到政治局势的安危，是与北宋统治阶级长远利益相关的重大事件。王才中分析了司马光在此争论中的基本观点。[⑥] 丁功谊分析了濮议之争中的欧阳修，指出欧阳修过于强调人情的普遍性，忽视了《仪礼·丧服》的宗法精神，以及英宗继承帝统的特殊性。欧阳修以强硬的态度，向太后进呈《奏慈寿宫劄子》，促使其转变立场。虽然欧阳修最终获胜，但是濮议之争给他带来极大的道德压力。[⑦] 另外，夏东平、袁晓阳、郭艳丽等人从不同角度进行了研究。[⑧]

五　宋代家族祭祀、家庙等研究

王善军认为：古代中国普遍的宗教是家族社会之宗教，宋代是宗族组织的奠基阶段，在宗族祭祀方面形成并确立了新体系。主要表现是：重在始迁祖以下的历代祖先、以祠祭和墓祭为主、核心是祖先崇拜。祖先崇拜决定宗族祭祀，宗族祭祀又加强了祖先崇拜观念，宗族祭祀具有收族功能，强化了族权。[⑨] 游彪指出：宋代是中国古代新型宗族体系得以确立的最重要时期，中国基层社会组织从此出现了根本性的转变。唐宋社会经济出现巨

---

① 张焕君：《宋体太庙中的始祖之争——以绍熙一年为中心》，《中国文化研究》2006 年第 2 期。

② 郭善兵：《略述宋儒对周天子宗庙礼制的诠释——以宗庙庙数、祭祀礼制为考察中心》，《东方论坛》（青岛大学学报）2006 年第 5 期。

③ 朱溢：《唐宋时期太庙庙数的变迁》，《中华文史论丛》2010 年第 2 期；朱溢：《唐至北宋时期的太庙禘祫礼仪》，《复旦学报》2012 年第 1 期。

④ 凌郁之：《南宋高庙配享之争考实》，《苏州铁道师范学院学报》2001 年第 4 期。

⑤ 刘兴亮：《论宋代的御容及奉祀制度》，《历史教学》2012 年第 3 期。

⑥ 王才中：《司马光与濮议》，《晋阳学刊》1988 年第 5 期。

⑦ 丁功谊：《人情与礼制的冲突——濮议中的欧阳修》，《宁夏社会科学》2013 年第 3 期。

⑧ 夏东平：《从濮议之争看宋朝的重文轻武政策》，《历史学习》2005 年第 3 期；袁晓阳：《略论北宋英宗时代的濮议之争》，《濮阳职业技术学院学报》2010 年第 4 期；郭艳丽：《从濮议之争看北宋对传统礼制的承传与变通》，《绵阳师范学院学报》2012 年第 9 期。

⑨ 王善军：《宋代的宗族祭祀和祖先崇拜》，《世界宗教研究》1999 年第 3 期。

大变化，为适应这一社会环境，宋代出现了新型宗族组织理论，提出了很多切实可行而又具有规范意义的模式，并逐渐获得民间的认同，使祠堂等设施得以普遍化，祠堂成为民间极其普遍的家族活动场所。[1] 庆历元年、皇祐二年和大观四年对家庙制度进行过讨论，杨建宏认为庆历元年的讨论揭开了家庙建设之序幕，但没制订出可行的文本，后两次讨论形成两个文本，宋政府依此进行过实际操作，宋代的确恢复了家庙制度。[2] 赵旭、刘雅萍也对家庙制度作过探研。[3] 魏峰研究了地方先贤祭祀问题，认为宋代先贤祠与明代乡贤祠在选择祭祀对象时的标准不同，说明宋明两代由于科举制度的变化，地方社会势力的成熟程度有很大差异。[4]

六　礼制下移、地方教化、礼制与礼俗关系、淫祀研究

王美华对唐宋时期礼制下移、地方教化问题的研究取得较多成果。她指出：唐宋时期，官方礼制中庶民礼仪逐步得到注重，官方礼制的庶民化倾向出现。这种倾向是唐宋礼制体系逐步完善的结果，也是唐宋礼制下移的表现。在这一过程中，朝廷的社会控制力逐步深入到社，的各个层面。[5] 地方官教化职能的规范和朝廷的强调和敦促，促使地方官的教化行为全面展开。地方官的教化措施逐步接近百姓生活，官员品级逐步降低，地方官主动性明显提高。社会风俗的移易取得了明显的进步，边州外郡尤其是南方地区的文明程度不断提高，开始被中原文化认同和接纳。[6] 唐宋时期礼法合流、以法入礼、违礼即罚。在司法审判层面上，唐宋君主"伸礼屈法"的审判模式渐趋稳定，地方官则持"教化为先""惩恶本欲人惧"的态度，反映了礼法威慑在基层社会的延伸和扩展。[7] 她强调：唐宋时期，通过地方官社会教化活动的不断展开，官方礼制推向民间，逐步实现了礼制的下移，朝廷的统治力量也下延到基层社会民众之间。[8] 礼制下移与各地礼俗有相当大的关系，杨志刚、李书有、范荧等人对此作了研究。[9]

宋代礼制对地方祠庙祭祀有严格规定，然而地方民间祠庙祭祀并非严格遵循国家礼制规定。对此，一些学者进行了探研。孔妮妮认为南宋后期理学迅速向国家化和世俗化迈进，对祠庙体系进行重新审视并有效掌控，是理学官员面临的重要课题。他们在重视民

---

① 游彪：《宋代的宗族祠堂、祭祀及其它》，《安徽师范大学学报》2006 年第 3 期。

② 杨建宏：《宋代家庙制度文本与运作考论》，《求索》2005 年第 11 期。

③ 赵旭：《唐宋时期私家祖考祭祀礼制考论》，《中国史研究》2008 年第 3 期；刘雅萍：《宋代家庙制度考略》，《兰州大学学报》2009 年第 1 期。

④ 魏峰：《从先贤祠到乡贤祠——从先贤祭祀看宋明地方认同》，《浙江社会科学》2008 年第 9 期。

⑤ 王美华：《官方礼制的庶民化倾向与唐宋礼制下移》，《济南大学学报》2006 年第 1 期。

⑥ 王美华：《唐宋时期地方官教化职能的规范与社会风俗的移易》，《社会科学辑刊》2006 年第 3 期。

⑦ 王美华：《礼法合流与唐宋礼制的推行》，《社会科学辑刊》2008 年第 4 期。

⑧ 王美华：《地方官社会教化实践与唐宋时期的礼制下移》，《辽宁大学学报》2010 年第 3 期。

⑨ 杨志刚：《宋代礼俗与文化略论》，载《宋代思想和中华文明》，学林出版社 1995 年版；李书有：《儒家礼乐思想与中华礼仪文明》，载《宋代思想和中华文明》，学林出版社 1995 年版；范荧：《试论宋代社会中的礼俗矛盾》，《民俗研究》1996 年第 2 期，后收入《徐规教授九十华诞纪念文集》，浙江大学出版社 2009 年版。

生、民俗、民愿的前提下，以务实的态度对旧有祠庙体系进行柔性掌控，通过保障民生与引道民俗的方式，建构能稳定发展的祠庙体系，使化民成俗的社会理想深入民间。[1] 冯大北认为宋代封神活动盛行是地方社会及其信仰文化兴起的结果，与统治者的支持也分不开。封神是神道设教的产物，以祈、报为双重目的，既把它看成是对灵应的回报，又作为获取更多感应的一种激励性手段。封神审批手续复杂和烦琐，所封神既有祀典内神，也有大量非祀典之神，它是官方确定正祀的重要途径之一。[2]

民间祭祀繁杂且混乱，有不少祭祀违反国家礼制规定，史书记载宋政府也对此进行过清理与处罚。在这一方面，既有综合性研究，也有专题性研究，确实有所突破。刘黎明指出：宋代民间淫祠泛滥成灾，成为一种严重的社会公害。民间淫祠泛滥与民间巫风盛行有互为因果的关系，与商业活动兴盛相关联的地方性俗神迅速增多有关，国家对外软弱无力而使得民众寄希望于神灵。两宋政权为了维持社会的稳定，持续对民间淫祠的打击，但最终无法杜绝它们。[3] 杨建宏认为：淫祀指不在国家祀典中、不在国家权力控制范围内的神灵祭祀。宋代基层社会淫祀流行，有些具有黑社会性质，迫使地方官员对之屈服，与国家政权争夺地方控制。宋政府一方面加大了打击淫祀力度，在某些不得已的情况下也承认淫祀的地位。[4] 梁聪从法律层面研究了两宋政府对民间祠祀的控制问题，认为两宋政府对民间祠祀的法律控制，一是通过编修祀典及神祇位阶赐额加封制度将部分民间祠祀合法化，纳入官方祀典体系；二是不断针对祭祀对象、祭祀行为和祭祀组织，颁行禁令，取缔禁止"淫祠淫祀"。[5] 皮庆生对宋人的正祀、淫祀观作过研究，指出在大部分宋人心中，正祀与淫祀之间存在一个广阔的"中间地带"，这与学界将正、淫祀对立二分的观点有很大不同。[6] 郑丽航从朝廷赐额封号、祀典等级、祭祀规格三方面分别论述了妈祖在宋至清代国家祭祀体系中的发展，指出妈祖于北宋宣和五年已纳入国家祭祀体系，并进入部分地方祀典。祭祀规格属元代最高，其他时期的朝廷祭祀大都以少牢祭。作为一民间神祇，妈祖在宋、元、明、清各朝国家祭祀体系中享有殊荣。[7] 郑衡泌从地理空间分布、扩散态势、与不同信仰人群的关联等方面对宋代妈祖信仰传播作了分析，认为民间信仰的传播和扩散途径是从较低的社会阶层逐步向较高的社会阶层扩散，不同信仰人群有不同行为方式和活动空间特征，并形成不同的地理空间分布特征。宋代妈祖信仰在渔民、海员海商和地方士绅官员中传播，地域逐步扩展，信仰人群逐步扩散，信仰等级也逐步增多。不同的传播类型和分布态势与各人群活动地域和行为方式密切相关。[8]

此外李玉昆、陈达生、汪志良分别研究祈风、祭海问题[9]，陆敏珍研究了唐宋变革与

① 孔妮妮：《论南宋后期理学官员对祠庙体系的再认识》，《历史教学》2012 年第 3 期。
② 冯大北：《宋代封神制度考述》，《世界宗教研究》2011 年第 5 期。
③ 刘黎明：《论宋代民间淫祠》，《四川大学学报》2004 年第 5 期。
④ 杨建宏：《略论宋代淫祀政策》，《贵族社会科学》2005 年第 3 期。
⑤ 梁聪：《两宋时期民间祠祀的法律控制》，《重庆师范大学学报》2005 年第 6 期。
⑥ 皮庆生：《宋人的正祀、淫祀观》，《东岳论丛》2005 年第 4 期。
⑦ 郑丽航：《宋至清代国家祭祀体系中的妈祖综考》，《世界宗教研究》2010 年第 2 期。
⑧ 郑衡泌：《宋代妈祖信仰传播的地理过程及其推力分析》，《地理科学》2010 年第 2 期。
⑨ 李玉昆：《试论宋元时期的祈风与祭海》，《海交史研究》1983 年第 5 期；陈达生：《宋元时期泉州穆斯林祈风祭海之踪迹》，《海交史研究》1986 年第 1 期；汪志良：《〈剑南诗稿〉中的绍兴祭神风俗》，载《陆游论集》，杭州大学出版社 1993 年版。

民间地方神祇如何演变、确立问题①，张朝霞等人对屏南四平戏中祭神礼仪传播路线、仪式、功能进行了研究。②

七 对具体礼仪的研究

这方面研究主要集中在婚礼、丧礼方面。婚礼研究论文，方建新认为两宋的婚姻礼仪大都由纳采、纳币、亲迎三个过程组成，每一过程又有很多具体仪式。③ 朱瑞熙根据司马光《书仪》以及《政和五礼新仪》，认为宋代的婚仪有纳采、问名、纳吉、纳币、请期、亲迎六礼，妇见舅姑，婿见妇之父母。④ 张邦炜认为宋代婚姻制度具有禁止族际婚、提倡中表婚、反对异辈婚、废止收继婚四大特色。⑤ 吕友仁则认为宋代婚礼礼仪随时而异，不是一成不变的。⑥ 刘春迎专门研究了北宋东京的婚俗，涉及婚姻观念的更新、程式的简化、婚俗礼仪的变化，以及解除婚约、改嫁等问题。⑦ 郝美田则研讨了东京婚程礼仪。⑧ 邓莉丽等人研究了宋代城市婚嫁与金银饰品盛行的关系，认为具有城市商品经济发达、庶民生活富裕的时代特征。⑨ 相对比较综合性的研究有吴宝琪《试析宋代育婚丧俗的成因》⑩，对人从生到死的礼俗进行了论述。

丧礼研究方面成果颇多。著述方面论及者，朱瑞熙、张邦炜等《辽宋西夏金社会生活史》第十一章对当时丧葬禁忌、习俗、火葬三方面进行了介绍。⑪ 徐吉军《中国丧葬史》第七章"宋元时期的丧葬"，对宋元时期的丧葬观、宋代盛行火葬及其原因、宋代盛行厚葬和宋代流行的相墓术进行了研究。⑫ 丁凌华《中国丧服制度史》对宋代官员守丧有相对简单的研讨。⑬ 张剑光《入土为安：图说中国古代丧葬文化》第十五至十八章，研究了薄葬风气、丧葬陋习、火葬和佛事习俗、宋陵的风水等问题。⑭ 游彪《宋代荫补制度研究》第六章、第十一章也分别讨论了宋代遗表荫补制度、殁于王事的荫补制度进行了研

① 陆敏珍：《从宋人胡则的神化看民间地方神祇的确立》，《浙江社会科学》2003 年第 6 期。

② 张朝霞、章军华：《屏南四平戏神祭礼述源》，《江西师范大学学报》2007 年第 5 期。

③ 方建新：《宋代婚姻礼俗考述》，《文史》1985 年第 24 辑。

④ 朱瑞熙：《宋代的婚姻礼仪》，《文史知识》1988 年第 12 期。

⑤ 张邦炜：《宋代婚姻制度的种种特色》，《社会科学研究》1989 年第 3 期，后收入氏著《宋代婚姻家族论》，人民出版社 2003 年版。

⑥ 吕友仁：《宋代婚礼概述》，《殷都学刊》1991 年第 4 期。

⑦ 刘春迎：《试论北宋东京婚俗的几个特点》，《河南大学学报》1997 年第 2 期。

⑧ 郝美田：《北宋东京的婚嫁礼仪》，《华夏文化》1999 年第 3 期。

⑨ 邓莉丽、顾平：《金银饰品与宋代城市婚嫁礼俗》，《民族艺术》2012 年第 4 期。

⑩ 吴宝琪：《试析宋代育婚丧俗的成因》，《北京师范大学学报》1989 年第 5 期。

⑪ 朱瑞熙、张邦炜等：《辽宋西夏金社会生活史》，中国社会科学出版社 1998 年版。

⑫ 徐吉军：《中国丧葬史》，江西高校出版社 1998 年版。徐吉军、方建新：《中国风俗通史》（宋代卷）第八章"丧葬风俗"与此基本一致，上海文艺出版社 2001 年版。

⑬ 丁凌华：《中国丧服制度史》，上海人民出版社 2001 年版。

⑭ 张剑光：《入土为安：图说中国古代丧葬文化》，广陵书社 2004 年版。

究，涉及礼制问题。① 吴怀祺《中国文化通史》（两宋卷）第十二章《宋代社会时尚》也有宋代"丧葬礼俗"。② 规模最大者当属吴丽娱《终极之典：中古丧葬制度研究》，该书研讨中古丧葬制度，虽以唐代为主，但也涉及不少宋代相关内容。③ 吴丽娱《敦煌书仪与礼法》对书仪与礼法关系作了比较深入的研究，该书仍侧重在唐代，但上承魏晋、下及两宋，着力探索礼仪之变化，以阐释唐宋时期礼制庶民化趋势。④

论文方面，邓小南较早地研究了出殡前的堂祭。⑤ 徐吉军撰文认为宋代风行厚葬，以帝王丧事最为突出。⑥ 朱瑞熙则持相反意见，认为"从宋文献记载及文物发掘来看，薄葬已成为宋代的风气"。他认为宋代丧葬包括丧和葬两个方面，在社会经济和科学技术发展的基础上，受到佛教、道教和民间其他迷信习俗的严重影响，又受到正在形成体系中的理学以及周邻少数民族的影响，与前代有很多不同。他还对宋代丧葬中"击钟"习俗进行了初步解读。⑦ 张邦炜将宋代盛行避回煞、看风水、做道场等丧葬陋俗，并对其产生原因进行了剖析。⑧ 秦大树从墓葬等级制度和丧葬观念的角度，将宋代与唐代丧葬制度进行对比，探讨了唐宋之间的变化。⑨ 游彪指出，丧礼就是中国最为隆重的礼仪之一，宋代也不例外。宋代士大夫提倡规范的丧葬礼节，他们在继承总结先秦以来儒家的丧葬制度与理念的前提下，也依据宋代社会的实际情况加以改进完善。这些礼仪很大程度上得到了统治者的认可，有些甚至成为朝廷颁布的政策或法规。但"礼法"未必完全符合两宋社会现实，因而民间丧葬之"俗"便成为庶民百姓约定俗成的惯例，二者之间既有矛盾，也相互协调共存，这是宋代丧葬民俗的总体特征。⑩ 杨建宏认为宋代政府规范民间丧葬与祭祀礼仪，有明确的等级规定，以此确立民间精英及大家族的地方权力场域，形成地方社会整合的核心权力，而宋代民间大家族则通过家族墓祭与祠祭礼，团结家族成员，建构族长权力，加强对宗族成员控制。⑪ 吴敬认为宋代治丧行为"厚"而随葬之物"薄"的丧葬习俗，并对产生这种"厚丧薄葬"特色的原因进行了分析，认为这是宋代政策和社会等多种原因导致的，也是中国古代礼制发展到一定阶段的表现形式之一。⑫ 吴丽娱除前述《终极之典：中古丧葬制度研究》一书研究了丧制外，还发表过一系列专题论文⑬，如对唐宋时期诏葬与敕葬，认为汉代以降诏葬作为皇帝对亲贵大臣丧葬所特有的饰荣之典，是一种

———————

① 游彪：《宋代荫补制度研究》，中国社会科学出版社 2001 年版。游彪、尚衍斌、吴晓亮《中国民俗史》（宋辽金元卷）第四章丧葬民俗涉及宋人的丧礼和葬礼，人民出版社 2008 年版。

② 吴怀祺：《中国文化通史》（两宋卷），北京师范大学出版社 2009 年版。

③ 吴丽娱：《终极之典：中古丧葬制度研究》，中华书局 2012 年版。

④ 吴丽娱：《敦煌书仪与礼法》，甘肃教育出版社 2013 年版。

⑤ 邓小南：《略谈宋代的堂祭》，《史学月刊》1990 年第 4 期。

⑥ 徐吉军：《论宋代厚葬》，《浙江学刊》1992 年第 6 期。

⑦ 朱瑞熙：《宋代的丧葬习俗》，《学术月刊》1997 年第 2 期。

⑧ 张邦炜：《两宋时期的丧葬陋俗》，《四川师范大学学报》1997 年第 3 期。

⑨ 秦大树：《宋代丧葬习俗的变革及其体现的社会意义》，载《唐研究》第 11 卷，北京大学出版社 2005 年版。

⑩ 游彪：《"礼""俗"之际——宋代丧葬礼俗及其特征》，《云南社会科学》2005 年第 1 期。

⑪ 杨建宏：《论宋代民间丧葬、祭祀礼仪与基层社会控制》，《长沙大学学报》2006 年第 4 期。

⑫ 吴敬：《宋代厚丧薄葬和葬期过长的考古学考察》，《贵州社会科学》2010 年第 8 期。

⑬ 具体可参见吴丽娱《敦煌书仪与礼法·参考文献》部分。

特殊的礼仪制度，但作为按照一定官品等级实行的制度始见于唐初功臣陪陵制度。宋代大多将诏葬改称为敕葬，推广到三品之外，并且不止于京官，但敕葬分有等级。① 她还对举哀成服等问题进行了研究②，其成果受到广泛关注。王铭考察了唐宋丧葬卤簿、车舆仪制的具体特征及其演变，认为唐宋葬礼带有强烈的趋吉意味，成为一种炫耀权势地位和财富的现象。③ 郭文佳对宋代官员优恤进行了论述，涉及天子临丧、遣使视丧、恩荫子孙、缀朝、赠谥、赐赙等礼仪，认为朝廷优恤举措既是对官员一生活动的肯定，又是对官员后事给以保障的一种形式。④ 另外，郝怡研究了宋代火葬盛行的原因⑤，龙晓添研究了丧礼中的女性。⑥

八　礼制与佛道两教关系

礼制与道教关系中最引人注目者是真宗封禅问题，学者们的见解各有不同。封禅始于汉武帝，后世真正沿袭者并不多，在宋代，真宗举行过封禅大典，且与道教密切关系。丁庆运较早考订泰山封禅过程及其遗迹⑦，其后，汤其领撰文指出，北宋初年太祖、太宗推崇道教，真宗为了洗刷澶渊之盟的耻辱，采纳道士王铁若的建议，东封泰山，西祀汾阴，在全国掀起拜神、造神运动，使宋代道教更为兴盛。⑧ 葛剑雄撰文介绍封禅背景、过程，认为此次封禅是一场闹剧。⑨ 何立平则反对涤耻说，认为真宗东封西祀在于整合礼制和调适政治秩序、强化意识形态和构建精神信仰。⑩ 胡小伟从北宋与契丹的文化竞争角度来分析真宗封禅，认为宋朝最终弱化了契丹文化正统的心理及武力统一的意愿，达到了自己的战略目的；保持了中华文化对于北方地区的影响，复经辽、金、元三代经营，以北京为中心的格局终于融合南北多个民族，从根本上改变了中国政治文化版图。从大历史视野看，对于整个中华民族而言，仍然是一个双赢的结局。⑪ 徐威明、仝晰纲、张其凡等人也作过相关研究。⑫

宋代道教、佛道与礼制关系问题也有一些论文。汪圣铎对宋代道教作了分析，尤其对

---

① 吴丽娱：《唐宋时代的诏葬与敕葬》，《中国社会科学院院报》2006 年 11 月 28 日第 3 版。

② 吴丽娱：《葬植的炫耀——关于天圣〈丧葬令〉的启迪》，《文史知识》2007 年第 3 期；吴丽娱：《说说"举哀成服"与"举哀挂服"》，《文史知识》2007 年第 6 期。

③ 王铭：《辇舆与威仪：唐宋葬礼车舆仪制的等级性与世俗化》，《民俗研究》2013 年第 5 期。

④ 郭文佳：《宋代官员优恤述论》，《求索》2005 年第 6 期。

⑤ 郝怡：《宋代丧礼中火葬盛行的原因分析》，《黑龙江史志》2013 年第 23 期。

⑥ 龙晓添：《丧礼中的女性——以〈仪礼〉〈朱子家礼〉记述为例》，《广西师范大学学报》2013 年第 2 期。

⑦ 丁庆运：《宋真宗泰山封禅及其遗迹》，《泰安师专学报》1987 年第 1 期。

⑧ 汤其领：《涤耻封禅与北宋道教的兴盛》，《河南大学学报》1995 年第 3 期。

⑨ 葛剑雄：《十一世纪初的天书封禅运动》，《读书》1995 年第 11 期。

⑩ 何立平：《宋真宗东封西祀略论》，《学术月刊》2005 年第 2 期。

⑪ 胡小伟：《"天书降神"新议——北宋与契丹的文化竞争》，《西北民族研究》2003 年第 1 期。

⑫ 徐威明：《宋代的封禅泰山仪式》，《民俗》1990 年第 3 期；仝晰纲、迟少丽：《宋真宗东封西祀浅论》，《山东师大学报》1994 年第 6 期；张其凡：《宋真宗"天书封祀"闹剧之剖析》，载《历史文献与传统文化》第 4 辑，广东人民出版社 1994 年版。

景灵宫、天庆观及其中的神御殿问题作了较为深入的研讨。① 吴羽对宋代太一宫中的十神太一作了比较深入的研究，认为它不同于汉唐道教经典中的太一、汉代国家祭祀中的太一、晋南朝梁两宋国家郊祀神位中的太一、唐宋时代的九宫贵神。十神太一信仰始于晚唐五代，与当时诸割据势力和地区的地方主体意识紧密相连。宋初祭祀十神太一是要消弭晚唐以降的地方主体意识，是宋初重建国家认同和社会秩序的一项政治措施。宋代国家祭祀系统对十神太一进行了道教化，但在太一宫里举行的礼仪中，道教仪式和道士不占主道地位。② 王志跃从国家礼制与道教兴盛的关系切入，对宋代道教进行分析，指出了道教对礼制的危害。③ 唐代剑所著数文主要从道教角度来研讨，较少涉及礼制问题。④

汪圣铎研究了宋代礼制与佛教的关系，认为宋朝帝王对佛教既非尊崇亦非排斥。宋代重文轻武代，儒学迅猛发展。撰史者大都是受道学、理学影响很深，对国家活动中与佛教相关的事物取轻视、回避或掩饰的态度。⑤ 此外，王元林等人研究了民间俗神泰山玉女发展成为国家祭祀中的碧霞元君，涉及了道教与礼制的关系。⑥

九　两宋礼学思想研究

最早注意到宋代礼学思想的是台湾的钱穆先生⑦，大陆学者大致从 20 世纪 80 年代后开始对宋代礼学思想进行研究。此下以专人展开介绍。

姜国柱最早注意到李觏的礼学思想，但由于时代关系，论文仍用唯物、唯心两分法来加以研究。⑧ 赖井洋认为李觏的礼论是对荀子学说的延续和引申，但又比荀子的研究探讨深入得多。⑨ 陈大勇指出：治国方略是李觏政治思想的重要内容，社会规范又是治国方略中的核心内容。在李觏的治国方略中，"礼""法"是两个基本范畴，而李觏关于"礼""法"的理论与现代社会综合治理中软规范和硬规范的基本内容是一致的。⑩ 赵军政等人

① 汪圣铎：《宋朝礼与道教》，《学术月刊》1990 年第 5 期，后收入氏著《宋朝社会生活研究》，人民出版社 2007 年版。

② 吴羽：《宋代太一宫及其礼仪——兼论十神太一信仰与晚唐至宋的政治、社会变迁》，《中国史研究》2011 年第 3 期。

③ 王志跃：《宋代国家、礼制与道教的互动考论——以〈宋史·礼志〉为中心的考察》，《殷都学刊》2012 年第 2 期；王志跃：《宋代国家、礼制与道教的互动考论》，《世界宗教文化》2012 年第 3 期。

④ 唐代剑：《北宋神霄宫及其威仪钩稽》，《中国道教》1994 年第 3 期；唐代剑：《宋代道冠紫衣、师号制度》，《宗教学研究》1997 年第 1 期；唐代剑：《宋代道冠披戴制度》，《宗教学研究》1998 年第 3 期。

⑤ 汪圣铎：《宋朝礼与佛教》，《学术月刊》1990 年第 5 期，后收入氏著《宋朝社会生活研究》，人民出版社 2007 年版。

⑥ 王元林、孟昭锋：《论碧霞元君信仰扩展与道教、国家祭祀的关系》，《世界宗教研究》2010 年第 1 期。

⑦ 钱穆：《朱子之礼学》，原台湾三民书局1971 年出版，1982 年再版；大陆出版则有成都巴蜀书社 1986 年版。该书涉及朱熹考证礼制沿革、具体礼仪、礼学主张、论乐、修礼书、《家礼》诸方面，然以考证为主，归纳较少。

⑧ 姜国柱：《李觏的"礼论"思想》，《江汉论坛》1983 年第 6 期。

⑨ 赖井洋：《略论李觏对荀子〈礼论〉的继承与发展》，《韶关大学学报》1999 年第 6 期。

⑩ 陈大勇：《"礼""法"并举——李觏治国方略再探》，《抚州师专学报》2000 年第 1 期。

比较了李觏与荀子的礼论，认为两者在"礼"的起源、作用、行为价值取向等方面有诸多的关系。① 郭树森等人则对李觏"礼乐观"与孔子的关系进行了剖析，认为李觏"礼乐观"承续了孔子的传统，又大异其趣，尤其是李氏重内外之统一、倡礼乐之实用、顺人情之自然的主张，以及重视通变疏达、人事功利、礼乐教化等思想，都可归之于极具实用精神的"礼统观"。李觏的观点对宋代儒学与明清实学产生了较大的影响。② 朱人求指出：李觏在承接传统的基础上，进一步凸现"礼"的价值与意义，乐、刑、政是礼的外在规范，仁、义、智、信则是礼的内在精神。李觏论"法"，主要发挥礼的"规范于人"的功能，提出"一致于法""王法必本于农""刑罚世轻世重"等法律思想，把我国礼法合流的思想向前推进了一步。③ 除此之外，夏微、焦秀萍等人也对李觏的礼学思想进行了研究。④ 王启发则从《内治》篇出发对李觏的婚姻伦理进行了探索，指出从传统儒家"齐家"思想出发，结合历史上成败得失的经验与教训，阐明和发挥"欲治其国者，先齐其家"和"家不齐则国不治"之道理的思想倾向，也可见李觏对礼学经典诠释的别样风格。⑤

张载礼学思想也是研究热门。殷慧等人认为北宋礼学思想呈现出两条鲜明的路径。李觏、王安石尝试以《周礼》为资源，寻求一条趋向礼学制度建设的富民强国之路；以张载、二程为代表的理学学者倾向于走一条对礼进行道德思索、哲学建构的路径。二重路径都强调礼的重要性，李、王等人持"礼是总名"的观点，张、程则阐发"礼即理"的思想。⑥ 杨建宏指出：张载的礼学不同于秦汉的礼学，他把"礼"由形而下之器，发展为形而上之道，以此作为宋代社会与国家秩序重构的哲学依据。张载不仅对礼进行了形上的研究，而且受到其经世思想的影响，曾尝试在民间推行礼制，并在一定范围内改变了民风民俗。⑦ 魏涛指出：张载思想中有一个非常重要的方面便是"以礼为教"，也是整个关学宗风重要特征的体现。魏涛还着重探讨张载"以礼为教"思想的形成过程，辨明其源流。⑧ 他还对从伦理实践的角度对"以礼为教"思想进行了探索，认为张载通过"上学与下达者两得之"的理论架构方法，将礼真正引入到修养工夫论中，从而解决了"礼论"界长期悬而未解的礼的内外问题与道德理想向世俗伦理的转化问题。⑨ 杨永亮等人指出张载的哲学体系中有着丰富的"礼"学思想，"以礼为教"和"精思力践"是他把传统"礼"学思想向实学方向转化的主要方式，从而完成了他把礼仪思想融入现实的需要之中，努力

① 赵军政、张斌、赖井洋：《李觏与荀子礼论的异同》，《汉中师范学院学报》2000 年第 1 期。
② 郭树森、赖功欧：《李觏礼乐观辨析》，《江西社会科学》2002 年第 10 期。
③ 朱人求：《李觏的礼法观》，《孔子研究》2007 年第 6 期。
④ 夏微：《李觏〈周礼〉学述论》，《史学月刊》2008 年第 5 期；焦秀萍：《李觏的"礼顺人情"论——兼与胡瑗反人情论的比较》，《兰州学刊》2008 年第 5 期。
⑤ 王启发：《从宫廷后妃伦理到民间家庭伦理及昏礼的意义——李觏〈周礼致太平论·内治〉析论》，《湖南大学学报》2014 年第 2 期。
⑥ 殷慧、肖永明：《北宋礼学思想发展的二重路径》，载《中国宝鸡张载关学与东亚文明学术研讨会论文集》，2007 年。
⑦ 杨建宏：《论张载的礼学思想及其实践》，《湖南大学学报》2006 年第 2 期。
⑧ 魏涛：《张载"以礼为教"思想渊源探析》，《西安文理学院学报》2007 年第 1 期。
⑨ 魏涛：《张载"以礼为教"思想体系刍议——在工夫论视角下的考察》，《宝鸡文理学院学报》2006 年第 5 期。

地实现着他济世救民的政治理想。① 林乐昌对张载礼学思想进行过一系列研究，认为张载礼学是由两套系统构成的：一是关于礼的基本观念和礼学结构功能的学理系统，一是突出礼在教学过程中的作用和意义的实践系统。他还比较深入地研究了张载礼之多重根源和体系定位、礼学结构功能、"以礼为教"的教学主题等礼学主要特征。② 刘平中也分析了张载礼学体系的结构：认为张载从宇宙本体的角度为礼的存在寻求理论依据，强调礼源于"太虚""天"。张载把人性区分为"天地之性"和"气质之性"，提倡克己复礼，主张变化气质，从而永保天地之性。张载主张以礼治国，以礼化俗，从而使社会井然有序，以维护社会秩序的稳定与发展。③ 李会军则从礼仪教育角度对张载"以礼为教"学说进行了分析，强调张载充分把握了礼的本质规定性，提出"进人之速无如礼"的主张，凸显礼仪教育的必然性和现实紧迫性。其"知礼成性"的个体工夫论，"以礼成俗"的社会功能论对于我们今天的礼仪教育仍然有重要的现实意义。④ 郝保权也讨论了张载礼学的社会教化功能与现实意义。⑤

刘丰探讨二程的礼学思想，认为二程从义理之学的角度对理与礼的关系作了深入阐述，认为理与礼的形上形下关系，也是体用的关系、礼即理，他们从哲学本体论上确立了礼的思想基础，从礼学思想发展的角度来看有着重要的意义，丰富、发展了儒家礼学思想，同时也是他们理学思想的重要组成部分，是礼学发展史上的一个飞跃。二程的主要观点被朱熹所接受。⑥

研究司马光的礼学思想也有两篇论文，王立军认为司马光的礼学思想在其整个思想体系中占有非常重要的地位，是其史学、政治和哲学思想的最根本的出发点。其分析和总结了司马光礼学思想的基本特征及其形成原因，认为"重视家礼"和"折中古今"是司马光礼学思想的典型特色。⑦ 杨建宏也对司马光礼学思想与史学思想、政治思想的关系作了分析，认为司马光以礼学思想为基础广泛地研究历史，评论历史人物，同时以礼学思想为基础，参与北宋的政治实践。⑧

对朱熹礼学思想的研究又是学术界十分关注的课题。李禹阶认为朱熹顺应宋代重建平民化乡村宗法组织的思潮，强调建立平民化的宗族及家族制度，重建新的家族、宗族的礼仪，是"有补治道"的工作。朱熹以为首先应确立"礼"出于天这一重要的道德立法及伦理规则，其次应建设乡村宗族、家族之礼，再次是要重视社会转型期乡村家族、宗族礼仪、规则与国家礼法的一致性与共同性，第四是强调孝、悌、节的礼仪规范，第五是主张

① 杨永亮、章君慧：《试论张载的礼学思想》，《西藏民族学院学报》2008 年第 2 期。

② 林乐昌：《张载礼学三论》，《唐都学刊》2009 年第 3 期。林氏另有《张载礼学论纲》，《哲学研究》2007 年第 12 期，《张横渠礼学思想的基本特征及其对朝鲜曹南冥学派的影响》，《中国哲学史》2007 年第 3 期。

③ 刘平中：《张载礼学体系结构探论》，《江西社会科学》2010 年第 1 期。

④ 李会军：《张载"以礼为教"学说的现实意义》，《昭通师范高等专科学校学报》2009 年第 2 期。

⑤ 郝保权：《论张载礼学的社会教化功能与现实意义》，《西北大学学报》2010 年第 3 期。

⑥ 刘丰：《论宋代礼学的新发展》，《中国哲学史》2013 年第 4 期。

⑦ 王立军：《试论司马光礼学思想的基本特征》，《唐都学刊》2001 年第 3 期。

⑧ 杨建宏：《略论司马光的礼学思想与实践》，《长沙大学学报》2005 年第 1 期。

由家族伦理向国家、社会伦理扩充，使家族礼仪成为教化民众的工具。① 安国楼指出：朱熹注重家庭礼仪规范的研究和立制，认为家礼要与时俱进，随着时代发展、民俗风情的变化而改变。② 罗秉祥认为朱熹《家礼》中祠堂及祖先扮演了非常重要的角色，祭祖只是其表现方式之一而已。朱子编修这本《家礼》，希望能培养人对祖先"爱敬""崇爱敬"，并有"谨终追远之心""报本反始之心"，这都可说是一种宗教情怀。③ 彭林研究了朱熹的礼学观④，黄娜讨论了朱熹礼学的经世倾向⑤。潘斌则以朱熹《礼记》研究作了探讨⑥，殷慧等人研究了朱熹的《周礼》学思想与祧庙之议⑦，孙显军研究了朱熹对《大戴礼记》的研究⑧，余瑞霞研究了朱熹的《仪礼经传通解》⑨，叶纯芳讨论了朱熹、黄余及杨复祭礼学的形成⑩。除此之外，殷慧对朱熹的鬼神观与祭祀思想关系进行了探讨，认为朱熹是从义理层面来论述祭祀与鬼神的关系：强调鬼神的本体论意义，重视其天地转化的功能；认为鬼神既是阴阳二气物质，也是二气相互作用、转化的功用与性质。⑪

对两宋思想家的礼学思想的研究还有杨胜宽⑫、聂明⑬、杨世文⑭、符海潮⑮、姚永辉⑯等人。

十 乡规民约与家训、家礼研究

乡规民约与家训是目前宋代礼制研究的热点之一，取得成果非常可观。大致统计，研究乡规民约与家训的论文至少有数十篇之多，大致分为三个方面，一是文献角度的考察，二是具体家训著作的学术价值或伦理价值，三是结合当代，研究家训对当代社会的借鉴

---

① 李禹阶：《朱熹的家族礼仪论与乡村控制思想》，《重庆师范大学学报》2004 年第 4 期。

② 安国楼：《朱熹的礼仪观与〈朱子家礼〉》，《郑州大学学报》2005 年第 1 期。

③ 罗秉祥：《儒礼之宗教意涵——以朱子〈家礼〉为中心》，《兰州大学学报》2008 年第 2 期。

④ 彭林：《论朱熹的礼学观》，载《宋代经学国际研讨会论文集》，"中央研究院"中国文哲研究所2006 年版。

⑤ 黄娜：《朱熹礼学的经世倾向》，《四川教育学院学报》2008 年第 12 期。

⑥ 潘斌：《朱熹〈礼记〉学述论》，载《宋代文化研究》第 15 辑，四川大学出版社 2008 年版。

⑦ 殷慧、肖永明：《朱熹的〈周礼〉学思想》，《湖南大学学报》2008 年第 1 期，殷慧、肖永明：《学术与政治纠结中的朱熹之议》，《湖南大学学报》2009 年第 4 期。

⑧ 孙显军：《朱熹的〈大戴礼记〉研究》，《苏州大学学报》2009 年第 1 期。

⑨ 余瑞霞：《关于朱熹〈仪礼经传通解〉的梳理》，《太原城市职业技术学院学报》2011 年第 3期。

⑩ 叶纯芳：《朱熹、黄传及杨复祭礼学的形成》，《文史》2013 年第 4 期。

⑪ 殷慧：《祭之理的追索——朱熹的鬼神观与祭祀思想》，《湖南大学学报》2012 年第 1 期。

⑫ 杨胜宽：《论苏轼以人为本的礼制观——兼论其合祭天地之主张》，《西华大学学报》2008 年第2 期。

⑬ 聂明：《刘敞礼制思想管窥》，《河南师大学报》1993 年第 6 期。

⑭ 杨世文：《魏了翁〈周礼折衷〉析论》，载《蜀学》第 6 辑，巴蜀书社 2011 年版。

⑮ 符海潮：《韩琦祭祀活动与祭祀思想之探讨》，载《宋史研究论丛》第 10 辑，河北大学出版社2012 年版。

⑯ 姚永辉：《从"偏向经注"到"实用仪注"：〈司马氏书仪〉与〈家礼〉之比较——兼论两宋私修士庶仪典的演变》，《孔子研究》2013 年第 2 期。

价值。

　　文献研究以朱子《家训》研究最为热门，取得一些突破。如对《家礼》真伪的考辨，陈来、束景南、杨志刚等人都进行过考订，认为《家礼》确为朱熹所著。[①] 粟品孝通过对朱熹的家礼行为与《家礼》文本进行比照，发现其言行相顾，《家礼》的规定基本上在其家庭生活中得到了实现，但由于现实境遇和思想的变化，朱熹的一些行为也与《家礼》的要求明显不合。而最受后人重视的《家礼》"祠堂"部分则可能并非朱熹所定。[②] 汤勤福则考订了《家礼》传承情况，指出今本《家礼》不但是朱熹所作，而且对后世影响极大，还指出以《家礼》为伪的始作俑者是元人陈栎，最为激进者是王懋竑，而影响最大者则为四库馆臣。[③] 另外，杨志刚认为《家礼》是一种封建社会后期的民间通用之礼[④]，还对司马光《书仪》与朱熹《家礼》进行了比较研究，认为士庶通礼出现于唐、完善在宋，《书仪》《家礼》使士庶通礼不断完善与发展，从内容分析，《家礼》来源于《书仪》，但稍加损益。[⑤] 王志跃探讨了《宋史·礼志》与朱熹《家礼》在传承过程中的不同情况[⑥]，也对《朱子家礼》和《满洲四礼集》作了比较研究。[⑦] 陈志勇探索了唐宋家训发展演变的模式问题[⑧]，赵振研究了唐宋家训文献的转型与特点。[⑨]

　　对家训文化的特点也有不少学者进行了探索。徐秀丽认为家训是中国传统文化中的一种重要现象，古代家训的产生和存在不是偶然的，"家""国""天"三位一体的统治机制，传统家庭中成员的社会化过程，家族的生存竞争，家庭内部的人际矛盾和家务的繁杂，是这种特殊文化现象传承不绝的历史根据。家族性与社会性的统一，经验性与规范性的统一劝道性与强制性的统一，历史性与代传性的统一，是这种文化现象的显著特征。[⑩] 党红星认为中国家训文化具有四个特点：教育对象上具有从贵族向平民发展的特点，体现了家族教育向平民化发展的趋势；教育内容上由从重道德到重视道德、治生并重的发展特点，体现了家族教育的社会化趋势；表达形式上具有从只言片语到成文成系统发展的特点，体现了家族教育向规范化发展的趋势；表现形式上具有从粗糙到细腻发展的特点，体现了家族教育思想渗透性发展的趋势。[⑪] 杨华星指出传统社会后期的家训十分重视田界的确定，反映出土地产权制度的确立对家庭经济观念的影响；家训越来越肯定工商业作用，体现富民阶层的崛起对家庭经济观念的影响；家训同居析财和分居析产思想的矛盾与并

　　① 陈来：《朱子家礼真伪考议》，《北京大学学报》1989 年第 3 期；束景南：《朱熹〈家礼〉真伪考辨》载《朱熹佚文辑考》，江苏古籍出版社 1991 年版；杨志刚：《论〈朱子家礼〉及其影响》，载《朱子学刊》总第 6 期，黄山书社 1995 年版。

　　② 粟品孝：《文本与行为：朱熹〈家礼〉与其家礼活动》，《安徽师范大学学报》2004 年第 1 期。

　　③ 汤勤福：《朱熹〈家礼〉的真伪及对社会的影响》，载《宋史研究论丛》第 11 辑，河北大学出版社 2010 年版。

　　④ 杨志刚：《〈朱子家礼〉：民间通用礼》，《传统与现代化》1994 年第 4 期。

　　⑤ 杨志刚：《〈司马氏书仪〉与〈朱子家礼〉研究》，《浙江学刊》1993 年第 1 期。

　　⑥ 王志跃：《〈宋史·礼志〉与〈朱子家礼〉的不同命运探源》，《江汉大学学报》2010 年第 1 期。

　　⑦ 王志跃：《〈朱子家礼〉与〈满洲四礼集〉对比研究》，《历史教学》2011 年第 9 期。

　　⑧ 陈志勇：《唐宋家训发展演变模式探析》，《福建师范大学学报》2007 年第 3 期。

　　⑨ 赵振：《试论唐宋家训文献的转型与特点》，《安阳工学院学报》2007 年第 2 期。

　　⑩ 徐秀丽：《中国古代家训通论》，《学术月刊》1995 年第 7 期。

　　⑪ 党红星：《试论中国家训文化的特点》，《东岳论丛》2006 年第 1 期。

存，表明当时经济观念变化对家庭伦理观念的冲击。[①] 王美华认为唐宋家礼有一个"承古""远古"到"变古适今"的变迁过程，影响在不断扩大，并研讨了唐宋家礼的演变及与社会变迁的关系。[②] 王立军、陆敏珍等人也对宋代家礼问题进行了研究。[③]

在家训的历史价值和伦理价值研究方面，也取得丰硕成果。李禹阶指出：朱熹从"有补治道"出发对重建宗族、家族制度和礼仪作了一些努力。他首先强调"礼"出于天是道德立法及伦理规则；其次强调应该注重宗族、家族之礼的建设；第三应重视家族、宗族礼仪、规则与国家礼法的一致性与共同性，宣道随时变易；第四应该对孝、悌、节的礼仪作出规范；最后主张由家族伦理向国家、社会伦理扩充，使家族礼仪成为教化民众的工具。这一理论的目的是保证国家意识形态及政治伦理纲常对乡村社会的控制。[④] 杨建宏撰写了系列论文阐述宋代乡规民约及家训与社会控制的关系问题。他认为：宋代的家训家范突破家庭家族之范围，在民间充当"家法"角色，与国家的"王法"互为表里，有效地加强了封建国家对民间社会的控制[⑤]；家训体现的是民间士绅阶层的权力场域，是他们自发地以礼治教化为手段的基层控制形式。这种基层控制与君主专制之间由于权力生成机制的不同，最终造成两者之间尖锐的矛盾冲突，使得乡约难以实行。[⑥] 刘欣认为宋代家礼是当时文化整合的一种范式，家礼的功能由家族延伸到了社会，成为封建国家控制社会的有力的思想文化武器。[⑦] 王美华通过对《颜氏家训》和司马光《家范》的篇目设置、关注重点、治家原则以及家族命运的担忧与期望诸问题进行比较与研究，分析中古家训的社会价值，以阐释中古社会历史发展的趋势特征。[⑧]

不少研究者注意到宋代家训的现代价值，这可从两个方面来介绍。一是从总体上研讨家训对当时社会及后代的价值和影响。李景文指出中国古代家训文化精华是：为官清廉，勤政爱民；为人坦荡无私，诚实守信；治学刻苦勤奋，立志成才；齐家孝亲敬长，善于理财；生活勤劳俭朴，慎独自省；交往扶危济贫，德洽乡里。其糟粕主要是：宣传明哲保身的中庸之道、男尊女卑的观念和宿命论思想，应进行批判地继承。[⑨] 沈时蓉认为中国古代家训从先秦至清代大致经历了五个发展阶段，家训著作中精华与糟粕并存，如果善加利用，对建设当今社会的精神文明建设的有着积极作用。[⑩] 孔令慧观点也大致相同。[⑪] 王双梅则指出中国传统家训带有浓厚的封建性和历史局限性，但其积极方面包含着丰富的道德

---

① 杨华星：《从家训看中国传统家庭经济观念的演变——以宋代社会为中心的分析》，《思想战线》2006 年第 4 期。

② 王美华：《承古、远古与变古适今：唐宋时期的家礼演变》，《辽宁大学学报》2013 年第 4 期。

③ 王立军：《宋代的民间家礼建设》，《河南社会科学》2002 年第 2 期；陆敏珍：《宋代家礼与儒家日常生活的重构》，《文史》2013 年第 4 期。

④ 李禹阶：《朱熹的家族礼仪论与乡村控制思想》，《重庆师范大学学报》2004 年第 4 期。

⑤ 杨建宏：《论宋代家训与民间社会控制》，《船山学刊》2005 年第 1 期。

⑥ 杨建宏：《〈吕氏乡约〉与宋代民间社会控制》，《湖南师范大学学报》2005 年第 5 期。

⑦ 刘欣：《宋代"家礼"——文化整合的一个范式》，《河南理工大学学报》2006 年第 4 期。

⑧ 王美华：《中古家训的社会价值分析》，《古籍整理研究学刊》2006 年第 1 期。

⑨ 李景文：《中国古代家训文化透视》，《河南大学学报》1998 年第 6 期。

⑩ 沈时蓉：《中国古代家训著作的发展阶段及其当代价值》，《北京化工大学学报》2002 年第 4 期。

⑪ 孔令慧：《传统家训与构建中国特色现代家训文化》，《山西师大学报》2003 年第 2 期。

教育资源，借鉴传统家训中德育的优良传统，对现代道德建设具有重要意义。① 杨华探讨了宋朝家训文献中涉及的德教内容，分析了它注重道德教育的主要原因。② 曾凡贞也对中国传统家训的起源、特征及现代意义进行了探索。③ 戴素芳研究了传统家训伦理道德教育实践理念与当下伦理道德教育的关系，指出传统家训中的伦理道德教育的基本原则、主要措施及重要方法，强调道德教育中的主客统一、知行统一、共性与个性的统一、早教与渐进性的统一，在当今社会具有重要的现实意义和实践价值。④ 宋冬霞认为宋代家训除以调整家庭、家族成员之间的关系外，更在于调适父子、夫妻、兄弟等"六亲"关系，规范其本分，明确其职责，以实现家庭或家族的和谐，具有鲜明的和谐因素。在调适"六亲"关系时，对家庭成员中的父子、夫妇、兄弟均有其相应的约束。⑤ 赵聪等人认为：传统家训族规是中国古代官方文化和儒家社会意识形态普及化的一种重要教化方式。儒家"重义轻利"的价值观对传统家训族规影响极深。⑥ 余祖红着重对宋代家训中的治家思想作了研讨，认为宋代家训中的治家思想对当今社会建立良好家风仍具有重要意义。⑦ 梁巍等人则指出："礼"作为中国封建政权提倡和遵守的道德规范和行为准则，对中华民族精神素质的修养起了重要作用。宋代教育家们从日常生活中体悟和践履道德，宋代的蒙学教育在我国历史上占据了非常重要的地位，直至今日仍有较大的借鉴作用。⑧ 刘晓平、刘欣等人也对宋代家训的具体价值进行了探索。⑨

二是具体研究某一家训著作的价值和影响。陈瑞研究了朱熹《家礼》在明清时期徽州社会中的影响与作用，指出徽州宗族大多依据《家礼》进行本族内部的制度设计和制度建设，还重视对礼仪的执行与监督，旨在以此实现以礼治族、维持宗族社会秩序的目的。⑩ 靳惠考析了朱熹《家礼》广为流传的原因。⑪ 史向前、陈彩云、周永健等人也撰有相关论文。⑫

一些学者也注意到朱熹《家礼》对海外的影响。彭林对金沙溪《丧礼备要》与朱熹

---

① 王双梅：《中国古代家训中德育资源探析》，《船山学刊》2005 年第 3 期。

② 杨华：《简论宋朝家训文献的道德教育》，《甘肃理论学刊》2005 年第 6 期。

③ 曾凡贞：《论中国传统家训的起源、特征及其现代意义》，《怀化学院学报》2006 年第 4 期。

④ 戴素芳：《论传统家训伦理教育的实践理念与当下价值》，《学术界》2007 年第 2 期。

⑤ 宋冬霞：《浅析宋代家训的和谐因数》，《青海师范大学学报》2008 年第 2 期。

⑥ 赵聪、李鹏飞：《重义轻利：中国传统家训族规教化的价值选择》，《晋中学院学报》2008 年第 4 期。

⑦ 余祖红：《浅谈宋代家训的治家思想》，《安徽文学》2009 年第 7 期。

⑧ 梁巍、刘毅：《宋代蒙学阶段礼仪教育的现代特征及其意义，《大众文艺》（理论版）2009 年第 6 期。

⑨ 刘晓平、刘欣：《略论宋代社会经济观念的变化在家训中的反映——以家训中的"俭"为例》，《船山学刊》2007 年第 1 期；刘欣：《略论宋代家训中的"女教"》，《中华女子学院学报》2009 年第 5 期。

⑩ 陈瑞：《朱熹〈家礼〉与明清徽州宗族以礼治族的实践》，《史学月刊》2007 年第 3 期。

⑪ 靳惠：《〈朱子家礼〉庚为流传之原因考析》，《大家》2011 年第 14 期。

⑫ 史向前：《朱子〈家礼〉与道德建设》，《合肥学院学报》2007 年第 6 期；陈彩云：《朱子〈家礼〉中的禁奢思想及对后世的影响》，《孔子研究》2008 年第 4 期；周永健：《论朱熹〈家礼〉的社会教化功能》，《兰台世界》2011 年第 19 期。

《家礼》进行了比较研究，指出《朱子家礼》东传至朝鲜半岛，并为高丽有识之士所推崇，金沙溪《丧礼备要》实际是朱熹《家礼》的朝鲜化著作。[①] 金顺今等人对金长生礼学思想进行研究，认为金氏把毕生的精力都致力于朱熹《家礼》的完善和制定适合本国人情、时宜的礼学。他的礼学是在朝鲜本土上达到较高学术水准的、系统的礼学思想。[②] 张立文也指出：宋明理学家重礼并开创礼学的新时代，朱熹是其代表人物；李退溪是朝鲜李朝朱子学大家。李退溪基于"缘人情"而制礼，主张礼有因有革、有常有变；礼在践履中从俗、从宜、从权，从而逐渐使其民族化。李退溪、李栗谷、金长生与金集父子对礼作了精深研究，使礼的韩民族化进程趋于完善，形成李朝性理学的礼学派。[③] 郑肯植则从法律角度对高丽末朝鲜初期吸收朱熹《家礼》进行了研究。[④] 刘永连研究了中国家训对朝鲜半岛的影响。[⑤] 潘畅和、张品端等人也有相关研究。[⑥] 王维先等人研讨了朱熹《家礼》对日本近世丧葬礼俗的影响。[⑦]

对司马光家训的研究也有一些论文。李宏勇等人指出：在中国古代家训的发展历程中，司马光的家训在中国古代家训中承前启后，对宋及其以后的影响是深远的。司马光治家主张"以礼为先"、以圣贤为范、以教子为本、以勤俭为务、以睦亲为上。这对推动当代家庭美德建设，强化家庭的教化功能，促进社会稳定，构建和谐社会具有积极的借鉴价值和启迪意义。[⑧] 孔令慧认为司马光家训核心内容是修身、齐家、治国、平天下，具有鲜明的德育特色，对公民道德建设具有不可低估的文化价值。[⑨]

梁太济先生最早注意到《袁氏世范》，他对该书反映出的宋代封建关系进行了研究。[⑩] 赵忠祥等人认为：《袁氏世范》堪与《颜氏家训》相媲美，显著特点是强调以均爱睦家、以和易处世、以公心理财，提倡幼教、业有所成、合于情理、约于法度、修身向善、克己持德等。这些都是现代家庭伦理建设的文化资源。[⑪] 陈延斌指出《袁氏世范》在中国家训发展史上占有重要的地位，它有丰富的家庭伦理教化和社会教化思想，将中国古代家庭教

---

① 彭林：《金沙溪〈丧礼备要〉与〈朱子家礼〉的朝鲜化》，《中国文化研究》1998年第2期。

② 金顺今、全锦子：《金长生礼学思想的特点及其意义》，《延边党校学报》2005年第2期。

③ 张立文：《礼仪与民族化——论退溪以后礼的民族化进程》，《学术研究》2005年第6期。

④ 郑肯植：《宗法制祭祀的继承和家族的变化》，载《法律史学研究》第1辑，法律出版社2006年版。

⑤ 刘永连：《从韩国文集中的家训文献看朝鲜半岛家庭教育与中国传统文化的关系》，《东北史地》2011年第4期。

⑥ 潘畅和、朴晋康：《韩国儒教丧礼文化的确立及其生死观》，《延边大学学报》2011年第5期；张品端：《〈朱子家礼〉与朝鲜礼学的发展》，《中国社会科学院研究生院学报》2011年第1期。

⑦ 王维先、宫云维：《朱子〈家礼〉以日本近世丧葬礼俗的影响》，《浙江大学学报》2003年第6期。

⑧ 李宏勇、孔令慧：《浅析司马光家训中的治家思想》，《运城学院学报》2008年第4期。

⑨ 孔令慧：《论司马光家中特色及当代启示》，《运城学院学报》2008年第1期。

⑩ 梁太济：《读〈袁氏世范〉并论宋代封建关系的若干特点》，《内蒙古大学学报》1978年第2期。

⑪ 赵忠祥、方海茹：《〈袁氏世范〉的家庭教育思想及现代价值》，《河北师范大学学报》2005年第1期。

育提高到一个新的高度，对当今道德文明建设具有很好的借鉴意义。①

十一 其他具体礼仪研究也有不少论文

刘秉果对宋代赏花钓鱼中的礼制作了介绍与初步研究。② 祝尚书研究了宋代的鹿鸣宴与鹿鸣诗，指出此宴在北宋主要是为举子饯行、励志，南宋则更多强调该宴仪制和政教功能，其繁文缛节加重了地方的经济负担；现存宋人鹿鸣宴诗总体成就不高，但作为一种文化现象尚有阅读的价值。③ 张若衡认为官员七十致仕最初是被当作一种礼来执行的，但到宋代致仕制度则向法制倾斜。④ 其他如杨高凡、于赓哲、吕博对金鸡肆赦制度作了研究⑤，孙雅静研究了救日伐鼓仪式⑥，董杰等人研究了两浙地区的宴饮礼俗⑦，王志跃考证了《宋史·礼志》中所载赏赐的内容⑧，王美华研究了宋代耕籍礼⑨，杨高凡考证宋代明堂大礼举行的次数⑩，申万里认为乡饮酒礼原是上古盛行的显现宾贤、敬老、谦让的礼仪制度，之后逐渐演变为以地方儒学为中心的社会文化活动。宋代乡饮酒礼由于四明等地儒士的大力提倡，流行全国；元代的乡饮酒礼成为激励儒士自强、自立，维系儒学发展和传承的重要因素之一。⑪ 王美华则从礼制下移及国家对基层控制的角度研究了乡饮酒礼。⑫ 王美华还对唐宋时期养老礼进行了研究。⑬

对两宋旌表问题，有数文进行了研讨。王美华从唐宋变革角度研究了旌表与孝悌行为的变异⑭，杨建宏从国家权力在基层运作分析了宋代旌表⑮。王善军等人认为：旌表作为统治者用作美化社会习俗、维护地方秩序的有效手段。宋代旌表制度与前代相比更加完善，范围更加广泛，皇帝通过多种方式进行旌表，对宋代社会习俗的养成、人们文化心理

① 陈延斌：《〈袁氏世范〉的伦理教化思想及其特色》，《道德与文明》2000 年第 5 期；陈延斌：《中国传统家训教化与公民道德素质养成》，《高校理论战线》2002 年第 7 期；《中国传统家训的"仁爱"教化与 21 世纪的道德文明》，《道德与文明》1998 年第 2 期。

② 刘秉果：《宋代的赏花钓鱼礼制》，《中国钓鱼》1994 年第 8 期。

③ 祝尚书：《论宋代的鹿鸣宴与鹿鸣诗》，《学术研究》2007 年第 5 期。

④ 张若衡：《北宋官员七十而致仕的礼与法》，《法制与社会》2009 年第 18 期。

⑤ 杨高凡：《宋代金鸡肆赦制度研究》，《焦作师范高等专科学校学报》2011 年第 2 期；于赓哲、吕博：《中古放赦文化的象征——金鸡考略》，《陕西师范大学学报》2010 年第 3 期；吕博：《唐宋金鸡礼俗漫谈》，《寻根》2008 年第 5 期。

⑥ 孙雅静：《浅析宋代救日伐鼓》，《河南北方学院学报》2013 年第 5 期。

⑦ 董杰、曹金发：《浅谈南宋两浙地区的宴饮礼俗》，《安徽广播电视大学学报》2008 年第 4 期。

⑧ 王志跃：《〈宋史·礼志〉所载赏赐考论》，《北方论丛》2011 年第 3 期。

⑨ 王美华：《宋代皇帝耕籍礼的演进》，《社会科学战线》2013 年第 11 期。

⑩ 杨高凡：《宋代历次明堂大礼考》，《华北水利水电学院学报》2011 年第 2 期。

⑪ 申万里：《宋元乡饮酒礼考》，《史学月刊》2005 年第 2 期。

⑫ 王美华：《乡饮酒礼与唐宋地方社会》，《社会科学辑刊》2010 年第 4 期；王美华：《唐宋时期乡饮酒礼演变探析》，《中国史研究》2011 年第 2 期。

⑬ 王美华：《唐宋时期的皇帝养老礼》，《文史知识》2007 年第 12 期。

⑭ 王美华：《官方旌表与唐宋两代孝悌的变异》，《东北师大学报》2003 年第 2 期。

⑮ 杨建宏：《论宋代的民意旌表与国家权力的基层运作》，《中州学刊》2006 年第 3 期。

的形成都有着重要的作用。但这项制度也存在着弊病，带来了一些负面影响。①

　　"讲武礼"属于军礼，陈峰、刘缙对这一问题进行了研究，他们认为宋代讲武礼最初依然发挥着炫耀国威、激励军功的作用，但随着北宋"崇文抑武"国策的推行，讲武礼走向形式化和边缘化，并最终因朝政的紊乱而在王朝的礼制和政治中完全消失。② 之后刘缙先后发表两文对讲武礼进行了研究，总体观念没有大的突破。③ 陈峰、胡文宁对宋代武成王庙作过研讨，认为宋代武成王庙是沿袭唐代而来，但礼仪内容却发生了较大的变化，特别是其中陪祀、从祀武将的标准与人选发生多次变动。而这种变化，恰与当时朝政以及意识形态的演变存在密切的联系，由此也从一个侧面展示出其时代价值观的演进轨迹。④ 胡文宁还研究了武成王庙中管仲陪祀地位。⑤ 钱俊岭等人对宋代抚恤阵亡士卒进行了一些探讨⑥。时胜斋研究的宋代的服饰礼制规范⑦，宋军风研究了唐宋商人舆服。⑧

　　两宋时期的礼制研究取得重要进展是无可怀疑的，但存在问题也十分明显，大致可以概括为以下几个方面：

　　其一，礼制典籍整理与研究尚待进一步开展。

　　尽管宋代礼制典籍的整理与研究已有初步成果，其成果主要是《宋史·礼志》部分，《宋会要辑稿》"礼"部分的整理尚待时日。而其他礼典如《宋史·舆服志》《宋史·乐志》、欧阳修《太常因革礼》、官修《政和五礼新仪》、清人徐松辑《中兴礼书》等重要文献尚未开展整理，更谈不上研究。因此，加紧开展宋代礼典的整理与研究显得极其必要与紧迫。

　　其二，断代礼制史研究不足。

　　目前仅有陈戌国《中国礼制史》（宋辽金夏卷），显然断代礼制史研究成果不多。其实完全可以按国别进行礼制研究，然后再汇集成辽宋夏金整个历史时期的礼制史著述。在这一方面，尚待学者们努力。

　　其三，礼学思想尚待系统研究。

　　就目前而言，宋代礼学思想已有初步成果，但集中在个别学者上，没有全局性研究。正因如此，我们难以形成对宋代整体的礼学思想发展形成清晰的线索。因而有必要扩大到其他学者的礼学思想的研究，如王安石、陈襄等。只有对这些学者逐一进行比较深入地研究，才能真正弄清整个宋代礼学思想发展的脉络。当然，辽西夏金三朝的礼学思想究竟如何，也是值得花力气去研究的，否则，作为一个历史阶段的礼学思想，汉族与其他少数民族如何在礼学上互动便不可能弄清楚的。

　　其四，制礼机构与具体礼仪制度的研究尚有许多扩展的余地。

---

　　① 王善军、徐召霞：《宋代旌表制度述略》，载《宋史研究论丛》第 14 期，河北大学出版社 2013 年版。

　　② 陈峰、刘缙：《北宋讲武礼初探》，《清华大学学报》2007 年第 5 期。

　　③ 刘缙：《南宋讲武礼的动态考察》，《殷都学刊》2009 年第 2 期；刘缙：《南宋现实政治与"阅武"之关系》，《求索》2010 年第 2 期。

　　④ 陈峰、胡文宁：《宋代武成王庙与朝政关系初探》，《中国史研究》2012 年第 2 期。

　　⑤ 胡文宁：《礼制与政治：宋代武成王庙中管仲陪祀地位探析》，《科学经济社会》2013 年第 2 期。

　　⑥ 钱俊岭、张春生：《简论宋代抚恤阵亡士卒的举措》，《保定学院学报》2013 年第 5 期。

　　⑦ 时胜斋：《宋代的服饰规定》，《史学月刊》1982 年第 4 期。

　　⑧ 宋军风：《唐宋商人舆服演变考述》，《重庆社会科学》2006 年第 6 期。

目前对制礼机构的研究几乎是空白，两宋制礼机构的演变究竟如何，没有学者认真研究过。因此亟须改变这一状况。而具体礼仪制度的研究也大致集中在婚丧礼仪制度方面，其他方面虽有涉及，但数量不多，有大量具体礼仪制度还未涉及。

其五，具体研究多，价值判断少。

就目前论文或著述来说，大多局限于某一礼仪的演变或具体情况的研究，考订多，分析少，尤其对它们当时的价值、意义分析不够，至于对现代社会的借鉴价值就论述得更少了。因此有必须加强这方面的研讨。

其六，研究范围狭窄，有待拓宽。

例如，对家礼、家训研究多，对具体礼仪制度研究相对较少，宋代礼制对元明清礼制的影响、对日本的影响、对越南的影响几乎没有涉及，对两宋礼学派别的研究尚未开展。

其七，文献资料运用较多，出土资料运用不够。

例如对两宋的考古发掘已不少，也涉及许多礼制问题，这一时期留下的礼制实物也有一些，需要去辨别和运用这些资料，以拓展研究资料范围，加深了解该时期的具体礼制，以期使研究结论更加扎实。

近年来关于唐宋文士与儒学研究的综述

张　佩

近年来，关于唐宋文士、唐宋儒学的研究不断深入，学者愈发注重将文士纳入儒学研究的范畴。他们意识到欲要增进儒学研究的广度和深度，不能仅将视线停留在传统意义的哲学家、思想家身上，还需要关注"文士"在儒学构建与文化转型方面的积极作用。唯其如此，对待唐宋变革的认识方可称之全面，对文士品格与文化内涵的挖掘亦可得以深入。鉴于此，笔者特将这方面的相关研究成果予以梳理，以期于同类研究有所裨益。

一　文士与文化

张岱年等著《中国知识分子的人文精神》从各个角度对中国历代知识分子的人文精神进行分析，探索中国知识分子独特的精神世界的本质。[1] 资中筠则在论及中国道统时，特别提出"颂圣文化"一说，对这种行销士林、绵延古今的"传统"进行了透彻的分析。[2] 陈弱水则重点考察唐代文士的精神世界与唐宋思想转型[3]，试图通过对某些现象"如何形成"与"为何出现"的研究，侦测出历史过程中的动力。他特别设计并运用了多元研究法，使所采取的方法和所处理的问题及材料密合无间、丝丝入扣。以上三部书均为论文集，其重点在于通过一些富有代表性的作品集中展示作者的观点，故而不会也没有必要对主题进行系统性的论证。

类似这样的宏观文化研究越深入，视角的选取便显得越发重要。因此，研究从对理论系统的探讨逐渐转至对理论主体"文士阶层"的考察。王利平认为，这个阶层主要由士大夫、文官、学者、作家、教师和下层文人构成，以儒家为普遍的思想信仰，采取了各种文化策略不断扩大儒家文献的阅读、接受范围，强化了儒家文献在国家政治、社会道德中的认同。[4] 华军在思索"如何复兴传统文化"之时认为，韩愈以后出现为求功名利禄、经世致用而背弃儒学内圣本体这一本末倒置的现象，致使传统文化的浮沉随着社会形势的变迁而受到实用倾向的左右，那么，复兴之路的关键便在于确立文化内在本体。[5]

与此同时，古典文化的断代研究也逐渐深入。崔际银《文化构建与宋代文士及文学》一书以宋代为时空截面、以文人士子为主要对象、以文学作品为文本载体、以相关社会文化

---

① 张岱年等：《中国知识分子的人文精神》，河南人民出版社 1994 年版。
② 资中筠：《士人风骨》，广西师范大学出版社 2011 年版。
③ 陈弱水：《唐代文士与中国思想转型》，广西师范大学出版社 2009 年版。
④ 王利平：《中国文士阶层与儒家文献的经典化》，《燕山大学学报》2010 年第 4 期。
⑤ 华军：《复兴之路：传统文化复兴中的实用倾向及反思》，《长白学刊》2008 年第 5 期。

表征为重点标识。其思路既包括文学与史学、哲学等文化门类的横向联系，又兼顾宏观与微观的结合，意在谋求拓展文学研究之领地境域，将宋代"重文"的特质细腻地表现出来。①

二 个人与儒学

（一）焦点人物与儒学

探讨唐代儒学复兴，韩愈、柳宗元、李翱、白居易、元稹等人一直是焦点人物。如果说李白"功成身退"功业理想的破灭，宣告着个人理想主义的终结，那么，他身后的这一批人士的崛起便意味着集体功利儒学观的形成。

徐加胜从思想史和宗教理论两个角度对韩愈的道、道统进行梳理、阐释、深度分析，认为韩愈所言"儒家之道"乃是修身之道、济世之道与超越之道的合体，而"道统谱系"则是"在具体时空里面追求理势合一的理论思路的延续体系"。②周静着重对学术界较少关注的韩愈经学做系统研究与细致剖析，认为韩愈立儒家之道统，批佛老之学说，开舍传求经之新法，尊《大学》《孟子》之经典。其作为给宋明理学的产生、发展，提供了致思方向；为宋明理学在经典选择和理论构建方面，奠定了重要的基础。③韩丽华认为李翱《复性书》构建起了一个以"诚"为核心范畴的哲学思想体系，并以此促成儒学由"经学"转向"理学"。④徐继英强调安史之乱后的唐代儒学历经巨变，结束了长期以来儒家思想只讲注释、不究义理的局面。由白居易、元稹倡导的，以创作新题乐府诗为中心的诗歌革新运动，在唐代儒学的影响下萌生，对后代的诗学观念产生了深远的影响。⑤

（二）李白、苏轼与儒学

近些年个人与儒学关系的研究有了新的"增长点"，诗人渐次被纳入考察视野，儒学也被有机融入诗人的生命历程与创作行为当中。作为唐宋文化的代表性人物，李白、苏轼备受瞩目，对二者与儒学关系的考察不断深化。

1. 李白研究

李白研究向来比较充分，往往予人"饱和"之感。因此，学者欲深化研究，就需要从诗文作品层面上升至人物精神境界一维，从诗人与文化的互动之间发掘真谛。这也符合文学的深度增强时，会渐趋向哲学靠拢的规律。

葛景春较早对李白与儒学的关系进行了探讨，《李白与唐代儒学》一文论及唐代儒学的振兴，李白所受的传统儒家教育、功名思想，李白的人生处世理想以及李白对孔夫子的尊崇。⑥同时，葛景春认为文学的生命力在于讲真话，李白"讲真话"的动力之一便是忠诚于自己"安社稷""济苍生""览明月"的高洁的理想。此中的儒者情怀给他的诗歌增

① 崔际银：《文化构建与宋代文士及文学》，天津古籍出版社 2011 年版。

② 徐加胜：《韩愈的道统及其宗教性诠释》，博士学位论文，中国社会科学院研究生院，2012 年。

③ 周静：《韩愈经学考》，博士学位论文，曲阜师范大学，2013 年。

④ 韩丽华：《回归诚明：李翱〈复性书〉研究》，博士学位论文，苏州大学，2012 年。

⑤ 徐继英：《历史语境下的文化转型：元白诗学思想与中唐儒学论略》，《山西师大学报》2010 年第 5 期。

⑥ 葛景春：《李白与唐代儒学》，《孔子研究》1996 年第 11 期。

添了不少积极浪漫主义光辉。①

阮堂明则深化了对李白"功成身退"思想的解读，认为这是李白为自己设定的理想图式，他以此完成了对诸家思想的融合与发挥。"功成身退"图式的幻灭，标志着中国古代理想主义的终结，从此中国文学转而进入了一个追求新的艺术精神的阶段。②

刘朝谦在探讨李白的哲学、美学意识时，首先声明李白"不是哲学家"，道、释于他而言不过是驰骋神思的外界氛围，二者之教义与李白旺盛的生命意志力融为一体，诗意哲学方得感性化为哲理。③

傅绍良认为李白功成身退的生存模式与个性意识是一致的，它们充分体现了李白对功名的追求、对自由的向往和对自我的陶醉。但这种生存模式与现实难以兼容，使李白在彼此落差间感到迷惘寂寥，对生命之促迫亦大有忧患。这些构成了李白悲剧心态的基本内容。④ 诗人既不满足于自身处境，便会以诗歌来调适情感，故其"月亮诗歌的哲理升发，是一种极深刻微妙的感情活动"⑤。与傅绍良一样，刘飞强调李白"寰区大定，海县清一"政治理想与壮志未酬的苦闷是其诗歌创作的心理契机，他困惑于明月式的向往和纵酒开愁的矛盾之中。这种心态决定了其诗歌创作的总体风貌。⑥ 张晨亦认为李白人生悲剧的内部原因在于他时常徘徊于"自信自强"与"自由自在"这两种状态之间，然其人生魅力也正源于此。⑦

具体至意象考察，达朋认为大鹏是李白所处的开元、天宝之际的世庶地主阶级知识分子开拓进取精神的象征，是雄健恢宏的盛唐气象的活化。只不过是由于时代、阶级的局限，无法实现他们的理想罢了。⑧

康震提出儒道矛盾的生命价值观在李白对艺术精神境界的追求中获得了对立的统一。李白一方面在对世态炎凉的省察体知中感受着人生的悲欢忧乐，在现实的合理或不合理中追求自由解放的力量，一方面则由艰难困苦净化升华至乐感的精神归宿，在更大的"天人合一"的宇宙空间中扩充文化容量，不断汲取蓬勃的生命力和坚毅的向上力。⑨

梁光焰将李白与郁达夫进行比较，从中透视中国知识分子漫长而痛苦的精神历程，从而彰显中国知识分子精神气质中不变的本质和嬗变。他认为自由人格追求和社会价值实现的矛盾是李白痛苦的根源，在倍感虚无之后，谪仙隐逸成为他最后的精神堡垒。郁达夫则处处流露出传统知识分子的精神底色。⑩

---

① 葛景春：《李白诗歌的真与美》，《河北大学学报》1982 年 2 期。

② 阮堂明：《生命的理想图式与幻灭：李白"功成身退"思想及其意义》，《河北大学学报》1996年第 1 期。

③ 刘朝谦：《李白的哲学、美学意识》，《社会科学研究》1988 年第 2 期。

④ 傅绍良：《李白的个性意识与悲剧心态》，《陕西师范大学学报》1992 年第 1 期。

⑤ 傅绍良：《论李白诗中的月亮意象与哲人风范》，《陕西师范大学学报》1996 年第 3 期。

⑥ 刘飞：《明月与酒：李白人生定位的困惑》，《陕西师范大学学报》1998 年第 3 期。

⑦ 张晨：《超拔中的不朽：盛唐三诗人生命状态阐说》，《社会科学辑刊》1999 年第 3 期。

⑧ 达朋：《论李白诗歌中的大鹏形象》，《辽宁师范大学学报》1993 年第 2 期。

⑨ 康震：《李白道家文化人格的哲学意义：兼论李白生命价值观的对立统一》，《南京师大学报》2002 年第 2 期。

⑩ 梁光焰：《中国知识分子精神气质的嬗变：以李白和郁达夫之关联论析为例》，《名作欣赏》2009 年第 10 期。

整体而言，研究者对李白价值观与心态的探索，还未彻底超越李长之经典作品《道教徒的诗人李白及其痛苦》的观点，不过在话语表述方式、论证角度方面还是用力颇深的。

2. 李白、苏轼比较研究

2001年，中国社会科学院文学研究所召开了"纪念李白诞辰1300周年、苏轼逝世900周年学术研讨会"。会议将李白、苏轼一起纪念，目的就在于唐宋合观，在较长的历史时间段上展示中国诗学的辉煌和阔大，旨在改变以往"扬唐贬宋"或"嗜宋寒唐"的学术倾向，尽可能不割裂、不损害中国诗学的博大与多样。刘扬忠在会上谈到学界对"唐型文化"与"宋型文化"的内涵、特征展开论证是开了好头，不过若干基本问题的探究与论证尚缺少应有的广度和深度，故应在宏观探研的基础上加入对个案的分析。李白、苏轼便是两型文化的代表人物与象征，若能研究好二者，对唐宋文化的理解和把握就会更深入、更准确。① 赵仁珪则认为"凡超一流的文学家必有超一流的品格"，李白最崇高的人格在于对人权、人性的尊重，苏轼最动人之处是就是至真至浓、至深至广的人情，或曰"情味"。后代研究者若想准确把握这些超一流文学家创作中最动人之处，必须把握他们超一流的品格。②

此后，学者们开始重视在李、苏比较研究中融入对二者品格的探索，从各个角度展开研究：

（1）以作品作为切入点进行论证

李晓峰认为李白诗歌之豪华俊逸、苏轼诗歌之苍凉空漠，实为有赖于唐宋社会结构的形成和演进。唐人意气风发贵在安邦，宋人精心学业意在仕禄。③ 李俊将李白的《梦游天姥吟留别》与苏轼的《赤壁赋》进行比对，认为李白以豪气奇想运行全篇，苏轼则专注思理体物。这实际上表现了他们相似的生命气象源自不同的文化特质，也夹杂着时代的差异。李白之诗很少有逻辑性理性的表述，随心变化，出人意表。苏轼诗文则以议论学问为长，其思维更多地遵循着逻辑理性与人间法则，这也是宋代崇尚理趣风气的体现。④ 杨林夕认为李白、苏轼的作品分别对应着"民间口头话语"和"文人文本话语"，分属"下层文化"（民俗文化）和"上层文化"（正统文化）。故，从二者女性诗的差异可以洞察唐宋女性观，及由此引起的女性生活的变化。⑤

（2）从思想史角度进行论证

赵稀方在论述中国启蒙文学源流时，认为庄子哲学拒斥情欲的目的实际上是为了维护人的自然性情，使其不至痛苦受损。正是这一点，使得庄子自身虽未成为启蒙哲学，却引发了后世启蒙主义文学的流脉。李白、苏轼虽然纵情所至、蔚为高峰，似得庄哲三昧，然终为儒学所限，未能在其时代造就真正璀璨的中国启蒙文学。⑥

熊宪光以为蜀中文士多师法纵横，这一现象发人深思。李白、苏轼等人原本想用纵横术大展宏图，辅弼帝王，结果却仕途不通，壮志难酬，"纵横"之气却深助其文采豪气，

---

① 刘扬忠：《深入探究李白、苏轼其人的文化意义》，《求索》2001年第1期。

② 赵仁珪：《"诗人情味"最动人》，《求索》2001年第1期。

③ 李晓峰：《从少年豪华到文人困顿：李白苏轼诗歌风格比较》，《社会科学辑刊》2008年第6期。

④ 李俊：《李白的天姥之梦与苏轼的赤壁之思》，《名作欣赏》2000年第6期。

⑤ 杨林夕：《李白和苏轼女性诗的差异及其文化意蕴》，《宁夏大学学报》2004年第4期。

⑥ 赵稀方：《庄子与中国启蒙文学源流》，《南京大学学报》1997年第3期。

于文坛留下了辉煌杰作，在文学史上大放异彩。①

张振谦认为宋代文人的"谪仙"称谓在中国古代诗歌批评史上有着重要的价值和意义。这一原本属于道教的概念，通过李白广泛地嫁接在宋代诗人身上，使之成为标识诗人人格魅力、诗风才气的重要诗学概念之一。在宋代文人笔下，"谪仙"已经成为李白、苏轼人格与诗歌的代名词。②

（3）从接受史角度

袁晓薇认为李白在宋代的地位有一个升降起伏的变化过程，这一变化过程反映了不同阶段的宋代诗坛对唐诗的接受角度和接受程度，与宋诗创作的发展和宋代诗学的演进轨迹呈现出相一致的走向。③ 王红丽强调苏轼唐诗观的突出之处主要是他对唐诗的发展有宏观整体的把握，他对一批重要诗人的独特评价，或已成经典，或引起了后人的广泛争论。④

申明秀认为苏轼深得儒道释三教之真味，熔三教于一炉，而形成自己独特的旷达人格，黄州之贬是推动苏轼旷达人格最终定型的契机，乐天闲适心安是苏轼旷达人格的具体表现。儒道释对李白的真正影响却都很有限。表面上看，李白大有儒家济苍生安黎元的雄心，实际上他真正关心的是"天生我才必有用"，而且是宰相之用。李白对道家思想的精髓实无太多体会，而佛法真谛他亦无心去领悟。可以说，李白一生浸染三教，却并不沉迷，故得本色不改。⑤

三 文士活动与心态

从文士的活动与心态角度去探研唐宋文化的深度与转型，实际上就是将泛化的"文化"具象化，从个体身上发掘文化的精髓，在个体的底色上观测文化的品行容止。可以说，对于文士心灵世界的深切体会有助于我们更细腻地去理解传统文化的根底。

（一）学者们从"外围"入手进行研究，选取的角度比较多元

李红霞主要从"外景表象"来考察文人心态转变，认为园林在相当大程度上弥补了归隐、羡隐的士大夫在政治受挫后的心理失衡，并完成其人格精神的改造与构建。⑥ 此外，她还从"文化遗产"传承方面入手，来考察唐宋文人的审美异同。比如陶渊明，唐人视其为隐逸高士，宋人则对其进行全方位的文化解读，表现出创作借鉴与理论阐释的双重自觉。其中，苏轼对陶诗风格的评论最为精到，他对陶诗平淡深粹、不事雕琢的自然美内蕴的揭示，在陶学接受史上具有里程碑式的意义。⑦

于俊利将目光投向唐代祭礼，认为唐代祭礼的变迁折射了唐代文人心态与文体选择的变化。文人经历了以国家祭礼歌颂升平、到整饬政弊，最后信奉民间祠祀这样一个由豁达

---

① 熊宪光：《"纵横"流为文士说》，《北京师范大学学报》1998 年第 2 期。

② 张振谦：《宋代文人"谪仙"称谓及其内涵论析》，《宁夏社会科学》2011 年第 1 期。

③ 袁晓薇：《宋代诗论对李白不公正评价的时代原因》，《江淮论坛》2003 年第 6 期。

④ 王红丽：《苏轼唐诗观》，《求索》2005 年第 11 期。

⑤ 申明秀：《儒道释的结晶与升华：论苏轼旷达的人格境界》，《名作欣赏》2008 年第 22 期。

⑥ 李红霞：《论唐代园林与文人隐逸心态的转变》，《中州学刊》2004 年第 3 期。

⑦ 李红霞：《论唐宋文人对陶渊明文化解读之异同》，《江汉论坛》2004 年第 5 期。

进取、用世务实，逐渐内向感伤迷茫的心态变化过程，相应地，有关祭祀文学勾勒出由赋颂铺排到议论政弊，再到抒写个人内心世界的演变轨迹①。

马良怀、张丽君认为唐代文人在生存空间的选择上与前朝文人不同，他们由山野转向都市，扬州成为首选。对这个浮华烂漫城市的追求，表现出文人追求个体生命真实存在，反对社会对人约束异化的心态转变，颇有"大隐隐于市"之意味。②

（二）学者们从文士群体及其日常活动入手，将研究细化、深化

马自力认为儒士、文人和官僚的三位一体，构成了唐代文人的基本面貌。科举和入幕成为他们改变自己社会地位，转换社会角色的两大基本途径，二者共存集中体现了唐代士人社会角色变迁的时代特征。③ 傅绍良则强调文学家逐渐成为唐代谏官队伍的主力，君王对谏诤的不同理解，直接影响到他们的人生轨迹与政治命运。而文学家们的政治命运亦折射出唐代的政治风气与唐王朝的命运。④

严正道认为儒侠互补是唐代文人普遍的意识。以安史之乱为分界线，初盛唐时期以侠对儒的主动补益为主，文人积极地有意识地"延侠入儒""以侠补儒"，从而确保了文人在处理个人与社会关系时的平衡。中晚唐时期，侠风变质，文人不断"引儒改侠""以儒并侠"，李德裕义化侠的出现是唐人改造的最终结果，从此侠文化也走向没落。⑤

王佺通过对"执贽谒见"这种古老谒见之礼在唐代的表现，集中探讨了士人对儒家"礼"文化内涵精神的理解与传承，认为"执贽"具有功利性和礼仪性的双重内涵。⑥ 而唐代文学的新变与当时盛行的文人干谒风气有着千丝万缕的联系。⑦

张海沙提出《维摩诘经》的香积世界和天女散花的情节不断激发着唐代文人超离现实的想象。"维摩无言"给予文人创作重意的启示。唐代文人从生活方式、思维方式到诗歌表达方式，都表现出对《维摩诘经》的推崇与接受。⑧

王雷认为中唐这个转型的特定时期为文士的社会身份认同提供了现实的契机，文士有了身份重构的需求与可能，个体逐渐向群体臣服。他们为了"以生民为念"的终极目标做出调适，同时还在努力保持独立意识和批判精神，原因在于文士阶层在这个历史阶段还保持着应有的激情与活力。⑨

马小方以为唐代文士多涉足释教，他们日常崇佛之举一方面是唐代佛教繁荣的反映，另一方面也对佛教的发展起着促进作用，并推动了佛教文学的创新和发展。⑩

戴伟华认为唐代文士籍贯与文学关系密切，《丹阳集》编撰的意义在于确认以籍贯为

---

① 于俊利：《从唐代祭礼看唐代文人的心态变迁与文学选择》，《暨南学报》2009 年第 1 期。
② 马良怀，张丽君：《唐代文人由山野向都市的转身：以扬州为基点的考察》，《中南民族大学学报》2013 年第 6 期。
③ 马自力：《论中唐文人社会角色的变迁及其特征》，《陕西师范大学学报》2005 年第 6 期。
④ 傅绍良：《唐代谏诤风气与文学家谏官的命运》，《人文杂志》2006 年第 5 期。
⑤ 严正道：《论唐代文人的儒侠互补意识》，《宁夏大学学报》2009 年第 6 期。
⑥ 王佺：《唐代文人执贽干谒现象研究》，《北京大学学报》2010 年第 2 期。
⑦ 王佺：《论干谒之风与唐代文学的新变》，《北京理工大学学报》2011 年第 1 期。
⑧ 张海沙：《唐代文人与〈维摩诘经〉》，《文学评论》2011 年第 1 期。
⑨ 王雷：《中唐文士社会身份认同的焦虑及成因》，《三峡大学学报》2011 年第 6 期。
⑩ 马小方：《唐代文士崇佛之日常表现》，《湖南师范大学社会科学学报》2013 年第 3 期。

单位关注文学现象的意识，而初唐"吴中四士"的出现隐含着北方文人势力强盛南方文人势力弱小这一事实。①

吴夏平借鉴社会角色理论，从文士角色规定性和流动性等方面来考察，揭示文馆文士与唐代文学演进的内在联系。②

四　文士、作品与创作

这方面研究大致是立足文本，从不同文体、创作手法切入去反观文士思想演进。这种研究多将泛化的概念、理念及说法细化、系统化，与那种由文士延及文本的思路大为不同。

闵泽平将理学家之文作为南宋古文的重要组成部分纳入研究视野，认为古文的核心是"古道"，而非文辞、文风、文体之古，韩柳之所以成功恰在于对古文这种本质有着深刻体认。北宋学者便是在对"古道"进行后续阐发时，开出理学一脉。可以说古文的兴起与理学的滥觞，发生于同一文化思潮之中——文统与道统的融合只有在各自得到充分发展之后才可能进行。③

吕肖奂指出唐代文人谣是文人新乐府的一部分，李白的《箜篌谣》和《庐山谣》开创了中、晚唐两种截然不同的文人谣主题和风格。而这两类文人谣分别对宋元以后的诗和词有直接影响④。

吴艳荣认为唐诗中大量的以凤喻文人，充分反映了唐代文人积极入世的精神面貌，是唐代文人轩昂傲气和矜高本色的充分体现。这种比类风尚与整个社会崇尚诗文密不可分。⑤

李程表示唐代文人创作的步虚词在很多层面超越了道教步虚词的局限，使其开始从神圣走向凡俗，逐渐与文人日常诗词创作合流，达到较高的艺术水平。⑥

李春青认为诗歌创作是一种话语构建，"诗歌文本差异不过是文化价值取向差异的表征而已"。唐代士人兴趣在建功立业，宋人在则做官稍易的情况下注重学术研究。这两种倾向背后隐含着以消解生存焦虑为目的和以实现主体意识为目的的两种不同的文化价值取向。其选取李白与苏轼这两位"天才型"诗人进行比对，认为二人不肯墨守成规，追求对个人才情气质的充分彰显，但二人的作品从语言文字到意象设置，从文本意义到文化意蕴，都带有明显的根本性差异。⑦

五　传统儒学

近年来，唐代儒学渐成焦点，在研究这一转型期对文化接续的意义时，学者们除了发

①　戴伟华：《唐代文士籍贯与文学考述》，《江海学刊》2005 年第 2 期。

②　吴夏平：《从社会角色看唐代文馆文士与文学之关系》，《华南师范大学学报》（社会科学版）2012 年第 4 期。

③　闵泽平：《南宋理学大家古文研究》，博士学位论文，武汉大学，2005 年。

④　吕肖奂：《唐代文人谣刍议》，《四川大学学报》2004 年第 1 期。

⑤　吴艳荣：《唐代的"凤凰热"》，《江汉论坛》2007 年第 5 期。

⑥　李程：《唐代文人的步虚词创作》，《武汉大学学报》2013 年第 6 期。

⑦　李春青：《唐宋诗的文本差异及其文化原因》，《学习与探索》2001 年第 5 期。

现新问题，也注重转换视角、调整思路对旧问题进行深入探讨。

兰翠着重对唐代孟学的发展情况进行了梳理，认为初唐孟学的主要表征是对孟子理论的征引；盛唐则转为对孟子思想在精神上继承和在行动上的践行；中唐表现为注孟、释孟、专题讨论的增多；晚唐则上承中唐韩愈尊孟之氛围，下启北宋孟子升格之旨归，此期林慎思的《续孟子》在思想上丰富了孟学研究，在形式上也为宋儒订正经文、以意说经开启了无限法门。①

程遂营认为唐代文化之所以形成开阔宏大的特色，与唐代儒学的贫困有莫大关系。不过，佛、道要求人们脱离现实，号召出家，则构成对封建统治经济基础的巨大威胁。这也注定了二者无法取代儒家，去承担起社会治理的责任。至唐代中后期，三家为了适应政统需要，出于对自身生存发展的考虑，开始谋求协调与融合，这就为以儒为主、融通三教的局面打下了良好的思想基础。② 刘光育则从经学在隋唐的演变，三教关系与儒学的发展，学术思想上重大转向三方面对隋唐儒学发展及其特点展开论述，认为唐代儒学是汉学与宋学的过渡，儒家学术思想上的重大转向正是在这一时期酝酿发端的。③

徐继英认为学界对儒学与后来儒学发展的内在相关性缺乏论证，故其以唐代春秋学派为切入点，考察春秋学派在儒家经典思想资源上所起的嫁接和承上启下的轴心作用。她认为这一学派以敢于怀疑与探索为宗旨，批判传统儒学的寻章释义的释经形式，给予儒家经学以新的阐释，为研究经传辟出一条自由之路，开启了一个文学自由的时代。④

对传统儒学的研究亦开始注重与其他方向的结合。

刘顺认为儒学的复兴与重新制度化，是唐帝国应对文化与地域问题的重要举措。贞观与开元之间的以京城为舞台、宫廷为中心的文坛形成了"颂"与"风雅"的合奏。对儒学、文学及二者关系的反思调整成为贞、开间士人思考的核心问题之一。⑤

郭丽主要研究唐代教育与文学的关系，认为唐代教育以或隐或显的方式作用于文人知识结构的形成、文学素养的提高，是他们具备文学创作能力的必要前提，因而也是影响唐代文学繁荣发展的重要一极。⑥

通观来看，唐宋文士与儒学研究表现出以下特点：一，开始注重将文学与儒学结合，使彼此都得到深化；二，选取角度与方式多元化，令人耳目一新；三，对某些"定论"式问题能予以再思考。问题在于，"述而不作"的情况时常有之，即启用了新材料，变换了新方法，最终却未作理论提升或价值判断，仍旧迂回至旧有的观点。尽管学界有"论据比论点更重要"的说法，但仅凭转换语境与表述方式来充实研究还是不够的，仍需在"深度"方面下功夫。

① 兰翠：《唐代孟学探赜》，博士学位论文，山东大学，2012 年。

② 程遂营：《卫儒、逆儒与异儒：唐代儒学及其贫困原因刍论》，《河南大学学报》2001 年第 1 期。

③ 刘光育：《隋唐儒学发展及其特点》，《中华文化论坛》2003 年第 4 期。

④ 徐继英：《〈春秋〉学派之于传统儒学的意义：基于传统儒学中的嫁接作用》，《甘肃社会科学》2013 年第 3 期。

⑤ 刘顺：《初盛唐的儒学与文学》，博士学位论文，华东师范大学，2008 年。

⑥ 郭丽：《唐代教育与文学》，博士学位论文，南开大学，2012 年。

张载思想研究的历史回顾

方光华　曹振明

张载是理学的重要奠基者，他的思想在中国思想史上占有重要地位，在一千年的历史长河中，不断引起学人们的关注和重视，其思想的多方面内涵得到各个时代学人的不同程度的发掘和诠释。随着古今与中西学人视野的不断扩展，继续提升张载思想研究的境界，有必要对千年来学人对张载思想的研究进行反思和总结。

一　宋元学者对张载思想的评论

（一）张载弟子的评论

张载逝世前，将自己一生言论精要集成《正蒙》。张载弟子苏昞仿效《论语》《孟子》体例，将《正蒙》编订为17篇，即现在之《正蒙》。张载去世后，张载的弟子对张载的思想进行评论，其中最有代表性的就是范育的《正蒙序》和吕大临的《横渠先生行状》。他们较早地对张载思想的主旨作出了恰当的评论，对后世学人理解张载思想提供了重要参考。范育在《正蒙序》中指出，张载的学说是以儒家经典为文本依托，通过批判佛教、道教思想而创建的。孔孟之后，佛教、道教等"异端"学说"与六经并行"，学人"以为大道精微之理，儒家之所不能谈"，《正蒙》是为了"排邪说，归至理，使万世不惑"而作。《正蒙》"语上极乎高明，语下涉乎形器"，对天地宇宙、社会人生、世界万象等作了系统的论证和说明，形成了"本末上下、贯乎一道"的思想体系：一方面继承和复兴了儒家的道统，所谓"以稽天穷地之思，与尧舜孔孟合德乎数千载之间"；另一方面充实和创新了儒家道统的时代内涵："有'六经'之所未载，圣人之所不言。"①

吕大临的《横渠先生行状》除记述了张载的生平经历外，对张载的思想也作了全面的介绍。他指出："其（张载）自得之者，穷神化，一天人，立大本，斥异学。"即是说，张载思想最具创新之处在于：探究宇宙本性与变化之道，贯通天人之学，确立核心价值观念，排斥佛教、道教异端邪说。此外，他还指出，张载"慨然有意三代之治"，对张载倡导"渐复三代""仁政必自经界始"的政治思想作了提示，对张载"知礼成性，变化气质之道，学必如圣人而后已""大抵以敦本善俗为先"的社会教化思想作了精当的总结。他还指出张载的治学路径是依据儒家经典探求"义理"，"非理明义精，殆未可学"，认为张载的学风是学贵于用。②

虽然张载卒后其弟子多投奔二程，但是张载的气论思想及气禀人性理论依然受到弟子

---

① （宋）张载：《张载集》，章锡琛点校，中华书局1978年标点本。

② 同上。

们的认同。吕大临、李复等人均赞同张载的气论思想，吕大临还秉承了张载的"禀赋"说："天道也，天德也，降而在人，人禀而受之，是之谓性""禀有多寡，故为强柔；禀有偏正，故为人物。故物之性与人异者几希，唯塞而不开，故知不若人之明；偏而不正，故才不若人之美。"① 张载学以致用、贵礼重用的为学宗旨也深受弟子们的效法。张载的弟子无不注重躬行实践，表现出以治世经国为己任的鲜明色彩。《关学编·和叔吕先生》记载："其（吕大钧）文章，不作于无用，能守其师说而践履之。尤喜讲明井田、兵制，谓治道必自此始。"② 与张载"学政不二"的思想旨趣完全一致。苏昞同样认为："治经为传道居业之实，居常讲习只是空言无益。"③ 张载弟子对张载为学宗旨的赞同还表现在对"礼"的推崇上。吕大钧"日用躬行，必取先王法度以为宗范。居父丧，衰麻、敛、奠、比、虞、祔，一襄之于礼"④。吕大临坚持了张载"知礼成性""变化气质"之道的学说传统。他说："天下至大，取之修身而无不足……此礼之本，故于记之首章言之"（《礼记解·曲礼上第一》）；"所谓心诚求之，虽不中不远矣"。有是心也，则未有不谨于礼，故曰"心正而后身修"（《礼记解·大学第四十二》）。吕氏兄弟还"率乡人"创作乡约乡规并付诸实践，使关学的礼教思想更加系统和具体。其中，《吕氏乡约》是中国历史上第一个成文的、较为完整的乡约民规。

（二）宋代理学家的评论

宋代理学家对张载思想作出较多评论的是二程和朱熹。他们主要从理本立场出发，并在强烈的理学道统意识下对张载思想进行解读和定位，因而对张载思想既有很高的褒扬，也有直接的批评，奠定了后世学人对张载思想的基本认知。

大程指出："张子厚（张载）、邵尧夫（邵雍），善自开大者也。"⑤ 小程说："横渠道尽高，言尽醇，自孟子后儒者，都无他见识。"⑥ 在《答横渠先生书》中，小程还盛赞张载"清虚一大"的学术功绩，认为"观吾叔之见，至正而谨严，如'虚无即气则无无'之语，深探远赜，岂后世学者所尝虑及也？"⑦ 朱熹亦曰："大抵前圣所说底，后人只管就里面发得精细。如程子、横渠所说，多有孔孟所未说底。"⑧ 不难发现，程朱对张载的学术成就颇为赞赏，甚至将张载比堪孟子。

但程朱并不认同张载的"太虚"思想。程朱区分了"气"和"理"的高下，主张"天理"才是宇宙最高的本体，并以"天理"解读张载的"太虚"："道，太虚也，形而上也""或谓'惟太虚为虚'，子曰：'无非理也，惟理为实'。"⑨ 这并非张载思想原意。由此，程朱认为张载以"气"规定"清虚一大"，不免具有"形而下"之嫌，不足以明

① （宋）吕大临：《蓝田吕氏遗著辑校》，陈俊民辑校，中华书局1993年标点本。
② （明）冯从吾：《关学编》，陈俊民、徐兴海点校，中华书局1987年标点本。
③ （清）黄宗羲：《宋元学案》，（清）全祖望补修，中华书局1986年标点本。
④ （明）冯从吾：《关学编》，陈俊民、徐兴海点校，中华书局1987年标点本。
⑤ （宋）程颢、程颐：《二程集》，王孝鱼点校，中华书局1981年标点本。
⑥ 同上。
⑦ （宋）程颢、（宋）程颐：《二程集》，王孝鱼点校，中华书局1981年标点本。
⑧ （宋）黎靖德：《朱子语类》，中华书局1986年标点本。
⑨ （宋）程颢、（宋）程颐：《二程集》，王孝鱼点校，中华书局1981年标点本。

天道。他们指出："立清虚一大为万物之源，恐未安，须兼清浊虚实乃可言神。道体物不遗，不应有方所。"① "形而上者谓之道，形而下者谓之器。若如或者以清虚一大为天道，则乃以器言，而非道也。"② "如以太虚、太和为道体，却只是说得形而下者。……渠本要说形而上，反成形而下，最是于此处不分明。"③ "问：'诸先生都举形而上、形而下，如何说？'曰：可见底是器，不可见底是道。理是道，物是器。'"④ 这是坚持理本论立场的程朱对张载思想的一种误读，事实上张载的"气"统摄了"形而上"者和"形而下"者，后世不少学人受到程朱的影响，未能充分把握张载思想的真正意蕴。⑤

另外，二程认为："凡物之散，其气遂尽，无复归本原之理。"⑥ 即认为张载此说实际上落入了佛教中的"轮回"学说。朱熹说："横渠辟释氏轮回之说。然其说聚散屈伸处，其弊却是大轮回。盖释氏是个个各自轮回，横渠是一发和了，依旧一大轮回。"⑦

二程还认为，张载的思想表现出"天人二本"的倾向。张载力图为儒学构建出"天人合一"的体系，然而在二程看来，"性即理"（小程）、"心即理"（大程），即天与人、理与心性本为一事，不必强分，更无须言合。如大程指出："若如或者别立一天，谓人不可以包天，则有方矣，是'二本'也。"⑧ 二程由此对张载"穷理尽性以至于命"须"有次序"的理论也作了批评。

在批评《正蒙》核心思想的同时，程朱对《西铭》赞扬有加。大程以"仁体""仁孝之理"解之，小程则以"理一而分殊"褒之，还并举《西铭》《大学》为学者的入门书，并以此将张载比堪孟子。二程曰："《西铭》，某得此意，只是须得他子厚有如此笔力，他人无缘做得。孟子以后，未有人及此。得此文字，省多少言语。且教他人读书，要之仁孝之理备于此，须臾而不于此，则便不仁不孝也。"⑨ "《订顽》一篇，意极完备，乃仁之体也，学者其体此意，令有诸己，其地位已高，到此地位，自别有见处。《西铭》之为书，推理以存义，扩前圣所未发。与孟子性善养气之论同功。……《西铭》明理一而

---

① （宋）程颢、（宋）程颐：《二程集》，王孝鱼点校，中华书局 1981 年标点本。

② 同上。

③ （宋）黎靖德：《朱子语类》，中华书局 1986 年标点本。

④ 同上。

⑤ 学术界有不少学者将张载的"太虚"与"气"分判为二物，认为"太虚"与"气"是两个不同的范畴，并以"体用"的立场，或"从（二者）'合言'的角度强调了体用的相即、不二、不离"，或强调"从（二者）'分言'的角度看，体用关系还具有相分、不即、不杂，亦即独立的一面"，或"合言""分言"兼而论之。（参见年宗三《心体与性体》，上海古籍出版社 1999 年版，第 358—489 页；丁为祥：《虚气相即——张载哲学体系及其定位》，人民出版社 2000 年版，第 59—69 页；林乐昌：《张载两层结构的宇宙论哲学探微》，《中国哲学史》2008 年第 4 期；林乐昌：《20 世纪张载哲学研究的主要趋向反思》，《哲学研究》2004 年第 12 期等）将"太虚"与"气"分判为二物的观点，实际上是受了程朱别分"理""气"之高下思想的潜在影响，他们试图将"太虚"抽离为独立于"气"但又支配"气化"的形而上者，而将"气"视为形而下的范畴，对张载哲学中的"气"的多层性含义未能充分揭示，从而落入了"以程（朱）解张"的理论轨道之中，此种看法其实也正是张载所反对的在"气"之上别置"太虚"（"虚能生气"）的理论观点。

⑥ （宋）程颢、（宋）程颐：《二程集》，王孝鱼点校，中华书局 1981 年标点本。

⑦ （宋）黎靖德：《朱子语类》，中华书局 1986 年标点本。

⑧ （宋）程颢、（宋）程颐：《二程集》，王孝鱼点校，中华书局 1981 年标点本。

⑨ 同上。

分殊……分立而推理一，以止私胜之流，仁之方也。"①

朱熹对《西铭》也非常推崇，甚至将《西铭》提升到讲明"彻上彻下、一以贯之"纲领，体现"体用一源，显微无间"理学宗旨的高度，并认为"此书（《西铭》）精深难窥测"②。此外，朱熹对《西铭》所蕴含的现实关怀、价值理想等也深表认同并身体力行之。

程朱还盛赞张载"合两之性"的人性说，认为它"极有功于圣门"。朱熹指出："问：'气质之说，始于何人？'曰：'此起于张、程。'某以为极有功于圣门，有补于后学，读之使人深有感于张程，前此未曾有人说到此。如韩退之《原性》中说'三品'，说得也是，但不曾分明说是气质之性耳。性那里有三品来！孟子说'性善'，但说得本原处，下面却不曾说得气质之性，所以亦费分疏。诸子说性恶与善恶混，使张程之说早出，则这许多说话自不用纷争。故张程之说立，则诸子之说泯矣。因举横渠：'形而后有气质之性。善反之，则天地之性存焉。'故气质之性，君子有弗性者焉。"又举明道云："'论性不论气，不备；论气不论性，不明，二之则不是。'且如只说个仁义礼智是性，世间却有生出来便无状底，是如何？只是气禀如此。若不论那气，这道理便不周匝，所以不备。若只论气禀，这个善，这个恶，却不论那一原处只是这个道理，又却不明。此自孔子、曾子、子思、孟子理会得后，都无人说这道理。"③

不过，朱熹是从"理一分殊"立场展开阐发的。朱熹还对张载的"心统性情"说深表赞同，认为儒家对于心、性、情关系的见解，"横渠说得最好""颠扑不破"，而"二程却无一句似此切"④，并依据张载的基本观点系统地阐发和论述了心、性、情的关系。

值得注意的是，张载并无直接的师承，其思想主要是"自得"之学，而且他所开创的诸多范畴和命题被程朱理学所借用和进一步发挥，成为理学体系中的基本核心理论。然而，经过吕大临、杨时等人对二程的溢美，出现了"横渠之学，其源出于程氏"之说。二程曾对此明确地加以否认和澄清："表叔（指张载）平生议论，谓颐兄弟有同处则可，若谓学于颐兄弟，则无是事。"⑤但是，理学的集大成者朱熹依然认为张载之学"其源则自二先生（二程）发之耳"⑥。朱熹等所著《伊洛渊源录》着意构建理学道统，将张载置于周敦颐、二程、邵雍之后，张载在理学谱系上的地位自此成型。

（三）元代《宋史》的评论

《宋史》成于元末，其中与张载及其思想直接相关的有《道学传》和《张载传》。《宋史·道学传》将张载置于周敦颐和二程之间，对张载的理学地位作了比较准确的定位，但它未摆脱程朱的影响。它在详细记述各位理学家的生平与思想时，却又首述周敦颐，再述二程，然后才是张载。在述及张载的著作及思想时，它着重评论了《西铭》及其思想，对《正蒙》仅一语带过；而对《西铭》的解读，完全继承了程朱的观点："张载

---

① （宋）程颢、（宋）程颐：《二程集》，王孝鱼点校，中华书局 1981 年标点本。

② （宋）朱熹：《朱子全书》，上海古籍出版社 2002 年版。

③ （宋）黎靖德：《朱子语类》，中华书局 1986 年标点本。

④ 同上。

⑤ （宋）程颢、（宋）程颐：《二程集》，王孝鱼点校，中华书局 1981 年标点本。

⑥ （宋）朱熹：《伊洛渊源录》，中华书局 1985 年标点本。

作《西铭》，又极言理一分殊之旨，然后道之大原出于天者，灼然而无疑焉。"① 此外，《宋史》的《道学传》与《张载传》对张载的生平事迹及学说的记述与吕大临的《横渠先生行状》很相类似。

不过值得注意的是，《宋史》的《道学传》首次指出："（张载）以为知人而不知天，求为贤人而不求为圣人，此秦汉以来学者大蔽也。故其学尊礼贵德，乐天安命，以《易》为宗，以《中庸》为体，以《孔》《孟》为法，黜怪妄，辨鬼神。"② 这一评论不失为评论张载思想的点睛之笔。张载思想的中心议题是"性与天道"，确实是基于"秦汉以来学者大蔽"而发，而《易》确实构成了张载学说的根基和主题，并通过《中庸》对其思想体系中的"体"作了进一步的阐发和升华，《论语》《孟子》确实被张载视为圣人载道之书。尽管这一评论并未呈现出张载思想的整体面貌，但不失为比较忠实于张载思想原貌的评说，对后世学人影响很大。

二 明清学者对张载思想的评论

明代以后，理学发展主要有三条路径。其一是程朱的后学，他们对张载思想的看法沿袭了程朱的观点；其二是消解程朱之"理"的客观化倾向而着意发挥人的主体性的心本论学说，王阳明就是其中的典型代表，他对张载的气学思想有所注意；其三是由反思程朱"理气"观进而对其展开批判的气学思想，他们对张载思想的评论颇引人关注，理学由此展现出复归张载气学思想的趋向。

（一）心学的评论

心学的集大成者王阳明（1472—1529）对张载的气学思想有所注意，并借用张载气学思想对心学与气学作了沟通。王阳明认为："我的灵明，便是天地鬼神的主宰"，"离却我的灵明，便没有天地鬼神万物了"。其意是说，没有人的主体性的发挥，也就没有与我的"灵明"对待存在的天地万物了，天地万物的存在及其价值是人的主体性的寄予使然。王阳明所谓："人的良知就是草木瓦石的良知，若草木瓦石无人的良知，不可以为草木瓦石矣"，正是此意。由此王阳明得出"天地万物，与人原是一体"的结论。那么，为什么人与万物能共有一个"良知"，为什么人与万物能够"同体"呢？王阳明指出："只为同此一气，故能相通耳"，因为天地万物（包括人）是"一起流通的，如何与他间隔得？"可见，王阳明借用并发挥了张载的"气"之感通说讲"万物一体"，使心学与气学一定程度上得以沟通。

此外，王阳明说："良知之虚，便是天之太虚；良知之无，便是太虚之无形。日月风雷山川民物，凡有貌象形色，皆在太虚无形中发用流行，未尝作得天的障碍。圣人只是顺其良知之发用，天地万物，俱在我良知的发用流行中，何尝又有一物超于良知之外，能作得障碍？"③ 有学者指出，"显然，良知是王阳明哲学的本体，而良知之虚无属性也就等于天之太虚及其无形的本质，是太虚之无形本质在人生中的具体落实"，"在这里，王阳明

---

① 《宋史》，中华书局1985年标点本。

② 同上。

③ （明）王守仁：《王阳明全集》，吴光、钱明、董平等编校，上海古籍出版社1992年标点本。

不仅肯定了太虚的天道本体地位，而且将太虚作为其良知得以成立的天道本体依据，将太虚本体的发用流行作为其致良知的标准与指向。"① 事实上，与其说王明阳将"良知"的形而上依据诉诸"太虚"，不如说王阳明将在他看来具有客观化色彩的"太虚"本体作了主体化的落实。

（二）气学评论的萌发

与王阳明同时的罗钦顺（1465—1547），虽未完全突破程朱理学的束缚，但开始以气学角度评论张载思想。他曾以朱学捍卫者身份与王阳明展开论辩，因而被视为"朱学后劲"，但他不满意朱熹"理与气决是二物"的说法，主张"盖通天地，亘古今，无非一气而已"，"理须就气上认取"，"理只是气之理"，"气之聚便是聚之理，气之散，便是散之理，惟其有聚散，是乃所谓理也"。这种由"气"而言"理""气"本身包涵形而上之"理"的思路是对张载气学思想的继承和发挥，也是对程朱理本论的否定。

罗钦顺对张载的《正蒙》及其气论学说进行了赞扬，对张载"一物两体"的宇宙生成观表示认同。他说："《正蒙》有云：'若阴阳之气，则循环迭至，聚散相荡，升降相求，絪缊相揉，盖相兼相制，欲一之而不能，此其所以屈伸无方，运行不息，莫或使之，不曰性命之理，谓之何哉？'此段议论最精。"

但罗钦顺不同意张载"合两之性"的人性论。他说："夫性一而已矣，苟如张子所言'气质之性，君子有弗性'，不几于二之乎？此一性而两名，仆所以疑其词之未莹也。若以理一分殊言性，较似分明，学者较易于体认，且与诸君子大意亦未尝不合也。""理一分殊四字，本程子论《西铭》之言，其言至简，而推之天下之理，无所不尽。在天固然，在人亦然，在物亦然……持此以论性，自不须立天命、气质之两名，粲然其如视诸掌矣。""盖人物之生，受气之初，其理惟一成形之后，其分则殊。其分之殊，莫非自然之理，其理之一，常在分殊之中，此所以为性命之妙也。"可见，罗钦顺并未完全摆脱程朱的理本论思想，他赞同程朱所谓"理一分殊"之论，而且以此论阐发人性问题，认为人性不过是宇宙本性在人身上的再现而已，无须再分"天地之性"与"气质之性"。之所以如此，是因为罗钦顺的"气""理"缺乏价值本原的内涵。②

与罗钦顺大约同时的王廷相（1474—1544），批判程朱、回归张载的气象更加明显。王廷相认为"气"才是宇宙最为根本的存在，"理"只是"气"本身的属性而已，认为"元气之上无物"，"气载乎理，理出于气"，"非元气之外又有物以主宰之"，明确反对程朱以来理学家"独以理言太极而恶涉于气"的思想观点。他在《横渠理气辩》中说："张子曰：'太虚不能无气，气不能不聚而为万物，万物不能不散而为太虚。循是出入，是皆不得已而然也。''气之为物，散入无形，适得吾体；聚为有象，不失吾常。''聚亦吾体，散亦吾体，知死之不亡者，可与言性矣。'横渠此论，阐造化之秘，明人性之源，开示后学之功大矣。而朱子独不以为然，乃论而非之，今请辨其惑。"不难发现，王廷相完全回归于张载的气本论学说，指出张载的气学思想阐明了宇宙、人生等根本问题，并认为朱熹误读了张载的气学思想，立志要为张载的气学思想辨证。

王廷相从"气本"与"气化"的视角对张载的气本论作了探究。他说："气者，造化

---

① 丁为祥：《虚气相即：张载哲学体系及其定位》，人民出版社 2000 年版。

② 以上引文皆出自（明）罗钦顺：《困知记》，阎韬点校，中华书局 1990 年标点本。

之本。有浑浑者，有生生者，皆道之体也。生则有灭，故有始有终。浑然者，充塞宇宙，无迹无执，不见其始，安知其终？世儒止知气化而不知气本，皆于道远。""有太虚之气而后有天地，有天地而后有气化……。""气"是宇宙的本原，并有不同的存在形态。比如，在"气化"之前，就有一个"太虚之气"；而所谓"生则有灭，故有始有终"的"生生者"，就是"气化"，指的是宇宙生成，也是程朱理学所关注的宇宙生化问题；然而，在"气化"之上还有一个被程朱理本论所忽视但更为本质的"气本"，即"充塞宇宙，无迹无执，不见其始，安知其终"的"浑浑者"，也就是"太虚之气"。总之，王廷相别分"气本"与"气化"来阐发其气学思想，与张载别分"太虚"与"气化"的宇宙论思想很相接近。

王廷相还认为："气返而游散，归乎太虚之体也。……譬如之于海矣，寒而为冰，聚也；融渐而为水，散也。""道体不可言无，生有有无，天地未判，元气混涵，清虚无间，造化之元机也。有虚即有气。虚不离气，气不离虚，无所始、无所终之妙也。不可知其所至，故曰太极；不可以为象，故曰太虚。非曰阴阳之外有极有虚也。二气感化，群象显设，天地万物所由以生也，非实体乎！"① 此处所论之"虚不离气，气不离虚"，"气返而游散，归乎太虚之体"，可以说就是张载"虚空即气""知太虚即气，则无无"及"形溃反原"等思想的再表达。其所谓海水与冰的比喻，与张载所谓的"气之聚散于太虚，犹冰凝释于水"也具有相同的意义。因此，当他的好友何塘（1474—1543）批评张载的"太虚即气"实际上落入老子的"有生于无"时，王廷相即以"知太虚即气，则无无"的理论加以反驳，以至于何塘发出了"浚川所见出于横渠，其文亦相似"的感叹。

在气本论基础上，王廷相还对程朱的"理一分殊"论作了批判。他认为，天地万物都统一于"气"，这是"气一"；"气"聚散变化的不同形态形成了世界万事万物，这是"气万"，"世儒专言理一而遗万，偏矣"。

然而，王廷相的气学思想并不完全是张载的思想。张载不仅言"天道"，而且言"天德"，认为"天德"是"太虚"超越但又蕴涵阴阳交感变化的总体属性，张载称之为"神"；"天道"是阴阳二气交感变化的属性，张载称之为"化"；二者是构成了"体"与"用"的关系。此意王廷相并未揭示出来。尽管王廷相对张载所谓"神与性乃气所固有"深表赞同，但王廷相所谓的"神"并非是指"太虚"的本质属性。王廷相之所以没有彻底解释出张载气本论的全部内涵，与他对"太虚"的理解有关。在张载那里，作为宇宙本体的"太虚"是阴阳未分的"湛一"之气。而王廷相指出："非曰阴阳之外有极有虚也。"在王廷相那里，"虚"并不存在于阴、阳二气之外，尽管"气"有不同的存在形态及其功能与属性，但"气"仅指阴、阳二气而言，并不存在阴阳未分的"湛一"之气，而"太虚"本质上不过是阴、阳二气而已。因而，王廷相的"太虚"实际上就是张载所谓的阴阳交合的"太和"，并非是纯粹意义上的宇宙本体。

另外值得注意的是，王廷相并未将现实社会的价值规范予以抽象并赋予宇宙论属性当中，即是说，其宇宙论缺乏价值内涵的抽象原则，主要是一种自然哲学的宇宙论。因此，当王廷相论及人性思想时，对张载"合两之性"的宇宙论根据表示怀疑。他说："未形之前，不可得而言矣，谓之至善，何所据而论？既形之后，方有所谓性矣，谓恶非性具，何所从而来？"，最终坚持了张载所反对的"生之谓性"。他指出："人有生，斯有性可言；

---

① 以上引文皆出自（明）王廷相：《王廷相集》，王孝鱼点校，中华书局1989年标点本。

无生，则性灭矣。恶乎取而言之？故离气言性，则性无处所，与虚同归；离性论气，与死同涂。是性与气，可以相有，而不可相离之道也。是故天下之性，莫不于气焉载之。"

王廷相否认了来自于"太虚"的至善的"天地之性"，即人性中本具的先验至善的内容，单方面地强调了"生之谓性"，也就是张载所谓的"气质之性"，并把"生之谓性"或"气质之性"当作人性的全部内容。可见，王廷相所谓的人性，主要是指现实生活中的自然之人性："为恶之才能，善者亦具之，为善之才能，恶者亦具之"。因而在认识论方面，王廷相强调了"见闻之知"的感官作用，并主张"耳目见闻，善用之足以广其心"，但却对张载所谓的先验的"德性之知"予以否认，认为这是儒家学者受到禅宗影响的结果："世之儒者，乃曰思虑见闻为有知，不足为知之至，别出德性之知为无知，以为大知。嗟乎！其禅乎！"①

王廷相之后，张载的气学思想受到学术界的继续关注。如学宗程朱的高攀龙（1562—1626），推崇张载的"太虚即气"："虚空都是气，不知道者不知耳。人之在气，犹鱼之在水。张子所谓太和谓道、太虚谓天，指点人极醒。"② 所谓"虚空都是气"符合张载思想。张载将宇宙论别分"太虚"与"气化"，并认为"太虚"即"天"，"天德""神"是其属性，而阴阳二气的交感变化被称为"气化"，"天道""化"是其属性。高攀龙所谓"太和谓道、太虚谓天"确实十分接近张载气本论思想的实际意蕴。不过，在理气观上，高攀龙依然坚持程朱从形而上与形而下的立场区分了"理""气"的高下。因此，"太和谓道、太虚谓天"虽然接近于张载思想的实际，但是并未将张载气本论思想的真正含义揭示出来。又如唐征鹤（1538—1619）曰："盈天地之间，只有一气，惟横渠先生知之。故其言曰：太和所谓道。又曰：知虚空即气，则有无、隐显、神化、性命，通一无二。顾聚散出入，形不形能推本所从来，则深于《易》者也。"（唐征鹤：《桃溪札记》）这些气学思想成为程朱之学占据学术正统、王学风靡正酣的明代学术的重要一支。

此外，有明一代，对张载学说作出注解与诠释的还有胡广等奉敕编辑的《性理大全》，吕柟的《张子抄释》，刘玑的《正蒙会稿》，韩邦奇的《正蒙拾遗》，刘薹的《新刊正蒙解》，高攀龙、徐必达的《正蒙释》等。《性理大全》辑成于永乐十三年（1415），为宋代理学著作与理学家言论的汇编，其中卷四为张载的《西铭》，卷五、卷六为张载的《正蒙》，主要收入了朱熹的解释。《新刊正蒙解》成书于嘉靖二十三年（1545），该书"博采诸家，参以自得而折衷之"，但仍以程朱观点为主。《正蒙释》由高攀龙集注，徐必达发明，或成书于明万历（1573—1620）之前，集注部分征引程子、朱子、刘玑、叶氏、卢中庵、张南轩、真德秀、熊禾、吴临川及不知何人所撰"补注"等9种注解，发明部分与集注一一对应，对张子思想多有会通式的阐释。《张子抄释》《正蒙会稿》《正蒙拾遗》是明代关中地区《正蒙》注释著作的代表。《张子抄释》作于嘉靖五年（1526），以抄为主，解释虽较少，但其或一章一释或数章一释，均是对张载思想的深刻体悟。《正蒙会稿》当作于弘治（1488—1505）之前，收录了作者与时人讨论《正蒙》义理的状况，不乏对张载思想的独特理解。《正蒙拾遗》成于《正蒙会稿》之后，认为"自孔子而下，知道者惟横渠一人"，主要从易学和天文历算之学等视角对《正蒙》作了深入的解释。③

---

① 以上引文皆出自（明）王廷相：《王廷相集》，王孝鱼点校，中华书局1989年标点本。
② 《东林书院志》整理委员会编：《东林书院志》，中华书局2004年标点本。
③ 魏涛：《明代〈正蒙〉诠释考略》，《华夏文化》2012年第3期。

(三) 气学评论的高峰

明代的气学思想至明清之际的王夫之而达到高峰。在王夫之那里，理学真正地展现出复归张载气学思想的趋向。王夫之是宋明以来最为推崇张载的学者。他认为："张子之学，上承孔孟之志，下救来兹之失，如皎日丽天，无幽不烛，圣人复起，未能有易焉者也。"甚至在自撰的墓志铭中言到"希张横渠之正学而力不能及"，即以弘扬张载之学为终生之志，可见他对张载的推崇程度。王夫之指出："张子之学，无非《易》也，即无非《诗》之志，《书》之事，《礼》之节，《乐》之和，《春秋》之大法也，《论》《孟》之要归也。"即是说，张载的哲学思想是以儒家"六经"或"五经"以及《论语》《孟子》等为根据而建立起来的思想体系，其体系根本是"易学"。这一看法是很深刻的。

王夫之曾作《张子正蒙注》，对张载的气学思想作了深入的研究和阐发。他指出："太虚即气，絪缊之本体，阴阳合和于太和，虽其实气也，而未可名之为气，莫之为而为万物之资始者，与此言之则谓之无。"王夫之认为，虽然"太虚""絪缊""太和"不直接称为"气"，但它们本质上就是"气"，不过是"气"的特殊状态而已。"太和"在张载那里，是指阴阳二气交合的理想状态，王夫之同样主张"阴阳合和于太和"是也。不过王夫之常常用"絪缊"代替"太和"。

至于"太虚"，王夫之似乎把它理解为"太和""絪缊"的载体，他说："虚涵气，气充虚"，"阴阳异撰，而其絪缊于太虚之中。"张载有时也把"太虚"视为包罗万象的载体。但王夫之指出："言太和絪缊为太虚，以有体无形为性，可以资广生大生而无所倚，道之本体也。"在此，王夫之直接把"太和""絪缊"与"太虚"等同起来。王夫之说"阴阳二气，充满太虚，此外更无他物"，"太虚"也被从阴阳二气的角度作了说明。所谓"太虚，一实也"，就是把阴阳二气的交合状态视为一个独立存在的实体。张载则认为，"太虚"和"太和"不同，"太虚"是阴阳未分的"湛一"之气，是宇宙本体的范畴，"太和"则是"气化"的理想状态，是宇宙生成论的内容，"太虚"和"太和"一起构成宇宙论的基本内涵。"太虚"虽然也是王夫之哲学中的重要范畴，但王夫之更加重视的是"太和"（"絪缊"），而不是"太虚"。在王夫之看来，"太虚"是宇宙一切的承载体或者直接被理解为阴阳二气交合的理想状态（与"太和""絪缊"同义），并不存在阴阳未分的"湛一"之气，张载所谓的"湛一"之气——"太虚"本体被消解了，取代其本体地位的是阴阳二气交合的理想状态——"太和""絪缊"（或曰"太虚"，但王夫之的"太虚"即是"太和""絪缊"，与张载的"太虚"不同）。

在对于"理"的问题上，王夫之作出了符合张载本意的解释。张载认为"理"是"天序""天秩"，是指阴阳交感而化生万物的过程中所蕴含的规则，是"气化"的一种属性。王夫之同样主张："气化有序而亘古不息，唯其实有此理也。""其序之也亦无先设之定理，而序之在天者即为理。"[①]

在王夫之看来，"理"也是"天序"的表现，是阴阳二气交感变化所蕴含的规则。因此，王夫之反对程朱等人严格区分"理""气"的做法，认为："若其实，则理在气中，气无非理，气在空中，空无非气，通一无二者也。"即是说，"理"并非独立存在，它必须依附于"气"，通过"气"得以存在并得以展现出来，即"理"统一于"气"，"理"

---

① 引文皆出自（明）王夫之：《张子正蒙注》，中华书局1975年标点本。

"气"并不能强分，二者"通一无二"。王夫之气本论的特色在此得到充分的展现。

不过在人性论上，王夫之并不同意张载的"合两之性"说，认为"古今言性者，皆不知才性各有从来，而以才为性尔"①，"程子谓天命之性与气质之性为二，其所谓气质之性，才也，非性也"②，"离理于气而二之，则以生归气而性归理……其亦胶固而不达于天人之际矣"，"志于仁而无恶，安有恶之所从生而别为一本哉"③。王夫之名义上直接批评的为程朱，但实际上也是对张载人性论的批评，因为理学中把人性别分"天地之性"（程朱改为"天命之性"）、"气质之性"是张载的首创。王夫之的人性论坚持了"理"统一于"气"的气本论思路，认为人性是禀受于宇宙生化的特有品质，提出了"一本然之性也"的人性论。所谓"本然"，即是"气"的自然状态及其属性而已，它构成了人性的所有内涵，既包括仁义道德，也包括非道德情感，并处在不断变化之中。

王夫之指出："盖言心、言性、言天、言理，俱必在气上说。若无气处则俱无也。""气之化而人生焉，人生而性成焉。""就气化之流行于天壤，各有其当然者，曰道；就气化之成于人身，实有其当然者，曰性。"④"盖性者，生之理也。均是人也，则此与生俱有之理，未尝或异；故仁义礼智之理，下愚所不能灭，而声色臭味之欲，上智所不能废，俱可谓之为性。……故告子谓食色为性，亦不可谓之非性，而特不知天命之良能尔。"

人的身心由"气"生成，人性也以"气"为根据，并包含着"气化"所蕴含之"理"。因此，王夫之赞同告子所谓"生之谓性"的观点，认为即使是"上智"之人，其人性中同样具有"声色臭味之欲"。但是，王夫之的人性并非单纯的自然意义上的人性。他在赞同告子"生之谓性"的同时，又指出告子并不懂得人性中的"天命之良能"，它来自于阴阳二气交感变化的精神属性——"理"，因而"下愚"之人的人性中同样具有"仁义礼智"。"声色臭味，顺其道则与仁义礼智不相悖害，合两者而互为体也"⑤，即是说，只要对人的自然欲望符合一定的节制，它也就和"仁义礼智"相统一了，王夫之甚至还认为"理皆行乎其中也"，即"理"正体现在"声色臭味""饮食男女"当中。这是他"一本然之性也"的必然结论。此外，王夫之说："夫性者，生理也，日生则日成也。"⑥"气"始终处于不断运行之中，禀受于"气"的人性在现实社会中也是不断变化的，可以在先天禀受的基础上随着后天的熏习修养而不断丰富和发展。

王夫之之后，清代中叶的戴震（1724—1777）对张载的气学思想也作了深入研究。他也十分推崇张载，认为张载的学说要比其他理学家的思想更加符合儒家经典的基本精神⑦："独张子之说，可以分别录之，如言'由气化，有道之名'，言'化，天道'，言'推行有渐为化，合一不测为神'，此数语者，圣人复起，无以易也。张子见于必然之为理，故不徒曰神，而曰'神而有常'。诚如是言，不以理为别如一物，于'六经'、孔、

---

① （明）王夫之：《张子正蒙注》，中华书局 1975 年标点本。

② （明）王夫之：《读四书大全说》，中华书局 1975 年标点本。

③ （明）王夫之：《船山思问录》，上海古籍出版社 2000 年标点本。

④ （明）王夫之：《读四书大全说》，中华书局 1975 年标点本。

⑤ （明）王夫之：《张子正蒙注》，中华书局 1975 年标点本。

⑥ （明）王夫之：《船山全书》第 2 册，岳麓书社 1988 年标点本。

⑦ （明）王夫之：《读四书大全说》，中华书局 1975 年标点本。

孟近矣。"①

戴震赞同张载的气论学说，认为世界的本质就是"气"及阴阳二气运动变化的结果；赞同张载把"神"归结为"气"的属性，而不使其成为超然独立之物，这也就是"神而有常"；反对程朱理学将"理气"强分为二以及扬"理"而贬"气"的观点，赞同张载"不以理为别如一物"的看法，认为"理"统一于"气"，是"气"运动变化的规则、条理等。不过，由"分别录之"可以看出，戴震并非完全同意张载的所有思想，而是主张要有所区别和取舍，比如戴震并不同意张载的人性说，而是把血气心知规定为人性，人性就是欲、情、知的统一；认为"理存乎欲中"，反对理学中的天理人欲之辨，提出"以理杀人"甚于酷吏"依法杀人"等具有启蒙色彩的思想。

另据《四库全书总目提要》，清代研究张载思想的主要还有李光地（1642—1718）的《注解正蒙》、王植（生卒年不详）的《正蒙初义》等。对于《注解正蒙》，"光地是书，疏通证明，多阐张子未发之意"，"于明以来诸家注释之中，可谓善本矣"。《正蒙初义》除广采《性理大全》中的集释、补注、集解外，又取明代高攀龙、徐德夫及清代冉觐祖、李光地、张伯行等人的注解，"并采张子《经学》《理窟语录》《性理拾遗》三书相发明者，附录之，而各以己见参订于后"，认为张载"从儒释异同处入"，"其言太虚皆与释氏对照"，思想创见"见道原"。它对张载的研究"论皆持平，颇能破门户之见"，指出"程、朱多不满此书太虚二字，然晰其本旨，殊途同归，正不必执程、朱诸论以诋之。"②

（四）学术史视角的评论

明清之际的黄宗羲、黄百家、全祖望等所著的《宋元学案》从学术史视角对张载思想作了探究，对张载思想的学术渊源、师承关系及其门人弟子等作了梳理，展示出关学学派的基本面貌。不过，《宋元学案》卷十七《横渠学案上》所提出的张载乃"高平（范仲淹）门人"的看法，常遭到学人的怀疑。张载青年时代确实接受了范仲淹的指点，据史料记载，范仲淹引导张载关注儒学之"名教"，并让他研读《中庸》。因而或许可以说范仲淹"导横渠以入圣人之室"，但恐不能说张载是"高平（范仲淹）门人"。《宋元学案》卷三《高平学案》载："汪玉山（即汪应辰，1118—1176）与朱子书云：'范文正公一见横渠，奇之，援以《中庸》，若谓从学则不可'。"这种说法是比较恰当的。

《宋元学案》之《横渠学案》对张载思想的评论，对前人的基本观点有所继承，比如政治理想上主张"复归三代"、注重学贵于用的实践风格、论二程在先而述张载于后等。但值得注意的是，它对张载的理学体系创见之功颇表认同，认为"横渠之学，是苦心得之"，"先生覃测阴阳造化，其极深至精处，固多先儒所未言"，并指出："横渠先生勇于造道，其门户虽微，有殊于伊洛，而大本则一也。"③ 即是说，张载思想与二程洛学有所差异，但是有其自己的学理依据并自成体系。因此赞扬张载思想说："横渠气魄甚大，加以精苦之功，故其成就不同。"总结张载思想时，其用"为天地立心，为生民立命，为往圣继绝学，为万世开太平"概括了张载的学术宗旨；又说："其学以《易》为宗，以《中庸》为的，以《礼》为用，以孔、孟为极"，揭示出张载思想内容的基本特征。

---

① （清）戴震：《孟子字义疏证》，中华书局1961年标点本。

② 《四库全书总目》，中华书局1965年版。

③ （清）黄宗羲：《宋元学案》，（清）全祖望补修，中华书局1986年标点本。

但是，《横渠学案》对张载思想也有指责。它指出："其言天人之故，间有未当者"，"其凭心臆度处，亦颇有后学所难安者"。黄宗羲对各位理学家虽各有评论，但着意调和张载、程朱、陆王之学的分歧，他将"理""气""心"等冶为一炉，认为"盈天地者皆气也"，"其所以然"者或气"流行而不失其序"即是"理"，"理"与"气"乃"一物而两名，非两物而一体也"①，主张"质之本然者是性，失其本然者非性"，其"本然"亦即是王夫之所谓的"气"及其属性，并以"盈天地者皆心也"重点说明人把握宇宙本质何以可能的问题，提出"吾心之物"的逐渐培养和发展过程就是"心"之"本体"，从而提出了不同于张载的宇宙论、人性论和修养论。因此黄宗羲说张载思想中的"天人之故"有不足之处，有令后学所难安的"凭心臆度处"。

此外，《横渠学案》说张载"谓《周礼》必可行于后世，此亦不能使人无疑"，因为"《周礼》之为伪书，姑置无论。……窃恐《周官》（即《周礼》）虽善，亦不过随时立制，岂有不度世变之推移，可一一泥其成迹哉！况乎《周官》之繁琐，黩扰异常"，即认为张载此举过于守旧或迂腐，因此说"先生法三代，宜不在《周礼》。"②

明清以来还出现了"关学史"的专门著作，如《关学编》《关学宗传》等，它们以纪传体例记述张载之后的关中历代儒家学者的生平与思想，揭示关学的延承脉络。张载的生平与思想均是其关注的重要内容。《关学编》为明代关中著名理学家冯从吾编撰，是中国第一部"关学史"著作，除追述秦子（字子南）、燕子（字子思）、石作子（字子明）、壤驷子（字子从）等孔门四贤的"卷首"外，正篇即以横渠先生张载为首，次述张载之弟张戬及张载弟子吕大忠、吕大钧、吕大临、苏昞、范育等，勾勒了关学学派的基本面貌。其后不断有关中学人陆续补入。其他一些关中儒家学者被后人编为《关学续编》。清朝末、民国初的张骥继承了这一传统，于民国十年（1921）撰成的《关学宗传》，辑宋代张载至清末刘古愚等关中儒家学者。不过，他们对于张载生平及思想的记述，主要综述了《横渠先生行状》《宋史·张载传》等书的基本观点，并未提出新的见解，但为我们呈现了"关学史"中的张载及其思想面貌。

三 近现代学者对张载思想的研究

近代以来，中国学术出现了由传统向现代的转向，对张载思想研究最为突出的表现就是，摆脱传统道统观念或理学窠臼，参考西方哲学原理，对张载思想做出体系化的解释。因研究者的立意不同，张载思想的多方面内涵得到不同程度的发掘和高扬。

（一）体系化阐释的探索与成果

谢无量（1884—1964）在1916年出版了第一部哲学通史著作《中国哲学史》。他摆脱儒家道统束缚，"用今世哲学分类之法"，别分"气一元论"和"伦理学"两部分，对张载的哲学思想作了体系化的整理。他指出，张载的宇宙观是"气一元论"，并以"天地万物一体之仁"和"天地之性与气质之性"为重点，对张载"伦理学"即道德性命学说

---

① （清）黄宗羲：《明儒学案》，沈芝盈校，中华书局2012年标点本。
② 《四库全书总目》，中华书局1965年版。

作了探察。①

吕思勉（1884—1957）于 1928 年将其在上海沪江大学的中国哲学史讲义整理出版为《理学纲要》。他同样以西方哲学为参考，对张载哲学思想进行提纲挈领式的把握。他认为，在张载哲学思想中，"宇宙本体""惟是一气"，同时"气"也是天地万物的唯一"原质"，"神也，道也，气也，一物而异名"，太虚是"气之散而不可见者"，与本体相对立的"现象"即是"阴阳两端"及其化生之宇宙万物，肯定了张载哲学的气学性质。他还从认识论、生死鬼神观、人性论、道德修养论、"重礼"等方面对张载的"人生观"作了论述，最后得出了"张载之学，合天地万物为一体，而归结于仁"的结论。②

1929 年，钟泰（1888—1979）出版了哲学通史著作《中国哲学史》。此著作也跳出了传统的道统观念，主要分《正蒙》和《西铭》两部分，综论了张载哲学思想，认为"宋儒之中，吾则以横渠为博大矣"。他指出，张载之学"上则天道，下则人事，明则品类，幽则鬼神，大则经训，小则物名，无不阐述"，"所言亦不出阴阳变化之理"，"观其大体，要得之于《易》多矣"。他认为张载的"太虚"范畴及"心"与"象"的关系之说吸取了佛教的思想，但张载以"天道"之"体用"驳斥佛、道的论说，"其文理密察，即二程有所不逮"。《西铭》则集中体现了张载"极于穷神知化、事天之功"，"穷人生之始，本诸天地，而不本诸法性；穷生之终，信有委顺，而不信有涅槃"。此外，钟泰赞扬了张载的心性论与修养论对于理学的贡献。③

其后，冯友兰（1895—1990）的《中国哲学史》从"气""宇宙规律""宇宙现象""天文地理""性说""天人合一""对二氏（佛教、道教）之批评"等方面论述了张载的哲学思想，着意把张载的哲学思想更加体系化。他认为"横渠之学，亦从《易》推衍而来"，即《易》构成了张载哲学的根基与主旨。他指出，"在道学家中，确立气在道学中之地位者，为张横渠"，"在其散而未聚之状态中，此气即所谓太虚"，主张张载哲学在"宇宙论"上是气"一元论"，进一步强调了张载哲学思想的"气"学性质。张载虽也论及"理"，但"仅略发其端"。在此基础上，冯友兰认为张载别分"天地之性"与"气质之性"的人性"二元论"似乎与其"一元"的宇宙论不符，但又强调"就横渠别一部分之言论观之，则横渠可维持其'气质之性'之说，而同时亦不至与其系统之别方面相冲突"，此"别一部分之言论"是指，张载将"太虚"之"气"提升为"天"的高度以使人性具有"天性"（天地之性）的同时，又将"攻取之欲"赋予"气"以使人性具有"气质之性"。而张载道德修养的理想境界则是"使个体与宇宙合一"的"天人合一"。④

与冯友兰大约同时的还有陈钟凡（1888—1982）的《两宋思想述评》。该书将张载哲学思想概括为"二元论"，别分"宇宙论""自然现象之解释""心理学说"和"人性论"等内容加以论述，为体系化地重构张载哲学思想作出了有益的尝试。他指出，张载将"以宇宙为一气之变化，本纯粹之惟一惟气论也"，理、道与气"一而二，二而一"，同样肯定了张载哲学思想的气学性质。但同时指出，张载虽然将太虚视为"气之真体"，但是又"别太虚与气、神与形为两事，构成二元之宇宙观"。此外，陈钟凡还对张载哲学思想

① 谢无量：《中国哲学史》，中华书局 1916 年版。

② 吕思勉：《理学纲要》，东方出版社 1996 年版。

③ 钟泰：《中国哲学史》，东方出版社 2008 年版。

④ 冯友兰：《中国哲学史》，华东师范大学出版社 2000 年版。

中的心性论、人生境界论等作了探究。值得注意的是，除引用一元论、二元论、唯物、唯理等西方观念审视张载哲学思想外，陈钟凡深受新文化运动所倡导的民主、科学思潮的影响，特辟《自然现象之解释》一节以发掘张载的自然科学思想，指出："惜（张）载有科学思想而不知应用科学方法，虽坚守唯物之说，终不能成科学专家"，认为其"后世祖述无人"，科学思想终未能发扬光大，"诸夏科学之无进步，此其绝大原因"。①

范康寿（生卒年不详）于20世纪30年代初在武汉大学哲学系任教，1936年上海开明书店出版其中国哲学讲义《中国哲学史通论》。他指出，"社会意识乃系社会存在的产物"，而中国哲学思想就是中国历史"各阶段上依据社会的存在的反映而引起的哲学思想"，因此该书"观点却与当时各家不同"。遗憾的是，在具体论述各时期不同思想时，范康寿坚持的依然是思想本身的解释，并未真正将中国哲学思想置于中国历史各阶段"社会存在"的基础上予以考察。他认为，"横渠以为宇宙的本体，乃是太虚一元之气"，同样肯定了张载的气本论和一元论性质，同时也对张载的道德性命学说也作了论述。范康寿指出，张载的"太虚"与"太和"不同，前者是气之"体"，后者是气之"用"；张载人性论中的天地之性本原于"太虚"，气质之性来自气的"清浊"等。② 这些都触及张载哲学思想的本质。

1935—1937年，张岱年（1909—2004）写成《中国哲学大纲》。他指出："唯气的本根论之大成者，是北宋张横渠（载）。"在张载看来，"气自本自根"，"宇宙一切皆是气，更没有外于气的"，"太虚即气散而未聚无形可见之原始状态"，"道""理""性"等"乃气所内涵"。因此，张岱年说："张载的本根论，确实可以说是一种唯物论。"③ 这是学术界正式明确地将张载哲学归结为"唯物论"。此外，该书还从"人生论""致知论"探讨了张载的道德性命学说，努力发掘中国固有的哲学精神。20世纪50年代后期，张岱年出版了一部研究张载的专著——《张载——十一世纪中国唯物主义哲学家》。在20世纪30年代的基本观点基础上，他将张载哲学归结为"气一元论的唯物论学说"，称赞"张载是宋代卓越的唯物论者"，进一步突出了张载哲学的唯物论性质，认为"太虚"是气消散的原始状态，所谓"天，就是太虚，也就是广大无垠的物质世界"，主张"张载的哲学体系是在与佛教唯心论进行斗争中建立起来的"，并以"唯物宇宙论""辩证观念""认识论""伦理学说""政治思想"等为章节④，构建了马克思主义原则下的较为完整的张载思想体系，同时树立了张载个案研究的一个典范，深刻地影响了后来的张载思想研究，奠定了此后许多思想史、哲学史、理学史等著述论述张载哲学思想的基本框架与观点。

与张岱年大约同时，侯外庐（1903—1987）等人在1959年和1960年相继出版了《中国思想通史》第4卷上、下册。侯外庐等人认为，张载的哲学思想属于"气的唯物主义"，太虚除具有宇宙时空之义外，即是"气的本然的'散'的状态"，对张载关于"两"的辩证法作出了充分的赞扬。不过，侯外庐等人又指出：张载"既指'气'是万物之一源，但同时又说'性者，万物之一源'"，使"气"与"性"成为"两条不同的渊源"，从而陷入了"唯心主义的泥沼"。因而，张载的哲学思想其实是一种"二元论"。最

---

① 陈钟凡：《两宋思想述评》，商务印书馆1933年版。

② 范康寿：《中国哲学史通论》，生活·读书·新知三联书店1983年版。

③ 张岱年：《中国哲学大纲》，中国社会科学出版社1982年版。

④ 张岱年主编：《张载——十一世纪中国唯物主义哲学家》，湖北人民出版社1956年版。

后其对张载与二程哲学思想的异同作了探析。值得注意的是，侯外庐等人以思想史与社会史相结合为原则，对张载哲学思想的"社会根源"作了发掘，认为张载的"二元论"与其身世地位、政治态度与社会主张及其对自然科学的探究紧密相连。① 侯外庐的这一尝试尽管不免有其时代烙印，但是首次将"社会存在决定社会意识"这一唯物史观原则真正地应用于张载思想的研究当中。

（二）新儒家的人文阐发

张载学说也成为新儒家②所关注的重要内容。他们坚信中国传统文化存在永恒的价值，倡导在会通中西与古今的视野下对儒家文化作出整体性、系统系的阐释，着意发掘儒家文化所蕴含的人文意蕴与价值理念，或曰道德精神、宗教精神。新儒家有不少学者对张载思想作出了研究。比如劳思光指出，张载的"气""既为万物之根源，又为有形上意味之实有。"③罗光认为："太虚即是最初之气，最纯净之气，没有成之气，为形而上。"④ 他们对张载哲学思想中的人文价值内涵作了特别关注和阐发。其中牟宗三和唐君毅为主要代表。

牟宗三（1909—1995）1968 年出版的《心体与性体》，辟《张横渠对于"天道性命相贯通"之展示》一章对张载哲学思想作了专门论述。他把张载哲学思想看作一个整体，不满二程对张载的批评而为张载辩护，指出张载属于理学之"正宗"，而程颐、朱熹是理学的"别子为宗"，同时不同意国内学术界将张载哲学归结为"唯物论""唯气论"的观点，将"太虚神体"视为张载哲学体系的根本范畴，指出"虚与神非是气之谓词（Predicates），非是气之质性（Properties）"，认为太虚、神为既是实有又有大用的创造实体，并本着中国体用圆融的思维，在"性与天道"或"天人合一"的体系框架中着意发挥了张载哲学思想中的人文价值意蕴，指出"横渠对于'天道性命通而为一'言之极为精透"。不过，为了打破本体与现象的二元分割、阐发虚气的圆融为一，牟宗三一方面刻意抬高"太虚神体"的形而上地位，另一方面又把"气"看成是形而下的，因此要构建起"虚不离气，即气见神之体用不二之圆融之论"⑤，其实是有理论上的缺陷和难度的。

唐君毅（1909—1978）在 20 世纪六七十年代先后出版了《中国哲学原论》之《原性篇》《导论篇》《原教篇》，出版较晚的《原教篇》对前两部著作的观点作了进一步整理和修正。唐君毅认为，张载的"气"具有形而上的含义："视之如孟子之浩然之气之类，以更视其义同于一形上之真实存在。"他认为"虚""气"不可强分，"虚即气之虚，无即道之无，而气则万古不息。故虚气不二之道为常道"。在《原性篇》中，他就特意突出张载的心性学说，主张"气"有精神生命，在《原教篇》中进一步强调：气"是一流行

---

① 侯外庐主编：《中国思想通史》第 4 卷（上），人民出版社 1959 年版。

② 有学者也将宋明理学视为"新儒家"，不过"新儒家"更普遍地指产生于 20 世纪 20 年代初期，一直发展到现在的一个学术思想流派。这一学派力图在现代中国恢复儒家思想的主导地位，重建儒家的价值系统，并以此为基础吸纳、融合、会通西学，以谋求中国文化和社会的现代化。其代表主要有：熊十力、梁漱溟、马一浮、张君劢、冯友兰、钱穆（但对于钱穆是否属于新儒家，学术界有不同看法）等（第一代），方东美、唐君毅、牟宗三、徐复观（第二代），成中英、刘述先、杜维明等（第三代）。有学者将后者称为"现代新儒家"。笔者所言"新儒家"即指"现代新儒家"。

③ 劳思光：《中国哲学史》第 3 卷（上），香港友联出版公司 1980 年版。

④ 罗光：《中国思想史》第 3 卷，台湾先知出版社 1976 年版。

⑤ 牟宗三：《心体与性体》，上海古籍出版社 1999 年版。

的存在或存在的流行，而不更问其是吾人所谓物质或精神"，反对唯物主义倾向的"唯气论"观点。他还以《正蒙·大心》篇融通张载的其他篇章和著述，同样对张载哲学思想所蕴含的人文意蕴与价值理念作了领会式的发掘和彰显①。

常被学人视为"接着宋明理学讲"的新儒家，对儒家文化特别是其心性之学抱有很深的"感情"，认为它们是中国传统文化的本原和核心，试图在现代中国恢复儒家思想的主导地位，从而着意高扬儒家文化的普世性和优越性。他们对张载哲学思想的人文价值内涵的阐发同样如此。然而，20 世纪 70 年代末以来，随着国内外学术交流的增多，新儒家对张载人文价值内涵的阐发及其研究结论对学术界的相关研究产生了较大影响，张载哲学思想所蕴含的人文价值内涵逐渐受到越来越多的关注。

（三）百花齐放的研究

自 20 世纪 70 年代末以来，国内学术界对张载学说的研究也越来越活跃，呈现出百花齐放的繁荣面貌。

第一，对前 30 年主流观点的继承和发展。张岱年在 1977 年为《张载集》的出版写的《关于张载的思想和著作》中，坚持认为："张载的自然观是气一元论，其中包含了一些朴素辩证观点。"姜国柱所著《张载的哲学思想》继承了侯外庐等人的观点，认为张载一方面承认"气"的宇宙根源地位，另一方面又承认"心""性"是"万物之一源"，以此为基础说张载哲学思想"处处充满矛盾"，是"二元论"的哲学家。② 不过，姜国柱后来在《张载关学》中又转向了唯物主义"气本论"。③ 在 20 世纪 80 年代出版的侯外庐、邱汉生、张岂之主编的《宋明理学史》，是新中国成立以来的第一部系统论述宋明理学的专著，它虽然以唯物史观为基本原则，但是摆脱了前一阶段唯物与唯心"两军对垒"的"对子"模式，从"本体论""道德论""认识论"等论述了张载的哲学思想体系，对张载的气学思想作了高度赞扬，认为"建立一个以'气'为宇宙本体的宇宙观，张载却是首功"，"太虚"是气的消散的原始状态，"神""道""理"等均是"气"所表现出的属性，主张张载的理论主要来自《易》，并从"天地之性"与"气质之性""穷神知化"与"穷理尽性""大心"等方面对张载的道德性命学说作了深入系统的梳理。此外，他们还对张载学说与二程学说的关系作了分析，以凸显张载哲学思想的特征。④ 继此之后，冯友兰的《中国哲学史新编》⑤、任继愈主编的《中国哲学史》等⑥均坚持认为张载的学说是气本论的唯物主义，但同时以《西铭》为中心对张载的道德修养与境界学说作了重点阐述。

第二，对前 30 年主流观点的明确反思及新途径的探索。丁伟志 1980 年发表的《张载理气观析疑》，批评了长期以来套用的"两军对战"模式，认为："张载没有正面论述'理'与'气'之间的关系，没有回答，也没有提出谁产生谁、谁从属谁的问题"，"这样，便使得张载的哲学没有成为严格意义上的唯物主义哲学，同样也没有成为严格意义上

①　唐君毅：《中国哲学原论》，中国社会科学出版社 2006 年版。
②　姜国柱：《张载的哲学思想》，辽宁人民出版社 1982 年版。
③　姜国柱：《张载关学》，陕西人民出版社 2001 年版。
④　侯外庐、邱汉生、张岂之主编：《宋明理学史》上册，人民出版社 1984 年版。
⑤　冯友兰：《中国哲学史新编》下册，人民出版社 1998 年版。
⑥　任继愈主编：《中国哲学史》第 3 册，人民出版社 2003 年版。

的唯心主义哲学。强行加冕，绝无益处"①。丁伟志的观点并不全面，因为张载确实指出"神与性乃气所固有"（《张子语录·语录中》），此外在分析张载宇宙观和认识论时依然具有二元论倾向，但此文确实展现出了对前一阶段主流观点的深入反思和有力冲击。与此同时，陈俊民发表《论中国哲学史的逻辑体系问题》称：唯物与唯心"'两军对战'的'对子'不能构成哲学和哲学史体系的逻辑结构"，"实质是一个人为的强制性结构，在理论上和史实上都难以成立"，主张中国哲学史的逻辑体系应当是"由多序列、多层次、多环节上的小'圆圈'构成的'大圆圈（螺旋）'"。② 此后，陈俊民出版《张载哲学思想及关学学派》③ 对此作了有益的探索。程宜山所著《张载哲学的系统分析》认为，张载哲学思想是朴素唯物主义的气"一元论"，但同时又具有明显的"一元二重化"的倾向。更为重要的是，此书引入了范畴分析和系统分析的方法，展示了张载哲学中天道观、人道观、认识修养学说三部分有机统一的逻辑行程、系统和特征，在此基础上对张载的"诚明所知"和"德性所知"的关系等作出了诸多发明，成为反映唯物主义一派张载思想研究取得新进展的著作。④

　　第三，20 世纪 80 年代末以来张载学说研究的多元化趋势。一是研究张载哲学思想的学术方法多元化。陈来的《宋明理学》继承了"气一元论的唯物主义哲学"的观点，认为太虚、气、万物均是"气"这一实体的不同状态，"神""化""理"是"气"的属性，同时注重对张载道德性命学说的考察。⑤ 蒙培元的《理学范畴体系》不再判定张载哲学"唯物""唯心"立场，从宋明理学的主要范畴及其逻辑结构出发展开张载哲学思想的研究，在宇宙论方面指出张载确立了"气是宇宙本体的一元论哲学"，"太虚是气的本然状态，也是自然界的本体存在"，并从"体用"的立场论证了"太虚"与"万物"的关系。⑥ 张立文的《宋明理学研究》同样摒除了"唯物""唯心"的立场，注重从哲学范畴和逻辑结构分析张载哲学思想，力图探求张载哲学文本"在特定语境中的本来意义"⑦。方光华的《中国古代本体思想史稿》从张载对佛教思想的批判角度论述了张载的"太虚本体论"，通过对"佛性前提批判——'八不缘起'与'天道神化'""佛性内涵批判——虚空即性与天道即性""佛性体证批判——止观并重与穷理尽性"等深入论析，认为"张载的哲学体系乃是在深入批判佛学佛性论过程中建立起来的"⑧，有助于澄清张载哲学与佛教思想之间的关系这一长期困扰学术界的重大问题。丁为祥的《虚气相即——张载哲学体系及其定位》以天人、体用、本然与应然三重关系构建张载的哲学体系，反对将太虚与气等同起来，而将二者看成全面的"相即"关系，并将张载哲学放置于整个宋明理学潮流当中反观张载哲学思想在理学中的地位及宋明理学的发展趋势⑨，发前人所

① 丁伟志：《张载理气观析疑》，《中国社会科学》1980 年第 4 期。

② 陈俊民：《论中国哲学史的逻辑体系问题》，《陕西师范大学学报》（哲学社会科学版）1980 年第 4 期。

③ 陈俊民：《张载哲学思想及关学学派》，人民出版社 1985 年版。

④ 程宜山：《张载哲学的系统分析》，学林出版社 1989 年版。

⑤ 陈来：《宋明理学》，辽宁教育出版社 1991 年版。

⑥ 蒙培元：《理学范畴体系》，人民出版社 1989 年版。

⑦ 张立文：《宋明理学研究》，人民出版社 2002 年版。

⑧ 方光华：《中国古代本体思想史稿》，中国社会科学出版社 2004 年版。

⑨ 丁为祥：《虚气相即——张载哲学体系及其定位》，人民出版社 2000 年版。

未发。不过，丁为祥对"气"多重含义的认识有所不足。林乐昌也撰有多篇论述张载哲学思想的论文①，在张载哲学的诠释框架上作了创新，认为"太虚"是具有超越时空、超越物质之气的本体，从宇宙本体论和宇宙生成论两层结构讨论太虚与气之间的相分与相合关系，提出了张载哲学思想乃"两层结构的宇宙哲学"。不过，当林乐昌把"气"视为"形而下"之时，就同样面临着牟宗三所遇到的理论难题。杨立华的《气本与神化——张载哲学述论》采取了回归与细致分析张载哲学文本的方法，认为无形的"太虚"聚为有形的"气"和万物，主张"太虚"与"气"的关系乃无形之气与有形之气的关系②。龚杰的《张载评传》是中国学术史上关于张载的第一部评传体研究著作，除介绍张载生平及著作外，以文化背景、天道观、人学思想、道统论、社会思想、关学、与程朱及明代反理学思潮的关系等为专题，较为全面地梳理了张载思想。此外，与学术界的一般认识不同，此书将张载哲学思想归结为"四书学"。③

第二，张载思想的专题研究的多元化。作为理学思想的重要部分，张载的思想内容是非常丰富的，除哲学思想外，至少还有经学思想、社会教化思想、教学思想、政治思想、宗教思想、学术特色与方法等等。自20世纪末以来，对张载思想作出专题化的研究越来越引起学术界的重视。对张载经学思想的研究主要表现为对张载《易学》思想的研究，如丁原明的《〈横渠易说〉导读》④、朱伯崑的《易学哲学史》⑤、余敦康的《汉宋易学解读》⑥和《内圣外王的贯通——北宋易学的现代诠释》等⑦。学术界一般将张载哲学归结为《易学》，但同时也认识到张载对"四书"非常重视，并将其归纳为建构理学体系的重要思想资源（甚至有学者将张载哲学归结为"四书"学，如龚杰），因此学术界对张载"四书"学也作了研究，如龚杰的《张载的"四书学"》⑧、肖永明的《张载之学与〈四书〉》⑨、束景南、王晓华的《四书升格运动与宋代四书学的兴起：汉学向宋学转型的经典诠释历程》⑩、董灏智的《"四书"经典结构形成过程的思想史考察》⑪、王振华的《张载对孟子心性论思想的继承与发展》⑫等，近年来陕西师范大学博（硕）士生也常将张载的"四书"学作为研究课题。同时，也出现了对张载经学思想作出综合性研究的著作，如蔡方鹿主编的《经学与中国哲学》、姜广辉主编的《中国经学思想史》等。关于张载的政治

① 林乐昌：《张载两层结构的宇宙论哲学探微》，《中国哲学史》2008年第4期。
② 杨立华：《气本与神化——张载哲学述论》，北京大学出版社2008年版。
③ 龚杰：《张载评传》，南京大学出版社1996年版。
④ 丁原明：《〈横渠易说〉导读》，齐鲁书社2004年版。
⑤ 朱伯崑：《易学哲学史》，昆仑出版社2005年版。
⑥ 余敦康：《汉宋易学解读》，华夏出版社2006年版。
⑦ 余敦康：《内圣外王的贯通——北宋易学的现代诠释》，学林出版社1997年版。
⑧ 龚杰：《张载的"四书学"》，《西北大学学报》（哲学社会科学版）1994年第3期。
⑨ 肖永明：《张载之学与〈四书〉》，《船山学刊》2007年第1期。
⑩ 束景南、王晓华：《四书升格运动与宋代四书学的兴起：汉学向宋学转型的经典诠释历程》，《历史研究》2007年第5期。
⑪ 董灏智：《"四书"经典结构形成过程的思想史考察》，《东北师范大学学报》（哲学社会科学版）2012年第6期。
⑫ 王振华：《张载对孟子心性论思想的继承与发展》，《陕西师范大学学报》（哲学社会科学版）2011年第5期。

思想研究也出现了相关研究论文及著作，如刘昶的《官僚政治下的三代理想——张载社会政治思想概述》、毕明良的《张载哲学的政治意涵诠释》、宋义霞的《张载"四为"之政治伦理思想价值探析》，李蕉的《张载政治思想述论》等。此外，对于张载的教育思想及学术特色也出现了诸多研究成果，李刚的《张载经典阅读的方法论》认为张载在经典阅读方面形成了系统的方法论。张践的《张载的实学思想及其宗教观》对张载的宗教思想作了初步探索。

第四，在古代学人传统影响下出现了"关学史"视野下的张载学说研究。早在 20 世纪五六十年代出版的《中国思想通史》就曾专辟一节对张载所开创的关学传承与学风作了整理。① 20 世纪 80 年代，陈俊民出版了《张载哲学思想及关学学派》，从关学的角度出发，对张载所开创的关学的社会背景、学术源流及其哲学思想、发展历史作了系统梳理。② 方光华等的《关学及其著述》在考察和厘清"关学"一词含义的基础上，对关学的形成背景、思想内容、发展演变、主要著述等作了专门论述。③ 此外，还出现了研究关学的大量学术论文，对关学的发展历史、思想要旨与学风特质、与程朱学派的关系、与明清实学的关系及其历史地位与影响等诸方面作了深入细致的考察和论证。

第五，对张载及关学著述文献的整理也日益受到学术界的重视，并出现了诸多成果。1978 年，中华书局编辑出版《张载集》，收录有《正蒙》（《东铭》《西铭》并入《正蒙·乾称篇》）、《横渠易说》、《经学理窟》、《张子语录》、《文集佚存》、《拾遗》等，并根据各种版本作了校订、补遗，并在附录中收集了《横渠先生行状》《宋史·张载传》《司马光论谥书》以及各本序文等，是目前关于张载著作的最好版本。2012 年中华书局还出版了林乐昌的《正蒙合校集释》（上下册），这是目前关于《正蒙》的最好版本。2014 年知识产权出版社出版了周赟的《〈正蒙〉诠译》，对《正蒙》进行了白话文诠释。但张载还有诸多著述已经亡佚，近年来陆续有学者从史籍中辑出张载的佚文和佚诗。程宜山的《关于张载著作的佚文》是这方面较早的尝试。《全宋文》卷 1299、卷 1305 辑得佚文 20 篇。④ 李裕民在《张载诗文的新发现》中辑得佚文 14 篇、佚诗 61 首，与《全宋文》佚文有所重复。⑤ 林乐昌在《张载答范育书三通及关学学风之特质》中，辑得佚文 1 篇。林乐昌还从各种古籍中采辑张载《孟子说》计 130 条。⑥ 当然，张载散佚的著述还有很多，当前不少学者正在进行更加全面的辑佚工作。对于关学文献的整理出版，近年来也取得一定成效，中华书局相继出版了陈俊民、徐兴海点校的《关学编》以及陈俊民点校的《蓝田吕氏遗著辑校》等，但清末及民国时期一些史著如张骥《关学宗传》等还有待进一步整理。⑦ 此外，20 世纪 80 年代以来还发现了《横渠族谱》以及关于张载的明、清、民国时期的公文等新史料。⑧

---

① 侯外庐主编：《中国思想通史》第 4 卷（上），人民出版社 1959 年版。

② 陈俊民：《张载哲学思想及关学学派》，人民出版社 1985 年版。

③ 方光华等：《关学及其著述》，西安出版社 2003 年版。

④ 《全宋文》，巴蜀书社 1992 年版。

⑤ 李裕民：《张载诗文的新发现》，《晋阳学刊》1994 年第 4 期。

⑥ 林乐昌：《张载佚书〈孟子说〉辑考》，《中国哲学史》2003 年第 4 期。

⑦ 刘学智：《关学及二十世纪大陆关学研究的辨析与前瞻》，《中国哲学史》2005 年第 4 期。

⑧ 高景明：《新发现的〈横渠族谱〉》，《文博》1987 年第 4 期。

（四）国外学者的评说

张载思想也受到国外学者的关注和研究。美国传教士丁韪良（1827—1916）在1894年出版的著作《翰林集》中，对张载的思想作了非常高的评价，认为张载的"太虚即气"说与笛卡儿的"以太""旋涡"说"相吻合"，将张载思想视为比笛卡尔哲学早四百年的"前笛卡儿的笛卡儿哲学"，并提出笛卡儿的学说可能来自张载学说的推测。

笛卡尔被黑格尔称为"现代哲学之父"，他认为，宇宙中并不存在"虚空"，而是充满着一种非常稀薄的连续流体——"以太"，由此形成许多转动着的漩涡而构成宇宙万物的生成和变化。这一学说对西方近现代哲学和物理学的发展产生了很大影响。丁韪良认为，张载思想的"主要目的"虽然是"进行道德教育"，但是却"从宇宙的本原入手的"，他的"太虚即气"论"从本国最古老的神圣之书（指《易经》）中发源"，"否认虚空的存在，而主张所有空间都充满着以太"，宇宙万物均"由'以太'这种原始元素集聚而成"，这种观点与笛卡尔的理论"相吻合"。因此丁韪良指出："张载不仅同意笛卡儿关于物质是由'以太'这种原始元素集聚而成的观点，而且他和他的同道们似乎已经有了用旋涡运动来解释集聚方式的猜测。"

不过，在丁韪良看来，笛卡尔并没有解决由"以太"形成的宇宙万物的消亡问题，而"张载比笛卡儿更向前推进一步，他进而认为，一切形态的物质注定还要复归于'以太'"，"而这种复归又为一种新的物质的出现作了准备"。丁韪良发现，张载的这一思想旨趣受到了西方近现代哲学和物理学的认同。他说，"张载这种思想的全部内容，又出现在最近由波·基·费特和巴尔福·斯图沃特二位教授所写的名为《看不见的宇宙》的著作中"，"主张分子动力学理论的现代物理学家们实际上抱有同样的信念"。由此，丁韪良发出了如此的感叹："看到一种过时的理论在西方科学的至盛时期复活，是令人感到惊奇的，而在八个多世纪以前的中国遇见它，更令人感到惊奇！"在此基础上，丁韪良等人提出了笛卡儿的学说可能来自张载学说的推测，认为："我们可能不得不承认，那从法国兴起，席卷整个欧洲的哲学运动之第一推动力来自十一世纪的中国思想家。"[①]

英国近现代科学家李约瑟（1900—1995）也对张载思想作了探察和评论。他对丁韪良的上述观点作了直接的呼应，在《中国科学技术史》第二卷《科学思想史》中他写到："丁韪良在距今约一个世纪以前所写的而现在仍然值得一读的论文里说，理学是比笛卡尔早四百年的笛卡尔主义，这话并不是不中肯的。"此处所谓的"理学"就是指丁韪良笔下的张载及其"同道们"的思想。李约瑟对张载的"一切事物和生物都是由'气'的凝聚过程而形成，并由'气'的离散过程而毁灭"的气本思想深表赞同，认为张载的思想显示出显著的"自然主义"，而且"在朱熹用'理'作为宇宙组织的原则之前，张载就用了'太和'一词，并且是在非常唯物主义的意义上使用的"。不过，在李约瑟看来，笛卡尔的哲学是"把世界看成一个庞大的机器"的"机械实在论"，这与后来产生的"把世界看成一个庞大的活的有机体"的"有机主义哲学"不同。李约瑟认为，与西方有机哲学"相信事物是由于自然的预先安排按前定的秩序而产生的"类似，张载及其"同道们""把宇宙的'物质原理'在某种方式上等同于人类德行的'道德原理'和其他'精神'

---

① 丁韪良、程宜山、吴琼：《笛卡儿的"以太"、"漩涡"说与张载的"太虚即气"说》，《陕西师大学报》（哲学社会科学版）1982年第4期。

事物（即这样从非人类甚至无生命的世界的根源中得出的人类的和社会的最高价值）"，是对中国古代自然主义的有机科学哲学系统化的有益尝试，因而将中国的宋代理学时代视为中国"自然科学的黄金时代"。[①]

2010 年上海古籍出版社出版了美国学者葛艾儒的《张载的思想》。受到国内唯物主义的影响，葛艾儒认为"气"是张载哲学的根本范畴而将张载哲学视为气本论。在将张载的"气"作出"氣"与"気"双重诠释的基础上尝试构建张载的思想体系，是葛艾儒研究张载思想的显著特色。他认为，在张载思想中，"氣"是混沌的、根源性的、形而上的气，也就是"太虚""太和"；"気"是现象层的、化生的、形而下的气，并以此解释了"天地之性"和"气质之性"的根据问题。同时，他将阴与阳视为气本身所固有的"极性"即根本属性，而乾坤、刚柔、仁义、动静等是气的部分属性。在此基础上，葛艾儒尝试说明以"理"为本的二程学说不同于张载的气本论，并对牟宗三的形而上之"虚"与形而下之"气"的体用论作了批评。他将"气"别分为"氣"与"気"的双重诠释，为张载思想的研究提供了一种新的可能路径，但在葛艾儒的诠释体系中，张载的"氣"的形而上属性以及"'仁'、'义'何以成为两极"等关键性问题并未得到合理的解释和恰当的说明。[②]

此外，东亚国家特别是日本和韩国学者对张载思想也多有研究。近年来，中日韩学者还多次聚集张载故里，举办了如"'张载关学与实学'国际研讨会""'关学·南冥学与东亚文明'国际学术研讨会""张载关学与东亚文明学术研讨会"等重大国际性学术交流活动，就张载气论思想及其对韩国曹冥南等的影响以及东亚儒学走势等问题进行有益的探讨和交流。韩国教育部还曾在 2011 年邀请张载后裔到韩国参加为期数月的学术访问。这些均展示了张载及其思想"对当时（古代）和如今的东亚以至于整个亚洲东方文明和世界文明，都有极大的贡献和影响"[③]。

四　结语

纵观张载思想研究历程，张载思想在不同历史时期均受到学人的重视。与其他理学家相比，张载的思想特别是其哲学思想在学术界中引起的争议最大。深入反思和总结千年来学人对张载学说研究的成绩与教训，有帮于提升张载思想研究的境界。

[①]　[英]李约瑟：《中国科学技术史：科学思想史》，何兆武译，科学出版社 1990 年版。

[②]　[美]葛艾儒：《张载的思想》，罗立刚译，上海古籍出版社 2010 年版。

[③]　葛祥邻：《张载"三观"与东亚文明》，《宝鸡社会科学》2007 年第 4 期。

近 40 年来二程思想研究综述[*]

敦　鹏

　　程颢（1032—1085）、程颐（1033—1107）兄弟是北宋理学的奠基人和洛学的开启者，在"北宋五子"中，二程兄弟所创立的"洛学"历来被认为是著述最多、地位最高、影响最大的一派。作为传统理学的代表性人物，二程自信地认为他们的学说把孟子以后中断了 1400 年之久的儒家道统真正承接了下来。不仅如此，从宋明理学体系的发展轨迹来看，二程思想对中国哲学及中国文化都产生了深远的影响，成为学术界不可忽视的一个研究重镇。

一　研究概况

　　自 20 世纪 50 年代以来，由于学术视角、价值定位和意识形态等原因，二程研究在大陆学术界遭到极大的冷落。尤其到"文化大革命"结束的这一时期，人们基于政治立场的划分，对二程以"地主阶级思想家"而简单否定，认为二程的唯心主义哲学"和他们的政治立场相应，是极端反动的"[①]。"文化大革命"时期更加剧了这种不正常的学术现象，对二程的思想研究被捆绑在"批林""批孔"和评法批儒的战车上，二程作为"法家"思想代表人物王安石的对立面被加以批判，得出所谓"反动儒家"的错误结论。这期间出版的两本论文集《程颢程颐及其思想批判》《程颢程颐言论思想选批》反映了当时的思想状况[②]。

　　"文化大革命"结束后，人们首先对"文化大革命"期间关于二程思想的歪曲和片面理解进行了拨乱反正。随着新时期学术事业的不断繁荣和发展，二程思想日益受到学界重视，呈现出更加多元和宽广的研究路向。从大陆改革开放以来的近 40 年里出版发表的有关二程研究论著看，研究内容涉及二程思想的各个方面，其中包括生平、著作、影响、地位等，对二程的理学、经学、政治、文化、经济、教育等各方面的思想也都有所关注。老一辈学者发表了一批高质量的研究成果，如刘象彬的《二程理学基本范畴研究》（1987）、徐远和的《洛学源流》（1987）、卢连章的《二程学谱》（1988）和《程颢程颐评传》（2001），这些论著为新时期的二程思想研究奠定了基础。一些中青年学者异军突起，发

　　[*]　河北省教育厅高等学校社科重点研究项目"北宋二程政治改革思想及其当代价值研究"（SD151107）阶段性成果。

　　[①]　侯外庐主编：《中国思想史》（上），人民出版社 1959 年版。
　　[②]《程颢程颐及其思想批判》，河南人民出版社 1974 年版；《程颢程颐言论选批》，河南人民出版社 1975 年版。

表了一批引人注目的成果，如潘富恩、徐余庆的《程颢程颐理学思想研究》（1988）、庞万里的《二程哲学体系》（1992）、蔡方鹿的《程颢程颐与中国文化》（1996）、徐洪兴的《旷世大儒——二程》（2000）等等，这些学术成果都进一步深化了对二程思想的研究。除专门涉及二程的论著之外，众多的中国哲学史、宋明理学史以及中国思想、文化、政治等专门史都对二程有所涉猎，如冯友兰的《中国哲学史新编》（1999），萧萐父、李锦全主编的《中国哲学史》（1982），郭齐勇、冯达文主编的《新编中国哲学史》（2004），侯外庐主编的《宋明理学史》（1984），张立文的《宋明理学研究》（1985），陈来的《宋明理学》（1991），蒙培元的《理学范畴系统》（1989），刘泽华主编的《中国政治思想史》（隋唐宋元明清卷）（1996）；港台地区韦政通的《中国思想史》（1980），牟宗三的《心体与性体》（2003），劳思光的《新编中国哲学史》（2005）等。

尤其值得一提的是，进入21世纪以来，在全国公开刊物发表关于二程的学术论文据不完全统计超过300篇，尽管部分文章的质量良莠不齐，但至少说明对二程思想的关注从根本上扭转了以往的沉寂局面，与"文化大革命"及前"文化大革命"时期形成了鲜明对比。一些硕士、博士以二程为选题对象，从伦理、美学、易学、诗文、语法等角度对二程思想展开了分类考察。

中国台湾地区和中国香港地区对二程思想的研究从未间断。台湾地区这一时期共出版二程研究专著3本；另外，唐君毅的《中国哲学原论》（1984）、余英时的《朱熹的历史世界——宋代士大夫政治文化的研究》（2004）与《宋明理学与政治文化》（2008）都对二程的哲学、政治思想有所论述。

海外出版的二程研究著作首推英国著名汉学家葛瑞汉（A. C. Graham）的《中国的两位哲学家：二程兄弟的新儒学》（1999）一书，该书是在作者1953年完成二程研究博士论文的基础上修改出版的。特别指出，葛氏的二程研究成果在西方广为传播，公认这部书对那些试图弄懂中国思想后期发展的学者（无论是东方的还是西方的）来说，都是必读的文献。该书中译本一经出版（程德祥译，大象出版社1999年版）就引起了国内学术界的极大兴趣，张岱年、任继愈等先生为该书作序，充分肯定了它的学术价值和研究贡献。

通过考察现有的研究成果，可以看出，学术界对二程思想研究在内容和选题上得到了拓展，研究水平得到了提升，甚至不乏深刻独到的见解。

二　观点述要

（一）二程的天理论

学术界对二程的天理论高度重视，认为二程以"理"为最高原则构建其哲学大厦，这种理论已经成为哲学史界的一贯看法。针对程颐说的"天下只是一个理，故推至四海而准。须是质诸天地，考诸三王不易之理"，冯友兰认为"所谓理是事物之所以然，也是事物的准则。按照这种说法，理是永久为有，不增不减。人知之与不知之，与其为有无关"[1]。任继愈主编的《中国哲学史》认为，程颢、程颐的哲学最高范畴是"理"或"天理"，是二程用来说明世界的立足点、出发点，是世界万物的本体。

将"理"作为二程思想的核心和最高范畴，对此学者们没有异议，但对"理"或

---

[1]　冯友兰：《中国哲学史新编》，人民出版社1999年版。

"天理"作为宇宙的本体的性质和作用却有不同的看法。冯友兰认为，程颢所言之"理"是事物的自然性而非规定性，程颐之"理"有更多的"应然性"，是事物的"所以然"[①]。也有人认为，程颐讲"天理"，更偏重于准则、规律之义，一物之理是一物之准则，万物之理即万物之所应该。相比之下，程颢的"天理"更多地着眼于万物的自然状态，这既不是上帝的目的性行为，也不是人为的刻意安排，而是自然趋势，自然自得。[②] 还有一种观点认为，二程虽然在"理"的应然与自然之间存在差别，但二者都将"理"作为事物之所以存在的内在依据，同是为了说明遵循封建伦理道德规范的"当然之则"，二人的现实目的是一致的。[③]

对于"理"的讨论，还涉及"理"能否派生万物的问题。一种观点认为，"理"作为本体不同于西方哲学的"始基"，作为最高的、唯一的本体，并不能派生万物；另一种观点认为，"理"蕴含着运动变化的潜在动力，是万物产生的原因和根据。还有学者关注"理"作为精神实体还是物质实体的属性问题，分为：其一，"理"作为物质世界的本原；其二，理是精神世界的本原；其三，"理"是客观性和价值性的统一体。不难看出，学者们对"理"的内涵分析一方面受到了西方哲学划分精神与物质的主客二分思想方式限制，另一方面诠释与透解的视角单一，"理"的深层思想意蕴还远没有挖掘出来。

（二）二程的心性论

心性论在二程的哲学体系中占有十分重要的位置，只论天理而不及心性，还不足以把握二程哲学的全貌。牟宗三在《心体与性体》一书中对二程的心性问题有详细论述，他认为，二程的心性论承接孟子"尽心知性知天"这一纵观系统，心与性在先验逻辑上包含了天德，从尽心、知性以参与天地万物之化育是二程心性论的特点。根据二程提出"性即理"，牟宗三认为，万物皆有生生不息的天道，天道即天理，生之谓性又是"天命之谓性"在人和物上各自不同的表现，性即理表现为原本的清明与充足，"恶"不是来自"理"而是气禀的过和不及。[④]

劳思光认为，二程所论之"性"有形上之意，若能保持"性"之本来方向，则是"善"；若失去其本来方向，即是"恶"。[⑤] 在劳思光看来，二程谈的"性"并非个别事物或对象，也不在时空当中，只能视为形上意义之存有，如此一来，性与理便是合一的。葛瑞汉认为，新儒学的总趋势是把"性"认作一种"体"，它与生俱来，存在于人身上，所有那些不能归于外界影响的一切都属于"性"。而"心"并非单指人的肉体器官，而是对"理"的洞察和发动之处，这就使得"心"与"理"在圣人那里达成合一，而一般人只能通过循序渐进来通达"理"。[⑥] 蔡方鹿也认为，二程之所以对善恶问题有不同理解，这

① 冯友兰：《中国哲学史新编》，人民出版社 1999 年版。
② 付长珍：《程颐境界哲学的理性之维——兼论二程境界的不同取向》，《厦门大学学报》（哲学与社会科学版）2006 年第 5 期。
③ 袁德金：《试论程颢程颐理气说之异同》，《中州学刊》1984 年第 1 期。
④ 牟宗三：《牟宗三先生全集》第 6 卷《心体与性体》（二），台湾联经出版事业有限公司 2003 年版。
⑤ 劳思光：《新编中国哲学史》第 3 卷上，广西师范大学出版社 2005 年版。
⑥ ［英］葛瑞汉：《中国的两位哲学家：二程兄弟的新儒学》，程德祥译，大象出版社 1999 年版。

与他们对"性"的理解及对心、气关系的认识存在差异。程颢将"性无内外""心无内外"作为其理论特质，认为大程承认心、气的欠缺所产生的"恶""亦不可不谓之性"。程颐则强调心、气之分，性为本，心、气为禀，性为本则无不善，心、气则有善有恶。①王育济认为，二程的天理与心性在哲学上存在着巨大的紧张关系，导致后来的"天理""人欲"之争，这种纷争造成二者形同水火的对立关系，他说："'饿死事极小，失节事极大'这已经不止是对人的感性自然欲求的窒息了，而是连人的生活、活命的权力也被完全剥夺和扼杀了，最后变成了极端道德主义的说教。"②

比较而言，学者们对二程心性论在阐述的倾向性上有所不同，但在性、心关系上大多承认"性"表现为先验和一般的特征，"心"更受经验和后天的影响。但正是二程这种开创性的命题和观点，引起了后来理学家的广泛兴趣，形成了对心性问题的不同认知取向。

（三）二程的伦理观

二程的伦理思想对后世影响很大，在中国伦理文化史上占有重要的地位并影响深远，得到研究者的重视。卢连章在《程颢·程颐评传》中把二程的伦理思想划分为"三纲至上的人伦观""以义致利的义利观""以公克私的公私观""忠孝节义的气节观""敬诚为本的修养观"等内容。蔡方鹿将二程伦理思想集中阐发为"义利""公私""理欲"等关系，由此也可以看出二程伦理观的主要内容。

学术界普遍认为，一方面二程以"天理"为宇宙本体，论证了儒家伦理的合理性，同时在"天理论"的前提下，二程对现实人间秩序的伦理探索才是他们思想的重心所在。李泽厚曾认为宋明理学的特征是，将伦理提高到本体地位，以重建人的哲学。"伦理"能否作为本体姑且不论，但以二程为代表的理学家确实将伦理摆在了更加重要的位置，这已经成为一个基本共识。章启辉认为，在儒学思想体系中，哲学从来不具有独立发展的意义，都只是儒家伦理的论证工具。二程建构的宇宙本体，更重要的目的在于赋予"天理"以宇宙本体和道德本体的双重含义。③有研究者认为，二程的理学伦理观以"存天理、灭人欲"为宗旨，无条件牺牲个人利益，抹杀人的感性欲求，带有宗教禁欲主义倾向。反对者认为，二程的伦理观承认饮食男女的基本需要，在立场上是反对佛教禁欲主义的。崔大华对此进行了较为中肯的分析：二程兄弟所倡导的伦理道德与同时期的经院哲学相比，更具有理性色彩。只不过，以二程为代表的理学之所以衰落在于否定了人性中的积极（人欲）一面，同时忽视了道德进步中的知识因素，终究导致了理学八百年的统治，在中国传统文化和思想之树结下了一个"以理杀人"的苦果，在实证科学领域越发显得孱弱和落后。④

（四）二程思想的异同

二程兄弟思想的关系及其异同历来是最引人注目的焦点之一，随着宋明理学中"程朱理学"与"陆王心学"的放大对立，学界开始用不同的视角和方法研究二程，对于二

---

① 蔡方鹿：《二程与中国文化》，贵州人民出版社 2001 年版。
② 王育济：《论二程的"天理人欲之辨"》，《山东大学学报》（哲学社会科学版）1991 年第 2 期。
③ 章启辉：《二程天理论的伦理学特质》，《湖南大学社会科学学报》1994 年第 1 期。
④ 崔大华：《理学衰落的两个理论因素》，《哲学研究》1989 年第 3 期。

程思想的异同在当代学术界有代表的观点主要有以下几个方面：

一种观点认为，二程思想基本一致，不存在根本性的分歧。侯外庐在他主编的《中国思想通史》中，明确反对将二程之间划分成开启两个学派的观点，他说："二程的哲学思想和他们的政治思想相似，大体是一致的。当时他们的弟子每每记录是说时也并不加以分别，虽有人提到二程的性情、'气象'有所不同，如程颢和易、程颐严重，但对于他们的学术当时从无人指出有什么分歧。近人或说程颢开启陆王一派的渊源，程颐则开启朱熹一派的渊源，这种论断并不合于史实。"① 在他看来，二程思想一致，小程在谈及自己与兄长思想的关系时说"盖与明道同"，二程弟子在整理其师思想资料《二程遗书》并没有将二人加以区分，多数都以"二先生语"并称。张立文在《宋明理学研究》一书中也认为，二程思想为一个整体，"近人有以程颢程颐分别开启理学中的陆王、程朱两大学派，此说虽有一定的合理性，然而，从根本上说，二程思想基本相同，故本书二程合论"。② 徐远和在《洛学源流》中直接以"二程"合一来论述"天理论""泛神论""格物致知论""人性论""理欲观""圣人观"等思想，在他看来，二程在以上方面"大体是一致的"，但他们在共同的理学唯心主义前提下，表现了不同的哲学倾向。③ 潘恩富、徐余庆在《程颢程颐理学思想研究》中同样认为："二程兄弟在许多哲学问题上，他们的观点是高度一致的。"④ 另外，蔡方鹿等学者认为，在二程思想的同异变化上，其哲学的相同方面是主要和基本的，因此，在对二程的研究中多数学者都以"二程"并称，也体现了这一态度。⑤

与此相反的另一种观点认为，二程哲学思想存在根本不同，并且二人分属两个思想系统。持这一观点的最具代表性人物为冯友兰和牟宗三。冯友兰先生在其早年《中国哲学史》中就曾将明道与伊川分属不同的思想范畴去陈述，指出二人不仅不能随便视为一家之言，而且得出："二人之学，开此后宋明道学中所谓程朱陆王之两派，亦可称为理学心学之两派。程伊川为程朱，即理学一派之先驱，而程明道则为陆王，即心学一派之先驱也。"⑥ 换言之，冯友兰先生认为二程思想开启两个不同学派就潜涵着二人之间的不同立场或分属两个不同思想系统。虽然冯先生也说二程之学是"大同小异"，但是直到晚年在他的《中国哲学史新编》中仍然持"二程的哲学思想是不同的"这一结论。

港台新儒家牟宗三在《心体与性体》中将宋明理学划分为三系，其中程颢、胡宏、刘宗周代表《中庸》以来的纵观系统，程颐、朱熹代表《大学》以来的横贯系统，陆九渊、王阳明代表了孟子以来的自律系统。牟宗三认为，明道和象山从总体而言都属于"纵观系统"，"纵观系统"为儒家正统，以程颐、朱熹为代表的宋代理学只是"别子为宗"，就此言之，二程之间当然有根本性的差别。特别指出，牟氏对大程的抬高和对小程的贬低可以在其著作中随处可见，同时这也影响了其弟子（如蔡仁厚等）对二程思想差别的评价。

① 侯外庐主编：《中国思想史》第4卷上，人民出版社1984年版。
② 张立文：《宋明理学研究》，中国人民大学出版社1985年版。
③ 徐远和：《洛学源流》，齐鲁书社1987年版。
④ 潘富恩、徐余庆：《程颢程颐理学思想研究》，复旦大学出版社1988年版。
⑤ 蔡方鹿：《二程哲学的异同变化及其对陆王心学的影响》，《河北学刊》1995年第3期。
⑥ 冯友兰：《中国哲学史》，华东师范大学出版社2000年版。

　　另外，庞万里在《二程哲学体系》中也对此有所论述，认为二程"在理论上形成一种互相渗透的复杂情况，不可能简单地对两人思想做绝对的、确定的、划一的划分"①。在他看来，二程哲学存在着一元论与二元论、道器为一与道器为二、内外一体与内外有别等差异，这实际上已经将二程思想作了不同系统的划分。

　　与以上两种观点所表现的鲜明性不同，很多学者更加持二程思想间存在着诸多共性，但又各有倾向的中间立场。葛瑞汉认为，二程兄弟的差异是有的，这导致了二程后学之间的尖锐对立，"但这些差异只不过是强调的侧重有所不同而已"②。韦政通在《中国思想史》中将差异表述为"明道的思想给人一种显明的玄学特质，伊川则比较落实"③。韦氏认为，小程更加重经验知识，而大程有道德精神的超越化，"在道德意识的融通中，不但人事与天理合而为一，道与器，神与器，也无二别"④。陈来也认为，二程在本体论上不存在根本区别，区别在于境界取向不同，"程颢比起其弟程颐来，更注重内向的体验，而轻视外在的知识。但程颢并不像后来南宋心学的代表陆九渊那样强调心即是理，更不像明代的王阳明主张心外无理，他对内向体验的强调主要是基于他所追求的精神境界不同，而这种境界的不同，并不是南宋'心学'与'理学'的根本分歧"⑤。徐洪兴在《论二程思想之异同》一文中详细考察了二程兄弟在气象上的差异及对二程思想异同认识的历史演变，提出二程思想"大同小异"的观点，"大同"即他们共同致力于建构"理"本体论这个关节点上，"小异"主要异在工夫论上。⑥

　　从以上关于二程思想异同的讨论中可以看出，对二程哲学的关系不能简单地得出同一或对立的结论，因为这背后涉及的不只是文本的研读和判别，更重要的是二程思想在历史的发展演变过程中形成了不同的思路流派，不同的立场得出的诠释结果都有可能造成不同的学者得出不同的结论，影响客观公允的理性分析。只有在对基本问题达成共识的基础上，逐级分层对存在的差别深入对话，才有可能厘清二程之间哪些是同、哪些是异的复杂关系。

（五）二程的政治哲学

　　政治哲学是近年学界讨论的热点话题。政治哲学是把握政治世界最深层本质和普遍性的学问。有学者认为，政治哲学是中国传统哲学的中心，儒学作为中国传统哲学的主干，自然有其自身的政治哲学。二程政治哲学作为儒家哲学的重要组成部分，学者们在研究过程中同样给予了关注，分别从以下几个方面进行了讨论。

　　第一，从政治哲学与宋代理学的关系进行了阐发。早在20世纪40年代，萧公权在《中国政治思想史》中就谈到，理学与功利思想为宋代政论之两大主流。理学一切以心性仁义论政，虽自命继先圣之绝学，实阴取"二氏"之异端以立门户，而对政治思想之贡献则极细微。其政论大旨不外搬演《大学》《中庸》之正心诚意，《孟子》之尊王黜霸与

　　① 庞万里：《二程哲学体系》，北京航空航天大学出版社1992年版。

　　② ［英］葛瑞汉：《中国的两位哲学家：二程兄弟的新儒学》，程德祥译，大象出版社1999年版。

　　③ 韦政通：《中国思想史》，水牛出版社1980年版。

　　④ 同上。

　　⑤ 陈来：《宋明理学》，辽宁教育出版社1991年版。

　　⑥ 徐洪兴：《论二程思想之异同》，《复旦学报》（社会科学版）2006年第5期。

乎一治一乱诸陈说而已。他认为，宋代政治思想之重心，不在理学，而在与理学相反抗之功利思想。此派特点在斥心性之空谈，究富强之实务。刘泽华从中国政治思想史的大视野考察了宋代理学的政治理念和政治价值。他认为，从先秦以来的政治思想史看，政治哲学与政治思想之间有着密不可分的关系，政治思想蕴含着政治哲学，政治哲学是政治思想的形上发展。在谈到二程等理学家的政治哲学时，他认为，理学诸子把传统辩证思维推向了一个新的高度，表现在政治思维上是各种调节理论的进一步丰富、完善和哲理化，较为妥帖地回答了政治运作中的各种矛盾和问题。但是，这种哲学又保持着传统儒学的本色和主旨，即崇礼、贵仁、尚中、求和等基本特征。

第二，对二程政治思想和王安石熙宁新政的关系作了探讨。有论者认为，二程作为保守派和顽固派，采取对王安石变法不合作的态度，暴露了其唯心主义的阶级实质。反对者认为，不应把二程的政治思想简单地等同于为封建专制主义辩护，他们的学说包含着反对君主独裁的一面。第三种论点持辩证立场，如潘富恩、徐余庆认为，二程的变革理论有其积极主动的一面，但采取什么样的措施和手段，二程和王安石之间存在着严重的分歧。李存山认为，二程作为王安石变法的反对派，最根本的原因已非政见不同或朋党敌对关系，而是"道不同"。这在具体的措施上，表现为对王安石倡导"兴利"所造成的社会危害的不满。二程更强调"正君心"是"施仁政"的基础和保证，设想政治统治者以内圣的建立才是开出外王的前提，因此二程的政治哲学更加强调伦理道德对政治的限制和引导。[1]

第三，对二程政治学说的具体方面进行了分析。余英时在《程氏〈易传〉的政治思想》一文中对程颐《易传》中的君臣性质、臣民关系及政治文化秩序作了解读。他认为，北宋以来的"士"阶层以政治主体自居，提出与君主共治天下的要求，程颐《易传》是其发挥传统儒家政治理想的集中体现。另外，潘恩富、徐余庆基于二程的政治学说，对其人才观、刑治与教化思想作了具体阐释；蔡方鹿、卢连章对二程的政治思想作了专门分类说明，在此不再一一论述。

通过学界对二程政治哲学或政治思想的考察，我们发现，学者们对二程的政治哲学一方面开始有所关注和重视，但也存在着一些问题，如对二程的政治学说的阐发较为空泛，研究者多对二程本体、心性等问题作详细论证，对其政治思想部分往往一笔带过，或论述略显重复，没有作专门的深入分析。再有，如研究的方法和理论有些已经过时，没有与当前政治哲学的前沿问题进行对比，得出的结论带有浓厚的意识形态气息。另外，研究的目的和对象不够明确，这体现在对政治思想和政治哲学之间的定位较为模糊，虽然中国传统的政治哲学与政治思想往往掺杂难分，但我们有必要将二者的概念界定清晰。

（六）二程的佛道论

在中国传统文化中，儒、释、道三者的关系是一个非常重要和复杂的问题，宋代之后，儒家学者充分利用释、道两家的思想资源，实现综合创新，创立了儒学的新形态——宋明理学。关于二程与佛、道关系的渊源，学术界有这样几种看法：

1. 二程理学与佛学思想

章启辉认为，二程之学与周敦颐存在学术师承关系，周子的佛学思想对二程很有影

---

[1] 李存山：《庆历新政与熙宁变法——兼论二程洛学与两次"革新政令"的关系》，《中州学刊》2004 年第 1 期。

响。应当说，二程从周子处学得援佛会儒，悟得佛学，从而造出新儒学即理学。然而，二程援佛似乎更多的是辟佛，二程从对佛学的攻辟中创造和阐发了自己的理学思想。①

卢连章认为，程颢、程颐在建立理学体系时，对佛教的出世主义、轮回报应等思想持批判态度，对禅宗、华严宗的本体论、心性论持吸收融合态度。从二程兄弟哲学异同的角度看，程颢较多地吸收了禅宗的佛性、真如本心等本体论、心性论的形式，使他的思想具有心本论倾向。程颐较多地吸收了华严宗的理法界、事法界、理事无碍法界等本体论、心性论的形式，从而形成了理事二分的理本论。②

李承贵指出，二程对佛教的认知、理解和评价，从儒家的立场看，有其合理性；从佛教的立场看，则表现为相当程度上的对佛教的误读。但二程对儒佛关系的讨论，在层次上开始了由表入里的转向，在程序和内容上也更加理性和丰富。他认为，二程对佛教的批评是一种基于道统意识支配下的自觉误读，是文化选择的必然态度，在此过程中，二程持偏执僵硬的道统立场执意判别儒佛之间的优劣，是不能原谅的文化保守态度。由此也深刻影响了宋代理学家对佛教的初步预制，以一种"儒体佛用"的模式加速了佛教走向式微的步伐，同时也推动了儒学复兴的进程。③

2. 二程理学与道家思想

有学者认为，理学在建构过程中，对道家道教文化表现出了很大的认同，在孙以楷主编的《道家与中国哲学》（宋代卷）一书中，对二程思想与老庄之间的密切联系作了专门梳理，该书从"天理"与"天道"、"定性"与"心斋""坐忘"、"格物穷理"与"庖丁解牛"等方面将二程哲学在本体、心性和工夫论上依次作了对比，得出道家哲学与二程理学的深层次思想渊源。刘固盛认为，二程人性论中天命之性与气质之性的理论建构，并非原始儒家的自然延伸，而是受到了当时道教学者陈景元、张伯端老学思想的影响，老子之学的精华为二程理学的形成提供了重要的思想渊源。④ 杨翰卿认为，二程洛学之所以成为思辨化、哲理化的儒学新形态，与吸纳改造道家哲学密不可分，表现为：一是他们吸收改造了道家的道本论思想，"道"与"理"在哲学本体上并无二致；二是借鉴融摄道家的宇宙生成论思想，创立了"理""道"本然自然而显现外化为天地万物的宇宙生成气化说，进一步丰富完善了其儒学天理论的内容。⑤

前面对二程研究发展的主要成果作了介绍，除了以上方面，近年学界对二程与其他学派的关系，二程的经学思想、教育思想、历史哲学、学术功绩和评价等内容一一作了分类和阐明，这些研究成果都大大拓宽了人们对二程思想的认识范围。本文限于篇幅不再赘述。

---

① 章启辉：《程颢程颐与周敦颐的佛学思想》，《求索》2001 年第 5 期。
② 卢连章：《二程理学与佛学思想》，《中州学刊》2004 年第 4 期。
③ 李承贵：《二程的佛教观及其思想史意义》，《南京大学学报》（哲学、人文科学、社会科学版）2005 年第 3 期。
④ 刘固盛：《二程人性论的道家思想渊源》，《华中师范大学学报》（人文社会科学版）2005 年第 3 期。
⑤ 杨翰卿：《论二程洛学继承创新的特征》，《中州学刊》2007 年第 6 期。

三　结语

纵观40年来学术界对程颢、程颐思想的研究所取得的成果，可以看出自20世纪70年代末至今的近40年的时间，二程思想研究逐步改变了过去单一、平面的讨论模式，开始超越唯物主义与唯心主义两极对立的论调，研究视角和范式的转换也有了明显的突破，在学者们的研究中不再以意识形态权威预先设定二程思想的"反动本质"，而是当作古代先贤的智慧载体加以"同情的了解"。与此同时，随着20世纪末"诠释学"方法的引入，学界普遍认为二程文本中的丰富思想远远没有挖掘出来，大思想家的魅力在于他们的思想拥有无限的阐释空间。

但另一方面我们也必须看到，相对于朱熹、王阳明等宋明理学家而言，对二程的研究还谈不上完备和充分，在一些具体问题上探讨的侧重点仍在天人观、人性论、认识论、逻辑论等几个方面，选题重复且受制于西方哲学式的理路归类，而对中国哲学家的思路体系缺乏本土的内在理解。虽然有的学者从人学、历史学、伦理学、政治哲学等角度去解读二程思想，但是探讨的问题仍在天人观、人性论等几个方面兜圈子，这实质上还是被捆绑在西方文化中心的学术马车上的表现。

总之，近40年来二程思想研究的总体面貌尽管也存在着这样那样的问题，但成绩是必须加以肯定的，在这些新成果不断涌现的背后是学者们艰苦卓绝的思想探索，也是中国文化复兴背景下的意识自觉。

20 世纪以来朱熹经学与文学研究综述

赵　聘

在中国历史上，由于特定的意识形态背景，"为数众多的经学家兼治文学，文学家亦擅长经学，而经典本身又蕴藏着丰富的文学思想，具有很高的文学价值。"① 而朱熹就是这样一位经学与文学皆擅长的学者，其经学思想与文学思想有着千丝万缕的联系。正如蔡方鹿教授所说："朱熹的经学思想是他整个学术思想中十分重要的组成部分，甚至可以说是他整个学术思想的根基。"朱熹的一切思想，"都是建立在他的经学思想基础上"。② 因此，在经学史与文学史的交叉视野中来研究朱熹经学与文学的重叠、共生状态，有利于我们从整体上把握朱熹经学与文学的动态关系。为了更加深入的研究朱熹经学与文学，这里有必要清理一下前人对于该领域的研究情况。

一　经学与《诗经》研究

对于朱熹经学与《诗经》二者关系的研究，由于受时代的限制 20 世纪之前的学者多从经学的角度来研究朱熹的《诗经》学。20 世纪以来学者们则开始从文学的角度来研究朱熹的《诗经》学，如傅斯年③、周予同④等。对于朱熹经学与诗经学关系的研究，20 世纪 80 年代才开始引起学者们的重视。主要有以下几个方面：

（一）对于朱熹经学家与文学家双重身份的认同

这一时期，学者们开始肯定朱熹的经学家与文学家的双重身份，并在此基础上研究了朱熹的《诗经》学。如谢谦认为朱熹在说《诗》时既"以《诗》为经"，又"以《诗》为诗"这一矛盾是经学时代的产物。⑤ 梁宗华认为朱熹理学家的身份让他在解释《诗经》时不脱其理学思想的束缚；"但他又是诗人，尚能比较深刻的体会部分篇章的内涵，对作品的艺术手法也有所认识。"⑥ 蔡方鹿先生在《朱熹与中国文化》一书中说："他（朱熹）

① 刘再华：《近代经学与文学》，东方出版社 2004 年版，第 8 页。

② 蔡方鹿：《中国经学与宋明理学研究》，人民出版社 2011 年版，第 638 页。

③ 傅斯年：《宋朱熹的〈诗经集传〉和〈诗序辨〉》，《新潮》1919 年第 1 卷第 4 期。

④ 周予同：《朱熹》，商务印书馆 1929 年版。

⑤ 谢谦：《论朱熹〈诗〉说与毛郑之学的异同及历史意义》，《四川师范学院学报》1985 年第 3 期。

⑥ 梁宗华：《朱熹〈诗集传〉对〈诗经〉研究的贡献》，《东岳论丛》1990 年第 3 期。

以义理思想为指导，把文学与理学相结合"，即以文学家的眼光、理学家的立场来解诗。①
汪大白认为"文学名家与经学大师的一身兼任，历代文学与历代经学的双轨集成"是朱熹实现《诗经》学变革的基本条件和重要原因。② 另外还有张宏生③、石文英④等学者发文进行过讨论。以上学者对于朱熹《诗经》的研究，都肯定了朱熹经学家、理学家与文学家的身份，主张在经学时代的时代背景下来研究朱熹《诗经》学，这是很有启发意义的。

（二）经学背景下的《诗经》文学性研究

钱穆较早地注意到在经学背景下来研究朱熹《诗经》研究中的文学性，他在《朱子新学案》中提出：朱熹的《诗集传》"实是兼会经学文学理学之三者而始有此成就。"⑤
在此之后，赵沛霖在《试论〈诗经〉情诗的历史命运》中认为朱熹的辨别情诗有文学种类的分类意义，但在涉及情诗性质和价值时，封建卫道者的面目便暴露出来了。⑥ 殷光熹认为朱熹"利用《诗经》宣扬理学，适应了当时统治者的需要"，同时又"把《诗经》与其它纯粹的经学典籍区别开，主张研读《诗经》还须有一副文学眼光。"⑦ 莫砺锋认识到了《诗集传》的文学性，认为朱熹的《诗集传》"打破了经学的藩篱，使《诗经》学迈出了从经学转向文学的第一步。"⑧ 霍炬说："朱熹把对诗学的思考放在了他的理学框架之内"，"赋予文学以坚实的道德理性基础。"⑨ 张祝平认为朱熹虽然"形成了一套系统化的文学读《诗》的方法论"，但是"最终仍挣脱不了理学的桎梏。"⑩ 郝桂敏谈到"朱熹既想从文学角度解《诗》，又不能摆脱《小序》的政教说和宋代理学思想的影响"⑪。刘毓庆认为朱熹确定了《诗经》的诗歌本质，但在内容上还是肯定《诗经》的经学意义的。⑫ 姜广辉认为朱熹否定"美刺"说，"消解《诗经》的神圣性的同时，又以理学家的道德与价值观对《诗经》进行道德定性与评判，并从中发现了所谓'淫诗'。"⑬ 李士金认为朱熹在揭示《诗经》文学性特征上作出了很大的贡献，但"朱熹并没有在语言上直接说'文学性特征'之类的话，我们是从他讨论和注释《诗经》的具体言论中发现客观上或者说事实上他确实揭示出了这部儒家经典的文学性特征。""他的文学思想是符合他

①　蔡方鹿：《朱熹与中国文化》，贵州人民出版社 2000 年版，第 204 页。
②　汪大白：《传统〈诗经〉学的重大历史转折——朱熹"以〈诗〉言〈诗〉"说申论》，《孔子研究》2002 年第 3 期。
③　张宏生：《朱熹〈诗集传〉的特色及其贡献》，《运城师专学报》1987 年第 2 期。
④　石文英：《朱熹论风骚》，《厦门大学学报》1989 年第 2 期。
⑤　钱穆：《朱子新学案》，巴蜀书社 1986 年版，第 1280 页。
⑥　赵沛霖：《试论〈诗经〉情诗的历史命运》，《贵州社会科学》1989 年第 2 期。
⑦　殷光熹：《宋代疑古惑经思潮与〈诗经〉研究——兼论朱熹对〈诗经〉学的贡献》，《思想战线》1996 年第 5 期。
⑧　莫砺锋：《从经学走向文学：朱熹"淫诗"说的实质》，《文学评论》2001 年第 2 期。
⑨　霍炬：《论朱熹诗学的理论统一性》，《陕西师范大学学报》2001 年第 1 期。
⑩　张祝平：《论朱熹读〈诗〉方法论及其理学桎梏》，《贵州文史丛刊》2002 年第 2 期。
⑪　郝桂敏：《试论朱熹〈诗集传〉对诗旨的说解》，《沈阳师范大学学报》2006 年第 5 期。
⑫　刘毓庆：《〈诗〉学之"兴"的还原与背离》，《文学评论》2008 年第 4 期。
⑬　姜广辉：《中国经学思想史》第 3 卷，中国社会科学出版社 2010 年版，第 812 页。

的道学思想的内涵的。"① 还有石明庆②、谢海林、周泉根③以及一些学位论文对此进行了研究，如袁英在其硕士论文中认为朱熹对《小序》改造的内部原因是"求诗本义"，但亦受到了理学思想的影响。④ 陈才在其博士毕业论文中认为朱子"治诗立场，是以经学立场为主，兼顾其文学立场。"⑤ 莫砺锋在其专著《朱熹文学研究》中认为："朱熹对《诗经》学的最大贡献在于""朱熹虽然主观上也是把《诗经》当作经学来研究的，但《诗集传》却在很大程度上从文学的角度来研究《诗经》了。"⑥ 这其中值得一提的是吴长庚在他的专著《朱熹文学思想论》中认为：朱熹廓清千年之久的经学论《诗》的陈旧框架，用文学的眼光论诗。并且认为"朱子就是在解《易》的过程中，探求发现了易象卦意之间的关系，然后将此用之于诗，提出解诗思维的理论原则。"⑦ 在这里吴长庚不仅认识到了朱熹对于《诗经》的文学解读，并且认识到了朱熹的易学思想对于其《诗经》研究的影响，并对朱熹的易学与《诗经》文学的研究有了较为深入的研究。

以上对于朱熹经学与《诗经》文学性的研究，虽不乏新颖独到之处，但多只有简要的论述，或在论述其他问题时有所提及，尚未系统深入的论述朱熹经学与《诗经》之间的关系。

二　经学与《楚辞》学研究

对于朱熹经学与《楚辞》二者关系的研究，学者们主要集中研究了朱熹注释《楚辞》的态度和指导思想上。林维纯认为朱熹"遵循了儒家'知人论世'的文学批评观点"来评价楚辞。⑧ 石文英认为朱熹的《楚辞集注》"着眼于屈赋内容意义的探掘和诗人情思的体察"，"重视的是作者情性和作品义理"⑨。韩国学者朴永焕认为朱熹在理学理论的基础上，"主张实行以道为本的判文、以理为准的评诗、以古为法的复古思想。"⑩ 因此，朱熹在解释《楚辞》时也从儒家伦理纲常和教化的法则角度出发，强调忠君爱国的思想。"莫砺锋认为《楚辞后语》中有些地方"表现出朱熹的理学家的迂腐性，是理学思想中非文学的部分在朱熹的楚辞学上投下的阴影。"⑪ 石明庆认为"朱熹着重从'性情'和'义理'两个方面重新注释"《楚辞》。⑫ 孙光在其博士论文中谈道："朱熹集理学家和文学家

① 李士金：《朱熹文学思想研究》，人民文学出版社 2014 年版，第 3 页。

② 石明庆：《理学通向诗学的一个中介——宋代理学家的〈诗经〉研究》，《盐城师范学院学报》2002 年第 4 期。

③ 谢海林、周泉根：《论朱熹"淫诗"说的学术背景及内在理路》，《海南师范大学学报》2011 年第 1 期。

④ 袁英《论朱熹〈诗集传〉对〈小序〉的改造》，硕士学位论文，沈阳师范大学，2012 年。

⑤ 陈才：《朱子诗经学考论》，博士学位论文，华东师范大学，2013 年。

⑥ 莫砺锋：《朱熹文学研究》，南京大学出版社 2000 年版，第 260—261 页。

⑦ 吴长庚：《朱熹文学思想论》，黄山书社 1994 年版，第 298 页。

⑧ 林维纯：《略论朱熹注〈楚辞〉》，《文学遗产》1982 年第 3 期。

⑨ 石文英：《朱熹论风骚》，《厦门大学学报》1989 年第 2 期。

⑩ ［韩］朴永焕：《朱熹的文学观和他注释〈楚辞〉的态度》，《天府新论》1995 年第 4 期。

⑪ 莫砺锋《朱熹文学研究》，南京大学出版社 2000 年版，第 296 页。

⑫ 石明庆：《朱熹晚年诗学活动与其心态》，《海南师范学院学报》2002 年第 5 期。

于一身，使其在注释中既遵循理学价值标准阐发义理，又能够从文学角度切入，揭示出楚辞的文学特征。"① 何新文认为"朱熹以其所持的道德伦理标准和讽谏规戒的政治功用要求"，不录宋玉的《神女赋》等作品，是"以道德哲学标准否定文学的偏见。"② 刘真伦认为朱熹以程、朱道统取代了文统，以"大义""义理"等思想来"增删《续》、《变》为《楚辞后语》"。③ 于浴贤认为朱熹《楚辞集注》鲜明地反映了他理学家兼文人的辞赋观。④ 徐涓等人认为朱熹的楚辞研究从'即物以穷其理'来恢复诗歌文学性"⑤。刘炳瑞认为朱熹"将《毛诗》和《楚辞》纳入自己理学体系的同时，又能运用文学家的独到眼光对两者加以精彩的阐发"，"很好地融会了理学与文学之观念，也很巧妙地解决了理学产生以来所出现的诸多偏颇。"⑥ 罗敏中认为朱熹晚年采用了"以儒注屈、融屈于儒"，"以儒批儒、拨儒于屈"的方式"建立了新的评屈理论模式和格局，并最终将屈原的忠君爱国思想纳入了儒家的理论范畴，将屈原引进了儒家的思想殿堂，弥补了儒家思想理论在这方面的严重不足"，"建立了新的评屈理论模式和格局"。⑦

以上对于朱熹经学与其楚辞学的研究，主要集中在朱熹是怎样以经学的思想来指导注释《楚辞》这一个方面，就系统的研究朱熹经学与其楚辞学之关系还有待进一步深入。

三　朱熹经学与文学批评研究

朱熹的文学批评，除了诗经学、楚辞学以外，其他的文学批评都很零散，没有理论体系。对于朱熹经学与文学批评的研究，主要方面如下：

（一）朱熹作家品格批评研究

这一方面，学者们认为朱熹多以儒家价值标准来评价作家品格。如莫砺锋在其《论朱熹关于作家人品的观点》一文中认为，"朱熹认为作家的人品与文品应是统一的，他的观点会导致把道德判断作为文学批评的核心内容。"⑧ 另外，田恩铭在《论朱熹的唐诗批评》中认为"从学诗视角出发，他（朱熹）在对诗人品格的认定上坚持了其道学的立场"⑨。王岚在《朱熹论宋代诗人诗作》认为朱熹的诗论主张"恰当地处理好了'情'与

① 孙光：《汉宋楚辞研究的历史转型——〈章句〉、〈补注〉、〈集注〉比较研究》，博士学位论文，河北大学，2006年。
② 何新文：《论洪迈与朱熹对〈高唐〉〈神女赋〉评价的差异——兼及宋玉辞赋批评标准与方法的把握》，《中国韵文学刊》2011年第4期。
③ 刘真伦：《晁补之〈续楚辞〉、〈变离骚〉、与朱熹〈楚辞后语〉比较研究》，《文学遗产》2012年第2期。
④ 于浴贤：《从〈楚辞集注〉看朱熹辞赋观》，《泉州师范学院学报》2013年第3期。
⑤ 徐涓、王国良：《朱熹格物致知与楚辞学方法论》，《社会科学战线》2014年第9期。
⑥ 刘炳瑞：《朱熹〈诗集传〉、〈楚辞集注〉的文献学审视》，《中国古典文献学丛刊》2007年第六卷。
⑦ 罗敏中：《以儒注屈融屈于儒——论朱熹的尊屈倾向之一》，《湖南师范大学学报》2001年第6期；罗敏中：《以儒批儒拨儒于屈——论朱熹的尊屈倾向之二》，《求索》2001年第5期。
⑧ 莫砺锋：《论朱熹关于作家人品的观点》，《文学遗产》2000年第2期。
⑨ 田恩铭：《论朱熹的唐诗批评》，《陕西师范大学继续教育学报》2005年第2期。

'理'之间的矛盾，能在'诗其余事'中敢破敢立。"①

（二）朱熹作家作品批评研究

谢谦认为"朱熹根据以'三纲五常'为核心的封建伦理道德，这一新的价值标准，对《诗经》以来的中国传统文学进行了重新的阐释与评价，建立了一个新的道德批评的模式。"② 成复旺认为朱熹"重视作品的思想价值，处处以儒家的义理或作品的讽谏教化作用作为甄选的标准"。③ 韩立平认为朱熹在文学批评中"忽略作者的个性化和文风的多样性，这是其理学思想和心性论导致的结果。"④ 叶建华认为朱熹对于王安石的批评"肯定文学德行，否定经制之学"⑤ 粟品孝认为朱熹对于三苏的批评不否认三苏的文学造诣的同时，"又从理学的角度给予一定的批评。"⑥ 于景祥认为朱熹的文学批评"并不排斥文学，在养性与明理的同时，他不废吟事，并且对许多文学问题都提出了自己的见解。"⑦ 杨艺馨在其硕士论文中对朱熹的北宋文学批评进行了研究，认为"朱熹同时兼具理学家和文学家身份导致他的批评时常有矛盾之处，但亦承认朱熹对于文学有充分的体认感，他的批评意见往往能以只言片语切中肯綮。"⑧ 朱瑞熙则研究了朱熹对于时文的批评，认为"他从理学的角度，认为士子们所做经义的程文都是乱说，一点不符合古代经典的本意。"⑨

从以上学者对于朱熹经学与文学批评的研究可以看出，朱熹的文学批评与经学的学术思想是分不开的，朱熹对于文学的评价多以儒家的封建伦理道德为标准。以上这些研究多以朱熹的某一个方面的文学批评为研究对象，没有全面地讨论朱熹经学与文学批评的关系。李士金在《朱熹文学思想研究》一书中在综合考察了朱熹评论历代作家作品零散言论后发现，朱熹在随机的议论中自有其内在的逻辑性，"以义理论文兼及作家人品，以文道论文主张合二为一"⑩，即朱熹的文学批评是有一个经学理学标准的。

四　经学与文学创作研究

学者们对于朱熹经学与文学创作的研究主要集中在经学与诗歌创作上，可分为以下两个方面：

---

① 王岚：《朱熹论宋代诗人诗作》，《现代中文学刊》2001 年第 5 期。

② 谢谦：《朱熹文学批评的批评》，《许昌师专学报》1988 年第 2 期。

③ 成复旺：《中国文学理论史》（二），北京出版社 1987 年版，第 190 页。

④ 韩立平：《从心性论看朱熹文学思想——兼论朱熹对苏轼文章的批评》，《宁波大学学报》2010 年第 3 期。

⑤ 叶建华：《朱熹评王安石——兼论朱熹对历史人物的评价》，载《朱子学刊》，黄山书社 1995 年版。

⑥ 粟品孝：《朱熹评议苏氏蜀学——立足于〈朱子语类〉的考察》，载《宋代文化研究》第六辑，四川大学出版社 1996 年版。

⑦ 于景祥：《朱熹的骈文批评》，《文学评论》2008 年第 5 期。

⑧ 杨艺馨：《朱熹北宋文学批评之研究》，硕士学位论文，复旦大学，2011 年。

⑨ 朱瑞熙：《朱熹对时文——八股文雏形的批判》，载《朱子学刊》，黄山书社 1991 年版，第 67 页。

⑩ 李士金：《朱熹文学思想研究》，人民文学出版社 2014 年版，第 3 页。

（一）朱熹经学对其文学创作的影响

对于朱熹经学与文学创作的研究，主要集中在朱熹经学对其诗歌创作的影响方面。对于这一问题，学界主要有两种看法：一种是以郭齐为代表认为朱熹理学诗"除了多少夹杂一些理学味而外，与非理学诗并无多大差别。其中不少还写得较好，具有可读性。"① 莫砺锋也认为"朱熹虽然身为理学家即道学中人"，但"他的诗离'诗人之诗'较近而离'道学之诗'较远"，许多说理诗达到了"诗情、理趣的融合"。② 另外还有，董金裕在《从〈观书有感〉二首看朱熹的哲理诗》一文中，指出"朱熹以兼具理学家与诗人的身份，每每将其所体悟到的哲理寄托于吟咏之间，而流下了不少可供玩味的哲理诗。"③ 李春桃认为朱熹的诗学观念和诗歌创作与理学有很深的渊源，"但是朱熹的诗学观念和诗歌创作超越了其理学思想，取得了巨大的成就。"④ 侯长生认为朱熹的山水诗"既是抒怀言志的方式，也是体道味理的工具。朱熹在山水诗创作方面，对理学家'重道轻文'的文学思想持较客观的批判继承态度，并'以诗人比兴之体，发圣人义理之秘'，形成了有自己特色的山水诗歌。"⑤ 正如吴长庚在《朱熹文学思想论》中所说："（朱熹）作诗作文，则由否定走向肯定，又由'未觉诗情与道妨'走向文道合一。"⑥ 另一种观点则认为朱熹的经学思想限制了他诗歌的创作。刘田田认为朱熹的诗歌由于受到了他理学家身份的规范，呈现出了"题材狭窄、意境单一，缺少作者主观情感的毛病。"⑦ 曾清燕在其硕士毕业论文中指出"朱熹将儒家思想和诗作结合起来，将儒家思想的点滴浸透在生活学习之中，并用诗文的形式表达出来。"⑧ 另外，王仕强则研究了朱熹经学对其辞赋创作的影响，认为朱熹在其"理学思想指导下进行的辞赋创作"，"形成了醇厚典雅，雍容不迫，寓理于景的文风。"⑨

（二）朱熹文学创作对于经学思想的反应

这个方面主要集中在朱熹诗歌对经学理学思想的反映上。林鸿荣等人认为朱熹的诗作中虽有一些充满了道学气，反映了朱熹的思想，但同时也认为朱熹创作了"许多堪与南宋诗坛各家媲美的好诗"⑩。胡明认为朱熹的说理诗歌"多有形象思维，不仅比说理的文章清爽透彻，而且比一般臃肿而空泛的抒情言志诗更觉灵气发越，新切近人。"⑪ 莫砺锋

---

① 郭齐：《论朱熹诗》，《四川大学学报》2000 年第 2 期。
② 莫砺锋：《朱熹文学研究》，南京大学出版社 2000 年版，第 113 页。
③ 董金裕：《从〈观书有感〉二首看朱熹的哲理诗》，"朱子学的回顾与二十一世纪的展望"论文集，2000 年。
④ 李春桃：《朱熹的诗学观念与诗歌创作》，《兰州学刊》2004 年第 4 期。
⑤ 侯长生：《朱熹对理学家山水诗的批判和继承》，《殷都学刊》2006 年第 4 期。
⑥ 吴长庚：《朱熹文学思想论》，黄山书社 1994 年版，第 298 页。
⑦ 刘田田：《理学思想对朱熹诗歌创作的影响》，《边疆经济与文化》2007 年第 8 期。
⑧ 曾清燕：《朱熹组诗研究》，硕士学位论文，福建师范大学，2012 年。
⑨ 王仕强：《典范的意义——朱熹的辞赋创作》，《辽东学院学报》2012 年第 1 期。
⑩ 林鸿荣、宋洪志：《文学史应为朱熹诗留一席位》，《齐鲁学刊》1987 年第 1 期。
⑪ 胡明：《关于朱熹的诗歌理论与诗歌创作》，《文学遗产》1989 年第 4 期。

则注意到了朱熹理学家与诗人的双重身份对于削除理学与文学间壁垒的作用。① 石明庆通过研究朱熹诗歌创作的感性体验，全面地认识了身为理学家的朱熹如何对文学有如此兴趣。② 李春桃认为朱熹的一千二百多首诗，"是他深邃的理学思想与丰富的内心世界的展现。"③ 吴莺莺认为"我们通过朱熹诗歌、散文中的文学意象及其阐发的义理，可以领会到它们的价值观感召力和道德影响力。"④

从以上的研究可以看出，对于朱熹经学与文学创作的研究主要集中在朱熹经学与诗歌创作方面，而对于经学与其他文学创作的研究则只有王仕强的《典范的意义——朱熹的辞赋创作》⑤ 一文。其实朱熹的文学创作除了诗歌，文章的成就也是很高的，因此，加强对朱熹经学与文章的研究是很有必要的。

五 经学与文学理论研究

（一）文道关系的理论

这一方面指的是从经学与文学二者的关系来讨论朱熹的文道观，主要有以下几种观点：一是"文以载道"重道轻文论，周予同认为："朱熹对于文学之根本观念，亦不外于由因袭的'文以载道'之说进而持较深澈的'文自道出'之论。"⑥ 朱东润在《中国文学批评史大纲》中认为朱熹文道之"道"乃是"其义执著而归于一"之"义理"。⑦ 程千帆亦认为朱熹"仍然恪守北宋道学家周敦颐的'文以载道'说，斤斤计较道统与文统，明确地显露出重道轻文的倾向。"⑧ 钱穆在《朱子新学案》中认为："惟朱子文道并重，并能自为载道之文。"虽然朱熹文道并重，但他的重文本质上是用来载道的。⑨ 张健在《朱熹文学批评研究》中亦认为朱熹论文其基础在于"文从道出"。⑩ 束景南在《朱子大传》中认为朱熹是重道轻文、重经术轻辞章，发挥理学诗教精神。⑪ 另一种则是"文道合一"论，吴长庚在《朱熹文学思想论》中认为：朱熹的"'文道合一'是建立在文与道二者并重，各不偏废的基础上，并使之有机结合在一起的理论总结。一方面，他并没有抛弃理学家重道的基本立场"，"另一方面，他也承认并吸收了古文家重文的观点"⑫。成复旺认为"文道合一，是道学家文学理论的宗旨，也是朱熹文学理论的核心。"⑬ 王利民认为："朱

① 莫砺锋：《理学家的诗情——论朱熹诗的主题特征》，《中国文化》2010 年第 17 期。
② 石明庆：《朱熹诗学思想的渊源与诗歌创作》，《南开大学学报》2003 年第 1 期。
③ 李春桃：《朱熹思想与诗歌》，《求索》2008 年第 9 期。
④ 吴莺莺：《朱熹文学意象和义理阐发及其当代价值》，《泉州师范学院学报》2013 年第 1 期。
⑤ 王仕强：《典范的意义——朱熹的辞赋创作》，《辽东学院学报》（社会科学版）2012 年第 1 期。
⑥ 朱维铮：《周予同经学史论著选集》（增订本），上海人民出版社 1996 年版，第 171 页。
⑦ 朱东润：《中国文学批评史大纲》，上海古籍出版社 2001 年版，第 174 页。
⑧ 程千帆：《两宋文学史》，河北教育出版社 2000 年版，第 266 页。
⑨ 钱穆：《朱子新学案》，巴蜀书社 1986 年版，第 139 页。
⑩ 张健：《朱熹文学批评研究》，台北商务印书馆 1969 年版，第 8 页。
⑪ 束景南：《朱子大传》，福建教育出版社 1992 年版，第 226—227 页。
⑫ 吴长庚：《朱熹文学思想论》，黄山书社 1994 年版，第 18、61 页。
⑬ 成复旺：《中国文学理论史》（二），北京出版社 1987 年版，第 397 页。

熹把理一分殊的思想贯穿到文学的领域中，引申出文道一本论。"① 吴法源认为朱熹虽然给予文学以一定的地位，但朱熹的文道观仍然是理学家的文道观。② 李春强则从《论语集注》为切入点来研究了朱熹"文道一贯"的文学本体观、文学创作观等，并"搜索出传统经学诠释路径从经学到文学转向的端倪"③。另外，祁志祥④、罗书华⑤等，以及时新良⑥、陈瑶⑦等的学位论文中也有所提及。而莫砺锋在《朱熹文学研究》中则综合了以上两种观点，认为朱熹主张"重道轻文"，认为"文道一体"，即"'文'与'道'是有机地结合在一起的，不能将它们割裂开来。"⑧ 以上的研究虽然多有新意，但是对于朱熹文道观产生的经学、理学背景却少有提及。

（二）经学与其他文学理论

王哲平认为"朱熹从理学视角对文学作了独到的探讨与阐发，形成了理学与文学圆融浑成的文学思想。""标志着儒家文学思想发展的一个新阶段。"⑨ 在朱熹经学与朱熹文论方面的研究主要有：方笑一认为朱熹不仅"利用《尚书》的劝谕功能影响帝王，还通过对经文的阐释，引导帝王接受自己的理学体系。"⑩ 杨万里认为"朱子的文艺思想是在其理学思想基础上构建起来的，因此只有打破各艺术门类分离研究的现有格局，采取融通与交叉的方法，才能深入把握其整体文艺观。"⑪ 闵泽平在其博士毕业论文《南宋理学大家古文研究》中谈到"他（朱熹）的文章理论，虽有浓厚的道学色彩，其间却颇多精辟的见解"⑫。

从以上对于 20 世纪以来朱熹经学与文学研究的清理中，我们可以得到以下几点认识：

第一，20 世纪以来对于朱熹经学与文学的研究主要始于 20 世纪 80 年代，进入 21 世纪后研究成果大量出现，进步明显。如对于朱熹《诗经》学的研究，不仅改变了单纯的就经学或文学某一方面的研究，而且在肯定朱熹经学家与文学家双重身份的前提下，对于朱熹《诗经》学进行了客观的分析与研究。另外，对于朱熹诗歌创作的研究也更加的客观，能够将朱熹的说理诗与抒情诗分开来进行研究，不仅研究了朱熹理学身份对于说理诗创作的影响，也能分析说理诗中所具有的文学色彩，认识到了抒情诗中也有一些说理的成分。

第二，20 世纪以来对于朱熹经学与文学的研究不足之处则在于：一是研究多集中在

① 王利民：《朱熹诗文的文道一本论》，《浙江大学学报》2002 年第 1 期。

② 吴法源：《论朱熹的文道观》，《上海师范大学学报》2001 年第 2 期。

③ 李春强：《朱熹〈论语集注〉文学观简论》，《山西师范大学学报》2013 年第 1 期。

④ 祁志祥：《重"道"而兼顾"文"：朱熹美学的整体视阈》，《吉首大学学报》2013 年第 6 期。

⑤ 罗书华：《"文从道中流出"：朱熹对文道关系的新理解》，《海南大学学报》2014 年第 2 期。

⑥ 时新良：《文道合一诗道合一：试论朱熹的文学思想》，硕士学位论文，陕西师范大学，2009 年。

⑦ 陈瑶：《朱熹文学理论研究》，硕士学位论文，青海师范大学，2011 年。

⑧ 莫砺锋：《朱熹文学研究》，南京大学出版社 2000 年版，第 113 页。

⑨ 王哲平：《朱熹文学思想论略》，《南昌大学学报》2000 年第 3 期。

⑩ 方笑一《论朱熹经学与文章之学的关系》，《华东师范大学学报》2012 年第 2 期。

⑪ 杨万里：《雄健笔力：朱子书论与文论审美旨趣之契合》，《西南交通大学学报》2014 年第 4 期。

⑫ 闵泽平：《南宋理学大家古文研究》，博士学位论文，武汉大学，2005 年。

朱熹的《诗经》学方面，对于朱熹经学与文学的其他方面则涉及不多。二是重复建设严重，多数论文都是在使用相近的材料来讨论相近的论题，从而得出相似或相同的结论。如对于朱熹文道观的研究。三是视野不够开阔，没有能跳出朱熹经学或者是文学的束缚，少有人能从中国经学史与文学史的角度来研究朱熹经学与文学在学术史上的地位和贡献。

第三，个别建议：一是在细读原始文献的基础上来系统的研究朱熹经学与文学，跳出狭窄的视角和范围；二是要结合大的社会背景与历史发展阶段去研究，不要孤立地看朱熹的经学与文学；三是建议从学术史的角度来思考朱熹经学与文学在宋代经学与文学上的地位，乃至于在中国经学与文学史上的地位与贡献。

张栻研究 40 年:成就与不足[*]

邹锦良

　　张栻（1133—1180），字敬夫，号南轩，汉州绵竹（今四川绵竹县）人。南宋著名哲学家、教育家、文学家，与朱熹、吕祖谦齐名，并称"东南三贤"。张栻一生勤政爱民，创办城南书院，主教岳麓书院，奠定了湖湘学规模并使之发展到鼎盛阶段，在中国哲学、教育及文学史上具有重要影响。因此，张栻及其思想获得学界较多关注，据笔者不完全统计，近四十年来有关张栻研究的论著近百篇（部）。为了更好地推动张栻及其思想研究，笔者拟就近四十年来的张栻研究作一简要回顾，挂一漏万之处，敬请方家指正。

　　著作方面，目前仅有两部。陈谷嘉《张栻与湖湘学派研究》（湖南教育出版社 1991 年版）一书论述了张栻生平、本体论的逻辑结构体系、认识论思想体系特色、人生哲学、圣德王功之学、道德学说及道德规范系统、教育思想、湖湘学派及其学术特色等问题。蔡方鹿《一代学者宗师——张栻及其哲学》（巴蜀书社 1991 年版）是张栻研究中最具代表性的一部专著。该书对张栻生活的时代背景、生平与著作、社会政治思想、哲学思想、张栻与朱熹论辩及哲学观点异同、教育思想、张栻地位和影响等作了客观评述，充分展示了张栻思想及其在中国思想史上的地位与成就。这两部著作为我们研究张栻提供了诸多借鉴与参考。此外，近四十年来学界从不同视角对张栻进行了全面细致探讨，以下分五方面概述。

一 张栻哲学思想研究

（一）张栻哲学思想总体研究

　　张栻是南宋著名哲学家，其哲学思想一直备受学界关注。蔡方鹿较早阐述张栻哲学思想，从"理"和"心"两个范畴入手，具体分析了张栻哲学本体论和认识论，并认为张栻理学体系受《周易》影响，具有辩证法思想。[①] 刘蕴梅从宏观视角综论张栻哲学，认为张栻以二程理本论为正宗，又突出"心"的主宰性，既讲格物就是"存本心"，又强调"非躬行实践莫由知"，既重义利之辨又不尚空谈。[②] 王丽梅从太极本体论、居敬主一的工夫论、纯粹的性善论、独特的义利观、互发并进的知行观五方面分析张栻哲学思想，认为张栻对宋明理学及中国思想史的发展作出了独特贡献。[③] 秦伟明从阴阳相交、道器不离，

---

　　* 本文为 2013 年度国家社科基金青年项目"南宋江西士人社群与地方社会研究"（13CZS061）及江西省高校人文社会科学研究项目"日常生活视域中的南宋江右士人群研究"（LS1310）的阶段性成果。

　　① 蔡方鹿：《试论张栻的哲学思想》，《社会科学研究》1983 年第 6 期。

　　② 刘蕴梅：《论张栻哲学的特点》，《四川大学学报》1986 年第 4 期。

　　③ 王丽梅：《张栻哲学思想研究》，硕士学位论文，湘潭大学，2001 年。

义利统一、王霸互用，知行互发、重在躬行，居敬穷理、循序渐进，无适无莫、惟中则止等方面分析张栻哲学中所蕴含的辩证法思想，认为张栻的辩证观对宋明理学，乃至后来学术思想的发展作出了显著而独特的贡献。[①]

（二）张栻理学思想研究

张栻作为南宋理学代表人物，其理学思想尤受学界重视。卢钟锋分析了张栻宇宙论"明义利之辨"等理学特色，认为张栻在理学方面的建树体现为："发明天理而见诸人事"，论"持养"本诸"省察"，注意"涵养工夫"，重在"力行"，奠定了湖湘学派规模。[②] 蔡方鹿从张栻确立湖湘学派、与朱熹相互辩难中发展二程学说、论述并丰富宋代理学的一系列范畴和重要理论三方面概括了张栻在宋代理学中的地位。[③] 邢靖懿则认为张栻理学体系包括异取同体的本体之思，性无不善的性体论，居敬穷理的工夫论，相须互发的知行观，同行异情的义利之辨。其理学具有开物成务的经世特质，具体包括："体用一源"的经世基础，"道德性命不外乎日用之实"的践履工夫，"学贵力行"的治学方法，治国济民的治世理想，排佛继圣的卫道精神等。[④]

在张栻理学思想中，工夫论与伦理思想是紧密结合的两方面。在工夫论方面，张栻工夫论是一个完整的、前后相续的动态系统，"察识端倪"说是其早期工夫论内容，察识与涵养相须并进则是其晚期的工夫论思想。[⑤] 在伦理思想方面，何英旋指出张栻伦理思想的基础是太极说和性本论，其内容包括理欲义利观；内圣外王、修德立政，德本刑辅、先教后刑，勤政爱民、整肃吏治的德治思想；传道济民、成就人才，儒学经典、日用伦常，格物致知、知行互发的书院道德教育。[⑥] 汤宽新亦指出张栻伦理思想的理论基础是太极、理、性及心，内容包括义利思想、道德修养与道德教育思想。[⑦]

此外，仁学思想也是张栻理学的一个重要内容，苏铉盛考述了张栻早期仁学思想，认为张栻一直关注、探索"仁"的问题，并形成了"求仁之方"的特点。[⑧] 曾小明、肖永明论述了张栻仁学思想的发展：早期仁学直接来源于胡宏，强调识仁，注重知觉言仁；后期仁学得益于与朱熹的论辩，主要表现在《仁说》一文。[⑨]

（三）张栻易学思想研究

张栻易学是其哲学思想的重要组成部分。李秋丽认为张栻易学思想既有义理易特色，也有象数易内容，张栻对太极、阴阳等范畴的探讨也具有独创之处。[⑩] 蔡方鹿认为张栻易学的基本架构是以太极为宇宙本体；其特色是认为阴阳作为天之道，乃形而上者，非形而

① 秦伟明：《张栻辩证法思想研究》，硕士学位论文，湖南师范大学，2010 年。

② 卢钟锋、侯外庐等主编：《宋明理学史》，人民出版社 1984 年版。

③ 蔡方鹿：《张栻与宋代理学》，《船山学报》1988 年第 2 期。

④ 邢靖懿：《张栻理学思想》，硕士学位论文，河北大学，2008 年。

⑤ 王丽梅：《"己丑之悟"新考：张栻晚期工夫论》，《求索》2006 年第 4 期。

⑥ 何英旋：《张栻伦理思想研究》，硕士学位论文，中南大学，2008 年。

⑦ 汤宽新：《张栻伦理思想研究》，硕士学位论，湖南师范大学，2009 年。

⑧ 苏铉盛：《张栻早期仁学思想考》，《孔子研究》2003 年第 5 期。

⑨ 曾小明、肖永明：《张栻仁学的发展》，《湖湘论坛》2008 年第 1 期。

⑩ 李秋丽：《张栻易学思想初探》，《东岳论丛》2006 年第 2 期。

下；其突出特点是通过阐释《周易》而展开对道器关系的论述。①

（四）张栻其他哲学思想研究

1. 张栻佛教观研究

佛教是宋代许多儒生"继往圣之绝学"的重要方式。在张栻著作中，也有一些关于佛教认知、理解和评论的言论。王煜认为张栻继承胡宏的观点从怀抱民族主义捍卫儒学的角度来批判佛教。② 李承贵指出张栻对佛教的认知、理解和评价主要表现在对佛教影响状况的评论和对佛教教义异于儒学方面的深刻揭示，并提出了将"反经"和"固本"作为消除佛教影响的策略。③ 叶文举认为张栻对佛学持彻底否定态度，其佛学观建立在儒释思想比较分析的基础之上，并以自身理学中的"仁说""格物致知""居敬主一"等思想消解释氏，目的是维护儒学的正统地位，抵制释氏对儒学的侵入。④

2. 张栻儒学思想研究

关于张栻《四书》思想的研究。肖永明认为张栻对《四书》思想资料非常重视，《四书》是其思想学术体系建构的重要思想资源与学术依托，其本体论、人性论、义利观、理欲观、道德修养论的建构，是与对《四书》思想资料的阐释、发挥、利用紧密联系在一起的。关于张栻《论语解》的研究。《论语解》是张栻在二程之言基础上对《论语》所做的进一步引申和发挥。⑤ 唐明贵通过《论语解》分析张栻理学特色，认为张栻将《论语》视为学术思想体系建构的重要思想资源，其本体论、仁学思想、人性论、工夫论、知行观、义利观的建构，都与对《论语》思想资料的阐释、发挥、利用紧密联系在一起。⑥ 肖永明认为张栻对《论语》进行了创造性阐释，表现出专注于阐发义理、追求义理连贯和意义圆通的特色；同时，张栻对二程推崇备至，书中大量引述和发挥二程之言，宗奉二程特点十分明显。⑦ 关于张栻《孟子说》的研究。何兆泉、胡晓静认为张栻《孟子说》在义利之辨、王霸之辨、心性论等各方面均有发明创获，也反映出与朱熹思想的具体差异。关于张栻君子观的研究。中国历代儒家学者，几乎无人不谈圣贤君子问题，张栻对君子有自己独到的看法。⑧ 张守慧从君子的严于律己、君子与仁、君子与德、君子与居敬、君子与道、君子与理、君子与义利之辨、君子言行与对人等方面分析了张栻的君子观。⑨

---

① 蔡方鹿：《张栻易学之特色》，《西南民族大学学报》2007 年第 6 期。

② 王煜、胡宏：《张栻与魏了翁对佛教的批判》，《湖南大学学报》1992 年第 1 期。

③ 李承贵：《张栻佛教观探微》，《四川师范大学学报》2007 年第 3 期。

④ 叶文举：《张栻佛学观考述——兼论张栻眼中的儒、释差别》，《湖南第一师范学院学报》2010 年第 1 期。

⑤ 肖永明：《张栻之学与〈四书〉》，《船山学刊》2002 年第 3 期。

⑥ 唐明贵：《张栻〈论语解〉的理学特色》，《哲学动态》2010 年第 8 期。

⑦ 肖永明：《张栻〈论语解〉的学风旨趣与思想意蕴》，《湖南大学学报》（社会科学版）2011 年第 5 期。

⑧ 何兆泉、胡晓静：《张栻〈孟子说〉及其思想探析》，《求索》2011 年第 6 期。

⑨ 张守慧：《张栻君子观之探析》，《西南农业大学学报》（社会科学版）2012 年第 5 期。

二 张栻教育思想研究

张栻一生致力于教育事业，在湖南创办城南书院并主教岳麓书院。同时，他还到广东、江西及广西等地授业讲论，他在长期的教育实践中形成了一些重要的教育思想。

（一）张栻教育思想总体研究

沈清华论述了张栻教育哲学的心性论问题，通过心性论，张栻实现了从宇宙论到教育论的过渡，为其教育思想提供了坚实的理论基础。[①] 王丽梅认为张栻教育思想体现在其提出"传道济民"的教育宗旨，以儒家经典和天下万事万物作为学习的主要内容，采取了灵活多样、丰富多彩的教学方法，培养了学生的独立性和创造性，为个体科研能力和实际能力的培养打下了坚实基础。[②] 王改凌认为张栻面对儒家伦常道德严重衰颓的社会现实，提出了"明人伦""传道济民"的办学宗旨，形成了与官学迥异的教育思想和教学特色。[③] 罗新莉认为张栻教育思想的核心是理学，重在明人伦、辨义利。其教育思想体现在：其一，学习要先立志、应明辨义利；其二，学习"务实"，渺茫臆度，更无讲学之功；其三，学习应循序渐进，推崇古人的小学、大学之序；其四，学习要专心致志、持之以恒，不可轻易间断。[④]

（二）张栻书院教育实践与思想研究

1. 张栻书院教育实践研究

学界有关这方面的研究集中于张栻在岳麓书院和城南书院的教育实践。蔡方鹿认为张栻主教岳麓书院是其一生中的重大活动，他以书院为基地，教学授徒、著书立说，传播爱国主义精神和重行唯实的思想；在同朱熹的辩学中发展了理学，对促进湖南、四川，乃至全国文化、学术、教育的发展，作出了卓越贡献。[⑤] 黄赐英认为张栻将教育新理念注入岳麓，无论在办学方针和指导思想上，还是在教育内容和教学方法上，都不同于以往的书院教育。会讲制度由张栻首创，是一种把学术活动和教学活动相结合的典型模式。[⑥] 姚艳霞认为张栻主教岳麓书院的特点是明确"传道济民"的教育目的，提出"学贵力行"的教学特点，教学与学术相得益彰。[⑦] 孙海林认为张栻创建城南书院并担任院长的8年是其成为哲学家、教育家，位居"东南三贤"，扬名天下的重要时期，城南书院也因此成为湖湘文化的重要教育、学术基地[⑧]。

① 沈清华：《张栻教育哲学的心性论》，《江西教育科研》1995年第2期。
② 王丽梅：《论张栻的教育思想》，《江苏社会科学》2006年版。
③ 王改凌：《张栻教育思想形成因素探析》，《淮南师范学院学报》2010年第2期。
④ 罗新莉：《略论张栻教育思想》，《湘潮》2011年第5期。
⑤ 蔡方鹿：《张栻与岳麓书院》，《社会科学研究》1991年第4期。
⑥ 黄赐英：《张栻主教岳麓启示略谈》，《船山学刊》2002年第4期。
⑦ 姚艳霞：《张栻主教岳麓书院的特点及其现代启示》，《大学教育科学》2006年第1期。
⑧ 孙海林：《张栻与城南书院研究》，《湖南第一师范学报》2005年第1期。

2. 张栻书院教育思想研究

吕红安认为张栻书院教学思想形成的缘由是宽松的文化氛围和社会发展的要求，其书院教学思想的特点有：重践履的务实学风，会讲与问难论辩相结合，教学与科研相结合，教学以德育为先等。吕红安还论述了张栻书院人才培养模式、书院教学过程、书院教学内容、书院教学法思想等。① 何英旋、吕锡琛认为书院道德教育是张栻教育思想的重要组成部分，包括传道济民、成就人才、儒学经典、日用伦常、格物致知、知行互发等。② 刘哲明、朱与墨指出张栻在城南书院的八年教育实践，形成了性善论的教育思想，确立了传道济民的人才培养目标，积累了丰富的教学和治学方法，积淀了城南书院教育圭臬，历经千年，被湖南一师早期师范教育传承发扬。③

三 张栻与湖湘学研究

张栻生于四川，但长于湖湘，在衡山拜理学大师胡宏为师，后创办城南书院，又主持岳麓书院。他通过讲学交流与学术辩难，奠定并扩大了湖湘学派规模，推动了湖湘文化的发展。

学者们普遍认同是张栻推动湖湘学达到了鼎盛。陈谷嘉通过分析张栻本体论的逻辑结构体系，指出在理学阵营中颇具特色的湖湘学派开创于胡宏，确立而被称为"湖湘学最盛"的则由张栻。④ 蔡方鹿通过梳理张栻在湖湘的学术活动及教育思想与实践、张栻与湖湘学派及宋代理学的关系，认为张栻创建城南书院，主教岳麓书院，对湖南教育、理学、政治产生了重大影响。⑤ 向世陵认为南宋乾淳年间，湖湘学派由于张栻的努力，达到了鼎盛阶段，成为当时理学的第一大学派。⑥ 王立新认为南宋乾淳时期是张栻成为湖湘学派学术领袖的时期，这一时期湖湘学派的影响力进一步扩大，湖南长沙成了当时全国最令人瞩目的思想、学术基地。⑦ 许卿彦认为湖湘学派是宋代学派当中具有代表性的一个，但张栻死后，湖湘学派却迅速衰落了下去。⑧

此外，张栻在湖湘学同其他区域学术沟通方面也起了重要作用。周群华认为张栻在岳麓书院传播、灌输务实学风，历经元、明、清三代，已经在湘楚文化中扎下了根基，而且对湘、蜀两省的学术文化产生过深远影响。⑨ 蔡方鹿认为张栻、魏了翁作为蜀籍学者，又长期在湖湘地区活动，沟通了湘蜀两地的文化，使湖湘文化和巴蜀文化取长补短，共同发展。⑩

---

① 吕红安：《张栻书院教学思想研究》，硕士学位论文，河南大学，2008 年。
② 何英旋、吕锡琛：《张栻的书院道德教育》，《湖湘论坛》2008 年第 6 期。
③ 刘哲明、朱与墨：《张栻的书院教育思想及其传承》，《船山学刊》2009 年第 3 期。
④ 陈谷嘉：《论张栻的本体论的逻辑结构体系——兼论湖湘学派理学思想的特色》，《孔子研究》1988 年第 4 期。
⑤ 蔡方鹿：《张栻与湖湘文化》，《湖南社会科学》1989 年第 5 期。
⑥ 向世陵：《张栻论天人合一的主体实现》，《孔子研究》1990 年第 4 期。
⑦ 王立新：《兴衰已逝，遗韵长存——湖湘学派及其历史分期》，《湘潭大学学报》2000 年第 3 期。
⑧ 许卿彦：《张栻的思想及湖湘学派的衰落》，《船山学刊》2011 年第 3 期。
⑨ 周群华：《张栻与王闿运——蜀湘学术文化交流与书院教育》，《社会科学研究》1988 年第 3 期。
⑩ 蔡方鹿：《张栻、魏了翁的实学思想及对湘蜀文化的沟通》，《湖南大学学报》2005 年第 1 期。

四　张栻与朱熹交谊研究

朱熹是南宋时期闽学的代表人物，而张栻则是湖湘学派的代表。朱、张二人年龄相仿，且有相同的学术渊源和人生经历，故两人结下深厚的学术友谊。陈谷嘉认为朱熹和张栻是"同归而一致"的道友：一是有共同的学术背景和思想渊源，二是有相同的哲学理论构架和思想内容，三是有相同的道德修养工夫，四是有共同的伦理观念。① 鲍希福通过分析张栻和朱熹讨论"心性"问题的内容，认为二人交往密切，他们在讨论过程中各自获益匪浅。② 陈代湘通过梳理朱熹与张栻的三次会面，论述了二人之间的深厚友谊和学术交往，揭示了二人之间的学术渊源以及二人在思想发展过程中的相互影响。③

朱、张二人也有许多思想分歧。王丽梅便透过朱熹与张栻的交涉与论辩论述了张栻工夫论思想。④ 徐斌成从本体之歧、中和之辩、仁之纠纷三方面比较了朱熹与张栻哲学思想的异同，并从他们的差异性中透视出思想的融合和交流，从反复的论争中看出理学大家的成长历程。⑤ 陈代湘探讨了朱熹与张栻的思想异同，相同点是：在性之善恶问题上，都认为性为至善，在心性关系上，都认为心统性情或心主性情。在对仁的解释以及涵养识察之先后问题上，二人都存在一致或相近的看法。不同点有：对太极的解释上，朱熹认为太极即理，张栻则认为太极即性；对心的主宰性认识上，朱熹把心的主宰性只限于性、情，张栻则把心的主宰性放大为对宇宙万物的主宰。⑥ 张体云则从诗歌修辞、诗歌思想主题及诗歌意象、意境与表现手法等方面比较了张栻与朱熹诗歌各自的创作特色和风格。⑦

张栻和朱熹作为当时两位理学领袖，对诸多学术问题展开热烈讨论，二人关于"仁"的辩论广受学界关注。蔡方鹿认为朱熹和张栻关于"仁"的讨论主要是围绕仁与爱、仁与心、仁与公、仁与义礼智等问题展开，两人的观点由不合到合，最后对仁的认识已基本倾向一致。⑧ 田静分析张栻和朱熹关于"仁说"辩论的主要分歧体现在"观过知仁""以觉说仁""视物为心""公为仁之体"以及"仁义礼智"等五方面，二人的论辩不仅体现出他们的思想差异，而且也反映出闽学和湖湘学派的思想分歧。⑨ 许家星认为朱熹与张栻各自作有《仁说》，彼此内容有同有异：张栻始终坚持"心之道"说，朱子在己丑年间亦采用该说，壬辰前后采用"性之德"说，癸巳后完全确定为"心之德"说；张栻在名义剖析上受朱子影响，朱子则在为仁工夫上受张栻影响。故朱、张"仁说"并无"胜负"之分，二贤在切磋砥砺中仍坚持了各自的学术立场，为儒家仁学的发展作出了各自贡献。⑩ 苏铉盛论述了朱熹与张栻两人仁学思想的相互影响和比较，认为对"天地之心"的

① 陈谷嘉：《张栻与湖湘学派研究》，湖南教育出版社1991年版。
② 鲍希福：《张栻朱熹论心性》，《中国哲学史》1993年第2期。
③ 陈代湘：《朱熹与张栻的学术交往及相互影响》，《东南学术》2008年第6期。
④ 王丽梅：《察识与涵养相须并进——张栻与朱熹交涉论辩管窥》，《孔子研究》2006年第4期。
⑤ 徐斌成：《试论张栻与朱熹哲学思想之歧见》，硕士学位论文，厦门大学，2008年。
⑥ 陈代湘：《朱熹与张栻的思想异同》，《湖湘论坛》2010年第1期。
⑦ 张体云：《张栻与朱熹诗比较研究》，硕士学位论文，湘潭大学，2003年。
⑧ 蔡方鹿：《朱熹和张栻关于仁的讨论》，《江西社会科学》1989年第2期。
⑨ 田静：《朱熹和张栻关于"仁"的辩论》，《青春岁月》2011年第12期。
⑩ 许家星：《朱子、张栻"仁说"辨析》，《中国哲学史》2011年第4期。

不同理解是朱、张"仁说"分歧的起因。①

五　张栻文学成就研究

张栻不仅在理学领域建树颇丰，在文学方面也有较高成就，他除了《南轩易说》《论语解》《孟子解》等理学著作及表奏、书信、序、铭、记、说等应用文体外，还创作了大量的诗歌作品，故其文学成就广受学界关注。其中宁淑华对此用力最多，她在介绍南宋湖湘学派的文学成就时详细论述了张栻文学思想是理学家文学观和教育家文学观的合一，持"文妨于道"思想，论文尚平和之气，强调含蓄有味，其作品以论学为主，表现出"知道而健于文"特色，文风和平含蓄。② 同时，她认为包括张栻在内的南宋湖湘学派文学的共同特征是重道轻文的文学观念，论道论学的本色追求，慷慨论政的经世趋向。③ 此外，她还分析了张栻的山水诗，探讨了其与王维山水诗之间的关联，并对张栻诗歌做了比较深入的分析。④ 杨平则从诗学观念、诗歌内容以及诗歌艺术风貌三方面论述了张栻的诗歌成就。⑤ 李明原从诗学思想、诗歌题材分类与思想内容、诗歌艺术风格、诗学思想与诗歌创作的关系以及诗歌对后世的影响等方面分析了张栻诗歌及诗学思想。⑥

张栻理学对其文学的影响也受到了学界关注。冯伟认为理学大家兼诗人张栻要求诗歌应在"贯道明理"的基础上，表现出诗人"兼济天下"之志，雅正、无邪，其理气诗风格平实又不失高远，将"哲学诗化"，继承、发展了邵雍的理气诗，深远地影响了后代的理学诗人。⑦ 石明庆论述了张栻的诗学思想，认为在文道关系上，张栻主张斯道即是斯文，重视诗文的教化世用；主张以心性修养提升诗文品格，用"学者之诗"概括理学体诗以及吟风弄月的诗情与平淡闲远的诗歌审美理想特色。⑧ 王利民、陶文鹏考论了张栻仅存的三篇辞赋，并紧密结合张栻理学思想阐述其基本文学观念和审美趣味⑨。陶俊考察了张栻提出"学者之诗"的时代背景与理学根源，认为张栻用"学者之诗"干预和提升诗歌实际上取得了很大成绩，对"学者之诗"的历史功绩应该辩证地看待。⑩ 杨平、李萃茂分析了张栻"学者之诗"概念下所要求的美学效果的具体内涵，认为"学者之诗"根源于理学家所标举的"道"，以将"道"传达给读者为旨归，因而极力淡化诗歌本身的审美

---

① 苏铉盛：《朱子与张南轩的仁说论辨》，《湖南大学学报》（社会科学版）2012 年第 6 期。

② 宁淑华：《南宋湖湘学派的文学研究》，湖南人民出版社 2009 年版。

③ 宁淑华：《论南宋湖湘学派文学的共同特征》，《社会科学家》2009 年第 7 期。

④ 宁淑华：《论张栻山水诗的辋川遗韵》，《社科纵横》2009 年第 7 期。

⑤ 杨平：《张栻诗歌研究》，硕士学位论文，赣南师范学院，2011 年。

⑥ 李明原：《张栻诗歌与诗学思想研究》，硕士学位论文，广西师范大学，2012 年。

⑦ 冯伟：《张南轩理气诗论》，《中国韵文学刊》2003 年第 1 期。

⑧ 石明庆：《理学诗论与南宋诗学》，硕士学位论文，南开大学，2003 年。

⑨ 王利民、陶文鹏：《杞菊之眷·遂初之求·舞雩之风——简析张栻辞赋的哲理内涵》，《船山学刊》2009 年第 2 期。

⑩ 陶俊：《从张栻"学者之诗"看理学对诗歌的积极影响》，《广州大学学报》（社会科学版）2010 年第 2 期。

特性。① 另有学者分析张栻文学与地域的关联。如杜海军论及张栻在为官桂林时的文学创作，从诗和文两方面简要评价张栻在文学上的贡献。②

余论

张栻作为南宋著名哲学家，思想家，教育家和文学家，自宋以来历代学者均用力于此。20 世纪中期，国内各种政治风波影响了张栻研究的进程，近四十年来，张栻研究方不断深化和拓展。对张栻研究的回顾，有利于全面深入探讨张栻思想及南宋历史发展的某些面相。四十年来学界探讨了张栻哲学思想、教育思想、张栻与湖湘学、张栻与朱熹及其文学等方面内容，成果斐然。但也存在一些不足：一方面是已有研究和张栻在南宋各领域的全面表现相比，显然还不相称；另一方面，研究内容的重复性及不平衡性也是一个不容忽视的问题，诸如学界对张栻哲学、张栻与朱熹的关系、张栻与湖湘学等几方面研究的论文颇为集中，其中不乏重复之作。因此，要将张栻研究进一步深入，学界同人应从张栻士人身份出发广泛阅读和梳理各种宋人文集及地方史料。就本人粗浅认识，以下三方面还有待深入：

一是张栻师承关系、交游情况研究还需拓展。张栻作为宋代湖湘学派的中流砥柱，对湖湘学影响深远，学界对此关注甚多。但宋代湖湘学由胡安国、胡宏父子开创，张栻作为胡宏最出色的学生，集众家之长，使湖湘学得以快速发展。所以，细致梳理张栻师承关系对理解张栻及湖湘学具有重要意义，这一点学界虽有论及，但尚不深入。此外，张栻作为南宋著名理学家、思想家，他在南宋学术、思想、教育领域具有重要影响力，加之张栻待人以诚，学识广博，故交友众多。据张栻所撰诗词、墓志铭、序文、书信等粗略估计，与其往来的友人当有数百之众。学界目前对张栻交游研究比较单一，主要集中在张栻与朱熹的学术交往上，而对张栻与南宋其他理学家、政治家、文学家以及各阶层人士的交往情况则关注甚少。应该说，张栻的哲学思想、教育思想以及文学成就的取得，不仅来源于自身努力、家学渊源、与朱熹的交往论辩，而且与其师承、与各阶层人士的广泛交往密切相关。此外，关注此方面内容，不仅有利于全面推进张栻研究，而且有利于深化南宋史研究。

二是张栻文献的整理与研究仍需努力。张栻一生写过大量著作，因各种原因散佚虽多，但流传下来的著作亦有不少。1999 年，杨世文、王蓉贵校点的《张栻全集》是有史以来对张栻著作进行的第一次大规模系统整理，对推动张栻研究具有重要意义③。2010 年，邓洪波又整理出版《张栻集》收录《论语解》《孟子说》《南轩文集》三种著作，有力地推动张栻文献及湖湘学研究。④ 但值得注意是，宋人文集丰富，与张栻交谊的南宋士人数量又多，故张栻作品不免散见于各类文集之中。如杨世文、苏铉盛及苏费翔等学者对新近发现的张栻《太极图说解义》撰文考论。另外，笔者在翻阅杨万里《诚斋集》及周

---

① 杨平、李萃茂：《植根于道：张栻"学者之诗"的内涵》，《韩山师范学院学报》2010 年第 5 期。

② 杜海军：《张栻的入桂与文学创作》，《东方丛刊》2007 年第 3 期。

③ （宋）张栻：《张栻全集》，杨世文、王蓉贵校点，长春出版社 1999 年标点本。

④ 《张栻集》，邓洪波校点，岳麓书社 2010 年标点本。

必大《文忠集》等南宋时人文集时亦发现较多张栻的书信内容。所以，广泛搜集各种相关文献，对进一步深入研究张栻有重要意义。

　　三是学界对张栻研究应采取多种研究方法。张栻是著名哲学家、教育家、思想家和文学家，尤其其理学思想较为深邃，故张栻研究既是历史学研究，又是哲学史，教育史，思想史以及文学史范畴的研究。因此，对张栻研究不仅需要历史学的研究方法，而且还要吸收借鉴其他学科的相关理论。如此，张栻研究才会更为全面和深入。

胡宏研究综述

吕金伟　樊小冬

一　引言

长久以来，囿于朱熹在《知言疑义》中对胡宏的批评以及湖湘学派隐没不彰的事实，学界对胡宏的认识基本上付之阙如，仅以朱熹的 8 项批评意见为宗。1968 年，牟宗三在其著作《心体与性体》中首次褒扬了胡宏的思想，认为胡宏是继先秦儒家以后在主体实践与天道论述上达到"圆教模式"的人物，其"以心著性"命题的提出恰恰弥补了北宋诸子在这一环节上的缺失。[①] 1978 年，王开府的《胡五峰的心学》成为第一部以胡宏为研究对象的专著，它虽然篇幅短小，但是对胡宏心学思想的研究实有开山之功。[②] 此后，侯外庐等人主编的《宋明理学史》对胡宏的理学思想有比较全面的阐述[③]，陈谷嘉、朱汉民合著的《湖湘学派源流》则站在湖湘学派演变历程的角度，对胡宏的生平与著作、政治思想、哲学思想、伦理思想、教育思想又有更为宽广的研究[④]。1996 年，王立新的《胡宏》出版，该著吸收了以往的研究硕果，从生平、著述、时代背景、学术师承、经世政治思想、性本论、"心"的发扬、理欲观、与朱熹之关系、教育思想、年表等众多方面对胡宏展开了深彻的剖析，可以视为此一领域的扛鼎之作。[⑤] 之后，向世陵在《善恶之上：胡宏·性学·理学》中又构建起胡宏属于性学学派的理论框架，认为这一学派有助于沟通理学与心学，是理学之中的一个分系。[⑥]

总体来看，学界对胡宏的研究起步较晚，成果也并不丰硕。目前，学界对胡宏的研究与其自身重要的历史地位相比，总有一种倒置之嫌。但值得注意的是，学界对胡宏的研究曾在某些问题上产生过参差异调的见解，近些年来的研究又显示出不断开拓新领地的趋势，这一切自然都是研究胡宏的学者们所乐于耳闻的事情。因此，我们不揣冒昧，欲对近些年来的研究成果作一详细的梳理，以求教于方正之家。

二　思想研究

对胡宏思想的研究是学术界对胡宏展开研究的集中领域，对胡宏理学思想的研究又是

---

① 牟宗三：《心体与性体》（中），正中书局 1968 年版，第 429—545 页。

② 王开府：《胡五峰的心学》，台北学生书局 1978 年版。

③ 侯外庐、邱汉生、张岂之主编：《宋明理学史》（上），人民出版社 1984 年版，第 287—303 页。

④ 陈谷嘉、朱汉民：《湖湘学派源流》，湖南教育出版社 1992 年版，第 82—158 页。

⑤ 王立新：《胡宏》，台北东大图书股份有限公司 1996 年版。

⑥ 向世陵：《善恶之上：胡宏·性学·理学》，中国广播电视出版社 2000 年版。

这一集中领域的重中之重。当然，除对胡宏理学思想的研究之外，学术界对其政治与经世思想、佛道思想、经史思想、教育思想、文学思想等亦有不同程度的探讨。

（一）理学思想研究

1. 对理学思想的整体研究

最早出版的牟宗三的《心体与性体》和侯外庐等主编的《宋明理学史》都对这一问题有独到的、全面的见解。可以说，他们基本上代表着学界对胡宏理学思想之认识的两种路径，一种是以牟宗三为代表的儒学圆教模式，流行于中国港台地区；另一种是以侯外庐等学者为代表的儒学基本问题模式，流行于中国大陆地区。

在中国港台地区，李瑞全指出，胡宏的学理有一圆教规模的系统，其"以心著性"之论有着超越分解的意义，诡谲相即的"圆教义理"最终完成了儒学之圆教系统。① 苏子敬则以胡宏的"内圣外王"思想为例，认为其开创之处正在于"仁者天地之心"的"一元有机泛神论"和"心性分设""尽心成性""以心著性"的义理架构。②

在中国大陆地区，陈来在《宋明理学》一书中从"心为已发""性本论""性善不与恶对""天理人欲同体异用""心以成性""察识涵养"与"居敬穷理"等方面阐述了胡宏的理学思想。③ 朱汉民在《论胡宏的理学思想》④ 和《论胡宏的哲学思想——湖湘学派学术思想发微》⑤ 两文中从哲学本体论、认识论、方法论角度探讨了胡宏的道体认识、心性学说、成德工夫、事功思想。姜国柱则从心性本体论、认识论（发展观）、方法论（知行观）3 个方面论述了胡宏的理学思想。⑥ 东方朔则首先考察了胡宏哲学问题意识的由来，认为胡宏讲求"万物皆备""即物求道""性外无物""心以成性"都是为了从体用兼赅的意义上去理解儒家之道⑦。另外，张琴以胡宏最重要的思想著作——《知言》为研究对象，从性本论、心性论等方面展开研究，认为胡宏建构起一种心性哲学体系，又进一步衍生出由内而外的层层贯通的思想体系。⑧

2. 对思想渊源的研究

肖永明认为胡宏的性本体论、工夫论都与其对儒家"四书"之思想的汲取、阐发、改造有关，儒家"四书"的思想观念是其理学体系的学术依托。⑨ 赵载光认为胡宏在本体论上继承了周敦颐的思想，在宇宙观上继承了张载的思想，在心性论上继承了程颢的思想。⑩ 中国台湾学者刘原池也认为胡宏的"尽心成性"思想受到了北宋张载"心能尽性"

①　李瑞全：《胡五峰哲学之圆教规模》，《当代儒学研究》2010 年第 8 期。

②　苏子敬：《胡五峰〈知言〉哲学课题之研究：以"内圣外王"概念展开之》，载林庆彰主编《中国学术思想研究辑刊》（第三编第 16 册第 1 分），花木兰文化出版社 2009 年版。

③　陈来：《宋明理学》，辽宁教育出版社 1991 年版，第 146—16 页。

④　朱汉民：《论胡宏的理学思想》，《孔子研究》1990 年第 1 期。

⑤　朱汉民：《论胡宏的哲学思想——湖湘学派学术思想发微》，《求索》1991 年第 3 期。

⑥　姜国柱：《论胡宏的哲学思想》，《甘肃社会科学》1997 年第 4 期。

⑦　东方朔：《"圣人之道，得其体，必得其用"——胡宏哲学的一种了解》，《云南大学学报》（社会科学版）2006 年第 6 期。

⑧　张琴：《胡宏〈知言〉哲学体系研究》，硕士学位论文，浙江大学，2010 年。

⑨　肖永明：《胡宏理学体系的建构与〈四书〉》，《船山学刊》2003 年第 3 期。

⑩　赵载光：《胡宏道学对北宋三家的继承》，《湘潭大学学报》（哲学社会科学版）2008 年第 3 期。

学说的影响。① 杜保瑞认为胡宏兼继二程（程颐、程颢）之学，胡宏在哲学境界的思路上多与程颢类似，而在《中庸》概念思辨的"存有论"与《大学》"格物致知说"的立场上却与程颐为同道。②

3. 对本体论的研究

自牟宗三独具慧眼地发现胡宏思想的价值以来，学术界基本上都以"性本论"或"性本体论"来指称胡宏思想的根本特征，也渐渐地有学者接受"性本论"是"理本论"与"心本论"之外的第三条路径的观点。除前面列举的一些著述外，朱汉民的《论胡宏的性本论哲学》③、向世陵的《胡宏性本体论的意义及其本体论与生成论的关系》④、张琴的《论胡宏性本位宇宙论的建构》⑤、王向清与王立梅的《胡宏与朱熹本体论思想之分歧》⑥、罗来文的《胡宏"性本论"探析》⑦ 等文章也都一致认同"性本论"的看法。

4. 对天道观的研究

中国台湾学者林碧珠认为胡宏将天视为"行化育之功"的事物，拥有"无私遍存""刚健不息""至善自足"3 种特性。在天人关系上则表现为"天人合德"，既肯定天道的创造力，又强调人性的内在价值。⑧ 樊宏法认为胡宏具有一种"仁体义用"的天道观，"天道统摄人道"，仁义是从天道之中推衍而生之物。⑨ 邓辉、周大欢的研究角度则与上述两家迥异，他们旨在考察胡宏天道观的来源、内涵与模式，认为其天道观的基础是儒家传统的宇宙观，又汲取了诚与仁的价值学说，从而建构出一种"天人合构"模式。⑩

5. 对心性论的研究

在胡宏的思想体系之中，心与性的关系是十分密切的。因此，这个问题也成为学界关注较多之处。在中国港台地区，邓绍光的《胡五峰"以心著性"的义理结构》⑪、陈昀瑜的《胡五峰、刘蕺山"以心著性"说之思想史定位》⑫、廖怡嘉的《胡五峰"以心著性"义理型态之省察》⑬ 分别从不同层面分析了胡宏的心性论思想。另外，陈祺助立足于学术史角度探讨了胡宏学术性格形成的思想渊源，又分别从"实践义""理论中的圆教义理"

① 刘原池：《张载"心能尽性"说对胡宏"尽心成性"说的影响》，《哲学与文化》2003 年第 5 期。

② 杜保瑞：《论胡宏对二程儒学的继承与对道佛的批评》，《嘉大中文学报》2009 年第 2 期。

③ 朱汉民：《论胡宏的性本论哲学》，《湖南大学学报》1990 年第 5 期。

④ 向世陵：《胡宏性本体论的意义及其本体论与生成论的关系》，《孔子研究》1993 年第 1 期。

⑤ 张琴：《论胡宏性本位宇宙论的建构》，《哲学研究》2012 年第 6 期。

⑥ 王向清、王丽梅：《胡宏与朱熹本体论思想之分歧》，《五邑大学学报》（社会科学版）2001 年第 3 期。

⑦ 罗来文：《胡宏"性本论"探析》，《黄山学院学报》2008 年第 1 期。

⑧ 林碧珠：《胡五峰的天道哲学观》，《哲学与文化》2000 年第 6 期。

⑨ 樊宏法：《论胡宏与王安石"性与天道"观差别》，《江苏工业学院学报》（社会科学版）2005 年第 2 期。

⑩ 邓辉、周大欢：《胡宏天道观刍议》，《吉首大学学报》（社会科学版）2011 年第 5 期。

⑪ 邓绍光：《胡五峰"以心著性"的义理结构》，《鹅湖月刊》1989 年第 11 期。

⑫ 陈昀瑜：《胡五峰、刘蕺山"以心著性"说之思想史定位》，《鹅湖月刊》2012 年第 6 期。

⑬ 廖怡嘉：《胡五峰"以心著性"义理型态之省察》，《衍学集》2012 年第 5 期。

"修养工夫论" 3 个层面深入地剖析了胡宏的学问特色与儒学 "圆教模式" 的理论依据。[①]

在中国大陆地区，学术界曾专门讨论过胡宏之 "心" 与 "性" 的内涵。黄晓荣指出胡宏论 "心" 分为 "天地之心" "人之心" "人之良心" 3 个层面[②]，胡宏的 "性" 则分为 "形而上的性体" 与 "万物自有之性"[③]。王立新的看法则不同，他认为胡宏的性分为超越的、自然的、经验的 3 个层面。[④] 另外，学术界也对胡宏 "心性论" 的具体内容进行过讨论。方国根在其相关的 3 篇论文中讨论了胡宏心性论的基本范畴、逻辑结构、本体论、人性论、认识论、历史地位等问题。[⑤] 黄晓荣指出 "尽心以成性" 是胡宏心性论的基本命题，主要有 "察识涵养" "穷理致知" "主敬至诚" "尽心成仁" "理性立命" 等内容。[⑥] 邹丽燕则认为胡宏心性论的根本特征是 "性体心用"。[⑦] 同时，关于心与性何者在胡宏思想体系中的地位更为重要的问题，沈顺福并不赞同 "性本" 是胡宏哲学的主题，指出 "心本" 才是其哲学的真正主题，"心性一体" "心论甚于性论" 才是其哲学的基本特征。[⑧]

6. 对认识论的研究

李瑞全认为胡宏论致知是根据其 "心以著性" 之义而来，主旨在于能将视听言动之日用流行加以妙化，从而知晓天地大本之性体，并不是指单纯的认知、理解。[⑨]

7. 对工夫论的研究

蒋九愚认为胡宏为了寻找到道德践行的本体论依据而转向对心的强调与阐发，并且从 "天地之心" "经验之心" "求放心" 3 条路径开进。[⑩] 陈谷嘉、刘平指出胡宏的道德修养论是其伦理思想的实践系统，主要分为致知与自反两种路径，"致知" 强调道德认识、道德意识的培养与提升对道德人格之形成的作用，"自反" 则强调在自觉的磨炼之中形成人的道德品格。[⑪] 此外，亦有学者关注到胡宏工夫论的倾向性。郭锋航指出胡宏的工夫论兼具 "理本论" 与 "心本论" 的双重特征，"居敬穷理" 与 "察识涵养" 带有 "理本论" 的倾向，"求放心" 却带有 "心本论" 的倾向。[⑫]

---

① 陈祺助：《胡五峰之心性论研究》，载林庆彰主编《中国学术思想研究辑刊》（第三编第 16 册第 2 分），花木兰文化出版社 2009 年版。

② 黄晓荣：《胡宏的 "心" 论探析》，《上饶师范学院学报》（社会科学版）2002 年第 4 期。

③ 黄晓荣：《胡宏的 "性" 论探析》，《船山学刊》2008 年第 3 期。

④ 王立新：《胡宏论性的层次和特点》，《湘潭大学学报》（哲学社会科学版）2004 年第 5 期。

⑤ 方国根：《胡宏心性哲学的逻辑结构》，《齐鲁学刊》1995 年第 5 期；方国根：《胡宏心性哲学的理论特色》，《哲学研究》1995 年第 8 期；方国根：《试论胡宏心性哲学的历史地位》，《孔子研究》1997 年第 1 期。

⑥ 黄晓荣：《胡宏心性论探微》，《江西社会科学》2002 年第 6 期。

⑦ 邹丽燕：《南宋理学家胡宏心性论思想探析》，《云梦学刊》2008 年第 6 期。

⑧ 沈顺福：《性本还是心本？——论胡宏哲学主题》，《湖南大学学报》（社会科学版）2014 年第 1 期。

⑨ 李瑞全：《论程明道与胡五峰之致知说》，《东海哲学研究集刊》（第十五辑）2010 年。

⑩ 蒋九愚：《胡宏的道德工夫论》，《湖湘论坛》2000 年第 1 期。

⑪ 陈谷嘉、刘平：《胡宏 "致知" 和 "自反" 的道德修养论》，《湖南大学学报》（社会科学版）2007 年第 2 期。

⑫ 郭锋航：《胡宏道德修养工夫论的二元性特征》，《船山学刊》2010 年第 4 期。

8. 对伦理观的研究

伦理观一般可以分为"仁"的思想、性善恶论、理欲观、圣人观等方面，学界对胡宏伦理观的研究也基本上围绕着这几个主题而展开。

（1）对伦理思想的整体研究。朱汉民在这个问题上首开其端绪，他指出在胡宏的伦理思想体系内，"仁心论"是其伦理主体性的高扬，"理欲观"是其伦理学的基本问题，"圣人论"是其道德人格的理想化。[①] 之后，陈谷嘉将伦理学置于理学的视阈下进行考察，认为在胡宏眼中"性"是宇宙与道德的本体，人性是无善恶的，道德修养以"致知"和"自反"为方法。[②] 王和君更以胡宏的伦理思想为专题研究对象，从其伦理思想产生的历史背景、思想渊源、理论基础、核心内涵、归宿、基本特征、影响、地位等层面展开过切实的探讨。[③]

（2）对"仁"的研究。张春林认为胡宏提出了"本体仁学"的理论形态，以仁为天地之心，借助心的作用去彰显仁的生生之能，并且把仁推本为最高境界，又落实到人的德性行为之中，将心的工夫视为"行仁之方"，甚至更推衍出德治与仁政的政治主张。[④] 与此类似的是，龙飞也认为胡宏有"描述仁体""求仁之学"与"呼吁仁政"的思想，实际上是对仁的原理、着手处与落实展开的"一以贯之"的思考。[⑤]

（3）对性善恶论的研究。朱熹在《知言疑义》中曾以性善论批评胡宏持性无善恶说，此后胡宏即被认定是性无善恶论的代表。20世纪80年代，侯外庐等在《宋明理学史》中指出胡宏反对以善恶言性、推崇性无善恶但有好恶之分，并冠之以"非正宗"的特色。这一观点长期左右着学术界对胡宏的性之善恶问题的认识。王立新并不同意这一看法，他指出胡宏论性实际上分为超越的、自然的、经验的3个层面，而朱熹对胡宏的误解正是在于对自然层面的性之善恶问题的曲解，犯了以偏赅全的错误。[⑥] 陈代湘也注意到胡宏论"性"的层次问题，他认为胡宏论"性"已经超出社会伦理层面，实际上是指心的善恶，而决定道德善恶的关键却在于心的"已发之后"是"中节"还是"不中节"。[⑦]

（4）对理欲观的研究。胡宏主张"天理人欲，同体而异用，同行而异情"，在理学家群体之中独树一帜。朱汉民基本上肯定了胡宏的这一观点，进而从体、用两大主线展开剖析，认为胡宏强调"理欲同体"是受其伦理主体性的影响，更将"察理屏欲"的对象限制在统治者一方，"理欲之辨"也限制在功用之上。[⑧] 林家民认为胡宏在义理架构上以心性析分体与用，在内容上以中论性、以仁明心，在人事上以"即事明道"来分殊善恶与天理人欲，推崇心才是判定天理与人欲的关键之所在。[⑨] 向世陵提倡从价值评价而非客观事实上分辨胡宏"理欲同体而异用"的观念，突出其对精神的追求，同时也注重道义与

① 朱汉民：《胡宏伦理思想探微》，《湖南师范大学社会科学学报》1990年第2期。
② 陈谷嘉：《宋代理学伦理思想研究》，湖南大学出版社2006年版。
③ 王和君：《胡宏伦理思想研究》，硕士学位论文，湖南师范大学，2011年。
④ 张春林：《胡宏的仁学思想简析》，《河北大学学报》（哲学社会科学版）2004年第5期。
⑤ 龙飞：《论胡宏仁说的内涵》，《湘潭师范学院学报》（社会科学版）2004年第6期。
⑥ 王立新：《胡宏是"超善恶论"者吗？》，《湖湘论坛》2001年第1期。
⑦ 陈代湘：《论胡宏的性善恶论及其理欲观》，《哲学研究》2012年第5期。
⑧ 朱汉民：《宋代理学家胡宏的理欲观和圣人论》，《福建论坛》（文史哲版）1989年第6期。
⑨ 林家民：《论胡五峰之"天理人欲同体而异用"》，《鹅湖学志》1989年第3期。

利益相结合。① 何卓恩将胡宏的理欲学说与程朱之学和陆王心学相比，认为它更具鲜明的平民色彩，亦更兼积极的事功倾向。② 邓辉、周大欢并不同意把胡宏视为反理学的先锋，他们从概念辨正、价值辨正两个路径出发，认为胡宏的理欲观是对儒家理欲观的辨正与深化，是一种对儒家价值理念的张扬与捍卫。③

（5）对圣人观的研究。朱汉民在《宋代理学家胡宏的理欲论和圣人论》一文中认为在胡宏的思维世界中，圣人兼具主体人格的能动性，兼备内圣外王的品质，是个体感性与本体超越的辩证统一，是体与用的有机结合。与此不同的是，王兴彬重点分析了胡宏圣人观的形成与特色，认为其圣人观是本体论、工夫论的有机配合，圣人的境界在于与性为一、体物不遗，甚至能够不离日用、不与俗异。④

（二）政治与经世思想研究

在对胡宏政治思想的研究之中，陈谷嘉、朱汉民的意见当属这一问题的开创性论断。《湖湘学派源流》一书指出胡宏有着对现实政治强烈的批判意识，亦曾设计出政治改革的方案，呼吁实行切合实际的治国安邦的政治措施。⑤ 王立新指出胡宏政治思想的5大要点，即恢复井田、恢复分封、荐举用人、重振三纲威严、强化法度。⑥ 曹宇峰并不认可给胡宏冠以伦理政治的看法，进而从"仁义仁政说""封建井田辨""人主心术论"3个问题入手，认为胡宏拥有一种带有实学性质的政治思想，补充了道德政治理念中的不足之处。⑦ 事实上，在胡宏的政治思想中，封建制与郡县制的位置高下是十分明显的，这也是诸位学者们早已揭橥出来的实情。可是，极少有学者去详细探究胡宏主张封建制这一思想的演变过程，陈欣的研究不啻是一个极有意义的开端。他指出胡宏早期肯定郡县制，要求修正其在实行中的缺陷，其后在史论中隐约地批评郡县制，意欲恢复封建制，最后才鼓吹封建制是根本大法，这种对封建制循序渐进式的认识，带有权衡时势的意图。⑧ 此外，吕金伟虽未就胡宏的具体政治主张展开论述，而是选取胡宏论施仁与暴秦、论封建井田与秦立郡县、论秦的政治人物3个方面，指出胡宏痛斥秦的原因在于其政治主张觅得反面教材，力图从史事上为赵宋王朝的政治积弊寻得渊源。⑨

胡宏的经世思想带有十分强烈的政治、民族色彩。王立新认为其经世思想具有相当成分的时代、时势倾向性，强调事功，尊崇外王。⑩ 方国根则着重探讨了胡宏经世思想的内涵，指出其在经济上力主井田制、在政治上力主封建制、在文化教育上力主学圣人之道，这些又都与赵宋王朝所面临的困局密切相关。⑪

---

① 向世陵：《胡宏的理欲、义利之辨及其价值思考》，《中国人民大学学报》1994年第1期。

② 何卓恩：《胡宏理欲学说之特色探析》，《武汉交通管理干部学院学报》2000年第2期。

③ 邓辉、周大欢：《胡宏理欲观辨正》，《湖南科技大学学报》（社会科学版）2011年第4期。

④ 王兴彬：《试论胡宏的圣人境界观》，《理论学刊》2004年第1期。

⑤ 陈谷嘉、朱汉民：《湖湘学派源流》，湖南教育出版社1992年版。

⑥ 王立新：《胡宏》，台北东大图书股份有限公司1996年版。

⑦ 曹宇峰：《胡宏政治思想三论》，《山西大学学报》（哲学社会科学版）2008年第3期。

⑧ 陈欣：《胡宏"封建"思想研究》，《船山学刊》2008年第3期。

⑨ 吕金伟：《宋儒胡宏论秦》，《华中师范大学研究生学报》2013年第1期。

⑩ 王立新：《从胡宏到船山——看湘学经世特点的形成与转型》，《船山学刊》1997年第2期。

⑪ 方国根：《胡宏的经世致用思想》，《湖湘论坛》2000年第4期。

（三）佛道思想研究

宋儒为了挽救儒学发展的颓势，多有抨击佛道的言论。胡宏亦曾对佛道之学有过不同程度的批评，目前学术界的研究已基本可以证明这一点。王煜认为胡宏辟佛的目的在于维护儒学。① 李承贵指出胡宏的批佛思想具有理论完整、思想深刻、态度理智 3 个特征，但由于其对佛教教义存在片面浅显的把握，造成其佛教观带有以偏见取代公平、以此论消解彼论、以形而下苛求形而上的特征。② 刘立夫更加着重强调胡宏心性观之中的儒佛之辨，认为其根基在于儒学一方，全然忽略了儒学与佛学之间的互补性。③ 实际上，宋儒亦多有借重佛教思想资源的举动，耿静波就认为胡宏的心性论带有非正宗的色彩，与禅宗分灯禅的思想多有契合。④

杜保瑞在《论胡宏对二程儒学的继承与对道佛的批评》中指出胡宏并未能深入老子之学的义理内部，所以其批评老子之语多因立场问题而产生误解。吕金伟也认为胡宏虽对老庄的批评态度不如其对佛教那么强烈，但多有误解老庄本义的嫌疑。⑤

（四）经史思想研究

在胡宏的家学之中存在着经学、史学的传统，特别是史学，更是北宋诸儒甚少涉足的领域，但是胡氏家学乃至湖湘学派的特色之一。然而，令人费解的是，目前学界对这一领域的研究相当稀少，似乎已成为一块被遗忘的宝地。在对胡宏经学思想的研究上，蔡方鹿可谓是一位先行者。他指出"经以传义"思想是胡宏经学的显著特点，重视理义与道、批评章句训诂之末、提倡经史结合、推尊"四书"及其义理之学是其经学的基本观点。⑥随后，他又谈到胡宏指斥王安石以己意训释经典、以伪书《周礼》作为变法依托的态度。⑦ 曹宇峰在考察了胡宏的史学思想后，认为其史学思想拥有推本《春秋》、史经并叙、义理著史的特色，对中国历史上的义理史学一派有着开拓性的作用。⑧

（五）教育思想研究

对胡宏教育思想的研究，肇始于陈谷嘉、朱汉民合著的《湖湘学派源流》，两位学者在该著中对胡宏的教育目的论与教学法思想有深入的剖析，为研究胡宏的思想开辟了一个全新的窗口。⑨ 蹑接其后的是王立新，他在《胡宏》一书中详细地讨论了胡宏的教育目的

---

① 王煜：《胡宏、张栻与魏了翁对佛教的批判》，《湖南大学学报》（社会科学版）1992 年第 1 期。

② 李承贵：《胡宏对佛教的批判及其检讨——兼论其对宋代新儒学的意义》，《安徽大学学报》（哲学社会科学版）2007 年第 2 期。

③ 刘立夫：《胡宏心性观中的"儒佛之辨"》，《地方文化研究》2013 年第 4 期。

④ 耿静波：《关于理学心性论与禅宗心性论的思考——以胡五峰〈知言〉与禅宗分灯禅心性思想为例》，《船山学刊》2013 年第 1 期。

⑤ 吕金伟：《宋儒胡宏的老庄观及其辨证》，《长江师范学院学报》2013 年第 3 期。

⑥ 蔡方鹿：《胡宏经学思想初探》，《中华文化论坛》2007 年第 3 期。

⑦ 蔡方鹿：《胡宏对王安石经说及〈周礼〉的批评》，《中国社会科学院研究生院学报》2008 年第 4 期。

⑧ 曹宇峰：《胡宏史学思想初探》，《重庆社会科学》2006 年第 10 期。

⑨ 陈谷嘉、朱汉民：《湖湘学派源流》，湖南教育出版社 1992 年版。

与教育方法，认为修身、因体达用、致宜是其教育目的，存疑、戒骄戒躁是其教育方法。[①]之后，唐兆梅、李莉指出胡宏的教育理念在于培养出体用兼备的人才，充分发挥导人向善的作用，并以自己的治学、品德来引导学生。[②]然而，与上述研究有所不同的是，亦有学者从教育哲学的角度去审视胡宏的思想。陈小明、杜学元认为胡宏的教育哲学思想分为教育作用论、教育目的论、学习论、德育论4个方面，因民之性、导之向善是其教育作用论，明体达用是其教育目的论，系统完整、辩证统一是其学习论，尽心成性、求放心是其德育论。[③]

（六）文学思想研究

从文学角度对胡宏的思想展开研究，这是近年来学术界开辟出来的一个新领域，宁淑华无疑在其间充当着先行者的角色。她指出胡宏的诗歌主要以明道和忧国为创作内容，是其哲学思想在文学观念上的映射。[④]她还指出胡宏遵奉"文以载道"的观念，行文力求尚道与尚实，轻视辞章之学与诗赋之艺。[⑤]稍后，这些观点在她的专著《南宋湖湘学派的文学研究》里都有所呈现，该书更为全面地阐述了胡宏的文学思想。[⑥]

（七）其他思想研究

许其端很早就对胡宏的心理学思想展开过讨论。[⑦]董根洪还从无神论的角度对胡宏的思想展开过阐述，指出其"性本论"是一种新型的无神论形态，是对抗"神本论"的新途径。[⑧]乐爱国认为胡宏在宇宙结构上倾向于浑天说，甚至意图用阴阳五行理论去解释此前的宇宙结构学说，力主宇宙产生于太极，强调天地万物的变化。[⑨]另外，陶俊、张俊岳认为在胡宏的心性哲学体系内，"由心至性"的心性关系使得心体担负起道德主体自我提升与道德准则寻找的双重任务，其理学思想带有一定的心学色彩。[⑩]

除上述专题研究外，王玉德更从学术成就、治学思想、政治思想、哲学思想、思想成因5个方面对胡宏的思想进行了系统全面的探讨。[⑪]

①　王立新：《胡宏》，台北东大图书股份有限公司1996年版。

②　唐兆梅、李莉：《论湖湘学派大师胡宏的教育思想》，《零陵师范高等专科学校学报》2000年第2期。

③　陈小明、杜学元：《论胡宏的教育哲学思想》，《内蒙古师范大学学报》（教育科学版）2006年第6期。

④　宁淑华：《南宋理学家胡宏诗歌的明道忧国》，《求索》2009年第1期。

⑤　宁淑华、熊艳娥：《胡宏的文学观念探析》，《船山学刊》2009年第2期。

⑥　宁淑华：《南宋湖湘学派的文学研究》，湖南人民出版社2009年版。

⑦　许其端：《胡宏心理学思想探析》，《漳州学院学报》1991年第2期。

⑧　董根洪：《中华理性之光——宋明理学无神论思想研究》，浙江人民出版社2003年版。

⑨　乐爱国：《宋代的儒学与科学》，中国科学技术出版社2007年版。

⑩　陶俊、张俊岳：《论南宋胡宏理学的心学化特色》，《求索》2011年第5期。

⑪　王玉德：《论南宋胡宏的思想》，载舒大刚主编《儒藏论坛》（第六辑），巴蜀书社2012年版。

三　与后学关系研究

（一）　胡宏与朱熹

王立新立足于朱熹的《知言疑义》，认为朱熹实际上得益于胡宏思想的哺乳，其在批评胡宏的过程中才逐渐地将"理本论"思想阐发得更加清晰与透彻。[①] 陈明从朱熹在《知言疑义》中对胡宏的责难出发，于批评声中反向透视了胡宏理论系统的完整性。[②] 李瑞全将朱熹《知言疑义》与胡宏《知言》的义理特征进行比较，认为胡宏实为集北宋四大家哲学义理大成之人，而朱熹对胡宏的批评既有立场的不同，也有误解的成分。[③] 事实上，朱熹与胡宏之间并非只有对《知言》的意见分歧。张琴更指出朱熹在《中庸》的心性问题上也与胡宏彼此殊异，朱熹最初赞同胡宏的"心为已发"之说，后来做"中和新说"以示质疑，最终以"心统性情"来反对胡宏[④]。

（二）　胡宏与张栻

张栻是胡宏的高足，自然会受其"性本论"的影响。郭齐认为张栻基本上认可性本论，但不满于将太极视为形下之气，甚至怀疑以性为本体会生出"有静无动""有体无用"的嫌隙。[⑤] 实际上，在胡宏死后，张栻对其思想既有传承，又有放弃。向世陵认为张栻对胡宏性学思想的传承厥功至伟，湖湘性学亦在张栻主持岳麓书院之时渐臻鼎盛，张栻并非胡宏的不肖弟子。[⑥] 钟雅琼指出张栻在对待胡宏的工夫论上有先出后入的过程，在心性论上则调整了胡宏"性无善恶"的观点，致使湖湘后学走上了两条不同的学风路径。[⑦] 曾亦认为张栻很早就对胡宏的思想持疑问的态度，只因在与朱熹的交流之中逐渐地印证了这些疑问，才与胡宏分道扬镳，并非因受到朱熹的影响而批评其师。[⑧]

四　其他研究

胡宏的生平虽是比较清楚的，但学术界亦有少许的探讨。陈祺助在《胡五峰年谱》中对胡宏的生平大事有详细的梳理和考辨。[⑨] 邓庆平认为胡宏并非死于绍兴三十一年

---

① 王立新：《从〈知言疑义〉的产生看胡宏对朱熹的影响》，《湘潭大学学报》（哲学社会科学版）1997 年第 6 期。

② 陈明：《胡宏思想的逻辑与意义——从朱子对〈知言〉的批评说起》，《湖南大学学报》（社会科学版）2009 年第 6 期。

③ 李瑞全：《论朱子"知言疑义"与胡五峰〈知言〉之义理特色》，《深圳大学学报》（人文社会科学版）2013 年第 1 期。

④ 张琴：《胡宏与朱熹关于〈中庸〉心性思想之分歧》，《求索》2010 年第 9 期。

⑤ 郭齐：《胡宏性本体论对张栻的影响》，《船山学刊》2014 年第 1 期。

⑥ 向世陵：《性学传承与胡、张之间》，《求索》1999 年第 5 期。

⑦ 钟雅琼：《张栻对胡宏思想的传承及调整》，《孔子研究》2014 年第 3 期。

⑧ 曾亦：《张南轩与胡五峰之异同及其学术之演变》，《湖南大学学报》（社会科学版）2009 年第 6 期。

⑨ 陈祺助：《胡五峰年谱》，《鹅湖月刊》1986 年第 2 期。

（1161），而是死于绍兴三十二年（1162）。①

胡宏尊奉孟子，对司马光所作《疑孟》并不赞同。李敬峰、周勤勤指出胡宏的《释〈疑孟〉》从人性、人伦纲常、王霸之辨这 3 个层面批驳了司马光的观点，推动着两宋之际尊孟思潮的转向。②

此外，学界对胡宏在湖湘学派之中的地位亦有评定。张立文认为胡宏构建的道性形上学在本体论上的哲学个性与特色，实际上奠定了湖湘学与程朱道学、陆九渊心学不同的基础，胡宏因此与胡寅成为湖湘学的奠基者。③

五 成就与不足

尽管海峡两岸在对胡宏展开研究的路径上大相径庭，但就目前的研究来看，海峡两岸的学术界还是在各自的领域内取得了为数不少的成绩。通过对这些研究硕果的梳理，我们可以看到关于胡宏的研究已经呈现出多元化的特色，这也为我们了解一个早已逝去的儒者的形象提供了一种立体化的模型。同时，近些年的理学史、教育史、湖湘学等著作也开始把胡宏纳入研究对象之中，或多或少地会介绍胡宏的种种思想，显然是胡宏得到学界关注的一个例证。

不过，正如陈来对有关胡宏心性论研究的两种倾向的纠偏④、杜保瑞对海峡两岸有关胡宏儒学研究的两种路径的反思⑤，学术界的研究依然存在着不少的问题。另外，目前学术界的研究过分集中在胡宏理学思想的领域内，造成了其他领域研究的严重缺失，特别是对《皇王大纪》这部史学著作的研究处于一种近乎真空的状况。因此，学界同人们仍需再接再厉，以期不断地将这项研究推向新的高度。

---

① 邓庆平：《胡宏卒年辨证》，《湖南大学学报》（社会科学版）2009 年第 2 期。

② 李敬峰、周勤勤：《从胡宏〈释《疑孟》看两宋之际尊孟思潮的转向》，《齐鲁学刊》2013 年第 6 期。

③ 张立文：《胡寅、胡宏为湖湘学奠基》，《湖湘论坛》2012 年第 1 期。

④ 陈来：《早期道学话语的形成与演变》，安徽教育出版社 2007 年版。

⑤ 杜保瑞：《对胡五峰哲学的当代诠释之反思》，《台北大学中文学报》2008 年第 5 期。

宋代《四书》学研究述评[*]

肖永明　陈　峰

　　《论语》《大学》《中庸》《孟子》是形成于中国古典儒家文明发展早期的重要经典，其主要内容是以三代历史文献为基础而建立起来的一整套包括政治、伦理、教育、宗教、哲学等在内的思想学说。

　　所谓"华夏民族之文化，历数千载之演进，造极于赵宋之世"[①]，宋代《四书》学的兴起与发展便是宋代思想文化史上的重要内容。自"庆历之际，学统四起"[②]之后，有宋一代的学者多根据《四书》或者其中的单书进行注疏评解，以求得经世济民之方、尽心知性之术。南宋时期，这四部典籍被辑合成为一个有机整体——《四书》。这一辑合使得《四书》之间形成了一个具有内在联系、能体现某种思想理论体系的有机整体，具有了任何单篇所无法比拟的理论力量。此后，《四书》成为儒家经学体系中的核心经典。南宋以后，随着程朱理学官学地位的确立，《四书》逐渐占据学术的正统与主流地位，被指定为科举考试的依据，在学术界乃至整个社会生活领域产生巨大影响。

　　对宋代《四书》学史的研究，始于元代。元代学者许谦《读四书丛说》、胡炳文《四书通》等著作的重点在于回护朱熹《四书章句集注》，陈天祥《四书辨疑》则多据王若虚之说以驳《四书章句集注》。明清学者对宋代《四书》学史的评论与研究，既体现在明清学者众多的《四书》学著作里，也散见于学者们的学术笔记、文集之中。由于学风递变与学者的学术立场等因素，明清学者对宋代《四书》学代表作的评论意见亦有较大差异。晚清民国时期，通论经学史的著作大量涌现，其中佼佼者，如刘师培《经学教科书》、甘鹏云《经学源流考》、马宗霍《中国经学史》等都对宋代《四书》学的发展史作了概要式的勾勒，为今人研究宋代《四书》学史提供了重要参考。

　　时至20世纪下半叶，大陆宋代《四书》学的研究逐渐走出政治桎梏的阴霾，重新受到学人的关注，涌现出了众多的研究成果。同时，海外有关宋代《四书》学的研究论著被引进大陆，新的研究视野与方法也被运用到宋代《四书》学史的研究中来。本文试图勾勒近年来宋代《四书》学研究的基本脉络，首先梳理研究宋代《四书》学的通论之作，并略论学界对宋代《四书》学兴起这一重要问题的研究状况。接着，从学者与著作两个维度分析有关宋代《四书》学研究的代表成果，可分为朱子《四书》学的研究、宋代其他学者的《四书》学研究，宋代《论语》《孟子》学研究、宋代《大学》《中庸》学研究

　　* 本文为国家社科基金重大项目"中国'四书'学史"（13&ZD060）阶段性成果。

　　① 陈寅恪、邓广铭：《宋史职官志考证·序》，载《金明馆丛稿二编》，上海古籍出版社1982年版，第245页。

　　② （清）全祖望：《士刘诸儒学案·序录》，载《宋元学案卷六》，中华书局1986年版，第251页。

等四部分。

一　通论宋代《四书》学的研究著作

通论宋代《四书》学的著作，目前有朱汉民、肖永明的《宋代〈四书〉学与理学》①、顾宏义《宋代〈四书〉文献论考》② 两部著作。而陆建猷的《〈四书集注〉与南宋四书学》③ 则是以朱熹《四书章句集注》为中心、研究南宋《四书》学史的代表作。

朱汉民、肖永明所著《宋代〈四书〉学与理学》较为系统地研究了《四书》学的渊源及在两宋时期的形成、演变与发展，尤其以论述宋代《四书》学与理学思潮发展之间的内在关联为重点。该书分别对濂学、关学、洛学、荆公新学、蜀学、湖湘学、象山学在《四书》学的诠释与理学构建方面的学术特色与思想创新作了较为详细的阐述，并以朱熹理学思想与《四书》学之间的互动关系为个案，对宋代《四书》学定型与理学体系完成的关系进行了探讨。该书既注重了纵向的发展脉络，又兼顾了横向的互相关联，已经具备了宋代《四书》学史的雏形，但是书中对南宋中晚期《四书》学发展的论述尚嫌不足。

顾宏义《宋代〈四书〉文献论考》运用了文献学的方法，系统地梳理了宋代《四书》学著作的出版与传播情况，对宋代学者的《四书》学著作进行了较为全面的考察，此书对宋代《四书》文献的解经体例、作者地域分布等问题的探讨尤具新意。顾宏义、戴扬本等编《历代〈四书〉序跋题记资料汇编》④ 的宋代部分，收录了有关宋代《四书》学著作的序跋题记及著录解题，详载宋代《四书》学著作的存佚情况，为宋代《四书》学的研究提供了极大的便利。

陆建猷《〈四书集注〉与南宋四书学》集中探讨朱熹《四书章句集注》的著作理念、经注关系、理学思想和儒学创新，并细致、深入地研究了南宋《四书》学的发轫、发展，同时特别关注了宗朱、宗陆两大学派的《四书》学思想，对南宋后期《四书》学的思想内涵颇有创发。

总体而言，上述著作均偏重于阐发宋代《四书》学史上的主要学术观点、探究《四书》学与理学思潮的关系以及梳理宋代《四书》学著作的文献情况，而对于宋代《四书》学与政治、社会、教育之间互动关系等问题关注较少。

二　有关宋代《四书》学兴起问题的研究

对于宋代《四书》学的兴起与发展在中国学术史上具有划时代意义的重大事件，周予同在《中国经学史讲义》中将《四书》升格过程总结为四部分：一、《论语》经典地位的提高；二、《孟子》由子部入经部；三、《大学》《中庸》从单篇的记升为专经；四、《四书》的集结。⑤ 周予同的这一论断产生了较大的影响。而钱穆《中国学术思想史论

① 　朱汉民、肖永明：《宋代〈四书〉学与理学》，中华书局 2009 年版。
② 　顾宏义：《宋代〈四书〉文献论考》，上海古籍出版社 2014 年版。
③ 　陆建猷：《〈四书章句集注〉与南宋四书学》，陕西人民出版社 2002 年版。
④ 　顾宏义、戴扬本等：《历代〈四书〉序跋题记资料汇编》，上海古籍出版社 2010 年版。
⑤ 　周予同：《中国经学史讲义》，上海文艺出版社 1999 年版，第 111—112 页。

丛》、侯外庐《中国思想通史》、陈植锷《北宋文化史论述》对宋代《四书》学兴起的社会背景以及历史动因作了较为详密的论述。

束景南、王晓华的《〈四书〉升格运动与宋代〈四书〉学的兴起——汉学向宋学转型的经典诠释历程》① 对《四书》在宋代的兴起过程有详细的考辨，认为《四书》学滥觞于隋唐王通、韩愈，兴起于宋初，经王安石而上升为官学，至二程建立理学的《四书》学体系，到朱熹完成集大成的"理一分殊"的《四书》学体系。文章厘清了《四书》概念形成与《四书》学兴起过程中的若干关键问题，概念准确、分解精当、脉络清晰，有较大的学术价值。

此外，陆建猷的《宋代〈四书〉学产生的历史动因》②、肖永明与殷慧的《北宋心性之学的发展与宋代〈四书〉学的形成》③、王党辉《〈四书〉概念的形成与儒家心性论的彰显》④、刘泽亮《从〈五经〉到〈四书〉：儒学典据嬗变及其意义》⑤ 等分别从不同的角度讨论了宋代《四书》学形成的历史动因、《四书》学形成与北宋心性之学发展的关系、"四书"概念形成对彰显儒家心性论的意义、《四书》经典体系的确立在儒学发展史上的意义以及与佛学的关系等问题，以上研究都在不同程度上拓宽了研究的视野，有利于研究的进一步深入。

三　朱子《四书》学的研究

宋代《四书》学研究中，朱子《四书》学历来是研究的重点。许家星《朱子〈四书〉学研究之回顾与前瞻》⑥ 对朱子《四书》学研究史上诠释样式、研究态度、诠释体裁等问题进行了较为全面的综述。由许文可知，当前的朱子《四书》学研究，主要采用经学文献整理和哲学义理诠释两种进路，研究内容可分为两个方面：第一，对《四书章句集注》的内在研究；第二，朱子《四书》学某一论题的专门研究。

第一，对《四书章句集注》的内在研究。在研究方法上偏重经学文献整理的学者致力于《四书章句集注》的文本研究，如日本学者［日］大槻信良《朱子〈四书集注〉典据考》⑦ 下了很大工夫考证《集注》各条注释的出处，并以旧说、新说标明朱子采纳他说部分和创新部分。顾歆艺、金开诚《〈四书章句集注〉研究》⑧ 侧重从典籍文献整理的角度对《大学》《中庸》的作者、分章，《论孟集注》的引述特点等予以阐发。台湾学者陈

---

①　束景南、王晓华：《〈四书〉升格运动与宋代〈四书〉学的兴起——汉学向宋学转型的经典诠释历程》，《历史研究》2007 年第 5 期。

②　陆建猷：《宋代〈四书〉学产生的历史动因》，《西安交通大学学报》（社会科学版）2001 年第 1 期。

③　肖永明、殷慧：《北宋心性之学的发展与宋代〈四书〉学的形成》，《中国哲学史》2008 年第 1 期。

④　王党辉：《〈四书〉概念的形成与儒家心性论的彰显》，《郑州轻工业学院学报》（社会科学版）2007 年第 5 期。

⑤　刘泽亮：《从〈五经〉到〈四书〉：儒学典据嬗变及其意义》，《东南学术》2002 年第 6 期。

⑥　许家星：《朱子〈四书〉学研究之回顾与前瞻》，《中华文化论坛》2013 年第 2 期。

⑦　大槻信良：《朱子〈四书集注〉典据考》，学生书局 1976 年版。

⑧　顾歆艺、金开诚：《〈四书章句集注〉研究》，《中国典籍与文化》2003 年第 3 期。

逢源《朱子与〈四书章句集注〉》①一书，围绕从《五经》到《四书》、从体证到建构、道统与进程、集注与章句、义理与训诂、从理一分殊到格物穷理六个方面，阐述了朱子《四书》学的历史价值、撰写历程、思想体系、注解体例、援据手段、义理内涵诸方面，更多的用力于四书的注释体例、引证方式，义理方面则非其重点。

在研究方法上侧重哲学义理诠释的学者则主要致力于《四书》学内在思想的阐释。邱汉生《〈四书集注〉简论》②虽出版于20世纪80年代初，但至今仍不失为从哲学角度对《四书章句集注》作出全面论述的专著。该书分为前论、本论、附论三部分，"前论"论述了朱子四书的编著过程；"本论"论述了《四书章句集注》的天理论、性论、格物致知论、政治论、教育论、道统论及《四书章句集注》所带有的华严宗印迹；"附论"论述了《四书章句集注》的学风旨趣、历史条件及对后世的影响。该书仅十万余字，却提纲挈领地对《四书章句集注》的主要思想内涵做了较为集中而富有层次的揭示。

第二，就朱子《四书》学某一论题的研究。这方面研究成果较为丰富，涵盖《四书章句集注》的形成、诠释方式等诸多内容。钱穆、束景南对《四书章句集注》的形成过程多有讨论。钱穆《朱子学提纲》指出朱子之《四书》学，乃是"缩经学与理学而一之"③。前揭束景南、王晓华《〈四书〉升格运动与宋代〈四书〉学的兴起——汉学向宋学转型的经典诠释历程》④也涉及了《四书章句集注》成型过程等问题。

朱子《四书》学诠释近年来成为学界的热点论题，内容涉及朱子《四书》与理学的关系、朱子《四书》诠释理念与方法等。如朱汉民《实践—体验：朱熹的〈四书〉诠释方法》⑤等系列论文揭示了朱子《四书》学的实践诠释特征。周光庆《朱熹〈四书〉解释方法论》⑥指出朱子《四书》的解释方法具有系统性，采用了语言解释和心理解释的方法。陈壁生《朱熹的〈四书〉与五经》⑦则认为朱熹通过诠解《四书》创造了新的义理系统，同时对五经进行内在化解读，使得五经《四书》化。从《四书》与五经的关系来讨论朱子《四书》学的诠释路径是较为新颖的视角。许家星《朱子〈四书〉学形成新考》⑧对朱子《四书》学的形成过程进行了新的分期，特别注意到了朱熹并未有合刻《四书》之举，从而推测今日的通行本《论孟精义》可能为壬辰前后的盗本。许文通过厘清朱学演进的内在理路以及文献考辨等方法研究朱子《四书》学，在研究方式上颇能予人启发。

此外，学界还有许多有关朱子《四书》学的单篇论文，讨论其诠释方法、治学特点、哲学建构的方式等。可以预见，随着学界对中国经典诠释问题的关注程度日益提高，这方面的研究成果将会不断涌现。

---

① 陈逢源：《朱子与〈四书章句集注〉》，里仁书局2006年版。
② 邱汉生：《〈四书集注〉简论》，中国社会科学出版社1980年版。
③ 钱穆：《朱子学提纲》，三民书局1989年版。
④ 束景南、王晓华：《〈四书〉升格运动与宋代〈四书〉学的兴起——汉学向宋学转型的经典诠释历程》，《历史研究》2007年第5期。
⑤ 朱汉民：《实践—体验：朱熹的〈四书〉诠释方法》，《中国哲学史》2004年第4期。
⑥ 朱汉民：《朱熹〈四书〉学与儒家工夫论》，《北京大学学报》2005年第1期。
⑦ 周光庆：《朱熹〈四书〉解释方法论》，《孔子研究》2000年第6期。
⑧ 陈壁生：《朱熹的〈四书〉与五经》，《中山大学学报》（社会科学版）2014年第2期。

四 其他宋代学者 《四书》 学的研究

朱子之外，众多学者的《四书》学著作已经进入了研究者的视野。张载、二程、欧阳修、张栻等人的"四书"学思想成为宋代《四书》学研究的新热点。

龚杰《张载的"四书学"》① 试图将张载之学由易学还原为"四书学"，初步讨论了张载之学与《四书》学的关联、张载《四书》学的特点等问题。曾建林《欧阳修经学思想研究》② 的第五章探讨了欧阳修"四书"学之《论语》《中庸》《孟子》等方面的思想，指出欧阳修不仅重视传统的"六经"之学，而且对当时处于兴起阶段的"四书"学也有重要的贡献。台湾张势观《二程〈四书〉理学思想研究》③ 的重点在于通过《四书》来厘清明道与伊川思想的不同。

魏惠美《张九成〈四书〉学研究》④ 以张九成《四书》学为研究重点，对张九成《孟子传》《论语绝句》《中庸说》《大学说》两书辑佚本的版本、篇章、内容和思想都做了较为深入的探讨，最后叙述了宋、元、明、清四朝对张九成《四书》学的评价。

此外，胡杰的《张栻经学与理学探析》⑤ 专门辟章节论述了张栻的《四书》学思想。以上个案研究，都较为系统地梳理了研究对象在《四书》学方面的主要观点与学术旨趣，为后来的研究者提供了便利。

五 宋代 《论语》 学、《孟子》 学的研究

宋代《论语》学、《孟子》学方面的专人、专书研究成果较多，涉及的研究对象也较为广泛。研究对象中，以苏轼《论语说》、范祖禹《论语说》、杨时《论语解》、谢良佐《论语说》、张栻《癸巳论语解》的研究成果最为丰富。以张栻《论语》学的研究为例，近年来学界的研究多有突破。如台湾邹锡恩的《张栻〈癸巳论语解〉思想研究》⑥ 以张栻《论语》学思想为研究中心，依次探究了《癸巳论语解》的人性论、仁思想、实践论和教育思想，文章对张栻的《论语》学思想进行了较为全面、深入的阐释。杞怡静《张栻〈癸巳论语解〉心性义涵之研究》⑦ 则主要探讨了《癸巳论语解》的心性义涵，作者根据张栻思想脉络的演进，辑出《癸巳论语解》中关于心、性、仁的言论，由此阐发其思想内涵，指出张栻透过行圣贤之言以回复天理，并达本心之良善的思想构建。另外，肖永明的《张栻〈论语解〉的学风旨趣与思想意蕴》⑧ 指出张栻在《论语》阐释上具有宗

① 龚杰：《张载的"四书学"》，《西北大学学报》1994 年第 3 期。

② 曾建林：《欧阳修经学思想研究》，博士学位论文，浙江大学，2007 年。

③ 张势观：《二程〈四书〉理学思想研究》，硕士学位论文，彰化师范大学，2006 年。

④ 魏惠美：《张九成〈四书〉学研究》，硕士学位论文，高雄师范大学，2010 年。

⑤ 胡杰：《张栻经学与理学探析》，硕士学位论文，四川师范大学，2010 年。

⑥ 邹锡恩：《张栻〈癸巳论语解〉思想研究》，硕士学位论文，彰化师范大学，2005 年。

⑦ 杞怡静：《张栻〈癸巳论语解〉心性义涵之研究》，硕士学位论文，政治大学，2008 年。

⑧ 肖永明：《张栻〈论语解〉的学风旨趣与思想意蕴》，《湖南大学学报》（社会科学版）2011 年第 5 期。

奉二程的解经原则，玩索经义、阐发己见的解经风格，以及浓厚的理学意蕴。

关于宋代《孟子》学研究的论文，夏长朴《尊孟与非孟——试论宋代孟子学之发展及其意义》[①] 最值得参考。夏文认为《孟子》得以提升的根本原因在于孟子思想是两宋时代急需的思想资源，其心性论、道统原型、辟异端等学说都是复兴儒学、对抗佛老的利器。从整体上研究宋代《孟子》学的专著有周淑萍的《两宋孟学研究》[②]。周著考察了孟学在宋代的演进过程，分析在《孟子》升格过程中的四大推手。作者以《孟子》升格为两宋尊崇《中庸》的延伸，较有新意。

六　宋代《大学》学、《中庸》学的研究

目前，从整体上研究宋代《大学》学、《中庸》学的成果有王晓薇《宋代〈中庸〉学研究》[③]。王晓薇的论文根据漆侠对宋学形成、发展和演变过程的划分，将《中庸》学在宋代的发展分为三个阶段，即北宋初期形成阶段、北宋中期发展阶段和南宋理学化阶段。在此基础上，论文作者细致地探讨了各个阶段《中庸》学的形态和特质。在宋学发展阶段，论述了北宋中期司马光、周敦颐、张载、二程、三苏、王安石对《中庸》的阐发和研究情况。全文的重点和精华在于作者对宋学演变阶段《中庸》学的论述。该文作者在论述中，突出了理学在《中庸》学发展之中的主导作用，并且详尽地考察了杨时在《中庸》疏解上的成就，以及集大成者朱熹在《中庸》学史上的贡献和地位。同时，该文作者还认为理学内部基于对《中庸》与《孟子》两部儒家经典所阐明心性论思想的不同理解，分化为理学与心学两派。另外，就浙东事功派对《中庸》作者及内容的怀疑亦进行了探讨。

此外，郑熊《宋儒对〈中庸〉的研究》[④] 进一步加强了理学领域的《中庸》学研究。该文作者将宋代理学学者的《中庸》研究分为三期。范仲淹、胡瑗等人的研究为第一阶段，此阶段看重的是《中庸》儒家经典的身份，其目标在于对儒学之道的回归。周敦颐、张载、二程为第二阶段，以本体论建构为目标，是儒学本体化关键的一步。以朱熹、张栻、陆九渊为第三阶段，以心性论探讨为目标，这是儒学本体化的深入。闽学和湖湘学通过对"中和"问题的探讨，一方面实现了本体的内化，另一方面则界定了涵养与察识的关系；陆九渊、杨简等人则直接从本体入手来研究《中庸》，来构建心本论。郑著不仅对《中庸》学与理学之间的互动关系做了十分深入的论述，而且通过《中庸》学的研究展现了宋代学术史的全貌，是一部由专见通的佳作。

杨儒宾《〈中庸〉〈大学〉变成经典的历程——从性命之书的观点立论》[⑤] 探讨了《大学》《中庸》的成书历程。Soffel ChristianRobert（苏费翔）和 HoytCleveland Tillman（田浩）合作研究了《中庸》在宋代的地位以及和道统之间的联系，试图揭示《四书》的形

---

①　夏长林：《尊孟子与非孟——试论宋代孟子学之发展及其意义》，《中国哲学》2004 年第 24 期。

②　周淑萍：《两宋孟学研究》，人民出版社 2007 年版。

③　王晓薇：《宋代〈中庸〉学研究》，博士学位论文，河北大学，2005 年。

④　郑熊：《宋儒对〈中庸〉的研究》，博士学位论文，西北大学，2007 年。

⑤　杨儒宾：《〈中庸〉〈大学〉变成经典的历程——从性命之书的观点立论》，《台大历史学报》1999 年第 24 期。

成与文化正统、儒学传统之间的关系。①

另外，学界对宋代《大学》《中庸》的专人、专书研究也有一些成果。《大学》《中庸》以其深邃的哲理内涵而为理学家所推崇，现代学者的研究亦多采用哲学阐述的进路，注重探讨其中的思想意蕴，产生了若干值得借鉴的成果。如李昌年《〈中庸〉与周张二程思想之关系》②、沈曙东《朱熹〈中庸章句〉成书过程研究》③、包佳道《杨时"中庸"思想研究》、孟耕合《北宋〈中庸〉之"诚"思想研究》④、孟耕合《北宋〈中庸〉之"诚"思想研究》⑤、陈瑞新《张载〈中庸〉学研究》⑥、赵兴余《苏轼与司马光〈中庸〉诠释比较研究》⑦等文，或关注其阐释方法，或侧重其思想内容，或探讨其核心概念，都为宋代《中庸》学的研究提供了素材。此外，漆侠《儒家的中庸之道与佛家的中道义——兼评释智圆有关中庸中道义的论点》⑧、付莉的《契嵩〈中庸解〉与佛儒会通》⑨以宋代僧人为研究对象，从儒佛会通的角度去考察《中庸》学，至今仍颇富启发意义。

台湾翟世芳的《二程〈学〉〈庸〉思想之研究》⑩着重探讨了二程对《学》《庸》二书的义理阐发，并详细论述了二程《学》《庸》思想在本体论、立论基础、心性论、功夫论、境界义等方面的特质。文中特别注重区分明道、伊川思想的异同。以本体论为例，该文作者认为明道的"天理"并未脱离经典而独立，仍视其为继承传统纵贯系统的本体义，等同于《中庸》之诚。伊川则进一步将其清楚割截成只是理、只是所以然的静态存有义，脱落了《中庸》论诚的本体义，而以《大学》一书为立论中心，成为有异于先秦儒学传统的横摄系统。此论对于把握二程的学术旨趣及理学思想有所裨益。

对南宋时期《大学》《中庸》学的研究，主要集中在朱熹《大学章句》《中庸章句》以及真德秀的《大学衍义》。讨论朱熹的《大学》学、《中庸》学的，有陈来《论朱熹〈大学章句〉的解释特点》⑪、《朱熹〈中庸章句〉及其儒学思想》⑫，李文波《试论朱熹对〈中庸〉的"发现"与"重构"》⑬，黄莹暖《朱子论〈中庸〉"未发"之义及其工

① Christian Soffel and Hoyt Cleveland Tillman，*Cultural Authority and Political Culture in China*：*Exploring Issues with the Zhongyong and the Daotong during the Song*，Jin and Yuan Dynasties，Franz Steiner Verlag，2012．

② 李昌年：《〈中庸〉与周张二程思想之关系》，博士学位论文，台湾大学，1986 年。

③ 沈曙东：《朱熹〈中庸章句〉成书过程研究》，硕士学位论文，华中师范大学 2006 年。

④ 包佳道、杨时：《"中庸"思想研究》，硕士学位论文，福建师范大学，2008 年。

⑤ 孟耕合：《北宋〈中庸〉之"诚"思想研究》，硕士学位论文，复旦大学，2009 年。

⑥ 陈瑞新：《张载〈中庸〉学研究》，博士学位论文，陕西师范大学，2010 年。

⑦ 赵兴余：《苏轼与司马光〈中庸〉诠释比较研究》，博士学位论文，陕西师范大学，2011 年。

⑧ 漆侠：《儒家的中庸之道与佛家的中道义——兼评释智圆有关中庸中道义的论点》，《北京大学学报》1999 年第 3 期。

⑨ 付莉：《契嵩〈中庸解〉与佛儒会通》，硕士学位论文，海南大学，2012 年。

⑩ 翟世芳：《二程〈学〉〈庸〉思想之研究》，硕士学位论文，台湾师范大学，1995 年。

⑪ 陈来：《论朱熹〈大学章句〉的解释特点》，《中国文化研究》2007 年第 2 期。

⑫ 陈来：《朱熹〈中庸章句〉及其儒学思想》，《中国文化研究》2007 年第 2 期。

⑬ 李文波：《试论朱熹对〈中庸〉的"发现"与"重构"》，《华南师范大学学报》2005 年第 4 期。

夫》[1]，周之翔《朱子〈大学〉经解研究》[2]，沈曙东《朱熹〈中庸章句〉成书过程研究》[3] 等，在朱熹《大学章句》《中庸章句》研究的多个方面颇有创发。

台湾向鸿全的《真德秀及其〈大学衍义〉之研究》[4] 探讨了真德秀在《大学衍义》中所体现出的以"诚心"代替"诚意"、经世致用、朱陆合流的思想特色，同时，作者考察了真德秀的道统观。尤其值得注意的是，作者在最后用儒生"经筵侍讲"为人君说经的模式，说明"衍义"这种解经方法的特色与象征，而《大学衍义》一书也成为后世"衍义"体诠释方法的典范。同时，向着对于宋代经筵经学的研究也有许多值得借鉴之处。

七　结语

总体而言，宋代《四书》学的研究成果较为丰富，研究的范式也趋于多元化。不过，宋代《四书》学史的研究仍有较大的进步空间。从文献上看，虽然不少宋代《四书》学著作已经亡佚，但是现存宋代《四书》学的著述仍然十分可观，研究的空白仍然不少，一些存世宋代《四书》学著作至今缺乏深入研究。对于宋代理学家谈论《四书》的相关语录，也有待进一步地系统梳理。从研究视野、方法来看，学界的研究仍多以学术史为主，将《四书》学的研究与学派流转、学风递变的研究结合起来，进而分析宋代《四书》学与社会、政治、教育之间的互动关系，将是今后宋代《四书》学史研究的努力方向。

---

① 黄莹暖：《朱子论〈中庸〉"未发"之义及其工夫》，《兴大中文学报》2007 年第 21 期。

② 周之翔：《朱子〈大学〉经解研究》，博士学位论文，湖南大学，2012 年。

③ 沈曙东：《朱熹〈中庸章句〉成书过程研究》，硕士学位论文，华中师范大学 2006 年。

④ 向鸿全：《真德秀及其〈大学衍义〉之研究》，花木兰文化工作坊 2008 年版。

宋代《论衡》研究综述*

智延娜　苏国伟　王振伟

　　自《论衡》诞生以来，对它的评价与研究始终不曾间断。两千年来，历代学者和思想家对之褒贬不一，但其"距师""伐圣"、批判、怀疑精神屡遭质疑，则是不争的事实。学者黄晖《论衡校释·自序》将中国古代对《论衡》的认识分作三个时期：一是自汉代到唐代，此段时期认为《论衡》是一代伟著；二是受理学影响并带有道学习气的宋代，认为《论衡》是一部离经叛道的书，这一看法直接影响了明清时期对王充及《论衡》的评价；三是明清时期，取其辩博的文人学者都极力表彰此书，但对《问孔》《刺孟》等篇章仍承袭前人成见，斥责他是非圣无法。① 在这三个时期中，宋人对《论衡》的研究与评价起到了重要转承作用。鉴于此，有必要对宋代《论衡》研究状况进行回溯，以期更加清晰地反映出宋代文学观念与思想意识演化变迁对《论衡》研究与评价的影响。

一　宋代《论衡》版本目录考

　　《论衡》于汉章帝元和三年（86）著成，流传至宋初时，其版本已形成民间流传的二十七卷本和中央政府所藏的三十卷本两个系统。这两个系统在杨文昌刻本《〈论衡〉序》中曾被提到："得俗本七，率二十七卷""又得史馆本二，各三十卷。"② 但今存最早著录《论衡》的目录书——《隋书·经籍志》在将其列入子部杂家类后，记为二十九卷。这是不是宋初流传的第三种版本系统呢？清人周中孚认为《隋书·经籍志》著录《论衡》为二十九卷，应是未计入最后一卷《自纪篇》。余嘉锡也认为，如果不是唐初所得隋炀帝东都藏本有阙失，那么就是未数《自纪篇》一卷。③ 且此后的《日本国见在书目录》《新唐书·艺文志》《郡斋读书志》《直斋书录解题》《崇文总目》《宋史·艺文志》等国内外官私目录均著录《论衡》为三十卷，所以二十九卷本应该不是独立的《论衡》版本系统。

　　宋初流传的《论衡》二十七卷抄本与三十卷抄本错误颇多，"篇卷脱漏，文字踦驳，鲁鱼甚众，亥豕益讹，或首尾颠踬而不联，或句读转易而不纪，是以览者不能通其读焉。"④ 为改变这种状况，北宋庆历五年（1045），进士杨文昌将所得《论衡》俗本与史馆本对照合校，并作序刊刻，"实《论衡》最早刻本"，但"久绝传本，各家著录，均未

＊　本文为2015年河北省教育厅青年基金项目"宋代《论衡》研究"（SQ151151）阶段性成果。

① 黄晖：《论衡校释·自序》，中华书局1990年版，第2页。
② 《新刊王充论衡》，国家图书馆。
③ 邵毅平：《论衡研究》，复旦大学出版社2009年版，第182页。
④ 《新刊王充论衡》，国家图书馆。

叙及"①。此本现今只有杨文昌题序流传下来，此序最早见存于元至元宋文瓒十五卷刻本《新刊王充论衡》。据张宗祥、黄晖等人所见，北平历史博物馆在抗战前所藏宋本残卷，"民国十年（1921）清理内阁档案所得。原书仅存第十四卷至第十七卷一册"，或为杨文昌刻本残卷，现今下落不明，仅有《馆藏宋本论衡残卷校勘记》保存在国家图书馆。南宋会稽太守洪适于乾道三年（1167）重刊杨文昌刻本，"今所谓宋本以及元本、通津草堂本，皆自此出。盖北宋本早无传本，传世之《论衡》皆出南宋洪刻矣。"洪适刻本目前保存下来的只有残卷和经过后世修补的刻本：一为宋光宗时刻本，二十五卷，现存日本宫内厅书陵部图书寮，惜缺二十六卷以下五卷，"刻印俱佳，为宋本珍品"，"纸刻鲜明，字字员秀，脱胎于鲁公，更觉有逸致"，"论衡一书以是书为最善"②；二为宋刻元明递修本，又称"三朝本"，八册，三十卷，现存国家图书馆，"由于元、明两朝多次修补，版框高低不一，字体和版口的格式各异"，其中一小部分为宋刻，"每半页十行，每行二十至二十一字，版心顶端载本页字数，下端有刻工姓名，与日本宫内厅所藏的宋版《论衡》残卷相同"③，但很多地方字迹模糊，难以辨认，且多有缺字之处，所以只可视为文物性善本，而非学术性善本。洪适重刊杨刻本时曾作题序，此序现有缺文，仅存69字，见于元至元宋文瓒十五卷刻本《新刊王充论衡》。

二　宋人对《论衡》恶评之原因

自东汉至唐代，儒释道三家并存，儒学思想的独尊地位尚未确立，对"圣贤先哲"的崇拜观念也比较薄弱，伦理纲常观念还没有对社会生活产生太大的影响。在这种社会背景与思想状况影响下，这一时期对《论衡》的总体评价是高度赞扬的。但随着儒家思想独尊地位的逐步确立，自唐代开始，逐渐出现批评的声音。如刘知几在《史通》中，一方面对《论衡》一书大加赞叹，"儒者之书，博而寡要，得其糟粕，失其菁华。而流俗鄙夫，贵远贱近，传兹抵牾，自相欺惑，故王充《论衡》生焉"；另一方面又对王充本人大加贬斥，"王充《论衡》之《自纪》也，述其父祖之不肖，为州闾所鄙，而已答以瞽顽舜神，鲧恶禹圣，夫自叙而言家世，固当以扬名显亲为主，苟无其人，阙之可也；至若盛矜于已，而厚辱其先，此何异证父攘羊，学子名母？必责以名教，实三千之罪人也。"④刘知几的批评引领了宋人对王充及《论衡》的评价，一改前代的积极，对其进行了尖刻的批判，认为《论衡》是一部离经叛道的书，且此后呈现出一路直下的态势。如陈骙《文则》："王充《问孔》之篇，而于此书多所指撼，亦未免桀犬吠尧之罪欤。"⑤黄震《黄氏日抄》："甚至讥孔、孟而尊老子，抑殷、周而夸大汉。皆发于一念之怨愤，故不自知其轻重，失平如此。"⑥王应麟在其《困学纪闻》卷十引刘知几关于《论衡》"不孝"的议

---

①　张宗祥：《论衡校注》，上海古籍出版社2010年版，第2页。

②　[日]岛田翰：《古文旧书考》，杜泽逊、王晓娟点校，上海古籍出版社2014年版年标点本，第1718页。

③　北京大学历史系《论衡》注释小组：《论衡注释》，中华书局1979年标点本，第1718页。

④　（清）浦起龙：《史通通释》，上海古籍出版社1978年版，第291页。

⑤　（宋）陈骙：《文则》，人民文学出版社1960年版，第25页。

⑥　（宋）黄震：《黄氏日抄》，《文渊阁四库全书》第1480册，上海古籍出版社2003年影印本。

论后说:"葛文康公亦曰:'充刺孟子,犹之可也;至诋訾孔子以系而不食之言为鄙,以从佛肸、公山之召为浊,又非其说骖旧馆,而惜车于鲤,又谓道不行于中国,岂能行于九夷。若充者,岂足以语圣人之趣哉?即二说观之,此书非小疵也。吕南公谓:充饰小辩以惊俗,蔡邕欲独传之,何其谬哉!'"① 宋刘章作《刺刺孟》,明时已亡佚,据明朗瑛《七修续稿》卷四辩证类"书名沿作"条云:"王充有《刺孟》,宋刘章作《刺刺孟》。柳子厚有《非国语》,刘章做《非非国语》。此皆反而正之之意实难也。况王乃辞胜理者,因孟而矫之,时则可耳。柳以正理,而矫淫诬之辞,刘何能胜之耶?惜未见其书。"②

宋代为何会出现对王充与《论衡》的严厉批评呢?明人胡应麟将原因归结为"当时以新特而过称之,近世以冗庸而剧诋之。匪充书异昔也,骤出于秦汉之间,习闻于濂洛之后,遇则殊哉。而宋人穷理之功,昭代上儒之效亦著矣。"③ 这种分析也是相当中肯精辟的,指出了文学观念的变化、思想意识与价值观念的演化变迁是《论衡》在宋代受到恶评的原因。

第一,文学观念的变化。唐宋古文运动以后,"八代之文"的地位骤然下降,古文派的文章观开始在宋代占主流地位。在这种趋势下,《论衡》所体现出来的"冀俗人观书而自觉,故直露其文,集以俗言""充书不能纯美""充书既成,或稽合于古,不类前人""充书文重"等语言通俗、行文直白、不合于古、不加推敲的文学观念自然而然容易受到批评。晁公武在《郡斋读书志》中写道:"充好论说,始如诡异,终有实理。以俗儒守文,多失其真,乃闭门潜思,户牖墙壁,各置刀笔,著《论衡》八十五篇,释物类同异,正时俗嫌疑。后蔡邕得之,秘玩以为谈助云。世谓汉文章温厚尔雅,及其东也已衰。观此书与《潜夫论》《风俗通义》之类,比西京诸书骤不及远甚,乃知世人之言不诬。"④ 他认为东汉文章不及西汉文章,其证据便是《论衡》等书"比西京诸书骤不及远甚"。

如果说晁公武的批评只是表明了一种态度的话,那高似孙的批评就具体得多了。高似孙《子略》卷四"王充论衡"条:"其为言皆叙天证、敷人事、析物类、道古今,大略如仲舒玉杯繁露。而其文详,详则理义莫能核而精,辞莫能肃而括,几于芜且杂矣。汉承灭学之后,文景武宣以来,所以崇厉表章者,非一日之力矣。故学者向风承宣,日趋于大雅多闻之习。凡所撰录日益而岁有加,至后汉盛矣。往往规度如一律,体裁如一家。是足以隽美于一时。而不足以准的于来世。何则?事之鲜纯,言之少择也。刘向《新序》《说苑》奇矣,亦复少探索之功,阙诠定之密,其叙事有与史背者不一。二书尚尔,况他书乎……客有难充书繁重者,曰石多玉寡,寡者为珍。龙少鱼众,少者为神乎。充曰文众可以胜寡矣。人无一引,吾百篇,人无一字,吾万言,为可贵矣。予所谓乏精核而少肃括者,正此谓歟。"⑤ 从这段话里我们既能看到古文派文章观的具体原则及其与汉代文章观的异同,更可见古文派在思想观方面的卫道性质及其对《论衡》文风的立场和态度。宋人对《论衡》的批评,是从秦汉古文与"八代之文"的差异出发,这也反映了古文运动

① (宋)王应麟:《困学纪闻全校本》,翁元圻等注,栾保群等校点,上海古籍出版社 2008 年标点本,第 1295 页。

② (明)朗瑛:《七修续稿》,上海书店出版社 2001 年标点本,第 568 页。

③ (明)胡应麟:《少室山房笔丛》,中华书局 1958 年标点本,第 365 页。

④ (宋)晁公武:《郡斋读书志校证》,张猛校证,上海古籍出版社 1990 年标点本,第 514 页。

⑤ (宋)高似孙:《子略》,商务印书馆 1937 年版,第 38 页。

以后人们看待《论衡》眼光的变化。

第二，思想意识与价值观念的演化变迁。随着宋代儒学地位的强化，宋人思想渐趋保守、正统，思想意识与价值观念的变化必然带来评价角度的变化。对《论衡》的评价，也由魏晋时期的"帐中异书，汉儒之所争睹""释物类同异，正时俗嫌疑""上穷阴阳之奥秘，下撼人情之归极"这样一部奇书，变为宋时"饰小辩以惊俗""不足多道"的普通书籍了。陈振孙《直斋书录解题》中说："初著书八十五篇，释物类同异，正时俗嫌疑。蔡邕、王朗初传之时，以为不见异人，当得异书。自今观之，亦未见其奇也。"① 吕南公《题〈论衡〉后》曰："或夫饰小辩以惊俗，充之二十万言，既自不足多道。邕则欲以独传为过人之功，何缪如之？良金美玉，天下之公宝，为其贵于可用耳。小夫下人，偶获寸片，则卧握行怀。如恐人之弗知，又兢兢于或吾寇也，而金玉果非天下所无，信以充书为果可用乎，孰御天下之同贵？有如不然也，邕之志虑，曾小夫下人之及耶！"②

"以资谈助"，本是崇尚清谈的魏晋人对《论衡》的高度评价，但在思想正统与保守的宋人眼中，就变成一种贬低之词。高似孙《子略》说："'谈助'之言，可以了此书矣。"③ 针对魏晋间传言蔡邕秘玩《论衡》以供谈助，高似孙说："邕则欲以独传为过人之功，何缪如之。"④ 产生这种评价，不是因为《论衡》本身发生了什么变化，而是因为宋代的时代思想与社会风气发生了巨大变化。

王充在《问孔篇》《刺孟篇》中对孔子、孟子加以质问和针砭，被认为是"非圣"；在《自纪篇》中对祖上"勇任气""横道伤杀，怨仇众多"的行为如实记载，又被视为"不孝"。《论衡》的怀疑精神、"非圣""不孝"，这些都注定了它在儒学独尊、理学兴盛的宋代备受批评的命运，尤其在理学兴盛的南宋更是饱受非议。如明人胡应麟在《少室山房笔丛》中曾有论述说，"《论衡》不甚称后世"，"近世诮充太甚"⑤。这里的"后世""近世"指的就是宋代。

三　《论衡》对宋初思想文化的影响

虽然从宋人对王充及《论衡》的评价中，能窥见愈来愈重的批评意味，但仍然可以从中看到《论衡》对宋代初期思想文化产生的重要影响。

第一，《论衡》对宋初文人创作的影响。如《论衡》蕴涵的宿命思想，对宋初词人晏殊的创作就产生了重要影响。《宋文鉴》卷十五载晏殊论命诗一首，其题为《列子有力命王充论衡有命禄极言必定之致览之有感》，诗云："大钧播群物，零茂归自然。默定既有初，不为智力迁。御寇导其流，仲任派其源。智愚信自我，通塞当由天。宰世白皋伊，迷邦有颜原。吾道诚一概，彼途钟百端。卷之入纤豪，舒之盈八埏。进退得其宜，夸荣非所先。朝闻可夕陨，吾奉圣师言。"⑥ 虽说反映了晏殊对人生的悲观看法，但也体现了《论

---

① （宋）陈振孙：《直斋书录解题》，上海古籍出版社 1987 年标点本，第 302 页。

② 《宋文鉴》，中华书局 1992 年标点本，第 200 页。

③ （宋）高似孙：《子略》，商务印书馆 1937 年影印本，第 38 页。

④ 同上。

⑤ （明）胡应麟：《少室山房笔丛》，中华书局 1958 年标点本，第 365 页。

⑥ 《宋文鉴》，中华书局 1992 年标点本，第 200 页。

衡》对于宋初文人的影响。

第二,《论衡》在宋代初期产生的影响,还体现在宋初各大类书及语言学书对《论衡》的大量引用中。《太平广记》《太平御览》《广韵》等著名类书、韵书,都从不同的角度对《论衡》进行过大量征引。《太平广记》把《论衡》作为传说故事的渊源,与王充作《论衡》的原意毫不相关,如卷一七一中《李子苌》的故事,就来自《论衡·乱龙篇》中王充对设土龙求雨的解释。① 《太平御览》是北宋重要的一部类书,这部类书多从事物的角度对《论衡》进行大量摘引,如《天部二·天部下》引《论衡》3 条,《天部四·日下》引王充《论衡》多达 8 条。《广韵》从文字角度摘引《论衡》的内容,如卷五"一屋"韵中载"蛸:复蛸,蝉未脱者。出《论衡》"②。宋初《论衡》被类书、韵书的引用,沿袭了前代传统,肯定了《论衡》的价值和意义。

第三,《论衡》在宋代初期产生的影响,也体现在此书在佛门的广泛流传。宋初释赞宁作《难王充〈论衡〉》三篇,这三篇文章虽未流传到今天,但据吴处厚《青箱杂记》卷六记载:"近世释子多务吟咏,唯国初赞宁独以著书立言尊崇儒术为佛事,故所著驳《董仲舒繁露》二篇《难王充论衡》三篇……极为王禹偁所激赏,故王公与赞宁书曰:累日前蒙惠顾才,辱借通论,日殆三复,未详指归。徒观其涤繁露之瑕,劐论衡之玷……使圣人之道无伤于明夷,儒家者流不至于迷复。然则师胡为而来哉?得非天祚素王,而假手于我师者欤。"③ 从王禹偁对赞宁的"激赏"中虽然可知他二人对《论衡》持批评态度,但也从侧面反映出《论衡》在沙门中亦有流传,足见其在宋初之影响。

第四,《论衡》在宋代初期产生的影响,还体现在宋代对《论衡》的严厉批评中,间或夹杂着肯定声音。杨文昌的《〈论衡〉序》秉承前代对《论衡》高度评价的遗绪,认为《论衡》"订百氏之增虚,诘九流之拘诞。天人之际,悉所会通;性命之理,靡不穷尽。析理折衷,此书为多"。"其文取譬连类,雄辩宏博,岂止为'谈助''才进'而已哉,信乃士君子之先觉者也! 秉笔之士,能无秘玩乎。"虽然这种正面肯定的声音并不多见,但是毕竟反映了宋代对《论衡》评价的不同意见,在对《论衡》发展史进行研究时不可忽略。

---

① 《太平广记》,中华书局 1961 年标点本,第 1251 页。

② 《广韵校本》,中华书局 1960 年标点本,第 457 页。

③ (宋)吴处厚:《青箱杂记》,中华书局 1985 年标点本,第 61 页。

宋代小说整体研究百年述略*

李建军

1912 年以来的百余年，在文学研究的百花园里，中国古代小说研究蔚为大观，而宋代小说处于文白变奏（文言小说嬗变和白话小说崛起）的重要节点，引起了学界的充分关注。贯通文言白话对宋代小说进行整体研究的著述不断涌现，这些著述或专门探讨宋代小说理论批评，或专题研究某种题材，或集中论述文白雅俗关系，推动了宋代小说研究的繁荣发展，确认了宋代小说在中国小说史上的重要位置。①

一　宋代小说理论研究

宋代小说理论方面的建树，20 世纪 90 年代之前学界罕有论及，1990 年以后，学界出现了不少探讨宋代小说理论批评的论文论著，荦荦大者当数台湾学者康来新《发迹变泰——宋人小说学论稿》②，李军钧所撰《中国分体文学学史》（小说学卷）第三章"宋元小说学"也有集中的讨论③。前者由绪论《始有意治之——宋人在小说学的开展意义》、上编《乃有可观之——宋人对小说学的具体贡献》、下编《乃有可为之——宋人小说学的广角思考》组成，对宋人小说学作了全景式的考察，可谓拓荒之作。后者探讨了宋人小说文献整理、小说观念演进、小说类型划分、小说功用观、小说艺术观、小说评点文体独立等内容，也是用心之作。另外，宁宗一主编《中国小说学通论》中小说观念学、小说类型学、小说美学、小说批评学、小说技法学各部分均有论及宋代小说学。④ 除此之外，还有一些专题论文涉及宋代小说理论批评。下面从五个方面择要述之。

（一）宋人小说本体观研究

宋人小说本体观方面，欧阳修编撰《崇文总目》《新唐书·艺文志》时将前志著录于史部的志怪传奇移至子部小说类，体现出对小说本质的新认知，引起了学界的关注。王齐洲《论欧阳修的小说观念》认为："现代小说观念以故事性和虚构性为小说的基本特性。

---

* 本文为浙江省高校重大人文社科攻关项目"宋代小说文人民间叙事互动消长与近古叙事文学研究"（2013QN010）阶段性成果。

① 本文综述百年来贯通文言、白话而对宋代小说进行的整体研究。关于宋代文言小说、白话小说的专门研究，笔者另有《宋代文言小说研究百年述略》《宋代白话小说研究百年述略》。

② 康来新：《发迹变泰——宋人小说学论稿》，大安出版社 1996 年版。

③ 谭帆、王冉冉、李军钧：《中国分体文学学史》（小说学卷），山西教育出版社 2013 年版。

④ 宁宗一主编：《中国小说学通论》，安徽教育出版社 1995 年版。

然而，中国古代的小说观念虽未排斥小说作品的故事性，但都不承认小说作品的虚构性。欧阳修在《新唐书·艺文志》中，不仅第一次将《搜神记》之类的志怪作品由史部杂传类移录入子部小说家类，而且第一次将大批唐传奇作品著录于正史艺文志小说家类，并将虚构与否作为区分史传与小说的基本标准，从而开启了具有近代意识的小说观念的先河，对中国小说的发展做出了积极的贡献。"① 凌郁之《从宋代官私书目看小说观念的变迁》指出："《崇文总目》《新唐书·艺文志》将志怪传奇之书归于小说类，确立了后世书目小说类的基本架构。《郡斋读书志》和《直斋书录解题》等书目，反映了南宋书目家进一步厘清小说类畛域的努力，它们所体现的小说观念，较之《崇文总目》《新唐书·艺文志》又显示了一定程度的进步。从《崇文总目》到《直斋书录解题》，尽管还存在一些不一致的现象，但已经在主导倾向上形成了关于小说类的共识。"② 郝敬、张莉《论中国古体小说的观念流变》认为："宋代欧阳修通过《崇文总目》与《新唐书·艺文志》小说类的编撰，将杂传、传奇等纳入小说范畴，使得叙事成为小说表现方式的主要特征，从而开启了传统小说观念向近代小说观念的转变。"③

此外，李军均、曾垂超《宋代小说思想三题》认为："唐传奇的产生，促进宋人有意从事小说的阐释，他们将小说地位抬高到'九流'的一种，视为'圣人之道'，在重视小说本体性时致力阐发小说的'德性'自觉。"④ 刘良明《洪迈对志怪小说理论批评的历史性贡献》指出洪迈"第一次将当时遭人轻视的志怪小说与历来已有崇高定评的史书相提并论，表现了一个杰出理论家的卓越识见与巨大勇气。"⑤ 潘承玉《两宋时期新小说观念的觉醒》认为："两宋时期说书体小说开始具备了后世近代小说的诸种文体特征：运用大众化的语言，以虚构的情节为结构中心，反映大众化的人物及其命运，等等。在两宋时期的大众观念中已公认，只有具备了上述诸种文体特征的作品才是小说。"⑥

（二）宋人小说功用观研究

宋人小说功用观方面，学界认为宋人有劝惩、补史、娱乐等意识。关于劝惩意识，李剑国《宋代志怪传奇叙录·前言》认为宋人小说"在创作动机和主题表现上对于封建伦理道德的过分执着"导致道学化。⑦ 巩聿信《文言小说创作动机研究之一：劝诫教化型》指出："随着唐宋古文运动'文以载道'思想的广泛影响和宋代理学的形成，小说的教化意味越来越浓，终于成为一种普遍的现象。文人自觉不自觉地把劝诫教化当作自己的本分和天职，以至于在小说作品及序、跋、题词中，惩劝教化的字眼比比皆是。"⑧ 段庸生《劝惩与宋人传奇》认为："宋人传奇中的劝惩不是简单的说教议论，而是对唐传奇过度

① 王齐洲：《论欧阳修的小说观念》，《齐鲁学刊》1998 年第 2 期。
② 凌郁之：《从宋代官私书目看小说观念的变迁》，《复旦学报》（社科版）2007 年第 3 期。
③ 郝敬、张莉：《论中国古体小说的观念流变》，《明清小说研究》2013 年第 1 期。
④ 李军均、曾垂超：《宋代小说思想三题》，《文艺研究》2010 年第 7 期。
⑤ 刘良明：《洪迈对志怪小说理论批评的历史性贡献》，《武汉大学学报》（哲社版）1996 年第 6 期。
⑥ 潘承玉：《两宋时期新小说观念的觉醒》，《晋阳学刊》1997 年第 5 期。
⑦ 李剑国：《宋代志怪传奇叙录》，南开大学出版社 1997 年版。
⑧ 巩聿信：《文言小说创作动机研究之一：劝诫教化型》，《聊城大学学报》（社科版）2001 年第 6 期。

追求感观娱乐享受的反正。它于劝惩之中对历史教训的重视及对题材价值意义的追求，充分表明宋人对小说社会功能的格外重视。"① 许军《论宋元小说的道德劝惩观念》认为注重道德教化使宋元小说具有更为广泛的社会意义，对小说发展产生了积极的影响。② 李军均、曾垂超《宋代小说思想三题》认为宋人小说创作"融贯'德性'自觉，不仅体现在'垂诫'性文字构成文本叙事的有机部分，且文本叙事往往围绕'德性'展开"，"其阐释的'德性'往往是故事的宗旨，是叙事的指归"，"'德性'已内化于叙事进程中"。③

关于补史意识，赵维国《论宋人小说的创作观念》指出，宋代史学兴盛，小说作者希望自己作品能够被史家采录，因而自觉地按照史家标准来创作小说，把实录的笔法引进了小说。④ 苗壮《笔记小说史》指出宋人创作笔记小说乃出于"备史官之阙"，这导致了笔记小说创作的繁荣，同时也束缚了小说作家艺术创造力的发挥。⑤ 郭丽《元前小说观演变研究》也指出"到了宋代，小说文体已经脱离史部，但小说观仍然依附于史学"⑥。

关于娱乐意识，李军钧《宋元小说学》指出："宋元时期的小说功用观并不仅仅只有小说的'德性'自觉这一方面，它还重视小说的娱乐性……一方面表现在创作的自觉，另一方面表现在接受的自觉。"⑦

（三）宋人小说类型观研究

宋人小说类型观方面，赵维国《传奇体的确立与宋人古体小说的类型意识》认为相较于志怪、志人轶事小说已经得到传统小说观念的认同，传奇小说作为一个独立类型是由宋人确立的，并指出"古体小说类型的确立是小说发展到一定阶段的产物。唐人始有意创作小说，还不具备小说的研究意识，而宋人在这一基础之上，开始有意识地构建小说理论，其小说类型研究具有一定的开拓意义"⑧。

李军钧《宋元小说学》之《"说话四家数"：宋元白话小说自觉的类型观》认为："'说话四家数'所反映的宋元白话小说自觉的类型意识，奠定了中国古代白话小说发展的源流，使中国古代小说自觉遵循其类别发生、发展与演变。"⑨

（四）宋人小说艺术观研究

宋人小说艺术观方面，李军钧《宋元小说学》将其归纳为诗学论、语体论、虚实论、结构论四个层面。诗学论层面，该文指出宋元人认为小说可以"助缘情之绮靡，为翰之华苑者"，对小说有文学性的认知和文体诗性的尊重；语体论层面，宋元人认识到小说语言的艺术诉求即"诗笔"的强调；虚实论层面，宋元人突破了前人的"实录"观，建立

---

① 段庸生：《劝惩与宋人传奇》，《重庆师院学报》（哲社版）2000 年第 4 期。

② 许军：《论宋元小说的道德劝惩观念》，《广西社会科学》2003 年第 11 期。

③ 李军均、曾垂超：《宋代小说思想三题》，《文艺研究》2010 年第 7 期。

④ 赵维国：《论宋人小说的创作观念》，《中州学刊》2001 年第 6 期。

⑤ 苗壮：《笔记小说史》，浙江古籍出版社 1998 年版。

⑥ 郭丽：《元前小说观演变研究》，博士学位论文，山东大学，2010 年。

⑦ 谭帆、王冉冉、李军钧：《中国分体文学学史》（小说学卷），山西教育出版社 2013 年版。

⑧ 赵维国：《传奇体的确立与宋人古体小说的类型意识》，《宁夏大学学报》（社科版）1999 年第 3 期。

⑨ 谭帆、王冉冉、李军钧：《中国分体文学学史》（小说学卷），山西教育出版社 2013 年版。

了"信以传信，疑以传疑"的虚实论；结构论层面，《醉翁谈录》"讲论处不滞搭、不絮烦；敷演处有规模、有收拾"云云，正是对"说话"叙述结构的要求。① 郭丽《元前小说观演变研究》认为："宋人进一步明确了子、史合流的小说观，并首次在理论上发掘出小说的诸多文体特征。他们对小说的虚构本质、结构艺术、人物形象塑造技巧、独特审美效果等文学特点的体味，在某种程度上已经接近艺术审美。"②

虚构意识是小说艺术观的重要内容，学界多有论及。李剑国《宋代志怪传奇叙录·前言》批评宋人"不懂得小说艺术，不明白小说创作虚构规律，体会不出幻想想象的审美效能"③。张祝平《论洪迈的小说观》指出，洪迈一方面声称自己坚持实录原则，强调所记"皆表表有据依者"，另一方面又承认《夷坚志》有失实之处，始终徘徊在虚、实之间。④。该文通过洪迈的个案折射出宋人在虚实这一重要的小说观念上是革新与保守并存的。萧相恺《宋元小说理论的新贡献》认为在中国小说理论史上，郑樵《通志·乐略·琴操》最早清醒认识并明确指出虚构是小说的艺术特色，郑樵还总结了小说创作中虚构的三种主要方式，经传所载"数十言""彼则演成万千言"；"于史籍无其事，彼则肆为出入"；"或有其人而无其事，或有其事又非其人"，并从理论高度阐发了虚构之于小说创作的重要意义。⑤

（五）宋人小说学贡献研究

宋人小说学贡献方面，康来新认为宋人始有意研治小说，使小说由微而显，她指出："'始有意治之'的研治小说：小说文献学、小说类型学、小说评点学是宋人的显性成绩……另一重要的隐性影响，是若干小说经典的诠释，彼等之关键改变皆因宋人之故……理性治学与白话兴起，可视为宋人在小说史上的两大伟业；小说由微而显的关键转捩，宋人首居其功。"⑥

李军钧认为宋人贡献在于开启了中国小说的近代性思维，他指出宋代小说思想既继承汉唐的传统思想，又有极大突破，宋人"在重视小说本体性时致力阐发小说的'德性'自觉。此外，宋人以艺术精神探寻小说的文学之美，并因小说的文学审美本质而形成'荟萃小说'的社会风尚，同时在认可娱乐性思想的同时，突破史学视野下的'实录'传统，开启了中国小说的近代性思维"⑦。

二 宋代小说专题研究

（一）商贸、婚恋、发迹等专门题材研究

宋代小说的题材非常广泛，学界针对某种专门题材如商贸题材、涉海题材、域外题

---

① 谭帆、王冉冉、李军钧：《中国分体文学学史》（小说学卷），山西教育出版社 2013 年版。
② 郭丽：《元前小说观演变研究》，博士学位论文，山东大学，2010 年。
③ 李剑国：《宋代志怪传奇叙录》，南开大学出版社 1997 年版。
④ 张祝平：《论洪迈的小说观》，《淮阴师范学院学报》（哲社版）2001 年版第 5 期。
⑤ 萧相恺：《宋元小说理论的新贡献》，《明清小说研究》2000 年第 3 期。
⑥ 康来新：《发迹变泰——宋人小说学论稿》，大安出版社 1996 年版。
⑦ 李军均、曾垂超：《宋代小说思想三题》，《文艺研究》2010 年第 7 期。

材、婚恋题材、侠义题材、发迹变泰题材等展开的研究往往能做得比较深入。罗陈霞《宋代小说与宋代民间商贸活动》首先分析宋代民间商贸活动的典型场所——店铺、早市与夜市、庙市与墟市，民间商贸活动的主体——专业商贩、牙侩和自产自销者；接着阐述商贸小说的叙事特色和文化内涵；然后通过文本细读，分析两宋酒肆和茶肆的种类与地域分布、建筑装饰、经营策略，以及酒肆故事与茶肆故事的题材类型与文化特征；最后对宋代民间商贸习俗与商业迷信活动进行个案考察（关扑习俗与卦影轨革术）；结语还探讨了民间商贸活动对宋代小说的生成、传播及发展的影响。① 徐玉玲《宋元涉海小说研究》选取了两百余篇宋元涉海小说（包括白话和文言）作为文本，探讨其题材内容、艺术特色和后世影响。② 王昊《中国域外题材小说研究》从小说文本出发，梳理了域外题材小说的发展脉络和风貌特征，并探求隐含在其中的主客观原因。该文有专章探讨宋元时期的域外题材小说，并认为："宋元时期的域外题材小说种类非常少，集中在海外奇遇和海外奇人奇物两方面，这与宋代繁盛的海上贸易、元代空前绝后的巨大版图极不协调，这一状况是宋元两代文人内敛、压抑的心态造成的。"③

付成雪《宋人婚恋小说研究：以传奇、话本为中心》分析了宋人婚恋小说呈现的婚恋形态、人物形象和婚恋观念，并探讨了宋人婚恋小说对于后世戏曲小说的影响。④ 崔丹《唐宋小说女侠形象的比较研究》认为："唐代女侠所体现出的是一种张扬、自信、独立的个性魅力，宋代女侠则性格较为内敛而缺少自我意识；相对于唐代女侠积极参与社会政治活动的行为且具有明显的侠之品格，宋代女侠则更像中国传统社会中的世俗女性，囿于家庭之中，以丈夫为中心，贤良淑慧；在婚恋上，不同于唐代女侠的大胆、独立与蔑视世俗，宋代女侠则更加符合社会道德伦理规范，更加隐忍与退让。"该文分析了唐宋女侠形象大相径庭的原因，指出这是"由唐宋两代不同的社会环境背景以及不同的文人心态造成的""由唐至宋，社会环境发生了改变，由崇武而尊文，女性地位由高转低；而文人的整体心态渐趋内敛，重理节情，重视道德自律"⑤。潘承玉《论宋元明小说、戏曲发迹变泰题材的流变及其文化意蕴》阐析了宋元明大众语体小说和戏曲领域发迹变泰题材两次大的嬗变，产生的三大题材类型和十二种题材模式，并认为这种题材作品展示了希望富贵、富贵无种、富贵在天、贱者为尊等几种重要的大众意识。⑥

（二）宋代小说与讲唱、戏曲关系研究

宋代小说与讲唱、戏曲的互动关系，学界有深入的研究。范丽敏《互通·因袭·衍化——宋元小说、讲唱与戏曲关系研究》探讨了宋元小说与戏曲的共同发展规律。该书以小说、戏曲文本为中心，考察了其人物、情节、固定套语等大量因袭的创作规律及从有目无（文）本到简略地记载故事关目概要之本再到文人的拟作之本直至个性化的文人独

① 罗陈霞：《宋代小说与宋代民间商贸活动》，博士学位论文，南开大学，2009 年。
② 徐玉玲：《宋元涉海小说研究》，硕士学位论文，湖南师范大学，2014 年。
③ 王昊：《中国域外题材小说研究》，博士学位论文，苏州大学，2009 年。
④ 付成雪：《宋人婚恋小说研究：以传奇、话本为中心》，硕士学位论文，集美大学，2013 年。
⑤ 崔丹：《唐宋小说女侠形象的比较研究》，硕士学位论文，陕西师范大学，2014 年。
⑥ 潘承玉：《论宋元明小说、戏曲发迹变泰题材的流变及其文化意蕴》，《复旦学报》（社科版）1997 年第 6 期。

创之本的演进趋势；并从艺术形式（题材、上下场诗、题目正名等）、演述方式、韵散结合模式、角色体制等维度较全面地探讨了宋元戏曲与小说密不可分的关系。该书将宋元小说、戏曲共通的生成和发展规律概括为"互通·因袭·衍化"理论，有一定的创新性。①

徐大军《中国古代小说与戏曲关系史》认为"古代小说与戏曲的关系，从发展看，同源异流，相互影响；从形态看，同源异质，相互渗透"。该书第二章《唐宋之际"说话"伎艺与杂剧关系的新变》认为唐宋之际"戏弄在'说话'伎艺向叙事方向发展的诱发下出现了叙事宗旨的表演"，而宋金杂剧叙事宗旨的确立"始终伴随叙事性'说话'伎艺的促进之力"。该书第三章《宋金时期小说对戏曲的影响形态》认为宋金时期小说与戏曲的关系已经逐渐由宋前的混融转变为前者对后者的影响，此影响体现在故事题材、叙事能力和演述方式三个方面。②

凌郁之《走向世俗——宋代文言小说的变迁》第五章《宋代文言小说向曲艺的拓殖》认为："宋代民间说唱文艺直接催生了'说话四家'之'小说家'及小说家说话所凭依的'话本'，而大曲、诸宫调、杂剧、戏文等之敷衍小说者，在广义上也可以'小说'视之。说唱、戏曲是书面小说的表演形态；小说在书面文本形态之外，以说、唱、演的形式拓殖于民间，与民间文化互动……说、唱、演的过程又不断丰富着小说，促进小说书面文本的改进与完善，又不断滋生新的小说（包括口头的和书面的小说），并进而影响着敷演小说的说、唱、演节目，如此生生不息。"该书还指出："由于说唱戏曲的强大引力，使人感到宋代小说的全貌已从文言文本形态向表演形态倾斜了。"③

（三）宋代小说的文化研究

宋代小说的文化研究，学界往往就文言小说或白话小说立论，如余丹《宋代文言小说的文化阐释》、马晓坤《宋元小说话本中的民俗信仰论略》等，将文言、白话整体打通对宋代小说进行文化研究的论著较少。倒是一些对中国古代小说用文化视角进行整体观照的论著往往涉及宋代小说，如万晴川《命相、占卜、谶应与中国古代小说研究》《房中文化与中国古代小说》《巫文化视野中的中国古代小说》《中国古代小说与方术文化》《中国古代小说与民间宗教及帮会之关系研究》《宗教信仰与中国古代小说叙事》等著述。④

（四）宋代小说的整体价值研究

宋代小说的整体价值，学界一般认为文言小说成绩平平而白话小说异军突起"实在是小说史上的一大变迁"⑤。结合文言白话对宋代小说价值进行整体评判的论著较少，程

---

① 范丽敏：《互通·因袭·衍化——宋元小说、讲唱与戏曲关系研究》，齐鲁书社 2009 年版。

② 徐大军：《中国古代小说与戏曲关系史》，人民文学出版社 2010 年版。

③ 凌郁之：《走向世俗——宋代文言小说的变迁》，中华书局 2007 年版。

④ 万晴川的作品出版情况如下：《命相、占卜、谶应与中国古代小说研究》，中国文联出版社 2000 年版；《房中文化与中国古代小说》，作家出版社 2001 年版；《巫文化视野中的中国古代小说》，中国社会科学出版社 2003 年版；《中国古代小说与方术文化》，中国社会科学出版社 2005 年版；《中国古代小说与民间宗教及帮会之关系研究》，人民文学出版社 2010 年版；《宗教信仰与中国古代小说叙事》，浙江大学出版社 2013 年版。

⑤ 鲁迅：《中国小说的历史的变迁》，《鲁迅全集》第九卷，人民文学出版社 2005 年版。

毅中《宋代传奇集序》、丁峰山《宋代小说在中国小说史上历史地位的重新估价》是此类著述中较有影响者。程文指出："宋人小说文备众体，本非一格，亦有藻绘可观如《云斋广录》所收者。且宋人小说崇尚实录，渐近人生……近体小说源出瓦舍说话，其为市井细民写心，固无论矣；而传奇志怪，亦多人情世态，声色俱绘，叙事则如经目睹，记言则若从口出，此可于《摭青杂说》等书觇之。宋之传奇，于搜神志异而外，或摹壮士佳人之心胆，或述引车卖浆之言语，声气风貌，神情毕肖，千载而下，犹可仿佛。自兹而后，小说一家，蔚为大观，可以兴观群怨，或且优于诗赋。"① 从整体上对宋代小说作了较高评价。

丁文认为就笔记小说而言，"宋人笔记是魏晋笔记小说初次文本定型、规范后的又一次定型、规范过程，不仅强化了原有规定性，且自己的面貌特色成为后世的楷模和定式……其影响力超过唐代是难以否认的客观事实"；就传奇小说而言，"明、清以来的传奇体小说在选材、流派、主旨、风格上受宋传奇的滋润要多于唐传奇"；就话本小说而言，"宋代说话及话本对中国小说的最主要形式——通俗小说的各种体裁的开山之功，经先贤、时贤们的多方论证，已成定论"；就小说理论而言，"接近小说逻辑起点的小说理论发轫于宋代……明代小说理论的成熟与宋人的准小说理论有很大关联"，就小说文献整理而言，宋人编纂了《太平广记》《类说》等大型小说类书，"给明人开辟了一条收集、整理、编辑小说总集、类集、选集、丛书的大道"。丁文最后指出，"从小说（文学）发展的综合历史维度着眼，宋代对中国古典小说的贡献和影响不低于甚至高于唐代，其历史地位在唐代之上。"②

三　宋代小说文白雅俗关系研究

宋代文言小说与白话小说虽自成体系，但互相影响并呈现此消彼长之势，进而导致雅俗文学版图发生嬗变，学界对此已有体察。

（一）文白互动的征迹研究

1991 年，程千帆、吴新雷《两宋文学史》就指出宋代白话小说与文言小说"彼此渗透，互为影响，文言小说为民间艺人讲述故事提供了丰富的创作素材，如传奇和灵怪成了短篇白话小说八大门类中的重要项目；而话本的艺术方式则曾经被文人所效法和借鉴，产生了话本体的传奇"③。

1994 年，陈文新《论古代传奇小说的两种类型及其演变》指出，"在宋代传奇已与俗文学合流"，这种通俗化了的传奇小说就叫"话本体传奇"④。

1996 年，李剑国《宋代志怪传奇叙录·前言》指出："宋人小说的通俗化开始造成这样一种趋势——文人文言小说和市民话本小说一定程度的合流趋势，这在小说史上是意义

---

① 程毅中：《宋代传奇集序》，载李剑国《宋代传奇集》，中华书局 2001 年版。

② 丁峰山：《宋代小说在中国小说史上历史地位的重新估价》，《福建师范大学学报》2004 年第 5 期。

③ 程千帆、吴新雷：《两宋文学史》，上海古籍出版社 1991 年版。

④ 陈文新：《论古代传奇小说的两种类型及其演变》，《青海社会科学》1994 年第 3 期。

重大的……士大夫文人屈尊纡贵地接近了'下里巴人',把说话中的某些有趣故事拿过来,顺便也拿过说话人捏合提破的手段,并照着说话人的情趣所在,把摄材角度扩展到市民社会。尽管尚嫌迟钝,不像说话人在向文人小说学习方面表现出极大的敏捷和热情,但这有意义的一步终于是迈出来了。有了这个靠拢,才会有元明盛行的以通俗性为一大特征的文人长篇文言小说。"① 同年,章培恒、骆玉明主编《中国文学史》指出从北宋中后期文言小说即开始了向"说话"倾斜的过程,文言小说受到了市井民众的影响,从而一方面出现了唐传奇所不具有的若干思想成分,另一方面在形式上吸收了"说话"的一些特点,文字较唐传奇通俗,描写也较具体细致。②

1999 年,程毅中《宋元小说研究》指出:"宋元时代是小说史上一个继往开来的阶段。这是以话本为基础的白话小说开始发达的时代,也是以史传为渊源的文言小说走向衰微的时代。然而,它不是新旧交替而是新旧交错融会的时代……大约由南宋到元代,随着说话艺术的飞跃发展,中国小说史上发生了一大变迁,走向以通俗小说为主体的新阶段。"该书还指出古体小说和近体小说虽是两个系统的作品,但在宋元时代二者有交流互补的趋势,并在具体作品论述中侧重分析了古体小说在人物形象、语言以及叙事体制等方面出现的通俗化倾向和话本体趋势。③

2002 年,鲁德才《古代白话小说形态发展史论》虽然主要是从文言、白话小说"各自独立、平行发展"的视角立论并系统梳理白话小说形态发展史,但是也指出两者"在发展过程中,情节与表现形式上互相融合、渗透"。④

2009 年,齐贞贞《论宋小说话本与传奇的关系》从"话本的'承雅':话本从传奇(雅文化)中受到的影响;始新:话本相异于传奇的新特点;启俗:话本的内容思想和艺术形式对传奇的影响"三个方面探讨了话本与传奇的关系。⑤

(二) 雅俗嬗变的趋势研究

1994 年,石昌渝《中国小说源流论》"文言与白话:双水分流与合流"认为:"文言小说与白话小说并行发展,形成中国小说史特有的双水分流的格局。然而它们又并非毫不相犯,它们在各自发展的历程中,不断地吸取对方的长处,移植对方的题材,学习对方的表现方法。"该书指出文、白互动中的雅、俗嬗变趋势是"如果说文言小说是从雅到俗渐次下降,那么白话小说则是从俗到雅渐次提升"。该书"传奇小说的俗化"还指出了宋传奇的嬗变趋势:"所谓传奇小说的俗化,即意指传奇小说从士大夫圈子里走出来,成为下层士人写给一般人民欣赏的文学样式。宋代传奇小说观念意识明显下移,这就是俗化的开端。"⑥ 同年,吴志达《中国文言小说史》指出,北宋中期至南宋中期是形成宋传奇特色的时期,其显著特征是雅俗融合,审美心理由士大夫之雅趋向市民之俗;语言上受话本的

---

① 李剑国:《宋代志怪传奇叙录》,南开大学出版社 1997 年版。
② 章培恒、骆玉明:《中国文学史》,复旦大学出版社 1996 年版。
③ 程毅中:《宋元小说研究》,江苏古籍出版社 1999 年版。
④ 鲁德才:《古代白话小说形态发展史论》,南开大学出版社 2002 年版。
⑤ 齐贞贞:《论宋小说话本与传奇的关系》,硕士学位论文,北京师范大学,2009 年。
⑥ 石昌渝:《中国小说源流论》,生活・读书・新知三联书店 1994 年版。

影响；题材上描述市民日常生活的题材更多了；传奇小说的文体规范也发生了变化。①

1997 年，萧相恺《宋元小说史》指出："中国的小说发展到宋元时代，明显地开始了雅俗分流……雅、俗两类小说，乃是两种各具特点，有着不同发展线索、发展规律、发展原因，并有着不同的理论指导的小说。宋元小说的历史，正是由这样两种不同小说的发展历史共同构成的。"该书指出雅、俗两类不同性质小说在宋元间是相互渗透融合、共同激扬前行。该书还分析了"市人小说"（引者注，即白话小说）与文言传奇的互动关系，认为"市人小说"继承发扬了文言传奇中故事、人物及场景交代描绘详尽细腻之艺术特色，而宋元传奇作家又反过来从新兴市人小说汲取营养使得传奇出现了市人小说化倾向。②

2001 年，王水照《宋辽金元小说史·序》指出："从文体学的角度来观察中国文学的大致走向，宋元小说可以说是实现了文学重心的两个转移：一是从文言小说为主转变为以白话小说为主……二是从雅文学向俗文学的重心转移……这两个转变是密切相关的，后一转变是由前一转变自然推演而来，促成后一转变的主要关键仍是宋元话本的崛起。"该文还指出宋元文言、白话小说"两者之间存在着互摄互融、相反相成关系。不仅话本作者吸取文言小说的滋养……而洪迈的文言小说《夷坚志》，其人物、故事之兼取市井，语言之并采俚俗，也是显而易见的"③。

2007 年，凌郁之《走向世俗——宋代文言小说的变迁》认为宋代文言小说与白话小说相互渗透而从整体上呈现出通俗化趋势。一方面文言小说语言总体上趋向浅易，并分化出叙事题材和审美趣味世俗化的通俗文言传奇；文言小说之人物对话常使用白话或出于叙事的自觉，或受到说话艺术的影响。另一方面对文言小说的敷演是小说家说话的重要方式，而话本小说采录文人诗词，或者文人为其制作诗词，都显示了民间文艺向文人文学的靠拢。另外，文言、白话小说之间并非壁垒森严，存在着不文不白、半文半白文字形态的小说。④ 同年，李军均《传奇小说文体研究》承石昌渝"宋代传奇小说俗化"之说并进一步展开，认为"宋代传奇小说观念意识的下移"可分为"以俗为雅"和"化雅入俗"两种表现形式，而宋代传奇小说"以俗为雅"的文体嬗变又呈现出语体的通俗性、题材的世俗性与思想感情及愿望理想的大众性、接受者的广泛性三方面特征，"化雅入俗"是删改文言传奇，以迎合大众审美需求的简约性和模式化。⑤

2012 年，凌郁之《宋代雅俗文学观》认为"宋代处于中古与近世正变升降之枢纽，是中国文化传统和文学传统变革最深刻的时期之一，而雅俗变迁又是其中重要一环"，并指出，宋人"所讲的'雅'，不离俗而又非俗，来自俗而又脱俗，而从未脱离人间世，而始终有着向上层次的超然的精神指向"，实质是"对俗的'百炼成钢'，锻俗成雅"。该书还设专章探讨了宋代小说的雅俗问题。⑥

（三）走向世俗的原因探究

宋代小说整体上呈现出通俗化趋势，学界认为有宋代城市经济发达和市民阶层壮大、

①　吴志达：《中国文言小说史》，齐鲁书社 1994 年版。
②　萧相恺：《宋元小说理论的新贡献》，《明清小说研究》2000 年第 3 期。
③　王水照：《宋辽金元小说史序》，载张兵《宋辽金元小说史》，复旦大学出版社 2007 年版。
④　凌郁之：《走向世俗——宋代文言小说的变迁》，中华书局 2007 年版。
⑤　李军均：《传奇小说文体研究》，华中科技大学出版社 2007 年版。
⑥　凌郁之：《宋代雅俗文学观》，中国社会科学出版社 2012 年版。

唐宋文化和文学转型、话本小说影响等多种因素。凌郁之《走向世俗——宋代文言小说的变迁》认为从文化转型层面而言，"宋代小说的走向世俗既是唐宋文化转型的结果，又是唐宋文化转型的深刻反映。宋代文言小说总体上表现出对俗文化的倾斜，这是小说写作精神或叙事价值取向的转变"；从文学转型层面而言，"宋代文学产生了走向世俗的动向，而宋代小说的走向世俗只是文学整体趋俗的一种体现而已"。①

李军均、曾垂超《论宋代小说的雅俗之变及其文化精神》认为："宋代小说的雅俗之变，具有范式意义的是以俗为雅，而促成这一变化的因素主要是新型都城文化的形成、士大夫共同体的转型与话语体系的嬗革等。"②

（四）文白互动、雅俗嬗变的影响研究

宋代小说的文白互动、雅俗交融，在中国文学史、汉语发展史上有重要意义，学界对此已有探讨。孟昭连《宋代文白消长与小说语体之变》指出："古代白话自汉魏之际始现于书面语，经过长期发展，至宋代随着由雅趋俗的文化进程，广泛渗入多种文体。在此语言背景下，古代小说语体发生巨大的变革。一方面，文言小说语体变'华艳'为'平实'，出现浅俗化倾向……另一方面，白话小说语体的形成，与近代汉语的发展有着直接关系……白话小说的繁荣，扩大了白话在书面语中的比例，反过来又推动了近代汉语的进一步发展。"③ 孟先生另一篇文章《口传叙事、书写叙事及其相互转化——以中国古代小说为中心》认为："口传与书写是两种不同的传播方式，二者之间存在着相互转化的关系，而且可能不止一次。每一次转化，都会对小说的故事内容及语体造成影响。一般而言，口传是造成白话的主要原因，而与书写相随的则是文言。但随着白话书面语的发展，至宋元时期这一规律被打破，宣告了白话小说的诞生。"④

李军均、曾垂超《论宋代小说的雅俗之变及其文化精神》指出："宋代俗小说的兴盛，本是雅俗交融的结果，其兴盛之后，又与雅小说相互影响，使宋代成为中国古代小说雅俗相融的关键时期。宋代小说的雅俗相融，主要有三种表征，即：宋代小说形成渐趋'言文合一'的独立语体、'体用一源'的小说思想、题材与读者意识的文化下移及由此带来的文体嬗变……这三方面的新变，开启了中国古代小说成熟之路，也奠定了明清小说美学思想基础，使宋代小说成为近代小说的源头。"⑤

百年来，学界对宋代小说的研究取得了很大成绩，但也存在一些缺憾，比如重白（白话小说）轻文（文言小说），文、白分论。白话研究者多，文言研究者少；单独研究者多，整合研究者少；即使系统研究宋代小说的也大都是将文言、白话分成两个体系、单独论述，较少分析两者互动消长的复杂因缘。如此文、白分论，不利于充分探讨宋代小说

---

① 凌郁之：《走向世俗——宋代文言小说的变迁》，中华书局 2007 年版。

② 李军均、曾垂超：《论宋代小说的雅俗之变及其文化精神》，《福建师范大学学报》（哲社版）2011 年第 4 期。

③ 孟昭连：《宋代文白消长与小说语体之变》，《中国社会科学》2011 年第 3 期。

④ 孟昭连：《口传叙事、书写叙事及其相互转化——以中国古代小说为中心》，《明清小说研究》2011 年第 3 期。

⑤ 李军均、曾垂超：《论宋代小说的雅俗之变及其文化精神》，《福建师范大学学报》（哲社版）2011 年第 4 期。

文白互动、雅俗消长的演进态势，不利于完整呈现经纬交错、脉络贯通的历史面相。

　　贯通文白的宋代小说整体研究尽管在宋代小说理论批评研究，各种专门题材研究，宋代小说与讲唱、戏曲关系研究，文化蕴涵研究，整体价值研究，文白雅俗关系研究等多个方面都取得了较大突破，但也存在尚待推进之处。最主要的还是融合文白而做整体通观方面应进一步加强，应将宋代小说作为一个整体置于中国叙事文学演进大背景进行综合探讨。

　　关于宋代小说文白雅俗关系研究，笔者认为至少存在以下几点遗憾：一是研究失衡，学界较多论析文言小说借鉴白话小说而出现的俗化倾向，较少注意白话小说效法文言小说而出现的雅化趋势。二是深度不够，较少注意到文言小说、白话小说互动的实质是文人叙事、民间叙事的交渗，尚无研究著述从叙事机理的角度分析宋代文言小说、白话小说的内在质性差异，以及两种小说类型背后两种叙事类型的异质互补和互动交渗。三是视野可以拓宽，应该将宋代小说与讲唱、戏曲进行整体观照，并从中国文学主潮更迭之大势来探讨宋代小说文白雅俗的关系。

宋代白话小说研究百年述略*

李建军

　　宋代白话小说（即话本小说）是唐五代敦煌话本发轫之后中国白话小说发展的极其重要的阶段，学界对话本小说进行整体研究的著述都会涉及宋话本。1912 年以来的百余年，较早对话本问题进行全面论述的是鲁迅先生，其《中国小说史略》《中国小说的历史的变迁》《宋民间之所谓小说及其后来》等论文论著对话本的渊源、性质、说话的家数、拟话本等问题都有精辟的阐析，奠定了话本研究的基础。② 1964 年程毅中的《宋元话本》比较全面地论述了宋元话本的产生渊源、思想蕴涵、艺术特色、小说史价值，是关于宋元白话小说的较早专门著述，值得关注。③ 1980 年胡士莹的《话本小说概论》全面梳理了话本小说发生、发展、流变的过程及其动因，深刻阐扬了各个时代说唱、说话、说书与话本的内在关系，准确分析了话本的体裁、类别和文体特征，完整叙录了宋元明清话本和拟话本作品，材料之丰、分析之细、论述之全，同类著述罕有其匹，被赵景深誉为"研究话本的百科全书"。④ 该书对宋代说话和话本的论析，向来为学界所重。另外，1985 年谭正璧的《话本与古剧》，1989 年美国学者韩南的《中国白话小说史》，1992 年张兵的《话本小说史话》，1994 年欧阳代发的《话本小说史》，1998 年石麟的《话本小说通论》，2002 年鲁德才的《古代白话小说形态发展史论》，2003 年萧欣桥、刘福元的《话本小说史》等著述，⑤ 在对话本小说、白话小说的整体考察中都有对宋话本的精彩论析。

　　百年来，学界对宋代话本小说的渊源、文体、叙事、文化蕴涵、价值等多方面都进行

　　* 本文为浙江省高校重大人文社科攻关项目"宋代小说文人民间叙事互动消长与近古叙事文学研究"（2013QN010）阶段性成果。

　　② 鲁迅《中国小说史略》《中国小说的历史的变迁》，均见《鲁迅全集》第 9 卷，《宋民间之所谓小说及其后来》收于杂文集《坟》，见《鲁迅全集》第 1 卷，人民文学出版社 2005 年版。

　　③ 程毅中：《宋元话本》，中华书局 1964 年版。

　　④ 胡士莹：《话本小说概论》，中华书局 1980 年版。

　　⑤ 谭正璧：《话本与古剧》，上海古籍出版社 1985 年版。［美］韩南：《中国白话小说史》，尹慧珉译，浙江古籍出版社 1989 年版。张兵：《话本小说史话》，辽宁教育出版社 1992 年版。欧阳代发：《话本小说史》，武汉出版社 1994 年版。石麟：《话本小说通论》，华中理工大学出版社 1998 年版。鲁德才：《古代白话小说形态发展史论》，南开大学出版社 2002 年版。萧欣桥、刘福元：《话本小说史》，浙江古籍出版社 2003 年版。

了深入的探讨。下面从六个方面择要述之。①

一　文献整理与研究

（一）篇目考证与叙录

宋代白话小说篇目的著录情况、版本流传及相关内容，相应的小说目录类著述大体都有涉及。孙楷第1933年出版的《中国通俗小说书目》是我国较早的小说目录，"标志着小说目录已有了初步系统和比较完备的著作，为小说研究奠定了目录学基础"②。该书于1957年出版了修订本，又于1982年出版了补正重排本。该书著录宋代至清末通俗小说八百余种，分为宋元部、明清讲史部、明清小说部甲、明清小说部乙共四部。其中宋元部著录讲史话本8种，存世者7种；著录小说话本134种，存世者28种；③著录小说总集2种，残存1种即《京本通俗小说》，亡佚1种即《烟粉小说》。④该书对于已佚或未见者，则注明所据书名，对于现存者，则注明书名、卷数、作者、版本等内容，"尽管不无商榷之处，然草创之功实不可没"⑤。

胡士莹《话本小说概论》勾勒了话本小说的完整图景，体大思精。该书对宋元明清几乎所有的话本、拟话本以及集子都做了较为详细的叙录，叙述其历代著录情况、故事梗概、本事来源、版本流传等内容，考证其成书时代，梳理其文本故事传衍、改编情况，资料宏富，考证精当，论断审慎。该书依据现存话本的体裁和语言风格、叙述的社会风俗习惯、反映的社会思想意识等方面的信息，再加上运用同一内容话本的互相比勘，话本中地理、官职及典章制度的考察，官史、杂史、笔记及诗文集等文本的互相参证，依据戏文、杂剧、院本等来证明话本故事在当时的表演情形和话本所反映的时代背景，参考现代人研究所积累的见解等方法，推勘叙录存世的宋人诗话1种即《大唐三藏取经诗话》，词文1种即《梁公九谏》，讲史话本2种即《新编五代史平话》《新刊大宋宣和遗事》，小说话本40种。

江苏省社会科学院明清小说研究中心编纂并于1990年出版的《中国通俗小说总目提要》，共收唐代至清末的通俗小说1160种。每种书目（篇目）先著明其作者并简要叙述其生平经历，接着梳理其版本流变递嬗关系，然后以精炼朴实的语言准确客观地概述全书

①　学界关于宋元话本研究的综述文章，主要有李时人《20世纪宋元小说研究的回顾》（《零陵师范高等专科学校学报》2000年第1期），罗勇珍《20世纪80年代以来宋元话本小说研究综述》（《广东农工商职业技术学院学报》2007年第3期），余戈、段庸生《近十年宋话本研究综述》（《湖北社会科学》2010年第4期），王委艳《话本小说研究九十年回顾与展望》（《东方论坛》2011年第6期）等。另外，黄霖、许建平等《20世纪中国古代文学研究史·小说卷》（东方出版中心2006年版）也有相关论述。上述诸文，笔者均有所参考，特此说明。

②　石昌渝主编：《中国古代小说总目》，山西教育出版社2004年版。

③　该书将《卓文君》《风月瑞仙亭》《大唐三藏取经记》《大唐三藏取经诗话》分别著录，其实乃一书（篇）二名，实则一种，故而该书所著录小说话本的实际存世者实为26种。

④　孙楷第：《中国通俗小说书目》，人民文学出版社1982年版。

⑤　石昌渝主编：《中国古代小说总目·前言》，山西教育出版社2004年版。此处附带提一下，学界针对孙书，屡有增补之作，较著者为日本学者大塚秀高著《中国通俗小说书目增订本》（日本汲古社），我国学者欧阳健、萧相恺《〈中国通俗小说书目〉补编》（《文献》1989年第1期）。

的内容大要，进行简要的思想艺术评价，酌情介绍本事源流与沿革，最后附全书回目。该书对《大唐三藏取经诗话》《梁公九谏》《五代史平话》《大宋宣和遗事》等宋代话本小说，《京本通俗小说》《清平山堂话本》等宋元话本小说集有较为详细的提要。① 陈桂声2001 年出版的《话本叙录》著录唐代至清末的话本、拟话本，包括单篇、总集、专集和选集，对其书（篇）名、存佚、卷数、著者、版本、本事、故事梗概、流传、影响及评价等，详加考辨。该书分宋前编、宋元编和明清编三个部分，其中宋元编叙录宋代话本160 余种，存世者 47 种，亡佚者 110 余种②。石昌渝主编并于 2004 年出版的《中国古代小说总目》，著录 1912 年以前的白话小说作品，按词头汉字音序排列，共 1251 种，其中宋代白话小说一百余种，存世者三十余种③。朱一玄等编著并于 2005 年出版的《中国古代小说总目提要》下编白话部分著录唐代至清末的白话小说 1389 种，其中宋代白话小说164 种，存世者 50 种，亡佚者 114 种。④

（二）文本整理与汇集

宋代白话小说的文本整理，百年来尤其是近三十多年来取得了显著的成就。话本总集方面，刘世德主编的大型丛书《中国话本大系》，收录了包括《京本通俗小说》、《清平山堂话本》、《熊龙峰刊行小说四种》、"三言二拍"、《大唐三藏取经诗话》、《大宋宣和遗事》等在内的存世话本，一一进行点校整理，宋代话本存世者尽入其中。⑤ 另外，明代洪楩编印的话本集《清平山堂话本》现存完整者 27 篇，残缺者 2 篇，其中大多是宋元旧本，引起了学界的高度关注。学界对该书的整理本较多，比较重要的有 1929 年古今小品书籍印行会据日本内阁文库所藏残本影印的《清平山堂话本》（收录 15 篇），1933 年马廉据其在宁波所发现残本影印的《雨窗敧枕集》（收录 12 篇），1955 年文学古籍刊行社把上述两书合并影印的《清平山堂话本》（收录 27 篇），1957 年古典文学出版社谭正璧校注本，1990 年江苏古籍出版社石昌渝校注本，2012 年中华书局程毅中校注本。

在讲史话本方面，1954 年古典文学出版社出版了《新编五代史平话》和《宣和遗事》的排印本，1993 年江苏古籍出版社出版了两书的点校整理本。另外，1990 年上海古籍出版社出版了丁锡根点校本《宋元平话集》，收录包括《梁公九谏》《五代史平话》和《宣和遗事》在内的宋元讲史话本 8 种。

在小说话本方面，1987 年中州古籍出版社出版了欧阳健、萧相恺编订的《宋元小说话本集》，按照《醉翁谈录》的小说分类（灵怪、烟粉、传奇、公案、朴刀、杆棒、神仙、妖术）再加上其他类共 9 类，收录宋元小说话本 67 种。每种话本都有简单的校注，并在正文之后有附记，叙录话本来源，考证成书时代。2000 年齐鲁书社出版了程毅中辑注的《宋元小说家话本集》，收录宋元小说话本（包括经过明人修订而主体尚存宋元旧观，语言成分仍以宋元为主者）40 种，再将疑问较多及残缺不全的 22 种，作为存目叙录

---

① 江苏省社会科学院明清小说研究中心编：《中国通俗小说总目提要》，中国文联出版公司 1990 年版。

② 陈桂声：《话本叙录》，珠海出版社 2001 年版。

③ 石昌渝主编：《中国古代小说总目》，山西教育出版社 2004 年版。

④ 朱一玄、宁稼雨、陈桂声：《中国古代小说总目提要》，人民文学出版社 2005 年版。

⑤ 由刘世德主编的《中国话本大系》，于 1990—1994 年在江苏古籍出版社陆续出版。

附于书后。该书对收录的每种话本都有提纲挈领的解题和较为详尽的校注，有些篇目文末还附有选录的参考资料，用心细密，颇便学者利用。该书应该是目前宋元小说话本文献整理最好的成果之一。

在说经话本方面，《大唐三藏取经诗话》今存宋椠巾箱本和宋椠大字本两个版本，1916 年和 1917 年罗振玉先后影印了巾箱本和大字本，收入《吉石庵丛书》。1925 年黎烈文据罗氏影印巾箱本标点整理，由商务印书馆出版了《大唐三藏取经诗话》的排印本。1954 年古典文学出版社据罗氏影印巾箱本并参考影印大字本，重新出版了《大唐三藏取经诗话》排印本。1955 年文学古籍刊行社影印出版了罗氏的巾箱本和大字本。1997 年中华书局出版了李时人、蔡镜浩的《大唐三藏取经诗话校注》，该书据以宋刊小字本，参以宋刊大字本，并参考商务印书馆、古典文学出版社的排印本，精细校注，成为《取经诗话》文献整理目前最重要的成果。

（三）话本选编与注析

宋代白话小说的文本编选、注释、赏析，多种著述都有涉及，下面择要述之。1933 年上海开华书局出版龚学明编选《宋人小说选》和 1935 年上海中央书店出版储菊人校订《宋人创作小说选》，都选入了《错斩崔宁》《碾玉观音》等宋代白话小说。1955 年上海四联出版社出版了傅惜华选注《宋元话本集》，收入《冯玉梅团圆》等 18 种宋元话本并进行了简单注释。1959 年人民文学出版社出版了吴晓铃、周妙中、范宁选注的《话本选》，共收入宋元明清话本 38 篇，其中包括《错斩崔宁》《碾玉观音》等 6 篇宋代小说话本。1980 年江西人民出版社出版了萧欣桥选注的《宋元明话本小说选》，共收入宋元明话本小说 24 篇，其中包括《错斩崔宁》《碾玉观音》等 6 篇宋代话本小说。1993 年南京大学出版社出版了周钧韬、欧阳健、萧相恺主编的《中国通俗小说鉴赏辞典》，精选了唐代至清末的 300 部白话通俗小说进行鉴赏评析，其中包括《大唐三藏取经诗话》《五代史平话》《宣和遗事》等数种宋代话本。2004 年上海辞书出版社出版的《古代小说鉴赏辞典》选入宋代白言小说 25 篇。

二　渊源研究

（一）话本与"说话""转变""变文"的关系研究

宋代话本小说与"说话""转变""变文"的渊源关系，学界看法不一。一种看法是大致认为话本源自变文。1920 年，王国维发表《伦敦发见唐朝之通俗诗与通俗小说》，提出敦煌藏卷中一些"全用俗语"的叙事文学作品"为宋以后通俗小说之祖"。[①] 后来鲁迅也指出敦煌藏经中已有俗文体小说，至迟在唐代已有"说话者"的存在，其说话"实出于杂剧中"。[②] 王国维、鲁迅的观点得到了很多学者的认同，俞平伯的《茸芷缭衡室随

---

① 王国维：《伦敦发见唐朝之通俗诗与通俗小说》，《东方杂志》1920 年第 8 期。
② 鲁迅：《中国小说史略》，《鲁迅全集》第 9 卷，人民文学出版社 2005 年版。

笔》、郑振铎的《宋元话本是怎样发展起来的?》、陈汝衡的《说书小史》等,① 大都认为话本源于变文。另一种看法是认为"说话"并非源于佛教的俗讲转变,那么话本也就不一定来自变文。1928 年方欣庵《白话小说起源考》指出"宋代白话小说的产生是由于唐宋时代优伶娼妓的唱诗唱词中蜕变出来的"②,1958 年滕维雅《论宋代话本小说的起源》指出"宋代说话,盖出于唐代百戏和杂戏中的'说话'"③,1981 年程千帆、吴新雷《关于宋代的话本小说》认为宋代说话"源于我国古代的说书",并强调"转变和说话是并行的讲唱伎艺,并不存在先后的因果关系",但两者"不是完全隔绝的,而是彼此有交流的"。④ 2007 年李剑国、陈洪主编《中国小说通史》有专节"说话溯源"认为:"先秦至隋有很多活动尤其是俳优艺术,与后世说书很相似,或者说已经包含了说书的萌芽,这成为后来说话艺术产生的基础和土壤,也可以说是说话艺术的源头,当然也就是白话小说的源头……到唐代,'说话'和'俗讲'都已成为民间流行的艺术活动……虽然唐代'说话'的具体情况不很清楚,但两宋的民间'说话'肯定是由它发展而成。"⑤

(二) 宋代"说话"研究

宋代说话作为宋话本的温床,学界对其进行了深入研究。关于南宋说话四家,王国维《宋元戏曲史》认为应是小说、说经、说参请和说史书,鲁迅《中国小说史略》、孙楷第《宋朝说话人的家数问题》认为应是小说(银字儿、说公案、说铁骑儿),说经、说参请、说诨经,讲史书,合生、商谜。陈汝衡《说书小史》认为应是小说,说公案、说铁骑儿,说经、说参请、说诨经,讲史。王古鲁《南宋说话人四家的分法》、胡士莹《话本小说概论》认为应是小说,说铁骑儿,说经、说参请,讲史。⑥ 上述四种主要意见的共同点在于都承认小说、说经、讲史是其中的三家,而在另外一家判定上则有说参请、说公案、说铁骑儿、合生与商谜等分歧。关于宋代说话的兴起背景、演出概况、主要艺人、行会组织和话本编写等内容,胡士莹《话本小说概论》,程毅中《宋元小说研究》,萧相恺《宋元小说史》,姜昆、倪钟之主编《中国曲艺通史》,李晓晖《宋元"说话"研究》⑦ 等都有周详的论述。

---

① 俞平伯:《葺芷缭衡室随笔》,《清华周刊》1931 年第 36 卷第 7 期;郑振铎:《宋元话本是怎样发展起来的?》,《文学百题》,生活书店(上海)1935 年版;陈汝衡:《说书小史》,中华书局(上海)1936 年版。

② 方欣庵:《白话小说起源考》,《中山大学语言历史学研究所周刊》1928 年第 52 期。

③ 滕维雅:《宋代话本小说的起源》,《新建设》1958 年第 11 期。

④ 程千帆、吴新雷:《关于宋代的话本小说》,《社会科学战线》1981 年第 3 期。

⑤ 李剑国、陈洪:《中国小说通史》,高等教育出版社 2007 年版。

⑥ 王国维:《宋元戏曲史》,上海古籍出版社 1998 年版。鲁迅《中国小说史略》,《鲁迅全集》第 9 卷,人民文学出版社 2005 年版。孙楷第:《宋朝说话人的家数问题》,《学文》1930 年 11 月。陈汝衡:《说书小史》,中华书局 1936 年版。王古鲁:《南宋说话人四家的分法》,载《王古鲁小说戏曲论集》,中华书局 2013 年版。胡士莹:《话本小说概论》,中华书局 1980 年版。

⑦ 程毅中:《宋元小说研究》,江苏古籍出版社 1999 年版。萧相恺:《宋元小说史》,浙江古籍出版社 1997 年版。姜昆、倪钟之主编:《中国曲艺通史》,人民文学出版社 2005 年版。李晓晖:《宋元"说话"研究》,博士学位论文,华中师范大学,2008 年。

（三）话本的性质研究

关于话本的性质，学界存在争议。鲁迅认为话本就是说话人的"底本"，"以作说话时之凭依、发挥"，学界多以为然。1965 年日本学者增田涉发表《论"话本"的定义》质疑鲁迅之论断，认为"话本"一词除偶尔可解释为"故事的材料"外，一般作"故事"解，该词没有'说话人的底本'的意思。① 中国学者施蛰存、萧欣桥等人先后撰文对增田涉之观点进行质疑，认为"底本"说仍然成立。②

三　文体研究

（一）话本的文体特性研究

关于宋代话本小说的文体特性，王庆华《话本小说文体研究》认为"口头文学的表演程式和叙事方式基本上确立了这些作品的篇章体制和艺术构造方式，赋予其文体形态以鲜明的口头文学属性和民间性"，该书还将话本小说文体形态的个性特征概括为：独具一格的篇章体制，口头文学色彩特别浓厚、主观性强烈的叙事方式，富有特色的叙事结构和叙事视角。③《中国小说通史》概括为故事的通俗化、市民趣味、离奇曲折的情节、不注重细节描写与心理描写、道德说教五个方面。④ 另外，王凌《形式与细读：古代白话小说文体研究》从语言形式、修辞形式及人物话语表述形式、人称与视角、顺序与节奏、叙述结构五个方面探讨了包括宋代话本小说在内的古代白话小说文体特色，颇有新意。⑤ 罗筱玉《宋元讲史话本研究》⑥、李时灿《宋元小说家话本文献传承研究》⑦ 则分别对宋元讲史话本和小说话本的文体属性做了探讨。

关于宋元话本的入话，金明求有大作《宋元话本小说入话之叙事研究》专题研究⑧。另外，杨林夕《宋元话本与明话本之入话比较》认为："话本小说的入话通常有入话诗、评介语、小故事等几种形式，随着宋元话本向明话本的过渡，文体更加完备规范，其中表现在入话部分的不同，主要在于加强了入话与正话的关联，减少了随意性，突出了话本作家的教化责任感。"⑨

（二）话本的艺术特征研究

关于宋代话本的艺术特征，张兵《话本小说的美学特征》概括为体制全、故事奇、

---

① ［日］增田涉：《论"话本"的定义》，《人文研究》1965 年第 16 卷 5 期，中文译本载台北《中国古典小说研究专集》1981 年第三集。

② 施蛰存：《说"话本"》，《文史知识》1988 年第 10 期；萧欣桥：《关于"话本"定义的思考》，《明清小说研究》1990 年第 3、4 期；萧欣桥：《话本研究二题》，《浙江学刊》2000 年第 5 期。

③ 王庆华：《话本小说文体研究》，华东师范大学出版社 2006 年版。

④ 李剑国、陈洪：《中国小说通史》，高等教育出版社 2007 年版。

⑤ 王凌：《形式与细读：古代白话小说文体研究》，人民出版社 2010 年版。

⑥ 罗筱玉：《宋元讲史话本研究》，中国社会科学出版社 2010 年版。

⑦ 李时灿：《宋元小说家话本文献传承研究》，北京大学出版社 2007 年版。

⑧ 金明求：《宋元话本小说入话之叙事研究》，台湾大安出版社 2009 年版。

⑨ 杨林夕：《宋元话本与明话本之入话比较》，《江汉大学学报》（人文科学版）2011 年第 2 期。

结构巧、人物新、语言俗。① 黄进德《论宋代的话本小说》指出"宋话本小说开拓了崭新的形象思维领域，在体制建构、情节安排、刻画人物手法以至语言运用上，也都分明保存着迎合市民口味的特征"②。黄建国《短篇话本小说的结构艺术和审美价值》认为"短篇话本小说故事结构明显呈三阶段式，而每一阶段中又包括故事进展、阻止进展、终于进展三部分，使故事显得跌宕起伏，故能引人入胜"③。程毅中《宋元小说的写实手法与时代特征》指出"宋元小说的艺术成就突出表现在细节描写上的逼真与如画，用写实的手法再现了特定时代、特定环境中的社会风貌和生活气息……形成了有民族特色的现实主义文学风格"④。

四 叙事研究

（一）话本的叙事模式研究

关于宋代话本小说的叙事模式，学界相关论文论著多有涉及。王昕《话本小说的历史与叙事》认为宋元话本小说叙事具有如下特点：小说说话者带有一定的被动性，叙事者重在叙述事件过程而疏于对故事中人物内心活动的关注，叙事者虽然时有警示性的套语但却无意造成一个有道德意义的主题。⑤ 罗小东《话本小说叙事研究》则从叙事时间、叙事视角和小说结构三个方面对话本小说进行了叙事分析。⑥ 杨义《文人与话本叙事典范化》指出话本小说的叙事特征主要体现为散韵交错的叙事文体、颠倒悖谬和无巧不成书的叙事模式。⑦ 范道济《话本小说叙事模式述论》认为宋话本采用"拟书场"的特殊叙事模式：以模拟的说书人为特殊的叙述者，以假想的听众为程式化的叙述接受者，以固定的叙述者的声音与全知的叙述者眼光构成其基本的叙事视角方式。⑧ 马珏《宋元话本叙事视角的社会性别研究》指出宋元话本视角是男性的叙事视角，凝聚在文本状态的心理视角都是漠视女性的主体性而代之以他者期待性评判。⑨

（二）话本的叙事策略研究

宋元话本的叙事策略在与唐传奇的比较中会得到更清晰的彰显。刘凤芹《唐人传奇和宋元话本叙述视角的差异》认为与唐人传奇多样化的叙述视角相比，宋元话本的叙述视角基本都采用第三人称全知视角，但有时说书人又有意控制叙述视角和采用限知视角，以达到神秘效果。⑩ 其另一篇文章《唐传奇和宋元话本的叙事结构之比较》以宋元话本中的愚行小说、公案小说、鬼怪小说、宗教小说为代表进行分析，认为宋元话本同类题材的

① 张兵：《话本小说的美学特征》，《人文杂志》1990 年第 6 期。
② 黄进德：《论宋代的话本小说》，《扬州大学学报》1990 年第 3 期。
③ 黄建国：《短篇话本小说的结构艺术和审美价值》，《宝鸡文理学院学报》1994 年第 2 期。
④ 程毅中：《宋元小说的写实手法与时代特征》，《社会科学战线》1996 年第 6 期。
⑤ 王昕：《话本小说的历史与叙事》，中华书局 2002 年版。
⑥ 罗小东：《话本小说叙事研究》，学苑出版社 2002 年版。
⑦ 杨义：《文人与话本叙事典范化》，《天津社会科学》1993 年第 3 版。
⑧ 范道济：《话本小说叙事模式述论》，《荆州师范学院学报》2002 年第 2 期。
⑨ 马珏：《宋元话本叙事视角的社会性别研究》，《文学评论》2001 年第 2 期。
⑩ 刘凤芹：《唐人传奇和宋元话本叙述视角的差异》，《聊城大学学报》2002 年第 3 期。

小说往往具有相同的深层结构及一整套与之呼应的表层结构技巧。①

关于宋元讲史话本、小说话本各自的叙事策略，楼含松《拟史：宋元讲史平话的叙述策略》认为"讲史平话的叙事特征不同于一般的小说话本，带有明显的'拟史'倾向。讲史平话在叙事时间和叙事结构的处理上，存在对传统史书的借鉴……较多运用了史书纪传体和编年体的结构形式"②。纪德君《宋元小说家话本的叙事艺术探绎》认为宋元小说家话本的叙事艺术经验，主要有"确立特定的叙事时空，以强化故事的真实性；撷取闾巷异闻，喜谈'蹊跷怪事'，使故事富有传奇性；选择'结构核'，生发故事，粘连情节，使故事充满戏剧性；运用科诨玩笑和俚语俗谚等，增加故事的趣味性"四个方面。③

（三）话本的时空设置研究

关于宋元话本的时空设置，纪德君《宋元话本小说的时空设置及其文化意蕴》指出"宋元话本小说时空设置的显著特点是突出叙事时空的当代性和地域性，注重对市井节日民俗的描写和渲染"，其叙事功能和文化意义在于"加强叙事的真实性和可信性，强化话本小说的现场接受效果，同时又可以营造一种特殊的地域文化氛围，使话本小说富有市井生活气息和浓郁的时代特色"④。夏明宇《行走的景观：宋元话本小说的空间意象》认为宋元话本小说中的桥、城门、旅店等空间意象，"在故事中分别发挥了空间连通与叙事衔接、空间分隔与叙事离合、空间栖止与叙事转折等空间叙事功能"，同时"积淀着深厚的民族审美经验，使得古典小说的诗性叙事成为可能"⑤。其另一篇文章《葫芦与双环：宋元话本小说的空间结构》认为："宋元话本小说的空间结构具有'葫芦格'的外部结构与'双环'式的圆形内部结构，'葫芦格'结构包含构成隐喻关系的'头回'与'正话'，'双环'圆形结构包含物理空间与心理空间及其'圆满'与'非圆满'两种形态，它们共同缔造了话本小说的结构模式与美学特征。"⑥

五　文化蕴含研究

（一）话本的市民色彩和世俗特质研究

宋代话本小说的市民色彩和世俗特质，学界多有阐发。许军《论宋元小说的道德劝惩观念》认为与宋元志怪传奇相比，市民阶层的生活和理想是话本叙述的主要内容，话本作品一般既不做拔高处理也不做道德评判，只是在广阔的社会生活场景里表现市民阶层的情趣爱好和喜怒哀乐。⑦范嘉晨《宋代话本小说的市民情爱型态》指出宋话本真实再现了当时市民阶层的心态和思想倾向，烟粉传奇故事表现的是新兴市民阶层的爱情观，朴刀

---

① 刘凤芹：《唐传奇和宋元话本的叙事结构之比较》，《淮南师范学院学报》2003 年第 1 期。

② 楼含松：《拟史：宋元讲史平话的叙述策略》，《浙江大学学报》2006 年第 5 期。

③ 纪德君：《宋元小说家话本的叙事艺术探绎》，《社会科学研究》2004 年第 1 期。

④ 纪德君：《宋元话本小说的时空设置及其文化意蕴》，《学术研究》2003 年第 4 期。

⑤ 夏明宇：《行走的景观：宋元话本小说的空间意象》，《暨南学报》（哲社版）2013 年第 3 期。

⑥ 夏明宇：《葫芦与双环：宋元话本小说的空间结构》，《河南师范大学学报》（哲社版）2012 年第 1 期。

⑦ 许军：《论宋元小说的道德劝惩观念》，《广西社会科学》2003 年第 11 期。

和杆棒类的作品表达了市民阶层对于发迹变泰的渴望，公案故事则表达了市民阶层对与自己切身相关的官僚制度和法律制度的关切。① 赵丹琦、孙晓玲《唐传奇、宋话本市井题材中的民族精神传统及其传承轨迹》指出宋话本宣扬的仁爱善良、忠孝仁义、侠义勇敢、勤劳智慧等精神正是市民阶层的伦理观念和道德规范。② 周波《论市民的审美意识对话本小说的制约》认为："市民阶层的审美意识不仅制约着话本小说作者在思想观念的表露上与市民思想意识的契合；同时，在艺术形式上也制约着创作者打破旧的传统的艺术表现形式，大胆地创新，寻求最佳的表现途径以适应市民群众的审美情趣。"③

纪德君、洪哲雄《试论宋元平话的审美文化追求》认为宋元平话"始终将市井细民置于其艺术构思的中心，这使它在处理题材上多半牵引正史以拍合于野语村谈，在品评历史人事时主要以市井细民的政治要求和平等意识作为判准，在塑造人物时有意将帝王将相平民化，以寄托其渴求发迹变泰之思想，在讲述历史事件时，尽量将历史事件传奇化和戏剧化"，同时指出"尽管它媚俗之意昭然，但却包含了丰富的审美文化意蕴，具有不容忽视的存在价值"。④ 马晓坤《宋元小说话本中的民俗信仰论略》认为宋元小说话本中所体现的民俗信仰主要有灵魂信仰、善恶有报和因果报应观念、万物有灵观念等，指出"这些观念或者是普通甚至庸俗的，但真实自然地展现了当时民众的精神面貌，有助于我们全面立体地了解当时的民众与社会"⑤ 梅东伟《话本小说中的婚俗叙事研究》认为宋元以来话本小说中的婚俗书写获得了前所未有的繁盛，主要表现在婚俗角色人物、婚俗叙事场景、婚俗叙事情节模式和婚俗题材小说的大量出现等方面，并呈现出以俗为教、以俗为趣、以俗为戏和礼顺人情等多种价值取向⑥。

（二）话本中的人物形象研究

宋元话本中的人物形象最真实地折射出市井细民的精神世界，学界对此有深入的分析。谢桃坊《论宋人话本小说的市民女性群像》认为："宋人话本小说的市民女性群像是中国文学史上以世俗的日常生活描写真实地表现新兴市民阶层的意识和情绪，从中可见到在黑暗的封建社会中关于人的自我发现，闪耀着淡淡的人本思想的光芒。"⑦ 纪德君《"春浓花艳佳人胆"——论宋代话本小说的女性形象》指出宋话本中的女性"不论是人、是仙、是鬼、是妖，都具'佳人胆'，即大胆同封建婚姻伦理抗争，要求婚姻自由；她们对爱情有着热烈而真诚的追求，对负心人也敢于惩罚"⑧。刘相雨《〈搜神记〉和宋代话本小说中女神、女鬼、女妖形象的文化解读》认为《搜神记》与宋代话本小说中的女神、

① 范嘉晨：《宋代话本小说的市民情爱型态》，《青海社会科学》2000 年第 1 期。

② 赵丹琦、孙晓玲：《唐传奇、宋话本市井题材中的民族精神传统及其传承轨迹》，《南京工业大学学报》（社科版）2007 年第 2 期。

③ 周波：《论市民的审美意识对话本小说的制约》，《湖南科技学院学报》2005 年第 6 期。

④ 纪德君、洪哲雄：《试论宋元平话的审美文化追求》，《中山大学学报》（社科版）1998 年第 5 期。

⑤ 马晓坤：《宋元小说话本中的民俗信仰论略》，《浙江学刊》2006 年第 3 期。

⑥ 梅东伟：《话本小说中的婚俗叙事研究》，博士学位论文，华东师范大学，2013 年。

⑦ 谢桃坊：《论宋人话本小说的市民女性群像》，《社会科学研究》1993 年第 2 期。

⑧ 纪德君：《"春浓花艳佳人胆"——论宋代话本小说的女性形象》，《海南大学学报》1996 年第 2 期。

女鬼、女妖形象颇有差异："前者中的女神多神圣威严，后者则和蔼可亲；前者中的女鬼多居于野外，充满鬼气，后者中的女鬼多居于市井，富于人情味；前者中的女妖形象单薄，后者则形象鲜明，并大胆追求情欲。这一差异的产生有社会、心理、文化等各方面的原因，而宋代市民阶层的兴起，市民的审美情趣、价值观念对小说创作的影响是这一变化的重要因素。"① 尹楚兵《宋话本爱情婚恋题材小说中男性形象探析》认为"除传统的士子、官吏形象外，新兴的手工业者、商人子弟和店员之类的小市民形象已一跃成为宋话本爱情婚恋小说男性形象的主体"，该文还将这些男性形象分为赤诚不渝型、软弱自私型、无情负心型三大类型，并认为他们整体上缺乏女性形象的主动、积极意识。②

六 价值研究

（一）宋话本在中国小说史上的价值研究

关于宋代话本小说在中国小说史上的重要价值，学界已有精到的阐发。19 世纪末，日本学者笹川种郎《中国小说戏曲小史》就称"诨词小说开创了小说的新时期"，1918年日本学者盐谷温《中国文学概论讲话》指出"所谓诨词小说，是以俗语体很有趣地写成的小说"，并认为"真正有国民文学意味的小说是创始于宋代，这就叫诨词小说"③。后来鲁迅《中国小说的历史的变迁》第四讲《宋人之"说话"及其影响》指出："其时社会上却另有一种平民底小说，代之而兴了。这类作品，不但体裁不同，文章上也起了改革，用的是白话，所以实在是小说史上的一大变迁。"④ 胡士莹《话本小说概论》认为："宋元话本作为一种市民的文学，它的最大的特点和优点，是市民阶层中的劳动人民在说话艺术中破天荒第一次占有重要的地位，社会新兴势力的一部分，下层市民中劳动的'小人物'，在话本中作为被肯定的主人公出现。这在我国的说话艺术中以至小说史上是一个新事物，是一个意义重大的进步。"⑤ 鲁德才《古代白话小说形态发展史论》指出："宋话本作为市民文学，它的产生标志着小说走向平民化、通俗化的时代，也标志着中国白话小说的崛起，规定了以后小说主流的发展方向。"⑥ 程毅中《宋元小说研究》指出："宋元时代是小说史上一个继往开来的阶段。这是以话本为基础的白话小说开始发达的时代，也是以史传为渊源的文言小说走向衰微的时代。"⑦ 萧相恺《宋元小说史》将宋元话本称为市人小说，并称"它的发展壮大，规定着此后中国小说主流的发展方向，标志着中国小说的发展又完成了一个新的飞跃"⑧。

---

① 刘相雨：《〈搜神记〉和宋代话本小说中女神、女鬼、女妖形象的文化解读》，《江西师范大学学报》2001 年第 2 期。

② 尹楚兵：《宋话本爱情婚恋题材小说中男性形象探析》，《江南大学学报》2004 年第 4 期。

③ ［日］笹川种郎：《中国小说戏曲小史》，东华堂 1897 年版。［日］盐谷温：《中国文学概论讲话》，陈彬和将其译为《中国文学概论》，朴社 1926 年版。

④ 鲁迅：《中国小说的历史的变迁》，《鲁迅全集》第 9 卷，人民文学出版社 2005 年版。

⑤ 胡士莹：《话本小说概论》，中华书局 1980 年版。

⑥ 鲁德才：《古代白话小说形态发展史论》，南开大学出版社 2003 年版。

⑦ 程毅中：《宋元小说研究》，江苏古籍出版社 1999 年版。

⑧ 萧相恺：《宋元小说史》，浙江古籍出版社 1997 年版。

（二）宋话本对后世叙事文学影响研究

关于宋代话本小说对后世叙事文学的影响，学界都注意到了宋话本之于白话短篇小说、章回小说和戏曲的关系。王立鹏《论话本在中国小说史上的地位》认为章回小说继承了宋话本题目、篇首、入话、头回、正话、篇尾的体制格式，并加以糅合、完善，形成了它特有的体制形式。[①] 于峰山《宋代小说在中国小说史上历史地位的重新估价》认为宋话本在中国小说史上具有承前启后的重要作用，并指出话本与戏剧的关系十分密切，不仅表现在戏剧的取材多来源于讲史故事和民间传说，并且其语言的通俗浅显、生动活泼也是受了宋话本的影响。[②]

百年来，宋代话本小说研究在文献考辨、源流清理、文体探讨、叙事分析、文化阐释等多个方面都取得了丰硕的成果。抚今追昔，宋代话本小说研究要有新的开拓，可以考虑在叙事分析、文本接受等方面精耕细作。王委艳《话本小说研究九十年回顾与展望》指出了话本小说未来研究的三个维度：一是来源于说话的话本小说从结构、叙事方式、语言到意识形态无不具有"交流性"，研究者应着眼于考察"说——听"交流模式转向"写——读"交流模式的嬗变过程，并揭示其内在逻辑。二是传统文化与话本小说叙事研究，细致考察话本中遵从式文化叙事与背反式文化叙事的辩证呈现。三是话本小说的读者交流与西方小说有很大的不同，揭示这种不同有助于建立具有中国特色的文本接受理论；同时还可以借鉴西方修辞叙事学理论探讨话本小说接受的"可靠性"问题。[③] 上述问题的提出颇有见地，对这些问题的深入探讨必将推动宋代话本小说研究更上一层楼。

———————————

① 王立鹏：《论话本在中国小说史上的地位》，《井冈山学院学报》2006 年第 1 期。

② 于峰山：《宋代小说在中国小说史上历史地位的重新估价》，《福建师范大学学报》2004 年第 5 期。

③ 王委艳：《话本小说研究九十年回顾与展望》，《东方论坛》2011 年第 6 期。

宋代文言小说研究百年述略*

李建军

1912 年以来的百余年，宋代文言小说研究可以 1980 年为界分为前后两期。1980 年以前学界对其研究不多，评价也不高。鲁迅《中国小说史略》中的《宋之志怪及传奇文》是较早专论宋代文言小说的论述。鲁迅简要梳理了宋代文言小说的发展历程，评述了《稽神录》《夷坚志》《绿珠传》《杨太真外传》等志怪、传奇小说，并从整体上评价了宋代文言小说。1980 年以降，文言小说开始得到重视，宋代文言小说的价值也被学界重新认识，相关的研究著述陆续问世。荦荦大者如李剑国《宋代志怪传奇叙录》，赵章超《宋代文言小说研究》，凌郁之《走向世俗——宋代文言小说的变迁》，余丹《宋代文言小说的文化阐释》，唐瑛《宋代文言小说异类姻缘研究》，赵维国《两宋古体小说历史轨迹》等著述。程毅中《宋元小说研究》，萧相恺《宋元小说史》，张兵《宋辽金元小说史》等断代小说史著述对宋代文言小说也有深入的研究。另外，一些小说通史类著述对宋代文言小说也有新的论析，如吴志达《中国文言小说史》，侯忠义《中国文言小说史稿》，陈文新《文言小说审美发展史》，苗壮《笔记小说史》，薛洪《传奇小说史》，李剑国主编《中国小说通史》等。下面从五个方面择要述之。②

一　文献整理与研究

（一）书目考证与叙录

宋代文言小说书目（篇目）的作者、著录情况、版本流传及相关内容，各种小说目录类著述大体都有涉及。1981 年程毅中编《古小说简目》是文言小说专题目录，惜乎只著录先秦至五代的文言小说。同年，袁行霈、侯忠义编《中国文言小说书目》著录先秦至清代的文言小说 2300 余种，所列各书一律按时代先后排列，共分五编，其中第三编宋辽金元部分，著录宋代文言小说 360 余种。1996 年宁稼雨编著《中国文言小说总目提要》

* 本文为浙江省高校重大人文社科攻关项目"宋代小说文人民间叙事互动消长与近古叙事文学研究"（2013QN010）阶段性成果。

② 学界关于宋代文言小说研究的综述文章，主要有李时人《20 世纪宋元小说研究的回顾》（《零陵师范高等专科学校学报》2000 年第 1 期），赵章超《宋代志怪传奇小说研究百年综述》（《社会科学研究》2002 年第 5 期），余丹《20 世纪以来宋代文言小说研究综述》（《广西社会科学》2007 年第 2 期），王瑾《〈夷坚志〉研究述评》（《学术交流》2010 年第 2 期），时娜《20 世纪 80 年代以来宋代传奇小说研究综述》（《理论界》2012 年第 6 期）等。另外，黄霖、许建平等《20 世纪中国古代文学研究史·小说卷》（东方出版中心 2006 年版）也有相关论述。上述诸文，笔者均有所参考，特此说明。

著录先秦至1919年的文言小说单篇、集子、丛书和类书，共2600余种，依时代顺序分为五编，每编包括志怪、传奇、杂俎、志人、谐谑五类。其中第三编宋辽金元部分，著录宋代文言小说志怪类60种、传奇类64种、杂俎类126种、志人类73种、谐谑类16种，共339种①。2004年石昌渝主编《中国古代小说总目·文言卷》著录1912年以前的文言小说作品，依据书名首字的音序排列，共2900余种，其中宋代文言小说300余种②。2005年朱一玄、宁稼雨、陈桂声编著《中国古代小说总目提要》上编文言部分著录先秦至清末的文言小说2192种，其中宋代文言小说330余种③。与上述通代小说目录不同，李剑国《宋代志怪传奇叙录》乃是断代小说目录，专门著录宋代传奇文与志怪传奇小说集，小说集以志怪传奇为主兼有杂事者亦收录，而一般主记杂事的笔记则概不收录，可见该书是以志怪、传奇这两种主要的古体小说类型为鹄的。该书将两宋作品分为北宋前期（960—1022）、北宋中期（1023—1067）、北宋后期（1068—1126）、南宋前期（1127—1162）、南宋中期（1163—1224）、南宋后期（1225—1279）共六期，依作品年代先后编次。该书对每种作品的作者、著录、版本、篇目等都进行详细考辨，并对作品的主要内容、艺术水准、源流影响进行评论和介绍。该书共叙录宋代志怪传奇203种，其中存世者58种，节存者50种，亡佚者95种。该书钩稽资料，条析源流，辨正真伪，发明得失，之于宋代志怪传奇研究，可谓功莫大焉④。另外，钟克豪《宋代小说考证》中的集成之属、杂事之属和神怪之属，对62种宋代文言小说的撰人、卷本、内容等进行了仔细考证，值得关注⑤。

（二）文本整理与汇集

宋代文言小说的文本整理，已有很好的成果。民国时期鲁迅《唐宋传奇集》收录宋代单篇文言小说13种，并在书末附"稗边小缀"考证作者和故事源流等内容，可谓此期宋代文言小说文本整理的典范⑥。1920年，上海进步书局编辑出版了《笔记小说大观》，收录魏晋至清代的笔记小说220种，其中宋代笔记小说69种⑦。1949年后大陆出版了数种笔记小说总集，基本上将宋代笔记小说搜罗殆尽。1994年，周光培编《历代笔记小说集成》收入魏晋以迄明清笔记小说中文学性较强之作751种，其中宋代笔记小说188种⑧。世纪之交，上海古籍出版社编辑出版了《历代笔记小说大观》，收录汉魏至清末的笔记小说200种左右，其中宋代笔记小说63种⑨。21世纪初，上海师范大学古籍所编纂整理《全宋笔记》，拟将约500种宋人笔记全部整理出版，2003年至今已经出版六编，共256种。该书编纂者认为"笔记乃随笔记事而非刻意著作之文"，故限于收录"宋人著述的笔记专集"，而不包括"未成专集的、散见的单条笔记"，也不包括"题材专一、体系

① 宁稼雨编著：《中国文言小说总目提要》，齐鲁书社1996年版。

② 石昌渝主编：《中国古代小说总目》，山西教育出版社2004年版。

③ 朱一玄、宁稼雨、陈桂声编著：《中国古代小说总目提要》，人民文学出版社2005年版。

④ 李剑国：《宋代志怪传奇叙录》，南开大学出版社1997年版。

⑤ 钟克豪：《宋代小说考证》，台湾新文丰出版公司1987年版。

⑥ 鲁迅：《唐宋传奇集》，鲁迅全集出版社1941年版。

⑦ 1983年江苏广陵古籍刻印社重新进行了校订整理，用排印与影印结合的办法将此书重印出版。周光培等：《笔记小说大观》，江苏广陵古籍刻印社1983年版。

⑧ 周光培编：《历代笔记小说集成》，河北教育出版社1994年版。

⑨ 上海古籍出版社编：《历代笔记小说大观》，上海古籍出版社1999年版。

结构坚密的专集"①。该书搜罗范围甚广，宋代的笔记小说大致入其彀中。

　　当然，宋代文言小说的主体还是应该在志怪、传奇，这方面的文献整理更加值得关注。程毅中编著《古体小说钞》（宋元卷）"考虑到中国小说的发展进程，试图与现代的小说观念相沟通，注重小说的艺术成就，以略具故事情节的作品为主"，"选录的范围包括志怪、传奇及部分志人的作品"，另外，"顾及中国小说的历史传统，适当收录一些《四库全书》所谓杂事小说中多少具有故事性的篇章，而且还选录了一部分杂家类和杂史类笔记中的异闻杂说"②。该书共抄录宋代古体小说 98 种 375 篇，对每部或每篇作品都作了一个简要的题解，必要时还在篇后附加了按语，说明其故事源流及影响，有时还附有考证校订等相关资料。该书选录审慎，校订细致，是研究宋代小说重要的参考文献。袁闾琨、薛洪主编《唐宋传奇总集》乃是唐宋时期产生的传奇小说总集。该书坚持严格入选标准，凡入选作品均为载入《太平广记》等一类重要古籍中的名篇佳作和少量介于传奇小说和笔记小说之间的准传奇小说作品。该书宋代部分共选录宋代传奇小说 71 种 192 篇，对每种作品都作了题解，对每篇作品都作了校注和翻译，间或还附录不同来源的异文和前人考辨文字等内容。③ 该书编选的传奇作品较有代表性，校注简明扼要，译文准确流畅，对于宋代小说研究有重要的参考价值。

　　李剑国辑校《宋代传奇集》认为"传奇者，即鲁迅谓叙述宛转文辞华艳之体，有别于志怪杂事之短制也"，故该书"所录作品其途有三：一为单篇传奇文，二为小说集中之传奇体作品，三为一般笔记中之格近传奇者"，"此中第二类实其大宗。然小说集中多为志怪杂事传奇存，而以传奇标准绳之，每有游移难定之窘。今之所择，大凡具传奇笔意，篇幅较长者即取之……至一般笔记杂录，虽非专意幻设，小说每厕迹其间，故亦有所甄采……唯择选稍严耳"④。该书穷搜博采，那些原文失传而尚存节文、残文或佚文者，凡经辑校始末犹备文字稍详者亦予收录，共辑录宋代 130 位作者（其中无名氏 56 位）创作的传奇 391 篇，基本上囊括了宋代传奇小说的精华。该书对每位作者都撰有小传，对每篇作品都做了精当详备的校勘，并在文末注明辑录出处，同时又适宜地在作品篇末缀以按语，考证文本源流等有关事项。该书考证周密，校勘精细，是研究宋代小说不可多得的核心文献。程毅中赞之曰"披沙拣金，刮垢磨光，风钞雪纂，取精用宏，割鸡不惜牛刀，搏兔亦用狮力，不仅嘉惠于今人，抑且有功于古籍矣"⑤，绝非虚誉。

（三）小说选编与注析

　　宋代文言小说的文本选编，其实可以视作文献整理的通俗化成果，下面择要述之。1933 年龚学明编选的《宋人小说选》，选入宋代文言小说 33 篇⑥。1935 年储菊人校订的《宋人创作小说选》，选入宋代文言小说 360 余篇⑦。1964 年，张友鹤选注《唐宋传奇选》

①　朱易安、傅璇琮主编：《全宋笔记》（第 1 编第 1 册），大象出版社 2003 年版。

②　程毅中编著：《古体小说钞》（宋元卷），中华书局 1995 年版。

③　袁闾琨、薛洪主编：《唐宋传奇总集》（南北宋卷），河南人民出版社 2001 年版。

④　李剑国辑校：《宋代传奇集》，中华书局 2001 年版。

⑤　程毅中：《宋代传奇集·序》，载李剑国辑校《宋代传奇集》，中华书局 2001 年版。

⑥　龚学明编选：《宋人小说选》，开华书局 1933 年版。

⑦　储菊人校订：《宋人创作小说选》，中央书店 1935 年版。

由人民文学出版社出版，共选入 39 篇唐宋传奇作品，其中宋代传奇仅 4 篇①。1985 年薛洪等选注《宋人传奇选》由湖南人民出版社出版，自乐史《绿珠传》至无名氏《李师师外传》，选入宋代传奇 23 家共 56 篇②。1991 年，谈凤梁主编《历代文言小说鉴赏辞典》由江苏文艺出版社出版，每篇小说均由正文、注释、鉴赏组成，多数作品还附录了流变资料，颇有参考价值。该书选入宋代文言小说 51 篇③。2004 年，董乃斌、黄霖等编撰《古代小说鉴赏辞典》由上海辞书出版社出版，每篇小说均由原文、注释和赏析组成，注释精当，赏析深入，有重要的参考价值。该书选入宋代文言小说 56 篇④。2007 年，李剑国主编《唐宋传奇品读辞典》由新世界出版社出版。该书精选唐宋传奇作品 216 篇，包括唐传奇 134 篇，五代十国传奇 7 篇，宋传奇 75 篇。每篇包括作品正文、校注、品读三部分，其中品读部分深入细致地解读、阐释、品鉴作品所蕴含的思想、信仰、知识、艺术等内容，浃髓沦肌，透辟入里，同类作品中罕有其匹，是宋代小说研究非常重要的参考资料⑤

二　分体研究

（一）传奇小说研究

学界一般认为，文言小说包括传奇小说、志怪小说、杂事小说三种主要的文体类型。其中传奇小说的艺术成就最高，往往更得研究者青睐。综合研究方面，王庆珍《宋代传奇研究》是研究宋代传奇的专门著述。该文首先分析宋传奇作家文化心态，认为"有宋一代的版图从来没有能够像唐代一样幅员辽阔，外族入侵、中原沦陷，更加重了人们的危机感，让小说家们以同情和悲悯的态度传达乱世中颠沛流离的痛苦"；接着将宋传奇分为历史题材、婚恋题材、神怪题材三类逐类探讨其文化语境、思想意蕴、精神旨归、形象系列等内容；然后探讨宋传奇的艺术特质，认为宋传奇有细致的环境描写和细腻的心理刻画，并出现了"以才学为小说"的现象；然后揭示宋传奇的审美价值，认为形象塑造上表现出德智才貌俱全的审美追求，审美情趣上表现出描写对象市井化、价值观念世俗化、人物性格市民化的世俗化倾向；最后梳理宋传奇对唐传奇的继承发展以及对后世的影响⑥。该文论述比较全面，有一定的参考价值。另外，台湾学者游秀云《宋代传奇小说研究》也是研究宋代传奇的专门著述，资料翔实，论断审慎，值得关注⑦。

宋传奇文体研究方面，李军均《传奇小说文体研究》以历史发展为线索，梳理了传奇小说文体渊源、唐五代传奇小说文体、宋代传奇小说文体和元明清传奇小说文体的发展演变轨迹，并以唐宋传奇小说为中心，揭示了传奇小说文体的基本格局和发展态势。该书对宋代传奇小说有专章分析，并认为："宋代传奇小说的发展是唐五代传奇小说的继承和

---

①　张友鹤选注：《唐宋传奇选》，人民文学出版社 1964 年版。

②　薛洪等选注：《宋人传奇选》，湖南人民出版社 1985 年版。

③　谈凤梁主编：《历代文言小说鉴赏辞典》，江苏文艺出版社 1991 年版。

④　董乃斌、黄霖编：《古代小说鉴赏辞典》，上海辞书出版社 2004 年版。

⑤　李剑国主编：《唐宋传奇品读辞典》，新世界出版社 2007 年版。

⑥　王庆珍：《宋代传奇研究》，博士学位论文，哈尔滨师范大学，2013 年。

⑦　游秀云：《宋代传奇小说研究》，台湾花木兰文化出版社 2007 年版。

创新，其继承性体现在'敦重文学'的雅化文体，其创新则是传奇小说的俗化。传奇小说的俗化可以分为两种情况：一是'以俗为雅'，一是'化雅入俗'。这两种文体的发展演化趋向带来了元明清传奇小说文体的新发展，即中篇传奇小说的出现和雅俗共融的传奇小说文体叙事模式。"① 颇为有见。时娜《试论宋传奇的"文备众体"》认为宋传奇延续了唐传奇"文备众体"的艺术体制，但又有所不同"'史才'方面，宋传奇敛起绚烂的意想，重归平实与简洁，这体现在'征实'的创作观念和平淡的情节及语言两方面；'诗笔'方面，虽然宋传奇作品中夹用的诗歌并不少，但作者的根本意图并非抒情，而是通过故事来讲道理，因而作品整体的诗意色彩黯淡了许多；'议论'方面，宋传奇篇末议论的训诫意味更强，也更具现世意义。"② 凌郁之《传奇体的衰落与唐宋文风的嬗变》探讨了传奇体在唐宋的嬗变轨辙和内在理路，认为唐宋社会文化土壤和文风的差异是唐传奇体在宋代衰落之因，同时指出宋传奇失去了唐传奇的意味，但在民间传奇体却有着潜在的传承③。

　　宋传奇文化研究方面，林温芳《宋传奇"人鬼恋"研究》对宋传奇"人鬼恋"题材的时代语境、类型、思想特色、写作艺术以及影响进行了专题探讨④。相关论文还有梁中魁《宋传奇中的鬼神世界研究》⑤。宋传奇人物形象研究方面，于俊《宋传奇人物形象塑造研究》认为与唐传奇相比，宋传奇在人物形象的塑造上"题材有所扩大，传奇主人公的身份相对平民化"⑥。陈霖、姚毅《宋代传奇中的妓女形象分析》"从妓女的自我意识的觉醒，对政治生活的参与和民族的气节、平民化倾向这三方面分析宋传奇中的妓女形象"，并以唐传奇作为参照，认为宋传奇中的妓女形象有新的时代特点⑦。相关论文还有智宇晖《宋传奇中的女性形象研究》、丁舒雅《唐宋传奇中妓女形象比较研究》、许军《论宋代文言小说中女性形象演变的文学史意义》等⑧。

　　唐宋传奇比较及宋传奇特质探讨方面，傅正玲《女性爱情与妇德的辩证关系：从唐宋传奇的对比谈起》认为"唐宋文化的差异性放在情感与礼教的面向来看，格外突显"，"在唐宋传奇作品的跨代创作中，我们进而可以观察到妇德意识从模糊到清晰、从多重到单一化、形式化的历程"⑨。段庸生《劝惩与宋人传奇》认为："宋人传奇中的劝惩不是简单的说教议论，而是对唐传奇过度追求感观娱乐享受的反正。它于劝惩之中对历史教训的重视及对题材价值意义的追求，充分表明宋人对小说社会功能的格外重视，由此带来传奇从主体到服务对象及审美情趣等一系列积极变化，这些变化规定着中国古代小说发展的

①　李军均：《传奇小说文体研究》，华中科技大学出版社 2007 年版。
②　时娜：《试论宋传奇的"文备众体"》，《理论界》2013 年第 3 期。
③　凌郁之：《传奇体的衰落与唐宋文风的嬗变》，《苏州科技学院学报》（社科版）2006 年第 4 期。
④　林温芳：《宋传奇"人鬼恋"研究》，台湾花木兰文化出版社 2011 年版。
⑤　梁中魁：《宋传奇中的鬼神世界研究》，硕士学位论文，华中科技大学，2011 年。
⑥　于俊：《宋传奇人物形象塑造研究》，硕士学位论文，辽宁师范大学，2011 年。
⑦　陈霖、姚毅：《宋代传奇中的妓女形象分析》，《湖北广播电视大学学报》2008 年第 6 期。
⑧　智宇晖：《宋传奇中的女性形象研究》，硕士学位论文，漳州师范学院，2008 年。丁舒雅：《唐宋传奇中妓女形象比较研究》，硕士学位论文，信阳师范学院，2012 年。许军：《论宋代文言小说中女性形象演变的文学史意义》，《云南社会科学》2004 年第 1 期。
⑨　傅正玲：《女性爱情与妇德的辩证关系：从唐宋传奇的对比谈起》，《东吴中文线上学术论文》2008 年 4 月。

主流方向。"① 时娜《论宋代传奇小说叙事的实录色彩》认为"宋代传奇小说对实录补史的追求，是文言小说自身发展规律与宋代时代精神结合的产物"②。相关论文还有毛淑敏《宋传奇的市民化特征》、陈强《宋传奇的理性特质：兼与唐传奇小说比较》、马志红《唐宋传奇艺术特征比较研究》等③。

（二）志怪小说研究

与传奇小说研究的繁盛局面相比，宋代志怪小说研究除了《夷坚志》研究之外，整体还是稍显冷清，相关的论文论著不多。凌郁之《宋代志怪小说与民间宗教信仰的互动》认为："在宋代，志怪小说与民间宗教信仰息息相关，许多小说都因为承载着民间宗教信仰而被视作辅教之书，实是小说体的善书或善书性质的小说；而佛教或道教灵验记往往采取小说体，与小说一起在民间流传，并可能深刻地影响到唐宋文言小说的趣味走向。"④另外，赵章超《宋志怪小说生成因缘论略》《宋志怪小说地域特色论略》《宋志怪小说天命观论略》三篇论文值得参考⑤。

（三）轶事小说研究

宋代轶事小说研究更是成果寥寥。在不多的相关论文论著中，王远征《宋代轶事小说研究》值得关注。该文将宋代轶事小说分为北宋前期、中期、两宋之交和南宋中后期共四期，认为北宋前期轶事小说主要关注胡风影响下的唐末五代社会与当时"奢侈荒淫、道德沦丧"世风，并总结唐末五代社会动荡的原因；北宋中期轶事小说一方面关注本朝帝王建立王朝、开疆拓土与抵御外敌入侵的丰功伟绩，一方面关注皇帝官员治民理政的事迹与人们的日常生活；两宋之交轶事小说关注变法运动和理学思潮；南宋中后期轶事小说关注国家政局与对外战争，爱国思潮得到充分表现。该文认为宋代轶事小说始终保持与现实的紧密联系。该文还探讨了宋代轶事小说的撰述思想、写作体例、写作特色和多方面价值⑥。该文材料翔实，有重要参考价值。此外，林祯祥《北宋轶事小说之研究》、郑群辉《宋代禅林佚事小说的叙事特色及文化成因》，也颇具参考价值⑦。

---

① 段庸生：《劝惩与宋人传奇》，《重庆师院学报》（哲社版）2000 年第 4 期。

② 时娜：《论宋代传奇小说叙事的实录色彩》，《重庆文理学院学报》（社科版）2014 年第 3 期。

③ 毛淑敏：《宋传奇的市民化特征》，《河南师范大学学报》（哲社版）2004 年第 4 期；陈强：《宋传奇的理性特质：兼与唐传奇小说比较》，硕士学位论文，延边大学，2008 年。马志红：《唐宋传奇艺术特征比较研究》，硕士学位论文，黑龙江大学，2013 年。

④ 凌郁之：《宋代志怪小说与民间宗教信仰的互动》，载《中国俗文化研究》第 5 辑，巴蜀书社 2009 年版。

⑤ 赵章超：《宋志怪小说生成因缘论略》，《新疆大学学报》（社科版）2002 年第 4 期。赵章超：《宋志怪小说地域特色论略》，《许昌学院学报》2007 第 6 期。赵章超：《宋志怪小说天命观论略》，《广西社会科学》2002 第 2 期。

⑥ 王远征：《宋代轶事小说研究》，硕士学位论文，暨南大学，2008 年。

⑦ 林祯祥：《北宋轶事小说之研究》，博士学位论文，台湾东吴大学，2012 年。郑群辉：《宋代禅林佚事小说的叙事特色及文化成因》，《社会科学杂志》2008 第 9 期。

三　作家作品研究

（一）《丽情集》《青琐高议》《云斋广录》等重要选集研究

张君房编《丽情集》汇集古今情感之事，刘斧编撰《青琐高议》保存许多完整的宋人小说，李献民编撰《云斋广录》收入许多脍炙人口的佳作，三部集子都是宋代文言小说集里的上佳之作，引起了学界的关注。程毅中《宋元小说研究》对三部集子有详尽的分析和精到的论断，认为《丽情集》是"唐宋小说的一个独具特色的选集"，"体现了传奇体小说在宋代的某些新发展"；指出《青琐高议》在小说发展史上有一些新的演进，体现在史才和诗笔的分别发展、写出一些前所未见的新型妇女形象、有非常明显的通俗化倾向等方面；指出《云斋广录》"进一步向通俗小说靠近"，"可以看到古体小说和近体小说交流互补的迹象"①。这些看法都是通观中国小说史后得出的真知灼见。张兵《宋辽金元小说史》、萧相恺《宋元小说史》对宋代文言小说作家作品的分析也非常透辟，凌郁之《走向世俗——宋代文言小说的变迁》对《丽情集》《青琐高议》《云斋广录》《绿窗新话》《醉翁谈录》的个案研究也非常深入②。另外，江南《〈丽情集〉小考》、王亦妮《〈青琐高议〉与宋代传奇小说》、赵丽君《宋传奇及其文化内涵研究：以〈青琐高议〉为例》、向倩《〈云斋广录〉传奇小说研究》是对《丽情集》《青琐高议》《云斋广录》进行专题研究的学位论文，可以参看③。

（二）洪迈《夷坚志》研究

洪迈用整整60年完成的420卷小说"巨编"《夷坚志》，是对后世影响极大的一部志怪小说集，也是宋代文言小说作家作品研究中的重要内容。1980年之后，学界对其书的整理、研究颇有成果，现择要述之。1981年中华书局何卓点校本以涵芬楼编印的《新校辑补夷坚志》206卷为底本，并增补《永乐大典》等书中辑出之佚文为1卷，共207卷，为目前较为完备之本④。李剑国专文《夷坚志成书考——附论洪迈现象》《夷坚志佚文考》，专著《宋代志怪传奇叙录》之"《夷坚志》叙录"以及主编的《中国小说通史》第六编第四章"《夷坚志》及其支流"，对《夷坚志》的作者生平、历代著录、成书过程、版本流传、辑佚情况、素材来源、写作方法、后世影响作了非常深入的考辨，成为《夷坚志》研究尤其是文献研究方面的权威成果之一。另外，李先生辑校之《宋代传奇集》收入《夷坚志》中155篇传奇体小说并精细校勘，该部分如单列出来可以视为上佳的

---

①　程毅中：《宋元小说研究》，江苏古籍出版社1999年版。

②　张兵：《宋辽金元小说史》，复旦大学出版社2007年版；萧相恺：《宋元小说史》，浙江古籍出版社1997年版；凌郁之：《走向世俗——宋代文言小说的变迁》，中华书局2007年版。

③　江南：《〈丽情集〉小考》，硕士学位论文，复旦大学，2006年；王亦妮：《〈青琐高议〉与宋代传奇小说》，硕士学位论文，西北师范大学，2004年；赵丽君：《宋传奇及其文化内涵研究：以〈青琐高议〉为例》，硕士学位论文，重庆工商大学，2012年；向倩：《〈云斋广录〉传奇小说研究》，硕士学位论文，四川大学，2008年。

④　（宋）洪迈：《夷坚志》，中华书局1981年标点本。

《夷坚志》选本①。

台湾学者王年双博士论文《洪迈生平与〈夷坚志〉研究》，对洪迈生平和《夷坚志》版本流传、故事来源、主要内容、所反映的社会情形以及价值，进行了深入探讨，是《夷坚志》研究的重要成果②。张祝平专著《夷坚志论稿》，对《夷坚志》的编纂背景、作者小说观念、成书过程、版本流传、社会现实内容、小说题材、当时和后世的影响、后人的研究和评点等多方面，都作了相当广泛而又颇具深度的探讨，推进了相应研究，可谓《夷坚志》研究的重要收获③。张文飞博士论文《洪迈〈夷坚志〉研究》认为《夷坚志》在内容上注重趣味性、淡化了说教功能和故事的怪异色彩、呈现出对世俗生活的偏好、表现了丰富的人性，在艺术上学习唐传奇叙事模式并进一步提高、作者长期运用四六形成的作文习惯影响了该书写作风格、作者引用别人故事时又重新进行润饰并体现出自己的艺术倾向、重视细节描写形成细腻的艺术风格等，这些看法值得重视④。王瑾博士论文《〈夷坚志〉新论》将《夷坚志》故事分为鬼灵精怪类、佛道巫神类、婚恋丽情类、科举仕宦类、世风民情类、博物杂记类共六类，并结合文本逐类进行探讨，比较细致；同时该文阐析《夷坚志》中体现的宋代文化精神、民间信仰和地域文化特征，比较《夷坚志》的价值取向与理学的差异，颇有新意⑤。叶静博士论文《洪迈与〈夷坚志〉的民间性问题研究》"以文艺民俗学的理论视域，通过对洪迈的民间立场、民间视角和《夷坚志》叙事方式的考察，试图准确地刻画出洪迈的文化性格，分析其文学观念中的民间倾向，描述南宋的精英文化与民间文化之间的相互吸引和相互碰撞，同时对《夷坚志》的民间叙事及其意义作出新的阐释"⑥，该文从民间的视角考察文人作者与中国古代小说的文化生态，视角新颖独特，值得关注。

四　文化研究和叙事研究

（一）文化研究

宋代文言小说是宋代思想文化影响下的文学样式，联系宋代思想文化的宏阔背景方能挖掘出宋代文言小说外在风貌的内在根源。凌郁之《走向世俗——宋代文言小说的变迁》"把宋代文言小说作为文化现象加以思考解读，在社会文化、文学生态和小说文本三个层层递进而环环相扣的层面上加以开掘和阐释，探讨宋代文言小说在宋代文化、文学转型中的表现及其与此转型的内在关联，揭示其走向世俗的必然趋势、现象与本质"⑦。该文认为从文学转型层面而言，"宋代文学产生了走向世俗的动向，而宋代小说的走向世俗只是

---

①　李剑国：《夷坚志成书考——附论洪迈现象》，《天津师范大学学报》（社科版）1991年第3期；李剑国：《夷坚志佚文考》，《天津教育学院学报》（社科版）1992年第2期；李剑国：《宋代志怪传奇叙录》，南开大学出版社1997年版；李剑国：《中国小说通史》，高等教育出版社2007年版；李剑国：《宋代传奇集》，中华书局2001年版。

②　王年双：《洪迈生平与〈夷坚志〉研究》，台湾政治大学中文研究所1988年版。

③　张祝平：《夷坚志论稿》，中国文史出版社2002年版。

④　张文飞：《洪迈〈夷坚志〉研究》，博士学位论文，复旦大学，2008年。

⑤　王瑾：《〈夷坚志〉新论》，博士学位论文，暨南大学，2010年。

⑥　叶静：《洪迈与〈夷坚志〉的民间性问题研究》，博士学位论文，华东师范大学，2010年。

⑦　凌郁之：《走向世俗——宋代文言小说的变迁》，中华书局2007年版。

文学整体趋俗的一种体现而已"；从文化转型层面而言，"宋代小说的走向世俗既是唐宋文化转型的结果，又是唐宋文化转型的深刻反映。宋代文言小说总体上表现出对俗文化的倾斜，这是小说写作精神或叙事价值取向的转变"①。余丹《宋代文言小说的文化阐释》从宋代思想文化背景的角度考察宋代文言小说整体风格面貌及其成因，发掘宋代文言小说中包蕴的丰富文化内涵，该文主要探讨了以下几个方面："宋代理学文化背景对文言小说创作动机、人物形象塑造以及整体美学风格形成的影响；史官文化精神和宋代浓厚史学氛围对文言小说创作观念、题材选择以及叙事手法的影响；宋代社会整体文化素质提高、士人阶层和通俗文艺兴起造成文言小说内容、体制以及审美情趣的通俗化倾向。"该文认为："特定的时代思想文化氛围深刻影响了宋代文言小说的总体面貌，而宋代文人强烈的淑世情怀、理性精神、史官意识和世俗趣味在文言小说中也得到了反映。"②

宋代文言小说的时代风貌与宋代儒、释、道的影响息息相关。赵章超《宋代文言小说研究》设专章考察儒、释、道对宋代文言小说的影响。该文认为："就儒家与宋代文言小说的关系而言，宋代是儒学的迅速振兴时期，文言小说正是际会了这一时代的有利机遇，作者们用文学来演绎儒家的哲学伦理道德等观念，主要是塑造了一个个性格鲜明的人物形象，在他们身上融入了作者基于不拘一格的奇幻想象而表达出的对儒家的尊崇景仰之情……就佛教与宋代文言小说的关系来说，本章着重探讨了小说作品中对佛教经典的顶礼膜拜……就道教与宋代文言小说的关系来说，表现在作者们主要是从形象思维出发，选择了前代仙道类小说中最为活泼最富有生机的一些细节熔融到自己的创作中，对具有奇谲怪异色彩的神仙方术也从众多方面进行了表现。"③ 吕佳《宋代文言道教小说蠡探》从儒道结合、市民文化和新道派的发展三方面着手，分析宋代独特的时代背景和经济文化因素在文言道教小说中的体现，并分析了宋代文言道教小说的文体特色④。潘燕《〈道藏〉中的宋代小说研究》主要以《道藏》中的宋代小说为研究对象，从时代背景、道教小说创作概况、主题思想、创作特色等维度对宋代道教小说作了初步的整体研究⑤。

宋代文言小说中的民风民俗也引起了学界的关注。赵章超《宋代文言小说研究》设专章从风水信仰、卜术、禁忌等方面探讨了宋代文言小说的民俗特色。冯勤《〈青琐高议〉的民俗信仰倾向探析》认为《青琐高议》中的作品体现了宋代三教合一的民间信仰特色，并指出该特色之形成与当时的时代语境、市民文化繁荣及社会思潮等因素有着深刻的内在联系⑥。周榆华《〈夷坚志〉反映的江西民俗》探讨了《夷坚志》中所反映的宋代诸多江西民俗⑦。

宋代文言小说的文化研究涉及面非常广泛。唐瑛《宋代文言小说异类姻缘研究》设专章"宋代异类姻缘故事的社会文化研究"，阐述宋代异类姻缘故事繁盛的社会背景，探讨当时流行的冥婚风俗、浓厚的巫术观念及儒、释、道思想对宋代异类姻缘故事所产生的

① 凌郁之：《走向世俗——宋代文言小说的变迁》，中华书局 2007 年版。
② 余丹：《宋代文言小说的文化阐释》，中国社会科学出版社 2010 年版。
③ 赵章超：《宋代文言小说研究》，重庆出版社 2004 年版。
④ 吕佳：《宋代文言道教小说蠡探》，硕士学位论文，华东师范大学，2009 年。
⑤ 潘燕：《〈道藏〉中的宋代小说研究》，硕士学位论文，安徽大学，2012 年。
⑥ 冯勤：《〈青琐高议〉的民俗信仰倾向探析》，《宗教学研究》2004 年第 4 期。
⑦ 周榆华：《〈夷坚志〉反映的江西民俗》，《江西社会科学》2003 年第 6 期。

复杂影响①。张会《科举背景下宋代文言小说的变迁》探讨了宋代科举对于社会价值观念、审美观念、文学风气，进而对于宋代文言小说变迁的影响②。王秀娟《宋代文言小说叙事演变研究》设有专章"科举制度与宋代文言小说"，从宋代科举制度内部运作和外部效应两个维度探讨了其对宋代文言小说的影响③。张玉莲《宋代文言小说中相墓故事的文化阐释》致力于发掘宋代文言小说中相墓故事的文化蕴涵④。

（二）叙事研究

宋代文言小说的叙事分析，学界关注不多，王秀娟《宋代文言小说叙事演变研究》作为这方面的专门著述，颇为难得。该文探讨了宋代文言小说叙事的类型，并将其分为"继承唐意、仿唐之文"，"求真写实、可信为长"，"托古纪事、不敢及近"，"道德教化、劝谏惩化"，"民间社会、市井之气"五种类型逐类进行分析；该文还从历史叙事与小说叙事的叙事模式、以文为戏向以文为理的叙事转变、叙事修辞三个维度探讨了宋代文言小说的叙事艺术⑤。张玄《宋传奇的叙事模式研究》从叙事时空、叙事角度、叙事结构、叙事技巧四个方面探讨宋传奇的叙事模式，并以之比照唐传奇，力求寻觅二者大同中的小异，为宋传奇在叙事文学谱系中赢得合理的地位⑥。

康韵梅《〈分门古今类事〉的叙事策略》从叙事维度研究南宋委心子所编文言小说类书《分门古今类事》，认为该书重议论轻记事以及标示改易和期使情节合理化的叙事策略，致使全书撰作宗旨单一而清晰的指向命定观，因而带有强烈的警世色彩；并指出该书在叙述特色上，呈现人物形象的弱化、情节绾合的松散、意涵建构的贫乏和氛围塑造的不足等现象，充分显示出全书在叙事美学上的退化，却着重以故事训诫世俗的作用⑦。另外，赵修需《以"实"衬"虚"的幻设手法：论宋传奇〈希夷先生传〉、〈华阳仙姻〉、〈嘉林居士〉中的虚设时间》，结合具体文本探讨宋传奇中的"虚设时间"问题，值得关注⑧。

五　特质研究和价值研究

（一）特质研究

宋代文言小说的艺术特质和总体风格，学界一般将其概括为平实化、道学化及通俗化。关于平实化，明编《五朝小说》之《宋人百家小说》桃源居士序曰宋人小说"奇丽

① 唐瑛：《宋代文言小说异类姻缘研究》，四川大学出版社2009年版。
② 张会：《科举背景下宋代文言小说的变迁》，《社会科学家》2012年第2期。
③ 王秀娟：《宋代文言小说叙事演变研究》，博士学位论文，南开大学，2013年。
④ 张玉莲：《宋代文言小说中相墓故事的文化阐释》，《河南师范大学学报》（哲社版）2010年第5期。
⑤ 王秀娟：《宋代文言小说叙事演变研究》，博士学位论文，南开大学，2013年。
⑥ 张玄：《宋传奇的叙事模式研究》，硕士学位论文，四川师范大学，2007年。
⑦ 康韵梅：《〈分门古今类事〉的叙事策略》，《汉学研究》2004年第1期。
⑧ 赵修需：《以"实"衬"虚"的幻设手法：论宋传奇〈希夷先生传〉、〈华阳仙姻〉、〈嘉林居士〉中的虚设时间》，《辅仁国文学报》2010年第30期。

不足而朴雅有余"①，后来鲁迅也说"宋一代文人之为志怪"，"平实而乏文采"②，学界多承此论。李剑国认为宋人小说平实化指"构思方面的想象窘促，趋向实在而缺乏玄虚空灵，语言表现方面的平直呆板而缺乏笔墨的鲜活伶俐、含蓄蕴藉"，并指出其原因在于"求实心理和史家传信意识的活跃，不能不造成灵感的枯窒和想象力的钝化萎缩。而当把故事素材正式写成作品的时候，于是便又常常依循历史家的实录原则"，"宋人小说作者的小说观念和创作方法趋于保守落后，使得他们创作意识淡漠……想象力迟钝，笔头过分老实"③。张祝平《论宋代小说的"由虚入实"之原因》认为宋人小说尚实之因在于："晚唐小说由虚构铺衍向征实补史演变给宋代小说发展定下基调；宋人小说观念有浓重的求实意识，唐代小说'假小说以施诬蔑之风'助长了宋对前代小说盛行的考据求实之风，在对唐小说虚构成就认识不足的情况下，以偏概全，误将虚构当作虚幻加以攻击；宋代统治者对小说既以之消遣，又斥其不实；宋代史学发达，取小说入史，宋人更强调了小说以补史为标准，以纪实为手段，以鉴诫为目的；宋代党争激烈，文网日张，给小说的虚构以沉重打击。"④

关于道学化，鲁迅曾说宋传奇"篇末垂诫，亦如唐人，而增其严冷，则宋人积习如是也"⑤。李剑国认为宋人小说道学化指"在创作动机和主题表现上对于封建伦理道德的过分执着，常又表现为概念化和教条化"，"在大量爱情小说中价值天平由情向理倾斜，义娟贞妇之作比比皆是，人情人欲人性受到蔑视，稍一涉情涉欲便被'存天理去人欲'的教条打退"，并指出其原因在于"宋人的价值观和思维方式被规范在理学樊篱中了。影响所及，便是小说创作中追求惩劝目的的刻板偏重，主题的伦理化，作品的道学气"⑥。李军均认为宋人小说创作"融贯'德性'自觉，不仅体现在'垂诫'性文字构成文本叙事的有机部分，且文本叙事往往围绕'德性'展开"，"其阐释的'德性'往往是故事的宗旨，是叙事的指归"，"'德性'已内化于叙事进程中"⑦。

关于通俗化，李剑国认为"通俗化，或曰市井化，具体说就是市井细民题材向文人小说大量涌入，并伴随着情感趣味上市井气息的弥漫和通俗语言的运用，或者题材虽非市井却经过了市井化的审美处理"，并指出"宋人小说的通俗化开始造成这样一种趋势——文人文言小说和市民话本小说一定程度的合流趋势，这在小说史上是意义重大的……士大夫文人屈尊纡贵地接近了'下里巴人'，把说话中的某些有趣故事拿过来，顺便也拿过说话人捏合提破的手段，并照着说话人的情趣所在，把摄材角度扩展到市民社会……有了这个靠拢，才会有元明盛行的以通俗性为一大特征的文人长篇文言小说"⑧。李军均指出这种通俗化倾向可以分为"以俗为雅"和"化雅入俗"两个维度，其中以俗为雅体现在语

① 桃源居士：《宋人百家小说序》，载《五朝小说大观》，中州古籍出版社1991年版。
② 鲁迅：《中国小说史略》，上海古籍出版社1998年版。
③ 李剑国：《宋代志怪传奇叙录》，南开大学出版社1997年版。
④ 张祝平：《论宋代小说的"由虚入实"之原因》，《河北师范大学学报》（哲社版）2003年第2期。
⑤ 鲁迅：《中国小说史略》，上海古籍出版社1998年版。
⑥ 李剑国：《宋代志怪传奇叙录》，南开大学出版社1997年版。
⑦ 李军均、曾垂超：《宋代小说思想三题》，《文艺研究》2010年第7期。
⑧ 李剑国：《宋代志怪传奇叙录》，南开大学出版社1997年版。

体的通俗性、题材的世俗性与思想感情及愿望理想的大众性、接受者的广泛性三个方面，而化雅入俗是删改文言传奇，以迎合大众审美需求的简约性和模式化①。宋代小说通俗化的原因，学界认为有宋代城市经济发达和市民阶层壮大、唐宋文化和文学转型、话本小说影响等多种因素，凌郁之《走向世俗——宋代文言小说的变迁》、吴志达《中国文言小说史》、李军均《传奇小说文体研究》等著述有深入的分析。

（二）价值研究

宋代文言小说的价值和历史地位，1990 年之前一直评价不高。明代胡应麟说："小说唐人以前纪述多虚而藻绘可观，宋人以后论次多实而彩艳殊乏。"② 后来鲁迅也说："宋一代文人之为志怪，既平实而乏文采，其传奇，又多托往事而避近闻，拟古且远不逮，更无独创之可言矣。"③ 又说："传奇小说，到唐亡时就绝了。至宋朝，虽然也有作传奇的，但就大不相同。因为唐人大抵描写时事，而宋人则极多讲古事。唐人小说少教训，而宋则多教训……但文艺之所以为文艺，并不贵在教训，若把小说变成修身教科书，还说什么文艺。"④ 两位巨擘尊唐抑宋的论调，对学界产生了深远影响。1960 年分别由中国社科院文学研究所撰写和游国恩等主编的两部《中国文学史》对宋代志怪传奇都避而不谈，1980年台湾巨流图书公司出版的《中国文学讲话》卷帙浩繁、内容详备，但《两宋文学》部分也不提及志怪传奇小说。小说史类著述涉及宋代文言小说，多承鲁迅之论，颇有訾议，如侯忠义、刘世林《中国文言小说史稿》认为宋代文言小说"多脱离现实生活，往往模拟前人之作，较少创新，无论思想和艺术都不如前代的作品"⑤。

1990 年以降，随着研究的不断深入，学界对宋代文言小说作出了新的评价。李剑国认为"宋人小说（笔者按：此处指志怪和传奇）有所成就，成就不算太高……相对唐人小说尤其是唐传奇来说它有退步也有进展……它对宋代及后世的小说影响赶不上唐小说但也不能小觑"⑥。薛洪并不认可鲁迅"传奇小说，到唐亡时就绝了"之论，认为宋代是传奇小说的继续发展期，认为"通俗传奇小说在宋前已经存在，但为数较少，至北宋才逐渐发展起来，到了南宋，大体上已形成了一个高雅传奇与通俗传奇平分秋色的局面……这是传奇小说史上一次不容忽视的重大发展"⑦。陈文新认为相较于唐传奇，宋传奇有衰落，也有新变，衰落是就辞章化传奇而言，新变是就话本体传奇而言⑧。程毅中为李剑国《宋代传奇集》作序，曰："宋人小说文备众体，本非一格，亦有藻绘可观如《云斋广录》所收者。且宋人小说崇尚实录，渐近人生……传奇志怪，亦多人情世态，声色俱绘，叙事则如经目睹，记言则若从口出，此可于《摭青杂说》等书觇之。宋之传奇，于搜神志异而外，或摹壮士佳人之心胆，或述引车卖浆之言语，声气风貌，神情毕肖，千载而下，犹

① 李军均：《传奇小说文体研究》，华中科技大学出版社 2007 年版。

② （明）胡应麟：《九流绪论》（下），《文渊阁四库全书》第 886 册，台湾商务印书馆 1986 年版。

③ 鲁迅：《中国小说史略》，上海古籍出版社 1998 年版。

④ 鲁迅：《中国小说的历史的变迁》，《鲁迅全集》第 9 卷，人民文学出版社 2005 年版。

⑤ 侯忠义、刘世林：《中国文言小说史稿》（下册），北京大学出版社 1993 年版。

⑥ 李剑国：《宋代志怪传奇叙录》，南开大学出版社 1997 年版。

⑦ 薛洪：《传奇小说史》，浙江古籍出版社 1998 年版。

⑧ 陈文新：《文言小说审美发展史》，武汉大学出版社 2002 年版。

可。自兹而后，小说一家，蔚为大观，可以兴观群怨，或且优于诗赋。"① 对宋代志怪传奇作了较高评价。

丁峰山认为就笔记小说而言，"宋人笔记是魏晋笔记小说初次文本定型、规范后的又一次定型、规范过程，不仅强化了原有规定性，且自己的面貌特色成为后世的楷模和定式……其影响力超过唐代是难以否认的客观事实"；就传奇小说而言，"明、清以来的传奇体小说在选材、流派、主旨、风格上受宋传奇的滋润要多于唐传奇"。再加上话本小说对后世通俗小说的影响和小说学成就、小说文献整理贡献，丁先生指出："宋人另辟蹊径，把小说带上了朴雅平淡、通俗自然的新路……从小说（文学）发展的综合历史维度着眼，宋代对中国古典小说的贡献和影响不低于甚至高于唐代，其历史地位在唐代之上。"②

概而言之，百年来，宋代文言小说研究在文献整理与研究、传奇小说研究、作家作品研究、文化研究、特质研究和价值研究等方面都取得了突破，但在志怪小说、轶事小说研究方面还稍显冷清，成果寥寥，同时在叙事研究方面也关注不多，成果较少。另外，正如李剑国先生所言，"文言小说在长期流传和积淀过程中，形成了一系列意蕴丰厚的母题和意象""因此借用原型批评方法进行原型意象和母题研究具有广阔天地"③，宋代文言小说因为与民间信仰、宗教和传统文化的密切联系而在原型意象和母题方面意蕴非常丰厚，但这方面的话题可能还未引起学界的充分关注，应该是宋代文言小说研究的一个拓展方向。

---

① 程毅中：《宋代传奇集·序》，中华书局 2001 年版。

② 丁峰山：《宋代小说在中国小说史上历史地位的重新估价》，《福建师范大学学报》2004 年第 5 期。

③ 李剑国：《文言小说的理论研究与基础研究——关于文言小说研究的几点看法》，《文学遗产》1998 年第 2 期。

延安宋金石窟研究述评[*]

石建刚

李唐以后，佛教的开窟造像活动明显进入了衰退期，呈现出民间化、小规模、低水平的特点。但是在延安地区，伴随着宋夏战争的开始，大量的人力、物力和财力源源不断地从四面八方输送而来，创造了辉煌的延安宋金石窟。延安地区共有北宋石窟58处（每处石窟多由数个洞窟组成）有余，另有5处摩崖造像及一些单体造像和造像碑；金代石窟8座，另有一座瘗窟及部分造像。其数量和艺术水平均居全国宋金石窟造像之首，且形式多样、内涵丰富。"它的重要意义在于填补了我国北方宋代佛教石窟、石刻艺术历史的空白。"[②]为研究宋金石窟提供了重要的实物资料，尤其是"填补了北方，特别是宋金密宗造像的空白"[③]。延安宋金石窟的另一特点则是相当一部分内容具有明确的纪年等开凿信息，为构建整个北宋中晚期和金代早期石窟造像艺术体系提供了可能，为同时期造像的研究提供了标尺。本文在对相关研究情况全面系统回顾和介绍的基础上，兼做评议，以期推动延安宋金石窟的深入研究。

一　调查报告和图录的公布

对延安宋金石窟的调查始于20世纪50年代，1956年，陕西省博物馆和文管会组织的陕北文物调查征集工作组在往陕北进行文物调查征集工作期间，调查了富县石泓寺和阁子头石窟，对两处石窟的窟型、主要造像和部分题记作了介绍。[④]1959年，古代建筑修整所张智等人在赴陕北进行革命纪念建筑物的勘查和测绘工作时，顺便调查了黄陵双龙千佛洞和延安清凉山万佛洞，对其基本情况作了较为详细的介绍。[⑤]这两次调查虽然均非特意对延安宋金石窟进行的调查，且存在一些瑕疵，但是作为对延安宋金石窟调查的发端者，其意义是不言而喻的。后陕西省文物管理委员会的刘斌等人对黄陵双千佛洞做了进一步调

---

*　本文为教育部人文社科重大攻关项目"百年敦煌学史研究"（07JZD0038）；国家科技支撑计划国家文化科技创新工程项目"丝绸之路文化主题展示服务系统及应用示范"（2013BAH40F02）。

②　靳之林：《延安地区石窟艺术》，《美术》1980年第6期。

③　马世长、丁明夷：《中国佛教石窟考古概要》，艺术家出版社2007年版。

④　陕西省博物馆、陕西省文管会：《富县石泓寺、阁子头寺石窟调查简报》，《文物》1959年第12期。

⑤　张智：《黄陵万佛寺、延安万佛洞石窟寺调查记》，《文物》1965年第5期。

查，对张智等人的调查报告作了补充和修订。①

　　"文化大革命"以后，相关部门和学者加强了对延安地区石窟的调查，并进行了一些基础性研究。1976 年日本学者常盘大定和关野贞合著的《中国文化史迹》一书中，简略介绍了他们对富县石泓寺的调查情况。② 1979 年，延安地区文化局对全区石窟寺进行了普查，但这次调查比较粗糙，在断代等方面问题颇多。③ 1981 年到 1982 年间，齐天谷先后发表《子长县钟山石窟》和《子长县钟山石窟调查记》两篇文章，对钟山石窟作了较系统的介绍。④ 之后，靳之林就《延安地区的石窟寺》一文中存在的问题作了订正。⑤ 1982 年靳之林编著出版的《延安石窟艺术》图录，公布了个别宋金时期代表性洞窟的零星图片。⑥ 1983 年延安地区群众艺术馆编的《延安宋代石窟艺术》图录，重点介绍了延安地区的 7 处宋代石窟寺。⑦ 1985 年王子云的《陕西古代石窟》出版，发表了部分有关延安宋金石窟的图片，主要从艺术风格角度撰写了文字说明。⑧ 同年，陕西省考古研究所对富县境内的石窟寺及造像作了较为系统全面的调查和一些基础研究，其中以宋金时期的石窟寺为主。⑨ 1986 年，负安志在《论富县石泓寺、松树沟金元石刻造像的年代及其特征》一文中，对石泓寺第 2 窟金代造像的年代做了准确的判定，并认为该窟的金代造像明显受到宋代造像风格的影响。⑩ 1988 年齐鸿浩就黄龙县发现的宋代小寺庄石窟进行了介绍。⑪ 1984 年 6 月，陕西省考古研究所和甘泉县文化局文化馆联合对甘泉县境内洛河流域的石窟寺做了调查，张燕、李安福就期间发现的一座金代瘗窟发表了清理简报，这是我国发现的首座金代瘗窟，窟内保存了大量的佛道造像。⑫

　　20 世纪 90 年代，又有部分调查报告和图版相继发表，1990 年的《安塞县石窟寺调查报告》对安塞县 10 处主要的石窟寺进行了较全面介绍，其中也以宋金石窟为主，使我们对安塞县的宋金石窟寺有了较清晰的认识。⑬ 1994 年，佘苏生对甘泉县宋代古佛寺石窟作

---

① 陕西省文物管理委员会：《对〈黄陵县万佛洞〉介绍中有关问题的补充和订正》，《文物》1966 年第 2 期。

② [日]常盘大定、关野贞：《中国文化史迹》（7—12 卷），法藏馆 1976 年版，第 90—92 页。

③ 姬乃军：《延安地区的石窟寺》，《文物》1982 年第 10 期。文章介绍了 1979 年以来延安地区文化局对本地区石窟寺的调查情况，对延安地区的清凉山石窟、子长县钟山石窟、黄陵县双龙千佛洞、富县石泓寺等主要石窟，以及志丹县城台石窟、何家洼石窟、安塞县石寺河石窟、招安石窟、富县段家庄石窟、川庄石窟等石窟调查的基础上，对延安地区石窟寺的总体情况作了简单介绍和初步研究。

④ 齐天谷：《子长县钟山石窟》，载《陕西省文博考古科研成果汇报会论文选集》，陕西省文物事业管理局 1981 年版；齐天谷：《子长县钟山石窟调查记》，《考古与文物》1982 年第 6 期。

⑤ 靳之林：《对〈延安地区的石窟寺〉一文的订正》，《文物》1984 年第 12 期。

⑥ 靳之林编著：《延安石窟艺术》，人民美术出版社 1982 年版。

⑦ 延安地区群众艺术馆编：《延安宋代石窟艺术》，陕西人民美术出版社 1983 年版。

⑧ 王子云：《陕西古代石刻》，陕西人民美术出版社 1985 年版。

⑨ 负安志：《陕西富县石窟寺勘察报告》，《文博》1986 年第 6 期。

⑩ 负安志：《论富县石泓寺、松树沟金元石刻造像的年代及其特征》，《文博》1986 年第 6 期。

⑪ 齐鸿浩：《黄龙县小寺庄发现宋代石窟》，《文博》1988 年第 2 期。

⑫ 张燕、李安福：《陕西甘泉金代瘗窟清理简报》，《文物》1989 年第 4 期。

⑬ 杨宏明：《安塞县石窟寺调查报告》，《文博》1990 年第 3 期。

了介绍。① 1995 年李域铮的专著《陕西古代石窟艺术》，其中对以子长钟山石窟为代表的延安宋金石窟造像的艺术成就作了肯定，认为是宋金造像的代表作。② 1996 年，《中国石窟雕塑精华·陕西钟山石窟》精选了一些钟山石窟的图片，无文字说明。③ 1998 年，《中国石窟雕塑精华·陕北石窟》刊布了石泓寺和双龙千佛洞的个别照片，亦无文字说明。④

　　进入 21 世纪后，相关调查逐渐呈现出专业化和系统化的特点。2000 年，韩伟主编的《中国石窟雕塑全集·第五卷：陕西、宁夏》图录出版，其中对黄陵双龙千佛洞、富县石泓寺、阁子头石窟、子长钟山石窟的造像做了刊布，并从考古角度撰写了文字说明。⑤ 2001 年到 2005 年间，冉万里先后发表了安塞县毛庄科石窟、新茂台石窟、云山品寺石窟的调查报告，其中毛庄科石窟和新茂台石窟均为北宋石窟，而云山品石窟的第 1、2、4 窟亦是北宋洞窟。⑥ 2009 年在青兰高速公路富县境内施工过程中，发现一批北朝至宋代的佛教石窟造像，其中涉及少量宋代的造像碑和造像。⑦ 2006、2007 和 2012 年的三个夏季，由清华大学李静杰教授和台湾学者林保尧带队的考察组，对整个陕北地区，甚至周边的陇东等地区的石窟寺做了全面调查，李静杰在此基础上已发表多篇重要的研究论文（见下文）。而最为重要的，当属由延安市文物部门组织的石窟调查组对延安地区石窟寺正在进行的全面调查。该调查组进行了系统的测绘、编号、拓片、拍照和部分清理工作，现已基本结束。据悉，调查结束之后将着手内容总录和调查报告等基础资料的公布，值得我们期待。

　　就整体而言，目前在延安宋金石窟的研究方面，以调查报告的成果最为突出，但是20 世纪所出调查报告数据不全，错讹之处较多，且没有系统的编号、测绘、拓片，所以远远不能满足研究的需要。而相关图版的发行，寥寥无几，且主要集中在个别重要洞窟，更是严重影响了研究的深入。

二　专题性研究

　　目前，有关延安宋金石窟的研究尚处于初步阶段，所以相关研究多集中于图像方面的基础研究，辨识图像内容、梳理图像源流、解读图像意涵等研究是这一时期的重点内容。以下即对这一部分的研究成果略做总结。

（一）石窟形制与石窟建筑
　　石窟形制是石窟的基本情况之一，上文所列多数调查报告对相关石窟的形制都有介

① 佘苏生：《甘泉县古佛寺石窟造像介绍》，《文博》1994 年第 4 期。
② 李域铮：《陕西古代石刻艺术》，三秦出版社 1995 年版。
③ 重庆出版社编：《中国石窟雕塑精华·陕西钟山石窟》，重庆出版社 1996 年版。
④ 重庆出版社编：《中国石窟雕塑精华·陕北石窟》，重庆出版社 1998 年版。
⑤ 韩伟主编：《中国石窟雕塑全集·第五卷：陕西、宁夏》，重庆出版社 2001 年版。
⑥ 冉万里：《陕西省安塞县毛庄科石窟调查简报》，《文博》2001 年第 1 期；冉万里：《陕西安塞新茂台石窟调查简报》，《文博》2003 年第 6 期；冉万里：《陕西安塞云山品寺石窟调查报告》，《考古与文物》2005 年第 4 期。
⑦ 张建林、田有前：《陕北富县发现一批北朝至宋代佛教造像》，《中国文物报》2010 年 2 月 26 日第 4 版。

绍。但是对延安宋金石窟形制和建筑特点的系统研究则主要是何立群、刘临安和张璐三位学者。其中，何氏硕士论文《延安地区宋金石窟分期研究》，对延安地区 24 处宋金石窟群，从考古学角度作了系统的编排，对窟型、龛型、窟顶做了详细分类，并就造像内容与它们的对应关系作了分析，在此基础上，将延安宋金石窟分为四期，是目前从考古学所进行的最为全面、系统、准确的考察，进一步认为北宋以后佛教造像呈现出密教化、本土化和世俗化三大特点。① 而刘、张二氏则是从建筑学的角度进行分析，其中以张氏的硕士论文《陕西唐宋石窟寺建筑研究》对延安宋金石窟的关注最多，文章分析了陕西唐宋石窟寺对木构佛寺建筑在功能和规划布局上的借鉴和传承，认为延安地区的宋代石窟在宗教礼拜仪式变化和汉地木构佛寺建筑的共同影响下，形成了地方特色鲜明的中央佛坛式石窟寺建筑空间，及仿木构的佛寺建筑形制与藻井图案等建筑表达形式。② 延安宋金石窟的洞窟形制颇具地域和时代特色，其中以各种变形的中央佛坛窟为代表，马世长、丁明夷认为"这种佛坛窟在这一时期大部分作为密宗的一种窟形"③，但是没有具体的说明，这种形制出现的原因和其实际的宗教功能我们尚不十分清楚，有待进一步分析。

（二）造像题材的分类研究

关于延安地区宋金石窟的造像题材及其组合，李静杰专文作了较全面的介绍，他认为陕北宋金石窟的图像多来源于唐、五代时期，可分为三佛、释迦佛、大日如来、骑狮文殊与乘象普贤、十六罗汉、涅槃与五百罗汉、自在坐观音、千佛或万菩萨等八种主流图像，以及十二圆觉菩萨、千手观音菩萨、日月光菩萨、观音救难、摩利支菩萨、地藏与地狱十王、阿育王施土因缘与罗睺罗受记因缘、僧伽、布袋和尚、三教像等 10 种非主流图像。图像组合以三佛为主尊者居多，周围配置一种或几种主流图像，加上其他非主流图像共同构成石窟图像。各种不同功能的图像，采用叠加方式组织在同一石窟之中，同时表述多种佛教思想，所反映的往生净土、传承佛法、菩萨行、倡导孝行、现世救济思想，构成了陕北宋金石窟的实质内涵。④ 其实，延安宋金石窟的造像题材不限于这 17 种，还有阿弥陀佛、药师佛、十方佛、白衣观音、十地菩萨、取经图等及一些尚未辨识者；造像组合也不仅局限于与"三佛"的种种组合，以自在坐观音为例，至少与千手观音、十王、五百罗汉、十六罗汉、僧伽和尚、地藏菩萨、天王、三佛、阿弥陀佛等题材存在明确的组合关系，可见其内容远比我们想象的丰富。笔者认为延安宋金石窟的造像题材虽多在前代已经出现，但并非是对前代内容的完全照搬和不同题材的简单"叠加"，而往往是在原有题材中加入了新的元素，且图像的选择和组合多有其特定含义和目的，在黄陵双龙千佛洞这样的原创性洞窟表现得尤为明显。宋金石窟在图像组合上多有宗派杂糅的现象，但这并非无据可依，无脉络可寻，而正是对当时佛教宗派间不断融合现象的反映。就目前的研究情况而言，有关造像题材与图像的深度解读工作显得比较薄弱，仅对三佛、涅槃图像、自在坐

---

① 何立群：《延安地区宋金石窟分期研究》，硕士学位论文，北京大学，2002 年。

② 刘临安：《陕西石窟寺的建筑形制以及与佛寺的发展关系》，《建筑师》1991 年第 43 期；张璐：《陕西唐宋石窟寺建筑研究》，硕士学位论文，西安建筑科技大学，2006 年；张璐：《陕西唐宋石窟寺与汉地木构佛寺建筑群体对比研究》，《中国文物科学研究》2014 年第 1 期。

③ 国家文物局教育处编：《佛教石窟考古概要》，文物出版社 1993 年版，第 98 页。

④ 李静杰：《陕北宋金石窟佛教图像的类型与组合分析》，《故宫学刊》2014 年第 1 期。

观音、大日如来等个别题材从某些角度作了深入研究，而对其他大量的题材，目前仅限于内容介绍。

1. 三佛造像

有关延安宋金石窟造像题材讨论最多的当是三佛题材，主要存在五种观点，第一，迦叶佛、释迦佛和弥勒佛组成的竖三世佛；[①] 第二，法身佛、报身佛和应身佛组成的三身佛；[②] 第三，娑婆世界释迦佛与东方净土药师佛、西方净土无量寿佛组合；[③] 第四，娑婆世界释迦佛与东方净土弥勒佛、东方净土药师佛的组合；[④] 第五，娑婆世界释迦佛与东方净土弥勒佛、西方净土阿弥陀佛的组合。[⑤] 三佛题材是延安宋金石窟中最为重要的造像题材，关于其身份的考证，近年来学者们多倾向于第五种观点，但是，这一结论是否完全可信尚需进一步的考察。

2. 涅槃造像

延安宋金石窟中的涅槃图像也颇为重要，最先关注这一现象者当属李淞，在其《黄陵双龙千佛洞的图像、作者与观念》一文中，全面解读了黄陵双龙千佛洞后壁及甬道两侧的涅槃图像内容，认为涅槃图像与五百罗汉的组合并无佛典依据，而是涅槃经典与罗汉传说的杂糅。[⑥] 其后李静杰对宋辽金时期中原北方地区的涅槃图像做了系统性整理和研究，专列"西部地区"一部分，以延安地区宋金石窟中的涅槃图像为核心，按其内容将涅槃图像划分为"临终说法""涅槃""佛坐金棺为母说法""起塔与升天"四部分，在详细介绍图像内容的基础上，与东部地区的涅槃图像做了简要对比，重点关注涅槃图像与罗汉、三佛题材的组合关系，并分析了涅槃图像在宋夏战争背景下的教化功能。[⑦] 日本学者水野さゃ在对安塞樊庄第2窟进行综合研究时，特别对其涅槃图像的内容作了讨论，首先对图像内容、构图作了具体介绍和分析，进一步认为这种将涅槃图像与五百罗汉相结合的组合形式，表现出华严思想与禅宗内容的融合，五百罗汉的加入，表现出强烈的传法和

① 姬乃军：《延安地区的石窟寺》，《文物》1982年第10期；靳之林：《对〈延安地区的石窟寺〉一文的订正》，《文物》1984年第12期；李淞：《黄陵双龙千佛洞的图像、作者与观念》，载李淞《长安艺术与家教文明》，中华书局2002年版；韩伟：《陕西石窟概论》，《文物》1998年第3期；王媛：《钟山石窟第3窟的图像构成与信仰内涵》。杨宏明《安塞县石窟寺调查报告》以三世佛解释，但是仅指出其中两身为释迦佛和弥勒佛，而对另外一身未做说明。

② 齐天谷：《子长县钟山石窟调查记》；孙修身：《陕西延安市清凉山万佛寺第2窟内容考》，《敦煌研究》1998年第2期；胡同庆：《陕西钟山石窟3号窟的内容与艺术特色》，《文博》2010年第1期。

③ 姬乃军：《延安地区的石窟寺》，《文物》1982年第10期。

④ 冉万里：《陕西省安塞县毛庄科石窟调查简报》，《文博》2001年第1期；冉万里：《陕西安塞新茂台石窟调查简报》，《文博》2003年第6期。

⑤ ［日］萩原哉：《三世仏の造像：鐘山石窟第3号窟の三仏を中心として》，《印度学佛教学研究》2007年第56卷；李静杰：《中原北方宋辽金时期涅槃图像考察》，《故宫博物院院刊》2008年第3期；谭洁：《宋代涅槃变相研究》，硕士学位论文，中国美术学院，2012年。

⑥ 李淞：《黄陵双龙千佛洞的图像、作者与观念》，载李淞《长安艺术与家教文明》，中华书局2002年版，第81—84页。

⑦ 李静杰：《中原北方宋辽金时期涅槃图像考察》，《故宫博物院院刊》2008年第3期。

护法思想。① 而后，谭洁延续了李氏的研究思路，对整个宋代的涅槃图像作了系统分析，强调了涅槃与弥勒、三佛、观音等题材的组合，并将延安地区涅槃图像大量出现的原因归结为中原固有的涅槃信仰基础、持续战乱和经济凋敝三个方面。② 另外石建刚对延安清凉山万佛洞涅槃图像做个案分析，并在其硕士论文中对延安宋金石窟涅槃图像中的乐舞者身份做了辨析，认为罗汉乐舞和外道乐舞均是受到辽代末法思想和战乱不安的社会现实影响而兴起的，表达了当地民众对和平安定的向往。③ 上述研究，多有分析延安地区北宋时期大量出现涅槃图像的原因，然而，均未能全面考虑宋辽金夏这一时段的整体情况，中唐以后，涅槃图像几乎绝迹，而在宋辽金夏这一时期则又全面兴起。从石窟造像到佛塔地宫、甚至是世俗墓葬均有出现，宋辽金夏不同文化圈普遍兴起，而且出现了像张掖大佛寺这样大型的皇家涅槃造像。同时，与涅槃思想存在密切关联的舍利信仰、佛像窖藏、佛经的掩藏与供奉、佛塔地宫的建造等也十分盛行，它们之间应存在共同的背景和原因。笔者认为这极有可能是受到当时盛行的末法思想影响，但是这一观点仍存在不完满之处，如为何封存的佛像、佛经多是残损不全者，而非完整者，所以，对于这一问题仍需深入探讨。

3. 自在坐观音

在延安宋金石窟造像中，观音造像随处可见，其中又以自在坐观音最为流行。习惯上称之为水月观音，但有学者认为姿势并非水月观音的分辨依据，所以不应将自在坐观音一概称为水月观音。④ 笔者赞同这种观点，所以本文亦采用自在坐观音之说。延安宋金石窟中的自在坐观音，造像雕刻精美，具有极高的艺术价值；其附属图像内容复杂多样，在艺术史和文化史上亦颇有价值。然而，对于延安宋金石窟自在坐观音造像的介绍和研究极少，除调查报告中的简略介绍之外，仅林锺妏、李静杰和郑怡楠三位学者有所涉及。林锺妏在其硕士论文第三章"自在坐观音"中，着重考察了延安宋金石窟自在坐观音造像中善财、龙女、鹦鹉等以俗文学为依据的图像元素，说明宋金石窟造像以非佛典性俗文学为依据的世俗化特点。⑤ 李静杰则就四川乐至和陕西富县的两处救难观音图像做了详细介绍，认为二者与敦煌绘画中的救难观音属同一发展系列，说明它们并非单纯依据经典独立造型，而更多的是受到中土流行粉本的影响。石泓寺第2窟游戏坐观音救难图像，很有可能是当地将当时盛行的游戏坐观音与八难组合的结果。⑥ 郑怡楠的《北宋水月观音漫谈》，对双龙千佛洞、清凉山万佛洞、钟山第3窟和第4窟（应为第5窟）的自在坐观音做了分析研究，认为延安地区宋代石窟中自在坐观音造像风格基本相同，都是左右对称，上方为千手观音（其实，仅黄陵双龙千佛洞石窟存在1例）。该文延安与敦煌、四川等地的自在

① ［日］水野さや：《中国陕西省延安市安塞县樊庄石窟について》，载《密教図像》第27号，京都密教图像学会2008年版。

② 谭洁：《宋代涅槃变相研究》，硕士学位论文，中国美术学院，2012年。

③ 石建刚：《一处独具创意的涅槃图像——延安清凉山万佛洞涅槃图像鉴析》，《陇东学院学报》2012年第1期；石建刚：《中古北方涅槃图像中的乐舞者形象研究》，硕士学位论文，兰州大学敦煌学研究所，2013年。

④ 林锺妏：《陕北石窟和北宋佛教艺术世俗化的表现》，硕士学位论文，台湾大学艺术史研究所，2006年。

⑤ 同上。

⑥ 李静杰：《乐至与富县石窟浮雕唐宋时期观音救难图像分析》，《故宫博物院院刊》2012年第4期。

坐观音图像进行了对比研究，认为延安与敦煌的自在坐观音在布局上皆讲究对称，构图上多配有取经图，同时认为玄奘取经图像产生于瓜州一带，延安地区受其影响。而与四川及天水麦积山等地的自在坐观音差别较大，延安地区的自在坐观音与取经图像组合较为常见，而四川及麦积山的自在坐观音与地狱变、灵魂升天组合较为普遍。该文存在一大问题，对黄陵双龙千佛洞石窟前壁自在坐观音中的插图释读有误，将表现观音接引灵魂主题的世俗装人物解读为了玄奘取经故事，因而使得文中论述出现一定的偏差。[①] 自在坐观音是这一时期非常流行的佛教题材，陕北、陇东地区和河西地区的图像属于同一系统，而四川和天水一带的图像属另一系统。河西地区西夏时期的自在坐观音图像明显继承了延安一带宋金图像的内容和特点，这对研究宋金与西夏之间的交流，进一步判断河西地区西夏壁画的年代、释读其图像内涵等均具有十分重要的意义。同时延安宋金石窟中出现的自在坐观音与十王、罗汉、千手观音、僧伽等造像的组合皆颇具特色，应予以重视。

除以上三类图像之外，另有林锺妏对地藏和泗州大圣造像的研究，文章在揭示了部分地藏和泗州大圣造像的基础上，分别考察了两种造像图像元素中的非佛典内容，从而为其宋金石窟世俗化特点的说法提供了具体的论据。[②] 苏敏的硕士学位论文《陕北地区的地藏造像及其信仰》，介绍了陕北地区出现的大部分地藏菩萨造像和当地的一些与地藏菩萨信仰有关的民俗活动，从佛教信仰和社会现实两大方面分析了陕北地区地藏信仰盛行的原因，最后就陕北地区地藏信仰与其他地区的地藏信仰做了对比分析。然而文章也存在一些不足，主要表现在对前人研究关注不够和以现代碑刻来论证宋金时期的地藏信仰情况两个方面。[③]

（三）密教图像研究

两宋时期，印度、西域、吐蕃诸部以及西夏和辽等地区的佛教大都已经密教化，只是密教化的程度和流行情况不尽相同。受此大环境影响，北宋境内，密教也获得了前所未有的发展。一方面，传入北宋境内的佛教典籍大多是密教经典，密教经典成为当时译经的主要对象。另一方面，北宋皇帝也多崇奉密教。随着密教经典的大量翻译，加之得到皇家的信奉和大力支持，密教自然很快的传遍北宋境内。随之而来的是，密教和密教化的图像题材在北宋大量涌现。"10 世纪末叶以后，中原地区伴随新出密籍，对佛教图像进行大规模更新，汴京大相国寺壁画在太宗朝的重新绘制和神宗时饶有新意的重描最具典型。"[④] 作为当时佛教中心的东京在佛教图像方面的变更无疑最具代表性和震撼力。这种变化也在延安宋金石窟中得到了充分体现。正如何立群所言，"密教和密教化的造像题材是延安石窟的一大特点"[⑤]。

① 郑怡楠：《北宋水月观音漫谈》，载郑炳林主编《2009 年全国博士生学术论坛（传承与发展——百年敦煌学史）论文集》，三秦出版社 2011 年版，第 512—520 页。

② 林锺妏：《陕北石窟和北宋佛教艺术世俗化的表现》，硕士学位论文，台湾大学艺术史研究所，2006 年。

③ 苏敏：《陕北地区的地藏造像及其信仰》，硕士学位论文，兰州大学敦煌学研究所，2012 年。

④ 宿白：《榆林、莫高两窟的藏传佛教遗迹》，载宿白《藏传佛教寺院考古》，文物出版社 1996 年版，第 234—250 页。

⑤ 何立群：《延安地区宋金石窟分期研究》，硕士学位论文，北京大学，2002 年。

关于延安宋金石窟密教造像的介绍和研究，目前所见仅两篇文章。齐鸿浩在《延安地区石窟寺密宗造像》一文中，对延安地区的密宗造像题材进行了罗列，认为由于宋太祖重视密教，故密教题材从与延安紧邻的西夏境内传入，正好迎合了战争背景下的陕北军民的需求，故而得到传播和发展。[①] 韩伟也认为，这些密教题材的出现，大约与西夏崇奉密教有关。[②] 李静杰经实地调查，揭示出延安宋金石窟中的一批密教大日如来造像，认为这是唐代密教艺术的后续发展，其大日如来组织在当地以净土信仰为核心的程式化图像体系中，密教成就法身思想与显教修菩萨行、往生净土等内涵，共同发挥教化众生的作用。[③] 就延安宋金石窟中的密教题材而言，多为汉密造像，这些题材在唐、五代时期已经出现，虽然西夏较为流行，但是并非独有。西夏的图像大体分为汉藏两个系统，显教图像和汉密图像其实也主要是对唐宋图像的继承，并非西夏独创。所以笔者认为，延安宋金石窟中的密教造像主要是对唐代密宗造像题材的传承，同时又吸收了来自周边的辽、西夏，甚至吐蕃等地区密教的内容。

（四）工匠和功德主研究

工匠及其流派的研究对厘清石窟造像的特点及艺术风格具有重要意义，而延安宋金石窟恰恰保留了大量有关工匠身份的信息。李淞最早注意到这一问题，认为延安宋金石窟的雕凿，早期有富县的米廷福，中期有雕凿子长钟山石窟的王信等人，后期则是介氏家族[④]；后在双龙千佛洞的研究中，考证出以介端为首的介氏家族是主要活动于鄜州、坊州地区的一个地方性工匠派系，有署名的双龙千佛洞石窟、招安石窟、志丹城台石窟、马蹄寺石窟、阁子头石窟和没有署名的石佛堂石窟、直罗镇柏山寺塔石雕均是介氏作品，并着重分析了介端等人对黄陵双龙千佛洞石窟的营建及其作为"镌佛人"的特殊身份。[⑤] 王红娟认为延安宋金石窟按工匠班底主要分为三个派系，即以王信为首的工匠派系，代表性石窟为钟山石窟；以介端为首的介氏家族一派，代表洞窟为双龙千佛洞、阁子头石窟等；第三派是以王志为首的工匠班底，代表性洞窟为石寺河石窟。[⑥] 李静杰在综合之前研究成果的基础上，认为这一时期的工匠班底有，以鄜州介端为首的介氏家族班底，以延长王志为首的工匠班底，二者活动范围较广，还有散见的其他工匠班底，其中以王信为首的工匠班底雕刻水平最高，并对各个派系工匠的组成、活动范围、造像情况等问题作了详细考证。[⑦] 这些研究让我们对延安宋金石窟的工匠派系有了较为清晰的认识，对进一步研究具有极为重要的意义。

虽然延安宋金石窟中有关施主的题记更加丰富，但是相关研究却显得较为单薄，对此

① 齐鸿浩：《延安地区石窟寺密宗造像》，《文博》1991年第6期。

② 韩伟：《陕西石窟概论》，《文物》1998年第3期。

③ 李静杰：《陕北宋金石窟题记内容分析》，《敦煌研究》2013年第3期。

④ 李淞：《陕西佛教艺术》，艺术家出版社1999年版；李淞：《陕西古代佛教美术》，陕西人民教育出版社2000年版。

⑤ 李淞：《黄陵双龙千佛洞的图像、作者与观念》，载李淞《长安艺术与宗教文明》，中华书局2002年版，第84—92页。

⑥ 王红娟：《陕北地区宋金石窟艺术探讨及思考》，《黑龙江史志》2012年第9期。

⑦ 李静杰：《陕北宋金石窟题记内容分析》，《敦煌研究》2013年第3期。

问题的系统研究，仅《陕北宋金石窟题记内容分析》一文而已，文章将施主分为家族、结社、军人、军民四种类型，并认为前两者开凿洞窟以小型为主，所以位置较偏僻，后两者开凿洞窟多为大型和超大型，大多处在重要交通线经过的山谷之中，往往与军事城寨伴生。各种施主普遍祈求天下太平、合家安乐、亡者升天，反映了战乱不安的社会环境。① 该文公布了相当数量的题记内容，并进行了深入的分析和解读，对研究延安宋金石窟的供养人情况具有重要意义。

笔者认为，延安宋金石窟所见题记除了对研究石窟造像及佛教信仰至关重要外，至少还存在以下四方面重要意义：一，为研究延安宋金时期的民族情况提供了新材料；二，为研究北宋在延安地区的军队建制、宋夏及宋金战争提供了翔实可靠的资料；三，为我们了解宋金时期延安民众的宗教信仰和社会心态提供依据；四，为研究延安与周边地区文化圈的交流提供了重要材料。

（五）造像艺术研究

一般认为，我国佛教石窟艺术，在宋代已衰落。但是延安地区的宋金石窟却得到了极大发展，规模和数量都可观，更为重要的是其艺术水平相当高，与唐代造像艺术相比绝不逊色，且在内心情感的刻画、肌肉的把握、线条的运用等细节上具有明显的超越。

关于延安宋金石窟的艺术研究，靳之林可算是发轫者，他认为延安宋金石窟的造像特点，风格朴实粗犷，遒劲有力，生动优美，富有生活气息，面相、体型及神态都具有北方民族的健壮、粗犷、豪放与质朴。② 而韩伟的论述最为精当，"在造型艺术方面，由于禅宗发达，重视内证功夫，受'心性'哲学的影响，形成了宋代审美观。陕北石窟主尊造像或大型造像，表情肃穆端庄，感情内向稳重，达到了脱俗超凡的境界。面庞精美，衣冠玲珑，美而不妖，丽而不娇。如果说佛陀与菩萨还是仙境风貌，那么罗汉之类的雕塑则是有血有肉有个性的现实生活中的陕北大汉。形体简练概括，线条洗练流畅，有的造像脉络清晰，似让人感到血液的流动，透过外部的衣着，准确地表现了人体内部结构与运动，反映了陕北民间雕塑家们卓绝的艺术水平。"③ 正如韩氏所说，宋代佛教造像出现了两种截然不同的风格，一方面，由于禅宗的影响，佛、菩萨被刻画得"表情肃穆端庄，感情内向稳重"，给人以超脱凡俗之感；另一方面，受到世俗化、地方化的影响，罗汉、天王等造像更加接近凡俗。王文权、姜敏的《延安地区石窟艺术浅说》一文，基本上沿袭了靳氏的内容。④ 胡同庆认为钟山第3窟在造像艺术方面具有四大特点：精湛、细腻、写实的圆雕工艺；造型多样、富有情趣，具有浓厚的生活气息；不拘泥于画稿，在模仿中加入个人的审美和情感；于对称中求不对称。⑤ 崔彬则总结出延安宋代石窟造像艺术的三大特点：重写实、注重细节刻画；世俗化；具有浓郁的生活情趣。⑥ 王珂莉主要从动态塑造、表情运用、线性表达和色彩的结合等四个方面分析了钟山第3窟造像的雕塑美，并与周边

---

① 李静杰：《陕北宋金石窟题记内容分析》，《敦煌研究》2013 年第 3 期。

② 靳之林：《延安地区石窟艺术》，《美术》1980 年第 6 期。

③ 韩伟：《陕西石窟概论》，《文物》1998 年第 3 期。

④ 王文权、姜敏：《延安地区石窟艺术浅说》，《作家》2008 年第 24 期。

⑤ 胡同庆：《陕西钟山石窟 3 号窟的内容与艺术特色》，《文博》2010 年第 1 期。

⑥ 崔彬：《延安地区的宋代佛教石窟造像艺术》，《文艺研究》2010 年第 8 期。

地区的造像做了简单对比。① 王红娟的《陕北地区宋金石窟艺术探讨及思考》一文基本上沿袭了韩伟等人的观点。② 这些研究或过于简略，或较为浅显，尚未能全面而深刻的解读延安宋金石窟的艺术价值。

宋代佛教造像，受到当时兴盛的禅宗和理学思想的共同影响。对佛的塑造，脱去了印度等外来造像的痕迹，不似南北朝造像的潇洒，而更显沉着，不似唐代造像的富丽，而更显素雅，形成了完全受中国文化和审美特点支配的造像艺术。佛像变成了端庄肃穆、含蓄内敛、超凡脱俗的优美情调，更加注重对内心情感的把握，如钟山第3窟中央佛坛上的弥勒佛，那平静含蓄的脸庞上浮现出的一缕似有还无的笑意，把对"心"的把握表现到了极致。受到佛教世俗化、民间化的影响，对罗汉、天王、世俗供养人等形象的刻画则更加接近现实，正如韩伟所言"如果说佛陀与菩萨还是仙界风貌，那么罗汉之类的雕塑则是有血有肉有个性的现实生活中的陕北大汉。"③ 而写实与传神则是两种风格造像共同的特点，尤其是对体态造型和衣纹起伏变化的把握，如对钟山第3窟中央佛坛右侧主尊右手的刻画，王子云称赞道："使人感到它不是用石料雕出，而是由细泥堆塑，又仿佛是从真手模制而成的具有生机的手，尤以手势优美，指尖变化起伏微妙，充溢着筋肉及血脉的活力，更表现了女性柔润的特点。"④ 佛、菩萨的超脱凡俗和罗汉、世俗人物的写实，是宋代佛教造像的两大趋势和特点，而以钟山石窟为代表的延安北宋石窟造像正是这种时代特征的完美表现。

以石泓寺第2窟为代表的延安金代造像，就艺术成就而言，虽不及唐宋，但却是金代石刻艺术的代表。延安金代造像，最为明显的特征是对宋代艺术风格的继承，正如负安志在讨论石泓寺金代造像时所说，"在造像的造型、风格、题材内容方面，受到了宋代的影响，某些方面是继承了唐宋石刻造像的遗风。"⑤ 同时，笔者认为延安金代造像，又融入了辽金佛教艺术的特征，佛、菩萨更加伟岸端庄、平易近人，不似宋的清高淡雅；罗汉、世俗人物的刻画也不似宋代那样精致、细腻，更显金人的自信豪迈；服饰的刻画也变得更加厚重，富有质感。

同时，宋金时期延安地区，地处中原与边疆、汉族与胡人、农业与牧业、战争与和平、定居与游牧的过渡地带，造就了延安人的魁梧健壮、豪迈朴素，形成了宽广豪迈与淳朴温婉并存的延安文化。这些特点和社会背景在延安宋金石窟造像中得到了充分体现，回归男性特征的观音造像、威武健壮的天王力士、质朴憨厚的罗汉、温婉优美的胁侍菩萨、活泼可爱的狮子、调皮躁动的猴子等意象共同组成了延安宋金石窟的地方特色。

除以上五大专题，另有个别文章谈及延安宋金石窟的保护和现代化开发利用。⑥

---

① 王珂莉：《子长县钟山石窟3号窟雕塑艺术特色研究》，硕士学位论文，西安美术学院，2014年。

② 王红娟：《陕北地区宋金石窟艺术探讨及思考》，《黑龙江史志》2012年第9期。

③ 韩伟：《陕西石窟概论》，《文物》1998年第3期。

④ 王子云：《陕西古代石刻》，陕西人民美术出版社1985年版。

⑤ 负安志：《论富县石泓寺、松树沟金元石刻造像的年代及其特征》，《文博》1986年第6期。

⑥ 王新录：《钟山石窟的风化及保护初探》，《文博》1992年第1期；吕春祥：《陕北子长县钟山石窟考察实录》，《西北美术》2014年第2期。

三 综合研究

延安宋金石窟，几乎和当时的佛教一样，不同宗派并存，相互融合。正如李淞对黄陵双龙千佛洞石窟总结的那样，"图像志考察表明，双龙千佛洞的造像不限于某种具体的佛教宗派，虽然释迦牟尼信仰为其主线，其形式都是典型的汉传佛教造像样式，但它综合了华严宗、西方净土信仰、密宗等各种当时流行的佛教信仰并糅合为一个相互通融的整体。"① 正是因为延安宋金石窟造像内涵的复杂性，加之目前基础性的图像研究尚不够深入，所以相关的综合性研究极为少见。

1998 年，韩伟在对陕西石窟的总述中，特别强调了延安宋金石窟的重要性，分析了宋代造像的艺术特点，按窟型和题材对主要洞窟做了分类介绍，认为陕北宋金石窟是在宋夏战争的社会背景下营建的，以《阿弥陀经》《华严经》《妙法莲华经》等为依据的造像题材随处可见，流露出当地民众祈愿和平的心态。② 同年，孙修身发文对延安清凉山万佛洞第 2 窟的造像题材做了考证，认为主体造型是三身佛和文殊、普贤组成的华严三圣造像，但故事内容不是依据《华严经》，而是根据五台山流传的灵验故事雕刻的，是佛教中国化的一种具体例证。③ 李淞的《陕西佛教艺术》和《陕西古代佛教美术》两部著作全面而系统的梳理了陕西从十六国北朝到明代的佛教艺术，其中对延安地区的 13 处北宋石窟和 1 处金代石窟做了全面介绍，补充了一些新材料，并就开窟年代、主要造像、工匠和造像施主、历史背景等问题做了较系统的研究，是对 20 世纪延安宋金石窟调查和基础研究的总结。④ 2006 年，台湾学者林锺奴的硕士论文《陕北石窟和北宋佛教艺术世俗化的表现》，继承了孙氏的研究思路，从石窟建筑和图像题材入手，分析了陕北石窟的区域性特点，并重点分析了自在坐观音、地藏菩萨和泗州大圣等代表性题材中以民间文学为依据的图像元素，以说明北宋佛教艺术走向世俗化的倾向。⑤ 水野さや《中国陕西省延安市安塞县樊庄石窟について》一文，对樊庄第 2 窟做了综合探讨，文章主要由三部分组成，首先是对石窟后壁的开窟题记内容作了详细考证，并进一步对该窟的开凿背景作了论述；其次对窟内的三佛、文殊与普贤、涅槃与五百罗汉等题材内容及其配置关系作了分析，其中将一般的行脚僧认为是玄奘取经图，应不妥；最后认为 12 世纪以降的陕北石窟表现出华严思想与禅宗内容的融合，更加突出了对释迦佛的追慕。⑥ 2010 年，胡同庆对钟山第 3 窟的内容作了详细介绍，认为三佛、文殊与普贤、十地菩萨、涅槃造像等题材均与《华严经》

① 李淞：《黄陵双龙千佛洞的图像、作者与观念》，载李淞《长安艺术与宗教文明》，中华书局 2002 年版，第 67—103 页。

② 韩伟：《陕西石窟概论》，《文物》1998 年第 3 期。

③ 孙修身：《陕西延安市清凉山万佛寺第 2 窟内容考》，《敦煌研究》1998 年第 2 期。

④ 李淞：《陕西佛教艺术》，艺术家出版社 1999 年版；李淞：《陕西古代佛教美术》，陕西人民教育出版社 2000 年版。

⑤ 林锺奴：《陕北石窟和北宋佛教艺术世俗化的表现》，硕士学位论文，台湾大学艺术史研究所，2006 年。

⑥ ［日］水野さや：《中国陕西省延安市安塞县樊庄石窟について》，载《密教图像》第 27 号，京都密教图像学会 2008 年版。

存在密切关系，最后总结了该窟造像在艺术上的特点。① 同年，王媛的硕士论文《钟山石窟第 3 窟的图像构成与信仰内涵》，对钟山第 3 窟的造像顺序进行了简要考察，大体分为北宋中期、北宋末期、元代和明代以后四个阶段，并对三佛、十六罗汉、地藏和涅槃等图像的源流、造像风格、思想信仰等方面内容做了一定的研究。② 另有常凯华的硕士论文《陕北佛教石窟研究》，对陕北石窟的历代分布情况、洞窟形制、供养人及开窟背景等问题做了一定的论述，文章多是沿袭了之前学者的观点和内容。③ 这些文章虽是对延安宋金石窟总体情况或者单个石窟内容的整体研究，但在其思路和研究方法上，集中于对某个或者某一类图像题材的考察，并非真正意义上的综合研究。值得注意的是，其中孙、林二位学者的研究，揭示出延安宋金石窟部分图像是依据世俗文本而来，说明宋金石窟造像的本土化特点，拓宽了我们的研究思路，值得借鉴。

延安宋金石窟有三个显著特点：第一，造像题材及组合上，呈现出宗派间的融合与杂糅；第二，部分图像题材与造像样式是延续传统而来，呈现出模式化的特点；第三，以本土化的非佛教文献为依据的造像内容大量出现。正是因此，很少有学者对延安宋金石窟采用综合性的研究方法，以探求洞窟的总体构思、佛教内涵及现实意涵。目前所见，唯李凇《黄陵双龙千佛洞的图像、作者与观念》一文而已，作者采用传统的经典图像学方法，对窟内各尊像进行逐一考释，考察图像间的配置关系，并结合工匠、施主及当时的社会背景，来揭示石窟的整体内涵。④ 由于延安宋金石窟所固有的特点，对其进行单窟的综合性解读确实存在着许多困难，甚至许多洞窟是不适合采用这种方法进行解读的。但是，笔者认为，对延安宋金石窟中的原创性代表洞窟进行这样的综合研究是十分必要和完全可能的。只是在进行综合性研究时，应充分考虑佛教宗派的融合及世俗化倾向，将佛教经典和世俗文本并重，更加全面地审视和把握问题的每一个方面。

另外，值得一提的是张多勇的《陕甘宁蒙毗邻地区石窟寺的特点及地理环境探析》一文，从地理和历史的角度将陕甘宁蒙四省相邻地区的石窟寺作为一个整体，称为"鄂尔多斯模式"，认为这一地区的石窟寺具有沿古交通线和河流呈带状分布、以中小石窟为主、宋金造像见长的特点，而这些特点的形成则受到该地区的地质构造和自然地貌、处在军事战略要地和丝绸之路的要道、人文特质和地缘文化等三大方面的影响。⑤ 该文打破了以前多以现代行政区划为基础对这一地区石窟寺进行分块研究的局限，对以后的研究具有指导意义。

四　问题与展望

纵观延安地区宋金石窟的调查和研究状况，均较为薄弱，以笔者拙见，以下问题应是

---

① 胡同庆：《陕西钟山石窟 3 号窟的内容与艺术特色》，《文博》2010 年第 1 期。

② 王媛：《钟山石窟第 3 窟的图像构成与信仰内涵》，硕士学位论文，西安美术学院美术学专业，2010 年。

③ 常凯华：《陕北佛教石窟研究》，硕士学位论文，陕西师范大学，2013 年。

④ 李凇：《黄陵双龙千佛洞的图像、作者与观念》，载李凇《长安艺术与宗教文明》，中华书局2002 年版。

⑤ 张多勇：《陕甘宁蒙毗邻地区石窟寺的特点及地理环境探析》，《陇东学院学报》2009 年第 1 期。

今后一段时间努力的方向和研究的重点。

第一，最为紧迫的问题就是对石窟全面、系统、科学的考古调查，尽快完成最为基础的考古报告和图版公布。当然，近年来延安市文物部门已组织人力进行全面的考古调查，希望其成果能尽快面世，这将是惠及整个学术界的大功德。

第二，延安地区，是宋辽金夏四大文化圈共同作用的地方，延安宋金石窟正是在四大文化的共同影响下产生的。所以对延安宋金石窟的考察，应该放置到宋辽金夏四大文化圈相互交流与碰撞的大背景下去进行。宋辽金夏甚至西藏等不同文化圈的佛教思想、佛教艺术在延安宋金石窟如何表现，各自处在什么样的位置，它们之间是如何融合的，是通过什么途径传至延安地区的；延安宋金石窟又对周边石窟造像带来了哪些影响，对后代的佛教文化和艺术产生了怎样的影响等一系列的问题都有待我们去揭示。

第三，洞窟功能与仪轨的研究历来是石窟研究的重点和难点，延安宋金石窟的研究也不例外。对于洞窟之间以及洞窟与寺院等相关佛教建筑之间的组合，洞窟及寺院佛教仪轨的进行，洞窟形制、造像内容与佛教功能、仪轨的关系等问题尚未被关注。

第四，佛教的本土化与民间化问题。宋金时期，佛教已完全深入到了社会最基层的普通民众，成了民众生活的一部分，但是限于材料不足等方面的原因，对于下层民众的佛教信仰情况研究明显不足。而延安宋金石窟恰恰为研究下层民众的佛教信仰提供了充足的材料和广阔的空间。同时，为了迎合广大普通民众的喜好，大量中国化、民间化的故事内容出现在石窟造像中，这也成了这一时期石窟造像研究的一个亮点。

第二篇
会议述评与论文提要

"第六届韩中宋辽夏金元史国际
学术研讨会"研究综述

王晓薇　武亚楠　李伟刚

2015 年 10 月 23 日至 24 日，"第六届韩中宋辽夏金元史国际学术研讨会"在韩国首尔庆熙大学成功举办。此次会议由河北大学宋史研究中心和韩国宋辽金元史研究会联合主办，由韩国庆熙大学承办。

10 月 23 日上午研讨会开幕，分别由韩国宋辽金元史研究会会长庆熙大学俞垣浚先生和河北大学宋史中心特聘教授姜锡东先生（由李金闯代表）致开幕词。韩国外国语大学李瑾明先生、韩国忠南大学金容完先生、中山大学曹家齐先生、日本学习院大学王瑞来先生，分别发表了主题演讲。23 日下午至 24 日，40 余名中外与会学者围绕着宋辽夏金元时期的政治、经济、军事、外交、思想、文化、文献和科技等重要问题展开了深入讨论和充分交流。

一　政治与东北亚国际秩序议题

辽金元史及东亚国际秩序议题，是韩国学者关注的焦点议题之一，相关论文共 5 篇。李瑾明（韩国外国语大学）《12 世纪东北亚国际秩序的变化及高丽外交》一文研究了 12 世纪前叶金朝建立至绍兴和议时期东亚国际秩序发展情况，并阐述了在如此剧烈的情势变化之下，高丽采取了怎样的外交政策以及其性质如何等问题。文章亦旨在为理解近代东北亚外交问题及对其性质提供有益启示。高明秀（韩国高丽大学）《蒙古的日本认知与蒙丽关系》一文从蒙古传统世界观中统治阶级对日本征战的认识角度出发，重新解读了蒙古对外观念的发展过程及蒙古对于日本的认知，并对蒙古日本认知对蒙、丽外交关系的影响进行了探究。尹银淑（韩国江原大学）《兀良哈三卫和 15 世纪初东亚》一文对兀良哈三卫、明朝和蒙古三者的关系进行了梳理分析，指出兀良哈三卫在明朝和蒙古对立中时刻起着重要变数的作用，兀良哈三卫在蒙古和明朝之间的角色标签的研究，可以作为分析 15 世纪初东亚局势的证据。赵阮（韩国汉阳大学）《元中期阔里吉思对高丽制度意图与其失败》一文在考察了元与高丽之间的政治情况、社会背景和阔里吉思的个人因素，对元中期阔里吉思在高丽的改革意图与失败的原因进行了探析，并在此基础上分析了 13 世纪末元朝与高丽两国关系的特点。朴志煣（韩国京畿大学）《辽对本国的认识及其中国观》一文从辽的立场出发，全面分析了辽对本国的认识、民族主义和其对宋朝所持的态度。辽认为自己同宋一样均是中国的代表，并以"正统自居"，其在建国之时便认为自己与中原王朝并列为南北朝，认为自己同为中国而非夷狄之国。由此可见辽统治者认为因辽已具备礼法而应与中华同一而论的自尊心很强。

宋辽夏金元时期的政治史研究，也是中外学者共同关心的问题，相关论文 4 篇。李章郁（东北亚历史研究中心）*The Northern Song Hanlin Academicians under the Taizong's Regin* 一文简要介绍了宋太宗即位后，着力恢复五代时期被破坏的翰林体制。宋太宗恢复翰林学士，体现出太宗统治策略的转变，有意用文官治国。宋太宗朝翰林学士逐渐演变为参谋顾问机构。这些翰林多参与政策的制定和文化活动的举行，最直接的体现是主持科举考试，由此促进了官僚机构内部进行人员流动。田志光（河南大学）《两宋经筵官待遇考论》一文从经筵官的俸禄待遇、物质赏赐、礼仪待遇、赙赠待遇及病疾抚慰等角度，考察了两宋经筵官享受到的经济、政治待遇，探讨了其待遇结构的变化过程及原因，由此也可以进一步窥探宋朝文官阶层与最高统治者之间的微妙关系。罗永男（韩国外国语大学）《辽代后期渤海人的政治斗争——以兴辽国和大渤海的理解为中心》一文通过对大延琳时期的兴辽国和高永昌时期的大渤海的发展过程及其运动性质的相关考察，论述了渤海人的反辽斗争过程。金容完（韩国忠南大学）《南宋初期变乱集团的实态分析》一文最大限度地搜集了南宋初期变乱集团的活动实态，并对变乱集团的发源地实态、规模和类型进行了综合的阐述与分析，指出南宋朝廷消灭变乱集团采取武力镇压为主招安为辅的方针。

二 经济军事相关问题

探讨宋元经济及相关问题的论文共 10 篇。Jesse D. Sloane（韩国延世大学）在其 *Social Categories or Tax Brackets? Regulating Lay Tenants of Monasteries on the North Chinese Frontier*，907—1190 一文中系统论述了北中国边境不同时期，不同地区的税收情况。该文作者指出在当时寺院经济的影响下，出现了两税户这样的特殊群体，究其原因为朝代的更替和封建政府对寺院经济的祖护导致。随着金朝的迅速衰落，政府大肆度牒，导致其原有的税收体系遭到破坏，财政困难。Kwanghoon Yu（哈佛大学）在其 *The Military Land Grant System of the Mongol Empire in Yuan China and Ilkhanid Iran* 文中介绍了蒙元军户制度和伊儿汗国的伊克塔制度，指出两者都是带有军事性质的土地税收制度。该文作者简要论述了军户制度和伊克塔制度的沿革，并指出学界对于两者的研究在近几十年内取得丰硕成果，但是语言障碍阻碍了相关研究的深入。李俊芳（河北大学）《南宋广南西路少数民族矿冶业生产管窥——以〈岭外代答〉为中心》一文主要通过考察《岭外代答》一书对南宋广南西路少数民族矿冶业的相关记载，勾勒出此地少数民族矿冶业生产的大致状况，矿冶业生产对当地少数民族的政治经济社会都产生了一定影响。唐晔（河北大学）《宋代耕牛价格研究水平蠡测》一文对两宋耕牛价格进行梳理，推测出北宋耕牛市价通常不超过 10 贯铜钱，南宋由于战争等原因，耕牛名义价格在南宋初年为百贯左右，中期至少在 40 贯上下。由此也可看出，北宋经济状况应当优于南宋。李金闯（河北大学）《北宋徽宗朝推广纸币过程初探》一文简要梳理分析了徽宗朝推广纸币的过程，通过推广纸币的动机和影响可以看出，徽宗朝没有正确处理好纸币发行和财政之间的关系，政府信用遭到巨大破坏，对政权的根基有一定的动摇。刘潇（河北大学）《宋代官刻书籍与市场》一文对宋代从事官刻书籍的部门和官刻书籍与市场进行了论述，指出官方行为利于灌输官方意识形态，也推动了科举制及官私学校的普及和发展，更对文化的传播与保存有极大的推动作用。曹福铉（韩国庆熙大学）《宋代水产品的价格及特征的研究》一文通过与相同时期的粮食或者绢的价格比较，或是分析生产地和消费地之间的价格差异等，阐述了宋代水产品的价格以及从中出现的特征。水产品价格非常稳定，比粮食和绢都相对稳定。郑壹教（韩国水原女子大学）《南宋战争对货币的依赖性研究》一文论述了战争依赖货币的表现与结果，并指出南宋时期，战争对货币的依赖性日益加深，引发了军费开支的增加、纸币泛滥、物价暴涨一系列连续性的问题，破坏了南宋的经济基础。

此外，吴元敬（韩国淑明大学）《以养老机构的视角论述北宋时期的老人政策》一文主要在学界已有研究成果的基础上，以居养院为中心考察其起源及专门机构设置和作用，对老人政策的实行过程进行了探究。文章认为宋代老人政策不止停滞在养老层次，而是更高层次的福祉政策。申慧青（河北大学）《驼金辇帛无断群——简论北宋对丝绸之路的经营与利用》一文论述了北宋对丝绸之路的经营与利用，虽然这一时期的西北地区战乱频仍，但是丝绸之路依然是联系东西文明的纽带，中原与西域依然通过丝绸之路保持着联系。

探讨宋元军事及相关问题的论文有2篇。姜锡东（河北大学）《蒙哥钓鱼城之败与忽必烈灭宋之成》一文从忽必烈等人对蒙哥第一次灭宋战争失败原因的总结出发，结合忽必烈第二次灭宋战争新方略的实施，对忽必烈与蒙哥的灭宋方略进行了比较，从蒙元战争方略视角对忽必烈成功灭宋的原因进行了探讨。文章认为以忽必烈为首的蒙元帝国领导认真反思总结了第一次灭宋战争失败的经验教训，制定了正确的再灭宋的战术，终获成功，统一中国。王晓薇（河北大学）《定州开元寺塔碑刻题名中的禁军、厢军、乡兵指挥考》一文详细分析了定州塔碑刻题名所涉及北宋庆历前后禁军、厢军、乡兵指挥番号和编制情况，并对指挥以下一级将士职级和他们在佛教社邑中担任"糺首维那头""维那"等状况进行了考析，补正了《宋史·兵志》些许内容，也对北宋军制和军士佛教信仰状况的认识和研究有一定意义。因篇幅所限，文章只解读了三十一段碑文中的三段，期待作者日后整理出版的全部定州开元寺塔的碑文著作。

三 思想文化方面

对宋金时期的学术交游与区域文化进行研究的论文共5篇。曹家齐（中山大学）《宋代士人的私人通信与游访——立足于相关制度和社会背景之考察》一文对宋代私人通信的主要方式和私人游访中行宿食进行了梳理和分析，指出私人书信传递和私人游访是士人交往的主要方式，士人私行多见宿于店肆和佛寺，宋代士人的私人通信和游访所呈现之面貌，都是唐宋社会变革产生的结果。姜吉仲（韩国庆尚大学）《宋代学术文化与吏治》一文在宋代政治体制之变化、经济之发展与社会身份秩序体系之改变的背景下，对科举制度的形式与运用加以正确的理解，并阐释了其学术文化的发展与特征，考察了吏治之运用。文章指出宋文化不仅对其后中国的历史和文化产生了深远的影响，而且在当时北方游牧民族国家和东亚细亚儒学文化圈国家中发挥了主导作用，并决定了这些国家文化发展的方向。陈安金（温州大学）《论北宋中后期的制度转型与温州士子的机遇》一文以北宋中后期太学法的改革为背景，太学法改革使得温州士子可以争取到更多参加省试的名额；三舍法改革进一步拓宽了温州士子的仕进之路；而后赵构小朝廷以临安为都和程学的传入，解决了温州在地理上荒僻边缘的尴尬和文化渊源匮乏的问题，这预示着温州科举和区域文化崛起。金相范（韩国外国语大学）《吴越时期都城杭州与祠庙信仰》一文以杭州百姓长期保持的民间习俗是如何在政策上被用于地方政权的建立与运作中，祠庙对都城的空间结构和市民的日常生活起到了何种影响等问题重点进行考察。文章指出政府的祠庙政策，一是撤废淫祠，一是接受地方信仰并确保其合法性。地域社会固有的宗教文化传统与政府主导的儒家仪礼一起，对城市结构和市民日常生活造成了直接影响。何慕（河北大学）《宋金时期泽州的程子乡校》一文对乡校的历史和泽州的移风易俗进行了探究，认为晋城及其邻县被认为是程子乡校遗迹的学校基本都不是程颢修建，他留下了更多的是精神财富。

关于法律思想与理学研究的论文共 2 篇。张文勇（河南大学）《传统"经、权"观与宋代司法》一文立足于唐宋变革的时代背景下，梳理了"经、权"观的历史发展，并分析了"经、权"观对宋代司法的影响，指出宋代司法中的经权观依然影响着近现代中国的法律实践，体现着中国古人的法律智慧与经验。王宏海（三亚学院）《易理解释：从"道""理"到"道理"的转化——论理学核心观念的形成》一文以《周易》为文本，以历史文献法和统计学的基本原则，探讨了"道""理""道理"理学核心观念形成的大概，认为孔颖达《周易注疏》真正开启理学。无论是《周易》原本的"道""理"意义，还是后来的玄学化、理学化的《周易》解释史，都表明了中国传统观念的转化和思维深化与模式的固化，经唐宋儒释道三家的融合创生，出现了理学易学史。

四 文献科技方面

关于文献问题研究的论文共 4 篇。王瑞来（日本学习院大学）《〈稽古录〉略论》一文记述了《稽古录》的成书经纬与内容构成，论及了《稽古录》与《资治通鉴》的关系，并指出了《稽古录》不同于《资治通鉴》的私家著述性质。除了梳理历代评价和版本源流之外，文章还通过与《宋史》本纪相比较，探索了《稽古录》最后四卷所记载的北宋五朝编年史的价值。通过对《稽古录》广角式的探索，也引起了学者们的关注和重视。胡劲茵（中山大学）《宋仁宗〈景祐乐髓新经〉考论》一文对《景祐乐髓新经》进行了整理分析，探讨了仁宗在解决天变灾异的目标下持有怎样的观点和提倡怎样的方式，在"乐"的方面有怎样的具体设计，与"李照乐"为中心的乐制改革存在什么关联。文章认为：乐制改革兴起的根本原因在于"李照乐"的理论和方法都能够符合并帮助仁宗对于现实政治危机处理的宗旨与方法。郭兆斌（河北大学）《从黑水城出土文书看元代的肃政廉访司刷案制度》一文以黑水城出土的 7 件廉访司刷尾文书为基础，结合典籍研究，发现廉访司在照刷过程中是要依据各个官府所上呈的朱销簿进行照刷，其照刷范围涉及元代大多数地方机构，却不是在同一时间进行的。文章认为元代的照刷制度虽直接承袭自金代，但在宋代已经有了其基本雏形。张婷（河北大学）《民国时期方壮猷重修宋史考论》一文梳理分析了方壮猷重修宋史的撰述计划，认为其重修宋史计划最为成熟可行。其表现在：既深刻总结和借鉴宋人史学的方法，分阶段推进宋史"长编""类编"和"校注"的编纂，同时结合教学需要，建立宋史"主题"研究框架，创造性发挥纪事本末体与图表的作用，适应了时代认识需要。他们在研究取向和方法上的多元性，也对当下学术道路的选择颇具启发。

关于科技史方面的论文共 5 篇。易素梅（中山大学）《宋代的士人与医方——以〈苏沈内翰良方〉为中心的考察》一文通过对以该书为中心的分析，有助于考察士人在方书编纂、流传过程中的学术资源、社会网络与价值观念情况，进而了解两宋之交士人医学知识的结构和传承。邱志诚（温州大学）《宋代文身新探：市民文化审美观照下的身体再塑》一文从宋代文身"复兴"过程，文身纹样、文刺部位，文刺技术尤其是文身消除术，文身者的阶层分布、人数估算等方面对宋代文身进行了全面再研究，指出宋代文身是唐宋变革期"城市革命"带来的生活空间、文化空间变化及市民文化繁荣使身体进入审美视域后产生的一种身体再塑行为。李涛（河北大学）《陆佃〈埤雅〉的科学价值论析》一文从科学史之视角对《埤雅》进行研究分析，肯定了陆佃在阐述前人成果中所体现的严谨求实的科学精神，尤其是生物学方面的科学价值。虽然《埤雅》存在诸多不足，但是瑕不掩瑜，我们应当重视、发掘它，使它在认识中国过去的科学历程中发挥应有的作用。王兴文（温州大学）《从苏颂遗文看其学术风范》一文通过对苏颂遗文的分析解读，探析了苏颂在科技史上取得诸多成就的背后深层次原因，即追求真理的学术风范、勇于创新的科学精神等。厚宇德（河北大学）《秋石方研究仍需继续》一文简要回顾了几位重要研究者对于秋石方的研究工作，基于两个不在张秉伦教授模拟实验范围之内的秋石方，指出秋石方的文献搜集工作以及对秋石方证实或证伪的实验研究工作都仍需继续拓展，而要彻底证伪"中国古人能够从人尿液中提取性激素"的命题，仅仅将目光聚焦于古籍中的"秋石方"是不够的。

10 月 24 日下午，"第六届韩中宋辽夏金元史国际学术研讨会"在宽松并热烈的氛围中圆满结束。此次会议是中外进行学术文化交流的又一次盛会，学者们不仅交流了学术成果，也增进了双方友谊，可谓受益匪浅。中韩学者坚持定期如开学术会议进行交流与研讨，对于促进中韩两国宋辽夏金元史研究亦大有裨益。

第三届中国南宋史国际学术研讨会在杭州市召开

杭州市社会科学院南宋史研究中心

2015年11月8日至9日，由杭州市社会科学院主办，杭州市园林文物管理局协办的第三届中国南宋史国际学术研讨会在杭州市星都宾馆召开。杭州市副市长陈红英出席了开幕式并讲话。

来自中国、日本、韩国等国家和中国台湾、香港地区的近80位海内外学者和学界新秀参加本次会议，其中包括中国宋史研究会会长包伟民，中国宋史研究会前会长朱瑞熙，台湾大学荣誉教授王德毅，日本早稻田大学教授、前日本宋史学会会长近藤一成，台湾长庚大学教授黄宽重，台湾"清华大学"教授李弘祺，陕西师范大学教授李裕民，浙江大学教授龚延明，首都师范大学教授李华瑞等著名学者。会议提交论文75余篇，涉及南宋的政治、经济、军事、思想、文化，以及南宋都城临安等诸多领域。这些论文，不仅代表了与会学者本人近期的研究成果，也反映了当前南宋史研究的前沿水准，是对近年来海内外南宋史研究的一次大检阅。现将首都师范大学教授李华瑞先生在会议闭幕式上所作的是总结发言刊登如下，以期展现会议全貌：

尊敬的各位前辈、各位同仁、各位代表：上午好！

我受大会委托，对一天半来的研讨会做一简要总结。由于本人学力有限，总结不周，或有遗漏，请大家批评指正。我主要讲三点：

第一，本次大会对自进入21世纪以来，南宋史研究取得的显著进步，达成高度一致的共识。从开幕式上领导、嘉宾致辞，到会议讨论期间代表提供的回顾论文，还有代表们私下交流，一致认为21世纪以来，南宋史研究显著进步表现在三个层面：一是正式刊布的论著数量大增，据包伟民先生的统计，近十余年来，关于南宋历史研究的学术专著近300种，论文9000余篇；二是过去宋史研究中的重北轻南格局有所改变，南宋史的重要性日益受到重视，南宋历史地位亦得到越来愈前面客观的认识和评价，明清以来对南宋史的偏见也愈益得到纠正，一个越来越接近南宋史真相的新南宋形象已向我们走来；三是以何忠礼教授为代表的杭州社科院南宋史研究中心为推动新世纪南宋史研究的显著进步居功至伟，"渐成气象"的南宋史研究中心已堪称世界范围之内名副其实的南宋史研究中心。（具体情况可参见《杭州日报》2015年11月5日A6-11版）

第二，本次会议收到与会代表和为与会代表提交的学术论文75篇。按照本次会议邀请函所拟议题，其论文分布依次是：南宋的政治研究20篇，南宋的文化、思想和科技研究19篇，南宋重要典籍研究8篇，南宋与金蒙（元）的和战研究6篇，南宋政府的荒政政策和实践研究4篇，南宋都城临安研究3篇，南宋经济研究3篇，南宋时期浙东学派研究3篇，南宋的海外贸易（海上丝绸之路）研究2篇，其他与南宋史关系较为密切的专题研究7篇。

从论文分布和内容来看，有如下几个特点：一是如果合并同类项，我们会发现南宋政治史、文化史是本次大会关注的热点，南宋社会经济史相对冷清，这种格局与近年来宋史乃至中国古代史研究倾向的格局基本一致，故今后应加强南宋社会经济史的研究；二是正确认识南宋历史地位，依然是这次研讨会的重点，会议论文追溯了明末至近代才出现极端贬抑南宋现象背后的原因，并从海外贸易、士大夫政治地位、经济文化发达、行都临安、宋学的形成特别是理学思想的传播，政治生态等多种角度重建南宋形象；三是论文水平普遍较高，虽然与会者发表论文时都很自谦。提交大会的论文不仅代表了学者本人近期的研究成果，也反映了当前南宋史研究的前沿水准，是对近年来海内外南宋史研究的一次大检阅。

研讨会上讨论热烈，观点纷呈，对很多问题的认识较上届会议更有独到见解。开幕式后五位前辈学者的大会发言，不论是考镜源流、理性分析、客观持论，还是注重新材料、图像的解读，剖析资料背后的隐情，都显示出深厚的功力；对于最新出土史料的研究，提交大会的论文也给以足够的关注，本次会议的很多论文带给我们新的思考和启示，譬如对南宋史研究的回顾与展望，如何看待宋元易代，关于宋人墓志制作史的认识、从宋代话本看宋人理想的女性形象，等等；青年学者的大量涌现是本次会议的一大亮点。我要特别提到的何玉红《中兴形象的构建：光武故事与宋高宗政治》、吴铮强《宋元永嘉苍坡李氏家族变迁史》、余蔚《南宋后期东南军需供应与两淮浙西发运司》、王宇《绍熙年间两次"引裾泣谏"事件考实》、吴雅婷《构筑南宋生活知识史的可能性——谱录研究的思考》，这些论文视角新颖，问题讨论深入。

第三，在充分肯定南宋史研究取得显著进步的同时，我们还要清醒地认识到，现今取得的成果，与学界的期望还存在着一些差距，正如包伟民先生在《新世纪南宋史研究回顾与展望》一文所指出的，近年在出版的论著数量明显增加的同时，观察南宋历史的水平是否与之成正比例地提高，就成了问题的关键。因此在史实复原与现象解释两个方面都留有相当的深入余地，如何在研究全面展开之余走向精深，不满足于一般性的铺叙，进而提出一些在国际学术界具有引领性的议题？如何在已经相当丰富的学术积累基础上，构建关于南宋历史研究的新格局？关于如何深入研究，包伟民先生提出了一些很好的意见，譬如他说可用黄宽重先生的形成"大观念"改善研究领域整体状况；又譬如用贯通南宋前后的历史来观察"唐宋变革成果"及以元明清后续发展反过来验证自己对南宋历史的分析等都是很精彩的，我就不再重复。在这里我想要指出的是，我们在抛去过去强加给南宋历史的偏见、不实之词的同时，也应注意另一种倾向的抬头，这种倾向的表现是，从本位的角度过分强调自身研究领域和方向的重要性，从地方主义的角度过分美化自身所处的历史研究对象，这种倾向，在国内近二三十年各断代史研究、各地方史研究中都不同程度的存在着，过分强调和过分美化其实是另一种偏见和不实之词的翻版，所以为了切实地恢复南宋历史的本来面貌，应当对这种倾向有所警惕。理性、客观应是研究南宋史乃至整个宋史、中国古代史应持有的基本立场。

最后请允许我代表全体与会的专家学者向本次大会的主办者杭州市社会科学院、协办方杭州市园林文物管理局表示真诚地感谢；向大会的组织者，以何忠礼教授为代表的杭州市社会科学院南宋史研究中心，表示真诚地感谢。由衷地祝贺大会取得了圆满成功。并预祝南宋史研究的"气象万千"早日到来，预祝南宋史研究中心更上一层楼，取得更大成绩、更大进步。

"宋代笔记国际学术研讨会"综述

彭 峰

2015 年 8 月 21 日至 23 日，由上海师范大学古籍整理研究所主办的"宋代笔记国际学术研讨会"在徐汇校区会议中心召开。来自大陆、中国香港、日本等地 30 余位学者出席会议。此外，河南大学宋史研习班的 11 名本科生全程旁听了会议。

本着厉行节俭的原则，此次会议进行了一个简短的开幕式。上海师范大学人文与传播学院副院长、女子文化学院院长朱易安教授，原中国宋史研究会会长、上海师范大学古籍所朱瑞熙教授，陕西师范大学李裕民教授，首都师范大学李华瑞教授出席开幕式。开幕式由上海师范大学古籍整理研究所所长戴建国教授主持。朱易安教授首先致欢迎词，向莅临此次研讨会的海内外专家学者表示热烈欢迎，并向与会学者简要介绍了上师大古籍整理研究所的各项工作和取得的成果，指出《全宋笔记》的编撰对历史研究具有重要意义。李华瑞教授作为与会代表发言，他首先充分肯定了古籍整理研究所自成立以来为学术界做出的贡献，认为宋代笔记史料的价值值得深入挖掘，而《全宋笔记》的面世及此次学术会议的召开为学界提供了一个很好的学术讨论的平台。朱瑞熙教授在发言中，亦认为《全宋笔记》是继《全宋诗》《全宋词》《全宋文》之后宋代文献编纂的又一大重要成果，极大便利了宋史研究。李裕民教授以《宋代伪书考》为题，向大会作了主题发言。

此次会议共收到与会论文 32 篇，根据论文内容性质分两组进行讨论。第一组 15 篇论文，多为对宋代笔记文献本身的思考和研究之作。香港大学中文学院蔡崇禧《宋代笔记的花卉学知识》一文对花的种类、习性及宋人赏花风尚等方面作了考察；上海师范大学古籍整理研究所戴建国《〈碧云騢〉作者新探》通过翔实考证，认为该书作者就是梅尧臣。华东师范大学古籍所顾宏义《关于宋代笔记之"伪书"的讨论》对宋代笔记伪书之成因进行了条分缕析的论述。上海财经大学人文学院李贵《楼钥〈北行日录〉的文体、空间与记忆》以宋人行记为中心，从文本、空间等角度切入，给人耳目一新的感觉。首都师范大学历史学院李华瑞《宋代笔记小说中的王安石形象》从宋代笔记小说的记载出发，探讨了笔记小说中对王安石形象的塑造问题。浙江工业大学人文学院刘成国《新见史料与王安石后裔考——兼辨宋代笔记中相关记载之讹》首次利用南宋晁公遡为王安石曾孙王玤所撰《王少卿墓志铭》等材料，全面考证了王安石的后裔谱系及事迹，同时对于其他史料中的误载多有辨析，澄清了自北宋后期加诸王安石后裔的诸多诬枉。

上海师范大学古籍整理研究所刘宇《程大昌〈演繁录〉考据学成就管窥》对程大昌这一笔记中运用的考证方法进行了梳理，充分肯定了这部笔记的学术价值。北京大学中国古代史研究中心苗润博《有关〈裔夷谋夏录〉诸问题的新考索》对该书的来龙去脉进行了系统的清理，认为此书初系汪藻奉敕官修《日历》之一部分，现存版本形成于明末清初，误题刘忠恕撰，今本实即汪书。公安海警学院汤清国、上海师范大学朱易安《略论周密笔记创作和他的社交活动》钩稽笔记中周密的交往活动，揭示了其笔记创作与社交活动之关系。日本学习院大学东洋文化研究所王瑞来《墓志难以尽信——以宋人所撰碑志为例》在分析墓志实例的基础之上，汲取相关研究成果，揭露出石刻文献中失实的问题，对于历史研究工作者提出警示。

上海师范大学古籍整理研究所燕永成《吕颐浩〈燕魏杂记〉初探》考察了这部笔记的内容及成书内容等方面，认为今见单行本实自四库本《忠穆集》第八卷中析出。扬州大学图书馆姚海英《从〈容斋随笔〉看南宋洪迈之藏书活动及思想》考察洪迈生平藏书之概况，并对其藏书与学术活动进行了研究。河北大学宋史研究中心周云逸《试论宋代笔记的医药学价值》认为宋代笔记为我们从医药与疾病的视角研究宋代社会史、政治史提供了文献基础。上海师范大学图书馆赵龙《试论清代四库馆臣对宋人笔记的接受——以阁本提要及〈四库全书总目〉为中心的考察》通过观察四库馆臣对宋人笔记的接受与批判，廓清了其对宋人笔记的学术认知，对当今宋人笔记的研究产生借鉴意义。上述论文多运用新理论、新方法从新视角上解读宋人笔记文献，多有创见。

第二组收论文17篇，多以宋人笔记材料为史料支撑的"议题"研究，研究主题非常丰富多元，大致可分为四类：一是以《夷坚志》为中心材料的研究。上海师范大学古籍整理研究所胡绍文《〈夷坚志〉人物绰号研究》对《夷坚志》中丰富的人物绰号形成原因进行了研究，认为这些绰号体现出浓郁的市井气息和价值取向，也折射出南宋时期的民俗文化。南京大学历史系李昌宪《〈夷坚志〉中的宋代社会》结合自身整理研究《夷坚志》的经验，认为该书是一部反映那个时代社会生活、民俗风情的故事集，并从"反映宋代社会经济变革""揭露社会黑暗、箴讽时政"等多方面概述这部书的价值。浙江大学历史系吴铮强《〈夷坚志〉杭州志怪故事简析》一文则对《夷坚志》中杭州志怪故事进行了类型化分析，试图考察地域、社会脉络及其故事类型之间的深层次关系，视角非常新颖独特。

第二类是有关社会文化史的研究。河北经贸大学法学院高楠《宋代笔记中的优伶杂剧》将宋代笔记等史籍中所涉及的杂剧内容缀合，研究其在民间、宴会和宫廷演出中的繁盛情形，以及与儒者、官员、时政之间的关系。上海师范大学古籍整理研究所程郁《宋代乳母与妾的区别及联系》从乳母形象、身份地位及乳母的诱惑等角度对宋代的乳母这一女性群体进行了综合研究。上海师范大学古籍整理研究所张剑光《隋唐五代的嗜酒风气与饮酒习俗——以宋代笔记为核心的考察》通过大量宋代笔记的记载，研究了隋唐五代人们的饮酒场所、嗜酒习俗与风气、规则与风尚等，弥补了同一时期唐代资料记载上的缺漏。日本岛根大学佐佐木爱《〈家事旧闻〉所见之程氏家族与程颐的家族观》，以《家事旧闻》中的记载展开论述，阐明了程氏家族的状况，同时，结合宗法解释中所见程颐的家族观，多方面立体式的分析了程颐的家族观。杭州社会科学院南宋史中心魏峰《报德与崇德——鄞县的王安石祭祀传统》考察了鄞县的王安石祭祀现象，并对这一祭祀传统的流变有所揭示。上海师范大学古籍整理研究所彭锋《世俗之言与国史之论：李全事迹的历史书写与传衍流播》通过正史和笔记材料的对比研究，揭露正史中李全本传的史料来源及书写情况，并对其故事传播路径进行了考察。

第三类是政治史、经济史的文章。成都师范学院董春林《角色转变与职能沿传：南宋内藏库的财政实态——以〈建炎以来朝野杂记〉为中心》据笔记所载，认为南宋内藏库"以待非常之用"的财政职能一部分被左藏库和左藏封桩库取代，这种财政职能的让位，是与内藏库赋入的变化存在一定关系的。河北大学宋史研究中心李俊芳《南宋广南西路少数民族矿冶业生产管窥——以〈岭外代答〉为中心》对南宋广南西路少数民族所从事的矿冶业进行了研究，对南宋广南西路少数民族矿冶业的生产情况进行了大致勾勒。厦门大学历史系刁培俊《一代文豪形象掩映下政客的焦灼心态——从范仲淹神道碑看欧阳修形象的另一面》，认为通过范仲淹神道碑可窥知一代文豪欧阳修多元、立体的历史形象：既要忖度最高统治者的意向，又须推测吕、范两家后人政治发展前景及其周边人脉，且要进一步满足构建自身政治关系网的需要。在这一焦灼心态下，欧阳修早已成了一名成熟的政客。河南大学历史文化学院田志光《两宋经筵官待遇考论》一文通过考察两宋经筵官享受的待遇，从中窥探经筵官在宋代中央文官体系中的角色定位，由此进一步了解宋朝"崇文抑武"政治理念演变的内涵。香港大学中文学院梁思乐《宋徽宗的权谋术——从〈曾公遗录〉看"建中靖国"的权力斗争》通过存世的《曾公遗录》中引述的徽宗与臣下的对话，结合其他史料的记载，探究出徽宗的政治倾向与权谋，细致还原出"建中靖国"的权力斗争之实况。

第四类属语言学及文学史类。上海师范大学古籍整理研究所徐时仪《"儱悷""儱戾""狼戾""狠戾""很戾"考》认为"儱悷"有"执拗凶狠"义，据玄应和慧琳所释，佛经中或写作儱戾、笼戾、儱悷等，盖为狼戾的音转记音词，故字体不定。狼似为狠之讹。"狠戾"又写作"很戾""佷戾"。"儱悷""儱戾""儱戾""笼戾"等皆源自"狼戾"而为"狠戾"之讹。香港大学中文学院余文章《论〈老学庵笔记〉的饮食书写：兼谈宋人笔记的主观、客观问题》透过比较陆游在其诗词和笔记中对饮食习惯和文化的表述，探讨陆游对以上文体定位的迎合与分歧，并着重分析《老学庵笔记》中以饮食为题材的篇章，透视陆游于诗词以外所展现的饮食观和人生观。复旦大学中文系朱刚《北宋笔记的"话题"研究——从十二部笔记的类目入手》考察了宋代笔记的"话题"与类目，认为当时作者为门类"撰名"即表达了作者对待笔记的态度，并非我们声称那样随意，宋代笔记也是士大夫文学的一个组成部分。上述论文运用笔记材料对宋代社会文化史、政治经济史、语言学史及文学史诸领域，作了多维度的研究。

分组讨论后，会议进行了简短闭幕式。闭幕式由戴建国教授主持，上海师范大学古籍整理研究所燕永成教授与河北经贸大学高楠教授分别代表各组作了总结性发言。与会学者一致认为，此次会议的成功召开必将极大促进宋代笔记及宋史研究。

"宋代的巴蜀"学术论坛综述

湛玉霞　赵鑫桐

由重庆大学人文社会科学高等研究院宋史研究工作坊主办、《重庆大学学报》（社会科学版）协办的"宋代的巴蜀"学术论坛于 2015 年 10 月 24 日在重庆大学召开。来自中国人民大学、四川大学、四川省社会科学院、首都师范大学、西南大学、上海师范大学、西华师范大学、重庆师范大学、重庆大学等高校的 20 多名学者参与了此次学术研讨会，并提交论文 24 篇。

此次会议主题包括宋代巴蜀地区区域史研究、宋代巴蜀地区文化史研究、宋代巴蜀地区宗教信仰研究、宋代巴蜀地区其他专门史研究，具体议程共分为五个专题进行研讨。

一　巴蜀区域研究

第一场专题讨论以"巴蜀区域研究"为主要议题，由首都师范大学张邦炜教授主持，共 5 位学者以各自提交论文为出发点参与了该场讨论。重庆师范大学喻学忠教授关注的主题是"移民与宋元时期渝东南社会变迁"，他从"宋元时期渝东南地区的概况""宋元时期渝东南地区移民史略""移民与宋元时期渝东南地区的社会变迁"三个方面对渝东南地区在宋元时期的移民与社会变迁进行了探讨。四川大学刘复生教授的发言从"泸县宋墓"年代问题入手，分"'泸县宋墓'的年代以及提出的问题""巴蜀腹心之泸叙地区民族关系变化""'权任益重'的宋代泸州""'泸县宋墓'的墓主"四方面进行讨论，进而弄清为何墓葬都是南宋而没有北宋时期的？数量庞大的墓葬群的墓主又是谁等相关问题。"川陕"地区因特殊的地理位置，在南宋时期成为抵御金人南侵，保卫国家政权的西大门，而满怀热血的爱国诗人陆游亦被川陕地区雄奇的自然景观、悠久的历史文化、重要的战略地位所折服，从而写下了多首关于川陕地区的佳作，西南大学马强教授以此作为研究对象，从"陆游对川陕历史地理的考察及价值""陆游川陕诗中的南宋气候资料及其价值""陆游川陕诗中地名的'实'与'虚'意及其象征意义"三方面挖掘了陆游川陕诗的历史地理学意义。关于宋代重庆地区的教育，学者对其亦作了详尽的考述，重庆师范大学唐春生教授的发言从"日渐兴盛的官学""训育子弟的私学""科举：教育成效的一个视角""重庆地区教育发展的因素"四方面对宋代重庆地区的教育情况作了进一步分析讨论。西南大学张文教授的发言以宋朝慈善法规制度为关注对象，他指出宋朝之所以是中国慈善事业发展史上的重要时期，与此时有关慈善方面的法规制度建设密切相关，而这对后世的影响颇大，开启明清慈善事业的新局面。

二　晚宋巴蜀史实和考古

第二场专题讨论以"晚宋巴蜀史实和考古"为主要议题,由四川大学段玉明教授主持,共 5 位学者以自己提交的论文为出发点,围绕该议题作了相关发言。四川大学历史系粟品孝教授关注的是南宋抗蒙重臣朱禩孙,朱禩孙作为南宋晚期的抗蒙重臣,在京湖战场、四川战场、广西战场和江淮战场曾任责一方,非常活跃,但因为他在抗蒙失败后自杀未遂的情况下投降了元朝,使他不仅遭到南宋朝廷"除名籍家"的严惩,而且入元后亦不被重用,所以无论在国史书还是地方史志中,都没有他的传记。而粟品孝教授以"南宋抗蒙重臣朱禩孙事迹考述"为题,从"朱禩孙的籍贯和早期抗蒙事迹""任责泸南、广西,力阻蒙古'斡腹'攻宋""'东西惟命':奔走于江淮、四川与京湖""朱禩孙降元问题略议"四方面,认为在探索时南宋晚期四川历史文化时,朱禩孙是不可忽视的重要人物。重庆大学敖依昌教授从"略论钓鱼城抗蒙基地与抗战陪都的历史关联性"切入,指出基于敌强我弱的力量对比,敌攻我守的态势,构筑以重庆为中心,以四川为战略依托的大西南山河防御圈,支撑全国战局,是古今两次战争的相似之处。而南宋以钓鱼城为轴心的山城防御体系无疑为抗战时期所确定的以重庆为抗日军事指挥中心和持久抗战根据地的长江防御战略体系提供了借鉴。因此在中国人民抗日战争暨世界反法西斯战争胜利 70 周年之际,推究这两次关系中华民族和人类命运的胜利之战之间的联系是十分必要的。大良城和虎啸城是宋蒙两军分别在渠江岸边创建的军事城堡,因两城争夺的结果关系着渠江流域的控制及其沿岸城寨攻守的成败,进而影响东川战局,乃至整个宋蒙战争的进程,所以宋蒙双方围绕这两座山城开展了多次激烈的较量。所以西华师范大学蔡东洲教授以及该院研究生高新雨,以此入手,对两城进行了考察。他们从"大良城、虎啸城的修筑背景""大良城、虎啸城的修建""大良、虎啸两城的争夺"三方面详细分析了对大良城、虎啸城的争夺如何成为宋军"山城防御计划"和蒙军的"攻势筑城计划"实施的典型例证,说明了大良、虎啸两城战略地位的重要性。钓鱼城是宋朝抗击蒙军的主要山城之一,因而此处出土了不少当时的冷兵器,西南大学孙丰琛于是将目光聚集于此,从"钓鱼城出土冷兵器的种类"和"钓鱼城出土冷兵器评价"两方面进行论述,对重庆钓鱼城出土冷兵器展开了研究,并阐释了钓鱼城冷兵器不仅为补充宋朝兵器式样提供了实物资料,而且有助于发掘宋蒙战争时期四川及周边地区出土兵器等方面研究的重要价值。巴蜀地区是宋蒙战争的三大战场之一,在战争过程中,宋蒙双方修建了大量城寨。而这些城寨不仅改变了战争进程,对世界历史走向亦产生了重大影响。因此西华师范大学蒋晓春教授根据对巴蜀地区宋蒙城寨田野的考察情况,从"巴蜀地区宋蒙城寨概说""既往田野考古工作""对巴蜀地区宋蒙城寨的初步认识"三方面对巴蜀地区宋蒙城寨的情况进行了总结。其指出加强巴蜀地区宋蒙城寨的田野考古工作,既是文化遗产保护的需要,也是弘扬巴蜀优秀传统文化的重要举措。

三　巴蜀名士与政治、学术

第三场专题讨论以"巴蜀名士与政治、学术"为主要议题,由四川大学粟品孝教授主持,共 5 位学者提交了论文,其中 4 位围绕该议题作了相关发言。西华师范大学金生杨教授关注的是"《道命录》的刊刻与流传"。《道命录》一书是记载宋代道学历史的重要典籍，鉴于此书撰写、刊刻、传抄情况复杂，其间又改删、续增、新增、再刊、再抄、节抄等问题，导致各本差异歧出，而研究者对此却少有重视，因此金生杨教授通过对《道命录》十三个版本的梳理与介绍，试图揭示《道命录》其书的本来面貌，从而为深入研究《道命录》奠定基础。重庆大学彭文良老师则从苏轼与章惇的关系出发，对《宋史》苏轼本传进行了补证。《宋史·苏轼传》仅以"旧善章惇"来概括苏轼与章惇的关系，然彭文良老师指出二人关系并非如此简单，因《宋史·苏轼传》取材于苏辙所作《亡兄子瞻端明墓志铭》，而由于苏辙的可以裁剪和选择，使得很多关于苏轼的史实没能载入传文中，苏轼与章惇的关系就是其中之一。因此他从"青年苏轼与章惇相处甚欢""乌台诗案前后章惇挺身救助苏轼""元祐初苏轼兄弟与章惇交恶""绍圣以后章惇报复苏轼"四方面对苏轼与章惇的关系进行了全面的考证，并得出二人在元祐前为挚友，元祐后苏轼兄弟攻击章惇在前、章惇报复在后的关系，从而纠正了《宋史·苏轼传》对苏轼、章惇二人关系的描述。重庆大学郭畑老师以"谯定之师'郭曩氏'辨"为主题进行发言。他指出关于宋代蜀中学者谯定早年所从受易学之师，几则史料对其姓名称谓的记载有所出入。因此他通过对相关史料的梳理和分析，对谯定之师"郭曩氏"作了考证。西南大学李娟娟博士认为巴蜀易学的重要学者冯时行易学佚文目前存有一定数量，但较为分散，而这些佚文中包含着冯时行重视易象与易画、运用义理解《易》以及君臣相处之道等，所以研究价值较大。因此她将冯时行佚文作为关注对象，从"冯时行易学佚文之分布""冯时行易学佚文之举要""冯时行易学佚文之价值"三方面全面梳理、分析冯时行佚文，并指出对冯所存佚文进行专门的整理和研究，有利于更好保存其现有文集，进而开展对其思想、学术地位、学术关联等方面的深入探讨，以及进一步拓宽其在涪陵学派、巴蜀易学以及宋代蜀学中的研究内容。

四　宗教与信仰

第四场专题讨论以"宗教与信仰"为主要议题，由来自西华师范大学蔡东洲教授主持，共5位学者以自己提交的论文为出发点，围绕该议题进行了相关发言。四川大学段玉明教授，着眼于"宋代成都佛教义学及其与巴蜀禅僧的关系"。他指出由于分灯以后的禅宗各支在巴蜀地区很长一段时期不能有效开展，加上自巴蜀外出求法的学僧大多具有较好的义学功底，使得宋代成都佛教义学对巴蜀禅僧产生了深刻的影响，而这样的影响是宋代巴蜀佛教的特色，治中国佛教史者对此需多加留意。随着以密宗为代表的长安新宗教内容、新艺术形式的大量进入，唐末咸通前后，四川宗教艺术方面发生了重要变化，而唐宋时代四川地区的孔雀明王信仰则是此变化的重要组成部分。所以四川大学韦兵副教授以此为出发点，从"晚唐及宋代四川地区孔雀明王造像""宋代孔雀明王信仰的特点及其在民间的影响""咸通以降嘉州佛教新风尚与孔雀明王信仰的兴起与流变"三方面，分析了唐末四川文化新风尚之一——唐宋时代四川地区孔雀明王信仰。重庆大学陈晔老师关注的是"射洪神到射洪祠的演变"，射洪神陆弼是宋代四川地区的重要祠神，然由于宋元之际的社会大动荡，射洪神丧失了维持其信仰基础的地域社会，并最终走向衰落。因此陈晔老师从"射洪神信仰的成立要素""射洪神信仰在宋代的传播""明清时代射洪神信仰与陈子昂祠祀"三方面对射洪神的兴起、兴盛、衰落方面进行分析、讨论，由此折射出宋明以来迥异的信仰生态，明清时代很难有新的祠神生成，传统祠神大多深陷困境，而在先贤、名宦祠祀兴盛背景下，具备名贤身份的祠神成为士大夫从巫祝那里的"拯救"对象，其神异性逐步瓦解。四川大学董华峰教授着眼于"四川宋代善财童子五十三造像"，他指出四川地区两宋时期善财童子五十三造像大致分前后两个发展阶段，前一阶段为起步期，时间在北宋早中期，后一阶段为成熟期，时间在北宋至南宋时期。董华峰通过对这两个时期四川宋代善财童子造像的讨论，为深入分析善财童子这一信仰对象奠定了基础。在宋代，朝廷有一套严密而隆重的崇奉和祭祀本朝历任皇帝图像——御容的传统。而透过兴起自民间和地方的御容及其供奉场所的兴衰，则可以从侧面反映出宋代中央与地方权力博弈的痕迹，同时也能揭示出地方政治理念与实践的突破口。所以四川大学黄博副教授以"'神御'在蜀：宋代四川的御容奉祀与地方政治"为题，以四川成都府新繁县重光寺的一幅太祖御容演变的情况为出发点，从"建殿奉安之请：北宋时期成都府新繁县太祖御容的出现与处置""权宜奉安之制：南宋前期川陕军政形势与御容殿的形成""独欠景灵之议：南宋中期四川政治的特殊性与御容殿迁建的争论"三方面进行相关讨论，以地方和朝廷对御容和御容殿的争论为主线，勾勒出这一痕迹在地方政治与朝廷权力之中的关系网络样态。

五　巴蜀区域研究展望

第五场专题讨论以"巴蜀区域研究展望"为主要议题，由来自四川大学刘复生教授主持，共5位学者以自己提交的论文为出发点，围绕该议题进行了相关发言。四川省社会科学院历史研究所曹鹏程以"两宋时期的蜀地形象及其嬗变"为主题，从"'易动难安'：北宋时期的蜀地形象""'德守者固'：南宋时期的蜀地形象"两方面分析了蜀地形象的变化，即北宋时期，蜀地动乱频繁，以致其"易动难安"的形象广为人知；而至南宋，蜀地战略地位日益重要，蜀士的政治、文化影响力稳步提升，蜀地形象因此彻底改变。而蜀地形象的嬗变过程，实际上是中国政治、文化共同体发育过程的缩影。上海师范大学韩冠群关注的则是"宾州学派影响下美国学者宋代四川研究评述"。韩冠群指出美国学者对宋代区域社会史的研究所形成的派别被称之为"宾州学派"，而他的发言则以该学派万志英的《溪洞之国》为例，首先简要介绍此书各章内容，然后分析此书的价值，从而在此基础上，尝试探讨在宾州学派影响下美国区域史研究的长处与不足，为区域史研究的进一步深入提供借鉴。中国人民大学杨辉建以"区域社会研究的概略思考：以宋代四川区域研究为例"为切入点，从"对区域史研究的一个概略思考""区域史研究的田野调查""强龙压不过地头蛇——区域史研究中的'权力'问题""从没有历史到人人都有历史"四方面入手，分析、讨论了区域史的相关问题。首都师范大学张邦炜教授有感于之前学者所作的精彩发言，以"有关宋代巴蜀史研究的几点浅见"为题，作了精彩发言，并对未来巴蜀区域史研究的发展和深化进行了展望。

六　圆桌讨论

在专题讨论后，会议还在宋史研究会会长包伟民的主持下进行了圆桌讨论，宋史研究会前副会长张邦炜教授、刘复生教授作主题发言。与会学者回顾了区域史研究概况，总结了目前宋代巴蜀史研究的成果和缺陷，对今后研究的推进、各研究单位的合作进行了初步的展望与规划。

此次会议有如下特点：

1. 内容涵盖面广。此次会议虽以宋代巴蜀史为主题，但参会论文涵盖社会制度研究、史实考证、宗教信仰研究等多个研究领域，涉及史学、文学、文献学、哲学、社会学、政治学、经济学等多种学科。虽以史学为中心议题，但辐射面颇广。

2. 对研究思路的反思。此次会议过程中多次谈论到体系与方法的问题，探讨了过去偏重问题式研究的合理性及其弊端，提出既要作问题研究，又要重视体系研究的观念。

3. 宏大的格局与细致的考证并重。此次会议虽就几个专题分而论之，但专题之间互有交叉和联系，且立足于宋代整个巴蜀地区的区域史和专门史，抓住了宋代巴蜀研究的主要线索，具有宏大的格局。而在各个专题的考证之中，又注重切实的文物文献证据以及逻辑严密的论证，在细节处理上秉持着严谨审慎的态度。

4. 具备相当的前瞻性。此次会议既有对过去巴蜀区域史研究的总结，又在回顾之中对未来的研究有所瞻望，提出了将来整理巴蜀史和专门史的构想。

此次会议通过对多个领域高质量的学术讨论，利用跨学科的研究方法，丰富和深化了目前宋代巴蜀区域史的研究，为系统深入研宋代巴蜀区域史研究的系统和深化搭建了平台，拓展了方向。

"宋元明国家与社会高端学术论坛"综述

牛传彪

在南开大学历史学科建立 90 周年之际，由《历史研究》编辑部和南开大学历史学院联合举办的"宋元明国家与社会高端学术论坛"于 2013 年 10 月 18 至 19 日在天津召开。与会学者参照欧美学界近年所谓"宋元明历史过渡"说，在"政治文化与士大夫缙绅""国家制度与社会结构"两大议题下，就唐宋变革后的官府政策、土地赋役、富民、农商、基层社会、北方族群、江南发展等问题，展开了"贯通性"的探研和争鸣。

一 政治文化与士大夫缙绅

此议题下学者具体讨论了传统政治文化变迁、士大夫民生思想、北方族群、宋元明行政区划模式、地方监察机制变迁、兵员征集体制、宗教信仰与国家社会、贯通的视角等问题。

刘浦江将五运说的境遇置于宋代以降传统政治文化变迁的背景下去审视，指出宋儒对五运说、谶纬、封禅、传国玺等传统政治文化进行了全面清算与消解。陈峰考察了宋代统治者应对内外重大矛盾的怀柔方式，并探讨其治国理念与政治倾向。常建华重点谈了明代士大夫的民生思想，从国家与社会的视角加以归纳解读。赵世瑜以反思历史的断裂与连续性的角度，重点论述了华北社会结构中的族群要素，进而认识了 10 世纪以降华北社会的独特性。程妮娜透过明代女真朝贡制前后变化、属性定位及运作过程等，审视明朝营建"大一统"国家规模、实施东北边疆治理的实态。李新峰尝试用直隶/分管视角重新认识元明行政区划，辨析了蒙元在行省、宣慰司、路总管府、州各级植入的直隶/分管模式被明继承、强化的事实。余蔚将监察制度嵌入政治史框架，从监察体系层级、层内及与行政体系的关系来看宋元明地方监察机制变迁中的关联，并从考核权及监察对象范围审视宋明间监察体系的权力扩张。王晓欣从兵役制发展角度，探讨了宋元明各朝兵员征集中的传承、流变与整合。刘晓以元代怀孟、泰州两个万户府为个案，通过钩沉在两地世袭达鲁花赤的纯只海家族中相关人物及史事，探讨了元代江南镇戍制的实况。薛磊将元后期"义兵"官印与文献资料相结合，就元代官府与乡里募集义兵的时间、分布地域、募集方式、编组等进行了探讨。刘迎胜透过马薛里吉思前后为蒙元皇室寻找煎制舍里八原料的历程和江南果品与蔗糖种类考释，认为其任职镇江主因之一即是江南镇江、杭州等地有煎制舍里八的原材料。邱仲麟以明代泰山香税征收为题，考察了其征收管理制度运作的实态。

长时段研究理念与多元路径是不少学者的议题。邓小南以宋史研究为例，着重强调了长时段"贯通"的研究理念，即以"问题"导向定"时间单元"，在相关议题的长时段比较研究中认知其应有之义。在史料拓展上，主张充分挖掘、甄别金元明清零散材料，丰富宋史研究。

二　国家制度与社会结构

此议题下学者就唐宋变革、宋元明社会特征、元明国家政策与江南发展、土地赋役制度、基层社会组织管理与岛域社会等问题展开了争鸣。

陈支平认为宋代理学所涵盖的道德倡导与社会构建两大体系在宋代并未得到广泛的实践，部分内容反被明清统治者改造推广，不少已偏离宋代"理学"的本意。应将理学等传统思想放在长时段历史过程中辨别，不可全盘否定。关于宋元明社会特征和江南问题，林文勋认为中唐以后特别是宋代崛起的富民阶层在元明清得以赓续和壮大，宋元明清社会是具有高度整体性的富民社会。赵轶峰从政治文化视角出发，分析了明清中国公共权力运作的精神与心理特征，认为19世纪中叶以前的明清时代处于互洽组合下的帝制农商社会。李治安对比分析了元与明前期的江南政策，认为朱元璋的江南政策，明显是对宋元江南所继承的唐宋变革成果的一种"逆转"。在基层社会组织管理方面，包伟民认为地方志所载宋乡里区划传递的是当时人如何"指认"乡村地方的一种地域标识，并不一定等同于现实运作中的乡村组织。刁培俊以分析乡村管理中的变与不变来解读唐宋变革问题，认为自唐入宋村落管理从乡官到乡役的变化中虽出现中下等民户承担乡役现象，但由乡豪大户控制村落秩序的特征仍相沿未变。谢湜以舟山群岛为区域语境，探寻了14—18世纪明清国家东南海岛迁展政策及此情境中岛际人群的社会镜像。土地赋役制度研究主要集中在土地产权与赋役转型的社会影响层面。戴建国认为典卖制和一般的租佃制在宋代土地产权中占主导，从占佃到永佃，宋代只是开始。刘志伟以赋役制度变迁解读了明清国家转型，认为明中期赋役征银引起国家权力结构、政府与民众关系，乃至整个社会结构的重要转变。

整体而言，此次会议有三个主要特点。一是与会学者的长时段贯通视角，将宋元明国家与社会发展中的许多议题放在三代的比较中进行"瞻前顾后"的聚焦与反思，探讨其中的承袭与流变。二是凸显对话与交锋，而非自说自话。与会学者在分组发言与评议中，或就研究视角，或就研究方法，或就史料搜集、运用，或就学术观点等进行坦诚交流，有共识，也有质疑与争论。三是各相关议题的研究在广度上不断拓展，深度上不断深化。此次会议是宋元明各断代史学者的一次聚会研讨，并取得圆满成功，今后还将择机继续举行，不断推进我国中近古史研究的繁荣发展。

"宋元交替时期东南沿海的海上交通"学术研讨会综述

肖彩雅

2015 年 11 月 26 至 27 日，由中国海外交通史研究会、南京大学中国南海研究协同创新中心史地与文化研究平台、福建省泉州海外交通史博物馆联合主办，阳江市南宋文化遗存研究会承办的"宋元交替时期东南沿海的海上交通"学术研讨会在广东省阳江市海陵岛召开。来自中国内地、港澳地区及阳江本地百余位专家学者参加了此次研讨会，大会由开幕式、主旨报告会、分组学术研讨三部分组成，分别就宋元交替时期南宋朝廷在东南沿海地区的海上交通史迹、文献与田野调查及民间传说、东南沿海军事政治力量博弈、海外贸易与航海人物研究、港口变迁与航海造船技术等五个主题进行交流与研讨。

一 开幕式及主旨报告会

11 月 26 日，大会开幕式在阳江海陵岛举行，会议由中国海外交通史研究会顾问王连茂研究员主持，中共阳江市海陵区区委书记丁锡丰致欢迎辞，中国海外交通史研究会会长谢必震教授及南京大学中国南海研究协同创新中心史地与文化研究平台刘迎胜教授作为主办单位代表分别致辞，对会议的召开表示祝贺。

在开幕式结束后，承办单位阳江市南宋文化遗存研究会的 5 位学者作阳江地区南宋文化遗存考察专题报告。首先刘月莲博士介绍她与海陵岛的渊源，并对海陵岛现存宋末遗事，诸如南宋名将张世杰的太傅庙和太傅墓、供奉南宋国舅爷杨亮节的灵谷庙、石井村的陈氏祖墓（南宋末朝丞相陈宜中之墓地），以及疑似供奉陈宜中的医帝宫，还有遍布整个海陵大小村落的陈氏子孙对宋元交替时期的口述历史等进行梳理。刘月莲与黄晓峰博士撰写的《广东阳江海陵岛考察记》及《陈宜中岭南遗事考述》曾先后刊于《海交史研究》。接着阳江市南宋文化遗存研究会副会长李晓峥回顾了 2011 年跟随黄晓峰博士、刘月莲博士等人，以媒体的角度记录历时半年海陵岛的考察，形成《寻找失踪的丞相》的专题片，并播放南宋丞相陈宜中在海陵岛石井村的古墓以及对陈宜中在海陵岛历史迷踪的相关探索发现。阳江市海陵区文史爱好者宋军则以"陈姓人永世不吃狗肉"的故事与帝医庙供奉石狗及观音山村族谱中陈宜中记载为例，分享了海陵岛宋末遗存考察心得，认为海陵岛的传说及史迹不是单独，而是可以串联起来的。南宋文化遗存研究会秘书长曾宪妥则论证了海陵村落地名与南宋末年历史不可分割，透过海陵岛村落地名的历史解读来充实史志的记载。而黄晓峰以史料及族谱资料考证陈宜中去向及陈宜中的侄子陈萍对元朝的影响等问题，指出陈宜中事迹不仅仅是传说故事，更是蕴含着深刻的历史内涵。

该报告以实地考察为基础，广泛搜集散落于田野深藏于民间的文化遗产，佐以历史史料来考证海陵岛一系列南宋文化遗存。考察者有机结合历史学、社会学、人类学等研究方法，不失为一份精彩的考察报告。

二 分组学术研讨

此次会议学术讨论分为两组，分别由中国海外交通史研究会副会长王铭铭教授和《海交史研究》主编钱江研究员主持。研讨会内容大致可分为：宋元交替时期南宋朝廷在东南沿海海上交通史迹、文献与田野调查及民间传说研究，航海造船技术史研究，宋元时期的海外贸易及海运史研究，等等，在此择其概要叙述如下：

（一）宋元交替时期南宋朝廷在东南沿海海上交通史迹、文献与田野调查及民间传说研究

厦门大学历史系教授连心豪提交的《闽南粤东有关宋末民间传说及其信仰习俗》梳理了闽南粤东有关宋末民间传说及其信仰习俗，认为"生吴卒赵"、"完璧"赵家堡、南澳"宋井"、陆秀夫墓、慈元杨太后、正顺尊王谢枋得、晋南"相損"、长泰圭后"下水操"等信仰及习俗无不跟宋末抗元史实相联系。中华妈祖文化交流协会副秘书长周金琰《陆秀夫在莆田的传说》概述了福建莆田秀屿区的东庄镇和仙游县的枫亭镇两处遗留下来与陆秀夫有关的史迹、传说、小调及习俗，诸如陆秀夫衣冠冢、活水亭、留春节、《十二月诗》、《送君诗》，等等。暨南大学历史系王元林教授与孙廷林博士合作的《礼制教化与地方宗族社会——以厓山大忠祠、全节庙为例》考察厓山大忠祠、全节庙建立过程，透过地方官员、精英士人与地方宗族间的互动，窥探嘉靖礼制革新前，珠三角的国家、礼制教化与地方宗族社会间的关系；论述了明代成化、弘治间，以厓山大忠祠、全节庙为载体，地方官员、陈白沙等地方精英士人与伍氏、赵氏等地方宗族间积极互动，一方面迎合国家礼制教化所需，以南宋流亡君臣事迹建构珠三角地方社会的文化正统性，另一方面地方宗族争相向代表国家正统意识形态的大忠祠、全节庙靠近，借之显耀宗族地位。厦门大学历史系助理教授周运中《宋末闽南海上抗元史事钩沉》认为，大桑、小桑、木屿出现在元代的世界大地图上（本光寺本《混一疆理历代国都之图》）的原因是，宋末元初在诏安、云霄两县海边有声势浩大的抗元武装斗争，并以史志、文集、地方记载及考古发现等来钩沉宋末闽南海上抗元史相关事迹。新民晚报高级记者方毓强《南宋末年南渡广东的方姓支系调查及研究——以两位"驸马"为中心》以其近三年来实地调查，通过广东南宋末年两位方姓驸马的家族记载、记忆，来追记南宋末年两个家庭跟随宋室南渡、逃亡的民间故事和传说。韩山师范学院文学院副教授吴榕青的《宋元之交沿海的海盗、山贼与地方的政局——以潮漳州陈五虎、陈吊眼集团为例》也就研讨主题展开论述。

（二）航海造船技术史研究

云南大学历史系黄纯艳教授《宋代船舶的力胜与形制》考察造船业对宋代社会包括经济军事等方面的影响，从技术史的角度辨析"力胜"和"料"的概念，分析了宋代运河船、内河船及海船等三种类型的力胜与形制。武汉理工大学造船史研究中心何国卫教授《泉州南宋海船船壳的多重板鱼鳞式搭接技术》以出土古船为依据，认为古代船壳结构可分为单层板顺板式搭接、单层板鱼鳞式搭接、多重板顺板式搭接和多重板鱼鳞式搭接等四

种形式。而到目前为止出土古船中唯一的多重板并鱼鳞式搭接船壳结构是泉州南宋海船。泉州宋代海船船壳的多重板鱼鳞搭接技术反映出宋元交替时期一个高超的造船工艺，为海上交通的运输船舶提供了强有力的技术支撑。武汉理工大学造船史研究中心蔡薇等人合作的《海上丝绸之路上的中国帆船》通过对泉州湾宋代海船，宁波宋代海船，宋代南海一号，韩国的元代新安海船，蓬莱、象山出土的明代海船的分析与研究，认识了中国帆船的龙骨、舱壁与外板结构、帆装与舵叶的形式、锚具的特点，了解了中国古船早在宋代就发明和实际使用了减摇龙骨，在元代就实际使用了在当代船舶才使用的被动式减摇水舱，等等。大连海事大学孙光圻教授《宋元时期的海上导航技术》认为宋元时期的导航技术是中国航海历史进入全盛阶段的重要原因，以全天候磁罗盘导航、海洋天文定位、航路指南图书应用等为主要标志。上海中国航海博物馆单丽和温志红合作的《航海技术的获得与传递——以从元明时期海运路线的开辟为例》管窥元明时期海运漕粮路线开辟过程，认为以朝代为断的航海史研究虽有利于呈现航海史大貌，但亦失于笼统而难显其中的细节变化；正史志书所载的航海路线仅是某一时期的模糊航行状况，此类航海知识并无指导航海之功用；而航海技术的历史亦并非全部为异源同流的水系，还有可能是断层后从头开始的发展。另外还有登州博物馆袁晓春副研究员提交了《"南海Ⅰ号宋朝沉船5层外板与马可·波罗解疑》。

（三）宋元时期的海外贸易及海运史研究

谢必震教授《试论宋元时期福建人开辟了中琉航路》以中琉航路最早的文献资料《顺风相送》的成书时间及琉球冲绳考古发现南宋时期义窑瓷器等来论证福建通琉球的航路在明代以前就形成了，福建人开辟中琉航路的时间，最大可能当在宋元。《顺风相送》是福建人开辟中琉航路最有信服力的历史证据。暨南大学刘永连教授《宋元交替之际的东南漂海商人——以朝鲜半岛史料为基础》，着重关注东南漂海商人在宋元交替之际这一中国乃至东亚政治格局变迁的关键时期的活动情况，指出漂海商人对蒙元东南经略及对高丽政策的作用。福建省泉州海外交通史博物馆的陈少丰博士《宋代未立市舶机构港口之海外贸易》分析宋代未立市舶机构港口海外贸易的历史变迁及其海外贸易管理，揭示了宋朝未立市舶机构港口的海外贸易随着宋廷的市舶贸易条例的变化而变化，未立市舶机构港口的海外贸易虽然被逐步边缘化，但是不失为市舶贸易的延伸和补充。南京大学历史学院讲师陈波《朱、张被诛与澉浦杨氏的崛起——兼及元代海运新体制与杭州嘉兴之关联》叙述朱清、张瑄的跋扈，分析其被诛的必然性，论述元代海运新体制与澉浦杨氏、嘉兴吴氏之间关联。南京大学中国南海研究协同创新中心翁沈君博士提交的《方国珍袭击刘家港前后元代海运实景——以元人文集中海运官员资料为中心》以元顺帝朝前后二十余年海运官员的相关资料为切入点，论述元末海运官员眼中的海运要务，通过各种文集中所记的行状、碑铭等材料，大致还原元顺帝即位前后二十余年海运职业官僚的仕宦情形。华东师范大学历史系顾卫民教授《"天主和利益"交织在一起的城市——近代早期的日本长崎（1570—1640年）》认为长崎的历史可以分为三个阶段，长崎是16世纪中叶至17世纪中叶在日本九州崛起、发展并最后被关闭的一个重要的港口，它与葡萄牙人在远东从事传教和贸易活动的全盛时期相始终。

会议还收到了其他方面的文章，如南京大学中国南海研究协同创新中心于磊《高丽、安南对元交涉比较研究初探》通过高丽、安南两者同元朝交涉过程的比较发现，由于两国自身历史传统的异质性，安南同元朝交往的程度远甚于高丽。澳门理工学院谭世宝教授《元代汉译外文Cīn-al-Cīn（秦阿秦）等词源流考》略论梵称汉译中国名号的支那与震旦等词的早期源流，同时对Cīn-al-Cīn、Cathay等词的汉语对音进行考订。福建师范大学闽台区域研究中心副研究员吴巍巍《宋元时期西方游历家眼中的福建社会》从《光明之城》及《马可·波罗游记》等书中有关福建社会及天主教方济各会士眼中的福建社会的资料，以为自宋末至元代西方人已经开始持续来华并不断对中国进行报道，对福建的记述和播报是其中重要的内涵，构成了西方人中国观的一个组成部分。另外，论文集中还收录了福建师范大学社会历史学院教授谢重光《试论阳江在海丝路上的地位和作用》、阳江市南宋文化遗存研究会秘书长曾宪妥《从海陵岛历史传说来透视"南海一号"沉船的秘密》等文章。

会后，与会者对海陵岛的南宋文化遗存进行一系列考察。大家以为此次研讨会有三个特点：一、重视地方文献，尤其是民间族谱、私人文集及口述历史资料等；二、田野调查、考古与文献相结合，用实物来印证历史，历史学与社会学、人类学多学科交叉研究；三、与会者学术背景多样，大专院校及社科系统研究人员、人类学者、文博研究人员、考古研究人员、船舶史研究人员及地方文史爱好者的热情参与，不仅促进海陵岛地方历史的研究，而且对宋元交替时期东南沿海的海上交通研究有一定的推动作用。

"唐宋政治与社会"全国博士生论坛综述

黄　甜　王道鹏

2015 年 7 月 4 至 6 日，由中国宋史研究会和西北大学历史学院共同主办的"唐宋政治与社会"全国博士生论坛在古都西安举行，来自国内多所高校的唐宋史专家和博士生、硕士生共 40 余人与会。在学术研讨开始之前，青年学子聆听了两场专家讲座，分别是陕西师范大学杜文玉教授《唐五代社会阶层内部结构的变化——以唐宋变革论为中心》和四川师范大学张邦炜教授《路在何方：宋代社会史研究怎样走出困境？》。

论坛以"唐宋政治与社会"为主题，收到论文 25 篇，现按内容分类综述如下。

一　政治制度史研究

北京大学张亦冰《唐宋乡村户等版籍演进新议》梳理了唐前期至北宋赋役制度演进中各类载有户等版籍的形成过程，分析了户等、赋役制度、版籍制度三者的关系。中国人民大学周曲洋《奏钞复用与元丰改制后三省制之演变》认为，元丰后的奏钞仍保留着唐代旧有的文书体式，但其判事依据与裁决程式已经发生了较大变化，核心目的是为了顺应当时中枢事务新的发展。

上海师范大学张志云《北宋太常礼院及礼仪院探究》认为，北宋太常礼院和礼仪院皆为北宋前期中书门下附属机构，它们的设置均分割了礼部与太常寺等礼仪官署职权，二者尽管有些职能重叠且有事务往来，但互不统摄。安徽师范大学李永卉《论宋代粮料院的审计与宋代事前审计的发展》深入分析了宋代粮料院事前审计的原因和法制保障，及其对稳定财经秩序、遏制官吏贪敛的重要作用。西北大学马巍《从因事命人到事有专设：宋代治水机构完善过程考察》通过梳理建隆元年至皇祐三年、皇祐三年至嘉祐三年、嘉祐三年之后三个时间阶段治水机构的设置，详细论述了宋代治水体制由因事命人到事有专设的转变过程。西北大学范帅《宋代皇子位研究》分析了皇子位的设置原因与特点，认为该制度体现出宋代制度设计的实用性和灵活性。西北大学张行刚《试论南宋沿江制置司的辖区》指出，沿江制置司辖区通过有目的的扩大，在江防中发挥了异常重要的作用。西北大学雷震《宋高宗对于中枢的调整——以汤思退兼权参政为中心的考察》通过汤思退再次"兼权"参政事件，深入分析了宋高宗调整中枢政局的具体过程。

二　经济史与社会史研究

上海师范大学何适《宋代扬州的政区变动与经济衰落》认为宋代扬州经济地位盛衰转变是多方面因素所致，梳理了唐宋之际扬州政区变动的类型、特点、原因及影响，重点探讨了政区因素在宋代扬州盛衰过程中的特殊性。西北大学王道鹏《"市易带蕃蛮"：从族际经济交流看宋代南方的民族认同》探讨了经济交流对族际文化的传播和接受，以及对民族认同的推动意义。西北大学黄甜《盏中丹青：金代日常生活中的茶》指出，金代各族人民对茶的使用表现出时代特征和阶层性差异，也是民族融合的有力见证。武汉大学王忠敬《南宋地方志与地方祠祀——以祠庙门为中心》指出，南宋地方志《祠庙门》的编纂及其对地方官员的影响，体现了地方社会中国礼与土俗的融合。

三　军政史研究

四川大学石振峰《李纲藩镇思想述论》详细论述了李纲的藩镇思想及后人对其评价。西北大学赵光义《裘甫之乱相关问题考述》对裘甫之乱的经过与浙东形势、王式平叛的策略，以及裘甫之乱与大中咸通政局的关系问题进行了论述。西北大学马坤《开宝二年宋太祖亲征北汉若干问题探究》宋太祖亲征北汉是对原有"先南后北"政策的局部调整，彻底改变了北宋立朝初期不利的外交局势。中国人民大学黄晓巍《宋徽宗政和年间谋辽复燕考论》认为政和谋燕阶段是北宋晚期内外局势共同作用的结果，对后来的政局危机产生了影响。中山大学李超《李全之乱与南宋绍定政局》指出，"李全之乱"是南宋江淮地区将领赵善湘、赵范、赵葵等人步步紧逼的结果，对绍定、端平年间的南宋政局产生了重要影响。

四　文化教育史研究

四川大学宋晓希《北宋相国寺宝奎殿御书及相关问题考论——兼谈两宋帝王政治中的御书传统》探讨了御书传统以及在政治文化中的作用。西北大学刘冲《论景祐兴学》认为景祐兴学是北宋历史上第一次大规模的兴学运动，实现了庙堂之上与江湖间士大夫的互动，影响深远。西北大学孙继《稽古化今：宋徽宗"八行科"考述》对宋代"八行科"实行的背景和内容进行了考述，深入探究了八行科与八行碑之间的关系及影响。北京大学苗润博《〈续资治通鉴长编〉四库底本之发现及其文献价值》认为，湖南图书馆藏的一部《长编》四库底本是现存诸本中最接近《永乐大典》所收《长编》原貌的抄本。

五　人物个案与群体研究

河北大学崔玉谦《宋理宗亲政初期宰相李宗勉主要生平再考》认为，李宗勉入朝为相是主守派阵营势力加强的结果，是宋理宗亲政初期最有作为的宰相。北京大学张晨光《真仁之际中层文官一瞥——王子融及其著作研究》以王子融作为个案来透视真仁之际中层文官仕宦的生活状态。

首都师范大学孙方圆《两宋"草泽"参政考》总结了"草泽"参政的领域、条件及社会环境。西北大学孟献志《隋唐时期白衣领职现象研究》指出，隋唐时期"白衣领职"数量虽不多，但其与政治斗争联系很紧密。

此次论坛的学术讨论完全由年轻学子独立主持，沟通深入，思想交锋激烈，为青年学者的成长创造了有利条件。

"尊德性与道问学:纪念朱陆鹅湖之会 840 周年学术研讨会"综述

吴 勇

2015 年 7 月 21—23 日,由江西省 2011 朱子文化协同创新中心、中共上饶市委宣传部、中国书院学会、上饶师范学院朱子学研究所主办,上饶市鹅湖书院管委会协办的"尊德性与道问学:纪念朱陆鹅湖之会 840 周年学术研讨会"在上饶师范学院召开。来自全国各高校、科研机构及美国等地的学者近百人参加了会议。现将主要观点综述如下。

一 朱陆之辩

南宋淳熙二年(1175),吕祖谦促成朱熹与陆九渊、陆九龄兄弟在鹅湖论辩"为学之方",首开书院会讲之先河。朱陆鹅湖之会此后就成了中国学术思想史上极为重要的学术公案。

徐公喜以时间的发展,历史地梳理"朱陆异同"的脉络,从发轫、异化、消融、流变、鉴证等五个演进历程考察朱陆异同论的历史形态,而这五种发展演变过程又蕴藏朱陆之辩、门户之见、朱陆之和、早晚之争、方法之变等不同特征与内涵的历史形态。解光宇认为,朱子理学与象山心学在对理本体的理解上,二者同植纲常、同扶名教、同宗孔孟,是绝对的一致。朱陆的分歧在于认识理的方法上,即朱熹主张泛观博览、格物致知,陆象山主张先立其大、发明本心。鹅湖之会明确了二者的分歧,朱陆分歧导致后世持续不断的争论。鹅湖之会是中国学术研讨史上一座重要的里程碑。

辛晓霞认为,对于为学的可能性与必要性,朱陆有不同的阐释思路,分歧的原因除了各自哲学体系的不同,还有对为学主体的不同定位。陆学的为学工夫更适用于天赋异禀的人,朱学的为学工夫倾向于向所有人提供一种全面实现人格发展的方法。陆学的为学方法在理论上有其适用范围,实践意义比较有限。相比之下,朱学的为学工夫更具有普遍适用性,可操作性更强。学派的命运不仅仅取决于理论的合理与否,其实际可操作性、适用范围的大小都是影响因素。为学方法的设计既要以"性相近"为前提,也要立足"习相远",这对今天复兴儒学也具有指导意义。陆畅认为,道德意识能否自觉、自知问题在朱陆之辩中占据重要地位。朱子将象山的道德直觉视为"以心观心"的"二心",并误会其与佛教等同而加以批判。事实上,意向性活动中的意识与对其进行反思的意识是不存在共时性的,道德直觉不是以此察彼地对意识进行对象性反思,而是在无思无虑中依靠信仰的力量使本心自我呈现。

李振纲、刘丽斌从朱陆鹅湖之会、南康之会、无极太极之辩及书信往来考察了朱陆学术交谊，认为朱子之学与象山之学本属理学内部的两个学派，朱陆之辩也属于正常的学术交流，朱陆之间的交往基本上是健康友善的。朱陆之辩身后成为一大学术公案，多出于士林间的渲染和朱陆后学的门户之争和意气用事。叶航、金来恩认为，朱熹和陆九渊都是南宋理学大师，在学术上双峰并峙。朱陆及身时互重、互容，都告诫门人弟子不要作门户之争，因此，后世"和会朱陆"的学术意识也不断增强。

二 宋明理学

在关注朱陆异同之外，朱子哲学和理学的研讨也是此次会议的主题之一。

韩星在经学的视野下以思想史发展为线索，指出《中庸》"尊德性而道问学"使儒家内部形成了德性与学问的二元张力，延续至今。"尊德性"与"道问学"原本是统一的，可是后儒在不同时代的诠释中各有创建，也各有偏向，到南宋鹅湖之会达到了高峰，后来一分为二。宋代"尊德性"与"道问学"并重，明代以"尊德性"为主导，清代是"道问学"为主流，百多年来"尊德性"与"道问学"断裂，今日中国学界总体上是偏于"道问学"。韩先生注重思想史上整合"尊德性"与"道问学"的理路，认为应该以中和之道来化解这种张力，寻求二者的整合，为今天一些歧义提供重要的思想方法和哲学智慧，并提出了精英与大众结合、官方与民间结合、体制内与体制外结合来复兴中国文化的思路。

殷慧认为，朱熹的《大学章句》是独具特色的理学诠释文本，代表了礼理沟通、融合的经学诠释典范。朱熹的"格物致知"诠释注入了天理论，实现了从礼到理的哲学升华；强调大学格物的基础是小学工夫，从历史的角度考察了礼理沟通的可能；同时重视格物中居敬涵养的修养工夫，强调礼理融合的实践。

向世陵认为，仁说在陆九渊哲学中具有十分重要的地位，它为心本论哲学注入了道德和情感的内涵。仁与心、理之间可以相互过渡，仁之道就是将爱亲敬兄推广到普遍性的爱民。儒家讲求仁义、弘扬仁德值得称道，但同时需要考虑手段和工具的问题。人能否被许之以仁，是看他能否"尽为"仁。有仁心并不等于自动有仁政，陆九渊仁说的一大特点，就是仁义不是空言，而是实务，是要实实在在济民利用。赈济应当立足于仁爱之心，从根本上考虑应对灾荒的办法。沈顺福认为，陆九渊之所谓心，严格说来等同理，即事物的所以然者。人天生本心、具此理，又叫作仁，心即理、仁。象山几乎不论心的思维功能，而仅仅专注于其基础功能与主宰作用。所以，说陆九渊的心学是主观唯心主义显然是过度解读。

邱忠善认为，对一个学说的批评可以分内在的逻辑批评和外在的非逻辑批评两种，两种批评都十分重要，无法互相替代。阳明心学体系存在逻辑谬误。首先，王阳明反叛朱子导致致思方向改变，由此提出"心外无理"，其论证缺乏充足的逻辑效力，在或然论证中前提不周延；其次，阳明"心即理"主张的根本理据是孟子开端的"性善说"，然而，在争论中，性善说并未交代多少令人信服的理据。若要维护和接受阳明心学，必须直面这些批评和疑问，作出强有力的回应和辩护。

三 书院与理学

自从唐代初年产生,到清末退出历史舞台,古老的书院体系在中国存在了1000多年。南宋时随着理学的发展,书院逐渐成为学派活动的场所。

肖永明指出,书院是传统的儒家士人传承与普及文化、进行知识积累与创造的场所。书院作为一种独具特色的文化教育组织,与当时社会产生了密切的互动关系。社会教化是书院重要的社会功能,在儒学向社会各阶层尤其是士人阶层及民间传播、渗透、塑造社会成员共同的价值观念,并进而影响社会日常生活习俗及整个社会风气的过程中,书院发挥了重要的、难以替代的作用。胡发贵认为,书院的民间性、非应试性以及讲学性,使书院教育呈现出非常明显的人文情怀和德性关注。而德性培养也体现在种种院规中,书院院规的宗旨是使学生更好地"成人",寻求人的内在素质的提高。古代书院教育的院规不在于管制,而重在道德诉求,这一点值得现代学校教育借鉴。

朱汉民指出,宋代书院与理学的发展密切相关。理学家形成的学统及道统观念,对书院祭祀制度的完备产生了深刻的影响。南宋时期的理学家有一种强烈的建构书院学统以确立书院在儒家道统史上的意义、地位的精神追求,他们通过创建书院学祠、开展书院祭祀活动,以完成这一文化使命与道义责任。

当前,国内各类民办书院不断涌现,成为中国文化事业发展的一大亮点,引人关注。崔文川指出,民办书院的产生与发展是社会经济发展后文化需求增加与提高的必然结果。由于在专题性与独特性方面拥有巨大的空间,民办书院的再兴从而成为可能。国内民办书院的建设目前正处在开创期,应当注意一些问题,要坚持社会效益第一原则,自觉承担社会责任。

中国的大学体制是舶来品,在近现代,这一体制的移植有其合理性,然而,文化是历史积淀的产物,也体现着一个民族的精神,在中国,大学文化的构建需要建立在充分挖掘包括书院文化在内的优秀传统的基础上,并加以现代化转化,使中国大学文化呈现出中国气派、中国特色。

四 理学在海外的影响及海外理学研究

对理学在境外传播、流变的研究有益于更清楚地观察理学的发展趋势,境外学者的研究也为国内学术界提供了别样的学术视野。

钱明以宋时烈、尹拯的"怀尼是非"为中心探究朝鲜时期陆学辩斥史。"怀尼是非"又称"怀尼反目",是指发生在西人党内的以宋时烈为首的老论派与以尹拯为首的少论派之间的党争,而其实质则反映了在朝鲜儒者中所展开的朱陆之辨。相对而言,在"怀尼是非"中,尹温和善意,宋激烈敌对;尹仁厚忠实,宋倚老卖老;尹实事求是,宋上纲上线。即使不论内容之是非,就是光看两人的行事风格,也能让人对尹拯产生同情。尹宋对立的根源主要在于双方思想观点的不同,所以宋开始时对尹还是以学术批评为主,双方的争论基本上都在学术范围内进行。但后来宋逐步将思想问题无限上纲,终使两人的关系由师徒走到敌对。比较而言,尹拯虽属于栗谷、牛溪系统,但同时也汲取了退溪性理学。并且开始留意陆王心学,所以尹拯的立场偏向南人,主张调和退溪与栗谷、牛溪，折中程朱与陆王。而宋时烈则属于彻底的西人党。尹向宋提出的挑战，表现了其不以师徒、地域关系为界限，而以思想学说为标准，以及汲取和会通退溪学乃至陆王学的理论勇气。明清之际发生在中国的思想转型，也具有朱陆（王）会通的类似特征。从这一意义上可以说，明斋学代表了朝鲜思想史上从独尊朱子到修正朱子、从唯朱子一家到诸家并举的转型期的思想特质。钟俊昆考察了尤庵宋时烈的史迹，指出其为 17 世纪朝鲜朱子学的代表人物，提出"尊明反清""尊王攘夷"，坚守中原文化认同，维护礼制正统。宋时烈有着现代人所推崇的思想精髓，韩国大田市仍每年举办尤庵文化节，突出了韩国特有的文化传统。

美国夏威夷大学成中英教授从张载西铭切入朱熹心性之学，说明理气在心性之学中的根本作用。成先生认为，朱熹在理气之间的本体关联未能得到深入的本体的说明，原因在于朱熹对易学之为易学的理解尚未竟于成熟或圆融。成先生从五个方面论述朱子哲学，言简而扼要，精微分析，条理分明，不但彰显了朱熹思考的特色，也表达了用分析方法治理理学的有效性。

台湾学者蔡家和指出，从梭山开始便与朱子有书信往来之争论；而象山继其兄而与朱子论辩，双方共有九封书信，然吾人文章主要以象山给朱子，与朱子回象山的各二封书信为主。理由在于，一方面，梭山给朱子的书信已失佚（朱子答梭山二封尚存）；另一方面，朱子与象山间的回信中，已将梭山与朱子间的问题重新提及。以此四封信为主，大致可以理解双方的争论焦点所在。其中主要是关于周子的《太极图说》中的无极两字的诠释问题。象山、梭山认为是周子早年不成熟之作，或是受了道家的影响所致；而朱子认定，儒家亦可言"无极"，此不是道家专利。至于以此而衍生的问题亦多，双方开展书信之攻防。

"陕北历史文化暨宋代府州折家将历史文化学术研讨会"综述

高建国

    2015年7月6日，由延安大学、榆林市文广局、府谷县委县政府联合主办的"陕北历史文化暨宋代府州折家将文化学术研讨会"在陕西省府谷县隆重召开。会议共收到论文40篇，来自北京大学、中国人民大学、中国传媒大学、河北大学、河北师范大学、南开大学、山西大学、复旦大学、上海师范大学、中山大学、香港树仁大学、西北大学、陕西师范大学、西安邮电大学、西北农林科技大学、延安大学，以及上海人民出版社、太原市社会科学院、西安电影制片厂等全国多所知名院校及科研单位的专家学者共31人参加了会议；来自延安、榆林两市多位地方文史学者、折家将后裔以及关心府谷历史文化研究的社会人士数十人也列席参加了会议。会议由府谷县委副书记杨成林同志主持，县委书记马治东同志发表了热情洋溢的欢迎辞。在一整天紧张的会程中，大会举行了主题演讲、分组学术交流等活动。闭幕式由府谷县前人大副主任、现折氏文化研究会会长折武彦同志主持，延安大学历史文化与旅游学院院长、陕北历史文化研究中心主任张小兵教授，府谷县委常委、常务副县长杨鹏程同志先后讲话。7日，会务组还组织与会学者对府州古城、文庙、千佛洞、七星庙等古迹进行了实地考察。

    这次会议是在府谷县首次举行的全国性、高层次、多学科的学术交流会，与会学者从各自的学术背景和研究方法出发，围绕陕北历史文化、宋代府州折家将历史、折家将文化与府谷县文化产业开发三大主题，进行了深入而广泛的研讨。

一 陕北历史文化

    据文献记载，陕北地区在历史上曾经是北方游牧民族与中原农耕民族融合的绳结区域；而随着近年来陕北考古事业的发展，大量考古资料的公布再次证明陕北历史是文明之源，是融合之原。周伟洲先生《历史时期陕北地区的民族与融合》一文，从先秦时期陕北各民族的分布及融入华夏讲起，全面地论述了各个历史时期陕北民族面貌的变迁，如秦汉、魏晋南北朝以匈奴为主，隋唐五代以突厥、铁勒、稽胡、吐谷浑、党项为主，宋、夏、金时以吐谷浑、党项、女真为主，元明清时期以汉、蒙古及回族为主，至清代，陕北民族分布的格局才最终形成。周先生最后指出："在历史发展的长河中，陕北地区的各民族及其文化相互碰撞、分化，重新组合，最终相互融合，形成近现代的陕北的汉族。这一名为汉族的族体中，流淌着历代各民族的血液，是'你中有我，我中有你'；构成了近代形成'多元一体'中华民族的组成部分。也正因为如此，近现代形成的陕北汉族的容貌、性格、语言和风俗习惯中，具有区别于关中及其地区汉族的不同特点。"周先生此文，史论结合，时有最新出土实物印证，为我们完整地梳理了陕北历史上民族融合的主线，为我们学习和研究陕北民族史做出了鲜明的指导。在今后的相关研究中，我们应该从小处着眼，深入研究陕北民族史上的每一个细节问题，以便在若干年后，能够形成一部内容翔实、论证可靠的《陕北民族史》。

郭冰庐《党项羌融入陕北人中的涵化过程》一文也指出现今的陕北人，是在经过复杂的种族融合的过程中形成的，特别指出在此过程中，党项羌是最为活跃的一支。该文同时还从榆林现存的地名、姓氏以及诸如蚂蚂神、蛮婆蛮汉等特殊人群着手，分析了党项族在当今陕北留下的踪迹。

陈峰《历史上的榆林与折氏家族的贡献》一文从历史上榆林地区设官置县的历史，结合北宋时期府州折家将的英勇史实进行了深入浅出的分析和论述。论文指出："挖掘陕北历史文化资源，尤其是府谷历史上的折氏业绩，不仅可以起到扩大宣传的作用，还可以为本地的文化建设与旅游开发提供有益的借鉴。"

北宋时，陕北处于宋和西夏交界地带，蕃汉杂居，战争频发。为了有效加强对边境地带的控制，宋朝于陕北设置了多个蕃官家族，以世袭的优待，冀其保境安民。其中，府州的折家将最为著名，其次还有绥州的高氏、丰州的王氏、延州的李氏等家族。何冠环《北宋绥州高氏蕃官将门研究》一文，以绥州高氏将门前两代主要人物高文岯、高继昇、高继嵩在北宋初期、中期的发展事迹为主要论述对象，兼及府州折氏、丰州王氏与延州李氏蕃官将门在同时期的发展、变化情况，详细地论述了宋朝在不同时期对陕北蕃官将门的政策变化。该文架构宏大，视野开阔，史实丰富，笔调细腻。实际上，宋代陕北的蕃官家族绝不止以上所列，单就府州而言，在折克行神道碑背阴列出的蕃官家族就有二十名，这还不包括府州境外的唐龙镇来氏家族。希望此文能够引起相关学者对宋代陕北蕃官家族历史问题的重视。

同时关注陕北将门研究的还有高锦华、白晶丽《种世衡及种家将西北事迹考略》和袁瑶《陕西郭氏将门的形成和发展》两篇文章。种世衡家族是宋朝少见的由文换武并且延续三代的将门世家。他们以青涧城为依托，修城筑寨，招徕蕃部。高氏文章认为，种家将在抵御西夏和辽金的进攻中往往能审时度势，出奇制胜，但由于北宋"崇文抑武"政策的制约，使武将总体上难以在战场上有效地发挥自己的军事才能。因此，种家将与北宋共存亡，其悲剧收场是必然的。袁文以两宋之际郭氏将门的形成与发展为线索，全面论述了郭氏历代名将的军功战绩，指出郭氏将门并不是一个没有军功的军事集团；然而由于其子孙的骄奢，辱没了家声，走向了衰落。该文还特别指出郭氏与折氏的联姻，可惜没有指出确切证据。这个证据，在折可适墓志中有明确的记载，折可适的女婿名为郭浩，就是郭氏将门的第二代关键人物。

对于陕北历史上的交通、地理的考察，也是本组论文关注的重点。曹家齐《北宋麟府丰三州及其周围交通路线考述》一文，从交通之于政治、军事的重要因素的视角入手，详细分析了麟府丰三州之间、三州通往河东腹地、三州与西夏和辽的交通路线。作者论文，"麟、府、丰三州之地入宋以后，其三州之间及周围地区，交通路线日趋繁密复杂，是其战略地位变化的重要表现。"该文对于我们正确认识麟府丰三州的军事战略地位，打开了一种新思路。王使臻《西夏地图和出土文献所见北宋时期陕北历史相关问题考述》一文，对传世的刻本《西夏地形图》和俄罗斯所藏手写本《西夏地形图》与黑水城出土的《字书》中相关的北宋与西夏分界地区的地理、地名、历史等问题进行了对比分析，特别对其中所涉及陕北的"宁星""定边""左厢""龙马川""三角""绥德城"等地名，以及陕北与西夏之间主要交通道路进行了深入剖析，为北宋时期陕北地区相关历史地理研究提供了新视角。

另外三篇文章分别从不同视角对宋代的陕北历史进行了深入研究。闫建飞《元祐年间宋廷对四寨问题的讨论》一文，以元祐时期宋廷归还西夏的陕西四寨即佳芦、米脂、浮图、安疆为切入点，重点探析了四寨废弃的讨论与北宋晚期政治走向的关系，指出"弃地与否刚开始还仅仅只是政策之争，并没有演变到君子小人之辨和党派之争，尽管最后弃地主张占了上风，但主张保留沿边堡寨的人也并没有受到处罚。而到了哲宗绍圣之时，原来的政策之争却演变成了打击政敌的政治工具"。

陈玮《黑水城文献所见宋代鄜延路武阶官研究》一文，以《俄藏黑水城文献》中的《宋西北边境军政文书》记载的众多北宋末、南宋初的武阶官官衔为切入点，指出该组文书中所出现之宋代武阶官署款顺序及官衔简称既体现了宋代官文文书的行款规格，亦表明宋人常用有官人姓氏加其所任官简称来称呼有官人这一风习。文书署款中武阶官所带文职差遣与军事差遣大都为北宋末、南宋初陕西鄜延路基层官员所有，反映了鄜延路沿边行政机构的官员设置及驻军的分布等相关问题，集中反映了宋徽宗政和二年官制改革后的武阶官官称之流变。

王军营、陈峰《在耀州屡陈军事，不一见听，何也？——试论南宋初年延安失陷与"王庶被拘"事件》一文，以宋金之际延安失陷、主将王庶被泾源镇将曲端拘禁这两件重大历史事件为切入点，深刻分析了事件背后的是非曲直和前因后果，文章认为此事件中曲端固然有错，但主将王庶不善用兵，指挥失误，措置不当，尤其对延安失陷理应承担主要责任。该事件的发生，对南宋在陕西的抗金事业产生了重要影响。

二 宋代府州折家将历史

折家将历史研究是此次会议的中心议题。众所周知，折家将在北宋时期世袭知州，传袭近三百年，代出名将，保卫中原，忠勇爱国，举世无双。由于种种原因，折家将的历史淡出学术视野。随着近年府谷县经济社会的全面发展和折氏文化研究会的成立，特别是府谷人和折氏后裔开始积极关注折家将的历史、文化和旅游产业开发的研究，折家将历史成为学界关注的重点研究领域。

姜锡东《宋代府州折氏的两个疑难问题》一文，从北宋整体政局的高度，深入探讨了以下两个问题：第一，同为北宋西北地区有所汉化的少数民族，在北宋建国初期都不反宋，为什么李氏党项后来反叛北宋并长期与宋朝为敌而折氏党项却始终忠于北宋？第二个问题：北宋的知州普遍实行流官制、轮岗制，不允许一个官员长期担任本地长官，更不允许一个家族之人长期性世袭性地在家乡担任行政长官，却对府州折氏独开特例？该文作者指出："北宋的府州，地方不大，但位置重要，影响很大。北宋中央政府对党项李氏一错再错，失败教训极为惨痛。对府州折氏政策得当，成功经验弥足珍贵，对于边疆治理、民族政策具有重要的参考价值。北宋府州折氏，官位不高，但历史作用和地位不容低估。其忠勇卫国的精神，不论在古代、现代还是后代，都值得发扬光大。其血缘加能力的复合型世袭制这一典型案例，具有特殊价值，可对古今未来的领导体制的研究与采择提供极好的参照。"

李裕民《折家将与杨家将比较研究》一文，从折家将与杨家将的比较入手，首先分析了折杨两家的异同，指出两家世代尚武、代出名将，并且在传袭若干代以后逐步朝文武兼长方向转化。另外，两家都与异族通婚，在历史上都有杰出表现。在此基础上，该文放眼中国古代史，将折家将与历史上历代有名的将门进行了比较，指出折家将十代为将，堪称历史之最，并分析了其具体原因。文章还对折家将与杨家将对后世的影响进行了对比，指出在这方面折不如杨，其原因有两点，一是杨业含冤而死，文学悲情色彩浓厚；二是折家几乎没有专门的小说与戏剧进行宣传。第二点与折杨两家具体人物的政治交往有关，杨家在第五代，就有杨畋考中进士，活跃于当时的政治舞台，而折家直到南宋初才有折彦质位居朝堂，开始建立广泛的政治交往圈，但却长期遭到排挤，无法正常活动。文章最后对折家将未来的研究表示了期许，指出折家将的历史资料和考古资料都比杨家将丰富，希望折氏文化研究会在积极开展活动、举办学术会议、成立基金会、培养专门研究人才、注重文物保护等方面做出更好的努力。

王善军、杨培艳《折家将作战对象考》一文，详细考察了曾经与折家将交手、作战过的敌方将领，并对其进行了仔细梳理和分类。该文作者认为，府州折氏生于忧患，战斗力强，在"控御边陲，钤辖蕃汉"方面，做出了重大贡献。

北宋于麟府丰地区分设三州知州，府州由折氏世袭，麟州由流官担任，丰州先世袭，后来改派流官。此外，朝廷又设立了麟府路军马司作为全面负责麟府路的军政机构。高建国《北宋麟府路军马司的几个问题兼论其与府州知州折氏的关系》一文，详细地探讨了宋初在麟府路的军事防御、麟府路军马司的设立以及历任管勾将领的出身及职权。针对学术界普遍认为府州折氏乃是一高度独立的地方势力这一论点，该文给出了不同看法。文章指出，麟府路军马司初设时虽然并非为监视府州折氏，但是自从麟府路军马司作为常设机构驻守府州后，事实上压制了府州知州折氏在麟府丰地区的政治、军事地位。麟府路军马司管勾军马公事将领的职权其实比府州、麟州和丰州三州知州都要大，主管着麟府丰境内的军事行动和蕃族事务，包括招徕蕃族、安抚蕃族、修筑堡寨、护送军粮、划分地界和干预丰州知州王氏的人选等问题。该文对于我们正确认识府州折氏的世袭地位提供了新视角。

赵海霞《折家将与党项折氏的关系研究》一文，再次确认了折氏的族源为鲜卑，同时又对其与党项和汉化的问题进行了研究，指出"经过长期的民族融合，鲜卑折掘氏部逐渐融入党项羌之中，至唐末形成府州折氏这一大部落。宋代以后，随着府州折氏与汉族的长期联姻通婚，又逐渐融合到汉族之中"。该文不足之处在于，所用材料陈旧，观点多有以整体发展推测具体部族变迁之嫌，而实际上相关文献中并没有直接证据。

霍建波、惠雁冰《府谷县折氏系拓跋支裔小考》一文，结合语音学与史实，提出一个大胆的假设，即"折"或为"拓跋"一词的切语，并以此确证府谷折氏为拓跋氏之支裔。需要指出的是，该文内容过于简单，且在论证"折"为"拓跋"一词的切语时，使用了"或"字，即一种"可能"，但在下结论时，使用了"无疑"一词。以一假设之条件，确证一无疑之史实，该文需要认真检讨论证的方法。

吴同《试探折可求之死与两次绍兴议和前后的麟府路》和周立志《金宋冲突下的折可求及折氏家族研究》两文，都对宋金之际的末任府州知州折可求予以了极大关注。前文以宋金两次议和之际麟府路的政治归属为切入点，详细探讨了北宋灭亡之后，府州折氏在孤立无援之际的军事斗争和政治命运。周文则详细探讨了在折氏家族出宋入金、由金入齐、齐废入金、出金入宋、再次出宋入金的这一复杂归属过程中，折可求招降的时间、城池数、招降人等问题。该文作者认为："金朝西路军战略规划涉及对西夏作战，故而折可求在仕金时期的经历风生水起，折氏家族也没有在降金后出现'顿衰'。折可求之死系南宋人的杜撰与塑造，并非实事。麟、府州被西夏攻陷也并非在折可求死后，而是在折可求在世之时发生。"从选题角度讲，这两篇文章无疑都对目前折家将研究中最薄弱的环节给予了关注，是值得称赞的；前文作者为南开大学本科三年级学生，对具体史料的理解稍嫌不足。

邓文韬《金代与南宋府州折氏后裔汇考》一文，以翔实的史料为基础，探寻了府州折氏衰落之后其后裔分为南北两支的具体情况，并指出"南北两支折氏后裔具有分布地域与涉足范围广泛，弃武从文倾向明显，继续坚持与汉人士大夫通婚，信奉佛教等特点"。该文爬梳史料之能力，实令人赞叹；选题也正好弥补了府州折家将衰落之后的研究空白。

仝相卿《〈宋史·折可适传〉勘误》一文，以丰富的文献学知识为基础，勘误出宋史折可适传中"遇敌马户川""马岭""成州防御使"三处史实错误。

折旺礼《府州折氏后裔分布状况》一文，从民间家谱整理的角度，论述了其搜寻史料、确认族源、召开会议等情况。该文最可贵之处在于，通过实地调查，为我们指明了今日折氏在全国范围内的大概分布情况。

焦拓义《北宋河外三州麟府丰》一文，从地方文史研究的角度出发，对北宋时期河外三州的建置、将守和战事进行了全面的论述。

张育丰《府州城郭考略》一文，以史料与实地调查相结合的形式，详细地论述了府州城建筑的年代以及外城的位置。府谷县今天还保留了府州城的一部分，但多数是近年来补修，特别是宋代庆历时期筑置的外城，在府谷县的经济开发中，遭到了毁灭性破坏。该文作者根据史书记载，实地调查，拍摄到了府州城硕果仅存的几段墙体。建议府谷县相关部门，在以后的工作中应该加强保护工作。

魏二保《北宋府州城遗址考辨》一文，对有关府州城位置的三种说法进行了论述，并认同戴迎新南北城的说法，认为府州城分为两处，"北城是旧州城，即杨瓦遗址，南城是新州城，即现在的老城"。该文作者最后还提出复原老城，开发旅游景点的意见。《府州城郭考》《北宋府州城遗址考辨》两文作者均是府谷县地方文史学者，他们多年来一直致力于地方文史研究，并留心于地方文物古迹遗址的调查研究，他们所提供的内容，特别是图片资料，具有极高的参考价值。

三　折家将文化与府谷县文化产业开发

鉴古知今，历史研究的目的之一，是为了服务当前社会发展的需要。围绕折家将文化品牌的树立和府谷县旅游文化产业的发展，与会学者也展开了热烈的讨论，积极建言献策。

崔智林《打造千年府州，铸就文化之谷》一文，立足府谷文化产业发展，提出了"立足千年府州城，挖掘府谷历史文化资源"，"研究折家将历史，追溯府谷精神文化源泉"，"打造二人台文化品牌，寻求府谷文化产业突破"，"建设文化创意产业园，激发府谷文化产业活力"四个方面的建设性意见。崔智林教授就是府谷人，该文是他多年来对于家乡社会发展的关注和思考做出的积极思考，他对府谷文化产业开发提供的建设性意见，具有接地气、上档次、前瞻性、发展性的特点。

王雷、孙鸿亮《折太君改姓"佘"氏不可信小考》，从语音学角度入手，详细分析了"折"字在宋元时期的读音，并认为"折、佘"在北宋《广韵》时代既不同音，又不同调。其语音之渐趋相同，当在元代"，传闻折太君改姓佘，是不可信的。该文内容虽然短小，但是有关折、佘在南宋以来开始混用的结论是科学的。遗憾之处在于，该文没有很好地结合史实进一步说明。

杨光亮《期望关于折太君新资料的发现》一文，从文学中佘太君的记载入手，同时论述了史料文献和地方遗迹、传说中有关佘太君的记载。该文作者提出，"在思想认识上，要基于折（佘）太君是陕府折家将中的一员女将，是折德扆之女、杨业之妻的理念""最重要的，即期待发现关于折太君新的资料，特别是文物考古资料"。郭尚武《法治视野下的佘太君忠君报国》一文，对北宋历任太原知州的升迁和惩罚进行了深入分析，并得出"佘太君的忠君，是忠于宋朝清明廉政的国家"的结论。

夏涛《宋元女将文化分析——以佘太君为代表》一文，以杨门女将中佘太君的文学形象为视角，对宋元时期流行的女将文化进行了剖析，指出"以佘太君为代表的女将形象在宋元时期的流传，与当时宋元社会混战的背景有着深刻的历史关联性，也反映了在战争不断、奸臣昏君当道的社会中，民众渴望骁勇善战、正义爱国的英雄来拯救社会的心理。而女将形象的出现，也反映了女性在宋元社会中的活跃性和重要性"。

杨志忠《宋代府州折家将爱国主义精神研究》一文，在浅论了府州折氏的历史后，结合中国梦的时代特征，重点论述了折家将爱国主义的精神内涵及其现实意义。张春海《折家将精神新论》一文，同样分析了折氏家族的精神内涵，并将其归纳为以下五点，即"薪火相传的尚武情怀""文武兼修的优良家风""生生不息的爱国精神""追求平等的不屈意志""老当益壮的进取状态"。梁中效《试论折氏家族的忠贞》一文，从宋朝对武将的道德要求、折氏家族的政治追求等方面，深入剖析了折氏家族近三百年的"忠贞"报国精神。

赵东《文化名县与文化强县》一文，从文化产业学的角度，详细论述了"文化名县"和"文化强县"的联系和区别。该文作者指出，文化资源是"文化名县"与"文化强县"战略的重要条件，两者都要对文化资源有充分的认识。没有文化资源，很难成为文化名县或文化强县。能够提出"文化名县"或"文化强县"战略，大多都拥有比较丰富或独具特色的文化资源。但是，对于文化资源必须对其充分认识，对其进行大力保护与利用，弘扬与创新发展，进行必要的开发。

高谋洲《试论府谷旅游形象的塑造与传播》一文，从旅游形象塑造和传播的角度入手，结合府谷县的旅游文化资源进行了分析，指出了其中的不利因素，提出了自己的见解。该文作者建议，府谷的旅游口号可确定为"黄河入塞处，千年府州城"。

刘翠萍《榆林旅游资源保护开发研究——以长城沿线为中心的考察》一文，从旅游开发的角度，对榆林长城沿线的旅游经济开发，提出了整体意见。该文作者指出，"榆林农牧业文化交融、多民族聚居融合等多样性特征十分明显，特别是长城沿线各区县，其黄土、风沙地貌，特色农业、畜牧业经济等自然生态资源及大量的遗址、遗物等人文资源非常丰富。在旅游资源保护开发过程中，长城沿线各区县间应加强合作，开展相关研究与论证；并进一步整合旅游资源，打造特色旅游品牌，促进榆林旅游业的蓬勃发展"。

宋竹芳《府谷县旅游产业与文化产业融合发展探析》一文，从旅游产业和文化产业的角度入手，对府谷县的旅游文化产业发展提出意见：（一）把握两大产业融合发展态势，用先进的体制观念引导产业融合。（二）充分发挥市场在资源配置中的基础作用，以市场导向带动产业融合。（三）培育两大产业融合中的各类市场，打造产业融合的"生态圈"实现可持续性发展。（四）加强宣传，营造文化产业与旅游产业融合的良好氛围。

杨文岩《就长城沿线开发旅游的潜力谈府谷县地方文化中丰富的历史资源》一文，从地方文史的角度，对府谷县历史上的文化资源进行了全面论述。该文作者支持、倡导府谷县整合历史文化资源进行旅游文化开发的善意值得学习。

四 特点及展望

此次会议具有以下特点：

（一）与会学者来源广、层次高，会议特别邀请了中国宋史研究会理事会邓小南、包伟民、姜锡东、陈峰、何冠环、曹家齐、王善军、范立舟、戴建国、汤勤福、李伟国及李裕民、周伟洲等多位知名学者出席指导并发表演说。相信与会专家学者的演讲，一定能够促进府谷县地方人士保护和挖掘历史文化资源意识的提高。

（二）汇聚了延安、榆林两地的文史学者，既有科研院校的专家，也有地方文史专家：如延安大学张小兵教授、高锦华副教授、高建国博士，《文化艺术报》延安站记者杨志忠先生，神木县杨家将研究会焦拓义先生、杨文岩先生，府谷县原史志办主任张育丰先生、魏二保先生等。地方文史学者熟知地方史，将对研究和开发地方历史文化资源提出有益意见，希望地方政府和社会认真听取。

（三）一些年轻的博士后、博士、硕士、甚至大学生也加入到陕北历史文化研究的队伍中来，构成新兴力量；如来自西北大学的王军营博士后、河北大学的周立志博士、复旦大学的陈玮博士、延安大学的高建国博士、北京大学的袁璠硕士、延安大学的晁辽科硕士、南开大学本科三年级学生吴同等。这些年轻的力量，必将构成研究历史文化的中坚人才，希望地方政府和社会加大对他们的支持力度。

（四）地方政府和社会力量对陕北历史文化研究显示出浓厚的兴趣，特别是折氏文化研究会，在会前积极筹措资金，组织编写和出版了论文集、文献录；又积极地组织和支持了此次学术会议，为专家学者和地方政府搭建了相互交流的平台。折氏文化研究会在前不久还召开了会员大会，对于未来的发展有了明确的规划。希望府谷县委县政府在今后加大对折氏文化研究会工作的指导和支持，使其在地方政府和学者之间继续发挥相应的平台作用，在地方文化产业开发方面发挥积极的牵引、带头作用。

当前，陕北的经济社会有了前所未有的发展，但也面临着严重的挑战。社会力量如何积极支持科研工作，文化研究怎样服务地方经济需要，是摆在我们面前的主要问题。在此，笔者提出以下两点展望。

第一，应整合人力资源，协同攻关。目前，从事陕北历史文化、折家将历史文化和文化产业开发的专家学者相互之间、和地方文史学者之间，尤其是和地方政府、社会之间缺乏必要的沟通和了解。学者研究选题分散，呈现出碎片式的、兴趣式的研究趋势。特别是，学术研究不了解地方政府和社会发展的需要，研究成果不能很好地服务社会需要。因此，建议府谷县折氏文化研究会继续担负起更大的责任来，将研究会打造成为整合人力资源的服务平台，组织相关专家学者，根据地方政府和社会需要，协同攻关，开展高效、实用的科学研究。

第二，成立基金会，打造文化品牌。正如李裕民教授所言，文献中有关折家将的记载有23万条（字）之多，其几乎全部为真实可信的史书记载，碑刻材料中尚有近10万字的记载。可以说，折家将的研究，从资料方面来说是丰富的。但如何有效地利用这些资源，如何针对地方文化产业开发的需要，积极地利用这些资源，是一个大问题。府谷县现在已经成立折氏文化研究会，开展了一系列工作，取得了一些成果。从目前来看，成立折家将历史文化研究基金会，积极地制定科研发展计划和项目，与科研院校合作，培养专门研究人才，高效地推进相关研究成果的产出，努力打造一面张树得起、立得住、唱得响、看得远的文化名片。

第三，加强合作，扩大规模效应。历史上，府州折氏一度以党项族闻名，并且以世袭府州知州身份管领着境内众多党项部族；同时，折家将又与夏州李氏及后来的西夏王朝有着近三百年的相互斗争；而府州折氏与麟州杨氏的关系更不用说，一曲曲传唱千古的佘太君戏曲，就是"折杨亲"的明证。据笔者所知，神木县杨家将文化研究会实力雄厚，早在2007年、2011年分别召开过两次杨家将文化学术会，产生了一系列研究成果，在树立品牌的同时也扩大了影响力。而2014年，横山县也成立了党项文化研究会，并即将于2015年8月份召开学术会议。笔者以为，在历史上，折家将与杨家将、与党项族、与李氏的关系密不可分；在现实中，我们也要发扬这种精神，府谷县折氏文化研究会应该加强与神木县杨家将文化研究会、横山县党项文化研究会等同一市域内相关团体组织的联系，加强合作，共同努力，以组合拳形式扩大品牌效应，而不宜长期单兵作战；适当时候，应由榆林市政府牵头，组织和召开宋代陕北历史文化研讨会等相关会议，树立品牌群，扩大规模效应，将榆林市内各相关文化景点连成片，打造一批特色鲜明、内涵丰富的人文旅游景点，全面推动榆林市相关文化产业的进一步发展。

此次会议的圆满举行，可以说是地方政府、社会力量和科研院校合作的一种积极探索；延安大学陕北历史文化研究中心、府谷县折氏文化研究会在会务的筹办中贡献了极大力量，体现了这两个单位服务社会的基本功能。同时，西北大学历史学院、河北大学宋史研究中心、中国宋史研究会也积极支持了此次会议。最后，希望更多的地方政府和社会力量参与到历史文化的研究中来，希望更多的人继续关注和研究陕北历史文化，关注和研究折家将历史文化，形成长期、有效的合作机制，共同开创学术研究新局面，更好地服务地方经济和社会的发展需要。

第三篇

学术动态

台湾 2015 年宋史研究动态简介

杨宇勋

从 2009 年起，张志强博士生和本人每年会编纂"台湾宋史研究概况"，陆续刊登在《宋史研究通讯》，至今已有 8 年（2008 至 2015 年）之研究回顾。是文关于新出专书、期刊及专书论文、博硕士论文，读者若有兴趣可以参阅之。兹为了避免重复，以报道宋史座谈会、学术研讨会为主。

台湾的"宋史座谈会"行之多年，前身是"宋史研究会"，1957 年由方豪、姚从吾、蒋复璁、赵铁寒及程光裕诸教授共议成立，是年底以该会名义编辑《宋史研究集》第一辑，于 1958 年 6 月由"教育部"中华丛书委员会印行出版。1963 年，将宋史研究会改组为宋史座谈会，发起人为：刘子健（时为美国史丹福大学教授）、姚从吾（时为台湾大学教授、"中央研究院"院士）、蒋复璁（时为"中央图书馆"馆长）、全汉升（时为"中央研究院"研究员）、赵铁寒（时任台湾师范大学教授）、方豪（时为台湾大学教授）、屈万里（时为"中央研究院"研究员）等学者。历届主持人是赵铁寒（任期 1963—1972）、宋晞（任期 1973—1999）、王德毅（任期 1999—2016）。该会的主要工作有三：一是举行座谈会，从 1963 年 11 月 17 日始，至 2017 年 3 月 15 日已举行 198 次；第二是编印《宋史研究集》，从 1958 年迄 2003 年，45 年间出版 33 辑；三是联络研究宋史的学人，进行学术交流。

2015 年 5 月 17 日，第 192 次宋史座谈会，邀请台湾大学历史学系名誉教授王德毅先生主讲"朱熹纂修史书的贡献与对后世史学的影响"。6 月 28 日，第 193 次宋史座谈会，邀请故宫博物院图书文献处退休处长李天鸣先生主讲"宋高宗朝的宋金江上战役"。12 月 6 日，第 194 次宋史座谈会，邀请台湾大学博士张维玲小姐主讲"经典或祖宗——宋仁宗朝君主祭礼的改革"。三场座谈会一如往昔传统，以文会友，彼此交换学术见解。

同年 6 月 10—11 日，在中国文化大学举办"第四届海峡两岸宋代社会文化学术研讨会"。该研讨会的渊源，由台湾的中国文化大学与大陆的浙江大学携手倡道而筹办，2009 年 4 月于浙江大学举行首届大会，2011 年于中国文化大学举行第二届，2013 年于浙江大学举行第三届，预定 2017 年 4 月 15 至 16 日在河南大学举行第五届，此会可谓海峡两岸宋史学界的盛事，曾经与会的学者众多。第四届大会，首先由史林敬重而资深的王德毅教授专题讲座"宋代陆九渊家族及其儒学思想考述"，隆重揭开序幕。两日之内，举行 7 场 25 篇论文宣读，由王吉林、何忠礼、梁庚尧、邓小南、包伟民、梁敬明、黄繁光 7 位教授担任主持人，共有 25 位学者宣读论文，每篇论文都有专门点评学者。宣读论文依序为：何忠礼《略论南宋高孝两朝之"禅位"》、包伟民《新旧叠加：中国近古乡都制度的继承与演化》、蒋义斌《苏辙礼论与史论关系之探究》、曹家齐《包拯嘉祐三年新任差遣释证——兼谈仁宗至神宗时期台谏职能之变化》、王俊彦《宋初"尊孟"与"尊扬"思潮的转变——"性善论"与"性善恶混"的传递》、周扬波《胡瑗历史地位再评价：师道演进视野下的考察》、沈宗宪《宋代官员丧葬补助政策》、林煌达《宋代疾疢官员之探讨》、赵太顺《唐宋元明书风对高丽、朝鲜王朝书法艺术之影响——以八件大韩民国国宝为论述对象》、陆敏珍《故事与发明故事："半部论语治天下"考》、郑丞良《德运与迁都：试探金宣宗贞祐集议的政治关联》、蒋武雄《包拯使辽事迹的探讨》、吴铮强《宋代温州佛教社会的变迁——基于寺院修造碑记的分析》、何兆泉《〈东京梦华录〉作者问题考辨》、陈清香《北宋七宝阿育王塔造形初探》、李玉君《金代法制变革与民族文化认同》、黄纯艳《论宋代的近海贸易》、钟佳玲《宋代的真珠》、邱佳慧《所鸣何道——以〈诸儒鸣道〉的江公望为讨论中心》、魏峰《宋代使院官、州院关系试论》、黄纯怡《宋代的驸马与政治》、全相卿《"吕范解仇公案"新探》、杨宇勋《晚宋马廷鸾的政治选择》、雷家圣《北宋军制的演变与"置将法"的实施》、韩桂华《宋代发祥地：南京应天府研究——以建制为中心》。最后，由中国文化大学史学系韩桂华主任、中国人民大学包伟民教授致辞闭幕，并欢迎在下次的河南大学共襄盛举。是会来自内地的学者计有 14 位，台湾直接参与会议学者（主持、宣读或评论人）计有 24 位，以社会文化为主题，点评学者各司其职，为该研讨会的学术规范与论文水平增色不少。该研讨会论文集于 2016 年由中国文化大学出版。

同年 6 月 12 至 13 日，长庚大学举办"游于艺：十一至十四世纪士人的文化活动与人际网络国际学术研讨会"。由黄宽重教授揭幕，包伟民、Beverly Bossler、方震华、邓小南、刘静贞、Patricia Buckley Ebrey、何忠礼、Hilde De Weerdt 等学者分别担任 7 场主持人，有社交网络、华北社会、知识建构、文化交流等四主题。宣读论共计 24 篇，依序为：胡坤《宋代的荐举书启：探索改官人际网络的线索》、Beverly Bossler *"Throwing a Brick and Attracting Jade"：Letters，Poems，and Social Relationships in the Writings of Yao Mian*（1216—1262）、黄宽重《以艺会友：南宋中期士人对〈兰亭序〉的品评与人际关系》、Patricia Buckley Ebrey *Zhu Xi's Colophons on Calligraphy and the Visual Culture of Literati Life*、卢慧纹《元末元初北方士大夫的书画活动与鉴藏——以王恽（1227—1304）〈秋涧大全

中国文化大学"第四届海峡两岸宋代社会文化学术研讨会"留影

集〉为中心的考察》、陈雯怡《由诗卷到总集——元代士人的社会网络与交游文化》、小林隆道《显隐相交——〈玄妙观重修三门记〉撰者牟巘一族与宋元士人社会考察士人社会》、王锦萍 Daoist Jiang Shannxin and the Temple Network of Ancient Sage-Kings in Southern Shanxi in the Fourteenth Century、吴国圣《承事郎常谦、太医常惟一墓志考释：一个元代医学世家的家族史与人际网络》、山根直生《试论宋代士人之前的形态—以五代洛阳张全义一党为例—》、许雅惠《宋代士人的文化实践——以陕西蓝田吕氏家族为主的考察》、饭山知保 Legitimating Ancestry：Transition of Ancestral Narratives and Genealogy Compilation in North China beyond the Yuan-Ming Transition、胡劲茵《范镇、司马光"乐中公案"探析》、黎晟《经籍、图谱与想像—宋人三代"图像的一般知识"的获得、传播与重构》、吴雅婷《十一至十四世纪谱谱录所见的阅读史》、廖咸惠《知识的分类与界定：宋代士人与小道之学》、易素梅《宋代的士人与医方》、Hilde De Weerdt Continuities between Scribal and Print Publishing in Twelfth-Century Song China— The Case of Wang Mingqing's Serialized Notebooks、刘静贞《吕祖谦和他的友人》、平田茂树《南宋士大夫的人际网络与交流——以魏了翁"靖州居住"时期为线索》、曹家齐《宋代士人的私人通信与游访——立足于相关制度与社会背景之考察》、刘晨《私藏与共用—苏门题跋研究》、陈韵如《题跋文化与画史建构：十二到十四世纪的宋徽宗形象》、近藤一成《宋元交替与文天祥问题概要》。发表人与评论人有来自中国大陆、美国、日本、荷兰、新加坡等地，宋史专家齐聚一堂。

第一场发表会，由左至右：苗书梅、邓小南、王德毅、曹家齐、蒋义斌、包伟民、何忠礼、王吉林等八位教授

同年 10 月 16 至 17 日，在嘉义大学举办"第四届宋代学术国际研讨会"。该研讨会由该校中国文学系创办，2005 年举办首届大会。2008 年第二届，2011 年第三届，2015 年迈入第四届。八场廿五篇论文之中，性质偏向国学、文学、思想方面，兹摘要介绍如下：吴盈静《欧阳修〈归田录〉研究——叙事治疗观点下的考察》、林维杰《程明道的经典诠释与人物想像》、陈政扬《〈张子正蒙注〉五行观论析》、郑相峰《宋代圣人观的形成与其意义》、戴扬本《关于宋代"德"的观念的演变》、刘锦贤《朱子批象山为告子之衡定》、林素芬《继天立极：朱熹帝王学的"精微"面向》、杨宇勋《晚宋高斯得对本朝的历史观》、阎雪莹《"程婴存赵真公志，赖有忠良壮此行"——文天祥颂赞家铉翁诗研究》庄千慧《从"肥且完本"到"禅宗勘辨"——论宋代〈定武兰亭〉之鉴赏观》……诸篇论文。是会来自内地的学者有 5 位，中国香港、日本、韩国各有 1 位，中国台湾参与会议学者（主持或宣读人）计有 22 位。

第四篇

书评·新书序跋·书讯

书　评

点校本《宋会要辑稿》述评

王瑞来

一　命运多舛：从会要到辑稿

重视历史，从历史中汲取经验教训，是中国人自古以来的传统。殷有贞人，周置太史。晋之乘，楚之梼杌，鲁之春秋，"其文则史"。《太史公书》出，纪传体立。二十四史，绵延至今。正史之外，更有别裁。伴随着历史的脚步，"华夏民族之文化，历数千载之演进，造极于赵宋之世"。在士大夫政治格局之下，以文教立国，尤重史籍。其于本朝之史，体裁纷繁。有起居注、时政记，有日历、实录、国史，复有会要之修。

其中，自唐代的会要之体史籍，极为朝廷所重。宋高宗即云："会要乃祖宗故事之统辖，不可缺。"前朝所行之事，均为广义之祖宗法，皆为决策之参考。可见宋人重史，不惟用于观往知来，更为资治通鉴。诸多本朝史之中，何以偏重会要？宋人程俱在《麟台故事》卷一《官职》记载修纂《政和会要》时道出了原委："朝廷每有讨论，不下国史院而下会要所者，盖以事各类从，每一事则自建隆元年以来至当时，因革利害源流皆在，不如国史之散漫简约，难见首尾也。"由此可知，尽管也本于日历、实录、国史所修，但会要这种体裁形式，犹如史籍中的类书，分门别类，编年排列，典制行事因革，开卷了然。作为政策参考，较其他种类的史籍更为便捷。

由于这个缘故，宋朝也相当重视会要的修纂，从北宋至南宋期，会要之修，凡十一次之多。不过，会要由于属于关涉朝政的机密文件，在印刷术普遍应用的宋代，却只将编竣之会要缮写三部，严禁刊刻流传。《宋会要辑稿》刑法二之三八就记载有如此规定："本朝会要、实录不得雕印，违者徒二年，告者赏缗钱十万。"因此，历朝编修的会要，只有南宋后期理宗端平三年（1236）由史家李心传整理成书的《国朝会要总类》588 卷在四川雕版刊行。

唯一刊刻的这部会要，估计印数很少，因此流传亦稀。明正德六年（1441）成书的《文渊阁书目》著录："《宋会要》一部，二百三册，缺。"然而这部残缺的《宋会要》，在万历年间编撰的《新定内阁藏书目录》中已不见著录，说明已经亡佚。所幸明初编纂的《永乐大典》这部号称世界上最早的百科全书，大量引录了明廷收藏的这部《宋会要》，才使清人徐松得以借受命编集《全唐文》之机，将散见于《永乐大典》的《宋会要》辑出。不过，徐松辑录的嘉庆年间，《永乐大典》已非全帙，其所辑录，亦非全部。

《永乐大典》的体例由于是"用韵以统字，用字以系事"，所录《宋会要》已非分门别类之原貌。因此，徐松根据宋人王应麟《玉海》所载《庆历国朝会要》的类目，将所辑内容编入各个门类，并做了初步的文字校订。此后，这部辑稿几经辗转，命运多舛，先后由广雅书局的屠寄、嘉业堂的刘富曾和北平图书馆的叶渭清整理校勘，最后由哈佛燕京学社资助，在陈垣先生的主持下，定名《宋会要稿》影印，于1935年以线装200册行世。1957年，中华书局以四合一版缩印，精装八册，易名《宋会要辑稿》发行。嗣后，台湾世界书局、新文丰出版公司又据以影印。而中华书局应研究之需，又数次印行。

二 整理路漫漫：海内外的努力

几十年间，研究者使用的，便是这部《宋会要辑稿》。称之为"稿"，洵非谦辞。其中手写误植、脱缺倒衍、篇次错乱比比皆是。然而舍此无他，对这部堪称宋代史料渊薮的《宋会要辑稿》，研究者只能在忍耐中辨别使用，其中因错讹而误导之事亦所在多有。为了便于使用，海内外学者围绕着这部辑出的《宋会要》稿，进行了许多研究，并编制有不少索引、目录。先于影印本问世的，有汤中出版于1932年的《宋会要研究》。20世纪50年代有法国学者巴拉兹（Balazs）等编制的《宋会要目次》。70年代有以日本学者青山定雄为首的东洋文库宋代史研究委员会编制的《宋会要研究备要》，80年代有台湾大学王德毅教授编制的《宋会要辑稿人名索引》，以及东洋文库编制的食货门系列索引，包括有人名·书名篇、职官篇、地名篇、年月日·诏敕篇等。笔者在20世纪90年代赴日之后，还参与过索引编制的作业。在20世纪90年代，则有日本京都大学梅原郁教授主编的《宋会要辑稿编年索引》。对于《宋会要辑稿》进行系统研究并编制细目的，则是河南大学王云海教授，撰有《宋会要辑稿研究》和《宋会要辑稿考校》两部专著。而陈垣之孙陈智超先生还利用北图所藏被视为弃稿的部分《宋会要》稿，编就一部《宋会要辑稿补编》，并撰有《解开宋会要之谜》。上述这些研究著作与工具书，为研究者提供了极大的帮助，让错讹纷纷的《宋会要辑稿》用起来已经比较方便了。

不过，就像点校整理的"二十四史"一样，学界一直期盼着《宋会要辑稿》也能有整理标点本。其实，整理《宋会要辑稿》的责任感，像一块巨石，一直压在老一代宋史研究者的心头。在20世纪80年代中期，以王云海先生为首，国内主要的宋史研究者就酝酿整理《宋会要辑稿》，在人员构成上进行了组织，甚至都印出了整理方案和样稿。进入21世纪，整理一事又一次被提上日程，不过都因种种原因未能展开。其中的一个技术原因则是，整理者分散于各地，不便于集中操作。

大规模的整理未能展开，但分类的个别整理还是取得了一定的成果。比如在王云海先生指导下，苗书梅等整理的《宋会要辑稿·崇儒》，以及郭声波整理的《宋会要辑稿·蕃夷道释》、马泓波整理的《宋会要辑稿·刑法》。这些《宋会要辑稿》的部分整理出版，既为研究者提供了使用方便，也为全面整理《宋会要辑稿》提供了经验。

三 集体攻坚：点校本问世

在既有的研究积累之上，四川大学古籍整理研究所在完成360册宋代文章集成的《全宋文》这样大型古籍整理项目之后，再贾余勇，开始着手整理《宋会要辑稿》。早有耳闻，最早川大古籍所是与美国哈佛大学、台湾"中研院"历史语言研究所合作，初步整理出了《宋会要辑稿》以及《宋会要辑稿补编》。这一整理稿作为电子版挂在台湾"汉籍电子文献"网上，一直有条件地公开在一定的范围之内。日本东洋文库由于与台湾的学术机构签订有协议，可以利用台湾的"汉籍电子文献"全部典籍，所以，笔者所参与的东洋文库《宋会要辑稿·刑法》的研究班，在进行译注作业时，一直都在使用这一电子版，受之嘉惠已有数年之久。尽管据川大古籍所的朋友说，电子版只是一次粗加工，不过，在几年来的使用中，并未发现特别明显的重大失误。

在电子版的基础上，川大古籍所的研究人员再接再厉，在所长舒大刚、副所长尹波两教授作为项目负责人的统筹组织之下，由刁忠民教授初审、刘琳教授终审，将《宋会要辑稿》以焕然一新的面貌奉献在学者面前。《宋会要稿》经过徐松组织辑出，又经过几次整理，业已《宋会要辑稿》的形式固化，成为一部定型的典籍。因此，川大古籍所的整理，并没有试图超越辑稿，复原会要，而是就《宋会要辑稿》本身加以整理，处理存在的问题。这一整理方针无疑是正确而切合实际的。尽管如此，点校本也使《宋会要辑稿》发生了脱胎换骨般的巨大变化。据统计，校勘记达三万三千多条，而正文中用括号直接改、删、补、乙亦达两万多处，并且字号分条和行款设计都做了精心设计，颇具匠心。除了日常时时使用电子版《宋会要辑稿》，由于某种机缘，尹波教授根据《宋会要辑稿》整理实践所撰写的研究论文，在公开发表之前，也曾拜读过两篇。窥一斑而见全豹，川大古籍所研究人员的用心之专，用力之勤，用功之深，业已目睹实感。

四　管窥见全豹：古籍整理有创新

《宋会要辑稿》新整理本甫一入手，作为利器，便立刻投入于研究之中，从而实际体验了新整理本校勘之精湛。近日，在笔者参加的东洋文库宋会要刑法研究会上，讨论了《宋会要辑稿·刑法》二之一一三的如下一条记载：

> （绍兴）三十年七月二十日，知太平州周葵言，乞禁师公劝人食素。刑部看详：吃菜事魔，皆有断罪、告赏，前后详备。准绍兴六年六月八日，系结集立愿、断绝饮酒。今来所申为师公劝人食素，未有夜聚晓散之事。除为首师公立愿断酒依上条断罪追赏外，欲今后若有似此违犯，同时捕获之人，将为首人从徒二年断罪，邻州编管，仍许人告，赏钱三百贯。其被劝诱为从之人，并从杖一百。如徒中自告，免罪追赏。

这条记载中的"准绍兴六年六月八日"一句，于义不通，殊为难解。检河南大学出版社于2011年出版的马泓波《宋会要辑稿·刑法》整理本，此处一如影印本之旧，未出校语，再检电子版《宋会要辑稿》，亦无校勘记。然而当翻检新整理本《宋会要辑稿》，发现在"准绍兴六年六月八日"一句之下，补入一"诏"字。有了这个"诏"字，全句便豁然可解了，成为"根据绍兴六年六月八日的诏书"之意。整理者并非直逞胸臆，无据妄补。在此句之下记有校记号码，循此号码，在本页之旁看到了赫然印着的一条简洁的校勘记：

> 诏：原脱，按上文有六年六月八日诏据补。

按图索骥，根据校勘记的指引，果然在距此条不远处的《宋会要辑稿·刑法》二之一一一内看到了这样一条记载：

（绍兴）六年六月八日，诏结集立愿、断绝饮酒，为首人徒二年，邻州编管，从者减二等。并许人告，赏钱三百贯。巡尉、厢耆、巡察人并邻保失觉察，杖一百。

众所周知，徐松从《永乐大典》中录出的《宋会要》，是一部抄本，并且是没有他本可资校勘的抄本。因此，校勘古籍时所常用的版本校对于《宋会要辑稿》的校勘来说，毫无用武之地。那么，整理者又是如何校勘《宋会要辑稿》的呢？从这条校勘记我们可以稍见崖略。整理者是通过本书内容的互证来施以校勘的。以本书校本书，在校勘学上称为本校。看来，在版本校无计可施的情况下，《宋会要辑稿》的整理者大量运用的是本校。评价其大量运用，亦非妄誉。上述援引的《宪会要辑稿刑法》二之一——一中的"诏结集立愿"，影印本记作"诏结集五愿"。这个"五"字的讹误，整理者又据上引《宋会要辑稿刑法》二之一一三的记载出校加以了校正。大量运用本校，尽管这是由《宋会要辑稿》这部文献的特殊状况决定的，但也看出了整理者对校雠之业的精通与纯熟，根据文献的具体情况使用了正确的校勘方法。

观察点校本《宋会要辑稿》的校勘记，可以发现，整理者根据《宋会要辑稿》一书的具体情况，除了进行了大量的以本书校本书的本校之外，对一般校勘通例也有较大的突破。作为校勘原则，无版本根据不改动原文。如果拘泥于这一原则，对于只有一种抄本存世的《宋会要辑稿》，整理者便会无力可施，就会眼睁睁地看着不可卒读的大量讹误在文本存在。在无法进行版本校的情况下，整理者大量运用了他校，即使用与内容相关的文献来校勘纠正《宋会要辑稿》本文的讹误。看似犯了校勘大忌的他校改字，之于《宋会要辑稿》的特殊状况则是行之有效的。

归纳点校本《宋会要辑稿》的他校改字，可以分为两种情形。

一种是以引书改文本。根据前述《宋会要辑稿》前生今世的整理史，从徐松到屠寄、刘承干，对这部《宋会要》稿本做了许多工作。其中之一就是寻觅文献出处。这些寻觅到的出处，许多都注明于稿本之中。这种注明的出处便为后来的整理者提供了宝贵的线索。根据这些线索，按图索骥，找到现存相关文献，便可据以校勘《宋会要》相关部分的文本。笔者在20世纪80年代曾写过两篇短文，一是《略谈他校的取材》（《古籍整理出版情况简报》1988年第187期），一是《略谈古籍引文的校勘》（《古籍整理出版情况简报》1989年第207期），皆为以引书校勘文本之论。在笔者看来，使用原书校勘古籍中的引文，应当属于是一种广义的版本校。《宋会要辑稿》的整理者就充分利用了前人注明的出处，以现存原书校勘了《宋会要》相关部分的文本。比如，《宋会要辑稿·礼》四在"中兴礼书"之下，整理者施以一条按语："按，自此至《礼》四之一七均为《中兴礼书》之文。"这条按语，无疑是在前人所注"中兴礼书"线索的指引下，核对现存《中兴礼书》原文所得出的结论。在做了认真核对的基础上，整理者对这部分《宋会要辑稿》文本就主要运用《中兴礼书》进行了校勘。如《礼》四之一对"（绍兴二十七年）七月二十二日，礼部、太常寺言：勘会八月九日秋分夕月"一句，出了这样一条校勘记："会：原作'合'，据《中兴礼书》卷一二五改。"《宋会要辑稿》源出清人辑抄。清人在抄录时，不仅存在形近音近而讹的笔误，还存在有意无意地以当时熟知之语词改动原文的问题。这条把宋代公文常用作审议核查之意的"勘会"改为明清时代常用的"勘合"，恐怕就不仅仅是出于形近而误。在明代，明朝政府与日本就有着有名的勘合贸易。如果没有《中兴礼书》做根据，像这类问题，就是明知其误也难以改易。而当确认这部分文本文字就是出自《中兴礼书》之后，便可以大胆且理直气壮地加以改正文本了。无中生有，于无有处觅版本，《宋会要辑稿》的整理者可谓运用之妙。而运用之妙，存乎一心，则在于校勘功力之精深。

一种是据史籍正讹误。《宋会要辑稿》的整理者从以引书改文本又向前迈了一部。《宋会要》原本为宋朝典章制度的汇编以及施行过程的记录。同样的汇编与记录，存世的宋元时代的代史籍、政书、类书等文献亦间见记载。虽说非出同书，然所记之制、所述之事则同一。因此，亦足可取为校勘之资。在无法施以版本校的情况下，《宋会要辑稿》的整理者利用了大量相关文献进行了他校。史籍如李焘的《续资治通鉴长编》和《宋史》，政书如马端临的《文献通考》、类书如王应麟的《玉海》、高承的《事物纪原》等。几乎现存相关文献皆为整理者所驱使。不据他书改字的校勘原则，原本是出于对文本原貌的保护。如果不据他书改字，文本便扞格难通，那么在写出校勘记的前提下，笔者觉得还是可以据以改动文本正文的。《宋会要辑稿》的整理者便是如此处理的。这便使一部原本错讹严重的稿本变得清晰顺畅了，因此也极大地方便了研究者。原本错讹的费解之处，不再让研究者在那里费时了。

在几年前完成的电子版时尚无校正，到了几年后的纸本《宋会要辑稿》，就有了校正和校勘记，从这一变化中，看出同一整理者对同一部文献整理的精益求精，也看出了新整理本《宋会要辑稿》在质量上的飞跃。一斑见豹，滴水映日。笔者的亲身体验，更是印证了新整理本《宋会要辑稿》在校勘上的精湛。

《宋会要辑稿》不同于普通典籍，治宋史者，如果不是专攻制度史，也未见得能够全都读懂。研究宋史，《宋会要辑稿》是不可或离的必备之书。从笔者 1984 年发表《〈宋会要辑稿〉证误——〈职官〉七十八宰辅罢免之部》到 2015 年，已经整整 30 年了。对《宋会要辑稿》错讹之多，阅读之难，也体验了 30 多年。对宋代文史典籍，尽管川大古籍所的研究人员有着丰富的整理经验，但面对这样一部极为专门的典章制度之籍，他们所经历的困难可想而知。不过，群策群力，他们啃下了这块让一般研究者都退避三舍的硬骨头。

五　期待修订：更臻完善

前修未密，后出转精。点校本《宋会要辑稿》肯定存在有一定的失误，在今后的使用中会被陆续发现。

在最近的宋会要刑法研究会上，我们作《刑法》二之一三七的译注时，便发现有一处不妥，或为失校。该条云：

（嘉定）六年四月二十六日，右谏议大夫郑昭先言："张官置吏，各有司存。狱有重囚，差官审覆，委之倅贰。令倅或辞避不行，至委幕职代之，随司吏胥不受约束，不过具成案涉笔纸尾而已，冤枉何自而伸？县阙正宰，权摄当属邑佐，今县官不差，至委郡僚或外官兼摄，擅作威福，非理扰民，民力安得不困？苗税自有省限，固当责之令佐，今乃差官交纳，或差州吏下县，已纳再输，已放复催，监系鞭笞，残虐如此。酒税自有定额，监官皆系正员，今乃欲应人情，酒务则差官提督，税场则别委拘收，规图添给，且利赢余，紊乱如此。乞明示中外，自今仍前违戾，外则委监司觉察，内则许台谏风闻，重置典宪。"从之。

在这段记载中，"狱有重囚，差官审覆，委之倅贰。令倅或辞避不行"两句，意有不属。上句中"倅贰"，系指州之副长官通判，而下句之"令倅"则颇费解。因为州无令长，县无倅名。检河南大学出版社出版之马泓波《宋会要辑稿·刑法》点校本，此处两句连读为"委之倅贰令倅"，亦含混不清。颇疑"令倅"之"令"乃"今"字之形近而误。这两句是讲州府的重要囚犯委托通判审核，现在通判却避事，又推给下属来做。改"令"为"今"，前后文便豁然开朗。并且，作"今"字在本篇郑昭先的奏疏中也能找到旁证。下文讲到权摄县宰存在的弊病时，就说"今县官不差"，明确用了"今"字。以同篇文字为本校，点校本似当出校。

对于上千万字的大型古籍，能够整理出版，便是功德无量，虽有瑕疵即，亦为正常，无须苛责。然而，爱之欲其美。希望整理者在广泛搜集学界意见的基础上，加以不断修订完善。除此之外，作为一点建议，今后，《宋会要辑稿》点校本还应当在海内外既有的研究基础上，编制诸如人名、地名、编年等各种配套索引，使死书变活。有些索引的功能，即使在拥有电子数据库的今天，也还是无法替代。

尽管存有瑕疵，依然不失为一块巍巍丰碑。用一个不大恰当的类比，对于专业研究人员来说，《宋会要辑稿》点校本的问世，其意义甚至大于《宋史》点校本的出现。《宋会要辑稿》点校本会为研究者扫除不少阅读障碍，会使宋代文史研究提升到一个新的高度。从此，几代研究者将受惠于这部《宋会要辑稿》点校本。享受美味佳肴，我们感谢厨师。应当感谢的，还有上海古籍出版社在出版市场化的今天，出版这样大型的专业书籍，也需要一定的胆识与魄力。整理者与出版者，对学术文化的贡献，自当风物长宜放眼量。

《宋会要辑稿》点校本的问世，让笔者还产生一点其他感想。三十年来，伴随着研究课题，笔者也整理出版过一些宋代史籍，但都规模较小。古籍整理，有些项目非一己之力能够胜任，游击队打不了大战役，一定要依靠集体的力量，才能完成像《宋会要辑稿》这样有难度、有规模的大项目。从《全宋文》的编纂到《宋会要辑稿》的整理，川大古籍所提示了一条古籍整理的成功路径。

仿佛是冥冥之中的命运安排，《宋会要》的最后一次编纂和唯一一次刊刻是在宋代四川，而将近800年后，《宋会要辑稿》的整理出版又是出自四川学者之手。蜀学有传统，更有活力，代有传人，生生不息。宋代典籍整理重镇在四川，在巴山蜀水间。

（原载《史林》2015年第4期）

追迹金榜题名人

——龚延明教授主编《宋代登科总录》评介[*]

王瑞来

始于隋，显于唐，盛于宋，历元入明清，一直走到 20 世纪初叶的 1905 年，科举这一传统社会的公务员考试，支撑了一千多年的政治运作，提升了全社会的文化，从中华到域外，产生了广泛影响。

千年科举，产生了几十万人登科者。当年，从政治金字塔顶端，到州县行政末梢，这些士人活跃的身影随处可见。在传统社会，社会发展由拥有知识的士人引领，这一点毋庸置疑。隋唐以降，科举登科的士人便是其中的精英。研究中国的历史与文化发展，这些人当是首要的研究对象。

"金榜题名时"，在过去被称为人生的几大喜之一。然而，金榜题名后，并非所有的登科者都会风光无限、钟鸣鼎食，进入正史列传的，只是其中的极少数人，多数登科者滞留在官场底层，默默地走完了仕途。犹如今天的同学录，从唐代的登科记到宋代的同年小录，当年有许多记录登科者的资料，不过也大多都伴随着岁月流逝而散佚失传，使得多数人的事迹湮没而无闻了。"江山代有才人出"，支撑了一个个时代辉煌的精英，身与名俱灭。不过，他们所创造的文化却传留至今。所以，历史不应遗忘他们。

然而，文献无征，研究这些大大小小的人物是何等的困难。对于当年在各个领域、不同层面发挥过重要作用的登科者，以前，研究者只能从浩如烟海的文献中进行手工个别搜检爬梳史料，效率很低，研究的广度和深度均有局限，从而研究质量也难有保证。比如，撰写过著名文史笔记《鹤林玉露》的作者南宋人罗大经，清代编纂《四库提要》的馆臣就叹为"事迹无考"。进士及第后一生都滞留在官场底层的罗大经，30 多年前，笔者在整理这部笔记时，十分吃力地检寻文献，才考证清楚他的基本生平事迹，30 多年后，方根据各种电子版文献数据库，又进一步做了订误和补充考证。可见对文献难征的小人物，考证是何等的困难。然而，历史长河的流逝不仅有惊涛巨浪，还有细波微澜。小人物便是同样构成历史的细波微澜，研究历史难以回避。不过，研究起来，难度极大。

令人欣喜不已的是，以龚延明教授为首的研究团队寒暑二十载，搜检隋唐迄至明清的几乎全部现存古籍、碑志谱录编纂而成的《中国历代登科总录》，为搜检到的约计 12 万 1300 年间科举考试录取的登科士人撰写了小传，洋洋大观，汇集了迄今国内外规模最多的中国古代人物的传记资料。

---

[*] 本文曾以《宋代科举人物的渊薮：评〈宋代登科总录〉》为题，节录刊于《中华读书报》2015 年 11 月 25 日。此处收录乃为该文作者提供原文，以期全面完整。

现在，摆在案头的皇皇 14 巨册《宋代登科总录》，就是先行面世的这一浩大工程的硕果。

早在 20 世纪 80 年代，以治唐代文学而蜚声学界的傅璇琮先生，曾在《唐代科举与文学》中提到："如果效徐松之书的体例，编撰一部《宋登科记考》，材料一定会更丰富。但搜辑和排比的工夫一定会更繁重。"我想在清代徐松创为《唐登科记考》之后，可能不止一个学者萌发过编撰《宋登科记考》的念头。尝试下来，都在繁重的工程量面前望而却步了。然而，傅璇琮先生的这个创意，通过龚延明教授和他的助手祖慧教授等学者的努力，终于变为现实。

编撰《宋代登科总录》，要翻检几乎全部的现存宋代文献和大部分元明清迄至民国的大部分文献，还要查阅几乎是全部的地方志。这样的工程量绝非一个人，甚至是少数人的作业所能承受和完成的。《宋代登科总录》的编竣，实在是犹如奇迹一般。近千万字的鸿篇巨制，让两宋 11 万多进士及第者中 4 万余人的事迹，尽管详略不等，却赫然在册。

这部《宋代登科总录》绝对是专家的专业化操作，体例严谨，各登科人之下，皆旁征博引，详列该人相关之传记资料，不仅使所列登科人确出该榜信实有征，同时又宛若以登科人为线索的宋代人物大型传记资料汇编，极有裨益于知人论世的历史研究。有了这部《宋代登科总录》，研究地域社会文化的盛衰和人才的消长，研究宋代政治史、社会史中的同年现象，便有了基本的数据，获得了极大的便利。

编纂者并且充分考虑到研究者的使用，以年代为顺序基础上，在各榜各科的排列之内除榜首前几名之外，其他无论人数多寡，均以姓氏笔画排列。全书并编制有人名笔画索引，颇便检索。

《宋代登科总录》之所以先于《中国历代登科总录》的其他时代卷问世，是因为已经有了良好的资料基础。早在 2009 年，作为宋代科举研究的长期积累，龚延明教授的《宋登科记考》曾由江苏教育出版社出版，仿照清人徐松《唐登科记考》的两册皇皇大著，甫一问世，即获学界赞誉。时过不到五年，《宋代登科总录》又亮丽登场。那么，这部《宋代登科总录》与以前出版的《宋登科记考》区别在于何处呢？换句话说，有无只是"新翻杨柳枝"，炒冷饭之嫌呢？对比手头的《宋登科记考》，便可以发现，二者有着极大的不同。据笔者观察，主要区别有以下几点。

第一，对登科人数量的增补。搜集两宋三百年登科人名，其实是在浩瀚的文献大海中捞针。清人编纂《全唐文》《全唐诗》，今人编纂《全宋文》《全宋诗》，已属规模宏大的文化工程，均系动员大量学者编就。然而，这样集众人之力的"全"之作，迄今为止，仍然不断有学者在做补辑工作。可见网眼再小，亦会有漏网之鱼。殚精竭虑，虽有一定遗漏，亦不可苛责。辑佚补遗，是令人起敬的辛苦劳作。提供了一个大体完整的基础，已经成就了一件无量之功德。没有这个基础，后来的辑补无从谈起，而研究者则更要依靠各自的手工操作来爬梳于浩瀚的文献之间，搜取研究资料。无论研究，还是辑佚，都是前修未密，后出转精。这是学术的传承与接力。

可贵的是，从《宋登科记考》到《宋代登科总录》，编撰和增补，前修后出由一人，都是由龚延明教授带着他的助手来完成的。对比之下，后者比前者在人数上增加了不少。这种对学术事业的谦逊、虔诚、敬业和执着，令人由衷敬佩。在学术界也难免浮躁的当今，龚延明教授的潜沉宁静与锲而不舍值得所有学者学习。

第二，对登科人资料的增补。无论《宋登科记考》，还是《宋代登科总录》，对收录的登科人都是无一人无来处，皆有资料依据。唯其如此，作为专业工具书才可信可用。不过，《宋登科记考》或许是出于篇幅的考虑，对收录的登科人仅注明资料出处。尽管这样的处理方式已经给了利用者按图索骥的线索，但毕竟骥尚需索，要根据注明的资料出处来查该书。不是所有人都拥有丰富的藏书，不是所有人都有条件、有时间能每天往来于图书馆，因此，对于仅有资料出处的工具书，研究者往往是望书兴叹。

然而《宋代登科总录》则在每个登科人之下，不仅注出资料出处，还节录有与该登科人相关的各种主要资料。这样的方式，尽管使书的篇幅大幅增加，但无疑是极有必要的。因为对有宋一代全部登科人资料的收集，如前所述，需要普查几乎是现有的宋代以及宋代以后的所有文献典籍，从方志到史籍，从文集到笔记，从碑刻到谱录，皆不能漏过。龚延明教授和他的助手，以个人之力，以顽强的毅力，进行了这样令人感动的艰苦作业。这一作业，从《宋登科记考》收录的登科人数和注出的资料出处略可窥见一斑，可以想象到作业之劳苦。就是说《宋登科记考》只是给研究者搭建了通往所需资料的桥梁，没有提供桥那边的风景。

而《宋代登科总录》对每个登科人则是既注有资料出处，又节引有各种主要相关资料，把桥梁和风景一并馈送给了研究者，这就为研究者带来极大的便利，减省了按图索骥的查检工夫。这样的做法，等于是为有宋一代所有在录的登科人建立了一座档案馆，研究者可以从这座档案馆中直接调取有关资料。特别是有些仅见于某部稀见文献的资料，由于编纂者普查才得以发现，具录于该人名下，对于研究者来说，尤为宝贵。因为这是研究者难以发现和索求的资料。相关资料全录，也可以说是龚延明教授和他的助手对学界毫无保留地无私奉献。

由此联想到，学术界的各个领域，无论个人还是集体，都编纂有很多大小不等的专业工具书，在编纂之时，无疑也有资料普查或汇集的过程。但这一过程到了工具书问世之时，便烟消云散，提供给利用者的，只是结果。其实，普查时搜集到的资料非常宝贵。这是只有编纂者才有机会全面而集中地收集到的资料。在工具书成书时将资料舍弃不录，十分可惜。迄今为止，囿于工具书的编纂体例或篇幅，几乎都不录资料。对此，自然不能苛责编纂者和出版者。

对于专业工具书，研究者不敢有过多的奢求，能注出资料来源，便已感激不尽，倘能像《宋代登科总录》这样全录资料，则会喜出望外。《宋代登科总录》的编纂方式，较之循蹈通常工具书编纂方式的《宋登科记考》更上层楼。如果探寻《宋代登科总录》内容以外的价值，毫无疑问，全录资料的编纂方式，会给专业工具书的编纂带来有益的启示。

第三，对内容的修订增补。从《宋登科记考》到《宋代登科总录》的变化，龚延明教授和他的助手并不是将过去注有资料出处之处仅仅补充全录了资料，而是对包括登科人名小传进行了全面而准确的修订和增补。这里仅举一例。卷三·北宋真宗（赵恒）朝·大中祥符八年乙卯（1015）蔡齐榜对该榜进士范仲淹的著录，《宋登科记考》记如下文：

【范仲淹】字希文，苏州吴县人。大中祥符八年登进士第。历仕枢密副使，参知政事。终资政殿学士、知颍州。卒谥文正。（页98）

《宋代登科总录》则如下记：

> 【范仲淹】字希文，苏州吴县人。以"朱说"名登大中祥符八年进士第。初授广德军司理参军。历仕枢密副使、参知政事。终资政殿学士、知颍州。卒谥文正。

改动看似不大，但相形之下，颇见后者之准确缜密。笔者写过一篇文章，题为《"范仲淹"问世》（《文史知识》2012 年第 6 期），考证范仲淹到了 40 岁的天圣六年（1028），才归宗更名，成为日后名满天下的范仲淹，而在天圣六年以前一直使用的是其母携其改嫁后继父为其起的"朱说"之名。上引《宋登科记考》径直记作"范仲淹"，不提及"朱说"之名，就有一定的问题。因为那时世上还没有"范仲淹"这个名字。而《宋代登科总录》修改为"以'朱说'名登大中祥符八年进士第"，则非常准确。此外，从这条记载看，《宋登科记考》在记仕履上，径直为"历仕枢密副使，参知政事。终资政殿学士、知颍州"。而《宋代登科总录》则有了变化，记载了范仲淹的初仕"初授广德军司理参军"。作为登科录，记载登科后的初授是必要的。因此，在有资料可稽的情况下，应当如是记载。对比两条记载，发现在标点符号的使用上，也有了细微的变化。如在叙官历上，原来"历仕枢密副使"与"参知政事"之间用了逗号，《宋代登科总录》则改用了顿号。不管是出于编纂者还是编辑者的改动，总之是订正得更为准确。

第四，体例变更与价值提升。《宋登科记考》是仿照清人徐松《唐登科记考》，并参照了现存数科宋人登科录的体例而作。这样的体例有一个目标指向，就是力图恢复昔日登科录的原貌。因此，于各科之前，详细列述试题以及考试过程。然而《宋代登科总录》的目标指向则不同，重在登科人的资料汇集。目标指向的不同带来体例的变化，《宋代登科总录》删除了《宋登科记考》列述试题以及考试过程的部分。因为这部分内容对于研究科举本身具有一定的价值，跟登科总录收录登科人的传记资料则没有必然的联系，所以其删亦宜。

不过，《宋代登科总录》却增加了原来《宋登科记考》所无的内容。这就是在每朝之前加入了对该朝科举的详细数据统计。数据归纳，分部为三。一为科举试。这是对常科中文科和武科的次数统计，以及对非常科中词科、童子科和上舍释褐等次数的统计。二为历科登科人数，列述该朝历科正常开科的登科人数，并附录词科、童子科、上舍释褐等特赐第等登科人数。三为该朝总体登科人数统计，包括进士、特奏名、武进士、词科、上舍释褐、童子科、特赐第等。

加入了这部分内容，读者首先便会对该朝科举登科状况有一个总体概观的认识。这便使《宋代登科总录》在考察不同时期的文化趋势方面，为读者归纳了宏观的数据，使本书在传记资料之上，有了更为广泛意义上的价值提升。这可以视为对传统登科记在体例上的突破与创新。

第五，新史料利用。《宋登科记考》出版几年来，又陆续有新的文献史料出版面世。编纂者亦不断留意和追踪最新学术信息，及时将相关史料采录到《宋代登科总录》之中。比如"卷十一南宋孝宗朝隆兴元年癸未（1163）的【王逨】条"，就利用了上海古籍出版社于 2012 年出版的章国庆编《宁波历代碑碣墓志汇编》收录的《宋故朝奉郎守国子监司业致仕王公墓志铭》，补入了重要的史料。而"卷十一·南宋孝宗朝·淳熙八年辛丑（1181）【潘叔豹】条"，更是利用了浙江古籍出版社 2013 年刚刚出版的郑嘉励、梁晓华编《丽水宋元墓志集录》，补入《潘郁圹志》的史料。

第六，字体变更。《宋登科记考》以繁体字排印，《宋代登科总录》则以简体字排印。

作为历史与古典文学领域的专业资料工具书，以繁体字排印自无非议的余地，而改由简体字排印，无疑会扩大读者层，方便非历史与古典文学领域读者的利用。学术普及，走出象牙塔，具有很大的社会意义。不管字体变更是出于编纂者的考虑，还是出版者的建议，对于这样一部以千万字计的大书来说，一个微小的变更，都是牵一发而动全身。由繁改简，所有按笔画排列的登科人名顺序都要变更，这是一个作业量巨大却费力而不讨好的劳动，但却并不是做无用功，很有意义。

在科技进步的今天，电子版的出现，使皓首穷经与博闻强记都交给了电脑，资料性考证将不再是高深的学问。不过，像《宋代登科总录》这样初始的资料搜集和考证作业，却先要有人辛辛苦苦去做，然后才会有图像版或可以检索的电子版。为此，笔者对编纂者这样初始的手工劳动抱有深深的敬意。《宋代登科总录》为宋代文史研究搭建起一块坚实的平台，相信所有研究者都会都对编纂者和出版者报以极大的感谢。

《中国历代登科总录》既犹如一个为众多古人建立的档案库，又犹如一座矗立的巍巍丰碑。档案库为文史研究提供了极大的便利，而丰碑则展示传统中国的灿烂文明，同时也铭刻着以龚延明教授为首的研究团队的辛劳与丰功。并且还述说着广西师范大学出版社的远见、魄力和文化贡献。使用档案库，仰望丰碑，令人心存感激，当须顶礼膜拜。

断代科举史研究的基石　中古史研究的宝库

——《宋代登科总录》读后[*]

潘　晟

学界对宋代科举的研究成绩斐然，通论性著述之外，仅专题研究重要的就有何忠礼《宋史选举志补正》（浙江古籍出版社 1992 年版）、金中枢《北宋科举研究》（载台湾《宋史研究集》第 11—18 集）、韩明士（Robert P. Hymes）《政治家与士大夫：两宋江西抚州的精英》（Cambridge University Press，1986）、贾志扬（J. W. Chaffee）《宋代科举》（台湾东大图书公司 1995 年版）、荒木敏一《宋代科举研究论集》（日本东洋文库 1969 年版）、中岛敏等《宋史选举志译注》（日本东洋文库 1991、1995、1999 年版）、李弘祺（W. C. Lee）《宋代官学教育与科举》（台湾联经出版公司 1994 年版）、何忠礼《南宋科举制度史》（人民出版社 2009 年版）、祝尚书《宋代科举与文学总论》（大象出版社 2006 年版）等。但是在对宋代科举研究繁荣的背后，也不得不面对一个事实，即缺乏权威可靠的宋代各科登科人的工具书。这种情况，随着 2009 年龚延明、祖慧编撰的《宋登科记考》（大 16 开上下两厚册，后文简称《考》）的出版得到改变[②]，而 2014 年龚延明、祖慧主编的《宋代登科总录》（大 16 开 14 厚册，后文简称《总录》）的出版，则进一步完善了宋代登科人基本数据库[③]，从而为宋代科举研究提供了目前最为完备、可靠、权威的宋代登科人资料总录。

从《考》的缘起，到《总录》出版，编著者们二十年如一日，持之以恒攀登学术高峰的艰辛与卓绝的毅力，给人以极大的震撼，也为这个时代史学工作者如何推动学科发展树立了典范，更为后学者树立了榜样。对于《总录》的学术价值，编著者在前言、后记中有着平实、客观的自省。笔者以此为基础，将自己在比较《考》的基础上阅读《总录》的体会分为"断代科举史研究的基石与典范"和"中古史研究的宝库"两个部分，整理成文，以供批评。

一　断代科举史研究的基石与典范

断代科举史研究在制度和个案研究的基础上进一步深化需要一个重要的资料基础，就

---

[*]　本文曾以《宋代科举史研究的基石：〈宋代登科总录〉读后》为题，节录刊于《光明日报》2015 年 11 月 10 日"光明书榜"，此处收录乃为作者提供的原文。

[②]　龚延明、祖慧编撰：《宋登科记考》，江苏教育出版社 2009 年版。

[③]　龚延明、祖慧主编：《宋代登科总录》，广西师范大学出版社 2014 年版，第 1—8 页。

是有关该时代各科登第人的记录。此类资料，明清时代有保存相对较为完整的各科进士题名录，唐代则有清人徐松搜集编纂的《登科记考》，及后来学者陆续所做的补正。至于宋代，虽然传世文献较为丰富，但是原始登科录基本完整保存下来的仅有《绍兴十八年同年小录》《宝祐四年登科录》两榜，以及宋人彭百川《太平治迹统类》保存的太祖开宝六年榜的进士登科名录，元人刘壎《隐居通议》中《咸淳七年同年小录》摘录的殿试唱名等诸节目与一甲前三名小传、其余五甲登科总人数。此外，马端临《文献通考》卷三二《选举考》载有一份《宋登科纪总目》，比较完整地保留了两宋历榜登科人总数及每榜状元、省元名录，但是仍然缺南宋末十一榜进士总数。因此与其他时代相比，宋代作为中国古代科举发展最为重要的时代，有关其各科登第人的资料，既缺乏便于利用而相对完整的第一手原始文献，也缺乏经过系统整理编纂的汇编文献，这是宋代科举史研究的一个重大缺憾。龚延明等人在主持完成《考》的基础上推出的《总录》，弥补了这个重大缺憾，为宋代科举史研究提供了便于利用的、可靠的、权威的、全面的登科人资料总录。

（一）断代科举人物传记总录

科举作为一种铨选制度，是一个较为完整的体系，不仅仅包括最引人注目的进士科，还包括进士以外的诸科，不同类型的制科，及非常设科目。但是从原始文献到编纂资料，侧重于文榜进士科的为多，其他诸多科目登第人大多在当时就没有得到足够重视，因此相关记载较为薄弱。《总录》（包括《考》）则不仅收录考辨文榜进士登第人资料，更将其他各科登科人资料都做了全面的搜求，因此它并不仅仅是进士登第人的人物传记资料汇编，而是宋代各科登第人资料的集合，是宋代登科人资料的总集地。这不仅仅体现了编著者们为此付出了更多的艰辛，更体现了他们对于拓展科举史研究思路和视野的努力。或许正是这种努力和学术抱负，让编著者们为我们提供了4万多个登科人的传记资料。

与《考》相比，《总录》各科登第人的收录更为严格。以建隆元年杨砺榜为例，《考》登进士第19人下所列第三人为夏侯勉，援引宋郑樵《通志·氏族略》五《夏侯氏》。按：科目未明，权置于进士榜下（第1页）。而《总录》则将其调整出该榜，列入《附录·未确定榜次登科人·进士科》（第13册，第7103页）。

《总录》编纂中最重要的一个特点是在登科人条目下提供了详细的书证。兹以《考》《总录》第一榜建隆元年杨砺榜，李若拙条为例，例证提供详细书证的价值，及作为总集这种编纂方式所需要付出的巨大工作量。

《考》李若拙条：

> 【李若拙】字藏用。京兆府万年县人。建隆元年登进士第，授岳州防御推官。复登贤良方正制科。历知乾州，拙知制诰。终官右谏议大夫、知贝州。《宋史》卷三〇七《李若拙传》，《雍正陕西通志》卷三〇《选举·宋进士》，清厉鹗《宋诗纪事》卷二《李若拙》。（第1页）

《总录》李若拙条：

> 【李若拙】字藏用。京兆府樊川县人。绎父。建隆元年登进士第，初授岳州防御判官。后又登贤良方正直言极谏科。真宗朝，历右补阙、知制诰。终官右谏议大夫、

知贝州。

《宋会要辑稿·选举》一之六《贡举》:"真宗咸平元年二月十九日,以翰林学士杨砺权知贡举,知制诰李若拙、直昭文馆梁颢、直史馆朱台符权同知贡举,诏放合格进士孙仅以下五十一人。"

宋田锡《咸平集》卷二九《起居舍人李若拙可盐铁判官制》:"以尔具官李若拙,素有文学,蔼然声光……"

《宋史》卷三〇七《李若拙传》:"李若拙字藏用,京兆万年人。父光赞,贝、冀观察判官。若拙初以荫补太庙斋郎,复举拔萃,授大名府户曹参军……俄又举进士,王祐(祐)典贡举,擢上第,授密州防御推官。登贤良方正直言极谏科,太祖嘉其敏赡,改著作佐郎……真宗嗣位,召见慰问,进秩金部郎中。召试学士院,改兵部郎中,充史馆修撰,俄知制诰。咸平初,同知贡举,被疾,改右谏议大夫。车架北巡,判留司御史台。明年,使河朔按边事,知昇、贝二州。四年,卒,年五十八。"按:万年,为唐地名,宋改樊川。

《续通志》卷三三五《李若拙传》:"李若拙,字藏用。京兆万年人。父光赞,贝、冀观察判官。若拙初以荫补太庙斋郎;复举拔萃,授大名府户曹参军;俄又举进士,擢上第,授岳州防御判官;登贤良方正直言极谏科……淳化三年,出为两浙转运使……俄知制诰。咸平初,同知贡举……使河、朔按边事,知昇、贝二州,卒,年五十八。"

雍正《陕西通志》卷三〇《选举·进士·宋》:"建隆元年杨砺榜 李若拙,万年人。"

清厉鹗《宋诗纪事》卷二《李若拙》:"若拙,宋初官左谏议大夫。"按:"左谏议大夫"为"右谏议大夫"之误。

光绪《江西通志》卷九《宋职官表》:"太宗朝,李若拙,字藏用,京兆万年人,进士上第。主客郎中、江南转运使,淳化五年任。"(第1册,第3—4页)

与《考》相比,《总录》人物小传的义项更为完善,措辞更为准确,并调整了引文来源,更为重要的是将作为佐证的文献索引改为直接援引文献,为人物提供了充分的史料证据,并随文就相关问题提供了扼要的考证。如李若拙籍贯,在引《宋史》本传后,加按语指出,万年为唐代地名,宋代改为樊川。此类考证在《总录》遍布于各条目之下,俯拾皆是。

从上面的引文我们可以看出,《总录》援引的书证是严格按照史料的原始程度先后排列的,这不仅为读者提供了极大的便利,省去了查阅原始文献的大量时间,也为初学者以及资料条件并不完备的学者提供了学习和阅读原始文献的机会,理解不同类型文献对于相同人物记载的史源演变过程,有助于深入理解不同文献在不同场合的价值。

宋史研究领域,在《总录》(包括《考》)之前最常用的传记资料索引是昌彼得、王德毅等编的《宋人传记资料索引》(简称《索引》)提供了2.2万多条人物传记资料的索引,长期以来是中古史研究者案头常备的工具书之一。而《总录》不仅所收条目达4万余条,远远超过了《索引》,并且提供了如此丰富的详细书证,其学术价值和编著工作的艰辛程度,由此可以得到彰显,因此将《总录》作为宋代人物总录对待也并不为过。

(二) 断代科举史研究的典范

《总录》的意义和价值并不限于为各类读者提供了一部资料丰富翔实的宋代登科人总数据库,它同时也是断代科举史研究的典范。其典范的意义,个人认为至少有这样两个方面。

首先,它是建立在深入、扎实的学术研究基础之上,并非单纯的科举人物资料汇编。这除了体现在数量庞大的各条目随文考证之中,更体现在最后一部分《宋代科举总论》对宋代科举的总体论述之中。

与一般传记资料汇编的一个很大的不同是,《总录》在最后附上了具有很高水准的宋代科举研究的长篇论述。在《考》出版的时候,也在末尾附上了关于宋代科举的总体论述,以《宋代科举概述》为名,共41页,包括4章,分别为《宋代科举科目》《宋代科举考试程序》《科举考试内容》《科举考试机构与考官》,其时论述一方面不够丰满,另一方面也还不够深入。而此次出版《总录》时,改为《宋代科举总论》 (第14册,第7615—7791页),共176页,包括10个章节,依次为《宋代科举研究文献资料》《宋代科举科目》《宋代科举考试程序》《宋代科举考试内容与试卷格式》《宋代科举考试管理制度》《宋代科举考试机构与考官》《宋代宗室科举制度》《宋代登科人唱名赐第与释褐授官》《宋代皇帝与科举》《宋代及第进士之鉴别》。与《考》相比增加了一、五、七、八、九、十等共6章。即使是原有章节亦有新增,如《宋代科举科目》,《总录》中增加了《上舍释褐》。第三章增加了《试卷格式与范例》,在《科举考试机构与考官》中,《总录》增加了《御药院》。

10个章节,涵盖了宋代科举考试制度的各个方面,而几乎每一个章节又都是以相应的专题研究为基础撰写而成。仅从书中序言与后记中引用的编著者所撰专题论文,即可见其相应研究的深度和认真程度:

> 龚延明《宋代及第进士之鉴别》(《文史》1996年第41辑)
> 龚延明《〈文献通考·宋登科记总目〉补正》(《文史》2002年第4期)
> 祖慧、周佳《关于宋代童子科的几个问题》(《中国史研究》2005年第4期)
> 祖慧《两宋"上舍释褐"考述》(《文史》2007年第4期)
> 龚延明《北宋徽宗朝"贡士"与"进士"考辨》(《文献》2008年第4期)
> 祖慧《宋代宗室科举考试述论》(《历史研究》2011年第3期)

因此,这一附于书后的《宋代科举总论》,不仅为前面各册宋代登科人资料提供了脚注和解释,其实质上更是一部有独到见解的宋代科举考试制度的专著。

其次,提供丰富的书证,一方面对于条目起到为条目提供充分论证的作用,另一方面也更有利于读者通过阅读所提供的文献做出判断,并发现问题。兹以太祖开宝六年(973)进士科为例,节引《总录》部分文字如下:

进士科28人:

【宋准】字子平。开府府雍丘县人……端拱二年卒,年五十二。

《宋会要辑稿·选举》一之二《贡举》:"(开宝)六年二月二十八日,翰林学士李昉权知贡举,合格进士宋准以下十一人。"原注:"系下第人徐士廉打鼓论榜语,

于讲武殿重试，通放二十六人。贬试官李昉秩，殿试自此始。"（晟按：《总录》作"自此试"，校改）

宋李焘《续资治通鉴长编》卷一四，太祖开宝六年三月辛酉："新及第进士雍邱宋准等十（一）人，诸科二十八人诣讲武殿谢。上以进士武济川、《三传》刘濬材质最陋，应对失次，黜去之……会进士徐士廉等击登闻鼓，诉昉用情……上乃令贡院籍终场下第者姓名，得三百六十人……乙亥，上御讲武殿亲阅之，得进士二十六人，士廉预焉。"

宋彭百川《太平治迹统类》卷二八《祖宗科举取人·太祖》："（开宝六年三月）乙亥，上亲阅，得进士二十六人，士廉与焉，皆赐及第……自兹殿试为常式。宋准、贾源、范翔、郭成范、张素、左贞、董箱、李巨源、武济川、裴询、黄相。是年重试，（得）宋准、贾源、范翔、郭成范、张素、左贞、裴询、李巨源、董箱、刘总、田宝之、柳毗、刘洗、任载、宋玄庆、徐士廉、安肃、赵白贞、梁谊、吕镗、王佳、王文范、赵世南、王利用、王渭。"按：《太平治迹统类》录二十五人姓名，漏载一人。

《宋史》卷四四〇《宋准传》："宋准字子平，开封雍丘人……端拱二年卒，年五十二。"

元马端临《文献通考》卷三〇《选举考》三《举士》："（开宝）六年，李昉知贡举，取宋准等十一人……命殿中侍御史李莹等为考官，得进士二十六人，《五经》四人，《开元礼》七人，《三礼》三十八人，《三传》二十六人，《三史》三人，学究十八人，明法五人，皆赐及第。又赐钱二十万以张宴会。昉等寻皆坐责。自兹殿试遂为常例。"

明朱希召《宋历科状元录》卷一……

王文范、王利用、王佳、王渭、左贞、田宝之、吕镗、任载、刘总、刘洗、安肃、李巨源、宋玄庆、张素、范翔、赵世南、赵白贞、柳开、柳毗、索湘、贾源、徐士廉、郭成范、黄相、梁谊、董箱、裴询。（第1册，第22—27页）

通过上述《总录》的引文，读者可以非常直接地发现《总录》所收进士登第人数比其所引文献记载的进士登科人数多出了2人。这就出现了矛盾，出现了新问题。

经过对《总录》的进一步检查阅读，实际收录的登科人中，未见于彭百川《太平治迹统类》的有2人，分别是"柳开"与"索湘"。

柳开，《总录》援引的书证包括柳开《河东集》卷一六所附张景《柳公（开）行状》"公讳开，字仲涂。……开宝六年，公年二十有七，一举登进士第，……爵至河东县伯。"以及叶梦得《石林燕语》卷八、陈振孙《直斋书录解题》卷一七《别集类》"《柳仲涂集》"条、程珌《铭水集》卷七《赐名清湘书院记》、《宋史》卷四四〇《柳开传》等，并云开宝六年进士第。诸多宋代文献记载并无异词。最重要的佐证是，《总录》同榜李巨源条下引柳开《河东集》卷九《与郎州李巨源谏议书》："开宝六年……始有廷试，开幸得与执事于上前登进士第，为同年者二十有六人。"因此，若此条柳开自述传本无误的话，那么有两点可以确定：其一，柳开，开宝六年中第无疑；其二，该年登进士第者26人应无疑。如此则《总录》所收28人中必有误者。

索湘，所引书证为郑樵《通志氏族略》四《索氏》，《宋史》卷二七七《索湘传》，光绪《畿辅通志》卷三四《选举·宋·进士》。似亦难以断然排除其为非。

细读《总录》所引彭百川《太平治迹统类》，"黄相"不在重试之后的二十六人之内，或可排除。即使如此，与宋人文献记载尚有 1 人出入。不过无论如何，我们通过《总录》所引，已可确定是榜登科人的记录还有可疑之处，有待进一步讨论。

提供详细的书证，使作为读者的我们具备了较快地判断其结论准确性的基础，实际上为作为读者的我们发现新问题创造了条件。虽然这样对于原书的某些观点或某些部分构成一定的挑战，但是从推动学术发展的角度看，却正是编著者们以学术为天下公器的风度所在。这是需要勇气和胆识的。

二　中古史研究的资源宝库

（一）科举史研究的资源宝库

《总录》提供了如此规模的人物传记资料数据库，对于科举史研究有着巨大的推进作用，其表现是多方面的。首先是对于《总录》本身的校补，是今后一段时间内科举史研究需要进一步完善的工作，这类似于现代学者对清人徐松《登科记考》的不断补正。《总录》虽然由编著者通校定稿，但是比较鸿篇巨制，且资料搜集及各条目出于多人之手，有不完备及错讹的地方实属正常。如上文所指出的开宝六年登科人收录数与宋人文献记载的矛盾即是一例。类似的矛盾，如咸淳元年阮登炳榜，《总录》题作"进士科 635 人"，实际数得 716 人，溢出 81 人。又宝祐元年姚勉榜，《总录》题作"进士科 360 人"，实际数得 425 人，溢出 65 人。虽然按照收录体例不同籍贯的分别收录，可能会造成实际收录人数多出文献记载人数，但是通检这两榜，因籍贯不同而分别收录的同名情况并不多。因此对于这两榜收录的登科人记载，需要保持谨慎地加以考辨。其他如登科人的籍贯、生平等，也有不少需要校正。此类工作，应该得到重视。因为名著或经典，并不体现在它的完美无瑕上，而往往在于它开创的范例，后来者不断地予以完善。

其次对科举史具体问题的推进。如关于博学宏词科的地位，虽然有一个轮廓性的认识，如本书《宋代科举总论》第二章第二节（三）博学宏词科有一个小节的专论，并指出绍兴三年别立博学宏词科的改革，对该科的得人起到了重要作用，并罗列当时该科出身的"宰相周必大、洪适、汤思退、真德秀、王应麟，同知枢密院事洪遵、宋代著名学者洪迈、吕祖谦等"（第 14 册，第 7640 页）以证该科得人，及其在科举中的地位。而我们通过《总录》的人名索引，可以快速地找出其所列举著名人物的进士登第与博学宏词科登第情况，还可以进一步通过人名索引，检索其他博学宏词科登第人的情况，乃至发掘各登科人之间的人物关系（如洪适、洪迈、洪遵皆为洪皓子，而以宏词科登第），从而对该专题在宋代科举史中的地位和作用展开更为深入的讨论。

《总录》按进士、诸科，特奏名、制科、非常科的分类著录体例，加上以登科人名编制的索引，为此类科举史专题问题的深入提供了极为便捷的检索工具和基础史料支持。因此，它无论是对于有心的初学者，还是有志于深化科举史的专家，都可以提供很好的帮助：它既可以提供快速的检索，又能提供最基础也是最重要的史料，为进一步的研究起到发现问题，做出第一判断的作用。

（二）科举史之外史学研究的资源宝库

《总录》作为目前最为全面、权威、可靠的宋代登科人数据库，它所收录的 4 万余条人物资料，因为包括有尽量完整的人物小传，以及丰富的史料引证，在为科举史提供人物数据基础的同时，也为其他专题的史学研究以及其他学科的研究提供了极为丰富的资料，并打开了丰富的可想象学术研究空间。编著者在该书后记中提出，希望该书"能为推动宋代科举史以及相关学科（宋代思想史、文学史、教育史、社会学史、经济地理学、人才管理学等）的深入研究，发挥应有的作用。"（第 14 册，7802 页）这是一个平实的认识。相信认真通检该书的读者，会发现它在更多领域的学术价值。

限于学历和兴趣，在此仅从个人相对熟悉的领域出发做初步的发挥。在第一次接触《考》的时候就被它收录人物数据之丰富所吸引，尤其是如此庞大的人物籍贯数据，认为它对于历史人文地理的研究具有极大的价值。曾用 4 个月的时间对各科登第人的籍贯数据做了处理，并利用这些数据结合文献，对宋代常州科举发展与地理术数的关系做了尝试性的个案研究。

《总录》相比于《考》，籍贯数据得到了进一步完善，更提供了丰富的史料，是宋代历史人文地理数据的大型权威数据库。它不仅比《考》更为便捷，而且其人物内容也更为丰满，有利于在籍贯分布研究的基础上做深入的关系分析。

利用《总录》籍贯数据，以及人物资料，从事历史人文地理研究的课题可以有很多，最常见的是人物的地域分布或空间分布研究。准确的籍贯数据是取得可靠的地域分布或空间分布结论的基础。在《总录》（包括《考》）出版之前，对于宋代科举的地域分布已经有很不错的讨论①，但是除了限于进士科以外，且在涉及区域分布方面更多地侧重于南宋，区域之间分布特征的比较研究也较难展开，最重要的是其区域分布或空间分布的结论很难进行检验。依据个人对《总录》登科人籍贯数据的整理，认为虽然并不是所有登科人的全集，但是可以在此基础上对以往的研究结论进行检验，尤其是关于南宋进士分布的已有研究进行检验。理由是，《总录》对于南宋各榜进士登科人的汇集在所有数据中最为丰富，可以在此基础上作出南宋进士科登科人较为详细的各类地域分布统计图，并从多个方面加以检验。一个是依据目前保存较为完整的绍兴十八年数据和宝祐四年数据进行检验；另一个是可以通过计算机筛选数据完整的州县，进行检验；第三，还可以通过对目前保存的其他科目登科人的分布情况，作为辅助参考。在上述检验的基础上，可以将南宋南方地区的登科人区域分布特征，与北宋南方地区的登科人区域分布特征，做比较研究，从而作为检验北宋其他地区登科人区域分布的参考。

在区域分布方面，除了进士科以外，《总录》提供了其他各科的数据，这为科举人才分布研究突破进士科的局限提供了可能。此外，由于登科人籍贯数据止于县级，因此将以往限于州一级的科举人才分布研究延展至县一级，将历史人文地理研究的分辨率推进到县一级，然后比较州级分布研究与县级分布研究，对于历史人文地理空间特征研究具有重要价值，对于推进学科发展或许会有新的启发。

在地域分布或空间分布中，除了直接的登科人分布特征及其影响因子的研究以外，还可以探索科举家族的地域分布特征。科举家族的研究是科举史研究中较为常见的论题，但

---

① 代表性的作品是贾志扬《宋代科举》，东大图书公司 1995 年版。

以个案研究为主，很少能够从空间分布方面给出整体的考察。《总录》提供的籍贯资料，为我们整理出较为系统的科举家族资料并讨论其分布的空间特征及其过程提供了可能。在此基础上，还可以凭借详细的籍贯和生平资料，通过人际网络分析，讨论家族内部空间结构问题，并展开不同区域家族特征的比较研究。若与区域发展过程结合起来，则可以从相对静态的地域分布研究，进入动态的区域或空间过程研究。

以上是个人阅读学习《总录》之后的零星感想，坚信它无论对于初学，还是硕学，不仅是一套值得案头必备的工具书，同时也是可以从中不断获得启发的专著。

二元并存,多层参差:探寻两宋时空交错朝贡运行之力作

——黄纯艳《宋代朝贡体系研究》评介*

刁培俊　王艺洁

在大多数人眼中,"朝贡"是一个光艳夺目的辞藻,也是彰显一国地位之盛事。从汉、唐的"东亚世界"秩序到清代朝贡体系,无不吸引着中外学者的研究目光。其中汉唐所经营之"东亚秩序",因其繁荣强盛而吸引着学界的更多关注;清代朝贡体系,则因其与中国"近代化"的密切关联而备受学界瞩目。然作为汉、唐"东亚世界"秩序向清代朝贡体系过渡之重要环节的宋代朝贡体系,目前学界的认识仍然相当模糊,甚至存在诸多认知偏差。尽管近年来亦有不少学人注意到宋代朝贡体系的运行情况,做过一些专题研究,但是由于宋、辽、西夏、金等政权分立等情况错综难辨,使得这一时期的朝贡体系趋于复杂化,研究难度相当之大,因而系统深入的研究并不多见。最近,黄纯艳教授《宋代朝贡体系研究》(商务印书馆2014年版,40余万字)一书,迎难而上,相当系统、全面地梳理了两宋与周边政权的多层次朝贡关系,并由朝贡活动展开对周边各国经济、政治情况的分析,进而就各国对待朝贡活动的态度、宋廷运作朝贡体系的方法做了别开生面的考察。可以说,这一研究历程的每一个环节,无不深入精微,使得地理空间交错、处于时间变化中的各个朝贡圈都一一清晰地呈现于读者眼前,也为人们了解朝贡体系在宋代的"转型"提供了有力证据,全面推进了宋代朝贡贸易体系的研究。

作者对宋代朝贡贸易体系的研究下了水滴石穿般的钩沉索隐、爬梳剔抉功夫:从整体考察宋代朝贡体系构成和运行,到逐一分论该体系内的区域秩序,对各个政权的相关史料旁征博引,并将其一一排列统计,各政权朝贡时间、朝贡次数、贡物、使者名分等细节无不收罗其中,直观地向读者展现了宋、辽、金等政权多层次朝贡体系建构的实况。以此为基础,作者进而展开了更深层次的探讨,对朝贡参与双方认识和态度进行了双向探索,深入揭示了各个政权处理朝贡关系的政策和态度,指出在很大程度上取决于其经济、政治需求。而透过对宋代朝贡体系多样化格局的整体把握,作者进一步指出了宋代朝贡体系较之汉唐而产生的变化,即经济因素在宋代朝贡体系运行过程中的作用愈来愈关键,而汉唐经营"东亚世界"秩序所常用的政治、军事手段则不断弱化,使得朝贡体系赖以运行的基础为之一变,从而回应了学术界关于中国古代朝贡体系的整体延续性变化的讨论。总而言

＊ 本文系刁培俊主持之南开大学历史学院宋史方向研究生"精读一部书"计划中讨论之一。刁培俊立意、提纲于前,王艺洁铺陈于后,复经刁培俊全面提升和斟酌,谨此申明。

之，这部著作见微于著，在多层面、多视角的立体互动多元学术框架下，为我们展现了宋代朝贡体系如同光影交错般复杂的变化态势，可谓该领域之一力作。

反复精读此作，思讨者再而三，窃以为尚可从以下几个方面来探讨这部书的学术贡献：

第一，该书对宋代朝贡关系这一复杂议题，讨论全面而富有条理，并且深入探考其内在的各种互动联系，为我们再现了一派宋代朝贡体系纵深动态运行的历史景象。众所周知，有宋一代，周边政权前后分立，且有与宋势均力敌之强国，政权间的关系远较疆域"大一统"的汉唐王朝更显复杂，前人之研究亦多集中于宋代外交和贸易等方面，而关于兼具政治、经济、文化诸般历史面相的宋代朝贡体系，尚存不少"生荒地"。而该书选择这一论题，其难度可想而知，作者的学术创新勇气也由此得以彰显。当然，这似与作者此前曾就宋朝茶法和财政、海外贸易、高丽文献等多领域的广博而深厚学术蕴藉密切相关。进而，作者还不畏繁难，对此进行了相当细致的分层梳理，不厌烦琐地排比分析每一组朝贡关系，从而牵出一张总体表现为宋—辽或宋—金两大朝贡体系二元并存、各大体系中又包含若干层次的"大网"。更难能可贵的是，该书并不满足于厘清这是一张什么样的朝贡网络，更着力于这张网络各个结点之间的双向牵连，以及形成这些双向关系的内部因素。以往研究多注重构建秩序的政权如何去构建朝贡体系，朝贡国对这些秩序的态度却疏于关照，措意无多。作者按照对朝贡制度的遵循程度，系统分析了各种类型的朝贡政权内部对朝贡问题的处理状况，更指出了宋朝经营这些看似虚幻的朝贡关系对国内政治有着相当的意义。这样"双向化"的研究，有助于我们更为全面深入地了解朝贡秩序在秩序制定者和制定者假想的秩序"遵从者"中所产生的作用力，也让读者对宋代朝贡体系的运行有了更为客观的认识——既不因经宋儒精心润饰的国书而夸大其影响力，亦不因某一域外政权不遵守、不理解朝贡制度而否定其作用。作者思讨之周延详密与深入，令人叹为观止。

第二，该书涉及这一时期的诸多政权，材料收集也因此牵涉甚广，无博览精读之功，势必不能建构并完成如此庞大的论题。细细循稽该书所涉文献，不仅包罗宋、辽、金、夏等政权的传统史料，还涉及诸多周边政权的文献，比如朝鲜、越南史料，与归义军政权相关的敦煌文献等，且对勘精审，列表清晰，颇费工夫。由于该书还涉及朝贡双方国内情况的"双向"研究，因此更非简单地撮排史料、罗列表格所能及，而是需要埋首于大量与朝贡相关的政治、经济、文化史料中，深挖精校，方能发现问题之所在。不仅如此，一如学人所周知者，部分域外政权留存的史料相当有限，要找出充分而有力的史料，绝非易事。该书涉猎面广，爬梳精细，正是恰到好处地体现了这一"广挖深掘"的史料功夫。

第三，该书基于史料的分析，提出了不少大胆的学术新见，为全面了解宋代朝贡体系甚至中国古代朝贡体系的延续性变化提供了一个新的范本。首先，该书从时段上梳理了两宋朝贡体系构建情况的整体变化，揭示了北宋朝贡体系的构建经历了以"华夷一统"为目标到以"汉唐旧疆"为中心的变化；迄于南宋，在国势危局之下，皇朝则进而放弃对"汉唐旧疆"的主张，呈现出朝贡体系的构建不断萎缩的变化。关于这一变化，作者从两宋军事形势变化、君臣议论、实际朝贡国进贡次数和宋廷对其态度和册封名分礼仪等多个角度入手，史料钩稽相当充分，论证周延，具有强大的说服力。其次，该书通过对不同类型朝贡国遵守朝贡制度之程度的分析，指出了尽管史料显示一些距宋朝较远、文化差异较大的政权并不理解和遵从宋朝规定的朝贡制度，但两宋君臣皆在不同程度上意图在国内营造出"四夷怀服"气象的景况，并深刻地探讨了这种表相看似"虚荣"的活动在宋王朝国内的政治作用。这是以往学人易于忽略的部分，即便有所涉及，也容易"一面倒"地对宋代君臣粉饰太平的行动进行指责，而甚少注意到其背后的深层政治意涵。最后，通过分析宋代运营朝贡体系的手段，理出宋代朝贡体系较汉、唐朝贡体系的变化，即多种形式的经济贸易是其维持朝贡体系的主要手段，也是宋朝朝贡体系存在和发展运行的主要基础。宋代海外贸易一直是学者们用心深究的领域，而今已取得了十分丰硕的研究成果，作者此前所著《宋代海外贸易》（社会科学文献出版社 2003 年版）亦是其中之一。而宋代海外贸易和宋代朝贡体系的关系，尽管已引起不少学者的注意，但是系统的研讨分析并不多见。这部新作基于作者对宋代海外贸易的深入了解，进而结合宋代朝贡体系中贸易的主导性作用和宋朝对此的政策、手段，从而将宋代朝贡体系的整体变化烘托而出，其分析鞭辟入里，逻辑清晰，令人信服。

当然，无论从空间关系，还是从时间延续性的角度来说，宋代朝贡体系都是一个十分庞大的研究议题，牵涉的各个政权存世史料数量并不均等，甚至差距极大，想要真正全面、客观地评估这一体系在空间上的运行或在时间上的每一个细微纤幽的变化，绝非易事。黄纯艳教授力求对史料竭泽而渔，铺展出宋代朝贡体系运行的方方面面，继而总括出宋代朝贡体系在时间、空间上的诸多特色，填补了学界历来偏重汉、唐、明、清朝贡体系，而对宋代朝贡体系研究不足的空白，加深了人们对中国古代朝贡体系的延续和变化的认识。总体而言，这部作品视野宏大，内容丰富，角度多元，采择史料丰厚，新议题和新问题屡有呈现，论述中亦多有创见，实为一部难得的厚重精彩力作。

（原载《思想战线》2015 年第 5 期）

读《宋代三衙管军制度研究》

何玉红

制度史的研究，大致有两个路径。一是立足于制度本位，将制度作为具体的研究对象，对其演变、执掌、功能、利弊等展开梳理和阐释。二是将制度作为观察历史的切入点和窗口，以展现制度运行背后的政治实态，读史者借此把握时代脉动的意义，进而加深对总体历史的理解。成功的制度史研究，自然要求二者的有机结合。范学辉教授的新著《宋代三衙管军制度研究》（中华书局 2015 年版），在系统扎实的"制度内"研究基础上，走向"制度外"历史的深入探索。下面两点值得特别关注。

一　制度之内：　全景观照

三衙管军制度，是赵宋王朝的"根本性制度措置"之一。"三衙"，为殿前司、马军司和步军司的合称，是宋代国家机器中至关重要的强力军事机构；三衙诸军的最高指挥者，是为"管军"。作为重要的学术课题，三衙管军制度研究起步较早，受到学术界的持续关注。然而，已有研究大致以通论性的叙述居多，就其在宋代兵制史、政治史、军事史等的重要性而言，研究力度、深度和广度还远远不够，专门系统的探讨尚付阙如。该书是学术界首次对宋代三衙管军制度系统性的专题研究，对该制度进行了全方位的梳理和论述。

该书共十二章，构筑了一个宋代三衙管军制度完整和严密的研究体系，具体可分三大部分，一是三衙建置诸问题，包括三衙设置渊源与背景、三衙管军制度的演变、三衙衙署与属官、三衙职能、三衙地方兵马统兵模式、三衙直辖所部的编制与兵力、三衙马政以及三衙诸军与宋代战事；二是三衙管军诸问题，包括三衙管军地位与任职资格、三衙管军选任、三衙管军素质状况；三是对宋代统兵体制的总体思考。这一研究，在纵向层面清晰梳理三衙管军制度的演进脉络，在横向层面展示构成该制度的各有机部分及其相互关系。可以说，有关宋代三衙管军制度的设置背景、演变历程、执掌作用等内容巨细无遗涵括其中。实际上，作者对每个具体问题的探讨同样细致入微，如将三衙职能分为分"守京师，备征伐"，"掌禁卫军之政令"，"事务性和礼仪性职能"，仅事务性和礼仪性职能，又从巡警京都、出使交聘、呈试武艺等九个层面逐一评析。

我们看到，在三衙管军制度中许多看似细节的问题，在以往论著中往往简略带过，作者一一认真爬梳史料，展开细致分析。如对三衙衙署、幕府、胥吏和案司体制的探讨，对直辖与遥隶统兵模式的解读，对管军任职资格的讨论，对封桩禁军阙额钱制度的考察等，这在学术界均属首次系统的呈现。

作者重视南宋相关问题的探讨。如南宋三衙管军名号的阶官化、三衙主管公事"举将帅"的制度化、三衙管军的俸禄及群体素质等，这些在既有研究中甚少措意或语焉不详的问题，作者下了足够的功夫搜罗资料，辨析论证。通篇读来，论著有关南宋时期的研究翔实透彻，令人称道。

二 制度之外： 多维探析

以"活的制度史"为旨趣，将制度史与政治史等相结合。三衙用将，虽有资格、品位与程序规定，然从实际政治运作来看，充满皇帝、士大夫集团和佞幸群体间的权力博弈，呈现出政局的波诡云谲。皇位授受之际，各方力量明争暗斗，作者通过绍熙内禅、嘉定更化等政治活动中三衙管军的角色分析，揭示宋代政治运作趋向理性化等的时代特色。制度变迁的关节处，是诸多因素相互碰撞的集中体现，也是各种关系不断较量的结果。作者经由南宋马军司移屯建康这一变化，洞察宋朝祖宗法度、孝宗恢复战略以及南宋财政运营体制之间错综复杂的关联，大大扩展了观察问题的视野。

制度史与战争史相结合，在宋与辽、西夏、金、蒙元具体战事中，分析三衙诸军的作战实效和地位升降。在靖康之变、开禧北伐等事件过程中，三衙管军的素质与行政能力展现得淋漓尽致。制度由干巴巴的"静态文本"叙述变得鲜活和引人入胜，得益于这样富有"现场感"的研究。

在宋代统兵体制中，三衙与枢密院、皇城司、军头司、御史台、谏院以及地方兵马司等交织于一体，形成一个多维互动的"关系网"。作者借此讨论制度安排与运作背后的文武矛盾、人事纠葛、朋党争斗以及帝王集权的统治术，从中窥视宋代政治生态之一斑，"祖宗家法"影响下宋代统兵体制在顶层设计层面的深刻用意逐渐清晰起来。显然，三衙管军制度成为诸多问题聚焦的一个"发力点"，有效地带动对两宋治国理念和时代精神的整体认知。

作为学术界宋代三衙管军制度的首部研究专著，该书资料翔实丰富，内容系统全面，论述详尽细致。论著皇皇上下两大册，共130万言，扎实厚重，是近年来的宋史学界不多见的力作。作者的研究表明，经由制度本位的梳理分析，进而走向对政治史等的深入探索，是具有广阔前景的研究路径。

（原载《中国史研究动态》2015 年第 6 期）

何冠环《攀龙附凤：北宋潞州上党李氏外戚将门研究》

何玉红

在宋代武将研究这一并不热门的学术领域，何冠环潜心探索，笔耕不辍。自1986年发表论文《宋初三朝武将的量化分析——北宋统治阶层的社会流动现象新探》起，何冠环在宋代武将研究中创获不断。2003年《北宋武将研究》出版，其中在探讨武将类型时指出，外戚武将是学界值得钻研的新方向。2013年，其《攀龙附凤：北宋潞州上党李氏外戚将门研究》由香港中华书局推出，这是宋史学界专门讨论外戚武将问题的精深力作，作者自言："真有点十年磨一剑的味道。"（《后记》）

北宋皇室与"将门"通婚现象相当突出，这是宋廷对武将拉拢和打压相结合政策的一个重要内容，由此涌现出一批与皇室联姻而又统掌军权的高门将家。这本新著所讨论的潞州上党李氏就是其中的代表。作者通过李氏将门兴衰史以展现北宋时代的特殊政治风貌，揭示宋廷在外戚武将与文臣集团角力背后加强皇权统治的政治内涵，体现出武将研究的学术新意。

细致入微的个案剖析，是这本新著的一个显著特点。全书除《绪言》和《余论》外，正文共五章，围绕李氏外戚将门历代核心人物展开讨论，通过人物经历与事功的研究和评论，为我们揭开潞州上党李氏这一"宋代以外戚掌军的最成功范例"（第17页）的历史。

首章指出，作为太祖幕僚的核心成员，李处耘参与陈桥兵变，助太祖黄袍加身，后官拜枢密副使，执掌兵符，任内外要职，居功至伟，李氏家族赖之而兴起。李处耘长子李继隆是李氏将门第二代最重要的人物，其以皇后之兄的贵戚地位，在内执掌劲旅，在外统兵出征，成为太宗朝最有权势的武将和北宋外戚统军最成功的例子。第二章中作者则以"功比卫霍"来形容外戚名将李继隆。李继隆在真宗朝的功绩是第三章研究的焦点。李继隆历经仕途波折，在景德年间的宋辽冲突中复出沙场，再建新功，得以功名令终，获配享真宗庙庭之殊荣，李氏外戚将门继续延续其显赫地位与权势。李继隆之弟李继和，成为李氏将门第二代承前启后的支柱，第四章重点讨论李继和镇守西北之战绩，及其执掌禁旅和振兴李氏将门的作为。末章则考述了其第三代传人李昭亮的事迹。李继隆之子李昭亮作为上党李氏外戚将门第三代领军人物，先后出守西北大藩，历任三衙管军至殿帅，建节封公，晋位使相。然从北宋中期开始，李氏外戚将门走向衰落，再未出现出类拔萃和建立新功业之后代。从家族史角度看，李氏将门经历了向上流动、克绍箕裘、臻于顶峰到盛极而衰的沧桑演变。

作者采用个案剖析之法，以李氏将门四位代表人物为切入点展开研究，这有别于以往家族史研究中时代背景、家族制度、经济状况、婚姻关系、族规家风等常见逻辑。经由作者的细致梳理，潞州上党李氏外戚将门兴衰演变的历程清晰可见。此外，通过潞州上党李氏将门的兴衰和代表人物的事功反观北宋的政治演变与时代风貌，也是该书的另一个显著特点。

军功是成就将门势力的重要基础，这一点在李氏将门发展中体现得尤为突出，李氏将门三代领军人物几乎参与了太祖至仁宗朝所有大小战役，为我们展现出北宋中前期波澜起伏的军事与战争场景。从李处耘平定李筠和李重进以及平叛荆湖之役，反映出北宋肇基之时的艰危局势。作者借由李继隆在高梁河等战役中的角色分析，观察宋廷的战略部署、战术安排、物资保障、善后措施等深层次内容。李氏将门崛起正值宋辽、宋夏关系日趋紧张之时。作者从李继隆在景德之役中的作用入手，检视宋辽各自的内政与外交形势，揭开双方达成澶渊之盟的博弈过程。通过李继和在西北边疆防务中的表现，反映宋夏关系的复杂多变以及宋廷西北边疆治理的战略演变，其间北宋招诱吐蕃对付西夏"以夷制夷"战略的酝酿、朝野关于灵州存废论争背后的利益考量等内容跃然纸上。李氏外戚将门发展中，诡谲多变的宫廷政治斗争和中枢机构的人事纠葛等典型反映出北宋时期的独特的政治生态，如战争中主帅与都监之权力制衡，前朝重臣与储君间的明争暗斗，中枢人事变动与党派利益的争夺，等等，帮助我们进入宋代政治运行中复杂、丰富而又动态的历史场景之中。

武将命运、家族兴衰与时代的脉动息息相关。作者讨论武将事迹，将其置于北宋政治、军事、民族关系、边疆治理等几张大网中进行。实际上，这几张大网性质有别，又相互交叉重叠，在错综复杂的种种关系中，呈现出武将事功的历史意义。在宏大的背景下，我们才能真正看清楚历史人物所扮演的角色，才能深刻理解他们的时代作用和影响。作者并没有将观察的视野局限在李氏外戚将门这一有限的问题之内，而是将人物与其时代紧密相连，反过来论世知人，研究人物与关注时代。

作为武将的一种特殊类型，外戚武将在北宋政治运行中扮演何种角色？外戚将门势力演进背后的政治内涵是什么？这是作者深入思考和解答的问题。北宋最高统治者任用外戚武将来制衡文臣集团，是作者在个案观察中得出的重要认识，以此揭示宋代政治统治中加强皇权的本质，进而将讨论引向历史的深处。

外戚武将具有双重身份：作为外戚，其与皇室关系密切，容易获得统治者的宠信；作为武将，具有统掌重兵的军事权力，是政治力量中极为重要的一端。因此，作者用"攀龙附凤"来概括北宋潞州李氏外戚将门势力演变背后的政治含义。北宋政坛上，一方面外戚武将依靠皇帝的宠信和皇后的裙带关系延续势力，另一方面，最高统治者何尝不是利用外戚将门在内的各种力量来巩固江山社稷。自北宋建立伊始，巩固皇权一直是统治者最为忧心之处，其中如何处理文臣和武将的关系是一个重要内容。学界将之概括为"重文轻武"或"崇文抑武""以文驭武"等。作者则指出，类似"重文轻武"等的概括与讨论实际上忽略了宋代君主的角色。作者的问题意识是，宋室帝王为了长治久安和巩固统治，是否一直不变的施行"以文制武"或"崇文抑武"的治术？通过李氏将门兴衰我们看到，赵宋统治者在开国时实行以文臣制约武将的治国方略，成功地防范了五代武臣擅权的局面，到真宗、仁宗以后，文臣集团力量逐渐坐大，皇帝又反过来利用出身将门为主的外戚亲信，来反制文臣集团的力量，最终实现皇权的稳固和中央集权的加强。在宋代的政治运行中，文臣集团从未停止批评、反对乃至力阻外戚获委军政重任，而皇帝又不断委任外戚以军政要职。如李昭亮辈等外戚武将，虽无赫赫战功，然却官运亨通，赵宋最高统治者用外戚执掌兵权以制约文臣集团的政治用意在此昭然若揭。在北宋政治舞台上，外戚武将的确发挥着内征外讨的军事作用，然其另一面是作为一把"利器"去实现朝中不同政治力量间的平衡，这是此种"特殊类型"武将所扮演的"特殊角色"。

显然，在以往的武将等研究中，学者的讨论囿于单纯的"文"与"武"二元对立思维所限，而忽视了其背后皇帝、文臣、武将等多重关系的存在这一事实，直接影响到我们对宋代政治史的理解。对皇帝来讲，"文""武"之间孰轻孰重，实则是一个与赵宋中央集权密切相关的统治手段和工具，这即是帝王高超统治术运用的体现。看来，宋代的文武关系问题并非简单的此"重"彼"轻"就可以概括的，还需要我们结合具体的实例，深入到宋代文武关系的"历史现场"去揭开其多维复杂的面向，其中尤为重要的一点就是清醒地认识到文武关系背后皇权的在场这一关键因素。进而言之，宋代政治史研究中类似"重文轻武"等被学界视为常识的结论还需我们另换思路深入讨论，故宋代政治演进背后的真实脉络值得重新勾勒。

作者的研究还存有进一步拓展的空间。潞州上党李氏外戚将门势力发展过程中，获得皇帝宠信即"攀龙"是重要因素，"附凤"则是另一关键。若仅凭沙场征战，而无宫廷皇室奥援，李氏将门可能是另外一种命运。其中两个人物就尤为重要，即李处耘的次女与外曾孙女，前者是太宗明德李皇后，后者是仁宗郭皇后。太宗朝，李继隆兄弟位高权重，离不开明德立皇后的影响。太宗晚年到真宗初年，李皇后涉嫌废立真宗，而致使权势熏天的李氏将门失宠。仁宗朝郭皇后之废立，也同样关乎李氏武将的宦海沉浮与其家族势力的兴衰。然从全书看，作者对两位关键女性人物的集中分析似嫌不够。是否能另成一篇讲述"她们"的故事，揭示李氏家族发展中女性人物所扮演之特殊"角色"？

比较分析是避免由个案研究而以偏概全的重要途径。关于宋代外戚将门问题，作者除了潞州上党李氏外戚将门专著外，还有其他的个案研究，如陈州宛丘符氏（《北宋外戚将门陈州宛丘符氏考论》，《中国文化研究所学报》2007 年第 47 期）、开封浚仪石氏（《北宋外戚将门开封浚仪石氏第三代传人石元孙事迹考述》，《新亚学报》2012 年第 30 卷）、保州保塞刘氏（《北宋保州保塞外戚将门刘氏事迹考》，《新亚学报》2013 年第 31 卷）等，可惜新著中并未展开很好的比较研究。相信作者今后能结合多个外戚将门和其他类型武将的综合讨论，以此将宋代武将的研究推向深入，这也是整个宋代政治史研究开拓新路之亟须。

（原载刘东主编《中国学术》第 35 辑，商务印书馆 2015 年版）

《宋代妇女的佛教信仰与生活空间》读后

马惠敏

  宋代是中国佛教发展史上的重要转折期，自唐代中后期兴起的新禅宗与净土宗，在佛法的传布中，深入到妇女的日常生活中，以其简单易学好记的特点，在妇女中有着较大的吸引力。从目前可见的资料来看，佛教信仰在宋代妇女中极为兴盛，这与当时的社会环境以及士大夫对女性信佛的看法等有很大的关系。关于妇女佛教信仰方面的研究，取得了许多优秀的成果。[①] 2015 年 9 月，中国社会科学出版社出版了邯郸学院文史学院邵育欣博士的著作《宋代妇女的佛教信仰与生活空间》，该书是站在女性立场，以女性为研究客体，以生活空间为观察视角，进而探讨佛教信仰对女性物质、精神生活带来的影响的一部优秀之作。

  除绪论和结尾之外，全书共分为四章。第一章，在家女信徒的活动空间，共分为四小节，分别从家内的居处空间、在家女信徒的人际交往空间、在家女信徒的事业空间及意料之外的危险四方面进行了讨论。作者认为，在家女信徒也是宋代佛教在社会中传播和发展的重要支持者（该书第 22 页，下同），而且在他们之中也存在较大差异，"既有阶层的区别"，又有"信仰的程度及动机的差别"，不同的家庭环境也给她们的信仰带了很大影响。而且虔诚的女信徒会在有限的空间内，努力为自己的信仰寻找"一席清凉之地"（第 32 页）。佛教信仰使得她们收缩了在家内的物理活动空间，拓展了在家外的物理活动空间以及人际交往空间、事业空间。这两个看似矛盾，但是却是女性生活中并存的轨迹，在作者看来，无论是收缩还是拓展，都体现了女性信徒在其中所作出的主动甚至是有意识的选择（第 87 页），体现了女信徒的主动性。其中的事业内容也因信仰而得以拓展，"佛事与家事二者既有冲突也互有助益，应该平衡好二者的关系"，但是，女性对待佛教信仰的态度也引起了男性士人的反对，认为放任女性信仰佛教，会导致维护的秩序格局被打破。

  第二章，出家女信徒的活动空间，共分为三小节，分别从女尼的事业空间、女尼的人际交往空间及破戒与犯罪三方面进行了讨论。作者认为，女尼的活动空间和他们的修行、生存是相互影响的。事业空间的拓展得益于禅宗和净土宗对待"男女悟道无差异的要求"（第 96 页），活动空间因她们修行和生存的需要而变化（第 125 页）。相对自由的空间，也使得她们的修行和生存有了必要的条件。虽政府屡有禁令，禁止僧尼交往，但二者之间

[①] 王平宇：《宋代妇女的佛教信仰——兼论士大夫观点的诠释与批评》，硕士学位论文，台湾"清华大学"历史研究所，1998 年。黄启江：《两宋社会精英家庭妇女佛教信仰再思考》（上、下），《法鼓佛学学报》2008 年第 2 期。秦艳：《从墓志铭看宋代女性的佛教信仰》，《晋阳学刊》2009 年第 6 期。黄敏枝：《宋代妇女的另一侧面——关于宋代的比丘尼》，载邓小南主编《唐宋女性与社会》，上海辞书出版社 2003 年版。

依然保持着日常交往，而且"女尼出家前后也会获得家庭的经济帮助"（第116页）。但是，女尼相对自由的活动空间也带来了问题（第125页），由于某些女尼的品行不端，扰乱了原有的社会秩序，恶化了女尼的负面形象，进而引起士大夫与政府对她们的限制。虽然形式不同，即士大夫的家训或者是以政府的名义下达的诏令或榜谕，但是都是针对女尼的物理活动空间及人际交往空间进行了限制，而这种限制主要是针对男性，毕竟女尼作为方外之人，不会受到尘世间的俗令影响。作者还认为，女尼也有着其无奈和受压力的一面。在进行人际交往的过程中，既要受到清规戒令的约束，又要遵守儒家的道德行为规范，在直接面对社会的交往中，往往会陷入两难的境地。最后，性别的差异，也使得女尼受到歧视，自然就处于弱势的一方，有时候除了逢迎与委曲求全之外别无他法。

第三章，女信徒的想象空间，共分为三小节，分别从死后的归处、与神灵的现世沟通及想象记载的建构三方面进行了讨论。作者认为，佛教教义经典与女信徒精神之间的互动，促成了女信徒们对彼岸世界的建构与向往。"无论是对净土与地狱的理解还是想象，其中都掺杂着自己在现实社会中形成的认识和观念"（第146页）。女信徒心目中所期待的彼岸世界以及诸神灵的威力等，都是"她们将教义经典与自己的精神需求结合的结果"（第159页），这也使得每位女信徒的理解和想象不尽相同。在自己或者家人遭受苦难并无力改变的时候求助神灵，从而使得神灵的救助包括了世间的女性的需要。而且，需要承认的是，女信徒对彼岸世界与神灵的这些想象，确实使她们获得了精神上的慰藉和满足（第159页）。作者还指出，值得注意的一点是，女信徒的佛教信仰避免了要受一些现实功利主义的影响。当遭遇困境时，女信徒会希望通过佛事功德或以自己的虔诚修行获得神灵的帮助（第159页）。从而可以看出，在宋代佛教本土化即世俗化、平民化的影响下，女信徒的佛家信仰沾染了现实社会的功利主义色彩。

第四章，女信徒的思维空间，共分为四小节，分别从内求清净、省身约己、自我追求及由己及他四方面进行了讨论。作者认为，女信徒在佛教教义的经典理论下及修行实践的影响下，相对于物质等外物的，她们更关注的是自己的内心，调节心理压力，使自己从烦恼中解脱，自觉反省和约束自身的言行，执着于信仰的追求和内心的解脱。"不以外物动其心"（第165页），以女信徒的自身或自心为中心，由外到内，再以外及内，推己及心，不单停留在自身的关注中，会拓展到有情众生。作者指出，女信徒对自身的关注分为三个层面，一是内心，受到佛教教义影响的信徒，对于外界的富贵、名利、情感甚至是生死等，不会再产生欲念与执着，会自觉地将关注点由外物的得失转移到自己内心的努力（186页）；二是自身层面，受到佛教因果报应论的影响的女信徒，会在日常的生活中反省自身的言行举止与佛教修持，既是对前世的偿还，又是对后世阴德的累积；三是自我层面，生活的中心不再完全围绕丈夫子嗣及家庭，佛教信仰作为自身的追求，眼界也不仅局限于家庭之内，会扩展到芸芸众生，同时也为她们提供了凭借个人努力实现自我价值的机会（第187页）。

纵观该书，有以下几个特点：

首先，作者引入"社会性别"（第3页）视角，在著述的过程中，很好地吸收和利用了海内外的研究成果，把佛教信仰这一宽泛的问题聚焦在女性视角下，并把妇女的佛教信仰与内外空间结合在一起，这是该书的一大特点。关于生活空间的界定，作者在参考了以往的研究成果的基础上，就该书所讨论的"生活空间"而言，主要包含两个层面："一是物质空间及其延伸，即物理空间、人际交往与事业空间等；二是精神空间，包括想象空间与思维空间"（第 4 页）。在写作的过程中，始终关注的是佛教信仰与妇女生活层面相关的问题，而且以生活空间为观察视角来探查佛教信仰给她们生活带来的影响。无论是在家女信徒还是出家女信徒（女尼）始终作为研究的客体，并展现出了她们在信仰佛教的过程中的主体性和能动性。诸如，妇女在佛教信仰的影响下，开始关注自身的追求与利益，希望依靠所信仰的神灵，获得救助、解脱、去往西方极乐，家庭、子嗣、夫君不再是女性生活的全部中心。这与儒家传统文化所希望的以家庭为全部生活中心的贤妻良母形象有别（第 178 页）。

其次，女性视角的引入，提高了作者对"史料的警觉性"（第 16 页）。流传下来的史料大多是男性记载，这就不可避免地带入了男性的色彩与态度。在引用史料的过程中，作者尽量避免采取与那些女性资料记载者的男性士人"同样的窥伺立场"（第 15 页），摆脱那些带有个人意识与性别歧视的史料的影响。作者对于不同类型的史料进行考证、校对，取长补短，有着丰富的史料佐证。除此以外，佛教史籍类资料也是作者参考资料的重要一环，这也是较以往的论述著作不同的地方，在佛教史籍与笔记小说、墓志铭的互相比对下，使得该书的内容更加真实、具体。

最后，作者有着扎实的文字功底，且在史料的运用上非常娴熟。该书 22 万余字，除却内容的翔实，稳步前进的笔墨也把女性的佛教信仰对生活带来的影响娓娓道来。尽管对于妇女的佛教信仰与妇女的内外生活空间的研究，前人早有论述，但是作者把两者巧妙地结合，从史料出发，对于女性的自我追求与自我价值的实现的分析（第 178 页），提出了自己的见解。

以往的宋代妇女史的研究，关于妇女的佛教信仰的成果很多，但是该书把女性的信仰与生活的内外空间结合，从而打开了一个新的大门。总的来说，佛教教义渗透到女性生活的方方面面，使得我们了解到佛教信仰给女性生活所带来的影响。

当然，该书还存在着一些不足：一是从该书的章节安排来看，把宋代信仰佛教的女性分为在家女信徒与出家女信徒，各为一章进行论述，但是没有把两者结合起来进行对比，两者的差异表现得不明显。二是在三、四章的论述中，对于女信徒的描述与分类不是很明朗，而且通观下来，大多数的笔墨是集中在在家女信徒。

总之，瑕不掩瑜，《宋代妇女的佛教信仰与生活空间》的出版，给宋代女性的宗教信仰研究提供了新的模式，是一部值得品味的优秀之作。

新书序跋

《北宋科甲同年关系与士大夫朋党政治·序》

刘复生

今有同窗之好，古有同年之谊，从古至今，因科论交、缘学成友是仕宦之间拓展社会交往的重要途径。同榜及第的进士同年关系是科举时代的产物，它既是仕宦之间赖以交往的一种途径，也是促成唐宋以降仕宦频繁结党与结社的一种因素。这种因科考结成的人际关系，为我们提供了观察唐宋以降历朝历代朋党政治的独特视角，它不仅是了解士大夫阶层社会交往的很好门径，也是考察当时政治文化的重要窗口。宋代社会相对松散，社会流动性大增，门第的庇护既已失色，更兼寒素登第者不在少数，寻求可以引为援奥的关系则成为必然的选择。在"举世重交游"（范质《戒儿侄八百字》）的时风中，同年关系自然更不会被忽视，"同年录"的出现显示了宋代社会的这一流行色彩。

朋比联党是古代士大夫政治的一大特征，从两汉到明清，虽然时移世易，朝野人士构党的热情却似乎少有改变，只是时代的变迁，其联结朋党的方式与途径有所不同。科举制度下的同年关系是士宦社会关系的重要层面，其产生的作用或影响难以一言概之。唐代缘科举而出现的师生关系、同年关系一度成为新兴官僚集团结党自固的重要途径。在党争风起云涌的北宋政坛，"朋党"问题尤为突出，欧阳修为"君子党"正名的名篇《朋党论》正是这一现象的产物。随着政治环境的变异，科场师生、同年等关系对朋党的影响虽然有所减弱，但是其间与同年的政治关系，则需仔细分析。作为导致党争激化的间接或隐性因素，进士同年关系之于士大夫朋党政治的影响始终是存在的。从宋仁宗前期的景祐党争和庆历新政，到神、哲时代的新旧党争，几乎每一次重大的政争都有同年构党之嫌。该著以个案研究为基础，深入地揭示北宋进士同年与朋党政治的关系，对于北宋政治文化的研究富有参考价值。

祁琛云的这一研究成果是在其博士论文的基础上修订而成的，比答辩时的质量又出彩不少。论文在前人的研究基础上，做了许多延展性的探讨，展开了许多前人少谈或未曾涉及的话题。作者观察到，从唐宋到明清，人们对进士同年关系的认知不尽相同，进士同年关系在北宋朋党政治与士林社会中的作用与影响也不尽相同。众多个案研究所揭示的士人群体、人事关系、政治斗争、诗文唱和等都从不同的侧面折射出北宋一朝士大夫朋党政治复杂多变的特点，也显示出作者试图以进士同年关系为切入点，从整体上把握北宋的政治文化特性。从解读进士同年关系在人际交往中的作用及其价值取向的运用来看，展现了作者结合中国传统伦理观念及当代西方社会学的相关理论的努力，具有新意的论述给人留下了深刻的印象。

顾炎武较早注意到了"同年关系"对朋党政治的影响，对这种关系带来的"私恩结而公义衰"的后果表示了忧虑（《日知录·同年》）。二十世纪的学术界也关注到这个问题，然而论著稀少。二十世纪四十年代，陈寅恪先生在分析唐代牛李党争时认为，科举制度所衍生的座主门生及同年关系对唐中后期的党争起着重要的推动作用（《唐代政治史述论稿·政治革命及党派分野》）。二十世纪九十年代中叶，香港学者何冠环先生在其《宋初朋党与太平兴国三年进士》一书中讨论了几位出身于宋太宗太平兴国三年榜的政治人物通过同年关系结党的史实。琛云博士《北宋科甲同年关系与士大夫朋党政治》这本厚重的专著出版，无疑将这一领域的研究推向了新的阶段。

科举制度在宋代有了很大的发展变化，每榜录取人数数倍于前朝，然而在史籍中却缺少关于进士同年的集中记载，琛云博士搜集整理了文献中的各种碎片化信息，对这一论题力求做出相对全面、深入且具有创新性的研究，取得了显而易见的成效。从叙事行文来讲，艰涩难读已成为史学著作的一大通病，如何将作品撰写得流畅而不失研究本意，则是学界共同关心的话题。作者希望重拾史学叙事文质并重的传统，在兼顾学术与可读性方面作了许多努力，这也是该书的一个亮点。

"同年关系与朋党政治"这一课题牵扯面广，内容庞杂，研究起来具有挑战性。尽管琛云博士的书稿已经对许多问题做了不同程度的探讨，但无疑仍有可供拓展的空间。从时间的维度而言，可以顺延至南宋时期；就内容的广度而言，可以将研究领域向普通科举士人群体扩展。如果说，顾炎武对因科举而结成的某种关系的看法大体是负面的，那么，同年关系所造成的"消极"影响在宋代的情况到底如何？或许是读者有所期待的。

琛云勤奋质朴，事业有成，对母校怀有很深的感情，毕业六年之后，将长期思考并修订后的博士论文交给母校出版社出版，作为老师，自然十分高兴。欣然作此序文，愿与琛云共勉！

2015 年 2 月初

附记：琛云此著由四川大学出版社 2015 年 3 月出版。该书本已通过生活·读书·新知三联书店评审，然而通知来得太晚，有些遗憾。

2017 年 3 月

《〈宋史·吐蕃传〉笺证·序》

程民生

对于宋史研究而言，496卷的《宋史》是一个资料丰富的宝藏，卷帙浩繁，叙事详尽，基本保存了宋朝国史的原貌，作为篇幅最庞大的一部官修史书，占二十四史中3243卷的15.3%。但是，从史学史角度而言，《宋史》则是一部非常糟糕的史书。元末仓促成书，且出自多人之手，在材料剪裁、史实考订等方面均存在不少问题，可谓东拼西凑，错误百出。给后代带来极大麻烦，以至于修订《宋史》成为一项持续不断的常规工作。

《吐蕃传》在《宋史》中占了1卷，较为系统地记载了宋代西北吐蕃的变迁历史，实为研究者必不可少的第一手资料，弥足珍贵。同样，问题也是很多，诸如年代颠倒、漏载失载、史实不清、语焉不详，等等，造成了很多以讹传讹的错误，有些已经阻碍了进一步研究。近年来随着对宋代西北吐蕃研究的深入，这些问题变得愈发突出，几成瓶颈，解决这些问题的任务迫在眉睫。作为既成的正史，《宋史》不可取代，原文不可更改，要纠正其错误，梳理其条理，补充其简略，主要方法就是笺证。这需要专家来承担。

通常以为整理古籍是件吃力不讨好的事情，积极主动地来为《吐蕃传》做笺证，无疑是一份有责任心的担当。担当者齐德舜博士，是兰州大学西北少数民族研究中心毕业的民族学博士，后来又在河南大学历史文化学院成为历史学博士后，现为河南大学民族研究所副教授、硕士生导师。近年来，他先后在《中国边疆史地研究》《中国藏学》《西藏研究》《甘肃社会科学》等期刊发表论文40余篇，出版专著1部，主持国家社科基金项目"从赞普到土司：唃厮啰家族发展嬗变研究"，参与教育部重大课题"黄河上游藏区现代化转型问题研究"和国家十二五重点规划项目《吐蕃通史》等多项课题。这些介绍，应该可以证明齐德舜博士是位有才干的研究吐蕃史的青年专家。唯专家，才懂得孰轻孰重；唯青年，才有精力投入；唯有担当，才愿做基础工作。

该书以《宋史·吐蕃传》为研究对象，通过疏理编排其他藏汉文献中的史料对其进行逐句研究，或正其讹误，或考证其事，或增补其阙，用笺证这种传统体裁对《宋史·吐蕃传》进行全面的研究和系统的梳理。具体按照《宋史》中的顺序分为《〈宋史·吐蕃传〉笺证》《〈宋史·吐蕃传附唃厮啰传〉笺证》《〈宋史·吐蕃传附董毡传〉笺证》《〈宋史·吐蕃传阿里骨传附〉笺证》《〈宋史·吐蕃传附瞎征传〉笺证》《〈宋史·吐蕃传附赵思忠传〉笺证》六个部分。作为核心学术内容的笺证，颇多精湛。试举一例：

《宋史》原文："钦毡迎溪巴温入青唐，立木征之子陇拶为主。"德舜的笺证指出："《宋史·瞎征传》说陇拶为木征之子，这是一个明显的错误，陇拶应为溪巴温之子。在《宋史》中明确记载木征有二子，这是非常明确的，'长子邦辟勿丁呕曰怀义，次盖呕曰秉义。'在其他文献记载中木征还有三子：巴鄂多尔济（赵忠）、巴勒蒙诺木（赵毅）、续本洛，并不见有陇拶的记载。在其他的一些资料中均没有对陇拶乃木征之子的记载，陇拶其实是溪巴温之子。"然后引用了诸多可靠史籍论证。如引《曾公遗录》卷八元符二年八月丁酉："既而孙路令瞻归河州,邰闻心牟钦毡与契丹、夏国公主已遣马二匹,一载虎皮(蕃语谓之虫虎)锦袍、彩服,一载闹装、鞍辔往迎溪巴温、陇拶父子入青唐。"《皇宋十朝纲要》卷十四元符二年八月:"是月,瞎征既来降,其首领篯罗结与心牟钦毡迎立董毡疏族溪巴温子陇拶为主,入居青唐城。"《东都事略》卷一二九附录七《西蕃》:"朝廷命王瞻招纳,瞎征遂削发为僧,出降。而溪巴温之子陇拶乘间入青唐,称王子。"从而得出结论:"《宋史》关于陇拶为木征之子的说法很可能是不成立的。陇拶应为溪巴温之子。"证据确凿,结论可靠,亦见治学严谨,功力扎实。

窃以为将《宋史·吐蕃传》作为整体进行研究,有着重要的意义。

首先,有利于全方位、多角度、多层次地了解宋代西北吐蕃的历史。《宋史·吐蕃传》内容涉及宋代西北吐蕃的政治、经济、军事、宗教、文化、民族关系等方方面面,对《宋史·吐蕃传》研究可以拓展宋史、民族史、藏学等学科的研究领域,具有重要的学术意义。其次,有利于对历代正史中少数民族史料进行研究的延续与发展。该书利用近年发掘的宋代汉文文献和藏文文献,综合运用传统的笺证和集注两种研究方式,具有一定的理论意义。此外,在每部分的人物笺证结束之后以编年的形式列出每一位人物的生平事迹以及部分人物的后裔寻踪,是该书的一个创新之处。可贵的是作者懂藏语,书后附录有《〈宋史·吐蕃传〉人名同名异译对照表》,还有《六谷蕃部六谷联盟世袭表》《唃厮啰家族世系表》《宋代西北吐蕃大事记》等,都给读者和研究者带来极大便利。

齐德舜博士在河南大学做博士后研究时,民生恬为合作导师,而该书就是在其出站报告基础上完善而成的。德舜是山东人,又长期在西北求学,秉承了两地质朴、诚恳、勤奋的品格,这都是非常适合做学问的素质,故而能在繁重的教学任务之外,将9063字的原文笺证充实成近20万字专著。这是对《宋史》研究的贡献,是对宋代吐蕃研究的贡献,实在是可喜可贺!听闻即将付梓,益为欢欣,因以为序,并期望德舜博士以此为新契机,将青藏高原上的史迹进一步光大于世!

书 讯

【《宋代历史探求·邓小南自选集》】

邓小南著，首都师范大学出版社 2015 年版

该书作为"北京社科名家文库"丛书之一种，2015 年 8 月由首都师范大学出版社出版，选编了邓小南教授在数十年间教学与研究工作中发表的有关宋代历史研究方面的文章。全书共分 4 辑：第一辑《自序·引言》；第二辑《宋代制度·政治文化》；第三辑《性别·家庭》；第四辑《追思·纪念》。包含了《〈祖宗之法——北宋前期政治述略〉序引"问题的引出"》《"祖宗之法"与宋代的官僚政治制度》《从按察看北宋制度的运行》《关于"道理最大"——兼谈宋人对于"祖宗"形象的塑造》《南宋地方行政中的文书勾追：从"匣"谈起》《书法作品与政令文书：宋人传世墨迹举例》《存在·不存在？——女性与中国古代政治史》等政治史与妇女史研究的文章和一些纪念性的文章，涵盖了作者主要关注和研究的学术问题。

【《宋代治国理念及其实践研究》】

陈峰等著，人民出版社 2015 年版

西北大学历史学院陈峰教授等学者所著《宋代治国理念及其实践研究》一书，2015 年 3 月由人民出版社出版。宋代治国理念及其实践研究》一书以治国理念及其实践为观察视角，将宋代置于中国古代发展演变的脉络之中，通过对宋代方针、政策及其相关方面史实的梳理，全面总结并探讨了宋代治国理念的形成、发展及在具体实践过程中的调试，深入思考了宋代国家治乱盛衰的原因。该书认为宋初统治者二次北伐的失败使其眼光向内，采取守内

虚外之策。这种显具重内轻外特点的思路，促进了宋代崇文抑武治国理念的形成及确立，也由此衍生了分权与制约、务实与防弊的治国理路，并在实践中加以强化和调试。宋朝崇文抑武的治国理念以及重内轻外的路线，保障了内部长期的稳定发展，其功效无疑是明显的，不过也要清醒地看到赵宋王朝以牺牲外部环境所带来的稳定与繁荣，却最终在外族的压迫之下灰飞烟灭，因此宋代的治国理念仍然存在着不足与缺憾。该书的研究结论不但有助于更加全面地理解宋代历史和把握中国古代治国理念发展的总体脉络和趋势，更可为当今中国处理建设与国防、内政与外交之间的关系提供历史借鉴。

【《宋代人物辞典》】

杨倩梅主编，河北大出版社 2015 年版

作为河北大学宋史研究丛书第四辑之一种，河北省社会科学院杨倩描先生主编的《宋代人物辞典》（上下）一书，于 2015 年 1 月由河北大学出版社出版。全书 110 万字，收录宋代人物 9000 多个，收录范围上起五代宋初，下至宋末元初，凡文献、碑石有记载，且有事迹可记的历史人物均在收录范围，宋朝同时期的吐蕃、大理等生活在今中国版图内的少数民族人物、在宋境内活动的外国人也在收录范围。该辞典编纂中尤其注意家族性群体、军人、有名字妇女的人物信息的收录，弥补了此前《全宋文》《全宋诗》以文收人的不足，体现了词条收录的综合性。由于宋代历史悠久，保存下来的文献、文物丰富，人物事迹众多，该辞典拟设计为系列出版物，本编未收录的宋代人物，将在以后续编中

陆续予以编纂收录。

【《宋代契约法律制度研究》】

杨卉著，人民出版社 2015 年版

河北大学政法学院杨卉青教授所著《宋代契约法律制度研究》一书，2015 年 3 月由人民出版社出版。该书以马克思主义唯物史观为指导，在其他学者的研究基础上，进一步发掘、整理、分析有关史料，对宋代契约关系及其调整的契约法律制度进行专题研究。重点研究宋代契约关系产生发展变化的背景，全面总结契约的种类。全书共分六章：第一章，对中国古代契约的概念和契约形式进行了梳理和论述。第二章，探讨了宋代契约制度发展的社会背景。第三章，对宋代契约的种类和各类契约适用范围进行了全面系统的总结和探讨。第四章，从契约法的角度对宋代契约的订立原则、形式规范、履行和消灭的规定，进行了比较深入的研究，展现出宋代契约制度的完备。第五章，对宋代契约制度中具有时代特色的制度进行了专门研究。第六章，对宋代发达的契约制度为什么走向了衰落进行反思，同时探讨了宋代契约法律制度对于完善我国现代合同法的启迪和借鉴意义。全书再现了宋代社会财产流转的形态，归纳了宋代政府对于契约关系的订立、履行的干预和规范。

【《宋代瘟疫的流行与防治》】

韩毅著，商务印书馆 2015 年版

中国科学院自然科学史研究所韩毅研究员撰写的《宋代瘟疫的流行与防治》一书，入选"国家哲学社会科学成果文库"（2014）中一种，2015 年 4 月由商务印书馆出版。

《宋代瘟疫的流行与防治》以宋代发生的 293 次重大疫情为研究对象，系统地探讨了宋代瘟疫的流行概况、地域分布、病因病症和社会影响，以及不同社会阶级

如皇帝、中央政府、地方政府、医学家、宗教人士和社会民众等对瘟疫的认识、采取的防治措施及发挥的作用等，总结了宋代在疫病防治中提出的新理论、新方法和新方剂，为现代社会应对重大疫病提供借鉴，因而具有较强的学术意义和现实意义。该书由序言、绪论、正文、宋代重大疫情年表与史料、参考文献、索引、后记等组成，共 9 章 42 节，22 个图表。广泛查阅了各类史书、医书、方志、文集、笔记、碑刻和《大藏经》《道藏》中的文献，并在此基础上完成了 10 万余字的《宋代重大疫情年表与史料》，超越了以往学界的研究成果，具有较高的史料价值。同时，书中采用了传染病学和医学社会史、文化史的研究理论与方法，以及整体研究和个案研究相结合的方法，全面系统地探讨了宋代防治传染病的措施、取得的成就和局限等。不仅丰富了中国传染病防治史研究的内容，而且也拓展了中国科技史研究的视野，具有较强的借鉴意义。

【《宋代广州知州群体研究》】

卢萍著，（台北）花木兰文化出版社 2015 版

广州是宋代岭南的政治中心和经济中心，海外贸易中心。宋代广州知州的选任，反映了朝廷对广州既有扶持又有约束的要求。有宋一代，广州知州正官 160 人，这一群体既具备宋代知州的一般性，又带有地方职官的特殊性。他们的籍贯多为南方地区，年龄老成，进士出身比例近 3/4，任期多为一年半或两年。广南路、福建路、江南西路、荆湖南路的迁转体现了就近原则。位至宰相、尚书、侍郎等高级官员者近 40%。北宋时期，具备转运使资序出任广州知州约占可考人数的 2/3，反映了经济管理能力是广州知州选任的重要资质之一。持重、文武兼备、识大体、廉洁、吏干等特点是广州知州的主要素养。他们缉

寇安民，修建城池，管理海外贸易，关心民瘼，减轻赋税，复兴儒家礼仪制度，兴建学校，敦化革俗，为广州城市发展、岭南经济文化发展作出了历史贡献。

【《宋代女性法律地位研究》】

王扬著，法律出版社 2015 年版

该书以婚姻、家庭、财产关系、刑事司法为线索，综合考察宋代女性的法律地位与社会生活。全书共分五章十四节，主要涉及以下内容和观点。第一章《女性在婚姻中的法律地位》透过法律规定，审视女性生活中所表现出来的婚姻自主权。第二章《女性在家庭中的法律地位》，分为一般家庭和皇家的母权，重点探讨家庭中的母权问题。第三章《宋代女性在财产关系中的法律地位》。第四章《宋代女性的刑事法律地位》，主要探讨女性犯罪与处罚，以及侵犯女性的犯罪及处罚和女性对古代刑罚改革的重要影响，女性在司法中所享有的体恤和女性在诉讼中所享有的权利等。

【《王瑞来学术文丛》】

王瑞来著，山西教育出版社 2015 年版

2015 年由山西教育出版社出版之《王瑞来学术文丛》，是王瑞来教授三十年来的学术论文集萃。《王瑞来学术文丛》共分 5 卷，分别为《近世中国——从唐宋变革到宋元变革》《知人论世——宋代人物考述》《天地间气——范仲淹研究》《文献可征——宋代史籍丛考》《仇雠相对——版本校勘学述论》。《王瑞来学术文丛》一方面从整体上展现出王瑞来教授的治学理路；另一方面则是分别汇集其版本校勘、文献研究、人物考论和唐宋变革、宋元变革诸专题研究之成果。另外，亦向读者明示，王瑞来在宏观历史问题的关怀中，从唐宋变革论到宋元变革论的研究历程。

"近世"这一舶来的词汇，是镶嵌在中古和近代之间的一个历史分期。宋元时代，通常被看作是近代前期。因此，《近世中国——从唐宋变革到宋元变革》一书书名的"近世"标示的是时代范围，"中国"则是标示的地域范围。该书展示的是这一时空内政治与社会变化。该书共有 16 篇文章，分编上下，囊括了著者在历史研究领域里 30 年跋涉的主要足迹，内容如副题所示，从唐宋变革到宋元变革。该书上编主要是皇权与士大夫政治研究，包括影响广泛的 80 年代刊发于《历史研究》的《论宋代相权》与《论宋代皇权》，以及后续深化研究。下编则主要是宋元变革论研究，汇集有著者近 10 年来的相关文章，有综论，有个案研究。

《知人论世——宋代人物考述》一书收录著者既往长短不一的宋代人物考述 26 篇，从皇帝到将相，从官僚到布衣，从闻人到凡俗，纵贯两宋三百年，通过著者的笔触，湮没在历史尘埃中的魂灵再度复活，呈现在读者面前。按时代顺序，分为 6 组。对这些人物，既有钩玄索隐的纯粹考证，也有抉微致曲的行为观察，还有人物作品的考述分析。人与事相连，围绕人物的事件无疑也成为著者关注的重点。北宋形成的士大夫政治，南宋强势的地域社会，为这些人物提供广阔的活跃空间。

《天地间气——范仲淹研究》。朱熹称范仲淹为"天地间气，第一流人物"，可谓是极高的评价。如果按天文学描述天体的亮度来形容，在人才辈出的宋代，乃至中国历史，范仲淹绝对数得上是一等星。因而，尽管著者的研究范围跨越于北南宋，但是范仲淹则是一直最为关注的人物。著者曾因科研项目之需，30 年来 3 次全面校勘整理范仲淹的诗文集。以范仲淹的著述为主，著者利用亲手发掘出的原始资料，通过历年撰写的已刊和未刊的十几篇文章，分为思想研究、政治研究、生平考证、作品研究、行事杂论 5 个部分，对范仲淹进

行了综合研究。该书虽说不是一部架构完整的范仲淹传记，但从生平事迹到政治活动，从思想渊源到人格理念，从文学成就到生活日常，均有深度涉及。此外还有作品的辑佚、辨伪、校读以及言行散论等，由此构成了一个范仲淹的全息影像。

《文献可征——宋代史籍丛考》一书，汇集了著者历年所撰关于宋代史籍的考述文章20篇。有对宋朝国史的史籍考述，诸如《宋史》《隆平集》《宋会要辑稿》；有对国史衍生史籍的考述，诸如《续资治通鉴长编》《建炎以来系年要录》《宋宰辅编年录》《续宋中兴编年资治通鉴》《宋季三朝政要》，等等。考述内容，因书而异，有史籍概述，有内容辨误。通过这些基础作业，不仅廓清了存留问题，也能使研究者更为清楚这些史籍之短长，更为自觉地使用史料。

《仇雠相对——版本校勘学述论》一书，是著者有关版本校勘学方面的文章汇集，分为版本篇和校勘篇。版本篇所收的版本学文章，涉及文献囊括四部中除经部以外的史、子、集部。校勘篇所收录的文章，有些曾刊于20世纪80年代中国古籍整理出版规划领导小组办公室编印之《古籍整理出版情况简报》，有些则为近年来校勘作业时陆续撰写之心得。上述文章均为著者于具体操作实践所得，仅见于此的知识与经验，对于文史学者或有裨益。

【《两宋生态环境变迁史》】

张全明著，中华书局2015年版

全书共分九章，上下两册。第一章主要介绍两宋生态环境变迁史研究的理论和方法。第二章至第七章分别研究"两宋王朝"这一时空范围内的气候环境、水环境、生物环境、地貌与土壤环境、矿物环境等"五大环境要素"，即受人类活动影响的生态环境的历史。第八章研究两宋时期的生态环境灾害，即生态环境与人类社会活动相互影响与作用的历史。第九章研究两宋的生态意识与环境保护，即人类对生态环境的认识史。在《两宋生态环境变迁史》论述的过程当中，作者既遵循"两宋王朝"这一特定的时空研究界限，但又不局限于此，也一并涉及了"两宋时期"中国境内其他少数民族政权时空范围内的生态环境状况。

【《南宋全史：思想、文化、科技和社会生活卷》】

范立舟、徐吉军著，上海古籍出版社2015年版

杭州师范大学人文学院范立舟教授、浙江省社会科学院徐吉军研究员所著《南宋全史：思想、文化、科技和社会生活卷》一书，作为"南宋史研究丛书"之一种，2015年10月由上海古籍出版社出版。该书上卷由范立舟著，既梳理论述了南宋时期作为中国文化"大传统"的精英思想，包括以朱熹、陆九渊、陈亮、叶适等人为代表的哲学思想与政治思想，也涉及南宋的历史学成就与各层级教育事业的发展情况，又全方位、多角度地探讨了作为中国文化"小传统"的社会文化与民间精神世界。对贯穿南宋时期的宗教以及相关联的民间信仰也作出了较为深广的开掘。下卷由徐吉军著，以广袤的视野统览南宋时期的艺术、科学技术、社会生活与风俗习惯。对当时领先于世界的"四大发明"及各种技术成就与社会生活的交互影响以及农业的进步、手工业的繁盛作出了系统、全面、翔实的叙述。对当时的绘画、书法、音乐与舞蹈等艺术成就作了言必有据的论述，并分析了这些成就取得的缘由以及对中国乃至世界的影响。

【《从文学到文化：传统中国研究的范式与方法新论》】

刘方著，中国社会科学出版社2015

年版

该书探索了宋型文化、唐宋变革、宋代城市革命、宋代媒介革命和宋代隐逸文化等学术问题,对于宋型文化这一学术研究范畴,从概念、分期与类型几个方面进行了系统的梳理与分析、阐释。从唐宋变革、宋型文化转型这一宏观视角入手,探索和剖析何以形成宋代审美文化的缘由;揭示宋代城市化进程所引发的一系列社会、文化的深刻变革与转型,对于中国近世特征形成具有重要意义;认为宋代媒介革命改变了旧有的文化传播与影响方式,形成着新的文学欣赏的习惯,并产生着新的前所未有的文学现象。揭示有宋一代士大夫,虽然有着不同的政治立场、政治身份和社会地位,却对以严光为隐士典范取得普遍共识和认同。而严光这一新的隐士典范的确立,又进一步强化和参与建构了宋代对于人格、道德、气节不断强调和强化的社会普遍话语。

【《中国古代乡村社会保障问题研究》】

张文著,西南师范大学出版社 2015年版

该书重点讨论了中国古代先秦、秦汉、唐宋、明清四个重要时期的乡村社会保障的基本问题,包括乡村社会保障的基本模式、乡村社会保障的效果、乡村社会保障的特点、城乡社会保障的差异等问题。对于研究中国古代乡村社会问题而言,该书从社会保障的角度提供了一种尝试线索。

【《宋史研究论丛》(第十六辑)】

姜锡东主编,河北大学出版社 2015年版

该辑共收录 30 篇文章,包括了《宋朝鞫谳分司制度的历史浮沉》《冲突与融合:北宋女性"夫死从子"规范的践行》《身体的消费:宋代官妓的差排、祗应与国家权力》《吕文德若干问题研究》《北宋

宽衣天武禁军考论》《"因时应变"与"遵用祖宗旧制":金军南侵与靖康初年中央统军体制的调整》《宋代东部地区的私人田庄》等诸篇文章。

【《宋史研究论丛》(第十七辑)】

姜锡东主编,河北大学出版社 2015年版

该辑共收录 30 余篇文章,包括《宋代御药院殿试管理职权的演变》《宋代县级财政账簿初探》《宋代府、州衙署建筑原则及差异探析》《关于南宋初期范汝为变乱的考察》《地理制约与权力博弈——南宋绍兴前期川陕军粮论争》《南宋与金战争中的环境影响力——以淮南地区为例》《熙宁科举改革与八股文的起源》《华风与夷俗——辽朝皇帝丧葬仪相关问题刍议》《辽朝侍卫亲军体制新探——兼析〈辽史·百官志〉"黄龙侍卫亲军"诸问题》《金代治河文献〈树石塂记〉考释》等文章。

【《保定宋辽历史文化遗产及其开发研究》】

刘云军、丁建军主编,河北大学出版社 2015年版

该书包括了《宋辽金元历史文化遗产与保定社会经济发展(代序)》《宋祖陵遗址及其文化产业开发探讨》《北宋时期白沟的生活世界》《历史上的飞狐古道》《古北岳的历史地位和文化价值》《唐末五代定州王处直的后裔在契丹考》《五代宋辽时期异质文化交流中的误解剖析》《宋朝遣辽使臣群体出身研究》《辽、宋、西夏、金筑城述略》《北宋时期河北中部地区的丝织业》《宋金时期河北路疫病的流行与防治》《论宋朝保州地区的军事防御举措》《国家对民间信仰的干预——以保定市刘守真信仰为例》等文章,该书集中探讨了保定地区宋辽时期的历史文化,对于该地区的历史遗产的继承与开发也提出了建议。

【《辛弃疾集编年笺注》】

辛更儒笺注，中华书局 2015 年版

全书共六册，180 万字。全书共收诗二卷，文三卷，词十卷，年谱一卷，另编入附录五卷，是目前收集稼轩著作最全的全集笺注本。笺注者曾参与《稼轩词编年笺注》的修订，并著有《辛稼轩诗文笺注》。经过长期努力，在实地学术考察的基础上，重新对稼轩著作进行了全新的笺校，对作品的历史背景、有关人物时事，以及典故、俗语词都详加笺释，并对旧有的谬误进行了纠正。所著年谱，参据新出土的资料以及族谱、金石资料，准确完整地记录了辛弃疾一生的真实面貌。

【《曹彦约集》】

尹波等校点，四川大学出版社 2015 年版

曹彦约（1157—1228），字简甫，号昌谷，江西都昌人。"肄业（白鹿）书院"，朱熹门人。淳熙八年进士，官至兵部尚书，卒谥文简。《宋史》卷四一〇有传。曹彦约有《昌谷类稿》六十卷，藏于家。明代书目有载，如《内阁藏书目录》卷三载："曹文简公《昌谷小集》十四册，全……凡二十卷。"但俱"湮没不显"。清时，四库馆臣自《永乐大典》辑出，为《昌谷集》二十二卷，为今所见之本。此次校点，即以此为底本，参之《全宋文》《全宋诗》，并辑得佚文数篇，为《补遗》一卷；又收录宋史本传、墓志铭，为《附录》一卷。

【《〈百官箴〉校注》】

（宋）许月卿著，肖建新校注，安徽师范大学出版社 2015 年版

《百官箴》是流传至今的古代典型官箴，讲的不只是为官之道，而且是治国理政的规矩、警戒，甚至规律。该书既有学术研究价值，更有现实借鉴意义。这次整理和研究，使两万多字的原著，成为近二十万字的作品，主要做了三件事，一是总体研究许月卿和《百官箴》，揭示其概貌和价值；二是重点注释典故、典章、典制性内容，纠正错误，疏解关节；三是汇编和整理资料，为进一步研究奠定基础。其中，注释占有很大的篇幅。该书可作为宋史、中国政治史研究的参考。

【《〈永乐大典〉本南宋至明湖南佚志辑校》】

周方高著，上海古籍出版社 2015 年版

该书以马蓉等点校的《永乐大典方志辑佚》为底本，结合张国淦所著《永乐大典方志辑本》，在吸收此二书校勘成果与其他学者相关成果的基础上，对《永乐大典》现存 813 卷中所录湖南方志按照明初湖南地区的政区进行重新校对、考证与编排。对《永乐大典》中湖南佚志的编纂年代、作者与同书异名现象等进行了较详尽的考证。结合传世史部文献、前人的诗文著述以及现存方志等典籍，找出佚志所引文献的出处，并利用传世文献订正《永乐大典》佚文存在的文字写本之讹误。辑录时以文字的存真为主，不作烦琐考订，只在必要的地方加以考按，如涉及与他书所载歧义者，则略做说明。该书对研究自宋至明初湖南的乡土地理和乡土历史有重要的参考价值。

第五篇

学人与学林

邓广铭先生的学术风格

包伟民

自我国近代史学创建以来，邓广铭（恭三，1907—1998）先生是对于宋代历史研究贡献最大的学者。他提出了关于宋代历史的一系列核心议题，对其中许多专题展开深入研究，其所提出的一些重要学术观点至今仍难被超越。他的研究更旁及辽、金历史，并提出了构建"大宋史"学术体系的主张。他的这些学术贡献推动着这一研究领域学科体系的建立。邓广铭先生在这一学术领域作为组织者与推动者的历史地位，无人能及。

自邓广铭先生仙逝以来，回忆、讨论他的学术贡献的文章已有不少。其中尤以刘浦江教授《邓广铭与二十世纪的宋代史学》一文最为全面。[①] 本文不欲重复师友们已经讨论指出的那些事实，试图仅就当年亲聆师训的体会，对邓广铭先生的学术风格，谈一些自己的认识。

一 特立独行、志在高远

恭三先生曾不止一次表示，他这一生幸运之处，在于一生处于北京大学这个全国最重要的人文学科中心。1932 年暑假，先生考取北大，进入史学系，当时的北大文学院，大师云集，令人有"天下之学术聚乎北大"之感，先生恰逢其盛。[②] 从此，除去短暂几年离开，先生一生工作、生活于北大，身处全国的学术中心。与此同时，他得到了傅斯年、胡适、陈寅恪三位学术大师在"治学道路和涉世行己等方面"直接的言传身教。这三位中间，他认为自己受傅斯年的影响最大。正是傅斯年，一直促使他"攻治宋史，为中国史学界填补一个空白点[③]。先生评价傅斯年具有作为一个"伟大学人恢宏的风度、弘通的见地、敏锐的思想、笃实的路履，无一不是足以为人师表"[④]。所以，其影响是全面而且深刻的。这些无疑都是先生学术生平中极为重要的外部条件，它在相当程度上保障了其学术发展所必需的资源支撑。不过，具有决定意义的，还在于先生异于常人的天资禀赋与精神意志。

先生在他的《邓广铭治史丛稿·自序》中，曾引清人章学诚《文史通义·答客问（中）》中语："由汉代以来，学者以其所得，托之撰述以自表见者，盖不少矣。高明者多独断之学，沉潜者尚考索之功，天下之学术，不能不具此二途。"他归纳说，依据章氏之

① 刘浦江：《邓广铭与二十世纪的宋代史学》，《历史研究》1999 年第 5 期。
② 邓广铭：《自述》，载《邓广铭全集》第十卷，河北教育出版社 2003 年版，第 410 页。
③ 同上。
④ 同上书，第 326 页。

论，每一个从事撰述的人，"一是必须具备独到的见解，二是必须具备考索的功力"。所以，"独到的见解"，或曰"独断之学"，可以说是先生一生的终极追求。

尽管如此，立意高远者众矣，行之有恒而又卓有成效者则寡。禀赋之外，精神意志实系最为难得的力量。先生一生特立独行，从他少年求学之时就有所表现，后来矢志进北大攻读文史，一次不成，再接再厉。直至晚年，其对于自己学术观点之坚持，对众云亦云现象之鄙夷，都是他深恶痛绝"奄然媚世为乡愿"作风精神的体现。他回忆恩师傅斯年，记述自己进北大后第一次听傅斯年的课，却直言："那堂课他讲得杂乱无章。"[①] 这就是特立独行的先生。所以他特别钟情于曾自称具有"推倒一世之智勇，开拓万古之心胸"[②] 本领的南宋思想家陈亮，称赞他"堪称特立独行"。自从大学毕业论文在胡适的指导下撰写了《陈龙川传》以后，直至晚年，先生一直都关注研究陈亮。他大概觉得这个历史人物与自己"性情相投"吧。

先生特立独行的性格影响到他的学术，还造就了他的论战风格。在学术问题上力求明辨是非，绝不含糊。所以陈智超先生说他是"写作六十年，论战一甲子"[③]。

二 大处着眼， 小处着手

说到治史的思想方法，先生十分重视辩证唯物主义作为治史指导思想的地位，而且，在我看来，他对于自己对这一理论工具的理解水平，可以说是相当自信的。记得有一次我陪着他从北大朗润园十公寓走到二院历史系办公室，一路上他给我解释在经济史研究中一些基本概念的含义，例如关于官田与国有土地的概念差异，等等。他告诉我，不能只读后人所写的史学理论的书，应该更多地阅读经典作家的原著。当时我就想，那些在1958年双反运动中批判先生的人，说他提出来的治史"四把钥匙"唯独不提马克思主义，所以是资产阶级的史学方法云云，真是胡闹。

先生之所以重视辩证唯物主义，有着自新中国成立以来政治大环境对他们那一辈学人多方面影响的因素在，可以理解。但绝不止于此。他评价傅斯年先生的讲课，说是"显示了他对古今中外学术的融会贯通"，"承受了现代研究学问的最适当的方法，开辟了这些方面的新世界"[④]。我想，这其实也反映了先生自己治学的旨趣。那就是：举凡有助于治史的所有现代学问，都在其关心之列。有一次在先生家里，他向我介绍现代社会学有关某一问题研究的发展史，絮絮道来，简要清晰，当时我惊叹极了。在先生看来，辩证唯物主义大概是所有"现代学问"中最重要的一种吧。

关于治学的路子，先生一向强调要"大处着眼，小处着手"，这当然体现了胡适对他

---

① 邓广铭：《回忆我的老师傅斯年先生》，载《邓广铭全集》第十卷，河北教育出版社2003年版，第301页。

② 邓广铭：《校勘〈陈亮集（增订本）〉卷二七〈又甲辰书〉》，载《邓广铭全集》第五卷，河北教育出版社2003年版，第269页。

③ 陈智超：《崇高的责任感》，载本书编委会编《仰止集——纪念邓广铭先生》，河北教育出版社1999年版，第257页。

④ 邓广铭：《怀念我的恩师傅斯年先生》，载《邓广铭全集》第十卷，河北教育出版社2003年版，第311页。

的影响。先生一生治史，就是遵循这样的路径。他在晚年对于未能写出一部详赡丰实的辽宋金史，曾多次表示遗憾。① 实际上由他执笔撰写的翦伯赞主编《中国史纲要》辽宋金部分，就已经相当"详赡丰实"。此外，他的那些专题性论著，例如人物传记，无论是北宋的王安石，还是南宋的岳飞，虽说只是围绕一个人物来落笔撰述，其所关心的却是那个人物所生活的整个历史时期，都是以点带面，以一部人物传记来描写一个时代，这是"大处着眼，小处着手"治学方法的经典例子。

　　先生授徒，当然也传授这样的治学路径。当我进北大时，先生已不再正式开课，我主要是通过定期向先生汇报读书心得，与他讨论，来得到他的指导。从大处着眼，在细微处入手，可以说正是我从先生那儿所学到的几项最重要原则之一。记得有一次我到他那儿汇报读书心得，那几天我正在读南宋李心传的《建炎以来系年要录》。先生问我有哪些发现，我提到了对书中所记关于南宋某一地方官设置问题的一个归纳性看法。不料先生说：这不过是一个枝节而已，读书应该关心大问题，从大处着眼，才可能有真正的提高。一番话，对我的触动很大，在我的脑子里留下了极其深刻的印象。到今天我自己教书时，总是把先生的这一番话，作为读书的一大诀窍，告诉学生。细想起来，先生在中国古代史领域所强调的一些基本问题，可以说无不是从大处着眼而提出来的。具体落实到整个宋史研究领域，先生一再强调不应该孤立地研究赵宋王朝，而应该对当时中国地域所存在的辽宋金夏几个政权同时展开研究，要研究"大宋史"，不应该局限于"小宋史"，就是一个例证。

三　考索之功，基础至上

　　在"独断之学"之外，实际的研究方法，就是"考索之功"了。在这一方面，先生尤其强调辨析历史资料功夫的重要性。他在北大读书期间，就深受傅斯年"史学即是史料学"之说的影响，晚年时他曾回忆说："傅斯年先生最初在中山大学创办语言历史研究所时提出这一治史方针，后来又在《中央研究院历史语言研究所集刊》上声明这是办所的宗旨。胡适在北京大学《国学季刊》发刊词中也表达了同样的意见。他们两人一南一北，推动史学朝这个方向发展，史学界由此也形成一种重视史料的风气和氛围，我置身这样一种学术环境中，受到这种风气的浸染，逐渐在实践中养成自己的治史风格，形成自己的治史观念。"② 1956 年，他在北大的课堂上公开提出研究中国历史有四把钥匙的说法，其要点，就是强调职官、地理、目录、年代这四个方面的知识，是深入分析与解读存世历史资料的钥匙。

　　所以他认为："每个从事研究历史的人，首先必须能够很好地完成搜集史料，解析史料，鉴定其真伪，考明其作者及其写成的时间，比对其与其他记载的异同和精粗，以及诸如此类的一些基础工作。只有把这些基础工作做好，才不致被庞杂混乱的记载迷惑了视觉和认知能力而陷身于误区，才能使研究的成果符合或接近于史实的真相。"③

　　为了使自己的研究成果"符合或接近于史实的真像"，以极大的努力来从事整理研究历史文献工作，可谓贯穿着先生整个学术生涯。当先生从事史学研究的初期，在关于辛弃

---

① 邓广铭：《邓广铭学术论著自选集·自序》，首都师范大学出版社 1994 年版，第 11 页。
② 欧阳哲生：《邓广铭教授谈治学和历史研究》，《群言》1994 年第 9 期。
③ 邓广铭：《邓广铭学术论著自选集·自序》，首都师范大学出版社 1994 年版，第 8 页。

疾以及他的稼轩词研究之外，奠定了先生在宋史研究领域领军人物地位的，就是他所做的关于《宋史》的整理研究工作了。如刘浦江教授所指出的，"从他 1941 年 7 月 8 日写给傅斯年的一封信来看，他当时似乎有一个对《宋史》全书进行通盘考订的庞大计划"①。先生在给傅斯年信中这么说："单论《宋史》各志一百六十二卷，即绝非三二年内之所可理董毕事者，并本纪、列传、世家等计之，势须视为毕生之业矣。"② 当时，这个计划的主要成果，就是从 1940 年底至 1942 年春，先生受中英庚款董事会的资助，完成发表的《宋史职官志考证》《宋史刑法志考证》以及王钦若、刘恕诸传的考证文字。③ 也正是这篇《宋史职官志考证》，赢得了陈寅恪先生"其用力之勤，持论之慎，并世治宋史者，未能或之先也"这样的高度评价。④

除了这几篇后来发表的考订《宋史》的论文外，实际上先生还对《食货志》《河渠志》与《兵志》开始了考订工作，可惜后来因种种因素的影响，未能完成。不过他对整理历史文献工作的关注，直至晚年，从未放松。

更重要的是，综观而言，可以发现，从考订《宋史》开始，先生一生所关注整理的，都是宋代一些核心的历史文献。这一方面反映着先生对宋代历史文献的总体认识，另一方面，当然更体现了先生治学之统揽全局、高屋建瓴的学术视野。这大概也是他所强调的从大处着眼的另一个体现吧。《宋史》之外，先生数十年一直关注、整理的另一部史书，就是可谓关乎两宋之际史事最重要的历史文献，即徐梦莘的《三朝北盟汇编》。此书最后由刘浦江教授协助先生完成整理工作。此外，20 世纪 80 年代，先生还与张希清教授合作整理了司马光的《涑水记闻》，并推动对南宋赵汝愚所编《国朝诸臣奏议》的整理工作。这两部书都是关于北宋政治史的核心文献。记得当年先生为了训练研究生们的基本功，特别指示按《国朝诸臣奏议》的行款印刷一批稿纸，命研究生每人负责点校两卷，必须先在稿纸之上录文，初校，审验合格后，再过录到正文上去。后来，先生又开始关注南宋后期的史籍问题，认为应该整理《宋季三朝政要》与《宋史全文》这两部于南宋后期史事最重要的编年史书，但可惜都来不及去做了。

四　解析史料，重在批判

说实话，在我当学生的那些年，重视历史资料考辨的老一辈学者不在少数。那么，先生的"考索之功"有哪些过人之处呢？他指导我从事关于宋代货币地租问题研究的例子，非常能说明问题。

我在硕士生时期，就一直关注宋代社会经济史方面的研究，所以先生在我入学后，与我谈论当时宋史研究概况，经常提到有关宋代社会经济史研究的一个具体问题：在宋代的存世文献中，记载有不少农民以钱币交纳地租现象，因此有一些学者有专文讨论，认为宋代出现了货币地租，意义重大。但是，先生却认为那些记载所反映的并非货币地租。起初

①　刘浦江：《邓广铭与二十世纪的宋代史学》，《历史研究》1999 年第 1 期。

②　同上。

③　邓广铭：《邓广铭全集》第十一卷，河北教育出版社 2003 年版。

④　陈寅恪：《邓广铭宋史职官志考证序》，载《金明馆丛稿二编》，生活·读书·新知三联书店 2001 年版，第 27 页。

我并未在意，后来慢慢领悟到这是先生在向我布置任务，才专心钻研起来。后来我从其他师兄弟处了解到，他们每人都有过这样的被"命题作文"的经历，才体会到这实际上是先生培养学生的一个办法：通过命题作文，一步步地将学生引入史学之门，手把手地教给他们做具体研究工作的基本功。同时，先生也有意通过论文写作，看看新入门的弟子到底是否可堪造就。先生看重的是学生的实际研究能力，而不是他们考试的成绩。

说到那次关于宋代"货币地租"问题的研究过程，起初差不多可以说近乎"痛苦"。因为，在宋代的文献中，关于农民拿钱币交纳地租现象的记载还是不少的。钱不就是"货币"吗？可是老师为什么明确说这种现象不是"货币地租"呢？严师面前我不敢质疑，只能自己痛苦地思索。记得一天有个师兄问我："你那货币地租写得怎样了？"我答道："书上读到的例子越来越多，正头大着呢。"后来没办法，只能一条一条资料细细琢磨。读得细了以后，慢慢地就看出一些门道来了。虽然那些文献表面上都记载了宋代的农民拿着钱去交租，但是每则记载所反映的具体情况都有所不同。也就是，农民如何以及因何以钱交租，是需要分析一番的。就拿文献中记载最多的关于当时承佃官田的农民以钱交租现象来说，大多数并不是因为农民的生产经营已经商品化了，在收获后将农产品出售，然后自然地拿钱交租，而是出于官府的条文规定，被动地售谷交钱租的。换句话讲，宋代承佃官田农民的以钱交地租，主要原因出于政府财政调拨的需要，并不是农民的生产已经商品化了。根据经典作家的理论，这两种现象存在着相当大的性质差异。其他零星的一些关于民田地租交纳钱币的记载，其背后也存在着各种不同的原因。所以文字记载表面看似相同的现象，必须经过一番"考索"，才能发现隐藏其背后的不同历史真相。

经过"考索"文献记载所得出的这一认识，再结合先生关于经典作家一些论述对我的指点，就为我解决"货币地租"这一难题打开了一扇门。因为，根据马克思在《资本论》中的概念界定，货币地租是封建地租的"最后形式"和"解体形式"①。在马克思看来，当农民经常性地以货币的形式交纳地租时，说明他们生产经营的方式已经发生了相当程度的变化，已经从原先很少与市场发生联系的自给自足形态，转向了主要以出售自己的产品以换取货币，并从市场购买其他生产与生活资料的商品生产形态。可以讲，由货币地租所反映的农民的生产经营，已经接近于资本主义农业形态了。因此，马克思所说的"货币地租"，是具有相当明确理论预设的一个概念。换句话说，在中文词汇中，"货币地租"已经成了一个具有特定含义的理论概论，并非凡是拿钱交租，就可以被称之"货币地租"的。事实上，当时几篇讨论宋代"货币地租"的专文，也正是试图依据经典作家对这个概念的理论预设，来表达自己对宋代社会经济发展水平可能达到了"封建社会"的"解体形式"的判断。

于是，经过对相关文献记载的这一番"考索"，厘清宋代那些农民的实际生产形态基本上仍属自给自足，所以他们以钱币交纳地租，当然也就不能被视作封建地租的"最后形式"和"解体形式"，不应称之为"货币地租"了。我依据宋人的习惯，根据不同情况，分别将它们称为"钱租"与"折钱租"。论文经过一番修改，最后成稿，得到了先生的赞许。

这个例子所反映的一个相当重要的问题，就是先生一直强调的，对于经典作家提出来

---

① 《马克思恩格斯全集》第25卷，人民出版社2001年版，第899页。马克思关于地租形态的阐述，参见《资本论》第47章，《马克思恩格斯全集》第25卷，人民出版社2001年版，第881—917页。

的理论方法，应该力求掌握其精髓，杜绝教条主义的生搬硬套。先生称自己的论著"绝无代任何一位圣贤立言的教条主义的八股文式的作品"，正是基于这样的立场。他那篇曾经引起史学界一场讨论的论文《唐宋庄园制度质疑》，就是一个典范。

若仅就"考索之功"这方面来阐发，可见先生眼中的"解析史料"，则是基于文本批判的精神，力图透过文字的表象，以探求隐藏其背后的真相。正如先生研究岳飞，分析、考辨相关的历史文献，指出其中不少记载出自岳珂的虚构："岳珂之生上距岳飞之死已及四十余年，而当其执笔写传记之时，上距岳飞之死则已几近六十年。不论岳飞生时的部属或友辈，全不会犹有存者，调查访问自无可能。特别是岳飞渡江南下前的一段历史，更莫可踪迹。然而岳珂竟充分驰骋其孝子慈孙的用心，全凭想象而把这一大段空白进行了详细的填补。"[①] 这种从文本的形成过程、从作者的心理与立场出发，来从根本上解构文本的方法，不能不说已经在相当程度上超越了乾嘉考据学派基本局限于文本比勘的格局。所以，先生才会批评一些未能分辨考析、对可疑历史文献失于轻信的研究者，说他们是"由于思想方法没有受到科学洗礼所致"[②]。可见先生虽然并未使用一些时髦的词汇——实际上他十分反对那种没有真才实学、只靠卖弄一些舶来品混日子的风气，他的"考索之功"却无疑是具有"后现代"意味的。

前面所举的这些例子，似乎多少只关乎治史的"技术操作"层面。如果更宏观一点来讲，受业于恭三先生，总体上有什么异于常人的感受呢？就我与他的接触而言，未曾见他用过什么资料卡片，但向他讨教问题，他总会告诉你，这个问题最重要的记载在哪本书里。当年我曾十分惊叹先生的饱学与异于常人的记忆力。现在想来，我这样的理解多少还是有点囿于"技术"的。相比于资料的出处、文献的比勘，或者某些具体史事的梳理，更为重要的可能还在于先生对于中国历史全局的掌握，在于他视野的宽度与高度。唯其如此，才可能在众多史籍与复杂史事中敏锐地抓住问题的关键。

五 文史交融，研叙并举

周一良先生曾这样评价恭三先生的学术成就："与一般史学家不同的一点是，他不但研究历史，而且写历史。他的几本传记，像《王安石》《岳飞传》《辛弃疾传》等等，都是一流的史书，表现出他的史才也是非凡的……当代研究断代史的人，很少有人既能研究这一段历史，又能写这一段历史。"[③] 这主要指的是先生的史笔，既能从事重在深入分析的专题研究，也擅长于通过讨论一些特定的专题与历史人物，来叙述与之相关的那一段人类历史活动的全貌。其中的代表作，当然就是先生一生中最主要作品四传二谱，即《陈龙川传》《辛弃疾（稼轩）传》《岳飞传》《王安石》和《韩世忠年谱》《辛稼轩年谱》。

我国的学术传统，自乾嘉以来，注重文献考辨，学者沉迷于寻章摘句，多成鱼虫记问之学，与司马氏以"究天人之际，成一家之言"为抱负，成"无韵之离骚"鸿篇的境界，早已南辕北辙。近代史学形成以来，又深受社会科学式研究方法的影响，强调将历史从政

---

① 邓广铭：《邓广铭学术论著自选集·自序》，首都师范大学出版社 1994 年版，第 9—10 页。

② 同上书，第 11 页。

③ 周一良：《纪念邓先生》，载本书编委会编《仰止集——纪念邓广铭先生》，河北教育出版社 1999 年版，第 37 页。

治、经济、文化等各个侧面分解开来，从事专题讨论。关于这些专题的历史解释虽然得以深入，由这些解释构建起来的历史场景却变得支离破碎，全成了一些技术性词汇的堆砌，历史的美感尽失，人类历史活动绚丽多彩的全景难得一见。这也在一定程度上造成了史学研究虽然不断深入，由史学家撰写的历史读物却味同嚼蜡，少有人问津的尴尬局面。所以现在已有学者开始呼吁史学应该回归其叙事的功能。

正是在这一层意义上，在其同辈学人中间，先生的学术风格显示出了独特之处，"不但研究历史，而且写历史"。据先生自述，说他自青年时代读了罗曼·罗兰的传记作品后，就"动了要写一组中国的英雄人物传记的念头"；及至 1932 年考入北大史学系后，"我就发愿要把文史融合在一起，像司马迁写《史记》那样，用文学体裁写历史"。① 后来他就读北京大学史学系，在选修了胡适的"传记文学习作"课后，完成毕业论文《陈龙川传》，胡适评价"这是一本可读的新传记"②，即点出了先生的文笔具有"文史融合在一起"的特点。从此之后，先生走上了谱记史学的道路，一发不可收拾，其丰硕成果就是四传二谱。尤其是《稼轩词编年笺注》与岳飞、王安石两部传记，成就了先生在中国史坛的崇高地位。这几部著作不仅充分表现了先生在史学研究方面非同常人的见解，具有极高的学术价值，更成了史学著作中的畅销书，拥有众多读者。也因此，先生在指导学生过程中，特别注重培养学生的书写能力，也就可以理解了。用先生的话来讲，是不求辞藻华丽，但至少做到语句简洁通顺，辞能达意。

"文史融合在一起"，不仅道出了先生撰述的特点，也体现着他授课的风采。1943 年7 月，先生被聘为复旦大学史地系副教授，他在复旦讲授的全校公共必修课"中国通史"颇受学生欢迎，无疑是与他的授课风格既具有专题研究式的深邃精到，又能文史交融地展现人类历史活动的丰富精彩有关。因此，两年后他就很快晋升为教授。余生也晚，未能亲身聆听先生的授课，但从几次在学术会议中听他精彩的报告，以及无数次在先生家的客厅里享受他神采奕奕的高谈阔论，可以想见先生当年在课堂上的风采。

异于常人的学识与视野，并不是仅靠基于书本的"饱学"所能获得的。现在人们看历史学家，无非视为书生而已。对于常人之材来说，或者不误，若关乎高明之士，则实为大谬。史学研究与某些社会科学分支不一样，它不是将人类社会结构分解开来，仅仅讨论它的一个侧面，往往只停留在"技术"的层面，而是相反，试图将它综合起来作全面观察，以探寻关于史事发展的因果关系。更何况，史学家还必须面对存世的历史资料残缺不齐的现实，不得不利用一切可能的信息，细心体会，冷静观察，洞明世事，客观通达。这时候，气度与眼界就远比学识为重要了。视古犹今，这就是为什么一个杰出的史学家往往也是当代社会高明的批判者的原因。这种气度与眼界，虽说不是全凭禀赋，却也不见得是每一个史学家都有相应历练机遇的。现在北大的师友们谈起恭三先生，对于他当年创办中国古代史研究中心时所表现的眼光、气度与干练，无不叹服。我常想，这大概与先生长期在傅斯年、胡适、陈寅恪那几位大师身边的耳濡目染，以及一生所经过的难得的世事历练分不开的吧。邓小南教授在谈到自己的父亲时曾这样说："我觉得他是很想做傅斯年那样

---

① 欧阳哲生：《邓广铭教授谈治学和历史研究》，《群言》1994 年第 9 期。

② 邓广铭：《漫谈我和胡适之先生的关系》，载《邓广铭全集》第十卷，河北教育出版社 2003 年版，第 269 页。

的学界领袖的。"① 大概正是这种非凡的气度，使得先生站到了常人所不及的高度。后生小子，忝立门庭，天资虽有不足，努力则未尝一日懈怠，唯求无辱于师门而已。

[原载《南开学报》（哲学社会科学版）2015 年第 5 期]

---

① 刘浦江：《邓广铭与二十世纪的宋代史学》，《历史研究》1999 年第 5 期。

学术自述

邓小南

面对"学术自述"几个字，感觉十分忐忑。我们这一辈人的学术经历，与我们的前辈、后辈颇不相同。我个人已经年逾耳顺，事业却仍然乏善可陈。所能提供的，只是一些曲折路途中的"家常"体验。

一

我家中姐妹三人。我出生时，父亲邓广铭、母亲窦珍茹都已经年逾四旬。没有和姐姐可因、可蕴排行，而是起名为"小南"，我长大后一直感觉父母当时可能强烈地希望要个"小男"孩儿。这使我很怕自己会辜负了他们。印象极深的是，我还童稚未脱时，先母就叮嘱我说，作为一名女性，事业上一定要自立。

我从王府大街小学、北大附小、北大附中初中，一路自由自在地上学读书，当时的个人理想是有朝一日成为一名作家。13 岁时母亲去世，无忧无虑的小天地似乎褪去了绚烂的色彩。两年之后的"文化大革命"，更是骤然间改变了无数人生活的轨迹。学校停课，老师遭受批斗，父亲被打成"反动权威"，关进牛棚，"红卫兵"几度抄家，室内灰尘弥漫，书柜上下贴满了封条。

我的青年时代，从 18 岁到 27 岁，是在黑龙江生产建设兵团度过的。下乡时，简单的行囊中除去毛主席著作、鲁迅杂文选，几乎没有其他的印刷品。北大荒的广袤天地接纳了我们。尽管"出身不好"，1973 年、1975 年，连里、营里的老职工们还是两度投票推选我作为工农兵学员上大学，但终于因为父亲的"资产阶级学术权威"问题而政审未能通过。

1977 年我回到北京，曾经在 172 中学（今人大附中）做初中政治课的代课教师。能够引为自豪的是，我们教的那一届初中毕业班，在海淀区中考的政治课总成绩名列前茅。但初中毕业生教初中，自己始终心虚。当年恢复高考，我十分心动，却并未报名。父亲曾经自高校教师的角度质疑说："初中生要是能考上大学，那还是大学吗！"的确，边疆农村生活 9 年，初中时学过的知识早已淡忘，何况大学接纳的原本应是高中毕业生。半年之后，看到首次招生的结果，在同辈朋友的劝勉激励下，才决定一试。终于在将近而立之年，考入北京大学历史系读本科，进入"文化大革命"结束后首次招生的中国史专业。

四年的大学生活，紧张而丰富。刚从深痛创伤中复原的历史系，千方百计"拨乱反正"，尽力回归学术中心。为保证教学质量，不仅本系老师传道授业，校外的许多名家也登上了北大的讲坛。伴随着当时思想解放的热潮，人文学科出现了前所未有的发展机遇。我们 78 级中国史班，可以算是生逢其时，个个心气高扬。同学们年龄从 16 岁到 32 岁，有的阅历单纯，有的经验沧桑，有的谦逊中渗透出才子禀赋，有的青涩本真而好学颖悟。在这样的氛围中，真正感觉到"水涨船高"的含义。

考研究生，我选择了宋史方向。这不仅是因为先父长期从事宋史研究，也是由于在当时着意于古代史研究的同学中，想学宋史的似乎不多。我们本科时期没有开设正式的宋史课程，而且，宋代被视为屈辱内缩的历史时期，对青年学人的吸引力也不如汉唐。

当时已经年近八旬的父亲，是我的硕士导师。在我求学的路途中，先父对我干预不多，影响却是切近而深刻的。他早年提出的研治史学的"四把钥匙"，即年代学、目录学、职官制度和历史地理，此时不断被学界提及。三年研究生阶段，大体上奠定了日后的方向。记得父亲送给学生们的第一部书，是中华书局出版的《四库全书总目提要》；布置我和同门阅读的第一部史籍，是南宋史家李焘的《续资治通鉴长编》；安排给我们的第一篇作业，是读日本学者桑原隲藏《蒲寿庚考》的研习札记。当时北京大学图书馆还允许研究生借阅线装书，我们时常抱着蓝色函套的《长编》回宿舍，间或路上遇见，不禁相视会意而笑。

研究生阶段后期，已经 34 岁的我，有了女儿林杉。孩子的出生，带来了无尽的欣喜、无尽的家务，更增添了沉甸甸的责任。她清澈好奇的眼睛注视着周围的世界，纯净欢悦的心灵感染着身边的亲人。在我父亲晚年，祖孙之间的亲情带给老人无限的快慰。那些年里，家中有老人有孩童，自己端坐桌前的时间少了，所思所想头绪多了，读书写作时却不由得更为专注了。

从某种意义上说，我的宋史之路，是从唐史之路开始的。父亲曾经说，"照实说，小南并不是在我的指引之下，而是在陈寅恪先生的高足王永兴教授的加意指引之下而掌握了治学途径的"。我在本科期间曾经跟从王永兴、张广达先生读敦煌文书、读《唐六典》、读《唐书·职官（百官）志》，由此开始关注唐代制度。当时面对着一个个陌生的词汇，随着先生们层层次次追索展开，感觉十分新鲜，甚至莫名的激动。研究生期间的选题，实际上是顺着唐代制度延伸下来。直到现在，我仍然认为，青年学生在硕士阶段以制度史研究为题，有利于凿实基础，是不错的选择。

我的硕士论文题目是《北宋的考课与循资——宋代磨勘制度研究之一》，答辩时请来了中国社会科学院历史研究所的郦家驹、王曾瑜研究员。答辩前夜，紧张得难以入睡，我先生林宗成几乎陪我坐了一宿。在答辩委员会老师们的鼓励下，我开始考虑将这篇原本是纲目体的论文改写成书。8 年后，仰赖漆侠先生推荐，纳入《宋史研究丛书》，在 1993 年作为《宋代文官选任制度诸层面》一书面世。

二

1985 年硕士毕业后，我留校任教，迄今已经是 30 个年头。中国古代史研究中心从开初的"惨淡经营"，到如今成为海内外瞩目的教育部重点科研基地，我们见证了这一过程，也成为直接的受益者。同侪们志趣关怀相近，彼此切磋砥砺，朗润园古雅的院落中充满着学术的活力。

阅读前辈学者的著述，常有一种感觉，即无论研究什么具体问题，他们胸中纵横的大局观、前瞻性的视野总是能够充分体现出来。去粗取精、去伪存真的材料辨析过程和由此及彼、由表及里的贯通融会能力，令人感叹不已。这种境界，虽不能至，然心向往之。

我个人的研究方向，大体上集中在两个方面：一是宋代的政治史、制度史，包括当时的政治文化、政治群体和政治事件，以及官僚选任、考核、按察乃至文书处理机制。这类议题延续了就学期间的关注，近年来也有一些基于阅读与阅历的体悟。中国专制集权的帝制阶段长达两千年之久，其政治影响是扩散性渗透性的，绝非仅限于官僚机构、仅限于社会上层；研究中国历史上的任何重要问题，即便看似与政治无关的经济、文化、环境、科技、性别、社会生活，等等，一经深入展开，便摆脱不了与"政治"的干系。这种弥漫式的政治影响力，至今也还存在，这让学人体会到政治史研究的意义所在。二是宋代的社会史，包括女性史、家族史、地方性士人网络，等等。这一方向的选择，是受到20世纪90年代以来社会史、文化史研究潮流的推动，希望对于当时的"社会"有所了解。这些年来，我所开设的研究生课程，像"宋代政治制度史专题""唐宋妇女史专题"，基本是围绕这两个方面。研究与授课过程中，一方面感觉分身乏术，另一方面也领悟到不同课题之间"所以然之故"与"所当然之则"的关联，领悟到历史内在的融通，希望能自专题切入，对研究中的畛域和屏障有所突破。

有不少学者指出，好的问题，是成功研究的开始。所谓"问题"，可能从个别疑惑、点滴体悟中产生，却不是零碎想法的堆积。真正有意义的议题，要经过沙汰梳理，在材料的基础上，体现出逻辑的指向。所有宋史学者，在研读过程中，大概都不可避免地遇到赵宋王朝所谓的"祖宗之法"问题。这并不是一个新鲜的论题，宋代史料中有"迸发"式的涌现，近千年来有不同程度的关注与评说。1986年，先父《宋朝的家法和北宋的政治改革运动》一文发表。其后，我在历史系开设"宋辽金史专题"课程，曾经准备讲授有关"祖宗家法"的内容。备课中我才发现，相关问题像纷繁叠套的扭结，牵涉广泛，凭自己的学力尚无法解开。从那时起，这一问题便总是盘桓在我的心头。直到2006年，《祖宗之法——北宋前期政治述略》一书才在三联书店出版。书中，我试图将学界讨论多年的"祖宗之法"置于具体的历史语境之中，既观察当时的"说法"也观察其"做法"，进而从整体上观察宋代的政治生态环境。

作为一门学科，历史学对于我们的吸引力，是与它所面临的挑战紧密联系在一起的。诱导我们走上这条学术道路的，是历史学所仰赖、所辨析的丰富材料，也是历史学所关注、所回应的特有议题。"材料（史料）"与"议题（问题）"，是历史学者终日涵泳于其间、终生面对且尽心竭力处理的对象。从某种程度上说，研究水平的高下，正是取决于论著者对于"材料"与"议题"的把握方式。在各学科体系重组、知识结构更新的时代背景之下，希望求得实质性的学术突破，而不是满足于用语、词汇的改变，必须从议题的厘清与选择、从材料的搜讨与解读开始。

从根本上说，历史学是一门注重反思、注重辨析与评判的学问，其意义不能止步于鉴赏与弘扬。学人对于史实的不懈追索，对于既往的殷切关注，重心不仅仅在于纷纭斑驳的"说法"；其"核心关怀"凝聚在对于趋势、道路的探求，对于民族性格、文化底蕴的洞察。真理自实践而来，靠实践检验。人类生生不息的历史，正是这实践的过程；世间的创新，也是在不断"试错"的实践中完成。学习历史，不是寻求回应现实的百宝箱，而是经过实践的萃取提炼、认知的累积升华，得以启人心智。

三

建设北京大学人文学科教学与研究的优质"品牌",是同事们和我多年的愿望与追求。世界一流,引领方向,是所谓"品牌"的实质意义。这一工作不是一朝一夕的突击所能奏效。秉承历史系传统的低调风格,大家都是少说多做,实实在在地向这一目标努力。

20 世纪 80 年代中期以后,我长期担任教学工作,包括北京大学文科实验班、历史系本科一年级的主干"基础课中国古代史(下)"、全校通选课"中国古代政治与文化"、高年级的选修课"宋辽金史""传统文化与中国古代妇女";同时也担任历史系和国学院的研究生课程,例如"宋代政治制度史专题""宋代文献选读"等。这些年里,也曾先后应邀到韩国高丽大学,台湾"清华大学"、成功大学,德国维尔兹堡大学、图宾根大学,香港科技大学以及美国哈佛大学授课。在教学实践中,陆续积累了一些感想。

"教"与"育"是一个整体。青年学子从成长到长成,是一自然的过程,也是需要激活与引导的过程。就普通教师来说,当前的教学体制虽然使我们有诸多无奈,我们还是要尽可能发挥个人能动性,使自己的教学意识和教学手段具有时代性,努力造就养育良好品格的环境。要以积极达观的人生态度、严谨深邃的学术风格浸染学生,和学生共同营建向上向善的氛围。学生们在燕园的几年,是他们一生中最好的时光,学养的积淀、人生的追求、品格的塑就,都离不开这关键的几年。他们选择了北大,我们有责任给他们创造最有利的成长机会,要对得起他们宝贵的青年时代——这应该是北大教师严肃的承诺。

学生们发自内心的肯定,是对于教师最好的回报。每次走进教室,看到坐得满满的学生和走道上的加座,就感觉到一种责任。2000 年,我教一年级文科实验班,课间一会儿工夫,讲桌上多了一张字条,刚劲规整的字体写着:"小南老师,我们爱戴您!"看着这简单朴素的一句话,竟至一时语塞。

我指导的研究生,包括宋史方向和唐宋妇女史方向的博士与硕士,至今已经毕业 30 名。多年来,学生们形成了开放性的"团队"风格。大家只要聚在一起,就会七嘴八舌地讨论争议,在犀利的质疑批评中,时而碰撞出敏锐的新见。这种积极互动的热络氛围深深地感染着大家,以至于因故暂时离开集体的同学会感觉"失落"。有学生说:一人走,会走得比较快;而大家一起走,会走得更远。学生们陆续走出校门,怀抱着学术标准、团队精神,去向四面八方。这里又不断有学友充实进来,有博士后、研究生、本科生,有本系的、外校的……大家在积极互动的整体环境中逐渐学习成长。

学生带给我们活力,使得我们"年轻"。能把自己的生命融入学生的青春年华,我感觉愉悦而充实。曾有校外老师告诉我,北大有学生在陈述愿望时,说希望"做个像邓老师那样的人",我真感到十分幸福。台湾"清华大学"有学生高兴地自称是"邓老师的台湾儿子"。台湾成功大学历史系和德国图宾根大学汉学系的学生,都多次追问:"邓老师什么时候再来?"这深厚的情谊使我感动不已。有时会想,如果人有来生,我还是选择做教师吧。

四

1994 年，《邓广铭学术论著自选集》由首都师范大学出版社刊行，那是"拨乱反正"之后先父出版的第一部学术论文集。整整二十年之后的今天，我有幸忝列于首都师范大学出版社的"北京社科名家文库"，感觉到的不只是荣耀，更是学术事业薪火相传的责任。

自己的学术生涯起步很晚。教学科研三十年，时时感觉到前辈师长的勉励与扶掖，感觉到同辈友朋的支持与推动，感觉到后辈学生青出于蓝的"倒逼"，也感觉到亲人们的理解与期待。自己著述不多，唯一能够告慰于大家的，是学术上"如履薄冰"，不敢苟且。

我个人主要的学术领域是宋代历史。之所以将这部小书以"探求"为名，和这些年来的内心感触分不开。面对浩瀚的历史资料、无际的追索空间，体悟到自身的渺小，深怀敬畏之心。曾经读到陆游的诗作《抄书》："皇坟探八索，奇字穷三苍。储积山崇崇，探求海茫茫。一笑语儿子，此是却老方。"这种"山崇崇""海茫茫"的崇峻苍茫，决定了"探求"的永无止境。古人探求圣贤本意，探求造化之机；今天的人文学者，亦希望"究天人之际，通古今之变"，不断叩问着历史。

探求，是集体性的事业，需要一代代人的不懈努力。无论"学者"还是"教师"，都是纯洁神圣的称谓。为前辈，为自己，也为后人保留一方学术的净土，这种坚持，在今天不应该成为奢侈。

（本篇学术自述原文发表在《宋代历史探求：邓小南自选集》，首都师范大学出版社 2015 年版）

中国宋史研究会简介

中国宋史研究会(THE ASSOCIATION OF SONG HISTORY SCHOLARS,P. R. CHINA)是在中华人民共和国民政部注册登记,由中华人民共和国教育部主管的具有独立法人资格的一级学会,是以研究宋代(10—13 世纪)历史为中心的全国性民间学术团体。中国宋史研究会成立于 1980 年 10 月,是中国历史学科及断代史研究领域中较早成立的研究组织。研究会经历了 30 多年的历程,在国家有关部门的指导下,在邓广铭、漆侠、朱瑞熙、王曾瑜、邓小南、包伟民五任会长和全体理事、会员共同努力下,研究会作为一个同行之间进行学术交流的平台,以及一些学术研究项目的组织者,对于推动本领域研究工作的进步,取得了不少的成绩,获得了国内外史学界的高度认可。

一 研究会的成立[①]

1979 年 3—4 月,中国历史学规划会议在四川省成都市召开,会议强调提倡建立中国史的各种学术研究会和各地区的史学会,以调动和组织各方面的研究力量。在这次会议上,宋辽金史组专家主要就加强宋史研究和成立宋史研究会交换了意见,决定成立中国宋史研究会,并推选邓广铭、陈乐素、郦家驹和程应镠组成筹备小组,由程应镠代表上海师范学院负责具体筹备工作,初步商定于翌年召开宋史研究会成立大会。1980 年 10 月,由邓广铭、程应镠等筹备小组组织的全国宋史研究者代表在上海师范学院举行了中国宋史研究会成立大会。会上,程应镠代表筹备小组介绍了中国宋史研究会的筹备经过。大会推选邓广铭为中国宋史研究会会长,陈乐素为副会长,程应镠为秘书长,组成了中国宋史研究会第一届理事会,其中理事 9 人。研究会挂靠单位和秘书处设在上海师范学院(1984 年改为上海师范大学);1994 年,研究会挂靠单位和秘书处迁移至河北大学。

二 研究会的组织

中国宋史研究会每两年举办一次全体会员代表大会(简称年会),先后召开年会共 17届。研究会下设理事会,四年一届,理事会原则上每年召开一次,讨论决定研究会的日常事务。研究会会员均为个人会员,目前已达 500 多人。

历任会长任期及时间:邓广铭会长(1980—1992 年)、荣誉会长(1992—1996 年)、顾问(1996—1997 年),漆侠会长(1992—2001 年),朱瑞熙会长、王曾瑜会长(2002—2006 年),

---

① 参考周自强《我国历史学界的一次盛会——记中国历史学规划会议》,《中国史研究动态》1979 年第 6 期;虞云国:《程应镠评传》,载《程应镠史学文存》,上海人民出版社 2010 年版,第 10—11 页。

邓小南会长(2006—2014年),包伟民会长(2014年至今)。

历任秘书长任期及时间:程应镠秘书长(1980—1994年),李华瑞秘书长(1996—2006年),姜锡东秘书长(2006—2014年),王晓龙秘书长(2014年至今)。

历届理事会成员,第一届理事会成员9人:邓广铭、陈乐素、程应镠、徐规、郦家驹、李涵、李春圃、郑涵、胡昭曦。第二届理事会成员13人:王云海、王曾瑜、邓广铭、李埏、陈乐素、李涵、郑涵、胡昭曦、郦家驹、徐规、程应镠、漆侠、戴静华。第三届理事会成员15人:王云海、王曾瑜、邓广铭、朱瑞熙、李埏、李涵、陈乐素、陈振、杨德泉、胡昭曦、郦家驹、徐规、程应镠、漆侠、戴静华。第四届理事会成员17人:王云海、王曾瑜、朱瑞熙、乔幼梅、许怀林、李埏、李涵、李蔚、陈振、张其凡、张希清、范荧、胡昭曦、郦家驹、徐规、程应镠、漆侠。第五届理事会成员21人:王天顺、王曾瑜、乔幼梅、许怀林、朱瑞熙、杨果、李埏、李华瑞、李清凌、陈振、张邦炜、张希清、张其凡、范荧、苗书梅、胡昭曦、徐规、龚延明、程民生、葛金芳、漆侠。1998年,增选陈学霖为理事。2000年,增选邓小南、包伟民、林文勋为理事。第六届理事会成员25人:邓小南、王天顺、王曾瑜、包伟民、朱瑞熙、乔幼梅、刘复生、李华瑞、李昌宪、李清凌、陈峰、陈学霖、张希清、张邦炜、张其凡、范荧、杨果、林文勋、苗书梅、姜锡东、龚延明、程民生、葛金芳、蔡崇榜、魏天安。第七届理事会成员27人:王天顺、邓小南、包伟民、刘复生、何冠环、张希清、张其凡、李伟国、李华瑞、李昌宪、李晓、李清凌、杨果、汪圣铎、肖建新、陈峰、林文勋、苗书梅、姜锡东、曹家齐、龚延明、程民生、葛金芳、虞云国、蔡崇榜、戴建国、魏天安。第八届理事会成员35人:汪圣铎、王曾瑜、汤勤福、赵冬梅、何俊、张希清、李伟国、张邦炜、肖建新、余蔚、李裕民、邓小南、包伟民、杨果、范立舟、游彪、粟品孝、曹家齐、程民生、虞云国、苗书梅、葛金芳、姜锡东、张其凡、何忠礼、李华瑞、黄纯艳、戴建国、龚延明、刘复生、朱瑞熙、陈峰、林文勋、王善军、何冠环。2016年,张邦炜、龚延明、杨果、何忠礼因年事已高,辞去理事,增选何玉红、张文、罗家祥、耿元骊为理事。

三　研究会的宗旨

本会是全国宋史研究者自愿结成的非营利的学术性民间团体,其宗旨为:以马列主义、毛泽东思想、邓小平理论为指导,坚持党的基本路线,遵守宪法、法律、法规和国家政策,遵守社会道德风尚,贯彻"百花齐放、百家争鸣"的方针,团结宋史研究工作者深入开展宋史研究,为弘扬中国优秀文化传统,促进精神文明建设,加强国内外学术文化交流做出贡献。

四　研究会的业务范围

本会的业务范围为:1、组织学术讨论,繁荣学术研究,定期举行年会,以检验、交流学术成果;2、参加国际学术活动,进行对外学术交流;3、编辑印行《宋史研究通讯》,介绍国内外宋史研究动态,加强国内和国际信息交流;4、编辑出版论文索引、书目索引等宋史研究资料,为宋史研究创造条件;5、为国内企事业单位提供历史文化知识方面的培训和咨询服务。

五　研究会的内部刊物和《论文集》

研究会创设内部资料《宋史研究通讯》,自1984年以来,研究会每年编辑两期《宋史研究通讯》,作为会员内部的学术交流资料。截至 2015 年 12 月,已总计编辑刊印 66 期。每两年一届的年会召开之后,都由研究会领导人与会议主办方合作编辑出版一部《宋史研究论文集》。

六 研究会的历次年会

中国宋史研究会成立大会暨第一届年会,1980 年 10 月 12—14 日,由上海师范学院(今上海师范大学)主办,在上海召开,参加学者 60 余人,提交论文 40 余篇,此次会议及相关成果在宋史学界产生深远的影响。

第二届年会,1982 年 10 月 21—27 日,由河南省社会科学院主办,在郑州召开,与会学者 80 余人,提交论文 60 余篇。

第三届年会,1984 年 10 月 23—28 日,由杭州大学(今浙江大学)主办,在杭州召开,参会学者 110 余人,提交论文 104 篇。

第四届年会,1987 年 9 月 20—24 日,由河北大学主办,在石家庄召开,参会学者 103 名,提交论文近 70 篇。

第五届年会,1992 年 4 月 21—24 日,由河南大学、开封市社联共同主办,在开封召开。参会学者 85 人,提交论文 78 篇。

第六届年会,1994 年 6 月 10—14 日,由四川联合大学(今四川大学)主办,在成都召开,参会学者 90 余人,提交论文 66 篇。

第七届年会,1996 年 9 月 12—18 日,由云南大学、云南省社会科学院共同主办,在昆明召开,参会学者 90 余名,提交论文近 70 篇。

第八届年会,1998 年 8 月 20—23 日,由宁夏大学主办,银川市人民政府、宁夏回族自治区文化厅、宁夏回族自治区文物局、宁夏回族自治区社会科学院及学术团体宁夏历史学会协办,在银川召开,参会学者 100 人,提交论文 88 篇。

第九届年会,2000 年 8 月 2—5 日,由中国宋史研究会、河北大学历史研究所主办,在保定召开,参会学者 67 人,提交论文 68 篇。

第十届年会,2002 年 8 月 3—5 日,由中国宋史研究会、西北师范大学文学院主办,北京大学中国古代史研究中心、河北大学宋史研究中心、兰州大学敦煌学研究所、宁夏大学西夏学研究中心协办,在兰州召开,参会学者 150 人,提交论文 110 篇。

第十一届年会,2004 年 8 月 25—27 日,由中国宋史研究会、四川省华蓥市政府、西华师范大学联合主办,在华蓥召开,参会学者 100 人,提交论文 90 篇。

第十二届年会,2006 年 8 月 21—23 日,由中国宋史研究会、上海师范大学、河北大学主办,在上海召开,参会学者 160 余人,提交论文 120 多篇。

第十三届年会,2008 年 7 月 29—31 日,由中国宋史研究会、云南大学主办,云南大学人文学院历史系承办,在昆明召开,参会学者 130 余人,提交论文 120 篇。

第十四届年会,2010 年 8 月 19—21 日,由中国宋史研究会、武汉大学历史学院、华中科技大学历史研究所联合主办,在武汉召开,参会论文 168 篇,参会学者 143 人。

第十五届年会,2012 年 8 月 20—22 日,由中国宋史研究会主办,河南大学、开封市人民政府、河南博物院承办,在开封召开,参会学者 230 人,提交论文 191 篇。

第十六届年会,2014 年 8 月 19—21 日,由中国宋史研究会、杭州师范大学主办,杭州师范大学国学院承办,在杭州召开,参会学者 230 人,提交论文 227 篇。

第十七届年会,2016 年 8 月 19—21 日,由中国宋史研究会、中山大学主办,中山大学历史学系承办,在广州召开,参会学者 240 余人,提交论文 223 篇。

(供稿:中国宋史研究会秘书处,周立志)

河北大学宋史研究中心简介

河北大学宋史研究中心是中华人民共和国教育部评审确定的"省属高校人文社会科学重点研究基地",主要从事宋史、辽夏金史、中国古代史、历史文献学的研究和研究生培养工作,是一个独立建制的研究教学单位。按照教育部对于"重点研究基地"的定位和要求,河北大学宋史研究中心应该努力建成为本领域的科学研究中心、人才培养中心、资料信息中心、学术交流中心、社会服务中心。

中心由著名历史学家漆侠先生(1923—2001)创建,前身为宋史研究室。1982年1月14日,经河北省高等教育局批准,在河北大学创建独立的科研机构宋史研究室,由漆侠教授任研究室主任。1990年扩建为历史研究所,2000年组建为宋史研究中心,2001年被教育部评定为"省属高校人文社会科学重点研究基地"。

在学科建设方面,于1984年1月获得河北省第一个、中国大陆第二批博士学位点——中国古代史博士点;1986年,以漆侠先生为学科带头人的河北大学中国古代史学科被河北省教育委员会确定为重点学科,1994年历史研究所中国古代史学科被河北省委、省政府确定为"211工程"重点建设的学科;2005年河北大学历史学被河北省确定为强势特色学科,2007年获准设立历史学博士后科研流动站。后经教育部学科门类调整,历史学科一分为三,2011年3月与河北大学历史学院共同建设的中国史学科被国务院学位委员会审核评定为一级学科博士点,并可招收中国史学科博士后研究人员。2016年,中国史学科被确定为河北省双一流建设重点支持学科。中心配合现有的重点研究领域,下设宋代地方政治与社会研究所、文献信息研究所、中国社会经济史研究所、科技史研究所、思想文化研究所。

在师资队伍方面,宋史研究中心现有教职员工32人,其中教授10人、博导7人、硕导16人,国务院政府特殊津贴专家2人、河北省省管优秀专家1人、河北省突出贡献中青年专家2人、河北省社科优秀青年专家2人、河北大学特聘教授2人;中心拥有省级以上荣誉称号6人,8人担任国家级学会理事。中心还聘请了几十位海内外宋史学界的知名学者,担任中心特聘教授和兼职研究员,为中心教学科研工作提供了良好的师资保障。

在史学研究方面,在过去30多年时间里,中心先后推出多项重大标志性成果:一、《漆侠全集》(12卷)。其中的《王安石变法》、《宋代经济史》(上、下卷)、《辽夏金经济史》、《宋学的发展和演变》、《历史研究法》等论著,影响深远。特别是《宋代经济史》,"总结了过去,也开拓了未来,确是一部里程碑式的著作,不论从中国经济史研究的角度看,还是从宋史研究的角度看,都是如此"(王曾瑜,1989年)。在《漆侠全集》中,漆先生对中国古代史重大问题提出10种富有创造性的观点,"从而构建了一个独具特色的中国古代史研究的理论体系"(乔幼梅,2012年)。二、《辽宋西夏金代通史》(7卷8册)。该书遵照中华大一统和各民族平等的理念,系统吸取和总结了20世纪和21世纪初的研究成果,全面展现了10—13世纪中国的各方面历史,是一部继往开来的集大成式的巨著。三、《中国改革通史》(10

卷),是第一部系统研究论述中国古代改革史的大型著作。四、《宋史研究丛书》,已出版四辑、论著 28 部,是该断代整体研究类丛书中已出数量最多者。五、《宋史研究论丛》,已出版15 辑,是目前该领域唯一的 CSSCI 来源集刊。六、《河北大学历史学丛书》。由河北大学宋史研究中心和历史学院共同编发,已出版三辑、学术论著 27 部。

自成立以来,中心教师共出版学术专著 72 部,其他学术论著 34 部;整理出版文献资料5 部 105 册,在专业学术刊物上发表学术论文 980 余篇。先后承担国家社科基金重大招标项目 2 项、国家社科基金重点项目 1 项、国家社科基金一般项目和青年项目 17 项,国家自然科学基金项目 1 项,省部级项目 70 余项。研究成果共获得国家级奖励 5 项,省部级奖励 50余项。其中,《宋代经济史》(上、下卷)获河北省社会科学优秀成果一等奖、获 1995 年全国高等学校人文社会科学研究优秀成果奖一等奖、1999 年获首届郭沫若中国历史学奖二等奖;《辽夏金经济史》获 1998 年教育部人文社会科学研究优秀成果奖二等奖,1998 年河北省第六届社科优秀成果专著类一等奖;《漆侠全集》获河北省社会科学特别奖;《辽宋西夏金代通史》2013 年获教育部"第六届高等学校科学研究优秀成果奖(人文社会科学)"二等奖,第八届河北省社会科学特别奖;《宋代商业信用研究》1994 年获河北省社会科学优秀成果一等奖;《宋夏关系史》获 2000 年河北省第七届社会科学优秀成果著作类一等奖;《明清高利贷资本》获 2002 年河北省第八届社会科学优秀成果一等奖;《宋代商人和商业资本》获 2003年河北省哲学社科规划优秀成果一等奖;《两宋货币史》(上、下册)获 2004 年河北省第九届社会科学优秀成果一等奖,2006 年"第四届中国高校人文社会科学研究优秀成果奖"三等奖;《北宋科技思想研究纲要》获得 2008 年河北省第十一届社会科学优秀成果一等奖;《〈近思录〉研究》获得 2012 年河北省第十三届社会科学优秀成果一等奖;《保定商会档案辑编》获河北省社会科学优秀成果荣誉奖。

中心多年来注重历史文献的挖掘、抢救、整理与研究工作,为历史学界提供新的第一手材料。推出中国第一个大型断代史数据库《宋辽夏金元史电子馆》,推出多种宋辽金史论著目录索引,推出《保定商会档案》(20 册)、《保定商会档案辑编》(25 册)、《保定房契档案汇编》(10 册)、《华北文献丛书·史地卷》(50 册)等。在图书资料收藏方面,中心资料室现有《文渊阁四库全书》《文津阁四库全书》《续修四库全书》《四库全书存目丛书》《日本藏宋元版汉籍选刊》《域外汉籍珍本文库》等大型类书 30 多部;现有中外文藏书约 22000 余种、62000 余册;历年期刊近 7000 册(装订册);现刊约 460 余种,外文期刊 600 余册,研究中国古代史各个领域所需文献资料基本齐全。

在人才培养方面,中心自创建以来,截止到 2015 年,共培养研究生 313 人,其中博士 78名、硕士 235 名(包括韩国博士生 3 名、硕士生 1 名)。其中,4 篇博士论文、5 篇硕士论文被评为河北省优秀毕业论文。中心始终注重抓好学风、学术道德建设工作,为此专门制订《宋史研究中心关于研究生培养的若干规定》(教师版、学生版),以各项制度来规范推动人才培养工作。开展形式多样的学术活动和社会实践活动,不断提高研究生培养水平,每年举办研究生学术论文报告会。为了激励研究生刻苦学习,帮助困难学生更好地完成学业,中心在漆侠先生家属和王曾瑜先生慷慨无私的支持下,设立了漆侠先生研究生奖学金、王曾瑜先生研究生奖助金。1989 年,漆侠先生的教学成果《坚持以马克思主义为指导治史、执教、育人》,荣获教育部颁发的国家级全国普通高等学校优秀教学成果特等奖。中心培养的许多人才,已经成为有关单位的骨干力量。

在学术交流方面,中心同海内外十几个学术研究和教学机构建立了经常性的交流与合作关系,每两年与韩国宋辽金元史研究会举办一次中韩(或韩中)宋辽夏金元史国际研讨会,主办各类学术研讨会数十次。邀请国内外专家来校讲学二百多场,中心教师外出参加学术会议百余人次。

中国宋史研究会秘书处从1994年开始设在宋史研究中心,秘书处负责与国内外宋史学界学人的联络,协助筹办两年一届的中国宋史研究会年会,组织编辑出版《宋史研究通讯》(每年两期)。漆侠先生曾任中国宋史研究会会长,李华瑞教授和姜锡东教授曾任副会长兼秘书长,王晓龙教授为现任秘书长。河北省科学技术史学会秘书处亦常设于宋史研究中心,姜锡东教授任河北省科学技术史学会名誉会长,吕变庭教授任河北省科学技术史学会会长,李涛副教授任秘书长,秘书处负责联系河北省和海内外科技史研究同仁,筹办河北省科学技术史年会,组织编辑论文集、通讯及咨询服务等工作。在教育部、省校领导、海内外同人朋友的亲切关怀和鼎力支持下,在漆侠先生的指引下,经过中心师生30多年的不懈努力,宋史研究中心已成为海内外宋史研究领域的重镇。

(供稿:河北大学宋史研究中心,王青松)

杭州市社会科学院南宋史研究中心简介

杭州是中国的七大古都之一,而作为南宋都城近 140 年的历史,是这座城市最为辉煌的城市记忆。客观真实地还原这段历史,也是杭州义不容辞的责任。职是之故,杭州市社会科学院在杭州市委市政府领导的支持下,为积极配合杭州历史文化名城的建设和继承与发扬古代优秀历史文化传统的需要,于 2005 年组建了南宋史研究中心,努力"还原一个真实的南宋"。2006 年,南宋史研究中心成为浙江省首批哲学社会科学重点研究基地。经过逾十年的发展,南宋史研究中心已硕果累累,气象不凡。

一 成功的学术平台

南宋史研究中心自成立之初,便确立了"养事不养人"的组织机制和研究模式,以小单位搭建大平台,本着"地不分南北、人不分亲疏、学术观点不分异同"的开放理念,网罗海内外著名专家共同参与杭州的南宋史研究。为此,杭州市社会科学院聘请浙江大学历史系教授、博士生导师、钱江特聘专家何忠礼为中心主任兼首席专家,同时又有 60 余位海内外著名学者被聘为学术委员或兼职研究员,其中包括中国宋史研究会前会长朱瑞熙、邓小南,现中国宋史研究会会长包伟民,中国宋代文学研究会会长王水照,云南大学校长林文勋,台湾大学名誉教授王德毅,台湾长庚大学教授黄宽重,日本宋史学会前会长、日本早稻田大学教授近藤一成等著名学者。2010 年后,南宋史研究中心改革了丛书的编撰方式,更加注重作者的自主选题、更加注重问题导向、更加注重年轻学者的培养、更加鼓励学术观点和方法创新,使南宋史研究更进一步走向深入,一批年轻学者因此脱颖而出。这种转变不仅使中心能够站在学术前沿引领学科发展,而且使中心成为年轻学者的成长摇篮,为学科培养后备人才。南宋史研究中心能够以小的投入产生大量优秀学术产品,便是得益于不断创新的研究机制。

二 丰硕的学术成果

自南宋史研究中心成立以来,完成了近 70 部专著的编撰出版,硕果累累。首部大型系列丛书——50 卷《南宋史研究丛书》的编撰已基本结束,其中多部专著获得各级奖励。比如,方爱龙的《南宋书法史》获中国书法兰亭奖·理论奖一等奖,张锦鹏的《南宋交通史》获云南省社科优秀成果一等奖,何忠礼的《南宋政治史》、徐吉军的《南宋都城临安》获杭州市社科优秀成果一等奖,徐宏图的《南宋戏曲史》获浙江省社科优秀成果二等奖,俞兆鹏《文天祥研究》获江西省社科优秀成果二等奖,杨倩描的《南宋宗教史》获河北省社科优秀成果二等奖,粟品孝等的《南宋军事史》获四川省教育厅优秀成果一等奖,何忠礼主编的 8 卷本《南宋全史》更是荣获首届"两宋论坛"优秀成果二等奖。2010 年开始编撰的第二部大型系列丛书——《南宋及南宋都城临安研究系列丛书》目前已有清华大学郭黛姮教授《南宋建筑史》等近 20 部专著问世。其中,周膂的《南宋美学思想研究》获得浙江省哲学社会科学优秀成果二等奖,何玉红的《南宋川陕边防行政运行体制研究》获甘肃省哲学社会科学优秀成果二等奖、邓广铭学术基金奖励二等奖。这两部大型丛书的影响远及海外,被美国哈佛大学图书馆等众多境外高等院校和科研机构收藏。这些学术成果使得南宋史研究空前繁荣,不仅众多的学术空白被填补,学术界长期以来重北轻南的格局亦为之一变。

三　活跃的学术交流

作为学术平台,南宋史研究中心多次举办大型学术会议,促进学术交流。中心先后围绕《南宋史研究丛书》的编撰召开了两次全国会议,组织召开了一次"南宋建筑研讨会"。2008 年 10 月、2011 年 10 月、2015 年 11 月,中心共组织召开了三届"中国南宋史国际学术研讨会",来自中国大陆、中国香港和中国台湾地区及美国、英国、日本、韩国的参会学者共计 240 人次。海内外宋史学界著宿新锐集聚一堂,切磋交流,相互促进。除了举办学术会议,南宋史研究中心还加强人员交流,启动访问学者招聘计划和年轻学者海外访学计划。台湾成功大学刘静贞教授作为中心首位访问学者已顺利完成访学计划,首位到哈佛大学访学的李辉博士也已经访学归来。为了向海外学术界介绍南宋史研究的成果,中心与中国社会科学杂志社合作,负责在该社与联合国科教文组织共同创办的《国际社会科学杂志》上组织编辑 5 期有关南宋史研究的专刊,目前已经出版 4 期,刊登境内外学术论文计 60 余篇。这一系列的举措,扩大了杭州南宋史研究在全国乃至全世界的影响,充分展示了中心作为一个学术平台在推动学术交流方面所起的重要作用。

四　巨大的社会效益

南宋史研究中心地处杭州,一直服务于杭州"文化强市"战略,努力打好"南宋牌",产生了巨大社会效益。中心编撰出版的两个系列大型丛书,都设有研究南宋都城临安的专题。这些著作为南宋皇城大遗址的保护和挖掘、还原南宋时期临安城的衣食住行、再现当年都城繁华景象等提供了丰富的史料和科研依据。南宋史研究中心也曾参与有关南宋历史文化重大项目的论证工作,对决策产生了决定性影响。此外,南宋史研究中心还多次通过电视采访、报纸专栏、学术讲座以及参加科普周等形式,向广大市民宣传南宋,普及南宋史知识。史学研究社会效益的释放相对缓慢,但南宋史研究在杭州却见效非常迅速。近年来,有关南宋的产业如雨后春笋般涌现,杭州作为南宋都城的记忆更加深入人心,人们对南宋一朝的偏见也发生了根本转变,城市的文化软实力在不知不觉中大大加强,城市底蕴更显深厚,后劲更加充足。这些都与南宋史研究中心的工作有着密不可分的关系。时任杭州市委书记王国平同志指出:"杭州市社科院南宋史研究中心开展的南宋史研究工作投入少,产出多,性价比非常高。"

杭州市社会科学院南宋史研究中心全体工作人员及兼职研究员经过十余年辛勤耕耘,已将杭州打造成全国乃至全世界的南宋史研究中心,取得了有目共睹的成绩。今后,南宋史研究中心将继续努力开拓,乘势而上,联手海内外学界同仁,共同推动南宋史研究走向深入发展,作出自己应有的贡献。

(供稿:杭州市社会科学院南宋史研究中心)

第六篇

博士论文提要
与博士后出站
报告摘要

博士论文提要

【*Writing Letters in Song China* (960—1279): *Its Political, Social, and Cultural Uses*】

D. Phil. dissertation, University of Oxford, 2015.

Even though there has been no lack of scholarly attention to Chinese epistolary texts as a source of information, discussions of the functions and practices of letter writing in imperial China are very limited. This thesis deals with how elites in Song dynasty (960 - 1279) Chinaexchanged personal and political information by writing and sending letters to each other, and how the genre of letters functioned in its various forms throughout the socially transformative and culturally active period. Through contextualizing epistolary material—such as letters in manuscript and print form, letter collections, and epistolary manuals, as well as sources in other genres that describe letter writing practices—I explore the multifaceted uses of letter writing for literati officials. The study provides a systematic view of the functions of Song letter writing in political, social, and cultural realms by investigating its complex practices. Using letters in several sub-genres by important literati figures such as Mi Fu, Li Gang, and Sun Di, it illustrates the main aspects of letter writing, including format, rhetoric, topical content, and handwriting. In view of the roles played by letters exchanged among Song scholars, this research on literati correspondence provides a window on how interpersonal relationships were conducted by written exchanges during that period. It also sheds light on how epistolary culture was transformed by the literati community during one of the key periods of Chinese civilization. These insights will contribute to the research of Chinese literati culture and related fields, such as the social history of middle period China, and will also be useful for comparing China's epistolary culture with the world's other letter writing traditions.

【宋代通信活动的政治、社会和文化功能】

除力恒，牛津大学东方研究所 2015 年博士学位论文，导师：Hilde De Weerdt（魏希德）Barend ter Haar（田海）

学界过去有不少把书信作品作为史料利用的研究，但鲜有成果专门研究中国古代书信的功用和写作实践。该论文探讨宋代精英如何在通信活动中交换个人和政治信息，并研究书信文体在这个社会和文化高度活跃的时期发生了什么转变。通过把书信材料（尺牍手迹、法帖、文集和书信写作范本等）和其他提及通信活动形态的史料放到它们本身的历史语境之中，在论文中剖析了士大夫写信的种种作用，系统地研究了宋代通信活动的政治、社会和文化功用。借助米芾、李钢和孙觌的书信作品，探讨了和宋代书信写作相关的几个主要课题，例如书信的格式、修辞、题材和书法等方面。通过研究宋代士人的书信交流，该研究提供了一种了解当时文人通过文字进行交往的视角，并表现了士人群体在宋代这个社会转型期如何深刻地塑造了中国的书信文化。分析这些问题的结果对探讨中国士人文化及其相关课题都有意义，例如唐宋社会史，以及对中国书信传统和世界上其他书信文化的比较研究。

【经典诠释与权力竞逐——北宋前期"太平"的形塑与解构】

张维玲，台湾大学历史所 2015 年博士学位论文，导师：梁庚尧教授

该文结合思想史与政治史，探讨号称"太平"的宋真宗大中祥符时代（1008—1016）之形塑与解构。"形塑"在于分析，祥符时代如何镕铸经典、谶纬、道教思想，以为统治的合法性进行论述。"解构"则探究仁宗朝的士大夫，如何在批判祥符时代的基础上，重新诠释儒家经典，进而触发"宋学"的展开。

上篇"太平"的形塑，从四个角度分析大中祥符时代的形成。第一章探讨祥符元年封禅的历史意义，认为这是从太祖到真宗，君臣为了肯定、宣示王朝的统治已致"太平"，而一直渴望举行的告天仪式。第二章探讨祥符时代的策动群体——徐铉及其后学，分析此士大夫团体的领袖徐铉之政治理念，及其理念如何在其后学创造性的利用下，形塑祥符时代。第三章探讨祥符时代的"天书"与"感生"圣祖的思想来源——谶纬。分析宋初以来谶纬思想得到君主青睐的历史过程，以为祥符时代利用谶纬思想找到发展脉络。第四章探讨徐铉后学如何将复杂的文化资源，包括经典、谶纬、道教思想，镕铸一体，以为祥符时代一连串的神道礼仪进行论述，从而宣传赵宋的太平之治与统治的正当性。

上篇四章试图呈现祥符时代的神道设教，有着更复杂的发展脉络与思想基础。然而，这不意味真宗神道设教的举措能被当代人认同。出生于十世纪晚期到十一世纪初的士大夫，祥符时代是他们亲身经历过的成长岁月，仁宗朝则是他们政治生命最活跃的一段时期。他们对祥符时代的不认同与批判，构成了他们政治理念的一部分，从而影响他们在仁宗朝的学术、政治作为。

下篇即从三个层面探讨仁宗朝士大夫对祥符"太平"之政的解构。第五章探讨仁宗朝士大夫基于对祥符以来朝野歌颂太平的不满，一方面在朝堂上拓宽言路，一方面主张应撰写阐扬儒家圣人之道的"古文"。两者都在批判的基调下，企图改革时政。第六章探讨仁宗朝士大夫基于对祥符礼仪的不满，引起他们进一步反省儒教经典，进而重新诠释经典。其具体作用之一，即表现在仁宗朝的礼乐改革。第七章探讨仁宗朝士大夫如何突破祥符以来因宣称太平而奉行的"无为"意识形态。他们援引经典中的"修德"概念，说服仁宗改变无为之政，并进行政治改革，以争取上天的肯定。总括而言，从解构祥符之政的角度出发，下篇对古文运动、经学变古、庆历改革的发生，即所谓"宋学"最初的诞生，提供一己之见。

【北宋防御使与团练使研究】

任欢欢，西北大学 2015 年博士学位论文，导师：陈峰

自唐中期开始，使职差遣制度愈来严密。防御使、团练使因军事需要而产生，后随着政治、军事形势的发展变化，与节度使一同成为地方军政系统的核心。五代藩镇继续发展，防、团两使还产生了正任、遥领、兼领之别。遥领、兼领的出现与发展，表现了州镇长官的虚衔化趋势。北宋通过兵变立国，为加强中央集权、结束分裂割据，防御使、团练使等刺史体系经历了一个从实任到虚衔化的过程。设置转运使剥夺地方财权、都部署体制的出现剥夺了地方统兵权、知州制的确立剥夺了地方的行政权，"节度——刺史"一系彻底阶官化。阶官化后的防、团两使也有正任和遥领之分，其等级差异用以标志官员的品阶迁转，成为身份与地位的标识。任职防、

团两使的受益群体，主要有宗室、宦官、外戚及高级武官等。北宋朝廷制定了一系列酬劳制度，以保障防、团两使的经济利益及政治性待遇。以防、团两使为代表的正任官体制与北宋军政关系密切。防御使、团练使所任三衙管军均按照品级所任，并形成制度。武职防、团两使也有较多担任知州的情况，这源于边防要地武臣知州有利于处理军政要事。

防御使、团练使的出现体现着唐宋变革的时代背景，其变迁又有宋代本身的客观条件。方镇作为一级政区的历史，至宋真宗末期即宣告终结。一定程度上来讲，防、团两使的职权变迁过程，即为中央与地方权力制衡的焦点。其后，防、团两使仅作为勋臣贵戚们的荣誉虚衔，地位非常尊崇却无相应的实权。同时，这亦为阶官化之后防、团诸使的存在意义。一方面，宋朝统治者从官制上突破，寻求了一条独特的削藩之路；另一方面，宋朝为贯彻"祖宗之法"，以防、团两使等阶官，来优待宗室、宦官、外戚等中高级武职人员，致使北宋一朝，终无内乱之祸。由此，对于北宋时期防、团两使的制度变迁，我们在给予足够重视的同时，也要给予肯定的评价。

【宋代城市税收研究】

王浩禹，云南大学 2015 年博士学位论文，导师：吴晓亮

城市及城市经济、城市税收是经济史重要的构成，也是经济史研究的重要组成部分。从城市税收角度来说，我国很早就出现了城市税收征收记载。从春秋战国以降，至唐五代时期，已经初步形成了税人、税物、税空间的城市税收结构。

宋代是我国商品经济发展的第二个高峰时期，城市也得到了空前发展。相应地，城市税收与税收结构均不断得到发展与完善，主要表现为：对城市居住者和活动者征税、城市土地利用税和城市经营税。税人、税物、税空间的城市税收结构更加明显。

宋代对城市居住者和活动者征税主要由丁税、助役钱、免行钱、户帖钱、科配、和买、对出入城门的人征税组成。丁税实质是人头税，主要征收于宋代的东南六路，至南宋，随着国土面积的缩小，丁税几乎推行于整个南宋。坊郭户是城市纳税的主体，宋代对坊郭户征收的税种包括助役钱、免行钱、户帖钱、科配、和买。助役钱是王安石变法时期征收的新税，推行于全国的城市，征收标准多样，主要是以家业钱和物力钱的多寡征收；其实行体现了宋代均税的愿望，目的是为了增加国家财政收入；助役钱的征收虽经反复，但持续至南宋末年。免行钱是王安石变法期间向行户所征之税，其征收范围从京城扩展至全国各级城市，至南宋绍兴二十五年（1155）才退出历史舞台。户帖钱始于南宋高宗时期，它经历了作为纳税凭由到户帖钱的发展和转变。科配是宋代城市税收，在宋代城市税中发挥重要的作用。和买于宋神宗时期开始对城市坊郭户征收，经历了借贷行为向赋税转变的发展阶段，至南宋绍兴九年（1139），和买实现了赋税化，成为新的赋税。宋代对出入城门的人征税，主要是对进出城门的普通人、商人、军人征税。

宋代城市土地利用得到了进一步的发展，对其征税主要包括屋税和地税。宋代屋税征收时间始于宋太祖建隆元年（960），从时间上来看，宋代屋税由北宋至南宋都有征收，北宋几乎没有中断，南宋征收时间大概是在高宗时期；从地域上来看，宋代屋税主要征收于北方，南方相对较少；宋代屋税征收的标准主要根据地理位置的冲要闲慢分为十等来征收，也有依据家业钱的情况征收；地税又称地基钱、地基税钱、地基正钱、官地钱、省地钱、

地钱、地课钱等，主要是对城市私人地基和园圃征税，有宋一代地税都有征收，征收的地域较广；其征收标准也主要是依据地理位置的冲要紧慢分为三等。

宋代城市经营税得到进一步的发展，主要由房产契税和城市商税构成。房产契税是房产交易频繁的产物，宋代房产交易频繁，这是房产契税产生的前提。房产契税始于宋太祖开宝二年（969），其后征收持续不断，两宋都有房产契税的征收。整个宋代，房产契税的税率由2%增至4%，再由4%增至10%，房产契税的税率不断提高。宋代房产契税是一项固有的制度，具有规范性和法制性的特点。城市商税是城市经营税的重要组成部分，它征收于全国各级城市，主要由商品交易税和商品通过税组成，也即住税和过税组成；商税的征收有商税税法的保障，商税税法规范了商税的征收和管理。

城市税收对宋代社会产生了重要的影响。城市税收用于军费，有利于维护国家和周边局势的稳定；城市税收用于官吏俸禄，有利于维持国家机器的运转；城市税收用于赈灾，有助于维护社会的稳定。

总之，宋代城市税收反映了宋代城市的发展，宋代城市的发展是城市税收发展的基础。宋代城市税结构的形成和完善具有重要历史意义，为后世中国城市税收奠定了基础。

【南宋潜邸出身官员群体研究】

刘坤新，河北大学2015年博士学位论文，导师：吕变庭　汪圣铎

潜邸出身官员作为南宋官员群体的重要组成部分，游走于皇帝与皇储、皇子之间。他们先是因学识、品行出众等，获得时任君主、朝臣的认可，得以任职于皇储、皇子潜邸，并担任皇储、皇子的教育与培养工作。在新老君主政权交接时，潜邸出身官员辅翼皇储、皇子，顺利完成政权过渡。皇储、皇子龙飞之后，往往对其多委以重任或厚以富贵。故潜邸者，儒者之荣，天子亲之而备受瞩目，在南宋政治发展过程中起着举足轻重的作用。

宋代崇文抑武，潜邸官员出身也随着政治体制、社会结构的变化而随之变化。到南宋时，早已从宋太祖、太宗朝的武将为主体，转化为文官为主，且这一现象一直延续到南宋末年。该文以南宋潜邸出身官员为切入点，以其政治实践为线索，从多个领域探讨其与南宋政治的发展关系。

第一部分南宋潜邸出身官员概况。先是对南宋潜邸出身官员进行统计，并以此为基础，对其入仕途径、年龄、籍贯、入侍潜邸年龄、职事官品秩、兼官品秩、任期等进行分析，反映南宋潜邸出身官员的基本概况。

第二部分南宋潜邸出身官员的任用及对皇储、皇子的教育与维护。皇储是未来的帝王，关系着一个王朝的兴衰，故历代帝王对皇储、皇子左右之人，选择甚为严谨。而潜邸出身官员之所以被选任，也因为其具有如下特征：学识过人、品行出众、教学经验丰富、获得当权者的欢心或信任。潜邸出身官员选任方式有皇帝亲擢、臣僚荐举、权臣委任及太上皇任命、皇后推荐及皇子亲自选择等多种入邸途径。潜邸出身官员担任着皇储、皇子的教育工作，以儒家经典为主，并兼顾史籍典故，同时注重培养皇储、皇子言行举止、书法礼仪等。同时，潜邸出身官员调和皇帝与皇储、皇子矛盾，并时常为皇储、皇子美言，使其美名"远播"。故他们不仅得到时任君主的赞许，也得到皇储、皇子的信任。

第三部分潜邸出身官员与皇位的传承。宋代鉴于五代的教训，加强皇权，限制储权。皇储、皇子不仅要面对父皇的疑心，还要面临着其他兄弟的竞争。潜邸出身官员作为皇储、皇子最得力的助手，帮助其应对各种危机，顺利即位。高宗在大元帅

府幕僚的支持下，顺利排挤其他对手，合法顺利即位。孝宗早期潜邸官员为其升储而坚持努力，而遭秦桧及其党羽排挤。秦桧死后，又有潜邸官员史浩的帮助，孝宗得以顺利即位。光宗潜邸官员为其出谋划策、调和其与孝宗矛盾等方面也有重要作用。宁宗在两朝潜邸出身官员共同合作下，通过"绍熙内禅"而即位。此外，理宗、度宗的即位也与其潜邸出身官员有着密切关系。

第四部分潜邸出身官员与南宋政局。从皇储、皇子继位后，其潜邸出身官员对南宋政局有着重要的影响。高宗朝潜邸出身官员宗泽镇守开封，使金人不敢南窥。张悫位列执政，引正人入朝，使南宋初期政权得以稳定。同时也有汪彦伯、黄潜善带来南宋初期政治的腐败。孝宗为数不少的潜邸出身官员有着一定的恢复意识，直接或间接参与隆兴北伐。近习干政是孝宗的最大政治污点之一，而其潜邸出身官员由于多种因素，一直与近习进行斗争。由于不同时期孝宗对待理学态度的争议，也导致光宗潜邸出身官员充斥不同的利益集团，故而激化了光宗朝潜邸出身官员的内部争斗。宁宗潜邸出身官员构成其初期执政班底，而韩侂胄擅政后，将宁宗潜邸出身官员贬斥殆尽，而韩侂胄与宁宗潜邸出身官员的斗争也是形成庆元党禁的重要原因之一。理宗在其潜邸出身官员郑清之的帮助及引导下，十年渊默无闻。理宗亲政后，任用其师郑清之为相，师徒二人开始更化。而度宗潜邸出身官员贾似道的擅政，更是直接加速了南宋的灭亡。

第五部分潜邸出身官员的精神和物质奖励。鉴于南宋潜邸出身官员与皇帝特殊旧情，故南宋皇帝对潜邸出身官员多厚以富贵，主要表现在潜邸出身官员的仕途升迁、物质赏赐、生死殊荣等方面，从而揭示潜邸出身官员诸多特殊性。

【《经史证类备急本草》与宋代学术文化研究】

周云逸，河北大学 2015 年博士学位论文，导师：姜锡东　吕变庭

《经史证类备急本草》（简称《证类本草》）是北宋著名医药学家唐慎微编撰的一部六十余万字的中药学巨著。该书初稿约撰于宋神宗元丰年间（1078—1085），于宋哲宗元祐五年至八年（1090—1093）间刊行。宋徽宗大观二年（1108）艾晟校刊《证类本草》，改名《经史证类备急大观本草》（简称《大观本草》），得到了宋徽宗的重视，他命人重新校订后，于政和六年（1116）作为国家药典颁行，取名《政和新修经史证类备用本草》（简称《政和本草》）。《证类本草》是《本草纲目》出现之前最重要的本草学著作，它几乎涵盖了宋代以前本草学文献的主要内容，开创了多项宋代本草学之最。《证类本草》记载了 1742 种药物的性味、功效、主治，并征引了 200 余种文献，是宋代收录药物种类及征引文献数量最多的本草学著作。《证类本草》续补了采自前人文献中的医方 3000 余种，使药物的用途、用法一目了然，切合临床实用，从而使"以方证药"成了本草学著作的重要撰写体例。

《证类本草》征引的文献不但具有重要的辑佚价值，更为我们考察宋代学术文化提供了重要的视角。该文在概述《证类本草》之前的本草学史的基础上，探讨《证类本草》编撰的历史背景、主要传本及编撰体例，研究《证类本草》与宋代方剂学、宋代经学、宋代道教、宋代史学、宋代文学等学术文化的内在联系，进而讨论《证类本草》的价值及其揭示的宋代医药学的内在隐患。这将有助于深化宋代医药史、文化史的研究，也有助于加深我们对宋代医药学繁荣与隐患的认识。

《证类本草》作为一本整体性的本草学巨著，对于本草药物具有集注的意义，

起到了本草集解的作用。虽然唐慎微征引文献，未加辨析，但是从他征引的文献种类、数量中，依然可以发现他没有明言的思想。该文在前人的基础上，有以下创新：第一，对《证类本草》在后唐慎微续补的文献按经、史、子、集四部进行归类，并对《证类本草》征引的宋代文献进行了统计分析。第二，研究了《证类本草》与北宋方剂学专著《太平圣惠方》的关系，通过对《证类本草》征引的《太平圣惠方》与今传本《太平圣惠方》的文献比对，探讨《证类本草》征引北宋方剂学文献的价值。第三，研究了《证类本草》与北宋训诂学专著《尔雅疏》的关系，从"《证类本草》征引《尔雅疏》""《尔雅疏》征引本草文献""《证类本草》与《尔雅疏》互证"三个方面探讨《证类本草》名物训诂与北宋训诂学的互动关系。第四，研究了宋代道教专著《丹房镜源》与《证类本草》的渊源关系，逐条分析了《丹房镜源》抄录《证类本草》的情况，探讨了《证类本草》对《丹房镜源》成书的影响。第五，研究了南宋史学著作《通志·昆虫草木略》与《证类本草》的渊源关系，并从《证类本草》的视角探讨《通志·昆虫草木略》的价值与谬误。第六，研究了

《证类本草》征引小说的文献价值、失考之处以及其中揭示的宋代医药学的内在隐患。第七，研究了从《证类本草》到《本草纲目》的沿革关系，利用国内现存最早的《证类本草》两大传本对《本草纲目》的谬误进行了全新的考证。

《证类本草》具有如下明显的学术特点。第一，博物性。《证类本草》征引不同学科的文献来佐证药物，展现了宋代学术的交叉性和包容性。第二，创新性。《证类本草》在本草学上"以方证药""以小说证药"等诸多创新，反映了宋代学术寻求新变的崭新格局。第三，规范性。《证类本草》对征引的历代主要本草学著作，一律注明出处，使得《神农本草经》《名医别录》等重要的本草学著作得以基本保存。

《证类本草》在广泛征引诸种学科文献的同时，未加辨析，一些夸张失实、幻想性质的文献夹杂其中，这反映出宋代本草学的科学性尚存在不足。对此，我们应以历史的眼光客观评价。总体来看，《证类本草》集中了北宋中期以前一千余年的本草学积累，是传统医药学的宝贵遗产，对中国当下的中医药研究，依然具有重要的参考价值。

博士后出站报告摘要

【宋代经筵讲读研究】

邹　贺，西北大学 2015 年中国史博士后出站报告，合作导师：陈　峰

两宋三百年间，历代皇帝向有读书养德、亲近儒臣的传统，宋仁宗时又添设经筵讲读之制——专为皇帝一人所举办的经史学术讲座——更使得皇帝受业问学专门化、常态化、制度化。

经筵创制，一个重要背景是宋仁宗初年，临朝听政的刘太后要向世人展示自己继承祖宗真宗事业的决心和成果，而之所以选择经史讲座这种形式，一则是因为"崇文抑武"是宋朝既定治国方略，再则是因为此前实行"崇文抑武"培养的文人士大夫群体，他们有参与治国实践的意愿和能力。因此，阐述、丰富祖宗治国理念，是宋代经筵讲读的一个天然使命。

宋朝皇帝如此重学崇儒，最根本的原因，恐怕是寄望于通过经筵讲读，将宋代治国经验与儒家价值观相结合，形成若干经过儒家经史知识和价值观念体系包裹的、关于祖宗先帝的本朝国家治理理念的正确表述和积极评价，从而为在位皇帝的治国理政实践，提供理论依据和理由，进而催生出本朝治国理念。

此即宋理宗在经筵上所言：本朝"治体"的立意，在于"革弊"五代旧政，皇帝与臣僚作为治国主体，在日常施政中的原则，是"防渐"。

"宋代经筵讲读"这一研究题目，包含：经筵讲读制度（皇帝御前学术讲座制度历史渊源、设置和沿革）、宋代经筵讲读创立的目的（宋代本朝"治体"）、谁在进行经筵讲读（经筵官）、为什么要进行经筵讲读（"讲读经史""询察政事"和"辅养君德"三项职能）、经筵讲读什么（经筵讲读书目）、怎样进行经筵讲读（宋代经筵讲读方式）、经筵讲读的结果（"君德成就"）等几方面内容。

基于此，该研究报告分以下五个章节展开：

第一章《宋代经筵制度渊源及创立》宋代经筵制度的历史渊源，可以上溯到先秦时期的"师保傅"，到两汉发展为"侍讲"，到南北朝又出现"侍读""执经"，到了唐代，出现"翰林侍讲学士"等官职，并在五代得到沿袭，辽朝虽然是后起，但是其御前学术讲座却带有南北朝时期遗风，也未形成制度。同时，宋代经筵制度的创立，离不开北宋初期确立"崇儒抑武"治国理念和方略的背景，而宋仁宗即位之初年纪幼小，加上刘太后称制等因素，才使得经筵制度在宋仁宗朝最终确立。

第二章《宋代经筵制度设置及沿革》。宋代经筵制度的肇始，是在宋真宗在位时期。就结果来看，宋代经筵制度所包含的专门机构、专门官职、专门法规、固定时间、固定场所和固定书目六个元素齐齐完备，是在宋仁宗在位时期真正完成。在这六个因素之下，后世皇帝各有更改。其中宋光宗在位时期，经筵讲读长期荒废，宋宁宗即位后，出于团结朝野人望需要，有意识地进行经筵改革，他创立了经筵晚讲，改变了经筵讲读时间表和仪制。

第三章《宋代经筵讲读职能》。宋代经筵讲读承担"讲读经史""询察政事""辅养君德"等三项不同层次的职能。简言之，宋代经筵讲读是以"讲读经史"的形式，通过"询察政事"，最终"辅养君德"。"讲读经史"是宋代经筵讲读的主要

外在表象，从讲读书目的设置，讲经、读史的分工等角度，投射出不同时期的特殊政治导向和需要。"询察政事"是宋代经筵讲读的特殊属性，含义是询察祖宗政事，即传递和丰富"祖宗家法"，进而提炼和论证本朝"治体"；"辅养君德"既是经筵讲读的职能，也是目标，宋代皇帝和经筵官，将其总结为"仁、明、武"三原则。

第四章《宋代经筵讲读内容》。宋代经筵讲读的主要内容，可以概括为"事亲""事天""用兵""施刑""人才""夷夏""财谷"等七方面。"事亲"对应的是儒家价值观体系的核心——人伦价值观。"事天""用兵"对应的是中国古代传统观念"国之大事，在祀与戎"。"施刑"对应的是宋代仁政，及王道治国目标。"人才"对应的是宋代崇文抑武治国理念。"夷夏"对应的是宋代守内虚外治国理念。"财谷"，即经济问题，对应的是宋代为天下守财治国理念。这七个方面，囊括了尊卑、文武、内外、战和、宽严、贫富等国家政治结构中的各种关系。

第五章《宋代经筵讲读目标和效果》。宋代经筵讲读在皇帝个人层面的目标，是成就"君德"，在国家社会层面的目标，是达成"王道"。君德和王道互相通融，皇帝在通过经筵讲读，君德日就的同时，其实也是在建设王道。

宋代经筵讲读，着力将儒家王道学说与本朝治体两相调和，特别是，由于儒家正统王道学说与本朝治体和军政实践的差异，促使经筵官对耕战、历史观等问题，进行重新论述。在现实中，经筵讲读的结果，并不一定会"君德成就"，这是因为经筵讲读在制度设计理念上，有两个天然欠缺：一是儒家经史学说观点与宋朝军政实践的矛盾；二是宋代经筵作为学术教育制度，又必须为皇帝提供必要的处理军政事物的实际经验。这样，经筵讲读通过提高皇帝经史学术修养，为皇帝决策提供合

理的理由和依据，甚至在某些领域，如思想学术领域，推动了儒家学说价值观念，深入宋代国家治理的实践。

在治国实践中，因为宋代出现太后临朝、外藩入继、皇帝内禅，这要求皇帝有孝悌之心；为了防止皇帝滥用治国权力，而培养皇帝重视天意；因为重新加强中央集权，收回地方财、法、军权，而宣扬宽刑；因为要统一国家意识形态，而强调教化，武将犹然；因为文臣大量进入决策层，不知兵，所以选择避战养民；因为外战不利，所以主张先内后外；因为"唐宋变革"，宋代朝廷对社会经济发展的实际控制力下降，所以主张不与民争利。

这些因素折射进宋代本朝治体，就是"崇文抑武"转化到皇帝在自身、臣民、外国三个方面的"革弊""防渐"："崇文抑武"中的"崇儒"含义体现在国家意识形态方面——以孝亲、敬天处自身；"崇文抑武"体现在文臣、武将的政治、社会地位方面——以风教、宽刑、让利治臣民；"崇文抑武"体现在国防战略方面——以寝兵、修内待外国。

所以，宋代经筵讲读对本朝治国目标的设定，是王道，其内涵，却与治国实践，存在分歧。如宋代经筵讲读认为在宋真宗、仁宗、高宗、孝宗等皇帝在位时期，实现了王道，显然与现实不符。而君德作为王道的同义命题，宋代经筵官提出"仁、明、武"的内涵，但事实却是党争不息。这表示，宋代王道治国目标的提出，甚至是有意针对军政实践的不足。

要之，宋代经筵讲读具有制度和理念的双重意义，从宋代经筵制度设置、沿革的角度来看，关乎宋代重视制度、遵循成宪、分权防弊等官制思想；从宋代国家治理理念及实践的角度来看，揭示宋代居于统治地位的士大夫阶层，通过经筵讲读，打造皇帝的儒家价值观念（君德），树立国家崇儒意识形态（王道）的意图和

努力。

这样，到宋理宗绍定六年（1233）九月，经筵官请以御制"四十八箴"，悬示于经筵讲殿"缉熙殿"殿壁。从内容看，宋理宗"四十八箴"，还是对宋仁宗"治道三十五事"的继承和发挥。所以，其用意，除了继续重申君德、王道的含义，更可以看作是对宋朝治国理念和实践以及对王道治国目标的最终定义。从"治道三十五事"到"四十八箴"，体现了已经运行了二百一十余年的宋代经筵讲读，对本朝以崇文抑武为内核的治国理念、治国目标的一贯坚持。

【唐宋时期东岳信仰研究】

刘云军，河北大学 2015 年中国史博士后出站报告，合作导师：姜锡东

作为在中国古代历史悠久的一种信仰，唐宋时期，借助官方的大力推动，在原有信仰基础的前提下，东岳信仰内容更为丰富，并达到一个新的高度。该论文共分八章。

第一章东岳信仰缘起与隋唐之前的历代官方东岳祭祀。东岳信仰缘自山岳崇拜，属于自然神崇拜范畴。东岳泰山早先只是齐鲁大地一座区域性名山，随着齐鲁文化地位的上升，泰山由区域性名山上升为全国性名山。东岳祭祀很早被纳入国家祀典，并逐渐形成了一套相对模式化、固定化的祭祀仪式。

第二章唐宋时期官方东岳祭祀。隋唐时期官方东岳祭祀可分为朝廷与地方两种不同规格的祭祀。朝廷祭祀基本上沿袭历代东岳祭祀的礼仪，变化不大，主要是在都城增加了五岳镇海渎祭坛，岳神祭祀规格有所提高。地方祭祀主要是祈祷避免雨雪灾害。

第三章唐宋时期东岳祭祀礼研究。主要从唐宋礼书中岳渎祭祀制度进行分析，特别是对于岳渎册祝制度变化分析唐宋时期官方东岳祭祀。

第四章宋代民众东岳祭祀。主要通过东岳庙会、日常进香两个角度展现宋代民间东岳神信仰。与官方模式化祭祀制度不同，宋代民间东岳神祭祀体现更多灵活性与实用性。东岳庙会是一个包含了商业、娱乐、信仰等多重因素的综合体，也是宋代民间最重要的东岳神祭祀方式。除了有固定时间的东岳庙会外，日常进香是普通民众祭祀东岳神最常见的方式，而在进香时向东岳神进献礼物，更成为社会流行的一种方式。表面看来，民间东岳祭祀与官方祀典有着很大区别，仔细分析，可以发现民间祭祀对官方祭祀有着极大的模仿性。官方岳神祭祀有固定时间、祀仪，民间东岳庙会也有着固定的时间，并且庙会上的活动也是相对固定化的。日常进香与进献礼物，可以看作是官方祀典中的祭品。总之，官方与民间祭祀有着千丝万缕的关系，并不是泾渭分明的两条线。

第五章泰山封禅与帝王东岳信仰。围绕封禅，展现帝王与社会各阶层对东岳神的态度。真宗封禅目的是为了重塑自身权威。加封五岳帝号不过是沿袭前代帝王做法，表面上提高了岳神地位，实际上仍然为提高帝王个人权威服务。真宗封禅造成的客观后果是泰山文化神秘性及东岳信仰普及化。

第六章围绕东岳庙产生的国家意识、地方观念与经典话语。唐宋时期东岳庙修建过程中，国家意识、地方观念与经典话语得到充分展现。国家视东岳为政权保护神，地方视其为地方保护神。士人对东岳神态度最为复杂，他们既恪守儒家经典话语，反对东岳神越界祭祀与各地修建行祠，又不得不正视随着地方观念勃兴，东岳神地域化的现实。虽然文人士大夫最终都肯定了东岳神的神性，但是他们无法用儒家经典学说来解释东岳神的"越界"。而这种最初的怀疑与最终的大加肯定，显示了

儒家经典在现实政治面前的软弱无力。作为士人中坚持传统思维的代表,该章以陈淳为个案,讨论其复古山川祭祀观。

第七章笔记小说中的东岳神。该章主要以唐宋笔记小说中关于东岳神记载为主,分东岳神形象、东岳神职能,勾勒宋人的东岳神观念。同时,借鉴武雅士、韩明士等人的理论,对东岳神信仰进行分析。

第八章释道与泰山神。主要讨论唐宋时期道教对于泰山神的吸纳与佛教神祇阎罗王和地藏菩萨对于泰山治鬼权力的侵蚀等。

与前代相比,唐宋时期东岳信仰呈现出多层次、复杂化的特点:

第一,唐宋时期在延续前代官方东岳祀典前提下,东岳祭祀仪制日趋完善,还出现了一些新的内容,如唐代道教仪式进入官方东岳祀典,宋代在都城修建五方岳镇海渎坛等。此外,唐宋帝王特别通过举行泰山封禅,并为东岳神及其家族、部属加封号,提高了东岳神的地位,扩大了东岳神的影响力。

第二,唐宋时期东岳庙会已经出现并且比较受人们喜爱,东岳庙会除了在泰山东岳庙举行,各地东岳行宫举行的庙会亦十分受人欢迎。泰山香社组织在宋代已经出现,与明清时期香社相比,宋代泰山香社还处于发展、完善阶段。

第三,唐宋时期社会各阶层对东岳信仰存在不同的态度。帝王按照礼制祭祀东岳,将其视作政治统治象征、社稷保护神。士人对东岳信仰态度比较复杂。他们一方面接受儒家经典话语,认同东岳信仰中的国家意识,反对任何形式的神灵越界。另一方面,面对各地普建东岳庙、东岳信仰已经成为一种大众性信仰的现实,多数士人试图用东岳神的有效性来解释神灵越界。而普通民众的东岳信仰是一套既不同于国家意识,也不同于士人接受相对独立的话语系统,这套话语更贴近其自身生活的乡土观念。

第四,东岳神作为官僚(或帝王)形象被唐宋人普遍接受,在唐宋人意识中,东岳神是一个拥有无边神力、部属众多的大神。人们相信东岳神可以审理世间无法申诉的冤屈,他们在向东岳神申诉时,模拟的是世间司法部门的审判形式。但人们与东岳神的交流并不需要通过某种中介媒体。朝山进香、朝献、个人祈祷,是人们最常见的祭祀东岳神的方式,也是与东岳神交流的惯常渠道。在东岳神司法审判中,诉讼过程变得更加简化,诉讼时间更短,符合了唐宋人理想中的司法模式。

第五,唐宋时期,随着东岳信仰的扩大和深入,东岳神灵谱系日益丰富,除东岳神外,炳灵公为首的诸子神,温、张等元帅为首的属神等等一系列神祇影响力逐渐扩大。而这一时期道教的兴盛与道教法术的发展,东岳神(包括温元帅等)与道教有着更紧密的联系。

第七篇

海外研究动态

2013 年日本的五代宋元史研究

[日] 伊藤一马撰　蔡春娟编译

　　10—14 世纪，是五代十国、北宋、辽、南宋、金、元纷繁复杂的历史时期。这一时期的前半段，即宋朝时期，长久以来史学界就着眼于当时的"国际形势"，将之置于欧亚大陆的讨论范围内，而不是仅仅局限于中国史的范畴。诚然，日本学者关于辽金对外关系史的研究成果不少，但置之于宋代中国的大视野下的考察还不多。鉴于这种状况，2013 年有关 10—12 世纪"国际关系"的研究成果尤其引人注目。如荒川慎太郎、泽本光弘、髙井康典行、渡边健哉编《契丹（辽）与 10—12 世纪的东部欧亚》（勉诚出版，以下简称《契丹（辽）》）和平田茂树、远藤隆俊编《从外交史料探索十一—十四世纪》值得特别提及，这两本书所收论文都有助于我们理解 10—12 世纪的"国际关系"。下面主要以这两本书所收论文为主，回顾 2013 年有关该时期"国际形势"的成果。

　　山崎觉士《五代十国史和契丹》（《契丹（辽）》）按照后晋—契丹—后汉的王朝交替顺序，摒弃传统的"五代十国"时代划分，向我们展示了一幅包括"六代数国史（十数国史）"、契丹、海域世界等在内的"大中国史"的历史画面。毛利英介《册封的皇帝和被册封的皇帝》（《关西大学东西学术研究所纪要》46）从契丹和北汉两国皇帝并存现象着眼，通过对契丹方和北汉方两个石刻史料的分析，指出两国都承认双方"皇帝"的存在，但是契丹皇帝地位高于北汉皇帝。在这个基础上，作者进而指出，10—13 世纪中国多个皇帝共存的现象，可能缘于游牧民族汗、可汗的并存状态。

　　古松崇志倡导的"澶渊体制"可说是近年"国际关系"讨论的核心，他在《十一—十二世纪契丹的兴亡和欧亚东方的国际形势》（《契丹（辽）》）一文中，以契丹为轴心，通论了欧亚东方的国际形势。毛利英介《关于澶渊之盟》（《契丹（辽）》）抄录了澶渊之盟的原文，进而对文书形式、规定、内容等进行了具体考证。广濑宪雄《宋代东亚地区的国际关系概观》（《从外交史料探索十一—十四世纪》）基于对唐代及古代日本外交文书的研究，对宋代外交文书中的语句及表现形式进行了分析，指出宋代外交文书中表现出来的各势力间的上下关系没有唐代那么强烈，而且，与君臣关系贯彻不力的外交状况相适应，致书文书的使用比较常见。山崎觉士《外交文书所见宋代东亚的海域世界》（《从外交史料探索十一—十四世纪》）则从宋代着眼进行分析，指出在"国际形势"复杂的宋代，除了国书以外，还应存在多种形式的外交文书，以及多层次的外交交涉。作者举出明州的事例，指出作为外交文书使用的牒式文书在地方官府间交涉的重要性，进而推测这与当时的"国际形势"及海商的活跃有关。这两篇文章所展示的国际关系，形成很好的对照，如实反映了该时期的时代特征。丰岛悠果《宋外交中高丽的定位》（《从外交史料探索十一—十四世纪》）通过对外交文书样式和使用词句的分析，以及招待和礼仪上的待遇等的比较，指出宋代对当时诸势力制定的排列顺序并不是唯一的，尤其是高丽未接受宋朝的册封，这成为其具有流动性的重要因素。毛利英介《辽宋间"白劄子"的使用》(《从外交史料探索十一—十四世纪》) 探明了该时期辽宋间外交文书——白劄子的使用状况,指出白劄子的性质介于国书与牒、国内文书与对外文书、文书与口头传达、正式与非正式之间,有些模糊不清,因此,在当时关系紧张的辽宋实际交涉中非常方便适用。这说明长期的稳定是在保持微妙平衡的基础上形成的。

井黑忍将金朝兴起之后的欧亚东方形势称作第二次澶渊体制时期,该时期金与南宋之间虽表面上继承澶渊体制的形式,但事实上已从平等关系向君臣关系转化。他的《受书礼所见 12—13 世纪欧亚东方的国际秩序》(《从外交史料探索十一—十四世纪》) 分析了金与南宋之间授受国书的仪礼——受书礼,指出对于南宋屡屡提出的改变受书礼的要求,金朝一直加以拒绝,双方仍保持着表现君臣关系的受书礼。其原因是致书文书包含着潜在的上下关系。从致书形式来看,致南宋的忽必烈文书并不是在寻求平等关系,蒙古所希望的国际关系是继承现有的,即变化后的君臣关系。

蒙元时期的成果,森平雅彦等《开放的海域世界》(羽田正编、小岛毅监修《海域所见历史》划向东亚海域 1,东大出版会) 向我们展示了一幅东亚海域世界历史展开的示意图,将 1250—1350 百年间的对外开放、外来者的交游网络、内陆国家权力在交易中的灵活管理等问题置于"开放的海域"来讨论。不可否认,近年的研究过分强调了蒙古在完成欧亚地区统合中的重要性、划时代性,但也应看到,蒙古的登场给海域交流带来了促进和制约双重影响。中村翼《日元贸易期的海商和镰仓·室町幕府》(《历史(ヒストリア)》241) 对传统的日元贸易较日宋贸易繁荣之说提出质疑,认为应低估日元贸易时期贸易船来往的数目,实际上这一时期的贸易处于日宋贸易的延长线上;传统的说法是就南海贸易的整体印象得出的,我们不能将日元贸易和南海贸易单纯联系在一起。向正树《蒙古海上强国的构成和变迁》(秋田茂、桃木至朗编《世界历史与帝国》,阪大出版会) 认为忽必烈以后蒙古政权的海上发展,主要依靠之前归顺的南宋水军及沿海地区渔民、海盗、商人等结成的网络和地域纽带。中岛乐章《元朝的日本远征舰队和旧南宋水军》(中岛乐章、伊藤幸司编《宁波和博多》,汲古书院) 以 2011 年在鹰岛海底遗迹发现的元朝军船为线索,运用文献、考古、绘画等多方面资料,讨论了元朝接收南宋军船而后转用于远征日本、元朝时自造军船、日本远征舰队的编成及其弱点等问题。高银美《南宋的沿海制置司和日本高丽》(《中世政治社会论丛》,东京大学日本史学研究室纪要别册) 探讨了南宋时期于明州(庆元府)设置的沿海制置司给予日本商人优待的背景,指出在宋元对峙形势下,南宋有通过日本商人拉拢日本的意图,显示出内陆政权与海商的共生关系。

论及 10—14 世纪的海域交流,僧侣也不容忽视。森公章《成寻与参天台五台山记的研究》(吉川弘文馆) 以北宋神宗熙宁年间入宋的日僧成寻为研究对象,汇总了近年的研究成果。藤善真澄《〈参天台五台山记〉劄记续二》(《从外交史料探索十一—十四世纪》) 展示了《参天台五台山记》在气候方面的史料价值。水口干记《渡航僧成寻、祈雨》(勉诚出版) 侧重成寻在宋朝的祈雨活动。此外,关于日宋、日元文化交流,榎本涉搜集了日本入宋、入元僧人的传记,编成《南宋、元代日中渡航僧传记集成》(勉诚出版) 一书,这将成为今后日中交流史研究的基本文献。

由以上成果看,在欧亚东方多个皇朝并存的国际形势下,存在着多层次的外交关系,国际关系也呈阶段性变化,蒙古崛起虽带来发展和制约双重影响,但也继承着这些变化并使欧亚东方社会走向统合。希望这些成果今后能有进一步的积累和深化。

下面，我们来回顾政治、经济、社会、文化方面的成果。

高井康典行《景宗、圣宗时期的政局与辽代科举制度的确立》（《史观》168）指出在辽代科举酝酿时期，围绕着汉地统治，有武治和文治两种不同的方针。倾向于藩镇统治体制的高勋下台，是科举制度确立的转折点。武田和哉《契丹国（辽朝）的北面官制及其历史变迁》（《契丹（辽）》）通过分析北面官制的实态与时代变化，指出关于契丹是选择中华王朝体制还是北族王朝体制，现在我们应摒弃这种二选一的讨论。众所周知，近年来利用契丹的史料来进行研究已取得不少成果。高桥学而《辽中京大定府的成立》（《契丹（辽）》）在调查中京辖区内州县城址的基础上，指出中京的建设渗透着政治意图。藤原崇人《草原上的佛教王国》（《契丹（辽）》）利用石刻和佛塔文物资料，指出契丹后期佛教与政权间存在着密切关系，这并不是统治阶层个人的崇佛行为导致的，而是澶渊体制的确立给契丹带来的根本性变化。矶部彰《辽帝国的出版文化和东亚》（《契丹（辽）》）认为佛典的流通促进了欧亚与东方的联结。高井康典行《世界史中契丹（辽）史如何定位》（《契丹（辽）》）从中华王朝、北亚游牧国家、东北亚政权等多视角概观了契丹历史的谱系。

关于辽宋关系，洪性珉《税役所见宋辽两属民》（《内陆亚洲史研究》28）对辽宋关系中重要的话题——两属民进行了分析，指出国家性质的差异，从对待两属民的政策上可以反映出来。泽本光弘《〈神宗皇帝即位使辽语录〉概要及其成书过程》（《契丹（辽）》）为了了解辽宋间交流的具体状况，介绍了宋使的纪行录——《神宗皇帝即位使辽语录》的概要，并讨论了其成书过程。

宫崎圣明《宋代"对移"考》（《史学杂志》122－3）追寻了对移这一监司自我裁度、恒久实行的制度确立的过程，指出其具有速效性的特征。对移不必中央裁定，地方官拥有自己的裁夺权，表现出宋代路具有的自主性。藤本猛《北宋末封禅计划的中止》（《奈良史学》31）从北宋徽宗朝的政治状况入手探究封禅计划中止的背景，指出反复争夺政治主导权的徽宗击败主张封禅计划的蔡京，成功排除蔡京的影响力，致使封禅中止。这次封禅计划的中止是徽宗走向亲政的象征。平田茂树在宋代政治史研究中引入宏观政治学和微观政治学的观点，他的《两宋间政治空间的变化》（《东洋史研究》72－3）将宋代君主独裁政治论作为宏观问题、北宋末以后所见的宰相权力强化作为微观问题把握，进而将两者整合。青木敦《宋代典当法的推移和〈农田敕〉》（古田和子编著《中国的市场秩序》，庆大出版会）从法制史的观点，认真比较了宋代和清代有关土地交易的法律、习惯，指出宋代为了让现实遵从法律，立法在现实中被滥用，而明清时期法律和王朝保持着一定的距离，这是难以忽视的差异。梅村尚树《宋代先贤祭祀的理论》（《史学杂志》122－7）将地方学校中先贤祭祀的理论化、正当化同经学的展开关联起来考察，指出北宋时期释奠（孔子庙的祭祀）被纳入学校内；在祭祀对象急剧增加的南宋时期，对于地方独有的祭祀和全国的通祀，都尝试将其正当化；从南宋末到元代，出现追认现状的潮流。

地域史方面，须江隆《日本宋代"地域"史研究的"枷锁"》（伊原弘、市来津由彦、须江隆编《中国宋代地域像》，岩田书院）认为日本宋代史研究中冠以"地域"的诸研究，并不是有着明显地域差别和独特性的"真正的地域史"。但是，"真正的地域史"的提法未必就有意义，明确一个研究地域的意义，难道不是任何朝代研究都需要的吗？市村导人《王祯〈农书〉以后的水田耕耘体系实态》（《鹰陵史学》39）以水田整田过程中使用的农具为研究对象，认为其种类、动力组合具有多样性特征，各种农具在经历了长期的传承使用之后陷于停滞状态。这些观点对传统的历史观提出了挑战。他的另一篇文章《宋代以后江南的"省力型"农耕技术》(《佛教大学大学院纪要》文学研究科41)认为以省力为前提,那些常被认为是粗放的、后进的技术体系,我们也应该用心考察,进而扩展江南农业技术的研究。这两篇文章都是以江南为研究对象,今后期待能看到也包含着华北地区的相关研究。高桥弘臣近年对临安进行了多方面研究,他的《南宋临安的仓库》(《爱媛大学法文学部论集》人文学科35)分析了临安储藏的米的筹措问题。另一篇文章《南宋后半期临安的都市行政和〈临安志〉》(爱媛大学资料学研究会编《读史料》,创风社)指出,受对金、对蒙作战影响,大量人口涌入临安,下层民众、贫民增多,成为明显的社会问题。另外,作者指出,地方志的编写往往有彰显地方官治绩的目的,对其中存在的问题,我们应对照别的史料来解决。小二田章《〈咸淳临安志〉的地位》(《中国》28)分析了《咸淳临安志》的性质、编成过程等问题,认为作为地方志,《咸淳临安志》的特殊意义在于颂扬南宋的功绩和当时的繁荣,成为后世编纂地方志的标准。

冈本隆司编《中国经济史》(名古屋大学出版会)是一部中国经济通史,其中包含丸桥充拓"魏晋南北朝—隋唐五代"部分,古松崇志"宋辽金—元"部分,各部分专栏内容都很充实。市丸智子《宋金间银的使用状况》(《东方学论集》)全面搜集、分析了出土的宋金时期银锭资料,并将之与出土地关联起来考察,指出商税征收的银锭也具有商品的性质,宋金两国在银使用上的差异,影响到元朝的政策。宫泽知之《元朝的商税和财政物流》(《唐宋变革研究通讯》4)指出,14世纪前期商税额急剧下降反映出利用运河系统的市场物流缩小,而依靠海运的财政物流得以扩大。元代的市场物流从属于财政物流,明代以后市场物流才渐次发展。

桂华淳祥《金代宗室和佛教》(《大谷学报》92—2)依据新出石刻史料,指出金宗室与佛教界的关系因皇室诸子的参与而具有连续性,其中外戚辽阳渤海人对佛教的拥护起着重要作用。希望以后能看到金代宗室与北传曹洞宗的关系、金代佛教发展的具体过程等方面的文章。中村淳《元代敕建寺院的寺产》(《驹泽大学文学部研究纪要》71)对大都敕建寺院中"神殿御寺"的寺产进行了考察,指出寺产在全国各地都有,除皇帝、皇后捐赠外还有别的寺产。此外,还分析了与大护国仁王寺有关的碑文史料,指出皇后、帝师对寺产的管理和运用有很大的影响力。神殿御寺住持宗派的多样性及蒙古时代的佛教发展等都是很有意义的话题。关于元代儒、医,有两篇文章,谷口绫《金元时期儒医的发展》(《东方宗教》121)指出,金代医学为士人提供了新的活动平台,在出仕做官之外产生出新的处世方式,元朝平定华北地区后,士人对亦儒亦医表现出积极态度。于磊《元代江南知识人的职能化》(《集刊东洋学》109)讨论了元代知识人由儒向医的转变,认为知识人职能化,是元代南方知识人的新动向。小林义广《南宋末元初吉州士人的地域社会和宗族》(《东海史学》47)以宋末元初江西吉州士人刘辰翁为例,指出进入元朝后,士人虽与现实政治保持一定距离,但却积极参与地方社会事务。地方士人的舆论约束了刘辰翁的活动,从刘辰翁身上可以看到明代士人扎根于乡土的影子。乙坂智子《元代江西的帝师殿和吴澄》(《横滨市立大学论丛》人文科学64-2)认为,蒙古为了与汉族的儒教祭祀相抗衡,设置了祭祀帝师八思巴的帝师殿。从江西名儒吴澄撰写的两方帝师殿碑文中,可以读到欲将儒士拉入崇佛活动的蒙古政权,与坚持儒家信仰的汉族知识人之间的互斗。

元代首领官向来没有明确定义,片桐尚《元代首领官分类的考察》(《东方学论集》)认为首领官分流内、流外上下两层,与普通吏员的区别在于其任免是否由中书省或行省。

矢泽知行《元末地方政权"外交"的展开》(《从外交史料探索十一—十四世纪》)分析了元末明初方国珍、张士诚双方的对外交涉，描写了采取全方位外交政策的方国珍和采取孤立主义路线的张士诚两人不同的性格，认为双方最后都屈服于朱元璋，应该是缺乏政治、军事方面的对外战略造成的。这里虽侧重于外交方面的讨论，但也要考虑政治、经济、军事等方面各种内政的影响。

史料方面，榎并岳史《宋代神道碑初探》(《东亚》22)指出，为了彰显权威，扩大宣传，耗费人力物力刻石树立的神道碑，与一般的石刻有着明显区别，我们在读的时候要注意其中的政治倾向性。矢泽知行《读前近代中国的传记资料》(《读历史资料》)搜集方国珍的各种传记资料，认为通过对各种资料的来源、性质、写作背景及相互关系的比较研究，可以发现诸多重要信息。

以上回顾了2013年的研究成果，可以看到史学界有两大共同问题意识。首先，以唐宋变革论为首，两宋划时代论、宋元明过渡论、近世论等关于时代划分的讨论近年极为热烈。不管文章观点如何，是否以这些时期为依托，大家都在努力探索10—14世纪这一长时段的历史地位。与此相关，伊藤正彦《"传统社会"形成论＝"近世化"论和"唐宋变革"》(《新的历史学》283)认为，关于近年讨论的近世论，从宋元史的角度来看，唐宋变革可看作中国传统社会的起点。但是，正如近年研究指出的，对待"中国"这一大框架，对"中国史"的把握方法是不是也要特别注意呢？

其次是围绕"中国"的问题。堤一昭《蒙古帝国与中国》(秋田茂、桃木至朗编《世界历史与帝国》，阪大出版会)指出，元朝统治下的诸集团并没有统一"中国"的意识，欧亚的各个地区都有另外的称呼。可以说蒙古的统合完成后，仍继续着前代多个皇朝并存的状况。饭山知保《"孙公亮墓"碑刻群的研究》(《亚洲非洲语言文化研究》85)探讨了山西省浑源县残存的蒙古时代"公孙亮墓"的相关碑刻，描写了在蒙古统治华北之际起家的浑源孙氏家族的状况。文章还对金元时期华北的先茔碑进行了分析，指出当时华北立先茔碑时要刻上系谱，这与资料所见南方系谱的传承有着不同的文化传统。作者认为系谱传承研究，应该考虑南北地域在历史、文化方面的差异，进行多角度的考察。这一观点也是提醒大家不要偏重江南社会研究，而要使"中国"的相关研究全面展开。小林隆道《宋代中国的统治与文书》(汲古书院)也主张10—14世纪的历史要"北流"和"南流"同时展开。井黑忍《分水与统治》(早稻田大学出版部)在讨论金元时期华北地区的农业、水利、地区开发等统治政策具有连续性时，也指出了宋金之间的断裂。从以上这些论著可以看出，偏重"江南中国"的视角在把握中近世中国史时是片面的。这不仅是宋元史研究者应注意的，诸位在进行明清史研究时，也要避免将江南中国等同于传统中国对待。

最后以浅谈展望来结束本综述。如今研究领域愈分愈细，大家都喜欢对事件本身的研究，但是事件的意义和地位往往被忽视，这样的研究很多，不能不使人感到遗憾。年轻研究者应具备突破时间、空间限制的广阔视野，再加上严密的实证研究，如此才能参透10—14世纪诸现象的意义和地位。

（本文编译自日本《史学杂志》第123编第5号《2013年的历史学界》）

第八篇

宋代遗存

考古发现与研究

甘肃镇原县境内宋代御夏古城遗址考察研究

王博文[*]

一 前 言

镇原县位于甘肃省庆阳市西南部，东邻延安，南眺西安，西接兰州，北界银川，中古时期是"北控大漠，南屏关中"的战略要地，"襟带秦、凉，拥卫畿辅，关中安定，系于此地"。秦时为北地郡，汉置安定郡后设临泾县，唐宋时期属原州。镇原县是丝绸之路的主要干线，史称"茹河道"。这条道路从关中出发，经淳化县登子午岭，在董志塬东部北石窟下逆茹河东进，经镇原县彭阳、开边，固原市杨城、彭阳县、古城镇、固原市出萧关，至河西走廊。北宋时期，镇原与西夏相毗邻，归原州管辖，属于陕西沿边地区，是西夏侵扰关中的必经之路。为抵抗和防范西夏入侵，范仲淹知庆州时在原州境内修筑了许多城寨，在保境安民方面发挥了重要作用。镇原县境内现存的北宋御夏古城、堡寨遗址比较丰富，是我国多民族发展的历史见证。为进一步研究北宋时期的对夏防御体系，笔者2010年9月对镇原境内北宋时期的彭阳城、开边城、新城、西壕城、柳州城、药葫芦城、殷家城（图1）等遗存进行了详细考察与探究。

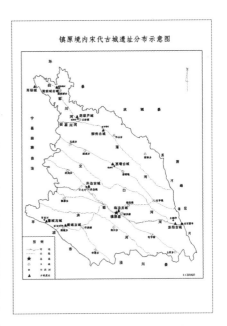

图1 镇原宋代古城分布示意图

二 古城遗址考察

（一）彭阳古城

彭阳古城（图2）位于太平镇上城行政村东山自然村南约50米处的茹河北岸二级台地，东距蒲河、茹河交汇处的北石窟寺5公里。东至东城壕，南临茹河，西至大庄埝岘，北依东山。城址东西、南北长约260米，面积近7万平方米。此城平面呈正方形，傍河依

---

* 王博文（1975—），男，甘肃镇原人，镇原县博物馆馆长，文博馆员，主要研究方向为文物考古。

山而筑，城墙均为黄土夯筑而成，破坏严重，门向不清。据当地老人回忆，城东、城西有门，南有便门，四角各有角楼一座。现残存东墙北段 50 米，残高 8 米，底宽 8 米，顶宽 3—4 米，夯层厚 0.15—0.2 米，护城河宽 25 米，深 1.5 米，东墙南段现已不存，仅见深达 6 米的护城河。墙基走向明显，东北角墩呈正方形，底边宽 14 米，西北角墩尚存，高 8 米，只见残角；西墙被公路破坏已无痕迹，紧临深沟，沟深约 25 米，傍河为畔；城南傍河没有高墙，但筑有女墙，距河床 20 米，其险足以固城；北侧城墙长 200 米，残高 8 米，底宽 10 米，顶宽 5—6 米，护城河宽 30 米，深 1 米，夯层内夹杂有汉代灰陶绳纹瓦片，说明现存城墙有汉代遗存，宋代曾重筑；地表既散布宋代耀州窑青釉刻花、印花瓷碗、碟等器物残片，也有元明清时期白底褐花及青花瓷片，古城西边还发现大量

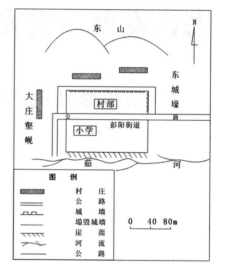

图 2 彭阳古城平面图

汉代灰陶罐、绳纹筒瓦、板瓦等遗物。城中不但曾出土铜镜、铜币和刻花青釉瓷碟、盘，而且宋代"重修西禅院记碑"证明唐代宁州丰义县址就在此地。《嘉庆重修一统志》（以下简称《一统志》）记载："彭阳县，汉属安定郡，晋袭旧址，魏属原州，后改属云州，隋废。唐代又改丰义县。贞元四年（788）韩游瓌请筑即此城。宋又复称彭阳县，后废。故县城在镇原县东八十二里处。"①

据《清镇原县志》记载："彭阳在县城东八十里，遗址尚存。"② 由此推断，彭阳古城是西汉和唐宋时期重要故县旧址，经历了汉（彭阳县）、唐（丰义县）、宋（彭阳县）三座古城。作为一座重要的军事边城，元明清又加以修缮沿用。1993 年，甘肃省人民政府公布彭阳古城为省级文物保护单位。

彭阳古城在宋代是"茹河道"上防御西夏的重镇，1993 年在城南屯字镇阳宁村出土一枚北宋铜印章（图 3），印文九叠篆书"强猛第八副指挥使之朱记"11 字，铸造十分精美。印背楷书"熙宁四年"和"少府监制"。"强猛"为熙宁七年（1074）正月诏颁的禁军名额中侍卫步军司的军队番号，当时屯戍庆州③。"指挥"是北宋禁军屯戍和调遣的基本军事编制单位，约辖 500 人，统兵官为指挥使和副指挥使。"强猛"虽正式诏颁于熙宁七年，但镇原县所发现的这枚军印却说明"强猛第八副指挥"早在熙宁四年（1071）就已设置。当时彭阳县为原州辖区，毗邻宋夏边境。北宋与西夏虽于庆历四年（1044）达成和议，但此后两国仍征战不断，北宋为抵御西夏入侵而在边境派兵驻守。"强猛第八副指挥"印的发现说明强猛军曾在原州彭阳县一带驻守，是当时宋夏边境战争的历史见证。同时，在彭阳古城附近还出土了一枚金代九叠篆书"都统之印"（图 4），同样说明这里在金代仍为军事要地。

① （清）穆彰阿等编：《嘉庆重修一统志》，上海古籍出版社 2007 年版。

② （清）李从图总纂、（清）张辉祖原纂：《清镇原县志》，道光二十六年刊本。

③ 《宋史》，中华书局 1977 标点本。

图3　宋代"强猛第八副指挥使"铜印　　　　图4　金代"都统之印"

彭阳古城地处川道，宽不足300米，扼守茹河道，人马只能从城内穿过。作为丝绸之路交通要道，扼守"茹河道"要冲，匈奴、西夏入侵正沿这条道路而来。汉代从长安出发沿云阳（陕西淳化县）、登赤须之长坂（今子午岭斜坡）入义渠之旧城，过泥阳后沿蒲河、茹河经彭阳（镇原县太平镇汉彭阳城）、安定（镇原县城关汉后河古城）、扶夷（镇原县开边镇汉张庄古城）、朝那（彭阳县古城镇故城）后出萧关（固原市萧关古城）至高平。由此可见，镇原县既是丝绸之路主要干线，也是关中通往北部边境的主要军事通道，战略地位相当重要。在这条道路两侧不但发现了大量秦汉遗存、唐宋古城（寨、堡）和烽火台，而且还有北魏、唐宋石窟，生动反映出"茹河道"这条古道在古代历史和文化传承方面的重要作用。据《史记·匈奴列传》记载，匈奴在汉文帝十四年正是通过"茹河道"入侵关中。"匈奴单于十四万骑入朝那、萧关，杀北地郡尉卬，虏人民畜产甚多，遂至彭阳。使奇兵入烧回中宫，候骑至雍、甘泉。"[1] 西汉在这里设县城，战时可扼守茹河道，和平时期可查验过往商旅文牒，直接掌控丝绸之路。北宋时期在镇原继续设县，旨在防御西夏入侵关中。当时原州一带与西夏战事频繁，交通运输成为支撑边防、保国安民、稳定地方的一大关键，因而形成了四通八达的转运路线。在这条通道北侧的庙渠出土了许多刻有北宋胡人牵驼图案的雕砖（图5）和武夫牵马图样的雕砖（图6），既证明骆驼和马是当时最为重要的运输工具，也反映了这条道路的交通繁忙。

图5　胡人牵驼图雕砖　　　　图6　武夫牵马图雕砖

---

① 《史记》，中华书局1959版标点本

（二）西壕古城

西壕古城（图7）位于镇原县孟坝镇西壕行政村吴沟畔自然村向北200米的塬边（即西壕街道北侧），东至鱼梁梁，西至学校，北临西壕沟，南连公路。此城平面呈正方形，长、宽皆约280米，面积近8万平方米。城内地势平坦，城墙保存较好，均为黄土夯筑，门向破坏不清。现残存东侧城墙260米，底宽7—8米，顶宽2—5米，夯层厚0.12—0.2米，壕宽约20米，深6米；东北角有角墩，方顶内凹，顶部边长4米，残高10米，保存较为完整；西侧残存城墙呈土垄状，断断续续，紧邻深沟；南侧城墙因修筑街道破坏得只剩墙基，断面文化层丰富；北侧城墙长150米，底宽6—8米，顶宽3—5米，夯层厚0.1—0.2米，顶部凹凸不平，城墙中间有宽达18米的豁口，可能是城门，城壕宽约20米，深6米，城墙上有高达1米女墙，宽0.8米，坍塌呈锯齿状；东西、东南、西南角墩保存一般。古城被新农村建设和新修

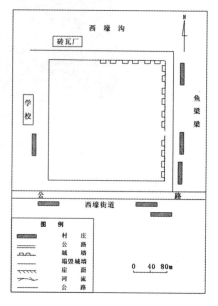

图7　西壕古城平面图

砖瓦厂取土破坏严重，修砖瓦厂时曾出土成套耀州窑瓷器。城内采集到的标本除瓜棱形白釉瓷碗、耀州窑豆青瓷碟、明清青花瓷碗等器物残片外，还有宋代熙宁重宝、政和通宝、崇宁重宝、大观通宝、乾道元宝、金代正隆元宝、隋代五铢等铜钱。城南有一座古城，虽城墙破坏无存，但出土唐代遗物众多，砖瓦残片满地，相传为一座唐代城池，即西壕古城。"县北六十里，宋为寨城，今存。明于此置镇，今移集与孟坝镇。"[①] 据《元丰九域志》记载："州北四十里。今孟坝镇西壕行政村。"[②] 由此可知，西壕古城为宋代遗存，延续时间较长，是北宋原州临泾县管辖的五寨之———西壕寨驻地。

（三）柳州古城

柳州古城（图8）位于三岔镇石嘴行政村向东100米的柳州自然村茹河南岸。东接十八岘，南依柳州城山，西邻石嘴自然村，北临蒲河。城址南北长约400米，东西宽约200米，面积约8万平方米。此城呈不规则形状，依山势而建，因破坏严重仅残存东北角墙50余米，东南侧残存城墙约80米，城墙高2—5米，宽5—9米，夯层厚0.15—0.18米，其余城墙荡然无存。此城东、西、北三面临河，削成距河床和地面高达15—20米的崖面横插蒲河川，真是"一夫当关，万夫莫开"。在紧邻城东南的山上发现一座宋代烽火台，当地俗称"二郎山烽火台"，地处山巅可将古城尽收眼底。遗址内随处可见新石器时代仰韶文化红陶钵、夹砂粗绳纹红陶罐、耀州窑豆青刻花、白釉印花、黑釉等残片，曾出土大量耀州窑青釉刻花、印花瓷碟、碗，宋代铜钱、石磨盘等器物和大量石块砖瓦、石门墩等

① 《宋史》，中华书局1977年标点本。

② （宋）王存等编：《元丰九域志》，中华书局1984年标点本。

建筑构件。石门墩长120厘米，高60厘米，宽50厘米。20世纪70年代309国道从城中经过，将城分成两半，文化层厚约1—2米。据《宋史·地理志》记载："庆历中置，西即熟户。"① 《宋史·兵志》曰："蕃兵县籍内属诸部落堡寨者谓之熟户，余谓之生户。"② "入州城者谓之熟户，居深山僻远横过寇略者谓之生户。明珠、灭藏、康奴等族北绥宁寨。"③ "旧名原，领耳垛城一寨。县北八十里（今镇原县三岔镇与方山乡交界处的清水河桥西），即十八岘地，所谓柳泉城。宋时属羌撒捕渴叛寇原州柳泉镇、环州鹁鸽泉寨，梧州刺史杜澄，内殿崇班赵世隆战殁即此。宋为镇，今废，城尚存，俗讹为柳州城。"④

以上文献资料说明，熟户明珠、灭藏、康奴三族居住于柳州古城，这里正好位于原

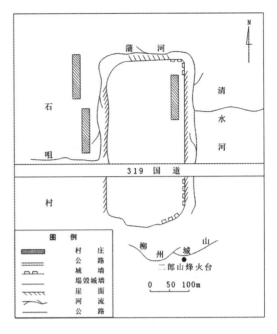

图8　柳州古城平面图

州、环庆、庆州交界原州一侧，即今镇原县北八十里十八岘，为北宋时期之柳泉镇、鹁鸽原。明珠、灭藏、康奴三族拥兵数万，众多族人居住在环县、镇原、固原、庆城交界地带。这里嵝岘繁多、地形险要，依山傍河、易守难攻，西北经安家川和白家川可直达西夏，这应是三族将该地选为部落中心的主要原因。

（四）药葫芦城

药葫芦城（图9）位于三岔镇高湾行政村后河自然村药葫芦嘴，东距三岔镇政府50米，位于安家川河和白家川河交汇后的蒲河北岸二级台地上。东距三岔街道20米，南与二郎山相望，西临安家川河和白家川河，与高湾后河老爷山相望，北依黑山梁，邻近黑山沟。城址东西长200米，南北宽280米，面积近6万平方米。此城平面呈葫芦形，地势险要，城墙破坏严重，均为黄土夯筑而成，门向不清。南侧残存城墙长20米，高10米，宽6米，顶宽2米，夯土层厚0.11—0.2米，城内有上下两层窑洞共40多孔，城墙以下削崖而筑，其余三面为断崖，易守难攻。在残留的断面上暴露文化层厚1—3米，最上层为布纹瓦片、雨点纹陶片、豆青瓷片，曾出土耀州窑青釉刻花瓷碗，中间为绳纹灰陶板瓦、筒瓦等残片，下层为夹砂红陶、灰陶鬲、石刀等残片。城址地表散布大量建筑构件及各种瓦片，后期文化层在西边，早期文化层在东边。

据《重修镇原县志》记载："即今县西北十八岘，宋柳泉镇与环县接壤之处。其北有

---

① 《宋史》，中华书局1977年标点本。

② 同上。

③ 同上。

④ （清）穆彰阿等编：《嘉庆重修一统志》，上海古籍出版社2007年标点本。

二川，交通西夏。范仲淹议筑古细腰城，断其路，命知环州种世衡、知原州蒋偕董其事。"① 《庆阳府志》曰："宋范仲淹命威州知州种世衡等筑城，城成隶原州。"② "县西北一百二十里细腰张家，有城址，地名葫芦泉，今名徐家台。宋范仲淹有奏疏。"③ 范仲淹在《东染院使种君墓志铭》中写道："惟环西南占原州之疆，有明珠、灭臧、康奴三种，居属羌之大，素号疆（强）梗，在原为孽，浸及于环。抚之，很不我信，伐之，险不可入。其北有二川，交通于夏戎，朝廷患焉。"④ 这里说得很清楚，三族在环州西南占据原州疆域，不但为害原州，而且经常侵扰环州。《宋史·范仲淹传》中的相关记述也可帮助我们了解一些细节："明珠、灭臧劲兵数万。仲淹闻泾原欲袭讨之，上言曰：'二族道险不可攻，前日高继嵩（崇）已丧师。平时且怀反侧，今讨之，必与贼

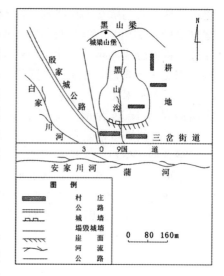

图9 药葫芦城平面图

（为）表里，南入原州，西扰镇戎，东侵环州，边患未艾也。若北取细腰、葫芦众泉为堡障，以断贼路，则二族安而环州、镇戎径道通彻，无可忧矣。'其后遂筑细腰、葫芦诸寨。"⑤ 这就说明明珠、灭臧、康奴三族势力强大，常与西夏相勾连侵扰宋境，成为朝廷心腹大患。宋朝多次派兵征讨，均因其地险要而损兵折将，大败而归。宋仁宗庆历元年（1041），范仲淹知庆州并兼环庆路经略安抚招讨使。他巡边调查后向朝廷提出在西夏与明珠、灭臧、康奴居地之间修筑城寨，以断其相互联系。庆历四年（1044）十一月，在范仲淹的支持下，环州知州种世衡、原州知州蒋偕合兵修建了细腰城，切断了明珠、灭臧、康奴三族与西夏交通的道路，三族失去外援后不战自服。明珠、灭臧、康奴三族居地北面有两道川，这既是西夏入侵的要道，也是确定细腰城位置的关键。在此城紧邻的北面山上发现一座宋代堡址，当地俗称梁山梁堡址，地处山顶制高点，视野开阔，安家川和白家川尽收眼底，可为药葫芦城通风报信。同时，在山腰发现许多汉、宋时期墓葬。此城西侧战国秦长城从安家川南岸跨过安家川河在白家川东的走马梁上通过，这里有西周文化、战国秦汉遗存，说明此地很早就成为区域经济、政治中心。古城遗址地处丝绸之路"蒲河道"上，蒲河是泾河的支流，西北通往宁夏固原市。今蒲河河谷地带遗址众多，证明这里作为古代"丝绸之路"的重要通道，是关中通向北方草原和河西走廊的要径。这里地处河流交汇的要冲，紧依战国秦长城，原是一个重要城障遗址，后来成为宋代一处重要城寨遗址，历代为兵家必争之地。药葫芦城是一个重要关口，北距环县演武乡5公里，西与固原市相接，东南距北宋柳泉镇（柳州城）15公里。古城北有二川，一个是白家川，直通北宋时的环州，一个是安家川，直通北宋时的镇戎军，与西夏道路相接。历代在此设

---

① （清）焦国理、（清）慕寿祺修：《重修镇原县志》，兰州俊华印书馆1935年版。

② （清）傅学礼：《嘉靖庆阳府志》，甘肃人民出版社2001年标点本。

③ （清）穆彰阿等编：《嘉庆重修一统志》，上海古籍出版社2007年标点本。

④ 刘文戈：《范仲淹戍边》，三秦出版社2009年版。

⑤ 《宋史》，中华书局1977年标点本。

城，既可防边，又可扼控丝路咽喉，同时还能安抚边僻，阻止明珠、灭臧、康奴三族由此与西夏相互勾结。在药葫芦城西北3公里处有一地名徐家台，今名徐台，正与《镇原县志》记载相吻合。同时，此城东面2公里处有一座古城，城墙部分保存完好，出土西夏黑釉梅点瓷碟、宋金时期的遗物甚多，当地人称"元昊城"，这个村子因而也叫元昊村，相传曾是西夏元昊入侵这里时所建的屯兵古城。由此推断，药葫芦城极有可能就是北宋时期的细腰葫芦城，随着时间的推移而被讹为"药葫芦城"。

（五）殷家城古城

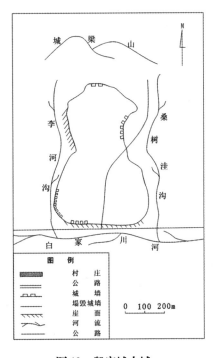

图 10　殷家城古城

殷家城古城（图10）位于殷家城乡殷家城行政村转水河自然村西500米处的城台上，东接桑树洼沟，南临白家川河，西接李河，北靠城梁山。城址南北长700米，东西宽400米，面积约28万平方米。此城年久废弃，崩塌严重。它与华池东寨、华池县城壕乡石嘴子骆驼城建筑形式十分相似，皆为依山而建，三面临河沟，地势险要，城址西北侧有一小瓮城仍依稀可辨。现残存东侧半山腰城墙长200米，高2—5米，宽4—5米；西墙残长100米，残高5—6米，底宽2—4米，夯层厚0.1—0.18米；南侧西角残存墙体40米，呈锯齿状；北侧残墙长100米，高6米，底宽5米，顶宽3米，保存完整，夯层清晰0.12—0.21米；其余城墙均被夷为平地，墙基隐约可见。采集到标本有黑釉、青釉、折沿灰陶盆等器物残片，曾出土青釉瓷碗等器物。《镇原县志》记载："县西北一百二十里，在今半坡刘家，城存。相传魏虎二大破殷天龙于此，其第犹有魏虎儿石像。今殷家城地。"[1]北宋时期为抵御西夏南侵，在环州、原州、镇戎军交界处选地势险要而宽敞的地段筑军城堡寨。此城位于白家川，西北与环县接壤，东距药葫芦嘴城30公里，地处环州与镇戎军交界地带，应该是一处防御西夏入侵的重要城堡。

（六）开边古城

开边古城（图11）位于开边镇开边行政村城子自然村街道南边。东至城壕，南依茹河，西邻秦家沟，北靠秦家岗。城址东西宽约200米，南北长约600米，面积约12万平方米。此城平面呈长方形，地势较平坦，城墙破坏严重，均为黄土夯筑而成，东、西有门，形制清楚。现残存断断续续的东侧城墙，长60米，高10米，宽4—6米，夯层清晰，厚0.12—0.21米，中间有一城门，形制清楚，城壕宽20米，深2—3米。西侧城墙坍塌呈土垄或土堆状，残长300米，中间有一豁口，城壕宽18米，深1—2米，现为土路。南侧城墙破坏得只剩墙基，以河为畔，北侧城墙残存80米，高2.8米，宽3—4米，夯层

---

① （清）李从图总纂、（清）张辉祖原纂：《清镇原县志》，道光二十六年刊本。

清晰。在城内捡到大量青釉、黑釉、白釉、褐釉瓷片、雨点纹灰陶等残片，曾出土耀州窑青釉瓷碗、碟等器物。据《镇原县志》记载："县川西三十里，即宋开边寨。城尚存，当地人犹名其地曰开边。宋熙宁二年（1069）并入新门寨。明年改镇，今废。"① 城址记载与现存名称和地理位置相吻合，此古城是北宋原州临泾县所辖五寨之首，东距彭阳故城 50 多公里，过往者必过此城，是宋代"茹河道"上通往宁夏固原市的重要驿站。

（七）新城古城

新城古城（图 12）位于新城乡新城行政村下壕自然村乡政府东 100 米处的原面中心。东、西、南三面临靠耕地，北邻乡政府。城址东西长 600 米，南北宽 350 米，面积约 20 万平方米。此城平面呈长方形，地势平坦，城墙保存较好，均为黄土夯筑而成，东、西有门，形制清楚。现残存东、南、西城墙长共1200 多米，残高 0.8—6 米，底宽 4—5 米，顶宽1.5—2 米，夯层厚 0.12—0.21 米，其余城墙均被夷

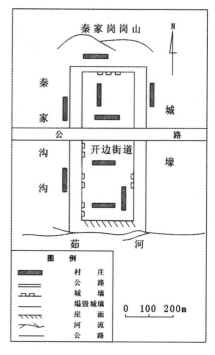

图 11　开边古城平面图

为平地，部分可见基部。北墙破坏无存，东、南、西三个角墩保存较好，呈馒头状，高3—7 米，南墙马面保存较好，形制可辨。采集到的标本有宋代灰陶盆口沿、绿釉印花瓷碗、明代黑釉瓷碗、清代青花瓷碗等残片，曾出土耀州窑青釉瓷碗、黑釉梅瓶等器物。《镇原县志》记载："县西六十里，城尚存。宋种师道督诸道兵城席苇平（即新城，后赐名靖夏），与夏人战于葫芦河浒，即此。宋为镇，熙宁三年省截原载入焉，后为驿，今复镇。"② 此城是北宋原州临泾县下辖的二镇之首，南面紧邻泾州，向西 15 公里为宋代曹城古城（寨），向西直通固原，沿线发现许多烽火台，主要防止西夏入侵，可见其在北宋原州防御体系中具有重要战略作用。随后，元、明、清相继沿用，是一座具有较高历史、考古价值的军事重镇。

三　结语

宋仁宗宝元元年（1038），宋夏之间爆发全面战争。为扭转战争初期的不利局面，北宋在西北沿边采取了多项措施。其中，以范仲淹为代表的有识之士所提出的"进筑战略"在巩固边防、抵御西夏进攻方面收效最为显著。范仲淹等人不仅积极建言献策，而且身体力行，在北宋西北沿边进筑战略形成过程中发挥了重要作用。范仲淹知庆州时通过深入了解地方情况重新布防，要求沿边各地尽快修筑城、寨、堡，步步为营，不建立孤城，防止出现被动挨打局面，从而形成了城、堡、寨、墩相互呼应的防御体系，使沿边守军具备了

---

① （清）李从图总纂、（清）张辉祖原纂：《清镇原县志》，道光二十六年刊本。
② 同上。

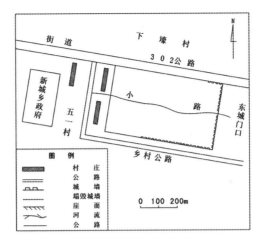

图12 新城古城平面图

进可攻、退可守的可靠据点。西北沿边的原州、环庆、泾原等地地处黄土高原，这里沟壑纵横、地形复杂，多险关要隘，适宜修筑城寨控制交通要道，扼守西夏入侵路径，使其无法长驱直入。实际上，这些城寨多位于险隘关口、交通要道和蕃部聚居区，实际作用远不止控制交通要道。史念海先生曾这样客观评价堡寨在战争中所发挥的重要作用："这些堡寨实际就是关隘，扼守着西夏向东南进攻的要道。"[1] 为加强各城寨之间的联系，北宋还在沿边各地修筑了大量烽火墩。通过精心布局，城寨之间形成了坚固完整的作战体系。这些城寨进可相互策应、主动出击西夏，退可进行警戒、监视，同时方便进行补充与休整，显著增强了西北边防实力。

镇原县境内的这些城堡因宋夏之间的敌对关系而被重视或兴修，而对其有效经营则形成了北宋抵抗西夏入侵的一道战略屏障。这些城址大部分位于河谷川台地的最窄处和最险处，选择一面依山、三面临河（沟）的易守难攻有利地形修建，对抵抗西夏侵略、维护地方稳定和保境安民起到了很好的作用。除上述所述城堡外，在镇原县还发现大量宋代堡寨遗址，城堡如庙渠乡芦家山堡、三岔镇乱山梁堡等；寨子如新城乡杜寨、闫寨、小寨、大寨、孟寨、巨寨、彭寨，孟坝镇周寨，庙渠乡孙寨、张寨和著名的三川寨等；城址如新城乡曹城、方山乡耳垛城等。这些城寨的产生或多或少与宋夏战争有关，有待进一步开展深入调查，从而为研究北宋时期西北边防体系提供翔实的考古资料。

---

① 史念海：《河山集》（四集），陕西师范大学出版社1991年版。

伏牛山地区唐宋瓷业的生产与繁荣

孙新民[*]

　　瓷器与造纸术、指南针、火药和印刷术"四大发明"一样，是中国对人类文明的重大贡献，因此在英文中瓷器被称为"china"。中国瓷器手工业的发展，大致经历了四个大的阶段：夏商时期原始瓷的烧制成功；汉晋时期南方青釉瓷的诞生；隋唐时期北方白釉瓷的突破；宋至清代颜色釉瓷和彩绘瓷的辉煌成就。

　　河南境内出土瓷器的数量很多而又品种丰富，从年代上说，上迄夏商原始瓷器，下至明清彩瓷，各个朝代均有发现，几乎没有什么缺环。河南目前发现最早的古瓷窑址是巩义白河窑和安阳相州窑，年代约始自北朝，其余大多为唐宋金元时期。唐代的鲁山花瓷在当时享有盛名，巩义黄冶窑是洛阳唐三彩和唐青花的产地。宋代河南制瓷手工业达到高峰，"汝、官、哥、定、钧"五大名窑河南占其一半，其中汝、钧和北宋官窑均在今河南境内。如果说浙江是东汉至唐代的制瓷中心，江西景德镇是元至清代的制瓷中心的话，那么河南就是中国宋代的制瓷中心，在中国陶瓷史上占有承上启下的重要地位。

　　河南地处华北平原南部，地势西高东低。大致以纵穿南北的京广铁路线为界，东部为宽广的平原，西部为高峻的山岭，两者之间分布着连绵起伏的浅山丘陵区。据历年来的文物普查资料，河南先后在 25 个市县发现 319 处古代瓷窑遗址，位居全国各省区古瓷窑址数量的前列。这些窑址主要分布在豫北太行山东麓和豫西伏牛山区的浅山丘陵地，具备烧造瓷器的基本条件：一是一般都靠近河流，可以满足汲用和向外输出瓷器；二是盛产高岭土和釉药，便于就地取材制作瓷器；三是原煤和森林资源丰富，有充足的燃料供应。

　　就伏牛山地区而言，历年来经过考古发掘的窑址主要有十余处：20 世纪 70 年代先后发掘了禹州钧台窑（1975）、试掘了巩义黄冶窑（1976）。20 世纪 80 年代，相继发掘了汝州严和店窑（1985）和宜阳西街窑（1985）。20 世纪 90 年代，主要发掘了鲁山段店窑（1990）和汝州严和店窑（1995）；1987—2002 年，先后对宝丰清凉寺汝窑进行了 8 次发掘。2000 年以后，对于古瓷窑址的考古发掘进入黄金时期。2001 年发掘了禹州刘家门、下白峪等窑址；2002—2004 年发掘了巩义黄冶窑；2004 年第二次发掘禹州钧台窑；2005年抢救发掘汝州东沟窑；2005—2007 年连续发掘巩义白河窑。2012 年对禹州闵庄钧窑址进行发掘；2013 年配合基本建设，抢救发掘了禹州神垕镇窑址。考古发现表明，唐宋时期是伏牛山地区瓷器手工业生产的繁荣阶段，主要表现在以下六个方面：

　　一是对巩义市黄冶、白河窑址的考古发掘，确定了唐开元贡白瓷的窑口及唐青花的产地。

---

* 孙新民（1955—），男，河南巩义人，河南省文物考古研究院研究员，郑州大学教授，博士生导师。

二是对鲁山县段店窑址的发掘，印证了唐《羯鼓录》有关"鲁山花瓷"的记载，为故宫博物院所藏的唐代拍鼓找到了产地。

三是对汝州市严和店窑、宜阳县西街窑等窑址的发掘，明晰了临汝窑的窑炉结构、制作技术和不同装饰风格。

四是对宝丰清凉寺窑址的发掘，发现了北宋汝窑并找到了汝窑中心烧造区，出土了一批传世品未见的新器型。

五是对汝州张公巷窑的发掘，发现了一种全新的具有官窑品质的青瓷器，为寻找北宋官窑提供了线索。

六是对禹州钧窑的四次考古发掘，为确定钧窑的始烧年代及其发展提供了重要的实物资料。

一

2002—2007 年，河南省文物考古研究所与中国文化遗产研究院合作，相继发掘了巩义市黄冶窑和白河窑址。两处窑址的唐代地层中不仅出土了大量唐三彩，还发现了精美的白瓷和青花瓷，分别被列入国家文物局主持编写的《2002 中国重要考古发现》[①] 和《2007 中国重要考古发现》[②]。

唐人李吉甫《元和郡县志》卷五"河南道·贡赋"条记述："开元贡绫、绢、白瓷器……"《新唐书·地理志》河南府条也记载有"开元元年为府，土贡文绫、缯谷丝葛、埏埴盎缶、苟杞黄精、美果酸枣……"1957 年，冯先铭先生曾在陕西西安唐大明宫遗址中，采集到 10 余件与巩义窑完全相同的白瓷器。1995—1996 年唐大明宫含元殿遗址的考古发掘中，也出土有与巩义窑产品近似的白瓷标本[③]。这次在巩义黄冶窑址的考古发掘中，出土有一批精美白瓷器，胎质坚细，釉色纯正。尤其是白瓷贯耳瓶、三足樽、三足炉、唾盂、钵和罐等，皆器形硕大，制作规整，非一般百姓所用之物，很有可能是唐开元年间为唐皇宫烧制的贡瓷。

巩义窑烧制的白釉瓷器，胎质坚实细腻，釉色洁白匀净。经中国科学院上海硅酸盐研究所对巩义窑唐代白瓷胎、釉化学组成分析，白瓷釉的氧化物含量中，三氧化二铁仅为0.57%，比唐代邢窑的 0.88%还低[④]。这表明当时巩义窑制瓷工匠已经成功掌握了白瓷的选料配方，烧制工艺也达到了前所未有的高度，成为唐代制瓷业"南青北白"中北方白瓷的代表性窑口之一。

唐代青花瓷是一种唐代生产的白釉绘钴蓝彩纹饰的瓷器。1975 年，南京博物院等单

---

① 郭木森、赵志文：《河南巩义黄冶唐三彩窑址》，载《2002 中国重要考古发现》，文物出版社2003 年版。

② 赵志文、刘兰华：《河南巩义白河唐三彩窑址》，载《2007 中国重要考古发现》，文物出版社2008 年版。

③ 中国社会科学院考古研究所西安唐城工作队：《唐大明宫含元殿遗址 1995—1996 年发掘报告》，《考古学报》1997 年第 3 期。

④ 周仁、李家治：《中国历代名窑陶瓷工艺的初步科学总结》，《考古学报》1960 年第 1 期。

位在江苏扬州唐城遗址首次发现 1 件青花瓷枕残片，枕面釉下蓝彩绘有菱形朵花图案装饰①。它的发现遂引起人们的极大关注，改变了传统认为中国青花瓷器起源于元代的看法。这次对巩义黄冶和白河窑址的发掘中，在唐代晚期地层内清理出少量青花瓷，主要有盘、碗、盒、枕和执壶等器类。这批青花瓷胎体坚实，烧成温度偏高，釉面洁白，青花绘在釉下，图案分别为曲线、花卉和菱形图案装饰，为确定唐青花瓷的产地增添了实物依据。

中国陶瓷器的外销开始于唐代。曾有学者将晚唐时期外销瓷形象地总结为"四组合"，即浙江越窑、湖南长沙窑、邢窑白瓷和广东地区的青瓷②。也有学者提出："而被称为邢窑白瓷的实际上包括了邢窑、早期定窑和河南巩县黄冶窑、白河窑等窑口生产的白瓷器，还有一定数量的三彩器物。从考古发现的实物看，北方白瓷实际上以巩县窑的产品占了多数。"③ 1999 年在印度尼西亚海域发现了一艘 9 世纪的"黑石号"沉船，从水里打捞出 6700 余件中国唐代陶瓷器，其中有 3 件完整唐青花瓷盘可以确定为巩义窑产品，研究表明这艘满载中国瓷器的唐代船只正是从扬州港出发的④。

二

唐人南卓《羯鼓录》中有"不是青州石末，即是鲁山花瓷"的记载，表明鲁山产的花瓷腰鼓在当时颇有名气。花瓷即花釉瓷器，系采用洒彩或立粉堆线法在黑釉上加施带蓝色的釉料，经高温窑变后，呈现天蓝色或月白色的块状彩斑。烧制花瓷的窑口，主要有河南鲁山县段店窑、郏县黄道窑、内乡县大窑店窑和禹州市下白峪窑。因 20 世纪 60 年代首先在郏县黄道窑发现花釉瓷标本，长期以来有学者一看到花釉瓷就认为是黄道窑的产品，实际上唐代生产花釉瓷的窑口很多，其中鲁山县段店窑的花釉瓷质量最好。

段店窑址位于鲁山县梁洼乡段店村，1990 年河南省文物考古研究所进行过考古发掘，发现有宋代炕房、窑炉和澄泥池等遗迹。从揭示的文化层堆积和出土遗物分析，该窑址制瓷年代分属于唐、宋、金、元四个时期。唐代是鲁山县段店窑的创烧时期，产品有黑瓷和花瓷，一般施釉较厚，釉色不甚纯净。这里的花瓷，主要是在黑釉、黄釉、茶叶末釉上再点缀天蓝或月白色的斑点装饰，常见于瓶、罐、盘、碗、注子和腰鼓等器形。在段店窑址中发现的黑釉斑点纹腰鼓，不仅数量较多，而且分有大小不同的型号⑤，从而印证了《羯鼓录》的有关记载，并为北京故宫博物院所藏的 1 件唐黑釉斑点纹腰鼓找到了产地。

故宫博物院所藏唐代腰鼓广口，纤腰，鼓身凸起弦纹七道。通体以花釉为饰，在漆黑匀净的釉面上，泼洒出块块蓝白色斑点。腰鼓是由西域传入中原，历经两晋、南北朝、隋唐，成为唐乐中的打击乐器之一。唐代用瓷器烧制鼓腔的腰鼓，目前所知有黑釉和青釉瓷两种。烧制黑釉瓷腰鼓的窑场，除鲁山县段店窑外，还有河南禹州市下白峪窑、陕西铜川

① 南京博物院：《扬州唐城遗址 1975 年考古工作简报》，《文物》1977 年第 9 期。

② 马文宽：《长沙窑瓷器装饰艺术中的某些伊斯兰风格》，《文物》1993 年第 5 期。

③ 秦大树：《中国古代陶瓷外销的第一个高峰》，《故宫博物院院刊》，2013 年第 5 期。

④ 谢明良：《记黑石沉船的中国陶瓷器》，《美术史研究季刊》2002 年第 13 期。

⑤ 孙新民：《鲁山县段店唐至元代瓷窑遗址》，载《中国考古学年鉴 1991 年》，文物出版社 1992 年版。

市耀州窑和江西景德镇南窑；烧制青釉瓷腰鼓的窑场，则有江西景德镇南窑和江西景德镇兰田窑等。

三

北宋时期，在伏牛山地区广泛生产一种临汝窑青瓷器。此类窑址主要有内乡县大窑店窑、鲁山县段店窑、宝丰县清凉寺窑、汝州市严和店窑、新安县城关窑、宜阳县西街窑等，以烧制素面和印花青瓷器为主。在1982年出版的《中国陶瓷史》中，临汝窑青瓷曾被列入耀州窑系[①]。

据南宋叶寘的《坦斋笔衡》记述："本朝以定州白瓷器有芒不堪用，遂命汝州造青窑器，故河北唐、邓、耀州悉有之，汝窑为魁。"内乡位于河南省西南部，北依伏牛山。内乡在宋代属邓州，内乡县大窑店窑应是史料中提到的"邓州窑"。该窑址发现于1975年。从地面采集到的标本看，约创烧于晚唐，兴盛于北宋，下限可到元代[②]。唐代以生产花釉瓷为主，在黑褐釉的瓷罐表面饰有蓝色的"窑变"斑。宋代主要烧制民用青瓷，器类以碗、盘生活用具居多。印花青瓷大部分是凸起的阳纹，纹饰题材常见牡丹、菊花和海水纹。这里的印花青瓷图案清晰，凸起较高，用手触摸凸凹明显。在窑址出土的一件青瓷器表面，发现刻有"窑司"字样的铭文，应是宋代主管窑务的窑司对邓州窑进行监烧的实物见证。

严和店窑址位于汝州市蟒川乡严和店村北，面积约8.4万平方米，文化层厚约2.5米。1958年和1985年河南省文物考古研究所曾两次进行发掘，1995年北京大学考古系也在这里做过考古发掘。1985年发掘探方4个，发掘面积250平方米清理出窑炉4座、作坊1处，并出土了大量的瓷片和窑具[③]。这里的窑炉形状为马蹄形半倒焰式馒头窑，由通风道、火门、火膛、窑室、烟囱等几部分组成。通风道位于窑室南部，砖砌，上覆石块。火膛底部堆积有木炭灰，可见当时仍用木柴作燃料。窑室各部分多是利用残砖砌筑，并用耐火泥涂抹，但窑顶使用了耐火砖。

严和店窑出土瓷器全是民间生活用品，如碗、罐、瓶、盘、炉、三彩狮、器盖、化妆盒等。窑具有匣钵、垫饼、支垫、垫圈、石杵。产品以豆青釉瓷为主，黑釉瓷、白釉瓷、宋三彩次之。青釉瓷注重装饰，多以印花和刻花青瓷为主。其印花青瓷绝大部分是凸起的阳纹，叶脉也多以点线纹表现。纹饰题材以缠枝或折枝的牡丹、菊花、莲花等花卉为主，另有云山禽鸟、海水游鱼、鱼鸭游戏和莲生贵子等。在青瓷碗的内壁和底部还印有"童""赵""杨""焦""吴""段"等字铭，应是以窑工的姓氏为标记，借以提高信誉招徕顾客。

西街窑址位于宜阳县城西街，1985年河南省文物考古研究所为配合当地建房进行过抢救性考古发掘，文化层堆积厚在2米以上。发现有窑炉、作坊等重要遗迹，出土了一大批瓷片和窑具。西街窑址以烧制青釉瓷为主，白釉、黑釉和白地黑花瓷不多，烧制时间大

① 中国硅酸盐学会：《中国陶瓷史》，文物出版社1982年版，第251—259页。

② 河南省文物研究所：《河南内乡大窑店瓷窑遗址的调查》，载《中国古代窑址调查发掘报告集》，文物出版社1984年版。

③ 河南省文物考古研究所：《河南临汝严和店窑遗址的发掘》，《华夏考古》1995年第3期。

致在宋元时期。在 1 件北宋黑釉瓷瓶的上腹部刻有"京西转运判官供奉酒"等字样，表明该窑曾生产过向北宋皇室供酒的酒瓶。青釉瓷主要有碗、盘、盏、瓶、盆、注子、器盖等。釉色以豆青为主，豆绿釉较少。青釉瓷制作精良，施釉匀净，以构图优美的花卉装饰最具特色①。北宋早期以素面为主，刻花的不多，纹饰简单，图案性不强。中期印花装饰开始出现，以花卉图案为主，也有海水波浪纹和水藻游鱼纹等，在各种碗、盘类器上广泛使用。晚期花卉装饰复杂，有的花朵半开组成二方连续布局，花朵饱满，枝叶肥厚粗壮，显得很有生气。

在距西街窑仅 1 公里的宜阳县城关乡二里庙村，所出青瓷碗的内底部也印有阳文"和""吴""吉""同""刘"或阴文"思"字②。有趣的是带有"吴""同"字款的青瓷碗，在汝州市严和店窑、新安县城关窑、宜阳县西街窑等多个窑口出现，应该不是偶然现象，表明在北宋时期制瓷作坊确实存在着商品竞争。可以设想，这种青瓷应系当地瓷市上的名牌产品，由于受到人们的喜爱，以致邻近各窑都竞相仿制以扩大销售。

四

汝窑作为中国陶瓷史上最负盛名的瓷窑之一，长期以来备受人们的关注，但汝窑的发现颇费周折，前后经历半个世纪之久。1950 年北京故宫博物院陈万里先生考察汝窑，首先发现宝丰清凉寺瓷窑遗址；1987 年河南省文物考古研究所第一次试掘，发现典型的御用汝瓷 10 余件，遂将宝丰清凉寺瓷窑址确定为汝窑址；2000 年河南省文物考古研究所的第六次考古发掘，在清凉寺村内搬迁四户村民，终于找到了汝窑的中心烧造区，获得了 2000 年度全国十大考古新发现③。

这次发现的汝窑窑炉皆用耐火砖垒砌，一般由窑门、火膛、窑床、隔墙和烟囱组成，大致分作两种形制：一种平面呈马蹄形，窑室面积较大，两个烟囱作方形，位于后部两侧；另一种平面呈椭圆形，窑室面积较小，在窑室后半部垒砌隔墙，隔墙下部设置烟孔，隔墙后部即为烟室。根据地层、窑炉间的叠压关系和出土的遗物分析，马蹄形窑炉的年代略早，大约为汝窑创烧的初期阶段；而椭圆形窑炉偏晚，约在北宋晚期御用汝瓷烧造的成熟时期。上述窑炉仍属于北方典型的半倒焰式馒头窑，火焰在进入窑室后，先上升到窑顶，热量遇阻向下燎烧窑底，烟气则从吸烟孔经烟囱排出窑外。从窑炉附近不见煤灰和火膛普遍较浅看，烧制汝窑瓷器的燃料是柴而不是煤。其中，椭圆形窑炉窑室面积奇小，便于控制窑内温度，其窑壁烧结程度很高。

汝窑由于为宫廷烧制御用瓷的时间较短，故传世瓷器不多，南宋人周辉在《清波杂志》中说："汝窑宫中禁烧，内有玛瑙为釉，唯供御拣退，方许出卖，近尤难得。"据统计，现存的汝窑传世品仅 80 余件，主要收藏在中国的北京故宫博物院、台北故宫博物院、上海博物馆，以及英国、美国和日本等地。2000 年度在汝窑中心烧造区的发掘，有不少处瓷片堆积厚达 20 厘米以上，出土可复原器物数百件，大大丰富了汝窑瓷器的品种。除

---

① 马全：《宜阳发现宋瓷窑作坊遗址》，《河南日报》1985 年 7 月 1 日第 1 版。

② 河南省文物研究所：《河南宜阳窑调查简报》，载《中国古代窑址调查发掘报告集》，文物出版社 1984 年版。

③ 河南省文物考古研究所：《宝丰清凉寺汝窑》，大象出版社 2008 年版。

椭圆形水仙盆、直腹三足洗、深腹外裹足洗、浅腹平底洗、莲花式碗、葵瓣盏托、弦纹三足樽、浅腹圈足盘、细颈鼓腹瓶、盘口折肩瓶等常见器类外，也发现了一些传世品中未见的新器形，主要有熏炉、套盒、梅瓶、方壶、小碗、大盆、板沿盘、莲纹盏托和刻花鹅颈瓶等。

传世的汝窑瓷器极少有装饰，而这次发现的不少器物表面还饰有纹饰，尤以莲纹为最常见。如在熏炉的炉壁模印仰莲、底座呈荷叶状，盏托的托壁刻以覆莲，碗的腹部模印多层莲瓣，鹅颈瓶的表面刻有折枝莲花，更有鸟体、龙身等雕塑品，形象逼真，制作精致，这在以釉色取胜的汝窑传世品中实属罕见。在宝丰清凉寺汝窑址还出土了一批碗、盘、洗、炉的范模，表明宋代对宫廷用器尺寸有着严格的要求，不少器物是使用范模制作而成的。南宋修内司官窑一般认为是仿烧汝窑，史料中曾记载修内司窑"澄泥为范，极其精致"，可知宫廷用器在工艺上精益求精，在经济上不惜工本。

五

张公巷窑址位于汝州市区内的东大街，从2000年至2004年，河南省文物考古研究所先后三次配合民房改建工程进行小范围的考古发掘，发现水井和澄泥池等与制瓷相关的遗迹，出土一批类似汝窑的青釉瓷器、素烧器和窑具[1]。在2004年5月召开的汝州张公巷窑考古新发现专家研讨会上，不少中外陶瓷学者认为该窑址就是寻觅已久的北宋官窑。汝州张公巷窑的发掘，入选国家文物局主持编写的《2004中国重要考古发现》[2]。

张公巷窑发掘所揭示的地层堆积复杂，遗物种类繁多，从唐宋到金元，直至明清各个时期的文物标本都有出土，但只有类似汝窑的青釉瓷器，才是张公巷窑烧制的唯一产品。从整体上看，它既不同于临汝窑的豆青釉，也有别于宝丰清凉寺汝窑的天青色。常见的以薄胎薄釉为主，釉色玻璃质感较强，有的器物表面满布细碎冰裂纹开片。胎质细腻坚实，胎色有粉白、灰白和少量浅灰色。器型有碗、盘、洗、瓶、壶、盏、盏托、熏炉、套盒和器盖等10余种。带圈足的器物以平直圈足为主，外裹足的较少；器底有支钉痕的呈非常规整的小米粒状，支钉分别为三、四、五、六枚。

窑具以匣钵、垫饼、垫圈和支钉为主，匣钵有浅腹漏斗状、深腹漏斗状、浅腹筒状和深腹筒状四种。这些匣钵外壁多涂有一层耐火泥，此种做法仅见于宝丰清凉寺汝窑。支钉多是单独制作后再捻接于圆形垫饼之上，因此出土时两者多相分离，但垫饼之上的圆形印痕清晰可辨。从窑址中出土有大量素烧器残片看，表明张公巷窑生产的青釉瓷器与汝窑瓷器一样，也是先经过素烧后，再施釉入窑二次烧成。

汝州张公巷窑瓷器主要出土于20个灰坑中，而每一个坑的瓷片基本都能拼成完整或可复原的器物；每坑又品种单一往往只限于几种器型，应是一窑或数窑的废弃品。这种有意识地挖坑集中掩埋残次品的做法，不见于宝丰清凉寺汝窑中心烧造区，而见于杭州老虎洞窑，被认为是官窑处理废弃品的方法。同时，汝州张公巷窑生产的青釉瓷器，既有碗、盘、盏、盏托、套盒等日常生产用具，又有瓶、壶、熏炉等陈设类用瓷，造型端庄大方，制作工艺精细，显然不是一般的民间用瓷。因此，多数专家一致认为：汝州张公巷窑场的

---

① 郭木森：《河南汝州张公巷窑考古获重大成果》，《中国文物报》2004年5月21日第1版。

② 郭木森：《河南汝州张公巷窑址》，载《2004中国重要考古发现》，文物出版社2005年版。

性质应属官窑①。

六

钧窑属于北方青瓷系统，它成功烧制出的高温铜红釉，是对中国古代制瓷工艺的一大贡献。钧窑窑址位于今禹州市区北关的钧台与八卦洞附近，因靠近钧台而得名。禹州只是在金代大定二十四年（1184）以后的一段时间内称为钧州，因此过去有学者认为钧窑始建于金代后期。

1974 年，河南省考古工作者对禹州市钧台窑址进行了较大规模的发掘，清理出窑炉、作坊等制瓷遗迹，出土了上千件瓷器标本。其中钧釉瓷器包括各类花盆、盆托、出戟尊、鼓钉洗、炉、盘、钵、碗等，以陈设类器物为大宗。釉色主要有天蓝、月白、紫红、碧蓝诸色，器表釉面上常留有蚯蚓走泥纹或开片，在花盆类器物底部还刻有 1 个从一到十的数字②。此次发掘，为北京故宫博物院收藏的钧釉陈设类瓷器找到了产地。

2004 年 4—9 月，河南省文物考古研究所配合禹州市区建设，再次对禹州钧台窑址进行考古发掘，这次发掘出土瓷器种类繁多，既有隋唐时期的黄釉瓷器和花釉瓷器，也有宋、元时期的钧釉瓷、豆青瓷、宋三彩和白地黑花瓷器。这次发掘地层和遗迹单位叠压关系清楚，出土的钧釉陈设类器物，与 1974 年相比有所不同。发掘者根据地层打破关系和出土的钧釉高足碗、低温天蓝釉鼓钉洗等遗物，推测这批钧釉陈设瓷年代为元代③。

关于钧窑陈设类瓷器的年代，目前争议颇大。在 2005 年召开的中国禹州钧窑学术研讨会上，与会专家在考察了 1974 年和 2004 年出土的钧瓷标本后，仍形成了宋代说、元代说、元末明初说和明代早期说等多种看法，尚未对陈设类钧瓷的年代达成一致意见④。2006 年 11 月在深圳召开的中国深圳"官钧"瓷器学术研讨会上，有学者在否定了"官钧"瓷器宋代说之后，明确提出"官钧"瓷器即钧窑陈设类瓷器，集中烧造于明代永乐、宣德年间⑤。目前学术界已经达成的共识是：禹州钧台窑是故宫博物院传世的陈设类钧釉瓷器的产地；禹州钧台窑的性质是官窑。

2001 年 9—12 月，北京大学考古文博学院与河南省文物考古研究所联合对禹州市神垕镇的刘家门、河北地等窑址进行了考古发掘，清理出窑炉遗迹 8 座和石砌澄泥池 3 处，出土完整和可复原器物数千件，进一步确定了钧窑瓷器的烧制年代问题，被评为 2001 年度全国十大考古新发现。这里清理的 1 号窑炉是一座土洞式长条形双室窑炉，此种窑炉既不同于北方地区常见的馒头窑，也不同于南方地区流行的依山坡而建的龙窑，为目前所仅

①　孙新民：《汝州张公巷窑的发现与认识》，《文物》2006 年第 7 期。
②　赵青云：《河南禹县钧台窑址的发掘》，《文物》1975 年第 6 期。
③　郭培育：《河南禹州钧台瓷窑遗址获重要发现》，《中国文物报》2005 年 1 月 14 日第 1 期。
④　河南省文物考古研究所、禹州市钧官窑址博物馆：《2005 年中国禹州钧窑学术研讨会论文集》，大象出版社 2007 年版。
⑤　李文昌：《"官钧"烧造于明代吗——2006 年中国深圳"官钧"瓷器学术研讨会综述》，《中国文物报》2006 年 12 月 22 日第 7 期。

见的一种烧瓷窑炉形制①。

依据考古发掘成果，研究者将刘家门窑制瓷的历史划分为三个时期，即北宋晚期到金代前期、金代后期到元代初年和元代时期②。北宋晚期到金代前期钧釉瓷器已经产生，主要生产小件器物，部分产品采用了裹足支烧的方法。钧瓷产品有碗、盘、钵、盒、注壶、盏托、香炉、连座瓶等，釉层较薄，釉色淡雅匀净，少数器物上有大片的红彩。出现了内施天蓝釉、外施紫红釉的器物，比传世的陈设类钧瓷外壁的紫红釉显得浅淡而艳丽。从金代后期开始，钧瓷生产开始走向粗糙，大多数器物不再施满釉，器壁变厚，器形开始趋大。器物表面开始施加红彩，但红彩变成小块而规整，应是在天青釉上特意加施的含铜彩料。到了元代，钧窑器物大而厚重，釉层开始变厚，釉的流动性较强，不再见施满釉的器物，带红斑器物进一步增多。此外，这里还生产青釉瓷器和白地黑花瓷器。

---

① 北京大学中国考古学研究中心、河南省文物考古研究所：《河南禹州市神垕镇刘家门钧窑遗址发掘简报》，《文物》2003 年第 11 期。

② 秦大树：《钧窑始烧年代考》，《华夏考古》2004 年第 2 期。

大足石刻造像与三教融合初探

李光明

佛教石窟渊源于印度，中国开凿石窟约始于 3 世纪，其中以 5—8 世纪为最盛，南北朝和唐代是这其中的两个高峰阶段，由唐之盛而衰，南宋已近尾声①。然而绚丽多姿的大足石刻不同凡响，成为现存不多的宋代石窟艺术的杰出代表，在晚期石窟中独树一帜。尤其是数量众多的儒、佛、道三教并存造像，特色独具，成为我国大型石窟中的一大亮点。大足石刻在一定程度上体现了中国哲学思想史"三教一致——三教鼎立——三教合一"②的发展过程，是反映佛教文化在中国演化变迁的重要实物例证。

一 三教融合的发展概况

佛教作为一种外来文化自两汉之际传入中国以后，与中国本土的儒家文化、道教文化等主体文化相接触，经历了一个由依附、冲突到互相融合的过程③。先是依附于汉代流行的神仙道术，继而又与魏晋时期的玄学合流，后经过南北朝时期对佛教思想和理论的系统整理而进一步儒学化，至隋唐形成与儒道二教相互鼎力又合流的盛大气势。在宋代，理学的产生，则标志着三教主流思想上实现了深层次的相互融合。从一定意义上说，三教融合是中国思想各体系发展到一定阶段的历史产物。

从具体进程上看，东汉末年和三国时期，佛教在早期传播阶段，主要依附道教和中国传统的神仙思想，使其教义得以流传并发生影响。在佛教译经过程中也经常以中国传统的儒家思想和老庄玄学来解释佛教教义，这种被称为"格义"的阐述方式虽不尽符合佛教学说原意，却收到了传播上的良好效果，使佛教在入华初传时期有效地适应了中国的社会文化环境。而且这个时期的牟子在《理惑论》一书中最早提出了三教一致论④。

到了魏晋南北朝时期，随着印度佛教各派学说陆续传入、佛教经典翻译规模逐步扩大和教义系统的不断完善，佛教的影响得到了快速提升，与以儒家思想为代表的中国传统文化发生了激烈的矛盾和冲突。对此，东晋道安在《三教论》中提出了"三教不殊，劝善义一，教迹虽异，理会则同"的三教融合理论。

隋唐时期，新的统一王朝建立，为了加强思想文化上的控制，更好地服务于中央集权

① 宿白：《中国石窟寺研究》，文物出版社 1996 年版，第 16 页。

② 黄心川：《"三教合一"在我国发展的过程、特点及其对周边国家的影响》，《哲学研究》1998年第 8 期。

③ 魏承思：《中国佛教文化论纲》，《上海社会科学院学术季刊》1990 年第 3 期。

④ 洪修平：《中国佛教文化历程》，江苏教育出版社 2005 年版，第 54 页。

政治，对儒、佛、道三教采取了不同的统治策略。由此，在思想意识形态领域，儒、佛、道逐渐形成三教鼎立的局面。三教中的重要思想家从自身发展的需要出发，为迎合大一统政治的需要，提倡三教归一，主张在理论上相互包容，以丰富发展自己，为唐以后三教合一思潮的形成奠定了坚实基础①。

进入宋代以后，中国在思想领域更加重视儒家伦理纲常，儒家地位被尊崇到极致，佛教逐渐从世俗性佛教发展成为学理性佛教，与道教一起完全被以儒家文化为主流的中国传统文化所融合，形成新儒家学说，延续发展为宋明理学体系。

二　大足三教造像的形式演变

晚唐至南宋是大足石刻造像的主要开凿时期，也是中国文化思想领域发生大变革的时代。与国内其他大型石窟相较，大足石刻突出反映了儒、佛、道三教的渐次融合历程和在造像题材上的多样化与兼容性特点。其主要表现是，在传统的佛教石窟中，出现儒、道的独立造像及三教合区、合窟的造像形式。最具代表性的当属石篆山、妙高山、佛安桥和石壁寺等石窟中的三教造像。

（一）石篆山的第 6、7、8 号窟，为大足石刻中三教合区造像，儒、佛、道三教造像分窟而建，集中于同一区域。

1. 第 6 号窟为孔子及十哲像窟。（图一）此窟高 1.94 米，宽 3.25 米，进深 1.48 米。孔子及十位弟子造像均采用圆雕技法，至圣文宣王孔子居中，中年坐像，身着翻边圆领广袖长袍，脚穿云头履，踏于雕饰壸门的方几之上。两侧十位弟子服饰各具特点，体态姿势各异，表现了人物的不同性格特点。

图一　石篆山第 6 窟孔子及十哲像局部

该窟左侧门柱有造像发愿文："元祐戊辰岁孟冬七日，设水陆合庆赞讫。弟子严逊，发心镌造此一龛，永为供养。愿世世生生，聪明多智。岳阳处士文惟简。"

2. 第 7 号窟为三身佛像窟。此窟高 1.47 米，宽 6.36 米，进深 1.38 米。窟内居中为代表佛教真理的法身佛毗卢遮那（图二），高顶螺髻，戴金轮花冠，身着双领下垂袈裟，内着僧祇支，双手在胸前结智拳印。左边为代表经过修习得到佛果的报身佛卢舍那，头有高顶螺髻，着 U 字形通肩大衣，施降魔印。右边为超度众生、随缘应机而现的应身佛释迦牟尼，头有高顶螺髻，身着袈裟，左手抚膝，右手施说法印。三尊像均趺坐于圆形蟠龙

---

① 洪修平：《中国佛教文化历程》，江苏教育出版社 2005 年版，第 203—204 页。

须弥座上，身后饰祥云。主尊两侧分别侍立有迦叶、阿难，卢舍那佛和释迦牟尼佛两侧各有比丘和香花菩萨胁侍。窟内另雕比丘弟子和供养人像。窟门两侧各有一八棱柱，上置柱头斗栱，下有托柱力士。柱外侧各有一护法力士。（图三）在左侧门柱内壁上，刻有题记"岳阳文惟简镌，男文居用、居礼，岁次壬戌八月三日记。"

3. 第 8 号窟为老君像窟。此窟高 1.7 米，宽 3.43 米，进深 1.92 米。窟内主像为老君，圆脸长髯，头戴莲状束发冠，身着翻领宽袖长袍，胸前置一三脚夹轼，端坐于方形须弥座上，座之束腰处刻一青牛。老君两侧，各有立像七尊，装束与老君造像风格一致，持笏并肩而立。窟门两侧各有一护法神将，右侧有题记一则："时元丰六年癸亥，闰六月二十二日记。"

从以上造像题记可知，三窟的开凿时间相距不远，分别建于宋元祐三年（1088）、元丰五年（1082）和元丰六年（1083）。第 6、7 号同为岳阳文惟简及其子文居用、文居礼镌造。从风格上看，第 8 号窟也似出自他们之手。另据《宋石篆山佛惠寺记碑》载，6、7、8 三窟皆由严逊出资建造。显然，这是一处有意安排的"三教合一"造像区，大足石刻也是中国石窟中现存最早的三教合一造像①。

（二）妙高山第 2 号窟

名为三教合一窟，系大足石刻中较早的儒、佛、道三教合窟造像（图四），开凿时间为"天元甲子"，即南宋绍兴十四年（1144）。窟高 3.14 米，宽 2.8 米，进深 3.22 米。主尊为释迦牟尼佛，螺髻，结跏趺坐于圆形蟠龙须弥莲座之上，着双领下垂袈裟，内穿僧祇支，束腰结带，衣裾敷搭于仰莲之上，左手抚膝，右手做说法状，身后为圆形素面头光，周饰火焰

图二 石篆山第 7 窟之毗卢遮那佛

图三 石篆山第 7 窟门柱和力士

① 宿白：《中国石窟寺研究》，文物出版社 1996 年年版，第 19 页。

纹。左右侍立迦叶和阿难。窟左壁为老君，络腮长髯，头戴莲状束发冠，着对襟长袍，脚穿云头履，端坐于方台之上。窟右壁为文宣王孔子，戴冕旒，两侧垂香袋护耳，穿宽袖长袍，双手捧笏，端坐于方台上，身后有漫云形背光，两侧各有一侍者拱手而立。

图四　妙高山第2窟内部全景

（三）佛安桥第12号窟，又称三教造像窟。

与妙高山第2号窟的合窟造像风格相较，其三教主像布局形式已由马蹄形的拱卫式变为一字形的并列式。该窟开凿于南宋乾道八年（1172），平顶，高3.2米，宽3.8米，进深4.7米，窟正壁设坐像三尊。正中为毗卢佛，顶为肉髻，结跏趺坐于蟠龙须弥莲花座上，有发愿文题榜："奉佛弟子古及之发心造毗卢佛一尊"。左侧为道君像，依坐于束腰须弥座上，挽结戴冠。石座有题记："奉真弟子白大明造"。右侧为儒君像，头戴花纹冠，坐式与道君相同。窟之左右壁各有尊者造像两层并附发愿文。窟门两侧亦雕两层造像，上为结跏趺坐的地藏菩萨，下为供养人立像并分别刻题榜"化主僧思旦""庄主古及之"。

（四）石壁寺主窟

该窟开凿于南宋嘉定三年（1210），在布局上与佛安桥第12号窟相同，平顶，高、宽均为3.6米，进深0.9米。全窟造像分为上、下两层，上层主造像布局为并列式，不再以佛尊为主，从左至右依次为玉皇、孔子、释迦和老子的坐像，每像左右各立一侍者。

（五）宝顶山石刻

由密宗僧人赵智凤主持修建，各窟造像既不重复，又有较密切的内在联系，是具有整体规划特点的一处大型佛教密宗道场①。其布局安排突破了把三教题材具像式凿置一处的传统模式，其中以大佛湾北崖的《父母恩重经变相》（图五）组合和第30号摩崖造像《牧牛图》最具代表性。

① 黎方银：《大足石窟艺术》，重庆出版社2002年版，第225页。

《父母恩重经变相》是描绘父母含
辛茹苦抚育子女的一组经变雕像，极为
生动地刻画了从怀胎守护、临产受苦直
至究竟怜悯等十种反映儒家孝道观念的
父母恩德。《大方便佛报恩经变相》是
根据《大方便佛报恩经》《净饭王般涅
盘经》等佛教经典刻画出的佛陀前世和
今生的行孝故事。造像以弟子阿难入城
化缘为导线，展现修行行孝、难舍能
舍、难为能为等种种自我牺牲精神。

由于产生地文化环境的差异，佛教
在印度提倡出世，传入中国后，逐步把
儒家的部分入世观念引入其中，使佛典
中充实了众多宣扬孝道的行孝故事。
《父母恩重经变相》和《大方便佛报恩
经变相》乃是此种融合的物化体现，意
在宣扬儒家的忠孝观和佛教的孝亲观。

《牧牛图》（图六）以巨大的画面在
崖壁之间铺开，十人十牛，各具情态。

图五　大方便佛报恩经变相须提太子割肉供父母

禅宗六祖慧能曾说："人心本来清净，只是被尘埃封迷，若见心性为驯牛即见佛。"《牧牛
图》以牧牛人代表修行者，以牛喻心，借牧牛表现修行人调御心性、修持戒定慧的过程。
自唐代兴盛的禅宗是彻底中国化的佛教，其"明心见性"的纲领即是儒佛道相结合的产
物①。与前述三教合区、合窟类的造像相比，《牧牛图》以牧牛生活为基础，融佛教的色
空观与儒、道心性之说为一体，已超越了实物形貌上的组合阶段，在精神层面上实现了三
教思想精髓的有机统和。

图六　牧牛图局部

---

① 孙昌武：《中国佛教文化史》，中华书局 2010 年版，第 1849 页。

三　三教造像融合特点和世俗化分析

从文化传播学的角度上说，外来宗教在异质文化土壤中生存和发展，是一种极为复杂的文化交流和融汇现象，需要经历一个本土化的过程。只有同本土化类似的或相适应的精神价值结成联盟，外来文化才能存在和发展[①]。佛教在发展壮大过程中，主要采取说服和论证的方式，从未使用暴力和压制的手段。正是佛教这种开放、包容的特点，使佛教主动将教义中的行善布施观念与儒家的忠孝仁爱精神和道教弃恶向善观念相契合，得到统治者上层、士大夫和一般民众的普遍认同，使得佛教教义中近似于中国思想的东西，因为与中国社会的意识形态有着特殊的亲和力而被着意发扬。

大足石刻的主要开凿时间正处在印度佛教瓦解以后，中国佛教已难以吸收与中国文化异质的东西，客观上加速了三教的调和。因此，大足石刻的造像手法，主要以佛教既有的造像仪轨为主。石窟中的道教、儒教造像除冠戴服饰、手持法物等依照各自规范外，大量借用了佛教石窟的布局结构。尤其是主像的头光、身光和须弥座以及表达护法供养的化佛、窟壁飞天、护法力士、供养人、发愿文等，都具有浓厚的佛教窟龛雕凿特色。这些造像元素被自然地移植到儒道造像中，使大足石刻三教融合的造像特点尤为突出，成为佛教文化转型的有力见证。

另外，随着佛教信仰群体的大众化，佛教逐渐与中国传统的民间信仰、伦理观念相结合，世俗化色彩逐渐浓厚。这一特点可以从《宋石篆山佛惠寺记碑》中窥见一斑。功德主严逊在此碑记写道："其教（佛教）能使人愚者避恶趋善息贪，贤者悟性达理，不昧因果，是于先王致治之礼法，盖有所补而不可一日亡也。"[②] 从中可以看出，作为儒生的严逊以笃信佛教为凭依，行三教之礼法，意在修身养性，并使之成为地方士绅向往的一种精神寄托。另据佛安桥三教窟题记可知，该窟由主持者僧思旦、古及之联合三教信众20余人，共同出资镌造，从另一侧面反映出民间信众群体对儒、佛、道三教共存的支持和认可。

四　结语

儒、佛、道三教，在中国这种多元文化并存的社会背景下流行和发展过的程中，尽管存在诸多矛盾和斗争，甚至自持一家而贬抑另一家，但互相之间都不能把对方排斥在外。三教作为长期影响中国社会的哲学主流，对社会的发展、文化的传播以及人道之修养，都发挥过各自的历史作用。从总趋势看，三种主流文化之间是一种相对独立而又互补的关系。而且，三教在长期并存的过程中不断地相互影响和滋养，内质上通过交流，彼此的认同越来越深，随着时间的推移，三教的真正合一就有了更充要的条件[③]。

从功能上说，佛教石窟从印度东渐西域及至广弘内地，已从最初的苦修之所变成了后

---

① 张晓华：《从佛教景教传播中国的成与败看外来宗教本土化的若干理论问题》，《史学理论研究》1999年第4期。

② 刘长久、胡文和、李永翘：《大足石刻研究》，四川省社会科学院出版社1985年版，第538页。

③ 严耀中：《论"三教"到"三教合一"》，《历史教学》2002年第11期。

来的崇拜之地，是从对死的冥想转为对生的沉思①。从西域到汉地，是从对人生苦谛的寻味蜕变为对人生幸福的追求。也正是有了中国传统主流文化与佛教文化的充分融合，才出现了以佛教石窟为载体、三教造像如此密集的大足石刻。

更值得注意的是，从三教造像年代序列中可以看出，由最初的独立造像，到合区造像，再到合窟造像，直至最后的有机统合造像，体现了三教融汇由形到意的演变进程，使大足石刻成为反映三教思想渐次融合发展的极为生动的实例。

---

① 张法：《空间形式与象征意义：佛教石窟从印度到汉地的演化》，《浙江学刊》1999 年第 1 期。

北宋李从生墓志探微[*]

陈朝云　　赵俊杰

2004 年 7 月，河南省焦作市文物工作队在该市解放区上白作村南第二十九中学的一座宋墓内发掘出土一通宋代碑形墓志。该墓志刻立于北宋哲宗元祐五年（1090），保存完好，现存于焦作市博物馆。墓碑为青灰色石质，首身一体，碑额半圆形，碑正面精磨，背面及左右两侧面有磨平痕迹但较粗糙，两面均有刻字。碑底面有钎打痕迹。碑身宽 31 厘米，厚 11 厘米，高 42 厘米，碑首高 9 厘米；碑座宽 50 厘米，厚 29 厘米，高 27 厘米。碑左侧面为竖式阴刻楷书"淇川宋安时撰" 6 字；碑右侧面为竖式阴刻楷书"乡人苗安刻石" 6 字。碑座为长方形覆莲座，莲花瓣分两层，上层正、背面各 5 瓣，共计 15 瓣；下层正面为 5 瓣，背面为 6 瓣，左右侧面各 4 瓣，共计 19 瓣。碑文分两部分，一部分为志文，一部分为铭文。从右到左共计 18 行，满行 23 字，总计 329 字，均为阴刻楷书。碑首阳面横式阴刻楷书"李公墓铭" 4 字，首行铭文为"河东泽州高平县举义乡丁壁村陇西李公墓铭"，碑阴竖式阴刻楷书"沁阳装人吴明" 6 字；碑文、碑首及各侧面铭文共计 351 字。现录文并考疏如下，不当之处，敬请方家指正（"//"表示换行）。（如图一）

河东泽州高平县举义乡丁壁村陇西李公墓铭//

君讳从生，本举义地，性无殊。不侮不畏合古人，以猛以宽//全中道。出言有信而足以动大人，作事有法而足以扇//知己。尝存侧隐之心，施于无告之民，闾里之间到于今，//而莫不称之。娶孝义乡郭氏，乃生一男二女焉。享年六十有//八矣。《礼》曰："士庶人有善，本诸父母"。所以，长男吉挈母//氏同二妹，自高平登太行，渡丹水，至于潭怀宁邑孝廉乡//孝廉里白家作置业居焉。母郭氏享年六十有六矣。至//元祐三年戊辰岁，巍巍乎万户山前，浩浩乎乌金出世。吉乃以地为主，//夜以计日，役工匠数百人，自赡千余口，获山//泽之厚利者，皆出乎吉之分，而莫知其数焉。长女//二姐闫氏，次女三姐石氏。时元祐五年庚午岁仲秋月//初四日，归葬于圣佛山前凤凰台下，故为是记。//

颂曰：吉娶韩氏，家之昌矣。//人之生兮，祸福有矣。福之来兮，//何由己兮。祸之臻兮，岂自门矣。//吉生二子，添哥福儿。家之殷兮，//不日成矣。扬名后世，孝之终矣。//

* 本文是 2012 年"河南省高等学校哲学社会科学创新团队支持计划"（项目编号：2012－CXTD－01）研究成果，河南省教育厅 2014 年度哲学社会科学研究重大课题攻关项目"河南现存宋金元碑刻研究"的中期成果。

图一　李从生墓志

　　宋代墓志文献具有传记性质，铭文一般明确记载死者籍贯、生平、家眷及性情品行等情况，对墓主的生平事迹有着具体、详细的描写，并且表达生者的钦佩敬仰及哀思之情。从李从生墓志文中可以看出，墓主李从生为北宋平民，泽州高平县人，李从生为人处事以传统规制为法度，言谈举止中规中矩，谨慎周全，言而有信，且助人为乐，甚得闾里论赞，其言传身教延及子孙，被乡人树为楷模。李从生娶孝义乡郭氏，生一男二女，儿子李吉，长女二姐，次女三姐。李从生享年68岁，死后葬于圣佛山前凤凰台下。在李从生去世后，李吉带着母亲和两个妹妹翻越太行山来到宁邑开办煤矿采煤，役工数百人，养活千余口人，累积财富不计其数。李吉娶韩氏，生二子添哥、福儿。李从生墓志的出土，不仅生动地记录了他的一生事迹，而且对我们了解北宋时期焦作煤炭的发展史与北宋富民阶层的社会生活与状况亦有重要价值。

一　墓志中所涉相关地名、地理的考证

　　墓志文明确记载李从生为"河东泽州高平县举义乡丁壁村"人，泽州在春秋时属晋，战国时属韩魏，后属赵。汉属上党郡，北魏道武帝置建兴郡，北魏孝庄帝改置建州，北周

改建州为泽州①。隋开皇十八年（598）以境内丹河为名，复改为丹川县。唐武德元年（618）又复置建州，后改盖。唐乾元初年，复改为泽州，后数易其名②。泽州在北宋时期隶属河东路，辖高平、阳城、端氏、陵川、沁水及关—③，现为山西省晋城市。高平县春秋时称泫氏，战国时为长平，初属韩，后属赵，长平之战后秦置高都县，两汉至两晋均为泫氏县。北魏孝庄帝永安二年（529）改置建州，设长平郡，领泫氏、高平二县，高平之名始于此。北齐天保七年（556）改高平县为平高县，北齐末又改为高平，泫氏县并入。隋开皇三年（583）改属泽州④，现仍属晋城市管辖。举义乡现为河西镇，丁壁村仍存未变。

志文中写李吉带着母亲和两个妹妹来到"潭怀宁邑孝廉乡孝廉里白家作"置办家业。潭怀最早出自《尚书·禹贡》"覃怀底绩，至于衡漳"⑤，《尚书注疏》作"覃怀致功"⑥。"覃怀致功"即指禹在怀这个地方疏导洪水，使水平复，为此立下功绩。元人金履祥谓："覃，大也；怀，地名。太行为河北脊；其山脊诸州皆山险。惟太行以南怀州濒河之地平夷广衍，田皆腴美，俗称小江南。即古覃怀也。"⑦ 可知"覃"为平旷广大的意思，"怀"为今焦作一带。马世之先生通过研究甲骨文认为"覃"为粟类作物，"覃怀"连属，似可释之为"粟满怀川"、丰收在望之意，古人以粟酿酒，故而覃字又"象酒盈尊"，这是农业文明的写照⑧。不管"覃"是粟类作物还是平坦广大之意，这些文献资料及研究都表明覃怀也就是今日的焦作是一个物产丰饶、气候宜人、风景秀丽的好地方。覃怀在北宋时期属河北西路怀州，辖河内、修武、武陟三县⑨。关于宁邑所在，有今河南获嘉和修武两说。《括地志》云："怀州修武县，本殷之宁邑。"该书于获嘉县条下又说："怀州获嘉县，古修武县。"李学勤先生将宁邑定为今修武县⑩，郑杰祥先生认为宁邑在修武故城，即今天获嘉县城东北角⑪。参考各家的观点，根据李从生墓志的出土地点以及李吉在修武开矿的事迹，笔者认为宁邑应在今焦作市境内。白家作今属焦作市解放区上白作村一带⑫。李从生与郭氏葬于"圣佛山前凤凰台下"，今上白作村有一深山古寺——圣佛寺，唐德宗时期圣佛寺曾经过一次大修复，有碑石记载，此碑在20世纪90年代遗失。圣佛寺建立年代尚不可考，并且不知圣佛寺所在的山是否在宋代叫圣佛山。凤凰台在焦作有两个，《焦作市志》载其一位于博爱县月山前，"两山环抱，中吐一坡，距坡一台，巍然独立"⑬，绿树环绕，峰峦叠翠，曾是月山景区八大景观之一，现已无存。而《河南通志》记载另一凤

① （唐）李吉辅：《元和郡县志》卷19，清武英殿聚珍本。
② 《旧唐书》卷43，中华书局1975年标点本。
③ 《宋史·志三十九·地理二》，中华书局1975年标点本。
④ （唐）李吉辅：《元和郡县志》卷19，清武英殿聚珍本。
⑤ （南宋）毛晃：《禹贡指南》卷1，文渊阁四库全书影印本。
⑥ （唐）孔颖达：《尚书注疏》卷5，文渊阁四库全书影印本。
⑦ （元）金履详：《尚书日记》卷5，文渊阁四库全书影印本。
⑧ 马世之：《怀川文明与温姓之源》，《焦作师范高等专科学校学报》2006年第3期。
⑨ 《宋史·志三十九·地理二》，中华书局1975年标点本。
⑩ 李学勤：《殷代地理简论》，科学出版社1959年版。
⑪ 郑杰祥：《商代地理概论》，中州古籍出版社1994年版，第73页。
⑫ 焦作市地方史志编纂委员会：《焦作市志》，红旗出版社1993年版。
⑬ 同上书，第162页。

凰台"在温县西一十五里"①。

李吉"登太行，渡丹水"，从泽州迁徙到怀州，此路线在古代称为"丹陉"。"太行"为太行陉，北魏郦道元所著的《水经注》记载其最早出现在商周时期："今野王西北三十里有故邢城，邢台是也。今故城当太行南路，道出其中。"②邢国为西周诸侯国，在今河南省沁阳市西北。太行陉自古是兵家必争之地，西汉时期司马迁所著的《史记·范雎列传》曾云："北断太行之道，则上党之师不下。"清代经学家胡渭撰写的《禹贡锥指》载："元和志云：太行陉在怀州，北阔三步，长四十里。羊肠所经，瀑布悬流，实为险隘……自河南怀庆府入山西泽州。"③经实测，太行陉全长20公里，宽约2米，位于今河南省沁阳市与山西晋城市之间，地处中原，于崇山峻岭间蜿蜒盘绕，是晋东南上党盆地南出的主要通道。太行陉因道路较窄且蜿蜒曲折又被称为"羊肠坂"，北宋仁宗年间苏舜钦曾作诗："行行太行道，一步三叹息。念厥造化初，夫何险此极。"因其地势险要，我国古代对太行陉曾做整修，如北宋建隆三年（962）"发潞州民开太行道，通馈运"④，太行道逐渐成为两地间的主要驿道。《中原文化大典》在介绍隋唐宋时期中原发达的交通时写道，洛阳向北入山西，即从洛阳东北行由孟津渡渡过黄河至怀州（今沁阳），北越太行山抵泽州（今山西晋城市），西北行达并州（今山西太原市），此道是洛阳至太原的重要军事要道⑤。

丹水又称丹河。经过考古人员调查，约四五千年前，丹河古道业已形成⑥。《山海经》是一本记载先秦远古时期的地理神话专著，其《北次三经》中所载的"沁水出焉，南流注于河。其东有林焉，名曰丹林。丹林之水出焉，南流注于河"⑦。指明了丹河为沁河的一条支流以及丹河最初的称呼为丹水。《明一统志》记载："丹河千余顷，在（怀庆）府城东北一十五里。源出泽州界内。穿太行名曰丹口，南流三十里入沁河。近河多竹木，田园皆引此水灌溉，为利最溥。"⑧丹水流经山西省高平县、泽州县和河南省沁阳市、博爱县后注入沁河，其流程几乎全部在南太行山腹地中蜿蜒穿行，自古以来其河道就是豫西北与晋东南之间的一条天然水上通道。丹河峡谷由于其南端起点与太行陉南端起点相毗邻，历史上的太行陉便被人们称作丹陉，丹河古道也是太行陉不可分割的重要组成部分。李吉走过的丹陉沿用时间很长，到了清末，英国福公司还曾试图修建河南滑县至山西晋城的"道（河南滑县道口镇）泽（山西晋城市）铁路"，后因泽州人民阻挠，遂修建"道清（博爱县清化镇）铁路"，以便掠夺焦作地区优质的无烟煤⑨。新中国成立后，由于修筑了博爱（清化镇）到山西晋城的公路后丹道才退出历史舞台。

① （清）王世俊：《河南通志》卷五51，文渊阁四库全书影印本。
② （北魏）郦道元：《水经注》卷9，清武英殿聚珍本。
③ （清）胡渭：《禹贡锥指》卷11上，上海古籍出版社2006年版。
④ （宋）李焘：《续资治通鉴长编》卷3，文渊阁四库全书影印本。
⑤ 王星光：《中原文化大典·科学技术典》，中州古籍出版社2008年版，第213页。
⑥ 罗火金：《河南博爱北魏摩崖题刻与古丹道研究》，《文物世界》2003年第6期。
⑦ 袁珂：《山海经校注》，四川古籍出版社1992年版，第106页。
⑧ （明）李贤：《明一统志》卷28，文渊阁四库全书影印本。
⑨ 程峰：《道清铁路始末》，《河南理工大学学报》（社会科学版）2007年第2期。

二　北宋焦作煤炭生产及矿业政策

北宋熙宁年间之前，开封燃料以木柴类为主；熙宁后，开封燃料以煤为主[1]。北宋时期开封的官营手工业、军队、皇室都需要大量燃料，加之开放的人口政策使城市人口逐年递增，北宋前期以薪柴为主的传统燃料严重供不应求。大中祥符五年（1012）冬，《宋会要辑稿》记载："民间乏炭，其价甚贵，每秤可及二百文。虽开封府不住条约，其如贩夫求利，唯务增长。"[2] 为了扭转燃料不足的局面，北宋政府逐步放开经济政策以鼓励煤矿生产。宋仁宗天圣四年（1026）"陕西西路转运使杜詹言，欲乞指挥磁、相等州所出石炭今后除官中支卖外，许令民间任便收买贩易。从之"[3]。政府开放了对河北西路煤的贸易权限制，除官府经营外，民间也可以收买贩卖。《宋会要辑稿》载，宋神宗熙宁年间（1068—1077），开封一带不论是百姓日用还是手工业生产如烧窑所用的煤炭，都已"自于怀州九鼎度、武德县（今武陟、沁阳）"[4]，而且熙宁元年由于"诏石炭自怀至京不征"，官府还免去了从焦作运往开封的煤炭课税。元符三年（1100），因"官鬻石炭，市直遽增，皆不便民"，宋徽宗曾"诏罢平准务及官鬻石炭"[5]。这些措施都促进了煤的开采和流通。南宋人庄绰追忆北宋后期汴京煤的消费说："昔汴都数百万家，尽仰石炭，无一家燃薪者。"[6] 这些文献材料足以证明怀州因其独特的区位优势和高质量的煤炭资源成为北宋东京城最重要的燃料供应地。

焦作煤炭质地优良，曾被英国王室称为香砟。对于焦作这一名称的由来，就有"煤业作坊"之说。据字意分析，"作"当取于"作坊"之意。古代各种手工业都称"作坊"，因这里挖石取煤的窑业颇多，围绕窑业的发展相继出现很多用于工人生活的作坊以及挖煤取炭的作坊[7]。关于焦作煤矿业的历史，《山海经·北次山经》载："贲闻之山，其上多苍玉，其下多黄垩，多涅石。"[8] 贲闻之山即在今焦作市一带，张正明先生认为涅石为明矾煤[9]。清光绪二十八年（1902）英国福公司非法在下白作村也就是北宋时李吉所处的煤矿区强占耕地20亩建设矿厂，并在十四号井下挖出唐代"开元"铜钱[10]，可以得知早在一千多年前人们就在这里挖煤。隋唐时期为土法采煤，宋代开始大规模的手工作坊式开采。据地方史料记载，近代英国福公司在焦作上白作南面开第二十四号井时，当挖到了十七八丈深时发现古窑洞一对，内有古代煤矿工人用的已经腐朽的护身板，由此该古窑被

---

① 许慧民：《北宋时期开封的燃料问题——宋代能源问题研究之二》，《云南社会科学》1988 年第 6 期。

② （宋）高承：《事物纪原》卷 1，文渊阁四库全书影印本。

③ （清）徐松：《宋会要辑稿·食货一〇》，中华书局 1997 年影印本。

④ （清）徐松：《宋会要辑稿·食货五五》，中华书局 1997 年影印本。

⑤ 《宋史》卷 186《食货志》，中华书局 1975 年标点本。

⑥ （宋）庄绰：《鸡肋编》卷中，文渊阁四库全书影印本。

⑦ 焦作市档案局：《"焦作"名称的由来》（http://www.hada.gov.cn/w_ NewsShow.asp? ID = 5：2169）。

⑧ 袁珂：《山海经校注》，四川古籍出版社 1992 年版，第 106 页。

⑨ 张正明：《释山海经中的涅石》，《社会科学战线》1987 年第 5 期。

⑩ 薛世孝：《古代河南人民对煤炭的开发利用》，《中州学刊》1983 年第 5 期。

认为是宋代的古煤窑，这说明北宋时期焦作地区煤矿的开采已得到发展。1976 年焦作市博物馆在庙河、寺河两村发现两幢古碑，记有宋代在这里开煤窑、修建窑神老君庙的具体情况①。

李从生墓志文中还写到"浩浩乎乌金出世"。《本草纲目》云："石炭即乌金石，上古以书字，谓之石墨，今俗呼为煤炭，煤墨音相近也。"②"乌金"即我们现在所称的煤炭。据墓志铭文记载，北宋时人李吉在现在的焦作市解放区上白作村一带发现了蕴藏丰富的煤炭资源，即刻"以地为主，夜以计日，役工匠数百人，自赡千余口"。可见其煤矿开采已达到一定规模，带领雇工们不分昼夜地采掘，仅煤炭方面雇工数量就达到了几百人，这和现在一些煤矿的生产规模比也不相上下。李吉以煤养家，就能解决千余人的生活问题，不仅使当时大量失去土地的佃农和流民可以养家糊口，还促进了当地的经济发展。这是目前所知时代最早、规模最大的早期煤矿。私人开矿尚且能达到如此规模，那么由此可以窥见北宋时期怀州煤炭开采的规模应相当大。怀州煤炭也促进了北宋著名窑口——修武当阳峪窑的发展。考古工作者在修武当阳峪旧瓷窑址发现煤灰等遗迹，另外在陶瓷古窑址附近还发现有煤窑的遗址。北宋时的怀州是距汴京最近的煤炭基地，这里的煤炭除了一部分用于当地冶铁、制瓷以及百姓生活取暖外，大部分都运往汴梁，供京城开封之用。2006 年焦作市文物工作队配合南水北调文物保护工程建设，于 5—10 月对山阳区东部苏蔺墓区进行了考古发掘，考古人员发现了汉代至宋代时期的古道路，路面上覆盖着厚达 0.02—0.10 米坚硬、层次分明的煤屑层，并伴有明显的车辙痕迹，经测量两辙宽 1.10—1.20 米。路边还发现有众多的燃煤灶、煤堆痕迹和煤残留；7—9 月，考古工作者又在山阳区恩村东 500 米的恩村墓群发现了宋代的一条"官道"以及路面上散落的较多的煤屑，还有车轮碾压的辙沟及 5 座燃煤灶等。此官道宽约 20 米，经多次维修和长期使用，至清代始废弃。从其宽度和修建规模来看，应是古代的"国道"，当时应设置有专门的管理机构、由专人维护，该条道路应是唐宋时期豫西北地区连接京（开封）洛地区的主要交通要道。从路面散落的煤屑来看，可以肯定这条道路应是当时焦作、修武煤炭外运的主要通道，是促进该地区经济发展的大动脉③；6—10 月，在发掘焦作市东古山阳城北城墙外的宋代遗址时，发掘出宋金时期的运煤古道路一条、客栈一个、煤堆数个及燃煤灶四十一个④，由此可见北宋时期焦作煤矿产业的兴盛。到了元代，至元十三年的《重修玉峰观碑》⑤ 中写道，焦作一带"上多林木，下广乌金，其井水甘，其民殷庶"，说明元代时焦作的森林、煤矿资源还相当丰富，百姓开采利用因此而富庶。明清时期，焦作煤炭更是得到了较快的开发，《修武县志》说光绪年间这里有小煤窑一百多家。直到现在，煤矿开采还是焦作市的支柱产业之一。可见焦作煤炭质量优良、储量丰富，开采历史悠久。

---

① 焦作市档案局：《"焦作"名称的由来》(http://www.hada.gov.cn/w_ NewsShow. asp? ID = 5: 2169)。

② （明）李时珍：《本草纲目》卷 9《石炭》，文渊阁四库全书影印本。

③ 邢心田：《焦作文博考古与研究》，中州古籍出版社 2008 年版，第 68—85 页。

④ 同上书，第 11 页。

⑤ 程峰：《焦作煤炭开采的考古学观察——以碑刻资料为中心》，《河南理工大学学报》（社会科学版）2013 年第 1 期。

三　以李从生父子为代表的宋代富民阶层的二元社会政治地位

李从生志文载其子"吉乃以地为主，夜以计日役工匠数百人，自赡千余口"，表明北宋时期对人口流动、土地买卖和工商业发展的限制相对减弱。唐中期以后，随着"均田制"和"府兵制"的崩溃和瓦解，封建土地私有制有了进一步发展。宋代手工业及商品经济发展较快，来自商业的税收与征榷收入已超过了农业税收，传统的小农社会秩序被打破，统治者实行"田制不立"和"不抑兼并"的土地政策，"贫富无定势，田宅无定主，有钱则买，无钱则卖"的现象相当普遍。土地交换频繁，在一定程度上刺激了商品经济的发展，因此李吉才能够在焦作"置业居焉"。据记载，宋朝的户籍管理也具有一定的开放性，比如一个人移居他乡定居生活一年以上便可获得当地户口。北宋大臣曾布曾感叹道："古者乡田同井，人皆安土重迁……近世之民，轻去乡土，转徙四方，固不为患，而居作一年，即听附籍，比于古亦轻矣。"流动的人口为工商业主提供了大量佣工，故李吉才可"役工数百人，自赡千余口"。宋代矿冶业实行承买制，承买制以抽分的形式分配矿冶产品，除官府无偿抽收一部分作为私人承买矿场交纳的地租外，其余者则归私人所得，这种分配形式使矿产量的高低与承买者本人的经济收益紧密相连，从而推动了矿山开采和产量的提高。按此政策，李吉承买矿场则必须先与官府订立契约，商定承买年限及产品分配比例或交纳课税的数额，然后还需自备资金筹措生产①。李吉在此政策背景下，凭开采煤矿"获山泽之厚利"，他本是布衣，凭借自己的辛勤劳动拥有了大量财富。

北宋时期，通过从事农业、手工业或商业致富的平民很多。薛政超先生通过研究认为：唐宋以来，占真实上三等富户九成二以上、为总户数 13.3%—33.9% 左右的富民阶层，占有约 60%—70% 的社会土地财富②。林文勋先生认为，唐宋以来，伴随着社会经济的发展，一个拥有财富和良好文化教育的新的社会阶层崛起，这就是"富民"阶层。"富民"阶层一经崛起，就迅速成为社会的中间层、稳定层和动力源，极大地改变了唐宋社会的阶级关系、经济关系，以及国家对乡村社会的控制，使整个社会呈现出流动性、市场化和平民化的显著特征③。但是在古代，皇家宗室和官僚可以凭借权势，占有大量财富，并且享有免税权。而身为平民阶层的李从生、李吉父子没有特权，只能依靠个人的奋斗获取利益，再加上土贡制度、官工业制度和禁榷制度的实行，他们面临重重困难，"今之富民，鲜有三世之久者"④。富民为国家缴纳赋税，又雇佣贫民使其得以生存，对北宋时期的社会稳定与发展具有重要意义。志文中写道李从生"出言有信而足以动大人，作事有法而足以扇知己"，说明李从生言必信、行必果。李从生"尝存恻隐之心，施于无告之民，闾里之间到于今，而莫不称之"。他致力于慈善救济，缓和了与佃农、佣工等底层民众的矛盾，稳定了社会秩序，提升了自己的社会地位。由此可以看出，北宋富民不仅具备自力更生、怀质抱真、诚实守信等优秀品质，还有对当时社会难能可贵的积极入世意识。

随着财富的积累和中产阶级的崛起，宋代社会的富贵贫贱处于不断分化变动之中。以

---

① 王菱菱：《宋代矿冶经营方式的变革和演进》，《中国经济史研究》1988 年第 1 期。
② 薛政超：《唐宋"富民"与乡村社会经济关系的发展》，《中国农史》2011 年第 1 期。
③ 林文勋：《中国古代"富民社会"的形成及其历史地位》，《中国经济史研究》2006 年第 2 期。
④ （宋）吕皓：《云溪稿·上邱宪宗卿书》，民国续金华丛书本。

经济实力新崛起的如李从生父子这样的"富民阶层"的目标就是继续增殖财富，争取更高的社会地位，和士族阶层一样享有特权以维持家业兴旺，所以"礼僭越分"之事就不断出现，礼由以往作为协调规范士大夫行为、维护门阀士族特权地位的文化特权逐渐开始适应宋代社会的这种变化，并向社会下层转移，形成了"礼下庶人"的平民化趋势①。富民通过科举做官、买官、与士人联姻等方式，跻身士族阶层。例如，1996 年于焦作市解放区出土的梁全本墓志记载，梁全本为北宋晚期的一个商人，志文讲述他有三个孙女都嫁给了进士②。除了追求特权，富民阶层还希望在精神上同士族保持某种程度的"平等性"。以墓志而言，北宋规定"启之夕发前五刻，击鼓为节，陈布吉凶仪仗、方相、志一（九品以下无）"③。李从生、梁全本身为平民，按照非品官不得使用墓志的礼制规定，他死后是不能使用墓志的。这表明在经济发展较快、富民迅速崛起的北宋晚期存在广泛的僭越行为。

　　李从生墓志不仅记载了他的籍贯、品行、姻亲、葬地等，还写到他的儿子李吉带领全家从泽州迁徙到怀州以及李吉在怀州通过开采煤矿发家致富的事迹，为我们研究北宋时期焦作、晋城两地行政区划沿革和晋豫两地古代交通要道——丹陉的具体路线提供了佐证，同时也有助于探究北宋政府在面临传统薪柴燃料危机的情况下，采取的一系列经济改革措施以及这些措施对焦作煤炭产生的影响。最后，北宋时期像李从生父子这样的新兴富民阶层的发展状况和跻身上层社会的心态，从一个侧面反映了北宋政府较为宽松的经济政策和当时中原地区经济富庶的盛况，也为我们研究宋代经济和社会阶层提供了新的视角。

---

　　①　刘欣：《宋代"家礼"——文化整合的一个范式》，《河南理工大学学报》2006 年第 4 期。

　　②　罗火金：《宋代梁全本墓》，《中原文物》2007 年第 5 期。

　　③　（宋）郑居中：《政和五礼新仪》卷 216《凶礼·品官丧仪中·葬》，文渊阁四库全书影印本。

江苏溧阳北宋李彬夫妇墓出土俑像、墓志及葬俗特征研究

彭　辉[*]

李彬夫妇墓位于江苏省溧阳市竹箦公社中梅大队（现竹箦镇中梅村），1978年由镇江博物馆和溧阳县文化馆联合发掘[②]。墓为长方形券顶砖室并穴合葬墓，墓室长5、高2.7、单室宽1.8米左右。墓前有斜坡墓道；墓室中央有砖砌棺台；四壁有砖砌仿木建筑构件，侧壁及后壁有壁龛：侧壁上下两排，每排6龛，后壁并列3龛。墓内共出土琉璃建筑模型一组、釉陶肩舆一副、陶四神两套，各类陶俑像、佛像等20余尊，瓜形罐、七宝炉、影青扣银碗盘等30余件，此外还有铜镜、银盒、银筷、铜带柄执炉、铜锣、石抄手砚等10余件，各类文物共计93件。其中琉璃建筑模型、釉陶肩舆、陶四神等均为江苏宋代墓葬首次发现，具有极高的文物价值和研究价值。

一　墓中出土釉陶俑像的若干问题

李彬夫妇墓中出土了20余尊釉陶俑像，原简报称："关于此墓中的各种神像、俑，是否属于《大汉原陵秘葬经》中的'明器神煞之类'，我们认为可能不是……墓中所置的这些神、佛像，很可能为李彬生前所供奉的神像。"笔者则认为，李彬夫妇墓与道教葬书《大汉原陵秘葬经》（以下简称《秘葬经》）所见墓葬规制基本符合，所出多数随葬品均与《秘葬经》所载及同时期江西、四川、汉中地区宋墓出土物吻合，墓中多数俑像仍属于宋元时期墓葬中流行的"明器神煞"。

《秘葬经》"盟器神煞篇"中对"大夫以下至庶人"墓葬中的明器，不但记有名称、尺寸和位置，而且附有明器排放位置的示意图。徐苹芳先生对此有详细阐述[③]，此处不赘。应该说，《秘葬经》中所载明器神煞的名称和位置，为了解、认识李彬墓内众多俑像提供了可靠的依据（图一.1、2）。

绝大多数釉陶俑像集中于男墓主即李彬墓内，但该墓出土时遭到扰乱，多数文物为事后追回，故陶俑像的原始位置不可知。从保存较好的李彬妻潘氏墓室结构来看（图一

---

* 彭辉（1982—），男，南京大学历史学院博士研究生在读、常州博物馆馆员，主要研究方向：史前考古、常州地区考古。

② 镇江市博物馆、溧阳县文化馆：《江苏溧阳竹箦北宋李彬夫妇墓》，《文物》1980年第5期。

③ 徐苹芳：《唐宋墓葬中的"明器神煞"与"墓仪"制度——读〈大汉原陵秘藏经〉札记》，《考古》1963年第2期。

.3），墓葬结构与《秘葬经》所载基本吻合，墓室内有表明四方的四神俑和压于墓室四角的廉路神俑。根据两座墓室内出土的俑像特征，可将其分为以下五类，分别与《秘葬经》内提到的五种"明器神煞"相符合。

1. "五星神"、"二十八宿"和"十二辰俑"

原简报将人形俑像中分出"五星神"5尊、"二十八宿"8尊，"五星"包括"太白（金星）、岁星（木星）、辰星（水星）、荧惑（火星）、镇星（土星）"[①]，"二十八宿"包括"亢宿、心宿、房宿、鬼宿、毕宿、娄宿、壁宿、胃宿"，但并未说明命名的依据和星宿数量缺失的原因。结合这批俑像自身的特点和周边地区出土同类俑像的比照，笔者认为，这批俑像为"十二辰俑"的可能性更大。

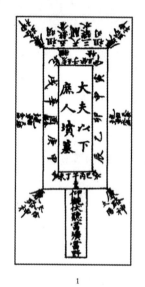
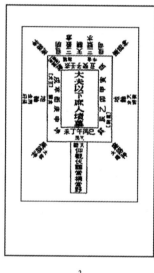
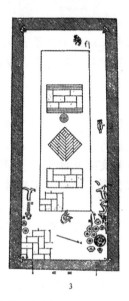

1   2   3

图一　李彬夫妇墓墓室平面与《大汉原陵秘葬经》的对照

1. 采自《大汉原陵秘葬经》，《永乐大典》八一九九卷，中华书局1959年影印本
2. 采自徐苹芳《唐宋墓葬中的"明器神煞"与"墓仪"制度——读〈大汉原陵秘葬经〉札记》，《考古》1963年第2期
3. 采自《江苏溧阳竹箦北宋李彬夫妇墓》，《文物》1980年第5期

以"十二辰俑"作为墓葬随葬品的风俗由来已久，目前最早的实物资料可追溯到山东临淄北魏时期崔氏墓[②]。唐代是"十二辰俑"随葬发展的高峰[③]。入宋以来，北方随葬

---

① "五星"的说法见于汉朝刘安《淮南子·鸿烈解》卷第三，四部丛刊景抄北宋本。"何谓五星？东方木也，其帝太皞，其佐句芒，执规而治春，其神为岁星，其兽苍龙，其音角，其日甲乙。南方火也，其帝炎帝，其佐朱明，执衡而治夏，其神为荧惑，其兽朱鸟，其音征，其日丙丁。中央土也，其帝黄帝。其佐后土，执绳而制四方，其神为镇星，其兽黄龙。其音宫，其日戊己。西方金也，其帝少昊。其佐蓐收，执矩而治秋，其神为太白，其兽白虎，其音商，其日庚辛。北方水也，其帝颛顼。其佐玄冥，执权而治冬。其神为辰星，其兽玄武，其音羽。其日壬癸。"

② 山东省考古研究所：《临淄北朝崔氏墓》，《考古学报》1984年第2期。

③ 唐静：《考古材料中十二生肖的类型及演变》，硕士学位论文，吉林大学，2007年。

"十二辰俑"风气渐弱，而汉中①、四川②、江西③、福建④等南方地区仍保留着随葬"十二辰俑"的习俗。根据出土"十二辰俑"数量较多的江西地区的归纳总结，江西地区北宋时期墓葬十二辰俑基本包括兽首人身俑、人身抱动物俑、以冠顶动物区别的文吏俑和底座刻画十二地支符号的文吏俑几种形式⑤。其他地区情况与之基本类似。

蛇　　　马　　　猴　　　鸡　　　猪　　　虎

图二　李彬墓出土生肖俑（一）

牛　　　兔　　　龙　　　狗　　　鼠　　　羊

图三　李彬墓出土生肖俑（二）

　　李彬夫妇墓中已知有五尊俑像头部有明确的动物形象，分别为蛇（原简报称"毕宿"）、马（原简报称"荧惑"）、猴（原简报称"房宿"）、鸡（原简报称"辰星"）、猪（原简报称"岁星"），加上戴"虎"形头盔的俑像（原简报称"镇星"），正好为十二辰的半数（图二）。这种以冠顶动物形象区分生肖的实例还见于江西南丰青岗山北宋政和八年墓⑥、江西南丰桑田宋墓⑦、四川蒲江县五星镇宋墓⑧、四川威远县永利村宋墓⑨、福建

①　程义、程惠军：《汉中宋代镇墓神物释证》，《四川文物》2009 年第 5 期。

②　张丽华：《十二生肖的起源及墓葬中的十二生肖俑》，《四川文物》2003 年第 5 期。

③　赖金明：《江西宋墓出土的生肖俑》，《东方收藏》2014 年第 1 期。

④　林忠干：《福建宋墓分期研究》，《考古》1992 年第 5 期。

⑤　陈定荣：《论江西宋墓出土的陶瓷俑》，《江西历史文物》1986 年第 12 期。

⑥　广东省博物馆：《广东紫金县宋墓出土石雕》，《考古》1984 年第 6 期。

⑦　江西省文物工作队、南丰县博物馆：《南丰县桑田宋墓》，《江西历史文物》1986 年第 1 期；《江西南丰县桑田宋墓》，《考古》1988 年第 4 期。

⑧　四川省文管会、蒲江县文化馆：《四川蒲江县五星镇宋墓清理记》，《考古与文物》1986 年第 3 期。

⑨　威远县文管所、内江市文管所：《威远永利皇坟坝宋墓》，《四川文物》1993 年第 2 期。

连江宋墓①、广东紫金县宋墓②等。福建尤溪出土的壁画墓③中所绘十二辰像，不仅在冠顶绘有动物形象，还在图像上部写明十二时辰（表一）。说明这种造像方式在当时不仅普遍，而且有一定的规律。除此之外，李彬墓中出土的这六尊俑像，头顶均塑有佛道信徒受戒时所戴卷云形头箍，证明这六尊俑像应为同组。

李彬夫妇墓中出土的另外五尊俑像右侧脚边均伏有一只动物，可明确的有牛（原简报称"壁宿"）、兔（原简报称"心宿"）、龙（原简报称"亢宿"）、狗（原简报名为"娄宿"）和羊（原简报称"鬼宿"）。这种在人俑脚边伏兽的造像方式目前仅见于四川遂宁宋墓，该墓出土六尊生肖俑，在俑人右侧脚边分别塑有十二生肖中的马、鼠、牛、羊、龙和鸡的形象④。

另外，原简报中称"金星"的俑像并非"怀抱琵琶"，实际上为怀中抱鼠的形象（图三），与以上两种表现方式略有不同，可能另有含义。两组俑像合计正好符合十二生肖之数。

由于原简报将两墓出土俑像混杂在一起介绍，且未明确区分每座俑像的具体归属，给实际甄别带来相当大的困难。根据原简报介绍，李彬妻潘氏墓中"仅有两件二十八宿陶像"，由此推知，李彬墓内原有生辰俑11尊，潘氏墓内原有生辰俑2尊。

除上文已认定的十二辰俑之外，所余一俑即简报中所言"胃宿"者，为一拢袖而坐的妇人形象（图四）。笔者认为此俑可能即是自潘氏墓出土者，原简报称其"头戴雉冠"，或许暗示了潘氏的生肖为鸡。潘氏墓内的另一尊俑像可能为上文所述鼠俑，因其造像生肖表现方式与其他11尊迥异，可能并非李彬墓所出。墓内采用个别生肖替代十二生肖的做法也有他例，距溧阳北部不远的金坛南宋太学生周瑀墓内就出土过标志死者生卒年的两种动物图像

图四　头戴雉冠的生肖俑

的星图⑤。但潘氏卒年明确，为元祐六年（1091，辛未年），卒年为羊年，与鼠、鸡俑均不符合，则又不能以周瑀墓的情形解释。

宋墓内出土的十二辰俑多有缺省，似不能简单解释为后代的盗掘破坏。前述江西宋墓中，除少数墓内随葬完整十二辰俑外，其余宋墓均有不同程度的缺失，有些显然是有意缺省⑥。笔者推测，其原因可能与生肖"相冲相克"的说法有关。宋代《宏智禅师广录》卷三中有"属虎人本命，属猴人相冲"之语，可见宋人已有生肖"相冲"的概念⑦。在

①　曾凡：《福建连江宋墓清理简报》，《考古通讯》1958年第5期。

②　广东省博物馆：《广东紫金县宋墓出土石雕》，《考古》1984年第6期。

③　福建省博物馆、三明市博物馆、尤溪县博物馆：《福建尤溪麻洋宋壁画墓清理简报》，《考古》1989年第7期。

④　刘化石：《四川遂宁宋墓出土生肖俑》，《中国文物报》2002年11月20日第2版。

⑤　镇江市博物馆、金坛县文管会：《江苏金坛南宋周瑀墓发掘简报》，《文物》1977年第7期。

⑥　赖金明：《江西宋墓出土的生肖俑》，《东方收藏》2014年第1期。

⑦　屈斌：《"群鼠"异象：北宋中晚期社会生肖观念的复苏》，《合肥学院学报》（社会科学版）2013年第2期。

笔者参加的现代农村丧事中，常见所谓的"阴阳先生"根据死者生肖、死亡时间、入葬时间等一番推算后，宣布某几种生肖与死者"犯冲"，凡属这几种属相的人在丧礼中应回避。宋代是否也有类似的做法目前不得而知，宋墓中缺省的十二辰俑，是否就是出于"相冲相克"的观念而故意缺省，则有待进一步考证。

表一 李彬墓与其他墓葬出土生肖俑的比较

序号	十二生肖	李彬墓	原简报描述	原简报命名	说明	江西南丰宋墓	四川蒲江宋墓	福建尤溪宋墓	广东紫金宋墓
1	鼠		女像，着披肩，长袍蔽膝，下裳，宽带前垂，怀抱琵琶，釉色淡黄	太白（金星）	怀中所抱动物头部上扬，尖嘴圆耳，应为鼠的形象	子时俑（图五:9）	鼠俑（图五:1）	缺失	鼠俑（图二:1）
2	牛		头戴冠，着交领长袍，束带前垂，双手执笏于胸前，右脚旁伏一野猪	壁宿	小兽四足前跪、奋耳、无角、鼻孔前露，应为牛的形象	丑时俑（图三:4）	残缺	缺失	牛俑（图二:4）
3	虎		怒目披发，上身裸体，项带锁铃，下着衣裙，赤脚	镇星（土星）	未见明确的动物形象，但所戴头盔似为虎形，或代表虎俑	寅时俑（图三:六）	虎俑（图五:2）	缺失	虎俑（图二:5）
4	兔		戴冠，着交领衫，双手捧笏，右侧足部伏一姜黄釉色的狐	心宿	小兽四足如匍匐状，短嘴圆眼，应为兔的形象	未公布图像	兔俑（图五:3）	缺失	缺失
5	龙		头戴展脚幞头，交领衣，右手托笏，右腿下部塑贴一龙	亢宿	代表龙俑	未公布图像	残缺	缺失	龙俑（图二:3）

续表

序号	十二生肖	李彬墓	原简报描述	原简报命名	说明	江西南丰宋墓	四川蒲江宋墓	福建尤溪宋墓	广东紫金宋墓
6	蛇		头冠上有一鸟，着交领衫，下裳，束带下垂，双手捧笏置于右胸	毕宿	头顶所立动物圆首长身，应为蛇的形象	巳时俑（图五:10）	蛇俑（图五:4）	巳时俑（图五左）	缺失
7	马		披发，顶有一驴首，着披肩，上身裸体，四臂，下着裙，赤脚	荧惑（火星）	十二辰中有马而无驴，故该动物应为马的形象	午时俑（图五:11）	马俑（图五:5）	午时俑（图五右）	缺失
8	羊		内着交领衣，外罩长衫及膝，袒胸，下服裳，束带前垂，在右脚上立一獬豸	鬼宿	鬼宿全称"鬼金羊"，依此推知小兽为羊的形象	未公布图像	羊俑（图五:6）	未时俑（图四左）	缺失
9	猴		头顶一兔，肩部扎有披肩，着长服，双手合抱于胸前	房宿	头顶动物圆耳、大眼、尖腮，应为猴的形象	申时俑（图三:5）	猴俑（图五:7）	申时俑（图四右）	猴俑（图二:2）
10	鸡		束发顶上有水浪装饰，着披肩，长袍蔽膝，下裳，手捧文卷	辰星（水星）	两侧有翅，中部有头有尾，应为鸡的形象	酉时俑（图三:3）	残缺	缺失	缺失

续表

序号	十二生肖	李彬墓	原简报描述	原简报命名	说明	江西南丰宋墓	四川蒲江宋墓	福建尤溪宋墓	广东紫金宋墓
11	狗		戴冠，着交领长袍，束带前垂，双手执笏于胸前，右脚旁立一狗	娄宿	代表狗俑	戌时俑（图三：1）	残缺	缺失	缺失
12	猪		冠上有一猪首，长袍蔽膝，下裳，宽带前垂，手执笏	岁星（木星）	代表猪俑	亥时俑（图三：2）	猪俑（图五：8）	缺失	缺失
资料出处			1. 刘丽文：《江南庭院的缩影——镇江北宋溧阳北宋纪年墓出土的釉陶雕塑》，《收藏》2012年第6期； 2. 杨正宏、肖梦龙、刘丽文：《镇江出土陶瓷器》，文物出版社2010年； 3. 镇江博物馆馆藏文物资料				江西省文物工作队、南丰县博物馆：《江西南丰县桑田宋墓》，《考古》1988年第4期	四川省文管会蒲江县文化馆：《四川蒲江县五星镇宋墓清理记》，《考古与文物》1986年第3期	福建省博物馆、三明市博物馆、尤溪县博物馆：《福建尤溪麻洋宋壁画墓清理简报》，《考古》1989年第7期	广东省博物馆：《广东紫金县宋墓出土石雕》，《考古》1984年第6期

注：表中俑像下加注内容为原简报名称及原图序号。

总之，李彬夫妇墓中出土的13尊"五星"像、"二十八宿"像应更正为十二辰像当无疑问，更确切的对应关系应视后续材料的公布而定。

2."功曹"俑和"仰观、伏听"俑

原简报中称李彬墓内出土"功曹"两件，"头戴展脚幞头，长须，一件直立，一件前躬"。笔者认为，此二人即为《秘葬经》中提到的"仰观""伏听"。

目前在宋代墓葬中发现"仰观、伏听"俑的实物和图像资料已比较多，如江西南丰桑田宋墓、江西临川温泉乡宋墓①、江西进贤宋墓②、四川威远永利皇坝坟宋墓、陕西汉中陈家营宋墓③、江苏江阴青阳宋墓④等，总结起来有如下特点：（1）均为男性文官形象。（2）仰观俑有站像和跪像两种，均面部上扬，呈仰面观天状；俯听俑有站像和匍匐像两种，均面部朝下，呈侧耳聆听状。与其他墓葬出土同类俑对照可知，李彬墓内出土的两件"功曹"俑，实为"仰观伏听"俑（表二）。

3. "真武"像与"天关、地轴"

原简报中称李彬墓出土"真武"像一尊，"头披长发，赤臂，右手执剑（剑缺），左手握拳，前塑龟蛇像"。从相关记载来看，此神像当为真武像无疑，其前侧的龟蛇塑像也有相应的含义。

真武，又称真武大帝、玄武大帝等，道经中称"镇天真武灵应祐圣帝君""北极真武玄天上帝"⑤。据《原始天尊说北方真武妙经》《太上说玄天大圣真武本传神咒妙经》等道藏经典记述，真武大帝的形象为"披发跣足，踏圣蛇八卦神龟"，"或挂甲而衣袍，或穿靴而跣足，常披绀发，每仗神锋"⑥。真武大帝身旁常有龟、蛇二将相随，又称水、火二将。据南宋流传的《玄帝实录》记载，殷纣之时，玄武披发跣足，金甲玄袍，与六天魔王战于洞阴之野，魔王以坎离二气变为苍龟巨蛇，化现方成，玄武以神力摄于足下，后收服二将。龟者，其封号为"天关太玄火精含阴将军赤灵尊神"；蛇者，其封号为"地轴太玄水精育阳将军黑灵尊神"⑦。在后来的道教典籍中，"天关地轴"也直接用来指代龟、蛇两种动物。李彬墓出土的神像特征与上述传说完全吻合，正是表现了真武大帝大战龟蛇二灵的形象。

在陕西汉中几座南宋墓葬中，相继出土了龟、蛇形象的单体陶塑像⑧。有研究者认为，这就是《秘葬经》中提到的"天关地轴"的具体形象⑨（图五）。如果这种推论成立的话，那么李彬墓中出土的真武像一侧的龟蛇形象也可以视作"天关地轴"的合体，与真武大帝共同组成"明器神煞"，发挥辟邪厌胜、保佑墓主的作用。

---

① 陈定荣、徐建昌：《江西临川县宋墓》，《考古》1988 年第 4 期；临川县文物管理所：《临川温泉乡宋墓》，《江西历史文物》1986 年第 2 期。

② 彭适凡、唐昌朴：《江西发现几座北宋纪年墓》，《文物》1980 年第 5 期。

③ 程义、程惠军：《汉中宋代镇墓神物释证》，《四川文物》2009 年第 5 期。

④ 翁雪花、刁文伟：《江苏江阴市青阳镇里泾坝宋墓》，《考古》2008 年第 3 期。

⑤ 宋晶：《武当山玄天上帝神系概述》，《郧阳师范高等专科学校学报》2008 年第 5 期。

⑥ 同上。

⑦ 同上。

⑧ 刘长源：《汉中市北郊石马坡南宋墓清理简报》，《考古与文物》1984 年第 1 期，二号墓中出土陶龟、陶蛇各一件；李烨：《陕西洋县彭杲夫妇墓》，《文物》2007 年第 8 期，墓内出土陶龟、陶蛇各一件。

⑨ 程义：《再论唐宋墓葬里的"四神"和"天关、地轴"》，《中国文物报》2009 年 12 月 11 日第 6 版。

表二 李彬墓与其他地区出土仰观伏听俑的比较

俑像 \ 宋墓	李彬墓	江西南丰宋墓	江西临川宋墓	陕西汉中宋墓	江苏江阴宋墓
仰观俑	（图31）	（图3—1）	（图3—2）	（图八–1）	（图八）
伏听俑	（图30）	（图3–1）	（图3–1）	（图八—2）	（图一三）
资料出处	镇江博物馆提供	江西省文物工作队、南丰县博物馆：《南丰县桑田宋墓》，《江西历史文物》1986年第1期	临川县文物管理所：《临川温泉乡宋墓》，《江西历史文物》1986年第2期	程义、程惠军：《汉中宋代镇墓神物释证》，《四川文物》2009年第5期	翁雪花、刁文伟：《江苏江阴市青阳镇里泾坝宋墓》，《考古》2008年第3期

注：表中俑像下加注的图号为原图序号。

图五 李彬墓与汉中宋墓出土龟蛇像的比较
1. 李彬墓真武像（采自《镇江出土陶瓷器》，文物出版社2010年，第145页）
2. 汉中墓三彩龟、蛇像（采自《陕西洋县彭呆夫妇墓》，《文物》2007年第8期）

4. "力士"俑与"廉路神"俑

原简报称，李彬夫妇墓"墓底四角的小龛中，嵌有力士俑"两组，每墓一组，每组4尊，共8尊，形象均为散发赤膊、面目狰狞的力士形象。结合出土位置考虑，笔者认为，这些俑像就是《秘葬经》中提到的"廉路神"俑。

《秘葬经》"大夫以下至庶人盟器神煞法"一篇提到："四廉路神长一尺九寸，安四角。"从该书附图得知，此"四角"为棺室四角。但《秘葬经》中仅指出在"大夫以下至庶人盟器神煞法"中施用"廉路神"，而天子、亲王乃至公侯卿相的墓室内都不设"廉路神"。可见"廉路神"俑具有三个关键特征：（1）安于棺室四角，而不是棺床四角；（2）每墓数量为四个；（3）仅出现在大夫以下至庶人墓中。李彬夫妇墓内的"力士"俑完全符合这三个特征，应该就是《秘葬经》中提到的"廉路神"俑实物。

说到棺室内出现的力士俑，最著名的莫过于五代前蜀王建墓棺床周围的十二力士俑①，法门寺地宫中室汉白玉灵帐的禅床四面的十二金刚也属于此类②。根据《秘葬经》的标准，这些力士或金刚出现在棺床周围而不是棺室四角，数量超出四人，且墓葬或壁画的规格等级远超"大夫以下至庶人"的等级限定，所以不可能与"廉路神"有关。有研究者认为，这些负棺的力士、金刚，属于道教中的六壬十二神将③，或者是佛教中东方净土药师佛的十二神将，负责死者的接引和保护④。但不论是那一种说法，都与"廉路神"无关（图六）。

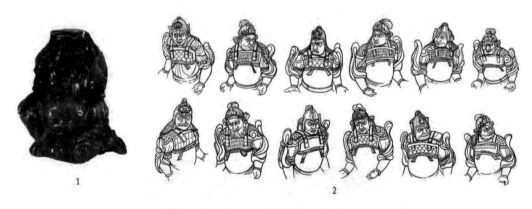

图六　李彬墓与王建墓出土力士俑的比较

1. 李彬墓力士俑（采自《镇江出土陶瓷器》，文物出版社2010年，第146页）
2. 王建墓力士俑（采自《前蜀王建墓发掘报告》，文物出版社2002年，第37－40页）

5. "金刚神像"与"当圹当野"俑

原简报称，李彬墓内出土有"金刚神像"2尊："披甲，手执降魔杵。全身施绿、淡黄、姜黄三色釉。"原简报未提供图像，今经镇江博物馆工作人员帮助，笔者看到了这组神像：一尊俑像实为披甲武士形象，头顶戴盔，上身着酱釉明光甲，肩部有酱釉披膊，下

---

① 冯汉骥：《前蜀王建墓发掘报告》，文物出版社2002年版。
② 陕西省考古研究院等：《法门寺考古发掘报告》，文物出版社2007年版。
③ 冯汉骥：《前蜀王建墓发掘报告》，文物出版社2002年版。
④ 郑以墨：《往生净土——前蜀王建墓棺床雕刻与十二半身像研究》，《四川文物》2012年第6期。

着绿釉战裙，右手提长剑，左手按右手腕（图七：1）；另一尊俑像与该像为对像，姿势动作完全相反。

王去非先生认为，唐代墓葬明器中的"当圹当野"是两件人形镇墓俑（亦称"天王俑"或"武士"俑）[①]。徐苹芳先生也持此说，并认为宋代《秘葬经》里提到的"当圹当野"，仍是武士的形象，与唐代区别不大[②]。李彬墓内出土的一对武士俑，其服装特征与陕西礼泉郑仁泰墓出土陶俑[③]（图七：2）、甘肃敦煌莫高窟194窟彩塑陶俑[④]（图七：3）类似，可以看作是唐代武士俑在宋代的延续。而两尊武士一左一右提剑对立的特征，也基本可以判断其原始位置应在墓门两侧，起驱鬼辟邪的作用，这正与《秘葬经》中所载"当圹当野"安于"棺头"的位置吻合，可见这两尊武士俑就是所谓的"当圹当野"俑。

1　　　　　2　　　　　3

图七　李彬墓出土陶俑与唐代武士俑的比较

1. 李彬墓出土的金刚神像（镇江博物馆提供图像）；2. 陕西礼泉郑仁泰墓陶俑；3. 甘肃敦煌莫高窟194窟彩塑陶俑（图2、3采自周汛、高春明编《中国历代服饰》，学林出版社1984年）

二　李彬身份的相关问题

李彬墓出土墓志一合，但原简报中未公布墓志全文。经笔者查访询问，得知此墓志原石现藏于镇江焦山碑刻博物馆（图八），今抄录墓志原文如下（□为泐字）：

　　宋故李府君墓志铭并序

　　歙州休宁县尉郭三益撰

　　复州司理参军丁权书

　　元祐六年夏四月二十有八日

　　李府君□疾于馆舍。疾甚，遽起，举酒沥于地，以谢别内外所亲识」□后瞑目。呜呼！达生知死如府君者固鲜矣。其子孚一日状行事」□书□新安，告

---

① 王去非：《四神、巾子、高髻》，《考古通讯》1956年第5期。

② 徐苹芳：《唐宋墓葬中的"明器神煞"与"墓仪"制度——读〈大汉原陵秘藏经〉札记》，《考古》1963年第2期。

③ 周汛、高春明编：《中国历代服饰》，学林出版社1984年版。

④ 同上。

予曰："孚被天降祸，以失所怙。"越五月十有八日而｜府君妻继亡，擗踊崩裂，荼毒罔诉。将以秋八月二十有九日祔葬｜于允泰乡之中梅里。念非子不能使孚之考妣隐德内善传无穷｜□□而铭之。孚，予友也，义不得辞。

图八　李彬墓志志身拓片

　　府君讳彬，字文叔，金陵溧阳人也。曾大父環，大父俊，父宪，累世不仕，以亮节称。府君性浑厚谦恂，动作有法度。虽未尝学而久以士｜君子期之。事继母以孝谨闻。李于邑为大姓，赀积巨万，会□以仕，｜府君治生责大概出入，琐缕弗问。所自四时节腊暨干。私暇日必｜举妻子、具肴醑、集伯仲、从容燕语，雍雍如也。故族指蕃衍而熙□｜如一家。法为乡间冠俗以讼，自喜县官绳以法不可服。府君惟诚｜素过人。人有少长不顺，群击斗或，事之曲直，相半不能平。府君□舍中解之，则柔听而不悖类多矣。平时诵佛书日数卷，清约而寡｜欲，世事是非一不芥蒂。亚觋祈禳，乡之人用以起病徼福。独府君｜□兼无所信。好治居处，圉以楼亭轩榭，被以嘉木杂卉，远而望之，｜奂丽屹然。邈廓闲绝尘埃，非寻常富屋拟也。于是复蓄图书它玩｜肆期间，以待贤士大夫。客有相好，必清谈终日，传觞通夕而余兴｜犹横。□不少衰。不知者意府君美于财而侈于志，其知者固谓府｜君假外物之乐以寄吾所以乐尔。里间亲旧冠婚死丧，不能自举｜者，府君率随高下，赒之四方。往来日造，请亦弗厌。人以是益多。府｜君享年五十有九，娶邑之潘氏，贤妇也。府君族既大，夫人归之，自｜舅姑娣姒无少长难易，咸得其欢心。懿行淑德，内外一语。府君始｜以子业儒夫人，即欣然曰："念久矣。门户如是，不可乏衣冠。"遂进府｜君之意而命之学。几府君行事卓卓过人，翳夫人克相之力。莫不｜□□□。有子三人雍孚俒。孚举进士，有行义。俒力学，蚤卒。女二人，｜皆有□。孙男四人，孙女三人，尚幼。铭曰：

　　嗟嗟！府君秉孝友兮富以义克行不苟兮

　　维贤妇兮藏名幽宫保不朽兮

　　溧阳地方学者曾考证李彬与北宋溧阳人李华有亲属关系[1]。宋《景定建康志》卷四十九《耆旧传》下有"李华"及子"李朝正"条[2]。清《嘉庆溧阳县志》卷十二《人物志·孝行》下有《李华》传[3]。宋张纲《华阳集》卷三十二《杂文》下有《李公朝奉墓

　　① 曹昕运：《溧阳李彬夫妇墓初探》，《长江文化论丛》2007 年版。

　　② （宋）周应合：《景定建康志》，中华书局 1990 年影印本，第 2158 页。

　　③ （清）成懋勋：《嘉庆溧阳县志》，《中国地方志集成·江苏府县志辑32》，江苏古籍出版社 1991 年影印本，第 287、38 页。

志铭》，即李华墓志铭[①]（图九）。综合李彬、李华墓志的记述，可以对李彬家族的身份构成作进一步推断。

李公朝奉墓誌銘
故右朝奉郎李公諱華字君儀今左朝奉大夫知平
江軍府事朝正之父也其先出隴西世遠而分有居
建康之句容者不知其所以徙焉唐兵亂又避于溧
陽遠郊因家焉故公爲溧陽人曾祖曰環祖曰俊父
曰憲三世逮公皆晦迹不仕公享年八十有六建炎
三年六月乙亥以疾卒于家十月壬寅葬家之西五
里曰下湯之原其後平江歷仕以恩累贈公至今官
乃條書其甥張某曰先人潛德隱行宜有辭于後世
而葬適兵火不暇乞銘於今二十四年矣子其念之
公於某爲外祖知其平生顛莫詳於某者且舅命也
何敢辭惟公純直簡諒貌莊而温方其少時於流輩
中已見推重父沒居喪哀毀盡哀母老得疾擧于牀
公垂泣憂懼遂置家事不問而專意奉養扶持臥起
進粥藥以至盥頮纖悉必躬必親故其身不出戶庭
而衣未嘗解帶如是者十餘年莫知其有晝夜寒暑
人以爲難尤篤於友愛同氣五人從容奉盃間上承
下順相視以睦内外無間言平居安閑喜怒不形於
色而家法益整與人交恭順而有禮自敵以下至於
庸人孺子接之必盡其意初不以長老自處人有過
惡絕口不道爲覆護之唯恐弗及有田十餘頃歲水
旱嘗不一言減縣官租自其先世已然而公守之尤
謹穀翔貴輒發廩平價以食其一方處饑待救者以
千計大觀政和間蝗數害稼遂乘下其田輒去不食
秀畝傀駭且以相告公曰偶然爾勿復言益其謙抑
不欲近名類如此嗚呼人之行莫大於孝友而心之
所存推以接物莫先於忠厚是二者衆可能也唯公
得於性之自然而行之終身不變乃與衆異故以是
修於家交於人而信於鄉里嘗見時雖三尺之童聞
公之名莫不羣教而自勉有若桀黠無賴亦知畏公
之義不敢犯分以爲非夫以流俗之難化而公能使
之愛畏說服如是其所謂一鄉之善不言而信者歟
公先娶周氏再娶倪氏皆贈令人子男三人長曰蘊
前公卒弌曰茂亦卒於公葬之明年其季即平江也
女一人適張氏是爲某母贈碩人孫男女十六人曾
孫男女二十七人初公倦于家一日晏坐召三子誨
之曰蘊與茂汝治生有法宜勉力以輔吾老曰朝正
汝篤志於學可出從士大夫遊立身揚名以大吾門
由是二子力生業不去左右而平江辭入太學不數
年登顯科釋褐而歸人皆以爲公學而公亦自喜有
子以適其志也雖然公之所積者厚天將報之其後
必大以顯而傳永久豈止榮一時而已哉今平江以
材見用於朝歷禁從典轄藩赫然爲時聞人則旣大
且顯矣公雖不及見而滿泉之澤自葉流根亦足慰
地下之望以是知李氏之興公實積之而平江發之
繼自今勿替於前則餘波遺澤浩乎其未可量也某
旣得論次公之墓行至於爲壽獲報可垂訓於後人
者尤不敢略則又爲之銘曰
建康古邑惟瀨之陽李氏世家至公而昌厥昌伊
何種德惟茂惟孝惟友濟以忠厚一鄉稱善公不
自伐人各有知心服以悅謂此者耆老性合天道監
觀在上其必有報天旣報公享有全福又錫之子
大發其蕃發不自躬匪時不違以積慶基垂耀無
窮下湯之原高山水遠碣此銘詩式勸爲善

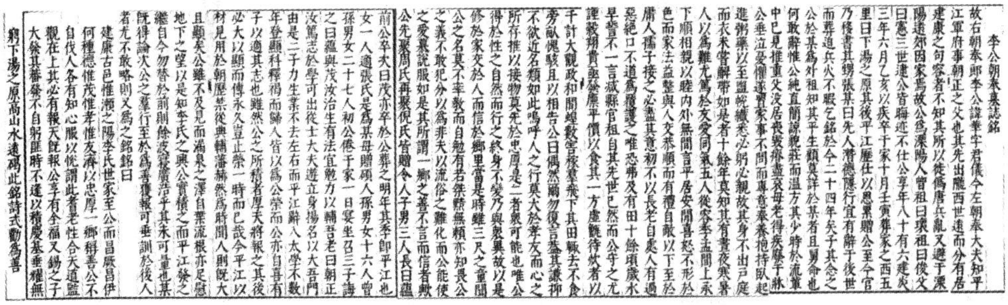

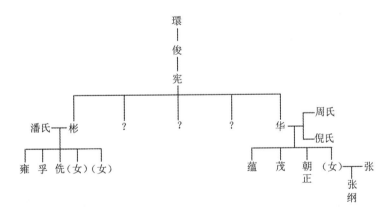

图九　李华墓志铭

1. 李彬、李华确系兄弟关系。李彬、李华“曾祖曰環、祖曰俊、父曰宪”，谱系完全一致。李彬卒于北宋“元祐六年”（1091），享年 59 岁，推知其出生为 1032 年前后；李华卒于南宋建炎三年（1129），享年 86 岁，推知其出生为 1043 年前后，则李彬比李华年长。李华墓志铭中称李华“同气五人”，除李彬外，其余三人信息不明。

2. 李彬娶妻潘氏，生子三人，名李雍、李孚、李侁；生女二人。李华娶妻倪氏、周氏，生子三人，名李蕴、李茂、李朝正；生女一人嫁张氏，其子则为北宋末年著名政治家、文学家张纲。通过以上线索可以大致勾勒出李氏家族的基本谱系（图十）。

图十　李彬家族谱系表

3. 李彬墓出土于溧阳西北的竹箦镇中梅村，墓志中称“允泰乡中梅里”；李华家族居于“溧阳远郊”，死后葬“家之西五里曰下汤之原”。溧阳今日并无“下汤”的地名，

① 《四部丛刊》三编“集部”《华阳集》第 7 卷，上海涵芬楼影印本，第 33 页。

《嘉庆溧阳县志》中卷一《舆地志·水》条下有"谢达湻"①，古音发音与"下汤原"近似，下汤原可能即是此地。"谢达湻"即今溧阳前马镇夏笪里，位于中梅里东南4.5公里处。可见，李氏家族的葬地应该就在附近。

4. 北宋时期，李姓在溧阳为"邑之大姓"。李彬"资积巨万"，而李华"有田十余顷，岁水旱誓不一言减县官租。自其先世已然，而公守之尤谨。"可见两人当时的家庭经济状况都相当富有。

三 结论

李彬墓出土器物比较严格地遵循了《秘葬经》的规定，具有浓郁的道教葬俗色彩。从全国范围来看，这一时期道教葬俗发达的地区，都位于某个道教中心的文化控制范围内，如江西地区的龙虎山、四川地区的青城山、福建地区的武夷山等，民众容易受到道教风俗的浸淫、影响。而溧阳北部正是有着"道教第一福地"的茅山，所以李彬墓中随葬体现道教葬俗的各类明器也比较容易理解。在道教势力之外，墓葬中的道教文化因素却并不普遍，最直接的表现就是体现道教葬俗的"明器神煞"俑的普遍缺乏。由此可见，这一时期道教葬俗对世俗百姓生活产生的影响还呈现一种分散的、点状的、潜移默化的特点，直到北宋晚期国家统治层面尊崇道教，一些体现道教葬俗的规定才得以由国家颁行并扩散至全国范围。

对李彬墓墓志的解读，有助于我们了解北宋时期溧阳李氏家族的谱系和发展状况。尤其是墓主李彬和李华、张纲之间的关系，填补了史料的空白。

总而言之，李彬夫妇墓作为北宋中期江南地区不多见的体现道教葬俗文化的墓例，无论是单体文物造型还是器物组合特点，无疑都具有较高的研究价值，可以作为研究这一时期社会生活、宗教关系、墓葬制度和地方史志的重要实物材料。

（本文写作过程中，镇江博物馆何汉生先生、张剑女士和镇江焦山碑刻博物馆屠纪军先生给予我无私帮助，为我提供了很多原始资料和珍贵图片；南京大学张学锋教授及历史学院诸师友对文章提出了宝贵的修改意见，在此一并感谢！）

---

① （清）成熷勋：《嘉庆溧阳县志》，《中国地方志集成·江苏府县志辑32》，江苏古籍出版社1991年影印本，第287、38页。

洛阳宜阳仁厚宋代壁画墓发掘简报

洛阳市文物考古研究院

2010 年 6—8 月，原洛阳市第二文物工作队在洛河北岸、郑卢高速南部的洛阳市宜阳县韩城镇仁厚村北发掘了北宋墓葬 1 座（编号 2010LYRM1，以下简称 M1）（图一）。墓室虽被盗扰严重，但该墓为壁画墓，且形制特殊，壁画内容主要为 12 幅孝义故事图。现将该墓发掘情况简报如下。

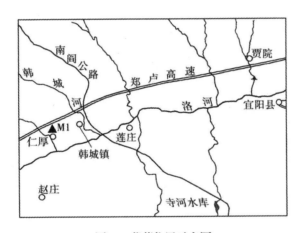

图一　墓葬位置示意图

一　墓葬形制

M1 为单室土洞墓，平面呈靴形，由墓道、甬道及墓室三部分组成，方向 170°（图二）。

墓道　长方形竖井式。位于墓室南壁偏东、甬道以南，开口于耕土层下，距现地表 0.2—0.25 米，长 2.1、宽 0.5—0.66、深 4.74 米。墓道填土为花土，包含物有礓石颗粒等。墓道北端有一晚期盗洞，口部呈圆形，直径 0.6—0.68 米。

甬道　位于墓室南、墓道北，直壁，顶略平。长 0.62、宽 0.4—0.5、高 1.13—1.25 米。底比墓室底略低，高差 0.15 米。

墓室　平面呈不规整长方形，长 2.65—2.75、宽 1.15—1.7、高 1.3—1.6 米，墓顶距地表 3.3 米。壁面整齐，斜壁，顶南北向略弧，平底。墓室东壁上部及北壁一角被近代砖室墓破坏。由于盗扰及破坏严重，室内棺痕及随葬器物荡然无存，仅在墓室淤土内发现两个头骨及乱骨数根，据此推测，该墓应为双人合葬墓。

壁画 保留于墓室周壁及墓顶，除西壁保存较完整外，其他三壁均遭不同程度的破坏。墓顶壁画已脱落，仅存少许白色地仗层及墨框（图三）。壁画的制作方法是：先在墓壁上抹一层草拌泥，泥上涂白灰作为地仗层，地仗层之上绘墨色栏框，框内作画，画与画之间用墨色曲线隔开，每幅画面先用墨线勾勒，后施墨或土红色彩。

二 壁画

该墓壁画内容可分为门吏图与孝义故事图两类。

（一）南壁

南壁墓门两侧各绘墨色栏框。东侧栏框长 0.53、高 0.94 米，框边宽 0.08—0.1 米。框内绘一名站立门吏，保存较好。该门吏头戴黑色细长翅直脚幞头，大耳，环眼，直鼻，"八"字须，面部肥厚圆润，神情威武严肃，身材魁梧，着红色团领长袖过膝长袍，腰间围抱肚，系勒帛，脚蹬短靴，双手持骨朵，挺胸收腹站立（图四）。

西侧栏框长 1.48、高 1.11 米，框边宽 0.06—0.14 米。框内东部绘一名站立门吏，残损严重，仅存红色长袍底部及短靴。西部为一幅孝义故事图，二者之间用墨色曲线隔开。故事图的右侧为一着红色交领长衫袖手端坐的老妇人，中间一人正甩袖扭腰做滑稽表演，屋内桌几井然，从画面内容判断应为"老莱子娱亲"的故事；左侧一人物残损严重，仅剩头、肩部，可能为本故事中人物（图五）。

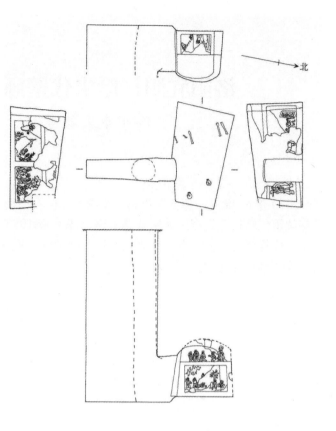

图二 墓葬平、剖面图

图三 墓室内壁画保存状况（由东向西摄）

图四　南壁墓门东侧门吏　　　　　　　图五　南壁墓门西侧壁画

（二）西壁

共绘一个墨色栏框、五幅孝义故事图（图六）。栏框长 1.56、高 0.9 米，框边宽 0.1—0.13 米。框内绘三幅故事图，栏框外侧上部绘两幅故事图。

图六　西壁壁画

框内南侧画面　中间一男一女两个人物。男子袍襟上卷，裤管高挽，手拿工具驻足站立于坑边。女子着红色长衫，怀抱一回首惊恐顾盼的小孩，屈腿伸出手指指向地面。远处一老者掩面哭泣，头顶饰云朵与花卉。画面表现的应为"郭巨埋儿奉亲"的故事（图七）。

框内中间画面　表现的一男子赤身裸体而卧，身旁放一小竹篓，应为"王祥卧冰求鲤"的故事（图七）。

框内北侧画面　在一棵树下坟墓的旁边，一男子弓腰双袖拭泪痛哭，另一个面目狰狞的武士，应为雷神，手指男子旁边坟墓。画面表现的应为"王裒闻雷泣墓"的故事（图八）。

图七　西壁"郭巨""王祥"　　　　　图八　西壁"王裒"

栏框上部南侧画面　一女子外着红色对襟长袖长衫，怀抱一婴儿、手牵一孩童从容站立，斜视旁边一身披铠甲、腰悬宝剑、军士模样的人物。画面表现的应为"鲁义姑舍子救侄"的故事（图九）。

栏框上部北侧画面　左边一男子头戴黑色无脚幞头，着圆领长袖袍，右手拿纸书怒视左前方妇人，妇人双手于胸前交叉拄杖含怒而坐，旁边一头上扎满小髻的孩童右臂伸直、弓腿屈膝护佑妇人，似在向男子诉理求情。画面表现的应为"闵子骞芦花套衣，父前留母"的故事（图一〇）。

图九　西壁"鲁义姑"　　　　　　图一〇　西壁"闵子骞"

（三）北壁

上部破损严重，可辨并排有两个墨色栏框。西侧栏框长 1.36、高 0.98、厚 0.1—0.12 米，东侧栏框长 1.21、高 1.02、厚 0.1—0.14 米。栏框内可辨的有四幅故事图，栏框上部壁画仅存一花卉枝丫。

西侧栏框内可辨有两幅故事图。

西侧画面　一裸腿男子跪于地上，双手似在扒开上衣露出胸膛，头顶红色旗帜飘扬，远处一着红袍、武士模样的人仅存头部与左臂，该武士环眼圆睁，胳膊伸直，粗壮有力，食指指向飘扬的红色旗帜方向，旗帜下方画面残毁。画面情景与嵩县北元村壁画墓[①]、登封高村壁画墓[②]内"赵孝宗行孝"类似，因此，该画面表现的可能是"赵孝宗舍己救弟"的故事（图一一）。

东侧画面　一男子似在闭眼痛哭，双袖掩口似在拭泪弯腰祈求，腰部以下残；身旁放有一带提梁的荆篮，面前为一簇茂盛的翠竹，竹子根部有嫩笋生出。该画面表现的应为"孟宗哭竹生笋"的故事（图一一、一二）。

图一一　北壁"赵孝宗""孟宗"

东侧栏框内可辨有两幅故事图。

西侧画面　中间为一棵树，树上结有果实，树丫周围飞有数只鸟雀；树的西侧为三个妇人形象，皆头梳高髻、着长袖褙子面朝大树掩面哭泣；树的东侧似为三个男子形象，最东侧男子头部不可辨，着长袖束腰长袍面向大树弓腰掩面哭泣。画面描绘的可能为"田

①　洛阳市第二文物工作队：《嵩县北元村宋代壁画墓》，《中原文物》1987 年第 3 期。
②　郑州市文物考古研究所：《登封高村壁画墓清理简报》，《中原文物》2004 年第 5 期。

真哭荆"的故事，此处与其他北宋壁画墓内表现区别之处在于，画面中多了三兄弟的三位夫人（图一三）。

图一二　北壁"孟宗"

图一三　北壁"田真""鲍山"

东侧画面　上部画面不存，依稀可辨一男子着短衫，身背篓，篓中坐有人，下穿裤，弓腰行进；对面为一军士模样的人，军士仅存左侧臂膀与下肢。该画面表现的可能为

"鲍山（出）行佣供母"的故事，与洛阳市七里河村宣和五年（1123）王十三秀才石棺[①]上的"包中"图相似（图一三）。

（四）东壁

只一个墨色栏框。栏框长 1.12、高 0.72、厚 0.09—0.11 米，其内可辨的有两幅故事图（图一四）。

北侧画面　已漫漶不清，仅能辨清最南部为一男子似怀抱一个大肚幼童，因此画面内涵尚不能确定。

南侧画面　下方一男子虔诚地跪于地上，上方云朵之上一中年仙人形象，一手持物，一手指向下方，手指之处，生有一小株植物，应为"刘殷夜梦仙人，哭泽生堇"的故事。

图一四　东壁壁画

三　结语

洛阳市宜阳县韩城镇仁厚村北的这座壁画墓形制为靴形土洞墓，墓道底比墓室底低，是北宋时期北方地区比较有特色的一种土洞墓[②]，因此该墓时代属北宋无疑。从墓葬的形制及绘画的风格看，墓主应为稍有资财的地主、平民。从墓室壁画内容看，绝大多数为孝义故事图，并且没有榜题，反映当时孝行题材在平民墓葬中广泛出现，并在民间得到了普及和认同；而孝行题材在民间得到普及和认同是在北宋后期[③]，因此，该墓的时代属于北宋后期。

---

① 黄明兰：《洛阳出土北宋画像石棺》，《考古与文物》1983 年第 5 期。
② 秦大树：《宋元明考古》，文物出版社 2004 年版，第 138 页。
③ 同上书，第 149—150 页。

从已发表的资料看,洛阳地区发现的北宋壁画墓数量不多,且形制基本为仿木构砖室墓,有孝行图的仅嵩县北元村壁画墓、新安县李村1号宋四郎壁画墓[1]。而此次发掘的壁画墓形制为土洞墓,并有孝行图,且壁画内容主要为孝行图,较为少见。

该墓可辨的孝义故事图共12幅,基本确定的人物主要有老莱子、郭巨、王祥、王衰、鲁义姑、闵子骞、赵孝宗、孟宗、田真、鲍山、刘殷共11人。从洛阳地区发现的几具北宋晚期石棺[2]的线刻内容看,当时的二十四孝人物主要为赵孝宗、郭巨、丁兰、刘明达、舜子、曹娥、孟宗、蔡顺、王祥、董永、鲁义姑、刘殷、元觉、睒子、鲍山、曾参、姜诗、王武子妻、杨香、田真、韩伯瑜、闵损、陆绩、老莱子。该墓壁画人物为当时所常见。

另外,该墓壁画在创作中运用了白描、双勾、凹凸晕染和没骨等表现技法。其中,以白描为先,双勾墨线用虚实刚柔、浓淡粗细的层次变化,来体现物体的不同质感和变化。凹凸晕染法用由深至浅的墨、色变化表示阴阳向背、前后高低,例如在西壁人物"郭巨"的衣褶转折处,有若干条粗率的宽笔墨条,它表现的应该是一种阴影的效果;再如北壁"赵孝宗行孝"一图中的场景,近处为赵孝宗,旁边有旗帜及其他人物,往后有武士,最后一层有远山、云朵,这表现的应该是一种立体空间的感觉。没骨画法也有体现,如西壁栏框内壁画上方的牡丹花卉,用色彩直接画枝干,点染花瓣、叶子,直接用色彩描绘其光感、色感和质感,很富真实感。另一方面,该墓壁画也有一些草率、粗糙之处,有些人物形象则明显比例失调,例如西壁上部的"鲁义姑"图,鲁义姑怀中所抱婴儿形象明显失真,其对面军士的腿过细、脚过大。

整体来看,该墓的整个绘画风格反映了洛阳地区民间绘画的艺术特色,也为研究北宋晚期的社会生活、服饰发型、"二十四孝"的形成等提供了重要的实物资料。

发　掘: 司马俊堂　王云涛

摄　影: 蔡梦珂

绘　图: 王云涛　张海涛

执　笔: 卢青峰　张建文

---

[1] 洛阳市古墓博物馆:《洛阳古墓博物馆》,朝华出版社1987年版,第49—51页。

[2] 黄明兰、宫大中:《洛阳北宋张君墓画像石棺》,《文物》1984年第7期;李献奇、王丽玲:《河南洛宁北宋乐重进画像石棺》,《文物》1993年第5期;黄明兰:《洛阳出土北宋画像石棺》,《考古与文物》1983年第5期;洛阳市第二文物工作队等:《河南宜阳北宋画像石棺》,《文物》1996年第8期;巩县文物管理所等:《巩县西村宋代石棺墓清理简报》,《中原文物》1988年第1期。

宋元四川山城的类型

——兼谈川渝山城堡寨调研应注意的问题

孙 华[*]

南宋末期，随着蒙古大军侵入四川，占据了包括四川首府成都在内的半壁河山，原先宋王朝沿四川盆地边缘山区构建防御体系土崩瓦解，四川南宋统治区面临着无险可守的局面。为了守住四川这个南宋王朝疆土的上游屏障，南宋王朝加紧了四川地区的防御部署，开始利用山河之险筑城设防，在四川境内三条纵向大江（嘉陵江、沱江和岷江）以及三江汇合后的横向大江即长江沿岸险要的地点修筑山城和水寨，将当时无险可守的州城和县城迁到这些山城和水寨中去，以遏制蒙元骑兵优势的发挥，从而建成了以山水城池为点，以江河为线，点线结合，相互策应的防御体系。作为蒙元方面，他们开始主要实行以骑兵为主的机动作战，后来驻扎下来与四川宋军开展拉锯战之时，也开始利用攻占的宋军山城水寨和新建设的山城水寨，以之作为固守的据点和前进的阵地。为了补充骑兵机动性的缺陷，蒙元军队还新建了水军用于沿江的机动。自南宋嘉熙四年（1240）四川制置副使兼重庆知府蒲择之重建重庆府城"为西蜀根本"以来，至南宋灭亡后九年（至元二十五年，1288 年）的长宁凌霄城降元，在这数十年间，南宋及蒙元双方在四川地区兴筑山城水寨总数达 83 处（绝大多数为南宋兴建）。这些山城水寨遗址在南宋灭亡后，除了渠县礼仪城等 33 处由元军继续驻扎外，其余已经悉数拆毁。[②] 元亡以后，即便是这些未被拆毁的山城，也都荒废颓败，成为遗址。只是到了清代咸同年间，四川白莲教之乱时，许多府州县城的民众又避乱上山，他们修复重建了原先宋元山城，聊以自保。多数宋元山城，除了城墙下部或部分墙段是宋元时期的，其余都是清代的风格，就是这段历史的反映。由于宋元山城多建在不易生产和生活的山上，这些山城废弃后的城址大多没有被占作他用，城址大多还完整保存，这就为现代研究宋元战争史、城市史以及山城所在区域的地方史提供了实物资料。（图一）

[*] 孙华（1958—），男，四川三台人，北京大学文化遗产保护研究教授，博士生导师，主要从事中国青铜时代考古、城市考古、青铜器、文化遗产保护等研究。

② （明）宋濂：《元史》卷 10，清乾隆武英殿刻本。

图一　四川宋元山城分布示意图

（采自陈世松等《宋元战争史》并略有修改）

四川宋元山城，已经有不少学者进行过实地调查和系统研究。笔者专事考古，自然首先是从这些山城的可以被观察的遗址现状入手，想通过观察这些山城的规模和形态，认识当时修筑山城是否考虑过城市的行政建制规格，认识当时筑城的区位选择与地貌选择，以及这些选择在防御作战实践中的检验等问题。宋元时期的川峡四路简称"四川"，这四路是益州路（成都府路）、梓州路（潼川府路）、利州路、夔州路，其首府分别在今天的四川省成都市、四川三台县、陕西省汉中市、重庆市奉节县，其疆域包括了今四川省大部、重庆市全部、陕西省南部、贵州省北部、湖北的西北和西南部。这个区域内的南宋和蒙元时期的城址，都是我们的分析对象。由于笔者只现场考察过很少几处南宋抗击蒙元的城址，笔者主要是通过其他学者的调研报道公布的信息，从这些山城的行政级别和地形地貌两个方面，对这些宋元四川山城进行分类，希望通过这些分类会有助于认识这些山城。

一　按建置级别分级

宋代实行路、府州军监、县三级行政制度，但又有主管诸路的宣抚使或安抚制置使的设置。到了南宋时期，四川地区因抗击北方国家入侵的需要，逐渐加大了安抚制置使的权限，使之成为统管诸路军事、民事、财政的长官。宋元之际的四川山城，按照行政级别也就可以划分为制司、路、府州军监、县四级。

（一）制司一级山城

四川四路的安抚制置司长期进驻成都，因端平三年后，成都残破且无险可守，制司移驻重庆。重庆原本就是三面环江的山城，经四川制置副使彭大雅重建后，已经成为南宋四川诸路首屈一指的大型山城。南宋四川防御战略，也就是沿着四川几条大江构筑山城，以山城为点，以江河为线，点线结合，相互支援的策略形成以后，地处四川江河聚会之处的最大的山城重庆，自然就成为四川诸路的中心，成为攻守双方的首要目标。

重庆位于长江和嘉陵江汇合处，嘉陵江和长江沿着金碧山的北、南两面并流，最终在山脉东端的朝天门汇合，使得这里形成了如同鸟头般的三面环水的半岛。正如明人王士性所说，"天设地险无如重庆者，嘉、巴两水隔石脉，不合处仅一线如瓜蒂，甚奇"①。如果在这个鸟头状半岛上建城，最恰当的选择就是南北两侧以江河为天然城濠，再在陆地最短的鸟颈之前筑城墙进行围合。蜀汉李严所筑江州大城正是这样规划的，南宋和明清只是继续沿用蜀汉的规划。从目前的资料看，蜀汉时期尽管已经出现了砖石包砌的城墙，如今四川广汉市的古雒城②，但当时流行的筑城材料还是夯土城墙，重庆奉节县白帝城的汉代城墙即其一例③。蜀汉时期李严所筑江州大城，很可能与同时期其他城址的城垣一样，都是用土在石基上夯筑。南宋末期彭大雅重修重庆城，其城垣基址可能因袭蜀汉大城，筑城材料却应该与同时期所筑抗蒙山城一样，主要是使用石材。目前调查过的宋末山城，如重庆合川区钓鱼城、奉节县白帝城的宋城、四川泸州神臂城等，无一例外为石构，作为当时首府和筑城总部所在的重庆城不应该是一个例外。南宋的重庆城并没有在宋元之际的战火中毁灭，它一直保存下来。宋元之际的邵桂子《雪舟脞语》记述并评论彭大雅筑城事道："彭大雅知重庆，大兴城筑，僚属更谏不从。彭曰：'不把钱做钱看，不把人做人看，无不可筑之理。'既而城成，僚属乃请立碑以纪之。大雅以为不必，但立四大石于四门之上，大书曰：'某年某月，彭大雅筑此城，为西蜀根本。'其后蜀之流离者多归焉。蜀亡，城犹无恙，真西蜀根本也。"④ 可见宋代重庆城垣在元代还沿用。元明之际，重庆过渡相对平稳，城垣和城内建筑基本保存完好，只是衙署建筑被元代晚期的一次大火毁掉大半。这些火毁的衙署建筑在元代晚期尤其是在明夏政权定都重庆时期得到修复和重建，因而明朝政权控制重庆后，城内并没有大的建设活动，只是明洪武年间重庆卫指挥戴鼎对城垣进行了加固和休整。这次筑城主要是修补先前的城墙，多开辟了一些城门，并将正对重庆卫的金紫（子）门建得宏伟壮观。明人曹汴《重庆府城垣记》说："重庆，今蜀东剧郡也。……史牒可考，名由较著者，则蜀诸葛相时都护李严尝大城此，今城盖其遗址也。适宋嘉熙，则制置彭大雅复因其址大兴城筑，后蜀扰，民竟赖城以全，然其时门才四耳。至我明初，则卫使戴鼎重新，盖增其门至十有七，今开者凡九，而金子城楼尤琼然晕起，甃石如新，则皆戴之旧也。"⑤ 明代曹汴这篇修城记是记述隆庆初年（1567—1568）王乾章修补重庆城垣一事，这次修城工程规模不大，"初计经费当三千余金，及工成而费者才二千余耳"。⑥ 这次修补后的重庆城池一直延续至明末，农民军张献忠进攻重庆城时，用炸药炸毁了城西通远门附近的一段砖砌城墙，从而攻陷重庆⑦。不过，那时的重庆城墙尚基

---

① （明）王士性：《广志绎》，中华书局1981年标点本，第109页。

② 陈显丹：《广汉县发现古"雒城"砖》，《四川文物》1984年第3期。

③ 陈剑：《白帝寺始建时代及现存文物概述》，《四川文物》1996年第2期。

④ （明）陶宗仪：《说郛》卷57，中国书店1986年据涵芬楼版影印本。

⑤ 《万历重庆府志》卷74，《上海图书馆藏稀见方志丛刊》（212册），国家图书馆出版社2010年版。

⑥ 同上。

⑦ （清）徐鼒《小腆纪年附考》卷第六（中华书局1957版）记张献忠攻陷重庆城的经过道："重庆下流四十里曰铜锣峡，江路所必经；士奇宿重兵以守。献忠既入涪州，分舟师泝流犯峡，而己则登山疾驰百五十里，破江津县。掠其船顺流下，不三日而夺佛图关；铜锣峡反出其下，兵惊扰不能支，遂溃。贼傅城下，士奇等日夜登陴，以火罐、滚炮击贼，死无算；贼裸妇人向城而骂。城三面临江，皆石壁；西南有砖城数十丈，贼发民墓凶具，负以穴城。是夜阴云四合，贼藏火药于城角。晨起，箭炮齐发，砖石皆飞，城遂陷。"

本完好，而重庆城连同城内建筑遭到大破坏，是在稍后的张献忠部将孙可望攻占重庆和即将撤离重庆时。清人顾山贞《蜀记》说："可望等烧尽重庆城中房屋，又欲将城垣踏平；因重庆城系生成石壁，半面在江、半面在山，明王珍曾踞此僭号，止于上面加砌垛石。可望等驱各贼将城垛尽推入江中，于平地盘踞数日，始商议由遵义入黔固守。"经过孙可望军这一番折腾，清朝的重庆府官员不得不对重庆城作一番大建设了。尽管重庆城内的建筑在明末清初的战乱中遭到严重破坏，但城墙却只是城楼无存、雉堞被平、通远门段城墙被炸毁而已，城墙本身的毁坏程度并不很严重，故清康熙二年和四十七年，川陕总督李国英和重庆知府陈邦

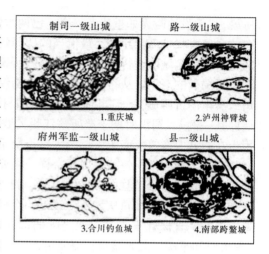

图二　南宋四川建置山城等级

器重修重庆城垣的工程规模也并不很大。清代地方志记这两次修建工程道："明末，张献忠攻通远门，城圮。国朝康熙二年，总督李国英补筑完固。"① 这次城垣修补，因陋就简，以后随着重庆人口的增多，城垣也不时还有修补。清康熙四十七年陈邦器记说："渝郡古制控辖三州十七邑，合岷涪两江，为全川一大都会。自昔兵革以来，虽修养生息二十余年而诸务缺略。即一府治，颓敝荒凉，不仅有举目萧条之感。岁辛巳，余奉命来守是邦，……阅四年乙酉，嚚风渐息，政有余闲，遍览城垣学校，多在荒烟蔓草中，概然动修废举坠之思。"② 清代前期的这两次重修，基本是在明代的重庆城基础上进行的，其主要工程只是修复被明末农民军推倒的城堞和战争中炸毁的个别墙段，重建被毁掉的城门城楼，恢复城墙上的敌楼警铺，新建城隍庙等城隍保护神的庙宇而已。如果简要概述重庆城的演变历程，可以知道，秦灭巴国后修筑的江州小城只是围绕着渝中半岛北部的上半城，东起朝天门，西至通远门，南以半岛山脊"大梁子"为界。蜀汉李严扩建后的江州大城，其城垣范围扩展至渝中半岛南部的下半城。南宋末期彭大雅重修重庆城市在蜀汉大城的基础上以石代土，并在城西南增建了一字城以加强水陆防御，其规模仅比蜀汉城略有扩展。明清重修后的重庆城，一依南宋城之旧，只是城门有所增加。换句话说，明清时期的重庆城的范围，也就是南宋末期重庆城的范围，只是重庆府署的方位在清代有所变化而已。（图二·1）

（二）路一级山城（安抚司所驻山城）

南宋的川峡四路，原先路府所在城市都是平地城。宋蒙战争爆发后，这些平地城有的已被蒙元军占领，其余也无险可守而不得不迁城。成都府路与潼川府路都迁入了怀安军的云顶城，夔州路则又与夔州一道迁到了宋初以前夔州旧城白帝城。由于南宋时期，尤其是宋元战争期间，四川诸路已经实行高度的军管，制置使司兼管四路军事、民政、财政，统一指挥四川各军州县的军民作战，诸路监司事实上已经没有多大的作用。在这种形势下，

---

① 《嘉庆四川通志》卷20《舆地·城池》，巴蜀书社1992年影印本。

② 《道光重庆府志》卷2《舆地·公署》，巴蜀书社1992年影印本。

有安抚司驻守的山城，即奉节白帝城（夔州安抚司）、泸州神臂城（泸州安抚司）（图二·2）、乐山凌云城（嘉定安抚司）反而成为最重要的支撑点以及制司与一般府州军监城之间的联系环节。

云顶城筑于南宋淳祐三年（1243），是余玠所建山城防御体系的最重要据点之一。该城建好后，成都府路迁入此城，南宋四川四大戎司之一的利戎司移驻此城，也说明了这一点。云顶城位于四川金堂县20千米处的沱江右岸，成都平原与川中丘陵的分界龙泉山中段。这里是从成都往川中的要道所经，宋代在距离云顶山不远的沱江东岸设有怀安军，怀安军城无险可守，故南宋末期在云顶山上建山城。云顶山旧名三学山或石城山，仅从山名，就可知该山形势如城，非常显要。明人曹学佺《蜀中名胜记》引旧《志》云：“东三十里三学山，李八百三度学仙于此，故亦名栖贤。其下隘口壁立千仞，唯一路可通人骑，谓之三学隘。”山城南北长2.1千米、东西宽2千米、周长约7.2千米。外城墙已经大多残毁不存，“只在小东门下面及园觉庵附近均有人工垒砌城墙遗迹，且两处均有城门遗存，看来在临近沱江一面亦曾筑有外城”①。内城建于云顶山顶上，利用天然悬崖峭壁作为城墙，无悬崖处以条石砌筑城墙封堵。城门据说有六座，以南、北城门为主城门，其中北城门还有外瓮城。主城下朝向沱江的山坡上原先建有一字城，城墙一直延伸至沱江边上，现在仍有残迹可辨，这应该是封护沱江码头的防御措施②。云顶城上有多处水池，另有一些水井，有“三池九井”之说，有的水池在南宋末期以前就存在。《太平寰宇记》卷七六说：“云顶山旧名石城山，其状如城，在县西四十五里。顶上平可十亩，有神泉方丈，澄清如照，云霞常兴。”据说现在山上尚有“莹碧池、万年池、金刚池、杨柳池、照月池等处，四周均有人字形花纹条石垒砌，还有龙王、金钵长寿、金龙等井，井壁均成六至八角形，都是宋时形制，这些池井散布于全山寺庙亦即当时军营附近，是军民的饮用水源”。云顶山地区是缺水的区域，山上的水池是山城能够坚守的生命源泉。

（三）府州军监级山城

府州军监一级山城，是南宋四川地方的基石，余玠当初构建抗蒙山城体系就是以该级山城为基础的。据元人姚燧《中书左丞李忠宣公行状》：“宋臣余玠议弃平土，即云顶、运山、大获、得汉、白帝、钓鱼、青居、苦竹筑垒，移成都、蓬、阆、洋、夔、合、顺庆、隆庆八府治其上，号为八柱，不战而自守矣。”③属于这一级的宋元山城数量最多，其中最重要且影响最大的，当属合川钓鱼城。

钓鱼山城位于重庆合川区东城半岛的钓鱼山上，西距合川旧城约5千米。遗址地处渠江、涪江与嘉陵江的汇合之处，从这里可以沿着三条江河而上，前出至四川东北部广大地区；从这里还可以沿着嘉陵江顺流而下，抵达宋末元初的四川首府重庆，并可从重庆沿长江而下直至长江中下游地区，地理位置十分重要。山城始筑于淳祐三年（1243），四川制置使余玠用冉氏兄弟谋，在原钓鱼山山寨的基础上修筑钓鱼山城。山城建成之后，就将合

---

① 薛玉树：《遗留在川西的唯一宋蒙战争遗址云顶城》，《成都大学学报》（社科版）1990年第1期。

② 前引相关文献都说云顶山有五条一字城，分布在山的不同位置，恐怕有的所谓“一字城”是内外城之间的隔城，不是一字城，过多的一字城不利于防守。

③ （元）苏天爵：《元文类》卷49，四部丛刊景元至正本。

州及兴戎司移守钓鱼城。宝祐二年（1254），王坚守合州时，又"发郡所属石照、铜梁、巴川、汉初、赤水五县之民，计户口八万、丁一十七万，以完其城"（元·无名氏《钓鱼山记》）。山城的主城雄踞平顶孤山之上，利用四周的天然绝壁再加以人工类砌石墙，形成不规则形山顶环城，现存各段城墙总长约 7320 米，面积约 2.5 平方千米，分布有护国寺、古军营、皇城、武道衙门、石照县衙以及大草房和范家院子等居住区遗址。山顶城内还有大、小天池等水源，虽干旱而池水不竭，可以保障城内军民用水。在主城的南、北两侧，分别修筑了连接主城与江河的一字城，南、北一字城与主城的东城墙，将整个东城半岛西端给封闭起来，使得该半岛成为钓鱼城主城的半天然外郭。[①]广阔的外郭为战时提供了相对稳定的粮食种植基地，这对于持久的防御作战至关重要。（图二·3）

（四）县级山城

县是历代王朝最基本的地方行政单位，县城数量本来应该最多，只是南宋端平三年（1236），蒙古阔端率军攻占成都并连破四川 54 个州后，四川四路"独夔州一路及泸州、果州、合州仅存"。这年以后，一直到淳祐元年（1241），蒙古军连年攻入四川，流动杀掠，四川的社会经济遭到极大破坏。四川诸路人口锐减，许多县已经空荒无人。在这种情况下，抗击蒙元的山城主要是以府州为单位，府州属县的军民都迁入府州所驻山城，县级山城反而不多。只有南部跨鳌城（南部县）、合江安乐山城（合江县）等寥寥数例。这些山城往往都缺乏调研，是四川宋元山城中信息最少的一类。

南部跨鳌城就位于四川南部老城南关外不到一千米处，今已经被包在城内。《南部县乡土志》说："南部故城在县南跨鳌山，宋宝祐中尝移治于此，元复故治。"[②] 在清代南部县地方志的插图中，县城南门外不远处标注有跨鳌山，山麓绘出悬崖的模样，可以知道该山的周边还是较为陡峭，所以才被选作战争期间的县城城址。（图二·4）

二 按地形地貌分类

在宋蒙战争爆发以前，四川地区的建置城市基本上都是修筑在生活和交通便利之处，如平地、山坡和水际。即使原先位于险要地带的山城，也搬迁到附近的开阔平敞的区域，北宋早期将夔州城从瞿塘峡口的白帝/赤甲山迁到瀼西永安镇，即其一例[③]。宋蒙战争爆发后，按照既定的山城防御策略，所有建置城市的残余居民都搬迁到重建或新建的山城上。这些山城，有的在山顶，有的在半岛，还有的在江心岛上，依据其所在的地理形势可以将四川宋元山城划分为四类。

---

① 袁东山、蔡亚林：《合川钓鱼城故战场遗址取得重要发现》，《中国文物报》2010 年 2 月 5 日第 12 版。

② 姚乐野、王晓波主编：《南部县乡土志》，载《四川大学图书馆藏珍稀四川地方志丛刊·第三册》，巴蜀书社 2009 年版。

③ 《宋史·丁谓传》卷二八三："丁谓，字谓之，后更字公言，苏州长洲人。……峡路蛮扰边，命往体量。还奏称旨，领峡路转运使，累迁尚书工部员外郎。会分川峡为四路，改夔州路。……复上言，黔南蛮族多善马，请致馆，犒给缯帛，岁收市之。其后徙置夔州城砦，皆谓所经划也。"

（一）山顶类型

这是最常见的宋元四川山城类型。将城建筑在水陆交通要道附近险要的山顶上，既能够控扼这些水路要道，又易守难攻，但不利因素也是显而易见的。山顶面积往往有限，需要解决城内人的饮水问题，有时阻碍了敌人也限制了自己。根据山顶地势，可以将宋元四川山城划分为三型：

1. 平顶型

山顶四面都是陡峭的绝壁，山顶却相对平坦或略为倾斜，在山顶周边沿着悬崖处修筑矮墙，用石块封堵悬崖之间的裂隙和豁口，并沿着矮墙内开辟一条环山道路，就形成了一道围绕山顶的城墙的墙头，既能够依凭天险进行防御，又便于在不同的地段转移兵力。四川盆地的盆中丘陵和盆东平行岭谷地区，有许多山顶较平且近顶处侵蚀为绝壁的平顶山，历代战乱时都习惯利用这些平顶山头作为天然的城寨。宋元四川山城建设，也大量利用这种天然地形地貌，建造了不少平顶型山城。万州天生城就是这样一座典型的平顶型山城。

天生城原在重庆万州市旧城西北2千米的天城山上，今已经包于万州城区之中。这里一山突起于长江西北岸，长江的支流苎溪河从山南流过，山的下部为陡坡，上部为悬崖，绝壁如墙，四周如城，天生城因此得名。由于该山自然成城，很早就被用作军事堡垒。传说三国时期，刘备就曾经驻兵于此。在南宋兴建抗蒙山城体系之前，这里已经有城有门，并已有天子城之名[1]。《读史方舆纪要》载："天城山，在县西五里，四面峭立如堵，惟西北一径可登，又名天生城。相传汉昭烈尝驻兵于此，常璩所云小石城也。"宋元之间，余玠创建四川山城防御体系后，万州被移入天生城，以后历任守城的万州知州都曾增建和补修。该城以绝壁为天然城墙，只是在一些上下山城的关键节点修筑高大的城壁和关卡进行防御。城有五道城门，其中东、西门位于山城前后的山脊处，最为紧要。城门大都在绝壁上凿岩开辟，只有西门为垒砌石块修筑[2]。城内山顶凿有大小池塘四口，据说可以供千家饮水，大概正是有水源保障，南宋末代守将吕师夔在这里长期坚守，直至城被攻破。（图三·1）

2. 斜顶型

在四川盆地内，有剑门山脉、龙泉山脉、华蓥山、铜锣山、方斗山等多条一侧陡峭、一侧倾斜的山脉，大江大河穿过切开这些山岭地段，就会形成两面、三面甚至四面绝壁而山顶倾斜的山形。沿着峭壁陡坡筑城，可以取得事半功倍的效果。剑阁苦竹隘就是这样的斜顶型山城。

苦竹隘又名苦竹寨，今名朱家寨，位于四川剑阁县剑门镇西、也就是著名的剑门关西约10千米处。这里北面是连绵的剑门山断崖，东侧是小剑溪的壁立峡谷，东侧和南面也有连续的悬崖，只有一条狭窄的小径可以上通山顶。清顾祖禹《读史方舆纪要》卷六八四川三记剑门山曰："大剑路颇平，小剑则石上架阁，尤险峻。"又引旧《志》记苦竹隘说："在小剑山顶，四际断崖，前临巨壑，孤门控据，一夫可守。宋置戍于此。"其山深壑隔断，西临隘口，峭壁叠耸，状如城郭。从山下小剑溪谷缘极其狭窄的小径而上，仅东

---

① 《舆地纪胜》云："天城山三面峻壁，惟其后长延一脊，容径尺许累石为门，俗谓之天子城，以昭烈名也。"

② 藤新才：《宋末万州天生城抗元保卫战》，《四川文物》1993年第1期。

南有一个山崖缺口可上山顶，故宋末在此构筑城门一道，城门券拱上还有宝祐乙卯（三年，1255）隆庆府知府段文鉴修成题记①。山顶约4平方公里，颇为平敞，故苦竹陸落成后，将隆庆府和剑州迁到该城内②。考虑到剑门山均北高南低，该山城应属于倾斜型平顶上城。（图三·2）

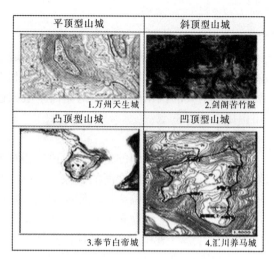

图三　山顶类型山城的分型

3. 凸顶型

山头没有大面积的平地，但山坡四周有绝壁陡坎或江河环绕，有天然险阻可以依靠。在山头下有天然险阻的恰当位置修筑外高内低的城墙，环绕着山头，就可形成凸顶型或箍顶型山城。凸顶型山城一般不大，山上难以容纳较多驻军和居民，如果不靠江河也难以解决用水问题，故该型山城数量不多。狭义的奉节白帝城就可以归入凸顶山城（当然，该城位于半岛之上，也可以视为半岛类型山城）。

白帝城有狭义和广义两种，狭义的白帝城是指白帝山上之城，广义的白帝城是宋末元初南宋夔州守军毁弃瀼西夔州城，将州县官民迁往白帝城，蒙元军"进攻白帝城，以师老乃还"的白帝城，该白帝城无疑包括了相连的瞿塘城（子阳城、赤甲城）。狭义的白帝城位于伸入长江的白帝山上，仅有马岭一线与北岸鸡公山（赤甲山）相连，整个白帝山就好似夔门前的一座孤岛一样。早在汉晋时期，在白帝山周边就修筑有夯土的城墙，这道城墙至今尚有遗迹可寻，以后历代都有增修补筑。南宋晚期将夔州城从瀼西东迁至先前的白帝城旧城后，又完善了城防设施。城墙在白帝山长江最高水位线以上，沿着山腰陡坡处修筑城墙，将白帝城环绕起来，就可以形成一个包裹山头的近圆形的山城。山城西北侧是将白帝山与鸡公山连接起来的狭窄山脊（古称"马岭"），白帝城的主要城门应该设在这个位置③。在城的面对瞿塘峡口北岸的山嘴处，也应设有城门，以便出城渡过东瀼前往峡口锁江铁柱等处。此外，在白帝城南边的水门处，始建于南北朝时期的偷水孔栈道仍在使用，且发现有机械吊装设施的遗迹。（图三·3）

4. 凹顶型

山头周边突起数座连绵的山峰，将山顶围绕起来，沿着山脊建城墙，并用城墙堵塞山峰间缺口就可以将整个山头封闭起来，形成山顶城。乐山的凌云城（包括三龟城、九顶城）似乎可以视为不那么典型的凹顶型山城。比较典型的凹顶型山城，还是与四川抗蒙山城密切相关的播州杨氏土官治下的汇川养马城。

---

① 何兴明：《南宋抗元遗址——剑门苦竹寨》，《四川文物》1985年第3期。

② 《元史·史天倪传》卷147："宋立剑州，侨治于苦竹崖"。

③ 白帝城西北山脊相对低矮，故曾经被利用作奉节水泥厂的厂址，原先的城防遗迹肯定会遭到一些破坏。三峡水库蓄水后，又利用这道山脊修建通往白帝城的桥梁，原先的城防遗迹遭到进一步的破坏。

养马城地属贵州遵义汇川区高坪镇双石村。城址位于喇叭水边的山头上，与正在申报世界遗产的海龙囤遗址相邻。山城传说始建于唐末，当时杨氏土司始祖杨端在此养马，故名。现在城墙和城内的遗存主要有宋、明两个时期，鉴于播州在南宋末期向四川制置使余玠献策构筑山城，并有文献记载宋廷要求播州筑龙岩新城等以保障播州，南宋的养马城遗址也可以作为南宋四川山城防御体系的组成部分。山城所在的山头三面为陡坡，一面山坡较缓，山顶周边有逶迤的小山环绕，其内形成一个小盆地，将山头间的缺口用城墙封堵起来，并将城墙延伸到周围的山脊上，就可以合围成典型的山顶城。城墙均为石块垒砌，周长 6000 余米。城门六座均建于周边山头间的山凹，其中 6 号门是唯一券拱形的城门，主城门外还带瓮城，应该是该城的主城门之一。城的南部有一块开敞的平地，外侧距离城墙不远处可见前端有类似谯楼的石墩台，穿过石墩台间的门道，其内有大型建筑基址的迹象，这里可能是养马城的一个重要功能区。城内现在住有十多户人家，有一处水池，应当可以供应一定数量的人马长期驻扎此城。① （图三·4）

（二）半岛类型

宋元四川山城多修筑于江河侧畔，江河交汇或拐弯处会形成半岛形的山嘴，在这样的山嘴上修筑山城，可以利用三面环水的地形作为天然的湟濠，只需修筑高大城墙封堵陆地一面，就可以方便地建成具有很好防御能力的半岛类型的山城。半岛类型的山城，不仅可以大大减少建城工程量（这在战争时期非常重要），而且可以大大减轻防守时兵力不足的压力。渝中重庆城、泸州神臂城等，都是典型的半岛类型山城。

神臂城又称泸州老城，位于四川合江县焦滩乡老泸村境内，因其所在半岛如一只同手臂而得名。城址坐落于长江北岸，西北来的长江受到了东西向的神臂山阻挡，在这里先拐向西，绕过神臂山嘴，然后向东流去，从而形成了半岛形势。半岛三面环江，四围悬崖，十分适合建立军事防御的山城。南宋淳祐三年（1243）余玠命泸州知州曹大致修筑在此筑城，随后将泸州军民迁入此城。山城充分利用了江岸陡峭、东低西高、西有陡崖的地形地貌，沿周边悬崖陡壁之上筑城垣。城垣东西长 1200 米、南北宽 800 米、周长 3365 米。城垣有城门五座，分别为神臂门（进远门）、东门、西门、小南门、黄泥巴坡门。由于东门无江险可依，故在东门

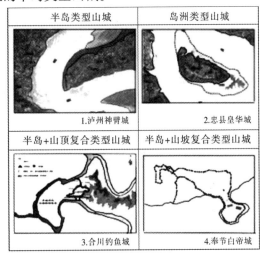

图四　半岛、岛洲和复合类型山城举例

外 150 米的坡地上，还筑有与东门平行的外郭（当地称作耳城），外郭两侧有堡砦炮台以强化防御，城外还挖有宽阔的水池（红菱池、白菱池）作护城河，形成多层的纵深防御。城内中心即最高处是潼川府和泸州府的衙署所在，衙署左前方设有高达 10 米以上的石构

---

① 养马城的资料，系笔者亲历调查的记录。贵州省文物考古研究所与重庆市文物考古所正在合作对此城址进行调查，城门采用他们的编号。调查和勘测的成果，不久就将刊布。

指挥高台（钟鼓楼），衙署两侧还分别设有城隍庙、玄天宫等祠庙，衙门四周沿道路分布有居民房舍，形成围绕衙署的街区①②。神臂城修筑后，成为南宋四川首府重庆的上游屏障，"天生的重庆，铁打的泸州"谚语也由此而来。（图四·1）

（三）岛洲类型

四川江河不宽，江中较大的岛洲很少，且大多是相当平缓的沙洲。岛洲太小难以容纳建置城市的军民移驻岛上，沙洲平缓缺乏悬崖陡壁就难以防守，因而，南宋山城防御体系的据点很少位于江中，岛洲类型的山城只有忠县皇华城和江安三江碛两座，其中只有皇华城属于建置城市。

忠县皇华城原名黄华洲，位于重庆忠县城关东北 5 千米处，是长江上第三大江心岛。该岛海拔较高，达 240 米，故三峡水库蓄水后仍有部分露出江面。该岛由于较大，很早就引起了人们的注意。北魏郦道元《水经注·江水》记长江流经临江县（即今重庆忠县）后说："江水又东，得黄华水口，江浦也。右逕石城南。庾仲雍曰：临江至石城黄华口一百里。"这里，庾仲雍的记述有一个失误，误将黄华洲与下游 50 千米的石城的位置捏合在一起了。清嘉庆《四川通志·舆地志》（卷二十一）记忠州山川黄华水口注引《旧志》说："江浦周围二十里，又名黄华洲。"该岛洲四面环江，水上交通便利；岛洲又具有一定高度，有利于筑城防守；岛洲规模又较大，可以容纳较多军民。正是基于这些优点，咸淳元年（1265），忠州守臣在黄华洲上筑城，并将忠州治（咸淳府）迁往城内。皇华城四面环水，峭崖壁立，当年修筑的城墙应当位于岛洲周边的陡崖顶端，只是这些城墙的情况缺乏报道，具体位置和形态无法证实。岛上据说还有宋代的咸淳府衙、军使衙、宏文贡院、校场等遗址。景炎二年（1277）冬，元军在围攻皇华城数月以后，偷袭得手，忠州守臣马堃率军巷战失利，皇华城陷落。元人将忠州回迁故城，皇华城从此荒废③。清代以后，人口繁衍，又有不少居民登上皇华城定居务农，现代岛上村民曾经多达 2000 余人。这些村民在三峡水库蓄水后大多外迁，现在皇华城又渐趋荒凉了。（图四·2）

（四）复合类型

四川的地形地貌多样复杂，宋元山城又主要建在江河边上，江河最容易利用的地形是半岛，如果半岛太大而难守，半岛上还有险峻的山顶可以利用，就会出现兼顾半岛和山顶形势的复合类型的山城；相反，如果半岛太小，而半岛外侧的江岸还有山形地利可用，也会出现兼顾半岛和山坡的符合类型山城。据此，我们将符合类型的山城分为两小类：

1. 山顶城＋半岛郭

该型山城位于三面环水的半岛上，用城墙封闭半岛陆地一侧，就可以形成三面以江河为天然城濠的半岛外郭；在半岛型的郭城内，如果有四面陡峭的山头，就可围绕此山头修建作为防御核心的内城。山顶的内城再套以半岛的外郭，除了可以增加防御纵深外，还可以提供大量的土地资源，可以为山城长期坚守提供保障。钓鱼城实际上就是一处典型的山

---

① 王庭福、罗萍：《南宋神臂城遗址》，《四川文物》1993 年第 1 期。
② 符永利：《泸州神臂城调查纪略》，《长江文化论丛》2013 年第九辑。
③ 有关皇华城在宋元战争中的情况，参见裴一璞《宋蒙忠州战事述论》，《长江文明》2009 年第 3 辑。

顶城与半岛郭相结合的复合型山城。

合州钓鱼城是南宋川峡防御体系核心，重庆的门户。城修筑于渠江、涪江和嘉陵江三江环抱的东城半岛上，半岛很大且较平坦，只有半岛内侧有突出的一座四面陡绝的孤山横亘在半岛脖子上。当年的营建者除了在险要的钓鱼山上修建了一座山顶城类型的主城，还在山城南面和北面的山坡及平地上，各修建了一条从山城到江边的城墙，这就是有名的钓鱼城一字城。两组一字城属钓鱼城防御体系的重要组成部分，它们与环绕钓鱼城的江河以及险要的钓鱼山一起，将整个东城半岛封闭起来，共同构成了钓鱼城最外一圈的防御体系。在这个封闭的东城半岛内，坚守钓鱼城的居民可以屯田耕种，为长期坚守提供粮草。两道一字城同时也是水军码头的重要屏障，它们从钓鱼山上一直延伸到嘉陵江边，可以防止蒙元军沿江边河滩直接占据水军码头，从而给钓鱼城提供一个机动作战和与外联络的通道。（图四·3）

2. 山坡城 + 半岛城

白帝城坐落在长江三峡的西口，前带大江，后枕高岗。全城是由白帝山、马岭、鸡公山上的多个山城组合在一起的防御体系。整座白帝城的形态不规整，平面近似一只牛腿：牛蹄部分是半岛类型的白帝山城，小腿部分就是马岭的山凹城，大腿部分就鸡公山（古赤甲山）上的子阳城。此外，在子阳城西侧顶端有一道城墙顺沟边而下，直抵长江岸边，这道一字城墙内大概就是古鱼复城的所在，宋代重筑为外城；在子阳城的顶端，为了加强对后山来犯之敌的防御，修筑了双重后关城，并在关城内构筑了多个独立的堡寨作为支撑点。城墙依山势而筑，全为石构，总长约 7000 米，面积约 5 平方千米。发现城门 6 处，东、西、北各一门，靠近长江的南方有大小不同的两座城门，另有水门一座。[①] 白帝城的主体鸡公山城属于山坡类型的山城（这是沿用汉晋以来的赤甲城，宋元时期这类山城罕见，故不单独作为一类），白帝山城属于半岛类型山城（如果白帝山不是位于水中的话，也可视为凸顶型山顶类型的山城），整个广义的白帝城就是山坡城与半岛城的结合体，属于复合型山城。（图四·4）

上面，我简要对宋元之际四川山城进行了简单的分类，希望能够对回答本文开头提出的问题有所帮助。遗憾的是，笔者受到原始资料的制约，难以对所有或大部分宋元之际的山城遗址进行归类，缺乏统计数据来回应先前的问题。因此，在结束这篇文章前，我还想谈谈我对四川山城调研方法的粗浅认识。

川渝两地的山城堡寨，尤其是南宋抗击蒙元的山城遗址，历史学界、考古学界、建筑史学界和军事史学界已经做了许多调查和研究，形成了不少成果。不过，先前的调研，调查者似乎太容易触景生情了，一到古战场遗址就回想起发生在这里的宋蒙双方攻防战，而对眼前的山城实物遗迹却往往关注不够。一些著名的山城城址，经过多次调查，发表的文章仍然缺少一些最基本的信息。这给我们开展战场场景研究、城址分类研究、城址比较研究等都带来了困难。我个人以为，开展宋元四川山城调研，应当关注以下几个方面的问题。

首先，要关注山城的遗迹观察和描述。先前开展宋元之际四川山城调研主要有三方面的人员：一是地方文物业务部门或地方志编写部门的人员，他们或为了开展文物普查收集资料，或为了撰写地方史志，实地调查了本地的山城遗址，基本查明了城址的位置、形

---

① 袁东山：《白帝城遗址：瞿塘天险，战略要地》，《中国三峡》2010 年第 10 期。

势、规模、形态和保存状况，这些信息往往在地方志、相关刊物或档案中对这些城址进行了简要的介绍。二是外地的学术研究机构为了断代史、地方史或专门史（军事史、城市史等）研究的目的开展的调研。由于山城数量众多，这些学者又都有一个大题目，要么是宋元战争史，要么是抗元山城体系，没有多少时间对一座山城进行仔细的调查，调查的深度和广度往往与第一类调查差不多。第三类是由相关文物考古科研机构，为了文物保护的目的对个别山城遗址进行的勘察和发掘。由于在相当长的一个时间段内只是在一座山城内开展工作，因而这类调研采取的手段包括了普通调查、测绘记录、发掘验证等多个方面，提供的相关信息量也最大。山城的地形地貌、山城形态、城墙现状、城墙长度、城内遗存等的信息俱全，既有详细的文字描述，又有详细图像记录。遗憾的是，目前所获的材料，绝大多数都是第一、二类材料，第三类的材料数量很少，属于后一类的相关山城的材料，仅有重庆合川区钓鱼城、奉节县白帝城、贵州汇川区海龙囤（以明代为主）等遗址。基础材料的不理想，会影响进一步专题研究和综合研究的进行。有鉴于此，要开展系统的山城堡寨研究，需要对山城遗址展开专项的考古调研，提高调查的水平。

其次，山城调研要具有时间的观念，不能将不同时代的山城遗迹混在一起进行记录和描述。我们知道，川渝黔地区多数宋元之际兴建的山城遗址，在清代都曾经进行过修补和重建，有的具有旅游发展潜质的山城遗址现代还进行了所谓的修复（实际上多半是没有按照文物修复原则的想象复建，遗产的真实性大受影响）。由于不同时期的遗存叠压在一起，调查时需要进行辨别和划分，否则就容易将清代的遗存当作宋元时期的遗存。山城城址的遗存除了文化堆积外，主要是石块垒砌的建筑物和构筑物，要区分不同时期的石构遗迹，需要能够辨认不同时期石构件的特征，如石料规格、加工痕迹、砌筑工艺、墙体收分等。重庆市文物考古所前些年调查和发掘合川钓鱼城遗址时，通过南宋的南一字城、南炮台和水军码头遗址的发掘，辨认出单纯的宋代遗迹（其中南东一字城明显可见城墙在南宋时期经历了三次加厚增筑，越晚使用的石块越大，可以想见在漫长而残酷的钓鱼城防御战中，守军加固防御设施的不断努力），据此，他们将钓鱼城城墙等遗迹划分为宋代城墙、清代城墙、现代城墙、宋清或宋清现代混合城墙四类，并将这四类在城址平面图上进行了标注[1]。这样，我们就可以清晰地知道宋元时期钓鱼城的城垣状况，以及后世对该城垣的沿用和改扩建情况，尽管钓鱼城内部的遗迹分布状况，目前的工作还开展得不够。

其三，山城调研要将山城视为城市，不能只将其当作一座军事堡垒或一道环形的城墙。城市是一个复杂的由多种功能要素组成的复合体，美国学者凯文·林奇（Kevin Lynch）曾将构成城市物质形态的要素归结为边界（edge）、路径（paths）、区域（district）、节点（nodes）和地标（landmarks）这五大要素，除了这五大公认的城市要素外，

---

[1]　袁东山、蔡亚林：《合川钓鱼城故战场遗址取得重要发现》，《中国文物报》2010年2月5日第12版。

城市的出入口也应该是城市相当重要的要素之一①。宋元山城都是按照自然地势规划的，周边沿着悬崖陡壁或江河山涧修筑城垣，以之作为山城的边界。城内没有规整的道路网络和功能分区，但这不等于山城内部没有系统的规划和功能划分。这些山城的边界沿线除了公开的城门、奇兵的暗门、泄洪的水门外，主城墙外还有强化防御的堡寨、拱卫通道的城墙（一字墙）、江边码头的水寨等，主城墙内还有环城巡逻的道路、架砲抛石的炮台、骑兵集结的校场等。山城以内，除了有各类衙门的官署、军队的营房、粮草的库房、工匠的作坊、牲畜的圈栏、居民的住房、训练的校场等外，还有连接这些功能区的城内道路。山城的道路尤其重要，它是我们认识山城和理解山城的“路径”，而山城的道路是不规则的，难以查明一段就推知其余。这些道路一旦废弃，即使路面铺砌有石板，道路也会很快被土石覆盖，长满长木茂草，难以寻觅。以合川钓鱼城为例，该山城位于嘉陵江环绕的半岛上，合川旧城位于半岛对岸，宋代以来的人们登钓鱼城一般是环绕的嘉陵江水路，从县城放舟而下，至钓鱼城南一字城码头离舟登岸，游山后再沿北一字城下至北码头，乘船顺江而下回到合川县城②。自从通往半岛的公路修通后，上下钓鱼山的道路改变很大，其中上下南北码头的道路等肯定已经废弃，城内也还有主要的路径我们现在还没发现③。寻找并确认这些宋元道路，是我们今后宋元四川山城调查应该重视的事项。

其四，山城调研要有城防系统的观念。尤其需要提到的是，山城利用了自然山水的险阻作为天然的边界，但是阻挡了攻城方入城也限制了守城方出城，长期的坚守既需要粮食储备，更需要山城内有丰富的水源，才能够保障集中在山城内人们的生存。合川钓鱼城能够坚守 36 年，其原因是多方面的，城内有大、小天池保障供水，无疑是原因之一。因此，加强对山城内道路系统和功能区的调查，尤其是水源地的调查，是宋元山城调研的重要环节。邹重华先生调查金堂县云顶城时，将水源作为一个专项，从而得出了云顶城水源供给不成问题的结论④。这个结论是否确切，当然还可以讨论，但关注山城供水水源地的调查，这无疑是应当嘉许的。

---

①　［美］凯文·林奇（Kevin Lynch）：《城市意象》，华夏出版社 2001 年版。边界是城市与外界的界限，作为有防御设施的山城来说，就是围绕在山城周围的城墙；路径是认识城市的线性渠道，大致等同于构成山城网络的道路；区域是由道路和围墙围合成的空间，也是某种人群、某些产业、某类活动聚集的空间；节点是对用途和特性的连接和集中所形成的汇聚核心，主要道路的交汇点、广场等，都是典型的节点；地标是形成城市印象的建筑物或构筑物，它一般都具有不同于普通城市居住建筑的体量、高度及外部造型。至于出入口，它是城邑内部与外部连接的路径所经，城门是城邑主要路径所经，并往有城楼等标志性建筑。

②　《方舆胜览》载："钓鱼山在石照县东十里。涪内水在其南，西溪上流经其北。郡人游者以舟下涪水，舣而上，已，乃绕山北，沿西汉水而归。此游观之奇也。"

③　（明）曹学佺《蜀中名胜记》记钓鱼山题刻引《舆地碑目》所记题刻 6 则，其中有 4 则现已不见，究其原因，有的因位于已经废弃路段旁的崖壁上，而未被我们发现。

④　邹重华：《金堂宋末云顶山城遗址再探》，《四川文物》1988 年第 5 期。

四川剑阁苦竹寨的初步考察[*]

符永利[**]　付　蓉[***]

一　地理概况

剑阁县位于四川省北部，广元市西南部，地处四川、陕西、甘肃三省结合部，嘉陵江上游西侧，扼守剑门[①]天险，素有"蜀北屏障，两川咽喉"之称。剑阁北靠广元市利州区、青川县，南临南充市南部县，东界元坝区、苍溪县，西邻绵阳市。南北绵延83.8公里，东西横亘61.5公里，幅员面积3226.75平方公里。剑阁县地势西北高，东南低，起伏大，地貌形态差异悬殊。属亚热带湿润季风气候，雨量充沛，光照充足，四季分明。

剑阁县拥有丰富的历史文化遗存，如闻名遐迩的剑门关、翠云廊古驿道、鹤鸣山、剑州古城等，其中的苦竹寨虽然名气不太响，但却是极富特色的一处军事堡垒遗存。苦竹寨，或称苦竹隘，今名朱家寨，位于四川省剑阁县剑门关镇剑雄村的小剑山上，北距剑阁县约9公里，东距嘉陵江约16.5公里，处剑门关之西，相距约6公里（图1）。苦竹寨是四川北部门户所在，与剑门关互成掎角之势，为沿金牛道南下入蜀的必经关隘，属宋蒙战争前沿阵地的寨堡。

苦竹寨所在的小剑山海拔约800米，山体周边方圆4平方公里，山顶总面积达5000余平方米，山顶宽平，四面皆悬崖峭壁，高数百米，苦竹寨即高居此山之上，俯瞰小剑溪，控扼金牛道。《读史方舆纪要》云："大剑路颇平，小剑则石上架阁，尤险峻……（苦竹寨）在小剑山顶，四际断崖，前临巨壑，孤引控据，一夫可守。宋置戍于此。"[②] 蒙军自大举南向侵宋以来，剑门关屡遭兵患，由于小剑山为四面被巨壑隔断的四方形孤山，且岩石为比砂岩更坚硬的砾岩，宋军遂选择在此作为剑门天险的主要据点（图2—图4）。

二　史实梳理

苦竹寨始建于端平三年（1236），是宋蒙战争之初蒙古突破蜀口、南宋防御内迁的产

---

　*　四川省社会科学重点研究基地区域文化研究中心重点项目"南宋四川防蒙八柱调查及相关问题研究"（QYYJB1608）；西华师范大学重大探索项目"四川古城寨遗存调查与研究"（14A002）。

　**　符永利（1978—），男，西华师范大学历史文化学院副教授，历史学博士。

　***　付蓉（1988—），女，西华师范大学历史文化学院考古学硕士研究生。

　①　剑门山古称梁山，由大、小剑山组成，距今剑阁县城30公里，山岭横空，危崖高耸，从东北向西南蜿蜒伸展，长达百余里，气势磅礴。主峰大剑山，峰如剑插，石壁横亘，森若城郭，峭壁中断，两崖对峙，一线中通，形似大门，故称"剑门"。剑门地势险峻，为秦蜀交通咽喉。

　②　（清）顾祖禹：《读史方舆纪要》，卷68《四川·三》，中华书局2005年标点本。

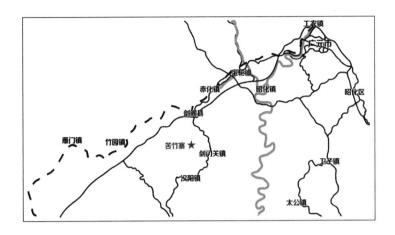

图1　苦竹寨位置示意图

物。隆庆府遭陷后，府治亦移到苦竹寨上①。宝祐二年（1254），蒙军主帅汪德臣率先由陕西入川，他利用被俘获的南宋提辖崔忠，招降了苦竹寨守将南永忠。鉴于苦竹寨的重要地位，宋廷决心收复，兼任隆庆知府的都统段元鉴受命完成了这一军事任务。现存卷洞门拱券上刻文云："宝祐乙卯（1255）七月吉日，武功大夫右骁卫将军知隆庆府事节制屯戍军马任责措置捍御段元鉴创建。"可见段元鉴收复苦竹寨后修筑了卷洞门，并完善了防御设施，以便长久屯兵，抵抗蒙古。

蒙哥即位后再次对四川发动大规模入侵。宝祐五年（1257），"蒲择之申轸窥苦竹隘，乞调兵会合驱逐"②，朝廷遂积极调兵备战。宝祐六年（1258）十月十三日蒙哥亲自击鼓督战，指挥诸军进攻苦竹寨，然久攻不克。面对固若金汤的苦竹寨，蒙哥曾异想天开地尝试在密集炮火的掩护下，在邻近山头和苦竹寨之间，架设一道天桥作为进攻通道，最终因无法实施，只得作罢③。随后蒙哥又采用屡试不爽的计谋，派南宋降将张实去招降驻守苦竹寨的守军。张实满口答应，但他一进入寨内，反而与守将杨立一起互盟心志，"共誓死守"，并肩而战④。蒙哥盛怒之下，调遣最精锐的部队倾力攻打苦竹寨。但连续攻打数天，小剑溪被血水全部染红，但苦竹寨仍岿然不动。蒙哥正苦于无计可施之际，一员名为史枢的裨将请求领战。史枢本为汉人，所统领的部队尤其擅长山地作战。他选派数十名精兵，于二十三日深夜从南宋守军认为最保险的一处巨壑，先缒绳入数百尺的绝涧，再攀缘苦竹寨峭壁攻入城内。蒙哥则率军从东南门佯攻。"枢为前锋……率健卒数十人，缒而下，得

---

①　孙华引《元史·史天倪传》卷147"宋立剑州，侨治于苦竹崖"的记载，认为苦竹寨落成后，迁治该城的除了隆庆府之外，还有剑州。参见孙华：《宋元四川山城的类型》，《西华师范大学学报》（哲学社会科学版）2015年第2期。

②　（元）佚名撰：《宋史全文》卷35《宋理宗·五》，文渊阁四库全书影印本，上海古籍出版社2011年版。

③　由于久攻苦竹不克，面对峭岩险壁，"有请建天桥者"，汪德臣则表示说："先登陷阵，臣所不辞，桥之成否，臣不敢知。"已而，"桥果未成"。参见王鹗《汪忠烈公神道碑》，《陇右金石录》卷5，台北新文丰出版公司1977年版。

④　（清）张绍龄：《重修昭化县志》卷26《武备志》，同治三年刻本。

其所以至师之处，宪宗命枢急取之……"① 按常理，数十名攻入城内的精兵并不可怕，但苦竹寨守军中的一名裨将赵仲武正领兵与声东击西的蒙军大战于苦竹寨唯一的一道城门前，当他听到城内有蒙军的呐喊声，以为城池已破，立即放弃了抵抗，开城门投降②。二十四日，杨立巷战而死，张实遭到肢解分尸。苦竹寨被陷后，蒙哥下令"夷其城"③。

苦竹寨自端平三年（1236）创建，至宝祐六年（1258）城陷被毁，中间曾有极短的时间被蒙军招降掌控，但很快就又被宋军收复，二十余年间屹立不倒④，在抵抗蒙古侵略的军事斗争中发挥了难以磨灭的作用。

三 以往的调查与研究

尽管在七百多年前的宋蒙战争时期，苦竹寨是一处具有十分重要战略地位的关隘，双方在此曾展开过十分激烈的攻守斗争，产生过深远的历史影响，然而时至今日，它在学界却没有受到应有的重视。起初因各种历史原因，"苦竹"之名失传，一度让大家无法确定苦竹寨的具体地点，直到 20 世纪 80 年代，文物工作者在朱家寨发现题刻，才证实朱家寨就是当年的苦竹寨⑤。其后关注度仍旧不够，直到目前为止，不仅相关的研究论文寥寥无几，而且就连最基础的调查资料亦不完整。这一方面，是由于苦竹寨所处位置险僻，调查工作难度较大，另一方面是缘于城寨多次被毁，所留遗迹不多。现可参考的仅见文物工作者何兴明与作家马恒健两位先生所撰的 4 篇相关短文。其中何兴明于 1985 年发表在《四川文物》上的《南宋抗元遗址——剑门苦竹寨》一文属于文博专业类文章，文中先简单交代了苦竹寨在宋元时期的攻守历史，再转到对苦竹寨地理环境、遗迹现状的描述，最后识读记录了卷洞门上的 3 处题刻。整个篇幅比较短，仅占 1 页版面，显得过于简略，好多重要的尺寸数据均缺如，对题刻文字不仅漏录一处，而且在识读上出现了好几处明显的谬误。虽然文中配了卷洞门的照片和段元鉴题刻的拓片，但由于是黑白图片，处理效果差强人意⑥。此后至今，从考古专业角度而言，对苦竹寨的调查再无后继者，因此何文在很长一段时间内都是研究者了解苦竹寨的重要参考资料⑦。2008 年秋，热衷田野实地考察的文史作家马恒健先生在当地向导的带引下攀上苦竹寨，探访之后在报刊上共发表了 3 篇相关文章⑧，虽然发表的时间前后间隔数年，但具体内容并没有多大变化，主要以文学笔法简单介绍了苦竹寨的历史、考察所及的遗迹现状以及周边的环境等，虽然属于游记散文形式，但为我们提供了有价值的信息和线索。

---

① （明）宋濂：《元史》卷 147《史枢》，中华书局 1976 年标点本。

② 马恒健：《剑阁苦竹寨凭险抗蒙 28 年》，《华西都市报》2015 年 8 月 29 日第 A13 版。

③ （元）王鹗：《汪忠烈公神道碑》，《陇右金石录》卷 5，台北新文丰出版公司 1977 年版。

④ 马恒健认为，苦竹寨坚持抗蒙达 28 年之久。与本文相左的主要原因在于对苦竹寨始建年代的确认不同。参见马恒健《剑阁苦竹寨凭险抗蒙 28 年》，《华西都市报》2015 年 8 月 29 日第 A13 版。

⑤ 何兴明：《南宋抗元遗址——剑门苦竹寨》，《四川文物》1985 年第 3 期。

⑥ 同上。

⑦ 据中国知网（CNKI）的搜索信息，对何兴明文章的引用次数达 3，下载次数达 130 多。

⑧ 马恒健：《苦竹寨——血沃剑门的抗蒙古堡》，《成都日报》2009 年第 2 月 16 日第 13 版；马恒健：《剑门苦竹寨》，《科学大观园》2011 年第 4 期；马恒健：《剑阁苦竹寨凭险抗蒙 28 年》，《华西都市报》2015 年第 8 月 29 日第 A13 版。

　　总而言之，苦竹寨的调查与研究工作仍显得十分欠缺，是四川宋元古城堡研究中急需加强的薄弱环节。正是出于此点认识，四川古城堡文化研究中心组织专业人员于 2013 年 6 月 10 日对苦竹寨进行了实地考察。但遗憾的是，由于小剑山顶完全为草木覆盖，未能展开全面勘察，主要对周边山形地势、河流、卷洞门、题刻等做了调查记录。科学、全面的田野调查工作，仍将是今后努力的重要方向。

四　遗迹调查

　　经实地考察，我们发现的遗迹主要有城门 1 处，敌台 1 处，道路 1 条、题刻 4 处，以下分别予以介绍。

图 2　苦竹寨远景

图 3　苦竹寨自然崖壁

图 4　小剑溪谷底

（一）城门

　　苦竹寨仅有一道可供进出的城门，为东南门，今称卷洞门，位于苦竹寨东南侧的山腰，靠近山顶处，地理坐标为 N32°12′02.75″、E105°31′33.88″，海拔 613 米。此门坐落在一块突出岩壁、状如虎口的巨石之下，在崖壁上选择石缝进行加工拓宽，成为门道，如此一来寨门左侧便为自然崖壁，上连虎形巨岩，右侧则为高耸的巨石，下连右侧的自然绝壁，再进行必要的人工砌筑，地面铺有石板，上下凿出阶道，路窄仅容一人可过，居高临下，大有"一夫当关，万夫莫开"之势。现存仅余一道圆拱门券，拱门整体高 197、宽 150 厘米，门洞高 171、宽 96、深 165 厘米，方向为南偏东 78°。门拱顶部正中留有南宋段元鉴题刻。城石大体可分为两类，即窄而长的长条石和厚而短的长方石，前者用于顶部的拱券，后者则多用于两壁和底部。石面上的凿痕纹多见人字纹，其次为少量竖条纹和斜线纹。长条石上的人字纹显得整齐细密，规整秀气，而长方石上的人字纹则多显得线条粗大，线条之间的空隙亦相对较大。斜线纹均较粗疏，略显粗犷之气（图5—图9）。

图5　苦竹寨卷洞门外立面

图6　卷洞门内立面

图7　卷洞门内阶道

图8　卷洞门内侧崖壁

图9　卷洞门内上方

　　据何兴明先生早年调查，在卷洞门跨溪洞约100米的对面石壁处，另有石门一道，石门下傍岩凿道，成为这一带的要冲，可上通剑门关、青疆岭，下达水会渡①。此门遗迹现已不存。

（二）敌台

　　卷洞门上方约5米处，有一处小平地，长宽不过两三米，位置突出，视野开阔，可作为瞭望、御敌之所。

（三）城墙

　　首先，在东南门附近应筑有人工城墙，此处是唯一可以通行之处，故会加强防御，只是目前已难见到明显的遗迹。其次，在山体周围，峰下即为悬崖，崖壁长达20多公里，高300多米，最高处有600余米，形成一道无法攀登的天然城墙。虽然未能实地勘察，但可推测这一圈垒筑人工城墙的可能性不大。应该说，苦竹寨是利用自然天险最充分的山城之一。

（四）道路

　　目前仅知1条通道，属于城外道路。苦竹寨形势险要，四周峭壁，仅有一条羊肠小道

---

① 何兴明：《南宋抗元遗址——剑门苦竹寨》，《四川文物》1985年第3期。

从东南面通上，经卷洞门进入城内。"苦竹隘西北东三面崭绝，深可千尺，猿猱不能缘以上下也。其南一途，一人侧足可登，不可并行。"① 寻找此路需下至十里深壑，绕行到小剑山南侧方可。谷中蓬荫蔽日，谷底为流水，沿溪一侧逶迤而行，经唯一的水坝②越过奔流的小剑溪，在距坝下不远处的乱石滩边便可寻到这条上山险径。此道原本是在垂直于地面的陡壁上掏凿出来的，宽不到二尺，极其狭窄难行，盘亘曲折，多处断绝，需牵藤攀岩而上。何兴明先生这样描述道："蹑危岩险道，……两过滑滩，一渡木梯，下瞰一泓深碧，昂首唯见线天，犹如腾空震荡，令人心怖目眩！"③ 此路大约有数百米，至近城门处会发现断断续续的石阶，再经过一个大弯，便可眺见城门。从拐弯到城门大约 60 米的距离，坡度较缓，凿有窄阶，较易登行。

（五）题刻

城门上发现题刻 4 处，其中南宋题刻 1 处，明代题刻 3 处。编号情况如下：拱门顶部的题刻编为 T1，城门洞内左壁 2 处，由外向内编为 T2、T3，右壁 1 处，编为 T4。

1. T1：宋段元鉴题刻

卷洞门拱券顶部正中镶嵌一块长条石，长 166 厘米，剖面呈上宽下窄的梯形，剖面上宽 27.5、底部宽 18.5、高 27.5 厘米。条石底面刻：

> 宝祐乙卯七月吉日武功大夫右骁卫将军知隆庆府事节制屯戍军马任责措置捍御段元鉴创建。

竖排一行，阴刻楷书，"段"、"创"、"建"三字较大，"元鉴"二字最小。题刻上方阴刻一只较大的下覆莲叶，呈翻卷状，题刻底部则阴刻一朵上托的九瓣莲花，下连弯向右侧的短茎。按观者读取方位来看，题刻的顶端朝向城门内侧，底部朝向城门外侧，从城内走出的人只需仰头便可很容易地看到已经摆正的字，无须再扭转身体方向，从内向外行走的过程中便可从头到尾将题刻读完。由此种安置方式可见，这则题刻主要是为了城内的军民而设。宝祐乙卯是公元 1255 年（图 10、图 11）。

2. T2：门洞左壁题刻

T2 位于卷洞门内左（北）壁，靠近门的外侧，刻于一块石面上，表面人字纹未完全磨平。题刻占壁面长 45、高 32 厘米，楷书，字径宽 2、高 2.9 厘米，可辨出竖排 5 行字迹，但具体内容因风化严重，识读困难，暂略。

3. T3：明高任重诗刻

T3 位于卷洞门左（北）壁内侧，与 T2 相邻，内容刻在两块长方石表面，石面上原有人字纹，刻字时被打磨光滑。题刻占壁面长 99.5、高 32 厘米，内容为：

---

① （元）姚燧：《便宜副总帅汪公神道碑》，载《元文类·国朝文类》卷 62，上海古籍出版社 1993 年标点本。

② 20 世纪 70 年代，在小剑溪中段垒砌了拱坝水库。现在上苦竹寨，必须越过这个水坝。

③ 何兴明：《南宋抗元遗址——剑门苦竹寨》，《四川文物》1985 年第 3 期。

图10、图11　卷洞门拱顶段元鉴题刻及拓本（拓本采自《四川文物》）

……/次 李 琢斋①/韵。/宋臣设险开/山寨，名守探/奇到山门。一/望剑山天下/胜，诸峰罗/立似儿孙。/隆庆二年/戊辰九月十/四日，知剑州/滇南高任重/题。

从右往左读，竖排 14 行，第一行为诗名，已被凿毁。每行多为 4 至 5 个字，楷书，字径宽 4.8、高 5.3 厘米。隆庆二年为公元 1568 年（图 12）。

---

① 这里指明代曾任剑州知州的李壁，其号为琢斋。

图 12　卷洞门左壁明高任重诗刻

4. T4：明李璧诗刻

T4 位于卷洞门内右（南）壁中间一块长条石上，石面刻字前经过打磨。题刻占壁面长 127、高 32.5 厘米，内容为：

登□□□。/小剑山头 接 / 太清 ，周遭崖/窆仅通门。太/平时节何须/此，借与猿猴/长子孙。/正德丁丑 剑 /守邑管□□/题。/正德十二/年十月/剑州知州/武缘 李璧 /登览于此，/□丁丑□□剑□/□□□□□□/一游士关□□□/守……

从右往左读，可辨认有竖排 19 行，每行多为 5 个字，楷书，正文字径宽 4.8、高 4 厘米。正德十二年为公元 1517 年（图 13）。

T3、T4 均为七言诗，作者李璧、高任重均为明代剑州地方长官，但两首诗前后相差 51 年，因李璧为一代贤吏，在剑州任上颇得惠声①，所以作为同样担任剑州知州的高任重便处处效仿李璧，如追李之后尘探访苦竹寨，见到"山门"（卷洞门）上李诗的题刻后，又紧步李诗之韵，也题刻了一首。两诗的内容，无非是歌咏山水风光之瑰奇，发怀古思昔之情。他们的览胜吊古活动表明，在明代苦竹寨是为世人所知的，"宋臣设险开山寨"，

---

① 李璧（？—1525），字白夫，号琢斋，武缘（今广西武鸣县）人。弘治八年（1495）中举，曾任浙江兰溪县、仁和县教谕。正德十年（1515），出任四川剑州知州，在任期间筑剑阁道，植柏树，倡修书院，德政卓著。正德十六年（1521）升任云南临安府同知。嘉靖四年（1525）在赴任南京户部员外郎途中病逝。著有《剑门新志》《名儒录》《皇明乐谱》《剑阁集》等。剑州人民为纪念他，于明万历八年（1580）在剑阁县普安镇修建祠堂，后遭火灾。清光绪十一年（1883）重修。当代在翠云廊景区内新建一祠专祀李璧，以颂扬他植柏、护柏的功绩。

图 13　卷洞门右壁明李璧诗刻

"太平时节何须此"，证明那段抗蒙的历史也是为时人所熟悉的，但苦竹寨在当时早已失去往日军事堡垒的功用，而成为有名的探奇览胜之所。

（六）其他遗迹

苦竹寨现为国有森林，山顶林深树密，荆棘满布，又有蛇虫，开展调查比较困难。因此我们的调查基本止步于卷洞门。据说在山顶曾经发现过府衙残垣、火药槽、石梯、八角井、练兵场、插旗石、瓦片等遗迹遗物①。

五　初步认识

（一）形制及时代

这里主要谈一下卷洞门的形制特征与时代，可以将两个问题融合在一起讨论。开门见山，先提出我们的结论：卷洞门的时代应在南宋时期。具体依据如下：

其一，段元鉴题刻。段元鉴是南宋抗蒙名将，虽不入正传，但他的重要事迹还是有迹可循的。宝祐二年（1254），蒙古军队攻入剑州境内，由于苦竹寨的归降，使得隆庆堡、安西堡、吉平寨、鹅顶堡等相继失陷。面对危局，宋军及时展开收复行动，时任隆庆府知府的段元鉴表现尤为突出。他在收复安西堡和隆庆堡获捷之后，一鼓作气，一举夺回苦竹寨。战斗胜利后，段元鉴并没有放松警惕，而是立马着手加强苦竹寨的防御工事，以备蒙古军队再次进攻。卷洞门的修筑便是这次工程中的重要项目。如果将段元鉴创修卷洞门的

① 马恒健：《剑阁苦竹寨凭险抗蒙 28 年》，《华西都市报》2015 年 8 月 29 日第 A13 版。

题刻，与云顶城瓮城门、北门的题刻①，以及小宁城西门、内北门的题刻②，进行比较就会发现，它们无论是形式、字体还是布置作法，均有着很大程度的相似特点，这无疑体现的是同一时代的风格。

其二，双门拱形制。虽然现存卷洞门仅余一个单层拱券，但经现场分析，在这个拱券之后还有一段基本同宽的过道，长约 2 米左右，若减去双拱交接的部分约四五十厘米，差不多有 150—160 厘米左右，这个尺寸与现存单拱长度 166 厘米相近。故可断定除了现存这个前拱门之外，还有一个与之体量相当的后拱门。我们多年的调查研究显示，双拱门形制一般是宋代的典型特征。

其三，卷洞门外立面左右各刻有一道从上往下的长凹槽，这种做法与云顶城宋代瓮城门相似。据我们调查分析，云顶城瓮城门外立面左右护坡上的长凹槽，其作用主要是方便木质吊桥的使用，凹槽下端各有一个长方形的大石墩，石墩内侧相对位置凿有一个较深的圆洞，应是安装木轴之用。这种遗迹在我们调查过的三十余座四川宋元山城中，十分少见。尽管不能肯定卷洞门这种凹槽是否与吊桥有关，但它与云顶城瓮城门的相似状况，使我们可以判定这二者之间必然存在着时代上的关联性。

其四，城门石面上常见的人字纹。人字纹是宋代山城中最富有时代特征的，在大多数情况下，它可以作为直接断代依据。另外，宋代常见的斜线纹，城石的厚重大气，在卷洞门上也有所反映。

（二）防御体系构成及特点

根据目前调查所知，苦竹寨的军事防御体系主要由自然溪涧（形似护城河）、自然岩壁、人工城墙、城门、道路等构成，其特点可概括如下：

第一，属于斜顶山城类型。孙华先生按照地形地貌的不同，将宋元四川山城分为四类，即山顶类型、半岛类型、岛洲类型和复合类型，苦竹寨被划属山顶类型。这类山城一般建在水陆交通要道附近的险要山顶上，既可控扼交通，又易守难攻。由于苦竹寨所在的剑门山脉呈现为一侧陡峭、一侧倾斜状，因大河的切割作用，往往会形成两面、三面甚至四面绝壁而山顶倾斜的山形。苦竹寨山顶便呈现北高南低之势，所以属于这种斜顶型山城③。

第二，对自然地形山势的充分利用。苦竹寨最大的防御特点便是对自然地形的充分利用已经达到惊人的程度。历代四川守军在川北多于剑门关设防，而南宋守军却选择苦竹寨为剑门天险的主要据点，正是因为其四面皆是被悬崖巨壑隔断的四方形孤山，且其岩石是比砂石更为坚硬的砾岩，比剑门关更利于聚兵屯田作长期坚守。苦竹寨的险要程度远不是川内其他方山城堡所能相比的，在我们实地勘察过的众多四川山城中，在利用地形之最大化程度方面能与之相提并论的也只有宜宾凌霄城一座。所以苦竹寨的防御性能之强是毋庸

---

① 金堂县云顶城北门券拱正中拱石上有南宋孔仙、萧世显题刻，20 世纪 80 年代发现的瓮城门拱券上镌有南宋淳祐己酉姚世安改建的题刻。参见薛玉树《遗留在川西的唯一宋蒙战争遗址云顶城》，《成都大学学报》（社会科学版）1990 年第 1 期。

② 据我们实地考察，在巴中平昌县小宁城西门发现有南宋淳祐己酉谭渊创建题刻，北门亦见有淳祐辛亥年题刻。

③ 孙华：《宋元四川山城的类型》，《西华师范大学学报》（哲学社会科学版）2015 年第 2 期。

置疑的，假如不是因为宋军内部投降，蒙古军队是不可能轻易攻取的。

第三，城门设置的特点。城门是交通内外的出入口，也是防御最为薄弱之处，是最需筑城者着力加强的地方。苦竹寨的城门设置有以下特点：其一，数量极少。一般而言，设置城门之数目，需要根据全城的大小、防御工程的结构、交通等方面来确立，至少要有东西南北4个城门。而苦竹寨的城门仅有1处，这在我们调查过的四川山城中，也是极为罕见的。城门数量多，无疑意味着守城军事力量的分散，仅1道城门便可集中兵力进行防守，实际上是提高了防御性能；其二，规模极小。卷洞门规模很小，利用自然岩体巧妙构筑，既有隐蔽性又可凭借天险，城门洞尺寸亦小，高171厘米，宽96厘米，门洞高宽之比为1.8∶1，近似于2∶1。构筑这种窄小的城门，亦出于加强防守的目的；其三，城门开口的方向与城墙墙体（或天然崖壁）的延伸方向为平行关系，与城内道路呈垂直关系，不直接相通，这样一来就可以避免敌人的正面进攻，也可减缓敌军破城后的行进速度，有利于组织巷战和截击。这种做法与"城门不相对，道路不直通"的设计原则实有暗合之处。

第四，城墙构筑的特点。其一，以自然崖壁作为防御城墙。这种高耸入云的直壁实为不可多得的天然城墙，不仅防御性能高，而且可以省料、省工，还节省时间和费用。它的防御性能在战斗中已经得到体现，当时蒙军主要攻打的是东南方向，最终破城也是从卷洞门而入，可见其他三面绝壁始终是敌人无法逾越的天险。这对于城内的守军而言，便可以集中有限的兵力防守东南方，其他方向只用少量兵力即可。这种城墙形式还有一个优势，有点像平原上的土坡战城[①]，能省去守城士兵攀登城墙的时间，可从各个方向集中，同时到达防御线参加战斗的兵力也多，而且居高临下，易于获得战斗的全胜；其二，人工砌筑处，使用石料为主。石料可以就地取材和加工，便于施工，同时石墙坚固耐久，可以抗年限，外观效果又好，因为石头色调纯正，发出青白之色，这个色调不突出，可以产生一种自身的防卫性。

第五，拱卫军事据点的设置。如前文所述，与卷洞门隔溪涧而对的崖壁上原存石门一道，20世纪80年代仍可见到，今天已毁。这道门的位置信息向我们透露出，在苦竹寨东南方对面的山岩上可能会建有拱卫苦竹寨的小型军事据点，二者夹涧而对，相互呼应，存在一种犄角关系。不过在目前，这也只能是一种推测，是否如此，需要继续考察论证。

第六，以防守为主，进攻为辅。由苦竹寨的选址和周边环境看，距离嘉陵江和主干道较远，周围丘壑溪涧相环绕，岩体垂直高耸，仅在东南侧人工凿阶可通，交通出入较为困难，城门仅置1处，而且规模较小，所有这些都表明其主要功能是为了防守自保，进攻处于次要地位。这一点也是众多宋元山城的共性，只不过苦竹寨体现得更为突出。

至于城内的布局、建筑组群、路网体系、排水系统等问题，因未经实地调查，此处存

---

①　目前所知，地处皖北平原的寿州城是我国唯一保存下来的土坡战城。一般的城池建城时，会在城墙的两面用砖包砌中间墙进行夯筑，但是土坡战城只在城墙的外部做砖墙，在城里的这一面城墙不做砖城墙，而是用土填充，构成一种斜坡直至城墙顶部。从外部看，与其他城池相同，但入城后就会发现，全城为土坡城，城墙外部墙高七八米，城墙内部延伸土城30度斜坡，没有内城砖。当战斗发生时，因为土坡登城方便，城内士兵可及时登城，而且登坡速度快捷，同时登的兵力也多，易于取得胜利。如果城内不做土坡，仍建造砖墙，士兵只能从马道登城，容易造成拥挤、登城人数不多的局面，会影响战斗的结果。参见张驭寰《中国城池史》，中国友谊出版公司2015年版，第346—347页。

阙，有待今后再深化。

（三）历史地位

苦竹寨因处川北，控扼入川的咽喉要道，在宋军山城防御体系中属于重要的前沿阵地。苦竹寨创建较早，余玠在构建山城体系之时，对之进行了扩充加固，后又迁剑州、隆庆府治于山上。我们知道，抗蒙山城大多位于沿江一线，以便于控扼四川地区的交通要道，如嘉陵江、渠江、涪江、沱江四条大江沿线，均有山城分布。其中嘉陵江的地位在众多长江支流中尤为突出，其沿线的水陆通道成为蒙古军队攻取的主要对象，也是宋军重点防守之处。扼守在嘉陵江上游西畔的苦竹寨与大获城、运山城、青居城、钓鱼城、多功城等一道组成嘉陵江防线，其战略地位十分重要。对于周边隆庆堡、安西堡、吉平寨、鹅顶堡、大获城等军事城堡，苦竹寨又可起到重要的屏障作用。

附记：参加此次田野调查的工作人员有西华师范大学的李健、蔡东洲、刘涛、符永利、胡宁、谭兴杰等老师，研究生付蓉、刘超也参与了相关工作，在此谨致谢意！

浙江庆元会溪南宋胡纮夫妇合葬墓发掘简报

浙江省文物考古研究所
庆元县文物管理委员会

2014 年 3 月，浙江省庆元县松源镇会溪村和山小学南侧工地施工中发现古墓葬两座（图一），文物部门接报后迅速赶到现场。其中一座古墓葬已被完全破坏（编号 M1），现场一片狼藉，除散落的砖块外，还有条石多块，推测该墓为砖石结构。随葬器物已荡然无存。现场采集到墓志一方，从铭文来看，可以确定 M1 为南宋时期的胡纮墓。

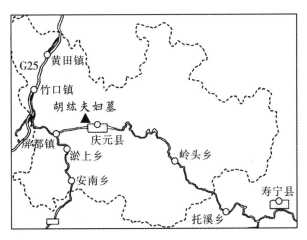

图一 墓葬位置示意图

鉴于该墓葬的重要性，经浙江省文物局同意，同时报请国家文物局批准，浙江省文物考古研究所、庆元县文物管理委员会联合组队，对另外一座已露出墓室的墓葬（编号 M2）进行抢救性发掘。现将发掘情况简报如下。

一 墓葬形制

（一）地表茔园

地表茔园仅于西部残存一段石砌围墙及墓前祭祀建筑遗迹，其他结构如环堨、地坪及封土等均已无存。

石砌围墙残高约 0.4—0.5、残宽约 0.2—0.3、残长约 6.6 米。围墙以不规则的块石砌成，块石间以黄泥粘接。

在石砌围墙以内、墓室前方，集中出土了脊兽及筒瓦、瓦当等建筑构件。故而推断，该处可能建有小型的祭祀建筑。

（二）墓室结构

1. M1

方向240°。墓室遭到严重破坏，仅残留部分墓室底部（图二）。从残留迹象看，墓室宽2.25、北壁残长3.45、南壁残长2.52、深约1.8米。墓室四壁由长30、宽30、厚4厘米的青砖砌成，底部由长32、宽16、厚6厘米的青砖横向铺就，铺地砖下铺垫木炭，厚约1—2厘米。

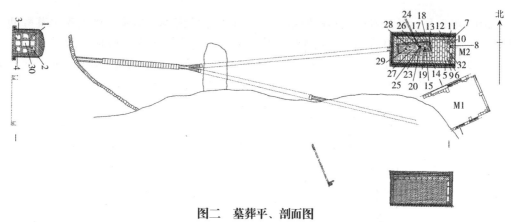

图二　墓葬平、剖面图

1—5、7、10、11. 瓷象纽盖罐　6、9. 瓷梅瓶　8、12. 瓷花口盘　13. 银盒　14、21、31. 银钗　15. 青白瓷盖罐　16. 青白瓷盖盒　17、32. 铜镜　18. 水晶环　19. 青瓷小白碟　20、23. 金钗　22. 鎏金银钗　24. 金梳背　25. 金耳环　26. 银花钱　27. 金花钱　28. 铜钱　29. 金霞帔坠　30. 墓志

根据残留迹象观察，墓室底部南、北两侧设排水通道，宽约8、高约9厘米，由不同规格的青砖砌成。内置卵石，以防泥土淤塞。

该墓葬周围散落大量规格不同的青砖：长30、宽30、厚4厘米，长32、宽16、厚6厘米，长30、宽15、厚6厘米，长28、宽28、厚3.5厘米。另有规格不同的条石9块：长190—210、宽35—45、厚25—30厘米，棺木亦散见。从散落的条石再结合M2的结构来看，该墓为砖石结构。

但从散落在该墓周围的棺木来看，该墓葬1人，葬具为木棺，葬式不明。

2. M2

位于M1北侧。方向265°。保存较完整，由墓室、椁室和排水管道构成（图二）。

墓室　长方形，长3.76、宽1.62、深1.88米。墓室四壁由长28、宽28、厚3.5厘米的方砖砌成，底部由长30、宽15、厚6厘米的青砖横向铺成，铺地砖下又铺垫木炭，厚约1—2厘米，起防潮作用。墓顶呈拱形，由不同规格的方砖（长28—30、宽28—30、厚3.5—4厘米）拱砌而成，高约0.32、长3.94米（图三）。

椁室　在墓室内，由长32、宽16、厚6厘米的青砖及不同规格（长1.38—1.55、宽0.25—0.39、厚0.2—0.3米）的条石筑成。四壁由青砖平砌而成，长3.44、宽1.28、高1.4米，其上条石横向盖顶（图四）。椁室顶部与墓室拱顶之间由三层木炭和两层泥土填充（图五—七）。椁室后壁设有不同规格的壁龛9个，分为上、中、下三层。上层距墓底约1.34米，下层壁龛距墓底约0.13米。上层左、右两侧壁龛各宽0.24、高0.24、深0.16米，中间壁龛宽0.32、高0.3、深0.16米。中层左、右两侧壁龛各宽0.27、0.38、0.16米，中间壁龛宽0.38、高0.49、深0.16米。下层左、右两侧壁龛各宽0.29、高0.34、深0.16米，中间壁龛宽0.32、高0.34、深0.16米。壁龛内保留部分随葬器物（图八）。

图三　M2 券顶（由东向西摄）

图四　M2 券顶积炭层下石盖板（由东向西摄）

图五　M2 券顶下积炭（由东向西摄）

图六　墓室（由东向西摄）　　　　　图七　墓室局部（由东向西摄）

图八　墓室后壁（由东向西摄）

排水管道　设于墓室底部南、北两侧，在墓室外西部汇成一条，并与 M1 排水通道汇合，形成一体建筑，东西向，由不同规格的青砖砌成。截面呈"回"字形。长约 20、宽约 0.08、高约 0.09 米，其内填卵石，以防泥土淤塞。

墓室内由于长期雨水浸满，墓底淤土厚约 0.15 米。棺木移位，整体呈东北—西南向。棺北厢板直抵椁室西壁，而棺盖则直抵椁室东壁。棺南厢板侧倒抵椁室南壁。东、西挡板已朽，仅留痕迹。棺整体长约 2.1、宽约 0.75、高约 0.65 米。棺木厚约 0.1、内长 1.88、宽 0.55 米。棺各部分由铁钉钉合，外涂朱漆，附吊环。

墓主人骨已朽，无存。从随葬器物摆放位置及其他迹象推断，该墓葬式为头东脚西。在清理过程中，在棺床上发现较多水银，集中且有形，应为防腐之用。

二　出土器物

（一）M1 出土器物

1. 青瓷器

发掘结束后，公安机关追缴回龙泉窑青瓷器 5 件，其中象纽盖罐 3 件，1 件盖与罐均完整，1 件罐完整、盖残损，1 件仅剩罐身；带盖梅瓶 1 件，完整；花口盘 1 件，残存半件。

象纽盖罐　3 件。罐身直口，短颈，折肩，深弧腹略弧收，极矮圈足。盖面扁平，子母口，象形立纽，大象长鼻下垂而内卷，双大耳，两耳之间顶部有一圆形小凸点。灰白色胎。以粉青厚釉为主，釉层较厚，釉质匀润。内腹有明显的轮旋痕。器身口沿、圈足端刮釉，盖口及外圈不施釉，显示盖与罐套烧。标本 M1:2，完整。罐身口径 8.1、底径 6.3、高 11.4 厘米，罐盖口径 5.9—8.1、高 3 厘米，象长 3.4、高 3 厘米（图九：1、一一）。标本 M1:3，盖残。罐身口径 8.1、底径 6.3、高 11.3 厘米，罐盖口径 6—8.4 厘米，象长 3.4、高 3.3 厘米（图一三）。标本 M1：4，仅有罐身。口径 8.2、底径 6.8、高 11.7 厘米（图九：2、一二）。

梅瓶　1 件（M1:1）。完整。瓶身直口微敞，短直颈，隆肩，深弧腹斜收，矮圈足略外撇。口沿下有凹弦纹一道，肩上有凸弦纹一道，腹部饰稀疏的凹弦纹，因釉较厚致弦纹不清。灰白色胎。近粉青色釉，釉色均匀，釉面匀润，近圈足处积釉。内腹有明显的轮旋痕。圈足端刮釉。瓶身口径 3.6、最大腹径 12.3、底径 7.6、高 18.3 厘米，盖口径 5.6、高 3 厘米（图九：3、一四）。

花口盘　1 件（M1:5）。残存一半。六葵花口，宽平折沿，沿面微向上斜，折腹浅坦，大平底，矮圈足，外底有修刮，显得圈足较高。浅灰色胎。粉青色厚釉。圈足端刮釉。口径 17.3、底径 7.6、高 3 厘米（图九：4、一五）。

2. 墓志

现场仅采集到一方墓志。高 59.5、宽 39.5 厘米。正面铭文 20 行，共计 589 字，楷书（图四七）。录文如下：

> 宋通议大夫华文阁待制胡公纮，字幼度，生于绍兴丁巳之三月。自上世□□五季乱，为龙泉著籍，至父彦光，始以儒学教公。年未冠，已头角崭然，见于□□。己卯，举乡书。庚辰，入太学，擢癸未进士第，授迪功郎中。丙戌，儒学

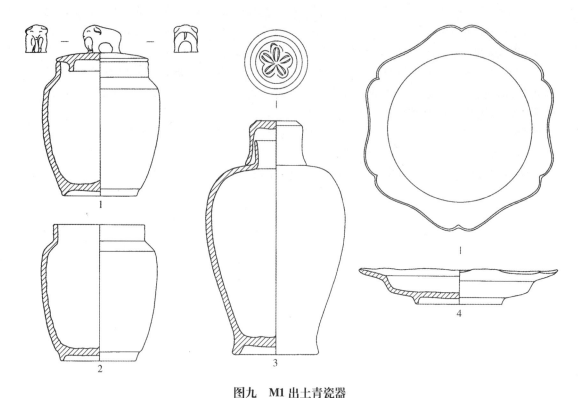

图九　M1 出土青瓷器

1、2. 象纽盖罐（M1：2、4）　　3. 梅瓶（M1：1）　　4. 花口盘（M1：5）（均为1/3）

官，分教会□，再主金陵学。淳熙戊戌，关升从事郎。己亥，随使出疆，回授文林郎，继为楚之录椽，以庆典循儒林郎边赏，转承直郎。丁未，用剡荐，改奉议郎，宰饶之鄱阳。以光庙登极，恩转承议郎，磨勘转朝奉郎。癸丑，秩满，以县最除进奏院。今上登极，转朝散郎。乙卯，迁司农寺簿；越三月，改秘书郎；又二月，除监察御史，排击奸伪，风望凛然。丙辰春，转朝请郎；夏，除太常少卿，历左右史兼玉牒检讨，以忠鲠结知。丁巳，权工部侍郎兼实录院修撰，遇郊赐开国食邑。戊午，除权礼侍；秋，转朝奉大夫；冬，试吏部侍郎，赐金带。己未，参典文衡，去浮取实，以言论归里；冬，奉祠命。庚申，起知夔府，改知和州，转朝散大夫，复帅东广属，荟寇猖□，公荡平之。辛酉，以功进华文阁待制。壬戌，丐祠，得请磨勘，转朝请大夫。居无□召赴行在。公自知与时落落，抗章力辞。言者因复排之，由是放意林泉。虽□时悯俗，不能去怀，然无复用世之心矣。嘉泰癸亥十月，以微疾请老，转朝议夫。夫致仕竟以疾终，享年六十有七。讣闻天子，赠通议大夫。公娶吴氏，封令人。子二人，长绅卿，授承务郎，娶蔡氏，先公而卒；次正卿，魁铨闱授修职郎、松溪簿，娶何氏。女三人，长适吴元琰，次黄极，季永兴，主簿项得一。孙女二人，曰院，曰居。初令人葬釜山，不利。今以开禧乙丑十二月庚申，与公合葬于魏溪之原。公立朝，大节当在国史，行有述，志有铭，文有集行于世。姑抚其始终之梗概，以纳诸土宫。悲夫！铭石之藏，其与天地相为长久也欤！孤哀子正卿泣血谨书。

（二）M2 出土器物

M2 未被盗掘，随葬器物保存完整，且大多数随葬器物仍处原位。器类有瓷器、金属器、水晶、漆器及石质墓志，另有较多棺钉出土。

1. 瓷器

出土龙泉窑青瓷 9 件（套）和青白瓷 3 件（套）。

龙泉窑青瓷　9 件（套）。包括象纽盖罐 6 件（套）、梅瓶 1 件（套）、花口盏 1 件和花口盘 1 件。

象纽盖罐　6 件。罐身直口，短颈，折肩，深弧腹略弧收，极矮圈足。盖面扁平，子母口，象形立纽，大象长鼻下垂而内卷，双大耳，两耳之间顶部有一小圆形凸点。灰白色胎。以粉青釉为主，釉层较厚，釉质匀润。内腹有明显的轮旋痕。器身口沿、圈足端刮釉，盖口及外圈不施釉，显示盖与罐套烧。

标本 M2:1，完整。出土于后壁的左上龛中，出土时侧倒。粉青色釉，局部近口沿下泛较深的青色并有较多开片。罐身口径 8.2、最大腹径 10.5、底径 6.6、高 10.5 厘米，罐盖口径 5.6—8.1、高 3.7 厘米，象长 3.5、高 2.4 厘米（图一〇:1、一六—一八）。标本 M2:2，完整。出土于后壁的右上龛中，出土时侧倒。罐身口径 7.8、最大腹径 10.2、底径 6.2、高 11.4 厘米，罐盖口径 6—8.4、高 3.6 厘米，象长 3.3、高 2.1 厘米（图一〇:2、一九—二一）。标本 M2:3 象纽盖与标本 M2:5 罐身，盖完整，罐身残，分别出土。盖出土于后壁左下龛中，出土时仰侧。口径 5.6—8.5、高 3.9 厘米，象纽长 3.3、高 2.2 厘米。罐身出土于墓室左后角，已被壁落砖砸碎。釉近口及足处有开片，局部有水锈。罐身口径 8.7、最大腹径 10.5、底径 6.7、高 12 厘米（图一〇:3、二四）。标本 M2:4，完整。出土于后壁的右下龛中，出土时侧倒。口沿及圈足施釉及刮釉外有两层施釉的痕迹。罐身口径 7.8、最大腹径 10.2、底径 6.2、高 11.2 厘米，罐盖口径 5.8—8.2、高 3.6 厘米，象长 3.4、高 2 厘米（图一〇:5、二二）。标本 M2:7 象纽盖与标本 M2:11 罐身，均残，分别出土。盖出土于墓室右后角，出土时仰侧。口径 6—8.2、高 3.8 厘米，象长 3.5、高 2.2 厘米。罐身出土于墓室左后角，已被壁落砖砸碎。口径 8.7、最大腹径 10.5、底径 6.7、高 12 厘米（图一〇:7、二三）。标本 M2:10，完整。出土于墓室左后角。釉近口及足处有开片，局部有水锈。罐身口径 8.7、最大腹径 10.5、底径 6.7、高 12 厘米，罐盖口径 5.6—8、高 3.9 厘米，象长 3.4、高 2.2 厘米（封面；图一〇:6）。

梅瓶　1 件（套）。标本 M2:6 瓶身与标本 M2:9 瓶盖。完整。瓶身出土于后室的右后角，出土时侧倒，瓶身与盖分离。瓶身直口微敞，短直颈，隆肩，深弧腹斜收，矮圈足略外撇。口沿下有凹弦纹一道，肩上有凸弦纹一道，腹部饰较疏的凹弦纹，因釉较厚致弦纹不清。灰白色胎。近粉青色釉，釉色均匀，釉面匀润，近圈足处积釉。内腹有明显的轮旋痕。圈足端刮釉。口径 3.8、最大腹径 12.6、底径 7、高 18.6 厘米。盖出土于后室的右后角，出土时侧倒。平顶，直壁外斜，盖面刻画五瓣花卉。灰白色胎。近粉青色釉，釉色均匀，釉面匀润。内面及上腹部不施釉。口径 6、底径 3.4、高 3.6 厘米（封二:1；图一〇:4、二五、二六）。

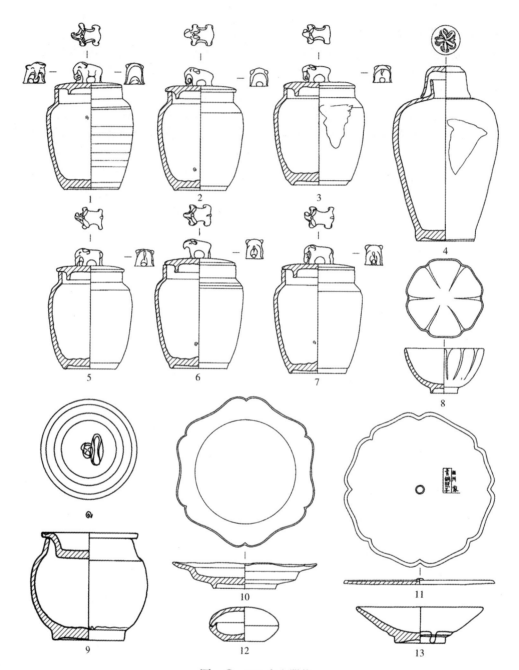

图一〇 **M2 出土器物**

1—3、5—7. 青瓷象纽盖罐（M2:1—3、5、4、10、7、11） 4. 青瓷梅瓶（M2:6） 8. 青瓷花口盏（M2:12）
9. 青白瓷盖罐（M2:15） 10. 青瓷花口盘（M2:8） 11. 铜镜（M2:17） 12. 青白瓷盖盒（M2:16）
13. 青白瓷小碟（M2:19） （9、12、13 为 1/2，余为 1/4）

图一一　青瓷象纽盖罐（M1:2）

图一二　青瓷象纽盖罐（M1:4）

图一三　青瓷象纽盖罐（M1:3）

　　花口盘　1件（M2:8）。完整。出土于墓室中部近后壁处。六葵花口，宽平折沿，沿面微向上斜，折腹浅坦，大平底，矮圈足，外底有修刮，显得圈足较高。浅灰色胎。粉青色厚釉，口沿外圈上下均有积釉，上腹部釉层较下腹部厚。圈足端刮釉，无釉处呈土黄色，足外壁有两层釉痕迹。口径17.3、底径7.4、高3厘米（封二:2；图一〇:10、二七、二八）。

花口盏 1件（M2:12）。残。出土于墓室左后角，已被壁落砖砸碎。六曲花口，弧腹斜收，凹圜底，矮圈足，足壁较直。内腹对应花口处凸棱因釉层较薄而呈灰白色。灰白色胎。粉青色厚釉，釉面匀润。圈足端刮釉，从足部看至少施两层釉。口径9.4、底径3.2、高5.2厘米（图一〇:8、二九、三〇）。

青白瓷 3件。包括盖罐1件、盖盒1件和小碟1件。

盖罐 1件（M2:15）。残，已碎。出土于棺内头顶部。器形小巧。罐身直口，短直颈，圆折肩，深弧腹略鼓，圈足较浅。盖面下凹，宽平折沿，沿面有一圈细凹弦纹。盖心纽作荷花与荷叶形。白胎。青白釉，釉层薄，较多细小开片，罐身肩部积釉处釉色较深。罐内腹及底有轮制的轮旋痕。罐身外腹施釉不及底，口沿及盖内沿外圈刮釉，显示器身与盖套烧。罐身口径5.2、最大腹径7、底径4.3、高5.9厘米，罐盖口径4—5.8、高1.5厘米（图一〇:9、三一）。

盖盒 1件（M2:16）。完整。出土于棺内头顶部。器形小巧。盒身子母口，浅弧腹，小平底。盖面圆弧。白胎。青白釉，釉层薄，较多细小开片。盒身内腹及底有轮制的轮旋痕。盒身外腹施釉不及底，盖内腹不施釉。口沿及盖内沿外圈刮釉，显示盒身与盖套烧。盒身口径3.4、底径2.4、高1.1厘米，盒盖口径4.2、高1.1厘米（图一〇:12、三二）。

小碟 1件（M2:19）。完整。出土于棺内头顶部。器形小巧，敞口，斜直腹极浅，小平底。白胎。青白釉，釉层薄。外腹施釉不及底，口沿处刮釉。口沿处有两道冲。口径7.6、底径3、高2.1厘米（图一〇:13、三三）。

图一四 青瓷梅瓶（M1:1）

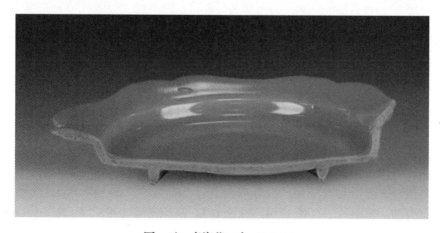

图一五 青瓷花口盘（M1:5）

图一六 青瓷象纽罐（M2：1）

图一七 青瓷象纽罐（M2：1）底部

2. 金属器

16 件（组）。包括金霞帔坠 1 件、金钗 2 件、金耳环 1 对、金梳背 2 件、鎏金银钗 1 件、金花钱 1 枚、银钗 3 件、银盒 1 件、银花钱 1 枚、铜镜 2 面和铜钱 1 串。

图一八 青瓷象纽盖罐（M2：1）内部

图一九　青瓷象纽盖罐（M2∶2）

图二〇　青瓷象纽盖罐（M2∶2）底部

图二一　青瓷象纽盖罐（M2∶2）内部

　　金霞帔坠　1件（M2∶29）。完整。出土于棺内脚部，可能已移位。顶部带一圆形小环。心形。两面以点状纹为地，满饰缠枝花卉纹。长9.2、宽6.4、厚1.7厘米（图三四、

三五、四八：1）。

金钗　2件。标本 M2：20，完整。出土于棺内头顶部。折股钗。长 U 形，顶端尖，中间细，两头略粗。制作较为简单，光素无纹。长 11.6 厘米（图三六：左、四八：4）。标本

图二二　青瓷象纽盖罐（M2：4）

图二三　青瓷象纽盖罐（M2：7、11）

图二四　青瓷象纽盖罐（M2：3、5）

图二五　青瓷梅瓶（M2∶6）口部及盖内部

图二六　青瓷梅瓶（M2∶6）底部及盖

M2∶23，完整。出土于棺内头顶部。花筒钗。长 U 形，顶端尖，中间细，两头略粗。制作较为复杂，钗梁处打造成圆形宝盖，以下打造出繁缛纹饰。上刻"真赤金"铭。长 16.2 厘米（图三六∶右、四八∶2）。

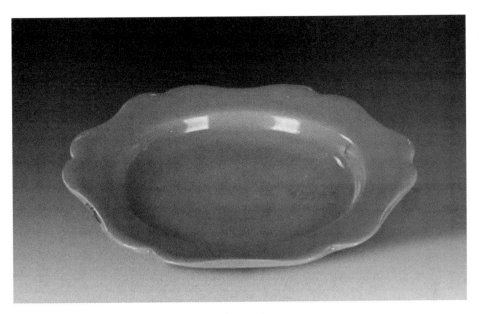

图二七　青瓷花口盘（M2∶8）

　　金耳环　1 对（M2∶25）。完整。出土于棺内头部。造型如弯月。长 2.1 厘米（图三七、四八∶8、9）。

　　金梳背　2 件（M2∶24）。残断。出土于棺内头顶部。形体近半月形。极薄，上下扣合。包背打造成竹节状。梳篦应为木质，已朽。标本 M2∶24 – 1，完整。长 9、宽 0.8—1.2 厘米（图三九∶右、四八∶13）。

图二八　青瓷花口盘（M2∶8）底部

标本 M2:24-2，残。残长 6、宽0.8—1.2 厘米（图三九：左、四八：12）。

鎏金银钗　1件（M2:22）。完整。出土于棺内头顶部。花筒钗。长 U 形，顶端尖，中间细，两头略粗。制作较为复杂，钗梁及以下以多圈金丝装饰，呈竹节状。长 14.8 厘米（图三六：中、四八：3）。

金花钱　1件（M2:27）。完整。出土于棺内近腹部，圆形方孔，一面有"太平通宝"铭。直径2.1、厚0.1厘米（图四〇：左、四九：1）。

图二九　青瓷花口盏（M2:12）

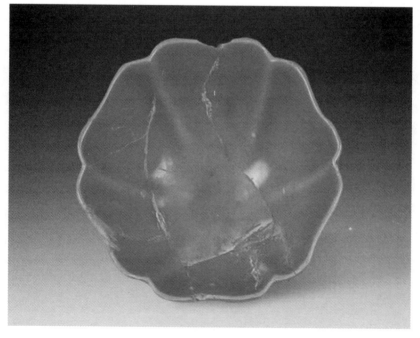

图三〇　青瓷花口盏（M2:12）内部

图三一　青白瓷盖罐（M2:15）

图三二　青白瓷盖盒（M2:16）

　　银钗　3 件。标本 M2:14，完整，出土于棺内头顶部。折股钗。长 U 形，顶端尖，中间细，两头略粗。制作较为简单，光素无纹。长 8.7 厘米（图三八：左、四八：5）。标本 M2:21，残断。出土于棺内头顶部。折股钗。长 U 形，顶端尖，中间细，两头略粗。制作较为简单，光素无纹。长 8.1 厘米（图三八：中、四八：6）。标本 M2:31，残断。发现于墓葬填土中，位置不清。折股钗。长 U 形，顶端尖，中间细，两头略粗。制作较为简单，光素无纹。长 6.2 厘米（图三八：右、四八：7）。

　　银盒　1 件（M2:13）。残，盒盖与盒身无法拆分。出土于棺内头顶部，可能有移位。

扁圆形，盒身与盖上下对称，子母口，通体饰凸起的缠枝花卉纹饰，以细圆点纹为地纹。残径5.8、残高2.2厘米（图四一、四八：10）。

银花钱　1件（M2：26）。完整。出土于棺内中部，圆形方孔，正面有"长命富贵"铭，背面有日、月图案。直径2.5、厚0.1厘米（图四〇：右、四九：3）。

铜镜　2件。标本M2：17，完整。出土于棺内头顶部，应该有移位。从出土情况来看，外有漆盒盛装。六出葵花形，梯形边郭，素面，圆形小纽，镜背长方形框内有铭文"湖州□家青铜照子"。直径18、高0.7厘米（图一〇：11）。标本M2：32，铜镜。完整。出土于墓室后部近后壁的中部。圆形，镜背外圈凸起，圆形小纽，中部有两道凸弦纹。保存较好。直径24、高0.8厘米（图四二、四八：14）。

图三三　青白瓷小碟（M2：19）

图三四　金霞帔坠（M2：29）正面

图三五　金霞帔坠（M2：29）背面

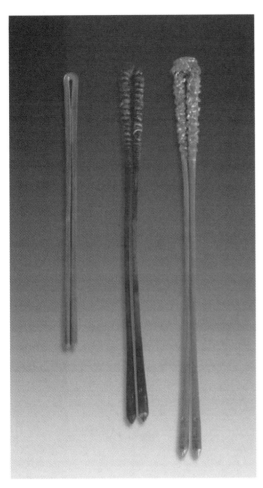

图三六　金钗、鎏金银钗、金钗（M2:20、22、23）

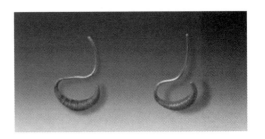

图三七　金耳环（M2:25）

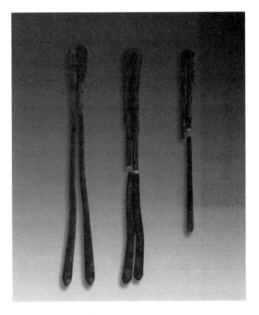

图三八　银钗（M2:14、21、31）

　　铜钱　1串（M2:28）。残。出土于棺内中部，文字不清。可辨认的一枚可能是"开元通宝"（图四九:2）。

　　棺钉　铁质，有两种形制：一种为直钉，一种为环首钉。

　　3. 水晶

　　环　1件（M2:18）。完整。出土于棺内头部。中间有圆孔，孔壁对称内削。制作相当规整，棱角分明。除少量的棉絮状物外，晶体极为干净通透。直径7.1、高1.3厘米，孔径2.3—3.8、厚0.3厘米（图四三、四八:11）。

　　4. 漆器

　　2件。在墓葬清理过程中，发现漆器2件。从残留迹象来看，器形均为盒。其一，器形较大，用以盛装铜镜。其二，器形较小。两件漆盒均朽甚，无法提取。

5. 墓志

1方（M2∶30）。石质。完整。出土于墓室后壁中心龛中。文字漫漶不清。高47、宽34.2厘米（图四四）。

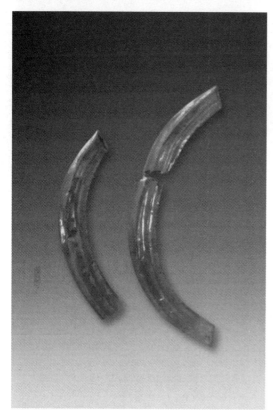

图三九　金梳背（M2∶24）

图四○　金花钱、银花钱（M2∶27、26）

图四一　银盒（M2∶13）

图四二　铜镜（M2∶32）

图四三　水晶环（M2∶18）

图四四　墓志（M2:30）

图四五　瓦当（采:2）

图四六　筒瓦（采:3、4、5）

6. 建筑构件

在石砌围墙以内、墓葬前采集，包括脊兽、筒瓦与板瓦等，器型均较小。

脊兽　1件（采:1）。瑞兽造型。灰陶。长9.8、高10.2厘米（封底；图五〇:1）。

瓦当　1件（采:2）。残。灰陶。面以点状乳突示意莲瓣，间以枝叶纹饰。直径24、残长5厘米（图四五、五〇:2）。

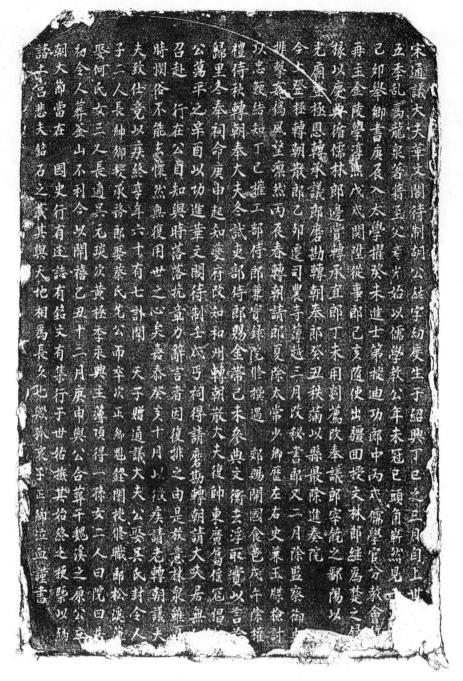

图四七 M1 墓志拓片（约为 1/3）

筒瓦 3 件。均残。均为灰陶。标本采：3，长 11.1、宽 5.4 厘米（图四六：左、五〇：3）。标本采：4，长 10.8、宽 5 厘米（图四六：中、五〇：4）。标本采：5，长 10.8、宽 5.4 厘米（图四六：右、五〇：5）。

三　结　语

（一）墓葬时代

据出土的胡纮墓志，胡纮生于南宋绍兴七年（1137），卒于嘉泰三年（1203）；开禧元年（1205），妻吴氏与其合葬于魏溪之原。故两座墓（M1、M2）的时代均为南宋中期。

胡纮妻吴氏墓志文字漫漶不清，无从辨认。

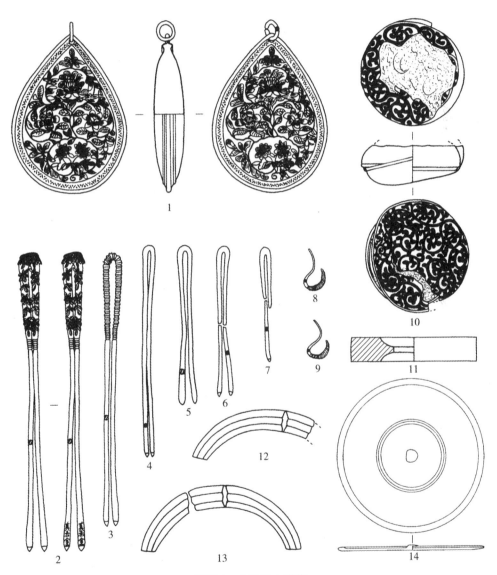

图四八　M2 出土器物

1. 金霞帔坠（M2∶29）　　2、4. 金钗（M2∶23、20）　　3. 鎏金银钗（M2∶22）　　5—7. 银钗
（M2∶14、21、31）　　8、9. 金耳环（M2∶25-1、25-2）　　10. 银盒（M2∶13）　　11. 水晶环
（M2∶18）　　12、13. 金梳背（M2∶24-2、24-1）　　14. 铜镜（M2∶32）（14 为 1/6，余为 1/2）

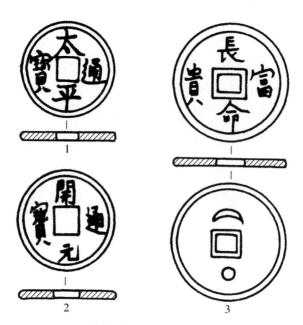

图四九　M2 出土钱币

1. 金花钱（M2:27）　2. 铜钱（M2:28）　3. 银花钱（M2:26）（均为原大）

（二）胡纮其人

1. 仕宦经历

据墓志记载，胡纮于绍兴二十九年（1159）举乡书，绍兴三十年（1160）入太学，隆兴元年（1163）进士及第，乾道二年（1166）儒学官，淳熙五年（1178）官升从事郎，淳熙六年（1179）随使出疆回授文林郎，淳熙十四年（1187）剡荐改奉议郎宰饶之鄱阳。光宗即位，转朝散郎磨勘转朝奉郎，绍熙四年（1193）除进奏院。宁宗即位，转朝散郎。庆元元年（1195）迁司农寺簿，越三月改秘书郎，又二月除监察御史。庆元二年（1196）转朝请郎夏除太常少卿。庆元三年（1197）权工部侍郎兼实录院修撰，庆元四年（1198）除权礼侍，秋转朝奉大夫，冬试吏部侍郎赐金带。庆元六年（1200）知夔府，改知和州转朝散大夫。嘉泰元年（1201）以功进华文阁待制。嘉泰二年（1202）转朝请大夫。嘉泰三年（1203）十月以微疾请老转朝议夫。

胡纮在《宋史》中有载①，在明成化《处州府志》、清雍正《浙江通志》、清雍正《处州府志》、清光绪《处州府志》和清光绪《庆元县志》中都有相关记载，其中内容多可与墓志互证。

"胡纮警悟好学，家贫，无置书资。有贩者求售，留一宿读遍，还之。后由太学生登进士第，宰邑有声。迁监察御史，剖决当情。累迁吏部侍郎，出为广东经略使，官至尚书致政。"②

---

① 《宋史·赵汝谠列传》，中华书局 1977 年标点本，第 12397 页。

② 《处州府志·庆元》（明成化版），丽水档案馆藏影印本。

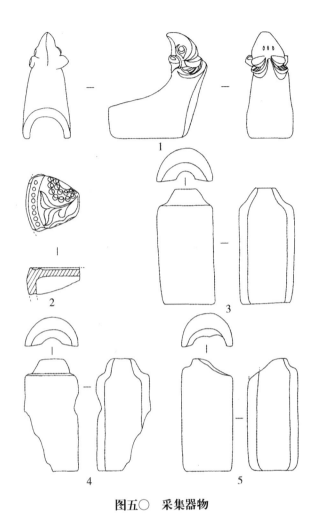

图五〇 采集器物

1. 脊兽（采:1）　2. 瓦当（采:2）　3—5. 简瓦（采:3—5）（均为1/4）

"隆兴元年癸未，木待问榜……胡纮。庆元人。吏部侍郎。"[①]

"隆兴癸未科……胡纮官刑部侍郎。"[②]

"胡纮龙泉人，少颖异，笃学。读书经月成诵。累官吏部侍郎，出为广东经略使，所至有能声。"[③]

"胡纮龙泉人，事详宋史。"[④]

"胡纮：少警悟笃学，家贫无置书资，有贩者求售，读遍还之即不忘。由教官科宰邑

——————————

① 浙江省地方志编纂委员会主编：《浙江通志·选举》（清雍正版），中华书局2001年版，第3133页。

② 《处州府志·选举志》（清雍正版），丽水档案馆藏影印本。

③ 《处州府志·选举志》（清雍正版），卷13《人物》，丽水档案馆藏影印本。

④ 《处州府志·经济》（清光绪版），丽水档案馆藏影印本。

有声，擢监察御史，累迁至吏部侍郎，出为广东经略使，所至有能声。"①

2. 相关史实

据清光绪《庆元县志》记载，胡纮在庆元设县的过程中发挥了重要作用，为墓志中所未题。"宁宗庆元三年，胡纮奏请以所居松源乡立县，始设。"②"庆元丁巳，民以状白府，请以松源一乡，益以延庆乡之半听置为邑。闻于郡，刺史达于朝。时冬官二卿胡公纮，松源人也，为丞相京祈公所推重，首言置邑便，祈公深然之。冬十一月诏可，赐名庆元。"③

此外，墓志中"除监察御史，排击奸伪，风望凛然"一事，涉及南宋时期一个影响深远的政治事件——庆元党禁，在《宋史》"胡纮传"中也有提及。

（三）发掘意义

两个墓葬规模较大，其中 M2 墓室未被盗掘，保存完好，随葬器物丰富，包括金器、银器、铜器、瓷器、水晶等，不少器物不仅质量高且极为罕见，在浙江地区考古工作中属一次较为重要的发现，对于研究南宋中期的墓葬结构、随葬器物的组合以及浙江地区礼制的变化等具有重要意义。

墓葬中出土了一批高质量的瓷器。其中的龙泉窑瓷器数量多、质量精，是不可多得的精品，尤其重要的是墓葬纪年的存在，可明确器物的年代，是龙泉窑断代的重要标准器物。龙泉窑生产规模相当庞大，但纪年器物发现极少，许多器物的断代仍旧相当模糊。这些纪年墓出土的龙泉窑瓷器，对于确定窑址及各博物馆藏的同类型器物的年代意义重大。

附记：本次发掘得到了庆元县文广新局、庆元县公安局的大力支持，使得考古工作得以有序完成。同时公安机关投入大量警力，全力以赴追缴胡纮墓被盗文物。对于他们的辛勤付出，在此表示衷心感谢。

领　队：郑建明
发　掘：叶　海　谢西营　吴文琳　吴　兴　周光贵
摄　影：郑建明
绘　图：程爱兰　孙小治
执　笔：谢西营　叶　海　郑建明

---

① 庆元县县志编委会主编：《庆元县志·人物》，浙江人民出版社 1985 年版，第 261—262 页。
② 同上书，第 177 页。
③ 同上书，第 341 页。

重庆市北碚区苦塘沟南宋杨元甲
夫妇墓的发现与研究

白九江　莫　骄　徐克诚

    2013 年 4 月，重庆市北碚区澄江镇村民修建乡村公路时发现一处古墓群，北碚区博物馆对其进行了抢救性清理，重庆市文化遗产研究院对发掘材料进行了整理研究。该墓群位于澄江镇澄江村塘沟社苦塘沟旁边的一处小山坡上，坐北朝南，坡底有一名为"运河"的小溪，东距澄江镇约 0.4 千米，南距北碚城区约 10 千米。北碚区博物馆共清理石室墓 5 座（编号为 2013BKM1～2013BKM5，以下简称 M1～M5），分为东、西两个区域，间距约 100 米，均为宋代墓葬，部分墓室损毁较严重。M1、M2 位于西区，为同坟异穴石室合葬墓；M3、M4 与 M5 同处东区，M3 和 M4 亦为同坟异穴石室合葬墓；M5 为单室石室墓，距 M4 约 3 米。其中 M3、M4 为南宋杨元甲夫妇合葬墓。现将两墓的发掘情况简介于下。

一　墓葬形制与出土器物

（一）墓葬形制

    M3 和 M4 墓向 180°，为竖穴土圹石室墓，共用一墓圹，墓圹残长 3.62、宽 2.4、深 2.69 米。两墓室间距约 0.6 米，墓室平面呈长方形，均由墓门、墓室、棺床、藻井、壁龛、后龛等组成，形状基本一致，各墓室左右基本对称（图一）。

    两墓墓门均位于墓室南端，两侧立门柱，封门用整块石板封堵。M3 墓门宽 0.88、高 1.27、厚 0.24 米。M4 墓门宽 0.9、高 1.29、厚 0.24 米。墓底用平整的石板平铺而成。

    两墓左右壁均设壁龛，壁龛形制相同，呈长方形。M4 左壁龛阴刻墓主人杨元甲墓志文，M3 左壁龛内阴刻镇墓碑文，两室右壁龛均刻《楞严咒》。M3 壁龛宽 0.91、高 0.41、进深 0.05 米。M4 壁龛宽 0.92、高 0.42、进深 0.05 米（图二）。

    两墓墓室后壁均设方形后龛，双层龛楣，M3 后龛宽 0.63、高 0.54、进深 0.16 米。M4 后龛宽 0.64、高 0.55、进深 0.16 米（图三）。内层楣额上斜刻石匾，向前略倾，M3、M4 匾上分别阴刻篆书"大椿寿墓"、"巴岳归隐" 4 字。匾宽 0.65、高 0.24 米（图一二：1、2）。M3 后龛左右柱框浅浮雕神树，龛内两侧各阴刻一大一小平行四边形，略具对开格扇门意，门内阴刻曲足供案，案上承香炉及二盆插花卉（图四:1、图五）。M4 后龛内则阴刻一大圆圈，圈外四角刻卷云状花卉图案，圈内刻镇墓文（图四:2）。

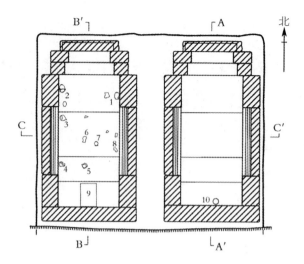

图一　M3、M4 平面图

1、2、4—8. 陶双耳罐　3. 瓷双耳罐　9. 石墓志　10. 瓷盅

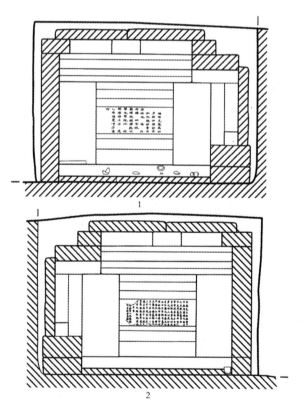

图二　M3、M4 纵剖及侧壁视图（A—A′、B—B′）

1. M3 左壁　2. M4 右壁

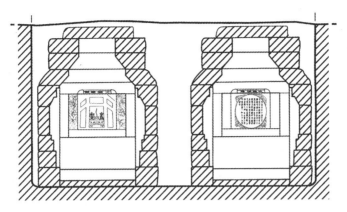

图三　M3、M4 横剖及后壁视图（C—C′）

1

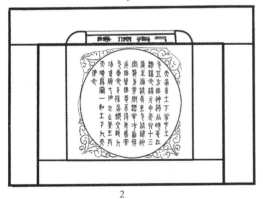

2

图四　后壁龛立面图

1. M3 后壁龛　2. M4 后壁龛

1　　　　　2

图五　M3 后壁龛纹饰拓片

1. 左柱框纹饰　2. 龛内纹饰

图六　M4 三角形藻井石上纹饰拓片

墓顶前后分别为方形和三角形藻井，其间用横架梁隔开，藻井顶盖石板。其中 M4 方形藻井顶用红色颜料描绘朱雀图，现漫漶不清。三角形藻井顶阳刻结带钱纹，钱纹中心刻团花一朵，钱身刻莲花、草叶、卷云等图案（图六）。

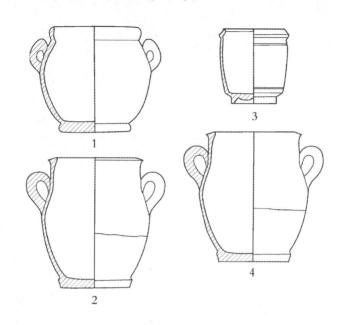

图七　M3、M4 出土陶器、瓷器

1. 瓷双耳罐（M3:3）　2、4. 陶双耳罐（M3:1、M3:2）　3. 瓷盅（M4:1）

（二）出土器物

两墓共出随葬器物 9 件。M3 内见有棺木残渣、棺钉，随葬石质墓志铭 1 方、缸胎罐7 件、瓷罐 1 件。M4 内堆积大量黄黏土，发掘前已受扰，未见葬具，仅于墓门内侧见 1件瓷盅（图一）。

双耳罐　8 件，其中 7 件为缸胎器，1 件（M3:3）为瓷器。缸胎均泥质缸胎，火候较高，形制、大小相近。标本 M3:1，敛口，鼓腹，假圈足，腹饰对称环形双耳。施白色半釉，釉下有褐色化妆土，并绘制黑褐色草叶纹。口径 10、底径 7、高 13 厘米（图七:2）。标本 M3:2，口径 10、底径 7、高 13 厘米（图七:4）。标本 M3:3，灰白色瓷胎。敛口，圆唇，束颈，鼓腹，假圈足。施黑釉。口径 7、底径 6、高 7.5 厘米（图七:1）。

盅　1 件。M4:1，白色瓷胎，质地较粗。敛口，深腹略鼓，下腹折内收，圈足，腹部饰两道凹弦纹。施天蓝色青釉，内外底未施釉。口径 12.5、底径 9、高 14 厘米（图七:3）。

二　墓志与墓内题刻

（一）墓志文

M4 左侧龛内阴刻墓主人杨元甲墓志文，长方形，整幅宽 1.08、高 0.44 米。志文竖排，满行 8 字（名字 2 字占 1 格），从右到左，楷书 20 行，计 151 字，其中损 1 字，另有部分漫漶不清。无首题。据发掘时的照片、拓片、实物和墓中其他题刻互校，释文标点于下：

　　巴岳先生，姓杨，讳元 甲 ，/字春卿，濮国之南山/人。文学行义，为世 所 宗；英风义槩，照映 簪 /笏。尝从军陕右，拊接/有恩，关表军民，仰之/若父母，人以是知其/有弘济之略。嘉定初，/以四川宣抚司岁荐，/擢利路将漕属官， 继 /任南充、江津二县令。/未几，改除夔路帅□，/卒于治所，年六十有/三。官至从政郎，有《巴/岳文集》行于世。/孤子端靖、端揆敬奉灵骨，藏于/缙云之侧，粗纪要略，/ 瘗 诸 玄宫。/

　　 九 峰联青，一水凭绿。/ 炼 化丹陵，兹焉瘗 玉 （图八）。/①

图八　M4 墓志拓片

　　M3 内存石墓志 1 方（M3:9），砂岩质。长方形，正面磨光，背面粗糙并有密集凿痕，高 0.45、宽 0.34 米。正面阴刻双线边框，紧切框线内侧交错阴刻 24 个半朵云纹。框内志文竖排，满行 19 字（名字 2 字占 1 格），从右到左，楷书 11 行，计 200 字，其中损 24 字，另有部分文字漫漶不清。释文标点于下：

　　笁夫人景氏，讳秀真，龙多先生西仲之长女，生有□/质，龙多遴选名士，归于巴岳先生杨元甲。□□□□/□□□□，正事舅姑，既其孝处，族当既□□驭下/□恩□□□法。处身勤俭，庭园肃然，光辅夫□□/□仕路，巴岳以直道不合于时，终老选调。既殁，家徒四壁，夫人理后事、训诸子、□□崇俭、经理有方，/略□戚嗟之色。绍定二年二月□日，卒于南峰乡/之祖居，年六十有三。子、初孙、梦孙、女□人，是岁之三月/诸子举夫人之丧，合葬于缙云先考之兆。谨泣血/著铭，为千载华表之证。其辞曰：/

---

　　①　志文中甲、所、簪、继、巴、瘗、诸、九、炼、玉 11 字，均为从墓葬揭露后的照片释读，志石在搬运中有所损，故上述文字在拓片中均残或损。

缙云储祥，石纽流光。被母之蜕，百□□昌（图九）。/

（二）《楞严咒》

M3、M4 右壁龛均刻《楞严咒》，内容、字体、大小、布局均相同。以 M4 为例，题刻呈长方形，幅宽 0.63、高 0.43 米。咒文竖排，句间隔一字，满行 7 字，从右到左，楷书 10 行，计 55 字，其中损 1 字。首题"佛顶光聚悉怛多般怛罗祕密伽陁微妙章句"，分 3 行排列，顶格空 1 字。释文如下：

佛顶光聚悉怛/多般怛罗，祕密/伽陁微妙章句。/跢侄他，唵，阿/那隶，毗舍提，/鞞啰跋闍啰陁/唎，盘陁盘陁你，跋/闍啰谤尼泮，虎/[昕]都嚧瓮泮莎婆/诃（图一〇）。/

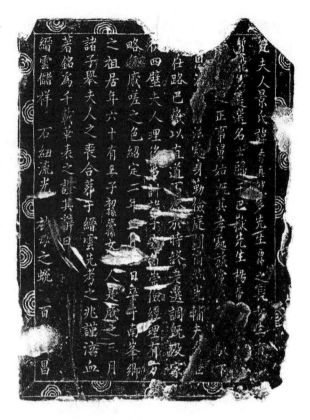

图九 M3 出土墓志（M3:9）拓片

图一〇 M4 右壁《楞严咒》题刻拓片

（三）镇墓文

杨元甲镇墓文位于 M4 后龛内，上刻圆圈，圈外四角各阴刻卷云状花卉图案，圈内阴刻镇墓碑文，篆体竖排，满行 10 字，从右到左，共 10 行，计 90 字。圆圈直径 0.55 米。

录文如下：

　　天帝告土下冢中王/气五方诸
神赵公明等：江/津县令杨元甲，
年六十三/岁，生值清真之气，死
归神/宫，医身冥乡，潜寄冲虚，
辟/斥诸禁诸忌，不得妄为害/气。
当令子孙昌炽，文咏九/功，武备
七德，世世贵王，与/天地无穷。
一如土下九天/律令（图一一）。/

图一一　M4 镇墓文拓片

　　杨元甲夫人镇墓文刻于 M3 左壁龛
内。长方形布局，宽 1.06、高 0.4 米。
篆体竖排，满行 6 字，从右到左，共
16 行，计 94 字，其中损 1 字。文字内
容与 M4 后龛镇墓文相比，仅在墓主人
"杨元甲"后增加了"室人景氏"4
字，其余内容、字体完全相同。

（四）后龛匾题

　　M3 后壁龛双层门楣，内层楣额上刻匾，其上有从右至左阴刻篆书"大椿寿墓"4 字，
每字高约 15 厘米（图一二：1）。"大椿"源自《庄子·逍遥游》："上古有大椿者，以八

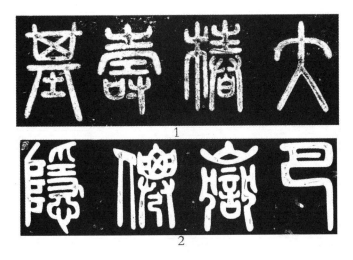

图一二　后龛楣匾题刻拓片

1. M3 后龛楣匾　2. M4 后龛楣匾

千岁为春，八千岁为秋。"① 后以大椿喻指父亲，以"椿寿"代指长寿。唐杜甫《寄刘峡州伯华使君四十韵》："但求椿寿永，莫虑杞天崩。"②

M4 后壁龛楣匾上阴刻篆书"巴岳归隐"4 字，每字高约 14.9 厘米（图一二:2）。从墓志内容推测，"巴岳"为墓主名号；"归隐"本指回家或回到民间隐居，此处喻死归其所。

三　墓葬形制比较

四川盆地东部宋代盛行石室墓，且多见合葬双室墓。以重庆及附近地区几个纪年明确的合葬墓观察，沙坪坝井口宋墓③两室相连，且有前后穿道相通；合川观山墓群④ M6 为同穴异室双室石室墓，两室虽间距较近，但分开各自成室；大足龙水磨儿坡的 3 座宋墓，⑤ 报道虽未明确其是否为同一土圹，但三墓共用一封土，应为一处合葬墓，墓室间距 1 米；华蓥安丙夫妇合葬墓（M1、M2）为同一土圹，两室分开有一定间距。⑥ 从年代上看，井口宋墓为北宋末年（所出最晚钱币为政和通宝）；合川观山墓群 M6 所在家族墓地之 M7 为南宋早期绍兴二十六年（1157），而 M6 不排除为 M7 之父母墓；大足龙水磨儿坡 M1 为绍兴三十年（1161），安丙墓的始建年代为嘉定十五年（1222），大约与杨元甲夫妇合葬墓同时。由此可见，这类石室墓很可能经历了北宋时期的两室相连到南宋时期两室相离的变化。

从墓葬规格看，安丙为一品重臣，其合葬墓分为前、中、后三室并置侧龛；杨元甲夫妇合葬墓为单室单侧龛，规模要小得多，与四川盆地东部普通宋墓相近，可见中下级官吏和普通百姓在墓葬规模上并无明显区别。

从墓顶结构的雕刻看，安丙墓群中的三个等级有藻井顶、拱券顶两种，安丙夫妇墓室内雕刻有仿木结构建筑、花卉、四灵、伎乐、驯兽、化生等图案，比其他两个等级雕刻繁复。井口宋墓为四层藻井顶，墓内雕刻有四灵、镇墓兽、孝悌故事、仿木结构建筑等。大足龙水磨儿坡宋墓为藻井顶，雕刻仿木结构建筑、侍从人物、倚坐人物、勾栏等。重庆地区的宋墓中也有一些平顶，但雕刻通常较少而简单。由此可以认为：藻井顶、拱顶墓葬的等级似要高于平顶墓葬。此外，从杨元甲夫妇合葬墓看，雕刻的繁复程度亦与家庭的财富有关。虽同为官员，杨元甲墓与同时期的安丙墓雕刻差距甚大，除了官员的品级外，掌握的社会财富也是一个很重要的因素。

---

① 《庄子》，孙通海译注，中华书局 2007 年标点本，第 7 页。

② 《全唐诗》卷 230《杜甫》，中华书局 1960 年版，第 2515 页。

③ 重庆市博物馆历史组：《重庆井口宋墓清理简报》，《文物》1961 年第 11 期。

④ 重庆市文化遗产研究院、重庆文化遗产保护中心：《重庆市合川区观山墓群宋代石室墓发掘简报》，《四川文物》2014 年第 2 期。

⑤ 重庆大足石刻艺术博物馆：《重庆大足龙水镇明光村磨儿坡宋墓清理简报》，《四川文物》2002 年第 5 期。

⑥ 四川省文物考古研究所等编著：《华蓥安丙墓》，文物出版社 2008 年版，第 5 页。

四　题刻考释

（一）杨元甲生平及其历史背景

从墓志铭可知，杨元甲，字春卿，号巴岳山人。杨元甲为合州（现重庆市合川区、铜梁区、四川省武胜县一带）南山人，应生活于南宋中期。其妻景氏殁于绍定二年（1229），享年63岁，则其妻生卒当在1166—1229年间。杨元甲与妻同寿而先逝，其生卒年月应略早于此。

墓志中未见杨元甲的出身，但在一些文献中见有杨元甲之名。按明万历《重庆府志》卷三二载："又梁椿、陈用康、杨元甲俱乡举，铜梁人。"① 说明杨元甲曾考中乡试。明万历《合州志》记前朝有"陈用庚、张之邛、杨元甲"等七人"俱嘉泰壬戌傅行简榜"② 进士。明万历、清道光《重庆府志·选举》"进士"条也有类似记载。嘉泰二年为南宋宁宗的年号，即1202年，杨元甲应为此年的进士。元甲"文学行义，为世所宗"虽有夸张，但文学亦应其所长，著有《巴岳文集》，惜今已不存。

值得注意的是，墓志铭中并无杨元甲中科举的描述。杨元甲以"从军陕右"开始从政之路，"从军"在宋代是入仕的最低一等，③ 与其进士身份不符。我们推测，这或许与宋代施行制度性卖官有关。《宋会要辑稿·职官》记"五千石与出身"，即以五千石"助官中赈贷"可特授科举出身，并等同于对科举末等者的恩赐，而非正式及第。④ 这反倒与杨元甲"从军"的身份可以相联系。

杨元甲在军中专事"拊接"。⑤ 13世纪初，宋金在陕南、陇东一带对峙，军民因战事多受其扰，"拊接有恩"即以恩信安抚接纳军民。另外，杨元甲可能还从事文书工作，向

---

① （明）张文耀修、邹廷彦纂：《重庆府志》卷三二《选举四·合州·铜梁县》，载上海图书馆编《稀见方志丛刊》第213册，国家图书馆出版社2011年版，第532页。

② （明）刘芳声修、田九垓撰：《合州志》卷五《王制·科贡》，载林超民等编《西南稀见方志文献·合州志》，兰州大学出版社2004年版，第129页。

③ 《宋史》载："太祖设官分职，多袭五代之制，稍损益之。凡入仕，有贡举、奏荫、摄署、流外、从军五等"（《宋史》卷158《选举志四》，中华书局1977年标点本，第3693页）。

④ 《宋会要辑稿》记宋太宗淳化五年（994）正月："诸州军经水潦处，许有物力户及职员等，情愿自将斛斗充助官中赈贷，当与等第恩泽酬奖。一千石赐爵一级，二千石与本州助教，三千石与本州文学，四千石试大理评事、三班借职，五千石与出身、（三班）奉职，七千石与别驾，不签书本州公事，一万石与殿直、太祝。"[（清）徐松辑：《宋会要辑稿》职官五五之二九，中华书局1957年版，第3613页]。

⑤ （宋）曾巩：《明州拟辞高丽送遗状》："臣愚非敢以是为廉，诚以拊接蛮夷，示之以轻财重礼之义，不可不先。"可见"拊接"有安抚接纳之意（郭预衡主编：《唐宋八大家散文总集》卷4，河北人民出版社1996年版，第3149页）。

军民"关表"① 通告各类事宜。② 杨元甲司职或较为出色，属下及相关人等"仰之若父母"，且"有弘济之略"，得到上级赏识。故在嘉定（1208—1224）初，元甲由四川宣抚司荐举得到提拔。荐举制度是宋代选官制度的重要组成部分，荐举可分为遵照朝廷诏令举官的"特荐"和地方每年定期保荐官员改转升迁的"岁荐"。这也正体现了宋代科举决定士人的"入仕"，荐举决定官员升迁的职官制度。

　　杨元甲被荐举的另一因素很可能与南宋宁宗开禧北伐"吴曦之乱"有一定关系。开禧三年（1207）初，正值宋金战事再起之时，四川宣抚副使吴曦反叛，"僭号建官，称臣于金"，四川宣抚司转运使安丙等假传圣诏，诛曦平叛，"加丙端明殿学士、中大夫、知兴州安抚使兼四川宣抚副使"。③ 嘉定二年（1209）八月，因宋金达成"嘉定和议"而罢四川宣抚司，恢复四川制置司，"以安丙为四川制置大使"。④ 嘉定年间，四川宣抚司只存在了一年零八个月，杨元甲当在1208、1209年间被"岁荐"。安丙在此期间兼兴州安抚使，时利州路分为利州东路、利州西路，兴州安抚使当为利州西路安抚使，至1209年恢复四川制置司才又合东西两路为利州路。⑤ 杨元甲与安丙为同时期人，年龄相当，同在吴曦军中服务，只是身份地位悬殊。安丙诛曦后，曾清理吴曦部分党羽，杨元甲此时反倒得以提拔，或与安丙所在团体有关。此外，安丙任四川宣抚副使后，"时蜀计空虚，而军费日伙，宣司为之移屯、减戍、运粟、括财，计司实赖其力"，⑥ 杨元甲"擢利路将漕属官"，应与运粟、括财背景有关。安丙知兴州安抚使兼四川宣抚副使，利州路将漕主要负责漕运，杨元甲应为安丙的直系下属。

　　此后，杨元甲又先后继任南充、江津二县令。宋代县令"掌总治民政，劝课农、桑，平决狱讼"，⑦ 南充为利州路果州府所在，时安丙之子"癸仲知果州"。1217—1219年，宋金再战，金在西线"破赤丹、黄牛堡，入武休关，直捣梁、洋，至大安，宋师所至辄溃，散入巴山"。而安丙因受朝廷猜忌，赋闲在家。嘉定十二年（1219），红巾军起义，"自阆趋遂宁，所过无不残灭"，四川制置使聂子述檄令安丙之子安癸仲"兼节制军马，任讨贼之责"，与红巾军周旋。宋廷不得已再"诏起丙为四川宣抚使"，⑧ 终于将红巾起义打压下去。志文虽未言明杨元甲在南充令任上时间，但其在江津县令上"未几，改除夔

　　① （宋）程公许撰《连日得关表捷报闻敌骑无复留境上者志喜成诗》，可知"关表"当为当时的一种文书形式。宋代有"关报"，为上行中央的文书，《宋史》卷一六一《职官一》："及修官制，遂以实正名，而判后省之事。分案五：曰上案，掌册礼及朝会所行事；……曰谏官案，掌受诸司关报文书"，第3779、3780页。而关表可能是下行文书或通告，《宋史》卷四百四九《忠义四》记高稼移书桂如渊："今日之事如弈棋，所校者先后尔。……盖以兴、沔、利三戎司分驻凤州，俾制司已招之忠义，关表复仇之豪杰，联司以进，兵气夺矣"，第13231页。

　　② "拊接有恩，关表军民"也可理解为杨元甲捐资"助官赈贷"，用于战争时期接济军民，而被通报表彰。或为买官特授科举出身而"从军"的隐晦说法。

　　③ 《宋史》卷402《安丙传》，中华书局1977年标点本，第12190页。

　　④ 《宋史》卷39《宁宗三》，中华书局1977年标点本，第753页。

　　⑤ 熊梅：《南宋利州路分合考论》，《中华文化论坛》2006年第2期。

　　⑥ （宋）李心传：《建炎以来朝野杂记》乙集卷一六《四川宣、总司抗衡》，中华书局2006年标点本，第803页。

　　⑦ 《宋史》卷167《职官志七·诸县令丞簿尉》，中华书局1977年标点本，第3977页。

　　⑧ 《宋史》卷402《安丙传》，中华书局1977年标点本，第12192页。

路帅□，卒于治所，年六十有三"，且其以江津县令身份入镇墓文，故可推知杨元甲在南充县令任上较长，在江津县令任上较短并逝于治所。南充作为安葵仲治下的果州府辖县，且杨元甲受四川宣抚使推恩，又曾在利路任将漕属官，必与安丙父子有所交集。

杨元甲娶妻景氏名秀真，育二子。景氏父名景西仲，号龙多先生。阆中大佛寺《宋大佛寺景西仲题名》载："庆元庚申（1200）五月既望，游城南，观大象，访陈氏书岩，想文物之余芳，揽江山之嘉会。龙多景西仲，公佐偕来涪国……"，① 其后接"前游者"十二人、"从游者"五十七人之名，从游者中有"遂宁蒲显孙□元甲"，"□元甲"当为本文所考墓主杨元甲。景西仲时为名士，龙多先生之号，当源于合州西北之名山——龙多山。

杨元甲一生历"拊接"、"将漕属官"、南充县令、江津县令，官至从政郎，品级变动不大。最后改除但未到任的"夔州路帅□"职务，也很可能只是夔州军帅下的属官（疑为"帅漕"？）。按夫人景氏墓志铭的说法，"巴岳以直道不合于时，终老选调"，一直未得到更高的提拔，其为人"行义"，或非妄言，且其逝世时，"家徒四壁"，可见一斑。从墓葬规格看，杨元甲夫妇合葬墓与重庆地区的普通宋墓较为一致，雕刻内容与合川、北碚一带宋墓接近；从未受损扰的景氏墓内随葬品看，也为常见之陶、瓷器，这些与墓志所载基本吻合。

（二）地名现地考

M3、M4 中涉及一些行政区划名、山名等，试考证如下。

濮国　先秦时期长江中游及四川盆地多濮人。《尚书·牧誓》记武王伐纣有"庸、蜀、羌、髳、微、卢、彭、濮人"。② 晋左思《蜀都赋》有"左绵巴賨，百濮所充"句，③ 意指嘉陵江中下游地区有濮人杂居。唐合州录事参军李文昌撰《图经》，认为合州为故濮地，是合川有"濮国"名之始。④ 万历《重庆府志》："合州，古巴国地，一曰濮国。"⑤ 可见濮国之名古已有之。另有濮岩、濮岩寺、濮溪、濮湖等，均在今合川城西，自宋以来历代文献均见载。

南山　古文献缺载。道光《重庆府志》记铜梁县有东山、西山，⑥ 今《铜梁县志》称巴岳山一曰西山，⑦ 与地理方位不符，且道光《重庆府志》明确将巴岳山与西山、东山并列，显然并不是同一座山。巴岳山在宋巴川县、铜梁县南，笔者疑巴岳山在宋代俗称南山。按万历《重庆府志》载，杨元甲为合州铜梁人，号巴岳先生，又有《巴岳文集》，时人多以出生地为号，如宋重庆府状元冯时行号缙云，推知杨元甲当为巴岳山人。王象之

① （清）刘喜海：《金石苑》（三），伍秋鹏校勘，载罗二虎主编《中国西南文献丛书·西南考古文献》（第四卷），兰州大学出版社2003年版，第211、212页。

② （汉）孔安国传，（唐）孔颖达疏，廖名春、陈明整理：《十三经注疏·尚书正义》，北京大学出版社1999年版，第284页。

③ （晋）左思：《蜀都赋》，（民国）高步瀛著，曹道衡、沈玉成点校：《文选李注义疏》，中华书局1985年版，第965页。

④ （清）顾祖禹：《读史方舆纪要》卷69《四川四》，中华书局2005年标点本，第3278页。

⑤ （明）张文耀修、邹廷彦纂：《重庆府志》卷2《沿革》，《稀见方志丛刊》第201册，第120页。

⑥ （清）王梦庚修、寇宗主撰：《重庆府志》卷1《舆地志·山川》，《稀见重庆文献汇点》（下），重庆大学出版社2013年版，第472页。

⑦ 铜梁县志编修委员会编：《铜梁县志》，重庆大学出版社1991年版，第69页。

《舆地纪胜》卷一五九记泸昆山："一名巴岳山。在巴川县南十五里，山有巨石如狻猊，是名香炉峰。"① 万历《合州志》载巴岳山"在铜梁县南十五里，绝岭蟠螭，其炉有昆仑洞，多苍产仙茅楄柏。传唐长庆中，有采樵者，服之得仙"。② 道光《重庆府志》记铜梁县有"巴岳山"，"县南十五里，一名泸昆山，高六里，广十里。……相传张三丰礼斗其上，……漂漂然有羽化登仙之概"。③ 从以上记载可知，巴岳山多羽化升仙的传说，杨元甲以巴岳为号，墓内题"巴岳归隐"，或示其志。

九峰　现合川南有九峰山，属华蓥山脉。道光《重庆府志》记合州九峰山在"州南四十里"。④ 合川九峰山南与现缙云山隔槽相望。杨元甲夫妇墓志中均提到墓葬位于"缙云"之侧，此九峰当指现北碚缙云山的九道峰。《舆地纪胜》记重庆府巴山："在巴县西南一百三十里，又名缙云山。"⑤ 其方位有误。宋冯时行《缙云寺》："岌岌九峰晴有雾，弥弥一水远无波。"清何仕昌《缙云九峰》诗："狮子摩霄汗，香炉篆大空。朝阳迎旭日，猿啸乱松风。石照三千界，莲花七窍通。玉尖如宝塔，更有聚云峰。"⑥ 乾隆《巴县志》引《一统志》："此山有九峰……按九峰者，朝日、香炉、玉尖、宝塔、狮子、猿啸、聚云、石照、莲花也。"⑦ 此外，清代渝州十二景有"缙岭云霞"，其诗曰"拔地有九峰，石惟一卷耳"。⑧

南峰乡　《舆地纪胜》记"南峰""在巴川县东四十里，高五里，是为峡山之首……窦水伏流其下，出为大洞，洞多嘉鱼。"⑨ 《方舆考证》卷六十六记南峰"在铜梁县东"，并引《通志》说"在县东七十里，是为峡山之首，两山复出对峙，中广十里，有穴谓之仙洞，深五里，水伏流其下，出为泰洞，多产嘉鱼"。⑩ 明万历《合州志》、清道光《重庆府志》均有类似记载。今铜梁县有岚峰乡，"县境东缘，驻地岚峰场。距县城17公里，……民国二十四年（1935）建场……后因地处岚峰槽上，故名岚峰。"⑪ 从地望看，

---

① （宋）王象之：《舆地纪胜》卷159《潼川府路·合州·景物下》，道光二十九年文选楼影宋钞本，日本早稻田大学图书馆藏，第8页。

② （明）刘芳声修、田九垓撰：《合州志》卷1《山川》，《西南稀见方志文献·合州志》，第129页。

③ （清）王梦庚修、寇宗主撰：《重庆府志》卷1《舆地志·山川》，《稀见重庆文献汇点》（下），第471—472页。

④ 同上书，第466页。

⑤ （宋）王象之：《舆地纪胜》卷175《夔州路·重庆府·景物上》，道光二十九年文选楼影宋钞本，日本早稻田大学图书馆藏，第5页。

⑥ （清）王尔鉴：《巴县志》卷16《艺文志·诗·五言律》，清乾隆二十六年刊本，日本早稻田大学图书馆藏，第8页。

⑦ （清）王尔鉴：《巴县志》卷1《疆域·山川》，清乾隆二十六年刊本，日本早稻田大学图书馆藏，第30页。

⑧ （清）王梦庚修、寇宗主撰：《重庆府志》卷9《艺文志·杂著》，《稀见重庆文献汇点》（下），第940页。

⑨ （宋）王象之：《舆地纪胜》卷159《潼川府路·合州·景物上》，道光二十九年文选楼影宋钞本，日本早稻田大学图书馆藏，第5页。

⑩ （清）许鸿盘：《方舆考证》卷66《四川二·重庆府·山川》，北平文楷斋民国二十年版，第96页。

⑪ 铜梁县志编修委员会编：《铜梁县志》，重庆大学出版社1991年版，第66页。

此岚峰当为宋之南峰（图一三）。

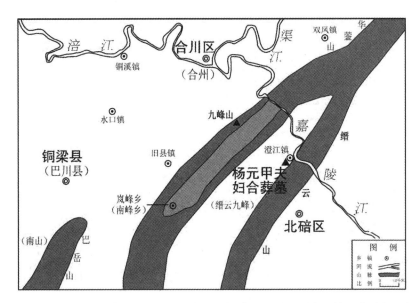

图一三　杨元甲夫妇合葬墓、历史地名现地位置示意图（图中括号里为历史地名）

（三）楞严咒与川渝宋代密宗

杨元甲夫妇墓葬均刻楞严咒。该文出于《大佛顶如来密因修证了义诸菩萨万行首楞严经》，该经是著名佛教经典，又称《首楞严经》、《大佛顶经》、《大佛顶首楞严经》，为般剌蜜帝于唐中宗神龙元年（705）所译，一般认为系假托翻译的伪经。《楞严咒》出自《首楞严经》卷七《第五会》第一段最后的 10 句文字，杨元甲夫妇墓楞严咒刻文以空一字形成句读，与现代文本相比部分不一致。

"佛顶光聚"为密教五佛（八佛）顶之一，又作火聚佛顶、光聚佛顶轮王等，盖以佛之光明聚集众生，故称光聚。"悉怛多般怛罗"译曰白伞盖，为佛顶尊之名，故《楞严咒》又称《白伞盖真言》。[①]"秘密伽陀微妙章句"意为保护众生的精微奥妙章句。佛教密宗认为楞严咒威力极大，《首楞严经》称"十方如来因此咒心，得成无上正遍知觉"。[②]密宗中的杂密部多用咒语，并结合中国传统的道教、民间巫术等用于驱鬼逐魔。

杨元甲夫妇墓葬附近的缙云山，早在南朝时期即有缙云寺和温泉寺。缙云寺唐宣宗赐额为"相思寺"，宋开宝四年（971）慧灌禅师主持重修，并迎御诵梵经 240 函于寺内供奉，宋真宗景德四年敕改崇胜禅院。[③]温泉寺本为缙云寺在温塘峡的下院，《舆地纪胜》

---

① 刘黎明：《宋代民间"人祭"之风与密宗的尸身法术》，《四川大学学报》（哲学社会科学版）2005 年第 3 期。

② ［日］高楠顺次郎、［日］渡边海旭监修：《大正藏》，日本大正一切经刊行会 1934 年版，第 19 册第 136 页。

③ 重庆市北碚区地方志编纂委员会编：《重庆市北碚区志》，科学技术文献出版社重庆分社，1999 年版，第 522 页。

云："唐乾符中置温泉寺。"① 为其另置之始，历代名人均有题咏。南宋开庆元年（1259），蒙哥攻钓鱼城失利，后死于此寺。密教在中国盛于唐，但到唐末，北方密宗法脉几近断绝。宋代四川地区以禅宗闻名，但密宗仍有市场。杨元甲夫妇墓葬所见之楞严咒，应为墓葬驱魔逐鬼之用，不能说明墓主本人就一定信仰密宗，但亦可见当时周边密宗信仰尤存，或对研究缙云山地区佛教历史有参考意义。事实上，唐景福元年（892），昌州节度使韦君靖已开始在大足北山建密宗摩崖造像，韦氏死后200多年，赵智凤在大足将密宗造像推向高潮，这是密宗在四川盆地继续发展的佐证。

（四）天帝敕告文考校

墓中所见镇墓文，文首见有"天帝告"之语，当为"天帝敕告文"。

首句中的"王气"即旺气，后文"世世贵王"亦同。王气是五行学说中王、相、休、囚、废五气中的一气，古人认为"受王、相气多者为尊贵则寿"，② 道家认为王气顺四时五行变化，各有神主之，故谓"王气诸神"。"赵公明"是道教神仙之一，晋人干宝《搜神记》、③ 南朝梁陶弘景《真诰》均记其为瘟神，《真诰》卷一○《协昌期第二》"赵公明，今《千二百官仪》乃以为温（瘟）鬼之名。"④ 传说赵公明修道成仙，封为正一玄坛元帅，后世附会传说，奉其为财神。

"生值清真之气，死归神宫"指活着的时候正气凝身，所以死后应进入神宫。"清、真之气"分别与浊气、邪气相对，属于道家王、相之气。《黄帝内经》"恬惔虚无，真气从之"⑤ 可证。

"医身冥乡，潜寄冲虚"意指逝后肉体在阴间，而灵魂藏寄仙界。"冥乡"指阴间，唐代鲍溶《苦哉远征人》诗"李陵死别处，窅杳去冥乡"。⑥ "冲虚"意指成仙，三国时阮籍《咏怀》之四一："列仙停修龄，养志在冲虚。"⑦ 元代辛文房《唐才子传》记殷文圭："向者布衣，绿眉方口，神仙中人也。如学道，可以冲虚；不尔，垂大名於天下。"⑧

"文咏九功，武备七德"之"九功"，见于《尚书·大禹谟》"德惟善政，政在养民。水、火、金、木、土、谷，惟修；正德、利用、厚生、惟和。九功惟叙，九叙惟歌"。⑨ 而"七德"始出《左传》宣公十二年："夫武，禁暴、戢兵、保大、定功、安民、和众、丰财者也，……武有七德，我无一焉。"⑩

---

① （宋）王象之：《舆地纪胜》卷175《夔州路·重庆府·景物下》，道光二十九年文选楼影宋钞本，日本早稻田大学图书馆藏，第6页。

② 王明：《太平经合校》之《忍辱象天地至诚与神相应大戒第二百五十三》，中华书局1960年版，第424页。

③ （晋）干宝：《搜神记》卷5《王祐与赵公明府参佐》，中华书局2009年版，第95—98页。

④ ［日］吉川忠夫、麦谷邦夫编：《真诰校注》，朱越利译，中国社会科学出版社2006年版，第331页。

⑤ 《黄帝内经》之《素问·上古天真论》，姚春鹏译注，中华书局2010年版，第5页。

⑥ 《全唐诗》卷485《鲍溶》，中华书局1960年版，第5513页。

⑦ 《阮籍集校注》，陈伯君校注，中华书局1987年标点本，第327页。

⑧ （元）辛文房：《唐才子传》，舒宝璋校注，中州古籍出版社1987年，第434页。

⑨ （汉）孔安国传，（唐）孔颖达疏，廖名春、陈明整理：《十三经注疏·尚书正义》，第89页。

⑩ 陈戌国：《春秋左传校注》，岳麓书社2006年版，第405页。

按《真诰》的说法，天帝敕告文的作用是"填文厌之，无不厌伏，反凶为吉"。[①] 此外，对墓主可镇尸不朽、藏尸成仙，对子孙后代则可"昌炽"。刻写敕告文的葬墓之术，是在六朝时期风水堪舆兴起后，与道教彼此互相渗透的结果，《真诰》是道教上清派著名道书，"带此种镇墓文之'密法'葬，应当与道教中之上清派活动有关"。[②]

宋墓敕告文多见于川西地区，张勋燎将其分为 A、B 两型，杨元甲夫妇墓所出敕告文当为 A 型，[③] 在重庆地区过去未见资料刊布。该敕告文与《真诰·协昌期第二》建冢之法提到的题文相比，仅有两处不同：一是"诸禁诸忌"在现《真诰》中简写为"诸禁忌"；二是"潜寄冲虚"在现《真诰》中为"潜宁冲虚"，而"潜宁"一词不可解。杨元甲夫妇墓敕告文篆书而成，书写工整、笔力深厚、对仗合理，以墓主生前之地位，当为有一定学识之人所书，其内容应当是准确的。川西成都一带出土的宋代敕告文，[④] 主人均为普通百姓，文字多有衍讹，如"受度南宫、脱落北藉"、"尸归"、"瘦身"、"冥香"、"潜宁"等，互相之间亦有歧异。由此可见，杨元甲夫妇墓天帝敕告文可证文献传抄之讹，还可作为同类型敕告文校核的标准文本。

五　小结

杨元甲夫妇合葬墓纪年明确，为川渝地区宋代石室墓研究提供了标型材料。墓葬应在杨元甲逝世时即已建成，故镇墓文等的内容、书体非常接近，而夫人逝世略晚，故单独刻志石一块置于墓中。墓内题刻文字有楷书、小篆，书写工整规范，有一定的书法价值。出土的墓志揭示了杨元甲生平，对研究南宋川陕地区宋金对峙历史背景下的政治斗争、职官制度、荐举制度、财赋政策有一定意义。题刻中的地名涉猎较多，有助于我们了解宋代合州的地理情况与古今地名变化。墓中有关佛、道二教的葬术题文，应为民间镇墓习俗的遗留，一定程度上反映了四川盆地宋代宗教在民间的发展情况及其与世俗社会的关系。

发　掘：莫　骄　邱　峻　刘厚伟　明　建
整　理：陆韵羽　明　建　辛　颖　徐克诚　莫　骄　白九江
绘　图：徐克诚
拓　片：金鹏功　黄广明　许文英　吕俊耀
摄　影：明　建

---

① ［日］吉川忠夫、［日］麦谷邦夫编：《真诰校注》，朱越利译，中国社会科学出版社 2006 年标点本，第 331 页。

② 张勋燎：《川西宋墓和陕西、河南唐墓出土镇墓石刻文之研究——道教考古专题研究之三》，载四川大学博物馆等编《南方民族考古》第 5 辑，四川科技出版社 1993 年版，第 119—148 页。

③ 同上。

④ 如成都龙泉驿区田用世墓、成华区蔡氏小九娘子墓、二仙桥任氏卫氏夫妇墓等均出土有敕告文。参见 a. 朱章义等：《成都龙泉驿区青龙村宋墓发掘简报》，成都市文物考古研究所编著：《成都考古发现（1999）》，科学出版社 2001 年版，第 29 页；b. 成都市文物考古工作队：《成都市成华区三圣乡花果村宋墓发掘简报》，成都市文物考古研究所编著：《成都考古发现（2001）》，科学出版社 2003 年版，第 232 页；c. 成都市文物考古研究所等：《成都市二仙桥南宋墓发掘简报》，《考古》2004 年第 5 期。

重庆市大足区龙神湾南宋王若夫妇墓发掘简报

大足石刻研究院

王若夫妇墓位于重庆市大足区龙岗街道办事处观音岩村9组龙神湾，东距大足城区6公里，在观音岩村农业生产中被发现。2014年7—8月，大足石刻研究院对其进行抢救性发掘，编号2014DLGM1、2014DLGM2（以下简称M1、M2）。墓葬地处浅丘二级台地的山湾内，其东南西三面为蜿蜒的山丘，北面向下为平缓的斜坡延伸70米至平坝地带，中心地理坐标为北纬29°41′32″，东经105°40′00″，海拔394米（图一）。现将其发掘情况简报如下。

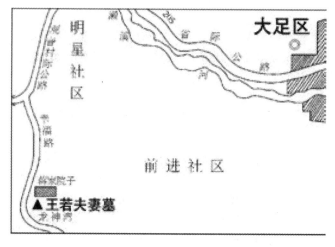

图一　王若夫妇墓位置示意图

一　M1

M1、M2系属同穴异室的夫妇合葬墓，墓向0°。西侧墓编号M1，为王若墓。东侧墓编号M2，为王若妻子墓。M1、M2东西并列毗邻，门楣石相连，墓室不共壁，相距0.13米。墓圹长约4.5、宽约5.8、高约2.6米。M1、M2均为单室仿木构石室墓。

（一）墓葬形制

墓门　位于墓室南部，高2.06、宽1.55米。由门柱石和门楣石构成，门柱石与墓室前壁柱石相倚，其上横置门楣石。墓门柱石高2.06、宽0.34、厚0.47米。门楣石上部呈圆弧形，高0.9、宽2.73、厚0.48米。

　　墓葬有内外两道封门石，外为墓门封门石，位于门柱石外侧，由5层规格不一、外部未进行整形加工的扁平形条石叠砌而成，其中顶层封门石有缺失。顶层封门石高0.38米，中部偏西缺失0.45米。所缺失之处应为墓葬被盗时形成的盗洞。内为墓室封门石，位于墓室前壁柱外侧，由4块经过整形但未进行精加工的石板叠砌而成，宽1.55米，4块封门石由下至上分别高0.52、0.5、0.55、0.42米，厚0.12、0.12、0.14、0.1米。由下至上的第3块向外下倾斜，与其下的第2块形成120°的角，第4块脱落掉在内外封门石之间底部，应为墓葬被盗时所致。在内外两道封门石之间，即墓门入口与墓室入口之间，形成一个0.35米进深的通道。

　　墓室　平面呈长方形，单室。长3.9、宽2.2、高2.55米。由东西侧壁、后壁和墓顶组成。地基石呈长条形，于墓圹中纵向平行铺设，长2.5、宽0.4、高0.35米。在两侧地基石前后两端上面各竖立2根壁柱，共4根壁柱构成砌筑墓室的骨架，壁柱高1.83、宽0.46、厚0.15米（图二）。前两壁柱内侧正面刻有武士立像。

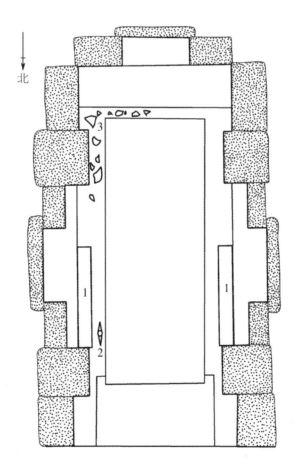

图二　M1平面图

1. 墓志　2. 铁器　3. 陶器碎片

　　侧壁宽3.3、高1.97米，由壁柱、壁龛、两侧墙壁构成墓室两侧壁（图三、四）。侧壁龛为仿木结构，在前后壁柱之间的地基石上铺设台基石，高0.49、宽0.34、长1.58米。前后壁柱、台基石与上面的纵向过梁石之间形成外壁龛，高1.29、宽1.58、深0.12米。外壁龛正壁为4柱3间，柱为六楞柱，直径0.12米。其中明间内凹形成内壁龛，高0.90、宽0.64、深0.22米。内壁龛上额为阑额，阑额上有卷云驼峰，下施龙首雀替。龛门外两侧次间为素面墙壁。龛内正壁为双扇雕花门，雕花门由下至上分格出障水板、腰华板、格眼。门缝紧闭，门缝处立一男侍者像。外壁龛正壁4根六楞柱上顶端及内壁龛阑额卷云驼峰上均有栌斗或散斗，斗上置横枋，横枋上再置五散斗，斗上为一斗三升（图五）。

图三　M1 东壁剖视图

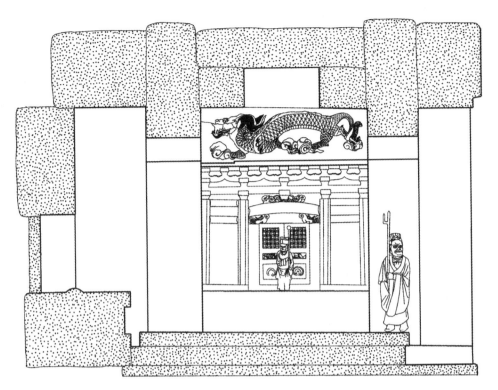

图四　M1 西壁剖视图

图五　M1 东壁壁龛正视图

后壁为仿木结构，高 1.11、宽 1.51 米。4 柱 3 间，柱为六楞柱，高 0.66、直径 0.12 米（图六）。明间次间立柱上置栌斗，明间栌斗左右出横栱，外挑三华栱；明间补间铺作为散斗左右出横栱，外挑一华栱，次间柱头铺作与明间补间铺作相同，各华栱上承横枋，横枋上置散斗与檐坊相接。二次间墙壁正面各刻一男侍者立像（图七）。在后壁中部内凹形成后壁龛，高 0.66、宽 0.65、深 0.26 米。壁龛正壁线刻简单线道作帷幕，内侧壁素面无装饰。

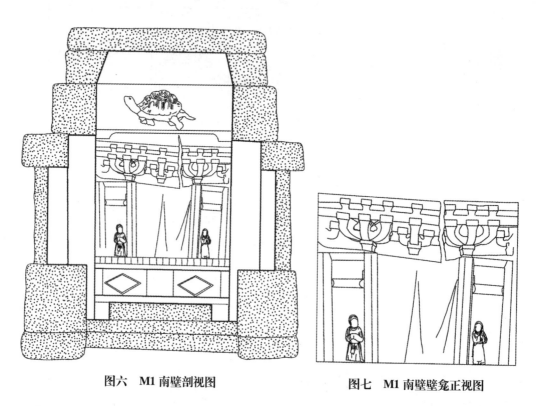

图六　M1 南壁剖视图　　　　　　图七　M1 南壁壁龛正视图

墓室后壁前下横置一台基，长 0.42、宽 1.62、高 0.46 米。台基横向两端与墓尾两侧墙壁相连接。墓室底置有棺床，长 2.52、宽 0.98、高 0.15 米。用 2 块石板纵向拼接而成。棺床东西两侧距墓地基石 0.26 米，南距后台基正面下底部 0.08 米，北距墓门封门石 0.1 米，在四周自然形成排水沟。

墓顶　由两重藻井组成，第一重藻井由横梁石和纵向过梁石构成。横梁石下部均呈弓形，高 0.44、宽 1.57、厚 0.47 米。前横梁石正面、底部均为素面。前横梁石背面线刻一朱雀，已残漶不清。后横梁石正面线刻一玄武，底部为素面（图六）。纵向过梁石长 1.56、立高 0.45、宽 0.22 米。东侧过梁石内侧正面浮雕白虎（图三），西侧内侧正面则浮雕青龙（图四），纵向过梁石与之相对应连接的横梁石构成一个长方形的藻井。第二重是在纵向过梁石之上铺置 4 块石条，横向石条内立面为梯形，纵向石条内立面由下向上收分，形成一个覆斗形藻井，其上平铺石板封顶。后壁柱后侧与后壁之间墓顶为平顶。

（二）墓葬雕刻

墓室内有仿木结构，并雕刻有武士、侍者等人物造像，以及青龙、白虎、朱雀、玄武四方神，后壁台基有装饰图案。二武士像雕刻在墓室前壁柱内侧正面，四侍者像在两侧壁内壁龛正壁及后壁龛外两侧墙壁上。"四方神"图像雕刻在横梁石和纵向过梁石上。台基束腰，正面两侧线刻菱形装饰图案，后上沿与后壁相连接处刻莲瓣装饰图案（图八）。

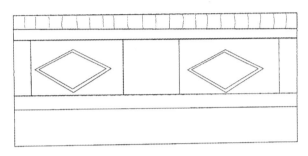

图八　M1 南壁台基雕刻

二武士像高 0.79、肩宽 0.17、厚 0.03 米。头戴冠，身内着翻领服，外着交领宽袖服，腰系带。东侧武士像左手臂曲肘于左身侧置于斧顶，斧柄杵于地面；西侧武士像左手于右胸前持叉（图九）。

东、西两侧壁内壁龛雕花门缝刻男侍者像，高 0.56、肩宽 0.13、胸厚 0.02 米。二像均头戴东坡巾，身着圆领袍服，腰系带，下着裤。东像于右身侧双手握持骨朵；西像于左身侧双手握持骨朵（图一〇）。

后壁龛外两侧墙壁男侍者像。东侧像高 0.41、肩宽 0.1、胸厚 0.03 米。西侧像高 0.38、肩宽 0.09、胸厚 0.03 米。均头戴巾，着圆领宽袖袍服，腰系带。东侧像双手拢于袖内于胸前；西侧像双手胸前作拱（图一一）。

图九　M1 武士雕刻
1. 东侧　2. 西侧

图一〇　M1 侧壁男侍者雕刻
1. 东侧壁　2. 西侧壁

图一一　M1 南壁侍者雕刻
1. 东侧　2. 西侧

　　东侧纵向过梁石上浮雕白虎，长 1.27、高 0.36、厚 0.03 米。虎头南尾北，虎背脊毛竖立似火焰形，足 4 趾，作奔行状（图一二：1）。西侧纵向过梁石上浮雕青龙，长 1.27、高 0.39、厚 0.03 米。龙头南尾北，有龙须龙鬣，身线刻龙鳞，兽形龙尾，4 足，3 趾，各足分踏云头作奔行状（图一二：2）。后横梁石正面线刻一玄武，长 0.44、高 0.22 米，龟头东尾西（图一二：3）。

（三）葬具及葬式

　　在墓葬中清理出数枚锈蚀严重的棺钉，长约 10、直径 0.8 厘米，散落在棺床四周，由此可见其葬具为木棺。人骨已不存。

（四）出土器物

　　出土墓志 2 方、铁器 1 件，另有少量陶器残片。2 方墓志分别置于墓室前部左右侧壁龛台基石与棺床之间，铁器位于棺床东北侧排水沟内，陶器残片散落于棺床东南侧及南侧排水沟内。

　　墓志　2 方。均为长方形。M1:1，出土于墓西侧。长 0.97、宽 0.53、厚 0.09 米。

M1:2，出土于墓东侧。长 0.99、宽 0.53、厚 0.09 米（图一三）。

2 方墓志均双面刻文，楷书，字径 0.02 米，共 93 行，约 1090 字。根据文意，识读顺序是 M1:1 正面—M1:2 正面—M1:1 背面—M1:2 背面，志文如下：

（上缺）知合州王公墓志铭/

（上缺）秘阁刘光祖/

（上缺）书礼部侍郎兼/

（上缺）撰□侍请提/

（上缺）遣简州军州兼/（上缺）□紫陈州□□/（上缺）十八日合阳守王/（上缺）武信军节度推官/（上缺）光祖公未死时戒/（上缺）铭墓请于余其年/（上缺）葬昌州大足县西/（上缺）用是来乞铭公廉/（上缺）一金之直有窥/（上缺）人曰公虽薄物/（上缺）廉其宁新□去为/（上缺）□不得志于公□/（上缺）□嗟□我旧令之/（上缺）巴中之水与菜耳/（上缺）所质于县帑者/（上缺）之

图一二　M1 四神雕刻
1. 白虎　2. 青龙　3. 玄武

戡公□云新/（上缺）曹行年七十其廉/（上缺）□人耳当为普州/（上缺）官因治文书见前/（上缺）□酒于务独公不/以升仓市归私室仕宦四十年年/七十以廉终公七岁知为诗尝赋/汲泉诗有瓦瓶担晓月归路逐清/风之句其以廉终丰兆于□时语/也公讳若其先河南人□□八世/祖尚恭避乱徙蜀居昌曾祖讳良/献赠朝散大夫妣袁氏冯氏皆宜/人祖讳登擢△绍圣初进士第任/朝散大夫赠正奉大夫妣□氏周/氏皆硕人考之生苟氏封恭人考/讳璠擢△建炎第任朝仪大夫成/都路转运副使食采文安县赠正/仪大夫妣黄氏硕人文安质厚有/古□□□清约公年十七徒步万/里□□□阙凡文安食饮服御公/□□

图一三　M1 出土墓志

1. M1：1 正面　2. M1：2 正面　3. M1：1 背面　4. M1：2 背面

之文安守宏渠/孝宗嗣位公捧表入贺补将仕郎/调阳安县主簿以治春秋锁其厅/试
□□选后三年又荐不第公在/阳安勾稽甚悉平泉久不治州道/摄其邑事决□而治仕
于普酒政/修总漕皆名人以京秩荐去佐西/和幕又称厥官改宣教郎连丁考/姚忧服
阕令新繁率书漏下五十/刻乃退食其□始终不渝繁大邑/灌口堰溉县田三十六万亩
吏调/夫役岁岁为奸利公料民秋输米/多寡均调旧弊□□绝去池园之/利悉罢□毋
以其□我倅凤尝摄/守一以法律裁兵民两当县胥魏/敏素暴戾公因事杖其脊又流黠
/卒二人以肃军伍□堡诸仓宿蠹/公根穴除之秋潦败民田以白诸/台三年然后理其
租营田租输及/十七白各免输于是部使者察公/廉平可任成州民许裔许翔讼产/翔
赂吏有年裔理□得伸委公究/之公闭合三日阅文案钩得其情/夺翔三十年所欺占裔
产以畀裔/裔冤始白翔诣省诉卒不能易也/制置使赵公以为可守边辟黔州/会已有
守臣赵公荐之丞相□□/公得知石泉军临□宽静简□□/目它县民输米□□率苦重
费公/至戥□□□□□馀以□新□/贡院□待士士□登科皆德公岁/壬子□□水
夜至漂没无数公秭/劳振乏绝蠲田赋民大感悦有/诏奖谕石泉满迆赵公当△国以/
为合阳守合阳比岁不稔民生艰/公除其【窃】□□【吾】□□迫吾民州/□不乏
□□□公□数日郡官有/满去吏□□作乐送之有□□□/□□市曰我州父母死难忍
为□/声乎□归道旁田父泣下士哭□/送数百人□□公无亲疏一□□/诚□□不为
□□□倅入以恤【亲】/□□于【兴】而廉其取故仕虽久贫/□□【初】积官朝
散大夫妻宜人徐/□□城人也五子迪逢近逮逸女/□□□解士普慈冯椿次嫁奉/
□□怀安耿望之季幼徐氏及已/□□□先公卒矣内外孙男女十/六□□余何以铭似
之似之欲得/余铭□曰/

　　吏□而商势得扬扬民愚论公窃/□以伤下民之伤为世之耻有□/其清文安之子
清匪求闻人播其/芬□播其芬毋毁其坟/

铁器　1件。M1:3，呈梭形，严重锈蚀。长0.17、最宽处0.02、厚0.01米。

二　M2

（一）墓葬形制

墓门位于墓室南部，墓门尺寸、结构与M1同，门楣石规格形状略有差异，上部呈圭
形。高0.8、宽2.77、厚0.48米。

封门石有内外两道，外为墓门封门石，位于门柱石外侧，由5层规格不一、外部未进
行整形加工的扁平形条石叠砌而成，其中顶层封门石有缺失。顶层封门石高0.4米，西段
完全缺失，约有1.3米。所缺失之处应为墓葬被盗时形成的盗洞。内为墓室封门石，位于
墓室前壁柱外侧，由4块经过整形但未进行精加工的石板叠砌而成，宽约1.55米，由下
至上分别高0.6、0.48、0.43、0.4米，厚0.1、0.11、0.12、0.09米。由下至上的第3
块向外下倾斜，与其下的第2块形成120°的角，第4块脱落掉在内外封门石之间底部，这
也应为墓葬被盗时所致。在内外两道封门石之间，即墓门入口与墓室入口之间，形成一个
0.35米进深的通道。

墓室　形状、大小、砌筑方式与M1同（图一四）。侧壁龛规格、形制、结构与M1
基本相同（图一五、一六），只是内壁龛人物形象和外壁龛上部斗拱有区别。内壁龛门缝

微微开启，开启处立一女侍者像。外壁龛正壁4根六楞柱上顶端及内壁龛阑额卷云驼峰上均置有栌斗，栌斗上为一斗三升，斗拱上顶与檐枋相连（图一七）。

后壁为仿木结构，高1.11、宽1.51米。4柱3间，柱为六楞柱，高0.66、直径0.12米（图一八）。明间次间立柱上置栌斗，栌斗正面出华拱，华拱上置一斗三升，其上为横枋。明间补间铺作与柱头铺作相同，二铺作之间以人字拱相连。二次间墙壁正面各刻一女侍者立像。在后壁中部内凹形成后壁龛，高0.66、宽0.65、深0.26米。壁龛正壁线刻简单线道作帷幕，两内侧壁素面无装饰（图一九）。

墓室后壁前下横置一台基，形状、尺寸及雕刻图案与M1同。墓室中置有棺床，尺寸与M1棺床同，用3块石板拼接而成，里侧为2块，外侧为1块。棺床东西两侧距墓地基石0.26米，南距后台基正面下底部0.08米，北距墓门封门石0.1米，在四周自然形成排水沟。

墓顶由两重藻井组成，结构、尺寸与M1同，前横梁石背面为素面，其他横梁石雕刻均与M1同。

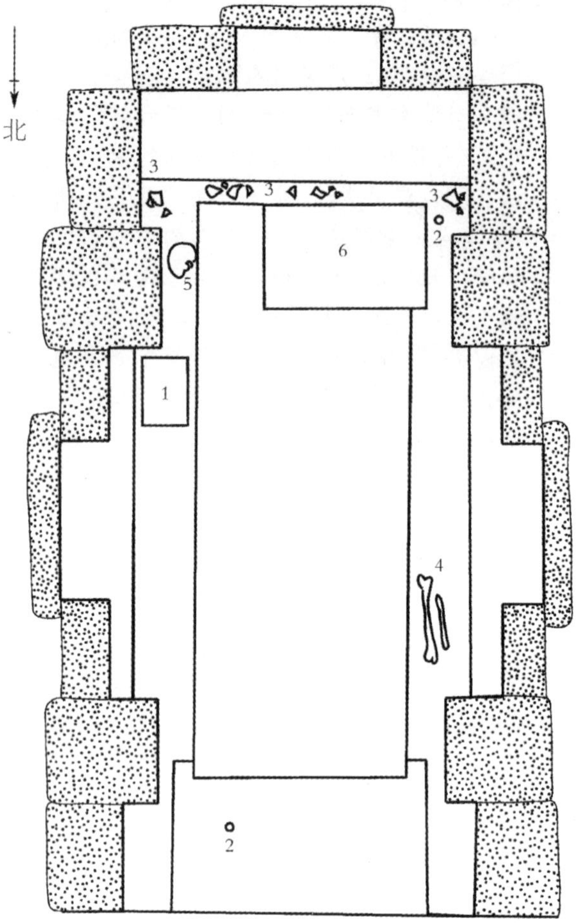

图一四　M2平面图

1. 铜镜　2. 铜钱　3. 陶瓷器残片
4. 人股骨　5. 人头盖骨　6. 墓志铭

（二）墓葬雕刻

墓室内有仿木结构，并雕刻有武士、侍者、妇人启门图等人物造像，以及青龙、白虎、玄武，雕刻位置与M1同。后壁台基有装饰图案，图案与M1同。

东、西侧武士像头戴冠，身着交领宽袖服，腰系带。东侧武士像左手握右手腕，右手持剑柄，剑向下斜向左身侧。高0.76、肩宽0.19、厚0.02米。西侧武士像于身右侧握持长柄兵器，兵器顶端残。高0.79、肩宽0.19、厚0.02米（图二〇）。

两侧壁内壁龛刻女侍者像。均头戴冠，内着抹胸，外着对襟衫，腰系带，下身内着裤，外着短裙。高0.54、肩宽0.1、胸厚0.02米。东侧像左手抚右腰，右手向上抚头冠；西侧像左手于左身侧外展持铜镜。铜镜直径0.12、厚0.02米，镜带自然下垂，右手握左侧衫襟。2像均立于门缝开启处（图二一）。

图一五　M2 东壁剖视图

图一六　M2 西壁剖视图

图一七　M2 东壁壁龛正视图

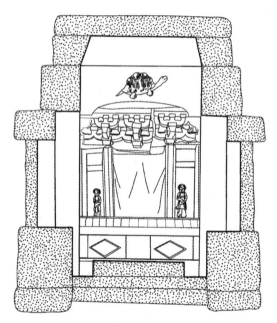

图一八　M2 南壁剖视图

图一九　M2 南壁壁龛正视图

图二○ M2 武士雕刻

1. 东侧 2. 西侧

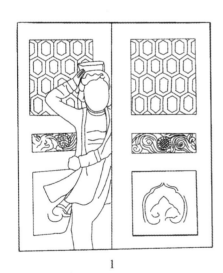

1   2

图二一 M2 侧壁女侍者雕刻

1. 东侧壁 2. 西侧壁

后壁龛外两侧墙壁女侍者像。均头挽双髻，内着抹胸，外着对襟衫，腰系带。东侧侍者下着裤，双手拢于袖内相交于腹间。高 0.4、肩宽 0.08、胸厚 0.02 米。西侧侍者下身内着裤，外着短裙，双手置于腹间，部分残。高 0.44、肩宽 0.09、胸厚 0.02 米（图二二）。

东侧纵向过梁石上浮雕白虎，形状、尺寸与 M1 同，虎尾部分残。西侧纵向过梁石上均浮雕青龙，形状、尺寸与 M1 同。后横梁石正面线刻 1 龟，尺寸与 M1 同，龟头西尾东，龟足有 5 趾（图二三）。

（三）葬具及葬式

在墓葬中清理出数枚锈蚀严重的棺钉，散落在棺床四周，可知葬具为木棺。在棺床东南侧发现人头盖骨，在西北侧发现股骨，皆残。

（四）出土器物

出土铜镜 1 面、崇宁通宝 2 枚、墓志 1 方，另有少量陶瓷器残片。铜镜位于东侧后壁柱北面，2 枚崇宁通宝钱币分别位于棺床西南角排水沟内及东北方，墓志置于棺床西南端上。

图二二　M2 南壁侍者雕刻
1. 东侧　2. 西侧

图二三　M2 玄武雕刻

墓志　1 方。M2:1，呈长方形。长 0.81、宽 0.48、厚 0.07 米。墓志单面刻文，楷书，字径 0.02 米，共 17 行，约 480 字（图二四）。释文如下：

徐安人墓志铭/

塳文林郎宣就差泸州录事参军耿望之谋/

安人姓徐氏讳守真怀安金堂之古城镇人少笃于孝敬父母爱之选所宜归年二/十以适昌之王氏故太中大夫文安县开国男璠之冢妇今朝奉郎新权知石泉军/若之妻也安人天资柔静以和不见喜愠箴缕巧饰□出辈类理家有矩矱字孤周/急不少靳睦内外无间言宗□爱敬之偕夫侍舅宰安仁倅南平守渠利蜀三州持/节益利夔三路永顺惟谨深得公姑欢躬祭祀宾客之奉礼无违文安公曰得妇资/吾无恨矣从石泉君宦游凡市所需或锱铢加必笑曰隶敢尔酌其馀归之君以廉/闻内实有助焉嗜浮屠书虽事剧不去手及病□神色不乱语家人曰母悯以溷我/似有得于死生之说卒年五十一实淳熙九年六月十六日也时毒暑雨舍外讣其/昆弟来视殓故未即盖棺咸忧之望日爽甚无他众惊异或曰此诵法华经之应也/曾祖光播祖文照父熙邈承节郎前汉州德阳监税母沈氏男五人女三人安人抚/养均一长男曰迪次竺僧次麟孙次顺孙次未名女长适乡贡进士冯椿后五年卒/次归望之内外孙男女十人以君升朝赠孺人卜以绍熙元年四月二日葬于大足/县西山之南君前期属望之志其实以诏后呜呼尚忍言之耶其生也不及拜于堂其葬也不得哭于墓惟闻其德与言与功尤加详是宜铭铭曰/

德全其天胡啬其年勒铭其坚以永其传/

铜镜 1面。M2:2，平面呈方形，背面边缘起边框，中部有圆形钮。长20、宽14、厚5厘米（图二五）。

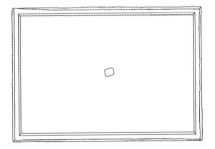

图二四 M2出土墓志

图二五 M2出土铜镜

崇宁通宝　2 枚。M2：3，直径 3.5、方穿直径 0.5 厘米（图二六）。

三　结语

徐氏墓志记载徐氏卒于淳熙九年（1182），葬于绍熙元年（1190）四月二日，为明确的纪年墓葬。王若墓志未记载卒年葬日，但知他"年七十以廉终"，壬子年（绍熙三年，即 1192）尚在世，则其下葬时间应晚于徐氏。

这 2 座墓葬形制为大足地区及周边区域常见形制，与大足龙水磨儿坡 M1[①]，资中烂泥湾 M2、M3[②] 及泸县喻寺镇一号墓[③]基本相同。墓内雕刻中的武士、侍者、"妇人启门图"、"四方神"等在大足及周边地区宋墓中较为常见。[④] 其中，M1 两侧壁壁龛侍者像手中所持的骨朵，与大足石篆山摩崖造像中第 6 龛右侧护法像手中所持器物基本相同；M2 两侧壁壁龛的"妇人启门图"，在大足北山摩崖第 176 龛右壁下方有出现。这之间是否有联系，尚需探索。

墓志记载具有重要的史料价值，传递出宋代吏制状况和大足地区宋代迁徙史实等信息，反映了墓主人王若生平及其家庭家族背景情况。墓主人身份明确"知合州王公"，是目前大足唯一发现的宋代官员墓葬。墓葬装饰既少又简单，符合墓志中的"公廉"之意。在大足地区宋墓中，已有多处出土过墓志，如 20 世纪 50 年代发现的解瑜墓墓志，[⑤] 以及 70 年代末期出土的王氏墓墓志[⑥]等。王若和徐氏墓志的发现为大足地方史研究提供了新资料。

图二六　M2 出土铜钱（M2：3）拓片（原大）

---

① 重庆大足石刻艺术博物馆：《重庆大足龙水镇明光村磨儿坡宋墓清理简报》，《四川文物》2002 年第 5 期。

② 四川省文物考古研究院、资中县文物管理所：《四川资中县烂泥湾宋墓发掘简报》，《四川文物》2015 年第 2 期。

③ 四川省文物考古研究所等编：《泸县宋墓》，文物出版社 2004 年版，第 57 页。

④ 大足石刻研究院编：《大足古墓葬》，中国戏剧出版社 2008 年版，第 12—35 页。

⑤ 重庆大足石刻艺术博物馆、重庆市社会科学院大足石刻艺术研究所编：《大足石刻铭文录》，重庆出版社 1999 年版，第 477 页。

⑥ 重庆大足石刻艺术博物馆、重庆市社会科学院大足石刻艺术研究所编：《大足石刻铭文录》，第 479 页。

墓葬中出土的铜镜为长方形，其形制在本地区较为少见，质量上乘，铜锈轻微，具有较高的文物价值。墓内人物形象表现写实，其装扮与手中所持的器物，为研究宋代服饰、兵器、仪仗器具提供了实物资料。人物形象及"四方神"雕刻精美，都具有较高的艺术价值。

附记：本简报在编写过程中获得重庆市文化遗产研究院白九江研究员、大足石刻研究院陈明光先生、考古室邓启兵主任的帮助，在此一并致谢！

发　掘：夏　明　赵俊飞　李　新
　　　　周　颖　陈　静
安　保：李　新
修　复：唐长清　雷　雨　粟　泽
绘　图：周　颖
拓　片：唐长清
摄　影：陈　静
执　笔：夏　明　赵凌飞

湖北襄阳檀溪宋代壁画墓

襄阳市文物考古研究所

2007 年 6—9 月，襄阳市（原襄樊市）文物考古研究所为配合襄阳檀溪村民房改造工程建设，在襄城区檀溪街道办事处檀溪村九组进行了抢救性考古发掘。本次共发掘墓葬 5 座（编号 2007XTM196～M200），其中 2 座（M196、M197）为宋代壁画墓（图一）。因工程需要，只能进行异地保护，襄阳市文物考古研究所历时两个多月对墓室壁画进行了揭取，保存在襄阳市博物馆。现将发掘情况简报如下。

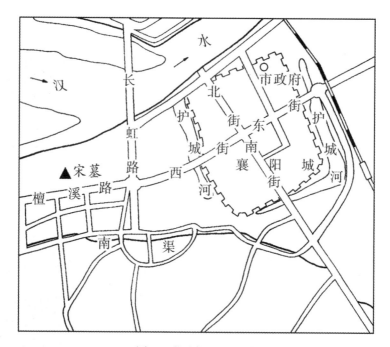

图一　墓地位置示意图

一　墓葬形制

M196、M197 东西并列，M196 在西，两墓口相距约 1 米，皆为长方形砖砌单室墓，券顶，无墓道。两墓大小、方向相近（图四）。

M196　长 2.76、宽 1.03、高 1.56 米。方向 195°。券顶仅残存北端一小部分，为双层券，券砖之间用石灰黏合。地面条砖"人"字形铺砌。所用砖大小略同，长 31.5、宽

16、厚 4 厘米。

墓室壁为仿木结构，可分上、下两层。下层高 0.68 米，南、北壁正中各砌一仿木假门，砌出门额、立颊和两扇版门。北壁假门西侧门扇向内微启，东侧门扇绘一妇人。南壁假门东侧门扇向内微启，西侧门扇绘一妇人。东壁绘庖厨图，西壁为备饮图。四壁之间绘黑色影作。上层高 0.38 米。下为普拍枋，由一排平砖砌成，凸出于上层墓壁约 7 厘米，在墓室四角则向外凸作方形，以承托斗拱。东西两壁中间和墓室四角各砌一斗拱，为一斗三升。斗拱涂黄色，并在墓壁上用黄色勾画出外缘轮廓。斗拱之间的壁面上绘有四神及牡丹图案。北壁绘玄武，东壁绘青龙、牡丹，西壁绘牡丹、白虎。南壁原应为朱雀，已残。券顶自斗拱上方开始起券，从起券处至券内顶约高 0.52 米（图二、五）。

M197　墓室长 2.92、宽 1.2、高 1.28 米。方向 190°。墓室室壁高 0.8 米，一丁一顺砌法。四壁共绘六个朱色框，东西壁各绘两个，南北壁各绘一个。起券处至内顶高 0.48 米，先以丁砖平面、端面相间起一层，再平砖叠砌内收成顶。条砖铺地，排法为横直相间，中部由南至北共留出三块地面未铺地砖。所用砖长 29、宽 14、厚 4 厘米（图三、六）。

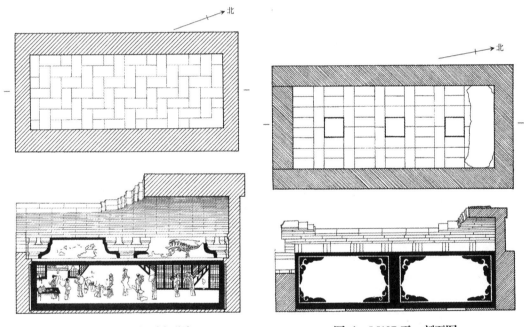

图二　M196 平、剖面图　　　　图三　M197 平、剖面图

两墓葬具均不存，葬式不明，仅发现数枚棺钉和少许钱币，M197 另出土残陶瓶、瓷瓶各 1 件。

二 壁画

M196 墓室内柱、枋、斗拱之间的壁面都刷有薄薄一层白土，上绘彩色壁画。壁画以

图四　M196、M197（由南向北摄）

图五　M196 墓室（由南向北摄）

线条为主，用墨线画出轮廓，再用朱、黄、黑等颜料局部平涂或点染。人物造型近似白描，多数仅用墨线勾勒人物轮廓，少数人物的服饰以朱、黄色晕染。墓室室壁上部斗拱之间绘花卉、神兽，下部绘生活场景。用笔娴熟，线条流畅，人物造型较为准确。

　　玄武图　　位于墓室北壁斗拱之间。下底长83、上底长50、高27厘米，为蛇缠绕在龟身上，龟、蛇两头相望（图七）。

图六　M197 墓室（由南向北摄）

图七　M196 北壁上层玄武图

　　青龙图　位于墓室东壁北侧斗拱之间。下底长 109、上底长 75、高 26 厘米。张口，瞪眼，足有三趾（图八、一八）。

　　白虎图　位于墓室西壁北侧斗拱之间。下底长 107、上底长 78、高 27 厘米。身绘条纹，足有三趾，惜前部已脱落。残长约 52 厘米（图九）。

图八　M196 东壁上层北侧青龙图

图九　M196 西壁上层北侧白虎图

牡丹图　位于墓室东、西壁南侧斗拱之间。两壁绘法相似，皆为中间一朵大花，周围为枝叶，两边各一含苞小花。西壁牡丹图下底长 112、上底长 81、高 28 厘米。东壁牡丹图下底长 110、上底长 80、高 27 厘米（图一〇、一九）。

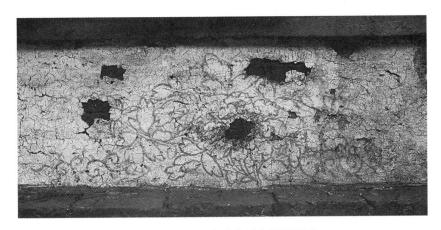

图一〇　M196 东壁上层南侧牡丹图

妇人启门图　位于墓室北、南壁。北壁妇人约高 43、南壁妇人残高 32 厘米。皆梳髻戴花，身着直领对襟窄袖褙子，宽带束腰，下着长裤，双手置腹前（图一一、一二、二〇）。

图一一　M196 北壁下层妇人启门图

图一二　M196 南壁下层妇人启门图

庖厨图　位于墓室东壁。约高 56、宽 257 厘米，共有 10 个人物。南侧一组四人为厨房内场景。一人蹲于灶前，正在向灶内加柴，两灶口前置有木柴。南面灶眼上放一带盖大锅，北面垛有五扇蒸笼，蒸笼由上到下书"一二三四五"，蒸笼边灶台上放一红色水瓢。

灶台后置一朱色桌。灶台北侧有一大水缸，水缸边悬挂肉类。另三人在一朱色四脚桌边，一人擀皮，一人制作包子，一人残泐不清。北侧一组共六人，皆双手托盘，盘中置碗、筷瓶等（图一三、一四、二一）。

图一三　M196 东壁庖厨图（局部）

图一四　M196 东壁庖厨图（局部）

图一五　M196 西壁备饮图（局部）

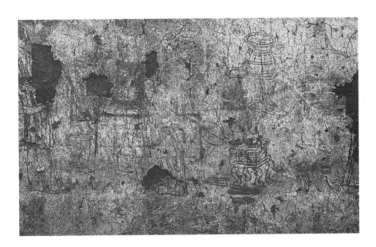

图一六　M196 西壁备饮图（局部）

图一七　M196 西壁备饮图（局部）

备饮图 位于墓室西壁。约高56、宽263厘米，也有10个人物。整个画面由南到北可分为三个场景。南侧有一桌，桌上放有罩、盘、碟等器具。桌后立一人，桌边立二人。人物后面屋内置有一长案，上有罐数个，可辨字有"□□煎"、"樱桃煎"、"木瓜"、"山□煎"。中间场景有一桌，桌南侧有一黄色圆坐墩，桌上放有茶具，桌后立一人。桌北侧一人持黄色蒲扇，面前为两炉。前面四足方炉下有木炭、火钳，炉上置两长流执壶。其后之炉为圆形，三足，上置一有双耳的釜。北侧场景中有五人，头梳高髻，戴花，手持茶具，向屋内传送茶点（图一五——一七、二二）。

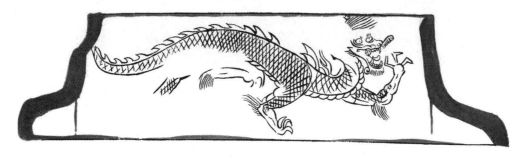

图一八 M196东壁上层北侧青龙图示意图

图一九 M196东壁上层南侧牡丹图示意图

M197仅绘六个朱色海棠形框，不知何种原因框内未绘壁画。

三 随葬器物

M196早年已被盗掘，除钱币外，未发现其他随葬器物，仅出土铜钱至道元宝、元丰通宝（图二五:1）、元祐通宝各1枚，铁钱庆元通宝5枚，锈蚀严重（图二五:2）。

M197出土的铜钱有开元通宝（图二五:5）、元丰通宝、正隆元宝、治平元宝（图二五:3）、天圣元宝（图二五:4）、祥符元宝各1枚，咸平元宝2枚（图二五:6）。墓中并出陶瓶、瓷瓶各1件。

陶瓶 1件（M197:2）。仅存底部，泥质黑陶。残高12、底径10厘米（图二四:1）。

瓷瓶 1件（M197:3）。细口，短颈，宽肩。红褐胎，施墨绿釉不及底。通高26、口径6、底径9、最大径17厘米（图二三、二四:2）。

四　结语

两墓皆为长方形券顶砖室墓，且大小相似，方向相近，形制相仿，应为夫妻异穴合葬墓。

从出土钱币看，M196 三枚铜钱皆属北宋时期，铁钱庆元通宝属南宋宁宗赵扩庆元年间（1195—1200），M196 应不早于 1195 年。M197 钱币除唐代的开元通宝外多属北宋，仅一枚正隆元宝属金代海陵王完颜亮正隆年间（1156—1161），M197 应不早于 1156 年。这两座墓的年代应属南宋早、中期。

襄阳地区发现过大量宋代仿木构穹隆顶和少量券顶长方形墓葬，但没有发现过壁画墓。例如，襄阳油坊岗发掘过 7 座仿木构砖室墓[①]。老河口王冲发掘的 12 座墓葬以方形或长方形仿木构砖室墓为主，另有 2 座船形墓[②]。1997 年襄阳檀溪第一次发掘时

图二〇　M196 启门妇人图示意图
1. 北壁　2. 南壁

有 2 座宋代长方形券顶砖室墓，2005 年第二次发掘有宋墓 3 座，其中 M195 为仿木结构砖室墓，墓室近方形；M190 为长方形券顶砖室墓；M194 为“刀”字形券顶砖室墓[③]。在襄城区曾家巷发掘的宋墓墓室宏大，为仿木砖石混合结构墓葬，墓室为八边形，西距本次发掘的壁画墓不到百米[④]。襄阳王寨 3 座宋墓皆为穹隆顶砖室墓[⑤]。在襄阳黄家村墓地发现二十余座宋代穹隆顶仿木结构砖室墓，墓室有方形、长方形、六边形、八边形等多种形状[⑥]。长方形券顶砖室墓在襄阳城东门外也有发现[⑦]，但像 M196 这样的南宋长方形券顶

①　襄樊市博物馆：《湖北襄樊油坊岗七座宋墓》，《考古》1995 年第 5 期。

②　襄樊市博物馆：《湖北老河口王冲宋墓清理简报》，《江汉考古》1995 年第 3 期。

③　襄樊市考古队：《襄樊檀溪隋唐宋墓清理简报》，《江汉考古》2000 年第 2 期；襄樊市文物考古研究所：《襄樊檀溪墓地第二次发掘报告》，《襄樊考古文集（第一辑）》，文物出版社 2007 年版。

④　襄樊市文物考古研究所：《襄樊曾家巷宋墓清理简报》，《襄樊考古文集（第一辑）》，文物出版社 2007 年版。

⑤　襄樊市考古队：《襄阳王寨许家岗墓群发掘》，《江汉考古》1999 年第 4 期。

⑥　襄阳市文物考古研究所：《襄阳黄家村》，科学出版社 2013 年版。

⑦　2006 年在襄阳城东门外阳春门公园发掘过几座宋代长方形砖室墓（襄阳市文物考古研究所内部资料）。

仿木结构砖室墓在整个湖北地区也是仅见的①。

图二一　M196 东壁庖厨图示意图

图二二　M196 西壁备饮图示意图

图二三　瓷瓶（M197:3）

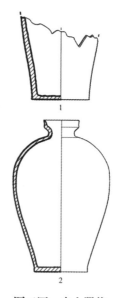

图二四　出土器物
1. 陶瓶（M197:2）　2. 瓷瓶（M197:3）（均为1/5）

①　黄义军：《湖北宋墓分期》，《江汉考古》1999 年第 2 期；秦大树：《宋元明考古》，文物出版社 2004 年版；黄义军：《湖北宋墓分布的地域差异及其产生原因》，《江汉考古》2008 年第 3 期。

　　券顶砖室墓一般皆有墓道，但这两座墓未见墓道痕迹，且墓中四壁皆绘有壁画，故而推测其建造时应是先砌墓室四壁，包括南北壁的假门，再在壁面绘画，然后放入棺，最后起券封闭墓室。因为墓室的双层券顶是最后砌筑的，所以券内未粉刷。

　　墓葬中发现的壁画主体面积近 4 平方米，内容包括神兽、花卉及生活场景等。其中，人物的服装几乎全为直领对襟窄袖褙子，其下露出裤、履，有的人物腰间束带，为宋代仆佣的常见装束。

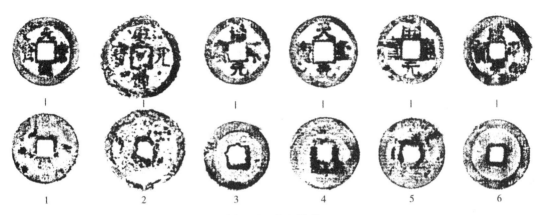

图二五　出土钱币

1. 铜钱元丰通宝（M196∶1-2）　2. 铁钱庆元通宝（M196∶1-4）　3. 铜钱治平元宝（M197∶1-3）
4. 铜钱天圣元宝（M197∶1-4）　5. 铜钱开元通宝（M197∶1-5）　6. 铜钱咸平元宝（M197∶1-7）

　　庖厨图中灶、蒸笼、制作包子等场景真切生动，所绘餐具包括盘、碗、筷及筷瓶、盆等，直观地呈现了当时的饮食文化。备饮图则展示了宋代备茶的场景。其中，前面四足方炉上长流的汤瓶与宣化辽墓 M5 张世占墓[1]壁画中的注子相似，表现的应是宋代流行的点茶。后面圆形三足炉与其上的器物则类似辽宁博物馆藏《萧翼赚兰亭图》中之风炉、茶，似乎是在煎茶[2]。后面屋中罐子上的"樱桃煎"、"木瓜"等，应即元代《饮膳正要》中记载的樱桃煎和木瓜煎[3]，制作方法皆是与白砂糖"同熬成煎"，据载明太祖之子朱樉即因宫女在樱桃煎中下毒而死[4]，可见这类吃食从宋代起历经元、明不衰。襄阳地区至今仍盛产樱桃、木瓜等，并有特产"糖蜜木瓜"，樱桃煎似已失传。其他几字疑为"山楂煎"、"山枣煎"等。

---

① 张家口市文物事业管理所等：《河北宣化下八里辽金壁画墓》，《文物》1990 年第 10 期。

② 扬之水：《两宋之煎茶》，《中国历史文物》2002 年第 4 期。

③（元）忽思慧：《饮膳正要》卷第二《诸般汤煎》，人民卫生出版社 1986 年版，第 54、55 页。

④ 陈学霖：《关于〈明太祖皇帝钦录〉的史料》，《暨南史学》2003 年第 2 辑。其中关于朱樉的死因见《明太祖皇帝钦录》："（朱樉）非法刑诸宫人，有割去舌者，有绑缚身体埋于深雪内冻死者，有绑于树上饿杀者，有用火烧死者，老幼宫人见之，各忧性命难存，以致三老妇人，潜地下毒入于樱桃煎内。既服之后，不移刻而死。"《明太祖皇帝钦录》见《故宫图书季刊》第 1 卷第 4 期（1970 年 9 月）影刊。

此墓壁画为研究宋代襄阳地区物质文化提供了宝贵资料。

附记：感谢襄阳市文物管理处张家芳提供的帮助。

领　队：王先福

发　掘：杨　力　刘江生　符德明
　　　　易泽林　杨　一

绘　图：符德明　刘江生　杨　一

摄　影：杨　力

拓　片：曾宪敏

执　笔：杨　一

历史名人遗泽

2015 年岳飞纪念活动

第一部分：台北岳氏宗亲会纪念岳飞诞辰 912 周年

据岳飞网报道：2015 年 3 月 28 日，为纪念民族英雄岳飞诞辰 912 周年，台北市岳氏宗亲 20 多人齐聚台北市林森公园岳飞塑像前举行庄严的祭祖仪式。仪式现场敬献花篮、时果，捻香祭拜，行三鞠躬礼，全体肃立读唱祭文。出席祭祀仪式的有台北岳氏宗亲会理事会长岳中兴、总干事岳志超，著名学者高双印、岳永文等宗亲代表。台北岳氏宗亲会名誉会长岳天因年事已高，无法亲临祭祖现场，仍带去了他对宗亲的祝福和对先祖岳飞的遥拜之情。据悉，台北岳氏宗亲会每年的（农历）二月十五前后都会在森林公园岳飞塑像前举行庄严的祭祀民族英雄岳飞的活动。

第二部分：贵州安顺上万民众隆重纪念民族英雄岳飞诞辰 912 周年

据岳飞网报道：在贵州安顺中所村有一个特别的民俗文化活动，从清朝至今已经有几百年的历史，每年的农历二月十五日，方圆几十里村民在都会自发组织一起，隆重纪念伟大的民族英雄岳飞诞辰。2015 年的 4 月 3 日（农历二月十五日）是民族英雄岳飞诞辰 912 周年。上午 9 时，中所村人山人海，来自全国各地 120 名岳飞后裔组成的观摩团和自发赶来的当地 2 万民众到达安顺西秀区大西桥镇中所村。当地村民身着民俗盛装，岳飞后裔身披绶带，共同纪念缅怀这位伟大的民族英雄！

第三部分：四川各界人士隆重纪念岳飞诞辰 912 周年

据岳飞网报道：2015 年 4 月 3 日上午，数百名四川各界人士齐聚蓬溪文井精忠祠，隆重纪念岳飞诞生 912 周年。蓬溪县文井精忠祠，是四川省目前唯一尚存的一座岳氏宗祠，始建于清道光十七年。祠堂正殿塑有民族英雄岳飞像，他两旁塑有岳云、张宪之像。纪念活动在庄严的国歌声中开始。岳氏宗亲代表首先向先祖岳飞虔诚上香、行叩拜大礼，接着，岳氏宗亲代表和岳飞思想研究会副秘书长岳林才先生、四川大学岳飞文化传播中心主任、博士生导师张放教授和当地党政领导分别致辞。大家深情缅怀民族英雄岳飞，表达了传承岳飞爱国主义精神、努力振兴中华的决心。

第四部分：岳飞像安座台湾高雄佛光山

据人民网、新华网、岳飞网等多家媒体报道：2015 年 9 月 27 日，中秋佳节之际，"岳飞大型青铜塑像落成大典暨岳武穆王金像安座典礼"在台湾高雄佛光山隆重举行，海峡两岸各界人士上千人出席典礼。典礼上，岳飞后裔第 28 世嫡孙、护送岳飞像来台的岳飞思想研究会会长、重庆岳飞文化交流协会会长岳朝军先生叙述了与佛光山的因缘。2014 年 8 月,星云大师会见协会参访团,得知重庆渝中区正修缮关岳庙、重塑岳飞造像后,他提出制作一尊岳飞造像来佛光山供信众礼拜的愿望。其后岳飞思想研究会、重庆关岳庙、重庆市岳飞文化交流协会参照杭州岳庙的风格,同时制作两尊岳飞造像,一尊留在重庆,一尊送来佛光山。星云大师在典礼上表示,他信仰佛教,此外,对自己影响最重要的是中华文化,尤其忘不了孔子、关羽、文天祥等古代圣贤;忠孝两全的英雄岳飞是其中重要一位,对他有刻骨铭心的影响。在中秋月圆时刻,将军的造像安放在佛光山佛陀纪念馆供信众礼拜,希望发扬岳飞的爱国精神,让后世子孙以英雄为荣,以身为中国人、炎黄子孙为荣。洪秀柱女士应邀出席典礼。她表示,从小就熟知岳飞是人所敬仰的民族英雄,尤其抗战时众多将士从重庆关岳庙誓师,高唱《满江红》,呼喊"还我河山",踏上了滇缅、湘鄂战场。据了解,当年许多抗战将士来台后,难忘当年慷慨悲歌的豪情。1969 年,台湾当局参照重庆关岳庙"北朝"建筑格式,重建南投文武庙,留下如今宝岛最高等级的宫殿式庙宇建筑群。此次赠送的岳飞青铜造像连同底座高 3.9 米,同时来台的还有一尊青铜鎏金造像,将在佛陀纪念馆金佛殿安座。

第五部分:重庆关岳庙与台湾日月潭文武庙签署友好缔结暨岳飞神像开光大典仪式

据岳飞网报道:2015 年 10 月 30 日,重庆关岳庙与台湾日月潭文武庙签署友好庙宇缔结仪式暨岳飞神像开光大典在重庆关岳庙隆重举行。出席此次活动的有重庆市台办、重庆市渝中区统战部,渝中区民宗局,江西九江县委,岳飞思想研究会领导;台湾日月潭文武庙、河南汤阴岳忠武王庙、浙江杭州岳王庙、九江中华贤母园、湖南武冈武穆宫代表。来自四川、重庆、山东、江西、江苏、云南、贵州、湖北、辽宁、天津等地及韩国、加拿大岳氏宗亲 200 多人共襄盛举。岳飞思想研究会会长、重庆岳飞文化交流协会会长岳朝军在讲话中说:"就在一个月前的中秋节,2015 年 9 月 27 日,应台湾佛光山星云大师之邀,我们和渝中区关岳庙道观护送岳飞铜像赴台湾佛光山安座,此尊岳王之造像与两岸文化交流访问,得益于星云大师之关切,集佛光山寺、关岳庙道观及两岸相关方面之心智荣光,汇各方之尊敬愿景而成。民族英雄岳飞铜像送到了台湾佛光山,成为两岸历史文化交流、宗教文化交流、岳飞文化交流的一件具有历史意义的大事。"他在讲到关岳庙与抗战历史时说:"难以忘记,1942 年 3 月,中国远征军第 5 军、第 6 军、第 66 军,约 10 万精锐之师出兵缅甸,将士们出征之前,在'精神堡垒'处召开誓师大会,在关岳庙岳飞神像前臂刺'精忠报国',高呼'还我河山',高唱《满江红》,奔赴抗战前线,他们壮怀激烈,他们慷慨赴死,他们中间的绝大多数人,再也没有回到过家乡的土地。重庆关岳庙是抗战时期民族精神和抗战文化的主要见证地之一。今天,重庆关岳庙与台湾日月潭文武庙缔结为友好庙宇,是历史和现实的拥抱!"(台湾日月潭文武庙董事长张德林赠送重庆关岳庙日月潭特产和文武庙精美收藏图集)重庆关岳庙原址位于渝中区较场口建设公寓,建于明代,占地 5000 平方米,供奉关羽、岳飞像,是川渝地区有名的道观。新中国成立后,由于历史原因,重庆关岳庙原址损毁严重。为让岳飞爱国文化在两岸更好的弘扬和继承,自 2007 年由岳飞思想研究会岳朝军会长发动推起,在两岸友好志士共同不懈努力推动下;2014 年重庆市决定重建关岳庙,并将关岳庙迁建到风景优美,有着"巴山夜雨"美景的佛图关公园重新修建。重庆市渝中区并和日月潭边的南投文武庙达成共识,重庆关岳庙将与台湾日月潭边的南投文武庙缔结为友好庙宇。届时,重庆关岳庙将成为海峡两岸文化发展常态交流的又一载体,合作继承岳飞精神,共同弘扬中华优秀传统文化。重庆关岳庙也将成为中国西南地区最重要的岳飞文化、抗战文化、爱国主义宣传教育基地。

（供稿：全国岳飞思想研究会）

2015 年文天祥纪念活动

据侨报网等报道：2015 年 4 月 2 日上午，在北京府学胡同的文丞相祠，举行了隆重的祭祀文天祥活动。据介绍，此次祭祀活动的仪程、服饰都是依照明代传统形制。近百名小学生在祭祀现场吟唱了《正气歌》并敬献鲜花，十余名参祭人员穿着庄重古朴的"朱子深衣"行至祠堂前。

文丞相祠，位于北京东城区府学胡同 63 号，是为纪念南宋著名民族英雄和爱国诗人文天祥而建的。文天祥在南宋末年抗元失利、被俘至元大都（北京）后，囚禁于兵马司土牢近 4 年时间，于 1283 年就义于柴市。明洪武九年（1376），由按察司副使建祠堂。明永乐六年（1408）正式列入祭典。明宣德、万历，清嘉庆、道光，以至民国期间均有修葺。祠堂坐北朝南，由大门、过厅、堂屋三部分组成，面积近 600 平方米。过厅内为文天祥生平展，堂屋中保留有原祠堂的部分遗物和文天祥手迹等展品。院内尚有一株古枣树，枝干向南倾斜，传说为文天祥手植。1979 年，文丞相祠被列为北京市文物保护单位。1984 年 10 月修缮后对外开放。1995 年又主要由文氏后裔捐款修饰一新。人们在这里接受爱国主义教育，缅怀文天祥的浩然正气。

2015 年 6 月 17 日（农历五月初二），由广西玉林文氏宗亲会举办的纪念民族英雄文天祥诞辰 779 周年的庆典活动在玉东新区茂林镇马鹿岭村举行。玉林本地和湖南、广东、江西等地区文氏代表四千人左右参加庆典活动。庆典活动包括重建玉林宋文丞相祠的可行性报告、祭祖、研议族谱等内容，并打算建设一个文天祥爱国主义教育基地。

2015 年 8 月，经有关部门批准，广西玉林成立"文天祥文史研究会"。广西玉林文天祥文史研究会业务范围：建立文天祥历史文化平台，开展文化公益活动，不定期出版《广西玉林文天祥文史会刊》，宣传有突出贡献的文天祥后裔和模范精英。

（供稿：中华文氏宗亲网）

神木县杨家将文化研究会 2015 年大事记

1 月 25 日

为做好麟州古城文物保护规划的修改工作,杨家将文化研究会领导陪同北京建筑设计院院长刘临安一行对杨家城进行了实地考察。第二天县政府召开麟州古城文物保护规划修改座谈会,杨研会领导参加会议并提出建议。

4 月 25 日

廊坊市杨家将文化研究会会长杨万金、常务副会长庞永力、理事杨松浦一行专程前来杨业故里杨家城考察。

5 月 21 日

杨研会组织人员考察了内蒙古自治区乌拉特前旗大佘太镇杨家将遗迹。

5 月 24 日

杨家将文化研究会常务副会长乔振民一行拜访了宁夏大学西夏学研究院专家。古麟州地处北宋与西夏交界处,驻守麟州城的杨家将及其后代,在抗夏争战中建立了功业,民间流传有许多传说故事和遗址遗迹。为了厘清宋夏争战中的一些复杂问题,与院长杜建录、研究员彭向前等 7 位专家座谈。专家们提出研究杨家将应由忠君爱国深入到民族融合的建议。

5 月 25 日

神木县杨家将文化研究会举行换届大会,大会选举产生了以杨清和为会长的新一届领导集体。

7 月 5 日至 7 日

杨研会领导乔振民等,应邀参加了在府谷县城举办的"陕北历史文化与宋代府州折家将历史文化"学术研讨会,杨研会学者杨文岩、焦拖义提交了论文。

7 月

组织实施了投资 15 万元的杨家城"杨业手植五指柏"保护工程。

8 月初

根据中纪委网站"家风家规"栏目要求,按照陕西省委的安排,潼关电视台"杨震清白传家"栏目组莅临杨业故里神木考察采风。

8月3日至5日

杨研会学者杨文岩应邀参加在横山县举行的"党项史迹与陕北历史文化学术研讨会"。

10月27日

中山大学教授康保成,在中央电视台"百家讲坛"讲述《戏里戏外说历史·杨家将》后,专程前来杨业故里探访。

11月8日

全国知名作家采风团施占军、刘庆邦、董宏军、曾平阳、王祥夫等人探访杨家城。建议神木作为杨业的故里、杨家将文化的源头,要抓住机遇开发打造杨家将文化品牌,助推神木经济多元化发展。

(供稿:神木县杨家将文化研究会)

附　录

2015 年宋史论著目录

壹 著作

一 综论

近世中国——从唐宋变革到宋元变革　王瑞来著　山西教育出版社　2015 年 8 月

史官、史氏与南宋社会　张显传著　北京师范大学出版社　2015 年 5 月

宋代历史探求·邓小南自选集　邓小南著　首都师范大学出版社　2015 年 8 月

宋史　余蔚著　上海人民出版社　2015 年 1 月

宋:现代的拂晓时辰　吴钩著　广西师范大学出版社　2015 年 9 月

生活在宋朝　吴钩著　长江文艺出版社　2015 年 10 月

跨界交流与学科对话:宋代文史青年学者论坛　肖瑞峰、刘跃进主编　浙江大学出版社　2015 年 4 月

保定宋辽历史文化遗产及其开发研究　刘云军、丁建军主编　河北大学出版社　2015 年 9 月

宋史研究论丛(第 16 辑)　姜锡东主编　河北大学出版社　2015 年 8 月

宋史研究论丛(第 17 辑)　姜锡东主编　河北大学出版社　2015 年 12 月

隋唐辽宋金元史论丛(第 5 辑)　黄正建主编　上海古籍出版社　2015 年 6 月

唐宋历史评论(第一辑)　包伟民、刘后滨主编　社会科学文献出版社　2015 年 3 月

新宋学(第四辑)　王水照、朱刚主编　上海人民出版社　2015 年 9 月

朱子学刊(第 24 辑)　姜广辉、徐公喜主编　黄山书社　2015 年 7 月

朱子学年鉴 2014　朱子学会编　商务印书馆　2015 年 8 月

二 政治 军事 法律 民族关系

北宋科甲同年关系与士大夫朋党政治　祁琛云著　四川大学出版社　2015 年 3 月

北宋士大夫的政治理想和实践:以北宋前中期为中心的研究　李同乐著　浙江大学出版社　2015 年 4 月

北宋晚期的政治体制与政治文化　方诚峰著　北京大学出版社　2015 年 12 月

北宋与辽、西夏战略关系研究——从权力平衡观点的解析　蔡金仁著　新北:花木兰文化出版社　2015 年 11 月

北宋中央日常政务运行研究　周佳著　中华书局　2015 年 11 月

佛教与宋代法律　陈义和著　中国政法大学出版社　2015 年 10 月

君臣——士大夫政治下的权力场　王瑞来著　北京联合出版公司　2015 年 5 月

权力关系:宋代中国的家族、地位与国家　柏文莉著、刘云军译　江苏人民出版社　2015 年

7 月

宋代地方势力与基层社会秩序研究　康武刚著　合肥工业大学出版社　2015 年 8 月

宋代封驳制度与权力制约关系研究　孟宪玉著　东北大学出版社　2015 年 12 月

宋代官员惩治研究　陈骏程著　新北:花木兰文化出版社　2015 年 3 月

宋代科举社会　梁庚尧著　台大出版中心　2015 年 12 月

宋代女性法律地位研究　王扬著　法律出版社　2015 年 7 月

宋代契约法律制度研究　杨卉青著　人民出版社　2015 年 3 月

宋代三衙管军制度研究(上、下)　范学辉著　中华书局　2015 年 4 月

宋代史事考释　蔡金仁著　屏东:人文资源研究学会　2015 年 2 月

宋代治国理念及其实践研究　陈峰等著　人民出版社　2015 年 3 月

宋登科总录(14 册)　龚延明、祖慧编撰　广西师范大学出版社　2015 年

宋五家外事文书研究　冒志祥著　广西师范大学出版社　2015 年

义旨之争:南宋科举规范之折冲　魏希德(Hilde De Weerdt)著、胡永光译　浙江大学出版社
　　2015 年 12 月

中国科举制度通史(宋代卷)　张希清著　上海人民出版社　2015 年 9 月

三　社　会　经　济

高乡与低乡:11—16 世纪江南区域历史地理研究　谢湜著　生活·读书·新知三联书店
　2015 年 7 月

两宋谣谚与社会研究　赵瑶丹著　中国社会科学出版社　2015 年 12 月

十至十三世纪生态环境变迁与宋代畜牧业发展响应　张显运著　科学出版社　2015 年
　4 月

宋代城市铺户研究　张玲著　三晋出版社　2015 年 7 月

宋代民妇的生活情态　陈伟庆著　新北:花木兰文化出版社　2015 年 3 月

宋代土地制度史　郦家驹著　中国社会科学出版社　2015 年 4 月

宋代长江中游的环境与社会研究:以水利、民间信仰、族群为中心　陈曦著　科学出版社
　　2015 年 12 月

宋辽夏金经济史研究(增订版)　乔幼梅著　上海古籍出版社　2015 年 6 月

宋至清代身份法研究　[日]高桥芳郎著,李冰逆译　上海古籍出版社　2015 年 6 月

唐宋湖南移民史研究　薛政超著　中国社会科学出版社　2015 年

中国古代乡村社会保障问题研究　张文著　西南师范大学出版社　2015 年 12 月

中国市场经济:1000－1500　刘光临著　纽约州立大学出版社　2015 年

四　教育　科技　文化

北宋易学与变法思想研究　刘炳良著　人民出版社　2015 年 12 月

从手迹和士人的论述看唐宋官方文书对书信写作方式的影响　徐力恒著　博睿出版社
　2015 年

从文学到文化:传统中国研究的范式与方法新论　刘方著　中国社会科学出版社

从郑玄到朱熹:朱子《四书》诠释的转向(第一版)　高获华著　台北市:大安出版社　2015
　年 5 月

道南学派研究　张品端主编　厦门大学出版社　2015 年 10 月

地域文化传承书系——宋代文化市场与文学审美俗趣　尚光一著　中国书籍出版社　2015 年 9 月

东亚朱子学的新视野　朱人求、[日]井上厚史主编　商务印书馆　2015 年 1 月

多维视野下的宋代文学　诸葛忆兵著　中国社会科学出版社　2015 年 9 月

韩国儒学思想史　邢丽菊著　人民出版社　2015 年 11 月

孔门传授心法：朱子《四书章句集注》的解释与建构　杨浩著　东方出版中心　2015 年 8 月

跬步探儒　陈学凯著　中国社会科学出版社　2015 年 9 月

历史叙事与宋代散文研究　李贞慧著　中国社会科学出版社　2015 年 12 月

两宋生态环境变迁史　张全明著　中华书局　2015 年 12 月

两宋五代经学学术编年（上、下）　吴国武编撰　凤凰出版社　2015 年 7 月

民间的力量——宋代民间士人的教育活动研究　张建东著　华中科技大学出版社　2015 年 9 月

闽学脉：从朱熹到严复　林怡著　海峡文艺出版社　2015 年 6 月

闽学研究十年录　黎昕主编　福建人民出版社　2015 年 3 月

南部太行山区祠神信仰研究：618——1368　宋燕鹏著　中国社会科学出版社　2015 年 12 月

南宋全史：思想、文化、科技和社会生活卷　范立舟、徐吉军著　上海古籍出版　2015 年 9 月

南宋文人饮食文化之研究　施静宜著　新北：花木兰文化出版社　2015 年 11 月

钱穆的朱子学研究　石力波著　新北：花木兰文化出版社　2015 年

清空：宋代词学的创作风格　郭峰著　高等教育出版社　2015 年 12 月

宋代程朱理学官学地位研究　李娟著　东北师范大学出版社　2015 年 3 月

宋代妇女的佛教信仰与生活空间　邵育欣著　中国社会科学出版社　2015 年 9 月

宋代家训与社会整合研究　刘欣著　云南大学出版社　2015 年 4 月

宋代进士考试与文学考论　许瑶丽著　上海古籍出版社　2015 年 5 月

宋代经学哲学研究·基本理论卷　向世陵主编　上海科学技术文献出版社　2015 年 1 月

宋代瘟疫的流行与防治　韩毅著　商务印书馆　2015 年 4 月

宋儒忘筌编　季惟斋著　华东师范大学出版　2015 年 10 月

王瑞来学术文丛·仇雠相对——版本校勘学述论　王瑞来著　山西教育出版社　2015 年 8 月

王瑞来学术文丛·文献可征——宋代史籍丛考　王瑞来著　山西教育出版社　2015 年 8 月

文献家朱熹著述活动及其著作版本考察　陈国代著　北京师范大学出版社　2015 年 6 月

《咸淳临安志》宋版"京城四图"复原研究　姜青青著　上海古籍出版社　2015 年 8 月

《心经附注》对退溪心学形成之影响研究　周月琴著　学苑出版社　2015 年 5 月

行万里路　宋代的旅行与文化　张聪著　浙江大学出版社　2015 年 12 月

张载天人关系新说：论作为宗教哲学的理学　周赟著　中华书局　2015 年 6 月

制度下的神灵——两宋时期政府与民间关于信仰的沟通　刘雅萍著　新北：花木兰文化出版社　2015 年 3 月

朱熹《楚辞集注》研究　李永明著　上海古籍出版社　2015 年 3 月

朱熹《仪礼经传通解》研究（第一版）　孙致文著　台北市大安出版社　2015 年

朱熹陈淳研究（第 2 辑）　陈支平、叶明义主编　厦门大学出版社　2015 年 6 月

朱熹礼学基本问题研究　叶纶芳、乔秀岩编　中华书局　2015 年 9 月

朱熹礼学思想渊源研究（初版）　王云云著　新北：花木兰文化出版社　2015 年

朱熹诗学研究（初版）　王玉琴著　新北：花木兰文化出版社　2015 年

朱熹学派与闽台书院刻书的传承和发展　方彦寿著　福建教育出版社　2015 年 1 月

朱熹训诂研究　贾璐著　中国社会科学出版社　2015 年 8 月

朱熹易学思想研究　张克宾著　人民出版社　2015 年 11 月

朱熹与大学：新儒学对儒家经典之反思（初版）　葛德娜（Gardner D. K.）著，杨惠君译　台
　　北：万卷楼图书股份有限公司　2015 年

朱子的旅游世界——朱熹旅游文化与文化旅游研究　兰宗荣著　光明日报出版社　2015
　　年 1 月

朱子文白对照本　孙毓修编　团结出版社　2015 年 12 月

朱子学说与闽学发展　黎昕主编　中国社会科学出版社　2015 年 6 月

朱子学与河图洛书说研究　黄昊著　西南交通大学出版社　2015 年 3 月

朱子学与退溪学研究中韩性理学之比较　张品端主编　厦门大学出版社　2015 年 10 月

朱子哲学思想的发展与完成　刘述先著　吉林出版集团有限责任公司　2015 年 1 月

五　人物

北宋黄龙慧南禅师三钥：宗传、书尺与年谱　黄启江著　台北：台湾学生书局有限公司
　　2015 年 7 月

北宋张商英护法研究　程佩著　新北：花木兰文化出版社　2015 年 3 月

陈亮研究论稿　方如金著　河北大学出版社　2015 年 10 月

大宋帝国三百年：文功武治宋太宗　金纲著　江苏文艺出版社　2015 年 1 月

大宋风月：苏轼　高有鹏著　东方出版中心　2015 年 9 月

大宋风月：王安石　高有鹏著　东方出版中心　2015 年 9 月

公生庐陵继六一："周必大与南宋文化暨纪念周必大诞辰 888 周年"国际学术研讨会论文集
　　丁功谊等编　江西人民出版社　2015 年 12 月

胡则传：历史、传说与叙述者　陆敏珍著　浙江大学出版社　2015 年 11 月

一代才臣苏洵　东方慧子主编　武汉大学出版社　2015 年 7 月

一代文宗欧阳修　东方慧子主编　武汉大学出版社　2015 年 7 月

变法通儒王安石　东方慧子主编　武汉大学出版社　2015 年 7 月

百代楷模苏轼　东方慧子主编　武汉大学出版社　2015 年 7 月

千秋醇儒曾巩　东方慧子主编　武汉大学出版社　2015 年 7 月

儒雅学士苏辙　东方慧子主编　武汉大学出版社　2015 年 7 月

宋慈洗冤　钱斌著　商务印书馆　2015 年 6 月

宋代广州知州群体研究　卢萍著　新北：花木兰文化出版社　2015 年 3 月

宋代人物辞典　杨倩描主编　河北大学出版社　2015 年 1 月

苏轼传稿　王水照著　中华书局　2015 年 5 月

苏轼研究　王水照著　中华书局　2015 年 5 月

王水照说苏东坡　王水照著　中华书局　2015 年 6 月

太祖赵匡胤——中国最有作为皇帝演义　蔡东藩著　新华出版社　2015 年 9 月

通鉴载道——司马光传　江永红著　作家出版社　2015 年 8 月

王瑞来学术文丛·天地间气——范仲淹研究　王瑞来著　山西教育出版社　2015 年 8 月

王瑞来学术文丛·知人论世——宋代人物考述　王瑞来著　山西教育出版社　2015 年 8 月

写给儿童的名人故事——朱子　章衣萍著　团结出版社　2015 年 9 月

岳飞文化研究　王波清主编　中州古籍出版社　2015 年 12 月

忧乐天下——范仲淹传　周宗奇著　作家出版社　2015 年 9 月

政坛大风——王安石传　毕宝魁著　作家出版社　2015 年 2 月

长歌正气——文天祥传　郭晓晔著　作家出版社　2015 年 2 月

朱子之路　黄胜科、李崇英编著　福建教育出版社　2015 年 11 月

六　古籍与资料汇编

《百官箴》校注 (宋)许月卿撰,肖建新校注　安徽师范大学出版社　2015 年 5 月

曹彦约集　(宋)曹彦约、尹波点校　四川大学出版社　2015 年 10 月

《帝学》校释　(宋)范祖禹著,陈晔校注　华东师范大学出版社　2015 年 8 月

范浚集　(宋)范浚著,范国梁整理点校　浙江古籍出版社　2015 年 1 月

高似孙集　(宋)高似孙撰,王群栗整理校对　浙江古籍出版社　2015 年 1 月

洪咨夔集　(宋)洪咨夔撰,侯体健整理点校　浙江古籍出版社　2015 年 1 月

柳开集　(宋)柳开撰,李可风整理点校　中华书局　2015 年 11 月

梦溪笔谈(全三册)(宋)沈括撰,金良年点校　中华书局　2015 年 11 月

辛弃疾编年笺注(全六册)(宋)辛弃疾著,辛更儒笺注　中华书局　2015 年 11 月

张栻集　(宋)张栻著、杨世永点校　中华书局　2015 年 11 月

周行己集　(宋)周行己撰,陈小平整理点校　浙江古籍出版社　2015 年 1 月

周密集　(宋)周密撰、杨瑞整理点校　浙江古籍出版社　2015 年 4 月

《宋史·吐蕃传》笺证　齐德舜著　中国社会科学出版社　2015 年 7 月

《宋刑统》校正　(宋)窦仪撰,岳纯之整理校证　北京大学出版社　2015 年 10 月

王安石日录辑校　(宋)王安石,孔学辑校　四川大学出版社　2015 年 12 月

苏轼选集(修订本)(宋)苏轼著,王水照编纂　中华书局　2015 年 5 月

美国图书馆藏宋元版汉籍图录　曹亦冰、卢伟主编　中华书局　2015 年 1 月

南宋院画录校释图录　(清)厉鹗编,胡小罕,胡易知校释　浙江人民美术出版社　2015 年 8 月

南宋诏令辑校　徐红撰编　湘潭大学出版社　2015 年 12 月

宋代麟府路及折家将文献录　高建国、林海清编　中国文史出版社　2015 年

宋人所撰三苏年谱汇刊　王水照　中华书局　2015 年 5 月

宋元方志经济资料丛刊(全三册)　宋志英编撰　国家图书馆出版社　2015 年 8 月

宋元明清咏岳飞选注广辑　傅炳熙、傅乃芹辑校　中州古籍出版社　2015 年 6 月

《永乐大典》本南宋至明初湖南佚志辑校　周方高辑　校上海人民出版社　2015 年 9 月

宋史纪事本末　（明）陈邦瞻　中华书局　2015 年 8 月

王安石研究论著目录索引(1912—2014)　张保见、高青青编撰　四川大学出版社　2015 年 12 月

《文渊阁"四库全书"》岳飞资料汇编　王德保、岳朝军主编　中国社会科学出版社　2015 年 2 月

近思录　（宋）朱熹、（宋）吕祖谦编著　吉林大学出版社　2015 年 5 月

近思录专辑·第 1 册　泳斋近思录衍注　近思录集解　严佐之、戴扬本、刘永翔主编；（宋）杨伯嵒、叶采，程水龙校注　华东师范大学出版社　2015 年 2 月

近思录专辑·第 9 册　近思录集注　读近思录　严佐之、戴扬本、刘永翔主编；（清）汪永、汪绂，严佐之、丁红旗校注　华东师范大学出版社　2015 年 10 月

近思录专辑·第 4 册　近思录集解　严佐之、戴扬本、刘永翔主编；（清）张伯行，罗争鸣校注　华东师范大学出版社　2015 年 8 月

近思录专辑·第 10 册　近思续录　严佐之、戴扬本、刘永翔主编；（清）刘源渌，黄坤校注　华东师范大学出版社　2015 年 11 月

近思录专辑·第 11 册　近思录补注　近思录注　国朝近思录　严佐之、戴扬本、刘永翔主编；（清）陈沆、郭嵩焘、吕永辉，　张文、严佐之、任莉莉校注　华东师范大学出版社　2015 年 3 月

近思录专辑·第 2 册　近思杂问　近思续录　近思别录　近思后录　近思录补　严佐之、戴扬本、刘永翔主编；（宋）陈埴、蔡模、佚名、[明]江起鹏、宗韵，程水龙、顾宏义、丁小明校注　华东师范大学出版社　2015 年 9 月

近思录专辑·第 3 册　近思录传　近思录集解　严佐之、戴扬本、刘永翔主编　（清）张习孔、李文炤，方笑一、戴扬本校注　华东师范大学出版社　2015 年 9 月

近思录专辑·第 5 册　续近思录　广近思录　严佐之、戴扬本、刘永翔主编　（清）张伯行，张文校注　华东师范大学出版社　2015 年 8 月

近思录专辑·第 7 册　近思录集注　严佐之、戴扬本、刘永翔主编　（清）茅星来，朱幼文校注　华东师范大学出版社　2015 年 8 月

楚辞　（宋）朱熹著　知识出版社　2015 年 5 月

论语集注　朱熹集注，郭万金编校　商务印书馆　2015 年 10 月

楚辞集注　（宋）朱熹著　上海古籍出版社　2015 年 12 月

钦定四库全书　孝经勘误　阴符经考异　周易参同契考异　朱子读书法　（宋）朱熹著　中国书店出版社　2015 年 8 月

钦定四库全书　易类原本周易本义　（宋）朱熹注　中国书店出版社　2015 年 8 月

钦定四库全书楚辞集注(全二册)　（宋）朱熹著　中国书店出版社　2015 年 8 月

宋刻周易本义(全四册)　（宋）朱熹注，郑同校　华龄出版社　2015 年 2 月

周易参同契集释　（东汉）魏伯阳著、（宋）朱熹等注　中央编译出版社　2015 年 1 月

朱熹:舌尖上的天理和人欲　卿磊编　黄山书社　2015 年 6 月

朱子晚年全论　（清）李绂著，段景莲点校　中华书局　2015 年 3 月

朱子小学读本　（宋）朱熹编撰　福建教育出版社　2015 年 1 月

大学中庸　（宋）朱熹注　世界图书出版公司　2015 年 9 月

通鉴纪事本末(全十二册)　（宋）袁枢　中华书局　2015 年 8 月

新五代史(修订本)　欧阳修撰,陈尚君修订　中华书局　2015 年 8 月
旧五代史(修订本)　薛居正等撰、陈尚君修订　中华书局　2015 年 8 月

七　文物　考古

南方地区宋代墓葬研究　吴敬著　社会科学文献出版社　2015 年 7 月
《宋画全集》(第五卷　一二册)　浙江大学中国古代书画研究中心编撰　浙江大学出版社　2015 年 6 月
宋朱熹书城南唱和诗——中国历代碑帖经典　班志铭编　黑龙江美术出版社　2015 年 8 月

贰　论文

一　综论

1949 年以前金宋关系史研究述评　陈俊达、隋昕言　宁夏大学学报(人文社会科学版) 2015 年第 1 期
1980—1989 年朱熹道德思想研究论文述评　时名早、李士金　黑龙江教育学院学报 2015 年第 9 期
2000—2014 年宋徽宗音乐理论研究综述　孙亚琼　广西职业技术学院学报　2015 年第 1 期
2013 年日本的五代宋元史研究　[日]伊藤一马,蔡春娟译　中国史研究动态　2015 年第 1 期
2014 年度宋代词人李清照之研究　陈田田　安徽科技学院学报　2015 年第 2 期
2014 年宋史研究综述　曲鸣丽　中国史研究动态　2015 年第 4 期
20 世纪 80 年代以来陈与义研究综述　董秋月　牡丹江师范学院学报(哲学社会科学版) 2015 年第 2 期
20 世纪 80 年代以来两宋俳谐词研究综述　刘欣　濮阳职业技术学院学报　2015 年 6 期
20 世纪北宋《春秋》学研究现状述评　侯步云　沈阳大学学报(社会科学版)　2015 年第 3 期
20 世纪以来国内宋代儿童史研究综述　铁爱花、侯艳兰　北华大学学报(社会科学版) 2015 年第 3 期
20 世纪以来两宋移民史研究回顾与展望　贾灿灿　三峡大学学报(人文社会科学版) 2015 年第 3 期
20 世纪以来朱熹经学与文学研究综述　赵聘　文艺评论　2015 年第 6 期

B

百年来大陆两宋礼制研究综述(1911—2013 年)　汤勤福　历史文献研究(35 辑)　2015 年 6 月
半个世纪来岳飞《满江红》词争鸣综述　郭红欣　东南大学学报(哲学社会科学版)　2015 年第 5 期
北部湾经典著述《岭外代答》海外学者研究略评　林澜　钦州学院学报　2015 年第 6 期

C

从近世走向近代——宋元变革论述要　王瑞来　史学集刊　2015 年第 4 期

从族际交往到一体认同——20 世纪以来的宋代民族融合研究　王善军、王道鹏　安徽史学　2015 年第 1 期

E

二十一世纪苏轼创作与佛教思想研究综述　符梦强　广西职业技术学院学报　2015 年第 2 期

H

河南巩义北宋皇陵研究综述　马锋　焦作师范高等专科学校学报　2015 年第 3 期

胡宏研究综述　吕金伟　长江师范学院学报　2015 年第 5 期

J

近 40 年来二程思想研究综述　敦鹏　保定学院学报　2015 年第 4 期

近 20 年来宋代司法制度研究综述　杨芹、王宇同、李芳　社科纵横　2015 年第 2 期

近年来关于唐宋文士与儒学研究的综述　张佩　内蒙古民族大学学报　2015 年 03 期

近三十年中国宋代妇女史研究的回顾与反思　杨果　华中国学（第三辑）　2015 年

L

楼昉及其《崇古文诀》研究综述　尉倩倩　名作欣赏　2015 年第 2 期

M

民国时期（1912—1949）的朱子学研究学术编年（中）　乐爱国　鹅湖（41 卷）　2015 年第 6 期

民国时期（1912—1949）朱子学研究学术编年（二）　乐爱国　朱子文化　2015 年第 5 期

民国时期（1912—1949）的朱子学研究学术编年（上）　乐爱国　鹅湖（41 卷）　2015 年第 5 期

O

欧阳修诗经学研究的历史与现状　关鹏飞　聊城大学学报（社会科学版）　2015 年第 4 期

P

《平江图》研究综述　许文刚　江苏地方志　2015 年第 5 期

Q

钱惟演诗歌研究现状述论　康聪会　现代语文（学术综合版）　2015 年第 4 期

S

陕北历史文化暨宋代府州折家将历史文化学术研讨会综述　高建国　延安大学学报（社会科学版）　2015 年第 5 期

《圣济总录》研究概述　尹进、年莉、张静宇　辽宁中医杂志　2015 年第 10 期

数据化时代陆游研究的多维度呈现——纪念陆游诞辰 890 周年国际学术研讨会综述　绍兴文理学院学报（哲学社会科学）　2015 年第 6 期

司马光传记文学学术研讨会综述　全展　荆楚理工学院学报　2015 年第 1 期

宋元明清“富民社会”说论要　林文勋　求是学刊　2015 年第 2 期

宋、清溺婴问题研究综述　张功远　黑龙江史志　2015 年第 4 期

宋代《论衡》研究综述　智延娜、苏国伟、王振伟　河北大学学报（哲学社会科学版）　2015 年第 4 期

宋代《四书》学研究述评　肖永明、陈峰　湖南大学学报（社会科学版）　2015 年第 4 期

宋代白话小说研究百年述略　李建军　学理论　2015 年第 29 期

宋代藏族政权唃厮啰研究综述（1980－2015）　张向耀　河北北方学院学报（社会科学版）　2015 年第 3 期

宋代的养生保健方法研究综述　徐召霞　黑龙江史志　2015 年第 5 期

宋代富民阶层研究综述　康武刚　中国史研究动态　2015 年第 4 期

宋代画家李唐研究综述　冯鸣阳、华雯　贵州大学学报（艺术版）　2015 年第 4 期

宋代江南粮食亩产量研究学术史回顾与思考　纪昌兰　古今农业　2015 年第 3 期

宋代社会福利史研究的整体回顾与理论反思——以"蔡京悖论"为中心的讨论　张呈忠　史林　2015 年第 6 期

宋代遂宁人物研究综述　胡传淮　四川职业技术学院学报　2015 年第 6 期

宋代文人结社　研究综述　庞明启　重庆三峡学院学报　2015 年第 1 期

宋代文言小说研究百年述略（上）　李建军　台州学院学报　2015 年第 2 期

宋代文言小说研究百年述略（下）　李建军　台州学院学报　2015 年第 5 期

宋代小说整体研究百年述略　李建军　学理论　2015 年第 32 期

宋画国际学术会议综述　赵晶　故宫博物院院刊　2015 年第 1 期

"宋元交替时期东南沿海的海上交通"学术研讨会综述　肖彩雅　海交史研究　2015 年第 2 期

宋元明清"富民社会"说论要　林文勋　求是学刊　2015 年第 2 期

苏轼词风研究综述　关茂　黄冈职业技术学院学报　2015 年第 4 期

苏轼与黄庭坚书法研究综述　陈曦　湖北函授大学学报　2015 年第 4 期

T

"唐宋政治与社会"全国博士生论坛综述　黄甜、王道鹏　中国史研究动态　2015 年第 6 期

X

新时期以来赵抃研究评述　王燕飞、周日蓉　河北科技师范学院学报（社会科学版）　2015 年第 4 期

新题材·新视角·新观点·新水平——中国宋代文学学会第九届年会暨宋代文学国际学术讨论会学术总结　莫砺锋　绍兴文理学院学报（哲学社会科学）　2015 年第 6 期

X

《宣和奉使高丽图经》研究综述　马文婷　天水师范学院学报　2015 年第 5 期

Y

延安宋金石窟研究述评　石建刚　敦煌学辑刊　2015 年第 1 期

杨缵、周密吟社　研究综论　陈小辉　牡丹江大学学报　2015 年第 2 期

应当怎样看待宋元易代　张邦炜　人文杂志　2015 年第 11 期

尤袤《遂初堂书目》研究综述　田萌萌　沧州师范学院学报　2015 年第 3 期

袁说友《成都文类》研究综述　胡钰　现代语文（学术综合版）　2015 年第 9 期

Z

张栻研究四十年：成就与不足　邹锦良　西华大学学报（哲学社会科学版）　2015 年第 1 期

张载思想研究的历史回顾　方光华、曹振明　长安大学学报（社会科学版）　2015 年第 1 期

张择端《清明上河图》题跋分析与画意研究综述　范雄峰　商　2015 年第 51 期

朱熹道德思想研究论文述评（1990—1999）　时名早、李士金　黑河学院学报　2015 年第 6 期

朱熹道德思想研究论文述评（2000－2004）　时名早、李士金　赤峰学院学报（汉文哲学社会科学版）　2015 年第 11 期

"朱子教育思想与当代教育学术研讨会"会议综述　詹向红、张爱萍　合肥学院学报（社会科学版）　2015 年第 1 期

尊德性与道问学：纪念朱陆鹅湖之会 840 周年学术研讨会　学术界　2015 年第 9 期

二　政治　军事　法律　民族关系

B

"半部《论语》治天下"的出典　浦东轩　咬文嚼字　2015 年第 4 期

办事之臣与晓事之臣　王兆贵　领导文萃　2015 年第 3 期

榜示·读示·门示——《名公书判清明集》所见宋代司法中的信息公开　朱文慧　浙江学刊　2015 年第 5 期

榜文与宋廷地方治理考略　徐燕斌　云南大学学报（法学版）　2015 年第 1 期

包拯法治思想的现代价值　袁春红　广州社会主义学院学报　2015 年第 4 期

"杯酒释兵权"：赵匡胤的政治智慧　黄朴民　文史天地　2015 年第 3 期

"杯酒释兵权"应另有真相　王吴军　文史博览　2015 年第 7 期

北宋"李照乐"之论争与仁宗景祐的政治文化　胡劲茵　（台湾）汉学研究　2015 年第 33 卷第 4 期

北宋败亡的主客观原因探析　高锦花、胡珍　延安大学学报（社会科学版）　2015 年第 2 期

北宋初年的国家构建与文治转型——略论北宋"不言兵"政治性格的形成　张昊　北京电子科技学院学报　2015 年第 1 期

北宋党争反思　张晓政　领导文萃　2015 年第 14 期

北宋党争与张耒的田园诗创作　罗富娇、湛芬　安顺学院学报　2015 年第 5 期

北宋东京城门管理制度的时代特征　李合群　河南大学学报（社会科学版）　2015 年第 3 期

北宋东京禁军军营的再利用与城市空间的重构　张亮、蓝勇　史林　2015 年第 5 期

北宋范纯仁的西北经略与边疆安全　王连旗、张兴田、包朗　塔里木大学学报　2015 年第 4 期

北宋烽燧线的考察与研究　王永胜　赤峰学院学报（汉文哲学社会科学版）　2015 年第 11 期

北宋广州、明州市舶司功能定位探析　叶伟华　广东造船　2015 年第 1 期

北宋国家治理体系建设的一次试验　雷博　学习时报　2015 年 12 月 7 日第 6 版

北宋禁军编制的演变与"置将法"的实施　雷家圣　史学汇刊　2015 年 12 月第 34 期

北宋开封府赤畿县尉的选任与迁转　祁琛云　北京教育学院学报　2015 年第 5 期

北宋开封气象灾害的政府应对　程民生　兰州学刊　2015 年第 3 期

北宋开国故事：众声喧哗中的造假与虚构　李峰　史学月刊　2015 年第 11 期

北宋科场改革与律赋沉浮——以熙宁变法为中心　刘培　北京大学学报（哲学社会科学版）　2015 年第 4 期

北宋科举录取标准地区差别的形成及其社会影响　王园　许昌学院学报　2015 年第 1 期

北宋宽衣天武禁军考论　王军营　宋史研究论丛(第 16 辑)　2015 年 8 月

北宋末年举人群体的二相公信仰初探　孙继、王善军　宋史研究论丛(第 16 辑)　2015 年
　　12 月

北宋末年辽、金议和探析　张舰戈　兰台世界　2015 年第 21 期

北宋末年至南宋初年阵法及其影响　王路平　长安大学学报(社会科学版)　2015 年第
　　2 期

北宋前期参知政事职权与人事演变　田志光　河南大学学报(社会科学版)　2015 年第
　　2 期

北宋三司分庭抗礼对王安石变法及宋代官制变革的影响　姜锡东、贾明杰　兰台世界
　　2015 年第 9 期

北宋陕西路制置解盐司考论　崔玉谦　西夏研究　2015 年第 1 期

北宋时期三司使的性质及相权研究　贾明杰　兰台世界　2015 年第 15 期

北宋时期宋夏边境民间军事力量发展之研究　林键　才智　2015 年第 30 期

北宋台谏制度下的士人赵佰悦　黑龙江史志　2015 年第 11 期

北宋太原知府行政监察述略　张春梅　安顺学院学报　2015 年第 4 期

北宋熙丰改制前东京禁军军营分布与城市空间的构建　朱婧、张亮　三峡论坛(三峡文学
　　·理论版)　2015 年第 2 期

北宋先南后北战略探析　毛雨辰　河西学院学报　2015 年第 4 期

北宋元丰改制"重塑"尚书省的过程　古丽巍　中国史研究　2015 年第 2 期

北宋宰辅家族与外戚联姻探析　李云根　安顺学院学报　2015 年第 5 期

北宋在联金灭辽政策中的失误研究　高美美、邵爱玲　商　2015 年第 52 期

北宋甄选政治精英有何借鉴　李之亮　人民论坛　2015 年第 S2 期

北宋中后期文帅的任官分析:以陕西的军政类安抚使为例　吴挺志　东吴历史学报　2015
　　年第 33 期

北宋重文轻武的国策与文官政治的形成　陈二力　兰州教育学院学报　2015 年第 6 期

北宋后期诗赋、经义取士的更替与朋党之争　刘曼曼　牡丹江大学学报　2015 年第 4 期

变革与转型:南宋民事审判"断由"制度生成的历史成因、价值功能及意义论析　张本顺
　　首都师范大学学报(社会科学版)　2015 年第 3 期

"便宜行事"——宋太祖的御将之策　王轶英　兰台世界　2015 年第 21 期

"不敢马虎"与"但民称便"　段奇清　党政论坛　2015 年第 12 期

C

蔡京、蔡卞与北宋晚期政局研究　杨小敏　中国经济史研究　2015 年第 2 期

"澶渊之盟"要了辽国的命　王吉舟　领导文萃　2015 年第 14 期

成吉思汗征服南宋战略计划考　石坚军、张晓非　宋史研究论丛(第 17 辑)　2015 年 12 月

从"庆历新政"到"王安石变法"　罗强烈　贵阳文史　2015 年第 1 期

"出入人罪"的司法导向意义——基于汉、唐、宋、明四代的比较研究　周永坤　法律科学
　　(西北政法大学学报)　2015 年第 3 期

从"洗冤集录"出发评析宋代司法检验之生成与局限　收录两岸经贸发展与司法互助第一
　　届学术论文集(下册)　宋方明　新北:华夏科技大学　2015 年 3 月

从"先忧后乐"精神看宋代民主　安北平　决策探索(下半月)　2015 年第 12 期

从《道统十三赞》到《静听松风》政治宣传:南宋理宗的以画传意　萧宇恒　艺术论坛　2015
　　年第 9 期

从《庆元条法事类》管窥宋代文书档案制度　石百千　兰台世界　2015 年第 8 期

从《庆元条法事类》探南宋时期文书档案的管理　杨政婷、郑茂刚　兰台世界　2015 年第
　　25 期

从《水浒传》议宋代刑法制度　石挺　法制与经济　2015 年第 12 期

从《宋刑统》看宋代司法官责任追究与司法公正　孙秀华　兰台世界　2015 年第 24 期

从《宋刑统·户婚律》看宋代婚姻制度　许秋萍、杨旭　兰台世界　2015 年第 18 期

从《武义南宋徐谓礼文书》看南宋时的给舍封驳——兼论录白告身第八道的复原　李全德
　　中国史研究　2015 年第 1 期

从《洗冤集录》管窥宋代司法检验技艺　谷景志　兰台世界　2015 年第 18 期

从《洗冤集录》看宋慈司法刑事检验的法律思想　张小玲　兰台世界　2015 年第 6 期

从《杨文公谈苑》所载论宋初二帝施政　许净瞳　佳木斯大学社会科学学报　2015 年第
　　5 期

从《夷坚志》看宋金乱世　刘倩倩　名作欣赏　2015 年第 17 期

从《朱文公政训》看为官之要　王国宇　领导科学　2015 年第 19 期

从北宋《白氏文集》准印牒文看宋代文集出版的审查制度　王兆鹏　江汉论坛　2015 年第
　　5 期

从房租减免看宋代官民互动　程民生　人民论坛　2015 年 3 月下期

从贵州锦屏《戒谕文》摩崖石刻看宋朝对湘黔桂边地的治理　叶成勇　中华文化论坛
　　2015 年第 8 期

从徽宗朝初年的"覆奏""同奏"之争看北宋的宰辅奏事　王化雨　史学月刊　2015 年第
　　7 期

从立法的角度重新考察宋代曾否禁巫　柳立言　(台湾)"中央研究院"历史语言研究所集
　　刊　第 86 本第 2 分　2015 年 6 月

从弃守湟鄯到继述开拓——论宋徽宗西北边策　郑炜　敦煌学辑刊　2015 年第 3 期

从任职蜀地官员看北宋巴蜀地区的士风　刘兴亮　西南交通大学学报(社会科学版)
　　2015 年第 4 期

从绍兴六年宋齐决战看南宋朝廷的困窘　陈忻　重庆师范大学学报(哲学社会科学版)
　　2015 年第 1 期

从宋高宗配享大臣看宋孝宗朝的政治取向　孙朋朋　黑龙江史志　2015 年第 13 期

从条文到判词看宋代卑幼告尊长　金淑媛　法制博览　2015 年第 30 期

从熙宁变法看中国历史中的理性法制诉求　卢燕娟　中国政法大学学报　2015 年第 1 期

从细枝末节中揭开案件真相——南宋名臣马光祖的明查与妙判　刘文基　上海法治报
　　2015 年 10 月 28 日第 B08 版

从诏令看北宋时期君主的"畏天"之德　徐红　南京师大学报(社会科学版)　2015 年第
　　4 期

从中国古典政治文化看问责官员复出　任剑涛　领导文萃　2015 年第 9 期

从周必大《思陵录》看淳熙十四年宋金外交之隐秘　许浩然　殷都学刊　2015 年第 2 期

《翠微先生北征录》军事装备思想初探　郑艺、郭凯　装备学院学报　2015 年第 6 期

D

得失之间——过度求稳导向下的宋朝施政及其成败　陈峰　光明日报　2015 年 3 月 21 日
　　第 11 版

"登闻鼓制度"中的情理法　张凤雷　湖北警官学院学报　2015 年第 4 期

狄青智破敌军　沈淦　文史月刊　2015 年第 1 期

地方政治势力的兴起与历史人物形象重塑——以罗愿《新安志》汪华记载为中心的考察
　　董乾坤　安徽大学学报(哲学社会科学版)　2015 年第 5 期

地理制约与权力博弈:南宋绍兴前期川陕军粮论争　何玉红　宋史研究论丛(第 17 辑)
　　2015 年 12 月

帝制下"法治"的困境——以宋朝对法律书籍印售的管制为例　胡兴东　楚天法学　2015
　　年第 6 期

读《宋代三衙管军制度研究》　何玉红　中国史研究动态　2015 年第 5 期

E

二元并存,多层参差:探寻两宋时空交错朝贡运行之力作——黄纯艳《宋代朝贡体系研究》
　　评介　刁培俊、王艺洁　思想战线　2015 年第 5 期

F

法之权衡:宋朝州级审判中的"检法"环节探论　赵宏、贾文龙　理论导刊　2015 年第 11 期

范仲淹的军事才能　彭忠富　现代班组　2015 年第 7 期

范仲淹任命了一批"按擦使"?　沈阳仁　咬文嚼字　2015 年第 3 期

范仲淹治边思想的复杂性——以《范文正奏议》为中心的折射　吴娱　榆林学院学报
　　2015 年第 1 期

分权制衡:北宋精致的顶层设计　赵冬梅　决策探索(下半月)　2015 年第 1 期

封驳制度与北宋中前期政治　李全德　唐宋历史评论(第一辑)　2015 年

府州城保卫战纪实　魏二保　榆林日报　2015 年 11 月 9 日　第 6 版

府州折氏族源与党项化的再思考　刘翠萍　西夏研究　2015 年第 4 期

辅弼与颉颃:古代相权与皇权的依存博弈　张玉兴　兰台世界　2015 年第 33 期

G

高遵裕与元丰四年灵州之战　聂丽娜　宁夏社会科学　2015 年第 1 期

沟通内外:北宋阁门的位置与功能考论　周佳　文史　2015 年第 2 期

古代也有"公费旅游"与治理　吴恪　先锋队　2015 年第 6 期

关于北宋的"大敕系衔"　张祎　首都师范大学学报(社会科学版)　2015 年第 6 期

关于南宋初期范汝为变乱的考察　金容完　宋史研究论丛(第 17 辑)　2015 年 12 月

关于司马光民本思想的当代思考　薛俊武　长春理工大学学报(社会科学版)　2015 年第
　　2 期

关于宋蒙钓鱼城之战几个问题的再探讨　马强　长江师范学院学报　2015 年第 6 期

国策失误导致宋朝"富而不强"　陈忠海　中国发展观察　2015 年第 4 期

国家治理:历史传承与现代突破　刘建军　解放日报　2015 年 4 月 26 日第 6 版

H

海江联防:岳飞旧部与南宋水军　贾文龙　中原文化研究　2015 年第 5 期

韩瓶：讲述韩世忠抗金的故事　高新天　光明日报　2015 年 4 月 16 日第 5 版

和战与道德——北宋元祐年间弃地论的分析　方震华　汉学研究　2015 年第 33 卷第 1 期

河南的孤立群落还是丝绸之路上的一个贸易网络？——宋元时期来华犹太人再考　曹寅
　　海交史研究　2015 年第 1 期

洪适知荆门军执行"到任五事"制度的成效、动因与启示　李菁　学习月刊　2015 年第
　　23 期

胡安国的民本思想与宋代的王道　王雷松　中州学刊　2015 年第 3 期

皇帝的"快意"很可怕　陈鲁民　党政视野　2015 年第 2 期

J

监司在宋代法律文明构建中所扮演的角色管窥　霍禹光、郭尚武　兰台世界　2015 年第
　　27 期

建隆初年政局与赵宋政权应对补论　仝相卿　商丘师范学院学报　2015 年第 2 期

解读两份南宋告身　虞云国　文汇报·文汇学人　2015 年 5 月 22 日第 T11 版

金富轼浮海使宋与宋丽交往研究　刘迎胜　海交史研究　2015 年第 1 期

金西路军南下路线及对平阳的冲击　刘丽　山西师大学报（社会科学版）　2015 年第 5 期

"金匮之盟"真伪探析　王斌　和田师范专科学校学报　2015 年第 2 期

谨防皇上手滑　刘诚龙　党政视野　2015 年第 Z1 期

进入宋代皇室的乳母与宫廷政治斗争　程郁　中华文史论丛　2015 年第 3 期

进退之间：从羁縻诚、徽州的变迁看宋朝对诸"蛮"的治理　陈曦　广西社会科学　2015 年
　　第 3 期

"进奏院事件"中的"作风豁免权"　刘诚龙　同舟共进　2015 年第 11 期

"晋王有仁心"说辨析——兼及宋初"斧声烛影"事件若干疑问之考证　顾宏义　杭州师范
　　大学学报（社会科学版）　2015 年第 2 期

经界与水利——宋元时期浙江都保体系的运行　侯鹏　中国农史　2015 年第 3 期

敬畏法度：宋仁宗的自守之道　游宇明　学习时报　2015 年 3 月 30 日第 9 版

靖康之难的成因是什么？——从南渡时人的认识说起　冯志弘　上海大学学报（社会科学
　　版）　2015 年第 4 期

靖康之难中四道都总管设置探析　郭红超　绥化学院学报　2015 年第 5 期

绝密军事会议如何会惊现于世——《宋史·杨业传》揭秘　李裕民　商丘师范学院学报
　　2015 年第 1 期

君主论之中西比较——以真德秀《大学衍义》与马基雅维利《君主论》为例　夏福英　光明
　　日报　2015 年 3 月 2 日

K

抗金名将韩世忠的儿子韩彦古行雅贿　晏建怀　文史天地　2015 年第 4 期

孔子对朱熹民众管理思想的影响研究　徐刚、陈春红　朱子文化　2015 年第 2 期

L

理学的实践面相：真德秀法律思想研究　李勤通　宋史研究论丛（第 17 辑）　2015 年 12 月

历史上的胥吏之害　沈淦　政工学刊　2015 年第 6 期

两宋秘书省省舍考　郭伟玲　图书馆学刊　2015 年第 1 期

两宋三衙诸军都城驻扎考　范学辉　浙江学刊　2015 年第 2 期

两宋时期的反贪腐机制及其启示　王乐、舒月　法制与社会　2015 年第 23 期

两宋时期鞫谳分司制度对刑事审判权的监督制约　胡威、李伟　兰台世界　2015 年第 15 期

两宋熟状考述　王化雨　首都师范大学学报（社会科学版）　2015 年第 6 期

两宋田宅买卖和典当契约法律制度论要　周翊洁、张在范　兰台世界 2015 年第 3 期

两宋招讨使考述　任欢欢、左海军　宁夏大学学报（人文社会科学版）　2015 年第 1 期

两宋之际政治与王安石新学流变　范建文　南昌大学学报（人文社会科学版）　2015 年第 6 期

两宋之交真率会考述　庞明启　中国石油大学学报（社会科学版）　2015 年第 5 期

两宋指挥考析　徐燕斌　贵阳学院学报（社会科学版）　2015 年第 4 期

楼钥佚文考释——关于四明义庄田产争讼案　聂文华　文献　2015 年第 4 期

论北宋“六军”　束保成　淮南师范学院学报　2015 年第 1 期

论北宋军事地理格局的演变　张勇　学术探索　2015 年第 6 期

论北宋王巩笔记的党争叙事　张彦　黄河科技大学学报　2015 年第 1 期

论北宋中央对地方官僚权力的制约　王志立　郑州大学学报（哲学社会科学版）　2015 年第 2 期

论蔡襄的勤政廉政实践及其历史启示　唐明彦　福建省社会主义学院学报　2015 年第 2 期

论盟誓背景下北宋对辽策略的隐忧　安国楼、王国宇　河南师范大学学报（哲学社会科学版）　2015 年第 5 期

论宋朝骑兵的若干问题　夏亚飞　兰台世界　2015 年第 3 期

论宋朝巡检体系在运行中存在的问题　何娇　邢台学院学报　2015 年第 4 期

论宋慈的司法伦理形象及其启示　付烨　法制博览　2015 年第 23 期

论宋代“阁职”　束保成　合肥学院学报（社会科学版）　2015 年第 3 期

论宋代的赋税管理制度及其借镜　周道生　湖南税务高等专科学校学报　2015 年第 2 期

论宋代的科举梦兆——以《夷坚志》为中心　黄宇兰、赵瑶丹　云南社会科学　2015 年第 2 期

论宋代监司出巡制度　张凤雷　湖北警官学院学报　2015 年第 7 期

论宋代女性经济犯罪问题　夏涛　河北大学学报（哲学社会科学版）　2015 年第 5 期

论宋代司法审判中的鞫谳分司　王欢　法制博览　2015 年第 3 期

论宋代私有财产权　程民生　中国史研究　2015 年第 3 期

论宋代刑事诉讼中的情讯与刑讯——以《折狱龟鉴》为视角　石迎晴　法制与社会　2015 年第 28 期

论宋金交聘的运作流程——以宋之才《使金贺生辰还复命表》为中心的考察　周立志　东北史地　2015 年第 2 期

论苏轼的平等民族观　詹贤武　兰台世界　2015 年第 33 期

论苏舜钦的政治思想　杨许波　牡丹江大学学报　2015 年第 2 期

论王安石“罢诗赋而取经义”的科举改革　王阔　闽西职业技术学院学报　2015 年第 1 期

论杨时的“民本”思想　林莉　学术论坛　2015 年第 6 期

略论宋朝名胜保护政策的思想动因　郑胜明　宋史研究论丛（第 17 辑）　2015 年 12 月

2015 年第 1 期

南宋中期抗战主题奏议文论辩层次——以陈亮、辛弃疾、陆游创作为例　张丽丽、范伟　黄冈师范学院学报　2015 年第 1 期

南宋中期抗战主题奏议文研究　张丽丽、范伟　河北联合大学学报(社会科学版)　2015 年第 2 期

南宋重臣崔与之攻防战略战术思想考究　王娜　兰台世界　2015 年第 27 期

南宋筑城防御风潮的兴起与实施　吴业国　广东农工商职业技术学院学报　2015 年第 1 期

南宋总领所设置成因及建制沿革述论　王海芳　石家庄经济学院学报　2015 年第 6 期

能不忆唐宋?　盛洪　读书　2015 年第 9 期

O

欧阳修:不计进退　关方　人才资源开发　2015 年第 23 期

欧阳修"简而有法"说探析　张振谦　四川师范大学学报(社会科学版)　2015 年第 2 期

P

朋党之争影响宋代士风和政风　江小涛　中国社会科学报　2015 年 12 月 7 日　第 4 版

"濮王之议"与父子关系的双重性质　刘宏涛　科学经济社会　2015 年第 4 期

Q

浅谈避讳——以宋代避讳为例　唐方　安徽文学(下半月)　2015 年第 12 期

浅谈宋朝的承继制度之分家析产　吴肖辉　法制博览　2015 年第 17 期

浅谈宋神宗统治时期的崇道政策　姚幸祺　文化学刊　2015 年第 2 期

浅谈宋元襄樊战役之始末　刘观林、张宝行学理论　2015 年第 29 期

浅析情理在宋代司法判决中的具体运用——以《名公书判清明集》中的婚嫁案件为中心　马云桥　商　2015 年第 12 期

浅析宋代皇子的赐名、冠礼与出阁制度　范帅　郑州轻工业学院学报(社会科学版)　2015 年第 1 期

浅析宋代息讼观下的民事调处　李响　山东社会科学　2015 年第 S1 期

浅析宋代信息传播的特殊表现　张致和、王鸥盟、谢建　经济研究导刊　2015 年第 4 期

青苗法具体实施过程中的问题探析　卢柳杉　九江学院学报(社会科学版)　2015 年第 3 期

"清官论"之嚆矢——廉政视野解读《官箴》　周怀宇　巢湖学院学报　2015 年第 1 期

清官的司法判案也不足为训　王曾瑜　北京日报　2015 年 5 月 4 日

《清明集》中"田县丞遗属分产案"书判释读　张帆　社科纵横　2015 年第 6 期

清醒看待古代权大于法传统　王曾瑜　北京日报　2015 年 2 月 16 日

权宜之计:康熙五十一年朱熹升配孔庙十哲之次的政治史发覆——兼论钱穆、葛兆光先生有关康熙时代思想专制的诠释　赵刚　华东师范大学学报(哲学社会科学版)　2015 年第 1 期

R

让包大人歇会儿吧　沈占明　检察日报　2015 年 5 月 13 日第 7 版

饶之以财　裁之以法——北宋熙丰时期养育与约束并重的吏治体系改革　雷博、俞菁慧　天津社会科学　2015 年第 4 期

人命与人权：宋代死刑控制的数据、程序及启示　张守东　党政视野　2015 年第 5 期

S

三修《神宗实录》与《安石日录》的是非　王云飞　重庆与世界（学术版）　2015 年第 7 期

绍熙内禅事件后南宋帝位更迭之象考略　孙晶晶、陈萍　兰台世界　2015 年第 12 期

绍兴六年宋齐决战看南宋朝廷的困窘　陈忻从　重庆师范大学学报（哲学社会科学版）
　　2015 年第 1 期

绍兴辛巳亲征诏草的隐没与再现——兼论和议国是确立后历史的避忌现象　杨俊峰　台湾
　　师大历史学报　2015 年第 6 期

生熟无界：羁縻政策视域下的族群互融——以宋代西南民族地区为例　董春林　广西民族
　　研究　2015 年第 4 期

十至十四世纪的中韩关系形态与东亚世界——兼评费正清的"华夷秩序"论　魏志江、潘清
　　南京社会科学　2015 年第 2 期

史述详略之间：北宋大朝会初探　陈胜、乔楠　史学集刊　2015 年第 4 期

试论宋代"重文轻武"的社会风气　钮敏、李仁霞　兰台世界　2015 年第 33 期

试论宋代士大夫忧患意识的时代特征　郭学信　天津社会科学　2015 年第 5 期

试论宋代市民意识的觉醒及其表现　叶伟颖　黑龙江史志　2015 年第 13 期

试论宋代司法制度的发展　王欢　才智　2015 年第 2 期

试论宋代御史台秘密警察嬗变　陈艺鸣　新余学院学报　2015 年第 3 期

试论宋代斩马刀的产生与流变　范建文　烟台大学学报（哲学社会科学版）　2015 年第
　　1 期

试探两宋士大夫农业荒政思想的特征　王晶　福建农业　2015 年第 5 期

试析北宋哲宗"绍述"之前的尊崇"祖宗之法"——以宋太祖"不杀士大夫"誓约为例　刘婷
　　赤峰学院学报（汉文哲学社会科学版）　2015 年第 11 期

试析两宋经济立法的专门化对两宋社会及后世的影响　杨军、刘金西　昌学院学报（社会
　　科学版）　2015 年第 2 期

是功还是过——梅尧臣与庆历新政补缀　李曦、郑红　兰台世界　2015 年第 12 期

谁说的宋朝"最腐败"？　吴钩　廉政瞭望　2015 年第 5 期

水洛城事件再探究　刘双怡　西夏学第十一辑　2015 年 9 月

顺昌大捷述评　史泠歌、严华　山西档案　2015 年第 6 期

说说宋朝的"分权与制衡"　宋志坚　福建日报　2015 年 6 月 26 日第 11 版

"司马光重构汉武帝晚年政治取向"说献疑——与辛德勇先生商榷　李浩　中南大学学报
　　（社会科学版）　2015 年第 6 期

司马光和戎思想述评　李昌宪　江西社会科学　2015 年第 6 期

司马光荒政思想研究　李文涛、薛俊丽　运城学院学报　2015 年第 4 期

司马光施政理念在历史编纂中的表达——从《资治通鉴补》对原作的改动说起　姜鹏　复
　　旦学报（社会科学版）　2015 年第 2 期

司马伋吕祖谦告身解密宋代官场制度　秋水　中国文物报　2015 年 6 月 2 日第 8 版

司命千里——宋朝司理参军制度　贾文龙　平顶山学院学报　2015 年第 3 期

"思不出位"观念与宋代士大夫议政　陈晔　四川师范大学学报（社会科学版）　2015 年第
　　1 期

思虑高远 忧患沉重——王安石议政诗论略 寿涌 开封大学学报 2015 年 04 期

宋、明对"巨室"的防闲与曲从 李华瑞 历史研究 2015 年第 5 期

宋朝"带病"之官为何被重用 李之亮 文史博览 2015 年第 11 期

宋朝边疆地理思想研究 姜焰凌 生物技术世界 2015 年第 11 期

宋朝的"反告密" 吴钩 同舟共进 2015 年第 6 期

宋朝的立法指导思想和主要立法活动研究 韩子博 品牌 2015 年第 1 期

宋朝的招讨使 张彦晓、惠鹏飞 许昌学院学报 2015 年第 3 期

宋朝贡举释褐授官制度述论 张希清 中原文化研究 2015 年第 3 期

宋朝官场"带病提拔"缘何成常态 李之亮 人民论坛 2015 年第 4 期

宋朝官场何以陷入越反越腐的怪圈 陈国灿、赵宇 探索与争鸣 2015 年第 11 期

宋朝海商与宋朝高丽关系 李海英 沈阳大学学报(社会科学版) 2015 年第 2 期

宋朝河北遣辽使臣初探 王慧杰 北方文物 2015 年第 2 期

宋朝化解矛盾的怀柔方式及其倾向——以处理内外重大矛盾问题为中心 陈峰 人文杂志
    2015 年第 4 期

宋朝皇帝善用人 晏建怀 人才资源开发 2015 年第 1 期

宋朝家庭财产分配中遗嘱继承问题研究 赵鑫、杨玉洁 兰台世界 2015 年第 33 期

宋朝鞫谳分司制度的历史浮沉 贾文龙 宋史研究论丛(第 16 辑) 河北大学出版社
    2015 年 8 月

宋朝绝不止包公一个清官 潮白 南方日报 2015 年 3 月 13 日第 F02 版

宋朝农民起义新探 王斌 和田师范专科学校学报 2015 年第 6 期

宋朝如何应对"科考移民" 吴钩 共产党员(河北) 2015 年第 19 期

宋朝如何运用"故事" [日]王瑞来 文汇报 2015 年 11 月 27 日第 W15 版

宋朝时期皇权对刑事审判权的制约 杨志鹏 兰台世界 2015 年第 9 期

宋朝文官士大夫家族的缩影——以对宋代晋江曾公亮家族考察为主 张小平 西北大学学
    报(哲学社会科学版) 2009 年第 2 期

宋朝县级公吏职务犯罪相关问题透析——以《名公书判清明集》为中心的考察 鹿军 凯
    里学院学报 2015 年第 5 期

宋朝与少数民族走私的法律规制 李叶宏 贵州民族研究 2015 年第 7 期

宋臣彭汝砺使辽的行程 蒋武雄 史学汇刊 2015 年第 34 期

宋初百年选仕政策与文人干谒现象研究 郭凌云 西北师大学报(社会科学版) 2015 年
    第 4 期

宋初三朝后妃参政述论 刘广丰 社会科学战线 2015 年第 9 期

宋初学术思想与皇权专制的互动——辞赋创作视野下的重用文臣与道德重建 刘培 南京
    大学学报(哲学·人文科学·社会科学) 2015 年第 1 期

宋初学术思想与皇权专制的互动——辞赋创作视野下的重用文臣与道德重建 刘培 南京
    大学学报 2015 年第 1 期

宋初状元初始职任考 周腊生 莆田学院学报 2015 年第 6 期

宋代"不武"不能独罪武举、武学制度 周兴涛 孙子研究 2015 年第 4 期

宋代"文治"新论 束保成 遵义师范学院学报 2015 年第 4 期

宋代初期的士人议边与士风 刘兴亮 天府新论 2015 年第 4 期

宋代刺配制度考析——兼论肉刑复活的原因　林洋　长江大学学报（社科版）　2015 年第 11 期

宋代大宗正司研究　晁根池　学理论　2015 年第 35 期

宋代的《须知》及其价值　范建文　首都师范大学学报（社会科学版）　2015 年第 5 期

宋代的天文管理探论　赵贞　宋史研究论丛（第 17 辑）　河北大学出版社　2015 年 12 月

宋代的武臣知州（军）的选任与管理　郑文豪　学术研究　2015 年第 5 期

宋代的消防奖励初探　付兵儿　兰台世界　2015 年第 33 期

宋代的雨泽奏报制度及其评估　刘炳涛　兰台世界　2015 年第 36 期

宋代的政权治理及其当代借鉴——以控制论为视角　方宝璋、李中　江西社会科学　2015 第 9 期

宋代嫡庶子家庭财产继承权利的差异研究　袁金勇　兰台世界　2015 年第 36 期

宋代地方衙署建筑的选址原则　陈凌　文史杂志　2015 年第 5 期

宋代东宫制度考辨　束保成　安庆师范学院学报（社会科学版）　2015 年第 4 期

宋代东京留守职能初探　孙婧　黑龙江史志　2015 年第 9 期

宋代对高龄罪犯的刑律减免　马晓燕　史志学刊　2015 年第 3 期

宋代对宗教异端案件的防治　刘泳斯　中国民族报　2015 年第 6 期

宋代法律史研究之史料解构与问题分析　柳立言　法制史研究　2015 第 27 期

宋代封驳制度权力制约精神的当代价值　孟宪玉　山西档案　2015 年第 3 期

宋代封赠制度的伦理价值研究　孙健　东岳论丛　2015 年第 1 期

宋代福建莆田科举的兴盛及其成因　林祖泉　宋史研究论丛（第 16 辑）　河北大学出版社　2015 年 8 月

宋代改革思想中的义利之辨　杨世利　宋学与宋代改革　2015 年版

宋代妇女的财产处分权能与买卖契约效力　高玉玲　淮南师范学院学报　2015 年第 1 期

宋代工程质量监控制度　陆秉承　养护与管理　2015 年第 7 期（总第 53 期）

宋代公主权力旁落原因探析——以宋仁宗长女衮国公主为例　庄国瑞　河南科技大学学报（社会科学版）　2015 年第 5 期

宋代宫廷的滥赏之风——以"包子"之赏为例　纪昌兰　浙江学刊　2015 年第 6 期

宋代官场老规矩：进酒店就要被处理　佚名　领导文萃　2015 年第 23 期

宋代官府藏书制度考　尹一村、张文亮　公共图书馆　2015 年第 2 期

宋代官员的便宜行事权的合法性与制约　王轶英　唐山师范学院学报　2015 年第 4 期

宋代官员行政责任及追究制度研究　江易华、郑丽坤　兰台世界　2015 年第 9 期

宋代官员回避制度研究　王战扬　郑州轻工业学院学报（社会科学版）　2015 年第 1 期

宋代官员群体代谢的逆向制度补充——论"落致仕"的建制意义和正负功能　李伟国　北京大学学报（哲学社会科学版）　2015 年第 4 期

宋代官员赃罪的惩处机制　宋乾　安阳工学院学报　2015 年第 3 期

宋代广南西路的外来移民与地区开发　王丽歌　古今农业　2015 年第 3 期

宋代规约考论　徐燕斌　中共郑州市委党校学报　2015 年第 1 期

宋代海盗成员的构成与国家治理的制度安排　唐春生　中国海洋大学学报（社科版）　2015 年第 3 期

宋代行政例刍议——以事例为中心的考察　李云龙　求索 2015 年第 9 期

宋代皇帝对官员物质赏赐考论　史泠歌、丁建军　兰州学刊　2015 年第 2 期

宋代皇后入祔太庙与后庙之别　聂文华　中华文史论丛　2015 年第 3 期

宋代皇家档案和国家档案的划分　王为　兰台世界　2015 年第 17 期

宋代急脚递之创设及其管理、驿令考述　张可辉、叶美兰　南京邮电大学学报（社会科学版）　2015 年第 1 期

宋代街道司研究　王战扬　安阳师范学院学报　2015 年第 1 期

宋代精英人士如何争取权力地位　王鸿　中华读书报　2015 年 9 月 9 日第 1 版

宋代救荒法律制度初探　王晶、张兰芳　法制博览　2015 年第 24 期

宋代举官责任制对当前干部人事制度改革的启示　王国宇　领导科学　2015 年第 12 期

宋代军旗功能初探　孔路路　赤峰学院学报（汉文哲学社会科学版）　2015 年第 12 期

宋代军事体育研究　朱宝峰、徐磊、李双玲　体育文化导刊　2015 年第 6 期

宋代科场管理研究　方芳、龚延明　浙江学刊　2015 年第 1 期

宋代科举策问形态研究　方笑一　宋史研究论丛（第 17 辑）　河北大学出版社　2015 年 12 月

宋代科举担保新论　刘本栋　宁波大学学报（人文科学版）　2015 年第 1 期

宋代科举人物的渊薮——评《宋代登科总录》　王瑞来　中华读书报　2015 年 11 月 25 日第 15 版

宋代科举史研究的基石　潘晟　光明日报　2015 年 11 月 10 日第 11 版

宋代礼制研究蓝本　葛金芳　中国社会科学报　2015 年 3 月 2 日第 B02 版

宋代立法与司法技术的创新和进步　王晓龙、吴妙婵　河北大学学报（哲学社会科学版）　2015 年第 2 期

宋代吏部尚书籍贯研究　惠鹏飞　古都开封（总第十集）　北京燕山出版社　2015 年 5 月

宋代吏部尚书迁入官研究　惠鹏飞　郑州航空工业管理学院学报（社会科学版）　2015 年第 2 期

宋代梅山蛮族属考释　张泽洪　中南民族大学学报（人文社会科学版）　2015 年第 4 期

宋代民事审判中档案证据力研究　钟文荣、范世清　档案学通讯　2015 年第 2 期

宋代契约的"情愿"法及解读——以买卖契约为中心的考察　高玉玲　兰州学刊　2015 年第 6 期

宋代契约法律与实践　贾志敏　兰台世界　2015 年第 6 期

宋代亲属财产诉讼中的"利益衡平"艺术及其当代借鉴　张本顺、陈景良　兰州学刊　2015 年第 6 期

宋代如何选任和监督县官　苗书梅　中国人大　2015 年第 7 期

宋代商业法建设相关问题研究　吴美菊　兰台世界　2015 年第 12 期

宋代诗社　兴盛之政治因素　陈小辉　北方论丛　2015 年第 1 期

宋代士大夫释义"祖宗家法"的意蕴——以宋仁宗时期为中心　焕力　历史教学（下半月刊）　2015 年第 1 期

宋代书籍出版销售与法律管控　胡兴东　人民法院报·法律文化　2015 年 6 月 25 日

宋代司法对继母家庭内部犯罪的差异性规定　胡晓文、朱思远　衡水学院学报　2015 年第 2 期

宋代司法公正的制度性保障及其近世化趋向　陈景良、吴欢　河南大学学报（社会科学版）

2015 年第 1 期

宋代台谏与制衡的制度　张军　学习时报　2015 年 05 月 25 日第 9 版

宋代台谏制度及其借鉴意义　王洁　法制与社会　2015 年第 20 期

宋代太原哪座城被焚　马剑东　太原日报　2015 年 11 月 10 日第 11 版

宋代特殊政治势力与女主权力的互动——以刘太后统治时期为中心　刘广丰　江汉论坛
　　　2015 年第 10 期

宋代土地法探析　卢林　兰台世界　2015 年第 21 期

宋代外交避讳研究　周源　安庆师范学院学报(社会科学版)　2015 年第 5 期

宋代温州科举的兴盛及其背景　朱海滨　杭州师范大学学报(社会科学版)　2015 年第
　　　5 期

宋代武臣知州(军)的选任与管理　郑文豪　学术研究　2015 年第 5 期

宋代武夷地区宰相群体及其史料概述　龚敏芳、陈平　武夷学院学报　2015 年第 2 期

宋代务限法成因探析　陈玮　法制博览　2015 年第 23 期

宋代县官,怎么选任? 怎么监督?　苗书梅　人民论坛　2015 年第 7 期

宋代刑法中的刑与礼　吴国邦、张翠梅　兰台世界　2015 年第 21 期

宋代刑讯规制及其启示　华志强　皖西学院学报　2015 年第 3 期

宋代言官是怎么变味的　陈良　领导文萃　2015 年第 3 期

宋代已婚妇女之财产权初探——以妻与妾为例　李响、刘建昌　兰台世界　2015 年第
　　　15 期

宋代预防官员贪赃措施述略　宋乾　保定学院学报　2015 年第 3 期

宋代御宴簪花及其礼仪价值探微　杨倩丽　江西社会科学　2015 年第 12 期

宋代御药院殿试管理职权的演变　夏亚飞　宋史研究论丛(第 17 辑)　河北大学出版社
　　　2015 年 12 月

宋代约束考　徐燕斌　兴义民族师范学院学报　2015 年第 3 期

宋代宰相制度的变化　李正中、李景盛　合肥师范学院学报　2015 年第 5 期

宋代证据种类与收集研究　王莹滢　兰台世界　2015 年第 17 期

宋代中央官学的教法改革活动　王永颜　保定学院学报　2015 年第 2 期

宋代注家对《孙子》情报思想的研究　熊剑平　孙子研究　2015 年第 5 期

宋代赘婿的财产继承权利　石璠　社科纵横　2015 年第 8 期

宋帝御集和御笔述论　王曾瑜　兰州学刊　2015 年第 3 期

宋高宗朝的遣川陕特使与四川政局　王化雨　宋史研究论丛(第 17 辑)　河北大学出版社
　　　2015 年 12 月

宋高宗的"最美乞降书"　晏建怀　同舟共进　2015 年第 5 期

宋高宗反腐实践与检讨　倪晨辉　江西社会科学　2015 年第 3 期

宋官箴书所见胥吏形象成因探析　王申　温州大学学报(社会科学版)　2015 年第 1 期

宋徽宗的公元 1127 年　罗强烈　贵阳文史　2015 年第 2 期

宋金蒙之际山东杨、李系红袄军领导人及其分化考论　姜锡东　中国史研究　2015 年第
　　　1 期

宋礼:一面廉政高悬镜　宋殿儒　档案时空　2015 年第 7 期

宋例适用程序研究　王文涛　山东社会科学　2015 年第 S1 期

宋例与宋法的关系研究 王文涛 学理论 2015 年第 8 期

宋例择用标准研究 王文涛 黑河学刊 2015 年第 5 期

宋辽刺事人地域、身份探析 武文君 赤峰学院学报(汉文哲学社会科学版) 2015 年第 11 期

宋辽皇帝登位交聘活动及其相关问题的探讨 蒋武雄 东吴历史学报 2015 年第 34 期

宋辽外事翻译活动探微秦 艳辉、王秀红 兰台世界 2015 年第 30 期

宋明理学皇权法权两平论——以杨时为中心 徐公喜、万爱玲 江南大学学报(人文社会科学版) 2015 年第 1 期

宋明市舶贸易视角下的海洋国际法观念 俞世峰 大连海事大学学报(社会科学版) 2015 年第 6 期

宋清代"高薪养廉"的反思 赵立波 柴达木开发研究 2015 年第 1 期

宋人是如何防范"豆腐渣"工程的? 吴钧 吉林劳动保护 2015 年第 12 期

宋人著述之政治文化生态考察——以《续资治通鉴长编》收录苏舜钦《火疏》一文为例 范建文 许昌学院学报 2015 年第 1 期

《宋人佚简》所收须知册申状文书再议 范建文 兰台世界 2015 年第 20 期

宋仁宗:向宰相告状的皇帝 农家之友 2015 年第 9 期

宋仁宗朝个人言行及士论对谏官选任的影响 张贵 兰台世界 2015 年第 21 期

宋仁宗敕令义门陈析烟之管见 陈世林 寻根 2015 年第 5 期

宋神宗时期筚篥城战役浅析 李虹瑶、吴景山 山东农业工程学院学报 2015 年第 5 期

宋太祖杯酒释兵权 路德 共产党员(河北) 2015 年第 13 期

宋太祖的选帅用将之道 王峰 人才资源开发 2015 年第 13 期

宋太祖开宝二年亲征北汉若干问题探究 马坤 华夏文化 2015 年第 4 期

宋王朝国制与家法下的画院制度显现 梁田 南京艺术学院学报(美术与设计) 2015 年第 5 期

宋夏《宋西北边境军政文书》所见荫补拟官文书类型再考释 刘江 首都师范大学学报(社会科学版) 2015 年第 6 期

关系的折射:北宋荔原堡兵变——以《郭遵墓志》为中心 任艾青 宁夏师范学院学报 2015 年第 5 期

宋夏战争对仁宗朝奏议的影响 赵静、郭艳华 武夷学院学报 2015 年第 10 期

宋夏战争与庆历士风的嬗递及其文学呈现 赵静、郭艳华 山东广播电视大学学报 2015 年第 4 期

宋孝宗淳熙年间的中央胥吏裁减 武小平 广东农工商职业技术学院学报 2015 年第 3 期

宋元时期士大夫地方教化职能探析姚雯雯、周晶、魏代梅、朱丹瑶 品牌 2015 年第 1 期

搜遗撷英 廿载光阴——读《宋代登科总录》 刘京臣 光明日报 2015 年 11 月 16 日第 16 版

苏轼《书传》所体现的社会政治思想略论 张建民 兰台世界 2015 年第 26 期

苏轼对王安石变法的理性批判——以《上神宗皇帝书》为中心 丁建军、陈羽枫 大连大学学报 2015 年第 4 期

苏轼反对王安石"以钱代税(役)""变法"的思想研究 沈端民 湖南财政经济学院学报

2015 年第 6 期

苏轼惠州时期的思想变迁与会通　王基伦　惠州学院学报　2015 年第 1 期

苏州官府织造机构始末　俞菁　档案与建设　2015 年第 3 期

隋唐至两宋时期地方监察制度的演变　唐进　中国机构改革与管理　2015 年第 1 期

T

探析宋代皇室乳母　钟佳伶　淡江史学　2015 年第 27 期

唐朝的放权与宋朝的集权　马力　企业管理　2015 年第 7 期

唐宋"书判"变革简论　郭东旭、王晓薇　保定学院学报　2015 年第 1 期

唐宋"循吏"的历史书写与身份变迁　张吉寅　沈阳大学学报（社会科学版）　2015 年第
　　3 期

唐宋的"磨勘"　禺谷　文史杂志　2015 年第 6 期

唐宋关于动产物权的几项规定及启示　齐盛　兰台世界　2015 年第 30 期

唐宋官、职的分与合——关于制度史的动态考察　龚延明　历史研究　2015 年第 5 期

唐宋时期市民运动的演进路径　孙竞、张文　思想战线　2015 年第 2 期

唐宋时代的科举与党争——内藤湖南"宋代近世说"中的史实问题　黄艳　古代文明
　　2015

唐宋时期播州筑城活动的国家认同构建　杨旭、刘欢　民族论坛　2015 年第 6 期

唐宋史辨疑三题　王海芳　社　科纵横　2015 年第 12 期

唐宋之际由场升县问题试释——以宣歙、江西、福建为中心　张达志　复旦学报（社会科学
　　版）　2015 年第 3 期

"体乾刚健"：二程政治思想的非常气质　任锋　学术月刊　2015 年第 12 期

"推究情实，断之以法"：宋代士大夫法律品格解读——兼论中国古代伦理司法说之误　张
　　本顺、刘俊　西部法学评论　2015 年第 3 期

推陈出新，再上层楼　丁建军新著《宋朝地官员方考核制度研究》读后　孙继民　兰州学刊
　　2015 年第 10 期

W

"外患"与"内忧"——秦至宋朝应对边防与社会危机理念及方式的变迁　陈峰　中国史研
　　究　2015 年第 1 期

王安石变法 VS"摸石头"改革　谢作诗　经营与管理　2015 年第 10 期

王安石县政治理思想研讨会召开　户华为、张进中、王君　光明日报　2015 年 3 月 30 日第
　　5 版

王安石早年的儒家政治理想　杨永亮　长安大学学报（社会科学版）　2015 年第 1 期

王云靖康使金与"租税赎三镇"考述　郑明宝　中华文史论丛　2015 年第 3 期

文化认同视角下南宋与金外交避讳问题考论　张军　贵州民族研究　2015 年第 6 期

我国古代的邸报　孙小倩、赵彦龙　科技传播　2015 年第 8 期

我国古代中央与地方政府的政治关系历史演变　孙萍、白路路　兰台世界　2015 年第
　　21 期

我国历史上的变法及其对当前改革的启示——以王安石变法为例　陈荣佳　厦门特区党校
　　学报　2015 年第 1 期

《武义南宋徐谓礼文书》之"嘉定献宝"考辨　乔楠　北京社会科学　2015 年第 8 期

X

析探宋代"恩科"之弊　董名杰　黑龙江教育学院学报　2015 年第 8 期

熙丰变法与宋仁宗形象的提升　张林　史学集刊　2015 年第 3 期

熙宁五年仪州省废考论　崔玉谦　宁夏大学学报(人文社会科学版)　2015 年第 2 期

降臣是如何当上宰相的　段钱龙　文史博览　2015 年第 12 期

相权、儒术、勋旧的三重奏——赵普与卢多逊之争探论　庞明启　云南民族大学学报(哲学
　社会科学版)　2015 年第 3 期

小残页中的大历史——评《黑水城宋代军政文书研究》　吴玉梅　河北学刊　2015 年第
　2 期

虚实之间:北宋对南江诸"蛮"的治理与文献记载　陈曦　宋史研究论丛(第 16 辑)　河北
　大学出版社　2015 年 8 月

Y

杨时王道思想论析　刘京菊　衡水学院学报　2015 年第 6 期

一堂关于"北宋灭亡原因"的讨论课及其反思　周方高、苑恩达、郭晓锋、张颖　当代教育理
　论与实践　2015 年第 12 期

一桩五十年的宋季冤案　虞云国　领导文萃　2015 年第 6 期

以"德"抗"位"的回归——论孟子、赵岐和朱熹的君臣观　王霞　湖南大学学报(社会科学
　版)　2015 年第 4 期

以盐制夷:宋代西南民族地区羁縻政策管窥　董春林　广西民族研究　2015 年第 4 期

以姻亲关系为纽带的吕夷简同僚集团探析　李云根　新余学院学报　2015 年第 6 期

"因时应变"与"遵用祖宗旧制":金军南侵与靖康初年中央统军体制的调整　贾连港　宋史
　研究论丛(第 16 辑)　河北大学出版社　2015 年 8 月

鄞县经验　范立舟　光明日报　2015 年 6 月 15 日第 16 版

鄞州:北宋"改革实验区"的新传奇　张奇志　经济参考报　2015 年第 4 期

虞云国谈宋代监察制度(访谈)　虞云国　东方早报·上海书评　2015 年 7 月 26 日

玉清昭应宫的辉煌与毁灭　李采芹　法律与生活　2015 年第 5 期

遇上宋仁宗幸运,遇上宋徽宗遭殃　罗强烈　贵阳文史　2015 年第 4 期

元丰改制前北宋寄禄官的资转　詹微　艺术科技　2015 年第 12 期

岳飞之死的政治解读　赵健　领导文萃　2015 年第 5 期

Z

再论北宋开封府官长群体——由《开封府题名记》谈起　赵龙　平顶山学院学报　2015 年
　第 6 期

再论宋代武举　周兴涛、杨晓宇　中国考试　2015 年第 3 期

战争与两宋淮南地区人地关系的变迁　王丽歌　农业考古　2015 年第 4 期

赵宋得名"天水"考　赵耀文　华夏文化　2015 年第 4 期

赵宋得名"天水一朝"考　赵耀文、申雄宇　河西学院学报　2015 年第 6 期

赵宋王朝"崇文抑武"的社会根源探析　杨志华　开封大学学报　2015 年第 1 期

哲宗时期李焘笔下的《邸报》记事　田建平　河北大学学报(哲学社会科学版)　2015 年第
　6 期

政治与文化的互动:唐宋时期的成都宴游活动探微　杨倩丽　宋史研究论丛(第 17 辑)
　　河北大学出版社　2015 年 12 月

"指斥乘舆"罪的演变　王曾瑜　炎黄春秋　2015 年第 9 期

中国传统法中的诉讼观　韩康宁　法制与社会　2015 年第 12 期

中国古代"大部制"改革秘闻　夏宁　人才资源开发　2015 年第 17 期

中国古代变法实践对当代法治建设的启迪意义　边宇海　法制与社会　2015 年第 14 期

中国古代地方监察制度的几个特征　宋阳、唐进　中国机构改革与管理　2015 年第 3 期

中国古代法关于女性婚姻的规制分析——以宋代为例　赵佩　法制与经济　2015 年第
　　12 期

中国古代监察制度概述　邰相瑀　法制博览　2015 年第 25 期

中国古代谏诤观　张茂泽　长安大学学报(社会科学版)　2015 年第 3 期

中国古代巡视制度梳略　荀言　中国纪检监察　2015 年第 7 期

中国古代巡视制度研究　刘帅　商　2015 年第 43 期

中国近古时期"里"制的演变　包伟民　中国社会科学　2015 年第 1 期

中国历史上的封驳制度　何勇强、卢敦基　中国党政干部论坛　2015 年第 6 期

中国历史正统观撷谈——从司马光遭非议说起　魏伯河　齐鲁师范学院学报　2015 年第
　　2 期

中国中古时期社会力量替嬗与国家应对　黄纯艳　古代文明　2015 年第 3 期

中华官制对越南影响述略——以 10 世纪—15 世纪为观察期限　梁允华　人民论坛　2015
　　年第 8 期

忠义之气:张齐贤对宋初儒学政治文化的构建及其政治实践　范立舟　杭州师范大学学报
　　(社会科学版)　2015 年第 3 期

终结军政统治动乱期　开启文人治国新时代——浅析"杯酒释兵权"的影响与作用　周恒、
　　周焱　教育教学论坛　2015 年第 25 期

重文轻武:赵宋王朝的潜规则　张邦炜　四川师范大学学报　2015 年第 1 期

柱斧为仪仗器考——兼论"宋挥玉斧"与"斧声烛影"　胡绍文　史学集刊　2015 年第 1 期

朱熹"理治"政治思想的伦理意蕴　余龙生　学术界　2015 年第 8 期

朱熹犯罪预防思想与当代大学生犯罪预防　官国权　武夷学院学报　2015 年第 2 期

主考官是怎样炼成冤大头的　郝金红　文史博览　2015 年第 3 期

尊崇之"名"到专权之"实":宋代平章军国"重"事制度考述　惠鹏飞　河南大学学报(社会
　　科学版)　2015 年第 2 期

三　社会　经济

B

北宋安济坊所反映的社会保障制度研究　吴保英　商丘师范学院学报　2015 年第 10 期

北宋都城的经济习俗管窥　高晓芳、段炳昌　山西档案　2015 年第 5 期

北宋范仲淹的经济观　黄敦厚　人文与应用科学期刊　2015 年第 9 期

北宋开封雪灾与社会应对　柴国生　中州学刊　2015 年第 9 期

北宋密州的灾荒与官方应对——基于苏轼知密州时期的考察　古帅、牛俊杰、王尚义　农业
　　考古　2015 年第 3 期

北宋南渡对景德镇瓷业发展的影响探究　纪丽娟　兰台世界　2015 年第 24 期

北宋农师初探　张松松　古今农业　2015 年第 2 期

北宋前期交子诞生的历史必然性及创新发展研究　罗天云、邓中殊　西南金融　2015 年第
　　8 期

北宋钱荒之西夏因素考析　杨富学、李志鹏　西夏研究　2014 年第 1 期

北宋榷茶变革之新气象　梁崇　兰台世界　2015 年第 18 期

北宋山东籍官员与地域社会——以《宋史》为据　王凤翔、兰军　鲁东大学学报(哲社版)
　　2015 年第 5 期

北宋时期淮北地区的城镇经济探析　康武刚　鸡西大学学报　2015 年第 5 期

北宋时期丝绸之路上的秦州　安北江　天水师范学院学报　2015 年第 6 期

北宋与安多藏族的茶马贸易　孟虎军、陈武强　石河子大学学报(哲学社会科学版)　2015
　　年第 2 期

北宋元祐江南灾荒与灾后积欠问题研究　金勇强　中国社会经济史研究　2015 年第
　　2 期

汴京元素对古代北京的影响　程民生　史学集刊　2015 年 1 期

C

财权转移:宋代内藏与左藏"博弈"的依归　董春林　中南大学学报(社会科学版)　2015
　　年第 5 期

财政压力的经济后果:以宋朝的"靖康之变"为例　代谦、别朝霞　世界经济　2015 年第
　　1 期

蔡京的福利事业　黄亚明　创造　2015 年第 10 期

初中历史教学中对两宋佃农地位提高的解读　车会平　亚太教育　2015 年第 28 期

穿越南宋孤儿院　洪倬珠　文华学报　2015 年第 20 期

从"澶渊之盟"争论看自贸区　薛谷香　杭州金融研修学院学报　2015 年第 9 期

从《赤城志》看宋朝台州经济和社会生活　叶佳炜、陈爱平、陈安情、俞佳、林浩川、龚宇、袁
　　媛　黑河学刊　2015 年第 2 期

从《大宋五山图说》看南宋僧众生活方式　王大伟　陕西师范大学学报(哲学社会科学版)
　　2015 年第 5 期

从《水浒传》看宋朝酒业的发展　刘玉芝　农业考古　2015 年第 6 期

从《水浒传》看宋代的酒肆文化　郜冬萍　西北民族研究　2015 年第 2 期

从《夷坚志》看洪迈对婚姻关系中男女地位的看法　欧小兰　昭通学院学报　2015 年第
　　4 期

从《夷坚志》看宋代海商活动　李孟圆、陈思瑞　九江学院学报(社会科学版)　2015 年第
　　3 期

从《夷坚志》看宋代农村的雇佣劳动　刘树友　渭南师范学院学报　2015 年第 13 期

从白石丁氏家族看宋代以来闽南海洋环境与家族发展　苏惠苹　沈阳农业大学学报(社会
　　科学版)　2015 年第 4 期

从沉香到乳香——唐宋两代朝贡贸易中进口的主要香药之变迁研究　温翠芳　西南大学学
　　报(社会科学版)　2015 年第 5 期

从房租减免看宋代官民互动　程民生　人民论坛　2015 年 3 月下期

J

基于医学社会学的宋代医学发展原因分析及当代启示　谢嘉　兰台世界　2015 年第 36 期

技术创新、人口增长和中国历史上的经济增长　豆建春、冯涛、杨建飞　世界经济　2015 年第 7 期

江苏泰州出土买地券浅释　曹冬梅、王为刚　泰州职业技术学院学报　2015 年第 4 期

交易有无：宋、夏、金榷场贸易的融通与互动——以黑水城西夏榷场使文书为中心的考察　郭坤、陈瑞青　宁夏社会科学　2015 年第 5 期

焦陂塘兴废考——兼及焦陂镇　焦存超、陈业新　安徽史学　2015 年第 6 期

界画《水磨图》与北宋官营经济　侯博觉　深圳特区报　2015 年 10 月 21 日第 B05 版

金代交钞对北宋交子的借鉴与创新　张双双　黑龙江史志　2015 年第 5 期

金融新秩序——基于《青苗法》与"亚投行"的案例分析　马鑫　金融市场研究　2015 年第 8 期

井田原型视角下宋朝土地政策新探　纪晓岚、杜杰　广西社会科学　2015 年第 1 期

开展宋代贫富差距问题研究的学术意义与当代价值　孙竞　开封教育学院学报　2015 年第 10 期

科举家族与地域网络——以曾安强与周必大为中心的个案解析　王瑞来　社会科学研究　2015 年第 3 期

K

客家人由来新考　周运中　地方文化研究　2015 年第 1 期

L

劳作角力与游戏消闲：宋代文学批评取喻对象的生产生活化　潘殊闲　阿坝师范高等专科学校学报　2015 年第 2 期

李觏新功利主义民生经济思想探究　杨绍成、徐媛媛　思想战线　2015 年第 1 期

李觏《周礼致太平论·国用篇》考察——从国家的财用积累到赋税征收与国计民生　王启发　国学学刊　2015 年第 1 期

里正职掌与唐宋间差科征发程序的变化——兼论《天圣令·赋役令》宋令第 9 条的复原　赵璐璐　史学月刊　2015 年第 10 期

历史上开封人口南迁概论　祁琛云　寻根　2015 年第 5 期

两宋东南漕运格局与淮南地区的水利开发　张勇　暨南史学（第十辑）　广西师范大学出版社　2015 年

两宋都城东京和临安城市布局比较　郭谌达、焦胜　中国科技论文　2015 年第 19 期

两宋官营工商业若干领域的竞价制度研探　徐晓飒　兰台世界　2015 年第 18 期

两宋眉山进士群体研究　杨文、刘清泉、赖正和、胡先酉、孙开中、胡艳平　中华文化论坛　2015 年第 4 期

两宋女性的农业生产与经营　夏涛　农业考古　2015 年第 1 期

"量出制入"与宋代地方财政困境——以宋代内藏财政为线索　董春林　兰州学刊　2015 年第 2 期

流寓生活与文化变迁：宋末元初出峡避乱的巴蜀士人　唐春生　湖北民族学院学报（哲社版）　2015 年第 3 期

陆游寓居成都的活动空间与城市意象及其东归记忆　杨挺　绍兴文理学院学报（哲学社会

科学）　2015 年第 1 期

论北宋黄河治理中的物料检计　郭志安、王晓薇　保定学院学报　2015 年第 6 期

论北宋神宗、哲宗时期内藏库的短暂外朝化　崔玉谦　历史教学（下半月刊）　2017 年第
　　1 期

论北宋时期的义庄——以范氏义庄为例　屈海龙　牡丹江大学学报　2015 年第 9 期

论汴京对饮食业历史的贡献　程民生　中国经济史研究　2015 年 2 期

论澶渊之盟前女真与宋朝的朝贡贸易　王浩禹　学术探索　2015 年第 5 期

论甘棠港道的开辟与福州丝路的畅达　卢美松　福建史志　2015 年第 3 期

论两宋社会保障体系的演变脉络　张文　苏州大学学报（哲学社会科学版）　2015 年第
　　2 期

论临安在南宋茶业经济中的中心地位　陶德臣　茶业通报　2015 年第 1 期

论十至十四世纪中韩海上丝绸之路与东亚海域交涉网络的形成　魏志江、魏楚雄　江海学
　　刊　2015 年第 3 期

论宋代城市土地利用税　王浩禹　云南社会科学　2015 年第 4 期

论宋代二税田赋的征纳流程　田晓忠　历史教学（下半月刊）　2015 年第 10 期

论宋代江南农业生产技术的进步　谷跃东　黑龙江生态工程职业学院学报　2015 年第
　　5 期

论宋代商品经济及社会影响　陈静　商业文化　2015 年第 3 期

论宋代私有财产权　程民生　中国史研究　2015 年第 3 期

论宋代演艺市场中的两种“非人员促销”　钱慧　人民音乐　2015 年第 5 期

论宋明时期广西的外来移民及其影响　郑维宽　广西地方志　2015 年第 3 期

论唐丝织品的输出与唐宋律令规定的变化及影响　李亚平　西北师大学报（社会科学版）
　　2015 年第 3 期

论析苏轼“儒道合一”的经济思想　杨忠伟　贵州社会科学　2015 年第 9 期

论杨万里薄赋节用、富民宁邦的经济思想　陆双祖、孙玉霞　生产力研究　2015 年第 11 期

略论北宋钱监的兴废　钟兴龙　北华大学学报（社会科学版）　2015 年第 5 期

M

买扑演变的博弈分析　杨永兵　云南社会科学　2015 年第 2 期

梅尧臣与东京——兼论北宋地方士人融入京城社会的若干问题　梁建国　中国社会科学院
　　历史研究所学刊（第 9 集）　商务印书馆　2015 年 8 月

N

南宋地方志与地方政务　陈曦、王忠敬　中南民族大学学报（人文社会科学版）　2015 年第
　　4 期

南宋都城防火问题研究　陈欣　长春师范大学学报　2015 年第 5 期

南宋都城临安的学校及其变化——以南宋临安三志为中心　孟庆勇　美与时代（城市版）
　　2015 年第 3 期

南宋海上丝路贸易法探析及其启示　冯卓慧、胡一楠　西安财经学院学报　2015 年第 2 期

南宋临安节事经济研究　陈亭、张旗　常州大学学报（社会科学版）　2015 年第 1 期

南宋旅游特点及其兴盛的原因研究　黎云莺、董云鹏　兰台世界　2015 年第 24 期

南宋时期临安城的市民生活文化特点研究　许丽、韩旭、吴婷婷　兰台世界　2015 年第

6 期

南宋时期临安城内的民俗逸趣初探　徐彦、邱涛　世界　2015 年第 19 期

南宋时期疫灾地理研究　龚胜生、龚冲亚、王晓伟　中国历史地理论丛　2015 年第 1 期

南宋吴渊《济民药局记》译评　唐廷猷　中国现代中药　2015 年第 9 期

南宋婺州图书刊刻与社会互动初探　张迪　浙江万里学院学报　2015 年第 4 期

南宋以田产支撑社会养老　刘云　中国社会科学报　2015 年 9 月 7 日第 4 版

南宋浙闽"猴行者"来源再探——以顺昌、泉州的田野考察为中心　蔡铁鹰　淮海工学院学
　　报(人文社会科学版)　2015 年第 10 期

南宋中型家族的发展与流动——兼论黄宽重《科举社会下家族的发展与转变》　黄迅、李腾
　　文化学刊　2015 年第 1 期

"内法酒"考释　林可、刘洪波　苏州教育学院学报　2015 年第 5 期

P

贫穷的书写：宋代福建同安苏氏家族的经济生活状况及其成因与文化品格——以苏颂、苏洞
　　诗文为主要考察对象　林阳华　乐山师范学院学报　2015 年第 1 期

Q

《千仓渠水利奏立科条碑》与严格的水管理　吴漫　历史文献研究　2015 年 10 月

浅谈宋代私营旅馆业的经营之道　孙金玲　新乡学院学报　2015 年第 7 期

浅议宋代书铺　韩昆宏　法制与社会　2015 年第 35 期

浅析宋代商品经济发展特征及原因　朱雅峤、孟娜　商场现代化　2015 年第 7 期

强宗豪族——麻氏的兴旺及衰败探源　麻一青、季红益　兰台世界　2015 年第 6 期

《清明上河图》所反映的北宋城市化与城市文明　薛凤旋、郑艳婷　北京规划建设　2015 年
　　第 2 期

"侵牟"与"相资"——宋代主佃关系论的冲突与演变　张呈忠　中国农史　2015 年第 6 期

求田问舍知何处　郑秉谦　乐山师范学院学报　2015 年第 2 期

S

萨摩塔与宋日海上丝绸之路　刘恒武、陈竞翘　日语学习与研究　2015 年第 5 期

商人群体：唐宋富民阶层的重要财富力量——兼论商人群体的时代局限性　张锦鹏、杜雪飞
　　古代文明　2015 年第 3 期

绍圣元宝行书大铁钱　程一飞　收藏　2015 年第 5 期

舌尖上的宋朝：商夏周　国家电网　2015 年第 3 期

舌尖上的宋朝：火腿是宋人的发明　吴钩　小康　2015 年第 6 期

社会经济视野下的宋代服饰消费文化研究　张蓓蓓　中国社会经济史研究　2015 年第
　　3 期

社会转型视角下民国徽州家族礼仪形式变化研究——以绩溪家族　对朱子(家礼)的实践
　　为中心　祝虹　佳木斯大学社会科学学报　2015 年第 1 期

身体的消费：宋代官妓的差排、祗应与国家权力　柳雨春　宋史研究论丛(第 16 辑)　河北
　　大学出版社　2015 年 8 月

沈括"货币流通速度论"之管窥　舍娜莉　兰台世界　2015 年第 15 期

沈括的"钱荒"论及盐钞改革思想　徐莉　郑州航空工业管理学院学报(社会科学版)
　　2015 年第 6 期

宋代赋税倚阁制度与地方灾害救助　王战扬　德州学院学报　2015 年第 3 期

宋代社会时间管理制度与昼夜秩序的变迁　贾文龙　郑州大学学报(哲学社会科学版)
　　2015 年第 2 期

宋代已有"银行街"了吗　艾俊川　中国金融家　2015 年第 6 期

宋代中央财权的分割及其变迁——以内藏财政为中心的考察　董春林　求索　2015 年第
　　8 期

宋代州县仓管理制度初探　杨芳　首都师范大学学报(社会科学版)　2015 年第 1 期

宋代差役改革与都保乡役体系的形成　侯鹏　社会科学　2015 年第 8 期

宋代成都药市考　刘术　农业考古　2015 年第 6 期

宋代城管与商贩：相安无事　赵炎　文史博览　2015 年第 10 期

宋代城市化令世界瞩目　杜君立　山西政协报　2015 年 12 月 2 日第 C 版

宋代城市商业的繁盛与坐贾势力的发展壮大　冯芸、桂立　北方论丛　2015 年第 2 期

宋代城市商业性文化消费中的词与词人　张玉璞　学习与探索　2015 年 12 期

宋代出版书籍交易和法律管制　胡兴东　人民法院报　2015 年 6 月 26 日　第 5 版

宋代出版业繁荣之表现、原因及影响　强琛　长江大学学报(社科版)　2015 年第 12 期

宋代的"富民"与国家关系——以税制改革为核心的考察　田晓忠　中国社会经济史研究
　　2015 年第 3 期

宋代的"凯恩斯"：蔡京　中国总会计师　2015 年第 11 期

宋代的高利贷网络　黄亚明　农村.农业.农民(A版)　2015 年第 5 期

宋代的制砚业　陈涛　宋史研究论丛(第 16 辑)　河北大学出版社　2015 年 8 月

宋代茶馆的特征与社会影响　张丽娜、刘娜　兰台世界　2015 年第 36 期

宋代的宗族组织与基层社会秩序　康武刚　学术界　2015 年第 4 期

宋代地方官员与水利开发——以皖南地区圩田为例　康武刚　兰台世界　2015 年第 16 期

宋代东部地区的私人田庄　刘秋根　宋史研究论丛(第 16 辑)　河北大学出版社　2015 年
　　8 月

宋代东南地区的家禽饲养与消费——以江南东路与两浙路为中心　谢娜　牡丹江师范学院
　　学报(哲学社会科学版)　2015 年第 1 期

宋代都市的地域文化特质——兼以宋词的描述为视角　张岩松　兰台世界　2015 年第
　　15 期

宋代对高龄老人家庭的赋役优免　马晓燕　才智　2015 年第 34 期

宋代对外航海贸易贸易额估算及对经济的影响　张尚毅　重庆师范大学学报(哲学社会科
　　学版)　2015 年第 5 期

宋代发祥地：南京应天府研究——以建制为中心　韩桂华　史学汇刊　2015 年第 34 期

宋代翻译人才的社会作用　黎花秀、范振辉　兰台世界　2015 年第 6 期

宋代福建刻书及兴盛原因　袁庚申、赵智岗　中国出版　2015 年第 14 期

宋代福建刻书业对地方文化的贡献　金雷磊　广东开放大学学报　2015 年第 4 期

宋代妇女价值取向论略　孔曼　中州学刊　2015 年第 2 期

宋代赣闽粤边区私盐问题研究——以私盐贩、地方豪民、政府的关系为中心　刘世梁　龙岩
　　学院学报　2015 年第 6 期

宋代赣南的进士家族　李云彪　大众文艺　2015 年第 15 期

宋代赣南的橘与茶　李云彪　大众文艺　2015 年第 14 期

宋代给侍之法："养儿防老"的古代实践　石璠　老龄科学研究　2015 年第 9 期

宋代官刻书籍与市场　刘潇　人民论坛　2015 年第 35 期

宋代官营工商业竞价机制形式分析　陈怡　兰台世界　2015 年第 6 期

宋代广南西路的外来移民与地区开发　王丽歌　古今农业 2015 年第 3 期

宋代行会初探　刘营　河北经贸大学学报（综合版）　2015 年第 1 期

宋代行商与坐贾在商品市场活动中由层级关系向平行关系的演进　冯芸　广西社会科学
　　2015 年第 5 期

宋代河北路的灾害分布与特点　王晶、彭光华　安徽农业科学　2015 年第 29 期

宋代皇帝对官员物质赏赐考论　史泠歌　兰州学刊　2015 年第 2 期

宋代基层社会控制组织与模式研究　吴维维　兰台世界　2015 年第 24 期

宋代基层社会治理体系中的乡约——以蓝田《吕氏乡约》为中心　杨亮军　甘肃社会科学
　　2015 年第 4 期

宋代基层治理研究：概念、范式与方法　廖寅　宋史研究论丛（第 17 辑）　河北大学出版社
　　2015 年 12 月

宋代嘉兴蚕业及濮一之弃官养蚕　黄宗南　蚕桑通报　2015 年第 2 期

宋代江南地区旅游者的旅游活动方式研究　薛珂　边疆经济与文化　2015 年第 10 期

宋代江南西路经济格局的时空差异及演变　王旭　地域研究与开发　2015 年第 6 期

《宋代救荒史稿》评介　王昊　高校社　科动态　2015 年第 1 期

宋代举人群体经商探析　靳国龙　郑州航空工业管理学院学报（社会科学版）　2015 年第
　　3 期

宋代科举对图书事业发展的影响　荣翠琴、张勇　兰台世界　2015 年第 11 期

宋代两浙湖泊水源利用研究　柳哲霖　黑龙江史志　2015 年第 13 期

宋代买扑演变的博弈分析　杨永兵　云南社会科学　2015 年第 2 期

宋代民间绘画生产、流通与消费史考　黎晟、冯鸣阳　民族艺术　2015 年第 2 期

宋代民间借贷信用监管机制初探——从社会转型背景切入　汪庆红、吕田　湖北职业技术
　　学院学报　2015 年第 4 期

宋代民间借贷与乡村贫富关系的发展——以"富民"阶层为视角的考察　黎志刚　古代文
　　明　2015 年第 3 期

宋代民间丝织业的发展　蔡欣　丝绸　2015 年第 8 期

宋代民间武术组织探源及其影响因素　陈孝道　兰台世界　2015 年第 36 期

宋代明州与高丽海外贸易发展因素分析研究　刘莉　中共宁波市委党校学报　2015 年第
　　2 期

宋代女性行旅风险问题探析——以女性行旅遇劫为中心　铁爱花　浙江学刊　2015 年第
　　1 期

宋代女性身体束缚与摧残　王雪　哈尔滨学院学报　2015 年第 4 期

宋代莆田乌石刘氏家族及其著述考论　林毓莎　重庆三峡学院学报　2015 年第 5 期

宋代钦州博易场的兴衰与"海上丝绸之路"的发展变迁　徐靖彬　钦州学院学报　2015 年
　　第 10 期

宋代榷场：被严控的边贸　王国华　证券时报　2015 年 7 月 31 日

宋代榷矾法探析　栗鹏　大庆师范学院学报　2015 年第 4 期

宋代陕西路沿边党项和吐蕃的农畜牧业生产——以耕地面积和牲畜数量为中心　李景寿
　　贵州民族研究　2015 年第 7 期

宋代商人与社会慈善救济　冯芸、桂立　江西社会科学　2015 年第 12 期

宋代商税制度的确立与国家商业政策的调整　冯芸、吴臣辉　保山学院学报　2015 年第
　　1 期

宋代商业信用行为探析　谭阿勇　焦作师范高等专科学校学报　2015 年第 2 期

宋代商业中的广告世界　李经威　安庆师范学院学报（社会科学版）　2015 年第 4 期

宋代食品安全研究:以茶叶为中心的考察　张显运　兰州学刊　2015 年第 10 期

宋代食盐运销安全管理研究　王战扬　晋中学院学报　2015 年第 1 期

宋代士人对农学知识的获取和传播——以苏轼为中心　曾雄生　自然科学史研究　2015
　　年第 1 期

宋代士人阶层封闭婚姻圈探析　宋冬霞　南方论刊　2015 年第 6 期

宋代市舶香药纲运考述　夏时华　云南社会科学　2015 年第 6 期

宋代市民文化兴盛的时代特征及社会效应探论　郭学信　广西社会科学　2015 年第 6 期

宋代首都的宗教节日　袁志伟　华夏文化　2015 年第 2 期

宋代书画消费已具有社会分层意义　秦开凤　学术界　2015 年第 8 期

宋代书画消费与社会分层——以文化社会学为分析视角　秦开凤　学术研究　2015 年第
　　5 期

宋代书籍出版标记及其版权保护意义探析　陈景增　图书馆理论与实践　2015 年第 7 期

宋代书铺再认识　范建文　四川师范大学学报（社会科学版）　2015 年第 4 期

宋代铜产量变动原因析论　徐东升　厦门大学学报（哲学社会科学版）　2015 年第 1 期

宋代温州盐业初探　王兴文、张振楠　盐业史研究　2015 年第 4 期

宋代西南边区的人户身份与税征　安国楼、刘向港　中国农史　2015 年第 3 期

宋代县级财政账簿初探　杨帆　宋史研究论丛（第 17 辑）　河北大学出版社　2015 年
　　12 月

宋代香药业经济发展态势研究　秦芳菊　兰台世界　2015 年第 27 期

宋代香药业研究　孙婧婍　黑龙江史志　2015 年第 13 期

宋代秀州望族婚宦述论　黄军杰　衡水学院学报　2015 年第 3 期

宋代沿海渔民日常活动及政府管理　徐世康　中南大学学报（社会科学版）　2015 年第
　　3 期

宋代扬州的政区变动与经济衰落　何适　历史地理（第 32 辑）　上海人民出版社　2015 年

宋代以“重利趋商”为核心的社会价值观的形成及其对宋代社会生活的影响　冯芸　中华
　　文化论坛　2015 年第 12 期

宋代长江航运与巴蜀地区的物流　唐春生　重庆社会科学　2015 年第 1 期

宋代中央财权的分割及其变迁——以内藏财政为中心的考察　董春林　求索　2015 年第
　　8 期

宋商往来高丽与海路文化交流　李海英　辽宁工业大学学报（社会科学版）　2015 年第
　　4 期

宋元时期的徽州商人　王裕明　安徽史学　2015 年第 3 期

《五代史平话》财经词语选释　谭璐、谭耀炬　台州学院学报　2015 年第 5 期

武夷山斗茶·章岷·范仲淹　黄贤庚　中国茶叶　2015 年第 4 期

X

西外宗与福州海上丝绸之路　张春兰　福建文博　2015 年第 2 期

熙丰变法经济措施的理论根源探析　王群　运城学院学报　2015 年第 3 期

熙丰变法时期各地市易机构的分布特征与作用分析　陈晓珊　中国经济史研究　2015 年第 4 期

夏宋盐政比较研究　任长幸　盐业史研究　2015 年第 2 期

先秦至唐宋屋舍之税嬗变研究　吴晓亮、王浩禹、赵大光　清华大学学报（哲学社会科学版）　2015 年第 5 期

新视角下的唐宋土地制度研究——耿元骊《唐宋土地制度与政策演变研究》读后　岳远博、刁培俊　中国社会经济史研究　2015 年第 2 期

"香药之路"的文化路径——宋代与东南亚交流路线再探讨　董春林、赵双叶　成都师范学院学报　2015 年第 2 期

Y

盐引制度简介　周宇华　中国税务　2015 年第 3 期

杨辉算书中南宋社会经济体现评述　郭有　兰台世界　2015 年 30 期

也谈北宋初期交子在民间的流通情况　周明帅　牡丹江大学学报　2015 年第 3 期

"一蹴而就"与"一挥而就"　赵丕杰　青年记者　2015 年第 18 期

一个与众不同的贸易市场——《岭外代答》记述中的博易场　管丹丹　华北水利水电大学学报（社会科学版）　2015 年第 5 期

"依赖—控制"关系与社会组织的发展路径选择——对中国宋代与西欧中世纪行会组织的比较研究　杨刚　濮阳职业技术学院学报　2015 年第 6 期

一千年前中国人酒桌上的政治经济学：——读李开周《宋朝饭局：吃货穿越宋朝必备生存手册》　黄亚明　上海证券报　2015 年 1 月 22 日第 A08 版

伊斯兰教与海上丝绸之路　周燮藩　中国宗教　2015 年第 12 期

抑贡与通商——南宋海外政策的两重性　赵尔安　牡丹江大学学报　2015 年第 7 期

Z

在传统婚礼中的传统性和外来性——退溪《婚礼窍记》与《朱子家礼》比较　金美荣　国学研究　26 卷　2015 年

战争对经济的破坏及战后宋政府的救助措施——以宋夏战争为考察对象　贺英英　湘潮（下半月）　2015 年第 12 期

政府的"耳朵"放得低，对底层声音敏感　从房租减免看宋代官民互动　程民生　人民论坛　2015 年第 9 期

制度经济学视阈下的宋代官员、士人经商探因　王朝阳　学术探索　2015 年第 3 期

中古以来南北差异的整合发展与江南的角色功用　李治安　文史哲　2015 年第 1 期

中国古代稀见农田水利志——《木兰陂集》考述　惠富平、何彦超　西北农林科技大学学报　2015 年第 3 期

中国古代性产业源流考　张准　广东技术师范学院学报　2015 年第 3 期

中国历代虚值货币简述　陈争鸣　湖北钱币专刊　2015 年第 3 期（总第 14 期）

中国烧酒起源新探　冯恩学　吉林大学社会科学学报　2015 年第 1 期

中国宋代与日本南北朝及室町时代斗茶之比较　梁明霞　新西部（理论版）　2015 年第 14 期

周敦颐社会管理思想探析　周忠生　山西档案　2015 年第 1 期

宗法建构强化宋代乡村治理　张尚毅　中国社会科学报　2015 年 9 月 7 日第 004 版

走出梦华世界：从南宋行都临安城看中国近古城市的发展瓶颈　整理　田乐　文汇报　2015 年 11 月 20 日第 W12 版

四　教育科学文化

16 世纪善山地区书院建立中产生的道统意识——以金乌书院与吴山书院为中心　林勤实　退溪学报　137 辑　2015 年

A

安徽绩溪章氏：崇文重教　礼义相传　中央纪委监察部网站　中国纪检监察　2015 年第 19 期

安石治鄞的执政品德及其时代价值　鲍素萍　中共宁波市委党校学报　2015 年第 3 期

B

八百年关学的起落兴衰　王晓洁　中国社会科学报　2015 年 2 月 11 日第 A06 版

"八字没一撇"的由来　人才资源开发　2015 年第 16 期

白鹤梁题名人邓椿交际考　曾超　重庆三峡学院学报　2015 年第 4 期

白居易与苏轼怀古诗艺术风格之比较　张亚祥　阜阳职业技术学院学报　2015 年第 4 期

百柱庙：岭南宋式木构建筑代表——广西木制建筑欣赏之七　熊晓庆　广西林业　2015 年第 3 期

拜石　张晓林　领导文萃　2015 年第 11 期

版印传媒与宋词的鼎盛　于兆军　中州大学学报　2015 年第 5 期

包拯：不重官位重孝道　尹晴　中国招标　2015 年第 21 期

包拯廉政思想对纪检监察干部素质培养的启示　温树斌　廉政文化研究　2015 年第 5 期

薄雾浓云愁永昼　柔肠一寸愁千缕——解析李清照词愁之意蕴　严雷　现代交际　2015 年第 3 期

《北宋词政治抒情研究》评介　高人雄　重庆第二师范学院学报　2015 年第 2 期

北宋"李照乐"之论争与仁宗景祐的政治文化　胡劲茵　（台湾）《汉学究》　2015 年第 33 卷第 4 期

北宋"三先生"之一石介的儒学贡献研究　李广胜　兰台世界　2015 年第 18 期

北宋"四六"研究的三重思考　张兴武　文学遗产　2015 年第 3 期

北宋"文化软实力"的海外传播　田志光　《中国社会科学报》　2015 年 6 月 3 日第 A06 版

北宋汴京民俗体育活动与项群分类研究　屈雯喆　少林与太极（中州体育）　2015 年第 3 期

北宋初汉族男性服饰特征探微　束霞平、张蓓蓓　丝绸　2015 年第 9 期

北宋初期定州佛教的盛行　王丽花　文物春秋　2015 年第 4 期

北宋的古大臣之风　罗强烈　贵阳文史　2015 年第 6 期

北宋的诸葛亮评价与宋代新儒学复兴　陈昌云　东方论坛　2015 年第 2 期

北宋东京的园林设计艺术探析　张雅芳　兰台世界　2015 年第 36 期

北宋东京皇家园林造园艺术分析　朱俊青、房淑娟、段佳卉、苏金乐　林业调查规划　2015
年第 3 期

北宋东京游园活动及文化内涵探析　常卫锋　文化学刊　2015 年第 2 期

北宋关洛学术争鸣的特征及其贡献　魏涛、宫奕璐　华夏文化　2015 年第 1 期

北宋官员"以书为友"的退休生活　李梅　党政视野　2015 年第 12 期

北宋国子监画学课业中的经律习诵　张自然　河南大学学报（社会科学版）　2015 年第
3 期

北宋国子监刻书管理制度探究　张娟　牡丹江师范学院学报（哲学社会科学版）　2015 年
第 6 期

北宋后期文人结盟及其文学意义　王金伟　南京师范大学文学院学报　2015 年第 3 期

北宋后期颜真卿书法品评的高潮　贺文彬　艺海　2015 年第 11 期

北宋画院述事　郑志刚　中国美术　2015 年第 1 期

北宋绘画的款印题跋　陈思　美术　2015 年第 8 期

北宋嘉祐二年幽州大地震再考　金勇强　唐山学院学报　2015 年第 5 期

北宋建筑装饰艺术风格考略　周丽莎　兰台世界　2015 年第 6 期

北宋建筑装饰主要内容与艺术特征　马贝娟、李绍文　兰台世界　2015 年第 15 期

北宋金石学视野中的篆隶复古　阴胜国　中国书法　2015 年第 7 期

北宋金星眉纹琴样歙砚　王俊虎　文艺生活（艺术中国）　2015 年第 7 期

北宋酒楼的构局风格及社会功能考究　贾思怡　兰台世界　2015 年第 12 期

北宋句图对"诗意画"发展之作用　于广杰　大连理工大学学报（社会科学版）　2015 年第
3 期

北宋理学诗在朝鲜时代流传与接受——以邵雍《伊川击壤集》为中心的探讨　袁辉　文艺
评论　2015 年第 10 期

北宋理学先驱胡瑗的教育心理思想研究　隋艳　兰台世界　2015 年第 33 期

北宋名画《清明上河图》的街市图示语言解析　撒莹、严国泰　城市发展研究　2015 年第
2 期

北宋七绝高手之蔡襄的文学成就　肖世才　兰台世界　2015 年第 15 期

北宋琴僧师承体系琴乐传习对象及内容分析　陈琛　兰台世界　2015 年第 27 期

北宋庆历前馆阁医学藏书的历史贡献及现实意义　唐妍　兰台世界　2015 年第 30 期

北宋仁宗朝的太学及其学风、文风　牛思仁　西北师大学报（社会科学版）　2015 年第 4 期

北宋僧人巨然绘画考　吴鸿昌　兰台世界　2015 年第 15 期

北宋山水大气磅礴——从郭熙父子的"郭家山水"到王希孟的《千里江山图》　赖颖秦　美
术大观　2015 年第 11 期

北宋上党神庙演出场所探微　王潞伟　戏剧（中央戏剧学院学报）　2015 年第 1 期

北宋诗人苏舜钦其人其事其艺术　杨荣　科教文汇（中旬刊）　2015 年第 7 期

北宋时期传统价值观述评　简满屯　黑龙江史志　2015 年第 3 期

北宋时期大晟乐对后世音乐发展的借鉴意义　罗亚琴　兰台世界　2015 年第 24 期

北宋时期的广告创意　徐丽静　兰台世界　2015 年第 21 期

北宋时期的皇家园林——以金明池为例　吕洁、王历波、刘峥　现代园艺　2015 年第 16 期

北宋时期的蝗灾及治蝗措施——以神宗朝为中心的考察　金城、刘恒武　农业考古　2015 年第 6 期

北宋时期脾胃病证藏象辨证论治探析　郝军、郝纪蓉、严世芸　中国中医基础医学杂志　2015 年第 8 期

北宋时期儒学成为主导价值观体系的条件　简满屯　长安大学学报（社会科学版）　2015 年第 1 期

北宋时期书院园林景观艺术考究　颜冬　兰台世界　2015 年第 18 期

北宋时期文人文集的"境外"传播　潘明福　湖州师范学院学报　2015 年第 1 期

北宋苏颂撰王田墓志考疏　淮建利　中州学刊　2015 年第 12 期

北宋太学二体石经新证　晁会元　史林　2015 年第 2 期

北宋王寿卿篆书史实考　刘镇　中国书法　2015 年第 15 期

北宋文化演绎下开封中秋节民俗的传承与发展　黄永林、秦璇　社会科学家 2015 年第 8 期

北宋文人比较研究——历史文化信息资源的整合利用　叶青　信息化建设　2015 年第 4 期

北宋文人词体观的演变　段国朋　盐城师范学院学报（人文社会科学版）　2015 年第 4 期

北宋文人的种竹咏竹之风及其文化意蕴　贺同赏　江西社会科学　2015 年第 8 期

北宋文人士大夫书斋生活与尚意书风——以欧阳修为中心展开考察　刘超　荣宝斋　2015 年第 9 期

北宋文人雅集诗之兴寄——以宁波西湖十洲唱和诗为例　桑小红　名作欣赏　2015 年第 20 期

北宋文人总集和别集中的乐府观　陈瑞娟　中华文化论坛　2015 年第 1 期

北宋文学家曾巩对古籍整理及其贡献考证　李相文　兰台世界　2015 年第 16 期

北宋西京洛阳的节庆旅游　王艳　郑州大学学报（哲学社会科学版）　2015 年第 6 期

北宋西京洛阳的园林之盛研究　郭媛媛　兰台世界　2015 年第 28 期

北宋下崖黑端单履池抄手砚　王俊虎　文艺生活（艺术中国）　2015 年第 7 期

北宋校正医书局对张仲景著作校勘考述　孟永亮、梁永宣　辽宁中医药大学学报　2015 年第 5 期

北宋谢惠鹤诗初探　张桂利　名作欣赏　2015 年第 11 期

北宋音乐家郭茂倩的音乐生活与音乐史料编撰　田培郁　兰台世界　2015 年第 6 期

北宋音乐理论家陈旸及其《乐书》的影响考究　孙树敏　兰台世界　2015 年第 6 期

北宋应天府书院的官学化进程　黄漫远　海峡教育研究　2015 年第 2 期

北宋元丰洛阳真率会考论——兼论"真率"与"耆英"会名的混同及原因　庞明启　文学遗产　2015 年第 3 期

北宋长兴高僧净端禅师的禅诗茶韵　舒曼　农业考古　2015 年第 5 期

北宋中后期词对晚唐诗的递嬗与自我定位——兼论诗词同质异构现象　李静、王红杏　学习与探索　2015 年第 12 期

北宋中后期江西籍作家集句诗创作略论　廖肇禄　新余学院学报　2015 年第 6 期

被湮没的历史:程颐的学制改革思想研究　杨子敬、孙杰　理论界　2015 年第 1 期

被遗忘的出版家朱门弟子陈宓　方彦寿、林潭生　朱子文化　2015 年第 2 期

《本事集》与《本事诗》　李成晴　中国典籍与文化　2015 年第 1 期

比较诗学语境中的北宋理学与喀喇汗智学　热依汗·卡德尔　民族文学研究　2015 年第 5 期

笔记与诗文评:《爱日斋丛抄》文学史价值发覆　侯体健　苏州大学学报(哲学社会科学版)　2015 年第 5 期

《碧岩录》宋代多音节复音词例释　张鹏丽　现代语文(语言研究版)　2015 年第 9 期

边沁与李觏的功利主义思想比较初探　赖井洋　湖南社会科学　2015 年第 1 期

《扁鹊心书》灸疗学术思想探析　王树东、张立德　辽宁中医药大学学报　2015 年第 4 期

汴京是中国戏剧的发祥地　程民生　中原文化研究　2015 年 5 期

汴京元素对古代北京的影响　程民生　史学集刊　2015 年第 1 期

变革审美格局的吴元瑜和他的《野雁图》　康耀仁　中国美术　2015 年第 1 期

彬县大佛寺胁侍菩萨造型风格研究　唐培淞　美术教育研究　2015 年第 13 期

卜筮·图书·象数·义理:近二十年大陆朱熹易学研究　唐琳　哲学与文化　2015 年第 12 期

不敢告者则不为　晏建怀　思维与智慧　2015 年第 4 期

C

才子、游子、浪子——柳永词中的自我形象探析　宗岩　牡丹江大学学报　2015 年 12 期

采造务、堡寨、弓箭手:北宋对西北吐蕃居地的开发与开拓　聂传平、侯甬坚　中国边疆史地研究　2015 年第 1 期

蔡京书法鉴赏　张国宏　秘书　2015 年第 11 期

蔡京推荐九仙茶　林更生、林杉　福建茶叶　2015 年第 4 期

蔡梦弼《杜工部草堂诗笺》所见南宋福建地区杜注特色　王欣悦　杜甫研究学刊　2015 年第 1 期

蔡伸词研究现状及其成因　白秀珍　甘肃广播电视大学学报　2015 年第 6 期

蔡襄《谢郎帖》　蔡襄　老年教育(书画艺术)　2015 年第 5 期

蔡襄尺牍书法艺术特色初探　陈思、倪文东　艺术教育　2015 年第 9 期

蔡襄论忠孝　沈志　福建史志　2015 年第 1 期

蔡襄书法艺术风格刍议　石磊、刘清扬　美与时代(中)　2015 年第 5 期

蔡襄与"飞白草"略论　王中焰　美育学刊　2015 年第 6 期

沧浪亭中苏舜钦的隐逸思想　李斯言　大众文艺　2015 年第 19 期

曹南冥对朱熹敬义思想的继承和发展　权麟春　哈尔滨师范大学社会科学学报　2015 年第 6 期

草书《宋楼钥咏梅诗》　王东升　辽宁师范大学学报(社会科学版)　2015 年第 1 期

草书张耒《夜坐》斗方　祁金刚　中国书法　2015 年第 20 期

策士之文:论魏禧散文对苏洵文的继承与新变——以议论文为中心　朱泽宝　乐山师范学院学报　2015 年第 11 期

层次态理论视角下的宋代生态管理思想及其实践　方宝璋、邹心平　江西财经大学学报　2015 年第 1 期

曾是惊鸿照影来　刘茂业　咬文嚼字　2015 年第 6 期

茶与宋代书法绘画　沈冬梅　东方收藏　2015 年第 2 期

　　哲学研究　2015 年第 8 期

程颐授徒著述生涯史述　任崇岳　中原文化研究　2015 年第 3 期

程朱理学对明代新安医学的影响　张倩、牛淑平、姚实林、曹健　中医学报　2015 年第 6 期

"程朱理学"对宋代服饰审美特点的影响　林琳　兰台世界　2015 年第 24 期

澄怀格物　物我交融——论《林泉高致》中"观"的艺术　刘伟　齐鲁艺苑　2015 年第 4 期

《赤壁赋》的背后　洪建　语文建设　2015 年第 10 期

"崇古而不忽今"——从《东观余论》窥黄伯思的章草观　方翰良、王庆敏　书法赏评　2015
　　年第 3 期

《崇古文诀》的"中和"文章观　于晓川　文艺理论研究　2015 年第 4 期

重现宋代集句诗的发展形态——评张福清《宋代集句诗校注》　巨传友　阅江学刊　2015
　　年第 4 期

重新认识朱子的"读书法"——以《朱子语类》之"卷十""卷十一"为例　王敏维　语文知识
　　2015 年第 12 期

出生于广西的佛教高僧契嵩　潘茨宣　农家之友　2015 年第 7 期

《楚辞集注》的学术文化成因补述　李会康　哈尔滨师范大学社会科学学报　2015 年第
　　6 期

楚石梵琦水浒诗是宋江起事于梁山的重要依据吗——就教于欧阳江琳女士　许勇强、李蕊
　　芹　中国典籍与文化　2015 年第 4 期

《崇古文诀》的"中和"文章观　于晓川　文艺理论研究　2015 年第 4 期

传道、济民、修己——张栻礼学思想析论　殷慧、郭超　湖南大学学报（社会科学版）　2015
　　年第 6 期

传记写作的真实性与趣味性——四种司马光传记比较谈　全展　南京晓庄学院学报　2015
　　年第 5 期

传唐褚遂良《大字阴符经》成书年代试探　季旭东　美与时代（中）　2015 年第 11 期

传统道德教育内涵的当代解读与传承：以宋代理学为例　施常州　南京师大学报（社会科
　　学版）　2015 年第 3 期

传统宋锦面料开发的新思路　聂开伟　辽宁丝绸　2015 年第 4 期

吹台：被嫁接的城市景观与宋诗书写　陈燕妮　湖北社会科学　2015 年第 2 期

吹箫人去玉楼空,肠断与谁同倚——宋代悼亡词浅析　杜少静　安康学院学报　2015 年第
　　3 期

"推究情实,断之以法"：宋代士大夫法律品格解读——兼论中国古代伦理司法说之误　张
　　本顺、刘俊　西部法学评论　2015 年第 3 期

词境与画境——苏轼的"词中有画"李成文　枣庄学院学报　2015 年第 6 期

词可以兴　娄洪、连慧玲　求知导刊　2015 年第 14 期

词里稼轩的别样风貌——论稼轩词的隐含作者　陆锦平　前沿　2015 年第 8 期

词史流变视野下的黄庭坚词　郭凌云、程郁缀　江西社会科学　2015 年 11 期

"此方"召唤"他方"——苏轼梦幻词之深广意识　李志辉　安徽文学（下半月）　2015 年第
　　4 期

此恨绵绵无绝期——浅论元稹和苏轼的悼亡诗词　那迪拉、居马拜·叶尔肯　现代语文
　　（学术综合版）　2015 年第 3 期

从"边角之景"的出现看宋代山水画的传统与创新　丁楠　现代装饰（理论）　2015 年第
　　5 期

从"韩、李"并称看晚唐五代至北宋中期古文发展的趋势——兼论王通在儒学道统中地位提
　　升的原因　李伟　中华文史论丛　2015 年第 2 期

从"汉唐之辩"谈陈亮对王通思想之承继与开展　王诗萍　台北大学中文学报　2015 年第
　　17 期

从"精神"梳释考朱陆之辨——以陈建《学都通辨》为例展开　柳向忠　孔子研究　2015 年
　　第 5 期

从"理同气异"到"一本万殊"——论朱熹与黄宗羲对佛教"一切众生悉有佛性"的回应　米
　　文科　中国哲学史　2015 年第 2 期

从"理一分殊"看朱熹理学的思想特征　付天睿　人文天下　2015 年第 7 期

从"马革裹尸"到"犹厌言兵"　杨晓慧　兰台世界　2015 年第 27 期

从"清风徐来　水波不惊"到"山高月小　水落石出"——《前后赤壁赋》的哲理性与自然性
　　及作者心境变迁　张馨月　广西职业技术学院学报　2015 年第 2 期

从"全宋词"中编出新意　马祝恺　中华读书报　2015 年 4 月 29 日第 14 版

从"如坐春风"到"程门立雪"——读裴高才著《程颢程颐传》　涂怀章　湖北日报　2015 年
　　4 月 12 日第 5 版

从"三苏时代"看苏氏家教的特点　吴迪、王林均　兰台世界　2015 年第 3 期

从"闻见之知"到"德性所知"——张载哲学思想中的"超越意识"　代洪宝、吕志敏　新西
　　部（理论版）　2015 年第 2 期

从"吾生本无待"到"思我无所思"——苏轼理趣诗一解　荆楠　东岳论丛　2015 年第 7 期

从"心之知觉"论朱子之"心"的道德动能——从"知觉是智之事"谈起　黄莹暖　国文学报
　　2015 年第 57 期

从"学为圣人"到"敦本善俗"——论张载的教化思想　周后燕　西北大学学报（哲学社会科
　　学版）　2015 年第 4 期

从"言行录"类的书籍输入与理解过程看 16 世纪道统成立的过程　禹贞任　历史与世界
　　47 卷　2015 年

从"意象"到"事象"：叙事视野中的唐宋诗转型　周剑之　复旦学报（社会科学版）　2015
　　年第 3 期

从"宇宙本体"到"系统哲学"——刘述先对"理一分殊"的现代阐释　黎汉明　科技视界
　　2015 年第 26 期

从"月印万川"观朱熹"理一分殊"思想　吴小丽、王骁巍　民族论坛　2015 年第 2 期

从"致敬鬼神"到持敬——儒家敬观念的形成与朱熹的阐释　邱楚媛　中山大学研究生学
　　刊（社会科学版）　2015 年第 1 期

从"中和"到"仁说"朱熹《四书章句集注》"爱之理心之德"之义理进程考察　陈逢源　东吴
　　中文学报　2015 年第 29 期

从"状物精微"到"逸笔草草"——论宋元花鸟画审美情趣的转变　李夏夏、刘新华　建筑与
　　文化　2015 年第 3 期

从"醉翁"到"茶人"：欧阳修的茶酒情结　李精耕、陆坤　农业考古　2015 年第 2 期

从《白石道人歌曲》看南宋姜夔词调音乐的风雅特质　潮阳　兰台世界　2015 年 15 期

从《词论》分析李清照诗与词的差异　王甜甜　戏剧之家　2015 年第 16 期

从《大学章句》引注考看朱熹经典解释学的特点　戴兆国、耿芳朝　东岳论丛　2015 年第
　　1 期

从《定风波·莫听穿林打叶声》看苏轼未曾踏出的归隐之路　高婉青　名作欣赏　2015 年
　　第 8 期

从《东观余论》看黄伯思对钟繇传统的接受　毛婷　书法　2015 年第 12 期

从《东京梦华录》看北宋酒文化　狄晓胭　开封大学学报　2015 年第 4 期

从《东阳路旁蚕妇》看翁卷诗歌的积极意义　江艳丽　牡丹江教育学院学报　2015 年第
　　2 期

从《辅行诀》之救五脏中恶卒死方看其成书年代　魏英俊、田永衍、李萍　南京中医药大学
　　学报(社会科学版)　2015 年第 4 期

从《妇人大全良方》看陈自明的妇产科论治特点　付水冰、谈珍瑜　中医药学报　2015 年第
　　1 期

从《论语全解》引子证经看北宋经学"子学化"倾向　刘维　兰台世界　2015 年第 12 期

从《吕氏家塾读诗记》所引到《诗集传》的更定——简论朱熹《诗经》学的发展变化　马志林
　　诗经研究丛刊(第二十八辑)　2015 年

从《牧斋净稿》看朱熹人生道路的选择　马宾、汲军　上饶师范学院学报　2015 年第 4 期

从《全宋诗》看古琴诗的音乐描写艺术　夏娱　中国韵文学刊　2015 年第 4 期

从《山谷题跋》看黄庭坚书论中的"韵"　王慧珺　艺术科技　2015 年第 7 期

从《伤寒微旨论》探析韩祗和治学方法　王东华、邓杨春、王彤　中国中医药信息杂志
　　2015 年第 11 期

从《四库全书总目〈诚斋诗话〉提要》看《四库全书总目提要》的文献学意义　孟丹　赤峰学
　　院学报(汉文哲学社会科学版)　2015 年第 8 期

从《四书集注》到《四书大全》——朱熹后学之学术系谱考察　陈逢源　成大中文学报
　　2015 年第 49 期

从《踏歌图》观南宋山水画的变迁　张芸　美与时代(中)　2015 年第 6 期

从《王康题记》审视南宋隶书的美学嬗变　窦永锋　中国书法　2015 年第 8 期

从《文章正宗》选唐诗看真德秀的唐诗观　向娟妮　佳木斯大学社会科学学报　2015 年第
　　6 期

从《宣和奉使高丽图经》看中国音乐东传——兼论《宣和奉使高丽图经》音乐史料价值曾美
　　月　黄钟(武汉音乐学院学报)　2015 年第 1 期

从《夷坚志》看南宋皖江地区民间信仰　陈思瑞、李梦圆　安庆师范学院学报(社会科学版)
　　2015 年第 4 期

从《夷坚志》看宋代女性诗词的传播方式　严裕梅、邱昌员　兰台世界　2015 年第 30 期

从《夷坚志》看宋代市井百工的工艺巧思与科技想象　邱昌员　兰台世界　2015 年第 16 期

从《知言疑义》看朱熹与胡宏儒学思想之歧异　高晓锋　社会科学论坛　2015 年第 4 期

从本体论看朱熹对佛学思想的吸收与融会　高建立　天中学刊　2015 年第 6 期

从程氏《易传序》看程颐的易学观　唐纪宇　周易研究　2015 年第 4 期

从词作看苏轼的精神世界　王文彦　新教育时代　2015 年总第 1 辑

从道家思想看苏轼的人生历程和处世之道　高安琪　时代文学(下半月)2015 年第 1 期

从董仲舒的"天人感应说"到朱熹的"天理论"　赵广志　商丘师范学院学报　2015 年第 4 期

从对"致知在格物"的不同诠释看新儒学的问题意识：从朱熹和王阳明到熊十力　张庆熊　社会科学　2015 年第 11 期

从翻案视角透视杨万里诗歌的"误会之法"　仝娜　鸡西大学学报　2015 年第 11 期

从范成大田园诗品吴地民俗文化　王敏杰　名作欣赏　2015 年第 1 期

从弗洛姆关于自我的学说看陆九渊的心学思想　翟志娟、程得中　通化师范学院学报　2015 年第 11 期

从及物性角度分析宋词《浣溪沙》的英译文　梁雨晨、李天贤　现代语文（学术综合版）2015 年第 1 期

从寄外词看宋代妻子的愁苦情怀　骆新泉　常熟理工学院学报　2015 年第 3 期

从建窑的兴衰谈宋瓷向元青花审美转变的文化背景　蔡捷、李柳旬　艺术科技　2015 年第 11 期

从絜矩之道的解释看朱子的共同体伦理　田炳郁　东洋哲学研究　83 辑　2015 年

从晋祠圣母殿格局看宋代建筑艺术特征　揭沐桥　兰台世界　2015 年第 12 期

从科举题材文言小说看宋代童子举　张会　河南商业高等专科学校学报　2015 年第 3 期

从刻书角度谈宋代《楚辞》的传播　赵聘　兰台世界　2015 年第 20 期

从空入有：论华严宗对中观学的继承与改造——以《肇论中吴集解令模钞》为例　丁建华　中华文化论坛　2015 年第 10 期

从李侗投书罗从彦看其为学思想的转变　陈利华　武夷学院学报　2015 年第 8 期

从李公麟《维摩演教图》看北宋佛教家具　李汇龙、邵晓峰、马敏、梅汝晨　林产工业　2015 年第 10 期

从李清照人生经历看其词作风格的变化过程　罗婧箸　凯里学院学报　2015 年第 2 期

从李清照与张玉娘的诗词看其女性形象　刘丽莎　四川文理学院学报　2015 年第 4 期

从理一分殊论看朱子的格物致知说　李相惇　韩国哲学论集　44 卷　2015 年

从两个知识人的视角看古代中韩姓氏制度——以中国宋朝的郑樵和韩国朝鲜时期的刘馨远为中心　安光镐　社会科学　2015 年第 6 期

从两宋"学记"探看宋代学校体育教育状况　秦双兰、韩冬青　河北体育学院学报　2015 年第 1 期

从两宋和陶《归去来兮辞》看北宋初期至南宋中期文人思想的转变　王文灏、刘宁　山东社会科学　2015 年第 4 期

从两宋婴戏绘画的比较看其繁荣的原因　彭西春　美术研究　2015 年第 1 期

从流飘荡　任意东西——浅谈《蜀素帖》的技法　李静　中国书法　2015 年第 8 期

从柳永《雨霖铃》看宋代的送别风俗　张晓梅　重庆三峡学院学报　2015 年第 1 期

从马斯洛需要层次理论看邵雍的安乐人生　张璐　赤峰学院学报（汉文哲学社会科学版）2015 年第 11 期

从孟子到朱熹、戴震——试析孟学发展的心路　张允熠　哲学研究　2015 年第 8 期

从孟子到朱子"以水喻性"的嬗变　吴冬梅、庆跃先　社会科学战线　2015 年第 6 期

从米家山水看文人墨戏　李艳、徐邠　美与时代（中）　2015 年第 9 期

从密州"一赋三记"看苏轼的超然精神　杨胜宽　广东技术师范学院学报　2015 年第 6 期

从民国时期黄庭坚的影响与接受看文学经典的传承与弘扬　郑永晓　江西师范大学学报（哲学社会科学版）　2015 年第 6 期

从南宋诗话和书画题跋看江西诗人徐俯的诗法　贺小敏、谢琼　人力资源管理　2015 年第 1 期

从千里江山到富春山居——创作主体审美知觉模式对绘画风格衍变的作用及影响　张红梅、刘兆武　文艺争鸣　2015 年第 12 期

从认知角度看英译诗《题西林壁》中的隐喻　王颖迪　英语广场（学术研究）　2015 年第 1 期

从任职蜀地官员看北宋巴蜀地区的士风　刘兴亮　西南交通大学学报（社会科学版）　2015 年第 4 期

从儒家到儒教——以朱子礼学重建为中心　周叶君、李方泽　江淮论坛　2015 年第 3 期

从三种韵图看止蟹合流的演化　林琳　福建师大福清分校学报　2015 年第 4 期

从诗词看宋代马球的兴衰　卢斌　2015 第十届全国体育科学大会论文摘要汇编（三）　2015 年 11 月

从时间与数量维度看欧阳修诗歌创作生态　顾宝林　国学学刊　2015 年第 2 期

从书法美学探讨退溪的“理发气随”　金应鹤　韩国学论集　60 卷　2015 年

从书信看退溪的孙子教育　张闰洙　社会思想与文化　18 卷　2015 年

从宋代除夕词看饮食文化　孙世家　牡丹江大学学报　2015 年第 4 期

从宋代和民国两次废《序》运动看《诗经》学的转型　李金善、高文霞　河北大学学报（哲学社会科学版）　2015 年第 1 期

从宋代理学诗看传统功用诗学　王磊平、文田　科技展望　2015 年第 30 期

从宋代器皿的文化表达分析中国陶瓷设计　陈春、周星　大众文艺　2015 年第 19 期

从宋代山水画浅析宋代造园艺术　程莉　现代园艺　2015 年第 14 期

从宋代仕女画风的转变看卢祖皋词中的女性美　卢婷婷　安徽文学（下半月）　2015 年第 9 期

从宋代书学谈起——兼及当下书法艺考试题的现状、反思与构建　葛复昌　书法　2015 年第 12 期

从宋代院体花鸟画看传统中国画的写实观　刘佼佼　开封教育学院学报　2015 年第 9 期

从宋故清河张氏墓志铭辨析妈祖名字　唐宏杰　福建史志　2015 年第 5 期

从苏轼咏亭诗看宋代别样风尚建筑特点　何璘、高良丽　兰台世界　2015 年第 3 期

从苏辛差异看两宋词坛风尚之变　陈丽丽　河南大学学报（社会科学版）　2015 年第 4 期

从唐宋江南树木景观看诗风转变　秦欢　时代文学（下半月）　2015 年第 7 期

从天人论比较崔汉绮与朱熹的普遍性　金京秀　韩国学研究　54 卷　2015 年

从文人品格到“诗意栖居”——宋代文人士大夫择居的生态美学观　陈小青　学习月刊　2015 年第 4 期

从文物资料看北宋前期定州的佛教邑社　贾敏峰　文物春秋　2015 年第 6 期

从效体角度探究“希真体”之内涵　姚逸超　河南科技大学学报（社会科学版）　2015 年第 2 期

从心学内涵看杨简废《序》的思想成因　叶文举　安徽师范大学学报（人文社会科学版）　2015 年第 4 期

从辛弃疾《瑞鹧鸪》分析暮年辛弃疾的矛盾心态　湛峻琳　现代交际　2015 年第 8 期

从辛弃疾的一首词谈《稼轩词编年笺注》　阮璞　新美术　2015 年第 12 期

从叶适的书序文看其文学主张　高雯　黄冈职业技术学院学报　2015 年第 1 期

从一件宋代建窑黑釉曜变茶盏谈起　叶文程　中国文物报　2015 年 11 月 17 日第 5 版

从伊藤仁斋"道论"的重构来看德川儒学"反朱子学"之特色　吴震　河北学刊　2015 年第
　　4 期

从艺术价值本身透视苏轼在北宋书坛的崛起　黄晓青　大众文艺　2015 年第 15 期

从意象的使用看北宋词的阴柔之美　彭薇　现代语文(学术综合版)　2015 年第 4 期

从咏物谈晚唐诗与南宋词的交融嬗变——以李商隐、姜夔咏物诗词的比较为中心　汪泽
　　内蒙古大学学报(哲学社会科学版)　2015 年第 4 期

从张载语录的编纂、流传看理学谱系的构建　程得中　燕山大学学报(哲学社会科学版)
　　2015 年第 1 期

从朱熹到王阳明:宋明儒学本体论的转向及其基本路径　朱晓鹏　哲学研究　2015 年第
　　2 期

从朱熹的诠释思想展望中国现代诠释学　李清良、夏亚平　中国文化研究　2015 年第 2 期

从朱熹鬼神论看知与行的背离问题　卢映实　道德教育研究　27 卷　2015 年

从朱熹理学论其礼乐思想　陈四海、任姗　交响(西安音乐学院学报)　2015 年第 4 期

从朱子仁说看以自然为基础的道德规范　李天承　东洋哲学研究　83 辑　2015 年

"存神过化"与儒道"存神"工夫考论　翟奎凤　中国哲学史　2015 年第 1 期

D

达观崇高　顺乎自然——苏轼《前赤壁赋》试析　梁九义　甘肃广播电视大学学报　2015
　　年第 1 期

打诨而出　以乐写悲——黄庭坚《题郑防画夹五首》(其一)赏析　周斌　古典文学知识
　　2015 年第 5 期

打通"三教"的周敦颐　王强山　书屋　2015 年第 7 期

大度包容的极致与边界　宋志坚　政工学刊　2015 年第 5 期

大度的极致与边界　宋志坚　思维与智慧　2015 年第 14 期

大慧的看话与朱熹的格物的差异研究　卞熙郁　韩国禅学　42 卷　2015 年

大慧宗杲"菩提心即忠义心"浅析　张想　学理论　2015 年第 14 期

大慧宗杲早年行状研究　王大伟　社会科学战线　2015 年第 7 期

大晟府词人及乐官编年考略　张春义　贵州大学学报(社会科学版)　2015 年第 2 期

大晟府词人江汉与南宋诗人江朝宗考辨　张春义、黄海　西华大学学报(哲学社会科学版)
　　2015 年第 3 期

大晟钟的复原研究与仿(重)制试验　李幼平　黄钟(武汉音乐学院学报)　2015 年第 4 期

大晟钟与宋代黄钟标准音高研究　李幼平　历史文献研究(35 辑)　2015 年 6 月

大宋朝,爱读书的人有饭吃　贺有德　文史博览　2015 年第 7 期

大学《中国历史要籍介绍及选读》选文《日知录·宋世风俗》中"选人"释义再思　王海芳
　　鸡西大学学报　2015 年第 12 期

《大学·首章》发微——立足于对朱熹注解的批判继承　王新水　人文杂志　2015 年第
　　12 期

《大学衍义》频引经典的论述策略——以引《诗经》为例　夏福英　国学学刊　2015 年第
　　1 期

戴复古游历泉州诗文释读　陈丽华　台州学院学报　2015 年第 4 期

戴溪《春秋讲义》思想及笔法特色初探　杨昭　华夏文化　2015 年第 3 期

"代御染写"考释——宋徽宗赵佶"代笔画"证伪　韩刚　南京艺术学院学报(美术与设计)
　　2015 年第 4 期

当代工笔花鸟画中宋代花鸟画构图技巧的延续和发展　罗思思　艺术科技　2015 年第
　　3 期

当天意降临人间:宋朝的医事记忆　陈晓珊　中华读书报　2015 年 4 月 8 日第 10 版

档案里看邓广铭四写王安石　陈鹏鸣　中国编辑　2015 年第 5 期

道冲《如来出山图》的题赞时间分析　康耀仁　东方收藏　2015 年第 8 期

道德实践的形而上学基础——论程颐的"理一"思想　唐纪宇　天津社会科学　2015 年第
　　5 期

道教内丹溯源及修炼法门中的黄庭说与炁海神龟说　萧登福　湖南大学学报(社会科学
　　版)　2015 年第 1 期

道南学派杨时学术教育活动概述　黄艳娜　河南财政税务高等专科学校学报　2015 年第
　　5 期

道巫、佛教与理学:宋元时期徽州地域文化的变迁　章毅　安徽师范大学学报(人文社会科
　　学版)　2015 年第 5 期

道因其乐而常存——叶适"乐道"思想发微　肖芬芳　九江学院学报(社会科学版)　2015
　　年第 3 期

道隐:李侗归隐情结的价值探赜　梁悦凤、庄丽静　合肥工业大学学报(社会科学版)
　　2015 年第 4 期

"道由中出"与"通经践礼"——论吕大临的道学实践宗旨　邸利平　宝鸡文理学院学报(社
　　会科学版)　2015 年第 5 期

德性之知——吕祖谦学习心理学思想述略　唐琳、褚衍松　兰台世界　2015 年第 6 期

德治的目的与难题——朱熹与陈亮的王霸争论　申春浩　道德教育研究　27 卷　2015 年

李清照爱国者形象的历史还原　魏青　山东师范大学学报　2015 年第 1 期

邓椿《画继》以"清"论画及其诗学意义　于广杰　社会科学论坛　2015 年第 5 期

邓广铭宋史研究学术渊源考——以蒙文通宋史课程的讲授为中心　聂文华　史学月刊
　　2015 年第 3 期

邓广铭先生的学术风格　包伟民　南开学报(哲学社会科学版)　2015 年第 5 期

《邸报》内容与宋代国政——哲宗时期李焘笔下的《邸报》记事　田建平　河北大学学报(哲
　　学社会科学版)　2015 年第 6 期

地理学家的诗人底色——范成大《吴郡志》的诗歌史料价值　谭清洋　哈尔滨学院学报
　　2015 年第 5 期

地域·政治·审美:唐宋文人的荔枝书写　赵军伟　阅江学刊　2015 年第 3 期

地域性苏轼作品研究新成果　梁跃民　河北日报　2015 年 11 月 27 日第 11 版

帝、儒、中、心之间——朱子前十六字心诀流传阐释考论　冯国栋　哲学研究　2015 年第
　　1 期

对中国古代日月食救护仪式异同的分析　朱海珅、孙亭　阴山学刊(自然科学版)　2015 年
　　第 2 期

对朱熹"罕言命"的思考　史少博　兰州学刊　2015 年第 5 期

对朱熹《阴符经考异》的再考察　王宗昱　世界宗教研究　2015 年第 3 期

对朱熹与陆九渊的"无极、太极"之争的浅分析　余晔　商　2015 年第 51 期

对朱子"兴"论的探析与反思　韩国良　渭南师范学院学报　2015 年第 5 期

敦煌文书 S.4782 号《寅年乾元寺堂斋修造两司都师文谦诸色斛斗入破历算会牒残卷》纪年
　　探析　徐秀玲、丁玉莲　河北省社会主义学院学报　2015 年第 2 期

敦煌写本《诸道山河地名要略》残卷抄写年代及别名考　赵庶洋　文献　2015 年第 6 期

E

《鹅湖三叠》　虞云国　中国青年报·文化地理　2015 年 6 月 26 日

鹅湖文人与鹅湖古诗文的文化内蕴　张梅、毛奇芳　上饶师范学院学报　2015 年第 2 期

"二安"词比较研究　沈葱葱　赤峰学院学报(汉文哲学社会科学版)　2015 年第 7 期

二程到朱熹:南宋前期闽籍道学家的文献活动　温志拔　福建师大福清分校学报　2015 年
　　第 4 期

二程的"道学"与道统观——以二程对孟子性论的诠释为中心　彭耀光　东岳论丛　2015
　　年第 12 期

二程语录与禅宗语录关系述论　赵振　河南师范大学学报(哲学社会科学版)　2015 年第
　　4 期

《二程遗书》"昨日之会"节考释　张新国　安徽师范大学学报　(人文社会科学版)　2015
　　年第 4 期

《二程语录》与《朱子语类》新词新义之比较　冯青　江西科技师范大学学报　2015 年第
　　2 期

二宋《落花》成诗及其相关问题考辨　沈梅丽　中华文化论坛　2015 年第 2 期

二元的晋祠:礼与俗的分合　赵世瑜　民俗研究 2015 年第 4 期

F

"伐山""伐材"之喻与"生事""熟事"之法——王铚《四六话》的骈文典故理论探析　莫道才
　　中国文学研究　2015 年第 2 期

反思:南戏先熟论的逻辑思维方式——答胡雪冈教授　杨栋　河北师范大学学报(哲学社
　　会科学版)　2015 年第 1 期

"反朱"思想研究:发展历程与内在逻辑——以宋明清理学为中心　李山河　沈阳工程学院
　　学报(社会科学版)　2015 年第 2 期

范成大笔下的成都风俗——以《成都文类》所录诗歌为例　胡钰　韶关学院学报　2015 年
　　第 7 期

范成大生命观对其田园诗的影响浅析　杨晋芳　才智　2015 年第 36 期

范成大诗中的苏州岁时节俗　姜本红　边疆经济与文化　2015 年第 11 期

范成大仕宦时期儒家思想的凸显　穆延柯　文学教育(下)　2015 年第 6 期

范成大书法鉴赏　张国宏　秘书　2015 年第 2 期

范成大题画诗论　钟巧灵、陈天佑　南华大学学报(社会科学版)　2015 年第 6 期

范成大与华兹华斯湖畔诗中生态思想比较　朱俊霞　边疆经济与文化　2015 年第 12 期

范宽《溪山行旅图》的创作特征研究　王雪峰　大舞台　2015 年第 1 期

范型嬗变的宋学路向：胡瑗与宋初学术建构　李学功　管子学刊　2015 年第 3 期

范致明《岳阳风土记》的成书、内容与价值　何林福　云梦学刊　2015 年第 1 期

范仲淹、梅尧臣《灵乌赋》研究　苏睿　长江师范学院学报　2015 年第 3 期

范仲淹、苏轼、黄庭坚轶诗辑考——以方志文献为中心　李成晴　重庆师范大学学报（哲学
　　社会科学版）　2015 年第 2 期

范仲淹：北宋诗文革新的先驱　姜光斗　中国社会科学报　2015 年 3 月 30 日第 A8 版

范仲淹《渔家傲》当是第一首文人边塞词　孙山民　文史杂志　2015 年第 1 期

范仲淹《岳阳楼记》对清代越南使节岳阳楼诗文的影响　陈益源　长江学术　2015 年第
　　1 期

范祖禹《论语说》的诠释特色　唐明贵　湖南大学学报（社会科学版）　2015 年第 4 期

范祖禹《帝学》述论　陈晔　（香港）古典研究　2015 年第 4 期

方回《瀛奎律髓》中对梅尧臣"送别诗"的品评　孙盼盼　景德镇学院学报　2015 年第 2 期

飞鸿　孤鸿　归鸿——由"鸿"意象看苏轼流寓心态变迁　张学松　中华读书报　2015 年
　　2 月 11 日第 15 版

风雅处处是平常　孙焘　中国文化报　2015 年 7 月 7 日 3 版

冯友兰、牟宗三对朱熹"理"之不同诠释　乐爱国　社会科学研究　2015 年第 6 期

冯友兰对"仇必和而解"的现代诠释　许宁　河北师范大学学报（哲学社会科学版）　2015
　　年第 1 期

佛禅老庄思想与郭祥正诗歌创作　杨宏、季军　兰台世界　2015 年第 28 期

佛教对苏词的影响　关茂　忻州师范学院学报　2015 年第 3 期

佛教深刻影响邵雍理学思想的形成　耿静波　中国社会科学报　2015 年 6 月 3 日第 B2 版

佛教心境论与艺术本源思想　张培锋　兰州学刊　2015 年第 7 期

佛教信仰对宋代女性居处空间的影响　邵育欣　山东女子学院学报　2015 年第 3 期

佛教影响邵雍理学思想　耿静波　中国社会科学报　2015 年 12 月 8 日第 6 版

佛学影响与苏轼的情爱观　张雪梅　浙江万里学院学报　2015 年第 2 期

《佛顶心大陀罗尼经》在汉字文化圈的传布　郑阿财　敦煌学辑刊　2015 年第 3 期

《拂菻狗》的宫廷和院画信息　康耀仁　东方收藏　2015 年第 10 期

福建朱子文化研究与应用的当下要义　朱清　学术评论　2015 年第 4 期

福兮祸兮：从《夷坚志》看宋代蛇信仰的双重性　张春芳　保定学院学报　2015 年第 5 期

福州芙蓉园的文采风流　吴可文　闽台文化研究　2015 年第 2 期

辅广、朱鉴之《诗经》朱学编纂比较研究　黄忠慎　东吴中文学报　2015 年第 30 期

复古与新趣——论南宋以降两百年左右文人书法发展的阶段性特征　朱圭铭　暨南学报
　　（哲学社会科学版）　2015 年第 10 期

复与变——"二泉"与"上饶诗人群"六言诗研究　李蓉　上饶师范学院学报　2015 年第
　　1 期

"夫子之意为平王设"——论宋儒对《文侯之命》的阐释　刘德州　江苏师范大学学报（哲学
　　社会科学版）　2015 年第 1 期

《妇人大全良方》情志养生研究　王河宝、薛小虎、曹征　江西中医药　2015 年第 12 期

概念隐喻理论指导下苏轼诗词分析　杨安琪、张健　吉林省教育学院学报（上旬）　2015 年

第 6 期

观《清明上河图》谈风俗画创作的意义　赵景海　美与时代（下）　2015 年第 12 期

官商互动视角下的宋丽书画贸易　审视　李博　东北史地　2015 年第 5 期

管窥北宋东京皇家园林艺术特色　田鹏　兰台世界　2015 年第 3 期

贯休与梁楷笔墨中的禅机　李悦　艺海　2015 年第 9 期

广采众收　化为我用——浅论文彦博诗歌创作的艺术手法　李莉　普洱学院学报　2015 年第 5 期

归鸿赢牛月瓮里——苏轼流寓人生的三个意象　张学松　光明日报　2015 年 5 月 11 日第 7 版

郭熙山水画论中的比德思想　张明　美术观察　2015 年第 9 期

国学经典教学指导医学职校学生践行社会主义核心价值观研究——以《弟子规》《朱子家训》为例　毕劲莹　湖北函授大学学报　2015 年第 11 期

过把穿越瘾——写意的宋朝　王文英　中国文化报　2015 年 3 月 8 日第 3 版

"过分"的宋朝女子相扑　雷俊　浦东开发　2015 年第 2 期

H

"行道"与"得君"——宋孝宗时代的朱熹与周必大　吴晓萍　合肥学院学报（社会科学版）　2015 年第 1 期

海内存知己——宋丽书画贸易述略　李博　现代交际　2015 年第 11 期

韩国历代和东坡词论　杨焄　人文杂志　2015 年第 11 期

韩国朱熹关联题画诗研究——以儒学大师李滉、李珥为中心　孙晓　延边大学学报（社会科学版）　2015 年第 5 期

韩国朱子学新论——以李退溪与李栗谷的理发气发说为中心　陈来　厦门大学学报（哲学社会科学版）　2015 年第 1 期

韩驹的佛禅思想与诗学实践　方新蓉　哈尔滨工业大学学报（社会科学版）　2015 年第 3 期

韩欧赠序文之比较　金孟秋　淮北师范大学学报（哲学社会科学版）　2015 年第 4 期

韩琦眼里的轻重　李凤能　文史月刊　2015 年第 9 期

《韩熙载夜宴图》断代考辨——画中家具考　周跃兵　大众文艺　2015 年第 13 期

《韩熙载夜宴图》断代考辨——酒具、乐器、舞蹈及礼仪等考辨　周跃兵　美术教育研究　2015 年第 13 期

《韩熙载夜宴图》与《女孝经图》关系考辨　周跃兵　美与时代（下）　2015 年第 8 期

韩愈《画记》与画记文体源流　蔡德龙　文学遗产　2015 年第 5 期

寒洲李震相的理气说——以"理发一途说"为中心　金基柱　韩国学论集　60 卷　2015 年

汉代训诂学与宋代朱子学对《孟子》的解释的差异及其哲学史的意义　黄志源　东亚人文学　30 卷　2015 年

汉宋"论评类"《楚辞》研究的对比　孙欣洋　文学教育（下）　2015 年第 10 期

汉语系中国伊斯兰教义学的概念与特征　贾建萍　中国穆斯林　2015 年第 6 期

翰林学士苏轼与元祐诗坛　陈元锋　福州大学学报（哲学社会科学版）　2015 年第 6 期

"好名"激荡下的文学　张贵　光明日报　2015 年 9 月 14 日第 16 版

《和战与道德——北宋元祐年间弃地论的分析》　方震华　汉学研究　2015 年 33 卷第 1 期

《和章岷从事斗茶歌》赏析　王绍梅、宋文明　中国茶叶　2015 年第 4 期

"何莫非"考　卢烈红　语言研究　2015 年第 3 期

何人能揾英雄泪——辛弃疾《水龙吟·登建康赏心亭》新解　吴礼明　名作欣赏　2015 年第 31 期

贺麟王安石研究中的心学思想　张学智　江南大学学报（人文社会科学版）　2015 年第 3 期

贺铸词对于李商隐诗的化用　凌帆　名作欣赏　2015 年第 8 期

横看成岭侧成峰——文同《墨竹图》引申的美学意象　吴群燕　天津美术学院学报　2015 年第 5 期

宏观之下富微观　融会之上多创新——评杨理论《中兴四大家诗学研究》　庞明启　重庆师范大学学报（哲学社会科学版）　2015 年第 1 期

洪适词在词史中的地位和作用　李冬梅　济源职业技术学院学报　2015 年第 2 期

洪兴祖《论语说》研究　宫云维　历史文献研究　2015 年第 35 期

洪兴祖《论语说》研究　宫云维　中国历史文献研究会专题资料汇编　2015 年 6 月

洪兴祖哲学思想管窥　刘洪波　南昌师范学院学报　2015 年第 5 期

"红杏出墙"意象考释——再论古典文学中"墙喻"的阻隔功能　纪永贵　阅江学刊　2015 年第 1 期

后来谁与子争先？——王安石在鄞县的改革实践和文学创作　朱田文、续大治　宁波日报　2015 年 4 月 30 日第 16 版

胡安国思想发展脉络探析　王雷松　河南社会科学　2015 年第 3 期

胡服的发展及其对宋代服饰文化的影响撮要　张飚雪　兰台世界　2015 年第 27 期

胡瑗《周易口义》在释卦体例上的创新　陈睿超　中国哲学史　2015 年第 3 期

胡瑗对教学方法的改革与创新　罗梦柯　河南财政税务高等专科学校学报　2015 年第 2 期

胡瑗经学思想与庆历学风的转变　朱广龙　学术界　2015 年第 3 期

湖北弥陀寺汉江段北宋时期古洪水研究　郑树伟、庞奖励、黄春长、周亚利、查小春、卞鸿雁　自然灾害学报　2015 年第 3 期

湖湘文化中的忧患意识与范仲淹的"先忧后乐"观　张大联　文学教育（下）　2015 年第 3 期

湖湘学派的仁学及朱子对其的批判　李敬峰　深圳大学学报（人文社会科学版）　2015 年第 5 期

湖湘学派对周敦颐的推尊考论——以南宋时期濂溪祠记为中心　陈安民、周欣　广西师范大学学报（哲学社会科学版）　2015 年第 4 期

《花庵词选》中的评点初探　谭凯蓉　东华理工大学学报（社会科学版）　2015 年第 4 期

花鸟画的宋人意味与当代思考　汪小洋　艺苑　2015 年第 2 期

花洲书院与范仲淹　严叶敏　光明日报　2015 年 1 月 21 日第 10 版

华丽之后的素雅审美——试论宋代工艺美术与唐代工艺美术的区别　张黎　科技视界　2015 年第 33 期

《华夏文库·科技史》系列丛书编撰项目正式启动　韩毅、邹大海　中国科技史杂志　2015 年第 36 卷第 2 期

华雅玩典籍——《集古录》　万方　书屋　2015 年第 3 期

"华严三圣"视觉元素分析　涂涛　大众文艺　2015 年第 2 期

华枝春满　天心月圆——以周季常为例谈南宋罗汉画　刘萍　艺苑　2015 年第 3 期

画为心印——黄公望笔下的松树画作品　邱雯　上海艺术家　2015 年第 2 期

话头、情境与践行:《朱子语类》之哲学践行考察　张锦波　池州学院学报　2015 年第 2 期

淮南地区人地关系的变迁　王丽歌　农业考古　2015 年第 4 期

"宦裔"与南戏体制渊源　黄婧　戏剧艺术　2015 年第 6 期

黄河变迁对金代开封的影响　吴朋飞　井冈山大学学报(社会科学版)　2015 年第 4 期

"黄家富贵"对后世工笔花鸟画的影响　王珊珊　西北美术　2015 年第 4 期

黄龙慧南"不离文字"与"不拒儒道"传教手法初探　叶德平　新亚论丛　2015 年总第
　　16 期

黄庭坚《寄黄几复》用事新诂——兼论黄庭坚用典特点　李小奇　名作欣赏　2015 年第
　　32 期

黄庭坚《李白忆旧游草书卷》书法之美　王彧浓　美与时代(中)　2015 年第 12 期

黄庭坚《松风阁诗帖》书法之美　王彧浓　美与时代(中)　2015 年第 12 期

黄庭坚《致景道十七使君书》考　陈荣军　兰台世界　2015 年第 31 期

黄庭坚贬谪心态新探　姚菊　学术交流　2015 年第 5 期

黄庭坚词风格及景物意蕴的美学研究　赖雪芳　九江学院学报(社会科学版)　2015 年第
　　1 期

黄庭坚对苏轼书法的评价　于景禄　辽宁教育行政学院学报　2015 年第 3 期

黄庭坚桂林行踪及诗文考辨　苏勇强　北京社会科学　2015 年第 10 期

黄庭坚和《松风阁诗卷》　刘琰、杨晓萍　中国书法　2015 年第 22 期

黄庭坚题画诗、跋的数量、内容及创作取向　孙红阳、王宾旗、程亮　东华理工大学学报(社
　　会科学版)　2015 年第 4 期

黄庭坚戏谑诗风成因探析　周春艳　铜仁学院学报　2015 年第 3 期

黄震《论语》诠释的"浙学"特色　唐明贵　浙江社会科学　2015 年第 7 期

黄宗羲《孟子师说》初探——以批判朱子学为中心的讨论　蔡淑闵　远东通识学报　2015
　　年第 1 期

回归经典—儒家修养美学下的大学生思想道德建设探究　黄丽奇　朱子文化　2015 年第
　　3 期

回归与升华——罗莹花鸟画小议　刘琼　美术观察　2015 年第 9 期

回首宋代,看到什么——邓小南教授在解放日报报业集团第 51 届文化讲坛"'文化强国'的
　　历史视野"上的演讲　邓小南　上海学术报告(2012—2013)　2015 年 3 月

荟萃唐宋众诗家,掀开集句新天地——评《宋代集句诗研究》　蒋长栋　韩山师范学院学报
　　2015 年第 1 期

"活法"视野下的宋词"破体"现象及其接受　王晓骊　文艺理论研究　2015 年第 6 期

活字印刷的起源　郑也夫　北京社会科学　2015 年第 9 期

J

"济王赵竑案"的底色　宋志坚　唯实　2015 年第 7 期

积学千里　精微广大——陈志平《北宋书家丛考》读后　李慧斌　中国书法　2015 年第
　　15 期

基于工业文明背景下的程朱理学当代价值研究　梁会兰　企业导报　2015 年第 2 期

基于历史文献视角的《水浒传》"方腊"分析——兼论史实在文学作品中的重构　董敏、丁霞　贵州文史丛刊　2015 年第 2 期

基于三维虚拟技术的宋式建筑表现方法研究　樊伟　黄河之声　2015 年第 18 期

基于宋文化的竹家具设计　王迪、朱洁冰　竹子研究汇刊　2015 年第 4 期

基于知识产权管理角度中的宋代图书出版管理研究　王文　兰台世界　2015 年第 17 期

基于朱子自由思想框架下的《瓦尔登湖》的研究　许莹婧　鸡西大学学报　2015 年第 3 期

《济北诗话》对宋学之受容新论　程小平　北京科技大学学报（社会科学版）　2015 年第 5 期

记录"另类"女性形象的《漱玉词》——从女性意识的角度解读《漱玉词》　柯晓颖　南方论刊　2015 年第 5 期

技艺精湛的宋代歇山式屋顶建筑设计　吕海军　兰台世界　2015 年第 15 期

继往开来　真知灼见——评章华英《宋代古琴音乐研究》　苏坤　音乐探索　2015 年第 3 期

佳话亦是"假话"：关于半部《论语》治天下　文公新　经济研究导刊　2015 年第 1 期

家国同构——历史视野下的儒家齐家与治国关系学说及其价值　吴吉民　朱子文化　2015 年第 3 期

家礼与国礼之间：《朱子家礼》的时代意义探析　王美华　史学集刊　2015 年第 1 期

稼轩词问句研究　肖菊香　湖北科技学院学报　2015 年第 9 期

坚守的悲壮情怀与跌宕之姿——试析稼轩词中"白发"意象　杨一泓　吉林工程技术师范学院学报　2015 年第 6 期

简论《夷坚志》中的人鬼婚恋小说　严裕梅、邱昌员　牡丹江大学学报　2015 年第 4 期

简论道教对苏辙的影响　司聘　南昌大学学报（人文社会科学版）　2015 年第 5 期

简论韩国古代诗话对苏轼的接受　庄逸云　琼州学院学报　2015 年第 6 期

简论洪迈《夷坚志》中的公案小说　严裕梅、邱昌员　赣南师范学院学报　2015 年第 5 期

简论陆游的书札书法艺术　秦金根　文艺评论　2015 年第 11 期

简论南宋隶书的继承和影响——以南宋《山河堰落成记》为例　马苑馨　才智　2015 年第 1 期

简论宋儒"一体之仁"的思想及其现代意义——以张载、二程、朱子的"一体之仁"思想为例　吴根友、PengPing　孔学堂　2015 年第 2 期

简论王质《诗总闻》的体例　叶洪珍　安阳师范学院学报　2015 年第 4 期

简论朱熹的训诂原则　贾璐　江南大学学报（人文社会科学版）　2015 年第 1 期

简谈郭沫若"苏轼观"的嬗变　申东城　郭沫若学刊　2015 年第 4 期

简析李清照的爱国思想　王文利　兰台世界　2015 年 36 期

简析南宋中期醇雅词派的出现　张彤彤　牡丹江师范学院学报（哲学社会科学版）　2015 年第 4 期

建构"帝王之学"的知识体系——真德秀《大学衍义》"格物致知之要"解析　夏福英、姜广辉　中国哲学史　2015 年第 1 期

"江上往来人"之"上"字解诂　程艳梅　语文知识　2015 年第 3 期

江夏李氏与万卷书楼　涂明星　武汉职业技术学院学报　2015 年第 1 期

江州义门陈氏析烟探因　陈世林　兰台世界　2015 年第 36 期

将军坐在钱眼里　晏建怀　同舟共进　2015 年第 10 期

姜夔"雅词昆仑"及"精品现象"检视　侯海荣、向欣　大庆师范学院学报　2015 年第 4 期

姜夔《续书谱》对孙过庭《书谱》的改写和深化　刘元良　新疆艺术学院学报　2015 年第 1 期

姜夔曲词的音乐审美特征晏红、罗琦卿　江西社会科学　2015 年第 6 期

姜夔咏梅词的人格象征意蕴　张丹　内蒙古电大学刊　2015 年第 2 期

姜夔在宋词"俗"而复"雅"道路上的贡献　赵婉平　现代语文(学术综合版)　2015 年第 1 期

角色转换与宋末元初词的新变　丁楹　齐鲁学刊　2015 年第 5 期

教养取任——王安石人才培养思想研究　滕悦　重庆师范大学学报(哲学社会科学版) 2015 年第 4 期

结构表层的互文性与深层的隐喻性——苏轼咏物词《水龙吟》的诗学解构　曹章庆　渭南师范学院学报　2015 年第 1 期

结合宋瓷特征浅谈对"芙蓉出水"美学思想的理解　王琼　大众文艺　2015 年第 8 期

解答朱东润先生关于梅尧臣家世的"未易解者"　夏建圩　合肥工业大学学报(社会科学版)　2015 年第 1 期

解读秦观——以佛禅诗歌为例　邓亚楠　西昌学院学报(社会科学版)　2015 年第 1 期

解析黄筌画派对宋以后花鸟画的影响　焦耀　产业与科技论坛　2015 年第 3 期

解析寇准诗歌中的愁苦　孙刚　临沂大学学报　2015 年第 5 期

借鉴宋代造园思想营造现代城市园林　吴文达　现代装饰(理论)　2015 年第 12 期

"金碧辉煌"的宋代青绿山水画　张辉　大众文艺　2015 年第 4 期

金华天宁寺初探　朱师勤　东方收藏　2015 年第 8 期

金明池争标图　奕明　老年教育(书画艺术)　2015 年第 10 期

金石学发祥汴京论考　程民生　中原文物　2015 年 1 期

晋唐宋元人物画的时代精神　吴红云、邵建春　美术教育研究　2015 年第 15 期

尽物之情态—北宋题画活动与徽宗朝花鸟的画史意义　陈韵如　美术史研究集刊　2015 年第 39 期

《近思录》的"教学之道"与朱熹的教育思想　秦月、程水龙　温州大学学报(社会科学版)　2015 年第 2 期

京都清凉寺藏《弥勒菩萨像》赏析　童怡倩　美与时代(中)　2015 年第 9 期

经典诠释与人性义理的伸展——以王安石人性论为个案的考察　李承贵　天津社会科学　2015 年第 4 期

经史之学和北宋古文创作的关联与互动　张兴武　北京大学学报(哲学社会科学版)　2015 年第 5 期

经世致用:南宋艺术批评思想的价值尺度　凌继尧　美术大观　2015 年第 12 期

《经学理窟·宗法》与程颐语录——兼论卫湜《礼记集说》中的张载说　林鹄　中国哲学史　2015 年第 2 期

精微之境:李栗谷对人心、道心的诠释　谢晓东　学术月刊　2015 年第 11 期

净土与地狱——宋代佛教女信徒的宗教想象　邵育欣、张付海　湖北社会科学　2015 年第

3 期

敬畏与自得：朱熹文艺法度观之二重维度　杨万里　古代文学理论研究（第 41 辑）——中
国文论的诠释学传统　2015 年

"靖康之难"中金军围汴造成的生态灾难　聂传平　宋史研究论丛（第 17 辑）　河北大学出
版社　2015 年 12 月

究浅析张载整治北宋社会的思想特点　武宝宁、吴硕　黑龙江史志　2015 年第 3 期

九曜遗珍　翁心存《新得米元章诗刻记》初拓本　谭树正　收藏家　2015 年第 5 期

久别重逢能说"一见如故"吗　赵丕杰　青年记者　2015 年第 15 期

酒边花下　一往而深——论秦观词的花酒意象及其所蕴含的愁　王晓明　名作欣赏 2015
年第 17 期

"拘人"与"散人"之间——从《东坡志林》看闲人苏轼的"闲"之美学内涵　高畅、黄念然
乐山师范学院学报　2015 年第 10 期

具有宋代折枝画审美特征的糙木家居饰品造型设计研究　黄洁、邓莉文　家具与室内装饰
2015 年第 12 期

聚讼纷纭说《鹤铭》　罗勇来　书法　2015 年第 6 期

《绝妙好词》中三首辛弃疾的词　郝建强、孙秋玲　安徽文学（下半月）　2015 年第 7 期

"君之盛德"——试析文同、李衎、吴镇"纡竹图"中的文人精神　郑茜　美与时代（中）
2015 年第 12 期

"君子有党"论的发展与终结——再论道统与政统合一的士人理想　王处辉、刘肇阳　孔子
研究　2015 年第 6 期

《郡斋读书志》与宋代政治文化　黄静　石河子大学学报（哲学社会科学版）　2015 年第
5 期

《郡斋读书志》与文学批评　吴承学、黄静　华东师范大学学报（哲学社会科学版）　2015
年第 1 期

K

开创闽学的先驱——游酢——兼析程门立雪典故之由来　游正劼　福建史志 2015 年第
6 期

开放性的《皇朝文鉴》及其背后的学术之争——兼与《古文关键》编选的比较　叶文举　浙
江师范大学学报（社会科学版）　2015 年第 5 期

看民族文化交流对宋代服饰演变的影响　李咏　兰台世界　2015 年第 18 期

看似寻常最奇崛——解读王安石几首七言绝句　赵云长　边疆经济与文化　2015 年第
2 期

看司马光的"道"中之理　中国工会财会　2015 年第 2 期

康熙圣裁下的朱子《易》学和算学　简承禾　新亚学报　2015 年第 32　期

空间诗学：回归文学生命意义现场——以北宋陕北地区边塞诗为例樊文军　兰州学刊
2015 年第 7 期

箜篌与宋词演唱　董希平　安徽师范大学学报（人文社会科学版）　2015 年第 2 期

孔融与荀彧之辨——兼论李纲的"才性"观　王志强　温州大学学报（社会科学版）　2015
年第 4 期

"孔颜乐处"对谪居黄州的苏轼的影响　蒲兵　陕西学前师范学院学报　2015 年第 2 期

孔子弟子宰予与《左传》阚止为一人辨——兼谈苏轼《史评·宰我不叛》并没否定阚止是宰予　阚景忠　孔子研究　2015 年第 5 期

寇母遗画教子　尹晴　中国招标　2015 年第 27 期

寇准的"不学无术"　王爱军　思维与智慧　2015 年第 9 期

寇准还乡　葛连丰　戏剧文学　2015 年第 11 期

苦难与道义的博弈——论宋代南渡时期贬谪诗人的创作　顾友泽、陈媛媛　聊城大学学报（社会科学版）　2015 年第 1 期

快乐，拥有，命名——对北宋文化史的反思（上）　宇文所安、卞东波　古典文学知识　2015 年第 1 期

况周颐对晏欧三家词的批评与传播脞说　顾宝林　井冈山大学学报（社会科学版）　2015 年第 4 期

<h2 style="text-align:center">L</h2>

栏杆拍遍　英雄登楼：——品读辛弃疾《水龙吟·登建康赏心亭》　叶嘉莹、汪梦川　人民日报　2015 年 3 月 17 日第 24 版

"郎中"医生义的源起与"映"之释义　魏耕原　学术研究　2015 年第 4 期

"老杜后始有后山"——陈师道学杜略论　郑永晓　杜甫研究学刊　2015 年第 1 期

乐梳史料溯本探流　评经典推陈出新——评刘相雨主编《宋元话本学术档案》　李永　潍坊学院学报　2015 年第 5 期

狸猫换太子故事的演变及文化意蕴　王林飞　天中学刊　2015 年第 1 期

礼仪与风俗：宋代男子簪花述略　张敏　濮阳职业技术学院学报　2015 年第 1 期

李、陆酒诗比较论　王征　濮阳职业技术学院学报　2015 年第 1 期

李白与苏轼豪放之区别　关茂　武汉工程职业技术学院学报　2015 年第 1 期

李成绘画艺术探究　孙航　管子学刊　2015 年第 2 期

李二曲"心体"论诸说——从对朱子理学与阳明心学的融摄说起　常新　中国哲学史　2015 年第 2 期

李纲文艺思想述论　于广杰　内蒙古大学学报（哲学社会科学版）　2015 年第 1 期

李公麟《免胄图》的用线特色　卜燕翔　美与时代（中）　2015 年第 6 期

李公麟《西岳降灵图》有关著录研究　吴津津　艺术探索　2015 年第 4 期

李靓非孟动因再探　郭畑　孔子研究　2015 年第 6 期

李鹤田临安之行与相关诗作的考察　李成晴　北京社会科学　2015 年第 6 期

李清照《金石录后序》释疑　钱建状　文学遗产　2015 年第 6 期

李清照别是一家的词论　娄雅楠　安徽文学（下半月）　2015 年第 9 期

李清照产生之文化背景管窥　李燕、杨晶茹　凯里学院学报　2015 年第 5 期

李清照词的美学风格研究　赵旭杰　齐鲁师范学院学报　2015 年第 2 期

李清照词风研究与赏析　罗浩　佳木斯职业学院学报　2015 年第 4 期

李清照词中"觉醒"的愁　牛苗苗　邢台学院学报　2015 年第 2 期

李清照的《声声慢》赏析　韩丽卫　教育实践与研究（B）　2015 年第 5 期

李清照的崇拜现象及其文化阐释　雷艳平　湖南第一师范学院学报　2015 年第 6 期

李清照南渡前后的词风差异　郭冬梅　包头职业技术学院学报　2015 年第 1 期

李清照南渡前所处的文化环境分析　李星　厦门广播电视大学学报　2015 年第 2 期

李清照诗词创作观再解读　张亮　职大学报　2015 年第 6 期

李清照作品中的清新婉约与离别之愁　齐海棠　语文建设　2015 年第 23 期

李晬光的苏轼哲学批判　邹志远　东疆学刊　2015 年第 3 期

李唐《采薇图》缉本设色　卢辅圣　书法　2015 年第 5 期

李退溪对朱熹的性情论的阐发　张品端　武夷学院学报　2015 年第 4 期

李煜词和晏殊词中的落花意象比较　阮崇友　文学教育（下）　2015 年第 2 期

李煜词在宋元明清的接受　沈思华　湖北第二师范学院学报　2015 年第 11 期。

李之仪诗学思想在东坡与江西诗派之间的桥梁意义　董晨　文艺评论　2015 年第 2 期

理学背景下的春秋断案——胡安国《春秋传》的伦理观念与情境分析　王沁凌　道德与文
　　明　2015 年第 3 期

《理学纲要》中的朱陆异同　刘倩　岳阳职业技术学院学报　2015 年第 2 期

理学话语体系的构建——朱熹的语录编纂　程得中　兰台世界　2015 年第 10 期

理学开新:《近思录》的编纂及其内在逻辑理念　路新生　华东师范大学学报（哲学社会科
　　学版）　2015 年第 6 期

理学美学视域下朱熹的文艺批评观探究　刘桂荣　西北大学学报（哲学社会科学版）
　　2015 年第 6 期

理学视域中的朱熹诗论及诗教价值取向　程荣　合肥学院学报（社会科学版）　2015 年第
　　1 期

理学自然观对宋代绘画美学的影响　苏畅　美苑　2015 年第 1 期

历代《清明上河图》的绘画特色　杜敏　科教文汇（下旬刊）　2015 年第 10 期

历代书画家的赤壁情怀——苏轼《赤壁赋》在书画中的接受　张克锋　中原文化研究
　　2015 年第 3 期

历史千年的尘封——《中国定窑》编辑手记　张静　中国美术　2015 年第 2 期

历史世界是如何可能的——环绕余英时《朱熹的历史世界》之思考　徐波　清华大学学报
　　（哲学社会科学版）　2015 年第 3 期

立诚·主静·超越——论周敦颐以"诚"立极、出入佛老的文化创新思想　李佩桦　法音
　　2015 年第 1 期

丽末鲜初朱子学在韩国的传播　洪军　史林　2015 年第 6 期

"例分八字"考释　陈锐　政法论坛　2015 年第 2 期

例谈苏轼贬谪词中的品格教育　王惠梅　文学教育（上）　2015 年第 2 期

濂溪家学源流远　一脉清风育贤良　杨逸、郑焱璐、周浩发　南方日报　2015 年 8 月 26 日
　　第 A18 版

梁楷写意人物画风格的禅宗美学解读　孟宪伟　四川戏剧　2015 年第 2 期

"良知"在朱熹理学和阳明心学中的内涵表达　刘博　内蒙古农业大学学报（社会科学版）
　　2015 年第 4 期

两岸朱子文化协同发展的哲学思考　朱人求　朱子文化　2015 年第 5 期

两首赤壁怀古咏史的背后　李工　书屋　2015 年第 6 期

两宋茶文化流变初识　郭韵洁　寻根　2015 年第 1 期

两宋垂钓词的思想意蕴及其艺术特色　张翠爱　淮海工学院学报（人文社会科学版）

2015 年第 12 期

两宋东阳进士与文学 陈凯 兰州文理学院学报（社会科学版） 2015 年第 2 期

两宋绘画风格传承之时空流变 何鑫、潘杨 大众文艺 2015 年第 7 期

两宋江南运河入江口澳闸系统研究 刘建国、王克飞 东南文化 2015 年第 3 期

两宋理学家文道观念及其诗学实践研究的历史视阈与当下价值 王培友 中国文化研究
2015 年第 4 期

两宋闽地词坛松散性探析 徐辰 阜阳职业技术学院学报 2015 年第 4 期

两宋时期扇面书画艺术的发展状况 钟涛 大舞台 2015 年第 6 期

两宋书画收藏活动探析——以宋人笔记小说为中心考察 孙垂利 西北美术 2015 年第
2 期

两宋宴饮词的思想意蕴及其艺术特色 张翠爱 湖南科技学院学报 2015 年 12 期

两宋咏竹赋述论 彭庭松 黑河学刊 2015 年第 12 期

两宋之际信阳茶的发展与历史启发 张清改 农业考古 2015 年第 2 期

两宋之际政治与王安石新学流变 范建文 南昌大学学报（人文社会科学版） 2015 年第
6 期

两宋之交的几位文人画家山水画笔墨形态详解 梁锋 美与时代（下） 2015 年第 1 期

两宋之交院画的风格之变：李唐之生平及其作品考 冯鸣阳 中国美术 2015 年第 1 期

两宋宗师 画坛巨擘——李唐的绘画艺术 李林 美术大观 2015 年第 11 期

"两样鬼神"何以"不是二事"——论朱熹鬼神观兼及江户儒者的质疑 傅锡洪 杭州师范
大学学报（社会科学版） 2015 年第 3 期

林逋的绘画史意义——以宋、元墨梅诗画创作为中心 李开林 兰州文理学院学报（社会
科学版） 2015 年第 5 期

林希逸的佛教观 王晚霞 南昌大学学报（人文社会科学版） 2015 年第 3 期

林希逸的文学思想 王晚霞 福州大学学报（哲学社会科学版） 2015 年第 4 期

林哲学视域与罗光的朱子学研究 王秋 哲学与文化 2015 年第 7 期

《麟台故事》及其图书馆学思想研究 何玉玲、胡凤娥 兰台世界 2015 年第 33 期

灵魂的纠结与脱化：秦观流寓雷州的文学创作与心路历程 邓建 中国社会科学报 2015
年 1 月 30 日第 B2 版

刘蕺山"形上形下"思想探析——以朱子哲学加以参照 张竞茶 中国文学研究 2015 年
第 40 期

刘克庄"洛社"及其"耆英"观念探微 庞明启 宁波大学学报（人文科学版） 2015 年第
5 期

刘克庄《后村诗话》对梅尧臣诗歌的批评与接受 孙盼盼 湖北文理学院学报 2015 年第
9 期

刘猛将军庙与阜阳"刘公祠"比较研究 龚光明、刘杏梅 阜阳师范学院学报（社会科学版）
2015 年第 4 期

刘勰《文心雕龙》的辨体理论体系——兼论其辨体观的开创意义和深远影响 任竞泽 学
术论坛 2015 年第 6 期

刘壎对江西诗学精神的继承与提升 崔花艳 文艺评论 2015 年第 4 期

刘知几对欧阳修小说观念及小说创作的影响——兼论文史互渗表象下求其"雅正"的内在

　　　理路　吕海龙　文艺评论　2015 年第 10 期

刘智与朱熹人性论比较研究　马多勇　回族研究　2015 年第 1 期

刘子翚的生平思想及其对朱熹的影响　王利民　江西师范大学学报（哲学社会科学版）
　　　2015 年第 6 期

刘子翚的生平思想及其对朱熹的影响　王利民　江西师范大学学报（哲学社会科学版）
　　　2015 年第 6 期

刘宗周"慎独"思想对周敦颐思想的继承与发越　张慕良　学术探索　2015 年第 4 期

"留余"思想及其当代社会价值　陈璐　河南社会科学　2015 年第 6 期

"留余"随想　刘建明　江南论坛　2015 年第 5 期

流寓生活与文化变迁：宋末元初出峡避乱的巴蜀士人　唐春生　湖北民族学院学报（哲学
　　　社会科学版）　2015 年第 3 期

《柳岸远山图》　马远　老年教育（书画艺术）　2015 年第 11 期

柳苏词风关系新探　牛振　时代文学（下半月）　2015 年第 7 期

柳永、周邦彦以叙事为骨的抒情方式　周淑婷　河池学院学报　2015 年第 1 期

柳永"夜"词探幽　戴明月　扬州教育学院学报　2015 年第 1 期

柳永词的"承平气象"　陈未鹏　福建理论学习　2015 年第 10 期

柳永词的语言风格及女性形象探析　陈英　才智　2015 年第 21 期

柳永词在宋代的传播与经典化　夏明宇　中国韵文学刊　2015 年第 4 期

柳永与晏殊词中女性形象之比较　瞿小枝　韶关学院学报　2015 年第 7 期

柳州宋代宗教题材摩崖石刻研究　潘晓军　黑龙江史志　2015 年第 3 期

柳州词派与词坛中兴　沈松勤　中华文史论丛　2015 年第 4 期

柳宗元何以是理学前驱？　谢红　中国社会科学报　2015 年 10 月 15 日第 9 版

柳宗元文集的传播与理学士群对其接受——以宋代文集序跋为视角　梅华　文艺评论
　　　2015 年第 12 期

六一清风今不孤——苏轼书写《醉翁亭记》的时空背景考察　汤威、陈振耀　寻根　2015 年
　　　第 6 期

楼钥近体诗拗救初探　刘彦　汉字文化　2015 年第 5 期

《庐山太平兴国宫采访真君事实》与《太平宫志》考　杜玉玲　九江学院学报（社会科学版）
　　　2015 年第 2 期

卢祖皋词浅论　王惠琇　吕梁学院学报　2015 年第 5 期

陆九渊仁说的内涵与特质　向世陵　湖北大学学报（哲学社会科学版）　2015 年第 6 期

陆九渊心学理论与立志教育　刘霞　当代教育与文化　2015 年第 2 期

陆九渊学说被称作"心学"之历史过程考　邓国坤、周炽成　佛山科学技术学院学报（社会
　　　科学版）　2015 年第 2 期

陆九渊哲学新考——陆九渊是否为"心学"思想家？　中岛谅　江南大学学报（人文社会科
　　　学版）　2015 年第 3 期

陆九渊之"理学"——兼论"心学"话语对陆学的遮蔽　郭瑛、周炽成　宜宾学院学报　2015
　　　年第 5 期

陆氏家学与渭南文章　张兴武　杭州师范大学学报（社会科学版）　2015 年第 3 期

陆游　养生之法入诗行　颖子　内蒙古林业　2015 年第 1 期

陆游"国初尚《文选》"的历史考察　张明华　铜仁学院学报　2015 年第 5 期

陆游"镜湖"诗歌的生态图景及现代启示　何金梅、俞碧怡　绍兴文理学院学报(哲学社会
　　科学)　2015 年第 6 期

陆游《剑门道中遇微雨》细读:兼论剑门的"地方"意义　张仲裁　贵州师范大学学报(社会
　　科学版)　2015 年第 6 期

陆游《清商怨·兼萌驿作》新解　姚大勇　古典文学知识　2015 年第 6 期

陆游藏书活动研究　钱素芳　山东图书馆学刊　2015 年第 4 期

陆游草书研究　秦金根　中国国家博物馆馆刊　2015 年第 11 期

陆游的蜀道之旅及其影响　梁中效　陕西理工学院学报(社会科学版)　2015 年第 1 期

陆游的养生之道　刘广荣　中国对外贸易　2015 年第 3 期

陆游对宋诗的拾遗　张福勋　绍兴文理学院学报(哲学社会科学)　2015 年第 1 期

陆游疾病诗论析　黄林蒙　安庆师范学院学报(社会科学版)　2015 年第 1 期

陆游诗中的"书生"形象与心态折射　阮娟　文艺评论　2015 年第 4 期

陆游书法鉴赏　张国宏　秘书　2015 年第 3 期

陆游咏屐　全岳　西部皮革　2015 年第 13 期

陆游与建瓯的锥栗文化　苏祖荣　福建林业　2015 年第 5 期

陆游在闽时的海洋游历与台湾诗缘　廖一瑾　福州大学学报(哲学社会科学版)　2015 年
　　第 6 期

陆游追忆从戎南郑诗的创作类型　林啸　陕西理工学院学报(社会科学版)　2015 年第
　　4 期

论"民胞物与"的佛教思想渊源　姚婷婷　重庆科技学院学报(社会科学版)　2015 年第
　　8 期

论"诚斋体"中的饮食题材　陈洪、冯军赫　吉林师范大学学报(人文社会科学版)　2015
　　年第 5 期

论"小东坡"唐庚的古文主张　李厚琼,王建平　中国文学研究　2015 年第 3 期

论"赵佶"的工笔花鸟画　郑洁　现代交际　2015 年第 3 期

论《吹剑录》的诗学主张　吴志飞　吉林广播电视大学学报　2015 年第 1 期

论《江城子》中透析出的苏轼词风　安淑春、林铭祖　中国市场　2015 年第 44 期

论《吕氏家塾读诗记》诗史互证的经学特点及其成因——兼论婺学尊古重史的学术传统
　　于淑娟　浙江学刊　2015 年第 1 期

论《青琐高议》中传奇之心理描写　胡晓阳　绥化学院学报　2015 年第 2 期

论《清明上河图》中历史虚无主义的价值探索　仲芷萱　艺术科技　2015 年第 12 期

论《尚书·洪范》的政治哲学及其在汉宋的诠释　丁四新　广西大学学报(哲学社会科学
　　版)　2015 年第 2 期

论《坦庵词》的"萧散气"与"富贵气"——兼论《坦庵词》"陆游风"问题　程诚　名作欣赏
　　2015 年第 23 期

论《小山词》的追忆手法　陈芯芸　荆楚学术　2015 年第 3 期

论《夷坚志》在明清的文本传播　孙世家　浙江万里学院学报　2015 年第 1 期

《论语说》研究　宫云维、洪兴祖　《历史文献研究》(第 35 辑)　华东师大出版社　2015
　　年 10 月

论《朱程问答》的编纂、影响与考订作用　史甄陶　台大中文学报　2015 年第 50 期

论北宋初期散文理论与创作的矛盾　王通　鸡西大学学报　2015 年 12 期

论北宋初期散文理论与创作的矛盾　王通　玉溪师范学院学报　2015 年 12 期

论北宋孔武仲的散文创作　郭超　安阳师范学院学报　2015 年第 1 期

论北宋理学家的庭园山水境界　程磊　海南大学学报(人文社会科学版)　2015 年第 1 期

论北宋前中期唱和乐府诗的特点　陈瑞娟　兰台世界　2015 年第 27 期

论北宋诗学典范的选择及其得失——以杜甫为例　祝尚书　北京大学学报(哲学社会科学版)　2015 年第 5 期

论北宋图书编校活动的特点　施建平　成都师范学院学报　2015 年第 4 期

论北宋之后学界对"兴辞"的三大误解　韩国良　西华师范大学学报　2015 年第 3 期

论汴京是中国戏剧的发祥地　程民生　中原文化研究　2015 年第 5 期

论蔡襄诗歌与其书法创作之关系　郭俐兵　文化遗产　2015 年第 5 期

论曹南冥的"主敬"工夫及其特色兼论曹南冥"主敬"工夫　的横渠学渊源　林乐昌　南昌大学学报(人文社会科学版)　2015 年第 5 期

论程颢仁学的生态意蕴　李永富、王新春　中国哲学史　2015 年第 1 期

论程颐"冲漠无朕"句中的"理气""虚气"两种面向　彭荣　孔子研究　2015 年第 6 期

论程颐的"循理之乐"——寻"孔颜乐处"的生态价值取向　洪梅　齐鲁学刊　2015 年第 4 期

论道教五岳神与国家祭祀五岳神的首次完整交融——以北宋五岳观为中心　刘兴顺　泰山学院学报　2015 年第 2 期

论丁若镛"推移说"与汉宋易学^兼论朱熹、毛奇龄推移说对丁若镛的影响　林忠军　周易研究　2015 年第 3 期

论金代文人王若虚对苏轼文学思想的审美接受　于敏　赤峰学院学报(汉文哲学社会科学版)　2015 年第 4 期

论考赋"取人以言"的批评意义　许结　文学遗产　2015 年第 1 期

论李公麟《西岳降灵图》传本中的牛车与画作年代——从沈从文先生的研究说起　吴津津　美与时代(中)　2015 年第 7 期

论李清照词的玉性特质　王莎莎　甘肃广播电视大学学报　2015 年第 1 期

论李清照词中的女性形象　徐静　辽宁广播电视大学学报　2015 年第 4 期

论李清照的女性主体意识及其悲剧性命运　郭萍倩、张亚锋、张淑英　牡丹江大学学报　2015 年第 7 期

论李清照酒词的情感内涵与特色　孙力　语文建设　2015 年第 36 期

论李商隐梦诗与晏几道梦词的异同　张娜　名作欣赏　2015 年第 20 期

论理雅各对朱熹《诗》学的接受　董娟　孔子研究　2015 年第 2 期

论两宋时期的人物品评谣谚　赵瑶丹、赵芬芬　江西社会科学　2015 年第 7 期

论两宋时期文学作品的域外传播　谭新红、柯贞金　福州大学学报(哲学社会科学版)　2015 年第 2 期

论林逋词的真性情　刘艳峰　甘肃高师学报　2015 年第 3 期

论林栗易学销沉之原由——从与朱熹之歧异进行开展　陈睿宏　政大中文学报　2015 年第 23 期

论刘克庄词对杜诗的接受　单芳　宁夏师范学院学报　2015 年第 4 期

论柳开诗文中的复古意识　任娟　吕梁学院学报　2015 年第 6 期

论陆九渊心学与孟子心性思想之关系——陆九渊"读《孟子》而自得之"释读　高建立　河南师范大学学报(哲学社会科学版)　2015 年第 1 期

论陆游"沈园"诗　王方钊　吉林广播电视大学学报　2015 年第 8 期

论陆游《入蜀记》中的诗情画意与爱国情怀　王安琪　延边教育学院学报　2015 年第 3 期

论陆游巴蜀诗及其诗歌嬗变　申东城　中华文化论坛　2015 年第 7 期

论陆游的七言绝句　陶文鹏　绍兴文理学院学报(哲学社会科学)　2015 年第 6 期

论陆游的仕隐心态与词作主体风格形成之关系　徐拥军　广东技术师范学院学报　2015 年第 9 期

论陆游对儒家诗学精神的实践　莫砺锋　学术月刊　2015 年第 8 期

论陆游蜀中诗的主题情感　于巧　广州广播电视大学学报　2015 年第 5 期

论陆游与杨万里对王安石诗艺与变法的扬弃　丁沂璐　鸡西大学学报　2015 年第 3 期

论罗从彦"君子寡欲"的当代意义　杜文霞、罗小平　朱子文化　2015 年第 5 期

论吕大临《考古图》对先秦青铜器的定名　姚草鲜　文物春秋　2015 年第 3 期

论梅溪词与竹屋词风格之异同　王镝　长春师范大学学报　2015 年第 1 期

论梅尧臣的地域风俗类诗歌　李娟　南京师范大学文学院学报　2015 年第 1 期

论梅尧臣诗歌的体裁选择　胡传志、汪婉婷　安徽师范大学学报(人文社会科学版)　2015 年第 5 期

论孟浩然诗歌对宋诗宋词创作的影响　刘扬忠　铜仁学院学报　2015 年第 3 期

论梦窗词的华丽美　李珊　名作欣赏　2015 年第 12 期

论米芾"入人"的书法批评观　刘元良　重庆科技学院学报(社会科学版)　2015 年第 6 期

论米芾书法思想中的崇古观念　徐炜宇　美与时代(下旬)　2015 年第 10 期

论南宋"以禅喻诗"视域中诗学旨趣的嬗变　李栋辉　兰州学刊　2015 年第 3 期

论南宋临安书商陈起的编辑力　雒健晴、缪亚敏、裴苒迪　编辑学刊　2015 年第 2 期

论南宋诗词创作宗法《文选》诗的特点　周翡　名作欣赏　2015 年第 23 期

论南宋王质《诗总闻》的创作动因　黄丹丹　鲁东大学学报(哲学社会科学版)　2015 年第 1 期

论南宋文人对叶适散文的评价　陈光锐　宜春学院学报　2015 年第 4 期

论南宋音乐文化的世俗化特征及其历史定位　王菲菲　历史文献研究(35 辑)　2015 年 6 月

论欧阳修"学书为乐"美学思想及其当代价值　刘於清　厦门广播电视大学学报　2015 年第 4 期

论欧阳修《诗本义》解《诗》本义之不足　程建　重庆理工大学学报(社会科学)　2015 年第 3 期

论欧阳修的天人观　杨元超　廊坊师范学院学报(社会科学版)　2015 年第 6 期

论欧阳修的物质生活与文学创作　孙宗英　浙江学刊　2015 年第 3 期

论欧阳修亭记文的由"记"到"论"　刘城、马丽君　中州大学学报　2015 年第 3 期

论欧阳修文学批评的象喻特色　潘殊闲　古代文学理论研究第 40 辑——中国文论　2015 年 11 月

论欧阳修以"人情"解《诗》对讽喻诠释传统的突破　梁丹丹　中国比较文学　2015 年第 2 期

论钱穆的宋学观与清代学术研究的互动关联　张舒　政治思想史　2015 年第 4 期

论钱钟书的宋诗观念及其对梅尧臣诗歌的批评接受　孙盼盼　景德镇学院学报　2015 年第 4 期

论秦观"女郎诗"之美　曹书辉　忻州师范学院学报　2015 年第 3 期

论秦观词风的转变　薛正新　宁夏大学学报(人文社会科学版)　2015 年第 3 期

论青年朱熹对"心"的理解——以《延平答问》中的讨论为中心　胡泉雨、魏文山　朱子文化 2015 年第 4 期

论清初文坛对宋代《沧浪诗话》的反拨——以冯班《严氏纠缪》为例　周小艳　宋史研究论 丛(第 17 辑)　河北大学出版社　2015 年 12 月

论庆历学风下李觏经世之学的双重视域　盛应文　学术探索　2015 年第 6 期

论人性本善及恶自何来——朱子人性论诠释　王瑞良　人民论坛　2015 年第 35 期

论儒家道德本体构建的三次演进　潘攀　绵阳师范学院学报　2015 年第 9 期

论儒学朱子学对伏尔泰的影响　程利田　朱子文化　2015 年第 5 期

论儒之理学与心学和中国绘画的内在关联　王文娟　美术研究　2015 年第 5 期

论邵雍"观物论"与艺术审美和表现的关系　邵珠春　吉林艺术学院学报　2015 年第 6 期

论司马光的"独乐"精神——司马光"独乐园"诗文的文化解读　向有强　湖北民族学院学 报(哲学社会科学版)　2015 年第 2 期

论司马光及其《资治通鉴》对中国传记文学史的贡献　俞健萌　荆楚理工学院学报　2015 年第 1 期

论四书章句集注对圣贤授受语境的承继与开展　陈志信　第八届中国经学国际学术研讨会 论文选集　台北:万卷楼图书股份有限公司　2015 年 3 月

论宋初白体七律诗风的演变　张立荣　文史哲　2015 年第 6 期

论宋代"以才学为注"的阐释特色——以苏诗百家注为例　徐立昕　成都大学学报(社会科 学版)　2015 年第 5 期

论宋代安陆出土"曾侯钟"之乐律标铭　王子初　音乐研究　2015 年第 3 期

论宋代插花的清雅之美　王桂林　装饰　2015 年第 8 期

论宋代禅僧与士人的交游——以释晓莹《罗湖野录》和《云卧纪谈》为中心　金建锋　宜春 学院学报　2015 年第 8 期

论宋代词人的长安情结　张美丽　文艺评论　2015 年第 12 期

论宋代的蕃学教育　孙廷林　保定学院学报　2015 年第 5 期

论宋代的韩信诗评与韩信史评　虞芳芳　渭南师范学院学报　2015 年第 11 期

论宋代的科举梦兆——以《夷坚志》为中心　黄宇兰、赵瑶丹　云南社会科学　2015 年第 2 期

论宋代的驯象　李志勇、杨惠玲　乐山师范学院学报　2015 年第 11 期

论宋代的真率会及其诗词创作　庞明启　宁夏大学学报(人文社会科学版)　2015 年第 3 期

论宋代帝王宗教政策之形成背景　徐星华　黑龙江史志　2015 年第 5 期

论宋代佛教律宗的传承特质　鲁海军　湖北社会科学　2015 年第 7 期

论宋代服饰中"儒雅"之风及其审美成因　张玉清、巩玉兰　兰台世界　2015 年第 3 期

论宋代工笔花鸟小品画的艺术特色　邓健铭　大众文艺2015 年第 8 期

论宋代闺阁词人代表　雷艳平　衡阳师范学院学报　2015 年第 5 期

论宋代湖湘音乐文化的价值形塑与艺术表达　赵小平、曹玲玉　广西师范大学学报(哲学社会科学版)　2015 年第 5 期

论宋代绘画的再现性与超再现性　石咪咪　美苑　2015 年第 3 期

论宋代绘画中的家居文化　李杰、潘红莲　兰台世界　2015 年第 6 期

论宋代记叙性题跋的文学特征和艺术技巧　王晓骊　南京师范大学文学院学报　2015 年第 3 期

论宋代家具美学特色——"富贵气象"　韩延兵　家具与室内装饰　2015 年第 10 期

论宋代民间出版的特色及其影响——以福建建阳民间出版为例　金雷磊　武夷学院学报　2015 年第 17 期

论宋代墨竹墨梅兴起的缘由　陈艾　黑龙江史志　2015 年第 1 期

论宋代女子的相扑运动　张婷、华景梅、赵扬　东北史地　2015 年第 6 期

论宋代儒家思想的政治教育功用　周雪梅、李名地、李晓凤、刘春燕　兰台世界　2015 年第 9 期

论宋代三家"诗评"的审美特征　刘璟睿　戏剧之家　2015 年第 8 期

论宋代山水画中人与自然的关系　朱月琳　湖北师范学院学报(哲学社会科学版)　2015 年第 3 期

论宋代诗词中的体育活动语言描写　叶向东　语文建设　2015 年第 8 期

论宋代书法的"达意"与"真趣"　赵方　美与时代(下)　2015 年第 5 期

论宋代书院对社会教化的作用及其影响　赵晓乐、赵博　兰台世界　2015 年第 36 期

论宋代水墨山水画之"清"的美学特征　郝文婷、孙敬　美与时代(中)　2015 年第 4 期

论宋代题跋的学术特征　王晓骊　江西师范大学学报(哲学社会科学版)　2015 年第 6 期

论宋代文化之基本形态及其在中国史上之位置　戴景贤　长江学术　2015 年第 3 期

论宋代文人意趣与唐宋茶道之变　殷娜　福建茶叶　2015 年第 4 期

论宋代文人意趣与唐宋茶道之变　殷娜　中国茶叶　2015 年第 8 期

论宋代文人意趣与唐宋茶道之变　殷娜　茶叶通讯　2015 年第 3 期

论宋代文体学的核心问题:本色与破体　谷曙光　中国人民大学学报　2015 年第 3 期

论宋代文学研究中"贬宋倾向反思"的必要性　王明建　甘肃社会科学　2015 年第 6 期

论宋代文言小说的篇末议论　杨田春、赵章超　武汉理工大学学报(社会科学版)　2015 年第 3 期

论宋代小品对现代陶瓷绘画艺术的影响　赵银　陶瓷研究　2015 年第 4 期

论宋赋的滑稽艺术　刘培　中国人民大学学报　2015 年第 5 期

论宋湖田婴戏牡丹纹斗笠碗的文化内涵　罗茜　大众文艺　2015 年第 16 期

论宋徽宗的崇道与北宋后期诗坛的崇陶现象　卢晓辉　南京政治学院学报　2015 年第 5 期

论宋人笔记舛误的四大成因　夏东锋　求索　2015 年第 7 期

论宋人对杜牧诗歌的消解　刘京臣　铜仁学院学报　2015 年第 6 期

论宋人婚书的文体形态与文学性　邬志伟　暨南学报(哲学社会科学版)　2015 年第 8 期

论宋人同题文章与师门文学交流、传播　汪超　兰州学刊　2015 年第 11 期

论宋诗意象的人文倾向——以"书灯"意蕴解读为中心　俞婷婷　西安文理学院学报（社会
　　科学版）　2015 年第 3 期

论宋诗中的黄粱意象　吴冰　邢台学院学报　2015 年第 4 期

论宋型文化视阈下的宋代文体学　谷曙光　江淮论坛　2015 年第 3 期

论苏门文人画论及其诗画情怀　徐海容　文艺评论　2015 年第 10 期

论苏轼《江城子·记梦》经典化的古今差异　杨丽花　名作欣赏　2015 年第 26 期

论苏轼贬谪诗文中天命观的变化　黄小珠　甘肃社会科学　2015 年第 3 期

论苏轼词中的隐逸思想　辛欣　语文教学通讯·D 刊（学术刊）　2015 年第 9 期

论苏轼词中之"气"　关茂　长治学院学报　2015 年第 1 期

论苏轼的哀祭文　林尔　浙江师范大学学报（社会科学版）　2015 年第 1 期

论苏轼的主导词风及其成因　关茂　甘肃广播电视大学学报　2015 年第 4 期

论苏轼的奏议文章　邹东凛、范敏　秘书　2015 年第 1 期

论苏轼对韩国古代和陶文学的影响——以申钦《和陶饮酒二十首》为例　卢文倩　潍坊工
　　程职业学院学报　2015 年第 4 期

论苏轼对宋高宗朝贬谪诗人的影响　连国义　内蒙古大学学报（哲学社会科学版）　2015
　　年第 2 期

论苏轼对西昆体的接受　段莉萍　西南民族大学学报（人文社科版）　2015 年第 8 期

论苏轼黄州农事诗的百姓情怀　乔云峰　乐山师范学院学报　2015 年第 11 期

论苏轼离别诗的叙事特征　郭天骄　名作欣赏　2015 年第 29 期

论苏轼密州诗词中的"狂"　王晓磊　潍坊学院学报　2015 年第 3 期

论苏轼墓志铭创作构思的新巧　王亚　临沧师范高等专科学校学报　2015 年第 1 期

论苏轼诗词间的文体分工意识　彭文良　内江师范学院学报　2015 年第 9 期

论苏轼诗词中的语言含义与归隐研究　梁金凤　语文建设　2015 年第 11 期

论苏轼诗中的农具意象　罗郝林　太原师范学院学报（社会科学版）　2015 年第 4 期

论苏轼书法的"尚意"精神　韦可　旅游纵览（下半月）　2015 年第 6 期

论苏轼易学与王弼易学之同异　史少博　天中学刊　2015 年第 2 期

论苏轼早期"山水游宦"中的山水诗心与勇儒人格　程磊　西南民族大学学报（人文社科
　　版）　2015 年第 6 期

论苏轼谪居海南期间及北归后的书法创作　刘亮、徐莹　名作欣赏　2015 年第 21 期

论苏轼自嘲的"不合时宜"对其诗词创作的影响　王献峰　河南广播电视大学学报　2015
　　年第 4 期

论苏轼自省与自嘲的形成原因及影响　王娟　新西部（理论版）　2015 年第 1 期

论苏辛词风的差异　田晓丽　赤子（上中旬）　2015 年第 5 期

论苏辙的使辽诗　王文科　河南大学学报（社会科学版）　2015 年第 2 期

论孙惟信词的柳七风　伏蒙蒙　淮海工学院学报（人文社会科学版）　2015 年第 5 期

论唐代景观组诗对宋代八景诗定型化的影响　李正春　苏州大学学报（哲学社会科学版）
　　2015 年第 6 期

论唐宋词抒情主体的嬗变　张宁宁　哈尔滨学院学报　2015 第 2 期

论唐宋词中"无声"境界的审美意蕴　宋秋敏　宁夏师范学院学报　2015 年第 1 期

论唐宋文人的"长安情结"　王存弟　名作欣赏　2015 年 20 期

论陶渊明对宋代休闲词的思想影响　张翠爱　盐城工学院学报(社会科学版)　2015 年第 4 期

论王安石对韩愈文学思想的继承与发展　邓莹辉、邓艳华　三峡论坛(三峡文学·理论版) 2015 年第 3 期

论王安石对中唐诗人的接受　张培　名作欣赏　2015 年 35 期

论王安石诗的"花"意象　张晓凤　韶关学院学报　2015 年第 5 期

论王安石诗中的"松""竹"意象　张晓凤　现代语文(学术综合版)　2015 年第 8 期

论王维、苏轼山水诗的审美差异　张棉棉　名作欣赏　2015 年第 30 期

论王禹偁碑文之新变　陈为兵　齐鲁学刊　2015 年第 3 期

论王禹偁的田园诗　何艳霞　甘肃广播电视大学学报　2015 年第 2 期

论王禹偁的杂文　陈为兵　唐山师范学院学报　2015 年第 4 期

论文化生态视野下唐宋宣笔的兴衰　吴丽燕、姚丹　艺术与设计(理论)　2015 年第 9 期

论文彦博的佛教诗创作　申利　河南财政税务高等专科学校学报　2015 年第 4 期

论文彦博的散文创作理论　刘越峰　绵阳师范学院学报　2015 年第 1 期

论文彦博散文创作的特色　刘越峰　衡阳师范学院学报　2015 年第 1 期

论闻一多对陆游的崇拜和超越　李乐平、罗先友　山东社会科学　2015 年第 4 期

论象山与朱子文本所呈现之儒学宗教性　黄信二　哲学与文化　2015 年第 10 期

论辛词经常化用杜诗的原因　胡健　临沧师范高等专科学校学报　2015 年第 2 期

论辛弃疾登高词　王旭　鸡西大学学报　2015 年第 12 期

论辛弃疾对陶渊明的接受及辛化的陶渊明　王慧刚　河南社会科学　2015 年第 6 期

论辛弃疾诗歌创作的禅机灵趣　吴晟、张莹洁　上饶师范学院学报　2015 年第 5 期

论辛弃疾之词　厉益君　赤子(上中旬)　2015 年第 12 期

论薛季宣、陈傅良对理学性理的兼容　郗丙亮　温州大学学报(社会科学版)　2015 年第 2 期

论晏殊的记体文　唐红卫、李光翠　邢台学院学报　2015 年第 3 期

论晏殊的治平心态与生活情调——以《中园赋》《雪赋》为中心　陈思宇　辽东学院学报(社会科学版)　2015 年第 4 期

论杨家将故事中的女性形象　杨凡　新余学院学报　2015 年第 1 期

论杨家将演变的文化底蕴及现实意义　杨凡　牡丹江大学学报　2015 年第 2 期

论杨简心学易的建构性特征　姜颖　中州学刊　2015 年第 11 期

论杨简一本的易哲学　陈群　社会科学论坛　2015 年第 8 期

论杨万里诗歌的取景艺术　赵国艳　中国校外教育　2015 年第 2 期

论叶适的散文观　陈光锐　滁州学院学报　2015 年第 3 期

论叶燮《原诗》对梅尧臣诗歌的评点　孙盼盼　上饶师范学院学报　2015 年第 2 期

论医巫闾山文化内涵及其特点　崔向东　社会科学战线　2015 年第 2 期

论影响宋代悼亡词产生与发展的因素　王中昌　西昌学院学报(社会科学版)　2015 年第 3 期

论元曲对宋代诙谐文化的继承与发展　潘超青、涂平　戏剧艺术　2015 年第 6 期

论元杂剧包公戏对包公的塑造　李申曦　西昌学院学报(社会科学版)　2015 年第 4 期

M

密教传持与宋代民间五色线习俗的形成与发展　夏广兴、闫伟伟　华东师范大学学报（哲学社会科学版）　2015 年第 2 期

密教传持与宋代民俗风情——以宋代祈雨习俗为中心　夏广兴　民俗研究　2015 年第 1 期

密云圆悟和临济宗虎丘系的中兴　喻静　中国文化　2015 年第 2 期

密州东坡文化与超然思想　王增强　乐山师范学院学报　2015 年第 6 期

《秘书总目》略论　郑华栋　河北北方学院学报（社会科学版）　2015 年第 2 期

绵州六一堂的历史与文化意义　程宇静　国学学刊　2015 年第 2 期

"民胞物与"万物一体　余立国　学习月刊　2015 年第 21 期

民国时期从阶级分析入手的朱子学研究　乐爱国　西南民族大学学报（人文社会科学版）　2015 年第 1 期

民国时期的朱熹门人后学研究　乐爱国　南昌大学学报（人文社会科学版）　2015 年第 6 期

民国时期何炳松《程朱辨异》朱子学的阐释及创新　乐爱国　中共宁波市委党校学报　2015 年第 3 期

民国时期吕思勉《理学纲要》对朱子学的阐释及其创新　乐爱国　南京社会科学　2015 年第 4 期

民国时期吕思勉的朱子学研究　傅小凡、邹秀季　南昌大学学报（人文社会科学版）　2015 年第 2 期

民国以降词学批评视域中的南北宋之论　胡建次　中国文学研究　2015 年第 2 期

民间戏曲摭谈与评点——从民间戏曲史看宋代的南戏　姜岩　戏剧之家　2015 年第 2 期

"闽学"新议　林怡　福州大学学报（哲学社会科学版）　2015 年第 2 期

"闽学鼻祖"杨时：立志勤学，尊师重教　陈亮、余福、沙观球　福建日报　2015 年 1 月 23 日第 9 版

名士邂逅济南的诗意　丁宁　走向世界　2015 年第 51 期

《名公书判清明集》古典词汇的语用功能研究　赵雪梅　语文建设　2015 年第 21 期

"明德"与"新民"——以朱子《大学章句》为中心　王新宇　南京工程学院学报（社会科学版）　2015 年第 3 期

"明体达用"教育思想的历史变迁及其当代演绎　孙来玉、刘慧芳　湖州师范学院学报　2015 年第 12 期

《明体达用：方宗诚尊朱思想及其学术论辩》　田富美　第八届中国经学国际学术研讨会论文选集　台北：万卷楼图书股份有限公司　2015 年 3 月

明清文献中的钧窑研究　丁新义　新西部（理论版）　2015 年第 12 期

明说唱词话《新刊宋朝故事五鼠大闹东京记》考——再论"五鼠闹东京"之故事流变及其学术意义　潘建国　文学遗产　2015 年第 2 期

明体达用：方宗诚尊朱思想及其学术论辩　田富美　第八届中国经学国际学术研讨会论文选集　台北：万卷楼图书股份有限公司　2015 年 3 月

明月美酒话东坡　谢云飞　华夏酒报　2015 年 9 月 22 日第 B33 版

明州四先生对象山学说的传承与开新　万安玲、陈碧强　贵阳学院学报（社会科学版）　2015 年第 3 期

谋道从来不计身——从《陆龙图诔挽词》看苏轼的人生理念　唐瑛、周洪林　乐山师范学院学报　2015 年第 9 期

木兰陂,侠骨柔情济苍生　马可远　绍兴日报　2015 年 6 月 13 日 B12 版

目击道存·米芾　陆一中　美术报　2015 年 3 月 7 日第 14 版

N

"那人"的美——浅析《青玉案元夕》的审美意境　谭容杰　安徽文学(下半月)　2015 年第 4 期

"南夫子"林光朝述评　林珍发、林煌柏　福建史志　2015 年第 5 期

《南浦西山勒封院题记》考略　孙同德　中国书法　2015 年第 14 期

男子簪花如雨为哪般——观照宋人的审美文化心态　李春燕　新余学院学报　2015 年第 3 期

南宋　马和之　后赤壁赋图卷(局部)　中国书法　2015 年第 21 期

南宋　赵构　马和之　画豳风图卷(部分)　中国书法　2015 年第 21 期

南宋　卫星与网络　2015 年第 9 期

南宋　赵构　马和之　画豳风图卷(部分)　中国书法　2015 年第 21 期

南宋"尚书省敕赐开化寺牒碑"释读　徐歆毅　南方文物　2015 年第 4 期

南宋"甬上四先生"的《诗经》文献及其思想特质释论　范立舟　地方文化研究　2015 年第 4 期

南宋茶坊经营中音乐促销的形式与特点——对宋代"音乐经济"现象的个案解析　钱慧　交响(西安音乐学院学报)　2015 年第 3 期

南宋初期的颜氏和颜真卿评价——以《自书告身》为中心　石田肇、姚宇亮　书画世界　2015 年第 5 期

南宋初期奏议文写作特点研究　范伟、张丽丽、王靖怡　唐山学院学报　2015 年第 1 期

南宋词臣"文统"观探析——以周必大书序文为线索　许浩然　文学遗产　2015 年第 3 期

南宋词学批评中的情性论　黄海　贵州大学学报(社会科学版)　2015 年第 5 期

南宋佛教与金融司法实践　刘泳斯　世界宗教文化　2015 年第 3 期

南宋高宗朝学生策对集的发现与研究——《新刊庐陵诚斋杨万里先生锦绣策》的再认　周立志　平顶山学院学报　2015 年第 6 期

南宋宫泉"正始千秋"再说　何银铨　中国钱币　2015 年第 3 期

南宋宫廷画家陈居中研究　王照宇　荣宝斋　2015 年第 4 期

南宋宫廷画家刘松年工笔人物画艺术　李芳　兰台世界　2015 年第 18 期

南宋古文家眼中的章法来源——以《历代文话》所选南宋古文家为主　侯晓燕　名作欣赏　2015 年第 5 期

南宋古文选本中的文章学思想　张海鸥、罗婵媛　广西社会科学　2015 年第 7 期

南宋古文运动者对北宋古文运动的反思与超越——以叶适为中心考察　马茂军　华南师范大学学报(社会科学版)　2015 年第 6 期

南宋豪杰之词与才子之词题旨原型之别　周梦梦　四川职业技术学院学报　2015 年第 4 期

南宋绘画图式对宋元时期日本水墨画的影响　王莲　学术探索　2015 年第 11 期

南宋贾似道"封"字鉴藏印考索　赵利光　书法　2015 年第 8 期

女性主义视域下李清照的诗词的英译研究——以《渔家傲》和《新荷叶》为例　马宗玲　齐
　　鲁师范学院学报　2015 年第 3 期

O

瓯风社的构建与温州乡学传统的再发掘——以南宋永嘉之学与晚清孙氏家族为中心的考察
　　凌一鸣　温州职业技术学院学报　2015 年第 4 期
"欧公不好杜诗"说探论——兼及欧阳修诗的评价　孙宗英　杜甫研究学刊　2015 年第
　　1 期
欧阳修"六一"形成考论　王秀云　国学学刊　2015 年第 2 期
欧阳修《春秋》学思想考辨　侯步云　科学经济社会　2015 年第 1 期
欧阳修《郭氏族谱序》辨析——兼对顾文剖正　郭一明　寻根　2015 年第 1 期
欧阳修《集古录跋尾》所表现的书法理论观念　文师华　国学学刊　2015 年第 2 期
欧阳修《洛阳牡丹记》的成书特色和文化内涵　李光生　甘肃社会科学　2015 年第 3 期
欧阳修《秋声赋》的现实意义　黎平　沈阳日报　2015 年 9 月 7 日第 5 版
欧阳修《诗本义》学术渊源略考　陈战峰　诗经研究丛刊(第 27 辑)　2015 年 12 月
欧阳修《诗本义》以"文理"解诗小议　李梅训　诗经研究丛刊(第 27 辑)　2015 年 12 月
欧阳修《灼艾帖》赏析　老年教育(书画艺术)　2015 年第 7 期
欧阳修《醉翁亭记》的跨文本传播　李杰荣　井冈山大学学报(社会科学版)　2015 年第
　　5 期
欧阳修传世碑刻书法考　姜赵玉莲　中国书法　2015 年第 23 期
欧阳修的藏书历程　孙宗英　山东图书馆学刊　2015 年第 2 期
欧阳修的刚柔相济管理哲学　康震　人才资源开发　2015 年第 5 期
欧阳修的公文写作理论及其指导意义　刘海燕　广西师范学院学报(哲学社会科学版)
　　2015 年第 4 期
欧阳修的古今之变思想　杨元超　滁州学院学报　2015 年第 6 期
欧阳修对朝鲜朝辞赋的影响——以《醉翁亭记》《秋声赋》为例　于春海、王安琪　东疆学刊
　　2015 年第 1 期
欧阳修画论的美学贡献探析　刘菊芳　江西科技师范大学学报　2015 年第 5 期
欧阳修历史学说研究　秦文　社科纵横　2015 年第 7 期
欧阳修母亲画获教子　尹晴　现代班组　2015 年第 10 期
欧阳修散文简洁的语言风格特点及其成因探析　卓希惠　闽南师范大学学报(哲学社会科
　　学版)　2015 年第 3 期
欧阳修诗学理论疏辨　周建军　中国韵文学刊　2015 年第 3 期
欧阳修史学思想在碑志创作中的表现及其影响　王通　辽东学院学报(社会科学版)
　　2015 年第 3 期
"欧阳修人格分裂说"辨误　范卫平　南昌大学学报(人文社会科学版)　2015 年第 4 期
欧阳修与宋代戏谑诗风的兴起　崔铭　江西社会科学　2015 年第 12 期
欧阳修撰写范仲淹神道碑理念探析　仝相卿　史学月刊　2015 年第 10 期
欧阳修《集古录跋尾》所表现的书法理论观念　文师华　国学学刊　2015 年第 2 期

P

"潘仁美"招远开金矿　李栋、张丕基　走向世界　2015 第 22 期

蓬安"来苏寨"考论　蔡东洲、刘欢欢　西华师范大学学报(哲学社会科学版)　2015 年第
　　2 期

"鹏鸠之比"与"忙闲之辨"——南宋休闲思潮中的价值观嬗变　章辉、李建萍　河北科技师
　　范学院学报(社会科学版)　2015 年第 4 期

飘来飘去:宋代绘画中的云烟隐喻　沈亚丹　文艺研究　2015 年第 3 期

品读《溪山清远图》卷　张坤　美术教育研究　2015 年第 4 期

平淡之下,悲情暗涌——梅尧臣《灵树铺夕梦》评析　龚宇　写作(上旬刊)　2015 年第
　　4 期

评《北宋开封气象编年史》　张明华　中国史研究动态　2015 年第 6 期

评断与磋商——以秦少游的三首淮南词为例　陈祖美　绍兴文理学院学报(哲学社会科
　　学)　2015 年第 6 期

评李清照的《醉花阴》　肖月梅　文学教育(下)　2015 年第 10 期

评梅尧臣诗体革新的意识　孙盼盼、任竞泽　齐齐哈尔大学学报(哲学社会科学版)　2015
　　年第 5 期

铺叙展衍备足无余——试论柳永词中的铺叙手法　陈菁华　安阳师范学院学报　2015 年
　　第 4 期

《普济本事方》珍珠丸证理论探析　李成卫、王庆国　上海中医药杂志　2015 年第 2 期

莆仙戏舞台上包公之戏谈　林春红　大众文艺　2015 年第 8 期

Q

《齐东野语》词语补释三则　刘倩　柳州师专学报　2015 年第 4 期

祈告先圣——析朱熹"告先圣"行为的特质及影响　张清江　华梵人文学报　2015 年第
　　23 期

气、性、天人之道与信息——关于张载思想的信息哲学诠释　黄萌　系统科学学报　2015
　　年第 1 期

气韵生动影响下的北宋山水　张灵修　美与时代(中)　2015 年第 9 期

气质以言性:朱熹"气质之性"概念的哲学分析　张锦波　安徽大学学报(哲学社会科学版)
　　　2015 年第 4 期

《碛砂藏》随函音义所见宋元语音　谭翠　古汉语研究　2015 年第 2 期

千古奇文——《命运赋》　花炮科技与市场　2015 年第 2 期

千古醉翁意,悠悠闲适情——也说《醉翁亭记》中"也"字的作用　黄昀　语文知识　2015
　　年第 1 期

钱穆、牟宗三对于朱熹"心统性情"的不同诠释　乐爱国　河北学刊　2015 年第 2 期

钱穆的朱子学研究　陈勇　宜宾学院学报　2015 年第 5 期

钱穆对 16—18 世纪朝鲜王朝朱子学的研究　张笑龙　齐鲁学刊　2015 年第 5 期

钱穆论朱子读书法　魏兆锋　新世纪图书馆　2015 年第 9 期

钱乙与六味地黄丸的故事　刘理想　中医健康养生　2015 年第 6 期

潜心研究宋代文学　李贵　社会科学报　2015 年 8 月 20 日第 5 版

《前赤壁赋》的艺术鉴赏　王献锋　名作欣赏　2015 年第 12 期

浅论黄庭坚的题画诗　吴炜頔　华中师范大学研究生学报　2015 年 04 期

浅论南宋院体山水画的发展过程及其特点　何卫毛　客家文博　2015 年第 1 期

浅论李清照词的艺术风格　庄宗荣　福建商业高等专科学校学报　2015 年第 6 期

浅论秦观策论文的艺术特色　仲芳　牡丹江大学学报　2015 年第 11 期

浅论宋朝书画艺术繁荣之成因　宋佳音　美与时代（下）　2015 年第 12 期

浅论宋人山水小品的艺术特点　李彦　艺术教育　2015 年

浅论苏轼与禅　李开慧　戏剧之家　2015 年第 16 期

浅论朱熹的书法面貌和书法观　徐蒙、张志攀　戏剧之家　2015 年第 11 期

浅论朱熹伦理思想对当代中国道德建设的借鉴意义　王荣　中共南昌市委党校学报　2015
　　年第 6 期

浅释苏轼音乐美学之精髓——旷达、人文、自然　白海燕　兰台世界　2015 年第 33 期

浅说宋代铜镜的特点和收藏　张满胜　中国文物报　2015 年 6 月 2 日第 7 版

浅谈《大学章句》中的修身之道　卓小青　求知导刊　2015 年第 1 期

浅谈北宋绘画　范安翔　大众文艺　2015 年第 21 期

浅谈北宋三孔的史论　杨兴良　中国校外教育　2015 年第 14 期

浅谈北宋医家对脾胃病证发展的贡献　郝军、郝纪蓉、严世芸　河南中医　2015 年第 10 期

浅谈蔡襄书法的意义　蔡瑞勇　吉林广播电视大学学报　2015 年第 1 期

浅谈景德镇窑影青瓷之美　赵童　收藏界　2015 年第 4 期

浅谈李清照词的艺术特色　闫保萍　国家教师科研专项基金科研成果（汉字文化卷）
　　2015 年 9 月

浅谈两宋文学繁荣的原因　刘艺龙　黑龙江史志　2015 年第 13 期

浅谈陆游诗词中的几个意象　冯素芳　科技经济市场　2015 年第 2 期

浅谈米芾及其书法　李惠敏　大众文艺　2015 年第 3 期

浅谈司马光的史学思想　张慧　黑龙江史志　2015 年第 3 期

浅谈宋代风俗人物画的发展及其特点　许兴兴　美与时代（中）　2015 年第 5 期

浅谈宋代郭熙山水画的艺术特点　迟巧凤　美术教育研究　2015 年第 17 期

浅谈宋代花鸟画的美学表现　文琦琪　美术教育研究　2015 年第 6 期

浅谈宋代绘画中的饮茶文化　陈晨　大匠之门 9　2015 年 12 月

浅谈宋代青瓷与审美文化　郑晓杨　名作欣赏　2015 年第 35 期

浅谈宋代室内陈设理念　崔渊　艺术教育　2015 年第 9 期

浅谈宋代院体画的构图　丰硕　美术教育研究　2015 年第 1 期

浅谈苏轼的三国词　李晓冬　阜阳职业技术学院学报　2015 年第 2 期

浅谈苏轼的修辞观　叶映瑶　洛阳理工学院学报（社会科学版）　2015 年第 4 期

浅谈苏轼的医学贡献　岳宗相、谢晓龙、易琼、周建国、谢春光　河南中医　2015 年第 1 期

浅谈苏轼与佛　马莉　才智　2015 年第 19 期

浅谈辛弃疾的悲剧性　刘晓慧　赤峰学院学报（汉文哲学社会科学版）　2015 年第 3 期

浅谈徐铉《萧庶子诗序》中的诗学观念　许慧　大众文艺　2015 年第 14 期

浅谈晏几道词中的楼意象　杨萍萍　文学教育（下）　2015 年第 9 期

浅谈杨辉三角的教育价值　李泽金　同行　2015 年 10 月（上）

浅谈郑樵之"假借"观　崔新　长春教育学院学报　2015 年第 8 期

浅谈朱熹的理学思想与客家人的"天理、良心"道德观　王必金　朱子文化　2015 年第 1 期

浅析"弱美"的美学风格——《声声慢》和《菩萨蛮》之比较 刘欢 美与时代(下) 2015 年
    11 期

浅析《朱子家训》家庭伦理道德教育对现代社会的启示 陈天洁、曹顺仙 中外企业家
    2015 年第 25 期

浅析《备急灸法》之学术思想 张昕、李洪亮、胡晓英、周国平 中国中医急症 2015 年第
    1 期

浅析《册府元龟·幕府部》的当代借鉴价值 张晟钦、钟罗庆 办公室业务 2015 年第 6 期

浅析《陈旸乐书》对古乐器研究的历史价值 郭世锦 音乐天地 2015 年第 3 期

浅析《梦溪笔谈》中的音乐文献史料 周李清 美与时代(下) 2015 年第 7 期

浅析《资治通鉴》之反奢倡俭思想 李科、贾凤姿 兰台世界 2015 年第 12 期

浅析《醉翁亭记》中"醉翁"之醉 郭小浩 大众文艺 2015 年第 6 期

浅析北宋东京城绿化成就与特色 司艳宇 广东园林 2015 年第 4 期

浅析北宋花鸟画繁荣的文化因素 郭锐 美与时代(中) 2015 年第 11 期

浅析北宋神宗时期道教发展的影响 姚幸祺 黑龙江史志 2015 年第 3 期

浅析高中语文古诗词教学中的意象分析法——以苏轼词中的"梦"意象分析为例 孙健
    教育理论与实践 2015 年第 5 期

浅析贺铸词中的"怨妇思夫"情结——以《捣练子》五首为例 危峥 大众文艺 2015 年第
    12 期

浅析胡宏心性之学 连悦 长春教育学院学报 2015 年第 5 期

浅析李清照词的言情特色 方伟平 名作欣赏 2015 年 35 期

浅析柳永《雨霖铃》 蒋佳彤 时代文学(上半月) 2015 年 12 期

浅析梅妻鹤子的诗歌艺术成就 荣彩婷 赤峰学院学报(汉文哲学社会科学版) 2015 年
    第 6 期

浅析米芾的绘画思想 曹林 大众文艺 2015 年第 8 期

浅析秦观诗歌中的酒意象 李想 戏剧之家 2015 年第 1 期

浅析秦观与张耒诗文的异同 李想 湖北函授大学学报 2015 年第 9 期

浅析儒家思想对宋代服饰的影响 杨周敏、陈霞 兰台世界 2015 年第 24 期

浅析宋词的当代价值与意义 洪旭 荆楚学术 2015 年

浅析宋代"尚意"之风在行书创作中的影响 刘雨升、刘清扬 美与时代(下) 2015 年第
    6 期

浅析宋代工笔花鸟画的审美特征 高晗、万思蓉 美术教育研究 2015 年第 8 期

浅析宋代国民运动——古代足球 张宏强、冯大志 兰台世界 2015 年第 1 期

浅析宋代绘画雅俗分途的成因及发展 侯春月 美与时代(中) 2015 年第 10 期

浅析宋代梅花馔 蒲三霞 阿坝师范高等专科学校学报 2015 年第 4 期

浅析宋代民间日用漆器 郭恒枫 中国生漆 2015 年第 2 期

浅析宋代山水画的人文精神 邹洪仁 美术教育研究 2015 年第 17 期

浅析宋代山水画中人与自然的关系 高博 美术大观 2015 年第 12 期

浅析宋代食羊文化 高文敏 开封大学学报 2015 年第 3 期

浅析宋代音乐的继承与发展 徐颖 兰台世界 2015 年第 9 期

浅析宋代造车技术停滞发展的原因 刘建哲 赤峰学院学报(汉文哲学社会科学版)

2015 年第 11 期

浅析宋徽宗花鸟画　潘睿　大众文艺　2015 年第 12 期

浅析宋人花鸟小品之意境　史贝珂、高雪　戏剧之家　2015 年第 15 期

浅析王观词新丽之风貌　陈薇　语文教学通讯·D 刊(学术刊)　2015 年第 9 期

浅析赵孟頫小楷　秦熠　大众文艺　2015 年第 7 期

浅析朱子学在江户时代的地位　杜俊青　品牌(下半月)　2015 年第 6 期

浅议北宋书法批评中引禅入书的批评方式　余涛　书画艺　2015 年第 2 期

浅议禅宗对书法家创作修养的影响——以黄庭坚为例　何明丽　书法赏评　2015 年第
　　6 期

浅议程朱关于"敬"的思想　冯塞、王新春　内蒙古民族大学学报(社会科学版)　2015 年
　　第 1 期

浅议宋徽宗花鸟画中的意韵　张悦　中国艺术　2015 年第 4 期

浅议朱子读书法及其指导意义　宋梦婕、朱芳慧　亚太教育　2015 年第 12 期

切问而近思:谢良佐理学思想之特色　刘京菊　河北学刊　2015 年第 4 期

秦更年过录何焯校本《苏学士文集》及诗学价值　邱硕、于广杰　集宁师范学院学报　2015
　　年第 2 期

秦观《摩诘辋川图跋》　刘燕　老年教育(书画艺术)　2015 年第 7 期

秦观诗歌中的意象选择研究　朱小峰　时代文学(上半月)　2015 年第 12 期

秦观咏茶诗与他的入仕期创作心态　刘丽红　文学教育(下)　2015 年第 3 期

秦观与贺铸词中的女性形象比较　张慧敏　重庆三峡学院学报　2015 年第 1 期

青词文体与宋代文人心态　谷曙光　中州学刊　2015 年第 5 期

《青玉案·元夕·东风夜放花千树》主旨新解　潘志国、张绪伦　语文知识　2015 年第 7 期

清代宋诗选本纂辑缘由探析　王顺贵、黄淑芳　井冈山大学学报(社会科学版)　2015 年第
　　6 期

清风盈袖满江天——苏轼诗词中的"风"意象解析　王博涵　新丝路(下旬)　2015 年第
　　12 期

清明上河图"春景说"之再论证　朱亮亮、薛锋　中国国家博物馆馆刊　2015 年第 1 期

清明上河图有多少个人　张新　建筑工人　2015 年第 8 期

《清明上河图》艺术性解析　谢艳秋　戏剧之家　2015 年第 21 期

《清明上河图》与《迎春图》艺术特色之互勘　谢建华　现代装饰(理论)　2015 年第 8 期

《清明上河图》缘何轰动京城　刘洋　开封日报　2015 年 9 月 16 日第 3 版

《清明上河图》中的家具形象特征探析　王咏梅　大舞台　2015 年第 2 期

《清明上河图》中的药铺与卖药人　看名画品中医《清明上河图》——药铺与卖药人　靳士
　　英、靳朴、刘淑婷　中医临床研究　2015 年第 3 期

清末陈澧《东塾读书记》对朱熹科学思想的阐述　乐爱国　广州大学学报(社会科学版)
　　2015 年第 4 期

清以降词学批评对南北宋之宗的消解　胡建次　安徽师范大学学报(人文社会科学版)
　　2015 年第 2 期

清真词在词学史上的影响和意义　孙克强、张海涛　文艺研究　2015 年第 4 期

情节、风格、意义——宋画《采薇图》的图文关系研究　冯鸣阳　南京艺术学院学报(美术与

设计） 2015 年第 5 期

情景交融 形神兼备——李清照咏梅词赏读 李建郘 语文知识 2015 年第 1 期

情景蕴理 气象更胜 陶文鹏 古典文学知识 2015 年第 3 期

庆元党禁前后四川的理学 杨俊峰 成大历史学报 2015 年第 6 期

庆元党禁前后四川的理学 兼论蜀地的道统祠庙 杨俊峰 成大历史学报 2015 年第 48 期

"求物之妙 如系风捕影"——论苏轼山水诗中光、色的变幻 罗芳、曹静漪 乐山师范学院学报 2015 年第 9 期

取径自然,崇尚天成,回归本色——论刘克庄诗学的创作论和批评论 何忠盛 西南科技大学学报(哲学社会科学版) 2015 年第 4 期

取暖极品"香泥柜" 孟晖 长江日报 2015 年第 15 期

取像尚真,画法尚精——宋代小幅画研究 孔六庆 艺术探索 2015 年第 5 期

诠释学视域下公文写作的风格研究——以苏轼《荐何宗元十议状》为例 徐文 办公室业务 2015 年第 6 期

泉州的多元宗教文化 林振礼 中国社会科学报 2015 年 7 月 15 日第 8 版

《全宋诗》江浙诗歌韵字校勘 钱毅 中南大学学报(社会科学版) 2015 年第 4 期

R

"髯苏"考 连国义 文学遗产 2015 年第 4 期

饶鲁《中庸》学的工夫论检释及对朱子的突破 许家星 山东大学学报(哲学社会科学版) 2015 年第 2 期

人格的不完满性及其先天根源——论朱子气质之性的核心内涵 江求流 船山学刊 2015 年第 2 期

人格的分裂与弥合——苏轼《前赤壁赋》新解 李安全 名作欣赏 2015 年第 31 期

人生自古谁无死最早并非文天祥所说 任小行 人才资源开发 2015 年第 15 期

"人生自古谁无死"最早出自谁手 任小行 文史博览 2015 年第 2 期

人生自是有情痴,此恨不关风与月——宋词愁情之审美意象探析 魏爱玲 安徽文学(下半月) 2015 年第 12 期

人文计算环境下的楼钥近体诗创作特色 刘彦 文学教育(下) 2015 年第 12 期

人文精神下美术人才培养的反思——中国宋代画院与意大利 16 世纪迪塞诺绘画学院之比较 蒋跃、丁元 中国美术 2015 年第 4 期

人心道心相为始终说是李栗谷的最终定论吗? 谢晓东 中国哲学史 2015 年第 2 期

"仁缘何贪":朱熹对"贪"的认识 冯兵 光明日报 2015 年 4 月 15 日第 14 版

仁宗皇祐三年韩琦定州植菊嘲菊诗作中的将相风标 贺同赏 文艺评论 2015 年第 6 期

认知语言学翻译观视角下宋词的翻译——以辛弃疾的《西江月·夜行黄沙道中》的英译为例 丁俊、轩治峰 海外英语 2015 年第 16 期

日本江户时期朱子学之兴盛及其原因 蔡忠良 岭南师范学院学报 2015 年第 4 期

日本接纳《易经》的一个侧面——以伊藤仁斋的《易经》解 释为中心 土田健次郎 河北民族师范学院学报 2015 年第 4 期

日课一诗论 胡传志 文学遗产 2015 年第 1 期

《容斋随笔》词语考 凌英 岭南师范学院学报 2015 年第 1 期

《诗集传》叶音与宋代常用字音——叶音同于韵书考论之二　刘晓南　长江学术　2015 年
　　第 1 期

《诗经》与心学之原——从王应麟的论点出发　董铁柱　汕头大学学报(人文社会科学版)
　　2015 年第 1 期

诗人陆游的养生智慧　沈钦荣　中国中医药报　2015 年 9 月 24 日第 8 版

诗似离骚与国风——论杨万里诗歌的风骚精神　冯军赫、陈洪　贵州大学学报(社会科学
　　版)　2015 年第 3 期

诗书双璧　意炳千秋——读苏轼《黄州寒食诗帖》李述善　老年教育(书画艺术)　2015 年
　　第 11 期

诗学、私交与对金态度——胡铨、周必大的乡邦唱和　许浩然　井冈山大学学报(社会科学
　　版)　2015 年第 2 期

诗学的宝藏——秦更年过录何焯校本《苏学士文集》及诗学价值　于广杰、邱硕　图书馆学
　　研究　2015 年第 9 期

诗意、理性、俚趣:宋代民俗文化的审美特质　刘若斌　民俗研究　2015 年第 3 期

"诗之有《序》,如日月之有云,如鉴之有尘"——从心学内涵论杨简废《序》的思想成因　叶
　　文举　中国诗经学会　2015 年 11 月

诗中"诗"的历史源流与诗学意义　谢琰　文学遗产　2015 年第 1 期

十院校编《中国古代史》宋代部分指瑕　王志跃　安阳师范学院学报　2015 年第 4 期

时代造就的丰碑——试析三苏治史背景　李哲　南昌师范学院学报　2015 年第 1 期

士大夫的精神不可丢　张侃　领导文萃　2015 年第 18 期

士人、家族与朱子学的接受及传布:以门人程端蒙为例　周茶仙　福建论坛　(人文社会科
　　学版)　2015 年第 5 期

世界上最早的官方药局——熟药所　甄雪燕、梁永宣　中国卫生人才　2015 年第 4 期

世界上最早的医书出版社——校正医书局　甄雪燕、梁永宣　中国卫生人才　2015 年第
　　10 期

世俗性与功利化:消费视角下的宋代佛教新发展　秦开凤　宗教学研究 2015 年第 2 期

市声:范成大诗歌声音描写的新开拓　姚华　浙江学刊　2015 年第 1 期

似曾相识燕归来——晏殊词中的燕子意象解读　杨丽花　哈尔滨学院学报　2015 年第
　　5 期

试论"三苏"《六国论》的异同　袁猛　蚌埠学院学报　2015 年第 2 期

试论"三严三实"的内涵——以朱子的"知、行"观为视角　吴得福　知行铜仁　2015 年第
　　3 期

试论"熙丰变礼"及其思想史意义　雷博　政治思想史　2015 年第 3 期

试论《近思录》中的对话式教育　余杭　池州学院学报　2015 年第 4 期

试论《西清诗话》与《庚溪诗话》对苏轼评诗的不同倾向性——以苏评曾肇《崴跸诗》为例
　　董晨　齐齐哈尔大学学报(哲学社会科学版)　2015 年第 1 期

试论《朱子家礼》对漳州宗族礼仪的影响——以南靖族谱为研究中心　黄兴泉　闽南师范
　　大学学报(哲学社会科学版)　2015 年第 2 期

试论北宋及两宋之交的徽州理学思潮　周晓光、周慧珺　孔子研究　2015 年第 5 期

试论北宋时期中韩佛教文化交流的特点　潘其光　开封大学学报　2015 年第 4 期

试论陈与义词对令词的继承和发展 董秋月 鸡西大学学报 2015 年第 10 期

试论传统教育中《论语》教本的特点 陈祥龙 教育文化论坛 2015 年第 6 期

试论二程语录的《易》学价值及特点 赵振 兰州学刊 2015 年第 8 期

试论范成大的文化意识及其对巴蜀地域文化的抒写 严铭 学术探索 2015 年第 3 期

试论范仲淹词的美学特征 高梦纳 安徽文学(下半月) 2015 年第 7 期

试论李谷对朱子学在高丽传播和发展的贡献 刘刚 延边大学学报(社会科学版) 2015
年第 1 期

试论李清照词的艺术渊源 李腾、黄迅 安徽文学(下半月) 2015 年第 3 期

试论理学家的家庭教育对宋代文学理论的贡献——以孙奕《履斋示儿编》为例 董晨 燕
山大学学报(哲学社会科学版) 2015 年第 2 期

试论刘克庄佛禅思想对其文学和学术的影响 何谦、刘敏 中华文化论坛 2015 年第 8 期

试论陆游对栈道美的体验与书写 梁中效 成都大学学报(社会科学版) 2015 年第 2 期

试论史学著述中的时序问题——主要以李焘《续资治通鉴长编》为例 赵冬梅 中国文化
2015 年第 2 期

试论宋初直臣田锡白体诗歌创作 汪国林 重庆师范大学学报(哲学社会科学版) 2015
年第 4 期

试论宋代边塞诗的理性精神 许菊芳 运城学院学报 2015 年第 4 期

试论宋代建筑色调的审美嬗变——《营造法式》美学思想研究之一 陈望衡、刘思捷 艺术
百家 2015 年第 2 期

试论宋代文人对朱淑真与李清照诗文的不同接受心态 梁青 现代语文(学术综合版)
2015 年第 7 期

试论宋代斩马刀的产生与流变 范建文 烟台大学学报(哲学社会科学版) 2015 年第
1 期

试论宋代重史博学之风对咏史诗的影响 韦春喜 中南民族大学学报(人文社会科学版)
2015 年第 6 期

试论宋徽宗绘画对其"瘦金体"形成的影响 雷森林 书法赏评 2015 年第 1 期

试论苏轼的"和陶诗" 崔怡 惠州学院学报 2015 年第 4 期

试论苏轼对元代士人精神之影响 刘伟 内蒙古师范大学学报(哲学社会科学版) 2015
年第 4 期

试论苏轼画论中"意"与"道" 李文华 美术教育研究 2015 年第 20 期

试论苏轼农村词的思想内涵 罗郝林 鸡西大学学报 2015 年第 8 期

试论苏轼诗词创作的五种共同倾向 彭文良 重庆第二师范学院学报 2015 年第 5 期

试论苏轼在文学史上的成就 苟大霞 文学教育 2015 年第 5 期

试论王安石"性命道德之理"的思想教育意义 王善 人民论坛 2015 年第 17 期

试论我国宋代纸币艺术设计 熊逸越 兰台世界 2015 年第 27 期

试论叶梦熊的"三不朽"功绩 陈友乔、颜婷 惠州学院学报 2015 年第 5 期

试论张载"知礼成性"的道德教育与修养思想 王善 教育教学论坛 2015 年第 2 期

试论周敦颐以"诚"为本的道德本体思想 蒋伟、文美玉 船山学刊 2015 年第 6 期

试论朱熹的"气象"及"气象浑成" 杨玉华 中共成都市委党校学报 2015 年第 3 期

试论朱熹文道观的矛盾与统一 唐玲 古代文学理论研究(第四十一辑)——中国文论的

诠释学传统　2015 年 12 月

试论朱子对儒家道统的礼学实践　崔涛、韩金燕　江汉论坛　2015 年第 11 期

试论朱子经世思想中的"公论"观念　苏鹏辉　政治思想史　2015 年第 3 期

试评秦观《鹊桥仙》的两种英译　何莎　赤峰学院学报(汉文哲学社会科学版)　2015 年第
5 期

试析程朱理学对宋代坐具设计的影响　张政、张乘风　艺苑　2015 年第 5 期

试析程朱理学对新安医学发展的影响　卜菲菲、杨硕鹏、胡建鹏　中医药临床杂志　2015
年第 7 期

试析程朱理学在清代的衰落　张昭军　人文杂志　2015 年第 10 期

试析东坡的快乐——林语堂《苏东坡传》解读　韩丽霞　科教文汇(下旬刊)　2015 年第
2 期

试析陆游诗中"肉身"概念的拟物化修辞　黄硕　美与时代(下旬)　2015 年 10 期

试析欧阳修词花意象的内涵　何宜蔚　钦州学院学报　2015 年第 3 期

试析乾隆内府对南宋四家绘画的品赏与收藏——从《名画荟珍》册谈起　张震　故宫博物
院院刊　2015 年第 1 期

试析秦观词作中的感伤意蕴　曾萍　时代文学(下半月)　2015 年第 7 期

试析苏轼"以诗为词"王波平　时代文学(下半月)　2015 年第 3 期

试析朱熹"足食为先"的民本思想　郭廷廷　思想战线　2015 年第 S1 期

视野开阔　论证严谨——读张云筝博士的《宋代外交思想研究》　郭艳艳　商丘师范学院
学报　2015 年第 10 期

是反动还是继承——再论戴震哲学与朱熹理学的关系　徐玲英　湖南师范大学社会科学学
报　2015 年第 1 期

《世说新语》在宋代的流播及其书籍史意义　潘建国　文学评论　2015 年第 4 期

舐犊之情与反哺之义——论苏轼、苏过的感情传递与诗意诠释　丁沂璐、庆振轩　乐山师范
学院学报　2015 年第 1 期

寿圣:佛塔的儒影　王少青　中国文物报　2015 年第 4 期

书法经典第二十五品　苏轼人来得书帖　苏轼　书法　2015 年第 12 期

书风承苏意　神采显个韵——读李之仪《别纸帖》　刘燕　老年教育(书画艺术)　2015 年
第 12 期

书品合人品:"尚意"的北宋书法艺术　简满屯　中国社会科学报　2015 年 9 月 8 日第 2 版

书评:陈逢源　《"镕铸"与"进程"——朱熹〈四书章句集注〉之历史思维》　林永胜　中国
文哲研究集刊　2015 年第 46 期

书写、聆听与超越论朱熹"祝告先圣"行为中的意识体验及其意义　张清江　广西大学学报
(哲学社会科学版)　2015 年第 5 期

书院:古代学术研究的锁钥——读张天杰《蕺山学派与明清学术转型》　王胜军　大学教育
科学　2015 年第 3 期

书院视野下的宋代学术与文学研究　张申平　兰台世界　2015 年第 30 期

《蜀笺谱》是"马大哈"闹的——纸史探究之三　刘仁庆　纸和造纸　2015 年第 10 期

蜀学背景下的苏东坡文论　高云鹏　福州大学学报(哲学社会科学版)　2015 年第 6 期

漱玉古韵《如梦令·常记溪亭日暮》——浅谈古词新唱　丁文　求知导刊　2015 年第 13 期

宋朝医生说这样"坐月子"错啦　吴钩　共产党员(河北)　2015 年第 31 期

宋初白体诗风及成因探析　李梅　衡阳师范学院学报　2015 年第 4 期

宋初白体诗人群体的思想考察　沈童　沈阳大学学报(社会科学版)　2015 年第 5 期

宋初道教政治谶语研究　栗艳　科学经济社会　2015 年第 2 期

宋初两浙东北路、两浙西南路再考　顾宏义　兰州学刊　2015 年第 3 期

宋初太祖、太宗朝翰林学士群体白体诗作考论　汪国林　山西农业大学学报(社会科学版)
　　2015 年第 1 期

宋初文集流传特点　梁梅　图书馆理论与实践　2015 年第 6 期

宋词　古典文学艺术的瑰宝　吕树建　开封日报　2015 年 6 月 2 日第 4 版

宋词"男子作闺音"的创作心理透视　郑强　美与时代(下)　2015 年 11 期

宋词"簪花"意象之民俗文化考察　雷晓妍、高林广　广播电视大学学报(哲学社会科学版)
　　2015 年第 1 期

宋词创作中的地理记忆及呈现——以襄阳地区为考察对象　董继兵、谭新红　文艺评论
　　2015 年第 4 期

宋词的传播背景与传播方式　赵梦雪　新闻世界　2015 年第 4 期

宋词的审美情趣流变及人品与词品关系探析　李龙　和田师范专科学校学报　2015 年第
　　5 期

宋词中"愁"这一情感隐喻的认知分析　葛睿、王斌　安徽文学(下半月)　2015 年第 11 期

宋词中的歌妓演唱与文人自歌　王新荷　兰州文理学院学报(社会科学版)　2015 年第
　　2 期

宋词中的梅花意象涵容的文人精神　韩彩虹　吉林省教育学院学报(上旬)　2015 年第
　　7 期

宋词中的数字文化解读——以《宋词三百首笺注》为考察文本　李丹　陕西理工学院学报
　　(社会科学版)　2015 年第 4 期

宋词中的体育管窥　孙玮志　体育文化导刊　2015 年第 8 期

宋词主题之"悲秋"研究　马炳　佳木斯职业学院学报　2015 年第 1 期

宋瓷的灵韵,生活的美学　林思思　现代装饰(理论)　2015 年第 10 期

宋大曲与宋词词牌、情调的关系研究　卿熠　兰台世界　2015 年第 30 期

宋代:诗话时代来了　杜书瀛　南都学坛　2015 年第 1 期

宋代:中国饮食文化的第三个高峰期　刘洋　开封日报　2015 年 12 月 10 日第 4 版

宋代"观音图"的美学流变及其在日本的传播影响　王莲　西北大学学报(哲学社会科学
　　版)　2015 年第 6 期

宋代"龙舟竞渡"对地区文化交流的影响　朱俊民、张大春　兰台世界　2015 年第 3 期

"宋代青瓷刻花之冠"——耀州刻花工艺漫谈　刘才志、沈塔　艺术科技　2015 年第 10 期

宋代"书写"文化研究　高秀清　书画世界　2015 年第 6 期

宋代"双书"书仪文式研究　宋坤　山西档案　2015 年第 1 期

宋代"四书"经学教育形态论析　黄明喜　华南师范大学学报(社会科学版)　2015 年第
　　4 期

宋代"田制不立"本义新考　张呈忠　社会科学论坛　2015 年第 1 期

宋代"小报"与明清《京报》比较　潘小露　青年记者　2015 年第 6 期

宋代"心学"开山鼻祖陆九渊别具一格的教育观　周桂莲　兰台世界　2015 年第 9 期

宋代《尚书》学的偏失与创获　刘世明　宋史研究论丛(第 17 辑)　河北大学出版社　2015
　　年 12 月

宋代爱情词与现代流行音乐感伤基调的比较研究　杨芳　学理论　2015 年第 9 期

宋代安徽书院述论　吴海升　安徽史学　2015 年第 4 期

宋代版印与图书传媒革命　于兆军　郑州航空工业管理学院学报(社会科学版)　2015 年
　　第 4 期

宋代笔记音乐文献史料价值研究　曾美月　历史文献研究(35 辑)　2015 年 6 月

宋代笔记中的人物形象——以杨亿、晏殊、石曼卿为中心　赵惠俊　江西社会科学　2015
　　年第 12 期

宋代笔记中的虚词研究　彭浩　绥化学院学报　2015 年第 5 期

宋代边塞诗词文献及其研究评述　王金伟　兰州文理学院学报(社会科学版)　2015 年第
　　3 期

宋代汴洛语音奉母音值为[f]例证　花友萍　遵义师范学院学报　2015 年第 5 期

宋代餐饮服务业如何靠创新吸引顾客　黄亚明　中国商报　2015 年 6 月 10 日　第 P8 版

宋代层檀国新考　陆芸　海交史研究　2015 年第 2 期

宋代茶文化的对外传播与影响　韩晓静　黑河学刊　2015 年第 12 期

宋代茶文化文献考述　金军华　文艺评论　2015 年第 8 期

宋代禅门偈赞的分类与主要题材　张培锋、孙可　江西师范大学学报(哲学社会科学版)
　　2015 年第 4 期

宋代禅僧的儒学观研究　郭锋航　湖北社会科学　2015 年第 10 期

宋代常州城池规模列全国第 4　钱月航　常州日报　2015 年 3 月 24 日第 A1 版

宋代潮汕地区的福佬化　谢重光　地方文化研究　2015 年第 1 期

宋代潮州笔架山窑鱼形壶造型源流考　郑经宾　西北美术　2015 年第 1 期

宋代楚辞研究思想初探　毛庆　西部学刊　2015 年第 2 期

宋代船舶的力胜与形制　黄纯艳　厦门大学学报(哲学社会科学版)　2015 年第 6 期

宋代春秋学复仇论　郑任钊　国学学刊　2015 年第 1 期

宋代词人对温庭筠词的借鉴与创新　蔡慧、钱锡生　常熟理工学院学报　2015 年第 3 期

宋代磁州窑装饰艺术风格简析　李川、刘高平、赵莹　兰台世界　2015 年第 15 期

宋代次韵诗现象初探　杨雪梅　佳木斯大学社会科学学报　2015 年第 1 期

宋代赐姓与赐名现象探究　赵寅达　河北北方学院学报(社会科学版)　2015 年第 6 期

宋代蹴鞠服饰补缀　刘杰　兰台世界　2015 年第 18 期

宋代蹴鞠盛行下的"足球太尉"高俅事迹考察　赵启全　兰台世界　2015 年第 18 期

宋代大量制造仿古青铜器的原因　冯佐　黑龙江史志　2015 年第 13 期

宋代道德理想主义的轨迹与渊源　赖井洋　齐鲁学刊　2015 年第 1 期

宋代道教与医学知识的建构——以医方为中心　张园园　科学经济社会　2015 年第 3 期

宋代道学家的宗法论　佐佐木爱作、钟翀　人文杂志　2015 年第 6 期

宋代的"吏隐"、"中隐"考辨　林晓娜　兰台世界　2015 年第 21 期

《宋代的罗汉信仰及其仪式——从大德寺宋本"五百罗汉图"说起》　刘淑芬　(台湾)"中
　　央研究院"历史语言研究所集刊　2015 年 12 月

宋代的常州——城市形态与科举的地理阐释　潘晟　中国历史地理论丛　2015 年第 4 期

宋代的医学发展及其原因解析　赵军斌　和田师范专科学校学报　2015 年第 1 期

宋代对补骨脂的认识及其临床应用　韩毅、李伟霞　河北大学学报（哲学社会科学版）
　　2015 年第 3 期

宋代对蝗虫生物认知述论　王政军　农业考古　2015 年第 4 期

宋代防疫史：既是科技史，也是社会史　刘红　中华读书报　2015 年 11 月 25 日第 24 版

宋代风俗画探微　赵晓燕　吕梁学院学报　2015 年第 5 期

宋代佛教家具设计中的坐具研究　李汇龙、邵晓峰　常州工学院学报（社科版）　2015 年第
　　1 期

宋代服饰图案艺术性探究——以缠枝纹为例　刘凤月　设计　2015 年第 21 期

宋代服饰文化的历史发展探微　安静　兰台世界　2015 年第 4 期

宋代府、州衙署建筑原则及差异探析　陈凌　宋史研究论丛（第 17 辑）　河北大学出版社
　　2015 年 12 月

宋代高平开化寺壁画艺术设计研究　纪春明　兰台世界　2015 年第 12 期

宋代歌坛"独重女音"现象研究　周顺　艺术探索　2015 年第 1 期

宋代工笔花鸟画的发展探究　巫极　兰台世界　2015 年第 15 期

宋代工笔花鸟画的写实性　汤晶晶、李亚林　兰台世界　2015 年第 13 期

宋代工笔花鸟在陶瓷装饰中的运用　杨冰、张梦雅　景德镇陶瓷　2015 年第 4 期

宋代宫廷女诗人作品概览　谢静雯　科教导刊（中旬刊）　2015 年第 4 期

宋代宫廷女诗人作品类别分析　谢静雯　安徽文学（下半月）　2015 年第 6 期

宋代宫廷食飨歌舞形式"队舞"的发展　刘庄　兰台世界　2015 年第 21 期

宋代宫廷音乐"重雅轻俗"之现象探究　欧阳雨禾　赤峰学院学报（汉文哲学社会科学版）
　　2015 年第 6 期

宋代宫廷音乐的和雇制度考察　王宇扬、伍润华　兰台世界　2015 年第 21 期

宋代宫廷音乐制度研究　康瑞军　历史文献研究（35 辑）　2015 年 6 月

宋代古琴诗的传声艺术　夏娱　音乐探索　2015 年第 4 期

宋代古琴文化与文学关系研究　夏郁　兰台世界　2015 年第 27 期

宋代古文批评的"尚简"思想　张天骐　鞍山师范学院学报　2015 年第 1 期

宋代古文批评中的以"简"论文　张振谦　海南大学学报（人文社会科学版）　2015 年第
　　5 期

宋代官药局成药标准《太平惠民和剂局方》　唐廷猷　中国现代中药　2015 年第 5 期

宋代官药局炮制规范《论炮炙三品药石类例》　唐廷猷　中国现代中药　2015 年第 7 期

宋代广东理学的特点与影响　张纹华　燕山大学学报（哲学社会科学版）　2015 年第 4 期

宋代广告活动的形式和策略钩沉　赵立敏　重庆工商大学学报（社会科学版）　2015 年第
　　5 期

宋代海船的人员构成与航行方式　黄纯艳　海交史研究　2015 年第 2 期

宋代海洋知识的传播与海洋意象的构建　黄纯艳　学术月刊　2015 年第 11 期

宋代翰林图画院对当代美术教育的启示　张振华、马素英　兰台世界　2015 年第 12 期

宋代翰林图画院画学招考制度的影响与启示　张玉霞　吉林工程技术师范学院学报　2015
　　年第 5 期

宋代杭州佛教与世俗社会关系研究　张祝平、任伟玮　宁夏大学学报（人文社会科学版）
　　2015 年第 5 期

宋代和陶诗刍议　霍志军　天水师范学院学报　2015 年第 6 期

宋代湖湘的流寓士人与文化意义　刘师健、陈健强　宜宾学院学报　2015 年第 9 期

宋代花鸟画浅析　李慧民　戏剧之家　2015 年第 15 期

宋代滑稽戏：拂晓时分那一缕笑声　胡一峰　科技日报　2015 年 11 月 21 日第 4 版

宋代画家范宽山水画风格探究　于小雨　兰台世界　2015 年第 30 期

宋代画家李公麟画选　徐吉军　文化艺术研究　2015 年第 3 期

宋代皇帝儒家价值观探赜　邹贺　《中华文化传承与"中国梦"》论文集　西安电子科技大
　　学出版社　2015 年 6 月

宋代皇子人数及寿命考　范帅　昆明学院学报　2015 年第 1 期

宋代绘画的发展概况与社会背景之研究　张永奎　河南科技　2015 年第 23 期

宋代绘画中的李白形象研究　李斯斌　绵阳师范学院学报　2015 年第 12 期

宋代绘画中空间意识的表现　朱月琳　大舞台　2015 年第 11 期

宋代记梦词略论　沈梦菡、秦召敏　文学教育（下）　2015 年第 11 期

宋代家具：清新雅致文脉传承　邵晓峰　中国文化报　2015 年 3 月 7 日第 7 版

宋代家训思想在家族中的实施策略　赵宏欣　商丘职业技术学院学报　2015 年第 6 期

宋代建筑屋顶仙人脊饰形象探析　黄洪波　装饰　2015 年第 6 期

宋代江西文学家的诗创作——以欧阳修、王安石、黄庭坚、杨万里为中心　夏汉宁、黎清　江
　　西社会科学　2015 年第 7 期

宋代节令组诗的志录功能与民俗意蕴　李懿　烟台大学学报（哲学社会科学版）　2015 年
　　第 1 期

宋代节日诗的游戏精神与谐趣书写　李懿　文艺评论　2015 年第 4 期

宋代节序词词调浅析　王晏桦　语文教学通讯·D 刊（学术刊）　2015 年第 12 期

宋代经学哲学研究的新视点　向世陵　人民政协报　2015 年 9 月 28 日第 10 版

宋代经学哲学研究简介　周易研究　2015 年第 1 期

宋代科举弥封誊录制度与书法意趣变化的关系　陶小军、王菡薇　南京师大学报（社会科
　　学版）　2015 年第 6 期

宋代科举影响下的历史教育　左斌　亚太教育　2015 年第 16 期

宋代缂丝大师朱克柔与沈子蕃作品的比较研究　李斌、李强　服饰导刊　2015 年第 4 期

宋代乐语口号体性论略　刘春霞　山西师大学报（社会科学版）　2015 年第 4 期

宋代理学：道衍九州近千年　任崇喜　开封日报　2015 年 7 月 30 日第 5 版

宋代理学家杨时的"旅游疯狂"　王玉霞　兰台世界　2015 年第 6 期

宋代理学中"无意"问题之考辨　王见楠、陆畅　南昌大学学报（人文社会科学版）　2015
　　年第 6 期

宋代临床方药用量下降原因分析　傅延龄、王倩、方静　中医杂志　2015 年第 15 期

宋代六大家学记散文研究　牛丽娟　齐齐哈尔师范高等专科学校学报　2015 年第 3 期

宋代洛阳耆英会探赜　陈小辉　兰台世界　2015 年第 6 期

宋代马远山水画中的出世情怀　张蕊　深圳商报　2015 年 8 月 9 日第 W14 版

宋代美学视野中的杜甫观　梁桂芳　长安大学学报（社会科学版）　2015 年第 4 期

宋代民间"说话"的形成与民间信仰　高有鹏　民族艺术　2015 年第 4 期

宋代民间画家身份的再厘定——基于《画继》的考察　黎晟　文艺研究　2015 年第 3 期

宋代民间杂戏论略　赵兴勤　中原文化研究　2015 年第 3 期

宋代名字说的文体渊源　邓锡斌　安徽理工大学学报（社会科学版）　2015 年第 1 期

宋代男子簪花盛行的社会心理因素分析　杨君　文史博览（理论）　2015 年第 8 期

宋代南渡时期诗学思想的一个转变　戎默　文艺评论　2015 年第 2 期

宋代牛题材画研究　周凤　美术教育研究　2015 年第 11 期

宋代女性头饰研究——以宋代女性冠饰为例　龚小亭、傅蓉蓉　设计　2015 年第 13 期

宋代瓯语语音考　丁治民、邵冉、饶玲　温州大学学报（社会科学版）　2015 年第 5 期

宋代漆器设计及工艺探析　何振纪　创意与设计　2015 年第 5 期

宋代棋官与皇帝的对弈　曾泳玹　史辙　2015 年第 11 期

宋代琴论中的"无弦"琴乐审美观念——兼及与"意象"审美理论的关系　李国强　中国音
　　乐　2015 年第 4 期

宋代青白瓷蕴含的儒之德、释之空与道之静　蔡锐、成珊珊　中国陶瓷　2015 年第 4 期

宋代人文绘画艺术在当代生活用品设计中的继承与运用　曹莉蕊　国画家　2015 年第
　　3 期

宋代人物画平民化的形成原因　何亚峰　牡丹江教育学院学报　2015 年第 1 期

宋代人物画色彩研究　程心颖　中华文化论坛　2015 年第 3 期

宋代日食的危机管理　臧婧婧　殷都学刊　2015 年第 1 期

宋代如何防治瘟疫的流行　王雅克　科技导报　2015 年第 22 期

宋代汝瓷形制美学初探　陈诚、王梦林　中国包装工业　2015 年第 8 期

宋代汝窑天青釉成因浅析　赵永川　收藏　2015 年第 7 期

宋代三大声乐美学范畴研究　周顺　人民音乐　2015 年第 7 期

宋代山水画中的"亭子"　吴瑒　科技视界　2015 年第 4 期

宋代山水画中生命意识的研究　常怡鹏　时代文学（下半月）　2015 年第 3 期

宋代赏石文化初探　张晨煦　吉林省教育学院学报　2015 年第 4 期

宋代社会文化环境对家具形态的影响　谭杉　兰台世界　2015 年第 15 期

宋代审美风尚漫论　胡健　美与时代（下）　2015 年第 12 期

宋代审美风尚视角下的花卉空间　吴洋洋　文艺评论　2015 年第 11 期

宋代诗词中"三生杜牧"意象解读　曹丽芳　古典文学知识　2015 年第 5 期

宋代诗词中的牡丹情结及其文化解读洪树华　重庆文理学院学报（社会科学版）　2015 年
　　第 1 期

宋代诗词中的语句"两用"现象——兼论语句入诗、入词的评判标准　张巍　华南师范大学
　　学报（社会科学版）　2015 年第 6 期

宋代诗风嬗变转型中的政治因素　陶俊　贵州社会科学　2015 年第 9 期

宋代诗话对《诗经》的文学性传播　魏亚莉　语文建设　2015 年第 9 期

宋代诗人孔平仲杂体诗的风貌特征　蒋月侠　盐城师范学院学报（人文社会科学版）
　　2015 年第 1 期

宋代诗社兴盛之政治因素　陈小辉　北方论丛　2015 年第 1 期

宋代诗社与四灵诗派　陈小辉　太原师范学院学报（社会科学版）　2015 年第 5 期

宋代文人对谣谚的传播与批评　赵瑶丹　东岳论丛　2015 年第 2 期

宋代文人审美情趣及特性——以宋代家具为例　孙以栋、毕存碧　浙江工业大学学报（社会科学版）　2015 年第 3 期

宋代文人眼中的"文潜体"　王建生　武汉理工大学学报（社会科学版）　2015 年第 5 期

宋代文人游览洞霄宫诗歌透视　张振谦　兰州学刊　2015 年第 5 期

宋代文体破体相参与"活法"说　谷曙光　国学学刊　2015 年第 2 期

宋代文学《福乐智慧》的"乌托邦思想"　阿米娜　中国社会科学报　2015 年 7 月 23 日第 8 版

宋代文学观念对《论衡》评价的影响　王奥博、王振伟　大众文艺　2015 年第 15 期

宋代文学批评新领域的开辟——评潘殊闲教授的新著《宋代文学批评的象喻特色研究》　沈文凡　重庆师范大学学报（哲学社会科学版）　2015 年第 6 期

宋代文学与文化教学中的人文教育实践研究　陈晓峰　南通航运职业技术学院学报　2015 年第 4 期

宋代文言小说叙事演变研究　吴静　佳木斯职业学院学报　2015 年第 2 期

宋代无名氏词刍议　谭新红　河北大学学报（哲学社会科学版）　2015 年第 5 期

宋代五山文化的日本传播及其本土化发展　周晓波等　宋史研究论丛（第 16 辑）　河北大学出版社　2015 年

宋代峡江地区发生的瘿病及其防治　刘自兵　长江师范学院学报　2015 年第 4 期

宋代香炉具造型设计研究　于洁　大众文艺　2015 年第 2 期

宋代香炉设计的文化功能差异分析　魏洁、陈方圆　装饰　2015 年第 12 期

宋代小报中的假新闻与民间舆论场　王振波　科技传播　2015 年底 11 期

宋代孝行述略　王晓如　西安文理学院学报（社会科学版）　2015 年第 2 期

宋代校雠知识发展探析——以文集序跋为视角　梅华　南阳师范学院学报　2015 年第 2 期

宋代新生称谓类俗语词成词特点及其文化因素分析　齐瑞霞　东岳论丛　2015 年第 3 期

宋代学者们的药粥养生诗话　原所贤　中医健康养生　2015 年第 4 期

宋代雅乐乐器研究　牛志华　大舞台　2015 年第 12 期

宋代养生发展与进步初探　魏金龙、刘晓　兰台世界　2015 年第 3 期

宋代养生体育的发展演变　史衍　兰台世界　2015 年第 3 期

宋代医学文献征集小考　彭贵珍　江西中医药大学学报　2015 年第 1 期

宋代怡老社　辑论　陈小辉　青海师范大学学报（哲学社会科学版）　2015 年第 5 期

宋代疑《书》思想研究　陈良中　陕西师范大学学报（哲学社会科学版）　2015 年第 1 期

宋代疑经思潮下的老子考辨述论　冉魏华　安顺学院学报　2015 年第 1 期

宋代以来的"瑶族有无文字"之争　李国斌　湖南日报　2015 年 8 月 27 日第 7 版

宋代以来福建莆田妈祖宫庙的时空分布研究　纪小美、付业勤、陈金华、陈晴晴　海南师范大学学报（自然科学版）　2015 年第 2 期

宋代以来玉雕莲花童子佩的演变　沈丽娟　东方收藏　2015 年第 3 期

宋代易学自然观视域下之"道"概念新解　辛翀　科学技术哲学研究　2015 年第 5 期

宋代音乐史论文集·理论与描述　林萃青　历史文献研究（35 辑）　2015 年 6 月

宋代音乐文化阐释与研究文丛（第一辑）　历史文献研究（35 辑）　2015 年 6 月

宋代饮食诗的谐谑意识　张冉冉　安徽文学(下半月)　2015 年第 2 期

宋代婴戏图的雅俗之趣　张文珺　美术教育研究　2015 年第 19 期

宋代优伶的讽刺小品　陶易　文史天地　2015 第 7 期

宋代浴室种类初探　刘盈慧　郑州师范教育　2015 年第 4 期

宋代御宴簪花及其礼仪价值探微　杨倩丽　江西社会科学　2015 年第 12 期

宋代园林——文人园林的特点及借鉴意义张希、李鑫、吴靖雪　北京农业　2015 年第 9 期

宋代院画中的“设计性”特征以《五色鹦鹉图》为例　夏盛品　新美术　2015 年第 7 期

宋代院体花鸟画对传统中国画的价值研究　于小雨　赤子(上中旬)　2015 年第 13 期

宋代院体画写实性特征探析　张辉　才智　2015 年第 7 期

宋代院体人物画“意象写实性”的艺术特点　刘银锁　大众文艺　2015 年第 11 期

宋代杂体词三论　朱玲芝　文艺评论　2015 年第 10 期

宋代怎么“治霾”　吴钩　中国人大　2015 年第 24 期

宋代张载的德育教化思想及其实施路径　张淑琴　兰台世界　2015 年第 18 期

宋代照明燃料述论　张彦晓　史志学刊　2015 年第 6 期

宋代执笔图像　中国书法　2015 年第 13 期

宋代至清代梅瓶造型的文化意境　李航、李兴华　内蒙古大学艺术学院学报　2015 年第 4 期

宋代中朝两国中医药交流情况概论　徐睿瑶、李俊德　世界中西医结合杂志　2015 年第 9 期

宋代中央官学教官的日常生活与教学活动　申国昌、王永颜　甘肃社会科学　2015 年第 3 期

宋代中央官学师生日常管理活动研究　王永颜　宁波大学学报(教育科学版)　2015 年第 2 期

宋代篆书变异现象探微　吕雪菲　中国国家博物馆馆刊　2015 年第 10 期

宋代宗学考论　何勇强　浙江学刊　2015 年第 1 期

宋东京显仁坊位置考辨　孙廷林　周口师范学院学报　2015 年第 6 期

宋都缩微景观——赵家堡　邱志民、陈俊艺、蓝智伟　福建理论学习　2015 年第 4 期

宋画的美学价值探微　陈锋　湖北科技学院学报　2015 年第 1 期

宋画的学问,今后海外说了算?　陈涛　北京日报　2015 年 2 月 5 日第 17 版

宋画好在哪里?　孙琳琳　人民日报海外版　2015 年 2 月 27 日第 16 版

宋徽宗的形象塑造与《画继》著史态度　冯鸣阳　中国国家博物馆馆刊　2015 年第 1 期

宋徽宗和他的画院对南宋团扇山水小品的影响　肖永军　美与时代(中)　2015 年第 10 期

宋徽宗考题征画　韩长代、柳长涛　文史春秋　2015 年第 6 期

宋徽宗诗歌研究赵润金　南华大学学报(社会科学版)　2015 年第 4 期

宋徽宗时期的宫廷美术创作活动　张鹏　许昌学院学报　2015 年第 1 期

宋徽宗题楮慧龙章云篆诗碑考　刘金亭　中国书法　2015 年第 1 期

宋徽宗与宣和体　董世鑫　美术大观　2015 年第 1 期

宋金对峙在清初的文学重写——以《续金瓶梅》为中心　杨剑兵、郁玉英　大庆师范学院学报　2015 年第 1 期

宋金人注宋金词探论　李桂芹　广西民族大学学报(哲学社会科学版)　2015 年第 3 期

宋金时期河北路疫病的流行与防治　韩毅　载刘云军、丁建军主编《保定宋辽历史文化遗产及其开发研究》　河北大学出版社　2015 年

宋锦图案在纺织品图案中的设计研究　随逍笑　中国包装工业　2015 年第 Z2 期

宋濂辨儒　赵伟　东方论坛　2015 年第 1 期

宋濂的吕学渊源与散文理论　熊恺妮　南昌大学学报（人文社会科学版）　2015 年第 2 期

宋明榜文类别述考　徐燕斌　兴义民族师范学院学报　2015 年第 1 期

宋明理学与明清实学知行观比较　杨华祥、宋显　合肥学院学报（社会科学版）　2015 年第 1 期

宋明儒学的"天地之心"论及其意义　陈来　江海学刊　2015 年第 3 期

宋人笔记中苏轼文学批评轶事及其价值　宋娟　文艺评论　2015 年 12 期

宋人笔下的"落英"诗辩　陈正贤　写作（上旬刊）　2015 年第 8 期

宋人道统论——以朱熹为中心　苏费翔　厦门大学学报（哲学社会科学版）　2015 年第 1 期

宋人的养女经　吴钩　廉政瞭望（上半月）　2015 年第 11 期

宋人对陆龟蒙高士形象的建构及其文化意义——兼论宋代的新型隐士典范　熊艳娥、张凯南　阅江学刊　2015 年第 4 期

宋人对孟郊诗歌的传播与接受　刘师健、陈健强　湖南科技学院学报　2015 年第 6 期

宋人墓志铭中的士人形象及其解读　许南海　鸡西大学学报　2015 年第 4 期

宋人山水画图式语言的当代性价值及对我的启示　靳玉海　美术 2015 年　第 6 期

宋人外交行记的知识结构和文体特征　李翠叶　吉林省教育学院学报（上旬）　2015 年第 2 期

宋人张嵲诗歌简论——以张嵲避难均州、房州诗歌创作为例　罗晓忆　郧阳师范高等专科学校学报　2015 年第 2 期

宋人对广南西路的地理认知与体验初探——基于《岭外代答》历史地理价值的分析　刘桂海　广西地方志　2015 年第 2 期

宋仁宗朝谏官活动与怪奇文风研究　张贵　求是学刊　2015 年第 2 期

宋仁宗朝士人谏官情结的文学再现　张贵　重庆师范大学学报（哲学社会科学版）　2015 年第 1 期

宋僧石溪心月与日僧无象静照交往考　江静　浙江工商大学学报　2015 年第 1 期

宋诗"折梅"行为的文化意蕴　李开林　江南大学学报（人文社会科学版）　2015 年第 6 期

宋诗选本中王禹偁诗的注释问题　刘天利、周翡　大连民族学院学报　2015 年第 6 期

宋诗学独立的标志：邵雍与"格韵"说的提出　傅新营　中华文化论坛　2015 年第 2 期

宋诗中的橄榄意象研究　崔玉姣　湖南工程学院学报（社会科学版）　2015 年第 2 期

宋诗中的宋画——以惠崇小品为例　沈亚丹　艺术百家　2015 年第 4 期

《宋史·乐志》研究　李方元　历史文献研究（35）　2015 年 6 月

宋四家之"蔡"说考——由苏黄米蔡法帖题跋论起　尼志强　学理论　2015 年第 14 期

宋夏丧葬文书档案比较浅析　刘晔、穆旋、赵彦龙　档案管理　2015 年第 3 期

宋型文化下的社　交生活与词体演进　王伟伟　理论学刊　2015 年第 6 期

宋学精神与王安石变法　杨世利　黄河　黄土　黄种人·炎黄文化　2015 年第 12 期

"宋学"的历史考察与学术分疏　朱汉民、王琦　中国哲学史　2015 年第 4 期

宋燕肃《春山图》辨伪　肖燕翼　故宫博物院院刊　2015 年第 5 期

宋耀州窑刻划花装饰的社会文化因素初探　房峰　美与时代(上)　2015 年第 9 期

宋耀州窑与磁州窑植物纹样的装饰方法研究　刘子建、张睿　中国陶瓷　2015 年第 4 期

宋遗民诗文校补的又一重要成果——评方勇教授《存雅堂遗稿斠补》　傅璇琮　中国典籍
　　与文化　2015 年第 3 期

宋以前有关"伤寒日期"理论的文献研究　张慧蕊、梁永宣　世界中西医结合杂志　2015 年
　　第 2 期

宋元明时期司天机构的候气工作与候气观念的兴衰　王玉民　中国科技史杂志　2015 年
　　第 2 期

宋元南戏本事新探　张文德　江苏师范大学学报(哲学社会科学版)　2015 年第 6 期

宋元袍服研究　赵波　服饰导刊　2015 年第 4 期

宋元时期禅林上堂仪轨探源　王蒙　世界宗教文化　2015 年第 3 期

宋元时期的文章学体系　张天骐、高洪岩　辽东学院学报(社会科学版)　2015 年第 2 期

宋元时期广东刻书　林子雄　图书馆论坛　2015 年第 12 期

宋元时期海溢灾害初探　金城、刘恒武太平洋学报　2015 年第 11 期

宋元时期河北临城的密宗陀罗尼信仰　王晓薇、张春芳　保定学院学报　2015 年第 2 期

宋元时期晋东南三嵕山神信仰的兴起与传播　宋燕鹏、何栋斌　山西档案　2015 年第 1 期

宋元时期景德镇窑瓷胎原料选择演变规律研究　李峰、汤辉、袁文瓒、方涛、李伟信、江鹏飞
　　中国陶瓷　2015 年第 4 期

宋元时期谕俗文和讽喻文对社会教化影响探析　姚雯雯、吴传刚、周晶　品牌(下半月)
　　2015 年第 6 期

宋元时期豫西山地丘陵区洪涝灾害时空分布特征　楚纯洁、赵景波　自然灾害学报　2015
　　年第 5 期

宋元婺州书院管理制度的现代启示　董凌丹　经贸实践　2015 年第 15 期

宋元小说话本对痴情女的女性意识　易水霞　兰台世界　2015 年第 36 期

《宋元明清咏岳飞广辑》与《选注》序　王曾瑜　中州古籍出版社　2015 年

宋真宗、刘后时期的雅乐兴作胡劲茵　艺术史研究　第 16 辑　2015 年 3 月

宋政府推广普及煮散剂的原因　傅延龄、宋佳、张林　中国中医基础医学杂志　2015 年第
　　1 期

宋至民国时期山西万荣稷王庙建筑格局研究　张梦遥、徐怡涛　故宫博物院院刊　2015 年
　　第 3 期

宋朱长文《琴史》古琴理论初探　崔伟　人民音乐　2015 年第 12 期

苏北平原的捍海堰与淮南盐场历史地理考　徐靖捷　扬州大学学报(人文社会科学版)
　　2015 年第 5 期

苏词悲剧意识的解读　汤盼盼　广西青年干部学院学报　2015 年第 3 期

苏东坡居儋论茶　任飞翔　海南人大　2015 年第 1 期

苏东坡人文精神泽及黄州惠州　郭杏芳　惠州学院学报　2015 年第 2 期

苏过的文艺创作观　庞明启　开封大学学报　2015 年第 1 期

苏过对宋金攻辽的诗意呈现及原因探究　丁沂璐、庆振轩　北方民族大学学报(哲学社会
　　科学版)　2015 年第 4 期

苏湖教法：胡瑗对教学方法的改革与创新　罗梦　河南财政税务高等专科学校学报　2015
　　年第 2 期

苏门弟子志怪文章浅说　朱晓青、宗丽　安徽文学（下半月）　2015 年第 2 期

苏轼、辛弃疾婉约词风简析　李昕炯　宁夏师范学院学报　2015 年第 4 期

苏轼"和陶诗"对陶诗接受的开创性贡献　伏蒙蒙　乐山师范学院学报　2015 年第 10 期

苏轼"可废"的四条理由　宋志坚　唯实　2015 年第 12 期

苏轼"芒鞋轻胜马"　全岳　西部皮革　2015 年第 7 期

苏轼"杞菊"义解　刘清泉　乐山师范学院学报　2015 年第 7 期

苏轼"以诗为词"的评述　李路芳　山东农业工程学院学报　2015 年第 7 期

苏轼"舟中读《文选》"考论　唐普　四川师范大学学报（社会科学版）　2015 年第 3 期

苏轼《表忠观碑》　刘雄波　创作与评论　2015 年第 17 期

苏轼《卜算子》流传中的三种接受状态　陈斌　中国韵文学刊　2015 年第 3 期

苏轼《江城子·猎词》中"西北望"含义确考　彭文良　乐山师范学院学报　2015 年第 7 期

苏轼《临江仙·夜归临皋》心解　周衡　古典文学知识　2015 年第 1 期

苏轼《六一泉铭》的文化影响　程宇静　古典文学知识　2015 年第 3 期

苏轼《论语说》的诠释特色　唐明贵　东岳论丛　2015 年第 3 期

苏轼《前赤壁赋》中的两个自我　李志勇、彭树欣　文学教育（上）　2015 年第 4 期

苏轼《水调歌头》的审美意蕴　陈黎明　美与时代（下）　2015 年第 8 期

苏轼《水调歌头·明月几时有》四译本的比较研究——从作者风格和译者风格的角度江晓
　　宇　惠州学院学报　2015 年第 1 期

苏轼《苏氏易传》的文学思想　赵映蕊　重庆电子工程职业学院学报　2015 年第 5 期

苏轼《天际乌云帖》诠解　衣若芬　文学评论　2015 年第 4 期

苏轼《洋州园池三十首》的艺术特点及影响　孙启祥　陕西理工学院学报（社会科学版）
　　2015 年第 2 期

苏轼笔下的"潮人"是现在的"潮州人"吗？　陈春声　潮商　2015 年第 1 期

苏轼贬谪生涯中的乐观旷达心态成因分析　张海娇　文学教育（下）　2015 年第 2 期

苏轼禅理诗的人生哲学　左福生　中国社会科学报　2015 年 12 月 7 日第 5 版

苏轼超然思想的精神内涵及其演进　张馨心、庆振轩　甘肃社会科学　2015 年第 2 期

苏轼词对儒学精神的融摄与吸纳　吴紫熠　集宁师范学院学报　2015 年第 2 期

苏轼词中的孤鸿意象探析　关茂、周莹　山西大同大学学报（社会科学版）　2015 年第 1 期

苏轼儋州文学创作中的民族民俗事象　周俊　民族文学研究　2015 年第 4 期

苏轼的"中隐"　王建湘　思维与智慧　2015 年第 2 期

苏轼的《庄子祠堂记》与庄子故里　李飞　大众文艺　2015 年第 2 期

苏轼的官德与金钱观　杜晓平　领导科学　2015 年第 36 期

苏轼的旷达对其文学创作的影响　赵延彤　江西社会科学　2015 年第 5 期

苏轼的流寓生涯与文化自觉　杨胜宽　西华大学学报（哲学社会科学版）　2015 年第 6 期

苏轼的农村词浅析　胡丽芳　读与写（教育教学刊）　2015 年第 7 期

苏轼的散文情　潘署　科学大众（科学教育）　2015 年第 5 期

苏轼的形而上世界——《苏轼哲学思想研究》简评　吕振君　文化学刊　2015 年第 10 期

苏轼的养生经　高中梅　中华读书报　2015 年 9 月 16 日第 15 版

苏轼的艺术人生智慧　周裕锴　光明日报　2015 年 6 月 11 日第 11 版

苏轼的猪肉美食　唐家　中国畜牧业　2015 年第 14 期

苏轼对前代学者人性论的批评及其人性观　赵蕊　乐山师范学院学报　2015 年第 5 期

苏轼归隐江苏后的文学创作　王慧香、包红梅、赵翠萍　兰台世界　2015 年第 7 期

苏轼海南文学创作中的旅游文化价值　周俊　辽宁农业职业技术学院学报　2015 年第
　　5 期

苏轼豪放词风格特征探析　张铮　教育教学论坛　2015 年第 7 期

苏轼酒词浅探　何雯霞　现代语文（学术综合版）　2015 年第 1 期

苏轼铭文探析　顾冰峰、孙立尧　乐山师范学院学报　2015 年第 3 期

苏轼慕白情结的文化阐释　左志南　武汉理工大学学报（社会科学版）　2015 年第 2 期

苏轼农业诗歌漫谈　敖思芬、王胜奇　南昌教育学院学报　2015 年第 3 期

苏轼散文的经典化历程及其文化内涵——以 1127—1279 年为中心　裴云龙　文学评论
　　2015 年第 2 期

苏轼诗词中的人文精神研究　颜静　安徽文学（下半月）　2015 年第 5 期

苏轼诗词中的饮食文化　朱红华　张晴　西昌学院学报（社会科学版）　2015 年第 4 期

苏轼诗文所载"秧马"用途说略　陈建裕　平顶山学院学报　2015 年第 6 期

苏轼诗性人格成因探微　刘晗　中州大学学报　2015 年第 4 期

苏轼书法"自然天趣"观初探　贺超、马亚　乐山师范学院学报　2015 年第 2 期

苏轼书论与书法艺术中的佛教思想探析　胡鹏　嘉应学院学报　2015 年第 4 期

苏轼书学成就探析　杨国志　现代装饰（理论）　2015 年第 6 期

苏轼苏辙祭欧阳修文比较　林尔　才智　2015 年第 36 期

苏轼所患疾病考　彭文良　兰州教育学院学报　2015 年第 3 期

苏轼晚年诗歌中的道教环境分析　安丽霞　现代语文（学术综合版）　2015 年第 4 期

苏轼文人集团在陆游《老学庵笔记》中的历史记忆　于广杰、罗海燕　河北师范大学学报
　　（哲学社会科学版）　2015 年第 1 期

苏轼谐趣词对辛弃疾词的影响　李恒　文艺评论　2015 年第 4 期

苏轼咏茶诗的生命情境与文化意蕴　李懿　兰州学刊　2015 年第 2 期

苏轼游踪与皖江人文景观　汪黎　安徽工业大学学报（社会科学版）　2015 年第 6 期

苏轼与佛学——以其咏妻妾诗文为主　林雪云　乐山师范学院学报　2015 年第 11 期

苏轼与韩国汉诗风的转换与诗学价值选择　崔雄权　中央民族大学学报（哲学社会科学
　　版）　2015 年第 2 期

苏轼与杭州休闲文化　康保苓　齐齐哈尔大学学报（哲学社会科学版）　2015 年第 6 期

苏轼谪琼期间的养生理论与实践　余泱川、于挽平、尹明章、姚岚　医学与哲学　2015 年第
　　5 期

苏轼制诰文中的情趣　贾喜鹏　乐山师范学院学报　2015 年第 9 期

苏轼智开"惠民药局"　刘永加　人才资源开发　2015 年第 1 期

苏轼转化《诗经》"思无邪"为"思无所思"的断思　陈金现　诗经研究丛刊（第 27 辑）
　　2015 年 11 月

苏轼作词原因考　张云　洛阳理工学院学报　社会科学版　2015 年第 4 期

《苏氏易传》中的形而上学思想　安文研　中国哲学史　2015 年第 3 期

苏颂"使辽诗"和"科学诗"探究　胡彦　萍乡学院学报　2015 年第 2 期

苏洵文风溯源论略　杨胜宽　江苏科技大学学报(社会科学版)　2015 年第 1 期

苏洵哲学思想研究　韩鼎基　四川文理学院学报　2015 年第 1 期

苏辙《春秋集解》对啖氏师徒《春秋》学思想的继承与发展　刘茜　哲学研究　2015 年第
　　10 期

苏辙《诗集传》并非"不采《诗序》续申之辞"　程建、王宏蕊　文艺评论　2015 年第 8 期

苏辙肺病诗医案价值探析　王水香、陈洁琼　湖南科技学院学报　2015 年第 11 期

苏辙流寓岭南的情感状态　彭洁莹　中国社会科学报　2015 年 3 月 18 日第 B06 版

苏辙散文以"水"为喻及与苏轼同类文之比较和意义　张国荣　乐山师范学院学报　2015
　　年第 5 期

苏辙题画诗探析　訾希坤　天中学刊　2015 年第 4 期

苏辙与宋代士大夫的学术精神　李天保　兰州学刊　2015 年第 5 期

俗情与写真:宋代雕塑风格探析　汤箬梅　兰台世界　2015 年第 9 期

肃府本《淳化阁帖》　俄军　文物天地　2015 年第 4 期

"素以为绚"观念影响下宋代陶瓷审美特征考究　李黎　兰台世界　2015 年第 18 期

隋唐宋元时期佛教在绍兴的传播、承祧与流变　冯建荣　绍兴文理学院学报(哲学社会科
　　学)　2015 年第 1 期

孙复的经学思想探源　邢起龙　湖北第二师范学院学报　2015 年第 4 期

T

台湾文化传承与宋代福州——以临水夫人信仰及相关传统工艺为中心　韩桂华　闽江学院
　　学报　2015 年第 1 期

太极图与太极岩关系之谜　胡良文　民心　2015 年第 4 期

《太平广记》中龙宫取宝故事及其文化内涵　李婷　濮阳职业技术学院学报　2015 年第
　　6 期

泰戈尔与苏轼诗歌宗教思想比较分析　卢迪　长春大学学报　2015 年第 1 期

泰州儒学的创新精神及其启蒙意义　张树俊　连云港师范高等专科学校学报　2015 年第
　　2 期

谈几位被疏于关注的宋代音乐家　曾美月、陈俊如　天津音乐学院学报　2015 年第 1 期

谈两宋园林的艺术特色　许大为、张雨泽　山西建筑　2015 年第 9 期

谈柳永俗词对元曲的影响　徐艳　兰州教育学院学报　2015 年第 2 期

谈宋代美学思想在《冬日戏婴图》中的体现　崔巍　辽宁师专学报(社会科学版)　2015 年
　　第 4 期

谈苏、黄、米的书学思想的关联性　吴彩虹、陈开政　书法赏评　2015 年第 1 期

谈晏几道和秦观词的个性色彩　周垚、齐程花　成都师范学院学报　2015 年第 2 期

《谈艺录》:"宋调"一脉的艺术展开论　侯体健　文学评论　2015 年第 2 期

谭子兴所处朝代考　谭忠国、李云安　怀化学院学报　2015 年第 2 期

探究宋朝大晟府对宫廷雅乐繁荣的影响　王任亚　兰台世界　2015 年第 18 期

探讨崔白《寒雀图》的形式美的构成方式　杨彩云　现代装饰(理论)　2015 年第 11 期

探析南戏《张协状元》　余复生　中国戏剧　2015 年第 11 期

探析宋代理学发展与书院的关系　王慧慧、刘晓杰　兰台世界　2015 年第 15 期

探析宋代漏泽园的防疫作用　杜菁、梁永宣、孟永亮　中国中医基础医学杂志　2015 年第 9 期

探析苏轼的自省与自嘲对其人生态度的影响　王娟　学理论　2015 年第 5 期

《汤河文化丛书》序　王曾瑜　岳飞文化研究　中州古籍出版社　2015 年

唐初与宋初帝王谶谣对比研究　郑俊一　太原师范学院学报（社会科学版）　2015 年第 4 期

唐传奇和宋元话本中女性形象的差异性研究　林雪云、陈晴晴　福建师大福清分校学报　2015 年第 6 期

唐代都市世俗娱乐场所与"说话"的兴起——兼论唐代"市人小说"并非宋代"说话"之先声　宋常立　河北学刊　2015 年第 1 期

唐庚惠州诗中的抒情主人公形象管窥——以杂诗二十首为例　余红芳　铜仁学院学报　2015 年第 3 期

唐教坊俗乐二十八调与白石歌曲旁谱宫调关系考论　周韬　安徽师范大学学报（人文社会科学版）　2015 年第 2 期

唐君毅论朱子学中的"人心与道心"　蔡家和　宜宾学院学报　2015 年第 11 期

唐慎微与《经史证类备急本草》　相鲁闽　河南中医　2015 年第 10 期

唐诗宋词里的端午节　钟芳　中国消防　2015 年第 11 期

唐诗宋词之孤竹古国意象群综述　安静　兰台世界　2015 年 36 期

《唐书释音》特殊音注与宋代通语音研究　吕胜男　佳木斯大学社会科学学报　2015 年第 1 期

《唐书直笔》及其与《新唐书》关系考　王东　中国典籍与文化　2015 年第 1 期

唐宋"口号"诗考论　刘湘兰　文史哲　2015 年第 4 期

唐宋词学批评中的本色论　岳淑珍　中州学刊　2015 年第 11 期

《唐宋词的女性化特征演变史》札记——再论词的起源和词体的演进　刘宗科　名作欣赏　2015 年第 20 期

唐宋古文金代传承论　王永　民族文学研究　2015 年第 1 期

唐宋徽州程灵洗的神话故事考　丁希勤　安徽史学　2015 年第 2 期

唐宋间国家投龙仪之变迁　谢一峰　宋史研究论丛（第 16 辑）　河北大学出版社　2015 年 8 月

唐宋科技繁荣：政府行为与创新环境　刘尚希、韩凤芹、史卫　财政研究　2015 年第 5 期

唐宋女性服饰文化的转型　王芙蓉、余卫华　兰台世界　2015 年第 12 期

唐宋日常友谊诗词研究　王骞　衡水学院学报　2015 年第 5 期

唐宋儒学复兴运动中的《史通》批判　王嘉川　天津社会科学　2015 年第 6 期

唐宋诗禅交融现象成因探析　刘艳芬、吴广昊　济南大学学报（社会科学版）　2015 年第 1 期

唐宋诗词中草意象的丰富内蕴　王小艳　延安大学学报（社会科学版）　2015 年第 6 期

唐宋诗学转关视野下的常建诗歌论　杨霖　安徽文学（下半月）　2015 年第 5 期

唐宋时期敦煌行药法再探　僧海霞　南京中医药大学学报（社会科学版）　2015 年第 1 期

唐宋时期宣歙池地区文化用品制造业的兴衰变迁——以笔、墨、纸、砚为例　董明　池州学院学报　2015 年第 1 期

唐宋文人代书诗的诗学价值与文化考察　徐立昕　乐山师范学院学报　2015 年 11 期

唐宋文学中的儒学人文思想——评《唐宋文学导读》　徐健　中国教育学刊　2015 年 01 期

唐宋香具的材质与工艺研究　魏洁、顾平、马小雯　南京艺术学院学报（美术与设计）
　　2015 年第 6 期

唐宋元诗歌韵律式情感意义的态度系统分析　许文涛　外文研究　2015 年第 4 期

唐宋之变:禅宗与 9—11 世纪的中国画论——兼论禅宗和古典中国美学的关系　李想　石
　　家庄学院学报　2015 年第 5 期

唐宋之际道教的变化对文人创作的影响——以李白和苏轼为例　刘政　河北工程大学学报
　　（社会科学版）　2015 年第 1 期

唐宋中国禅宗寺院建筑布局特征研究　党蓉、程安玮　甘肃科技　2015 年第 24 期

滕子京留下的精神财富　陈湘源　岳阳职业技术学院学报　2015 年第 1 期

体验主义视域下对朱熹道德理论家庭模型的探析　张寿　东疆学刊　2015 年第 4 期

天·地·人——从文学创作角度比较陶渊明、苏轼、李白的思想特点　传红　重庆工贸职业
　　技术学院学报　2015 年第 3 期

天变灾异与熙宁变法　张建民　安徽史学　2015 年第 4 期

天波杨府与杨家将文化的传承和发展　秦璇　兰台世界　2015 年第 16 期

天道根源与价值意义—论朱子《仁说》的核心问题　江求流　朱子学刊　2015 年第 2 期

天理人欲　几微之间——从互文性角度透视不同文本中朱熹"天理""人欲"思想的表述区
　　别与内在统一　周王蕈　时代文学（下半月）　2015 年第 9 期

天命图说的精华——《心通性情图》　安琉镜　儒教思想文化研究　60 卷　2015 年

天庆观、兴化禅院与天申圣节——以《宋人佚简》为中心　张重艳　山西档案　2015 年第
　　1 期

天人之际——宋代绘画中的云烟转喻和提喻　沈亚丹　东南大学学报（哲学社会科学版）
　　2015 年第 1 期

"天水一朝"的休闲浮世绘　刘巍　中国社会科学报　2015 年 3 月 4 日第 A5 版

天下与国家:试论南宋初年五岳祀典双轨体制的形成　谢一峰　史林　2015 年第 1 期

《桃花鸳鸯图》轶事　万君超　中国文化报　2015 年第 4 期

《题琵琶亭》《送客西陵》作者考　陈才智　中国典籍与文化　2015 年第 1 期

《铜人腧穴针灸图经》针灸学术思想探析　李成文、潘思安、卢享君、赵钊、常小荣　中医药
　　学报　2015 年第 1 期

突转与断片:陆游七绝的构思方式与题材选择　诸雨辰　中国韵文学刊　2015 年第 3 期

退溪《圣学十图》的道德哲学基础　吴知朵　东西哲学研究　76 卷　2015 年

退溪李楔的"感性哲学"——以天观念为中心　尹天根　退溪学报　138 辑　2015 年

退溪李混对"理发"与"理自到"的联想理解　姜卿显　哲学论集　40 辑　2015 年

W

挖掘、整理、再解读:"新史学"观的一次成功实践——评曾美月《宋代笔记音乐文献史料价
　　值研究》　李大鹏　南京艺术学院学报（音乐与表演）　2015 年第 2 期

晚宋词学的理论分歧与清空词风　孙虹、冉丹　社会科学研究　2015 年第 4 期

晚宋士大夫变节之风述论　喻学忠　重庆师范大学学报（哲学社会科学版）　2015 年第
　　3 期

万古长空一片心——从诗、文论李侗对朱熹的影响　林佳蓉　朱子文化　2015 年第 3 期

万化归一是平淡——论苏轼诗歌理论历程　陈玲玲　现代语文（学术综合版）　2015 年第 7 期

万里桥:宋代文人的成都经验与城市印象及其景观书写　杨挺　阿坝师范高等专科学校学报　2015 年第 2 期

万物传神:邓椿绘画美学观管窥　刘世军　文艺评论　2015 年第 1 期

万物传神:邓椿绘画美学观管窥　刘世军　中华文化论坛　2015 年第 3 期

万长松等参加"宋代科技与李约瑟之谜"学术研讨会暨河北省科学技术史学会第一届年会　文法　中国社会科学研究论丛　2015 卷第 5 辑

王安石"三舍法"在宋代教育事业中的作用　曾诚、庞琳　兰台世界　2015 年第 15 期

王安石禅诗的美学价值　刘洋　郑州大学学报（哲学社会科学版）　2015 年第 3 期

王安石关于经典诵读与诠释的现代意义　郭红超　商丘职业技术学院学报　2015 年第 3 期

王船山对"古今之争"的思考及其当代意义　孙钦香　哲学分析　2015 年第 2 期

王夫之对朱熹"诚意""正心"思想的修正与发展　周兵　船山学刊　2015 年第 6 期

王衮及其《博济方》　相鲁闽　河南中医　2015 年第 7 期

王教头、林教头、洪教头……　采薇　教育实践与研究（A）　2015 年第 9 期

王明清笔记著作中的文学思想研究　张瑞君、韩凯　西南大学学报（社会科学版）　2015 年第 5 期

王献之《鸭头丸》帖后宋高宗赞语考证　汪龙辉　黑龙江史志　2015 年第 1 期

王阳明心学与早年郭沫若同苏轼思想的承变关系研究　申东城　郭沫若学刊　2015 年第 1 期

王逸、洪兴祖对屈赋之"诗"的误释及影响　邓稳、范佳　中华文化论坛　2015 年第 3 期

王与之《周礼订义》的宋学特征及学术价值　潘斌　古籍整理研究学刊　2015 年第 6 期

王禹偁《端拱箴》的文化史与文学史意义　贺同赏、张丽丽　唐山学院学报　2015 年第 5 期

王原祁"宋法元趣"的内涵——兼论宋元山水画表达途径的差异　蒋志琴　中国书画　2015 年第 12 期

王正功:最早让桂林山水"甲天下"的人　唐湘屏　农家之友　2015 年第 2 期

王之涣作《登鹳雀楼》? ——千古名诗原作者考辨　李裕民　史志学刊　2015 年第 1 期

王植"太虚"三层说对张载本体论的诠释　张瑞元　宝鸡文理学院学报（社会科学版）　2015 年第 5 期

王质《诗总闻》体现的学术思想与方法　黄丹丹　中北大学学报（社会科学版）　2015 年第 2 期

王质以人情解《诗》研究　杨秀礼　诗经研究丛刊（第 28 辑）　2015 年 12 月

王铚《默记》的资鉴用意——对侬智高李筠反叛事件等记载的对比透析　葛雅萍　语文建设　2015 年第 30 期

王铚骈文典故理论考说　莫道才　文学遗产 2015 年第 2 期

王重阳诗词中有关白鹿观情况的考述　赵国庆　宗教学研究　2015 年第 4 期

《望海潮》与完颜亮侵宋的文化建构探微　许龙波　赤峰学院学报（汉文哲学社会科学版）　2015 年第 6 期

微观历史地理研究的一部力著——评《两宋萧山渔浦考》 王建新 浙江大学学报(人文社会科学版) 2015 年第 6 期

《维摩诘经》对苏轼的影响 杨瑰瑰 黄冈职业技术学院学报 2015 年第 4 期

韦庄与秦观词之比较 吕琼 濮阳职业技术学院学报 2015 年第 4 期

为"官拍"进一解 于韵菲 音乐研究 2015 年第 4 期

为"目不识丁"一辩 李凤能 文史杂志 2015 年第 5 期

为官之道看东湖 伍松乔 四川党的建设(城市版) 2015 年第 1 期

为权力书写:南宋文人与佛教寺院——以南宋浙江寺记为中心 赵军伟 江西社会科学 2015 年第 10 期

维摩天女像 赵启斌、朱同、李公麟 老年教育(书画艺术) 2015 年第 11 期

文本之外的声音:黄庭坚诗歌自注中的诗学思想 刘青 湖州师范学院学报 2015 年第 11 期

文格与人格:唐宋思想转型背景下元稹形象的建构 田恩铭 求索 2015 年第 9 期

文化呈现与权力运作——宋代冬至南郊诗的文本阐释 李懿 三峡大学学报(人文社会科学版) 2015 年第 3 期

文化视域下宋代娱乐体育成因探析 邵珠彬 体育科技文献通报 2015 年第 7 期

文明的起源——宋代学者的历史哲学 张京华 南华大学学报(社会科学版) 2015 年第 1 期

文人的"谢幕词" 陈鲁民 思维与智慧 2015 年第 17 期

文坛小花 其香亦远 郭超 兰台世界 2015 年第 27 期

文天祥《草书谢昌元座右辞卷》赏析 郭世娴 中国书画 2015 年第 5 期

文天祥《过零丁洋》新解 马文增 现代语文(学术综合版) 2015 年第 6 期

文天祥《集杜诗》的史学价值探析 焦斌 赤子(上中旬) 2015 年第 20 期

文天祥诗史观与性情观初探——以《文山诗史》为例 王妍卓 前沿 2015 年第 2 期

文心史识开生面 剥茧抽丝任纵横——评胡传志《宋金文学的交融与演进》 郑虹霓 中国韵文学刊 2015 年第 4 期

文学、文字学、哲学札记各一则 鲁国尧 浙江大学学报(人文社会科学版) 2015 年第 2 期

文学地理视阈下的周必大《归庐陵日记》 顾宝林、陈淑红 江西社会科学 2015 年第 7 期

文学地理学视域下的《清真词》解读 朱长英 齐鲁学刊 2015 年第 3 期

文学界对朱子诗的吸收与应用——以《观书有感》为中心 郑羽洛 退溪学与儒教文化 57 卷 2015 年

文学评论中的朱熹文学教育思想 李路芳 哈尔滨职业技术学院学报 2015 年第 6 期

文学与地理空间的互动——以《吴船录》、《石湖诗集》与《方舆胜览》为例 段天姝 云南大学学报(社会科学版) 2015 年第 6 期

文彦博诗歌特色的形成原因 李莉 开封教育学院学报 2015 年第 11 期

文以序传:宋人文集序跋意识自觉化及其影响 梅华 安徽师范大学学报(人文社会科学版) 2015 年第 1 期

文艺复兴在宋代 李冬君 经济观察报 2015 年 2 月 9 日第 44 版

文莹笔记中的文学思想 张瑞君、孙健 重庆师范大学学报(哲学社会科学版) 2015 年第

徐铉文学思想论略　王通　辽宁教育行政学院学报　2015 年第 6 期

许学夷《诗源辩体》对梅尧臣诗歌的批评接受　孙盼盼　绥化学院学报　2015 年第 9 期

叙事象征入情入境——品读《宋代叙事画研究》　李仁　中国出版　2015 年第 7 期

《续资治通鉴长编》四库底本之发现及其文献价值　苗润博　文史　2015 年第 2 期

《续资治通鉴长编》载"刘随罚铜事"质疑　仝相卿　宋史研究论丛(第 17 辑)　河北大学出
　　版社　2015 年 12 月

薛季宣《书古文训》研究　陈良中　中国历史文献研究会专题资料汇编　2015 年 6 月

薛季宣诗初探　陈增杰　温州大学学报(社会科学版)　2015 年第 5 期

薛绍彭收藏交往考　杨家伟　中国书法　2015 年第 15 期

薛绍彭书法编年与相关问题　卢慧纹　中国书法　2015 年第 15 期

薛绍彭书法鉴赏　张国宏　秘书　2015 年第 12 期

薛绍彭作品考释　曹宝麟　中国书法　2015 年第 15 期

学术三分与唐宋以来新学术思想体系的建立　张德建　社会科学家　2015 年第 12 期

"学者"滋味与张栻书法思想体系构建　杨万里　内蒙古大学学报　2015 年第 1 期

《雪江归棹图》的流传　王健　大匠之门 4　2015 年 2 月

荀子人性论的内涵、实质及其意义—兼与朱熹人性论的比较　谢胜旺　湖北社会科学
　　2015 年第 6 期

《寻访东坡踪迹》序评　张志烈　阿坝师范高等专科学校学报　2015 年第 4 期

《讯囚》折射的吏治腐败　杨孟冬　前进　2015 年第 4 期

Y

雅乐复古的实践——浅析北宋"景祐议乐"　闫好丽　现代语文(学术综合版)　2015 年第
　　1 期

严辨释教——陆九渊判别佛教考　韩兴波　哈尔滨学院学报　2015 年第 9 期

严羽"妙悟说"浅析　何正安　牡丹江教育学院学报　2015 年第 2 期

颜庚款《钟馗嫁妹图》考辨　胡雪琪　文物鉴定与鉴赏　2015 年第 6 期

颜回"深潜淳粹"美誉之考辨——从《朱子语类》看朱熹 的分析　杨建祥　孔孟月刊
　　2015 年 12 月

晏几道词中的自画像　郭艳芳　洛阳师范学院学报　2015 年第 7 期

晏殊、欧阳修"采莲"词论略　诸葛忆兵　文艺研究　2015 年第 4 期

晏殊词与冯延巳词之比较　李真真　岳阳职业技术学院学报　2015 年第 2 期

晏殊平议——兼论晏殊作品的评价问题　邵明珍　华东师范大学学报(哲学社会科学版)
　　2015 年第 4 期

晏殊诗词的意象画卷　肖奉仪　今日海南　2015 年第 11 期

燕居焚香:宋代文人与香炉造物　张婷　山西档案　2015 年第 1 期

阳江南宋文化研究　梁涛　特区实践与理论　2015 年第 2 期

阳明心学对程颐的借鉴及其思想联系　何静　哲学研究　2015 年第 9 期

杨家将故事研究述评　杨凡　绥化学院学报　2015 年第 5 期

杨简对陆九渊心学的超越　蔡方鹿、叶俊　哲学研究　2015 年第 7 期

杨时"中"论发微　刘京菊　中国哲学史　2015 年第 1 期

杨时道学视域中的儒家末学及其文化意涵　包佳道　深圳大学学报(人文社会科学版)

2015 年第 1 期

杨时的道统观及其文化意涵　包佳道　现代哲学　2015 年第 3 期

杨时的仁学思想及其理论问题　申绪璐　中国哲学史　2015 年第 2 期

杨时理学视域中的"异端"　包佳道　兰台世界　2015 年第 3 期

杨时理学思想的内在冲突　刘京菊　探索与争鸣　2015 年第 2 期

杨时儒学思想探析　包佳道　南昌大学学报（人文社会科学版）　2015 年第 1 期

杨时诗歌审美意蕴论析　邱蔚华　北京工业大学学报（社会科学版）　2015 年第 2 期

杨时著作古今公私书目汇编　方彦寿　朱子文化　2015 年第 3 期

杨万里茶诗的文化探析　彭庭松　农业考古 2015 年第 5 期

杨万里诗歌创作论探析　马海音、陆双祖　甘肃广播电视大学学报　2015 年第 1 期

杨万里诗歌的童趣与理趣　黄真金、卢艳丹　语文建设　2015 年第 4 期

杨万里诗中的淮河风貌　邱瑰华　淮北师范大学学报（哲学社会科学版）　2015 年第 5 期

杨万里易学诠释特色之"引史证易"探析　姜含琪　周易研究　2015 年第 3 期

杨亿"文格"平议——以制诰文为考察中心　陈元锋、朱长英　赣南师范学院学报　2015 年
　　第 1 期

佯狂作癫绝俗流——米芾的书法故事　吴克敬　中国书法　2015 年第 8 期

姚宽《西溪丛语》杜诗批评研究　张慧琴　牡丹江大学学报　2015 年第 10 期

也论宋初三朝的学士词　张骁飞　文学评论　2015 年第 4 期

也谈《清明上河图》中"少马无羊"——对黄仁宇先生的一点质疑　张显运　福建师范大学
　　学报（哲学社会科学版）　2015 年第 4 期

也谈坊市制及宋初词坛沉寂原因　符继成　文学遗产　2015 年第 2 期

也谈苏轼《西江月》的写作时地问题　刘亮　古典文学知识　2015 年第 5 期

叶嘉莹"兴发感动"说的阐释学观照——以叶嘉莹赏评欧阳修词的个案研究为例　王存弟
　　名作欣赏　2015 年第 15 期

叶适《论语》记言分析　侯本塔　琼州学院学报　2015 年第 1 期

叶适《诗经》研究释论　陈光锐　安徽农业大学学报（社会科学版）　2015 年第 2 期

叶适的学术批判及其学术造诣　管明清、周薇　兰台世界　2015 年第 12 期

叶适诗歌艺术特色述论　陈光锐　兰州文理学院学报（社会科学版）　2015 年第 1 期

叶适政论散文的艺术成就　陈光锐　安徽广播电视大学学报　2015 年第 2 期

一部渗透道德教育精神的文学研究专著——读《朱熹文学思想研究》　时名　早教育观察
　　（上半月）　2015 年第 7 期

一部朱子学研究的必备书籍——读张立文先生主编的《朱熹大辞典》　段海宝　社会科学
　　战线　2015 年第 4 期

一次最高规格的面试　赵廷禄　老年教育（书画艺术）　2015 年第 1 期

一代词宗周邦彦的宁波情结　赵晨沙　宁波通讯　2015 年第 19 期

一个被忽略的天才巨匠　张瑞彬　老年教育（书画艺术）　2015 年第 9 期

一派雅致天然——浅谈宋代文人园林　王巧、余鹏、侯方堃　四川建筑　2015 年第 1 期

《夷坚志》杭州志怪故事简析　吴铮强　宋代笔记国际学术研讨会　2015 年 8 月 21—23 日

《夷坚志》所见宋代僧道的另一面（上）　刘树友　宋史研究论丛（第 17 辑）　河北大学出版
　　社　2015 年 12 月

《夷坚志》所见之宋代骗术　吴志浩　兰台世界　2015 年第 32 期

一曲悲怆的命运之歌——另读《岳阳楼记》　周宗奇　名作欣赏　2015 年第 4 期

一曲唱和话城南　华宁　紫禁城　2015 年第 9 期

一首壮词中的幻灭迷梦——浅析苏轼《念奴娇·赤壁怀古》　陈国华　语文教学通讯（学术刊）　2015 年第 7 期

"以禅论书"——黄庭坚书法的美学意义　何薇　艺术科技　2015 年第 3 期

"以赋为词"新论　郑虹霓　江西师范大学学报（哲学社会科学版）　2015 年第 5 期

以"境界层深创构"理论解读张孝祥的《念奴娇·过洞庭》　崔莹　语文知识　2015 年第 9 期

以"朱子读书法"解读中国文化的慕课传播　王晓华　教育文化论坛　2015 年第 6 期

以《弘治抚州府志》补遗《全宋诗》　左国春、尧娜　现代语文（学术综合版）　2015 年第 11 期

以人物个案为研究对象的北宋书法史——《北宋书家丛考》序　陈志平　书法　2015 年第 2 期

以人物为中心的宋代书法史研究　陈志平　中国书法　2015 年第 15 期

《以意逆志》说与中国古代解释论　蔡宗齐　岭南学报　2015 年

倚楼欲语话闲愁——从《全宋词》"倚"字看宋代文人心理　盛雪云、吕靖波　乐山师范学院学报　2015 年第 10 期

《瘗鹤铭》的宋代研究述评及其几点设想——以一新见碑别字为发端　王福生、马涛　美术学报　2015 年第 5 期

《瘗鹤铭》书法考辨　梁少膺　书法　2015 年第 6 期

义理与考据之间："朱陆异同"学术史的内在发展理路　陈林　求索　2015 年第 4 期

"义理先行"与"事求有据"：宋学与清代汉学之异——以道统说的成立与解构为中心　郭亚雄　理论界　2015 年第 5 期

"义""人情""礼乐器数"——朱熹论"礼"的传承与修订　冯兵　哲学动态　2015 年第 2 期

艺术批评思想的"唐宋变革"　凌继尧　美术大观　2015 年第 8 期

异时同调：杜甫、陈与义"乱后诗"创作风格论　李巍　文艺评论　2015 年第 8 期

译语之中"情""理"之外——朱熹《观书有感（其一）》英译评析　赖文斌　上饶师范学院学报　2015 年第 4 期

易安居士二题　顾农　粤海风　2015 年第 6 期

易学视域下之朱熹"理""气"关系探微　吕相国、李美玲　徐州工程学院学报（社会科学版）　2015 年第 3 期

易学哲学视域下的程颐天理本体范畴的观念进学　刘玉建　周易研究　2015 年第 4 期

意象视域下的宋徽宗绘画风格研究　李碧红　艺术百家　2015 年第 2 期

"因地制宜"理念在宋朝家纺设计中的应用　吴玲　兰台世界　2015 年第 36 期

因文化而地位：南宋"士人社会"的成立及其意义　宋燕鹏　宋史研究论丛（第 16 辑）　河北大学出版社　2015 年 8 月

因象以明理：论程颐易学的"卦才"说　张克宾　中国哲学史　2015 年第 1 期

尹焞心性思想阐微　刘俊、李敬峰　延安大学学报（社会科学版）　2015 年第 1 期

隐藏在朱子学中的阳明学：卢守慎的朱子学及其人心道心的解释　崔真德　韩国思想史学

51 辑　2015 年

英语世界的苏轼"因革"文学思想研究——以毕熙燕为中心　万燚　古代文学理论研究(第
　　41 辑)——中国文论的思想与智慧　2015 年 6 月

英语世界的苏轼《水调歌头·明月几时有》译介研究　杨玉英、郭政敏　乐山师范学院学报
　　2015 年第 7 期

营丘枯木天下无——评李成《寒林平野图》　叶海晨　中国人力资源社会保障　2015 年第
　　3 期

《营造法式》的技术源流及其与江南建筑的关联探析　张十庆　美术大观　2015 年第 4 期

《桯史》否定副词研究　顾龙飞　现代语文(语言研究版)　2015 年 4 期

永嘉文化丛与宋代儒学的新转趋　沈潜　求索　2015 年第 1 期

"永嘉杂剧"应成立于北宋　曾永义　扬州大学学报(人文社会科学版)　2015 年第 4 期

忧乐情怀留千古——纪念范文正公进学千年　詹皖、姜光斗　中国社会科学报　2015 年 3
　　月 30 日第 A8 期

尤溪朱子文化园鸟瞰图　张德遴　福建理论学习　2015 年第 10 期

尤溪朱子文化园一瞥　黄在锦、梁文彬、刘建光、严道明　福建理论学习　2015 年第 10 期

由"气格"到"气韵":宋代诗学尚"气"的两种范式　李明　大连理工大学学报(社会科学
　　版)　2015 年第 3 期

由晋祠圣母殿宋塑释析宋代服饰的审美文化　张程雅　山东社会科学　2015 年第 S2 期

由理即心——略论朱子哲学中的心灵概念对心学的预备性影响　蒋益　绍兴文理学院学报
　　(哲学社会科学版)　2015 年第 2 期

由南宋词选管窥卢祖皋在南宋词坛之历史地位　张文艳　大众文艺　2015 年第 16 期

由宋代文人园林风格浅谈今夕精神文化差异刘峥　吕洁、王历波　现代园艺　2015 年第
　　16 期

由宋代园林艺术风格管窥古代文人隐逸风尚　杨丽　兰台世界　2015 年第 21 期

由宋徽宗、李清照看北宋南渡前后的艺术　林小斐　美与时代(下)　2015 年第 1 期

由苏轼词"人生如梦"探析其人生观　徐洁　陕西广播电视大学学报　2015 年第 3 期

犹太与南宋流亡文学的比较分析　曾莉　文学教育(下)　2015 年第 10 期

游观与求道:朱熹《武夷棹歌》与朝鲜士人的理解与续作　衣若芬　中国文化研究所学报
　　2015 年第 60 期

游九言诗歌特色与理学关系探赜　陶俊　齐齐哈尔大学学报(哲学社会科学版)　2015 年
　　第 10 期

游酢"三答"的文献考辨　方彦寿　朱子文化　2015 年第 5 期

游酢《论语杂解》的理学特色　唐明贵　孔子研究　2015 年第 3 期

游酢草书与"千古之谜"　方彦寿　朱子文化　2015 年第 3 期

有史为证　可查　有诗为凭　可读　有文为据　可引　王安石故里　临川说东乡说之争谁
　　主沉浮　邓庆　中国地名　2015 年第 3 期

于《宋代唱赚〈愿成双〉谱新译》刍议　韵菲　中国音乐学　2015 年第 3 期

《渔家傲·塞下秋来风景异》写作背景考证　王亚洲　吕梁学院学报　2015 年第 6 期

与逸事的一些例子　金彦钟　退溪学报　138 辑　2015 年

"玉篇苑本"与"玉篇宋本"比勘所异考　乔辉　兰台世界　2015 年第 6 期

1 版

责任伦理——南宋诗歌的一道风景线　方秋明　太原师范学院学报（社会科学版）　2015年第1期

曾巩"尊孟"思想及诗学意义　于广杰　河北大学学报（哲学社会科学版）　2015年第3期

曾巩藏书考论　喻进芳、常毓晗　兰台世界　2015年第28期

曾巩有关高丽世次状札记载的讹误　冒志祥　南京师范大学文学院学报　2015年第4期

曾巩在福州太守任上诗文拾掇　吴用耕　福建史志　2015年第5期

曾几茶诗研究　朱洁、王思　农业考古　2015年第5期

曾熙集陆游诗对联　曾熙　书法　2015年第6期

栈道通途　千古一颂——论宋琬《栈道平歌为贾胶侯尚书作》的文学价值　王平安康学院学报　2015年第5期

湛然"无情有性"说与朱熹"枯槁有性"说的"分别说"与"非分别说"的两重真理观　刘昌佳　中国文哲研究通讯　2015年第1期

张即之书法鉴赏　张国宏　秘书　2015年第5期

张九成《孟子传》的主要特色　徐慧文、杨新勋　山东社会科学　2015年第6期

张九成《孟子传》中的君臣观及其对宋代疑孟思潮的回应　李春颖　平顶山学院学报　2015年第1期

张耒与苏辙赠别诗中的禅性表达　杨威　东北农业大学学报（社会科学版）　2015年第6期

张商英《续清凉传》禅诗研究　杜瑞平　名作欣赏　2015年第32期

张栻的性论思想辨析　肖永奎、舒也　湖北大学学报　2015年第3期

张栻朱熹暗引故训考同——以《论语解》《论语集注》为例　胡俊俊、胡琼　西部学刊　2015年第11期

张舜民《水磨赋》与王祯"水轮三事"设计之关系再探　方万鹏　文物　2015年第8期

张先诗述评　金烨　齐齐哈尔师范高等专科学校学报　2015年第6期

张孝祥书法风格成因管窥　高玥、孟宝跃　淮北师范大学学报（哲学社会科学版）　2015年第6期

张炎词集整理与清初词风演进　黄浩然　古籍整理研究学刊　2015年第4期

张载、二程"京师论《易》"探析　张金兰　陕西师范大学学报（哲学社会科学版）　2015年第2期

张载"和"思想新探——太和与感　刘绪晶、曾振宇　孔子研究　2015年第4期

张载"诗说"的诠释特色　程建　北京理工大学学报（社会科学版）　2015年第3期

张载"太虚"的价值向度与品性　张奇伟、王传林　北京师范大学学报（社会科学版）　2015年第6期

张载"相感说"之三层次探析　李文斌　阜阳师范学院学报（社会科学版）　2015年第3期

张载《西铭》及《经学理窟》中的伦理思想——从方东美的观点切入　曾春海　陕西师范大学学报（哲学社会科学版）　2015年第5期

张载《西铭》与儒家宗法共同体的想象性构建——以"亲亲尊尊"的礼秩原则为视角　符鹏　宋史研究论丛（第17辑）　河北大学出版社　2015年12月

张载《正蒙》"象"概念精析及其工夫论意义　雷博　中国哲学史　2015年第4期

张载的"大心无我""穷理尽性"的心性功夫论析解　郭锋航　宝鸡文理学院学报（社会科学版）　2015 年第 3 期

张载的学术历程及其关学思想　林乐昌　地方文化研究　2015 年第 1 期

张载对《易传》"易简"概念的解读及其哲学史意义　马鑫焱　西安石油大学学报（社会科学版）　2015 年第 3 期

张载对宋明理学的历史贡献　张茂泽　西部学刊　2015 年第 7 期

张载对先秦道家自然人性论的继承和发展　郭锋航　黑河学刊　2015 年第 9 期

张载礼学思想的阐释理路　刘永青　甘肃社会科学　2015 年第 1 期

张载礼学思想探论　潘斌　社会科学研究　2015 年第 6 期

张载伦理思想：修养论和境界论　孔润年　宝鸡文理学院学报（社会科学版）　2015 年第 1 期

张载气论研究　沈顺福　齐鲁学刊　2015 年第 2 期

张载人性论及其伦理困境　赛子豪　三门峡职业技术学院学报　2015 年第 2 期

张载人性论与本体论之关系及其伦理意义　陈攀宇、王经纬　学理论　2015 年第 10 期

张载思想的概化与延展：文化治理功能的地方性实践——基于陕西省眉县横渠镇 W 村的实证调研　韩庆龄、宣朝庆　人文杂志　2015 年第 10 期

张载易学鬼神观新探　辛亚民　世界宗教研究　2015 年第 6 期

张载与福斯特之自然观比较及其生态启示　陈云　云南社会科学　2015 年第 6 期

张载与王安石：熙宁变法中的温和派与激进派　卢有才　南昌大学学报（人文社会科学版）　2015 年第 3 期

张载哲学的"名"观念析论　张新国　宝鸡文理学院学报（社会科学版）　2015 年第 3 期

张载哲学的"象"观念析论　张新国　商丘师范学院学报　2015 年第 2 期

张载哲学的宇宙论思想探析　孙光耀　商　2015 年第 20 期

张载治世思想研究　陈欣　黑龙江史志　2015 年第 7 期

张择端、宋徽宗与《清明上河图》　余辉　中国文物报　2015 年 10 月 20 日第 5 版

张择端《清明上河图》创作时间刍议——兼与曹星原先生商榷　刘凯　阅江学刊　2015 年第 2 期

张择端《清明上河图》卷跋文考释——兼考图文之遗缺　余辉　故宫博物院院刊　2015 年第 5 期

张择端清明上河图的画里画外　余辉　收藏家　2015 年第 12 期

张政烺师杂忆　王曾瑜　想念张政烺　新世界出版社 2015 年

赵抃与苏轼——兼谈传统中国雅文化与清官循吏产生之关系　谭平　中华文化论坛　2015 年第 4 期

赵伯驹青绿山水画特色研究　郭原　艺术科技　2015 年第 11 期

赵蕃"论诗诗"的批评方法及其特色　李锋　中南民族大学学报（人文社会科学版）　2015 年第 1 期

赵构书法鉴赏　张国宏　秘书　2015 年第 6 期

赵孟坚书法鉴赏　张国宏　秘书　2015 年第 8 期

赵孟頫绘画艺术研究　宋杨　美与时代（中）　2015 年第 10 期

赵孟頫美学思想的影响　张亚楠　美术教育研究　2015 年第 18 期

《赵氏孤儿》中侠义精神研究　邹朝斌、纪君祥　贵州师范学院学报　2015 年第 5 期

赵智凤宗教石刻艺术思想与宝顶摩崖造像　肖宇窗　美术观察　2015 年第 8 期

哲学家张载与"天人合一"　姜兴、崔卫峰　兰台世界　2015 年第 3 期

真德秀《心经》与韩国儒学　朱人求　哲学动态　2015 年第 4 期

真德秀所撰文集序跋探析　梅华　牡丹江师范学院学报（哲学社会科学版）　2015 年第
　　1 期

斟酌于辨异细化与宏观综括之间——宋代文体分类论略　谷曙光　中国文化研究　2015
　　年第 6 期

蒸馏酒不是女真人发明的　陈士平　黑龙江史志　2015 年第 24 期

"正邪两赋论""金陵十二钗"渊源补论　王光福　红楼梦学刊　2015 年第 3 期

正月斗杓初转势——论宋代《渔家傲》十二月节词的创制　沙振坤　名作欣赏　2015 年第
　　14 期

郑思肖《心史》在朝鲜半岛　陈福康　中华文史论丛　2015 年第 1 期

郑思肖诗歌中的儒释道思想探析　刘欢　文化与传播　2015 年第 2 期

政治视域下南宋人物画的几种使用功能　冯鸣阳　美术学报　2015 年第 5 期

"职官制度"对南宋院体绘画写实及兴盛的影响　袁志正　兰台世界　2015 年第 27 期

脂粉艺术与宋代女性的面妆之美　纪昌兰　国学第三集　2015 年

纸抄文本向印刷文本转变过程中的撰述与出版特点——《文粹》编纂与流传过程考述　查
　　屏球　赣南师范学院学报　2015 年第 2 期

制度作用使北宋儒学成为主流　简满屯　中国社会科学报　2015 年 3 月 9 日第 A6 版

致用为本——宋代点茶具的适用性设计　隋璐　农业考古　2015 年第 5 期

中国传统家具木作结构与工艺解析——宋代玫瑰椅　王迪、朱洁冰　林产工业　2015 年第
　　9 期

中国古代活塞式风箱出现的年代新考　史晓雷　中国科技史杂志　2015 年第 1 期

中国古代瘟疫史研究新进展——《宋代瘟疫的流行与防治》评介　李伟霞　中国中医药图
　　书情报杂志　2015 年第 6 期

中国古典文学经典传播的定量分析——论王兆鹏等著《宋词排行榜》的四维空间　苗贵松
　　常州工学院学报（社科版）　2015 年第 3 期

中国美学民族特征和历史轨迹的个案探索——评《宋代乐论研究》　曹成竹　文艺评论
　　2015 年第 6 期

中国民族文化对宋代服饰的影响　孟小良　黑龙江史志　2015 年第 1 期

中国宋代缺陷美研究　伏高　大众文艺　2015 年第 12 期

中国眼镜历史再探讨:南宋是否有老人戴眼镜看书（上）　赵孟江　中国眼镜科技杂志
　　2015 年第 19 期

中国眼镜历史再探讨:南宋是否有老人戴眼镜看书（下）　赵孟江　中国眼镜科技杂志
　　2015 年第 21 期

中国中古时期音乐教育机构的演进与思考　原媛　乐府新声（沈阳音乐学院学报）　2015
　　年第 3 期

"中国抒情传统"视域下的南宋词再评价——以高友工、林顺夫的论述为例　石了英　南京
　　师范大学文学院学报　2015 年第 3 期

中华雅玩典籍——《古玉图谱》　万方　书屋　2015 年第 6 期

中华雅玩典籍——《泉志》　万方　书屋　2015 年第 9 期

中华雅玩典籍——《宣和画谱》　万方　书屋　2015 年第 1 期

中华雅玩典籍——《宣和书谱》　万方　书屋　2015 年第 2 期

中华雅玩典籍——《云林石谱》　万方　书屋　2015 年第 4 期

中日古代女性的文学书写与佛教——以朱淑真与藤原道纲母为例　陈燕　日语学习与研究　2015 年第 2 期

中晚唐诗歌的设色对宋词创作的影响　李洋　许昌学院学报　2015 年第 1 期

中英诗歌比较——雪莱的《孤禽哭爱侣》和苏轼的《卜算子》　李琳　亚太教育　2015 年第 20 期

《中庸》"政犹蒲卢"郑、朱注之歧异与会通　杨少涵　中山大学学报（社会科学版）　2015 年第 5 期

中原画风对五代北宋绘画传统的继承及其现实意义——从当下的"画派热"谈起　李东岳　国画家　2015 年第 6 期

重庆钓鱼城宋代诗歌析论　孙丰琛、唐斌　大庆师范学院学报　2015 年第 2 期

周邦彦词的意象组合方式及审美观照　薛文素　河南机电高等专科学校学报　2015 年第 3 期

周邦彦抒情手法的特色与形成原因探究　田郁涵　现代交际　2015 年第 8 期

周必大女性墓志铭中的女性形象　魏琼琼　武夷学院学报　2015 年 10 期

周必大游记类日记文探微——以《泛舟游山录》《乾道壬辰南归录》为中心　陈芳芳　苏州教育学院学报　2015 年第 6 期

周必大与范成大诗歌创作比较研究　谷跃东　榆林学院学报　2015 年第 1 期

周敦颐"孔颜乐处"思想探微　丁晓慧、解光宇　黄山学院学报　2015 年第 1 期

周敦颐道学宗主地位的确立　周欣　学海　2015 年第 4 期

周敦颐与《太极图说》　朱惠芳　湘南学院学报　2015 年第 6 期

周敦颐与修身教育　黄亦君　教育文化论坛　2015 年第 4 期

周易卦序的对称结构探赜——邵雍先天图的数学解析和应用　罗见今　高等数学研究　2015 年第 4 期

《周易》损益思想与朱熹的处世之道　吴孔宝　朱子文化　2015 年第 5 期

朱道士妙用竹筒　中国中医药现代远程教育　2015 年第 11 期

朱陆鹅湖之会异同新探　朱光磊　中州学刊　2015 年第 9 期

朱陆异同论的历史形态考察　徐公喜　江淮论坛 2015 年第 6 期

朱淑真与张玉娘词作比较探究　卞波　兰州工业学院学报　2015 年第 6 期

朱熹、王阳明的格物之说及其美学可能　刘竞飞、刘月明　社会科学论坛　2015 年第 8 期

朱熹："集大成"还是"别子为宗"——以冯友兰、牟宗三、钱穆的不同表述为中心　乐爱国　社会科学家　2015 年第 12 期

朱熹"灯笼比喻"与宋代理学的人性观　申冰冰　宁夏社会科学　2015 年第 3 期

朱熹"罕言命"　史少博　中国社会科学报　2015 年 5 月 4 日第 A6 版

朱熹"理一分殊"的文字观念　杨万里　华夏文化　2015 年第 4 期

朱熹"诗"学通论　郝永　西南民族大学学报（人文社会科学版）　2015 年第 3 期

朱熹"时习"教学思想及其启示　彭燕凌　重庆第二师范学院学报　2015 年第 3 期

朱熹"以《诗》说《诗》"之经典还原论及其意义　刘原池　诗经研究丛刊（第 27 辑）
　　2015 年

朱熹"中和新说"与关学关系探微　刘学智　哲学研究　2015 年第 12 期

朱熹"尊理体道"的教育心理思想发展及影响　张有龙　兰台世界　2015 年第 18 期

朱熹《沧洲精舍谕学者》对现代教育的启示　拾景欣　教育观察（上半月）　2015 年第 8 期

朱熹《大学》教育思想析论　侯雪娟　大叶大学通识教育学报　2015 年第 15 期

朱熹《大学章句》"诚意"注解定本辨析　陈林　孔子研究　2015 年第 2 期

朱熹《四书集注》语言诠释方法论的建构与运用　周光庆　武汉大学学报（人文科学版）
　　2015 年第 6 期

朱熹《小学》中的德育教育方法及其当代价值　郝金金　教育探索　2015 年第 6 期

朱熹《易》学与理学的交涉：以取义、取象说和理本论的关系为例　周欣婷　东吴中文学报
　　2015 年第 29 期

朱熹《玉山讲义》文旨解析　刘小红　黄山学院学报　2015 年第 6 期

朱熹财政经济思想刍议　林晓梦　福建教育学院学报　2015 年第 4 期

朱熹辞赋通论　郝永　河南大学学报（社会科学版）　2015 年第 5 期

朱熹道德教化思想及其当代价值　王善　兰台世界　2015 年第 27 期

朱熹道德教育思想的研究　张岩　教育参考　2015 年第 4 期

朱熹的"心即理"及其与"性即理"的关系——兼论朱陆之异同　乐爱国　徐州工程学院学
　　报（社会科学版）　2015 年第 2 期

朱熹的茶诗述评　罗爱华、林翠玲　农业考古　2015 年第 5 期

朱熹的风格论平议　陈聪发　古代文学理论研究（第 40 辑）——中国文论的思想与智慧
　　2015 年 6 月

朱熹的核心价值观探微　林建峰　泉州师范学院学报　2015 年第 5 期

朱熹的家庭教育思想启示　李学隆　邢台学院学报　2015 年第 1 期

朱熹的人文教育思想及其现实意义　林建峰　华北水利水电大学学报（社会科学版）
　　2015 年第 3 期

朱熹的孝亲观念及其现代意义　李毅婷　闽台文化研究　2015 年第 1 期

朱熹的形上学：解释性的而非基础主义的　黄勇、崔雅琴　社会科学　2015 年第 1 期

朱熹对"《诗》教"的理学论证　董学美　鹅湖　2015 年第 6 期

朱熹对"干禄文风"的批判——以其书院教学为中心　董晨　西部学刊　2015 年第 12 期

朱熹对《仪礼·士相见礼》篇贾公彦疏文之改写与重编　张经科　通识教育学报　2015 年
　　第 1 期

朱熹对程颐易学思想之开展　刘原池　人文社会科学研究　2015 年第 2 期

朱熹对待扬雄与《反离骚》态度及其原因探析　徐涓　湖北大学学报（哲学社会科学版）
　　2015 年第 2 期

朱熹对书法与诗文贯通一气的审美追求——以劲健雄浑之笔力为中心　杨万里　暨南学报
　　（哲学社会科学版）　2015 年第 7 期

朱熹对俗语的研究及运用特征　张枫林　平顶山学院学报　2015 年第 3 期

朱熹对颜回"创业之材"之考辨　杨建祥　孔孟月刊　2015 年

朱熹对颜回的理解　成贤昌　哲学论丛　82 卷　2015 年

朱熹及其弟子的孝道理论与实践　方彦寿　福州大学学报（哲学社会科学版）　2015 年第 4 期

朱熹建构的类推诠释方法论发微　周光庆　长江学术　2015 年第 2 期

朱熹教育思想文献研究　姚进生、陈国代、陈兴华　武夷学院学报　2015 年第 5 期

朱熹理解的"止于至善"及其可能内涵研究　吕箐雯　赤峰学院学报（汉文哲学社会科学版）　2015 年第 7 期

朱熹理学：社会转型与思想建构　王新梅　学理论　2015 年第 16 期

朱熹理学思想简评　杨孝青　重庆科技学院学报（社会科学版）　2015 年第 5 期

朱熹陆九渊无极太极之辩与道家道教的关系　孔令宏　上饶师范学院学报　2015 年第 5 期

朱熹论（道德）意志软弱及其心理机制　王开元　理论界　2015 年第 6 期

朱熹论为己之学　陈聪发　东南大学人文学院哲学与科学系"中华传统美德的承扬实践"学术研讨会　2015 年 12 月

朱熹齐家思想探微——以朱子"居家四本"为例　邓晨媛　朱子文化　2015 年第 6 期

朱熹仁学中的人生理想境界　王征国　理论学习　2015 年第 4 期

朱熹审美阅读的方法　洪永稳　池州学院学报　2015 年第 1 期

朱熹生态伦理思想及当代价值研究　王媚　兰台世界　2015 年第 27 期

朱熹生态伦理思想及当代价值研究　鄂非　兰台世界　2015 年第 36 期

朱熹是泛认知主义吗？——兼论牟宗三对朱熹"知论"的诠释　陈永杰　福建论坛（人文社会科学版）　2015 年第 9 期

朱熹思想与社会主义核心价值观　蔡方鹿　朱子文化　2015 年第 2 期

朱熹晚年修订《大学章句》《诚意》章的心路历程及义理探析　陈林　"国立"政治大学哲学学报　2015 年第 34 期

朱熹孝伦理思想及其当代启示　蒋颖荣、叶文振　福建江夏学院学报　2015 年第 4 期

朱熹幸福观探析　陶有浩　合肥师范学院学报　2015 年第 5 期

朱熹训诂中的声训分析　贾璐　青海师范大学学报（哲学社会科学版）　2015 年第 2 期

朱熹以"气"释鬼神的思路及其分类——兼论"鬼神有无"的问题　傅锡洪　历史文献研究（35 辑）　2015 年 6 月

朱熹艺术风格论：平淡、雄健　李赛　现代语文（学术综合版）　2015 年第 11 期

朱熹易学的诠释特色—兼论朱熹对程颐的批评　唐琳　孔子研究　2015 年第 6 期

朱熹裔孙谈《朱子家训》：具有普世价值　中国对外贸易　2015 年第 4 期

朱熹与陆九渊论心知之异　张品端、林建峰　武夷学院学报　2015 年第 10 期

朱熹元教育思想发微　沈时凯　合肥学院学报（社会科学版）　2015 年第 1 期

朱熹在词语训释中所体现出的训诂思想　贾璐　汉字文化　2015 年第 3 期

朱熹在历史文献学上的成就　江涛　长春教育学院学报　2015 年第 2 期

朱熹之"理"的价值内蕴与路向　王传林　烟台大学学报（哲学社会科学版）　2015 年第 5 期

朱熹之春秋观：据实直书与朱子之征实精神　张高评　第八届中国经学国际学术研讨会论文选集　台北：万卷楼图书股份有限公司　2015 年 3 月

朱熹之师承　李侗考、李范朝　福建省社会主义学院学报　2015 年第 4 期

朱子"本性论"探析　许宗兴　华梵人文学报　2015 年第 23 期

"朱子读书法"的现代心理学分析　何秀、王宁　怀化学院学报　2015 年第 2 期

《朱子读书法》论略　王连君　图书馆学刊　2015 年第 11 期

朱子"鹅湖寺和陆子寿"诗探索　杨祖汉　鹅湖　2015 年第 12 期

《朱子家训》与社会主义核心价值观培育　邹义煜　云南农业大学学报（社会科学版）
　　2015 年第 3 期

《朱子家训》中的传统伦理思想对当今社会的影响　付丁群　通化师范学院学报　2015 年
　　第 7 期

《朱子家训》中勤俭思想的现代价值研究　刘子超　包头职业技术学院学报　2015 年第
　　4 期

朱子"气禀"论之内涵及其科学印证　朱长良　朱子文化　2015 年第 6 期

朱子"全体大用"观及其发展演变　朱人求　哲学研究　2015 年第 11 期

朱子"天理之性"与"气质之性"的深度两难　李智福　哈尔滨工业大学学报（社会科学版）
　　2015 年第 1 期

朱子"性理"内涵论析　许宗兴　淡江中文学报　2015 年第 32 期

朱子"中和旧说"发微——以"人自有生"四札为中心　崔海东　孔子研究　2015 年第 1 期

朱子《家礼》的编撰及现代启示　潘斌、屈永刚　孔子研究　2015 年第 5 期

朱子《家礼》与宋明以来家祭礼仪模式建构　邵凤丽　中原文化研究　2015 年第 1 期

朱子《家礼》中的始祖　林鹄　中华文史论丛　2015 年第 2 期

朱子《孝经》学评议　陈壁生　哲学研究　2015 年第 10 期

朱子《仪礼经传通解》的编纂缘由和学术影响　潘斌　四川师范大学学报（社会科学版）
　　2015 年第 3 期

朱子的"小学"思想析论　刘勰娇　江汉学术　2015 年第 5 期

朱子对程门后学心性论思想的批判和总结　李敬峰　孔子研究　2015 年第 2 期

朱子对仁与知关系之解析　辛正根　东洋哲学研究　81 辑　2015 年

朱子工夫思想的内在发展理路——以已发未发为视角　陈林　"国立"台湾大学哲学论评
　　2015 年第 50 期

朱子故里——武夷山市五夫镇　郑友裕、丁李青、翁滨　福建理论学习　2015 年第 7 期

朱子涵养论初探　邓庆平　韩国哲学论集　47 辑　2015 年

朱子辉：在劲气与天真之间　涂萤萤　文艺生活（艺术中国）　2015 年第 6 期

朱子家训　朱熹　冶金企业文化　2015 年第 4 期

朱子理气动静思想再探讨　杨立华　云南大学学报（社会科学版）　2015 年第 1 期

朱子理学工夫论研究的现代意义　黄柏翰　鹅湖　2015 年第 7 期

朱子理学教育在台湾的传播发展　施晓莉　上饶师范学院学报　2015 年第 2 期

朱子两种主"动"的涵养工夫辨析　崔海东　中州学刊　2015 年第 10 期

朱子论"命"　赵金刚　中国哲学史　2015 年第 3 期

朱子论《大学》"八条目"之关系　陈群　中州学刊　2015 年第 4 期

朱子论家政　沈志　福建史志　2015 年第 1 期

朱子论孝："以父母之心为心"　兼论青年子女的孝　余若澜　朱子文化　2015 年第 4 期

朱子所谓"四子"何指——四子:六经之阶梯　近思录:四子之阶梯　石立善　衡水学院学报　2015 年第 2 期

朱子晚年工夫思想的发展与完善——以"已发未发"为中心　陈林　江淮论坛　2015 年第 6 期

朱子文化连着两岸情——2015 年台湾朱氏宗亲祭朱熹　杨瑞荣　统一论坛　2015 年第 3 期

朱子文化品牌建设正当其时　杨星　政协天地　2015 年第 8 期

朱子学的羽翼、辨正与"内转"——以勉斋《论语》学为中心　许家星　中国哲学史　2015 年第 4 期

朱子学的知识体系及其在东亚的普遍意义　吾妻重二　厦门大学学报(哲学社会科学版)　2015 年第 1 期

朱子学的自我批判、更新与朱陆合流——以吴澄中庸学为中心　许家星　湖南大学学报(社会科学版)　2015 年第 4 期

朱子学思历程　朱光磊　孔孟月刊　2015 年第 9、10 期

朱子学文献大系·历代朱子学著述从刊·近思录专辑　历史文献研究(35 辑)2015 年 6 月

朱子学研究的文本依据—兼评牟宗三所谓"朱子以《大学》为中心"　乐爱国　福建行政学院学报　2015 年第 6 期

朱子学由闽入台浅析　方彦寿　福建史志　2015 年第 2 期

朱子学与朝鲜朝的未发之辨　杨海文　学术研究　2015 年第 7 期

朱子学与伊斯兰教的互相文化哲学的探讨:以儒检回、以回补儒、回儒共明　权相佑　社会思想与文化　18 卷　2015 年

《朱子〈易〉注考源》　赵文源　语文出版社　2015 年 5 月

朱子与李延平　丁为祥　朱子文化　2015 年第 2、3 期

《朱子语类》"体"类词群的文化阐释　程碧英　成都大学学报(社会科学版)　2015 年第 3 期

《朱子语类》中"涵"类词群的文化解读　程碧英　四川文理学院学报　2015 年第 6 期

《朱子语类》中时体助词"着"用法考察　张燕　长沙大学学报　2015 年第 3 期

朱子之仁:道德实践的自律主体　赖尚清　孔子研究　2015 年第 4 期

《珠玉词》隐秀风格寻绎　顾梅琴　读与写(教育教学刊)　2015 年第 4 期

竹文化对宋代文人画的影响　朱月琳　郑州航空工业管理学院学报(社会科学版)　2015 年第 3 期

"主静"与"主敬":《近思录》中的"人"一"生"智慧　路新生　天津社会科学　2015 年第 5 期

妆容与服饰在宋词中的作用　梁牧原　赤峰学院学报(汉文哲学社会科学版)　2015 年第 3 期

追寻辉煌的起点——读《大宋词人往事》　王春江　审计月刊　2015 年第 5 期

《资治通鉴》是部怎样的书　姜鹏　《中华读书报》　2015 年 6 月 10 日第 15 版

《资治通鉴释文》所见宋代四川方音声调特点　邓强　广西师范大学学报(哲学社会科学版)　2015 年第 4 期

《资治通鉴网目》与道统　徐公喜　历史文献研究(35 辑)　2015 年 6 月

五　人物

B

C

讲述苏东坡与常州的 14 次"情缘" 苏雁 光明日报 2015 年 1 月 22 日第 5 版

L

"来苏"与苏轼 李芳林 符永利 乐山师范学院学报 2015 年第 6 期

李觏:"康国济民"的草根大儒 黄新文 光明日报 2015 年 9 月 23 日第 14 版

李觏非孟动因再探 郭畑 《孔子研究》2015 年第 6 期

李沆:宽厚长者 李元辉 人才资源开发 2015 年第 23 期

李清臣与哲宗绍述 孙晓东 廊坊师范学院学报(社会科学版) 2015 年第 5 期

李清照爱国者形象的历史还原 魏青 山东师范大学学报(人文社会科学版) 2015 年第
1 期

李清照与宋代学士文化交游考 晁霞 江苏科技大学学报(社会科学版) 2015 年第 1 期

李心传交游管窥 朱军 华夏文化 2015 年第 1 期

历史上的抗金将领——吴玠和吴家将 赵阳 文史天地 2015 年第 9 期

历史上的三个"优秀县官" 廖保平 世纪行 2015 年第 7 期

历数尧唐千载下 如公仅有两三人——朱熹行状综述 王毅、费非 新闻世界 2015 年第
12 期

刘安世 北宋最后一位直言谏官 晏建怀 天津日报 2015 年 12 月 7 日第 10 版

刘黻贬谪赣南心路历程浅析 周艳舞 黑龙江史志 2015 年第 24 期

论贾似道奸臣形象的塑造 毛钦 天中学刊 2015 年第 6 期

论明人对苏轼形象的重构及原因——以冯梦龙所辑轶事为例 宋春光 河南社会科学
2015 年第 7 期

论王安石"三不足"的变法思想 徐程洪 黑龙江史志 2015 年第 5 期

论王禹偁仕隐观的演变及其吏隐诗 林晓娜 江淮论坛 2015 年第 2 期

吕端处突 先人 前线 2015 年第 8 期

吕端的糊涂与不糊涂 陆传英 政工学刊 2015 年第 4 期

吕惠卿经营西北史实考 汤君 国学(第 2 集) 四川人民出版社 2015 年 12 月

M

米芾与刘泾交游考 曹宝麟 中国书法 2015 年第 21 期

母德——宋代养育了两位哲学家的母亲 石立善 衡水学院学报 2015 年第 3 期

N

那是王安石的 刘诚龙 政工学刊 2015 年第 8 期

南宋爱国词人张孝祥子张同之事迹考释 辛更儒 中国典籍与文化 2015 年第 2 期

南宋初年张抃信仰考 丁希勤 宗教学研究 2015 年第 3 期

南宋胡安国与秦桧关系探析 聂立申 赵京国 山东社会科学 2015 年第 4 期

南宋士风与士林文化中林希逸与诸权贵交游考论 王晚霞 湖南科技学院学报 2015 年
第 4 期

南宋文官徐谓礼仕履系年考释 龚延明 中国史研究 2015 年第 1 期

南宋周必大家世行实考述 邹锦良 宋史研究论丛(第 16 辑) 河北大学出版社 2015 年
8 月

O

欧阳修不敢马虎 赵冬梅 新湘评论 2015 年第 8 期

吴越钱氏忠逊王支成员及著述考　胡耀飞　载王水照、朱刚主编《新宋学》第 4 辑　上海人民出版社　2015 年 9 月

X

心忧天下范仲淹　张辉雄　人民公仆　2015 年第 9 期

"相门高才"曾孝宽事迹论略　张小平　辽东学院学报（社会科学版）　2009 年第 5 期

"辛弃疾生擒张安国"事件释疑——兼与王兆鹏先生商榷　符继成　中南大学学报（社会科学版）　2015 年第 5 期

辛弃疾：勇闯金营生擒叛徒的爱国词人　蒙曼　文史天地　2015 年第 5 期

形象塑造与身份认同：《赵郡王墓志铭》的文本解读　屈斌　宋史研究论丛（第 17 辑）　河北大学生出版社　2015 年 12 月

虚实之间：墓志所见澶渊之盟中张皓事迹的"真实"与"塑造"　仝相卿　历史教学（下半月刊）　2015 年第 12 期

"虚心好学"的宋太宗　孙琼歌　农家之友　2015 年第 9 期

学一学范仲淹苦读　王已兵　云南日报　2015 年 5 月 19 日第 2 版

Y

晏几道交游考　李光翠、唐红卫　无锡商业职业技术学院学报　2015 年第 3 期

杨玢让地　先人　前线　2015 年第 8 期

杨绘仕杭前与苏轼的交游考述——兼与马里扬先生商榷"眉山记忆"　柯贞金　广州大学学报（社会科学版）　2015 年第 11 期

杨沂中诱捕岳飞史实祛疑　许起山、张其凡　中国史研究　2015 年第 4 期

杨亿的才气与率真　陈良　学习时报　2015 年 9 月 28 日第 6 版

杨亿知处州原因考析　马小会　兰台世界　2015 年第 9 期

姚宽考　戴欢欢　安康学院学报　2015 年第 3 期

叶绍翁生平考　邹贺、李英花　集美大学学报（哲学社会科学版）　2015 年第 1 期

以图证史：苏轼的真实长相　梁培先　中国书画　2015 年第 2 期

一生怀抱百忧中——说秦观　徐晋如　读书　2015 年第 5 期

一蓑烟雨任平生　钟方航　广西教育学院学报　2015 年第 2 期

一枝红杏出墙来——品读南宋诗人叶绍翁　文夫　政协天地　2015 年第 Z1 期

用人失察毁掉王安石变法　冷月　人才资源开发　2015 年第 9 期

由电视剧《苏东坡》看现代影像中的苏轼形象　王凡　克拉玛依学刊　2015 年第 1 期

邮票上的包公　柳晓城　中国集邮报　2015 年 7 月 21 日第 5 版

游姓先祖游酢与河南　宋全忠　寻根　2015 年第 3 期

有学者认为《满江红》并非岳飞所写系明朝人所作　中国对外贸易　2015 年第 7 期

元以来家铉翁的接受与研究　闫雪莹　古籍整理研究学刊　2015 年第 6 期

袁黄《四书删正》及其对朱熹的批驳　林志鹏　鹅湖　2015 年第 3 期

岳飞：无可置疑的民族英雄　史泠歌、王曾瑜　文汇报　2015 年 4 月 10 日第 T2 版

岳飞案背后的世道人心　晏建怀　学习时报　2015 年第 9 期

岳飞的廉政思想及其当代价值　段小力　廉政文化研究　2015 年第 2 期

岳飞的忠诚与死亡　赵玉平　商界（评论）　2015 年第 11 期

Z

六　文献考述与校勘辑补

A

B

《扁鹊心书》版本考证　柴可群、江凌圳、陈嘉斌　浙江中医杂志　2015 年第 6 期

C

禅籍《古尊宿语录》校勘示例　秦越　黔南民族师范学院学报　2015 年第 6 期

朝鲜正祖李祘的《宋史筌》对《宋史》的改编　季南　黑河学刊　2015 年第 7 期

朝鲜朱子学与《朱子大全答疑辑补》　宋赫基　汉子汉文研究　10 卷　2015 年

《成都文类》整理本刍议　佟博　四川师范大学学报（社会科学版）　2015 年第 2 期

从避讳字看《广韵》版本　郭洪义　五邑大学学报（社会科学版）　2015 年第 2 期

D

点亮兵书《宋本十一家注孙子》　谢祥皓　孙子研究　2015 年第 3 期

点亮兵书——《武经七书》　孙子研究　2015 年第 1 期

点校本《宋会要辑稿》述评　王瑞来　史林　2015 年第 4 期

《东京梦华录》作者问题考辨　何兆泉　浙江学刊　2015 年第 5 期

董逌《广川藏书志》考　苏小露　古籍整理研究学刊　2015 年第 6 期

董逌所记石经及其《鲁诗》异文　虞万里　文献　2015 年第 3 期

《洞天清禄集》著录与相关研究　梁丽君　美术研究　2015 年第 4 期

《独醒杂志》异文三则考校辨析　刘蓓然　井冈山大学学报（社会科学版）　2015 年第 5 期

《杜清献公集》的版本及史料价值　张伟、苏卢健　宁波大学学报（人文科学版）　2015 年第 6 期

对《宋史·孝义传》中郭琮人物的补正　倪媛媛　哈尔滨学院学报　2015 年第 10 期

E

《二老堂诗话》版本源流考论　窦秀艳、崔嫣　东方论坛　2015 年第 5 期

F

范祖禹《帝学》述论　陈晔　（香港）古典研究　2015 年第 4 期

G

古籍校勘的路径——以《宋会要辑稿》为例　尹波　文献　2015 年第 6 期

《集古录跋尾》的编纂及其体现的思想研究　朱伶杰　辽宁大学学报（哲学社会科学版）　2015 年第 6 期

关于《宋诗钞》编纂的两个问题　巩本栋　西南大学学报（社会科学版）　2015 年第 1 期

关于南宋建阳陈八郎本《文选》价值的考察　丁红旗　图书馆理论与实践　2015 年第 10 期

关于日本所藏《名公妙选陆放翁诗集》　甲斐雄一　绍兴文理学院学报（哲学社会科学）　2015 年第 6 期

H

《挥麈录》校点商榷　丁庆刚　哈尔滨学院学报　2015 年第 3 期

还朱子原著《家训》的本来面目　朱沛忠　朱子文化　2015 年第 1 期

黄伯思《校定杜工部集》小考　吴怀东、徐昕　杜甫研究学刊　2015 年第 1 期

黄灵庚发现朱熹吕祖谦佚诗，描绘南宋理学之路　吴昂　中华读书报　2015 年 11 月 4 日第 1 版

黄庭坚诗补注十二则　戎默　中国韵文学刊　2015 年第 2 期

黄庭坚诗文考三则　任群　南京师范大学文学院学报　2015 年第 3 期

J

《内经图》图式源流初考　何振中、王体　山东中医药大学学报　2015 年第 5 期

《女科济阴要语万金方》版本及学术特点研究　卞雅莉　南京中医药大学学报（社会科学版）　2015 年第 4 期

《女科万金方》版本源流及作者医学思想窥奥　鲍晓东　中医文献杂志　2015 年第 1 期

Q

《钱注杜诗》成书渊源考——从编次角度论《钱注杜诗》与吴若本之关系　曾祥波　中国典籍与文化　2015 年第 3 期

浅谈《尔雅注疏》及其著录情况　崔新　赤峰学院学报（汉文哲学社会科学版）　2015 年第 9 期

清人修二种陆游年谱考论　李谷悦　科学经济社会　2015 年第 3 期

《庆历善救方》的编撰、内容及传播　韩毅　中华医史杂志　2015 年第 45 卷第 1 期

《全芳备祖》编者陈景沂姓名、籍贯考　程杰　南京师大学报（社会科学版）　2015 年第 6 期

《全芳备祖》点校本　程杰、王三毛　南京师范大学文学院学报　2015 年第 2 期

《全宋诗》王安石卷辨正　阮堂明　常熟理工学院学报　2015 年第 3 期

《全宋诗》中作者"待考"补正两则　陈伟庆　江海学刊　2015 年第 4 期

《全宋文》《全宋诗》补正——以沈辽、沈括、蒋之奇为考察对象　林阳华　新余学院学报　2015 年第 1 期

《全宋文》补遗　郑利锋　中州学刊　2015 年第 4 期

《全宋文》漏收陈天麟文辑补——兼《全宋诗》陈天麟小传考订　黄之栋、李萍　韶关学院学报　2015 年第 9 期

《全宋文》拾补 9 篇　牛勇军　古籍整理研究学刊　2015 年第 3 期

《全宋文》所收大晟府文献斠正　张春义　嘉兴学院学报　2015 年第 1 期

《全宋文》所收田况奏议三误　张其凡　中国典籍与文化　2015 年第 2 期

《全宋文》佚文辑补九篇　陈开林、魏欣　淮南师范学院学报　2015 年第 5 期

《全宋文·翟汝文文》重出误收文考　史广超　古籍整理研究学刊　2015 年第 2 期

《全唐文》误收宋人《辞免起复太宰》二表考　朱仙林　文献　2015 年第 2 期

R

《仁斋直指方论》版本初探　程新　图书馆学刊　2015 年第 5 期

日本江户时代所刊宋人笔记三种叙录　王林知　兰州文理学院学报（社会科学版）　2015 年第 6 期

日本九州大学图书馆馆藏《朱子语类》本辨正——与《朝鲜古写徽州本朱子语类》的传播过程考订商补　杨艳　贺州学院学报　2015 年第 1 期

日本内阁文库藏本《书集传》中的"文公亲帖"　方彦寿　合肥学院学报（社会科学版）　2015 年第 1 期

S

三部宋刻《增修互注礼部韵略》的版本考论　赵嘉　古籍整理研究学刊　2015 年第 2 期

山水志宋元诗文献价值考述　李成晴　南都学坛　2015 年第 3 期

《山西戏曲碑刻辑考》订补一则　王宣标　江海学刊　2015 年第 2 期

《绍兴辛巳亲征诏》作者考　李菁　湖北社会科学　2015 年第 8 期

《神宗御集》考——兼论北宋君主御集的编纂与用途　周佳　文献　2015 年第 1 期

《圣济总录》流传小史　杨东方、周明鉴　安徽中医药大学学报　2015 年第 1 期

《诗集传》排印本标点勘误　李平　湖南广播电视大学学报　2015 年第 2 期

《诗经协韵考异》版本考辨　易卫华　诗经研究丛刊（第 27 辑）　2015 年 11 月

实录体史学研究的集成之作——评谢贵安《实录研究》四种　冯天瑜　光明日报　2015 年
　　1 月 5 日第 16 版

《仕学规范》的编纂体例　李占胜、何頔　商　2015 年第 51 期

《寿昌乘》辑本辑佚之考察　曾育荣　中国地方志　2015 年第 2 期

《蜀鉴》版本源流考　林英　中华文化论坛　2015 年第 6 期

宋本《韵语阳秋》的版刻特征及文献价值　钱汝平　绍兴文理学院学报（哲学社会科学）
　　2015 年第 3 期

宋代《甲秀堂帖》刻者考　刘佳佳　九江学院学报（社会科学版）　2015 年第 3 期

《宋代诗歌总集新考》献疑　李昇　贵州民族大学学报（哲学社会科学版）　2015 年第 3 期

宋代史书科举史料的缺陷及文言小说的补史价值　张会　文化学刊　2015 年第 7 期

宋代注《孙子》考　周兴涛　孙子研究　2015 年第 6 期

宋代目录学研究的新突破——评《玉海艺文校证》　郝润华　古籍整理研究学刊　2015 年
　　第 1 期

《宋登科记考》补正（北宋篇）　诸葛忆兵　齐鲁学刊　2015 年第 3 期

《宋登科记考》补正（南宋篇）　诸葛忆兵　齐鲁学刊　2015 年第 5 期

《宋登科记考》拾补二则　陆睿　天中学刊　2015 年第 3 期

宋徽宗《大观茶论》成书年代及“白茶”考释　虞文霞　农业考古　2015 年第 5 期

“宋监本”《论语集解》版本研究——兼与高华平先生商榷　秦跃宇　扬州大学学报（人文社
　　会科学版）　2015 年第 1 期

宋刻本《晦庵先生语录大纲领》相关问题考论　冯青　图书馆理论与实践　2015 年第 4 期

宋刻本用纸考略　薛慧芳　中华文化论坛　2015 年第 5 期

宋人笔记中科举史料的辨正价值初探　张会　合肥学院学报（社会科学版）　2015 年第
　　4 期

宋人笔记中契丹史料的价值　吕富华　赤峰学院学报（汉文哲学社会科学版）　2015 年第
　　3 期

宋人改动《千金要方》词语考证　王超、曾凤　辽宁中医药大学学报　2015 年第 10 期

宋人类次《千金要方》脉论考证　曾凤、张婧　南京中医药大学学报（社会科学版）　2015
　　年第 6 期

《宋人传记资料索引》订误　刘雄、方建新　图书馆杂志　2015 年第 7 期

《宋人佚简》所收须知册申状文书再议　范建文　兰台世界　2015 年第 20 期

《宋人佚简》所收劄子之初探　魏琳　山西档案　2015 年第 1 期

《宋人佚简·邵宏渊书启》考释　吴玉梅　山西档案　2015 年第 1 期

宋仁宗《景祐乐髓新经》考论　胡劲茵　宋史研究论丛（第 16 辑）　河北大学出版社　2015
　　年 8 月

《宋诗钞》的编纂及其诗学史意义　巩本栋　南京大学学报（哲学·人文科学·社会科学）
　　2015 年第 3 期

宋史·何基传勘误　韩李良《江海学刊》2015 年第 5 期

宋史·王柏传勘误　韩李良《江海学刊》2015 年第 3 期

宋史·文苑传考证　许净瞳　牡丹江师范学院学报（哲学社会科学版）　2015 年第 6 期

《宋史》勘误二则　胡宁　中国史研究　2015 年第 1 期

《宋史》儒林传、文苑传、道学传划分标准及排序分析　牛艳丽　艺术科技　2015 年第 4 期

《宋史》校勘订误十二则　刘雄、方建新　中华文化论坛　2015 年第 6 期

《宋史》中太祖朝翰林学士本传辨误　张骁飞　中国典籍与文化　2015 年第 4 期

《宋史·陈与义传》补正　刘云军、马爱萍　宋史研究论丛（第 17 辑）　2015 年 12 月

《宋史·地理志》"淯井监"补正　骆忠军　江海学刊　2015 年第 5 期

《宋史·何基传》勘误　韩李良　江海学刊　2015 年第 5 期

《宋史·礼志》史料辨析与考订——基于对《宋史礼志辨证》的解读　张志云　延安大学学报（社会科学版）　2015 年第 4 期

《宋史·林光朝传》勘误三则　朱学博　中国史研究　2015 年第 2 期

《宋史·宋琪传》正误一则　方万鹏　中华文史论丛　2015 年第 2 期

《宋史·王柏传》勘误　韩李良　江海学刊　2015 年第 3 期

《宋史·文苑传》考证　许净瞳　牡丹江师范学院学报（哲学社会科学版）　2015 年第 6 期

《宋史·忠义传》"孙翊""孙益"考辨　孙廷林、王元林　惠州学院学报　2015 年第 2 期

《宋史·忠义传》考辨二则　孙廷林、王元林　惠州学院学报　2015 年第 5 期

《宋书·礼志》编纂体例初探　闫宁　北方论丛　2015 年第 5 期

《宋书·天文志》考议杨胜朋盐城师范学院学报（人文社会科学版）　2015 年第 3 期

宋蜀刻本《孟浩然诗集》考述　王永波　江西师范大学学报（哲学社会科学版）　2015 年第 2 期

宋校本《千金要方》增补文献初考　王莉媛、曾凤　湖南中医药大学学报　2015 年第 4 期

《苏诗补注》　查慎行　古典文学知识　2015 年第 4 期

《苏轼文集》校改指瑕　赵瑞　江海学刊　2015 年第 1 期

T

《太平广记》成书时间及流传考　林耀琳　昆明学院学报　2015 年第 4 期

《太平广记》流传考　林耀琳　河北北方学院学报（社会科学版）　2015 年第 1 期

《太平广记》与《夷坚志》比较研究述略　秦川　九江学院学报（社会科学版）　2015 年第 4 期

《太平御览》所引《宋书》考　陈爽　文史　2015 年第 4 期

通行本《宋刑统》校勘拾零　岳纯之　兰州学刊　2015 年第 6 期

W

王安石书启系年考补　鄢嫣　文献　2015 年第 1 期

王应麟佚文二则辑考　赵庶洋　中国典籍与文化　2015 年第 2 期

《渭南文集》部分篇目系年札记（一）　朱迎平　绍兴文理学院学报（哲学社会科学）　2015 年第 6 期

《文献通考》勘误一则　石悦　焦作师范高等专科学校学报　2015 年第 4 期

《文苑英华》编辑乐府诗的特点及其价值　陈瑞娟　科学经济社会　2015 年第 2 期

《文苑英华》的文体分类及意义　巩本栋　中山大学学报（社会科学版）　2015 年第 6 期

翁同书批校《河南尹先生文集》述评　张贵　文献　2015 年第 1 期

X

《西溪丛语》版本源流研究　张慧琴　牡丹江师范学院学报(哲学社会科学版)　2015 年第
　　5 期

新见明抄本《分门琐碎录》"医药类"述略　张如安　宁波大学学报(人文科学版)　2015 年
　　第 3 期

邢昺《尔雅疏》征引本草文献考　周云逸　浙江学刊　2015 年第 2 期

《啸堂集古录》考述及著录情况研究　李云飞　唐山师范学院学报　2015 年第 4 期

徐松、缪荃孙与传世珍籍《宋会要辑稿》的整理与刊印　关永礼　湖南人文科技学院学报
　　2015 年第 1 期

Y

元至正三年前《宋史》的编修及流传——以元人著作所见"宋史"为视角　熊燕军　宋史研
　　究论丛(第 17 辑)　河北大学出版社　2015 年 12 月

《雪窦录》宋元本旧貌新探:以东亚所藏该录稀见古版为中心　商海锋　文献　2015 年第
　　3 期

《艳异编》中宋元小说来源考辨　赵素忍、霍现俊　河北师范大学学报(哲学社会科学版)
　　2015 年第 6 期

《养生类纂》征引文献考略　宋盈盈、邢永革　天津中医药大学学报　2015 年第 5 期

《仪礼要义》版本考述　张素梅　兰台世界　2015 年第 20 期

《永乐大典》辑本《江州志》的目录学价值　滑红彬　兰台世界　2015 年第 36 期

《娱书堂诗话》版本源流考述　陈宇　华中师范大学研究生学报　2015 年第 2 期

Z

《正蒙》及其注本研究的集成性著作——评林乐昌著《正蒙合校集释》　邱忠堂　西安文理
　　学院学报　2015 年第 2 期

《证类本草》征引北宋邢昺《尔雅疏》考　周云逸　世界中西医结合杂志　2015 年第 4 期

《直斋书录解题》中医文献著录情况分析　赵鑫、邢永革　天津中医药大学学报　2015 年第
　　4 期

《职官分纪》版本源流考述　汪卉、龚延明　文史　2015 年第 4 期

《中庸》"政犹蒲卢"郑、朱注之歧异与会通　杨少涵　中山大学学报(社会科学版)　2015
　　年第 5 期

朱继芳及其《静佳龙寻稿》的史料价值　陈丽华　闽台文化研究　2015 年第 3 期

朱熹《八朝名臣言行录》建本流传考略　徐俐华、丁友兰　武夷学院学报　2015 年第 11 期

朱熹《论语集注》校勘商榷　张雨、胡晓凤　古籍整理研究学刊　2015 年第 5 期

七　文物　考古

2013 年当阳峪窑调查　赵德才、罗火金、张丽芳　文物世界　2015 年第 5 期

A

Archaistic Objects in Southern Song Tombs and Caches　陈云倩　"国立"台湾大学美术史研究
　　集刊　2015 年第 33 期

安丙墓"真武"图像意义考　刘威　美术学报　2015 年第 3 期

版

大足石刻宋代两组取经图简说　李小强、姚淇琳　敦煌研究　2015 年第 6 期

大足石刻造像与三教融合初探　李光明　中原文物　2015 年第 5 期

"道""器"关系的变化对宋代钧灿若流星——宋代广西的瓷窑及瓷器　章维亚　文物天地　2015 年第 7 期

氐羌遗韵：八峰崖石窟造像艺术的文化解析　刘吉平　成都大学学报（社会科学版）　2015 年第 4 期

叠翠流金说越窑　陈平　大众理财顾问　2015 年第 11 期

定瓷之辉光　梅洁　河北日报　2015 年 12 月 4 日第 9 版

对大足石刻宋代观音造像艺术特征的探讨分析　黄英华　文物鉴定与鉴赏　2015 年第 10 期

F

《范纯仁告身》未去国　申闻　文汇报　2015 年 5 月 29 日第 T6 版

方回撰《吕师孟墓志铭》考释　向珊　中国国家博物馆馆刊　2015 年第 6 期

奉仙观《崇宁葆光大师卫公道行之碑》考释　赵卫东　敦煌学辑刊　2015 年第 4 期

伏牛山地区唐宋瓷业的生产与繁荣　孙新民　平顶山学院学报　2015 年第 1 期

福州连江护国天王寺塔建造年代考证　孙群　华中建筑　2015 年第 9 期

附："清淡含蓄"故宫博物院汝窑瓷器展导读　吕成龙、韩倩、徐巍　紫禁城　2015 年第 11 期

G

甘肃省博物馆藏敦煌宋代天禧塔资料辨析　时兰兰　敦煌研究　2015 年第 6 期

甘肃镇原县境内宋代御夏古城遗址考察研究　王博文　西夏研究　2015 年第 4 期

哥窑窑址新说　吴建春　东方收藏　2015 年第 3 期

故宫旧藏看汝窑　蔡毅　紫禁城　2015 年第 11 期

关于哥窑若干问题的探讨　李昊冰　收藏家　2015 年第 7 期

官仿龙泉与龙泉仿官　毛晓沪　收藏家　2015 年第 5 期

官仿龙泉与龙泉仿官　毛晓沪　中国文物报　2015 年 1 月 13 日第 7 版

馆藏南宋玉云璧连环器名称和用途考辨　张云土　文物鉴定与鉴赏　2015 年第 3 期

馆藏宋代衡山窑粉上彩釉绘花瓷选介　张海军　收藏界　2015 年第 7 期

广安发现"高大上"南宋墓葬　吴晓铃　四川日报　2015 年 5 月 8 日第 12 版

广东省揭阳牛屎山宋代砖石墓发掘简报　王欢、尚中克、张海斌、徐安民、龚海洋、石俊会　南方文物　2015 年第 4 期

广州发现保存最好的宋代城墙　黄丹彤　广州日报　2015 年 6 月 8 日第 6 版

贵州遵义市海龙囤遗址城垣、关隘的调查与清理　李飞、陈卿　考古　2015 年第 11 期

贵州遵义市养马城遗址调查与试掘简报　袁东山、蔡亚林、韦松恒、王洪领　考古　2015 年第 11 期

贵州遵义杨粲墓出土地券的年代与性质　周必素、白彬　江汉考古　2015 第 2 期

国博藏北宋拓《集王圣教序》　王湛　中国书画　2015 年第 5 期

国家一级文物南宋"徐谓礼文书"亮相杭州　杭州（周刊）　2015 年第 14 期

国内唯一宋拓全本《宝晋斋法帖》出版　颜维琦　光明日报　2015 年 10 月 8 日第 9 版

国图藏《国朝册府画—元龟》考 尹承 文献 2015 年第 2 期

翰墨丹青锦绣文——贵州省博物馆藏明以前书画作品 刘秀丹 中国书画 2015 年第 7 期

杭州出土白瓷制作年代与产地的研究 龚玉武、熊樱菲、吴婧玮、夏君定 文物保护与考古科学 2015 年第 3 期

H

杭州佛教石窟造像考 周景崇 美术观察 2015 年第 5 期

河北出土的耀州窑青瓷 兼谈五代至北宋早期青瓷与白瓷上的深剔刻装饰 穆青 收藏 2015 年第 9 期

河北丰润牛鼎及石幢 周景宝 档案天地 2015 年第 12 期

河北邯郸薛庄遗址汉至宋代遗存发掘简报 林雪川、霍东峰、井中伟、赵俊杰 北方文物 2015 年第 3 期

河北临城北宋顶尊陀罗经幢考 王晓薇、张春芳 文物春秋 2015 年第 1 期

河南洛阳市新街口唐宋窑址的发掘 薛方、吕劲松 考古 2015 年第 6 期

河南三门峡出土宋代瓷器精品赏析（一） 杨海青 收藏界 2015 年第 12 期

河南宋墓及山西金墓戏曲图像的综合认识 苏翔 设计艺术（山东工艺美术学院学报） 2015 年第 6 期

鹤壁故县北宋纪年壁画墓鉴赏 司玉庆、霍保成、段琪、冯豫鹤 文物鉴定与鉴赏 2015 年第 8 期

黑水城出土宋代汉文社会文献中的度量量词 邵天松 宁夏社会科学 2015 年第 1 期

黑水城出土宋代汉文社会文献中的个体量词 邵天松 南京师范大学文学院学报 2015 年第 3 期

湖北襄阳檀溪宋代壁画墓 王先福、杨力、刘江生、符德明、易泽林、杨一、曾宪敏 文物 2015 年第 2 期

湖州考古发掘又有大发现——凡石桥遗址为研究南宋时期湖州地区农村生活提供丰富资料 昌银银 湖州日报 2015 年 12 月 6 日第 2 版

徽宗朝的古物研究、铸造与聚藏 石炯 新美术 2015 年第 5 期

J

《吉水县丞厅记》碑考 吕珺、毛传寿 南方文物 2015 年第 3 期

兼收并采 标新立异 吉州窑牡丹纹饰 汤兆基 上海工艺美术 2015 年第 2 期

简析大足石刻中的宋代家具（二） 张彬渊、田霖霞 家具 2015 年第 1 期

江南地区稻作农业工具文化遗产的类型、价值及其保护利用——兼述南宋楼璹《耕织图》摹本中的稻作农具 丁晓蕾、王思明、庄桂平 中国农史 2015 年第 3 期

江苏地区出土的宋代发簪纹样艺术特点研究 吕冰、赵园园 大舞台 2015 年第 10 期

江苏溧阳北宋李彬夫妇墓出土俑像、墓志及葬俗特征研究 彭辉 东南文化 2015 年第 3 期

江苏扬州南宋宝祐城东城门北侧城墙和东侧城壕的发掘 汪勃、王睿、束家平、王小迎、刘刚、池军、陈昊、王俊、邵会珍、马秋茹、常素玲、马大秋、张珠子 中国国家博物馆馆刊 2015 年第 9 期

江苏扬州南宋宝祐城西城门外出土陶瓷器 王小迎、王睿 中国国家博物馆馆刊 2015 年

蕲春罗州城遗址南宋金器窖藏观摩记　扬之水　南方文物　2015 年第 2 期

乞儿驱傩与宋杂剧——韩城"北宋杂剧图"壁画读解　周华斌　戏剧（中央戏剧学院学报）
　　2015 年第 5 期

器物形制的影响　李维维　艺术评论　2015 年第 6 期

千年沧桑话建窑　张云　文物鉴定与鉴赏　2015 年第 9 期

千年佚碑——桂林龙隐洞发现米芾佚诗碑　王川　南方文坛　2015 年第 3 期

浅谈三处宋代罗汉彩塑造像的艺术风格　郭思瑶　文博　2015 年第 5 期

浅谈宋代瓷器的艺术美和实用美　申晓旭　包装世界　2015 年第 6 期

浅谈宋代吉州窑窑变瓷　李晟超　上海艺术家　2015 年第 4 期

浅析安岳石窟中紫竹观音像的艺术特征　罗静　美术教育研究　2015 年第 5 期

浅析衡水地区宋代佛教建筑　王晓岩　赤子（上中旬）　2015 年第 20 期

浅析鉴赏宋朝以降各主要时期瓷器的方法　刘先　美术教育研究　2015 年第 14 期

浅议杭州城区出土的定窑瓷片　叶英挺　东方收藏　2015 年第 3 期

浅议宋代当阳峪窑瓷碗　于杨　中原文物　2015 年第 5 期

钦安遗珍　钦安殿藏宋徽宗玉简与十二雷将神像画　陶金　紫禁城　2015 年第 5 期

青瓷翘楚——北宋汝窑　陈平　大众理财顾问　2015 年第 5 期

轻纨叠绮烂生光——记福州南宋黄昇墓出土丝织品　苏佳　艺苑　2015 年第 6 期

清明上河图（故宫珍藏版）　段永强、魏明明　紫禁城　2015 年第 11 期

清水宋金墓葬孝行图探究　吴少明、常冬梅、张玉平　敦煌学辑刊　2015 年第 1 期

庆安韩瓶考略　高新天　黑龙江史志　2015 年第 3 期

庆元胡纮墓与南宋中期龙泉窑　柯旭东、郑建明　文物天地　2015 年第 9 期

全国重点文物保护单位临安城遗址保护总体规划　城市规划　2015 年第 S1 期

泉州海丝路上的文物史迹　王华芹　东方收藏　2015 年第 8 期

泉州湾宋代海船保护 40 年回顾、现状与分析　费利华、李国清　文物保护与考古科学
　　2015 年第 4 期

泉州湾宋代海船船木的盐分检测与分析　费利华、沈大娲　福建文博　2015 年第 3 期

群窑之冠　汝窑瓷器览胜　紫禁城　2015 年第 11 期

R

认识汝窑　吕成龙　紫禁城　2015 年第 11 期

日本存宋卷轴罗汉画小考　姜力勤　湖北美术学院学报　2015 年第 2 期

汝窑瓷器在台湾　廖桂英　紫禁城　2015 年第 11 期

汝窑淡天青釉三足尊　紫禁城　2015 年第 9 期

汝窑的考古学观察与探讨　秦大树　紫禁城　2015 年第 11 期

汝窑考古发现述略　孙新民　紫禁城　2015 年第 11 期

S

三海岩的开创者——北宋陶弼墓志铭考释　刘瑞　广西师范学院学报（哲学社会科学版）
　　2015 年第 1 期

三海岩之月岩东壁摩崖石刻的田野考察　刘瑞、赵菁如、韩苗　湖南科技学院学报　2015
　　年第 7 期

山河堰的身世之谜　秦延安　人民长江报　2015 年 9 月 19 日第 4 版

山西唐代州署遗址发现北宋钱币　李新锁　中国文化报　2015 年 2 月 2 日第 7 版

山西万荣稷王庙大殿大木结构用材与用尺制度探讨　俞莉娜、徐怡涛　中国国家博物馆馆刊　2015 年第 6 期

山西长子崇庆寺宋代彩塑十八罗汉服饰衣纹艺术研究　柯秉飞　文物世界　2015 年第 3 期

陕北"顺惠王"庙祀问题新考——兼与樊高林先生商榷　王庚　延安大学学报（社会科学版）　2015 年第 2 期

陕西淳化县城址调查　王子奇　华夏考古　2015 年第 3 期

陕西发现金代高官墓　周艳涛　中国文化报　2015 年 3 月 23 日第 7 版

陕西华县南宋铜钱窖藏　刘安红、李红燕、支耀平、李秉鑫、吕宝玲、魏唯一　中国国家博物馆馆刊　2015 年第 10 期

陕西蓝田北宋吕氏家族墓园考古　北宋金石学家的长眠之地　张蕴　大众考古　2015 年第 2 期

陕西麟游青莲山寺摩崖造像调查　常青　文博　2015 年第 3 期

商丘风物志　圣寿寺塔　可亭、建民　商丘师范学院学报　2015 年第 5 期

上海博物馆藏清代王铎跋本北宋《汝帖》原帖研究　王守民　泉州师范学院学报　2015 年第 5 期

上海的宋代古桥——青浦万安桥、普济桥　徐立勋　城建档案　2015 年第 10 期

神圣与世俗—宋代执莲童子图像研究　赵伟　艺术设计研究　2015 年第 4 期

沈辽存世书刻考论　杨刚　中国书法　2015 年第 15 期

石佛不语亦入胜　宋代石雕阿难陀得来记　管振杰　收藏　2015 年第 7 期

石墓志（北宋）　李文　南京大学学报（哲学·人文科学·社会科学）　2015 年第 4 期

石泉七弦琴　赵乐　中原文物　2015 年第 5 期

试论北宋相州韩氏家族墓地的墓葬位序与丧葬理念　金连玉　故宫博物院院刊　2015 年第 1 期

双鬟风嫋莲花——蕲春罗州城遗址南宋金器窖藏观摩记　扬之水　南方文物　2015 年第 2 期

双城市兰陵镇房身泡村出土的宋代兔毫盏　关传宇　黑龙江史志　2015 年第 14 期

四川安岳县茗山寺石窟调查简报　徐胭胭、王磊、李耘燕、谭浩源　四川文物　2015 年第 3 期

四川博物院藏苏轼小字《归去来兮辞》拓本赏析　胡蔚　文物天地 2015 年第 1 期

四川合江县出土《宋故侯居士墓志铭》碑文之初步整理　王陌潇、张萃平　文史杂志　2015 年第 3 期

四川泸县宋墓三通碑志石刻略考　李伟、任江　四川文物　2015 年第 3 期

四川泸州合江县新发现《宋故侯居士墓志铭》释略　魏华仙、李天荣、任超　中华文化论坛　2015 年第 10 期

四川南充白塔建筑年代初探　王书林、徐新云　四川文物　2015 年第 1 期

四川南充青居城遗址调查与初步研究　符永利、罗洪彬、唐鹏　西华师范大学学报（哲学社会科学版）　2015 年第 2 期

四川盆地丹霞地貌与南宋抗蒙城寨　罗成德、王付军　乐山师范学院学报　2015 年第 8 期

四川屏山宋代家族墓地　刘志岩　大众考古　2015 年第 3 期

四川省蓬安县运山城遗址调查简报　蒋晓春、雷晓龙、郝龙　西华师范大学学报（哲学社会科学版）　2015 年第 2 期

四川中江北塔建构研究　刘伟　四川文物　2015 年第 1 期

松阳博物馆藏北宋龙泉窑青瓷　王永球　文物天地　2015 年第 8 期

宋、明帝陵石刻独角兽小议　郑艺鸿、汪建飞、李卓冉　佳木斯大学社会科学学报　2015 年第 3 期

宋瓷执壶纹饰研究　王亚红、喻斐　农业考古　2015 年第 2 期

宋代北方民窑瓷器中童子图像研究　沙新美　美术教育研究　2015 年第 3 期

宋代瓷器仿生造型对现代生活陶艺的启示　段亚　现代装饰（理论）　2015 年第 10 期

宋代瓷器与宋代雅俗休闲文化　李斯斌　湖北理工学院学报（人文社会科学版）　2015 年第 1 期

宋代瓷器中婴戏纹的研究　熊巧　美与时代（上）　2015 年第 4 期

宋代梵净山周边佛教寺院考　田青　铜仁学院学报　2015 年第 1 期

宋代宫廷用瓷来源探析　项坤鹏　考古与文物　2015 年第 1 期

宋代衡山窑粉上彩釉绘花瓷　张海军　大众考古　2015 年第 8 期

宋代建窑兔毫盏探析　刘鹏　现代技术陶瓷　2015 年第 1 期

宋代金银　中国古代钱币鉴赏　兰台世界　2015 年第 30 期

宋代景德镇青白瓷粉盒造型及功能初探　冯璐远　大众文艺　2015 年第 5 期

宋代景德镇青白瓷壶（瓶）成型工艺初探　赵小东　大众文艺　2015 年第 6 期

宋代景德镇青白瓷装饰方法的研究　程仁发　中国陶瓷　2015 年第 12 期

宋代龙泉青瓷香盒、香瓶鉴赏与研究（上）　雷国强、李震　东方收藏　2015 年第 4 期

宋代龙泉青瓷香盒、香瓶鉴赏与研究（下）　雷国强、李震　东方收藏　2015 年第 5 期

宋代汝瓷形制在宝丰县清凉寺汝窑址修复设计中的运用　王梦林、陈诚　美术大观　2015 年第 2 期

宋代埋藏佛教残损石造像群原因考——论“明道寺模式”　高继习　载山东省文物考古研究所编《海岱考古》第 8 辑　科学出版社　2015 年

宋代名臣宇文虚中铜印考——由一颗印章的发现推翻历史上一桩冤案　冯永谦　北方文物　2015 年第 1 期

宋代墓志碑铭撰写中的政治因素——以北宋孔道辅为例　仝相卿　河南大学学报（社会科学版）　2015 年第 5 期

宋代书画成古画拍卖翘楚萧蔷　中国证券报　2015 年 6 月 13 日

宋代四川三彩釉陶　李铁锤　收藏　2015 年第 1 期

宋代陶瓷茶具的艺术形态与时代特征　王乾　现代装饰（理论）　2015 年第 4 期

宋代陶瓷图案纹饰的审美意蕴探究　田飞、王明时　兰台世界　2015 年第 15 期

宋代陶瓷鱼纹装饰纹样艺术与技术考　谷莉　中国陶瓷　2015 年第 3 期

宋代铜镜的世俗化特征研究李静　装饰　2015 年第 3 期

宋代文人审美与青白瓷花器　徐升　陶瓷研究　2015 年第 1 期

宋代影青瓷作伪的现状调查　曾智泉　大众考古　2015 年第 10 期

宋辽文化交流的考古学观察——以宣化辽墓的考古发现为视角　陈朝云、刘亚玲　郑州大

学学报（哲学社会科学版）　2015 年第 1 期

宋墓出土文房器用与两宋士风　扬之水　考古与文物　2015 年第 1 期

宋金时期铜镜浅析　赵晓红　东方收藏　2015 年第 9 期

宋元人口迁移与瓷器支圈覆烧技术南传　胡雪琪　陶瓷科学与艺术　2015 年第 11 期

宋元四川山城的类型——兼谈川渝山城堡寨调研应注意的问题　孙华　西华师范大学学报
　　（哲学社会科学版）　2015 年第 2 期

苏轼《念奴娇·赤壁怀古》刻石考略　李丹　文物世界　2015 年第 2 期

T

探寻汝窑　耿宝昌　紫禁城　2015 年第 11 期

唐宋之间陶瓷熏香炉仿生形制演变的规律　孟夏　美苑　2015 年第 5 期

唐和北宋两代帝陵华表石刻艺术造型风格之比较　唐培淞　大众文艺　2015 年第 13 期

特大型大观通宝钱鉴赏　刘存忠　收藏界　2015 年第 5 期

探析重庆涞滩二佛寺禅宗造像的审美特征　高一丹　现代装饰（理论）　2015 年第 6 期

天府遗珍——关于四川宋代窖藏文物的初步研究　黄阳兴　荣宝斋　2015 年第 6 期

天水宋代琉璃舍利塔　孟旭辉　收藏　2015 年第 1 期

W

万源发现北宋种茶石刻题记　专家建议纳入“国保”　吴晓铃　四川日报　2015 年 3 月 26
　　日第 11 版

王釉色莹彻，为世所珍　北宋官窑　璀璨的青瓷之珠　陈平　大众理财顾问　2015 年第
　　1 期

温润恬静话定窑　陈平、吴永玉、王淳杰　大众理财顾问　2015 年第 8 期

我曹之春秋：盛唐至北宋官厅壁记的刊刻　杨俊峰　“国立”政治大学历史学报　2015 年第
　　11 期

我国现存唯一宋代双塔全面修缮完毕　王立武　中国文物报　2015 年 1 月 30 日第 1 版

X

夕阳紫翠忽成岚——宋代钧窑瓷器工艺分析　施泳峰　文物鉴定与鉴赏　2015 年第 11 期

西华师范大学馆藏宋代“生肖俑”考辨　王守梅　东方收藏　2015 年第 8 期

稀少的北宋“熙宁元宝”目熙版　葛天越　收藏　2015 年第 3 期

系统探究　注重考辨——《宋实录研究》读后　张霞　文化学刊　2015 年第 3 期

新安宋村北宋砖雕壁画墓测绘简报　王书林、王子奇、金连玉、徐怡涛、朱世伟　考古与文物
　　2015 年第 1 期

新出土江西地区宋元时期买地券概述　李桥、郭锐瑜　保定学院学报　2015 年第 4 期

新发现的四方北宋铭文杂剧砖雕考　康保成　中原文物　2015 年第 4 期

新见北宋陈珦墓志　李森、张丽峰　书法　2015 年第 4 期

形式与意涵的多元化——论两宋考古资料中的十二生肖像　邓菲　民族艺术　2015 年第
　　6 期

姓望与家庭：瓷墓志所见晚唐至宋初上林湖地区中下层社会研究　胡耀飞、王刚主编　珞珈
　　史苑·2014 年卷　2015 年 4 月

徐谓礼《淳祐七年十月四日转朝请郎告》释读　张祎　中国史研究　2015 年第 1 期

“宣和殿宝”印的真伪探析　康耀仁　东方艺术　2015 年第 12 期

Y

延安地区北宋石窟涅槃造像中的乐舞图像考察　石建刚、贾延财、杨军　甘肃广播电视大学学报　2015 年第 5 期

扬州城的城门考古　汪勃　大众考古　2015 年第 11 期

扬州南宋堡城和宝城的发掘与研究　汪勃、王小迎　中国国家博物馆馆刊　2015 年第 9 期

扬州蜀岗古城址的木构及其他遗存　汪勃　中国文物报　2015 年第 4 期

杨粲墓石刻　胡进　文物天地　2015 年第 5 期

耀州窑宋代窑炉结构及烧成工艺　胡永刚　陶瓷科学与艺术　2015 年第 7 期

一幅南宋绍兴年间的秦桧画像——故宫博物院藏《八相图卷》考辨　许浩然　中华文史论丛　2015 年第 3 期

一种新形制的宋代圈椅——山西晋城东岳大帝坐具　张彬渊、田霖霞　家具 2015 年第 4 期

壹　遗世奇珍　传世汝窑瓷器　紫禁城　2015 年第 11 期

艺芸书舍宋版书鉴赏　孙迎庆　文物鉴定与鉴赏　2015 年第 5 期

"应感通宝"钱述略　戎畋松　收藏　2015 年第 23 期

有关四川大竹县黄城寨遗址的几个问题　景俊鑫、张岚　赤子(上中旬)　2015 年第 20 期

有关越窑消失的几个问题——以其消失时期和原因为中心　李喜宽　南方文物　2015 年第 2 期

盂县宋宣和六年铁钟　赵培青　文物世界　2015 年第 5 期

渔歌唱晚——两枚宋代铜镜赏析　李騉　文物鉴定与鉴赏　2015 年第 11 期

域外宋代漆器　何振纪　中国生漆　2015 年第 2 期

Z

再说宋钱大珍"皇祐元宝"钱　董良义、李霞、王旭东　中国钱币　2015 年第 3 期

浙江杭州发现南宋临安知府洪起畏夫妇合葬墓　周学斌、刘卫鹏、朱晓东、许崇乙　中国文物报　2015 年 6 月 5 日第 8 版

浙江庆元会溪南宋胡纮夫妇合葬墓发掘简报　郑建明、叶海、谢西营、吴文琳、吴兴、周光贵、程爱兰、孙小治　文物　2015 年第 7 期

浙江省博物馆南宋文物大展再现南宋风物盛景　胡慧媚　中国文物报　2015 年 11 月 17 日第 2 版

浙江省图书馆藏抄本周密《吟室霏谈》考述　汤清国　五邑大学学报(社会科学版)　2015 年第 1 期

浙江松阳宋墓出土瓷器　宋子军、刘鼎　文物　2015 年第 7 期

鹧鸪斑中吸春露　能解红颜入醉乡　李军　华北电业　2015 年第 5 期

珍珠地·白地黑花·红绿彩　《宋辽金纪年瓷器》补正三则　刘涛　收藏　2015 年第 7 期

真仙岩探原　何婵娟　广西教育学院学报　2015 年第 5 期

镇江出土宋代泥孩儿　刘丽文　收藏　2015 年第 3 期

郑州地区汉唐宋成年居民的身高研究　孙蕾、朱泓　人类学学报　2015 年第 3 期

郑州地区汉唐宋墓葬人骨种系研究——以荥阳薛村遗址和新郑多处遗址为例　孙蕾、朱泓、楚小龙、樊温泉　华夏考古　2015 年第 3 期

制器尚象:道家思想对宋瓷的影响　解荣昌　中国道教　2015 年第 4 期

中国古代钱币鉴赏　宋代金银　兰台世界　2015 年第 30 期

中国国家博物馆藏南宋刻帖研究　杨军　书画世界　2015 年第 2 期
中国陶瓷史的华彩篇章：江西吉安市博物馆吉州窑瓷器赏析　李希朗　南方文物　2015 年
　　第 4 期
诸暨博物馆藏南宋文房用具　赵立平　收藏家　2015 年第 6 期
最具时代特征的宋代有柄铜镜　王权,王连根　收藏界　2015 年第 4 期

叁　学位论文

一　综论

S

宋代叙州研究　李治　四川师范大学　硕士学位论文　2015 年 4 月

二　政治　军事　法律　民族关系

B

北宋包拯刑事司法思想研究　李翔　山东师范大学　硕士学位论文　2015 年 6 月
北宋初期天文之禁研究　唐娜　辽宁大学　硕士学位论文　2015 年 5 月
北宋东京开封府知府研究　王加固　南昌大学　硕士学位论文　2015 年 5 月
北宋东明县免役法群诉事件与熙宁政争研究　薛桂余　上海师范大学　硕士学位论文
　　2015 年 3 月
北宋防御使与团练使研究　任欢欢　西北大学　博士学位论文　2015 年 5 月
北宋河北路转运使制度研究　滕子赫　河北大学　硕士学位论文　2015 年 6 月
北宋开封府司法研究　徐梦菲　辽宁大学　硕士学位论文　2015 年 5 月
北宋科举与官学关系研究　魏斌　东北师范大学　硕士学位论文　2015 年 5 月
北宋科举制度与史学　杨利芳　华东师范大学　硕士学位论文　2015 年 5 月
北宋太学内部管理改革研究　李楠　东北师范大学　硕士学位论文　2015 年 5 月
北宋元丰改制前武官班序研究　陈江盟　西北大学　硕士学位论文　2015 年 5 月
兵变与北宋内政　王翰儒　西北大学　硕士学位论文　2015 年 5 月

C

从《名公书判清明集》看南宋不动产纠纷　郑鑫　郑州大学　硕士学位论文　2015 年 5 月
从《名公书判清明集》看南宋名公的审判理念　赵炎　安徽大学　硕士学位论文　2015 年
　　4 月

H

胡宏理学政治思想研究　胡皓萌　四川师范大学　硕士论文　2015 年 4 月

J

贾似道之"误国"研究　卫驰　东北师范大学　硕士学位论文　2015 年 5 月
《金佗稡编》军事词语研究　姚慧　暨南大学　硕士学位论文　2015 年 6 月
经典诠释与权力竞逐：北宋前期"太平"的形塑与解构 960—1063　张维玲　（台湾）台湾大
　　学　博士学位论文　2015 年

L

两宋时期王朝边疆经略与宜州治理研究　韦庭　广西师范大学　硕士学位论文　2015 年

4 月

刘后村书判法律思想研究　李素婷　南昌大学　硕士学位论文　2015 年 6 月

论中国古代直诉制度及其对当代的借鉴　杨苗苗　苏州大学　硕士学位论文　2015 年 4 月

南宋建都临安探究　吴炯汉　（台湾）东吴大学　硕士学位论文　2015 年 7 月

南宋民事诉讼制度的发展　马乐薇　西南政法大学　硕士学位论文　2015 年 3 月

南宋明公胡颖判词研究　胡晓文　河北大学　硕士学位论文　2015 年 6 月

南宋判词的特点　苏美超　吉林大学　硕士学位论文　2015 年 5 月

南宋潜邸出身官员群体研究　刘坤新　河北大学　博士学位论文　2015 年 5 月

南宋叶适法律思想探析　陆凤观　上海师范大学　硕士学位论文　2015 年 5 月

S

《水浒传》中所反映的宋代招安问题　郭雁南　河北师范大学　硕士学位论文　2015 年 3 月

司马光的统治秩序思想研究　李凤阳　重庆师范大学　硕士学位论文　2015 年 5 月

宋朝贬谪官生活研究　王进　四川师范大学　硕士学位论文　2015 年 5 月

宋朝官员卒后待遇若干问题研究　徐麓枫　河北大学　硕士学位论文　2015 年 6 月

宋朝科举制度的政治功能研究　甘霖　河北大学　硕士学位论文　2015 年 6 月

宋朝以法惩贪制度及启示　张剑豪　辽宁大学　硕士学位论文　2015 年 5 月

宋代官方宴饮制度研究　李小霞　河南大学　硕士学位论文　2015 年 5 月

宋代皇帝及后妃谥号制度研究　张永慧　河南大学　硕士学位论文　2015 年 5 月

宋代监当官及相关问题研究　韩世婧　西北大学　硕士学位论文　2015 年 11 月

宋代爵位袭封制度研究　马云龙　郑州大学　硕士学位论文　2015 年 5 月

宋代军事后勤若干问题研究　贾启红　河北大学　博士学位论文　2015 年 5 月

宋代科举省试考官研究　张石林　河南大学　硕士学位论文　2015 年 4 月

宋代科举时间研究　叶冉冉　河南大学　硕士学位论文　2015 年 5 月

宋代流外官的考任与出职　王浩　上海师范大学　硕士学位论文　2015 年 5 月

宋代录囚制度研究　景亚平　西南政法大学　硕士学位论文　2015 年 3 月

宋代内侍制度若干问题研究　赵晨　河北大学　硕士学位论文　2015 年 5 月

宋代女性财产权探析　熊腾霄　重庆大学　硕士学位论文　2015 年 4 月

宋代亲征及相关礼仪研究　洪博　西北大学　硕士学位论文　2015 年 6 月

宋代审判制度中的鞫谳分司研究　王欢　黑龙江大学　硕士学位论文　2015 年 3 月

宋代市镇管理研究　姚远　云南大学　硕士学位论文　2015 年 5 月

宋代司法实践中的法律逻辑与论证　施灵运　山东大学　硕士学位论文　2015 年 4 月

宋代司法实践中的法律逻辑与论证——以《名公书判清明集》为中心的考察　施灵运　山东大学　硕士学位论文　2015 年 3 月

宋代西北地区及西夏境内番族汉姓初探　曹昕　西北大学　硕士学位论文　2015 年 11 月

宋代刑事技术研究：成就、不足及其启示　王贵文　西南政法大学　硕士学位论文　2015 年 3 月

宋代宣州知州群体研究　兰天　苏州科技学院　硕士学位论文　2015 年 6 月

宋代夜间治安管理研究　骆彦宁　河南大学　硕士学位论文　2015 年 5 月

宋代浙江进士研究　邓涛　安徽师范大学　硕士学位论文　2015 年 4 月

宋例与宋代法律体系研究　王文涛　华东政法大学　博士学位论文　2015 年 3 月

宋宁宗时期的民族关系与政策研究　张瑞华　陕西师范大学　硕士学位论文　2015 年 5 月

宋仁宗朝军情传递研究　俱凤　西北大学　硕士学位论文　2015 年 11 月

宋王朝与南方羁縻各族盟誓研究　马向前　云南大学　硕士学位论文　2015 年 5 月

宋代口宣研究　武睿圆　西南交通大学　硕士学位论文　2015 年 5 月

宋与高丽的法制对比研究　杨学明　陕西师范大学　硕士学位论文　2015 年 5 月

T

唐宋时期判例探究　余晓磊　中国青年政治学院　硕士学位论文　2015 年 5 月

唐宋时期食品安全监管法律研究　王馨若　郑州大学　硕士学位论文 2015 年 5 月

唐宋时期蜀地政治地理研究　周伦毅　西南大学　硕士学位论文　2015 年 4 月

W

王安石的政治哲学思想探究　李雪　延边大学　硕士学位论文　2015 年 5 月

王安石管理思想研究　郭龙华　长安大学　硕士学位论文　2015 年 5 月

《武经总要·守城》之抛石机研究　桑花恒　广西民族大学　硕士学位论文　2015 年 4 月

X

《洗冤录》勘验检查制度研究　董向勇　郑州大学　硕士学位论文　2015 年 4 月

叙事作为历史:公元 1126 年姚平仲劫寨事件　胡芷嫣　（台湾）台湾大学　硕士学位论文　2015 年 7 月

Y

叶适分权观研究　王彦祺　中国计量学院　硕士学位论文　2015 年 3 月

Z

中国古代司法官的"求生"理念　高晨　吉林大学　硕士学位论文　2015 年 5 月

尊儒重法:王安石法律思想研究　景芳芳　西南政法大学　硕士学位论文　2015 年 3 月

二　社会　经济

B

北宋东京水运体系研究　卢向阳　华中师范大学　硕士学位论文　2015 年 3 月

北宋科技文献官方、民间、宗教三大作者群体研究　李婷婷　辽宁大学　硕士学位论文　2015 年 5 月

北宋上供制度初步研究　胡燕　云南大学　硕士学位论文　2015 年 5 月

北宋士人游学生活研究　屈斌　河北大学　硕士学位论文　2015 年 5 月

北宋新党作家群研究　袁鲁军　闽南师范大学　硕士学位论文　2015 年 6 月

C

从宋代海上丝绸之路看中国的对外交往　李连环　外交学院　硕士学位论文　2015 年 6 月

从苏轼的风俗思想看文化秩序的建构　刁长昊　辽宁大学　硕士学位论文　2015 年 5 月

J

家族与地域之间:宋明之际四明丰氏家族研究　王镇宇　华东师范大学　硕士学位论文

2015 年 3 月

K

科举社会与地域秩序:宋代秀州望族研究　黄军杰　广西师范大学　硕士学位论文　2015
年 5 月

L

李觏新功利主义经济思想研究　杨绍成　云南大学　博士学位论文　2015 年 5 月
历史人类学视角下宋代(1100—1162)武进士研究　张旭鹏　成都体育学院　硕士学位论
文　2015 年 6 月
两宋时期社会救助变迁研究　龙坡涛　郑州大学　硕士学位论文　2015 年 5 月
两宋文人武士移民高丽研究　刘凯奇　温州大学　硕士学位论文　2015 年 3 月
吕大临社会控制思想研究　杨晓赔　重庆师范大学　硕士学位论文　2015 年 4 月

N

南宋科技文献官方、民间、宗教三大作者群体研究　金雯婷　辽宁大学　硕士学位论文
　2015 年 5 月
南宋临安商人商业经营研究　秦婧茹　浙江工商大学　硕士学位论文　2015 年 12 月
南宋四明地区士流书风的家族性　罗俊　中国美术学院　硕士学位论文　2015 年 5 月
南宋至清初罗田东安王氏与地方社会变迁　任海龙　江西师范大学　硕士学位论文　2015
年 6 月
南宋中期涉税诗研究　许哲　河北师范大学　硕士学位论文　2015 年 5 月

S

四大南戏"与宋元社会生活习俗　刘莹莹　上海师范大学　硕士学位论文　2015 年 3 月
宋朝都城节庆社会性　宋品璇　(嘉义)中正大学　硕士学位论文　2015 年 1 月
宋朝市场管理制度探析　陈静　西南政法大学　硕士学位论文　2015 年 3 月
宋代朝贡制度研究　孙晓玲　山东师范大学　硕士学位论文　2015 年 6 月
宋代城市税收研究　王浩禹　云南大学　博士学位论文　2015 年 11 月
宋代房屋租赁制度研究　张兵　郑州大学　硕士学位论文　2015 年 5 月
宋代佛教寺院借贷业研究　魏威　中国政法大学　硕士学位论文　2015 年 4 月
宋代赋税征收机构研究　樊颖　山东大学　硕士学位论文　2015 年 3 月
宋代公使库研究　郭志伟　河北大学　硕士学位论文 2015 年 5 月
宋代官妓研究　何文泽　广西师范大学　硕士学位论文　2015 年 4 月
宋代汉中地区的人口迁移　王飞　四川师范大学　硕士学位论文　2015 年 4 月
宋代伎艺人研究　吴从芳　四川师范大学　硕士学位论文　2015 年 1 月
宋代家禽养殖与消费研究　谢娜　陕西师范大学　硕士学位论文　2015 年 5 月
宋代家训研究　刘江山　青海师范大学　博士学位论文　2015 年 5 月
宋代近海市场研究　廖伊婕　云南大学　博士学位论文　2015 年 9 月
宋代酒课分隶研究　朱思远　河北大学　硕士学位论文　2015 年 6 月
宋代夔州路地区经济发展研究　张建兴　重庆师范大学　硕士学位论文　2015 年 4 月
宋代两浙盐业市镇研究　刘洁　浙江师范大学　硕士学位论文　2015 年 5 月
宋代漏泽园相关问题研究　张振宇　重庆师范大学　硕士学位论文　2015 年 5 月
宋代漏泽园制度研究　郑瑞鹏　浙江师范大学　硕士学位论文　2015 年 5 月

宋代农民的兼业研究　贾灿　河北师范大学　硕士学位论文　2015年3月

宋代妾问题探析　蒿美玲　上海师范大学　硕士学位论文　2015年5月

宋代入道女性形象与社会关系:以《历世真仙体道通鉴后集》仙传为例　蔡传宜　（台湾）成功大学　硕士学位论文　2015年6月

宋代丧葬救助研究　吴政佐　陕西师范大学　硕士学位论文　2015年5月

宋代私塾教育研究——以塾师为中心的考察　龚文浩　华东师范大学　硕士学位论文　2015年5月

宋代私学教师生活研究　侯文洁　河南大学　硕士学位论文　2015年5月

宋代四川家族与地方社会互动研究——以居乡成员为考察重点　梁蓉　兰州大学　硕士学位论文　2015年5月

宋代中越贸易往来与文化交流　徐国英　山东师范大学　硕士学位论文　2015年6月

宋代自治性福利观念和制度研究　袁铎珍　首都经济贸易大学　硕士学位论文　2015年3月

宋代宗室婚姻若干问题考略　李音翰　华东师范大学　硕士学位论文　2015年5月

宋人笔记小说中的宋代僧人形象研究　林帅　温州大学　硕士学位论文　2015年3月

宋夏丧葬文书比较研究　穆旋　宁夏大学　硕士学位论文　2015年3月

宋元婚书问题研究　杨雪　河北经贸大学　硕士学位论文　2015年3月

宋元以降洛阳城市变迁研究　段笑蓉　河南科技大学　硕士学位论文　2015年6月

T

唐代中叶至北宋末年皖江地区经济发展研究　董明　上海师范大学　博士学位论文　2015年5月

唐宋时期湖南地区的土贡制度比较研究　李战青　湖南科技大学　硕士学位论文　2015年5月

通过契约的善俗自治——以《吕氏乡约》为对象的研究　席争峥　西南政法大学　硕士学位论文　2015年3月

Y

杨时社会控制思想研究　樊兵兵　重庆师范大学　硕士学位论文　2015年4月

元初赵宋宗室文人群体研究　张新华　山西大学　硕士学位论文　2015年6月

《袁氏世范》家庭伦理思想及其现代价值　焦唤芝　南京大学　硕士学位论文　2015年4月

Z

朱熹家庭伦理思想及其当代价值　董海峰　哈尔滨工业大学　硕士学位论文　2015年6月

朱子《家礼·婚礼》研究　吴霁芳　（台湾）中山大学　硕士学位论文　2015年

三　教育　科学　文化

B

百石斋藏宋元买地券释文及词语研究　刘丽飞　河北师范大学　硕士学位论文　2015年5月

北宋"二刘"与"三孔"诗歌创作比较研究　万应　南昌大学　硕士学位论文　2015年5月

北宋《论语》诠释史论　乔芳　扬州大学　博士学位论文　2015 年 5 月
北宋皇家园林"公共性"探究　董琦　北京林业大学　硕士学位论文　2015 年 5 月
（北宋）黄庭坚词用词研究　程帅　华东师范大学　硕士学位论文　2015 年 4 月
北宋李公麟绘画艺术研究　王婧雯　广西大学　硕士学位论文　2015 年 6 月
北宋祈谢雨文研究　张东锋　西北大学　硕士学位论文　2015 年
北宋文道关系的发展与文学思潮的变迁　张翼驰　陕西师范大学　硕士学位论文　2015
　　年 5 月
北宋颍州文学研究　张宁宁　安徽师范大学　硕士学位论文　2015 年 5 月
北宋咏鸟诗研究　张桂利　西南交通大学　硕士学位论文　2015 年 5 月
北宋与高丽佛教交流研究　李宁　河北大学　硕士学位论文　2015 年 5 月
北宋院体画艺术精神研究　苏正文　四川师范大学　硕士学位论文　2015 年 3 月
北宋中期俳谐诗研究　刘佳宁　吉林大学　硕士学位论文　2015 年 4 月
"半部《论语》治天下"的流传研究　刘亚楠　山东大学　硕士学位论文　2015 年 5 月
《宾退录》研究　朱春雨　上海师范大学　硕士学位论文　2015 年 4 月

C

蔡襄诗歌研究　夏奇娇　辽宁师范大学　硕士学位论文　2015 年 5 月
草窗词接受史研究　刘鹏　牡丹江师范学院　硕士学位论文　2015 年 6 月
草窗词研究　张淑颖　喀什大学　硕士学位论文　2015 年 6 月
晁补之唱和诗研究　吕雪梅　西南大学　硕士学位论文　2015 年 4 月
晁迥三教观研究　王建琴　陕西师范大学　硕士学位论文 2015 年 5 月
《长短经》四库本与宋刊本异文考校　王其琛　东北师范大学　硕士学位论文 2015 年 5 月
陈师道诗歌接受及逸诗研究　周婷　四川师范大学　硕士学位论文　2015 年 3 月
陈世崇《随隐漫录》研究　朱鸿翠　江南大学　硕士学位论文　2015 年 6 月
陈文蔚及其诗歌研究　黄冉　安徽大学　硕士学位论文　2015 年 5 月
城市文明演变下的宋代公共园林研究　毛华松　重庆大学　博士学位论文　2015 年 9 月
程俱及其诗歌研究　徐晓慧　山东师范大学　硕士学位论文　2015 年 4 月
程颐易学思想探析　舒科　湖南大学　硕士学位论文　2015 年 5 月
《重修琴川志》引书研究　孙乌兰　东北师范大学　硕士学位论文　2015 年 5 月
触目横斜千万朵　赏心只有两三枝——宋代工笔花鸟小品画研究　李凤　南京师范大学
　　硕士学位论文　2015 年 3 月
词论、词选中的晏殊词的研究　张中秀　东华理工大学　硕士学位论文　2015 年 6 月
从"全景"到"边角"——论五代两宋山水画的构图艺术特点　周正　湖南科技大学　硕士
　　学位论文　2015 年 6 月
从"无我"到"有我"——宋元工笔花鸟画差异性比较研究　林茵　中国艺术研究院　博士
　　学位论文　2015 年 6 月
从《采薇图》品读南宋院体画精神　孙娜　浙江师范大学　硕士学位论文　2015 年 3 月
从王希孟的《千里江山图》感受青绿山水的色彩　姜晓佳　辽宁师范大学　硕士学位论文
　　2015 年 3 月
从朱子工夫论诠释其理气心性论　金慧洙　（台湾）"中央大学"　博士学位论文　2015 年
崔白对五代宋初黄派花鸟画的变革　秦丹瑞　山西师范大学　硕士学位论文　2015 年

4 月

崔白花鸟画对我艺术创作的影响　姚婉缇　南京艺术学院　硕士学位论文　2015 年 3 月

D

戴埴《鼠璞》研究　李春强　东北师范大学　硕士学位论文　2015 年 5 月

道德意志与权力意志——陆九渊与尼采意志论比较研究　朱玉鹏　宁夏大学　硕士学位论文　2015 年 3 月

"帝王之学"视域下之《大学衍义》研究　夏福英　湖南大学　博士学位论文　2015 年 9 月

《定风波》在唐宋时期的流变研究　吴变　兰州大学　硕士学位论文　2015 年 5 月

《东宫备览》研究　李晓攀　华东师范大学　硕士学位论文　2015 年 5 月

读韩拙《山水纯全集·论林木篇》探析北宋山水画树法表现及对我创作的启示　陈以超　上海大学　硕士学位论文　2015 年 4 月

杜大珪《名臣碑传琬琰集》整理与研究　苏贤　华东师范大学　硕士学位论文　2015 年 5 月

《独醒杂志》研究　宋伟　河南大学　硕士学位论文　2015 年 6 月

《独醒杂志》研究　张晓昕　上海师范大学　硕士学位论文　2015 年 4 月

《杜工部草堂诗笺》旧说考　吴玉珊　山东大学　硕士学位论文　2015 年 5 月

E

二程教育思想比较研究　宁向乐　陕西师范大学　硕士学位论文　2015 年 6 月

二程理学境界观研究　刘和超　西南民族大学　硕士学位论文　2015 年 3 月

二程文论研究　白红　四川师范大学　硕士学位论文　2015 年 3 月

F

翻译伦理视角下苏轼词英译的对比研究　何金地　河南大学　硕士学位论文　2015 年 5 月

范仲淹涉《易》诗文之探析　尤滨婷　福建师范大学　硕士学位论文　2015 年 6 月

方岳诗集笺注　郭瑾　辽宁师范大学　硕士学位论文　2015 年 5 月

《分门古今类事》引书研究　张丽　东北师范大学　硕士学位论文　2015 年 5 月

《佛果圜悟禅师碧岩录》校勘研究　赵晓冬　西南科技大学　硕士学位论文　2015 年 5 月

佛学与北宋士大夫的精神世界　邢爽　湖南大学　硕士学位论文　2015 年 4 月

G

高似孙《史略》研究　张绍俊　上海师范大学　硕士学位论文　2015 年 4 月

高似孙《纬略》引文考校　谢璐雪　中南民族大学　硕士学位论文 2015 年 5 月

"格物致知"说哲学省察　邝宁　山东大学　硕士学位论文　2015 年 5 月

葛立方《韵语阳秋》诗学研究　黄莉莉　广西民族大学　硕士学位论文　2015 年 4 月

古拙清新，素雅质朴——李公麟山水画笔墨语言研究　洪善岩　曲阜师范大学　硕士学位论文　2015 年 3 月

观"潇湘竹石图"　邵莉　中国艺术研究院　硕士学位伦文　2015 年 6 月

《广韵》医学名物词研究　肖雄　北京中医药大学　硕士学位论文　2015 年 5 月

《鬼谷子》文献研究　蔡瑶　沈阳师范大学　硕士学位论文　2015 年 5 月

H

韩元吉《南涧甲乙稿》研究　韩占红　西北师范大学　硕士学位论文　2015 年 5 月

韩元吉与韩淲诗词研究　张梦　鲁东大学　硕士学位论文　2015 年 6 月

寒窑戏研究　陈洁　广西师范大学　硕士学位论文　2015 年 4 月

汉魏至宋代涉闽志怪小说研究　杨静　福建师范大学　硕士学位论文　2015 年 4 月

洪皓使金作品研究　赵自环　重庆师范大学　硕士学位论文　2015 年 5 月

洪兴祖《楚辞补注》研究　朱佩弦　华中师范大学　博士学位论文　2015 年 5 月

洪咨夔五言律诗研究　曹瑞楠　辽宁大学　硕士学位论文　2015 年 5 月

《后山诗话》研究　王婷　河北大学　硕士学位论文　2015 年 6 月

胡瑗的语文教育思想及其现代价值的研究　夏青　青海师范大学　硕士学位论文　2015 年 4 月

胡瑗教育改革思想与实践研究　程玉霞　陕西师范大学　硕士学位论文　2015 年 5 月

胡仔《苕溪渔隐丛话》的宋诗观研究　杨志很　广西师范大学　硕士学位论文　2015 年 4 月

胡仔《苕溪渔隐丛话》诗学研究　姜学科　广西民族大学　硕士学位论文　2015 年 4 月

华镇及其诗歌初探　廖文华　广西师范学院大学　硕士学位论文　2015 年 5 月

华镇诗歌研究　姚静静　山东师范大学　硕士学位论文　2015 年 5 月

华镇诗歌研究　于湘苏　安徽大学　硕士学位论文　2015 年 5 月

黄龙慧南禅师及其禅法研究　彭晓露　南昌大学　硕士学位论文　2015 年 5 月

黄庭坚《诸上座帖》对我书法创作的启示　董铁军　南京师范大学　硕士学位论文　2015 年 3 月

黄庭坚大字行楷书艺术探究　梁辰　杭州师范大学　硕士学位论文　2015 年 3 月

徽宗时期院体花鸟画理论与实践浅探　陈万亨　中国美术学院　硕士学位论文　2015 年 4 月

回归与重构——宋代《诗经》诠释研究　程建　华中师范大学　博士学位论文　2015 年 5 月

惠洪《冷斋夜话》研究　唐娟　广西师范大学　硕士学位论文　2015 年 4 月

J

基于语料库的《苏东坡传》汉译本译者风格比较研究　霍郭浩　安徽大学　硕士学位论文　2015 年 5 月

辑佚本《潜溪诗眼》研究　李大强　暨南大学　硕士学位论文　2015 年 5 月

稼轩词历代传播与接受专题研究　雷雯　苏州大学　硕士学位论文　2015 年 5 月

稼轩梦词研究　马佳欣　山西师范大学　硕士学位论文　2015 年 4 月

姜夔音乐思想研究　韩雪　陕西师范大学　硕士学位论文　2015 年 6 月

《绛帖》研究　肖成彦　西南大学　硕士学位论文　2015 年 5 月

近现代以来"诚斋体"与禅宗关系研究述评　卢超敏　山东大学　硕士学位论文　2015 年 5 月

《经史证类备急本草》与宋代学术文化研究　周云逸　河北大学　博士学位论文　2015 年 5 月

《景德传灯录》副词研究　朱婧怡　东北师范大学　硕士学位论文　2015 年 6 月

靖康之难到绍兴和议时期的胡寅诗文研究　李利　重庆师范大学　硕士学位论文　2015

年5月

骏马轻啼——宋元两代鞍马画研究　郑强　中国美术学院　硕士学位论文　2015年5月

K

开封宋朝历史文化旅游产品发展研究　皮晓媛　广西大学　硕士学位论文　2015年1月

空寂美学下的宋代素髹　路洋　陕西师范大学　硕士学位论文　2015年5月

昆山诗社　考索　刘青　曲阜师范大学　硕士学位论文　2015年3月

L

《类篇》注音释义研究　何轶华　湖南师范大学　硕士学位论文　2015年4月

李白苏轼诗歌化用《庄子》人物述论　伍昆　华东师范大学　硕士学位论文　2015年5月

李处权诗歌研究　左宗静　广西师范学院　硕士学位论文　2015年3月

李纲的赋及序跋文研究　蒲雨潇　西北师范大学　硕士学位论文　2015年5月

李公麟白描绘画研究　张慧　河北师范大学　硕士学位论文　2015年9月

李公麟对吴道子画风的传承与发展　李艳华　陕西师范大学　硕士学位论文　2015年5月

李公麟与北宋文人画产生之关系考评　郭辉　中央美术学院　硕士学位论文　2015年4月

李光诗歌研究　陆玉　广西师范学院　硕士学位论文　2015年10月

李濂《汴京遗迹志》研究　吴静　陕西师范大学　硕士学位论文　2015年5月

李清照《词论》研究析评与诗学思想再探　陈丽丹　湖南师范大学　硕士学位论文　2015年5月

李清照南渡前后用词对比研究　刘丹　重庆大学　硕士学位论文　2015年5月

李焘文献学研究　尚荣勇　华中师范大学　硕士学位论文　2015年5月

理想与现实:以状元黄公度诗歌为例　吕维　西南大学　硕士学位论文　2015年4月

"理"消解与"情"复归:南宋诗学本体论的困惑与选择　任重殊　云南师范大学　硕士学位论文　2015年6月

理学影响下的宋徽宗花鸟画　郑诗琴　淮北师范大学　硕士学位论文　2015年5月

理学与南宋初中期辞赋研究　周君燕　山东大学博士　学位论文　2015年10月

历代张孝祥词批评研究　王琨　牡丹江师范学院　硕士学位论文　2015年5月

两宋、辽、金宫廷吉礼用乐研究　易霜泉　上海音乐学院硕士学位论文　2015年6月

两宋词歌唱比较研究　王新荷　西北师范大学　硕士学位论文　2015年5月

两宋辞赋的都邑书写　周骥　山东大学　硕士学位论文　2015年3月

两宋工笔花鸟画设色探究　邓学梅　中国美术学院　硕士学位论文　2015年5月

两宋联章词研究　谢敏　东北师范大学　硕士学位论文　2015年5月

两宋时期文献记载中的几座佛教寺院佛殿建筑复原研究　吴嘉宝　清华大学　硕士学位论文　2015年5月

两宋时期中国书画的历史传承与地理迁变　潘杨　齐齐哈尔大学　硕士学位论文　2015年4月

两宋祀神诗词研究　黄晓鋆　广东外语外贸大学　硕士学位论文　2015年6月

林希逸《庄子口义》评点研究及其对外传播　安江　山西大学　硕士学位论文　2015年

6 月

林希逸文献学研究　王晚霞　福建师范大学　博士学位论文　2015 年 6 月

林希逸庄学思想研究　李京津　湖南师范大学　博士学位论文　2015 年 6 月

刘敞《七经小传》研究　贺平丽　西北大学　硕士学位论文　2015 年 6 月

刘敞辞赋研究　鲍非非　山东大学　硕士学位论文　2015 年 3 月

刘弇《龙云集》研究　齐程花　广西大学　硕士学位论文　2015 年 6 月

《六书故》音切考　于融　吉林大学　硕士学位论文　2015 年 6 月

"六一风神"与"追字诀"——欧阳修散文审美内涵研究　李雁雪　暨南大学　硕士学位论文　2015 年 5 月

楼钥诗歌研究　张雪　沈阳师范大学　硕士学位论文　2015 年 5 月

陆九渊的工夫论研究　张文元　河南科技大学　硕士学位论文　2015 年 5 月

陆九渊文艺思想研究　刘雪娇　哈尔滨师范大学　硕士学位论文　2015 年 6 月

陆九渊心学的创建传承与书院的互动关系探析　徐志鹏　南昌大学　硕士学位论文　2015 年 5 月

陆文圭文学思想研究　薛雨姝　沈阳师范大学　硕士学位论文　2015 年 5 月

陆游启文研究　金婷婷　辽宁大学　硕士学位论文　2015 年 5 月

陆游情词研究　王鑫　吉林大学　硕士学位论文　2015 年 4 月

论"诗经"经典艺术形象在宋代花鸟画中的体现　凌凯　中国艺术研究院　硕士学位论文　2015 年 3 月

论北宋新学学派的名物之学　成一林　河南大学　硕士学位论文　2015 年 5 月

论北宋篆书的继承与发展　王静　曲阜师范大学　硕士学位论文　2015 年 6 月

论邓广铭的历史教育思想　袁华　湖南师范大学　硕士学位论文　2015 年 5 月

论欧阳修的"春秋笔法"　李荣基　广西师范大学　硕士学位论文　2015 年 4 月

论宋词中的琵琶艺术　张飞飞　郑州大学　硕士学位论文　2015 年 3 月

论宋代工笔花鸟画对当代中国工笔重彩花鸟画的影响　汪佳懿　湖北美术学院　硕士学位论文　2015 年 5 月

论宋代南渡词人的漂泊情怀　辛明静　辽宁师范大学　硕士学位论文　2015 年 5 月

论宋代诗话批评视野中的黄庭坚　陈婷婷　暨南大学　硕士学位论文　2015 年 5 月

论唐宋词在韩国的传播与接受　金度燃　苏州大学　硕士学位论文　2015 年 5 月

论唐宋仕女画风格特征及其演变　彭日伟　赣南师范学院　硕士学位论文　2015 年 6 月

论文人绘画观对宋代人物画的影响　潘巧　湖南科技大学　硕士学位论文　2015 年 6 月

论朱熹的礼学思想　邱振华　吉林大学　硕士学位论文　2015 年 5 月

论朱熹的礼学思想——以工夫论为视角　邱振华　吉林大学　硕士学位论文　2015 年 5 月

吕陶及《净德集》研究　周垚　广西大学　硕士学位论文　2015 年 5 月

吕祖谦《东莱书说》研究　靳秋杰　重庆师范大学　硕士学位论文　2015 年 5 月

吕祖谦民本思想研究　汪波　中国计量学院　硕士学位论文　2015 年 9 月

吕大临的铜器铭文研究　高会彬　西南大学　硕士学位论文　2015 年 5 月

M

茅星来《近思录集注》研究　周仕杰　温州大学　硕士学位论文　2015 年 3 月

梅溪词与竹屋词比较研究 王镝 长春师范大学 硕士学位论文 2015 年 5 月

梅尧臣诗体选择研究 汪婉婷 安徽师范大学 硕士学位论文 2015 年 5 月

《梦窗词》词语修辞研究 李澜 山东大学 硕士学位论文 2015 年 4 月

《梦溪笔谈》科技内容注释之比较研究 贾勃 山西大学 硕士学位论文 2015 年 6 月

米芾《蜀素帖》临习与创作感悟 陈维 河南大学 硕士学位论文 2015 年 5 月

闽北练夫人信仰研究 丁丽娟 福建师范大学 硕士学位论文 2015 年 3 月

明代宋诗选本研究 高岩 河南师范大学 硕士学位论文 2015 年 5 月

明前假传研究 林芳 浙江师范大学 硕士学位论文 2015 年 6 月

N

南方地区唐宋时期瓦当与滴水研究 高义夫 吉林大学 硕士学位论文 2015 年 6 月

南宋蔡模《近思续录》研究 秦月 温州大学 硕士学位论文 2015 年 3 月

南宋初滞金诗人诗歌意象及情感意蕴研究 吴雪 重庆师范大学 硕士学位论文 2015 年 5 月

南宋福建地区家族与理学的研究 刘亚聪 河北大学 硕士学位论文 2015 年 6 月

南宋古诗词歌曲演唱探究 张凌宇 中国音乐学院 硕士学位论文 2015 年 4 月

南宋古文文话中的章法理论研究 侯晓燕 山西大学 硕士学位论文 2015 年 6 月

南宋淮河诗研究 杨武飞 湖南师范大学 硕士学位论文 2015 年 5 月

南宋景德镇青白瓷国内销售市场研究 吕东亮 景德镇陶瓷学院 硕士学位论文 2015 年 4 月

南宋军旅诗研究 曹晖 南京师范大学 硕士学位论文 2015 年 4 月

南宋理学视阈下的《中庸》思想研究 王晓朴 河北大学 博士学位论文 2015 年 5 月

南宋六言诗研究 李蓉 安徽师范大学 硕士学位论文 2015 年 5 月

南宋时期江浙地区府州治所建筑规制研究 张梦遥 北京大学 硕士学位论文 2015 年 6 月

南宋时期小景山水画的诗意性 秦菁怡 陕西师范大学 硕士学位论文 2015 年 5 月

南宋时期中日石刻文化交流研究 孔媛 浙江工商大学 硕士学位论文 2015 年 12 月

南宋特科状元乐雷发的"江湖诗派"身份归属 高甜甜 陕西师范大学 硕士学位论文 2015 年 5 月

南宋王朋甫本《尚书》研究 刘晓丽 山东大学 硕士学位论文 2015 年 5 月

南宋翁卷诗歌创作研究 吴宜 长春师范大学 硕士学位论文 2015 年 5 月

南宋中兴时期田园诗研究 覃娥 湖北师范学院 硕士学位论文 2015 年 5 月

内藤湖南"宋代近世說"文化探赜 杨永亮 东北师范大学 博士学位论文 2015 年 10 月

O

欧阳修道论视野下的佛教观研究 李阳 南京大学 硕士学位论文 2015 年 4 月

欧阳修书信研究 汪垚 广西大学 硕士学位论文 2015 年 6 月

P

潘怀素《南宋乐星图谱研究》初探 谢晓娟 温州大学 硕士学位论文 2015 年 3 月

潘宗周《礼记正义校勘记》整理与研究 李佩 南京师范大学 硕士学位论文 2015 年 4 月

Q

契嵩《孝论》思想研究　吴彪　云南师范大学　硕士学位论文　2015 年 5 月
《碛砂藏》文献价值研究　张昊堃　河北大学　硕士学位论文　2015 年 5 月
器以载道——浅析以李嵩《花篮图》为代表的宋代静物画　冯冠慧　中国美术学院　硕士学位论文　2015 年 6 月
浅述欧洲中世纪绘画和宋代小品山水的相通之处　王薇　天津美术学院　硕士学位论文　2015 年 6 月
浅谈崔白的花鸟画艺术　阳璨　湖南师范大学　硕士学位论文　2015 年 6 月
浅谈李公麟人物画中墨的运用　孟艾丽　河北师范大学　硕士学位论文　2015 年 3 月
浅析道家思想在宋代山水画中的体现　张晓航　南通大学　硕士学位论文　2015 年 5 月
浅析马远、夏圭山水画的空间营造及意义　李婷　河北师范大学　硕士学位论文　2015 年 3 月
浅析宋代工笔花鸟画的艺术特色　严婷婷　西北师范大学　硕士学位论文　2015 年 5 月
强至及其诗歌研究　薛敏　广西大学　硕士学位论文　2015 年 5 月
秦观散文文学性研究　王松　兰州大学　硕士学位论文　2015 年 5 月
秦观诗歌接受研究　舒世龙　西南大学　硕士学位论文　2015 年 4 月
清前期诗话中的苏轼论　赵瑞上海师范大学　硕士学位论文　2015 年 5 月
清修南宋《春秋》学著作比勘研究——以《通志堂经解》本与《四库全书》本的比对为中心　毕研婷　山东大学　硕士学位论文　2015 年 5 月
清真词女性书写研究　黄林蒙　福建师范大学　硕士学位论文　2015 年 6 月
穷神之艺不妨贤——李公麟绘画研究　石以品　上海大学　博士学位论文　2015 年 4 月
《秋庭婴戏图》研究　史阳春　南京师范大学　硕士学位论文　2015 年 3 月
《全宋笔记》(第四编)训诂语料研究　裴婷婷　杭州师范大学　硕士学位论文　2015 年 5 月
《全宋词》九十六至九十七字长调词律研究　卢艺　山东师范大学　硕士学位论文　2015 年 6 月
《全宋词》香俗研究　高焰　云南大学　硕士学位论文　2015 年 5 月
《全宋词》一百零二字长调词律研究　高艳　山东师范大学　硕士学位论文　2015 年 6 月
《全宋词》一百字长调词律研究　张猛　山东师范大学　硕士学位论文　2015 年 6 月
《全宋词》中的胡人文学形象　党会阳　陕西师范大学　硕士学位论文　2015 年 5 月
全宋词中的舞蹈因素研究　欧璇　吉首大学　硕士学位论文　2015 年 5 月
《全宋文》编年考订——以太祖、太宗朝为对象　陈小青　武汉大学　博士学位论文　2015 年 5 月
全体大用:朱子道学之基本构成方式　许浒　台湾大学　硕士学位论文　2015 年 5 月
泉州宋代祈风石刻与祈风制度研究　梁宪民　福建师范大学　硕士学位论文　2015 年 6 月

R

《容斋随笔》双音词研究　凌英　上海师范大学　硕士学位论文　2015 年 3 月
儒家仁学思想的演进与超越　杨孝青　中国科学技术大学　博士学位论文　2015 年 5 月

S

《三朝北盟会编》疑问句计量研究　蒋晨彧　苏州大学　硕士学位论文　2015 年 5 月

三苏"南行诗"研究　薛瑾　重庆工商大学　硕士学位论文　2015 年 5 月

赏心只有两三枝——宋代小品画研究　杜杰　曲阜师范大学　硕士学位论文　2015 年 3 月

《邵氏闻见录》史料价值研究——以人物、典制、风俗为中心的考察　庄妤　上海师范大学　硕士学位论文　2015 年 5 月

《圣求词》研究　吉玮昕　河北大学　硕士学位论文　2015 年 6 月

沈该易学研究　高睿　福建师范大学　硕士学位论文　2015 年 6 月

诗化论词：论宋代词论的诗化特征　齐凯　河北大学　硕士学位论文　2015 年 6 月

《诗人玉屑》的唐诗观研究　黎家延　广西师范大学　硕士学位论文　2015 年 4 月

实践美学视域下的姜夔音乐美学观　赵建学　星海音乐学院　硕士学位论文　2015 年 6 月

论胡瑗的教育思想和教学实践　肖路楠　陕西师范大学　硕士学位论文　2015 年 5 月

试论《四书》的心学视角　管技本　杭州师范大学　硕士学位论文　2015 年 5 月

试论梁楷与黄慎写意人物画风格之异同　刘冬琴　陕西师范大学　硕士学位论文　2015 年 5 月

试论欧阳修辞赋的发展与"文赋"的成熟　商旭　东北师范大学　硕士学位论文　2015 年 5 月

试析契嵩《孝论》对佛教孝道观的论述方式　黄巍　中国政法大学　硕士学位论文　2015 年 3 月

释道潜诗歌研究　安婧如　山东师范大学　硕士学位论文　2015 年 5 月

《事林广记》的民俗价值　吴琼　上海师范大学　硕士学位论文　2015 年 3 月

《双喜图》与《芙蓉锦鸡图》比较研究　张璇　陕西师范大学　硕士学位论文　2015 年 5 月

司马光的音乐思想　张永薪　陕西师范大学　硕士学位论文　2015 年 6 月

《司马光日记》探析　崔玉娜　河南师范大学　硕士学位论文　2015 年 4 月

宋《十八学士图》中扶手椅与明式椅类坐具的关系研究　窦艳　西北大学　硕士学位论文　2015 年 6 月

宋本《玉篇》释义研究　常方圆　湖南师范大学　硕士学位论文　2015 年 5 月

宋笔记小说征兆故事类型探析　韩丽珠　福建师范大学　硕士学位论文　2015 年 5 月

宋朝茶诗互文性在其作者背景英译中的再现　于欢　大连理工大学　硕士学位论文　2015 年 5 月

宋朝出行工具研究　张莉　河南大学　硕士学位论文　2015 年 5 月

宋词《蝶恋花》词体、词情与词艺研究　代晓漫　中南民族大学　硕士学位论文　2015 年 4 月

宋词梅花意象浅论　乌吉斯古楞　内蒙古师范大学　硕士学位论文　2015 年

宋词中的红与绿　徐颖春　西北大学　硕士学位论文　2015 年 6 月

宋词中的梅文化研究　赵帝　广西师范大学　硕士学位论文　2015 年

宋代《弟子职》研究　洪已加　台湾"清华大学"　硕士学位论文　2015 年 8 月

宋代《女孝经图》品鉴及创作方法探微　汤文思　中国美术学院　硕士学位论文　2015 年 4 月

宋代笔记词汇研究　冯雪冬　上海师范大学　博士学位论文　2015 年 3 月

宋代笔记训诂资料研究　李欢欢　湖南师范大学　硕士学位论文　2015 年 4 月

宋代鼓吹乐研究　孙会洁　河南大学　硕士学位论文　2015 年 4 月

宋代花卉与社会生活　郭幼为　河北大学　硕士学位论文　2015 年 5 月

宋代花鸟团扇绘画艺术研究　宋静　山西师范大学　硕士学位论文　2015 年 4 月

宋代画论中的理学观念　杨荣　西南大学　硕士学位论文　2015 年 4 月

宋代环境史专题研究　聂传平　陕西师范大学　博士学位论文　2015 年 5 月

宋代绘画中的陈设艺术风格研究与应用　覃静　浙江理工大学　硕士学位论文　2015 年 3 月

宋代绘画中的寒山形象研究　张贝贝　扬州大学　硕士学位论文　2015 年 4 月

宋代建筑石料研究　李文斌　河南大学　硕士学位论文　2015 年 5 月

宋代景德镇青白瓷成型工艺研究　赵小东　景德镇陶瓷学院　硕士学位论文　2015 年 4 月

宋代景德镇青白瓷盒研究　冯璐远　景德镇陶瓷学院　硕士学位论文　2015 年 4 月

宋代九长调体式研究　张代会　华东师范大学　博士学位论文　2015 年 4 月

宋代灸法的特色及理论研究　李娇娇　辽宁中医药大学　硕士学位论文　2015 年 3 月

宋代刻贴研究　郭钟浩　齐鲁工业大学　硕士学位论文　2015 年 6 月

宋代孔庙从祀贤儒研究　李菲　东北师范大学　硕士学位论文　2015 年 5 月

宋代口占诗研究　薛丹　河南大学　硕士学位论文　2015 年 5 月

宋代民俗文化审美研究　刘若斌　山东师范大学　博士学位论文　2015 年 6 月

宋代拟唐诗研究　杜姗　河北师范大学　硕士学位论文　2015 年 5 月

宋代女性词乐的美学研究　池瑾璟　南京艺术学院　博士学位论文　2015 年 3 月

宋代女性服饰及其文化蕴涵　田天　山东艺术学院　硕士学位论文　2015 年 6 月

宋代平民服饰研究　安语昕　西北大学　硕士学位论文　2015 年 11 月

宋代青铜乐钟研究　徐蕊　上海音乐学院　博士学位论文　2015 年 6 月

宋代三家"诗评"研究　刘璟睿　集美大学　硕士学位论文　2015 年 4 月

宋代山水画对油画风景创作的启示　王超　合肥工业大学　硕士学位论文　2015 年 3 月

宋代山水画景物构成的秩序性　庞守娟　扬州大学　硕士学位论文　2015 年 5 月

宋代山水画色墨关系研究　高雯　海南师范大学　硕士学位论文　2015 年 4 月

宋代山水画与实景园的景观体验比较研究　蒋佳　湖南师范大学　硕士学位论文　2015 年 5 月

宋代山水绝句研究　张桂银　南京师范大学　硕士学位论文　2015 年 4 月

宋代涉酒词探析　张菁竹　宁夏大学　硕士学位论文　2015 年 5 月

宋代诗学中的"自然"　赵凯南　山东大学　硕士学位论文　2015 年 3 月

宋代书画印章研究　王延智　南京艺术学院　硕士学位论文　2015 年 5 月

宋代书院藏书研究　段玲玉　黑龙江大学　硕士学位论文　2015 年 3 月

宋代书院德育的当代价值研究　赵然　西安工业大学　硕士学位论文　2015 年 5 月

宋代素髹漆器对现代漆艺发展的影响　王巍衡　哈尔滨师范大学　硕士学位论文　2015 年 6 月

宋代文人画的文学性研究　张娜　河南大学　硕士学位论文　2015 年 5 月

宋代文人雅集场所环境艺术研究　毕存碧　浙江工业大学　硕士学位论文　2015 年 5 月

宋代文献中的"伪苏注"研究　包玥　河北大学　硕士学位论文　2015 年 6 月

宋代文言豪侠小说的主题类型及叙事分析　孙鑫博　北京外国语大学　硕士学位论文　2015 年 5 月

宋代孝道教化研究　闫慈　河南大学　硕士学位论文　2015 年 5 月

宋代学记研究　韩芳　青海师范大学　硕士学位论文　2015 年 5 月

宋代宜丰禅宗文学研究　朱小娟　南昌大学　硕士学位论文　2015 年 5 月

宋代以前"痹"病名实研究　丁红昌　中国中医科学院　硕士学位论文　2015 年 5 月

宋代音乐美学的范畴与命题研究　李国强　中国音乐学院　硕士学位论文　2015 年 4 月

宋代咏物赋研究　韩文达　沈阳师范大学　硕士学位论文　2015 年 5 月

宋代昭君诗研究　李昀艳　陕西理工学院　硕士学位论文　2015 年 6 月

宋代至清代陶瓷龙纹装饰特征演变研究　余雪　景德镇陶瓷学院　硕士学位论文　2015 年 4 月

宋官本杂剧段数研究　王之涵　上海师范大学　博士学位论文　2015 年 3 月

宋画审美语境与宋瓷造型研究　林维业　中国美术学院　硕士学位论文　2015 年 4 月

宋画中佛教家具审美初探　李丝　中国美术学院　硕士学位论文　2015 年 4 月

《宋季忠义录》整理与研究　赵静　东北师范大学　硕士学位论文　2015 年 5 月

宋江形象的演变与接受研究　陈檄焌　陕西理工学院　硕士学位论文　2015 年

宋金元《贺新郎》词调研究　孙素彬　河北师范大学　硕士学位论文　2015 年 5 月

宋明雕刻本字体演变研究——宋体字发展探寻　张孜颖　湖南师范大学　硕士学位论文　2015 年 4 月

宋祁诗歌研究　马瑞　辽宁师范大学　硕士学位论文　2015 年 5 月

宋祁文学研究　曹园　南京师范大学　硕士学位论文 2015 年 3 月

宋人史料笔记的史学价值研究　陈文祥　云南师范大学　硕士学位论文　2015 年 6 月

宋人休闲生活中的动物游赏　蔡弘道　（台湾）东吴大学　硕士学位论文　2015 年 7 月

宋诗警句研究　王维　河北大学　硕士学位论文　2015 年 6 月

《宋史·地理志·河东路》研究　孙斌　河北大学　硕士学位论文　2015 年 6 月

宋琬入蜀及其诗歌研究　张鹏飞　四川师范大学　硕士学位论文　2015 年 3 月

宋型舞蹈形态研究　王钦　福建师范大学　硕士学位论文　2015 年 3 月

宋元及其诗集研究　陈妙凤　内蒙古师范大学　硕士学位论文　2015 年 6 月

宋元明清练夫人信仰研究　刘艳艳　暨南大学　硕士学位论文　2015 年 5 月

宋元南戏与北杂剧同名剧目关系研究　都刘平　河北师范大学　硕士学位论文　2015 年 5 月

宋元山水画中的"屋木"形象研究　崔梦麟　山东理工大学　硕士学位论文　2015 年 4 月

宋元时期的水墨山水画研究　孙洁　鲁东大学　硕士学位论文　2015 年 6 月

宋元时期佛教在河湟地区的传播和影响　张虽旺　陕西师范大学　博士学位论文　2015 年 5 月

宋元时期甘宁青地区的自然灾害研究　宋祎晨　陕西师范大学　硕士学位论文　2015 年 5 月

宋元时期西北地区地震灾害研究　吕蕊　陕西师范大学　硕士学位论文　2015 年 5 月

宋元文格研究　张天骐　沈阳师范大学　硕士学位论文　2015 年 5 月

宋元文章学对高中议论文写作的启示　周莉欣　贵州师范大学　硕士学位论文　2015 年 5 月

宋真宗封禅艺术研究　王芳芳　河南大学　硕士学位论文　2015 年 5 月

宋至清末龙首玉带钩研究　刘闯　郑州大学　硕士学位论文　2015 年 5 月

苏过诗歌的地域文化特色　仝芳川　西南交通大学　硕士学位论文　2015 年 11 月

苏教版中学语文教材中苏轼作品教学研究　张一帜　南京师范大学　硕士学位论文　2015 年 4 月

苏轼"论"体文探析　王晓萍　哈尔滨师范大学　硕士学位论文　2015 年 6 月

苏轼《次辩才韵诗》及相关问题研究　张震　中国美术学院　硕士学位论文　2015 年 5 月

苏轼词用调研究　王莉施(Ong Lay See)　南京大学　硕士学位论文　2015 年

苏轼词中的自由精神探究　卫秀荣　南京师范大学　硕士学位论文　2015 年 3 月

苏轼黄庭坚论书诗比较研究　郭志霄　吉林大学　硕士学位论文　2015 年 4 月

苏轼记体散文三种句法特征的英译研究　马凤芹　华东师范大学　硕士学位论文　2015 年 6 月

苏轼诗歌自注研究　高婉青　浙江工业大学　硕士学位论文　2015 年 11 月

苏轼诗话中审美范畴研究　苏畅　哈尔滨师范大学　硕士学位论文　2015 年 6 月

苏轼送别诗研究　付少华　广西大学　硕士学位论文　2015 年 6 月

苏轼饮食诗歌研究　陈娇　陕西师范大学　硕士学位论文　2015 年

苏轼与辛弃疾乡村词比较研究　范亚光　贵州师范大学　硕士学位论文　2015 年 5 月

苏轼作品在日本中世的流布与影响　冯宇环　浙江工商大学　硕士学位论文　2015 年 1 月

苏辙《春秋集解》研究　祝莉莉　山东师范大学　硕士学位论文　2015 年 6 月

随人作计终后人,自成一家始逼真——我对黄庭坚大草的探析与实践　彭彤　河南大学　硕士学位论文　2015 年 5 月

《岁寒堂诗话》的对外译介推广及其策略研究　杜伊韵　山西大学　硕士学位论文　2015 年 6 月

孙甫《唐史论断》研究　高文智　青海师范大学　硕士学位论文　2015 年 3 月

T

谈岳飞《满江红》拓片的修复探索　孙冬岩　吉林艺术学院　硕士学位论文　2015 年 3 月

探析宋徽宗《腊梅山禽图》中情理交融的诗意境界　石明敏　中国美术学院　硕士学位论文　2015 年 5 月

唐庚"文气"说研究　孙思尧　沈阳师范大学　硕士学位论文　2015 年 5 月

唐后期五代宋初敦煌金光明寺研究　陈卿　上海师范大学　硕士学位论文　2014 年 12 月

唐宋《蝶恋花》词研究　黄盼　南京师范大学　硕士学位论文　2015 年 3 月

唐宋词词体结构的叙事特征研究　唐巧芬　江西师范大学　硕士学位论文　2015 年

唐宋都城东移南迁及其画风的嬗变　赵雅辞　江西科技师范大学　硕士学位论文　2015 年 4 月

唐宋两代蝗灾比较研究　许小涛　西南大学　硕士学位论文　2015 年 4 月

唐宋祈谷礼与文学研究　周永蔚　西北师范大学　硕士学位论文 2015 年 5 月

唐宋时期柳宗元在柳州的神化与神话：从"民间之神"走向"官方之神"　张莹　南京大学　硕士学位论文　2015 年 5 月

唐宋咏月词研究　许梦婕　南京师范大学　硕士学位论文　2015 年

《太常因革礼》研究　尹承　山东大学　博士学位论文　2015 年 5 月

《太平广记》科举故事研究　赵丽婷　东北师范大学　硕士学位论文　2015 年 5 月

《太平广记》商贾题材小说研究　郑婷婷　重庆师范大学　硕士学位论文　2015 年 5 月

《太平惠民和剂局方》相关问题研究　姜中龙　河北大学　硕士学位论文　2015 年 6 月

《太学新编黼藻文章百段锦》研究　孔瑞　华东师范大学　硕士学位论文　2015 年 5 月

W

汪应辰理学思想研究　程晔　南昌大学　硕士学位论文　2015 年 5 月

王安石学杜研究　陈晗　江西师范大学　硕士学位论文　2015 年 6 月

王夫之《宋论》思想研究　朱玉荣　中央民族大学　硕士学位论文　2015 年 5 月

王观国《学林》研究　胡雪颖　广西大学　硕士学位论文　2015 年 5 月

王令诗歌研究　施力维　杭州师范大学　硕士学位论文　2015 年 5 月

王辟之《渑水燕谈录》研究　李健　山东师范大学　硕士学位论文　2015 年

王十朋佛教观研究　黄官飞　中国计量学院　硕士学位论文　2015 年 5 月

"未尝死　未尝生"——李嵩《骷髅幻戏图》探析　汤雯雯　中国美术学院　硕士学位论文　2015 年 5 月

魏了翁《毛诗要义》文献学研究　杨青华　广西大学　硕士学位论文　2015 年 6 月

魏庆之《诗人玉屑》诗体论研究　李晓音　广西民族大学　硕士学位论文 2015 年 5 月

文化武人华岳诗研究　韩皎　西南大学　硕士学位论文　2015 年 4 月

文人意趣与宋代香炉设计研究　于洁　江南大学　硕士学位论文　2015 年 6 月

文同新论　刘妍　南京大学　硕士学位论文　2015 年 5 月

吴处厚《青箱杂记》研究　程婵　华中师范大学　硕士学位论文　2015 年 5 月

吴芾诗歌研究　张馨月　广西师范学院　硕士学位论文　2015 年 5 月

《武林旧事》文学研究　马碧莉　黑龙江大学　硕士学位论文　2015 年 3 月

《物类相感志》科技史料价值研究　宋军朋　华东师范大学　博士学位论文　2015 年 3 月

X

熙丰文化背景下的临川三王诗歌研究　王苑　山东师范大学　硕士学位论文　2015 年 5 月

"西湖吟社"交游唱和词研究　金美娜　江西师范大学　硕士学位论文　2015 年 6 月

夏竦诗歌研究　王珽　西南交通大学　硕士学位论文　2015 年 5 月

《咸淳临安志》研究　路泽武　上海师范大学　硕士学位论文　2015 年 1 月

现存宋代伤寒著作文献研究　张慧蕊　北京中医药大学　博士学位论文　2015 年 5 月

项安世诗歌研究　连二华　广西大学　硕士学位论文　2015 年 6 月

谢良佐《论语说》思想研究　常慧敏　陕西师范大学　硕士学位论文　2015 年 5 月

谢逸诗歌研究　向文燕　湖南大学　硕士学位论文　2015 年 4 月

辛弃疾、朱熹音乐思想之比较研究　任姗　陕西师范大学　硕士学位论文　2015 年 6 月

辛弃疾词"寻找"意象之运用　徐雪乔　黑龙江大学　硕士学位论文　2015 年 3 月

《性理群书句解》思想研究　徐金云　南昌大学　硕士学位论文　2015 年 5 月

徐元杰诗歌研究　张明会　西南大学　硕士学位论文　2015 年 4 月
许月卿《先天集》校注　赵阳　广西大学　硕士学位论文　2015 年 5 月
《宣和遗事》复音词研究　禤海敏　广州大学　硕士学位论文　2015 年 5 月

<h2 style="text-align:center">Y</h2>

严粲《诗缉》征引文献考　王智慧　鲁东大学　硕士学位论文　2015 年 6 月
晏几道酒词研究　陈馨洁　闽南师范大学　硕士学位论文　2015 年 6 月
杨简"心本论"思想研究　王一　安徽大学　硕士学位论文　2015 年 4 月
杨万里的散文观研究　郭媛　辽宁大学　硕士学位论文　2015 年 5 月
杨万里诗歌接受史研究　殷丽萍　南昌大学　硕士学位论文　2015 年 5 月
《野客丛书》词频研究　张蓓蓓　广西民族大学　硕士学位论文　2015 年 4 月
叶梦得笔记三种研究　雷兰　陕西师范大学　硕士学位论文　2015 年 5 月
《叶适集》用韵研究　刘雅馨　温州大学　硕士学位论文　2015 年 3 月
"意境论"的建构与宋代山水画　张一弛　南京艺术学院　硕士学位论文　2015 年 3 月
《雍录》引书研究　王晗　广西师范大学　硕士学位论文　2015 年 5 月
由《山腰楼观图》看两宋山水画空间演变　朱正　中国美术学院　硕士学位论文　2015 年 5 月
由曲宴观看宋徽宗延福宫　黄子恩　（台湾）台湾师范大学　硕士学位论文　2015 年 1 月
《玉壶清话》研究　许斌　安徽大学　硕士学位论文　2015 年 5 月
元代和会朱陆思想研究　黄聪　河南大学　硕士学位论文　2015 年 4 月
元丰五年苏轼文学研究　吴嘉敏　吉林大学　硕士学位论文　2015 年 4 月
《乐府指迷》接受研究　蒋葵　广西民族大学　硕士学位论文　2015 年 5 月

<h2 style="text-align:center">Z</h2>

《载酒园诗话》唐宋诗批评研究　万亚男　辽宁大学　硕士学位论文　2015 年 5 月
再论燕岩的朱子学认识　孔清清　曲阜师范大学　硕士学位论文　2015 年 4 月
在历史与文学之间：《王安石》创作阐释　伏健强　南京大学　硕士学位论文　2015 年 5 月
张即之《李衎墓志铭》书法艺术及相关研究　蔡娟　中国美术学院　硕士学位论文　2015 年 5 月
张九成贬谪南安与其诗歌创作研究　龙冬梅　西南大学　硕士学位论文　2015 年 4 月
张耒诗文佛缘禅境　杨威　吉林大学　博士学位论文　2015 年 6 月
张载"知"论研究　张靖杰　华东师范大学　硕士学位论文　2015 年 3 月
张载礼乐思想论　刘焦　四川师范大学　硕士学位论文　2015 年 4 月
张载文学研究　杨芳　华东师范大学　硕士学位论文　2015 年 5 月
张载文学研究以理学与文学的关系为中心　杨芳　华东师范大学　硕士学位论文　2015 年
赵佶绘画的美学特征研究　龚欣欣　浙江理工大学　硕士学位论文　2015 年 3 月
赵湘、赵抃诗歌研究　黄颖　辽宁师范大学　硕士学位论文　2015 年 5 月
真德秀的文书理论与实践　高艳秋　南京师范大学　硕士学位论文　2015 年 4 月
真德秀骈文研究　范春晓　湖南师范大学　硕士学位论文　2015 年 5 月
正君臣父子夫妇之分——张洽《春秋集注》思想研究　蒋军志　华东师范大学　硕士学位论文　2015 年

政治文化视野下的张耒思想研究　邢宽　西北大学　硕士学位论文　2015 年 6 月

智圆的中庸思想研究　卢迪　中国计量学院　硕士学位论文　2015 年 3 月

中国古典诗歌中竹文化的研究——以唐宋为例　聂琴珍　杭州师范大学　硕士学位论文
　　　2015 年

中国宋代与 17 世纪西方绘画中儿童形象的比较研究　于凤　哈尔滨师范大学　硕士学位
　　　论文　2015 年 6 月

《中兴馆阁书目》重辑与考述　刘向培　华东师范大学　硕士学位论文　2015 年 4 月

中学语文教材"苏轼选文"研究　关健　哈尔滨师范大学　硕士学位论文　2015 年 6 月

周敦颐"诚学"思想研究　刘茜茜　安徽大学　硕士学位论文　2015 年 4 月

周行己及其诗文研究　宋玉杰　西北师范大学　硕士学位论文　2015 年 5 月

周密笔记研究　汤清国　上海师范大学　博士学位论文　2015 年 5 月

周密书画鉴藏活动研究　洪柳　河南大学　硕士学位论文　2015 年 5 月

《周易》与宋代士人文化——以宋代笔记为视角　朱雅文　南京师范大学　硕士学位论文
　　　2015 年 3 月

周紫芝词研究　李雯琪　沈阳师范大学　硕士学位论文　2015 年 5 月

朱熹《楚辞集注》研究　时小焕　河南大学　硕士学位论文　2015 年 5 月

朱熹《易》学研究——尊经与崇理的交融　周欣婷　（台湾）政治大学　博士学位论文
　　　2015 年

朱熹德育思想及其当代价值研究　白璐　河南科技大学　硕士学位论文　2015 年 6 月

朱熹的道德修养说研究　管茜　南京师范大学　硕士学位论文　2015 年 2 月

朱熹的礼教世界　杨治平　（台湾）台湾大学　博士学位论文　2015 年

朱熹的蒙学思想与训蒙诗　王彬　曲阜师范大学　硕士学位论文　2015 年 3 月

朱熹的人才思想及其当代参鉴　黄颖　青海师范大学　硕士学位论文　2015 年 4 月

朱熹工夫论的当代诠释与再省察　叶人豪　（台湾）淡江大学　硕士学位论文　2015 年

朱熹家庭教育思想及其意义研究　朱琳娜　扬州大学　硕士学位论文　2015 年 6 月

朱熹经典诠释学研究——以《论语集注》为中心　耿芳朝　安徽师范大学　硕士学位论文
　　　2015 年 5 月

朱熹理欲观研究　黎永新　广西民族大学　硕士学位论文　2015 年 5 月

朱熹美学思想浅析　刘云硕　河北大学　硕士学位论文　2015 年 5 月

朱熹圣人观研究　田涵　曲阜师范大学　硕士学位论文　2015 年 3 月

朱熹书法研究　秦威威　上海师范大学　硕士学位论文　2015 年 4 月

朱熹四书体系的心性论述与成德工夫　吴略余　（台湾）政治大学　博士学位论文
　　　2015 年

朱熹与陆九渊之书院教育思想比较研究　王槐平　（台湾）华梵大学　硕士学位论文
　　　2015 年

朱熹与王阳明的"格物致知"论的比较研究　杨美　河北大学　硕士学位论文　2015 年
　　　5 月

朱子沧州精舍祭祀思想研究　韩金燕　山西大学　硕士学位论文　2015 年 6 月

朱子道德哲学之研究：以《论语集注》为主　罗咏郡　（台湾）"中央大学"　硕士学位论文
　　　2015 年

朱子题跋研究　汪亚琳　华东师范大学　硕士学位论文　2015 年 5 月
朱子哲学思想重探　黄鸿文　（台湾）台湾师范大学　博士学位论文　2015 年
《朱子语略》研究　传雪　上海师范大学　硕士学位论文　2015 年 4 月
"篆隶为本"书法观研究　梅跃辉　中国艺术研究院　博士学位论文　2015 年 4 月
自然原型意象视阈下狄金森与李清照诗歌的异同对比研究　张晶　河南工业大学　硕士学
　　位论文　2015 年 5 月

五　人物

B

北宋变法运动中的张方平研究　赵芸　重庆师范大学　硕士学位论文　2015 年 5 月
北宋文人李新及其《跨鳌集》研究　李雨桐　四川师范大学　硕士学位论文　2015 年 3 月

C

晁说之专题研究　裴亚兵　南京师范大学　硕士学位论文　2015 年 2 月

D

度正及其思想研究　张逢涛　南昌大学　硕士学位论文　2015 年 5 月

F

范浚的思想学说及其形象的历史演变　金晓刚　浙江师范大学　硕士学位论文　2015 年
　　5 月

H

"呼家将"研究　卢佳佳　吉林大学　硕士学位论文　2015 年 4 月

L

李侗朱熹师弟子的生活世界　赵常淇　陕西师范大学　硕士学位论文　2015 年 6 月
李燔研究　吴世海　南昌大学　硕士学位论文　2015 年 5 月
柳永生平与词作考辨　于林林　广西师范学院　硕士学位论文　2015 年 6 月

N

南宋合州阳枋生平及其思想探究　任晋伟　重庆师范大学　硕士学位论文　2015 年 4 月

O

欧阳修交游考　罗超华　四川师范大学　硕士学位论文　2015 年 4 月

P

潘良贵的为政与治学　李茂　四川师范大学　硕士学位论文　2016 年 4 月

S

史弥远与南宋中后期政局　林啸　杭州师范大学　硕士学位论文　2015 年 6 月
宋代对蔡襄评论的研究　张棳　中国美术学院　硕士学位论文　2015 年 5 月
宋庠研究　余小萍　江西师范大学　硕士学位论文　2015 年 6 月
苏轼交游定量研究　陈川云　江西师范大学　硕士学位论文　2015 年 6 月
苏洵社会控制思想研究　韩鼎基　重庆师范大学　硕士学位论文　2015 年 4 月

T

陶毂研究　辛毅　辽宁大学　硕士学位论文　2015 年 5 月

W

为政与治学——刘光祖思想探析　王有琦　四川师范大学　硕士学位论文　2015 年 4 月

Y

"杨家将"创作与接受研究　张小倩　湖南师范大学　硕士学位论文　2015 年 5 月
岳飞故事传播研究　王捷　山西师范大学　硕士学位论文　2015 年 4 月
岳飞题材的书写与传播　王路坚　陕西理工学院　硕士学位论文　2015 年 3 月

Z

张炎及其交游词人研究　孙龙飞　江南大学　硕士学位论文　2015 年 6 月

六　文物　考古

C

长清灵岩寺宋代彩塑罗汉像研究　胡新华　山东大学　硕士学位论文　2015 年 12 月

D

丹青意映—韩城宋墓图像研究　崔兴众　西安美术学院　硕士学位论文　2015 年 5 月
钓鱼城研究　李松波　内蒙古师范大学　硕士学位论文　2015 年 4 月

H

河北井陉柿庄宋金墓葬研究　曹凌子　郑州大学　硕士学位论文　2015 年 5 月
河南地区宋金时期墓葬壁画初探　孙望　南京大学　硕士学位论文　2015 年 5 月
河南陶瓷枕演绎研究　储湘茹　郑州大学　硕士学位论文　2015 年 5 月
河南禹州刘家门窑钧瓷的研究　黄华彬　景德镇陶瓷学院　硕士学位论文　2015 年 4 月

J

晋祠圣母殿宋代彩塑女性形象研究　马欣　山东大学　硕士学位论文　2015 年 3 月

L

两宋时期仿古铜镜研究　王欢　西北大学　硕士学位论文　2015 年 6 月

S

山西保存的宋金杂剧图像研究　牛嘉　山西大学　硕士学位论文　2015 年 6 月
宋代茶器的禅宗美学研究　刘笑雨　景德镇陶瓷学院　硕士学位论文　2015 年 4 月
宋代江西地区佛教石窟造像艺术风格研究　张冰清　江西师范大学　硕士学位论文　2015 年 6 月
宋代金银器皿研究　谢芮　云南大学　硕士学位论文　2015 年 5 月
宋代景德镇窑青白瓷香炉研究　徐升　景德镇陶瓷学院　硕士学位论文　2015 年 4 月
宋代莲花纹装饰在陶瓷中的应用　佟润雪　南京师范大学　硕士学位论文　2015 年 5 月
宋代陶瓷用范研究　曹振江　景德镇陶瓷学院　硕士学位论文　2015 年 6 月
宋金元磁州窑系陶瓷文字枕研究　杨建军　郑州大学　硕士学位论文　2015 年 5 月
宋辽金瓷粉盒的初步探究　徐金翠　吉林大学　硕士学位论文　2015 年 6 月

T

唐宋巴蜀佛教造像对比研究　杨帆　西南大学　硕士学位论文　2015 年 4 月
通于古而变于今：汝瓷之美的历史考察及当代创新　乔向飞　陕西师范大学　硕士学位论文　2015 年 5 月

Y

岳麓书院藏新化维山古墓壁画服饰研究　周艺芳　湖南大学　硕士学位论文　2015 年 6 月

越窑青瓷的美学特征研究　王晓妍　西北大学　硕士学位论文　2015年

Z

郑州北宋壁画墓人物服饰研究　朱海燕　郑州大学　硕士学位论文　2015年3月

索　引

H

Q

R

X

征稿启事

　　为了更全面地收集、整理和发布宋史学界的学术信息与研究动态,更好地服务学界同仁,河北大学宋史研究中心决定从现在开始编纂《中国宋史研究年鉴2015》,同时开始编纂《中国宋史研究年鉴2016》。该年鉴一年一期,将持续不断的编纂下去。目前,经过反复研究协商,已经正式签订出版合同,由中国社会科学出版社公开出版发行。

　　该年鉴由中国宋史研究会(在任)会长担任顾问,姜锡东教授与王青松博士担任主编,王晓龙、吕变庭、李金闯、郭志安、刘云军和周立志先生担任副主编。同时,在其他相关研究会和宋史研究人员比较集中的地区和外国聘请"特聘专员"。河北大学宋史研究中心设立"《中国宋史研究年鉴》编辑部"(简称"《年鉴》编辑部"),编辑部主任:王青松;副主任:郭志安、刘云军、周立志。

　　年鉴收录范围:1.宋朝历史研究信息。其他朝代不收录。2.与宋朝有直接关系的朝代或政权的专题论著、学术信息,如唐宋时期货币的演变、辽宋交聘研究、宋丽宋日关系、宋元明清时期江南经济发展研究等。虽有联系,但联系不太密切的信息不收录。3.相关的纪念活动、文学影视作品信息,择要收录。4.以中国(含台湾地区)宋史研究信息为主,兼顾外国。5.已经在正式报刊书籍发表的文章信息,有条件地进行转载(需要提前解决版权问题,同意编纂者和出版社进行修改等)。内部、非正式报刊书籍和电子网络论著信息,暂时不予转载。6.完全符合中国大陆党政部门的出版规定,不符合者不收录。

　　年鉴目前设有如下栏目与内容:1.《研究综述》,登载该年度综合性和各项专题性质的有关海内外宋史及其相关研究的综述性文章,同时也收录截止到该年度的长时段的追述性研究综述;2.《会议述评与论文提要》,登载该年度举办的各项与宋史研究相关的学术会议述评以及会议论文概要;3.《学术动态》,反映该年度宋史学界学人参与的各项学术活动情况;4.《书评·新书序跋·书讯》,登载该年度出版发表的有关宋史研究的书评、书讯以及为新书所作的序跋等,其中的序跋等文章也可能是摘要转载;5.《学人与学林》,登载有关宋史学界学人的纪念性文章、学术访谈以及学术评述,相关研究会和研究机构介绍;6.博士论文提要与博士后出站报告摘要,刊载该年度博士毕业论文提要和博士后出站报告提要;7.《重点课题研究报道》,跟踪报道该年度有关宋史研究的重点课题的立项、结项、学术宣传等情况;8.《海外研究动态》,登载海外宋史研究动态;9.《宋代遗存》,登载该年度有关宋代的文物、文献的新发现、发掘及其研究情况,宋朝著名历史人物、重大历史事件的纪念宣传活动。10.《论著目录》,全面收集并刊登该年度中国(包括台湾地区、译成中文的外国的)宋史研究的论著的作者、篇名、发表报刊和出版单位等目录信息,同时刊载该年度的有关宋史研究的博士、硕士研究生毕业论文和博士后出站报告目录信息。11.《索引》。

　　《年鉴》正文前面的目录,先中文,后英文。敬请有翻译条件的作者,提前把赐文的标题翻译成英文,否则将由编辑部代为翻译。

　　凡是符合上述要求的相关文章和资讯,我们均热诚欢迎投稿,并酌情给予稿酬。我们现已开始编纂 2015 年的年鉴,2016 年的稿件也在征集中。敬请各位学界同仁鼎力支持、不吝赐教、积极投稿。谢谢!

　　投稿地址:中国河北省保定市五四东路 180 号河北大学宋史研究中心《年鉴》编辑部,邮编:071002。电子信箱:wqs72@126. com;联系电话:13472320562,0312—5079741(《年鉴》编辑部办公室)。

河北大学宋史研究中心

《中国宋史研究年鉴》编辑部

2016 年 10 月 28 日

后记

在王青松博士的精心组织协调下，在海内外同仁的鼎力支持下，《中国宋史研究年鉴2015》初稿的编纂工作基本完成，即将交付出版社。在略感轻松之余，再写几句话。

首先，衷心感谢尊敬的史金波先生。去年暑假，史金波先生从北京给我打电话说：他们已经编纂出版《中国辽夏金史研究年鉴》。宋史研究的成果更加丰富，也应该有《年鉴》。河北大学宋史研究中心作为教育部的重点研究基地，人员又多，可以考虑承担这项工作。如果你们愿意，他将亲自联系中国社会科学出版社，这家出版社已经出版了几十种《年鉴》。我立即表示赞同，表示感谢。开学后，中心领导班子专门研究此事，组建《中国宋史研究年鉴》编辑部。不久，史金波先生又亲自陪同中国社会科学出版社年鉴与文摘分社社长张昊鹏先生和责任编辑孙铁楠先生光临河北大学宋史研究中心，大家当面研究讨论《中国宋史研究年鉴》编纂的细则与注意事项。因此，《中国宋史研究年鉴2015》的启动，首先要感谢史金波先生。同时，非常感谢尊敬的张昊鹏先生和孙铁楠先生的支持与指导，使我们能够更加顺利地开展这项重要而繁杂的工作。

其次，衷心感谢海内外各位同仁的无私支持。没有你们的亲切关怀和鼎力相助，就不可能有这部《中国宋史研究年鉴2015》的问世；未来的持续编纂、出版，仍然离不开大家。拜托。拜谢。

最后，几点说明和希望。1. 由于主观原因和客观原因，这部《中国宋史研究年鉴》的编纂时间并不是很充足，难免存在疏误之处，恳请诸位读者朋友不吝赐教、及时告知编辑部（详见《征稿启事》），以便在下一期的《中国宋史研究年鉴》中予以纠正。2. 在《中国宋史研究年鉴》中，关于宋史和宋史研究的信息收录，虽然是越多越好，但是，限于篇幅和精力，我们只能是择要收录，不可能也不打算有闻必录。对此，希望大家谅解。3. 对于（纸质版）宋史研究论著、特别是那些通俗性普及性随笔性论著是否收录问题，学者们看法并不一致，认为低水平的论著不应该收录。我们认为，对于各种论著的是非优劣的评判，是读者的责任。作为《中国宋史研究年鉴》的编纂者，主要责任是提供尽可能多的检索信息，为读者进行研究和评判提供便利条件。

在这春暖花开的美好时节，恭祝海内外各位长辈和同仁健康快乐，祝宋史研究的各项事业日益兴旺发达。

河北大学宋史研究中心　姜锡东　谨书

2015 年 3 月 31 日于河北保定紫园